이승만연구원 학술총서 8

# 이승만과 데 벨레라

김학은 지음

연세대학교 대학출판문화원

봉정 유정혜 화백

김용곤 회장

[F]or thou hast been
As one, in suffering all, that suffers nothing;
A man, that fortune's buffets and rewards
Hast ta'en with equal thanks.

# 발간사

우남 이승만(雩南 李承晩, 1875-1965) 문서를 보존 · 연구하며, 그가 살았던 시대에 대한 연구를 지속해오고 있는 연세대학교 이승만연구원은 최근 몇 년간 세계 각국의 독립과 건국에 기여한 지도자들을 비교 연구하는 프로젝트를 진행해왔다.

이 책의 저자는 아일랜드의 정치지도자 에이먼 데 벌레라(Eamon de Valera, 1882-1975)와 이승만의 생애와 사상이 가진 공통점에 주목하여 이 연구주제를 제안했고, 우리 연구원은 이를 뒷받침하기로 결정했다. 이 책의 저자는 이미 2013년 우리 연구원 학술총서로 체코의 정치지도자 토마스 마사리크(Thomas Masaryk, 1850-1937)와 이승만을 비교하는 방대한 저서를 출간한 바 있다. 이러한 저자의 학문적 업적은 2008년에 출간한 『루이스 헨리 세브란스, 그의 생애와 시대』라는 대저의 연장선 위에 있다.

원래 화폐와 금융 분야 전문연구자인 저자가 이처럼 인물연구 분야에서 큰 기여를 하고 있는 것에 대해 학문적 칸막이를 치고 편협한 선입견을 가질 필요는 없을 것이다. 오히려 이승만에 대한 저자의 경제사상적 접근은 그에 대한 더욱 깊은 이해를 가능하게 해주고 있다. 이승만에 대한 저자의 경제사상사적 천착은 몽테스키외(Charles-Louis de Secondat, Baron de La Brède et de Montesquieu, 1689-1755)의 "부드러운 상거래(Doux Commerce Thesis)" 테제를 떠올리게 해준다. 이 테제에 따르자면, 상거래는 불가피한 것일 뿐만 아니라 서로의 만족을 통해 인성 자체를 부드럽게 만든다. 상거래가 인성을 나쁘게 만든다는 생각과는 달리 서로가 만족하는 상거래가 없는 상태에서 인성은 약탈과 사기를 도모하면서 더 나빠진다. 사농공상(士農工商)이라는 계층론에 따라 상업을 천대시한 유교적 관념과 시장경제를 노동자의 잉여가치를 착취한다는 관점에서 보았던 마르크스주의적 관념에서만 보면 이해하기 어려운 테제이다.

그러나 상거래를 부정적으로만 보는 관념에서 조금만 더 자유로워진다면 이승만에 대한 평가 또한 좀 더 객관적이 될 수 있을 것이다. 이승만은 1904년 옥중에서 집필한 『독립정신』에서 독립주의의 긴요한 조목들 중 첫 번째로 상업의 중요성을 말하고 있는데, 이것은 사농공상이라는 계층론에 빠져 있던 당대의 유교적 관념에 대한 혁파를 선언한 것이었다.

화폐금융론 분야에서 이미 일가를 이룬 저자는 이승만의 생애와 사상을 경제사상사의 관점에서 접근함으로써 학계의 빈 공간을 메우는데 크게 기여해왔고, 이 책 또한 그러한 연장선 위에 있다. 이 책은 이승만의 생애와 사상을 새로운 각도에서 해석하면서 일반 독자들에게는 이름마저 생소할 수 있는 아일랜드의 정치 지도자 데 벌레라와 이승만을 단순히 나열하여 비교하는데 그치지 않고, 두 인물을 통해 당대의 세계사와 지성사를 새롭게 복원해내고 있다.

이처럼 귀중한 저자의 연구 결과를 우리 연구원의 학술총서로 출간할 수 있게 된 것을 기쁘게 생각하며, 어려운 사정에도 불구하고 출판을 맡아준 연세대학교 대학출판문화원, 출판을 위한 여러 작업을 맡아준 이승만연구원의 오영섭 연구교수와 유지윤 간사 등에게 감사의 뜻을 표한다.

2017년 9월 30일

연세대학교 이승만연구원

원장 김명섭

# 머리말

그 민족이 가장 사랑하고 증오하는 사람. 그 백성이 가장 존경하고 멸시하는 사람. 그 민족과 그 백성을 위해 목숨을 내놓았던 사람. '무시무시한' 영국의 처칠에 맞설 수 있었던 유일의 아일랜드 인. 공과가 극명하게 갈리는 아일랜드 건국대통령. 에이먼 데 벌레라Eamon de Valera (1882-1975). 60년에 걸친 그의 정치인생에서 대통령과 총리를 여러 번 역임하여 오늘날의 아일랜드를 만든 그를 제하고서는 그 나라의 역사를 쓰기 어렵다.

필자는 2013년 『이승만과 마사리크』를 출간하였다. 이 책은 대한민국 건국대통령 이승만과 체코슬로바키아 건국대통령 마사리크를 외교독립방략의 측면에서 비교한 것이다. 독립방략에 있어서 인물비교는 귀납법에 속한다. 귀납법은 관측치가 많을수록 설득력이 있다. 이러한 차원에서 아일랜드의 건국대통령 에이먼 데 벌레라를 추가할 필요가 있다는 가설이 이 책을 집필하게 된 동기이다.

이승만과 마사리크의 비교는 외교독립의 배경이 되는 정치경제사상에 조명하였다. 그에 비하면 데 벌레라의 경우 공화주의와 외교독립의 실천을 제외하고 그 배경인 정합적인 정치사상이 보이지 않는다. 상당한 분량의 데 벌레라 문서는 아직도 공개되지 않고 있는 형편이다. 따라서 이 책에서는 이승만의 정치경제사상은 축소한 채 대미 외교독립방략과 건국과정을 부각시킴으로써 데 벌레라의 그것과 비교한다.

데 벌레라 연구의 가능성은 『이승만과 마사리크』에서 "아일랜드의 독립은 무력에 의존한 독립전쟁과 협상의 결과였음을 감안하면 이승만 외교방략과 비교하기가 적합하지 않다."[1]라고 요약된 문장에서 적시한 아일랜드가 아니라 데 벌레라의 외교방략과 비교는 여전히 유효하다는 판단에 열려 있었다. 그 점만 제외하고 데 벌레라를 이승만과 일대일로 비교함에 있어서 무리가 없는 것도 아니다. 그럼에도 그 가능성이 열려 있는 것은 이승만 독립운동연구에서 마주치지만 미처 인식 내지 검토하지 못해온 중요한 문제가 데 벌레라에게서도 발생하여 여기서 그 해답을 얻을 수 있었기 때문이다. 말을 바꾸면 이승만 독립운동에서 일어났지만 표면화되지 않았던 여러 가지 문제들이 데 벌레라의 경우 심각하게 표면화되어 그의 독립운동의 하나의 특색이 되었다는 점이다. 이러한 차원에서 이승만과 데 벌레라의 비교는 상호 보완적이다. 이에 비추면 이승만과 마사리크의 비교는 상호 유사성에 있다.

이승만은 데 벌레라를 알고 있었다. 그가 남긴 문서에 데 벌레라의 기사가 발견된다.[2] 그는 아일랜드 자치령에 대해서 자신의 『태평양잡지』에 여러 편의 논설도 썼다. 데 벌레라가 1916년 부활절 봉기에서 패하여 체포될 때 그를 취재한 영국신문의 캐나다 기자가 매킨지Frederick

1) 김학은, 『이승만과 마사리크』, 18쪽.

2) Hackett, F., "De Valera's Ireland," *The American Mercury*, Jan. 1945.

McKenzie였다. 그는 3년 후 조선에서 의병의 투쟁을 취재하고 『대한제국의 비극』과 『한국의 독립운동』이라는 책을 썼는데 이승만의 친구이다. 이승만이 일제의 체포를 피해 서울을 탈출하여 덴버의 한인애국자대표대회에 참석했을 때 매킨지가 격려의 편지를 보낸 바 있다. 일제가 만주국을 세워 이 문제로 국제연맹이 회의를 열었을 때 이승만은 제네바에서 국제연맹 아일랜드 대사 레스터를 만난다. 당시 국제연맹 의장이 데 벌레라이었고 그의 영향력이 리튼 조사단을 파견하는데 일조하였다. 이승만은 『만주의 한국인 1933』을 출판하여 그 참상을 세계에 고발한다.

데 벌레라의 긴 일생은 정치가로서 일생과 거의 일치한다. 거의 60년 동안 대통령과 총리를 수차례 역임하면서 아일랜드의 정치를 좌지우지하였다. 그를 배제한 아일랜드 근현대사는 기술하기 어렵다. 그만큼 그의 정치활동은 아일랜드 역사만큼 복잡하고 공과가 극명하게 갈라지는 만큼 그의 전기만 해도 헤아릴 수 없이 많다. 저자마다 집필각도와 내용이 조금씩 다르지만 이 책에서는 이승만과 비교를 위해서 아무도 그다지 강조하지 않은 그의 대미 외교독립방략과 건국과정에 한정한다.

아일랜드는 760년 동안 영국의 식민지였다. 1916년 부활절 봉기 이후 1921년까지 대영 투쟁으로 1922년 아일랜드자유국이 수립되었으나 그것은 자치국이었지 완전독립국가(공화국)가 아니었다. 자치국 수립과정에서 내전이 일어났다. 자치국을 반대한 공화주의자 데 벌레라는 10년 동안 와신상담 끝에 1932년 정권을 잡았다. 이어서 1933년 영국 국왕에 대한 충성서약 철폐, 1935년 데 벌레라의 아일랜드 시민법 제정에 의해 아일랜드 인들은 역사상 처음으로 국제적으로 인정받는 아일랜드의 시민권을 갖게 되었다. 그 이전 영국의 자치국인 아일랜드자유국 하에서는 아일랜드 인들은 영국국왕에 충성서약을 하는 신민臣民이었다. 이어서 1936년 총독 폐지, 1936년 모든 법에서 영국국왕에 관한 조문 삭제. 마침내 영국의회가 1922년에 승인한 아일랜드자유국 헌법을 폐지하고 1937년 새 헌법[데 벌레라 헌법]을 제정, 국호도 에이레, 영어로는 아일랜드로 개명하여 국민투표로 확정하였다. 아일랜드의 행정수반은 총독에서 총리로 국가원수는 영국국왕에서 대통령으로 바뀌었다. 1916년 부활절 봉기가 선언한 독립선언서의 공화주의 정신이 구현된 에이레가 1937년에 탄생하였다. 그러나 데 벌레라도 조국의 분단은 막지 못했다. 북아일랜드는 아직도 영국에 남아있다.

또 한 가지. 데 벌레라의 대미 외교독립운동을 보면 앞서 언급한 바와 같이 지금까지 한국 독립운동사에서 생각하지 못했던 여러 가지 질문이 제기된다. 독립운동의 주체, 독립운동자금모금의 정당성, 독립공채(표)발행과 미국국내법의 충돌, 독립운동자금의 소유권 문제, 독립운동가의 국적문제, 아일랜드 상주인구의 국적문제, 재미아일랜드계 독립운동가(미국시민)의 충성서약문제 등이 아일랜드의 경우 중요하게 대두되었기 때문이다. 이 가운데 충성서약 문제는 내전으로 비화될 정도로 중요하였다. 이 문제들의 중요성은 후일 이스라엘의 독립운동에서도 노출되었고 이스라엘은 아일랜드 독립운동의 교훈을 타산지석으로 삼았다는데 있다. 그밖에 주목되는 사항 역시 한국 독립운동사에서 소홀히 다루었던 국가창설과정, 국가창건의 조건, 국가창건의 의미, 국가승계의 합법성을 우리에게 깨우쳐 주고 있는 점이다.

외교독립방략의 중요성은 지난 수 세기에 걸친 식민지의 독립투쟁을 귀납적으로 드려다 보면 드러난다. 두 가지 특징이 관찰된다. 첫째, 식민지가 이민족 식민모국에 인접하고 그 식민모국이 세계 최강인 경우 무력에 의해 독립을 쟁취한 사례가 없다. 제1차 세계대전 이전 독일 제국, 오스트리아-헝가리 제국, 러시아 제국에 지배받던 민족들은 끊임없는 무력항쟁을 하였지만 모두 실패하였다. 대전으로 세 제국이 몰락하면서 비로소 여러 민족이 독립을 쟁취하였다. 대전 이전이라도 오스만 터키의 지배하에 있었던 발칸반도의 여러 민족이 무력으로 독립을 쟁취한 것은 '유럽의 병자'로 전락한 오스만 터키가 그 힘이 쇠퇴했기 때문이다. 이에 비하면 대전 이전이나 이후에도 여전히 세계최강인 영국과 프랑스의 식민지들은 독립을 쟁취하지 못했다. 아일랜드를 760년 동안 지배해온 영국의 지위는 같은 기간에 한 번도 흔들린 적이 없다. 이 기간에 아일랜드의 16번 무력투쟁은 모조리 실패하였다.

둘째, 식민모국이 세계최강이라도 지리적으로 멀리 떨어진 경우에는 무력투쟁이 성공한 사례가 있다. 북아메리카의 미국과 남아메리카의 여러 국가들의 무력투쟁의 성공 사례가 그것이다. 이 무력투쟁의 또 하나의 특징은 원주민의 독립투쟁이라기 보다 같은 유럽인끼리 무력충돌이라는 점이다. 식민모국의 유럽인과 식민지의 유럽인 사이의 전쟁이었고 이민족 단독 무력투쟁은 이 경우에도 예외 없이 실패하였음을 역사가 보여준다.

한국은 일본과 지리적으로 인접하였으며 19세기말부터 일본은 떠오르는 강자였다. 이승만은 정부전복 혐의로 사형의 문턱에 있었다. 무기징역으로 수형생활 하는 가운데 기독교를 받아드리고 기울어져가는 조국에 대해 외교독립의 가능성에 눈이 떴다. 그는 미국이 새 시대의 세계를 이끌어갈 국가로 보았다.

데 벌레라는 아일랜드 역사에서 17번째 무력항쟁에서 체포되어 사형선고를 받았으나 종신형으로 감형되었다. 그는 수형생활에서 무장봉기에 대하여 회의를 품게 되었다. 2016년은 데 벌레라가 가담한 무장봉기가 더블린에서 일어난 지 정확하게 1백년이 된다. 1916년 부활절 월요일Easter Monday의 무장봉기가 그것이다. 영국으로부터 760년 동안 지배받는 동안 한 세대 걸러 1번씩 일어난 무력항쟁의 연장이었다. 이마저도 실패하였다. 여기에 참여하였던 데 벌레라는 감옥에서 무력으로는 세계 최강의 영국으로부터 자치국의 자격으로가 아니라 완전독립을 달성할 수 없다는 현실을 최초로 인식한 아일랜드 독립지사이다. 그가 택한 독립방략이 외교와 선전이었다. 그도 무력항쟁의 중요성을 부인한 것은 아니지만 외교와 선전을 우위에 놓았다는 것이 아일랜드의 다른 독립지사와 다른 점이다. 특히 그는 영국의 시대가 저물고 미국의 시대가 왔음을 깨달은 최초의 아일랜드 지도자이다. 이 점은 데 벌레라, 마사리크, 이승만 외교독립방략의 공통점이다. 모두 윌슨의 정치사상에 영향을 받았다.

무력이 아닌 외교와 선전으로 지난한 독립을 성취하기 위해서 데 벌레라, 마사리크, 이승만은 그들이 상대하는 적국의 지도자들보다 뛰어남을 과시하였다. 필자가 중요하게 여기는 부분이 여기에 있다. 독립지사의 자질 가운데 하나는 동포 독립지사들과 비교에서가 아니라 그가 대적하는 국가의 지도자와 비교에서 독립대의에 있어서 학식으로 경험으로 지혜로 그들을 능가하여야 지난한 독립운동을 헤쳐 나갈 수 있기 때문이다.

데 벌레라도 이승만처럼 공화국 창건을 목표로 독립운동을 하였다. 본국에서 무단파가 영국과 독립투쟁을 벌리는 전쟁 중임에도 그는 윌슨 대통령의 지지를 얻고자 미국에서 활동하였으며 총리의 직함 대신 대통령이라는 칭호를 참칭(?)하였고 독립공채표(독립공채가 아니다)를 발행하여 모금한 자금을 스스로 관리하였다.

그 와중에 아일랜드계 미국지도자들과 반목을 일으키는 것을 주저하지 않았다. 그는 가는 곳마다 파당의 중심에 섰으며 자신의 고집을 한 번도 꺾지 않았다. 그는 선전의 중요성을 잘 인식하여 이승만처럼 스스로 신문사를 설립하였다. 제1차 대전에서 열강이 새삼스럽게 깨달은 무선전신의 발달에 힘입은 언론의 중요성을 제 때에 포착하였다.

데 벌레라는 영국국왕을 수장으로 삼는 영국교회와 그를 중심으로 연계한 아일랜드교회 대신 아일랜드가톨릭을 우선하였으며 영어 대신 게일어를 부활시키는데 주력하였다. 그를 위하여 이승만처럼 교육과 기독교에 헌신하였다. 교육에 있어서 모국어와 모국의 종교 교육을 우선 하였다. 영국국왕에게 충성을 서약하는 영국 자치국의 일원으로 독립을 주장하는 아일랜드자유국과 내전을 불사하여 패전한 후 15년의 와신상담 끝에 영국국왕과 완전히 결별한 공화국 에이레(아일랜드)를 만드는데 성공하였다. 그 과정에서 정적의 암살에 대한 구설수에서 올랐으며 북아일랜드와 분리되는 분단국가의 역사적인 과제를 후손에게 남겨주었다.

아일랜드 독립운동에 있어서 주목되는 점은 17번의 무단파 무장독립운동이 남긴 유산이 독립 아일랜드 문민정부에 끼친 영향이다. 데 벌레라는 부활절 봉기에서 의존하였던 무력의 중요성을 낮추고 외교와 선전으로 그 무게를 대선회하였으나 그의 동지들은 그렇지 못하였고 그것이 내전뿐만 아니라 그 후에도 좌우로 갈라져 아일랜드 사회에 심대한 후유증을 남겼다. 제1차 대전에서 무장독립을 선호하였던 중부유럽 국가들이 독립 후 대부분 군사정부 또는 공산정부가 되어 베르사유의 정신이 훼손된 것을 본다. 무장독립운동의 후유증은 길고 깊다는 점을 일깨워준다. 독립 직후 신생 국가 문민정부의 내부로부터 위협이 된다는 점에서 약소국 독립운동의 무력투쟁은 그 한계가 노정된다.

아일랜드의 역사가 흥미로운 것은 760년간 영국의 지배가 35년간 일본의 지배를 받은 한국에 던지는 시사점에 있다. 일제가 한국에 강요한 인구정책, 토지정책, 언어정책, 종교정책이 영국이 아일랜드에 강요한 정책을 모방한 흔적이 있다. 만일 일제의 한국지배가 장기에 계속되었다면 한국은 아일랜드처럼 되었을지 모른다는 추론이다.

『이승만과 마사리크』에서 사용한 일대일의 비교가 반복되는 것을 피하기 위하여 이 책에서는 이승만과 데 벌레라를 모든 차원에서 일대일로 비교하는 것을 생략하였지만 독자들은 행간에서 스스로 비교할 수 있다고 믿는다. 결론적으로 이승만은 마사리크에 데 벌레라를 더한 독립운동지도자라 요약할 수 있다.

이 책을 쓰는데 물심양면으로 지원해준 류석춘 전 연세대학교 이승만연구원 원장, 김명섭 현 원장, 김왕식 전 대한민국역사박물관장, 김용직 현 대한민국역사박물관장에게 감사를 드린다. 초고를 읽고 유익한 제의를 제공한 류석춘 교수와 김용삼 고문에게 사의를 표한다. 항상 그렇듯이 편집에 수고를 아끼지 않은 오영섭 연구교수에게 고마움을 전한다.

이 연구는 2014년에 전임 류석춘 원장의 동의를 얻어 2016년 아일랜드 부활절 봉기 1백주년에 맞추어 완성하려는 집필을 계획하였으나 자료 취득의 어려움과 개인적인 신병(망막 고장)으로 연구기간이 연장되었다. 필자의 연구시간이 부족한 점을 이해하여 인내심을 갖고 끊임없는 격려와 함께 충분한 시간을 허락하고 경제적으로 어려운 여건 속에서 출판까지 책임진 김명섭 현 원장에 대한 경의를 기록으로 남기고 싶다. 마지막으로 좋은 책을 만들어준 연세대학교 대학출판문화원 김성수 선생에게 사의를 표한다.

2017년 4월
부활절 봉기 1백1주년에
아일랜드와 KATE 1089 LEE를 그리워하며
김학은 적음

## 일러두기

1. 이 책의 순서를 책의 제목이 가리키는 것처럼 이승만에서 시작하려 하였으나 머리말에서 지적한 대로 한국 독립운동사에 있어서 지금까지 생각하지 못했던 여러 가지 질문이 데 벌레라에서 먼저 제기되었으므로 중복을 피하고 서술의 편의를 위해서 데 벌레라부터 시작하였다. 일독한 독자라면 그 타당성을 이해하리라 믿는다. 이런 의미에서 이 책의 제목을 『이승만과 데 벌레라, 데 벌레라와 이승만』이라고 정해도 적합하리라 생각한다.
2. 이승만의 전기는 많다. 여기에 새로움을 추가한다는 것은 쉽지 않은 작업이다. 더욱이 필자는 이미 『이승만과 마사리크』에서 이승만의 전기를 마사리크와 비교하여 그의 정치경제사상을 기록했기 때문에 『이승만과 마사리크』의 이승만 부분을 다시 새롭게 쓴다는 작업이 거의 불가능하였다. 그럼에도 데 벌레라와 비교는 새로운 시각을 요구하였고 그에 충실히 따랐지만 상당부분 그대로 옮긴 것도 있다. 이 사실을 밝히면 법적으로 자기표절이 아니다. 예로써 이 책에서 참고한 *De Valera The Man and The Myths*는 Dwyer가 박사학위논문으로 출판한 것인데 그가 수년 후 데 벌레라를 콜린스와 비교한 책 *Big Fellow, Long Fellow*에서 데 벌레라 부분은 박사학위논문의 상당부분을 그대로 실어 출판하였다. 역시 이 책이 인용한 Coogan도 자신의 책 *De Valera*의 상당부분을 또 다른 자신의 책 *Michael Collins*에 그대로 옮겨 적었다.
3. 이 같은 이유로 이 책에서는 널리 알려진 이승만의 부분은 축소하였다. 이승만의 사상을 더 자세하게 알고 싶은 독자에게는 필자의 『이승만과 마사리크』와 『이승만의 정치 · 경제사상 1899-1948』이 있다.

# 차 례

| 제 1 부 |

# 데 벌레라

# 제 1 장

# 하녀의 아들[1]

## 1. 아일랜드 독립운동 약사[2]

역사적으로 아일랜드는 스페인, 프랑스, 독일 등 유럽제국이 영국을 침입하는 통로로서 영국은 국가생존의 전략적 요충지로 중요하다고 생각해 왔다. 아일랜드와 영국 사이의 가장 짧은 거리는 25킬로에 불과하다. 이것은 거꾸로 영국이 아일랜드에게 위협임을 뜻한다. 아일랜드가 영국에 항거할 때 외세에 호소하는 것을 영국은 위협으로 경계하였다.

1) 데 벌레라의 초기행적에 관한 서적은 많다. 여기서는 데 벌레라가 생전에 공식전기라고 인정한 [The Earl of] Longford and Thomas P. O'Neill, *Eamon de Valera*, London: Hutchison of London, 1970을 참고하였다.

2) Ranelagh, *A Short History of Ireland*, 3rd Edition, Cambridge, 2012에서 정리.

처칠은 아일랜드가 지도상에서 아예 없어져버리는 것이 소원이라고 말했다. 16세기 대항해 시대 이후에는 대서양을 둘러싼 패권경쟁에서 아일랜드는 영국 해군에 없어서는 안 되는 주요 해군기지가 되었다. 흡사 일본제국의 야마가타山縣有朋가 조선이 일본의 생존선이고 만주가 일본의 이익선이라고 일방적으로 선언한 것에 비유할 수 있다.

아일랜드 역사에서 760년의 영국 식민지 기간에 16번의 무장봉기가 있었다. 그 가운데 4번은 외세 지원이었다. 1601년 스페인 지원, 1690년 프랑스 지원, 1798년 프랑스 지원, 1916년 독일 지원은 모두 실패하였다. 그때마다 영국은 무력으로 위협했고 실제로 군대를 동원하여 진압하였다. 미국 독립과 프랑스 혁명에 영향을 받은 근대에 들어와서 매 세대마다 일으킨 6번의 무장투쟁은 아일랜드 지사들의 가슴에 꺼지지 않는 횃불이 되었다. 아일랜드 역사는 무장독립 투쟁의 역사이다. 반복되는 무장투쟁이 실패함에 아일랜드의 지도자들은 혁명을 포기하고 영국의 '시혜' 하에 개혁을 요구하는 지위향상 정책으로 선회하였으나 이마저도 실패하였다.

## 게일

바그너의 오페라에서 적절히 상징되었듯이 신화에서 세상의 끝이라고 알려진 아일랜드에 기원전 3세기에 들어와 원주민을 몰아낸 것은 켈트Celts이다. 그들은 기원후 5세기에 성 패트릭St. Patrick을 통하여 기독교를 받아드렸고 그는 아일랜드인의 수호성인이 되었다. 오늘날 전 세계에 흩어진 아일랜드인들을 하나로 묶어주는 성패트릭 축제는 그를 기념한 것이다. 켈트 가운데 마지막 무리가 게일Gaeil인데 그들이 6세기에 아일랜드를 장악하였다. 그 이후 게일문화가 가톨릭주의와 함께 아일랜드의 정신이 되었다.

795년부터 바이킹이 침략하기 시작하였다. 아일랜드의 저항으로 900년경에 바이킹의 세력은 쇠퇴하였다. 아일랜드의 군소 소왕sub-kings들이 세력을 다투는 가운데 그 중 브리앙 보루Brian Boru(941-1014)가 976년에 아일랜드를 통일하고 대왕high-king이 되었으나 그 통일은 오래 가지 못했다. 다른 소왕들이 바이킹 잔당과 연합하여 대항한 전쟁에서 그가 더블린 근교 클론타르프Clontarf에서 전사하였기 때문이다. 아일랜드는 다시 여러 소왕국으로 쪼개졌다. 게일문화는 통일되었지만 정치적인 통일체가 없었다. 보루 대왕을 숭배하는 아일랜드인들은 그가 애호하였던 하프를 아일랜드의 전통악기로 만들고 현재에도 아일랜드 국기에 장식하고 있다.

## 노르만

1155년 영국 노르만 출신의 교황 애드리언 4세의 승인 하에 노르만이 아일랜드에 침입하였다. 교황 애드리언 4세는 영국이 낳은 유일의 교황이다. 이것을 영국은 아일랜드를 지배할 수 있는 합법성으로 여겼다. 신의 선물이라고 칭송하였다. 아일랜드가 계속 교황을 정점에 두는 구교를 믿는 한 신과 교황의 명령에 복종해야 한다는 점을 강요하였다. 그 이래 영국의 아일랜드의 지배는 1915년까지 760년간 계속되었다.

정치적 구심점이 없는 아일랜드는 소왕들의 전쟁터였다. 그 가운데 하나가 개인적 야심으로 영국의 헨리 2세Henry II에게 도움을 청하였다. 아일랜드를 영국에 팔아먹은 것이다. 그렇지 않아도 교황청의 허락을 받아놓은 상태에서 추가적인 명분을 얻은 영국국왕 헨리 2세Henry II가 1171년 아일랜드에 직접 나타나 아일랜드의 모든 소왕들의 항복을 받았다. 그가 가져온 것은 발달된 유럽의 봉건제도였다. 영국은 아일랜드 땅의 4분의 3을 차지하였다. 정복은 거의 완성되었다. 게일에게 남은 땅은 북아일랜드 9개주의 얼스터Ulster 지역이었다. 영국국왕은 더블린Dublin을 포함한 그 일대의 페일the Pale을 직접 다스리고 나머지는 노르만 봉건영주에게 하사하였다. 애드리언 4세의 후임 교황 시절인 1171년부터 1541년까지가 영국 국왕이 임명하는 아일랜드영주Lordship of Ireland이 총독 자격으로 아일랜드를 다스리는 시기였다.

14세기부터 게일문화의 소생이 시작되었다. 게일문화가 노르만에 침투하였던 덕택으로 노르만이 점차로 게일화Gaelicised 되었다. 위협을 느낀 노르만이 법률을 만들었다. 노르만에게 게일복장 금지, 게일어 금지, 기타 게일요소를 금했다. 그러나 이 법률은 대체로 무시되었다. 여기에 압도적 인구인 게일의 왕위계승법이 유리하게 만들었다. 왕가의 남자라면 누구든지 계승자격이 있었기에 세대를 지나면서 왕의 후손이 아닌 왕족이 거의 없게 되었다. 이것이 게일사회를 분열시켰지만 왕의 후계자는 많아졌다. 노르만이 게일을 패배시킬 수 있었지만 그 끈질긴 생명력은 근절시킬 수 없었던 이유이다. 그들은 스코틀랜드에서 용병을 불러드려 노르만을 하나씩 몰아내는데 성공하였다. 이것이 가톨릭 아일랜드에 스코틀랜드 개신교를 불러드린 결과를 낳았다.

## 앵글로색슨

그러나 아일랜드는 여전히 정치적으로 하나가 되는데 실패하였다. 노르만 봉건영주들은 이 약점을 이용하여 아일랜드를 다시 장악하였다. 영국의 장미전쟁에서 승리한 요크York 가의 에드워드 4세Edward IV는 아일랜드 총독에 데스몬드Desmond 백작을 임명하였다. 그러나 지나치게 게일화가 되었다는 이유로 그는 소환되어 참수 당하였다. 후임으로 피츠제랄드Gearoid FitzGerald(1487-1587)가 임명되어 그가 사실상 아일랜드 왕으로 행세하였다. 그는 정략결혼을 통해 아일랜드를 껴안았을 정도로 정치적 유연성을 발휘하여 랭캐스터Lancaster 가의 헨리 7세Henry VII가 영국 국왕이 되었을 때에도 그를 몰아내지 못했다. 잠깐 그를 영국인 포이닝 경Sir Edward Poyning(1459-1521)으로 교체하였지만 다시 그를 총독 자리에 앉혔다. 포이닝이 1494년에 저 악명 높은 포이닝법Poyning 's Law을 만들었다. 이 법률에 의하여 아일랜드 의회는 영국 의회의 하부기관으로 전락하고 말았다. 최종 법률심사권은 영국 웨스트민스터 의회가 가졌다. 아일랜드 의회를 소집하려면 영국 국왕의 허락을 받아야 했는데 거의 소집하지 않았다.

영국의 헨리 8세Henry VIII(1491-1547)가 국왕이 되자 영국은 정치 개혁과 종교 개혁으로 크게 변했다. 아일랜드 역사 역시 전혀 다르게 전개된다. 헨리 8세는 아일랜드의 봉건영주의 세력을 약화시키기로 결심하였다. 그의 직영 영지인 더블린 일대의 페일은 환영하였지만 그 밖의 지역 특히 피츠제랄드는 위협을 느꼈다. 그는 아들 오팔리Offaly를 시켜 무력시위를 하였다. 이에 더블린 지역이 그에게 등을 돌리자 그는 런던에 소환되었다. 그의 군대가 영국군에 의해 격파 당하였고 그와 그의 아들 또한 죽었다.

헨리 8세Henry VIII는 행정적으로 아일랜드를 장악하고 아일랜드 교회를 직접 챙겼으며 수도원을 해체하여 그들의 수입을 국가에 귀속시켰다. 헨리 8세는 스스로 아일랜드 왕에 올랐다. 게일 봉건 영주의 땅을 영국 국왕의 땅으로 귀속시킨 뒤 그들에게 소유권은 인정하지 않은 채 돌려주었다.

1542년부터 1800년까지 영국 국왕은 아일랜드 왕을 겸하였다. 그것은 아일랜드가 영국 국왕의 영지가 되는 개인적인 연합Union이었다. 헨리 8세의 뒤를 이은 엘리자베스 1세Elizabeth I(1533-1603) 재위 45년 동안 영국은 아일랜드에 많은 영국인을 정주시켰다. 아일랜드에 대한 영국의 인구정책은 이때부터 시작되었다. 전부터 있었던 노르만을 구영국인Old English, 새로이 정주한 영국인을 신영국인New English이라고 불렀다.

## 스페인 지원

신영국인과 구영국인 사이의 갈등은 신영국인이 얼스터Ulster 지역에 침투하면서 일어났다. 북아일랜드 얼스터 북부를 오래 동안 장악한 집안은 오닐O'Neill인데 그에 대해 신영국인인 배지널 경Sir Henry Bagenal이 도전한 것이다. 이것이 9년 전쟁의 시작이다. 열세의 오닐은 스페인에게 도움을 청하였다. 영국교회에 대하여 반감을 가지고 있던 스페인의 구교도 필립 3세Phillip III가 군대를 보냈다. 1601년 아일랜드 남부 항구에 도착한 스페인 함대가 북부 얼스터에서 남하한 오닐 군대와 함께 영국군을 상대로 전투를 벌였지만 아일랜드-스페인 연합군이 패하였다. 1588년 스페인의 무적함대 격멸에 이어 스페인의 두 번째 패배였다. 스페인은 두 번 다시 아일랜드에 발을 디디지 못하였다.

얼스터 지역에만 남아있던 구영국인 귀족 세력은 이제 대륙으로 망명하였다.(Flights of Earls) 얼스터의 땅은 영국 국왕에게 몰수되었다. 이로써 아일랜드의 모든 땅이 영국 국왕의 소유지가 되었다. 얼스터 땅에 영국과 스코틀랜드에서 이주민이 들어왔다. 이들은 장로교도였다. 구교의 게일은 장로교의 얼스터와 멀었고 개신교의 유럽과도 멀었다. 고립되었다. 신영국인이 얼스터에 가져온 것은 발달된 대농장제도 plantation이었다. 새로운 농사기법이 도입되어 경제가 발전하였다. 경제 이외에 종교도 달랐다. 얼스터지역에 스코틀랜드 장로교가 도입되었다. 그러나 구교가 강세인 지역에 소수의 장로교는 위협을 느꼈다. 이것이 오늘날 북아일랜드 문제의 씨가 되었다.

이 위협은 현실이 되었다. 1603년 엘리자베스 1세 뒤를 이어 스코틀랜드의 제임스 1세James I(1566-1625)가 국왕이 되었다. 그 뒤를 그의 아들 찰스 1세Charles I(1600-1649)가 이었다. 영국이 아일랜드를 점령했지만 종교까지 장악한 것은 아니다. 이때 아일랜드에는 세 부류가 있었다. 장로교의 신영국인, 구교의 구영국인, 구교의 게일이다. 종교분포를 보면 얼스터 지역을 제외한 나머지는 모두 구교였다. 그 얼스터마저 구교가 다수였고 신교가 소수였다. 그러나 아일랜드 의회, 행정부, 법원 등을 신영국인이 장악하였다. 1628년 구영국인은 찰스 1세에게 12만 파운드를 주고 그들 땅의 소유권을 신영국인으로부터 보호해줄 것을 약속 받았다. 돈을 챙긴 찰스 1세는 약속을 지키지 않았고 구영국인의 요구를 전쟁의 협박으로 대응하였다. 여기에 더하여 그는 새 총독을 보내어 증세로 아일랜드를 압박하였다. 그가 증세한 이유는 숙적인 프랑스의 루이 14세와 스페인의 필립 3세에 못지않은 절대군주로 나타내고 싶었기 때문이다. 여기서 한 걸음 더 나아가서 영국 의회의 간섭에서 벗어난 절대군주가 되고 싶었다.

종교적으로 찰스 1세는 영국국왕이 수장이 되는 영국교회(성공회)를 강요하였다. 여기에 스코틀랜드 장로교가 반발하였다. 찰스 1세는 이들을 진압하는데 돈이 필요하였다. 그는 의회를 소집하였는데 의회의 지도자들은 장로교도였다. 1642년 이들은 임시의회를 결성하였다. 왕당파와 의회파 사이의 내전이 발발하였다.

## 대학살

아일랜드에게 이것은 기회였다. 북아일랜드 얼스터의 구교도가 더블린의 신영국인을 상대로 반란을 일으켰다. 여기에 구영국인 지주와 게일이 합세하였다. 이때 얼스터에서 구교도가 장로교도를 공격하여 대학살이 벌어졌다. 장로교회는 불탔고 시체는 부관참시 당했고 남녀노소 가리지 않고 장로교도는 도륙 당하였다. 독일에서 구교도가 개신교도를 학살하여 시작된 30년 전쟁보다 더 참혹하였다. 더블린 성은 끝까지 저항하여 함락되지 않았고 그 사이 스코틀랜드에서 구원군이 도착하였다. 영국의 내전이 아일랜드의 내전으로 이어진 것이다. 문제는 영국 내전의 승자가 아일랜드 내전의 승자를 결정하게 되었다는 점이다. 의회파 크롬웰Oliver Cromwell(1599-1658)이 등장할 차례이다. 그가 아일랜드의 역사를 영원히 바꾸게 된다.

## 크롬웰

영국의 내전에서 승리한 의회파 지도자 크롬웰의 철기군은 훈련이 잘 된 당시 유럽에서 가장 근대화된 모범군대였다. 철기군은 군인과 군비를 대는 투자자로 구성되었다. 그들은 스코틀랜드 장로교도들이다. 크롬웰은 구교도인 왕당파를 격파하고 찰스 1세를 참수하였다. 청교도혁명이다. 영국을 장악한 크롬웰의 군대는 2달 만에 전 아일랜드를 완전히 제압하였다. 그리고 얼스터에서 자행한 개신교 살육의 책임을 물어 구교도를 살육하였다.

크롬웰은 구교도의 땅을 몰수하였다. 1650년대 중반 남서부지역만 제외하고 모든 곳에서 구교도는 땅을 잃었다. 크롬웰이 오기 전에는 구교도가 80퍼센트를 소유하고 있었다. 크롬웰의 눈에는 구영국인과 게일의 차이가 없이 모두 구교도로 보일 뿐이었다. 몰수한 땅은 전비를 대준 투자자와 철기군에게 돌아갔다. 구영국인은 사라지고 장로교양반 지배계급Protestant Ascendancy이 등장하였다. 여기에 대농장제도가 도입되었다. 이 일은 패티William Petty(1623-1687)의 토지조사사업이 뒷받침하였다. 크롬웰-패티의 대농장제도는 20세기 초 토지전쟁이 일어날 때까지 250년간 지속되었다. 후일 인도총독을 지냈던 랜드오운 경Lord Landsowne은 1억 5천만 평의 대농장의 주인이 되었다. 미들턴 시의 토지는 모두 미들턴 경Earl Middeton의 소유였다.[3] 그나마 토지몰수를 면한 구교도들은 상속법에 따라 모든 자녀에게 동등하게 상속하도록 하여 세대가 지남에 따라 1인당 면적이 줄어들어 영세하게 만들었다. 당시 아일랜드를 여행한 사람이 남긴 일기가 그 참상을 전해준다.

> 아일랜드의 지주가 명령을 내리면 소작인은 무조건 따라야 한다. 절대복종만큼 그를 만족시키는 것이 없다. 불손한 태도를 보이면 지팡이나 말채찍으로 후려쳤다. 소작인들은 자신의 부인이나 딸을 지주의 침실로 보내는 일을 자랑으로 여긴다고 어느 지주는 나에게 말하였다. 이것은 노예와 다름이 아니다.[4]

일부 지주는 이보다 더한 악정도 실시했으니 그것이 곧 초야권prima nocta의 행사였다. 크롬웰이 죽자 찰스 2세Charles II(1630-1685)가 영국 국왕이 되었다. 왕정복고였다. 구교도들은 희망을 품게 되었다. 위협을 느낀 장로교도가 구교도를 상대로 음모를 꾸몄다. 마침 런던 흑사병과 런던 대화재를 구교도의 탓으로 돌린 구교도를 상대로 장로교도는 찰스암살음모까지 날조하였다. 찰스 2세 자신은 종교에 대하여 중립적이었다. 사법살인이라 부르는 이 재판으로 많은 구교 지도자들이 목숨을 잃었다. 아일랜드에서는 구영국인이며 추기경인 프랑케트Oliver Plunkett(1625-1681)가 희생되었다.

---

3) Laffan, M., *The Partition of Ireland 1911-1925*, Dublin: Dundalgan Press, 1987, p.12.

4) Young, A., *A Tour in Ireland*, London, 1780. Ranelagh, J., *A Short History of Ireland*, Cambridge, 2012, 84에서 재인용.

## 프랑스 지원

찰스 2세를 이은 제임스 2세James II(1633-1701)는 구교도였다. 그의 왕비 역시 구교국가 포르투갈의 공주였는데 왕자를 생산하자 보복을 두려워하는 장로교도의 우려는 증폭되었다. 구교의 포르투갈과 프랑스가 연합하여 영국을 침공한다는 소문이 돌았다. 장로교도는 1688년 네덜란드에서 개신교도 윌리엄 3세William III를 데려와 국왕에 앉히는 명예혁명에 성공하였다. 이 사람이 오렌지 공Prince of Orange(1650-1702)이다. 스튜어트 왕조는 무너졌다. 제임스 2세는 아일랜드로 도망쳐 그곳에서 구교의 구영국인들로 구성된 의회를 소집하였다. 아일랜드에 화를 불러왔다.

쫓겨난 제임스 2세는 장로교도의 본산인 얼스터를 침공하였다. 이것이 자코바이트 전쟁Jacobite War의 서곡이다. 프랑스가 보낸 군대가 합세하였다. 윌리엄 3세의 명예혁명에 고무되었던 얼스터는 끝까지 방어하였다. 마침내 윌리엄 3세 자신이 군대를 이끌고 아일랜드에 상륙하여 더블린 근교에서 제임스 2세의 군대와 맞붙었다. 1690년의 일이다. 아일랜드 역사에서 가장 중요한 보인전투Battle of Boyne이다. 제임스 2세는 프랑스로 도망쳤고 다시는 영국과 아일랜드를 밟지 못했다. 윌리엄 3세의 군대는 리메리크Limerick에서 제임스2세 군대와 최후의 일전을 치렀다. 이 전투에서 제임스-프랑스연합군대가 패하여 게일은 모조리 도륙당하였고 구영국인의 세력은 영원히 사라졌다. 이때 맺은 리메리크 조약은 두 가지 내용을 담고 있다. 하나는 구영국인 제임스군대 장교들의 해외추방이다.(Flight of Wild Geese) 다른 하나는 종교의 관용을 약속하였다. 영국의 아일랜드 정복이 완성되었다. 북아일랜드는 자신을 구원한 윌리엄 3세의 명칭 오렌지 공을 따서 오렌지색을 자신들의 깃발에 장식하였다. 후일 오렌지당이 출현하였다.

## 차별법

장로교와 구교의 전쟁은 종식되었다. 장로교의 완승이다. 평화가 왔지만 그 대가는 컸다. 구교에 대한 약속된 종교의 관용은 지켜지지 않았다. 영국은 아일랜드 교회the Church of Ireland도 창설하였다. 영국이 식민지를 영연방의 우산 아래 하나로 묶듯이, 영국교회는 영연방의 교회를 하나로 느슨하게 묶었다. 영국교회에 장로교를 혼합한 아일랜드 교회가 그의 일원이 되었다.

장로교양반은 재빨리 아일랜드교도가 되었다. 이들은 같은 장로교라도 얼스터의 순수 장로교와 달랐다. 영국교회와 아일랜드 교회를 믿지 않는 이는 비영국교도(순수장로교도)로 분류되었다. 구교와 비영국교도Dissenters에 대한 차별정책이 이어졌다. 윌리엄 국왕과 영국 의회는 리메르크 조약을 지킬 의사가 있었지만 장로교양반이 차지한 아일랜드 의회가 거부하였다. 그들은 차례로 구교와 비영국교 차별법률Penal Laws을 제정하였다. 차별법은 구교도의 토지소유를 제한하였다. 큰 아들이 구교도인데 작은 아들이 아일랜드교로 개종하면 큰 아들의 토지를 빼앗을 수 있었다. 크롬웰 이래 10퍼센트에 불과했던 구교도 토지소유는 더욱 줄었다. 구교도와 비영국교도는 공직에 취임할 수 없을 뿐만 아니라 각종 법률에 의해 차별 당하였다. 변호사, 의사, 교사직 등에 제한

당하였다. 아일랜드 의회는 장로교양반의 차지였다. 구교도의 99퍼센트가 영국왕관에 불충하므로 될 수 있으면 장로교양반을 고용하라고 권고하였다.[5] 장례의식에서도 차별 당하여 구교도는 묘지에서 장례를 치를 수 없었다.[6]

구교도와 비영국교도는 물리적인 박해는 받지 않았지만 이처럼 모든 면에서 차별 당하였다. 구교도는 견뎌내었다. 인구의 절대다수가 구교도였다. 그 인구에는 이제 구영국인과 게일의 차이가 없어졌다. 이들은 결속되었지만 땅은 그들의 것이 아니었다. 18세기 중엽의 아일랜드는 장로교양반들의 천국이었다. 비영국교인 얼스터의 순수 장로교도는 미국으로 건너가 퓨리턴이 되었고 그들이 영국을 상대로 미국독립전쟁을 일으키게 된다.

아일랜드 의회는 개신교도의 차지였고 이곳의 결정은 포이닝법에 의해 영국 의회의 최종 승인을 받아야 하였다. 이제 이중으로 안심하게 된 개신교도는 느긋해져서 1782년 아일랜드 의회를 독립시켜주었다. 그러나 아일랜드의 진짜 권력은 아일랜드 의회에 있었던 것이 아니라 더블린 총독에 있었다. 더블린 총독부 역시 개신교 양반들의 차지였다. 영국의 지원으로 모든 것을 장악하였지만 인구수에서 밀리는 소수의 개신교도는 구교도에 대한 양보가 곧 재난이라고 생각하여 조금도 유연하지 않았다.

그러나 1760년대에 오면 "시혜"가 논의되기 시작한다. 첫째, 농촌지

---

5) Farrell, M., *Northern Ireland: the Orange State*, London, 1980. p.90.

6) de Rosa, P. *Rebels The Irish Rising of 1916*, New Yok: Fawcett Columbine, 1990, p.72.

역의 불만이 폭발하기 직전이었다. 1740년대의 심각한 기근으로 아일랜드 농민 30만 명이 아사하였다. 비밀조직이 결사되기 시작하였다. 그들은 지역에서 테러를 일으켰다. 둘째, 유럽의 계몽주의에 영향을 받은 장로교양반 사이에서 소수의 개혁파가 대두된 것이다. 셋째, 미국독립전쟁과 프랑스전쟁에서 인적손실로 아일랜드 병사가 필요해지자 영국 의회가 차별법을 종식시키기를 원했다.

영국의 압력으로 아일랜드 의회는 미국독립전쟁 와중인 1778년 구교 구제법을 제정하였다. 구교도의 토지소유제한을 완화하는 법이다. 15년 뒤인 1793년 프랑스 전쟁이 개혁을 재촉하였다. 구교도가 법조계와 군대에 직업을 가질 수 있도록 한 것이다. 이것은 무기소지를 허락한다는 의미이다. 제한적이지만 투표권도 부여하였다. 2파운드 이상의 재산이 있으면 투표를 할 수 있었다.(Forty-Shilling Freeholder)

그러나 아일랜드의 농촌 사정은 조금도 나아지지 않았다. 비밀결사의 폭동이 끊이지 않았다. 북아일랜드 얼스터의 장로교는 이것을 위험하다고 보았다. 과거의 대학살은 아직도 악몽으로 남았다. 얼스터에서 땅과 직업을 둘러싼 개신교도와 구교도 사이의 충돌이 잦아졌다. 개신교도는 오렌지당Order of Orange을 결성하였다. 윌리엄 3세 오렌지 공을 상징하는 것이다. 이에 대해 비영국교도는 방어당Defenders을 만들었다. 이 대립적인 두 개의 당파는 얼스터에서 각각 강한 유대로 결속되었다. 오렌지당은 현재까지 존속한다. 방어당은 사라졌다. 그러나 그 정신은 아직도 계승되어 북아일랜드의 문제를 어렵게 만들고 있다.

## 공화주의 아버지

영국 왕 통치 아래 아일랜드는 식민지의회를 가졌지만 그것도 토지를 차지한 장로교양반의 차지였다. 그럼에도 영국의 지배하에 아일랜드는 단일의 정치체제를 유지할 수 있었다. 분단은 꿈에도 생각하지 않았지만 밀John Stuart Mill(1806-1873)은 내전을 예감하였다.[7)]

예상과 달리 내전보다 아일랜드의 독립을 열망하는 무장봉기가 앞섰지만 번번이 좌절되었다. 특히 18세기 미국독립과 프랑스혁명에 자극을 받은 개신교 변호사 울프 톤Theobald Wolfe Tone(1763-1798)의 지도하에 1798년에 일어났던 연합아일랜드인United Irishmen의 봉기 역시 실패하였다. 그를 따라온 프랑스 함대는 영국 함대에 괴멸 당하였다. 교수형 선고를 받은 울프 톤은 집행 당하기 전에 스스로 목을 베어 자살을 택함으로써 적들에게서 마지막 승리감을 빼앗아버렸다.

프랑스의 지원에도 불구하고 인구와 자원에 있어서 아일랜드는 영국에 상대가 되지 않았다. 1800년 2대 1의 인구비율은 1900년에 4대 1로 확대되었다. 더욱이 영국은 당시 세계 최강의 국가였다. 울프 톤이 내걸은 구호는 공화국이었다. 이로써 그는 아일랜드 공화국의 아버지가 되었다.

그의 공화주의는 당시로서는 시대를 앞서간 대단히 혁명적 사상이었다. 특히 왕정인 영국이 받아드리기 어려운 개념이었다. 칸트는 영국에 대해 불편한 감정을 드러냈다. "영국 국민은 가장 높은 수준의 인종

---

7) Mill, J. S., *England and Ireland*, Longmans, Green, Reader, and Dyer, 1868, p.29.

이다. 그러나 국가로서는 가장 파괴적이고 폭압적이며 가장 호전적이다."[8] 영국의 왕정에 대해서도 마찬가지이다. "이 대륙의 문명국, 특히 상업국가[영국]의 악한 행동[을] … 보면 그들이 방문국[미국]과 그곳 사람들[아메리카원주민]에게 행한 불의는 경악스런 것이다."[9] 이 책의 주인공 데 벌레라도 후일 아메리카원주민 보호지역을 방문하고 세계가 눈 감으면 영국이 아일랜드를 지도에서 없앨 수 있다는 가능성을 보았다.

울프 톤 이후 아일랜드 봉기의 중심에는 공화국 창건이 자리 잡는다. 개신교도인 울프 톤 자신은 가톨릭에 반대였다. 봉기 과정에서 신교도들이 대량 학살당하였다. 1642년 얼스터의 개신교도 학살에 이어 두 번째 개신교도 학살이었다. 그러나 그의 공화국 전통을 이어받는 후의 국민주의자들Nationalists은 가톨릭과 통합하려 한다.

## 연합법

1782년 그라탄Henry Grattan(1746-1820)이 아일랜드 의회에 자치 권한을 부여하는 헌법을 도입하였지만 시기가 나빴다. 미국독립전쟁(1775-1783)에서 패하여 신대륙을 잃은 영국 수상 피트William Pitt(1759-1806)가 아일랜드에 더 강한 고삐를 죄였다. 마침내 영국은 아일랜드를 영국왕의 개인 연합에서 영국 국가의 연합으로 지위를 바꾸어 아일랜드를 왕국으로

---

8) Smith, M., "Translator's Introduction," in Kant, *Perpetual Peace A Philosophical Essay*, London: George Allen and Unwin, 1903, p.66.

9) Kant, I., Nisbet, H. (tr.), "A Sketch of Perpetual Peace," in Williams, D.(ed.), *The Enlightenment*, 1795(1999), p.387.

만들었다. 1800년에 마지막 수순으로 아일랜드 왕국Kingdom of Ireland과 브리튼 왕국Kingdom of Great Britain을 통합하는 연합법Acts of Union이 그것이다. 이 법률에 의해 1801년에 아일랜드를 포함한 대브리튼-아일랜드 연합왕국the United Kingdom of Great Britain and Ireland이 선포되기에 이른다.

이때부터 아일랜드 의회는 폐지되고 대신 아일랜드 대표가 영국 웨스트민스터 의회의 의원이 되었다. 이 체제는 아일랜드 32개주가 둘로 분할되어 26개주는 아일랜드 자유국Irish Free State가 되고 나머지 6개주의 얼스터가 북아일랜드로 영국에 귀속되는 1922년까지 계속되었다. 영국왕은 아일랜드와 대브리튼(잉글랜드, 웨일스, 스코틀랜드)의 연합왕국의 국왕King of the United Kingdom of Great Britain and Ireland이 되었다.

연합법에 저항하는 연합아일랜드인United Irishmen이 1803년에 다시 봉기하였다. 그 지도자 에미트Robert Emmet(1778-1803)는 25세 나이에 교수형에 이어 참수형을 당하기 전에 웃으면서 유명한 최후진술을 남겼다. "아무도 감히 나의 묘비명을 쓰지 마라. … 그들로 하여금 나를 잊게 하라. … 나의 조국이 세계의 열방과 나란할 그때 새로운 이들이 나의 묘비명을 써다오." 유럽대륙은 나폴레옹 전쟁으로 들끓었다. 아일랜드 농촌경제는 더욱 열악해져 뒤숭숭해지고 비밀결사가 조직되었다. 영국수상 웰링턴Arthur Wellington(1769-1852)은 폭동을 우려했다. 그 자신 더블린 출생의 개신교양반이다. 이때 의회주의자 오코넬Daniel O'Connell(1775-1847)이 등장한다.

## 오코넬

아일랜드는 토지, 종교에 이어 언어도 빼앗겨 아일랜드어가 사라져

갔다. 1815년 아일랜드의 인구는 5백5십만이었다. 그 가운데 5천명(0.0009퍼센트)의 장로교양반이 90퍼센트에 해당하는 1천4백만 에이커(1백6십억 평)의 토지를 소유했다.[10] 1831년 교육법은 정규학교에서 영어를 강요하였고 어길 시에는 체벌을 가하였다.[11] 마지막에 남은 희망이 구교였다. 그러나 그 구교마저 차별법에 제약받았다.

1823년 오코넬은 아일랜드 가톨릭회Catholic Association of Ireland를 결성한다. 이 회는 전국 가톨릭교회에 지부를 설치하고 한 달에 1페니의 회원을 모집하였다.(Catholic Rent) 오코넬은 유럽역사상 최초로 대규모 기층민을 동원하는데 성공하였다. 1828년 차별법에 의해 가톨릭교도가 의원이 되는 것을 금하고 있는 상태에서 그는 2개의 선거구에서 동시에 당선되었다.

폭동을 두려워한 영국수상 웰링턴은 1829년 가톨릭구제법Catholic Relief Act을 통과시키고 국왕의 재가를 받아내었다.(Catholic Emancipation) 그는 아일랜드 출신이다. 이 법의 관철을 위하여 웰링턴은 사임의 위협으로 국왕을 몰아세웠고 동료 의원과 결투까지 치렀다. 이 법으로 가톨릭교도도 선거권과 피선거권을 갖게 되었고 선서 없이 웨스트민스터 의회에 출석할 수 있게 되었다. 그 대신 가톨릭 민주주의Catholic Democracy을 두려워한 개신교양반지배층은 재산소유의 선거권 자격을 2파운드에서 10파운드로 올리는 조건을 관철시켰다. 선거권자의 수가 1십만에서 1만6천으로 감소하였다. 주로 개신교양반 부자만이 투표할 수 있는 민주주의였다. 오코넬은 가톨릭 해방을 양반민주주의와 바꾼 것이다. 그

10) Ranelagh, J., *A Short History of Ireland*, Cambridge, 2012, p.110.

11) Ranelagh, J., *A Short History of Ireland*, Cambridge, 2012, p.133.

는 시간이 지나면 소득은 오를 것이지만 가톨릭해방은 이 기회를 놓지만 어렵다는 것을 알고 있었다. 그는 왕관 없는 왕이 되었고 사람들은 그를 해방자Liberator라고 불렀다.

이제 아일랜드에는 다수의 구교도와 소수의 신교도로 대립구도가 형성되었다. 오코넬의 다음 목표는 1800년 연합법의 폐지였다. 그는 자치령Dominion을 주장하였다. 그러나 북아일랜드가 격렬하게 반대하였다. 영국과 연합이 폐지되고 자치령이 실시되면 다수의 구교 남아일랜드가 소수의 신교 북아일랜드를 지배할 것이라는 두려움이었다. 예전의 대살육의 악몽이 사라지지 않았다. 자치령 실패로 오코넬은 실의 속에서 죽는다.

오코넬의 업적은 개신교도 울프 톤이 반대하였던 아일랜드의 오랜 전통의 가톨릭주의Catholicism와 새로운 국민주의Nationalism를 통합했다는 데 있다. 그 과정에서 그는 무력보다 입헌주의Constitutionalism를 내세웠다. 이것은 그 사후 아일랜드 독립운동의 한 줄기가 되는 의회주의의 평화적 전통이 되었다. “살아있는 한 사람이 교회무덤을 가득 채운 망자들보다 더 중요하다.”[12)]

## 아일랜드 공화주의 형제단

오코넬의 평화적 의회주의는 개혁이지 혁명이 아니었다. 오코넬이 가져온 것은 상류층의 해방이었고 기층민의 형편은 조금도 개선되지

12) Ranelagh, J., *A Short History of Ireland*, Cambridge, 2012, p.118.

않았다. 새로운 시대가 다가오고 있었다. 1848년 유럽전역에서 일어난 혁명의 물결은 아일랜드를 지나치지 않았다. 같은 해에 청년아일랜드 Young Irelanders가 봉기하였다. 이태리의 청년이태리를 모방한 것이다. 이 봉기는 감자대기근과 맞물렸다. 이때 미국으로 탈출한 미거Thomas Francis Meagher(1823-1867)는 남북전쟁에서 아일랜드인으로 여단Irish Brigade을 편성하여 공을 세웠다. 종전 후에 영국령 캐나다를 침략하여 영국군과 싸웠다. 이 공적은 후일 데 벌레라가 미국에서 벌리는 독립운동에 호응을 얻는데 크게 도움이 된다.

미거의 동지 오마호니John O'Mahony(1816-1877)는 1858년 미국에서 페니안 형제단Fenian Brotherhood을 조직하였다. 페니안의 유래가 되는 피아나 Fiana는 아일랜드의 전설적 전사이다. 페니안은 오로지 무력에만 의존하는 비밀결사체이다. 별명이 페니안인 아일랜드 공화주의 형제단Irish Republican Brotherhood(IRB)은 또 하나의 동지 스테펜스James Stephens(1825-1901)가 아일랜드로 돌아와 결성하였다. 무장독립투쟁을 목표로 삼았다. 초창기 이름인 아일랜드 혁명주의 형제단Irish Revolutionary Brotherhood(IRB)이 가리키는 바처럼 혁명을 목표로 하는 비밀결사였다. 선서는 다음과 같다.

> 나는 …하나님 앞에서 아일랜드에 독립된 민주공화국을 세우는데 나의 목숨을 다해 최선을 다할 것을 서약한다. 하나님의 율법에 어긋나지 않는 한 나는 모든 일에 있어서 나의 상관에 복종할 것을 서약한다. 나는 내가 알고 있는 이 비밀결사체의 신성불가침의 모든 비밀을 지킬 것을 서약한다. 하나님의 가호가 나에게 함께 하길. 아멘.

교황의 1738년 프리메이슨에 관한 교서(In Eminenti), 1751년 프리메이슨 비난 칙령(Providas), 1821년 프리메이슨 파문 칙령(Ecclesiam), 1826년 프리메이슨 금지 칙령(Quo Graviora)은 모두 비밀결사를 비난하는 교서였다. 구교를 반대하였던 울프 톤 등 신교도가 주동한 19세기 국민주의 무장투쟁을 가톨릭이 저주하는 것은 비밀결사에 대한 저주였다. 계속해서 아일랜드 가톨릭교회는 아일랜드 공화주의 형제단IRB의 무력투쟁에도 반대하는 저주를 퍼부었다.

> 오 하나님의 무거운 저주, 그의 말라 죽이는 저주가 그들에게 가해지기를. 페니언 음모의 지도자들의 깊이를 알 수 없는 치욕을 볼 때, 이들에게는 영원은 결코 길지 않고 지옥은 징벌에 충분하지 않다는 점을 인식해야 한다.13)

19세기 중엽까지 7세기에 걸친 아일랜드의 모든 무장 독립운동은 실패로 끝났다. 식민지 아일랜드의 상황을 악화시킨 것은 감자대기근 the Great Potato Famine이다. 당시 아일랜드는 주식을 감자에 전적으로 의존하였다. 1845년에서 시작된 이 대기근은 5년 동안 연속되었고 그 이후에도 여러 차례 재발하였다. 영국은 수수방관하였다. 이 대기근으로 곡물가격이 폭등하여 곡물법 폐지운동이 일어났다. 곡물법 폐지는 이후 이른바 아일랜드 문제에 중요한 영향을 미치게 된다.

또 하나, 미래의 아일랜드 운명에 영향을 미친 것이 아일랜드 인구

13) Ranelagh, J., *A Short History of Ireland*, Cambridge, 2012, p.142.

의 과반수가 아사하거나 해외로 이주하였다는 점이다. 특히 미국과 호주로 대량이민Diaspora을 떠났다. 미국은 남북전쟁 이후 많은 이민자가 필요하였고 호주 역시 그러하였기에 대량이주가 가능하였다. 이 대량이주가 이후 재정적으로 정치적으로 외교적으로 아일랜드 독립운동의 주요한 해외근거가 되었다는 것은 영국에게는 역설적이다. 이민자들은 영국을 증오하였다. 영국정부가 대기근을 외면한 대가가 후에 패착으로 나타나게 된다.

대기근으로 영국에 실망한 아일랜드 공화주의 형제단IRB은 1868년 다시 봉기한다. 그들이 내건 공화국 선언은 울프 톤의 공화국을 계승한 것이었고 그 후 그것은 다시 계승된다. 아일랜드 공화주의 형제단IRB 봉기의 특징은 사회주의 독립운동이었다는 점이다. 그 목적을 달성하기 위하여 그들은 무장투쟁을 선택하였다. 그들의 무장봉기 역시 실패하였지만, 이때 지도자들이 해외 특히 미국으로 탈출하여 그곳에서 2천만으로 불어난 아일랜드 이주민과 협력하여 후일을 기약하게 된 것은 그들에게 커다란 자산이 되었다. 그 지도자 가운데 한 사람이 드보이John Devoy(1842-1928)이다. 후일 그는 자신의 일생에서 가장 무서운 호적수를 만나게 되는데 그가 바로 이 책의 주인공 데 벌레라이다.

## 토지전쟁

1873년 아일랜드 공화주의 형제단IRB은 헌법을 만들어 형제단의 대표가 아일랜드 공화국의 대통령President이라고 선언하였다. 형제단의 무력투쟁에 반대하고 오코넬의 자치령을 계승하여 평화적 의회주의를 주장한 인물이 파넬Charles Stewart Parnell(1846-1891)이다. 그는 오코넬 자치당원들을 교육으로 당에 대한 충성을 이끌어냈고 웨스트민스터 의회에서는 의사진행방해filibuster로 원하는 법률을 얻어냈다. 전통을 중시하던 영국 의회에 대한 새 전략이었다. 아일랜드 의회당의 의원에는 페니안이 포함되었는데 이들과 함께 1879년 토지연맹Irish National Land League을 결성하였다. 취지는 3F정책이다. 공정한 지대(Fair), 소작기간의 고착(Fixity), 소작권의 자유전매(Free). 목표는 지주제도, 특히 부재지주제도를 폐지하고 토지가 없는 농민들이 토지를 소유하도록 도와주는 것이다. 또 지대를 지불하지 못한 소작인에 대한 강제퇴거eviction의 금지였다. 이 법률로 아일랜드에서 부재지주는 사라졌다. 개신교 귀족인 그는 오코넬의 자치당을 토지연맹과 묶어 아일랜드 의회당Irish Parliamentary Party(IPP)으로 발전시켰다.

1880년대에 일어난 토지전쟁Land War의 핵심은 아일랜드의 토지는 누구의 것이냐? 당연히 아일랜드인의 것이어야 하는데 현실에서는 영국 부재지주의 것이었다. 보이코트, 방화, 협박, 가축살해 등 지주에 대한 아일랜드 농민의 공격이 계속되었다. 보이코트라는 말이 당시 대지주 보이코트에서 비롯하였다. 19세기 초까지 약 20년 동안 여러 곳에서 소요를 일으켰다. 이 역시 무력으로 진압되었지만 1881년과 1885년의 토지법 제정을 거쳐 1903년에 이르러 아일랜드의 토지는 지주에서 소작인으로 소유권이 넘어갔다. 유상매수-유상분배였는데 그 대금의 귀속을 둘러싼 아일랜드와 영국 사이의 경제전쟁은 후일의 일이다. 이로써 크롬웰 이래 개신교양반의 토지제도는 사라졌다.

파넬의 다음 목표는 자치령이었다. 그러나 그는 불륜에 휩싸여 젊은 나이에 죽는다. 영국 수상 글래드스턴William Gladstone(1809-1898)은 자기가 만난 사람 가운데 가장 놀라운 인물이라고 평하였다.[14] 파넬의 죽음으로 그의 아일랜드 의회당IPP은 레드몬드John Redmond(1856-1918)에 계승되어 자치령 문제는 격화된다.

## 자치령

거듭되는 아일랜드 무장봉기 문제를 해결하기 위하여 미국이 영국에 압력을 행사하였고 영국정부는 마지못해 아일랜드 의회당IPP과 함께 두 번의 자치령the Dominion 법률(이하 자치령 Home Rule)를 제안하였으나 영국 웨스트민스터 의회에서 번번이 부결되었다. 1913년 제의된 세 번째 자치령에 민감하게 반응한 것은 역시 북아일랜드의 신교도들이다. 그들은 아일랜드 전체에 일괄하여 자치령을 허용하면 소수의 개신교 북아일랜드는 다수의 구교 남아일랜드에 제압당하여 주도권을 빼앗길 것이라고 믿었다. 인구로 보아 북아일랜드는 아일랜드에서 크게 열세였다. 3백년간의 우위가 자치령으로 무너질 위험 앞에 북아일랜드는 전쟁을 불사하였다. 그를 위해서는 영국과 연합-통합-합병이 절대적이었다.

상황을 악화시킨 것은 구교도가 대다수인 국가에서 이단(신교)을 허락하지 않는다는 교황의 선언이었다.[15] 더욱 악화시킨 것은 1908년

---

14) Gallagher, T., B. Fiona, and O. D. Fionnbarra, *A Pocket History of the 1916 Rising*, Dublin: Gill Books, 2015, p.37.

15) de Rosa, P. *Rebels The Irish Rising of 1916*, New Yok: Fawcett Columbine,

교황 비오 10세가 구교도와 신교도의 혼인을 허락하지 않는다는 칙서의 발표였다. 다만 자녀를 구교도로 양육하면 예외로 인정하였다. 북아일랜드 신교도는 이것을 종교의 자유에 대한 도전으로 간주하였다. 북아일랜드는 구교도가 대다수인 통합아일랜드에서 소수가 되기를 거부하였다. 그들은 자치령을 로마령Roman Rule이라고 불렀다. 이때부터 아일랜드는 단일의 목소리를 내지 못하고 남북 분열의 조짐을 보이기 시작하였다.

## 연합주의 대 분리주의

이제 아일랜드는 자치령을 둘러싸고 두 개로 쪼개졌다. 개신교 북아일랜드의 지도자 카슨 경Sir Edward Carson(1854-1935)은 "교황의 지배Roman Rule보다 카이저의 지배Kaiser Rule가 났다."고 선동하였다. 그들은 실제로 독일(카이저)에서 무기를 밀반입하였다. 1913년 그들은 북아일랜드 9개주 가운데 6개주만으로 얼스터 임시정부the Ulster Provisional Government를 조직하고 스스로를 방어하기 위하여 1914년 독일에서 밀반입한 무기로 얼스터를 중심으로 얼스터 자원군the Ulster Volunteers Forces(UVF)을 조직하였다. 이것은 반역이었다. 윌슨 미국 대통령은 카슨을 교수대에 보내야 한다며 분개하였다.[16] 그러나 영국은 묵인하였다. 이들이 아일랜드와 분리하여 영국과 연합하기를 원하는 연합주의자Unionists이었기 때문이다. 얼스터의 9개주는 보통 북아일랜드의 대명사

1990, p.16.

16) Ranelagh, J., *A Short History of Ireland*, Cambridge, 2012. p.187.

로 사용되었다. 이 가운데 6개주가 강경파였고 결국 이들이 오늘날 북아일랜드가 된다. 카슨은 동갑이며 대학동창인 아일랜드 작가 오스카 와일드Oscar Wilde(1854-1900)를 재판에서 파멸시킨 법조인이다. 와일드가 카슨의 숙적인 파넬을 옹호하는 결정적인 글을 쓴데 대한 보복이었다.

1914년 7월 12일 북아일랜드 임시정부 하에 북아일랜드의 얼스터 자원군은 독일에서 밀수한 무기로 무장하고 얼스터의 벨파스트에서 군사행진을 개최하였다. 이날은 1688년 홀란드의 신교도 윌리엄 3세 오렌지 공이 구교도 제임스 2세를 몰아내고 영국국왕이 된 기념일이다. (명예혁명) 벨파스트에는 영국기와 얼스터기가 나란히 휘날렸다. 오렌지 공을 상징하는 오렌지 깃발이 거리를 메웠다. 이들을 제12일 사람들 the Twelfth이라고 부른다.

남아일랜드는 북아일랜드의 영국연합을 인정하지 않고 하나의 에이레로 영국과 분리되기를 원했다. 분리주의자Separatists인 그들은 남아일랜드의 명칭도 사용하지 않았다. 그들은 다시 둘로 갈라졌다. 의회파와 독립파이다. 의회파는 지난 700년 동안 모든 무장투쟁이 실패하였음을 들어 영국 웨스트민스터 의회 진출을 통한 점진적 독립을 주장하는 아일랜드 의회당IPP이다. 이에 대하여 독립파는 의회파가 기대했던 영국의 '시혜'가 번번이 배신당하는 것을 보고 영국의 적국의 도움으로 무장투쟁을 통한 독립을 주장하였다. 그들은 영국의 적국인 독일과 러시아의 도움으로 눈을 돌렸다.[17] 그러나 의회파이건 독립파이건 영국국왕에 대한 충성을 맹세하는 영연방을 수용하였다. 여기서 독립파는

17) McCartan, P., *With De Valera in America*, New York: Brentano, 1932, Ch.I.

다시 두 갈래로 갈라진다. 내치만 허락하는 자치파는 영국국왕에 충성을 서약하는 자유아일랜드를 주장하고, 완전 독립을 주장하는 공화파는 영국국왕에 대한 충성을 거부한다. 공화파는 아일랜드 공화주의 형제단IRB을 계승하였다.

## 무력대결

북아일랜드의 얼스터자원군UVF 조직에 위협을 느낀 남아일랜드의 의회파는 아일랜드 국민자원군Irish National Volunteers(INV)을 결성하였다. 그 뒤에는 레드몬드의 아일랜드 의회당IPP이 있었다. 이에 대하여 독립파는 아일랜드 자원군the Irish Volunteers Forces(IVF)를 조직하였다. 그 뒤에는 그리피스Arthur Griffith(1872-1922)의 신페인당Sinn Fein이 있었다. 신페인당은 오스트리아-헝가리 이중왕국을 모본으로 영국-아일랜드 이중왕국을 주장한 그리피스가 세운 정당이다. 아일랜드 국민자원군INV의 2만 명에 비하면 아일랜드 자원군IVF의 1천5백 명은 크게 열세였다.

남북 아일랜드 사이에 구교 대 신교의 종교적 대립이 얼스터자원군과 아일랜드 자원군 사이의 군사적 대립으로 발전하였다. 아일랜드에서 남북 분단의 조짐이 표면에 드러나기 시작한 것이 이때부터이다. 영국은 북아일랜드를 지렛대로 이용하여 아일랜드의 완전독립을 억압하였다. 아일랜드 문제에 대해 영국 정계도 분열되었다. 보수당은 자치조차 허락하지 않는 강압정책을 주장하였고 자유당은 자치령을 정강으로 내세웠다. 그러나 누구도 완전독립의 공화국은 허락하지 않았다. 양측에게 그것은 불가능하게 보였다.

## 독일 지원

20세기 초 영국과 독일 사이에 군사대결의 조짐이 농후해지자 남측의 아일랜드 무장독립파는 활기를 찾았다. 그들은 국내외 동포 지도자들과 연락하여 독일과 협정을 맺고 무기를 밀수하였다. 제1차 대전 발발 직전 독일에서 북아일랜드로 무기가 밀반입되던 그날(1914년 7월 12일) 독일 함부르크를 떠난 독일 선박이 벨기에 근해에서 대기하고 있던 아일랜드 요트에 소총 900정과 탄알 29,000발을 옮겨 실었다. 독일이 북아일랜드와 남아일랜드에 동시에 무기를 제공한 것은 남북 사이에 내전을 일으켜 장차 적국이 될 영국을 곤경에 빠뜨리기 위함이었다.

요트는 남아일랜드 더블린의 호스Howth에 도착하였다. 선장은 아일랜드 자원군IVF의 칠더스Erskine Childers(1870-1922)였다. 칠더스는 영국 하원의 공무원으로 소설가였다. 공무원 선발시험에 3등이었다. 그와 무기 밀수를 함께 한 인물이 로저 케이스먼트 경Sir Roger Casement(1864-1916)이다. 로저 경은 영국외무성 출신으로 여러 국가의 영국영사를 지냈고 영국국왕으로부터 기사작위를 받았다. 그러나 이 무기는 북아일랜드의 얼스터자원군UVF의 무기에 비하면 상대가 되지 않았다. 칠더스와 케이스먼트의 뒤에는 아일랜드공화형제단IRB과 그의 지부인 아일랜드계미국단체의 드보이가 있었다. 이 두 단체가 주미 독일대사관에 접근하여 아일랜드-독일-아일랜드계 미국인의 연합작전을 이끌어낸 것이다.(후술) 무기가 무사히 아일랜드에 도착했다는 소식을 뉴욕에서 들은 케이스먼트와 드보이는 눈물로 자축하였다.

북아일랜드의 반역과 남아일랜드의 대응으로 영국 정부는 군대를 북아일랜드에 급파했지만 진압하기를 거부하는 사태가 일어났다. 군대는 북아일랜드 편이었다. 북아일랜드의 군사고문과 훈련교관이 모두 영국군 출신이었던 탓이다. 이 위기를 돌파하려면 북아일랜드를 달랠 수밖에 없다고 깨달은 영국은 1914년 9월 북아일랜드 6개주의 분리조항을 포함한 세 번째 자치령을 통과시켰지만 제1차 세계대전으로 시행이 연기되었다. 분리의 경계선이 미정으로 남았기 때문이다.

제1차 세계대전의 와중인 1916년 케이스먼트는 다시 한 번 독일과 협상을 하여 무기를 밀수하기로 교섭하였다. 독일은 영국의 군사력을 아일랜드에 묶어놓으려고 아일랜드 독립운동을 돕기로 하였다. 이번에도 케이스먼트는 미국 거주 아일랜드계미국지도자들의 도움을 받았다. 개전 초기부터 통신과 독일 암호를 장악한 영국의 삼엄한 경계에 걸려 이번의 밀수시도는 실패하였고 케이스먼트는 체포되었다. 그는 전쟁포로로 대우받지 못하고 반역죄로 작위를 박탈당한 후 런던에서 교수형을 당하였다. 외교관의 신분이었기에 미국 상원에서 그의 특사를 결의하고 영국에 전달했지만 처형을 막지 못하였다. 그러나 그의 처형은 아일랜드의 대의에 대한 영국의 만행을 세계에 고하는데 크게 일조하였다.

## 부활절 봉기

이 독일무기를 믿고 아일랜드 공화주의 형제단IRB 최고회의가 1916년 부활절 월요일Easter Monday에 더블린 중앙우체국 앞에서 선언문Proclamation의 낭독을 시작으로 더블린 시내 요충지 14곳에서 동시에 무장봉기를 일으켰다. 피어스Patrick Pearce(1879-1916)가 낭독한 선언문은 공화국을 선포하고 스스로 그 임시정부라 칭하였다. 아일랜드 공화주의 형제단IRB의 대표가 임시정부 대통령이라고 임의로 규약을 만들었다. 제1차 대전으로 인한 영국의 어려움을 아일랜드의 기회로 포착한 것이다. 예상대로 6일의 전투 끝에 영국군경에 패하였다.[18]

전투는 아일랜드 자원군IVF이 담당하였다. 이 이름은 후일 유명해지는 아일랜드 공화군Irish Republican Army(IRA)으로 개칭된다. 6일간 무장전투로 더블린 시가는 폐허가 되었다. 당시 더블린 시민들은 아일랜드 자원군의 봉기에 협조하지 않았다. 오히려 생업에 지장이 된다며 이들을 원망하였다. 상황이 달라진 것은 영국군이 봉기 지도자 15명을 군사재판으로 전격 총살시킨 사건이다. 나중에 이 재판은 불법으로 판결되었다. 분개한 시민들의 태도가 돌변하여 독립운동의 새로운 국면이 전개되었다. 부활절 무장봉기도 760년 동안 일으킨 무장투쟁처럼 실패하였지만 처음으로 시민들의 호응을 얻게 된 것이다. 이때 사형에서 살아남은 유일한 사령관Commandant이라고 알려진 인물이 이 책의 주인공인 에이먼 데 벌레라Eamon de Valera(1882-1975)이다.

## 2. 데 벌레라

### 출생

데 벌레라의 출생은 극적이다. 아버지는 스페인 사람이고 어머니는

---

18) de Rosa, P., *Rebels The Irish Rising of 1916*, New Yok: Fawcett Columbine, 1990.

아일랜드의 하녀 출신으로 미국 이민자이다. 데 벌레라 자신은 뉴욕에서 태어난 미국시민이다. 정적들은 그를 "스페인계 미국인 가톨릭 유대인"이라고 악선전하였다.[19] 현대에 와서는 그가 "영국의 거물첩보원"이었다는 주장까지 대두하였다.[20] 여기에 더한 것이 그가 사생아라는 공격이다. 민족주의가 강한 아일랜드가 건국 대통령으로 받아드리기에 너무 극적인 면모이다. 그러나 그의 출생배경이 바로 아일랜드 역사의 비극을 상징한다. 아일랜드는 오랜 동안 영국의 지배를 받아 오는 동안 여러 민족이 섞였다. 이른바 민족 반역자를 골라내기가 어려웠다. 지식인들은 영국에서 교육을 받았고 영국군대에 복무하였다. 영국국왕에 충성을 맹세하였으며 공무원이 되었다. 대표적으로 쇼Bernard Shaw(1856-1950)는 영국에서 활동한 세계적인 문필가이다.

땅이 척박한 아일랜드의 주식은 단일 품종의 감자 오로지 감자 하나뿐이었다. 1845년 이래 연속 5년 동안 감자흉년으로 인구의 3분의 1이 아사하였다. 살아남은 이들 가운데 거의 절반이 민족 대이동diaspora의 물결에 휩쓸렸다. 19세기 말까지 5백만 명이 미국으로 갔다. 자손이 불어나서 그 숫자는 1920년까지 2천만 명에 육박하였다.[21] 당시 미국 인구의 5분의 1에 근접하였다.[22] 미국에서 이들은 하나의 정치세력으

---

19) Laffan, M., *The Partition of Ireland 1911-1925*, Dublin: Dundalgan Press, 1987, p.70.

20) Turi, J., *England's Greatest Spy*, Aritan International, 2009.

21) Hannigan, D., *De Valera in America*, New York: O'Brien Press, 2010, p.102.

22) Carroll, F., "America and Irish Political Independence, 1910-1933," in P. J. Drudy(ed.), *The Irish in America: Emigration, Assimilation and Impact*, Cambridge University Press, 1985, p. 272.

로 성장하였다. 대법관, 상하원의원, 주지사, 변호사, 언론인, 사업가, 대학총장 등을 배출하였다. 그러나 후술하는 바와 같이 이들은 두 단체로 나누어져 서로 반목하였다.

1879년 8월 2일 뉴욕에 도착한 아일랜드 처녀가 이민선에서 내렸다. 수많은 아일랜드 이민자들처럼 그녀 역시 무일푼이었다. 케서린 콜Catherines Coll(1856-1932)은 먼저 와있던 숙모를 찾아 브루클린에 정착하였다. 그녀는 곧 프랑스인의 집에서 하녀의 일을 시작하였다. 여기서 그는 스페인계 쿠바 태생 조각가 비비온 후안 데 벌레라Vivion Juan de Valera를 만났다. 둘은 1881년 9월 19일에 가톨릭 성당에서 혼인을 하였다. 1882년 10월 14일 뉴욕 어린이 병원에서 아들이 태어났다. 조지George라고 출생신고 하였으나 곧 에드워드Edward라는 이름으로 영세를 받았다. 에드워드의 아일랜드어가 에이먼Eamon이다.

데 벌레라의 정적들은 그의 모친이 아일랜드에서 하녀였는데 주인의 자식을 임신하자 미국으로 도망쳤다고 주장하였다. 그러나 케서린(케이트)가 미국에 도착한 날짜와 에이먼이 출생한 날짜의 기록으로 이 주장은 거짓임이 드러났다. 이에 정적들은 조지와 에드워드가 동일한 출생아가 아니라고 주장하였다. 그러나 케이트가 아이를 출산한 것은 미국에 온지 1년이 지났을 때였으므로 정적들의 주장은 사실이 아닌 것은 분명하다. 문제는 에이먼 부모의 결혼 기록이 발견되지 않고 있다는 점이다.[23] 에이먼의 영세 기록은 있다.

---

23) Dywer,T., *Big Fellow, Long Fellow*, Dublin: Gill & Macmillan, 2006, p.1.

1885년 남편 비비온이 사망하자 케이트는 일하며 혼자 어린 아들을 기를 수가 없어서 3살의 에이먼을 아일랜드의 친정어머니 집으로 보냈다. 친정아버지는 일찍 세상을 떠났다. 그곳에는 에이먼의 이모와 외삼촌이 살고 있었다. 그는 첫날을 기억하였다. 아침에 깨어보니 집은 비어있었다. 처음 보는 조카를 챙길 사이도 없이 퇴거당한 것이었다. 어린 에이먼은 이처럼 버려진 감정을 일생 동안 간직하고 살아야 하였다. 모호한 출생, 유기된 감정, 결핍된 애정. 이것이 데 벌레라의 성격을 지배하였다.[24]. 스스로 자신을 보호하기 위하여 두각을 나타내야하고 그 자리를 지키려는 성격이 형성되었다. 그는 자신이 무오류infallible라고 믿는 강한 성격의 소유자가 되었다. "데 벌레라의 태도는 무오류였다. 그는 옳다. 다른 이들은 모두 옳지 않다. 그는 틀릴 수 없다."[25] 그의 고집을 꺾을 사람은 없었다.

이모가 미국으로 떠나자 그는 이모에게 편지를 썼다. 어머니에게 자신을 미국에 데려가 달라는 간청이었다. 그러나 응답이 없었다. 데 벌레라가 자신의 안전을 구할 곳을 미국에서 찾으려는 내면의 무의식은 여기에서 유래되는지 모른다.[26] 이 무의식은 정치가가 되어서도 없어지지 않아서 어려움을 돌파할 때마다 미국에 기대하였다. 그는 평생 미국시민권을 버린 적이 없다.

---

24) Dwyer, T., *Big Fellow, Long Fellow*, Dublin: Gill & Macmillan, 2006.

25) Tansill, C., *America and the Fight for Irish Freedom 1866-1922: An Old Story Based upon New Data*, New York: Devin-Adair, 1957, p.367.

26) Dwyer, T., *Big Fellow, Long Fellow*, Dublin: Gill & Macmillan, 2006, p.2

## 학업

에이먼이 6살이 되자 학교에 보내게 되었다. 그 사이에 어머니가 잠시 방문을 하였다. 방문 직후 어머니는 미국으로 돌아가 재혼을 하였다. 재혼한 남편 사이에서 아들을 얻었다. 후일의 톰 윌라이트Tom Wheelwright 신부이다. 에이먼도 한때 가톨릭 신부를 지망하였다. 그러나 교회가 그의 출생을 문제 삼자 포기하였다. 그럼에도 그는 독실한 가톨릭 신자가 되었다. 후일 독립운동에서 커다란 자산이 되었다.

에이먼은 8년 동안 7킬로 떨어진 초등학교를 걸어서 다녔다. 당시 아일랜드의 초등교육은 거의 가톨릭교회가 담당하였다. 학교에서는 아일랜드 역사를 가르치지 않았지만 어린 그는 아일랜드 역사책을 읽었고, 프랑스 혁명사도 읽었다. 교구의 신부에게서 아일랜드 국민주의와 그 정치를 배웠다. 그는 결석을 자주 했다. 집안일을 도와야 했기 때문이다. 특히 미혼의 외삼촌의 식사 준비까지 했다. 가난으로 혼인을 할 수 없었던 외삼촌은 그에게 사랑을 베풀지 않았다.

감자는 척박한 땅에서도 잘 자랐다. 식구를 부양할 충분한 토지가 없어서 길가 땅에 몰래 경작하였는데 이는 불법이었다. 에이먼은 망을 보면서 길가에 감자를 뿌리고 거두었다. 그럼에도 그는 땅을 경작하는 방법을 배우지 못했다. 삼촌가족은 항상 식량이 부족하였다.

에이먼은 "감자 캐는 일로 일생을 보내지 않겠다."고 결심했다. 초등학교를 마친 에이먼은 11킬로 떨어진 중학교를 걸어서 다녔다. 그는 수학에 재능을 보였다. 16세가 된 그는 3년 동안 매년 20파운드의 장학금을 받을 수 있는 시험에 합격하였다. 가장 권위 있는 더블린의 트리니티 대학Trinity College은 개신교 학생에게만 입학이 허락되었기 때문에 에이먼은 갈 수 없었다. 이 대학은 1592년 엘리자베스 1세가 세운 대학이다. 대신 제수이트Jesuit이 운영하는 대학에 응시했으나 실패하였다. 마침 교구의 신부가 기차에서 가톨릭이 운영하는 더블린 소재 블랙락 대학Blackrock College의 총장을 만났다. 신부가 총장(그 역시 신부)에게 우수한 학생을 추천하며 입학시켰으면 좋겠다고 말해서 허락을 받았다. 에이먼은 이 대학에 입학하였는데 공부를 잘하여서 24파운드를 받았다. 그는 수학을 전공하였다. 후일 영국과 관계를 정립하는 교섭에서 그는 수학의 집합이론을 동원한다.

당시 대학생들은 전국고사를 치러야 했는데 그 시험출제에 블랙락 대학 교수들은 참여하지 못했다. 데 벌레라는 3년 장학금을 얻어 시험출제 교수가 있는 로열 대학Royal University으로 학적을 옮겼다. 그는 토론반에 참석하여 토론방법을 배웠다. 키가 6피트 이상으로 커진 그는 운동에도 재능을 보여 럭비 팀의 주장이 되었다. 친구들은 그를 장신의 꺽다리Long Fellow 또는 데부Dev라고 불렀다. 그가 제출한 논문을 보면 이 시절 그의 생각을 읽을 수 있다. "영국 정치인이 풀기에 문제가 너무 어려운가? 그들은 자신들이 우리보다 더 잘 입법을 할 수 있는 체한다. 그러나 우리가 의회를 갖는다면 한 시간 만에 이 골치 아픈 문제를 영원히 풀 것이다. 영국인들은 아일랜드를 전혀 이해할 수 없는 것처럼 보인다."27) 그의 민족주의 싹을 볼 수 있다.

---

27) Dwyer, T., *Big Fellow, Long Fellow*, Dublin: Gill & Macmillan, 2006, p.6.

## 수학강사

대학을 졸업한 1903년 에이먼은 락크웰 대학Rockwell College의 수학 강사를 시작으로 여러 대학을 거쳐 교사훈련학교에서 물리학과 수학을 가르쳤다. "나는 거의 1천명의 교사를 가르쳤는데 그들을 만날 때마다 그들이 나의 친구임을 알았다. 내 제자들은 나에 대한 소문을 한 번도 믿지 않았다. 그들은 그것이 사실이 아님을 알았다."[28] 이것은 데 벌레라가 후일 정치가로서 각종 의혹에 휩싸였음을 자신도 알고 있음을 드러낸다. 전술하였듯이 그는 한때 신부가 될 것을 진지하게 생각하였다. 그가 민족주의자로서 아일랜드의 정체성을 가톨릭과 강하게 연계한 것도 그에 연유한다. 그가 세인트 패트릭 대학Sant Patrick's College에서 가르칠 때 그 대학 총장 매닉스Daniel Mannix(1864-1963)와 교제하였다. 그는 후일 호주로 이민 가서 호주 추기경이 된다. 그리고 데 벌레라의 독립운동을 돕는다. 또 맥로리Joseph MacRory(1861-1941) 역시 후일 아일랜드의 추기경이 되어 데 벌레라를 돕는다. 전통적으로 아일랜드 가톨릭은 폭력투쟁에 대하여 반대했는데 데 벌레라는 가톨릭의 세력을 자기편으로 끌어드리는 작업을 한다.

데 벌레라는 결국 석사학위는 취득하지 못했다. 그러나 그는 주장한다. "아인슈타인이 내가 세계에서 상대성원리를 정말로 이해한 9명 가운데 하나라고 말했다."[29] 이 주장에 어울리지 않게 그는 한 번도 주요대학의 교수로 임용되지 못했다. 대통령이 되었을 때 한때 자신의

---

28) Coogan, T., *De Valera*, London: Random House, 1993, p.35.

29) Coogan, T., *De Valera*, London: Random House, 1993, p.35, p.141.

임용을 거절했던 더블린대학의 이사장이 되어 원한을 설욕했고 사망할 때까지 그 자리를 놓지 않았다. 후일 미국에서 아일랜드의 대의를 위하여 공채(표)판매로 전국을 유세할 때 그의 지지자가 보내온 선물이 실수함수의 해석학에 관한 것이었다.

대통령이 되었을 때 그는 아일랜드 고등연구소를 설립하였다. 아인슈타인을 고빙하려 했지만 그는 이미 미국 프린스턴의 고등연구소에 임용되어 있었다. 양자역학으로 노벨물리학상을 수상한 슈뢰딩거Erwin Schrodinger(1887-1961)가 나치의 박해를 피해 해외로 망명할 때 아일랜드 고등연구소로 그를 받아준 사람이 데 벌레라였다. 슈뢰딩거가 더블린 대학에서 강연한 『생명이란 무엇인가 What Is Life』를 읽고 감명을 받은 시카고 대학의 학부학생 와트슨James Watson(1928- )이 후일 DNA의 구조를 발견하고 노벨상을 받았다.

# 제 2 장
# 개혁가

## 1. 개혁

자치령에서 정치적으로 자극을 받은 젊은 세대들이 등장하여 개혁의 목소리가 높아졌다. 사회주의, 민족주의와 함께 게일문화의 새 바람이 불었다. 그것이 문화국민주의였는데 여기서 국민을 문화로 정의하기 시작했다. 일찍이 월터 스코트의 문화국민주의의 선행이 있었다. 그 배경에는 대기근이 있었다. 이것은 아일랜드 역사의 분수령이 되었다. 나라를 영원히 바꾸어 놓았다. 그 후 문맹률이 하락해지고, 교통망이 개선되었고 사회적 이동이 증가했지만 문제는 아일랜드 언어가 사라져 가고 있었다는데 있었다. 그 해득 인구가 1851년 23퍼센트에서 1901년 14퍼센트로 급락하였다.

국민주의자들은 아일랜드 정체성에 대하여 우려하기 시작하였다. 너무 영국화 되었던 것이다. 이에 대한 반발로 게일체육회(Gaelic Athletic Association, GAA)가 1884년에 창설되었다. 창설자는 학교교사인 쿠삭Michael Cusack인데 아일랜드 고유의 운동인 허링hurling, 게일축구를 장려하고 외국축구, 럭비 등을 배척하였다. 체육회 회원은 외국 경기를 보거나 참여하면 안 되었다. 아일랜드 인이라도 영국 군인이나 경찰은 회원이 될 수 없었다. 아일랜드의 각성운동이다.

그로부터 10년도 못된 1893년. 게일연맹Gaelic League이 등장하였다. 설립자는 언어학 교수 맥닐Eoin MacNeill(1867-1945)과 중세사 교수 하이드Douglas Hyde(1860-1949)이었다. 목표는 아일랜드어를 가르치고 아일랜드 무용, 음악, 문학을 장려하는 것이었다. 1904년까지 게일연맹은 593개 지부에 5만명의 회원을 확보하였다. 정치적 단체는 아니었으나 정치가들도 관심을 보였다. 영국-아일랜드 혼혈도 가입하였다.

아일랜드 문예부흥은 문화국민주의의 중심이 되었다. 시인, 작가, 극작가들이 아일랜드 민요에서 영감을 얻었다. 영국-아일랜드인 에이츠 시인은 아일랜드 독립에 적극적이었다. 1904년 그는 더블린에 애비극장Abbey Theater을 설립하고 아일랜드 극을 상연하기 시작하였다.

아일랜드 고유의 문화 운동은 아일랜드에 끼치는 영국 문화에 도전하면서 영국의 아일랜드 지배에 의문을 키워갔다. 고유의 정체성을 찾아가는 이들 단체의 눈에 아일랜드는 영국에서 완전히 분리되어야만 하였다. 이때 아일랜드공화파형제단IRB이 기회를 포착하고 두 단체에 스며들어 비밀리에 형제단의 단원을 모집하는 모체로 삼기 시작하였다. 회원으로 가입하는 형제단원이 증가하자 하이드 회장이 사임하였다. 정치단체가 되었기 때문이다. 이들은 개혁이 아니라 혁명을 원했다. 마침내 이들은 혁명을 이루어낸다.

## 2. 게일연맹

1912년 데 벌레라는 세인트 페트릭 대학St. Patrick's College의 수학과 수리물리학 강사가 되었다. 이 대학의 재직이 그의 일생에 중요한 전환점이 되었다. 게일연맹Gaelic League에 가입한 것이다. 미래의 아일랜드 자원군IVF의 지도자가 되어 부활절봉기를 이끌어내는 피어스Patrick Henry Pearce (1879-1916)가 활동하였고 후에 등장하는 콜린스Michael Collins(1890-1922)도 이 연맹에 가입하였다. 이들은 형제 단원이었다. 이 사실을 모르는 데 벌레라는 정치단체와 상관하지 않겠다고 결심했다. 그는 아일랜드 전통문화보급에만 관심을 기울였다. 아일랜드어의 회복이 가장 중요한 문제라고 믿었다. 아일랜드의 남북분단 문제보다 더 중요하다고 주장하였다.[1)]

데 벌레라는 외할머니 집에서 자라면서 노인들이 영어는 못하고 아일랜드 말로 대화하는 것을 들었다. 아일랜드가 영국의 식민지가 된지 750년이 되어도 아일랜드 말이 시골에 남아 있었던 까닭은 아일랜드의 도로가 불비하여 왕래가 어려웠고 교육제도가 미비 되어 문자를 해득할 수 없었기 때문이다. 근본원인은 영국의 식민정책의 탓이었다.

에이먼 자신은 몇 개의 단어 이외에 아일랜드 말을 몰랐다. 그를

1) Bowman, J., *De Valera and the Ulster Question 1917-1973*, Oxford 1982, p.127.

기른 외삼촌이 몰랐기 때문이다. 이대로 방치하면 아일랜드 말과 글은 이제 사라질 운명이 되었다. 에이먼은 아일랜드 언어를 배우기로 결심하고 게일연맹에 등록하였다. 아일랜드 민족의 고유의 종교인 가톨릭교도로써 데 벌레라에게 민족 고유의 언어도 중요했다. 종교와 언어는 민족의 정체성을 의미하며 한 국가의 독립의 정당성을 부여하기 때문이다. 아일랜드가 박해 속에서도 가톨릭을 끝내 고수한 이유이다.

게일연맹의 교사 가운데 시니드 프래네간Sinead Flanagan(1878-1975)이라는 처녀가 있었다. 그녀는 초등학교 교사였는데 취미로 사라져가는 아일랜드 언어를 공부하고 가르쳤다. 에이먼은 그녀의 학생이 되었다. 그녀는 에이먼 보다 4살이 많았다. 1910년에 둘은 결혼하였다. 둘은 결혼식도 아일랜드 말로 거행했는데 아일랜드 말을 모르는 주례신부를 집전에 필요한 몇 마디를 가르쳤다. 어머니의 사랑을 받아본 적이 없는 에이먼은 연상의 여인에게서 모성애를 발견했는지 모른다.[2] 이때 아일랜드 언어 여름학교를 맡아달라는 기회가 왔다. 아일랜드 서쪽 도시 골웨이Galway와 다리로 연결된 타윈섬Tawin이다. 골웨이 지역은 더블린 지역과 떨어져 아직도 아일랜드 언어를 사용하는 인구층이 제법 두터웠다. 1912년 여름학교 개교식에 케이스먼트 경Sir Roger Casement가 찾아왔다. 그는 아일랜드의 거의 모든 대학의 후원자이다. 그는 에이먼 학교에 상금을 희사하였다.

아일랜드 언어 과정을 이수한 에이먼은 게일연맹에서 본격적으로

---

2) Dwyer, T., *De Valera The Man and the Myths*, Dublin: Poolbeg, 1991, p.9.

활동하였다. 그는 지역 위원회의 일원으로 선출되었고 전국 연차대회에 지역대표로 뽑혔다. 이 즈음 앞서 말한 대로 비밀군사결사체인 아일랜드 공화주의 형제단IRB이 게일연맹에 스며들었다. 게일연맹 전국위원회 위원 선출에서 공화주의형제단 대표가 선출되었고 에이먼은 실패하였다. 이때 에이몬은 막후에서 움직이는 형제단의 그림자를 보지 못했다. 그러나 곧 그에게 기회가 왔다.

1915년에 에이먼은 게일연맹 회의에 참석하는데 여기서 중요한 결정이 내려졌다. 아일랜드 공화주의 형제단IRB의 막후 압력으로 게일연맹이 비정치적이라는 규정을 삭제해버린 것이다. 하이드 회장이 이에 항의로 사임하고 맥닐 교수가 신임회장이 되었다. 데 벌레라는 이 변화가 좋았다. 이때의 결의가 그의 행동방향을 바꾸는 계기가 되었다. 단순한 아일랜드 언어보급운동을 자유게일 국가의 전국운동과 일치시키는데 앞장섰다.

## 3. 아일랜드 자치령

여기서 당시 아일랜드의 정치상황을 돌아볼 필요가 있다. 앞서 소개한 대로 아일랜드에 대한 자치령 약속은 오래 되었다. 그러나 그 약속은 번번이 깨졌다. 최초의 자치령이 제안된 것은 1886년이다. 이전에는 북아일랜드 얼스터가 나머지 지역과 종교를 비롯하여 여러 모로 달랐지만 그럼에도 아일랜드는 통합되어 있었고 남북으로 분단되리라고는 꿈에도 생각하지 못했다.

앞서 언급한 대로 17세기 영국이 주도한 이민 정책으로 아일랜드 전역에서 잉글랜드인과 스코틀랜드인이 전체 인구에서 차지하는 구성비가 2퍼센트에서 27퍼센트로 증가했다.[3] 인구변화는 국부 구성의 변화를 가져왔다. 계속된 토지몰수로 국부가 게일 아일랜드인에서 스코틀랜드인과 잉글랜드인으로, 구교도에서 신교도로 이전되었다. 신진계급은 런던과 문제를 일으켰지만 영국과 연합의 원칙은 지켰다. 북아일랜드라고 모두 신교도 일색이 아니었다. 북아일랜드의 남부는 구교이며 주로 농업에 종사하였다. 그러나 얼스터는 달랐다. 스코틀랜드와 잉글랜드에 인접하여 공업이 발달하였다. 이곳은 이질적인 다양한 사회가 되었지만 구교도 지배에 대한 우려에 대해서는 항상 단결하였다. 특히 구교도가 몰수된 토지를 다시 찾으려는 어떠한 움직임에 대해서도 민감하였다. 1861년 북아일랜드 남부의 구교도 인구는 9.9퍼센트에 불과하였지만 49.5퍼센트가 구교도였던 얼스터는 더 민감하였다.[4]

역시 앞서 약술하였지만 18세기 이래 구교도와 신교도의 갈등은 차별법을 불러왔다. 이것은 아일랜드 전역에 적용되었고 후일 아일랜드 공화군Irish Republican Army(IRA) 결성에 배경이 되었다. 신교도 내부에서도 스코틀랜드 장로교회와 잉글랜드의 영국교회 사이의 갈등도 깊었다. 각 교파는 주거지역도 달랐다. 그러나 얼스터와 다른 지역의 차이점은 공업과 농업의 차이였다. 얼스터 지역에서는 이미 소작인들이 지주의 허

---

3) Cullen, L., *The Emergence of Modern Ireland*, London: 1981, p.87.

4) Vaughan, W. and A. Fitzpatrick (eds.), *Irish Historic Statistics: Population 1821-1971*, Dublin, 1978; Walker, B. (ed.), *Parliamentary Election Results in Ireland 1801-1922*, Dublin, 1978.

락 하에 소작권을 매매할 수 있었다. 지대를 지불하지 못하는 소작인에 대한 강제 퇴거도 사라졌다. 겉으로 보아 얼스터는 영국이었다.

경제적으로 혜택을 보면서 얼스터는 대영제국과 연합-합병을 약화시킬 동기가 전혀 없었다. 영국과 관세 없이 자유무역을 할 정도로 경제력이 탄탄하였다. 다시 말하면 얼스터는 영국과 통상으로 맺어졌던 것이다. 그리고 영국을 통하여 세계시장의 혜택까지 누렸다. 그들은 영국과 연합이 효율적이고 생산적임을 깨닫고 그것을 발전과 문명이라고 여겼다. 경제적 이익이 정치적 종교적 충성을 이끌어 내었다. 경제적으로 침체한 아일랜드가 그 원인을 1800년 연합법Act of Union 탓으로 돌릴 때에도 얼스터는 이에 동조하지 않았다. 경제가 번성할수록 얼스터는 영국, 스코틀랜드, 웨일스와 더 밀착되었다.

땅을 빼앗긴 구교도는 당연히 가난하고 불만이 많았다. 그들이 취할 수 길은 아일랜드 내에서 이동을 하여 여러 곳의 인구분포에 영향을 주는 것이었다. 신교도는 위협을 느꼈다. 1641년 구교도가 반란을 일으켰을 때 구교도에 의한 신교도 살육이 얼스터 기억 속에 깊이 각인되었다. 인구이동은 선거에 영향을 주어 신교도 의원이 패하는 일이 비일비재하였다. 1829년 이전에는 의원이 모두 신교도였던 사정이 변하였다. 앞서 소개했듯이 오코넬O'Ccnnell이 의회를 통하여 구교해방Catholic Emancipation을 가져왔다. 이것은 구교도도 웨스트민스터 의원이 될 수 있는 법이다. 그러나 이것은 역으로 남북 두 지역의 차이를 더욱 공고하게 만들었다. 오코넬은 얼스터 신교도의 지지를 받지 못했다. 그가 더블린 시장이 되었을 때 벨파스트 방문이 거부되었다. 그는 신분을 숨기고 가면서 군대를 동원하여 질서를 유지했으나 암살단이 그를 노

리고 있었다.[5)]

아일랜드의 분열은 영국으로서는 환영할 일이었다. 영국은 오코넬로 인하여 벨파스트에서 폭동이 일어나길 기다렸다. 그를 빌미로 신교도 손에 무기를 들려줄 생각이었다.[6)] 1876년에 7대 말보러 공작the 7th Duke of Marlborough(1822-1883)이 아일랜드 총독Lord-Lieutenant으로 부임하면서 그의 아들 랜돌프 경Lord Randolph(1849-1895)을 비서로 채용하였다. 이때 2살의 손자가 윈스턴 처칠Winston Churchill(1874-1965)이다. 랜돌프 경은 보수당의 거두로서 아일랜드 문제에 대해 강경파였다. 후일 재무장관을 역임하였다. 윈스턴 처칠은 후일 아일랜드 분단에 깊숙이 관여하게 된다.(후술)

거듭되는 아일랜드의 폭동과 봉기는 영국에게 두통거리였다. 이에 대한 해법으로 제시된 것이 자치령이다. 이것은 스웨덴이 그의 식민지 노르웨이에게 허용한 방법이다. 아일랜드 자치령은 아일랜드 의회당의 파넬Charles Parnell(1846-1891)과 영국 자유당의 글래드스턴William Gladstone(1809-1898)의 합작품이다. 이것은 1800년 연합법을 부정하는 제의였기에 랜돌프 경은 자치령에 반대하였다. 그는 연합법을 고수하였다.

데 벌레라가 게일연맹에 가입하던 당시 남아일랜드에는 군소정당을 제외하고 대표적인 두 개의 정당이 있었다. 하나는 1905년 그리피스Arthur Griffith(1872-1922)가 설립한 신페인당Sinn Fein이다. 이 정당은 아일랜

---

5) Laffan, M., *The Partition of Ireland 1911-1925*, Dublin: Dundalgan Press, 1987, p.7

6) Kerr, *Peel, Priests and Politics*, Oxford, 1983, p.127.

드의 자치를 주장하며 "아일랜드 수도에 아일랜드 정신에 따라 아일랜드 의회를 설립하는 것"을 목표로 삼아 헝가리처럼 오스트로-헝가리의 이중 왕국을 지향한 정치적 결사체이다. 또 하나는 파넬을 계승한 레드몬드 John Redmond(1856-1918)가 당수인 아일랜드 의회당Irish Parliament Party(IPP)이다. 이 정당은 영국의 웨스트민스터 의회 진출을 통하여 점진적 독립을 목표로 하였다. 아일랜드 의회당IPP이 대세였다. 선거에서 언제나 대승을 거두었다.

## 4. 자원군

1886년에서 시작된 자치령 논의는 1913년에야 두 번째 제안의 모습으로 영국 하원House of Commons(평민원)에서 통과되었다. 아일랜드 전체에 대한 자치령Home Rule이었다. 전체라 함은 북아일랜드의 얼스터 신교도 지역까지 포함한다. 남아일랜드의 국민주의자들은 환영하였다.

이에 위협을 느낀 북아일랜드 얼스터 개신교 지역은 앞서 말한 대로 임시정부를 선포하고 얼스터자원군Ulster Volunteer Force(UVF)을 창설하였다. 남부 구교지역과 연합하여 전체 아일랜드에 실시하려는 자치령에 항거하며 그들은 시가를 행진하고 군사훈련을 시위하였다. 군사위원회가 주도하는 임시정부가 들어섰다. 금융가 로스차일드, 작가 키플링, 작곡가 엘가, 인도 총독 베드포드 백작, 신문왕 아스톨 자작 등 쟁쟁한 영국 인사들의 지지를 받았다.[7]. 이 반응에 영국 상원House of Lords(귀족원)이

---

7) Coogan, T., *Michael Collins*, London: Random House, 1990, p.28.

10대 1로 부결시켜서 자치법안은 법률이 되는데 실패하였다.

이 사건이 데 벌레라에게 심대한 영향을 주었다. 이 사건으로 그는 단순한 아일랜드 민족주의 문화 보급에 앞장 서는 게일연맹의 추종자가 아니라 정치인으로 변모하였다. 그를 자치령 지지에서 완전독립 지지의 방향으로 전환시켰다. 그것은 그가 무장투쟁에 의존하게 됨을 의미한다. 얼스터 자원군의 창설과 그에 대한 영국 보수당에 지지를 보고 데 벌레라는 영국과 분리는 '선거ballots가 아니라 총탄bullets'으로 쟁취해야 한다는 주장에 동조하게 되었다. 그는 영국 역사가 맥콜레이Thomas Macaulay(1800-1859)의 1833년 글을 상기하였다.

> [아일랜드와] 연합Union의 철폐는 제국에 치명적이다. 결코 허락해서는 안 된다. 국가가 위험에 빠지더라도 결코 안 된다. 모든 것을 걸고 잃더라도 결코 안 된다. … 위대한 영국 민족이 열국 가운데 그의 지위를 지키기 위한 최후의 투쟁으로 온 세상이 뒤엎어질 때까지 결코 안 된다.[8)]

이에 호응하듯 얼스터는 다음과 같이 경고하였다.

> 아일랜드 본토인[남아일랜드]들의 정신이 현재에 머물지 않는다는 대진리는 1641과 1798년 이래 조금도 변하지 않았다. 자치령이 곧 몰수당한 토지의 복구라는 약속임을 믿지 않는 구교도는 얼스터에는 없다.[9)]

---

8) Longford and Thomas P. O'Neill, *Eamon de Valera*, London: Hutchison of London, 1970 p.19.

9) Hamilton, E., *The Soul of Ulster*, London, 1917, p.111, p.121.

데 벌레라는 무력에 의존하지 않고는 아일랜드가 독립정부를 세울 수 없다고 확신했다. 관련 서적을 보고 얻은 결론이 아니다. 스스로 결론에 도달한 것이다. 아마 게일연맹의 맥닐Eoin MacNeill(1867-1945) 교수가 쓴 다음의 글을 상기했을지 모른다.

> 얼스터자원군의 창단은 칭송해야할만 하다. 그것이 국민주의자들을 자극하여 아일랜드자치령을 외면하지 않는 계기가 되기 때문이다.[10)]

이 글을 읽은 아일랜드 공화주의 형제단IRB의 대표가 맥닐 교수에게 은밀하게 접근하여 형제단의 전위부대인 아일랜드 자원군IVF의 조직을 제의하였다. 1913년 북아일랜드의 얼스터자원군UVF에 대항할 목적이었다. 맥닐 교수가 지도자가 되었다. 표면적으로는 완전한 독립단체이지만 신페인, 게일연맹, 아일랜드 문학부흥 단체, 게일운동협회 등이 주동이 되어 일으킨 민족각성에 의해 조직되었다. 일반적으로 거의 알려지지 않았지만 조직의 대부분은 아일랜드 공화주의 형제단IRB의 회원이었다. 자원군의 지도자인 맥닐 교수도 모르게 스며들었다. 아일랜드 공화주의 형제단IRB은 비밀결사이고 선서를 엄수하는 공화주의자Republican이다. 무장봉기가 그들의 신념이다. 이들에 동조하는 데 벌레라는 아일랜드 자원군IVF에 입대한다. 키가 큰 그는 군복도 맞추었다. 5파운드를 주고 카빈총을 입수하였다. 동료들과 함께 폭약도 밀매하였다. 영국군으로부터 3천발의 총알도 샀다. 앞서 소개한 대로 칠더스가 독일 함부

---

10) Ranelagh, J., *A Short History of Ireland*, Cambridge, 2012, p.190.

르크에서 소총을 자신의 요트에 싣고 긴 항해 끝에 더블린의 호스Howth에 도착했을 때 데 벌레라의 부대가 하역하였다.

1914년 8월 제1차 세계대전이 발발하자 9월에 통과된 제3차 아일랜드 자치법안은 그 실시를 연기하게 되었다. 영국은 아일랜드와 평화를 구축하는 시기를 놓쳤다. 영국의 위기가 아일랜드의 기회이기 때문이다. 아일랜드는 영국의 전쟁수행을 지원하는 문제를 둘러싸고 둘로 갈라졌다. 공화파와 노선이 다른 의회파 아일랜드 의회당IPP의 레드몬드는 아일랜드 자원군IVF에게 제1차 대전에서 싸우는 영국을 돕자고 제안한다. 영국의 의회법까지 개정하는 우여곡절 끝에 30년 만에 간신히 통과한 3차 자치법안이 세계대전으로 연기된 상태에서 조급해진 레드몬드는 전쟁이 빨리 끝나 자치법이 실시되기를 바랐다. 그를 촉진시키기 위하여 그는 아일랜드가 영국의 전쟁수행을 도우는 길이 자치령을 앞당기는 길이라고 주장하였다. 이에 반발한 데 벌레라는 회의장에서 걸어 나왔다. 그의 추종자들도 그를 따라 나왔다.

## 5. 국민주의

남측의 국민주의와 북측의 연합주의의 대립은 아일랜드가 하나의 국가인가 두 개의 국가인가의 질문에 봉착하게 한다. 국민주의는 공동의 결사체에 대해 자연적 충성을 실천하는 것을 국토와 정부에 의존한다는 개념이다. 그것은 인위적 개념이다. 이것이 극단으로 흐르는 국수주의는 신화가 된다. 실제 적용에서 사람들은 국토와 정부를 함께 받아드린다. 그리고 충성을 서약한다. 아일랜드의 경우 북측 개신교도의 연합주의와 남측 구교도의 국민주의는 아일랜드에 국민성, 지리, 역사, 문화의 측면에서 하나의 국민국가로서 공통요소가 있다는 제의에 의문을 품게 한다. 이것이 분단 문제의 핵심이다.

아일랜드에 하나의 통일된 국가가 있다고 주장하는 사람들은 공동의 종교와 역사를 함께 나누지 않는 북의 개신교도의 항의를 생각하지 않는 사람들이다. 그들은 또한 연합주의자들과 국민주의들의 구분이 영국의 조작에 기인한다고 믿는 사람들이다. 특히 랜돌프 처칠이 주장하는 정책이 영국의 자본주의와 제국주의의 이익에서 아일랜드의 노동자 계급을 분열시켰다는 음모설을 믿는다.

이에 대하여 아일랜드의 복수국가를 주장하는 측은 사회계층이 국민국가의 자연스런 연대라는 것이다. 북의 노동자 개신교도는 국가의 범주에 속할 수 있다. 이 논리의 허점은 사회계층이란 다층적인 개념인데 각 계층마다 국가가 될 수 있느냐 하는 질문에 적절한 답이 없다. 또한 북아일랜드는 하나의 사회계층의 시각에서는 아일랜드에 속하고 다른 사회계층의 시각에서는 영국에 속한다는 복잡함이 있다.[11)]

## 6. 콜린스

데 벌레라 국민주의 독립운동에는 많은 사람들이 등장한다. 이 가운데 콜린스야말로 데 벌레라 독립운동에 빠질 수 없는 인물이다. 그

11) Ranelagh, J., *A Short History of Ireland*, Cambridge, 2012., p.178.

는 국민주의자이지만 데 벌레라와 정반대의 길을 걸었다. 마이클 콜린스Michael Collins는 1890년 10월 16일 8남매 가운데 막내로 태어났다. 데 벌레라 보다 8살 아래이다. 그의 아버지는 8만평의 토지 소유자였는데 60세에 23세의 신부와 결혼하였다. 젊은 아내는 그의 대녀代女였다. 마이클이 태어났을 때 아버지의 나이는 75세 어머니의 나이는 38세였다. 젊은 아내의 부모가 사고로 세상을 떠나서 그녀의 동생들을 데려와 함께 살았다. 저녁이면 어른들이 아일랜드의 과거를 자주 들려주었다. 마이클은 어릴 때부터 구전을 통해서 아일랜드의 고난을 익히 알게 되었다. 반란의 노래, 대기근, 혁명투사 등은 그가 좋아하는 이야기가 되었다. 마이클이 6세가 되었을 때 아버지가 세상을 떴다. 그는 운명에 앞서서 아내에게 마이클을 가리키며 "저 아이는 크게 될 거요. 아일랜드를 위해 큰일을 할 거요."라고 말했다.[12)] 마이클의 누나를 가리키며 "저 애는 수녀가 될 거요."라고 예언했다. 그의 말은 적중해서 누나는 수녀가 되었고 마이클은 아일랜드 독립에 목숨을 바친다.

마이클이 4살이 되자 학교에 보내졌다. 그 학교는 남학생과 여학생을 분리교육 시켰는데 여학교 교장이 마이클의 사촌이었다. 남자교장은 형제단IRB의 일원이었다. 그는 마이클의 국민주의 형성에 커다란 영향을 끼쳤다. 학교에서 귀가하는 길목에 대장간 주인은 아일랜드의 과거 봉기 이야기를 들려주었다. 16세기부터 20세기 초까지 아일랜드에는 16번의 봉기가 있었다. 모조리 실패하였다. 그 이야기는 세대에서 세대로 전해져 내려왔다.

---

12) Coogan, T., *De Valera*, London: Random House, 1993, p.9.

마이클의 증조모의 동생은 루방 대학의 그리스어 교수였는데 1798년 울프 톤 반란에서 주동자의 밀사였고 아일랜드 공화주의의 시조 가운데 하나가 되었다. 당시 프랑스 혁명의 영향으로 일으킨 봉기에 프랑스 군이 합세하였지만 영국군에 패배하였다. 교장은 마이클 학적부에 기록하였다. “매우 지적이며 자신의 나라에 대해 보통 이상의 관심을 갖고 있다. 정치에 흥미를 갖은 소년이다.”[13] 그는 집안이 반란에 참여했음에 자부심을 가졌다. 마이클은 당대 신페인당의 창설자 그리피스를 존경하였다.

졸업 후 다른 도시의 상급학교로 진학하면서 공무원시험을 준비하였다. 그 도시에서 큰 누나 집에서 살았는데 매부가 지방신문사의 주인이었다. 마이클은 축구기사를 담당하였다. 이때 그는 타자를 배웠다. 학교를 졸업하고 1906년 런던으로 이주하였다. 그곳에서 그는 체신저축은행에서 일했다. 그 후 9년 반 동안 런던의 아일랜드 거주지역에서만 살았다. 그리피스가 대표하는 신페인당의 후보가 의회 보궐선거에 출마했을 때 모금으로 도왔다. 그 후보는 패하였다.

콜린스는 아일랜드 거주자 모임에서 1904년 러시아 총독을 암살하고 국회를 쟁취한 핀란드의 혁명투쟁을 소개하였다. 러시아 차르는 혁명을 두려워하여 자유선거를 약속하고 보통선거를 통한 핀란드의회를 승인하였다. 유럽역사상 처음으로 여성에게도 참정권이 주어졌다. 그 자유는 오래 가지 못했지만 콜린스에게는 그 사실 자체가 중요하였다. 암살은 그에게 동화가 되었다. 그는 1882년 더블린에서 아일랜드 과격

13) Dwyer, T., *Big Fellow, Long Fellow*, Dublin: Gill & Macmillan, 2006, p.13.

분자가 총독부의 장관을 암살했을 때 그를 비난했던 사람들을 공격하였다. 런던에서 그는 게일운동단체Gael Athletic Association(GAA)에서 활약하였다. 그는 성격이 급한 다혈질이었고 패배를 인정하지 않았다. 운동경기를 자신의 보조에 맞추어 이끌어갔다. "역사가 보여주는 수많은 예는 사람의 마음가짐이다. 위대한 지도자란 위기의 순간에 냉정함에 있다. 용기란 위기에 대해 무감각한 것이 아니라 그에 맞서고 그를 무장 해제 시키는 것이다."[14] 그는 에미트의 마지막 진술인 "나의 묘비명을 쓰지 말라 운운"을 즐겨 읊었다.

그는 아일랜드 고유운동의 중요성을 일깨웠다. 1800년 아일랜드가 연합왕국의 일원이 된 이래 아일랜드 사람들은 정치, 경제, 심지어 운동과 오락까지 영국을 흠모하였다. 콜린스는 게일운동단체가 생긴 1884년 이래 그것이 반전되었다고 믿었다. 이 단체가 아일랜드 사람들에게 자신들이 영국 사람과 다르다는 점을 일깨워주었기 때문이다. "영국 운동의 노예를 탈피한 대체"였다. 가장 성공적인 사건이 1893년 게일 연맹의 출범이다. 그것이 아일랜드 사람의 마음을 단번에 자신들의 정체성으로 되돌려놓은 사건이었다. 그것은 아일랜드의 자존심, 명예, 자긍심을 회복하는 그 어떤 운동보다 더 큰 사건이었다. 그는 게일 고유의 운동을 정치와 연결시켰다.

콜린스의 부모는 모두 게일어를 사용하였다. 그러나 그들은 게일어가 경제적 후진성의 원인이라고 생각하여 자식들에게는 영어를 사용하였다. 그것은 아일랜드에 대한 영국의 언어정책의 탓이다. 이 추세대로

---

14) Dwyer, T., *Big Fellow, Long Fellow*, Dublin: Gill & Macmillan, 2006, p.15.

라면 게일어를 쓰는 인구는 사라질 판이다. 게일어를 쓰면 무식한 사람으로 여겨졌다. 그러나 콜린스는 런던에서 게일어를 공부하였다. 게일 운동단체에서 만난 친구가 권유하여 아일랜드 공화주의 형제단IRB에 가입한 것은 1909년이었다. 신페인당이 보궐선거에서 패한 이래 콜린스는 평화적 의회주의 운동에 실망하였다. 그는 아일랜드의 문제를 해결하는 길은 무력뿐이라는 믿음을 갖게 되었다.15)

그는 아일랜드가 과거에 여러 차례 무장봉기에 실패한 것은 조직의 실패라고 보았다. 이론가와 몽상가가 조직한 힘이란 의심스럽다. 그는 조직의 중요성을 강조하며 이후 그의 이름이 조직 능력과 함께 한다. 남부 영국에 아일랜드 공화주의 형제단IRB의 책임자가 되었다.

1910년 콜린스는 우체국 일을 그만두고 주식중개인이 되었다. 그러나 1914년 제1차 대전의 발발과 함께 런던의 노무직으로 이직하였다. 미국에 있는 형이 미국이민을 권유하여 한때 그를 진지하게 생각하였다. 그래서 한때 미국 신탁회사 런던지점에서 일했다. 그러나 런던에서 10년을 살았기 때문에 그는 영국군에 징집될 운명이었다.

부활절 봉기 전인 1916년 1월 영국에 징집령이 실시되었지만 아일랜드는 제외였다. 1916년 1월 콜린스는 징집을 피하기 위하여 아일랜드로 귀환하였다. 그는 프랑케트 백작Count Plunkett의 딸의 재정문제에 조언하며 그의 오빠 프랑케트Joseph Mary Plunkett(1887-1916) 시인과 알게 되었다. 프랑케트 백작의 집에는 약 50명의 아일랜드 자원군이 기숙하고

15) Dwyer, T., *Big Fellow, Long Fellow*, Dublin: Gill & Macmillan, 2006, p.17.

있었다. 피어스Patrick Henry Pearce는 이들을 상비군standing army이라고 불렀다. 저녁이 되면 이들은 마르키에비츠 백작부인Countess Markievicz(1868-1927) 저택에 놀러갔다. 그의 남편은 우크라이나 거주 폴란드 귀족이다. 차와 빵을 나눠먹고 노래 부르며 즐거운 시간을 보낸다. 콜린스는 여기서 에미트의 최후진술을 즐겨 낭송했다. "이 세상과 이별하며 한 가지 청이 있다. 침묵의 허락. … 나를 망각과 평화 속에 두어라. 나의 묘비에는 아무 것도 쓰지 말라. 나를 기억하지 말라. 나를 정당하게 평가할 때까지 나를 잊어 달라. 나의 조국이 세계의 열국 가운데 그의 자리를 차지할 그때 나의 묘비명을 써다오."

이때 더블린에서는 아일랜드 자원군IVF과 합세하여 아일랜드 공화주의 형제단IRB이 역사에 남을 부활절 봉기를 계획하고 있었다. 콜린스는 즉시 가담한다. 그의 누나가 말렸다. "마이클, 그들이 너를 망칠거야." 그는 아일랜드 공화주의 형제단IRB이 더블린 중앙우체국Generl Post Office (GPO)을 본부로 삼고 봉기를 일으켰을 때 작전 책임자 프랑케트 시인의 부관이 된다. 그리고 부활절 봉기 후 프랑케트와 함께 체포되어 수감된다. 이때부터 그는 사진 찍는 것을 가능한 기피했다. 영국은 1922년 그가 아일랜드의 대표단으로 런던에 나타날 때까지 그의 사진을 확보하지 못했다. 그는 부활절 봉기가 조직적이지 못하여 실패했다고 믿었다. 그는 감옥에서 '마피아'라 부르는 조직을 만들었다. 그들과 함께 감옥에서 아일랜드 공화주의 형제단IRB을 조직했다.

1916년 12월 로이드조지David Lloyd George(1863-1945)가 애스퀴스Herbert Henry Asquith(1852-1928)의 뒤를 이어 수상이 되었다. 전시연합내각을 구성

하였다. 북아일랜드 얼스터의 카슨이 해군장관에 임명되었다. 애스퀴스는 미국의 여론을 의식하고 아일랜드의 호응을 얻기 위하여 부활절 봉기 수감자들을 석방하였다. 아일랜드 총독도 이들을 정식재판도 없이 감옥에 붙잡아 놓는 것이 풀어주는 것 보다 더 위험하다고 보았다. 1917년 5월에는 레드몬드의 조언을 받아드려 연합주의자와 국민주의자를 더블린에 불러 아일랜드 대회Irish Convention를 열었다. 둘 사이에 합의를 유도하였다. 그리고 더블린 시민의 갈채 속에서 나머지 수감자들을 석방하였다.

콜린스는 1916년 12월 23일에 다른 6백 명과 함께 풀려났다. 이미 수백 명이 풀려났다. 아일랜드의 의회지도자들은 부활절 봉기 수감자를 풀어주면 영국에 대한 아일랜드의 정서가 호전되어 더 많은 자원자가 입대할 것이라고 영국 당국을 조언하였다. 그러나 이미 9만 명의 아일랜드 청년들이 자원하여 벨기에와 프랑스에서 영국을 위해 싸우고 있었고 결국 최대 17만 명의 아일랜드 청년이 자원하였다. 이들은 자신들이 아일랜드의 자유보다 벨기에의 자유를 위해 싸우는 사실에 대하여 의문을 갖게 되었다. 이번 전쟁이 약소국의 자유를 위하여 싸운다는 명분이 윌슨Woodrow Wilson(1856-1924) 대통령의 입에서 나온 터에 아일랜드의 자유는 벨기에의 자유보다 못하다는 일에 의분을 느꼈다. 이것이 영국에게 더 위험한 일이 되었다. 그러나 병력손실이 큰 영국으로서는 어쩔 수 없는 일이었다. 콜린스는 병력부족을 겪고 있는 영국을 상대로 아일랜드를 게릴라 전쟁터로 만들 준비를 한다. 영국을 두 전쟁으로 끌어드리려는 전략이었다. 그는 필요한 무기를 아일랜드주둔 영국군을 습격하여 조달하는 방법을 생각했다. 그리고 정보전의 중요성을 강조한다.

# 제 3 장
# 혁명가

## 1. 부활절 봉기

1915년 데 벌레라는 아일랜드 자원군IVF의 대대장이 되었다. 당시 자원군은 아일랜드 공화주의 형제단IRB이 비밀리에 장악하여 고위직은 그들의 추천이 없으면 불가능하였음에도 형제단의 일원이 아닌 그가 그 자리에 임명되었음은 그의 조직 능력이 인정받았다고 볼 수 있다. 임명에 앞서서 형제단의 대표 피어스Patrick Henry Pearse(1879-1916)의 시험에 합격하였다. 봉기가 일어났을 때 사령관으로서 어떻게 해야 하는가라는 그의 질문에 데 벌레라는 명령에 따른다고 대답하였던 것이다. 이 대답을 들은 피어스는 즉시 그를 사령관에 임명하였다. 피어스는 그의 이름이 가리키듯 미국 독립운동가의 하나인 패트릭 헨리를 숭모하였다.

피어스의 아버지는 영국인이고 어머니가 아일랜드 인이다. 개신교도이다. 시인이고 변호사이며 학교교장인 그는 봉기를 통한 아일랜드 독립을 위하여 자신의 목숨을 기꺼이 바치기로 결심한 "낭만주의혁명가"였다. 그의 동생도 가담하여 단지 그의 동생이라는 이유만으로 총살당한다. 봉기 전 그는 게일연맹에 가입하여 게일어를 보급하는데 열성이었다. 미국 여행 중에 아일랜드계 미국인의 대표 드보이John Devoy(1842-1928)와 만난 일이 그에게 큰 자극이 되었다. 드보이는 아일랜드 공화주의 형제단IRB의 미국지부 클란나게일Clan na Gael의 지도자였다. 그는 후일 데 벌레라의 적수가 된다.

제2차 자치법안을 열렬히 지지한 피어스는 만일 영국이 또 다시 아일랜드를 배반한다면 그때에는 피를 흘려야 할 것이라고 예언적인 발언을 하였다. 제2차 자치법안도 부결되고 우여곡절 끝에 간신히 통과한 제3차 자치법안마저 제1차 대전으로 실시가 연기되자 그는 동생과 함께 총을 들고 일어서게 된다. 그는 교장실에서 한 통의 전화를 받고 나간 후 영원히 돌아오지 못했다.

## 독일

그 시작에는 클라크Tom Clarke(1858-1916)가 있었다. 그는 1878년 이래 아일랜드 공화주의 형제단IRB의 일원이었다. 영국이 금한 비밀결사체이다. 미국으로 건너간 그는 폭약 다루는 법을 배우고 영국으로 돌아와 1883년 영국의 상징인 웨스트민스터의사당과 런던다리를 폭파하려다 체포되어 15년 옥살이를 하였다. 영국의 공적 1호가 된 그는 영국감옥에서 드보이를 만났다.

출옥 후 미국으로 돌아가 드보이와 함께 영국과 독일 사이에 전쟁이 임박했다고 보고 아일랜드가 아무 준비를 하지 않고 있다는 사실에 동의했다. “영국의 어려움이 아일랜드의 기회”라는 아일랜드의 오랜 속담대로 클라크는 1907년 아일랜드로 귀환하여 와해되어 가는 아일랜드 공화주의 형제단IRB을 재건하였다. 형제단의 선서 “우리의 사명은 영국으로부터 우리의 정치적 권리를 칼로 찾아오기 위하여 힘을 기르는 것이다.”를 지킬 것을 맹세하였다.[1)]

드보이는 프랑스외인부대 출신으로 1868년 더블린봉기 실패 후 수감된 영국감옥에서 1876년 호주로 탈출한 경력의 혁명가였다. 그 후 미국으로 망명했다. 피어스는 드보이가 가장 위대한 페니안이라고 불렀다. 평생 독신인 그는 매일 자신이 죽기 전에 아일랜드가 자유로워지는 것을 보는 것이 소원이라는 기도를 했다. 영국이 독일에 대해 선전포고를 했다는 제1차 세계대전 소식을 들은 그는 너무 기뻐서 눈물을 흘렸다. 그리고 그는 더블린의 클라크와 연락을 주고받으며 워싱턴주재 독일대사관에 접근하여 무기 구입을 시도하였다. 그 책임을 외교관 출신의 케이스먼트가 맡았고 모든 자금은 드보이가 조달했다. 케이스먼트가 구입한 무기를 앞서 말한 대로 칠더스가 자신의 요트에 싣고 더블린에 도착한 것이 1914년의 일이다. 이것은 1601년 오닐의 스페인과 연합작전, 1690년 제임스 2세의 프랑스와 연합작전(보인전투), 1789년 울프 톤의 프랑스와 연합작전에 이은, 독일과 연합작전이다. 이번

1) de Rosa, P. *Rebels The Irish Rising of 1916*, New Yok: Fawcett Columbine, 1990, p.23.

작전은 아일랜드-독일-재미아일랜드계 미국인의 연합이며, 클라크-독일대사-케이스먼트-드보이-칠더스의 합작품이다.

1914년 클라크는 친구 맥더마트Sean McDermott(1883-1916)로부터 칠더스가 독일에서 무기를 밀수했다는 소식을 들었다. 방금 결성된 아일랜드 자원군IVF 1천명에게 필요한 무기였다. 봉기에 군대가 필요한 클라크는 아일랜드 자원군IVF에 스며들어갔다. 여기에 한 발을 드려놓고 있던 맥더마트가 핵심인물인 피어스Patrick Pearse(1879-1916), 프랑케트Joseph Plunkett(1887-1916), 맥도나Thomas MacDonagh(1878-1916), 코널리James Connolley (1868-1916), 맥디아르마다Sean MacDiarmada(1883-1916), 켄트Eamonn Ceannt (1881-1916) 등 6명을 포섭하였다. 이들이 클라크와 함께 부활절 봉기를 일으킨 주모자이자 독립선언서 서명자 7명이 된다. 맥더마트는 서명자가 아니다. 클라크의 부인과 처남도 가담한다.

영국에서 극빈의 아일랜드 부모에게서 태어난 코널리는 사회주의자였다. 당시 아일랜드의 경제상황은 사회주의를 불러왔다. 대기근에 빅토리아 여왕이 보내온 적선이 500파운드였는데 사람들이 5파운드에 불과하다고 그녀를 증오한 것은 당시의 사회분위기를 나타낸다.[2] 수도 더블린의 인구 3분의 1이 조명, 수도, 위생시설이 없는 한 개의 방에서 온 가족이 살았다. 실업률이 평균 15퍼센트였고 직장인은 1주에 1파운드를 받았다. 미숙련 노동자는 1주에 12실링을 벌었다. 인구의 12.5퍼센트가 절대빈곤 이하였다. 빈곤은 질병, 특히 결핵을 가져왔다. 일반적으로 평균사망률은 2.5퍼센트로 1.7퍼센트의 유럽국가에서 가

2) Dwyer, T., *Big Fellow, Long Fellow*, Dublin: Gill & Macmillan, 2006, p.14.

장 높았다.[3] 코널리는 노조를 조직하고 그 운동의 선봉에 섰다. 그는 노조를 경찰로부터 보호하려고 아일랜드 시민군Irish Citizen Army(ICA)를 조직하였다. 이번 거사에 아일랜드 자원군IVF과 함께 참여할 것이다. 코널리는 자본주의자들은 재산을 아끼기 때문에 전투가 일어나도 건물을 파괴하지 않을 터이니 봉기가 성공할 것이라고 주장하였다.[4] 데 벌레라는 이 주장에 동조하지 않았다. 코널리는 봉기 지도자들과 자주 다투었다. 그들이 유산계급이라는 이유로. 같은 이유로 아일랜드 자원군IVF을 싫어했다. 그의 봉기목적은 영국의 자본주의를 전복시키는 것이고 봉기 성공 후 아일랜드에 사회주의-공산주의 정권을 수립하는 것이다.

이에 비하면 프랑케트의 집안은 귀족이었고 그의 아버지는 로마교황이 하사한 백작Papal Count이었다. 그는 폐결핵 환자의 몸으로 작전을 병상에서 지휘하였다. 그의 사후 시집이 출간되었다. "장미는 그의 피다. 천둥은 그의 음성이며 흰 눈은 그의 모습이다." 그는 독일로 밀파되어 케이스먼트의 무기밀수를 도왔다. 그의 아버지와 누이동생도 독일에 가서 케이스먼트를 도왔다. 부모형제가 모두 봉기에 참여하였다. 코널리의 친구인 디아르마다는 신문편집인이다. 켄트는 회계사이다. 맥도나는 영어교수인데 봉기에 데 벌레라의 상관이 된다.

---

3) Ranelagh, J., *A Short History of Ireland*, Cambridge, 2012, p.187.

4) Longford and Thomas P. O'Neill, *Eamon de Valera*, London: Hutchison of London, 1970, p.24.

## 배경

부활절 봉기에는 네 가지 직접적 배경이 있었다. 첫째, 제1차 세계대전으로 영국은 유럽전선에서 힘든 전투를 치루고 있었다. 벨기에 전선에서 많은 병력손실을 입었다. 여기에 아일랜드 자원병이 투입되어 아일랜드 사상자가 속출하였다.

둘째, 제1차 대전이 끝나면 강화회의가 열릴 것이다. 여기에 아일랜드 문제를 호소하려면 봉기가 필요하다. 아일랜드 공화주의 형제단IRB의 최고회의에서 피어스는 클라크와 이 문제를 상의하였다. 이어서 신페인당의 그리피스와 교섭하였다.[5)]

셋째, 부활절 봉기 이전의 모든 저항은 그것이 무장봉기이건 의회주의이건 영국에게 자유를 호소[구걸]하는 것이었다. 영국은 그것을 자치령으로 해결하려 하였다. 자치령은 식민지의 다른 말에 불과하다. 그러나 이마저도 웨스트민스터 의회의 반대로 좌절되었다. 이 과정에서 아일랜드는 남아일랜드와 북아일랜드로 서서히 분열 되어갔다. 그러나 분단까지는 생각하지 않았다. 남아일랜드는 아일랜드 전체를 자치령으로, 북아일랜드는 아일랜드 전체를 영국과 연합(합병)할 것을 주장하였다. 두 가지 주장은 모두 영국의 '시혜' 하에서 가능하다는 점만 공통점이다. 영국이 그 막강한 무력을 앞세워 어느 하나를 결정하면 그만이었다. 그러나 영국에게는 세계 여론 특히 미국 여론을 무시할 수 없다는 약점이 있었다.(후술) 부활절 봉기는 영국의 '시혜'를 기다리

---

5) McCartan, P., *With De Valera in America*, New York: Brentano, 1932, p.2.

지 않고 영국의 적과 손을 잡으려는 시도였다. 영국의 시혜에서 영국의 적과의 제휴로 방향을 바꾼 것이다. 과거 영국의 숙적이었던 스페인과 프랑스에게 손을 뻗은 시도의 연장이었다. 아일랜드가 당시 도움을 청할 수 있는 강대국은 미국, 독일, 프랑스, 러시아였다. 프랑스는 전통적으로 아일랜드 독립운동에 동정적이었다. 앞서 본대로 울프 톤의 독립투쟁에 프랑스함대가 지원한 전례가 있다. 그러나 패하였다. 이번 대전에서 독일과 힘겹게 싸우는 프랑스는 아일랜드를 도울 위치에 있지 않았다. 러시아는 어떤가? 대전 초기에 러시아는 독일을 상대로 싸우는 영국의 우방이었다. 러시아혁명 후에는 소비에트의 도움을 청할 수 있으나 소비에트는 곧 내전에 휩싸이게 된다. 자금에 허덕이게 될 것이다. 남은 것이 영국의 적국인 독일과 아일랜드이민이 많은 미국이다. 미국에는 2천만이라는 아일랜드 이주민이 있다는 장점이 있지만 미국은 영국 편이었다. 무엇보다 미국에는 '1818중립법'이라는 것이 있어서 미국의 아일랜드계이주민이 미국에 우호적인 영국에 대항하는 아일랜드인들을 도와주는 것은 반역에 해당하는 일이었다.(후술) 당시 제1차 대전 와중에서 미국 거주 아일랜드인들이 미국의 우방인 영국을 상대로 미국으로부터 지원을 받아낸다는 것은 어려웠다. 미국의 우방을 상대로 싸우는 목적에 무기를 공급하는 것 역시 반역에 해당하는 중죄였다.[6] 여기에 더하여 윌슨 대통령은 유명한 영국 편이었다. 이런 이유로 미국 밖으로 눈을 돌릴 수밖에 없었다. 그것이 독일이다.

넷째, 영국의 군대를 아일랜드에 묶어 놓으면 독일이 유럽전선에서

---

6) de Rosa, P. *Rebels The Irish Rising of 1916*, New Yok: Fawcett Columbine, 1990, p.67.

유리하게 되리라고 아일랜드 독립지도자들은 생각하였다. 이것은 실행에 옮길 만 하였다. 아일랜드 공화주의 형제단IRB은 앞서 언급했지만 1848년 봉기의 실패로 스테펜스가 미국으로 망명하였다가 다시 국내로 잠입하여 조직한 비밀결사였다. 그들은 1868년에 공화국의 기치를 내걸고 다시 봉기했으나 실패하였다. 이때 미국으로 망명한 드보이가 형제단IRB의 하부조직으로 미국에서 클란나게일Clan na Gael을 결성하였다. 드보이의 옥중동지 로사O'Donovan Rossa(1831-1915)가 미국에서 사망하여 더블린으로 운구했을 때 피어스가 유명한 장례연설을 남겼다. "그들[영국]은 아일랜드가 평화롭다고 생각한다. 그들은 우리의 반을 매수했고 반을 겁주었다고 생각한다. 그들은 자신들이 모든 것을 예견한다고 생각한다. 그들은 자신들이 모든 것에 대비한다고 생각한다. 그러나 바보, 바보, 바보! - 우리의 페니안을 죽인 것이 그들이다. 아일랜드 땅에 이 무덤이 있는 한 억압된 아일랜드에는 단연코 평화가 없다." 이 연설이 아일랜드공화주의 형제단IRB 최고회의에 눈에 들었다. 피어스는 가입하였고 독립선언문을 쓰게 된다.

1914년 1차 무기밀수를 성공시킨 드보이는 모국에서 아일랜드 의회당IPP의 쇠퇴를 기회로 삼아 부활절 봉기가 일어나기 6주전 게일나클란의 주최 하에 제1차 아일랜드 민족대회Irish Race Convention를 뉴욕에서 개최하였다. 여기에 2천여 명이 모여 아일랜드 자유 친우회Friends of Irish Freedom(FOIF)를 조직하였다. 일종의 게일나클란의 전위대이다. 부활절 봉기 후에는 미국으로 탈출한 국민주의자Nationalists가 가세하였다. 약소단체였던 게일나클란이 부활절 봉기를 이용하여 세를 확장하여 강력한 재미 아일랜드단체가 되었다.[7] 드보이의 클란이 부활절 봉기의 자금을 공여하였다. 드보이는 미국 내 아일랜드계 미국인 단체를 장악한 대표인데 봉기에 자금을 제공했다는 것은 그가 무장독립을 선호했다는 의미이다. 사실상 아일랜드계 미국인은 그의 무장봉기방략을 따랐다. 이번에도 케이스먼트가 이 단체를 위하여 워싱턴 주재 독일대사를 설득하여 독일정부와 교섭한 끝에 무기 반입을 시도하였다. 이것이 성공하면 영국을 위해 전쟁에 자원한 아일랜드 병사 가운데 독일에 잡힌 포로로 아일랜드 여단Irish Brigade을 조직하여 아일랜드에 상륙하기로 잠정 계획을 세웠다.[8] 독일은 영국과 전쟁 중에 영국의 군사력을 아일랜드에 묶어두는 효과를 노린 것이다. 여단의 훈련은 독일의 책임이었다. 케이스먼트는 독일황제 카이저에게 서한을 보냈고[9] 독일은 영국이 아일랜드 문제로 대전에 참전하지 못할 것이라고 전망하였다.[10] 독일은 또 영국이 참전한다 하여도 영국군대에 배속된 아일랜드군인들이 폭동을 일으킬 것이라고 속단하였다. 모사꾼들은 독일이 구체적으로 남아일랜드와 북아일랜드 양측 모두에게 무기를 제공하여 내전을 일으키면 영국이 유럽 대전에서 어려워 질 것이라 예상하였다. 일본의 모사꾼 아카시明石二郎(1864-1919) 대장의 첩보가 러시아 혁명을 이어서 러시아 내전을 유도했다는 역사가 있다.

---

7) Doorey, M., *Irish-American Diaspora Nationalism: The Friends of Irish Freedom, 1916-1935*, Dublin: Four Courts, 2005, pp.37-46.

8) 마사리크가 러시아전선에서 포로가 된 체코슬로바키아 출신 병사들로 유명한 체코 군단을 만든 것이 1917년이다.

9) de Rosa, P. *Rebels The Irish Rising of 1916*, New Yok: Fawcett Columbine, 1990, p.41.

10) Russell, G. W., *The Irish Home Rule Convention*, New York: 1917, p.32.

케이스먼트는 독일외무장관 짐머만과 약정에 서명했다.[11] 그러나 독일은 아일랜드가 원하는 만큼 돕지 않고 일종의 양동작전만으로 생각하였다.[12] 아일랜드는 배신당하였다. 케이스먼트는 빈약한 독일 지원으로 승산이 없을 것이라 생각하고 봉기를 중지시키려고 아일랜드로 향하였다. 독일에서 제공한 잠수함에 승선하고 아일랜드 근해에 상륙하였다. 통신은 개전초기부터 그것을 장악한 영국의 것이었다.[13] 영국 해군이 독일과 외부가 연결된 해저전선을 절단하였던 것이다. 다른 국가의 해저전선을 사용하는 독일의 전신도 영국은 모두 도청할 수 있었다. 케이스먼트의 계획은 영국 통신망에 걸려 실패하게 된다.[14]

## 부활절 봉기

피어스는 지휘관들을 소집하였다. 거사일자를 1915년 9월로 잡았다. 제1차 대전 발발 1주년이다. 영국은 전쟁의 와중이었다. 당시 영국 군경은 더블린 외곽에 주둔하고 있었는데 거사의 핵심은 더블린의 중심가를 장악하여 영국군경의 공격을 몰아내는 것이었다. 데 벌레라는 남동더블린을 방어하는 제3대대 사령관이 되었다. 숫자만 보면 영국군

11) de Rosa, P. *Rebels The Irish Rising of 1916*, New Yok: Fawcett Columbine, 1990, p.58, p.112, p.123.

12) de Rosa, P. *Rebels The Irish Rising of 1916*, New Yok: Fawcett Columbine, 1990, p.125.

13) Taylor, P., *Munitions of Mind*, Manchester University Press, 2003, p.177.

14) de Rosa, P. *Rebels The Irish Rising of 1916*, New Yok: Fawcett Columbine, 1990, p.47

3만 명, 경찰병력 1만 명. 군함 1정. 기관총, 장갑차, 야포.

이에 대항하여 봉기하는 아일랜드 자원군IVF 4만 명, 소총 1만 정에 탄약 2백만 발, 구식소총 2만 정. 레드몬드의 국민군INV 5만 명의 가세는 희망에 불과하였음이 곧 드러난다. 독일이 기관총, 야포, 소수의 장교를 약속하였다.[15] 그러나 이것도 숫자에 불과하였음이 드러난다. 약속했던 독일의 장기인 잠수함의 제공도 전투에만 사용하라는 카이저의 명령으로 취소되었다.

무기조달이 여의치 않자 거사는 그 후 여러 차례 연기되었다. 데 벌레라의 임무에는 변동이 없었지만 그는 맥도나의 밑에서 더블린 여단의 부사령관으로 승진하였다. 이때 그는 자신의 부하가 자신보다 작전에 대하여 더 많이 알고 있다는 사실에 놀랐다. 그는 즉시 이 사실에 대해 맥도나에게 불만을 털어놓았다. 맥도나는 그들이 아일랜드 공화주의 형제단IRB의 단원임을 밝혔다. 그들은 단체의 비밀을 지키겠다는 선서로 단원이 된 비밀요원이었던 것이다.

데 벌레라는 망설였다. 가톨릭교회는 비밀단체를 용인하지 않기 때문이다. 한편으로 그는 자원군 내에서 자신의 지위가 위협받을까 염려되었다. 만일 형제단과 자원군 사이에 어긋나는 명령이 하달되는 경우 그는 어떻게 대처해야 하는가. 맥도나는 형제단IRB이 자원군IVF을 비밀리에 장악하고 있으므로 그럴 리는 없다고 안심시켰다. 데 벌레라는 형제단 선서를 하였다. 그러나 회의에는 참석하지 않겠다고 조건을 달았다. 다시 말하면 그는 아일랜드 공화주의 형제단IRB의 비밀당원이 되

15) de Rosa, P. *Rebels The Irish Rising of 1916*, New Yok: Fawcett Columbine, 1990, p.17.

지만 행동대원이 되는 것은 거부했다.

## 공화국

부활절 봉기는 더블린의 중앙우체국General Post Office(GPO)에서 선언서Proclamation를 피어스가 낭독함으로 시작되었다. 피어스, 코널리, 클라크, 맥도나, 맥디아르마다, 켄트, 프랑케트가 서명한 선언서이다. 그 선언서는 아일랜드 공화국 임시정부Provisional Government of Irish Republic의 이름으로 선포되었다.

아일랜드 공화국 임시정부는 북아일랜드가 방금 선포한 얼스터임시정부에 대응하는 정부가 아니다. 첫째, 얼스터임시정부는 공화국이 아니다. 둘째, 얼스터임시정부는 얼스터 9개주만의 임시정부였다. 이에 대하여 아일랜드 공화국의 임시정부는 남북을 합친 전체 아일랜드 공화국의 임시정부였다. 그 선언서에는 다음의 문구가 들어있다. "우리의 무력이 아일랜드의 모든 남녀에 의한 국민투표로 선출한 아일랜드의 모든 국민을 대표하는 영원한 국민정부를 수립할 적당한 시기를 가져올 때까지 이 자리의 임시정부가 국민을 위해 공화국의 국민과 군사의 업무를 관장한다."16) 울프 톤 공화주의의 계승이었다.

더블린에서 6일간(4월 24일-4월 30일) 계속된 전투는 아일랜드 자원군IVF의 항복으로 막을 내렸다. 총 450명 사망, 2,614명 부상, 9명 실종. 이 가운데 230명은 일반시민. 1,558명의 봉기군인 가운데 64명

16) de Rosa, P. *Rebels The Irish Rising of 1916*, New Yok: Fawcett Columbine, 1990, xvii.

전사. 영국군 116명 전사. 368명 부상, 9명 실종. 경찰 16명 전사, 29명 부상.[17)]

더블린 시가는 초토화되었다. 자본주의자들은 재산을 파괴하지 않는다는 코널리의 예상은 빗나갔다. 개인적으로 증오했던 백화점과 호텔이 전소되는 것을 보고 스스로를 위로했을지 모른다. 시민들의 반응은 냉담하였다. 생업에 지장을 준다고 불평하였다. 중앙우체국이 전소되어 파괴된 것을 본 여자들은 남편의 연금을 어디에서 수령하느냐고 욕을 해댔다. 어떤 시민은 체포된 자원군을 때리기까지 하였다. 체포한 영국군이 포로들을 보호하지 않으면 안 되었다. 영국군이 오히려 시민들을 꾸짖었다. "저들은 당신들의 나라를 위해 싸운 것이오. 당신은 아무 것도 하지 않았소." 불평한 시민들은 주로 영국에 협조하는 경찰과 공무원의 가족들이었다.

봉기는 아일랜드 자원군IVF이 촉발했지만 그 뒤에는 아일랜드공화파형제단IRB이 있었다. 형제단은 전국규모의 봉기를 계획하였지만 무기가 문제였다. 그 무기는 독일의 가담에 의존하였다. 앞서 말한 것처럼 케이스먼트가 이 일을 담당하면서 독일은 아일랜드가 전국규모로 봉기를 하면 유럽의 서부전선에서 싸우는 6만 명의 영국군을 아일랜드에 붙들어 놓을 수 있으리라 계산하였다.[18)] 독일 군부는 러시아전선에서 탈취한 20,000정의 소총과 탄약, 그리고 기관총과 화포를 제공할

17) Gallagher, T., B. Fiona, and O. D. Fionnbarra, *A Pocket History of the 1916 Rising*, Dublin: Gill Books, 2015, p.155.

18) de Rosa, P. *Rebels The Irish Rising of 1916*, New Yok: Fawcett Columbine, 1990, p.32.

것을 결정하였으나 허언이 되고 말았다.

케이스먼트는 상륙한 아일랜드 어촌에서 체포되었다.[19] 그가 타고 왔던 독일 잠수함은 격침되었다. 영국은 도청으로 미리 알고 있었다. 케이스먼트는 독일의 비협조로 봉기를 연기하라는 지시를 하려고 상륙한 것이다. 영국이 모든 통신수단을 차단하여 이 방법밖에는 없었다. 이것이 혼선을 일으켰다. 원래 모든 계획을 주도했던 자원군의 설립자 맥닐 교수가 무기 공급에 차질이 일어나자 다시 연기를 지시하였던 것이다. 이때가 거사 하루 전인 부활절이다. 치통으로 치과에 갔다가 신문에 게재된 맥닐의 거사연기 암호를 읽은 데 벌레라는 자신의 상관인 맥도나에 문의하였다. 그로부터 연기 명령이 하달되지 않았기에 데 벌레라는 맥도나를 따르기로 하였다.

무기 공급의 소식을 기다리다 여러 번 봉기일자 연기에 지친 자원군IVF은 단독으로 부활절 월요일에 봉기를 일으키기에 이른다. 특히 코널리가 자신의 시민군ICA만으로 거사하겠다고 위협하였다. 피어스는 그에게 총구를 들이대고 위협하며 명령에 따를 것을 주문하였다. 군사작전은 프랑케트가 짰다. 그는 폐결핵으로 그 전날 목을 뚫는 수술도 받았다. 군사적 지식은 책을 통해서 습득한 것이 전부였다. 더블린 중앙우체국에 본부를 설치하고 그는 병상에 누워 작전을 지휘하였다. 맥닐이 빠진 채 나머지 7명이 서명한 독립선언서를 피어스가 중앙우체국 정문 앞에서 낭독하였다. 그는 아일랜드 임시공화국의 대변인이었다.

---

19) Pollard, H. B. C., *Secret Societies of Ireland, Their Rise and Progress*, Kessinger, 1932, p.147.

> 아일랜드 인이여. 그대들에게 고대국가를 물려준 하나님과 선조들의 이름으로 자유를 위한 깃발과 투쟁 앞으로 그대들을 부른다. 아일랜드인의 모든 세대는 자유와 권리를 요구해 왔다. 지난 3백 년 동안 6번을 무력으로 호소하였다. 다시 한 번 무력으로 기본권에 입각하여 세계에 호소하며 이에 우리는 아일랜드 공화국이 주권 독립국가임을 선언한다. 자유의 대의에 우리의 생명과 동지들의 생명을 걸고 무기 앞에 맹세한다.[20]

세계에 호소하려는 이들의 대의를 영국군이 전화선 두절로 대응하자 프랑케트는 임기응변으로 만든 라디오 무전기로 전 세계를 상대로 아일랜드 공화국이 탄생했음을 방송하였다. 이것이 세계 최초의 라디오 무선방송으로 기록된다.[21] 모든 유선통신이 차단되어 외신기자들이 어려움을 겪었다. 그럼에도 뉴욕 타임스는 런던에서 소식을 취합하여 8일 동안 연일 보도하였다.

페니언의 횃불이 새 세대에 다시 타올랐다. 그 횃불은 울프 톤에서 시작한 공화국의 7번째 횃불이었다. 고대 아일랜드왕국도 아니고 영국왕국도 아닌 공화국의 깃발이었는데 이 공화국 선언의 계승을 둘러싼 독립운동가들 사이에 장차 내란의 불씨가 된다.

데 벌레라는 독립선언서의 서명자는 아니다. 그는 피어스의 낭독을 듣지 못하였고 선언서도 보지 못하였다. 자원군IVF은 4개 대대로 구성

---

20) Longford and Thomas P. O'Neill, *Eamon de Valera*, London: Hutchison of London, 1970, p.38.

21) Gallagher, T., B. Fiona, and O. D. Fionnbarra, *A Pocket History of the 1916 Rising*, Dublin: Gill Books, 2015, p.102.

되었다. 데 벌레라는 3대대 사령관Commandant이었다. 그의 임무는 더블린 외곽 남동부를 방어하는 것이다. 그의 지휘본부는 볼란드 제분소Boland's Mill이었다. 맥닐의 예상치 않은 취소명령으로 자원군의 전투 참여가 줄었다. 데 벌레라 휘하의 120명 가운데 25명뿐이었다. 병졸만 준 것이 아니라 지휘관도 줄었다. 급한 대로 전시진급을 시켰다. 병력부족은 모든 방향을 방어할 수 없게 만들어서 그는 볼란드 제분공장에 주둔하며 세 개의 다리 그 가운데에서도 중앙운하교를 지켜야 했다. 그밖에 그는 자신이 지키는 지역을 통과하는 가스시설과 전기시설을 차단하는 임무를 수행하여야 하였다. 가스는 폭발을 막아야 하였고 전기는 영국군인을 동원하는데 필요한 전차 운행을 막아야 하였다. 전투가 깊어감에 따라 식량사정이 악화되어 갔다. 그는 마차의 말을 비롯한 가축과 애완동물들의 식량도 챙겨야 하였다. 마지막에 식량이 떨어지자 그는 이들을 우리에서 풀어주었다. 자원병들은 제대로 훈련받지 못한 상태였다. 그들의 공포와 사기진작도 그의 몫이었다. 그는 철길을 따라 쉬지 않고 움직이면서 초소경계를 살폈다. 적은 병력으로 할 수 있는 전술은 저격이었다. 그럼에도 그는 25명의 부하를 데리고 2천명의 포로를 잡았다.[22)]

## 진압

봉기가 영국당국에게는 기습이었지만 이미 알고 있었다. 영국은 미

22) Hackett, F., "De Valera's Ireland," *The American Mercury*, Jan. 1945, p.31.

국의 드보이와 독일에 있는 케이스먼트의 통신 내용, 드보이와 주미독일대사관의 통신 내용을 모두 엿듣고 있었다. 부활절 월요일Easter Monday이었지만 영국군경은 제 위치에 있지 않았다. 봉기군을 얕보았기 때문이다. 그들은 서서히 대열을 정비하며 반격을 준비하였다. 봉기 다음날 영국 증원군이 도착하여 병력은 20대1로 아일랜드 자원군IVF을 압도하였다. 아일랜드 자원군IVF은 병력의 부족으로 다른 대대와 연락도 취할 수 없었다. 경찰의 동태를 탐지하는 척후병을 보낼 수도 없었다. 봉기 이틀이 지난 수요일이 분기점이 되었다. 이때부터 영국군경은 압도적으로 시내를 공격하기 시작하였다. 지금까지 이틀을 버틴 봉기는 없었다.

총탄을 뚫고 데 벌레라는 양조장 지붕에 올라 아일랜드의 깃발을 세웠다. 그곳이 자원군IVF이 점령했다는 표지이면서 동시에 더블린의 리프 강the River Liffy을 따라 올라온 영국 전함 헬가Helga에게 작전본부의 위치를 거짓으로 알리기 위한 교란작전이었다. 그 전함은 더블린 시가에 40발의 포격을 가했다. 그 깃발은 아일랜드의 상징인 녹색바탕에 하프였다. 그 상징은 울프 톤 이래 전통이 되었다. 자원군의 사기를 올리고 영국군경의 사기를 떨어뜨리려는 책략이기도 하다. 그리고 이번 봉기가 울프 톤 이래 공화국을 내걸은 봉기의 계승임을 알리는 표지였다. 그곳에서 그는 시내가 화염에 휩싸인 모습을 보았다. 목요일과 금요일까지 그는 버텼다. 양측에서 저격병이 활약하였다. 그는 봉기한 월요일 이후 금요일에 처음 잠을 잤다. 그가 잠든 사이 봉기는 실패의 끝이 보였다.

영국의 본격적인 진압군이 금요일에 도착했다. 그 지휘관 맥스웰Sir

John Maxwell(1859-1929) 장군은 보어전쟁, 수단전쟁, 이집트전쟁에서 복무한 직업군인이다. 그는 아일랜드 대의에 조금도 동정적이지 않았다. 이 지옥의 친구들에게 잊지 못할 교훈을 주겠다고 소리쳤다. 앞으로 백 년 동안 반역의 속삭임은 없을 것이라고 장담했다. 그는 계엄을 선포하였다. 영국군이 봉기의 본부인 중앙우체국까지 밀려오자 피어스는 아일랜드국민에게 보내는 마지막 메시지를 낭독하였다.

> 아일랜드의 가장 어두운 역사에 영광스러운 장을 불과 쇠로 기록한 아일랜드자유인의 용기에 경의를 표한다. 그들은 수치로부터 더블린을 되찾아 주었다. 그들은 수많은 도시 가운데 더블린의 이름을 빛나게 해주었다.

피어스는 아일랜드의 명예를 구했음에 만족하였다. 압도적인 열세 가운데에서도 그들은 할 수 있는 것 이상을 하였다. 토요일 오후 피어스는 중앙우체국을 철수하였다. 그는 영국군과 조건부항복을 시도하였다. 그것이 거절되자 무조건항복을 하였다. 피어스는 마지막 명령서에 서명하였다.

> 더블린 시민의 생명을 더 이상 희생하지 않기 위해 그리고 항복한 동지들의 희생을 줄이기 위해 모든 지휘관은 무기를 내려놓을 것을 명한다.[23]

피어스는 마지막으로 파괴된 중앙우체국을 돌아보았다. 아무도 없

23) Longford and Thomas P. O'Neill, *Eamon de Valera*, London: Hutchison of London, 1970, p.44.

다는 것을 확인한 그는 마지막으로 밖으로 나왔다.[24] 봉기는 끝났다. 그러나 데 벌레라는 몰랐다. 연락이 두절되었기 때문이다. 그는 앞으로의 전투를 위하여 탄약을 아낄 것을 지시하였다. 모든 무기를 다시 점검할 것을 명하였다. 그리고 새로운 목표지를 설정하였다. 그때 연락병이 도착하였다. 명령서는 피어스가 서명한 것이었다. 그러나 데 벌레라는 믿지 않았다. 그것은 그의 직속상관인 맥도나의 서명이 없었기 때문이다. 그는 그 명령서가 영국군의 위조라고 의심하였다. 연락병이 맥도나의 서명을 받아온 후에야 데 벌레라는 그 문서가 진본임을 알았다. 그러나 항복을 거부하였다. 그에게 그 문서는 전투의 종결이었다. 영국은 적국 독일의 음모라고 대대적으로 선전하였다.

## 투항

데 벌레라는 부하들의 안위가 걱정이었다. 이미 불길한 소문이 돌았다. 그는 대열을 정비하여 부하들을 인솔하고 지정된 장소로 행진하여 갔다. 그는 권총을 적장에게 주면서 그것을 자기의 아들에게 주기를 바란다고 말했다. 그는 봉기를 위하여 아내와 의논하지도 않고 집을 나온 것이다. 후일 그의 맏딸이 회고하였다.

> 우리는 어머니가 봉기 후에 여러 달을 어떻게 살았는지 의아했다. 어머니는 수입이 없었다. 우리는 우리 집을 나와서 외할아버지 집에서 살아

24) Gallagher, T., B. Fiona, and O. D. Fionnbarra, *A Pocket History of the 1916 Rising*, Dublin: Gill Books, 2015, p.146.

야 했다. 어머니는 비브[장남]와 나를 이모 집으로 데려갔다. 에이먼[다른 동생]이 나중에 합류했다. 외조부모님은 병자였다. 함께 살고 있는 이모는 암환자였다. 그녀는 침대에서 누워 지냈는데 돈이 없어서 도우미를 구할 수 없었다. 어머니가 모든 어려운 일을 해야만 하였다. 집안일, 빨래, 식사준비, 노인봉양, 아기돌봄. 작은 이모는 교사였는데 항상 학교에 나갔다. 이모의 남편은 절름발이이었다. 큰 이모는 그 전 해에 죽었고 할머니는 그 해 1월에 돌아가셨다. 1916-1924년의 그 어려운 시절에 내가 들은 어머니의 불평이라고는 끝없는 방문객에 대한 것뿐이었다. 그들 대부분은 직업을 부탁하였다.[25]

이렇게 어려운 시절을 지내서인지 데 벌레라의 부인은 후일 남편이 총리와 대통령으로 60여 년 간 아일랜드를 이끌어가는 동안 공공장소에 모습을 잘 드러내지 않았다. 언제나 집에서 남편을 기다렸다.

데 벌레라는 자신이 살아남지 못할 것을 알았다. 행진하는 가운데 그는 더블린 시민들이 영국군에게 차를 주는 것을 보았다. 그들은 자유가 무엇인지 국가가 무엇인지 모르는 것 같았다. 그는 동포들에게서 희망을 보지 못했다. 그들은 잠에서 깨기 전에는 피어스가 본 아일랜드의 미래를 보지 못하는 것 같았다. 그들에 대한 희망은 헛된 것처럼 보였다. 당시 아일랜드의 압도적인 정서는 아일랜드 의회당이 추진하는 자치령의 찬성이었다.[26] 아일랜드 의회당 당수 레이몬드의 아일랜

25) Longford and Thomas P. O'Neill, *Eamon de Valera*, London: Hutchison of London, 1970, pp.60-61.

26) Ranelagh, J., *A Short History of Ireland*, Cambridge, 2012, p.197.

드 국민자원군INV은 영국군이 질서를 유지하는 것을 도왔다.[27] 레이몬드는 봉기를 비난하였다. 자치령 실시에 방해된다는 이유 때문이었다.

일곱 명의 가톨릭 주교가 봉기를 비난하였다. 가톨릭 신문은 피어스를 "미친 오만방자한 학교교사"라고 칭하며, 봉기자들을 "사기꾼에 바보"라고 조롱하였다. 지방의회는 "엄격한 처벌"을 주문하는 결의를 하였고 "모든 정직한 아일랜드인들에게 수치를 가져온 폭거"라고 탄식하였다.[28] 그러나 영국과 연합을 지지하는 어떤 연합주의자는 데 벌레라의 모습을 보고 마음이 흔들렸다. 그녀의 일기.

> 잘 생긴 남자. 절도 있는 발걸음. 그들의 모습은 엉망이고 더럽다. 일주일을 싸우느라고. 그 모습을 보기 전에 나는 그들이 총살당해야 한다고 생각했다. 지금. 나는 모르겠다.[29]

마음이 흔들린 것은 그녀뿐만이 아니었다. 봉기를 취재한 캐나다 기자 매켄지Frederick Arthur McKenzie(1869-1931)는 기록을 남겼다.[30] 데 벌레라의 진지인 볼란드 제분공장에서 "많은 사람들이 동정했다. 특히 그들이 패한 뒤에." 포로가 행진하는 것을 본 사람들이 박수를 쳤다. "우리는 그들을 응원한다. 그러면 왜 안 되나? 그들은 우리 동포 아닌가?"[31]

---

27) Ranelagh, J., *A Short History of Ireland*, Cambridge, 2012, p.207.

28) Ranelagh, J., *A Short History of Ireland*, Cambridge, 2012, p.210.

29) Longford and Thomas P. O'Neill, *Eamon de Valera*, London: Hutchison of London, 1970, p.46.

30) 맥킨지는 『대한제국의 비극』을 쓴 기자이며 한국의 의병활동을 취재하였다. 이승만의 친구이다.

영국군인이 데 벌레라에게 자신의 군복과 바꾸어 입고 탈출하라고 권하였다. 데 벌레라는 그것이 함정이라고 생각하고 거절하였다. 그는 이 어려운 가운데에서도 메모를 기록하는 침착함을 보였다. 항복 다음 날부터 이틀 동안 포로들은 킬메인햄 감옥Kilmainham Goal에 수감되었다. 그곳까지 걸어가는 가운데에서도 시민들의 냉담함에 데 벌레라는 절망하였다. 그는 5월 8일 킬메인햄감옥 59호에 갇혔다. 그러나 아일랜드계관시인 예이츠는 봉기를 기리는 시를 썼다. "All changed, changed utterly. a terrible beauty is born." 유명한 "비감미의 탄생"이다.

더블린 시민들과 달리 웩스포드Wexford 주민들은 봉기에 동정적이었다. 맥닐 교수의 거사연기 통보로 혼선이 일어나자 사태를 확인하기 위해 웩스포드의 갤리간 대위Captain Paul Galligan는 더블린까지 200킬로미터 거리를 자전거로 달려왔다. 그들의 봉기에 시민들과 가톨릭교회가 도왔다. 봉기자의 숫자가 1,000명을 넘었다. 영국군이 진격하고 피어스의 투항명령이 전달되자 그들은 믿을 수 없어서 더블린으로 행진하였다. 모두 체포되어 수감되었다.

골웨이Galway 시민들도 봉기 편이었다. 이곳에서는 아일랜드 자원군 멜로우Liam Mellows(1895-1922)가 봉기를 이끌었다. 그는 사회주의/공산주의자였다. 후일 내전에서 소비에트에게 무기원조를 요청하였다.

---

31) O'Donnell, R., (ed.), *The Impact of the 1916 Rising : Among the Nations*, Irish Academic Press Dublin 2008, pp.196-7: Kennedy, C., *Genesis of the Rising 1912-1916: A Transformation of National Opinion*, Peter Lang, 2010, p.288.

## 총살

토요일까지 1천명이 항복하였다. 다음 화요일까지 봉기에 참여하지 않은 그리피스와 맥닐까지 포함하여 2천 5백 명이 체포되었다. 120명이 군법회의에 회부되어 90명이 사형선고를 받았다. 국제여론을 의식한 영국정부의 간섭으로 15명만이 총살당하였다. 5월 3일 오전 3시 45분에 피어스, 맥도나, 클라크가 총살되었다. 피어스는 총살되기 전에 동포들의 비웃음에 대한 시를 남겼다. 그리고 어머니에게 편지를 썼다.

> 우리는 죽을 준비가 되어 있습니다. 우리는 기쁘고 자랑스럽게 죽을 것입니다. … 어머니 슬퍼하지 마세요. 우리는 아일랜드의 명예와 우리 자신의 명예를 지켰습니다. 지난 주 우리의 행동은 아일랜드 역사에서 가장 빛나는 일이었습니다. 지금 사람들은 우리에 대해서 나쁘게 말합니다. 그러나 후에 우리를 기억할 것입니다. 우리는 앞으로 태어날 후손에 의해 인정받을 것입니다. 어머니도 축복받으실 것입니다. 나의 어머니이시니까요.[32)]

그 전인 수요일에 프랑케트가 총살되었다. 그의 아버지 프랑케트 백작과 어머니도 수감되었고 그의 두 형들도 사형선고를 받았으나 종신형으로 감형되었다. 놀라운 것은 이러한 감옥환경 속에서 그들이 모의재판을 했다는 점이다. 프랑케트 백작이 판사 역할을 하였고 각자

32) de Rosa, P. *Rebels The Irish Rising of 1916*, New Yok: Fawcett Columbine, 1990, p.5

변호사와 검사의 역할을 하였다. 클라크와 함께 봉기를 기획했던 맥더마트는 총살 직전에 가족에게 편지를 썼다.

> 너희들은 나를 부러워할 것이다. 내가 죽어야 하는 대의가 하나님의 땅위를 걸은 훌륭한 사람들의 피로 지난주에 세례 받았다. 그것은 나의 행복을 위한 것만이 아니라 아일랜드가 그러한 인물들을 배출한 것이기 때문이다.[33)]

맥더마트는 처형 전 "내가 이처럼 행복한 적이 없었다. 내가 죽어 아일랜드는 살아났다."는 말을 남겼다. 다음날 데 벌레라가 끌려 나갔다. 나가기 전 동료가 유품을 요청하였다. 데 벌레라가 돌아오지 못할 것을 예감하였다. 데 벌레라는 그에게 펜을 주었다. 군법회의에서 그는 인정심문의 내용을 인정하였다. 그 전날 그의 부인이 미국영사에게 남편이 미국시민이라는 사실을 편지로 알렸다. 그러나 군법회의에서 데 벌레라는 판사가 물었을 때 그는 자신이 미국에서 출생했다고 말했다. "어디에서 태어났는가?" "뉴욕이다. 그러나 나는 아버지가 스페인 신민인지 미국 시민인지 모른다. 나 자신은 언제나 영국 신민이 아니라 아일랜드 인이라고 생각했다."[34)] 그는 자신의 운명을 기다리며 친구들에게 편지를 썼다. 그러나 부인이나 어머니에게는 쓰지 않았다. 한 수녀에게 남긴 편지.

---

33) Ranelagh, J., *A Short History of Ireland*, Cambridge, 2012, p.209.

34) de Rosa, P. *Rebels The Irish Rising of 1916*, New Yok: Fawcett Columbine, 1990, p.479

> 내가 총살될 것이라고 들었소. 이제 떠나는 마당에 그동안 고마웠소. 나의 영혼을 위해 기도해주세요. 그리고 가련한 나의 아내와 아이들을 위해서도 기도해 주시오. 그들에게 나는 남길 것이 별로 없군요. 기도 속에 나를 기억해주세요. 굿바이. 천국에서 만나기를 바랍니다. 데 벌레라.[35]

영국군은 매일 사형자의 이름을 발표하였다. 5월 3일- 패트릭 피어스, 클라크, 맥도나 총살: 5월 4일-프랑케트, 댈리, 윌리엄 피어스, 오한라한 총살: 5월 5일-맥브라이드 총살: 5월 5일- 에이먼 켄트, 말린, 콜베르트, 휴스턴 총살: 5월 9일-토마스 켄트 총살: 5월 12일-맥더모트, 코널리 총살. 그리고 런던에서 8월 3일-케이스먼트 교수형. 총 16명.

피어스는 휘파람을 불며 죽었다. 클라크는 눈가리개를 거부하고 눈을 부릅뜬 채 죽었다. 다리에 부상당한 코널리는 의자에 묶인 채 앉아서 총알을 받았다. 프랑케트는 총살 7시간 전에 감옥 성당에서 신부 입회하에 약혼녀와 15분간 혼인식을 올렸다. 그녀는 평생 상복을 입고 수절하였다. 맥브라이드는 시인 예이츠의 연적이었다. 영국군은 이들의 무덤이 성지가 되는 것을 피하려고 표지 없이 묻었다. 토마스 켄트의 사체는 2015년에 발굴되었다. 케이스먼트는 교수형 직전 아일랜드 국민주의의 진수를 남겼다.

> 참 종교가 사랑에 기초한다면 충성이 사랑에 기초한다는 것도 참이다. 나를 기소한 법은 사랑의 뿌리 없이 과거의 무지와 맹목에 기초하여 오

35) Longford and Thomas P. O'Neill, *Eamon de Valera*, London: Hutchison of London, 1970, p.49.

늘의 충성을 강요한다. 충성은 감성이지 법이 아니다. 그것은 사랑에 기초하지 강제에 기초하지 않는다. 영국에 의한 아일랜드 정부는 법이 아닌 강제에 기초한다. 그것은 사랑을 필요로 하지 않기 때문에 충성을 이끌어낼 수 없다. … 만일 영국정부가 전능하다면 - 글래드스턴이 말했듯이 지구 끝까지 미치는 힘이라면, 아일랜드의 희망은 그 힘을 능가하고, 그 권위를 앞지르고, 지난 세대의 주장을 각 세대가 쇄신한다. 이 불굴의 인내가 낳은 대의, 참혹한 세기를 거치며 빼앗긴 자유에 대한 기억을 간직해 온 힘 - 이것이야말로 남자가 생사를 걸고 투쟁할만한 고귀한 대의이다.[36]

봉기 처음에는 냉담하던 더블린 시민의 반응이 총살이 계속되면서 변하기 시작하였다. 사형선고를 받은 90명 가운데 15명이 총살되자 영국에서도 즉결처분에 해당하는 이 같은 총살에 대해 의문이 일어났다. 데 벌레라가 사형선고를 받던 날 아침 영국군 책임자가 봉기지도자들만 제외하고 총살을 정지하라고 결정하였다. 간발의 차이로 데 벌레라의 선고가 종신형으로 감형되었다. 그가 미국시민이라는 사실 때문이라고 세간에는 알려졌지만 증거는 없었다. 그보다 대량 총살에 대해 악화된 여론 덕택이다. 미국에서 데 벌레라의 이복동생 윌라이트Fr. Thomas Joseph Wheelright(1890-1946) 신부가 상원과 하원의원들에게 편지를 썼다. 그들은 윌슨 대통령에게 데 벌레라가 사면 받을 수 있도록 압력을 행사할 것을 요청하였다. 대통령과 국무부는 거절하였다. "데 벌레라가 미

36) Ranelagh, J., *A Short History of Ireland*, Cambridge, 2012, p.212.

국 시민이라는 사실이 사면의 이유가 되지 않으며 미국 정부가 영국정부에게 사면을 요청할 이유도 못된다."[37]

애스퀴스 수상이 계엄사령관 맥스웰 장군에게 말했다. "이런 식의 대량처형은 아일랜드에 오래 동안 문제의 씨만 뿌리게 된다." 그러나 맥스웰은 애스퀴스가 직접 더블린에 오기 전 9일 동안 처형을 계속하였다.[38] 그의 처형은 후일 불법으로 판결되었다.[39] 사태가 진정된 5월에 영국 수상 애스퀴스가 더블린을 방문하였다. 애스퀴스는 봉기에 직접 참여하지 않은 시민들을 솎아내고 나머지는 영국으로 호송하라고 지시했다. 남자 3,430명, 여자 79명이 체포되었다. 1,424명이 석방되고 나머지는 감옥으로 보냈다. 여자 79명 가운데 7명을 제외하고 석방하였다. 나머지 1,900명 이상이 영국으로 이송되었다.[40]

## 이변

첫 번째 이변이 일어났다. 피어스를 비롯한 15명이 순교자로 불리

37) Longford and Thomas P. O'Neill, *Eamon de Valera*, London: Hutchison of London, 1970, p.52.

38) Gallagher, T., B. Fiona, and O. D. Fionnbarra, *A Pocket History of the 1916 Rising*, Dublin: Gill Books, 2015, p.161.

39) Gallagher, T., B. Fiona, and O. D. Fionnbarra, *A Pocket History of the 1916 Rising*, Dublin: Gill Books, 2015, p.156.

40) Gallagher, T., B. Fiona, and O. D. Fionnbarra, *A Pocket History of the 1916 Rising*, Dublin: Gill Books, 2015., p.163.

게 되는 가운데 아일랜드 사람들이 공화주의자들의 주장에 귀를 기울이게 만들었다. 영국진압군을 도왔고 봉기를 비난했던 아일랜드 의회당의 레드몬드 조차 진압군 사령관 맥스웰의 무자비한 진압을 우려하기 시작하였다. 그는 서서히 민심이 바뀌는 것을 감지하였다.[41] 피어스도 기대하지 않았던 아일랜드 정신의 부활이었다.

영국에 이송되어 런던에서 교수형을 당한 케이스먼트까지 합하여 모두 16명이 순교자가 되었다. 케이스먼트는 더블린 태생으로 영국 외무성 소속 직업외교관이었다. 그는 콩고에서 벨기에의 무자비한 식민정책에 대해 보고서를 작성하였다. 당시 콩고에서 벨기에 총독부는 작업 할당량을 채우지 못한 흑인노동자들의 손과 발을 자르는 참혹한 만행을 저질렀다. 이 보고서는 인권문제를 다룬 세계최초의 보고서로 평가된다. 케이스먼트가 제국주의 식민정책에 회의를 갖고 영국식민지가 된 조국 아일랜드를 비판적으로 돌아보게 되는 계기가 되었다. 독일외교관을 통해 무기를 밀수하게 된 것은 외교관으로서의 그의 능력이었다. 그는 교수형 직전에 빅토리아 여왕으로부터 받은 귀족 칭호도 박탈당하였다. 미국의회는 케이스먼트의 사형을 감형해줄 것을 결의하였다.[42] 케이스먼트 유해가 영국에서 아일랜드로 환국한 것은 1966년이다. 추운 날씨의 예식에서 병석의 데 벌레라가 모자를 쓰지 않고 참석하여 예의를 표하였다.

---

41) Ranelagh, J., *A Short History of Ireland*, Cambridge, 2012, p.208.

42) Carroll, "America and Irish Political Independence, 1910-1933," in P.J.Drudy(ed.), *The Irish in America: Emigration, Assimilation and Impact*, Cambridge University Press, 1985, p.279.

총살형에서 살아남은 데 벌레라는 더블린의 킬헤임 형무소에서 영국의 다트무어를 거쳐 루이스 형무소로 이감되었다. 봉기에 참여했던 부하들이 아일랜드 자원군의 맥닐 교수를 경원하였다. 그가 부활절 전날 봉기를 연기한 것이 실패의 원인이었다고 생각한 반응이었다. 그가 나타나자 모두 예의를 차리지 않았다. 데 벌레라는 손수 맥닐 교수에게 상관에 대한 예의를 표하며 부하들에게 그렇게 하도록 명하였다. 그는 감옥에서 금세 지도자의 모습을 드러냈다. 그들의 대변인으로 추대되었다. 데 벌레라의 세 가지 전설이 탄생하였다. 첫째, 그의 부대가 가장 심한 사상자를 냈다는 점. 둘째, 마지막에 투항했다는 점. 셋째, 사형집행에서 유일하게 살아남은 사령관이라는 점. 두 번째와 세 번째 전설은 사실이 아니다.

여기에 하나의 예상치 못한 또 하나의 이변이 일어났다. 가벼운 선고에서 먼저 감옥에서 풀려난 콜린스는 처형되거나 수감된 동지들의 가족을 돌보기 위한 모금운동을 전개하며 전국을 돌았다. 마침 한 곳에서 보궐선거가 치르게 되자 그는 감옥에 있는 프랑케트 백작을 후보자로 내보내고 선거운동을 벌렸다. 그는 당선되었다. 전에는 이곳이 아일랜드 의회당의 텃밭이었다. 이것은 아일랜드가 마침내 공화주의자들의 주장에 호응하는 신호탄으로 받아드리게 되었다. 사건을 더욱 극적으로 만든 것은 당선된 프랑케트 백작이 런던의 웨스트민스터 의회에 등원하기를 거부한 한 것이다. 이 행동은 장차 그의 뒤를 이은 공화주의자들이 당선과 함께 영국 의회에 등원하지 않는 선례가 되었다. 1917년 2월의 일이다.

콜린스는 여기서 영감을 받았다. 수감된 공화주의자들을 하나씩 보궐선거에서 당선시키자는 전략이다.43) 부활절 봉기는 아일랜드 자원군 IVF이 주역이었고 주모자들이 영웅적인 순교를 했지만 세간에 알려지기는 신페인당Sinn Fein이 봉기를 일으켰다고 널리 알려졌다. 당수 그리피스는 봉기에 참여조차 하지 않았지만 수감되어 있었다. 그는 영국에서 분리를 주장하는 분리주의자이지만 공화주의자가 아니고 평화주의자로써 입헌군주주의자이다. 그는 여러 직업을 전전하던 끝에 남아프리카 보어전쟁에서 영국에 대항하는 보어인들을 지지하는 기자를 거쳐 아일랜드로 돌아와 신문편집인이 되었다. 그는 오스트리아-헝가리 이중왕국의 꿈을 가졌다. 자신의 꿈을 실현을 위하여 정당 쿠만나게딜 Cumann na nGaedheal을 설립했지만 지지를 받지 못하였다. 그가 선전의 중요성을 깨닫고 창간한 기관지 신페인Sinn Fein은 널리 읽혀졌지만 더블린경찰에 몰수되었다.

콜린스는 그리피스에게 접근하였다. 수감된 맥기네스Joseph McGuiness (1875-1922)를 보궐선거에 낼 터이니 신페인당에서는 후보자를 내지 말아달라는 부탁이었다. 그리피스는 콜린스의 의견에 동의하였다.

데 벌레라는 콜린스 전략에 회의적이었다. 그는 프랑케트 백작과 같은 감방 동지라서 그의 당선과 등원거부를 잘 알고 있었다. 데 벌레라는 감옥에서 또 하나의 사령관 애쉬Thomas Ashe(1885-1917)와 함께 단식투쟁도 하였다. 애쉬는 결국 죽었다. 단식투쟁이 성과가 없자 데 벌레라는 전략을 바꾸었다. "아마 단식투쟁 유혹에 쉽게 이끌릴 것이다. 그러나 단식투쟁으로 여럿이 죽어나가야 밖에서 알게 되는데 그때까지

---

43) Dwyer, T., *Big Fellow, Long Fellow*, Dublin: Gill & Macmillan, 2006, p.47.

얼마나 견디겠는가?" 이때 그는 무력보다 선전의 중요성을 깨달았다.[44] 단식이라는 것의 본질도 결국 몸으로 항거하는 것을 널리 알리는 선전이 아닌가. 언론의 통제로 아무도 모르게 죽어 가면 무슨 소용이 있겠는가. 그는 지도자라면 군인이 아니라 선전가의 면모를 지녀야 함을 강조하였다. 이를 가장 효과적으로 집행하는 방법은 봉기에 참여했던 사람들은 정치에서 이름을 더럽히면 안 된다는 것이다. 선거에서 패하면 목숨을 걸고 일으킨 봉기의 횃불에 흠이 된다는 것이다. 그는 감옥에서 지침을 만들었다. 패배할 가능성이 있는 곳은 시도하지도 말아라. 승산이 있을 때에만 싸워라. 장기적으로 보아 패배한다고 생각되면 시작도 하지 말라라.

데 벨레라는 맥기네스가 출마하지 않도록 설득하였다. 콜린스는 이에 아랑곳 하지 않고 추진하였다. 맥기네스는 당선되었다. 이 사건은 영국 수상 로이드조지Lloyd George에게 충격이 되어 나머지 수감자들을 석방하는 계기가 되었다.[45]

## 선전외교

부활절 봉기 지도자의 처형은 국제적으로도 파문을 일으켰다. 미국의 상원은 영국정부에게 이들에 대한 사면을 결의하였다.[46] 감옥 밖의

44) Dwyer, T., *Big Fellow, Long Fellow*, Dublin: Gill & Macmillan, 2006, p.47.

45) Dwyer, T., *Big Fellow, Long Fellow*, Dublin: Gill & Macmillan, 2006, pp.48-49.

46) Carroll, F., *American Opinion and the Irish Question 1910-1923*, New York: St. Martin's Press, 1978, p.456: Dawe, L., "Review," *International History Review*, Vol.4, No.3(Aug. 1982), p.456.

국내정세가 급변한 것을 알아차린 데 벌레라는 비로소 시야를 넓혀 국제정세를 살폈다. 윌슨은 약소국의 대의와 민주주의를 위하여 1차 대전에 참전하였다. 그의 유명한 14개조에 민족자결주의가 들어 있다. 윌슨은 아일랜드와 미국의 관계 향상의 필요에 의하여 아일랜드 문제에 대하여 영국이 무언가 조치를 취하라는 압력을 보내고 있었다.[47] 데 벌레라는 전후 세계가 기대하는 것이 평화라는 점을 간파하였다. 참혹한 대전에서 얻은 교훈이었다. 아일랜드가 무력항쟁에 도움을 청할 곳은 없어졌다.

"민주주의를 지키고 약소국을 위한 전쟁"이라고 정의한 미국의 참전을 유도하기 위해서 영국은 미국여론에 민감하였다. 영국이 약소국 벨기에를 독일로부터 지키기 위해 참전하는 마당에 그의 뒤뜰에서 약소국 아일랜드 문제는 심각하였다. 미국에서 전비를 조달하는 입장에서 더욱 그러하였다. 아일랜드계 미국인의 정치적 입지는 높았다. 로이드조지는 아일랜드의 대표자들로 하여금 헌법을 기초하는 집회를 구상하였다. 그러는 한편, 수감자들을 석방하려는 제스처를 보였다. 데 벌레라는 비로소 사태를 파악하였다. 그는 선전의 중요성을 즉각 실행에 옮겼다. 그는 영국이 베푸는 제스처를 무력화하도록 감옥에서 시위하였다. 수감자들은 전쟁포로의 대우를 요구하며 감옥행정의 협력을 거부하였다. 저항하는 수감자를 체벌하자 그들은 감옥 시설을 파괴하는 것으로 응수하였다. 데 벌레라는 메이드스톤 감옥으로 이감되었다. 그

47) Carroll, F., *American Opinion and the Irish Question 1910-1923*, New York: St. Martin's Press, 1978.:Dawe, L., "Review," *International History Review*, Vol.4, No.3(Aug. 1982), p.456.

곳에서도 간수장을 무시하고 그는 감방을 파괴하였다. 데 벌레라의 감옥 내의 행동이 과장되어 신문에 실리자 수 천 명의 군중이 감옥 앞에서 당국의 처사를 비난하는 항의집회를 하였다. 그 와중에 한 사람이 경찰에 맞아 사망하였다. 데 벌레라의 선전활동이 시작되었다.

1917년 6월 18일 영국은 전원 석방하면서 좋은 인상을 얻지 못하였다. 로이드조지가 굴복하여 수감자들을 석방한 꼴이 되었다. 석방에 앞서서 데 벌레라와 맥닐은 다른 동료들과 함께 감옥 내에 있는 케이스먼트의 무덤에 기도하였다.

데 벌레라는 선박을 이용하여 아일랜드로 귀환하였다. 약 1년 전에 그들은 시민들의 차가운 눈총과 멸시 속에서 감옥에 끌려갔다. 16명의 그들 지도자는 총살되어 이제 그들 곁에 없다. 그러나 그들이 더블린에 도착했을 때 엄청난 인파가 모였다. 콜린스의 연출이었다. 그 가운데 약 3천명은 새벽 4시부터 그들이 도착하는 리피 강변에서 기다렸다. 그들은 데 벌레라의 명령 하에 절도 있게 기차역까지 행진하였다. 기차역은 사람들로 입추의 여지없이 메워졌다. 모두 아일랜드의 삼색기를 흔들었다. 그 삼색기는 부활절 봉기에 더블린 중앙우체국에 휘날렸던 깃발이었다. 데 벌레라를 비롯한 지도자들은 의도한 대로 아무 말도 하지 않고 침묵 속에서 기차에 올랐다. 데 벌레라는 "영웅"으로 개선한 것이다.

## 대변신

급진주의 무장독립방략의 데 벌레라는 평화주의자, 국제주의자, 선전외교옹호자가 되어 돌아왔다. 그 사이 봉기를 일으킨 분리주의는 여러 갈래로 쪼개져 있었다. 하나로 통합할 필요성이 있었다. 자유연맹Liberty League의 프랑케트 백작은 보궐선거에서 승리했다. 부활절 봉기로 일망타진이 된 아일랜드 공화주의 형제단IRB은 조용히 재건하고 있었다. 신페인당을 창설하고 당수였던 평화주의자 그리피스Arthur Griffith는 봉기에 참여하지 않았다. 그럼에도 세간에는 신페인당이 봉기했다고 알려졌고 신페인당의 귀환이라고 알려졌다. 신페인당이 오래 동안 분리주의를 주창해온 성과였다. 통합에 좋은 무대가 마련되었다. 신페인당의 깃발 아래 모이는 것이다. 그 통합된 깃발 아래 모일 지도자로 데 벌레라가 등장한다.

데 벌레라가 도착하자 제일 먼저 하는 일은 윌슨 대통령에게 청원서를 보내는 것이었다. 그가 먼저 서명하고 뒤를 이어서 26명의 동지들이 연서하였다. "우리는 미국 정부와 자유세계의 정부에게 우리가 겪고 있는 억압과 자유의 제한에 대하여 모두에게 알리는 조치를 즉각 요청합니다."[48] 이 청원서는 미국의회기록에 철해졌고 그 내용이 미국의 게일 아메리칸Gaelic American에 게재되었다. 데 벌레라는 더 이상 독립운동을 무력에 호소하는 무단파가 아니었다. 이 점에서 데 벌레라는 아일랜드 독립운동 역사에서 독특한 위치를 차지한다. 아일랜드 독립을 영국의 '시혜'에 기대하는 평화주의와 무장주의의 두 정파와 달리 영국의 시혜를 버리고 외교와 선전을 독립운동의 방략으로 삼은 최초의 지도자가 되었다.

---

48) McCartan, P., *With De Valera in America*, New York: Brentano, 1932, pp.250-1.

> 영국은 세계가 자신들을 어떻게 생각할까에 매우 예민하다. 그들은 오래 동안 위선적이었고 성공했다. 이제 그들은 그 가면이 벗기는 것을 겪고 있다. 오늘날 그들은 그 어느 때보다 [파리]평화회의에서 보여준 자신들의 모습에 걱정하고 있다. 전 세계를 의심하고 있다. 세계의 도덕적 힘이 …아일랜드와 함께 한다. 우리는 그것을 완벽하게 이용해야 한다. 그러나 그것이 성공하기 위해서는 궁극적으로 우리 자신에 달렸음을 잊어서는 안 된다. 신페인의 정책이 아일랜드를 전에 없이 강하게 만들고 있다. 우리는 모든 것을 견딘다. 우리의 대의가 나아가는데 요구되는 모든 것에 용감하다. 옳다는 것을 위해 죽음을 불사하는 사람은 굴복시킬 수 없다. 결코 패배하지 않는다.[49)]

마침 이때 또 하나의 보궐선거가 이들을 기다리고 있었다. 그곳도 아일랜드 의회당의 텃밭이었는데 데 벌레라가 그 경선에 신페인당 후보자로 추대되었다. 그는 맥닐에게 유세에 동참해줄 것을 부탁하였다. 콜린스는 반대하였지만 데 벌레라는 그가 가톨릭 신부들의 지지를 업고 있다는 사실을 알고 있었다.[50)] 아일랜드에서 가톨릭 세력은 여전히 공고하였다. 데 벌레라는 압도적으로 당선되었고 런던의 웨스트민스터 의회에 등원을 거부하였다.

---

49) de Valera, *India and Ireland*, New York: Friends of Freedom for India, 1920, p.221.

50) Brennan, R., *Allegiance*, Dublin, 1950, p.153.

## 분리주의

영국으로부터 분리를 목표로 삼는 분리주의는 네 파로 구성되었다. 그리피스의 신페인당, 프랑케트 백작의 자유연맹, 맥닐 교수의 아일랜드 자원군, 애쉬의 아일랜드 공화주의 형제단. 이 가운데 애쉬는 체포되어 감옥에서 단식투쟁 도중 사망하였다. 그 뒤를 콜린스가 이었다. 데 벌레라는 이들을 통합하는 능력을 보여주게 된다. 여기에 데 벌레라는 공화주의에 가톨릭을 가세한 지도자가 되었다.

부활절 봉기에 참여했을 때 데 벌레라는 정치에 문외한이었지만 감옥생활을 통하여 세련되어갔다. 그는 온건해졌으며 여러 갈래의 봉기 세력을 모두 통합하는 힘을 보여주고 싶었다. "그리피스, 콜린스, 브루하를 다룰 수 있는 사람은 데 벌레라밖에 없다."[51] 그리피스는 왕당파이고 콜린스는 공화파이며 브루하Cathal Brugha(1874-1922)는 급진적 공화파이다. 브루하는 봉기에서 총상으로 불구가 되어 발이 불편하다. 데 벌레라의 온건함은 감옥에서 깨달은 국제정세에 대한 이해에서 기인했다. 어느 정치지망생에게 그는 조언했다. "자네에게 두 마디를 하겠네. 경제학을 공부하고 군주론을 읽게."[52] 데 벌레라는 분리주의의 통합에 가톨릭 세력을 동참시켰다.

세련되고 신중한 만큼 그의 발언은 모호하고 통합을 위해서라면 여러 의견 사이의 모순된 내용도 그에게는 아무렇지 않았다. 그는 온건과 과격을 함께 보였다. "무력에 호소하는 것도 승산만 있다면 군사적으로

---

51) Dwyer, T., *Big Fellow, Long Fellow*, Dublin: Gill & Macmillan, 2006, p.256.
52) Dwyer, T., *Big Fellow, Long Fellow*, Dublin: Gill & Macmillan, 2006, p.78.

괜찮을 수 있다. 나는 성스러운 의무라고 생각한다."[53] 그는 정부형태를 열어놓으면서 "우리는 공화국을 원한다."라고 외치지만 자신이 공화주의자라고 말하지 않는다. "그것이 아일랜드의 정부라면 나는 반대하지 않는다."[54]

보궐선거에서 아일랜드 의회당IPP의 상대방을 2대1로 누르고 당선된 데 벌레라는 그 즉시 전국을 유세하면서 흩어진 분리주의운동을 재건하기 시작하였다. 마침 미국의 압력을 받고 있던 로이드조지와 레드먼드의 후원으로 관이 주도하는 아일랜드 전국 대회가 계획되었다.[55] 데 벌레라는 반대하였다. 북아일랜드가 분명히 남아일랜드를 반대할 텐데 이것은 영국에게 아일랜드의 분열을 세계에 선전하는데 도움만 될 뿐이다. 북아일랜드가 자치령에 반대하는 한 독립국가의 달성은 어렵다고 보았다. 무력투쟁의 시대도 세계대전 종료와 함께 지나갔다. 이제 무력을 도와줄 국가도 없다.

이 방법을 버리고 나면 그에게 남은 방법은 파리강화회의에 호소하는 것과 윌슨대통령에 호소하는 것이다. 그는 먼저 파리강화회의에 아일랜드 문제를 호소하는데 눈을 돌렸다. 그리고 깨달았다. 파리평화회담에 호소하려면 먼저 정부가 있어야 한다는 사실. 이때가 1917년 7월 12일이다. "평화회의에 호소하려면 아일랜드는 먼저 완전 독립을 요구

53) Longford and Thomas P. O'Neill, *Eamon de Valera*, London: Hutchison of London, 1970, p.64.

54) Macardle, D., *The Irish Republic*, Dublin 1937, pp.223-4.

55) Carroll, F., "America and Irish Political Independence, 1910-1933," in P.J.Drudy (ed.), *The Irish in America: Emigration, Assimilation and Impact*, Cambridge University Press, 1985, p.280.

하지 않으면 안 된다."[56] 이때 그는 세계 여론에 호소하는 가장 좋은 정부형태가 공화정부임을 제안하였다. 제1차 세계대전 후 오스트로-헝가리와 오스만 터키에서 해방된 나라가 모두 공화정이라는 점도 참고 대상이었다.

다음 보궐선거도 기다리고 있었다. 신페인당은 부활절 봉기 동지인 코스그레이브William Cosgrave(1880-1965)를 후보자로 보냈다. 찬조연설에 나선 데 벌레라는 "먼저 투표로 영국을 무찌르고 이것이 실패하면 그때 다시 총을 들자."라고 선동하였다.[57] 평화파와 무단파를 동시에 아우르는 발언이다. 코스그레이브는 당선되었다. 부활절 봉기의 영웅들이 4번째 웨스트민스터 의원이 되었지만 그 역시 등원하지 않았다.

데 벌레라가 이끄는 신페인당의 정강은 모호하였다. 이를 공격하는 정적에게 데 벌레라는 훌륭한 체스 경기자는 자신의 의도를 미리 밝히지 않는다고 응수하였다. 군사적인 해법으로 "무력을 말하자면, 군사적 성공 가능성이 상당히 높으면 그것이 성스러운 의무라고 생각한다." 정치적인 해법으로 파리강화회의에 호소가 성공을 걷을 수 있을지 모른다는 점을 인정하면서 "우리는 시도해야 한다. 우리가 영국에게 구걸하고 영국이 우리를 바보 취급하는 것보다 파리강화회의에서 자유를 구하는 것이 훨씬 낫다." 이 발언이 의미하는 바는 군사적인 해법이건 정치적인 해법이건 그가 그때까지 선배들이 의존했던 영국의 이른바 '시혜'를 거부하였다는 점이다.

콜린스의 생각은 달랐다. 아일랜드 문제를 제출할 수 있겠지만 영

---

56) Dwyer, T., *Big Fellow, Long Fellow*, Dublin: Gill & Macmillan, 2006, p.53.
57) Dwyer, T., *Big Fellow, Long Fellow*, Dublin: Gill & Macmillan, 2006, p.53.

국이 결코 양보하지 않을 것이다. "우리는 영국으로부터 얻어내는 것이 없을 것이다. 힘으로 밀고나가는 수밖에 없다."[58] 정치적인 해법과 군사적인 해법이 별개인가? 데 벌레라는 공화주의는 국민에 기초함에 해법이 있음을 역설하였다. "신페인은 독립된 아일랜드 공화국으로서 국제적인 승인을 얻는 것을 목적으로 삼는다. 그 지위가 성취되면 아일랜드 국민이 국민투표로 그들이 원하는 정부형태를 선택할 수 있다."[59] 그 지위란 아일랜드 인이 영국국왕의 臣民에서 벗어나서 자유로운 市民이 먼저 되는 것이다. 공화국 건국의 선행조건이다.

## 신페인

세상에서는 부활절 봉기가 독일무기로 아일랜드 공화국의 깃발 아래 신페인당이 주도한 것으로 알려졌으므로 네 파(신페인, 자유연맹, 아일랜드 자원군, 아일랜드 공화주의 형제단)를 신페인당으로 통합하고 대표President를 선출하게 되었다. 무장투쟁을 반대하는 그리피스는 앞서 말한 것처럼 부활절 무장봉기에도 참여하지 않았고 봉기자들이 내세운 공화국에도 찬동하지 않았다. 그는 영국-아일랜드 이중왕국을 꿈꾸었던 입헌군주주의자이다. 데 벌레라는 그리피스에게 일단 공화국을 표방하고 독립한 후 정부형태는 국민투표로 결정하자는 타협안을 제시하며 신페인당의 대표 선출에서 물러날 것을 설득하였다. 공화국은 부활절 봉기 선언서의 핵심이었다. 그리피스가 설득에 응하자 프랑케트 백작도

58) Dwyer, T., *Big Fellow, Long Fellow*, Dublin: Gill & Macmillan, 2006, p.54.

59) Ranelagh, J., *A Short History of Ireland*, Cambridge, 2012, p.67.

후보를 철회하였다. 데 벌레라는 신페인당과 자유연맹의 통합회의에서 만장일치로 대표에 추대되었다. 하나 남은 맥닐 교수의 아일랜드 자원군의 회의에서도 데 벌레라를 추대하였고, 대표직에 관심이 없는 아일랜드 공화주의 형제단의 콜린스도 데 벌레라를 적극 밀었다. 이렇게 하여 데 벌레라는 분리주의를 통합한 신페인당의 논의의 여지가 없는 대표가 되었다. 그는 대표직 수락연설에서 다음과 같이 단결을 호소하였다.

> 지금은 정부형태 논의로 시간을 허비할 때가 아니다. 그러나 이를 중심으로 우리는 뭉쳐야 한다. 우리가 원하는 것이 완전하고 절대적인 독립이라는 점. 이것을 인정하자. 그리고 의견의 차이는 그 후로 미루자. 우리는 결코 아일랜드에게 어떠한 정부를 강요해서는 안 된다.[60]

뒤이은 공화국 발언은 이에 상충되는 주장이다.

> 우리의 자유를 위해 싸운 깃발 아래 뭉칠 필요가 있다. 아일랜드 공화국의 깃발. 돛대 꼭대기에 휘날리는 이 깃발을 다시는 내리는 일이 있어서는 안 된다.

그리고 영국에 대해 엄중한 경고를 보냈다.

> 영국은 그들이 이 땅에 있는 것이 칼에 의한 것이 아니라 아일랜드인의

60) Moynihan, M.(ed.), *Speeches and Statements by de Valera 1917-1973*, Dublin 1980, p.8.

선의에 의한 것이라고 말한다. 우리는 우리의 칼을 뽑아들어 영국의 칼과 그 위선의 가면을 벗겨 압제자로서 영국의 실체를 만천하에 드러낼 것이다.[61]

콜린스는 이 발언을 데 벌레라의 무장투쟁 노선으로 잘못 해석하였다. 그리피스가 부대표로 선출되었다. 당비서도 선출하였다. 운영위원을 뽑는 차례에서 콜린스가 후보자들을 냈지만 모두 실패하였다. 대신 맥닐 교수가 뽑혔다. 이것으로 데 벌레라는 맥닐의 아일랜드 자원군과 그리피스의 비폭력주의에서 추대된 셈이다. 이것은 신페인당이 콜린스의 아일랜드 공화주의 형제단의 무력보다는 데 벌레라의 통합주의의 온건파를 지지한다는 의미이다.

그러나 사람들은 데 벌레라가 정작 어디로 자신들을 이끄는지 몰랐다. 그는 한편으로는 정치인의 발언을 하며 다른 한편으로는 군인의 모습도 보인다. 그러나 사람들은 개의치 않고 그를 따랐다. 그와 논쟁을 한 사람들은 번번이 그에게 설득 당하였다. 감방 동료의 증언. "그는 남의 얘기를 잘 듣는다. 그는 논쟁을 북돋는다. 그러나 마지막에는 그는 그의 길을 간다. 그는 당신이 말하고 싶은 만큼 말하라고 권유한다. 많이 할수록 좋다. 모든 각도에서. 마지막에 그에게 동의하지 않으면 그는 논쟁을 그만 둔다. 그리고 당신은 당신 의견에 동의를 구하는 다른 사람을 찾아야 한다."[62] 콜린스마저 데 벌레라라면 머리

---

61) Moynihan, M.(ed.), *Speeches and Statements by de Valera 1917-1973*, Dublin 1980, p.8.

62) Dwyer, T., *Big Fellow, Long Fellow*, Dublin: Gill & Macmillan, 2006, p.47.

를 흔들었다.[63]

신페인당의 대표가 된 데 벌레라는 전국 유세에 나섰다. 목표는 영국 주도의 아일랜드 전국대회를 거부하고 윌슨 대통령이 선언한 세계대전의 목표가 아일랜드처럼 약소국의 자유를 가져온다는데 희망을 가져야 한다고 선전하였다. 약소국의 권리를 위해 싸운다는 연합국에게 그 약소국의 이름을 발표하라고 도전하였다. 그 명단에 아일랜드가 포함되면 50만의 아일랜드 청장년이 연합국을 돕겠다고 약속하였다.

데 벌레라는 의도적으로 아일랜드 대의를 당대에 가장 민감한 세계대전의 목표에 결부시켰다. 아일랜드 자원군은 이미 민족자결주의 원칙을 위해서 싸우고 있다. 만일 윌슨 대통령이 진실하다면 자원군과 미국은 "진정한 동지"가 되어 나란히 이 전쟁에서 싸울 것이다. 그는 이어서 미국의 아일랜드계인구와 결부시키고 있다. 만일 종전 후에 영국이 아일랜드의 민족자결권을 무시하면 미국의 2천만 아일랜드 인들이 그들의 막강한 영향력으로 영국을 압박할 것이라고 협박하였다. "윌슨 대통령이 진실로 정직하다면 그는 헛된 믿음에서 벗어나 우리를 해방시키는 것은 일도 아닐 것이다." 그러나 "만일 그가 위선자라면 조만간 미국과 세계는 그것을 알게 될 것이다."[64] 데 벌레라에게 아일랜드 대의는 민족자결주의 원칙을 위해 싸운다는 윌슨 대통령과 영국을 포함한 연합국의 진실 또는 위선을 가르는 시금석이었다.

보궐선거에서 연달아 3명의 웨스트민스터 의원을 배출한 신페인당

---

63) Ryan, D., *Unique Dictator: A Study of Eamon de Valera*, London 1936, p.100.

64) Moynihan, M.(ed.), *Speeches and Statements by de Valera 1917-1973*, Dublin 1980, p.8.

은 그 후 3차례 연이어 보궐선거에서 아일랜드 의회당에게 패하였다. 연합주의자들이 단결하여 아일랜드 의회당을 밀었던 결과였다. 화가 난 데 벌레라는 연합주의자들을 아일랜드 자유에 "걸림돌"이라고 공격하며 "필요하다면 우리 앞길을 막는 장애를 폭파해야 한다."고 거칠게 말했다.[65] 이어서 3주 내에 두 곳에서 다시 패하였다. 여기도 연합주의자들이 아일랜드 의회당을 밀었던 것이다. 사실 이 두 정파는 합칠 수 없는 반대파인데 신페인당의 약진에 위협을 느꼈기 때문이다.

## 독일음모

이때 두 가지 사건이 동시에 발생하였다. 영국은 세계대전에서 병력피해가 커져가자 아일랜드에 대해 징집령을 생각하고 있었다. 영국은 미국과 조약을 맺고 미국에 있는 아일랜드인도 징집하려 하였다.[66] 데 벌레라는 거세게 반발하였다. 방금 아일랜드에게 독립을 허락하면 50만의 아일랜드 인이 연합국 편에서 싸우겠다고 제의하였는데 아무 보상 없이 강제징집만 받아들일 수 없는 노릇이었다. 영국이 보상을 한다 하여도 데 벌레라는 그를 믿을 수 없었다. 이미 아일랜드 의회당의 권유로 자원한 17만 명의 아일랜드 병사가 전사한 마당이다.[67] 그런데 그들의 전사로도 부족하여 영국군을 대체할 병력이 없어 다시 아일

65) Bromage, M. C., *Churchill and Ireland*, University of Notre Dame Press, 1956, p.73: Bowman, J., *De Valera and the Ulster Question 1917-1973*, Oxford 1982, p.35.

66) McCartan, P., *With De Valera in America*, New York: Brentano, 1932.

67) McCartan, P., *With De Valera in America*, New York: Brentano, 1932, p.44.

랜드 청년을 징집하겠다니! 그는 미국의 크리스천사이언스 지의 기자와 인터뷰에서 이 점을 분명히 했다. 영국이 진실로 민족자결 원칙을 위하여 싸운다면 아일랜드에게 자유를 허락하는 것은 쉬운 일이다. 그러나 만일 영국이 그 약속을 지키지 않는다면 아일랜드에게는 그에게 약속을 지키도록 강제할 수단이 없다. 아일랜드는 도박을 할 수 없다. 더욱이 독립을 추구하는 분리주의자인 그에게 그것은 신성한 주권의 침해가 된다. "영국정부 또는 어떠한 외세도 아일랜드 국민의 뜻에 반하는 징집을 강제할 수 없다."[68] 데 벌레라는 가톨릭교회에게 징집반대 전국운동을 부탁하였다.

이 과정에서 영국은 징집령에 거세게 반대하는 신페인당의 지도자들을 모두 일망타진하기로 작정하였다. 이들의 부재중에 징집령을 통과시키려는 음모라고 아일랜드는 믿었다. 그것이 독일음모이다. 1918년 4월 앞서 무기를 밀수입하다 체포되어 교수형을 당한 케이스먼트가 포섭했던 아일랜드인을 독일이 밀파하여 신페인 지도자들과 접촉할 것을 지시하였다. 그는 골웨이 부근에서 체포되었다. 심어놓은 첩보원의 활약으로 콜린스는 신페인 지도부에게 급히 소식을 전했다.[69] 그러나 전에도 잘못된 정보가 있었기에 아무도 피신하지 않았다.

신페인 지도자들이 독일과 밀모했다는 증거는 없었다. 그러나 데 벌레라를 비롯하여 모두 체포되었다. 마침 데 벌레라는 미국에 호소하

---

68) Moynihan, M.(ed.), *Speeches and Statements by de Valera 1917-1973*, Dublin 1980, p.13.

69) Longford and Thomas P. O'Neill, *Eamon de Valera*, London: Hutchison of London, 1970, p.75.

는 공개서한을 작성 중이었는데 문장을 마치지 못한 채 끌려갔다. 신문에 게재된 이 글은 중도에서 멈추었다.

모두 영국의 링컨감옥에서 9개월을 살았다. 이에 앞서 콜린스는 경찰로부터 무기를 탈취하라고 아일랜드공화파형제단 부하들을 교사했다는 혐의로 체포되어 감옥에 있었다. 콜린스의 후임자가 영국이 징집령을 통과시키는 경우에 대비하여 영국 내각 전원의 암살을 지시하였다. 아일랜드의 들끓는 여론에 영국은 징집령을 10월까지 연기한다고 발표하였다.

그러나 이 사건이 신페인을 다시 한 번 정치 전면에 올려놓는데 결정적인 역할을 하였다. 3번 연속 보궐선거에서 아일랜드 의회당에게 패한 신페인당의 그리피스 후보자가 다음 보궐선거에서 수감된 몸으로 당선된 것이다. 감소해가던 아일랜드 자원군에 입대하는 신참도 급증하였다. 아일랜드 의회당은 이것을 계기로 하락하게 되었다. 그 배경에는 두 가지가 작용하였다.

첫째, 앞서 언급한 대로 아일랜드 의회당으로서는 연기된 자치령이 조속히 실시되려면 전쟁이 빨리 끝내야 한다. 그러려면 영국의 전쟁수행을 아일랜드가 도와야 한다. 그것이 아일랜드에 대한 징집령이다.

둘째, 아일랜드의 가톨릭 주교단의 역할도 한 몫 하였다. 앞서 말한 대로 신페인이 3번 연속 낙선한 것은 추기경의 영향력이 컸다. 추기경은 신페인의 약진에 그것이 내세운 공화주의에 대해 공격을 가했다. 아일랜드 공화국이란 잘못된 생각이고 이상형이라고 주장하였다. 그리고 제 정신이라면 그것이 성취할 수 없는 희망이라고 규정하였다. 데벌레라는 추기경이 지적한 이상향의 비도덕성에 대해 대답하였다. 민주적 정부형태를 선호하는 것이 반드시 그릇된 것이 아니다. 벨기에가 독일에 저항하는 것을 비도덕적이라고 아무도 비난하지 않는가? 논쟁에서 물러서지 않는 데 벌레라는 이 정도로 자제하였다. 그러나 아일랜드 가톨릭 주교단의 자가당착이 드러난 것이 징병령 논쟁이다. 그것은 전술한 것처럼 아일랜드 의회당에게 직격탄이 되었지만 가톨릭의 관심은 젊은 가톨릭 신부가 전쟁에 징집될지 모른다는 우려에 있었다.[70) 가톨릭 주교단은 격렬한 반대로 돌아섰다. 신페인의 무장투쟁에 대해 비도덕적이라고 몰아붙이던 가톨릭 주교단의 의심이 사라졌다.[71)]

## 콜린스

콜린스도 감옥에서 군사력으로는 영국을 이길 수 없음을 깨달았다. 그러나 영국을 게릴라전과 정보전으로 지치게 만들 수 있다고 자신하였다. "주저앉아 물러서지 말라. 그러면 영국을 물리칠 수 있다. 얼마간 영국은 전쟁을 일으키겠지. 마지막에는 그들은 자포자기 할 것이다."[72)] 콜린스는 감옥을 학교로 만들었다. 일반교육과 군사교육을 실시하였다. "감옥에서 우리는 아일랜드의 게릴라 전법의 핵심을 연구했다."[73)]

독일음모 사건으로 데 벌레라를 비롯하여 신페인당의 지도자들이 영국의 링컨감옥에 수감되었을 때 콜린스가 석방되었다. 그는 장군ad-

70) 제1차 대전이 발발하자 조선에서 사역하던 프랑스신부와 독일신부가 징집되어 여럿이 전사하였다.[뮈텔주교 일기 5권, 341-433]

71) Longford and Thomas P. O'Neill, *Eamon de Valera*, London: Hutchison of London, 1970.

72) Dwyer, T., *Big Fellow, Long Fellow*, Dublin: Gill & Macmillan, 2006, p.44.

73) Dwyer, T., *Big Fellow, Long Fellow*, Dublin: Gill & Macmillan, 2006, p.38.

jutant general으로 진급하여 아일랜드 공화주의 형제단IRB과 아일랜드 자원군IVF의 훈련과 교육의 책임자가 되었다. 콜린스는 공백이 생긴 신페인당의 지도부를 단숨에 장악하였다. 수감으로 온건파가 부재한 가운데 그는 신속하게 자신의 무단파인물로 지도부를 채웠다. 그가 신페인과 아일랜드 공화주의 형제단IRB의 "사실상 대장"이 된 것이다. 그의 동료에 의하면 "무자비한 목적과 불타는 정력의 사나이, 자신이 원하는 바를 명확히 알고 그것을 성취하기 위하여 사람들을 거칠게 다루는 사나이"라고 묘사하였다.[74]

그는 기관지도 만들었다. 여기에 그의 부하가 글을 썼다. "우리는 시민이건, 군인이건 그 누구라도 편리에 의해서건 직접적이든 간접적이든 우리에게 맞서는 자는 야수의 심정으로 두 번 생각하지 않고 망설임 없이 무자비하게 사살할 것임을 명심해야 한다." 콜린스는 이 글을 널리 배포할 목적으로 기관지를 유포하였다. 그리고 그 대금을 독촉하였다. "나는 요청하지 않는다. 강요한다."[75] 콜린스는 여전히 영국과 전쟁을 재개하지 못해 안달이었다. 그의 기관지는 실제로 "영국과 전쟁 상태가 엄존한다."라고 썼다.[76]

데 벌레라가 아직 수감되어 있을 때 콜린스는 세 명의 수행원을 대동하고 런던에 갔다. 영국을 방문 중인 윌슨 대통령을 만나서 아일랜드의 사정을 설명하려는 목적이다. 윌슨은 만나기를 거절하였다. 매우 화가 난 콜린스는 윌슨을 납치하려고 하였다. 그것이 거의 가망이 없자

74) Dwyer, T., *Big Fellow, Long Fellow*, Dublin: Gill & Macmillan, 2006, p.62.
75) Dwyer, T., *Big Fellow, Long Fellow*, Dublin: Gill & Macmillan, 2006, p.63.
76) Dwyer, T., *Big Fellow, Long Fellow*, Dublin: Gill & Macmillan, 2006, p.67.

콜린스는 차선책으로 더블린 시가 윌슨이 더블린에 자유의 증서를 허락한다는 결의를 제안하였다. 더블린시장이 윌슨을 더블린으로 초대하였지만 그는 시간이 없다고 거절하였다.[77] 데 벌레라가 신페인당의 대표로 있는 한 콜린스의 행동은 저지되었다. 그러나 데 벌레라가 자리를 비우면 그를 막을 사람이 없었다. 이것이 후일 내란의 불씨가 됨을 당시에는 아무도 몰랐다.

콜린스는 인내심이 부족하였다. 군사작전에 조급한 콜린스는 데 벌레라와 그의 동료들의 행동이 온갖 "견딜 수 없는 구차한 행동"이라고 불만이 많았다. 내각회의에서 그는 단지 "구경꾼"이라고 느꼈다. 그 회의를 아무 것도 하지 않는 회의라고 불렀다. 그들은 군사적이지 않고 정치적이고 이론적일 뿐이다. 말만 무성하다. 콜린스로서는 견딜 수 없는 일이었다. "우리는 지나치게 협상만 했다. 우리의 행동이 후퇴하는 것이 아닌지 모르겠다."[78] 그러나 콜린스, 그리피스, 코스그레이브를 비롯한 그 어느 누구도 영국의 식민장관 처칠을 상대할 사람이 아일랜드에서는 오직 데 벌레라 이외에는 없다는 사실을 곧 알게 된다. 둘 사이의 공통점은 두 사람 공히 사형 일보 직전 극적으로 벗어났다는 점이다. 처칠은 보어전쟁에서 포로가 되어 사형대에 선 경험이 있다.

데 벌레라는 상대방이 지치도록 인내심이 강했다. 그는 10시간의 회의에도 지치지 않으며 자신이 원하는 바를 얻는다. 연속회의에서 13일 동안 250번 연설한 적도 있었다.[79] 콜린스가 작성한 문서를 끝도

---

77) Dwyer, T., *Big Fellow, Long Fellow*, Dublin: Gill & Macmillan, 2006, p.66.

78) Dwyer, T., *Michael Collins*: The Man Who Won the War, Cork, 1990, pp.60-61, p.149.

없이 수정을 요구하였다.[80] 일단 마음을 정한 데 벌레라의 결심을 돌려 놓는 일은 불가능하였다. 콜린스도 고개를 저었다. "알잖아, 데브Dev와 논쟁한다는 것이 무엇인지.'[81] 그와 대적하려면 인내심이 필요하였다. 그는 "오류가 없으며, 옳고, 다른 사람이 틀렸다. 그는 틀릴 수 없다."[82] 후일 내각이 그에 대해 반대를 하면 데 벌레라는 그들이 자기만큼 아일랜드를 이해하지 못하는 탓으로 돌렸다.

## 윌슨

파리평화회의에 호소하려던 데 벌레라의 희망은 이루어지지 않았다. 영국이 여권을 내주지 않을 것이기 때문이다.[83] 그는 식민지 백성으로 영국국왕의 신민이었다. 한편, 미국의 아일랜드계 미국인 대표가 파리에 갔지만 영국의 방해로 회의에 참석할 수 없었다. 강화회의 참석은 차단되었다. 남은 것은 윌슨을 만나서 호소하는 길뿐이다.

데 벌레라는 링컨감옥에서 부활절 봉기로 제1차 수감되었을 때 깨달았던 윌슨 대통령의 높은 평화주의 이상에 아직도 희망을 걸고 있었다. 윌슨이 1918년 2월 11일 미국의회에서 "민족자결주의는 단순한 수사가 아니다. 그것은 행동으로 옮기는 의무의 지침이다."라고 말한 것

---

79) Dwyer, T., *De Valera The Man and the Myths*, Dublin: Poolbeg, 1991, p.92.

80) O'Connor, F, *Big Fellow*, Dublin, 1979, p.70.

81) Dwyer, T., *De Valera The Man and the Myths*, Dublin: Poolbeg, 1991, p.27.

82) Dwyer, T., *De Valera The Man and the Myths*, Dublin: Poolbeg, 1991, p.39.

83) Longford and Thomas P. O'Neill, *Eamon de Valera*, London: Hutchison of London, 1970.

은 데 벌레라가 독일음모사건으로 수감되기 직전이었다. 제1차 석방 후에는 윌슨에게 청원서를 보냈지만 답이 없었다. 다시 썼지만 역시 부답이었다. 이번에 독일음모로 인한 제2차 수감에서 그는 이제 윌슨에게 청원서를 쓰는 것으로 만족하지 않고 직접 만나야 한다고 생각했다. 그러려면 미국을 가야 하였다. "그가 감옥에 있을 때 그가 가야 할 곳이 미국이라고 느꼈다."[84] 미국에는 2천만의 아일랜드계 미국인이 있다. 그들은 과거에도 아일랜드의 무장투쟁에 자금의 공급처였다. 미국 정치가들은 이들의 표를 무시할 수 없었다. 영국도 미국의 여론을 무시할 수 없었다. 영국은 세계대전에서 미국에 빚을 졌다. 그것을 갚는 것이 영국에게 큰 부담이 된다.

## 국가연합체

데 벌레라는 미국에 있는 어머니에게 보내는 편지에 썼다. "만일 대통령이 선창한 원칙을 미국이 고수한다면 미국은 열국의 역사에서 숭고한 위치를 차지할 것입니다." 그는 윌슨의 민족자결주의가 참다운 국가의 기초, 세월의 도전에도 견디는 굳건한 기초라고 믿었다. 그러나 "대통령은 이 원칙을 이기적인 동기로 전쟁에 뛰어들은 국가들이 받아드리게 할 수 있을까? 국가 사이에 공통된 법률, 국가의 의지가 담긴 법률을 제정하는데 어떤 조치를 할 수 있을 것인가? 그리하여 마치 개인 사이에 다툼처럼 국가 사이에 다툼을 줄이는 법률의 제정을. 그것이

---

84) Ryan, D., *Unique Dictator: A Study of Eamon de Valera*, London 1936, p.100.

그의 진정한 목표라면 하나님이 그의 손을 잡아 주실 것이다."[85] 개인 사이의 다툼을 개인의 연합체인 국가가 평화적으로 해결하듯이, 국가 사이의 다툼을 국가연합체인 국제연맹이나 후에 등장할 국제연합이 평화리에 해결할 가능성을 목표로 보았음이 주목된다. 그러나 이 의심은 데 벌레라가 아직 윌슨이 제창한 민족자결주의를 뛰어넘어 국제연맹 창설의 의도에 완전한 이해하지 못하고 있음을 암시한다. 그는 후일 국제연맹 총회의 의장에 선임된다.

## 미국

데 벌레라가 아일랜드의 대의를 미국에 호소하기로 한 것은 당시 상황에서 의외였다. 이미 콜린스의 무장투쟁과 대비되지만 다른 지도자들과도 달랐다. 앞서 설명했지만 부활절 봉기에는 독일의 지원 약속이 있었다. 한 차례의 무기 반입과 한 차례 반입좌절도 있었다. 그것은 실패였다. 감옥에서 석방된 지도자들은 러시아로 눈을 돌린다. 러시아에서는 2월 혁명으로 제정이 무너졌고 독일과 휴전상태였다. 대전에서 연합국의 지위에서 이탈된 공산주의 소비에트는 더 이상 영국의 우방이 아니었다.

데 벌레라에 앞서 석방된 맥카르탄Patrick McCartan(1878-1966)은 아일랜드 공화주의 형제단IRB 최고회의에 밀명을 받고 1917년 5월 러시아로 출발한다. 그러나 러시아로 가는 선박이 없자 미국을 경유하려고 미국

85) de Valera, E., "Letter to Irish Society in London," *New York Times*, 4, March, 1919.

으로 떠난다. 그것이 계기가 되어 미국에 눌러앉은 그는 나중에 미국에 온 데 벌레라를 돕는 일을 하게 된다.[86]

맥카르탄은 뉴욕 소재 러시아 정보국의 직원과 친분을 쌓았다. 소비에트 혁명정부는 아직 미국의 승인을 얻지 못하고 있는 상태였다. 러시아는 아일랜드와 조약을 맺고 싶어 했다. 둘 다 승인이 절실했던 탓에다 아일랜드가 독립전쟁 중이고 소비에트는 내전 중이었다. 맥카르탄은 모스크바에 가기를 원했다. 당시 내전으로 러시아는 자금이 궁했다. 전에 볼란드Harry Boland(1887-1922)에게 러시아 보석을 담보로 2만 달러를 빌린 적이 있었다. 그는 콜린스의 절친이다. 맥카르탄은 러시아에게 자금을 빌려주고 조약을 맺으려고 하였다. 그 자금 역시 아일랜드계 미국인의 주머니에서 나올 것이다. 데 벌레라는 신페인의 봉기에 제정러시아의 자금이 관계되었다는 영국의 소문을 격렬하게 부인한 바 있다.[87] 그는 심사숙고 끝에 모스크바로부터 아일랜드 공화국의 승인을 얻는 것은 미국과 관계에 부정적인 영향을 미친다고 판단하였다. 그는 말했다. "먼저 미국으로부터 승인을 받고 싶다."[88]

그러나 그 미국은 영국 편이었다. 윌슨은 전후 처리에서 영국의 지지가 절대적이었는데 그에 적대적인 정책의 편을 들 수 없었다. 아일랜드의 다른 지도자들이 독일의 도움을 끌어 드려온 것은 커다란 모험이었다. 그것은 독일이 전쟁에서 승리한다는 전제하에서 성립하는 정책이었다.

86) McCartan, P., *With De Valera in America*, New York: Brentano, 1932, Ch.I.
87) Hannigan, D., *De Valera in America*, New York: O'Brien Press, 2010, p.18.
88) McCartan, P., *With De Valera in America*, New York: Brentano, 1932, p.201.

반대로 미국이 참전한 전쟁에서 독일이 패하는 경우 그와 함께 아일랜드는 적국으로 분류될 수 있다. 그리되면 아일랜드의 독립뿐만 아니라 자치령도 물거품이 된다. 또한 아일랜드를 도운 아일랜드계 미국 시민들은 반역죄로 기소될 수 있다. 사실상 부활절 봉기를 뒤에서 지원한 미국의 아일랜드계 미국인 지도자 드보이는 이 점을 우려하였다.[89] 여기에 더하여 아일랜드 공화국의 승인을 둘러싼 아일랜드와 영국 사이에 일어날지 모르는 전쟁에서 미국의 아일랜드 인들의 위치가 어렵게 된다. 미국이 아일랜드를 승인하는 경우 미국의 입장도 난처해진다.

이러한 상황에서 데 벌레라가 미국의 도움을 기대한 것을 다른 지도자들은 반대하였다. 특히 콜린스가 반대하였다. 데 벌레라가 미국을 방문한 후 그 뒤처리를 위하여 콜린스에게 미국행을 권했을 때에도 콜린스는 거절하였다. 데 벌레라는 독일, 러시아에 대한 기대가 무너진 다음 미국도 택할 수 없는 상황에서 그가 믿은 것은 윌슨의 민족자결주의였다. 그러나 그에게 신생 아일랜드 공화국의 승인이 목표이지 아일랜드에 대한 민족자결주의의 적용이 목표가 아니었다. 윌슨이 말하는 민족자결주의에는 자치국 또는 국제연맹 하의 위임통치국도 포함될지 모르기 때문이다. 미국의 아일랜드계 지도자들도 민족자결주의적용과 공화국승인 사이에서 분열되어 있었다. 이 둘 사이의 줄타기가 데 벌레라 대미외교의 시험이 되었다.

89) de Rosa, P. *Rebels The Irish Rising of 1916*, New Yok: Fawcett Columbine, 1990, p.67.

## 2. 공화국 선언

1918년 11월 마침내 세계 대전은 끝났다. 그해 12월 영국 수상 로이드조지는 총선general election을 실시하였다. 모든 지역구가 동시에 선거를 치르는 것은 처음이다. 신페인당은 아일랜드 모든 지역구에 빠짐없이 후보자를 내보냈다. 독일음모 사건으로 지도부가 수감되어 있는 상태에서 콜린스가 선거운동을 지휘하였다. 그는 앞서 맥기네스를 감옥에서 보궐선거에 당선시킨 전략을 총선에 사용하였다. 친구 볼란드와 함께 그는 신페인당의 후보를 선발하였다. 수감된 당원들 대부분 후보자가 되었는데 자신들은 자신이 후보자가 된 줄도 몰랐다. 12월 14일에 치러진 총선에서 영국은 신페인당의 출마를 방해하고 아일랜드 의회당을 도울 목적으로 경찰력을 동원하였다. 필요한 곳에는 투표소에 기관총을 설치하였다.[90]

### 아일랜드 공화국

신페인당의 총선구호는 "아일랜드 공화국에 투표"와 "영국과 분리"였다.[91] 공화주의와 분리주의의 합작구호였다. 북아일랜드연합당의 26석, 아일랜드 의회당의 6석에 대하여 신페인당이 73석을 얻었다. 과거 아일랜드 의회당이 석권했던 모든 지역에서 신페인당의 압도적인 승리였다. 얼스터의 6개주는 북아일랜드연합당이 차지하였다. 후일 이 6개

90) McCartan, P., *With De Valera in America*, New York: Brentano, 1932.

91) McCartan, P., *With De Valera in America*, New York: Brentano, 1932, p.63.

주가 북아일랜드로 된다. 북아일랜드의 나머지 주는 아일랜드 의회당이 차지하였다. 이들 6개주를 제외한 아일랜드 전역에서 신페인당이 거둔 대승리였다. 아일랜드인들이 비로소 부활절 봉기의 공화주의와 분리주의를 받아드리게 된 것이다. 데 벌레라는 수감된 채 세 곳에 동시 출마하였다. 한 곳에서 아일랜드 의회당의 당수가 데 벌레라에게 패하였다. 또 한 곳에서는 단독 후보로 당선되었다. 마지막 지역구는 얼스터 지역이었는데 여기서는 패하였다. 데 벌레라의 성적이 가리키듯 일부 지역을 제외한 북아일랜드와 남아일랜드 전역에서 신페인당의 전승이었다. 영국은 이 결과를 아일랜드 의회당에 대한 신페인당의 승리일 뿐이라고 그 의미를 축소하였다.

신페인당의 전략은 당선되더라도 런던의 웨스트민스터 의회에 참석하지 않겠다는 사전의 정강Manifesto이었다. 이 정강은 1800년 영국이 연합법을 만들면서 아일랜드 의회를 없애고 아일랜드 대표를 웨스트민스터로 보낸데 대한 반발이었다. 1905년에 신페인당을 결성할 때부터 그리피스의 주장이었다. 그는 1867년 헝가리 국민주의자들이 오스트리아로부터 이중왕국을 요구하면서 비엔나의회에 참석하지 않은 전례를 빌려온 것이었다. 이것을 앞서 프랑케트 백작이 일찍이 선도한 바 있다. 그 대신 당선자들은 아일랜드 내에 공화의회를 설립하겠다고 서약하였다. 수감된 49명을 제외한 나머지 24명의 당선자는 1919년 1월 7일 자신들의 권리를 위임하는 맹세를 하였다.

> 나는 아일랜드 공화국의 건국을 위하여 일할 것을 맹세 한다. 나는 아일랜드의 권리를 찾는데 있어서 영국으로부터 완전한 분리 이외는 받아드

리지 않는다. 나는 영국[웨스트민스터] 의회에 불참한다.

이것은 1916년 부활절 봉기에서 16명의 "순교자"가 선언했던 공화국의 계승이었다. 1919년 1월 21일 수감된 49명의 당선자들을 제외하고 24명의 당선자들은 서약한 대로 런던의 웨스트민스터 의회 등원을 거부하고 더블린 시의회 의장Lord Mayor의 관사Mansion House에서 모여 아일랜드 의회를 창설하고 1916년 부활절 봉기에서 임시정부가 선포한 아일랜드 공화국을 "비준"하였다.

## 제1도일

공화국 의회 이름을 아일랜드 말로 도일 에이레안Dail Eireann이라고 명명하였다. 오늘날 제1도일이라고 부른다. 제1도일은 세 가지를 만방에 선포하였다. 독립선언문, 자유국가에게 보내는 교서, 민주주의 계획서. 독립선언문Declaration에서 제1도일이 부활절 봉기의 임시정부의 선언Proclamation을 계승한다고 밝혔다. 자유국가에게 보낸 교서에서는 열국에 승인을 요청하고 있다. 모든 문서를 아일랜드어, 영어, 프랑스어로 작성하였다. 독립선언은 다음과 같다.

> 국회에서 고대 아일랜드 민족의 대표로 선출된 우리는 아일랜드 국가의 이름으로 아일랜드 공화국 수립을 추인하였다. 모든 수단을 동원하여 이 선언이 실효적이 되도록 우리 자신과 우리 민족에게 선서한다.
>
> 우리는 아일랜드 민족만으로 선출된 대표들이 아일랜드 민족을 위한 법

률을 제정하는 권한이 있음을 명령한다. 아일랜드 국회만이 민족이 충성을 맹세할 수 있는 의회임을 명령한다.

우리는 아일랜드에 있는 외국정부를 우리 자연권에 대한 침략자임을 선언한다. 우리는 결코 그를 받아드릴 수 없으므로 영국주둔군은 우리 땅에서 철수할 것을 요구한다.[92)]

이것은 사실상 영국에 대한 선전포고나 마찬가지이다. 외국에서 이 선언을 보고 폭동이라도 일어날까 염려할 우려를 씻으려 세계 자유국가에게 메시지를 보냈다.

아일랜드는 모든 자유국가에게 호소한다. 영국의 위계와 압도적인 주둔군에 의한 교묘한 위장에 대항하여 아일랜드 공화국의 완전한 독립을 요구하는 민족의 요망을 지지해줄 것을 호소한다. 국가연합체Congress of Nations는 영국과 맞서주기를 요청한다. 문명사회가 불의의 영국과 정의의 아일랜드 사이에서 판단하여 아일랜드에게 민족의 독립을 유지하는데 지지를 보장하도록.[93)]

6월에 파리와 워싱턴에 영사업무를 개시하고, 아일랜드의 산업과 자원을 조사하였다. 국가공무원제도, 법원, 토지은행을 설립하였다. 영국의 방해에도 불구하고 공화국채권을 발행하여 약 4십만 파운드를 확보하였다. 4월 10일에는 영국에 협조한 경찰을 습격하였다. 경찰력이

92) Coogan, T., *Michael Collins*, London: Random House, 1990, p.105.

93) Coogan, T., *Michael Collins*, London: Random House, 1990, p.105.

약화되자 총독부는 중요한 정보원을 상실했고 고립되었다. 영국의 반격이 시작되자 도일은 지하로 잠입하였다. 장관들은 각자 은신처를 전전하면서 업무를 보았다.

## 탈옥

영국은 수감상태에서 선출된 도일의원 49명의 석방을 고려하지 않고 있었다. 그 이유로 콜린스는 도일의 선포를 반대하였다. 이것이 여의치 않게 된 콜린스는 도일 선포식에 데 벌레라를 참석시키려고 그의 탈옥을 기획하였다. 여러 차례 시도의 실패 끝에 1919년 2월 3일 데 벌레라는 영국 감옥에서 극적인 탈옥에 성공하였다. 그리고 은신처에서 2주일을 보내고 더블린으로 밀항을 시도하였다. 그때 영국이 갑자기 독일음모사건의 전원을 석방하였다. 더 이상 비밀리에 더블린에 돌아올 필요가 없어진 데 벌레라는 안심하고 3월 24일에 돌아올 수 있었다. 부활절 봉기의 사형장에서 유일하게 살아남은 사령관이라는 신화에 이제는 탈옥의 주인공이라는 신화가 보태졌다. 일간신문이 대대적으로 선전하였다. 그 기사는 신페인당 비서의 이름으로 게재되었다. 영국은 환영식을 금지하였다.

콜린스의 계략이었다. 당비서도 모르는 채 신페인당의 승인 없이 콜린스가 단독으로 꾸민 일이었다. 그의 목적은 데 벌레라의 환영식으로 영국 당국을 자극하여 전투를 벌이려는 것이었다. 데 벌레라는 콜린스의 의중을 알아차리고 취소를 지시하였다. 불필요한 일에 힘을 소모하지 말자는 것이다. 더 큰 일이 산적해 있는데 "지금까지 기다려 왔듯이 인내하는 법을 알아야 한다." "낚시꾼이 인내하면 작은 바늘에도 큰 물고기가 잡힌다."

환영식의 주인공이 취소하라는데 어찌할 것인가. 이에 실망한 콜린스는 대담하게 아직도 감옥에 있는 20명의 아일랜드 자원군을 집단으로 탈옥시키는 기획에 성공하였다. 영국 당국을 자극하려는 목적이었다. 그는 전쟁을 여전히 원하고 있었다. 그는 말한다. "전투가 빠르면 빠를수록 아일랜드는 현재의 혼란에서 더 빨리 빠져나올 수 있다. 그럴수록 아일랜드를 위해서 좋다. 아일랜드는 현재 총체적인 혼란에 빠져 있다. 제대로 된 사람이라면 영국과 군사적으로 대치된 이러한 상황에서 힘으로 해결해야 한다. 유약과 비겁으로 지체해서는 안 된다."[94]

## 초대총리

데 벌레라가 아직 감옥에 수감되어 부재중에 도일은 총리서리를 브루하Cathal Brugha에게 맡겼다. 전제는 데 벌레라가 감옥에서 나올 때까지였다. 그는 부활절 봉기에서 에이몬 켄트의 부관이었는데 부상으로 절름발이가 되었다. 그는 아일랜드어로 회의를 주재하였다. 1919년 4월 1일 도일이 열렸을 때 데 벌레라를 총리로 선출하였다. 총리 이름도 아일랜드 말로Priomh-Aire로 명명하였다. 데 벌레라가 아일랜드 역사에서 최초의 정부수반이 된 아일랜드인이다. 데 벌레라는 즉각 내각을 조각하였다. 신페인당 내의 모든 지파로 구성하였다. 내무장관에 신페인의

94) Collum, P., *Arthur Griffith*, Browne and Nolan 1959, p.193.

그리피스, 외무장관에 자유연맹의 프랑케트 백작, 산업장관에 아일랜드 자원군의 맥닐 교수, 재무장관에 아일랜드공화파형제단의 콜린스, 국방장관에 아일랜드공화파형제단의 브루하, 지방장관에 코스그레이브, 농업장관에 바르톤, 노동장관에 여성인 마르키에비츠 백작부인 등이다. 마르키에비츠 백작부인은 부활절 봉기에 참여하고 여성이라는 이유로 총살을 면하여 감옥생활을 한 여성으로 유럽 최초의 여성각료가 되었다.

## 대립국가

이것으로 도일에 이어 아일랜드 공화국의 정부가 완성된 것이다. 이것을 "대립국가Counter-State"라고 부른 사람은 미첼이다.[95] "대사관"도 설치하였다. 워싱턴에 맥카르탄, 파리에 오키라이. 이때부터 사람들은 아일랜드 자원군을 아일랜드 공화군Irish Republican Army(IRA)이라고 부르기 시작하였고 현재까지 그 이름은 살아있다. 사람들은 정부 각료의 정체성에 의구심을 가졌다. 데 벌레라는 스페인 부계의 미국 태생이고, 브루하의 아버지는 영국인이며, 칠더스는 영국 태생이다. 마르키에비츠는 런던태생의 귀족으로 우크라이나 출신 폴란드 귀족과 결혼한 몸이다.

## 독립운동자금

도일의 시급성은 자금이다. 자금이 없으면 정부도 없고 독립운동도

---

95) Mitchell 1995: Carroll, F., *Money for Ireland*, Westpot, CT: Praeger, 2002, p.3.

불가능하다. 도일은 국내에서 25만 파운드를 공채모금하고 25만 파운드를 해외에서 공채모금하기로 결의하였다.

> 자금 없이 정부의 업무를 수행하는 것이 불가능하다는 것이 분명해졌다. 재무장관은 차입 계획을 준비하고 즉시 공표한다. 목표는 1백만 파운드 스털링이다. 5십만 파운드는 일반인에게 공채를 판매한다. 25만은 국내에 25만은 해외에 할당한다.[96]

해외 공채모금은 데 벌레라의 책임이 되었다. 그는 이 목적으로 위해 미국에 갈 것이다.(후술) 국내 공채모금은 재무부 장관 콜린스의 책임이었다. 콜린스는 런던에서 금융기관에서 일했던 경험을 살려서 자금을 모으는데 탁월한 능력을 보여주었다. 영국의 압제로 장소를 이동하면서 모금운동은 쉽지 않았다. 두 번의 기습에서 간신히 몸을 피한 적도 있었다. 신문광고도 아니 되고 영화관에서 뉴스 상영 사이에 잠깐 끼워 넣는 것도 당국의 눈초리에 어려웠다. 가톨릭교회를 통한 모금이 효과적이었다. 온갖 난관을 무릅쓰고 콜린스는 37만 파운드를 모으는데 성공하였다.[97] 이때 그는 4곳에서 게릴라전을 지휘하고 있는 와중이었다. 콜린스 자신은 재무장관 연봉인 25파운드를 냈다. 후일 그의 목에는 1만 파운드 현상금이 걸렸다. 콜린스는 아일랜드 인들이 영국에 내는 세금을 거부하는 운동도 기획하였다. 그는 세무서를 폭파할 생각이었다.

---

96) Maher, J., *Harry Boland*, Boulder: Mercier Press, 1998, p.81.

97) Carroll, F., *Money for Ireland*, Westpot, CT: Praeger, 2002, p.9.

## 정보전쟁

그러나 그의 진정한 탁월한 능력은 첩보전에 있었다.[98] 그는 감옥에서 연구한 정보전을 아일랜드 정부가 들어서기 전부터 이미 실행에 옮겼다. 그는 감옥을 대학이라 불렀다. 영국은 예로부터 정보전에 능했다. 제1차 세계 대전에서 독일의 암호도 해독하였고 그를 바탕으로 독일의 첩보전을 분쇄했다. 그러나 콜린스의 첩보전에는 속수무책이 되었다. 콜린스 한 명이 영국의 MI5, MI6, MI9과 상대하였다. 후일 제2차 대전에서 MI9이 콜린스의 첩보전을 모방하였다.[99]

당시 아일랜드에는 두 종류의 경찰이 있었다. 아일랜드 전체를 관장하는 왕립 아일랜드 경찰대Royal Irish Constabulary(RIC)와 더블린 시를 책임지는 더블린 일대 경찰대Dublin Metropolitan Police(DMP)가 그것이다. 콜린스는 영국이 이 조직을 통하여 아일랜드를 지배한다고 이해하였다. 이들을 무력하게 만들어 영국을 맹인으로 만드는 작업으로 이 조직에 자신의 정보원을 심었다. 그는 자신의 정보원의 과거를 따지지 않았다. 이른바 민족반역자라도 유능하면 채용하였다. "이들의 과거 기록은 중요하지 않다."[100]

사람들은 콜린스를 감히 당국에 신고하지 못했다. 보복이 두려운 한편 사람들 사이에 그의 명망 때문이었다. 그가 대담하게 대낮에 더블린을 활보한 것도 같은 이유였다. 그리고 그로부터 모든 정보를 1주일

98) Coogan, T., *Michael Collins*, London: Random House, 1990, pp.75-84.

99) Dwyer, T., *Big Fellow, Long Fellow*, Dublin: Gill & Macmillan, 2006, p.69.

100) Dwyer, T., *Big Fellow, Long Fellow*, Dublin: Gill & Macmillan, 2006, pp.198-9.

단위로 빼내었다. 심지어 콜린스는 자기가 심어놓은 정보원의 도움으로 직접 경찰본부의 자료실에 잠입하여 자신의 기록을 살핀 뒤 그 정보가 누구에게서 비롯한 것인지 까지 알아내는 담대함도 서슴지 않았다. 모든 경찰정보원의 습관, 성향, 가족, 친구를 조사하였다. 그는 매일 자전거로 더블린 일대를 순찰하며 이들의 행동을 주시하였다. 자신은 사진사도 의심하여 사진도 될 수 있는 한 피했다. 부득이 단체사진을 찍을 때에는 머리카락을 내리고 고개를 숙였다.

콜린스는 앞서 데 벌레라의 신페인당 대표연설을 떠올렸다. "우리는 우리의 칼을 뽑아들어 영국의 칼과 그 위선의 가면을 벗겨 압제자로서 영국의 실체를 만천하에 드러낼 것이다." 모든 평화적인 시도가 무위로 돌아간 다음에 데 벌레라가 칼을 뽑을 것이라고 믿었다. 앞서 보았듯이 콜린스의 이 기대는 빗나가서 데 벌레라는 국제적인 동향을 중시하는 온건파로 변해 있었다.

그럼에도 콜린스는 영국과 게릴라 전쟁을 준비하고 있었다. 아일랜드 공화국이 선포되고 1주일이 지나서 더블린 경찰 정보원의 집을 습격하고 다른 정보원을 길에서 겁을 주었다. 위해는 가하지 않았지만 그들이 집에서건 길에서건 안전하지 않다는 경고를 보낸 것이다.

다음날 데 벌레라는 도일에서 무력보다 도덕을 옹호하는 연설을 하였다. 그도 콜린스처럼 경찰과 그 정보원이 동포를 괴롭히는 반역자이며 적의 눈과 귀라고 규탄하였다. 경고에도 불구하고 조심하지 않는 경찰과 정보원을 죽이고 싶어 하는 콜린스와 달리, 데 벌레라는 반역자와 그 가족을 사회에서 따돌리는 배척방법ostracism을 도일에게 주문하였다.[101] 도일은 만장일치로 통과시켰다.[102] 그 결과 많은 경찰들이 그 직을 떠났다. 나이 때문에 다른 일을 찾을 수 없는 경찰은 남았지만 업무에 소극적이 되었다. 데 벌레라가 미국으로 출국한 후 콜린스의 경고를 무시한 경찰 하나가 본보기로 콜린스의 지령에 의하여 대낮에 길거리에서 저격당하였다.

데 벌레라는 총리이면서 동시에 신페인당 대표와 아일랜드 공화군의 통수권자이다. 데 벌레라의 부재중에 콜린스는 자신이 아일랜드 공화군 최고회의 의장을 인계하여 그에 근거하여 부활절 봉기의 대표였던 '아일랜드 대통령' 피어스의 후계자임을 주장하였다.

## 국제연맹 10조

도일은 데 벌레라를 파리강화회의에 대표로 지명하였다. 본국에서 신페인당이 총선을 휩쓴 결과에 고무된 아일랜드계미국 지도자들은 아일랜드 독립 미국위원회American Commission on Irish Independence(ACII)를 결성하였다. 그들은 미국이 참전한 이유가 약소국의 권리와 민족자결에 있음을 강조하고 종전 직전 1주일을 아일랜드 민족자결의 주간으로 정하여 대대적인 캠페인을 벌렸다. 1921년 2월 23일에 필라델피아에 모여서 아일랜드의 자결권을 요구하였다. 윌슨을 접견하였지만 윌슨은 냉랭하였다. 여기서 파리에 세 명의 특사를 보냈다. 데 벌레라에 앞서서 준비작업을 하는 것이 그들의 목적이다. 그들은 거의 성공할 뻔하였다. 그러나 아일랜드에서 일어난 독립전쟁으로 무산되었다.[103] 이제 간신

101) Coogan, T., *Michael Collins*, London: Random House, 1990, p.106.

102) Coogan, T., *De Valera*, London: Random House, 1993, p.133.

히 종전에서 세계평화를 찾았다고 생각하는 순간 전쟁이 일어났기 때문이다.

여기에 더하여 강화회의에서 아일랜드 문제를 영국이 거세게 반대할 것으로 예상하였다. 그러면 미국과 프랑스도 반대한다. 국제연맹 규약의 10조가 문제였다. "규약 최고 강대국은 국제연맹의 회원국의 현재의 정치적인 독립과 영토를 외부 침해에 대항하여 보존하고 존중해야 한다. 그러한 침해가 발생할 때 이사회는 이 의무를 수행할 수단을 권고한다." 이대로라면 파리강화조약에서 아일랜드 문제는 영국의 내정 문제로 처리될 것이다.

국제적으로 승인받으려는 노력의 일환으로 앞서 보았듯이 콜린스는 영국을 방문 중인 윌슨을 런던에서 만나려고 하였지만 좌절하였다. 그럼에도 국제적 승인은 신페인당의 최고 원칙이었다. 4월 12일 도일은 의결하였다.

> 아일랜드 공화국의 정부와 의회는 미국 대통령이 1918년 7월 4일 워싱턴의 묘지에서 선언한 원칙을 행동으로 옮기고 미국이 진심으로 받아드리는데 아일랜드 국가가 돕는 것을 서약하였다. 우리는 동일한 권리에 기초하고 강대국과 약소국의 차이, 대국과 소국의 차이를 인정하지 않는 원칙이 보장되는 국제연맹에 가입할 준비와 함께 원하고 있다. 우리는 연맹이 요구하는 의무와 책임을 받아드릴 용의가 있다.

---

103) Carroll, F., "America and Irish Political Independence, 1910-1933," in P.J.Drudy (ed.), *The Irish in America: Emigration, Assimilation and Impact*, Cambridge University Press, 1985, p.282.

이 의결은 국제연맹 규약 10조와 모순된다. 영국은 아일랜드를 제국의 "영토"라고 여긴다. 그들에게 아일랜드는 독립국가가 아니다. 그러나 데 벌레라, 그리피스, 프랑케트는 의결서한에 서명을 하고 파리강화회의 의장인 클레망소Georges Clemenceau(1841-1929) 프랑스 수상에게 보냈다. 그 서한에서 아일랜드를 독립국가로 인정해 달라고 요청했다. 데 벌레라는 이 요청이 거절될 것임을 알고 있었다. 그는 다만 기록을 위해 보냈다. 그는 클레망소의 답서도 기대하지 않았다. 그는 미국으로 갈 준비가 되어 있었다.

## 3. 독립전쟁

앞서 본 대로 아일랜드 공화국을 선포하던 1월 21일 도일의 첫 번째 회의에 콜린스가 불참하였다. 공교롭게도 그 날 지방에서 폭약운반을 호송하던 2명의 경찰이 사살 당하는 사건이 일어났다. 사람들은 콜린스가 사주했다고 믿었다. 증거는 없었다. 그러나 이것이 도화선이 되어 영국과 아일랜드 사이의 2년에 걸친 독립전쟁이 일어나게 된다. 콜린스가 바라는 바가 발생한 것이다. 그것은 선전포고도 없는 게릴라전이었다. 그는 아일랜드 공화주의 형제단IRB 내에 특별부대를 조직하여 테러와 암살을 지시하였다. 독일음모로 데 벌레라가 아직 수감되어 있는 상태에서 그를 제지할 사람이 사실상 없었다. 데 벌레라는 감옥에서 나온 후 불같이 화를 내고 후술하는 대로 독립전쟁의 와중에 미국으로 떠난다. 1년 6개월 후 그가 귀국하기 직전인 1920년 11월에야 비로소 선전포고를 하였다.

## 게릴라전

데 벌레라가 비밀리에 미국으로 떠난 것은 1919년 6월 1일이다. 그가 없는 상태에서 콜린스가 시작한 아일랜드 치안을 담당하는 영국 경찰에 대한 테러는 본격적으로 계속되었다. 영국은 콜린스의 목에 현상금 1만 파운드를 걸었다.[104] 당시 근로자의 평균 주급이 1파운드였으니 그들의 2백년 수입에 해당하는 거액이었다.

아일랜드 자원군IVF은 점점 세가 불어나 그해 여름 경찰본부를 습격하자 왕립 아일랜드 치안대RIC가 외곽으로 밀려나기 시작하였다. 도일은 자원군IVF을 공식적으로 아일랜드 공화군IRA라고 명명하였다. 9월에 들어서자 공화군IRA는 대담하게 영국주둔군을 공격하였다. 게릴라전이 되었다. 총독부는 탄압으로 맞섰다. 도일을 불법으로 선언하고 자원군과 분리주의파를 불법단체로 규정했다. 모임을 분쇄하고, 출판을 금하고, 수상한 자들을 체포 감금하였다. 1919년 후반기에만 약 1천5백 명이 체포되었다. 12월에는 총독에 대한 암실기도가 있었다. 이것은 시작에 불과할 뿐이었다.

아일랜드 상황이 나빠진 것은 영국 정부의 인식 부족에 기인한다. 과거에도 그랬던 것처럼 그들은 아일랜드 국민주의를 이해하려하지 않았다. 아일랜드와 영국의 타협으로 성립된 자치령도 과거 1백년간 끌어오면서 이룩한 것은 하나도 없었다. 수없는 영국 측 약속에 아일랜드는 지쳤다. 더욱이 자치령에는 북아일랜드의 잔류여부가 조건으로 붙었

104) Dwyer, T., *De Valera The Man and the Myths*, Dublin: Poolbeg, 1991, p.93.

다. 북아일랜드 가운데에서도 얼스터Ulster가 지렛대가 되었다.

영국의 보수당 보다 자유당이 덜 탄압적이지만 그들도 아일랜드 땅에 공화국은 허락하지 않았다. 가장 완고한 수상이 자유당의 로이드조지였다. 그는 웨일스와 남아프리카 보어에는 관대하였지만 아일랜드 분리주의에 대해서는 완강하게 반대하였다. 웨일스의 경우에도 독립을 허락하지 않고 연합왕국United Kingdom의 일원을 고집하였다. 아일랜드에는 자치령조차 인정하지 않았다. 게다가 얼스터를 별도의 정치단위로 고집하였다. 그는 시어도어 루스벨트처럼 힘의 정치Power Politics를 신봉하였다. 그는 아일랜드 인들의 자치능력에 대해 회의적이었다. 아일랜드에 양보하는 것은 영국의 안보와 영연방제도의 통일성에 대한 위협이 될 것으로 생각하였다. 신페인당이 무력에 호소하자 그는 아일랜드 공화주의 운동을 분쇄하기로 마음먹었다.

## 블랙앤탠

1920년에 들어서자 아일랜드 사태는 더욱 심각해졌고 영국 정부는 마지못해 아일랜드와 전쟁상태임을 인정하였다. 독립전쟁War of Independence이 된 것이다. 그러나 영국은 정규군을 투입하지 않고 경찰병력만으로 전투를 하였다. 앞서 말했듯이 아일랜드경찰에 대한 배척정책으로 많은 경찰들이 사임하였다. 보충이 필요하자 그 규모는 1천5백 명에서 5천2백 명으로 증가하였고 이 숫자는 더욱 불어났다. 1920년 3월 1차 보충병이 도착했을 때 급히 서두른 까닭에 정식 군복 대신 검은색 허리띠에 카키색의 군복을 지급하자 아일랜드 인들은 즉시 이들을 블랙앤탠Black and Tans이라고 불렀다. 제1차 대전이 종전이 되고 귀환하여 직업을 찾지 못한 제대군인들로 구성한 비정규군paramilitary이었다. 처칠이 기획한 부대인데 무자비한데 더하여 군율이 없어 민간인을 공격하였다. 이들에게 영국정부는 왕립 아일랜드 수비대에 자동화기, 무선기기, 장갑차를 제공하였다.

이들은 감소된 경찰을 대신한 업무를 할 것이다. 그러나 이들은 경찰로서 거의 무능하였다. 훈련과 경험이 부족했지만 1차적으로 아일랜드인과 그 지형에 대해 무지하였다. 태만할 때 처벌할 수 있는 유일한 방법은 제대뿐이었으니 기강이 서지 않았다. 게릴라 전법에 거의 속수무책으로 노출되었다. 아일랜드 공화군은 자신들에게 알맞은 시간과 장소를 택하여 이들을 공격할 수 있어서 이들은 요새에서 한 발자국도 나아갈 수 없었다. 보이지 않는 적에 대한 두려움으로 그들은 무고한 시민들을 공격하기 시작했다.

경찰은 군사법정에 대상도 아니다. 이들을 민사재판에 넘기자니 배심원들이 모두 아일랜드 인들뿐이다. 벌금형이 고작인데 이것으로는 군대의 기강이 설 수 없었다. 경찰과 군대의 기강은 땅에 떨어졌다. 이에 대처하고자 영국은 새로운 법률을 만들었다. 시민이라도 군법회의에 회부한다는 것이다. 그러나 아무리 군법회의라 해도 증인과 증거가 필요한데 아일랜드인이라면 아무도 증인으로 나서지 않았다. 게다가 법률에 의해서 민간법정을 요청할 수 있으므로 군사법정도 달리 방법이 없었다. 주둔군 사령관은 불법적 보복을 묵인하는 방법을 썼으나 장기적으로 군대와 경찰의 사기와 기강을 해칠 뿐이라는 것을 깨닫기 시작하였다. 그는 계엄을 고려하게 되었다.

블랙앤탠으로 치안이 어려워지자 영국은 보조부대Auxiliaries을 보내기 시작하였다. 정규군이 아닌 이들 역시 경찰의 치안업무를 담당하였다. 전직 영국군 장교들로 구성된 이들은 블랙앤탠과 함께 시민들에 대해 무자비한 공격을 가했다. 남부의 코크Cork 지역을 공격하여 도시를 초토화시켰다. 여기에다 영국은 카이로갱Cairo Gang이라 부르는 정보부대도 보냈다. 그러나 이들도 콜린스의 게릴라전쟁에는 힘을 효과적으로 쓸 수 없었다.

## 비난

데 벌레라는 이러한 전쟁 상황을 알고 미국으로 떠났다. 최고 장수가 빠진 상태였다. 그의 미국밀항을 콜린스는 반대하였다. 그러나 데 벌레라의 미국행을 막을 수 없기에 밀항을 주선하였다. 미국의회 청문회에서 이에 의문을 제기하였다. 대통령이 미국을 배회할 때 아일랜드가 어떻게 통치되는가? 이에 대해 대답하였다. 윌슨 대통령이 파리에 장기 체류할 때 미국이 여전히 통치되지 않았는가.[105] 그러나 아일랜드는 미국이 아니다. 미국은 전쟁을 끝난 상태였지만 아일랜드는 영국과 독립전쟁 중이다. 그가 미국에서 유세할 때 아일랜드 전국에서 신페인당 의회지도자들이 체포되고 있었고 마이클 콜린스가 도망 다니는 와중이다. 데 벌레라는 미국에서 호소한다.

---

105) Hannigan, D., *De Valera in America*, New York: O'Brien Press, 2010, p.101.

> [제1차 대전의] 전선은 이제 아일랜드로 넘어왔다. 유럽원정 영국사령관과 참모총장이 이제 [아일랜드에서] 지휘하고 있다. 만일 아일랜드에서 법과 질서를 원한다면 24시간이 족하다. 영국이 그 군대를 철수시키면 된다. 영국군의 주둔이 무질서의 원인이다. 아일랜드인의 뜻에 맡겨라. 아일랜드인이 자유로운 의사로 선출한 대표들의 의회를 무력으로 억누르는 것이야말로 '민주주의를 위하여 세계를 안전하게 만든다.'는 영국의 바람을 위한 미국식 이해가 될 것이다.106)

전국에서 잡은 포로들을 영국군의 군용트럭이 더블린에 내려놓고 있을 때 데 벌레라는 미국 동부 뉴포트의 프로비던스 해안에서 호화요트에 승선하여 즐기고 있었다. 그것은 제1차 미국 마라톤 유세를 끝내고 제2차 마라톤 유세를 위한 중간휴식이었다.(후술) 체포된 신페인 의회지도자 오키퍼Padraig O'Keefe(1887-1963)가 정부수반이라는 사람이 온갖 고난을 피해 미국에 갔음을 비난한 것도 이상한 일이 아니다. 지역신문들도 비난으로 도배하였지만 데 벌레라는 개의치 않았다. 그는 자신이 다른 전선에서 전투를 하고 있다고 말했다. "그도 전쟁에 떨고 있다. 다른 전선에서."107)

후일 그의 정적 코스그레이브가 재차 비난하자 데 벌레라가 대응하였다. "그[코스그레이브]가 감옥에 있을 때 내가 여기[선거구]에 왔었다. 나는 블랙앤탠의 시초부터 여기에 왔었다. 나는 블랙앤탠 기간 내내 더블린에 있었다. 코스그레이브가 영국으로 도망쳤을 때 나는 각료회

---

106) Hannigan, D., *De Valera in America*, New York: O'Brien Press, 2010, p.67.
107) Hannigan, D., *De Valera in America*, New York: O'Brien Press, 2010, p.191.

의에 참여했다. 내가 그를 불러왔다. 내각에서 그를 쫒아내려고 했을 때 내가 그를 구해주었다."[108)]

108) Dwyer, T., *De Valera The Man and the Myths*, Dublin: Poolbeg, 1991, p.154.

# 제 4 장
# 외교독립

## 1. 미국

데 벌레라는 두 차례 투옥에서 무력항쟁의 한계를 깨달았다. 단식투쟁도 소용없었다. 그가 생각한 효과적인 방법은 윌슨 대통령을 설득하는 것이었다. 윌슨이 제창한 14개조가 단순한 수사가 아님을 확신하였다. 그 가운데 그의 민족자결주의에 크게 고무되었다. 그러나 사정은 녹록치 않았다. 데 벌레라가 미국에 도착하고 3일이 지난 6월 25일 파리강화회의에서 열강이 서명한 베르사유 조약 10조는 "조약 당사국들이 외부침략과 내부봉기에서 보호받는다."고 적시 되어있다. 데 벌레라는 이것을 아일랜드에 대한 영국의 권리를 보장해주는 것이라고 보았다. 데 벌레라는 아일랜드 공화국의 대표로서 파리강화회의의 클레망소 프랑스 대통령에게 편지를 보냈다.

> 영국은 아일랜드에 대해서 어떠한 국제적인 동의를 할 권리가 없다.

그럼에도 데 벌레라는 여전히 윌슨의 14개조와 특히 민족자결주의에 기대를 걸고 있다. 강화조약만으로는 평화가 보장되지 않는다. 국제연맹이라면 할 수 있다. "나는 윌슨에게 그가 14개조와 국제연맹을 관철한다면 아일랜드 남녀는 모두 그의 편이라고 알리겠다."[1)]

그러나 민족자결의 의미가 모호하였다.[2)] 자치를 말하는지 아니면 완전 독립을 말하는지 분명하지 않았다. 윌슨은 자신의 이상인 민족자결주의의 실현을 위해서 모든 식민지들을 해방시키고 싶었는데 영국을 비롯한 식민모국들의 반대로 차선책을 생각하지 않을 수 없었다. 그 하나의 방법이 국제연맹 하의 위임통치(안)이었다. 데 벌레라는 완전독립을 원하였고 그에게 민족자결주의의 실현이 공화국이었다. 부활절 봉기가 외친 공화국선언이 그가 계승할 민족자결이라고 믿었다. 그 선언으로 공화국은 건국되었다. 남은 일은 국제적으로 승인받는 일이다.

> 아일랜드백성에 의해 선출된 정부로서 우리의 첫 번째 임무는 아일랜드가 현재 놓인 처지를 세계에 알리는 일이다. 이 순간 유일한 법적 실체가 아일랜드에 존재한다.[3)]

---

1) Longford and Thomas P. O'Neill, *Eamon de Valera*, London: Hutchison of London, 1970, p.99.

2) McCartan, P., *With De Valera in America*, New York: Brentano, 1932, p.98.

아일랜드 공화국은 건국되었고 현재 존재한다. 이제 공화국이 추구하는 일은 승인을 획득하는 것이다.[4]

그는 동료에게 감옥에서 나가면 미국에 가서 아일랜드 공화국의 승인을 호소하겠다고 여러 차례 말했다.[5] 그가 미국에 기대를 건 이유를 그의 참모가 적절하게 말했다.

나는 예언자가 아니다. 나는 국제정치 학도이다. 지금까지 영국의 국력은 유럽의 세력균형에 놓여있었다. 그러나 이제부터 미국이 강자이다.[6]

데 벌레라도 같은 말을 했다.

내가 이 나라[미국]에 온 것은 아일랜드계 미국인 인구 때문만이 아니다. 또 이 나라 백성들이 자유를 사랑한다는 사실 때문만도 아니다. 이 나라가 영국에 맞설 수 있는 강국이기 때문이다.[7]

이것이 데 벌레라가 그의 선배들이 도움을 청했던 독일, 러시아, 프랑스, 스페인 또는 어떠한 국가보다 미국에 거는 기대였다. 이런 점

---

3) *Boston Globe*, June 30, 1919.

4) *Irish Press*, Jan 24, 1920.

5) Dwyer, T., *Big Fellow, Long Fellow*, Dublin: Gill & Macmillan, 2006, p.72.

6) Fitzpatrick, D., *Harry Boland's irish Revolution*, Cork: Cork University Press, 2013, p.113.

7) *Chicago Daily Tribune*, July 14, 1919.

에서 그는 다른 독립지도자들과 달랐다. 아일랜드 내의 독립지도자나 미국에 있는 아일랜드계 독립지도자를 막론하고 모두 무장투쟁을 주장해온 아일랜드 독립투쟁사에서 독보적이다.

## 윌슨

그러나 윌슨은 소문난 영국 편이었다. 그는 끝까지 아일랜드의 독립을 인정하지 않았다. 전시의 미국은 언론을 통제하였다. 우정국은 아일랜드계 신문들의 수송을 거절하였다.[8] 여기에 영국의 선전이 미국 여론을 영국 편으로 몰고 갔다. 미국주재 영국 영사가 아일랜드 특사를 미국에서 추방하라고 국무성에 요구한 적도 있었다. 그 가운데 골웨이에서 봉기한 멜로우Liam Mellows는 미국에서 체포되어 1년 넘게 수감생활을 하였다. 연합국의 우방인 프랑스에서는 추방된 사례가 있다.[9] 미국 내 독일의 첩보망이 일망타진 되었을 때 미국의 아일랜드계 미국인들이 관련되어 있음이 드러났다.[10] 아일랜드 부활절 봉기를 도운 독일은 짐머맨 전보Zimmerman Telegram사건으로 미국의 적개심만 높였다. 독일계 미국인들은 몸을 사렸다. 대학에서 독일어 강의는 폐지되었다.[11] 부활절 봉기를 위해 독일과 손을 잡은 아일랜드는 곤란한 처지에 놓이게

8) McCartan, P., *With De Valera in America*, New York: Brentano, 1932.

9) McCartan, P., *With De Valera in America*, New York: Brentano, 1932, p.69.

10) McCartan, P., *With De Valera in America*, New York: Brentano, 1932, pp.18-19, p.159.

11) Cramer, *Case Western Reserve University*, 1976, p.142.

되었다. 아일랜드 지도자들에게 매우 어려운 정치 상황이었다.

데 벌레라 역시 영국의 요구로 미국에서 체포당할 염려가 있었다. 미국이 데 벌레라를 체포하기에 그가 너무 거물이었다. 그는 미국 선거에서 아일랜드계의 투표가 무시될 수 없다는 사실을 알고 있었다. 특히 아일랜드계는 정치적으로 민감한 뉴욕에 밀집해 있었다. 윌슨에 맞설 만한 공화당 후보자를 지원하는 거물 가운데 아일랜드계가 있다는 사실도 알고 있었다. 곧 대통령 선거의 계절이 다가온다. 1920년은 전당대회가 열리는 해이다.[12] 미국의 정치가들은 아일랜드의 이익을 위하여 영국에 압력을 가하는 것이 현명하다는 사실을 깨달았다. 윌슨 대통령을 이은 하딩Warren Harding(1865-1923) 대통령이 영국의 로이드조지에게 아일랜드 문제를 해결하라는 압력을 행사한 이유이다.[13]

## 여론

아일랜드 독립 미국위원회ACII가 파리에 보낸 아일랜드 대표단은 윌슨을 접견하지 못했다. 국제연맹의 창설을 위해서 영국의 동의를 얻어야 하는 윌슨은 영국의 눈치를 보아야만 하였다. 데 벌레라는 방법을 바꾸어 윌슨에게 직접 호소하기보다 여론을 동원하기로 하였다. 그것은 그가 독일음모사건으로 2차 수감에서 탈옥한 뒤 잠시 영국의 은신처에서 깨달음이다. "자신이 아일랜드를 위하여 행동을 취할 곳이 어디인가를 진지하게 생각하였다. 그는 국내와 해외의 변화를 눈을 돌렸다.

12) McCartan, P., *With De Valera in America*, New York: Brentano, 1932.

13) Ranelagh, J., *A Short History of Ireland*, Cambridge, 2012. pp.133-134.

그는 아일랜드로 돌아가서 평화회담에 아일랜드 문제를 제시하기로 결정했다. 만일 파리의 정치가들이 그를 만나주지 않으면 그것은 그들의 대의가 우리 민족을 현혹시키는 전시 책략에 불과했다는 것을 만천하에 드러내는 것이 될 것이다. 데 벌레라는 미국에 가서 윌슨 대통령 머리 꼭대기에 있는 미국인들에게 호소하는 자신의 원래 계획으로 돌아갔다."[14] 미국의 여론을 일으키기 위해서는 선전이 중요하다.

> 모든 문제는 우리의 대의에 동정을 구하는 것이다. 이것을 널리 선전하고 여기에 목적을 분명히 두어야 한다. 언론은 적대적이 아니다. 그러나 영국이 우리에게 불리하게 커다란 영향력을 행사하고 있다. 나는 W[윌슨 대통령]을 매우 신중하게 지켜보아야 한다. 그가 우리에게 공개적으로 적대적이면 그처럼 큰 해악은 없을 것이다. 나는 우선 대중을 내 편이 될 때까지 기다려야 한다. 그러면 그가 우리를 공격한다 하더라도 치명적이지는 않을 것이다.[15]

아일랜드계 미국인들의 인구가 2천만 명에 육박했다는 것은 데 벌레라에게 커다란 자산이었다.[16] 오랜 이민의 역사로 영향력 있는 고위

---

14) Longford and Thomas P. O'Neill, *Eamon de Valera*, London: Hutchison of London, 1970, p.97.

15) Fanning et al(ed.), *Documents on Irish Foreign Policy 1919-1922*, Dublin: Royal Irish Academy, 1998, p.35.

16) Carroll, F., "America and Irish Political Independence, 1910-1933," in P.J.Drudy (ed.), *The Irish in America: Emigration, Assimilation and Impact*, Cambridge University Press, 1985, p.272.

직에 진출한 인물도 많았다. 그러나 이들은 이미 미국 내 아일랜드계 지도자들의 영향 하에 있었다. 그들의 생각은 어떠했는가?

## 밀항

아일랜드 독립 미국위원회ACII가 파리에 보낸 세 명의 특사는 귀국 길에 더블린에서 초대총리로 피선된 데 벌레라의 미국행을 권유하였다. 그들은 데 벌레라에게 도일이 요청한 해외 모금도 가능하다고 말했다. 도일은 데 벌레라의 미국행을 승인하였다. 도일은 그에 앞서서 그를 도울 네 명의 특사 멜로우Liam Mellows(1895-1922), 맥카르탄Patrick McCartan(1878-1966), 볼란드Harry Boland(1887-1922), 오말라James O'Mara(1873-1948)를 먼저 보냈다. 이어서 데 벌레라가 밀항하였다. 3살 때 떠난 자신의 출생지를 35년 만에 찾은 것이다. 본국은 한창 영국과 독립전쟁을 치를 때이다. 그가 도미하기 전에는 총리의 권위로 콜린스의 군사행동을 막았다. 그러나 데 벌레라가 출국한 후 콜린스를 막을 사람이 없었다. 총리서리 그리피스도 어찌 할 수 없었다. 도일도 제지하지 못하였다.

어찌되었던 데 벌레라는 콜린스가 벌린 독립전쟁을 뒤에 두고 세계 여론 특히 미국 여론에 호소하는 선전 전쟁에 뛰어 들게 되었다. 영국의 위조여권을 갖고 쥐가 돌아다니는 3등칸에 몸을 숨겼다. 쥐가 그의 의복을 갈아먹어 그가 도착했을 때 갈아입을 옷이 없었다.

뒤 늦게 데 벌레라의 밀항을 알아챈 주영미국대사가 미국무부에 보낸 전문. "데 벌레라가 현재 미국에 있다고 언론이 보도하였다. 그가 어떻게 갔는가? 국무부는 그가 이곳[아일랜드]로 돌아올 수 있게 [미국]

여권을 내줄 것인가?"[17] 데 벌레라가 미국태생임을 지적한 것이다.

뉴욕에 도착한 데 벌레라는 미리 받은 연락을 받은 동지들에게 비밀리에 안내되었다. 멜로우, 맥카르탄, 볼란드, 오말라를 비롯한 이들은 부활절 봉기에 참여했다 출옥 후 미국으로 건너간 동지들인데 대대적인 선전을 시작하였다. 데 벌레라가 부활절봉기에서 유일하게 살아남은 사령관이라는 사실에 더하여 영국감옥에서 탈옥한 총리라는 전설 위에 새로운 전설을 만들게 되는 계기가 막 시작되었다.

## 2. 칭호

총리 데 벌레라가 뉴욕에 도착했을 때 그를 마중 나온 인물 가운데 필라델피아에서 주류사업으로 크게 성공한 맥가리티Joseph McGarrity (1874-1940)가 있었다. 그는 필라델피아 주간지 아이리쉬 프레스Irish Press의 소유주이다. 그는 아일랜드 총리가 미국에서 각광받기를 원했다. 그가 보기에 아일랜드어로 총리Priomh Aire라는 명칭은 적당하지 않았다. 영어도 아닌 아일랜드어의 그 뜻을 미국에서는 아무도 모르기 때문이다. 그는 데 벌레라가 손수 가방을 들고 다니지 못하게 하였다. 그는 말했다. "이 순간부터 각하는 아일랜드 공화국의 대통령President이라는 사실을 기억하십시오." 데 벌레라는 대통령이라는 칭호가 마음에 걸려 절충안을 내놓았다. "오늘부터 나는 미국에서 민족자결주의에 의해 아일랜드인이 선출한 아일랜드의 국가원수Head of the State이다." 그러나 그

17) Tansill, C., *America and the Fight for Irish Freedom 1866-1922: An Old Story Based upon New Data*, New York: Devin-Adair, 1957, p.341.

는 금세 미국식 대통령이라는 직함의 선전효과의 중대함을 깨달았다. 그는 즉시 아무하고도 상의하지 않고 특히 도일 내각에도 알리지 않고 대통령으로 직함을 바꾸었다.[18] 이 새로운 직함은 순식간에 퍼졌다. 뉴욕 타임스의 기사이다.

> 찰스 이. 윌라이트 부인은 그녀의 아들 에드워드 데 벌레라 아일랜드 신 페인 대통령이 이 도시에 있다고 들었을 때 즐거워했다.[19]

같은 날 데 벌레라의 참모 볼란드가 기자회견을 하였다. 여기서 그는 데 벌레라의 대통령 지위가 아일랜드 공화국 헌법상 지위임과 그의 도미가 아일랜드 정부의 요청이었음을 분명히 밝혔다.

> 아일랜드 공화국 대통령 에이먼 데 벌레라가 그의 출생도시에 있다. 그는 미국 국민에 대한 아일랜드 국민의 직접 대표로서 여기에 있다. 그는 아일랜드 국가의 정부에서 선출된 대통령이다. 그것은 공화국이 심사숙고하여 결정할 수 있는 지위이다. 그는 평화적인 선출 방식을 통해서 성인 선거인에 의해 선출되었다. 소수의 이익단체에 의해 선출된 것도 아니고, 스스로 자임한 것도 아니며, 데 벌레라는 아일랜드 국민에 의해 3대 1의 다수결에 의해 선출되었다. 그는 아일랜드 국가의 합법적 대변인이다. 그는 민주주의의 원칙에 입각하여 권위를 갖고 아일랜드를 위하여 발언할 수 있는 자격이 있다. 그의 지위는 미국 대통령이나 프랑스

18) Dwyer, T., *Big Fellow, Long Fellow*, Dublin: Gill & Macmillan, 2006, p.83.
19) *New York Times*, June 22, 1919.

> 대통령 또는 영국의 그것과 동일하다. 데 벌레라 대통령의 이번 여행은 그의 정부[도일]의 요청에 의한 것이다.[20]

데 벌레라는 대통령 칭호를 묵인하며 나아가서 미국인에게 생소한 아일랜드 공화국 의회 도일 에이레안Dail Eireann을 미국식으로 의회Congress라고 불렀다. 미국도 1776년 7월 4일 식민지 대륙회의Congress가 독립을 선포하고 독립국가의 의회 역할을 하지 않았던가? 그리고 그 의회Congress의 이름으로 독립선언서를 만방에 선포하지 않았던가? 이러한 미국 역사가 있음을 잘 아는 윌슨 대통령이 영국의 눈치를 보며 아일랜드 문제를 영국 내정의 문제라고 보는 것을 데 벌레라가 의식하며 지적한 말이 의회Congress이다.

> 아일랜드 인이 자유로운 의사로 선출한 대표들의 의회Congress를 무력으로 억누르는 것이야말로 '민주주의를 위하여 세계를 안전하게 만든다.'는 영국의 바람을 위한 미국식 이해가 될 것인가.[21]

데 벌레라는 본국에서 도일의 태도가 궁금하였다. "내가 대통령으로 소개된 신문을 읽고 그리피스가 무어라고 말할지 궁금하다."[22] 그리피스는 데 벌레라가 미국출장 중의 총리서리이다. 그리피스와 다른 각료들은 이 호칭에 대하여 별로 깊은 생각을 갖지 않았다. 후일 도일은

---

20) *New York Times*, June 23, 1919.

21) Hannigan, D., *De Valera in America*, New York: O'Brien Press, 2010, p.67.

22) Coogan, T., *De Valera*, London: Random House, 1993, p.148.

헌법을 개정하여 "대통령이 총리도 겸한다."는 문구를 삽입하였다.[23] 아일랜드가 공화국을 선포한 이상 공화국에는 총리만으로 안 되고 대통령이 있어서야 한다. 총리는 정부의 수장이고 대통령은 국가의 원수이다. 그러나 대통령이라 부른다 하여 공화국을 선명하게 헌법에 적시할 수 없었다. 그렇다고 영국국왕을 아일랜드의 국가원수로 정하는 것은 더욱 안 될 일이다. 아일랜드에는 헌법상 국가원수가 없다. 그것은 후일 중대한 문제와 연결된다. 아일랜드는 실제상 공화국이지만 형식상 공화국이 아닌 채 실재한다. 공화국으로 선언하는 순간 북아일랜드는 영원히 품에서 떠나기 때문이다.[24] 뒤에서 다시 언급할 것이다.

## 선전

볼란드와 그 동지들은 데 벌레라를 아일랜드계 신문에 소개하면서 "데 벌레라는 유럽에서 유일하게 백인노예가 된 아일랜드 인이 노예로 낙인찍히는 것을 미국이 허용하지 않을 것임을 확신한다."라고 선전하였다. 그가 도착하고 1주일도 되지 않아 미국 동부지역의 아일랜드계 미국인들 사이에는 대대적인 열광이 불었다. 그를 신비스럽게 만들기 위하여 아일랜드계 신문들은 그가 스위스에 있다고 기록하다가 로체스타에 나타났다고 발표하였다. 그 다음 단계로 미국 주요 신문이 그의 행적을 보도하였다. 뉴욕의 언론들은 큰 키의 데 벌레라를 "아일랜드

---

23) Dwyer, T., *De Valera The Man and the Myths*, Dublin: Poolbeg, 1991, p.64.

24) Ranelagh, J., *A Short History of Ireland*, Cambridge, 2012, p.274: Dwyer 1991, 62.

링컨"이라 하고 그의 숙소인 월돌프-아스토리아 호텔을 "아일랜드 백악관"이라고 불렀다. 키가 6척이 넘는 데 벌레라는 군중 속에서 금세 눈에 띄었다. 어느 노파는 그의 손에 입 맞추며 "하나님 감사합니다. 대통령 각하. 당신이 여기에 왔군요."라고 감격에 찬 목소리로 말했다.[25)]

데 벌레라 자신도 언론을 이용하여 아일랜드의 대의를 선전하였다. 그는 아일랜드가 민족자결주의 원칙에 입각하여 아일랜드 국민들이 선택한 공화국의 대표임을 선언하고 윌슨의 이상에 따름을 분명히 하였다. 그리고 미국이 영국의 압제로부터 독립한 것처럼 아일랜드도 똑같이 영국의 압제로부터 독립했음을 주장하였다.

> 당신들의 지도자들이 한 것처럼 우리도 그렇게 한다. 그들이 독립과 공화국을 선언한 바대로 우리도 독립과 공화국을 선언했다. 그들도 싸웠고 우리도 싸웠다. 지금도 싸우고 있다. 그들이 반역자와 살인자라고 매도되었듯이 우리도 그렇다. 당신들의 공화국을 건국한 지도자들이 프랑스의 도움을 구했듯이 우리도 미국의 도움을 구한다. 그 도움을 얻기 위하여 내가 여기에 왔다. 여러분이 나를 실망시키지 않으리라고 확신한다.[26)]

다음 발언에는 비수가 숨어있다. 약소국 벨기에의 자유를 위해 싸운다는 영국이 똑같은 약소국인 아일랜드의 자유는 억압하고 있음이 모순임을 지적한다.

---

25) Hannigan, D., *De Valera in America*, New York: O'Brien Press, 2010, p.10, p.12.

26) *New York Times*, June 24, 1919.

> 오늘날 아일랜드는 영국의 무자비에 놓여있다. 지금 이 나라에서 여러분이 듣는 소식은 영국의 선전으로 왜곡된 것들이다. 영국의 무력이 우리 정부 수립을 방해하고 있다. 영국이 아일랜드를 점거한 것은 독일이 벨기에를 점령한 것과 같다. 우리의 임무는 현재 아일랜드가 처한 상황을 세계에 알리는 것이다. 현재 아일랜드에는 유일의 법적 체제가 있다. 선출에 의한 아일랜드 공화국이다. 정부이다.[27]

도착하자마자 데 벌레라는 방금 태어난 아일랜드 공화국과 도일의 도덕적, 법적, 정치적 실체임을 반복하여 강조하였다. 그리고 자신이 그들에 의해 선출된 합법적 대통령임도 강조하였다. 그러나 모든 언론이 그에 대해 호의적인 것은 아니었다. 영국 편이 많았다. 영국은 아일랜드의 문제가 구교도와 신교도 사이의 종교의 분열 때문이라고 선전하였다. 데 벌레라는 반격한다. "어쩌다가 신교도가 소수가 되었고 구교도가 다수가 되었다. 지금은 아무도 옛날처럼 종교적 편견을 갖고 있지 않다. 모든 나라에서 그 편견은 사라졌다. 오직 영국만이 그들의 이익을 위하여 그것을 살리려고 한다. 영국은 계속해서 아일랜드에서 그 편견을 유지하려고 노력한다. 그러나 그들 뜻대로는 되지 않을 것이다. 우리는 같은 동포라고 점점 생각한다. 아일랜드 공화국은 정당, 계층, 종교에 상관없이 동일한 권리를 보장한다."

데 벌레라는 아일랜드의 문제를 새로 독립한 폴란드, 그리스, 헝가리 등과 비교하며 그들처럼 아일랜드도 독립해야 한다고 주장하였다.

---

27) *New York Times*, June 30, 1919.

뉴욕 타임스는 이에 대해 "폴란드, 그리스, 헝가리는 세계대전에서 연합국 편에서 싸웠다. 윌리엄 레드몬드 같은 많은 아일랜드 인이 세계의 자유를 위하여 전사하였다. 그러나 아일랜드 공화국은 어디 있었는가? 아일랜드는 독일에 붙더니 이제 미국에 붙는 것인가? 아일랜드는 승자만 찾아다니는가?"[28] 윌리엄 레드몬드는 아일랜드 젊은이들이 입대하여 영국의 전쟁수행을 도와야 한다고 주장한 아일랜드 의회당 당수 레드몬드의 아들이다.

뉴욕타임스 논조에 대해 말로니William Maloney(1882-1952)가 이브닝 포스트Evening Post에 응수했다. "[연합국인 영국에 섞여] 아일랜드는 이미 17만 명의 그의 아들들을 죽음으로 보냈다. 로이드조지가 [그렇게 말했다.] 미국은 그 규모로 보아 아일랜드가 기여한 17만 명에 해당하는 사망기록을 얻으려면 얼마나 걸리겠으며 얼마나 많은 미국인을 전선으로 보내야 하느냐? 5백5십만 명을 보내야 한다. 미국이 그 피를 그 정도 흘리기 전에는 아일랜드를 비난할 수 없다.… 아일랜드 인구의 10분의 1이 연합국을 위해 싸우고 있었다. 남은 인구는 그들을 먹이고 있다." 말로니는 스코틀랜드 출신 의사인데 제1차 대전에 참전하는 도중 부활절 봉기를 보고 의분을 느껴 영국군을 떠나 미국으로 건너와 아일랜드계미국신문에 아일랜드의 대의를 옹호하는 글을 많이 썼다. 그는 케이스먼트의 일도 도왔다. 그는 영국의 역선전에 대하여 반박한다. "연합국은 더 이상 약소국의 자유 원칙이 영국이 해석하는 대로 훼손되게 해선 안 된다. 연합국은 그 원칙을 폐기하든가 순수한 형태로 수용하든

28) *New York Times*, June 28, 1919.

가 하라. 그의 적들이 영원히 침묵하고 당황하도록." 이 기사로 말로니를 기소할 움직임이 있었다. 영국은 정보원을 미국으로 보내 그를 감시하였고 그의 우편물을 검열하였다. 그의 전화는 도청 당했고 그의 집은 감시 하에 놓였다.[29)]

데 벌레라도 응수하였다. 미국과 독일의 짧은 역사와 비교하면서 "콜럼버스가 태어나기 전부터, 호엔촐레른이 프러시아 왕좌에 앉기 전부터 우리는 우리 자신의 전쟁을 수행해왔다. 그 전쟁은 영국과의 전쟁이다. 우리는 노르웨이나 스위스처럼 중립국이 될 권리가 있다. 아일랜드는 작년에 2억 달러를 영국에 바쳤다. 그것은 우리의 목에 거는 밧줄이 되어 되돌아왔다. 다시 반복하지만 영국은 한 번도 아일랜드의 권리를 인정하지 않았다. 우리는 영국의 식민지가 아니다. 우리는 결코 식민지가 되지 않을 것이다. 우리는 영국에 충성을 바칠 이유가 없다."[30)]

언론이 데 벌레라가 미국 시민인지 아일랜드 시민인지 묻자 그는 "나는 아일랜드를 위하여 나의 목숨을 바치는 한 아일랜드 시민이다." 라고 대답하였다. 그러면 영국의 압력으로 미국이 그를 체포할 염려가 있지 않을까? "미국인들은 영국이 나를 박해하는 것을 방관하지 않을 것이다. 내가 이 나라에 온 이래 나는 국민에 의한, 국민을 위한, 국민의 정부의 법률을 준수한다. 아일랜드인은 외국이 아일랜드에 강제하는 법률에만 저항한다."[31)] 데 벌레라가 미국에 이어 아일랜드 이민이 많은 호주와 캐나다도 방문할 것이라고 언론에 말하였다. 그가 몬태나

29) McCartan, P., *With De Valera in America*, New York: Brentano, 1932, pp.44-5.

30) *Los Angeles Times*, Nov 24, 1919.

31) Hannigan, D., *De Valera in America*, New York: O'Brien Press, 2010,p.18.

에 유세하였을 때 이웃 캐나다에서 성명이 나왔다. "국경을 넘기만 해라. 체포하여 영국에 송환할 것이다." 당시 캐나다는 영연방의 일원으로 영국의 총독 하에 영국 국왕에 충성을 서약한 상태였다.

## 3. 사명

데 벌레라는 미국에서 자신의 사명이 4가지임을 밝혔다. 첫째, 미국에 강력한 아일랜드 동포 단체를 구축하는 일. 데 벌레라가 도미할 당시 미국에는 크게 두 종류의 아일랜드 동포 단체가 있었다. 두 단체 모두 아일랜드 모국의 정치세력과 연결되어 있었다. 하나는 재미아일랜드연합연맹United Irish League of America(UILA)이다. 이 단체는 모국의 레드몬드가 이끄는 온건파정치단체인 아일랜드 의회당Irish Parliament Party(IPP)의 재미단체이다. 다른 하나는 그리피스의 신페인당Sinn Fein과 연계된 비밀단체 게일나클란Clan na Gael(Family of Gael)이다.

둘째, 도일이 결의한대로 미국에 거주하는 아일랜드 동포에게 (독립)공채를 판매하는 일. 데 벌레라 이전에도 재미아일랜드계 동포단체의 모금이 있었다. 1860년대 페니안 운동이 모금을 하였고, 1880년대 토지전쟁에도 모금을 하였다. 데 벌레라가 오기 직전인 1919년에도 아래에서 소개하는 대로 게일나클란의 모금운동이 있었다. 데 벌레라의 공채판매는 그 전의 모금과 성격이 다르다. 이전의 모금은 아일랜드를 위한 자선적 기부gift의 성격이지만 데 벌레라는 이것을 정당한 공채투자investment를 통한 대차의 대등한 관계로 상승시켰고 이 점을 분명하게 주지시켰다. 아래에서 보듯이 기부와 투자의 차이가 미국에서 아일랜드게 미국인 단체의 지도자들과 반목을 일으키게 된다.

셋째, 미국으로부터 아일랜드 공화국을 승인받는 일. 데 벌레라는 미국이 아일랜드를 승인해야 하는 이유를 간결하게 설명하였다. "미국이 아일랜드를 승인하면 그것은 영국에게 기회가 된다. 우리의 대의에 동의하는 지혜를 갖게 되는 계기가 될 것이다."[32] 그 지혜란? "아일랜드가 자유국가 된다면 현재 처한 상황과 비교하여 영국은 훨씬 안전하게 된다. 현재 우리는 영국의 적국과 협력한다. 우리는 외국이 영국을 공격하는 것을 환영한다. 그것이 영국뿐만 아니라 우리 아일랜드까지 점령한다 하더라도."[33] 그 기회란? 미국과 쿠바의 관계처럼 영국과 아일랜드의 관계를 조약으로 규정하면 된다. 독립 쿠바가 미국의 안전을 해치지 않는 것처럼 독립 아일랜드 역시 영국의 안전에 위해가 되지 않는다. 이 발언은 후일 커다란 역풍을 맞게 된다.

넷째, 부유한 아일랜드사업가를 설득하여 아일랜드에 투자하게 하는 것이다.[34] 이 4가지 사명은 모두 연결되어 있다. 차례대로 보도록 한다.

## 재미단체

앞서 본 것처럼 레드몬드의 아일랜드 의회당은 웨스트민스터 의회 진출을 통하여 아일랜드의 정치적 입지를 향상시키자는 의회주의 입장

32) *New York Times*, Dec. 13, 1919.

33) Hannigan, D., *De Valera in America*, New York: O'Brien Press, 2010, p.76.

34) Fanning et al (ed.), *Documents on Irish Foreign Policy 1919-1922*, Dublin: Royal Irish Academy, 1998, pp. 35-36.

을 취한다. 제1차 대전 발발 이전까지 본국에서나 미국에서나 가장 지지가 높았다. 레드몬드의 자금줄이 미국이었다. 1911년까지 영국에서 국회의원에게 월급이 없었다. 레드몬드 정치의 뒤에는 재미 아일랜드계 미국인단체의 재정지원이 있었다. 그의 별명은 "달러독재자"였다.[35] 그러나 그는 그에 대한 사의를 표할 줄 몰랐다. 1914년 제1차 대전이 일어났을 때 이 정당은 영국의 전쟁수행을 지지하는 운동을 전개하여 뜻있는 지사들로부터 분노를 샀다. 1916년 부활절 봉기를 고비로 민심은 이 정당에서 멀어지기 시작하였다. 여기에 전쟁이 깊어지면서 영국이 아일랜드 청년들을 징집하려고 할 때에도 그에 부응하는 정강을 채택하였다. 여기에 실망한 동포들로부터 외면당하고 이어서 부활절 봉기를 이끌었던 신페인당을 1918년 총선에서 지지하여 압승을 거두게 하자 아일랜드 의회당IPP에 대한 지지도는 급속히 약화되었다. 자연히 이와 연결되었던 미국 내 단체 재미아일랜드연합연맹UILA의 영향력도 쇠퇴하였다.

## 코할란

그리피스의 신페인과 연결된 게일나클란은 다시 민족자결주의와 공화주의로 갈라진다. 이 두 파는 서로 반목하고 있었다. 그 근본 원인은 역시 돈 때문이다. 민족자결주의는 전 뉴욕주대법관 코할란Daniel

35) Carroll, F., "America and Irish Political Independence, 1910-1933," in P.J.Drudy (ed.), *The Irish in America: Emigration, Assimilation and Impact*, Cambridge University Press, 1985, p.273.

Cohalan(1867-1946)과 뉴욕 아일랜드계 신문 게일아메리칸Gaelic American 편집장인 드보이John Devoy(1842-1928)가 이끌었다. 77세의 드보이는 거의 청각를 잃었다. 앞서 소개한 대로 그는 프랑스외인부대 출신으로 1868년 더블린봉기 실패 후 수감된 영국감옥에서 1876년 호주로 탈출한 경력의 혁명가였다. 그는 미국으로 망명했다. 파넬의 정책에도 영향력을 행사하였다. 피어스는 드보이가 가장 위대한 페니안이라고 불렀다. 그는 모국에서 아일랜드 의회당의 쇠퇴를 기회로 삼아 부활절 봉기가 일어나기 6주전 게일나클란의 주최 하에 제1차 아일랜드 민족대회Irish Race Convention를 뉴욕에서 개최하였다. 여기에 2천여 명이 모여 아일랜드 자유 친우회Friends of Irish Freedom(FOIF)를 조직하였다. 일종의 게일나클란의 전위대이다. 부활절 봉기 후에는 미국으로 탈출한 국민파Nationalists가 가세하였다. 약소단체였던 게일나클란이 부활절 봉기를 이용하여 세를 확장하여 강력한 재미 아일랜드계단체가 되었다.36)

친우회FOIF는 그 확장에도 불구하고 활동은 주춤했다. 국제 환경 탓이다. 제1차 대전에서 윌슨 대통령은 참전 이전부터 영국을 비롯한 연합국을 지원하였다. 드디어 1917년 4월에 참전하였다. 부활절 봉기 1년 후이다. 미국의 참전으로 아일랜드계 미국인들은 난처해졌다. 그들의 대영 투쟁이 미국의 전쟁목표와 상충되기 때문이다. 윌슨은 1916년 재선 운동에서 이민자들의 이중태도를 비난하였다. 한 발은 미국에 걸치고 다른 발은 모국에 걸친 태도가 미국을 하나의 국민으로 단합시키는데 방해가 된다고 생각한 것이다. 미국 내 모든 약소민족이 떠나온 조

---

36) Doorey, M., *Irish-American Diaspora Nationalism: The Friends of Irish Freedom, 1916-1935*, Dublin: Four Courts, 2005, pp.37-46.

국을 위하여 군대를 조직하면 미국은 누가 방어할 것인가. 이 우려는 근거가 없는 것이 아니다. 예를 들면 독일 정부는 이 점에서 독일계미국인들이 독일을 위해 싸우리라 자신만만하였다. 독일은 개전 초기부터 미국인은 영국 여객선에 승선하지 말라고 경고했고 실제 독일 잠수함 공격에 영국 여객선 루시타니아호가 침몰하여 미국 시민 118명이 수장되었다. 이에 영국주재 미국대사가 윌슨에게 중립정책을 버리라고 권고하였다. 독일주재 미국대사도 윌슨에게 고립에서 벗어나야 한다고 고언 하였다. 윌슨은 화가 났지만 항해의 자유를 내걸고 평화적인 해결을 모색하였다. 독일주재 미국대사가 독일 외무성으로 짐머만Artuer Zimmermann(1864-1940)을 항의 방문하였다. 짐머만은 큰 소리쳤다. "미국은 독일에 선전포고하지 못한다. 미국에 있는 5십만 독일계 재향군인이 들고 일어날 것이다." 화가 난 미국대사가 응대하였다. "미국에는 그들의 목을 매달을 가스등이 5십만 1개가 있다."[37] 미국이 참전한 이후 이 문제의 중요성은 더욱 부각되었다. 그럼에도 아일랜드인들은 부활절 봉기에 윌슨이 도와줄 수 있었는데 냉담했다고 비난했다. 특히 코할란이 심하게 비난하였다.

코할란은 윌슨 행정부로부터 독일과 협력한다는 혐의를 받고 엄중경고를 받았다. 윌슨은 코할란이 독일에게 1916년 부활절 봉기에 맞추어 공중폭격 지원과 잠수함에 의한 아일랜드 군항 폐쇄를 요청한 문서를 공개하였다. 폰 이겔von Igel 문서라고 부르는 이 문서는 코할란이 워싱턴 주재 독일 대사에게 보낸 전문이었다.(후술) 당시 독일 대사관

37) de Rosa, P. *Rebels The Irish Rising of 1916*, New Yok: Fawcett Columbine, 1990, p.67.

은 도청 하에 있었다.[38] 폰 이겔은 주미 독일 대사관 무관 폰 파펜von Papen의 부관이다.

이러한 전시상황에서 친우회FOIF는 제대로 클란의 전위대 역할을 할 수 없었다. 첫째, 아일랜드에 무기를 제공하는 것은 미국의 〈1818중립법〉에 위배된다.[39] 코할란, 드보이, 맥가리티가 아일랜드 봉기에 협력하기 위해 모였을 때 코할란이 말했다. "여기서 지금 분명한 것은 우리 정부[미국정부]가 미국 항구에서 아일랜드로 가는 무기를 선적하는 것을 허락하지 않는다는 점이다." 코할란은 법률가이다. 드보이가 동의하였다. "그러면 우리는 아무 것도 할 수 없다. 독일에게 전적으로 의존하는 수밖에 없다." 부활절 봉기 2개월 전 그들은 독일 대사관에서 모였다. 드보이가 아일랜드의 의견을 베를린에게 전달해 줄 것을 요청하며 대사관 무관 폰 파펜에게 말했다. "귀하와 귀하의 부관 폰 이겔이 비밀리에 이것을 처리해 주리라 믿습니다." 폰 파펜이 대답했다. "틀림없습니다." 의심 많은 드보이는 독일 참모본부가 아일랜드계 미국인들은 무기를 제공할 수 없다는 점을 알고 있는지 다른 경로로 탐문하였다. 모든 것은 독일에게 달린 것이다.[40] 둘째, 역시 〈1818중립법〉에 의해 미국과 우호관계에 있는 국가, 이 경우는 영국, 에 적대행위는 반역죄로 기소될 수 있다. 아직 미국이 참전하지 않았지만 미국이 영국편에 참전하는 경우 이 문제의 심각성은 확대될 수 있다. 드보이는 이

38) McCartan, P., *With De Valera in America*, New York: Brentano, 1932, p.18.

39) 1818중립법에 대해서는 532쪽을 참조.

40) de Rosa, P. *Rebels The Irish Rising of 1916*, New Yok: Fawcett Columbine, 1990, p.101.

점을 몹시 우려하였다.41)

종전이 임박하자 코할란은 재미 아일랜드인의 참전 공헌을 강조하며 그것을 아일랜드 대의大義cause와 연결시키려 하였다. 그는 제2회 아일랜드 민족대회를 개최하였다. 여기서 린취Diarmuid Lynch(1878-1950)가 친우회FOIF 총무에 피선되었다. 그는 부활절 봉기에 참여하였다가 미국으로 탈출한 전사였다. 린취의 지도하에 친우회는 미국 내 아일랜드계 모든 군소 단체를 결집시켰다. 그동안 아무 단체에도 속하지 않았던 이들을 포함하여 연합체를 만들고 그들에게서 회비를 걷었다. 그는 방대한 회원연락망을 작성하였다. 1917-1919 기간에 친우회의 회원은 1천에서 3만으로 증가하였고 204개의 지부를 설치하였다. 이제 코할란과 드보이의 권위에 맞설만한 아일랜드인은 미국에 없었다.

압도적인 체제를 정비한 친우회는 아일랜드에서 1919년 1월 21일 아일랜드 도일이 창설되고 여기서 아일랜드 공화국이 선포되는 여세를 이용하여 1919년 2월 필라델피아에서 제3차 아일랜드 민족대회를 열었다. 이 대회는 지금까지 폭력적인 독립운동에 반대하였던 전미 아일랜드 가톨릭 주교 대표들도 포함하여 모든 단체의 5천명이 참석하였다. 이 대회에서 아일랜드의 독립요구를 관철하기 위한 모금운동을 목표로 하는 아일랜드 승리기금Irish Victory Fund을 출범시켰다.

친우회는 민족자결주의에 입각하여 아일랜드 권리의 인정을 주장하였다. 그 지도자 코할란 대법관은 민주당의 윌슨에 맞서 공화당 후보를 대통령으로 밀었다. 클란은 미국 내 여러 아일랜드 단체 가운데 아

41) de Rosa, P. *Rebels The Irish Rising of 1916*, New Yok: Fawcett Columbine, 1990, p.67.

일랜드공화파형제단IRB을 통하여 유일하게 아일랜드와 끈이 연결되어 있었다. 그러나 코할란은 방금 태어난 아일랜드 공화국을 부정하였다.[42] 신페인이 1918년 12월 총선에서 압도적으로 승리했다는 것이 아일랜드인의 대의라고 인정받았지만 그것이 민족자결주의를 찬성한 것이지 공화국 창건에 필요한 국민투표가 아니었다는 것이고,[43] 선언만 하였을 뿐 군대와 경찰이 아일랜드를 장악하지 못했다는 이유를 들었다.[44] 미국이 민족자결주의 원칙을 위해 참전하였기 때문에 그 원칙이야말로 아일랜드가 인정받는데 최고의 기회라고 여겼다. 일단 그 권리가 확보되면 아일랜드의 승인은 다음 단계가 된다는 논리였다. 코할란은 신페인당의 총선 압승을 축하하는 전보를 도일에 보냈다. "선거 결과에 대한 진심의 축하를 받기 바란다. 미국의 자유를 사랑하는 모든 사람들과 함께 아일랜드가 모든 민족을 위한 윌슨 대통령의 민족자결주의 원칙을 성취한 것이 그의 위치를 크게 강하게 할 것이다."[45] 그는 "아일랜드 공화국에게 투표를"이라는 선거구호에 적시된 공화국의 언급을 의도적으로 회피하였다.

### 맥가리티

클란의 또 하나의 단체는 코할란의 자결주의와 대립하는 공화주의

42) McCartan, P., *With De Valera in America*, New York: Brentano, 1932, p.93.
43) McCartan, P., *With De Valera in America*, New York: Brentano, 1932, p.65.
44) McCartan, P., *With De Valera in America*, New York: Brentano, 1932, p.93.
45) McCartan, P., *With De Valera in America*, New York: Brentano, 1932, p.66.

인데 이들은 공화국의 승인을 우선하였다. 이들은 방금 아일랜드 공화국을 탄생시킨 총선에서 신페인당의 정강이 "아일랜드 공화국을 투표하자"와 "영국과 분리에 투표하자"였다는 점을 들었다. 그것은 민족자결주의에 의한 공화국이다. 이제 공화국의 승인을 구하는 일만 남았다. 아일랜드 국가는 영국 국왕을 아일랜드 국왕으로 인정하지 않는다. 대브리튼-아일랜드 왕국은 끝났다. 아일랜드 공화국은 영국 국왕의 정부와 아일랜드 국민 사이에 어떠한 관계나 교섭에 개입하는 어떠한 외국 정부의 권리도 부정한다.[46] 그 지도자는 필라델피아의 아일랜드계 신문 Irish Press의 편집인 조셉 맥가리티Joseph McGarrity(1874-1940)와 아일랜드 공화파형제단이 미국에 밀파한 패트릭 맥카르탄Patrick McCartan(1878-1966)이었다. 후자는 부활절 봉기 직후 임시정부가 미국에 밀파한 특사Envoy 가운데 하나이다. 그 목적은 공화국의 탄생을 미국에 선전하고 승인을 돕는 것이다. 그는 미국에서 도일 의원으로도 당선되었다. 그는 미국에서 자신의 임무를 수행하면서 맥가르티의 신문Irish Press의 편집장이 된다. 후일 데 벌레라를 미국에 수행하는 또 하나의 특사 볼란드Harry Boland(1887-1922)도 이들 편이다. 콜린스의 친구이다.

부활절 봉기의 선언서의 문구 "아일랜드의 모든 남녀에 의한 국민투표로 선출한 아일랜드의 모든 국민을 대표하는 영원한 국민정부를 수립할 적당한 시기까지 이 자리의 임시정부가 국민을 위해 공화국의 국민과 군사의 업무를 관장한다."에는 국민투표와 공화국이 함께 적시되어 있는데 코할란은 국민투표를 강조하고 맥가르티는 공화국을 우선한다.

---

46) McCartan, P., *With De Valera in America*, New York: Brentano, 1932, p.69.

이상이 데 벌레라가 미국에 도착했을 때 미국 내 아일랜드계 민족주의 운동의 모습이었다. 데 벌레라의 미국 활동의 목적 가운데 하나는 이 두 단체를 화해시켜 강력한 재미 아일랜드계 미국인 단체를 만드는 것이다. 앞서 설명했듯이 드보이, 코할란, 맥가르티 이 세 사람은 부활절 봉기에 자금을 대고 독일의 지원을 얻어낸 협력자였다.[47] 데 벌레라가 미국에 나타나기 전에는 비교적 우호적이었다. 그러나 후술하듯이 데 벌레라는 이들 사이의 분열을 더욱 조장시키게 된다. 드보이, 코할란, 맥가르티는 모두 무장 독립운동주의자들이다. 데 벌레라의 외교독립운동방략을 이해하지 못하였다. 시간이 지남에 따라 맥가르티는 데 벌레라의 편에 서게 되지만 후일 데 벌레라가 아일랜드에서 정권을 잡자 그와 결별하게 된다.

## 민족자결주의 대 공화주의

데 벌레라는 그 누구보다 공화주의자이다. 후술하는 바와 같이 그는 독립전쟁의 종결로 영국과 맺은 조약에 의해 탄생한 영연방 속의 자치국이 된 아일랜드 자유국Irish Free State의 건국을 반대하여 총리를 사임하고 공화국 에이레Eire의 건국을 위해 재야에서 투쟁할 정도로 가장 격렬한 공화파이다. 그 과정에서 많은 공화파 동지들이 아일랜드 자유국을 찬성했지만 그는 끝까지 자신의 소신을 철회하지 않았다. 이 주장으로 그는 한때 수감되었다. 그리고 15년 후에 영국의 자치국인

47) de Rosa, P. *Rebels The Irish Rising of 1916*, New Yok: Fawcett Columbine, 1990, part I.

아일랜드 자유국을 해체하고 그 자리에 공화국 에이레/아일랜드를 선포한다. 그리고 초대 총리에 취임한다.

그러나 지금은 취약한 도일의 총리로써 데 벌레라에게는 여러 갈래의 분리주의자들을 통합할 의무가 있었다. 그가 감옥에서 탈옥하여 더블린의 은신처에 있을 때 발표한 성명서가 그의 입장을 말해주고 있다. "우리는 아일랜드에게 민족자결의 원칙을 영국이 허락할 것에 도전한다. 그 원칙하에 하나의 아일랜드가 되어야 한다."[48] 이 성명에는 공화국이라는 단어가 없고 민족자결주의만 있다. 이에 대해 도일의 국방장관인 브루하는 세계대전으로 파산하다시피 된 영국이 미국에 도전할 수 없을 것이니 미국으로부터 아일랜드 공화국의 승인이외에 다른 것을 요구하지 말라고 코할란에게 전한다. 민족자결주의 관철과 공화국 승인을 둘러싸고 내각이 양분되었다.

제1차 대전이 깊어지면서 독일과 오스트리아-헝가리를 상대로 힘겹게 싸우는 영국으로서는 미국의 참전을 유도할 수밖에 없는 처지가 되었다. 부활절 봉기 직후 지도자를 처형하자 미국 내 반영 분위기가 고조되었다고 주미영국대사가 본국에 보고하였다. 여기에다 미국의 아일랜드계 미국인들은 한 결 같이 미국이 대전에 참전하는 것을 반대하였다. 영국이 대전으로 파산하는 것을 아일랜드 독립의 기회로 본 것이다. 영국정부는 미국의 여론을 가볍게 볼 일이 아니었다.[49]

악화된 미국여론을 돌려놓기 위하여 영국수상 애스퀴스는 전쟁으로 연기된 제3차 자치령을 들고 나왔다. 이 자치령에는 하나의 조건이

48) *New York World*, March 13, 1919.

49) Ranelagh, J., *A Short History of Ireland*, Cambridge, 2012, p.214.

있었다. 북아일랜드 6개주를 임시로 분리한다는 조건이었다. 이 조건을 남아일랜드의 레드몬드는 수락할 수 있지만 북아일랜드의 카슨은 받아드릴 수 없었다. 이 문제를 담당한 장관이 군수장관 로이드조지였다. 로이드조지는 '임시'라는 단어에서 해결의 '책략'을 찾았다. 레드몬드에게 6개 군의 분리가 '임시'라고 설득하여 동의를 받았다. 반대로 카슨에게는 사적으로 6개 군 분리의 '임시'의 불가피성을 말한 뒤 그러나 그 기간이 종료되어도 나머지 아일랜드와 합치지 않을 것임을 보장했다. 나중에 이 사실을 알게 된 레드몬드가 로이드조지에게 이 사적인 약속이 사실이 아님을 부정하라는 성명을 요구했다. 영국정부는 로이드조지의 해법이 사실임을 확인했다. 레드몬드는 그러한 자치령을 거부했다. 그러자 아일랜드 인들은 책략에 능한 영국을 상대로 아일랜드 문제를 평화적인 자치령으로 해결할 수 없음을 깨닫고 레드몬드 대신 민족자결주의를 실천할 수 있는 혁명단체를 찾게 되었다. 그것이 부활절 봉기에 이은 총선에서 신페인당의 압승으로 나타난 것이다.

이러한 배경 하에서 민족자결주의에 반하는 발언은 미국에서 불화만 일으킬 것이다. 뉴욕에 도착한 직후 발표한 성명에도 데 벌레라의 주장은 여전하다. "내가 미국에서 추구하는 것은 미국이 아일랜드에게 민족자결권을 인정하라는 것이다. 그 이상도 아니다."[Dwyer 2012, 117]. 데 벌레라가 미국에 와서 미국의 아일랜드지도자들에게 감염되어 공화국을 부정하는 것인가. 만일 데 벌레라가 이들에 지시대로 민족자결을 공화국보다 우선한다면 아일랜드는 둘로 분열될 것이다. 의아해하는 추종자에게 데 벌레라는 대답한다. "나는 이들[코할란과 드보이]이 어디까지 가보나 알고 싶다."[50] 코할란의 의도를 알 때까지 그는 그에게도 동조하는 자세를 보였다. 그러나 그에게는 이보다 심모원려의 책략이 있었다. 앞서 소개했듯이 공화국을 미리 내세우면 북아일랜드는 영원히 통합할 수 없다는 현실적 인식이었다.[51)]

결국에는 데 벌레라가 코할란의 민족자결권을 받아드리고 코할란이 데 벌레라의 공화국을 받아드려 한때 화해하게 된다.[52)] 미국 하원외교위원회에서 코할란의 다음과 같은 발언이 그를 뒷받침한다.

> 종전 후 국민투표를 한 나라는 아일랜드밖에 없다. 그리고 전 세계에서 볼 수 없는 정치적 통합을 보여준 나라도 아일랜드밖에 없다. 아일랜드 사람들은 4대1로 영국과 분리된 독립된 정부를 결정하였다. … 미국이 아일랜드 공화국을 승인하면 영국은 우리의 견해에 동의하며 아일랜드정부를 아일랜드 사람들에게 맡기는 지혜를 얻는 기회를 갖게 될 것이다.[53)]

그들 사이의 의견 차이는 대의 보다 개인적 성향에 기인했음이 컸다.[54)] 후일 그들은 다시 반목하게 되는데 아일랜드 공화국을 지지하던 코할란이 데 벌레라가 이를 지지하자 태도를 돌변하여 아일랜드 자유국을 지지하게 되는 데에서 보듯이 반목은 개인적 성향이었다.[55)] 그러나 이보다 더 근본적인 이유는 아래에서 보듯이 모금을 둘러싼 주도권에 있었다.

---

50) McCartan, P., *With De Valera in America*, New York: Brentano, 1932, p.156.
51) Ranelagh, J., *A Short History of Ireland*, Cambridge, 2012, p.174.
52) Lainer-Vos, *Sinews of the Nation*, Cambridge: Polity Press, 2013.
53) *New York Times*, December 13, 1919.
54) McCartan, P., *With De Valera in America*, New York: Brentano, 1932.
55) Dwyer, T., *De Valera The Man and the Myths*, Dublin: Poolbeg, 1991.

# 4. 모금

## 승리기금

더블린에서 공화국이 선포되고 데 벌레라가 미국행을 결심할 즈음, 1919년 2월에 친우회는 제3차 아일랜드 민족대회를 필라델피아에서 개최하였다. 한 달 전 아일랜드에서 아일랜드 의회 도일이 창설되고 공화국이 선포된데 고무되었다. 명분은 신생 아일랜드 공화국을 돕는다는 취지였다. 여기에 미국 전역에서 5천명의 대표가 모였고 30명의 아일랜드가톨릭 주교들이 합세하였다. 심지어 전임 재미아일랜드연합연맹UILA 지도자들도 회원이 되어 참석하였다. 처음으로 전미 아일랜드미국인들이 모국의 투쟁을 지지하기 위하여 단합한 것이다. 민족대회는 실천 차원에서 아일랜드 승리기금Irish Victory Fund를 출범시켰다. 모금 목표는 2백만 달러였다. 대회 첫날이 지나기 전에 1백5십만 달러가 약정되었다. 게일 아메리칸Gaelic American이 기사를 썼다.

> 약정의 모습은 잊을 수 없었다. 아무나 이 모습을 지켜보는 영광을 누릴 수 없었다. 대표들은 즉각 상의하였고 각자 힘껏 모금할 수 있는 금액을 약속하였다. 뉴욕, 필라델피아, 시카고는 각각 15만 달러를 약정하였고 다른 도시들이 그보다 작은 금액으로 뒤를 따랐다. 그러나 그 어느 때보다 커다란 금액이었다. 대회장을 뒤흔드는 환호 속에서 금액이 낭독되었다. 미국에서 민족대회 역사상 비교할 수 없는 열정의 도가니였다.[56)]

그러나 약정과 성과는 다르다. 성과를 올리기 위하여 그들은 벽보, 유인물, 현수막, 엽서 등을 이용하였다. 친우회 지도자들은 미국 독립 전쟁, 남북전쟁, 제1차 대전에서 미국을 위해 싸운 아일랜드인의 희생을 강조하며 지금이야말로 미국이 아일랜드를 도울 때라고 호소하였다. 벽보에는 제1차 대전에서 싸운 미국의 아일랜드 69연대의 사진으로 장식되었다. 그 밑에는 다음과 같은 글귀가 있다.[57)]

아메리카는 아일랜드에게 빚진 것을 기억한다.

모금에 아일랜드 이름을 팔았다. 결과적으로 1백만 달러가 걷혔다. 이 모금으로 친우회의 움직임이 활발해졌다. 1919년 3월에 친우회는 모금액 사용의 주도권을 확보하고 미국의회, 언론, 외교가에 로비하기 시작하였다. 친우회는 아일랜드 독립 미국위원회American Commission on Irish Independence(ACII)를 조직하였다. 앞서 소개한 대로 이 단체의 3명 대표로 하여금 파리 강화회의의 참석을 시도하였다. 1919년 중반까지 친우회는 모금의 성공으로 뉴욕과 워싱턴에 로비할 수 있게 되었고 파리강화조약에 대표를 파견할 수 있었지만 영국의 반대로 강화회의는 대표의 참석을 거부하였다. 친우회는 방금 설치된 워싱턴 주재 아일랜드 공화국 영사관까지 주관하려 하였다.

56) *Gaelic American*, Mar 1, 1919.

57) Lainer-Vos, *Sinews of the Nation*, Cambridge: Polity Press, 2013, p.36.

## 합법성

더블린의 아일랜드 공화국 정부가 보기에 친우회의 모금에는 문제가 있었다. 아일랜드계 미국인이 모금한 것은 아일랜드를 위한 것이지 친우회를 위한 것이 아니다. 친우회는 아일랜드 국민의 대표가 아니다. 자신들이 스스로 임명한self-appointed 임의 단체이다. 합법성이 결여된 것이다.

반대로 친우회가 보기에 아일랜드의 아일랜드인과 미국 내의 아일랜드계 미국인은 다르다. 그들의 눈에 아일랜드 승리기금은 아일랜드계 미국인이 모금하여 아일랜드에 증여하는 기부gift이다. 그리고 그 돈의 사용권은 자신들에게 있다. 이들은 한 걸음 더 나아가서 기부의 일부만 아일랜드에 보내고 그 자금의 사용처에 대해서도 자신들의 주장을 관철하려 하였다. 나머지 자금은 자신들이 보유하여 윌슨을 낙선시키는데 사용할 것이다.[58] 윌슨은 코할란의 정적이었다.

그러나 아일랜드 공화국 정부의 눈에는 아일랜드의 아일랜드인과 미국 내 아일랜드계 미국인은 대서양이라는 호수를 사이에 둔 모두 같은 동포sea-divided Gaels이다. 아메리카가 한때 영국의 식민지였듯이 아일랜드아메리카는 아일랜드의 식민지이다. 친우회는 이들의 돈을 모아서 임의대로 사용할 수 없다. 특히 아일랜드의 이름을 팔아 모은 돈은 말할 것도 없다. 이들의 돈은 모두 아일랜드 정부의 돈이다. 그리고 모금할 수 있는 자격과 권리는 아일랜드 정부를 대표하는 대통령에게만 있다.

---

58) Carroll, F., *Money for Ireland*, Westpot, CT: Praeger, 2002. Carroll 2002, p.16.

뿐만 아니라 미국 내 모든 아일랜드계아메리칸 결사체는 아일랜드 공화국의 지시를 받아야 한다. 공화국이 파견한 특사 오말라James O'Mara (1873-1948)는 친우회 총무 린취Diarmuid Lynch(1878-1950)에게 아일랜드 승리기금의 내역을 제출할 것을 요구하였다. 오말라는 아일랜드 정부 재무담당이었다. 승리기금은 거부하였다. 공화국 특사는 재차 요구하였다.

> 나는 확실한 조치를 취하는 것을 원치 않는다. 내가 요청한 정보를 내게 제출할 것을 거부한다면 나도 할 수없이 다음 단계를 밟을 것이다. 그것이 내가 즉각 취해야만 하는 나의 의무이다.[59)]

린취가 답장을 보냈다.

> 당신의 편지에서 확인한 사실은 당신이 여기 사정을 오해하고 있다는 점이다. 그러므로 나는 친우회의 국민회의National Council 결정은 자발적이라는 점을 지적하지 않을 수 없고 … 우리는 어떠한 단체에게 보고서를 제출할 의무가 없다. 친우회가 아일랜드 대의를 지원하는 입장에서 당신의 편지의 암시와 협박은 당신의 입장에서 비롯한 좋지 않은 품위라는 점을 첨가하고 싶다.[60)]

공화국 특사 오말라는 물러서지 않았다. 친우회 국민회의에게 다음의 편지를 보냈다.

---

59) Lainer-Vos, *Sinews of the Nation*, Cambridge: Polity Press, 2013, p.61.

60) Lainer-Vos, *Sinews of the Nation*, Cambridge: Polity Press, 2013, p.61.

> 내 앞에는 한 장의 벽보가 놓여있다. 그것은 당신 단체가 모금을 위해서 발행한 것이다. 거기에는 다음의 문구가 있다. "아메리카는 아일랜드에게 빚진 것을 기억한다. 아메리카의 자유를 위하여 흘린 아일랜드 피가 헛되지 않도록 자유의 대의를 돕자. 지금." 그러한 자금은 도덕적으로 아일랜드에게 귀속된다. 아일랜드 정부 대표가 수입과 지출의 기금 내역 보고서를 요구하는 것은 지극히 합리적이다.[61]

아일랜드의 이름을 사용한 이상 아일랜드 정부 대표의 눈에 이것은 숭고한 도덕적 문제이다. 기금의 소유권보다 더 높은 차원에서 볼 때 친우회는 부속기관에 불과하다. 자금의 주인은 아일랜드 국가이다. 친우회의 눈에는 자신들의 조직은 독립단체이고 돈의 사용처의 결정도 자신들에게 있다. 문제는 친우회가 처음부터 모금의 목표를 분명하게 하지 않은 점이 실수였다. 아일랜드 대의에 참가하여 모금에 동의한 사람들에게 아메리카의 부채를 아일랜드에게 부담지운 것이다. 그리고 기금에 기여하도록 유도한 것이다. 벽보가 가리키듯 모금에 동참한 사람들은 아일랜드에게 기부한 것이지 친우회에 기부한 것은 아니다. 이런 사유로 기금은 친우회에 속한 것이 아니라 아일랜드 공화국 의회에 귀속된다. 이런 이유로 데 벌레라는 자신이 추진하려는 공채판매와 경합이 되므로 임의 단체인 친우회의 모금운동을 즉각 중단할 것을 요구하였다. 아래에서 설명하는 대로 데 벌레라의 광범위한 미국유세로 영향력이 역전되자 친우회는 모금을 중단하게 된다. 자신들의 실수를 인

61) Lainer-Vos, *Sinews of the Nation*, Cambridge: Polity Press, 2013, p.61.

정한 것이다.

앞서 얘기했듯이 이번의 모금이 아일랜드계 미국인에게 처음이 아니다. 1866년 남북전쟁에 참여하였던 아일랜드계미국군인들이 당시 영국령 캐나다를 침입한 적이 있다. 여세를 몰아 캐나다가 충성하는 영국 국왕에 대한 전쟁이었다. 윈드밀Windmill 전투라고 알려진 전투에 필요한 자금을 위하여 아일랜드계 미국인의 한 단체가 5십만 달러의 공채를 발행한 것이다. 페니언 공채이다. 이때는 불법이 아니었다. 결과는 하나의 일화로 끝났지만 그 원리금 상환에 대한 약속은 지켜지지 않았다. 질문을 받자 그는 반세기 전의 약속을 아일랜드 공화국이 존중하겠다고 대답하였다. "원리금 상환은 새 공채의 발행으로 대신한다. 옛 공채를 현재의 공채와 교환한다."[62] 여기서 미묘한 문제가 발생한다. 기부금은 자선의 형태로서 되갚을 의무가 없다. 공채판매는 사정이 다르다. 발행자에게는 이자와 함께 원금을 상환할 의무가 있다. 친우회는 이 점을 인식하는데 실패하였다. 아일랜드 공화국은 자선의 대상이 아니다. 이것이 데 벌레라의 인식이었다.

## 목적

데 벌레라가 방금 탄생한 아일랜드 공화국의 법적 도덕적 지위와 함께 자신의 대통령직의 합법성을 반복하여 강조한 후 자신의 미국 방문 목적 가운데 하나가 5백만 달러의 모금이라고 밝혔다. 기자가 그의

62) Hannigan, D., *De Valera in America*, New York: O'Brien Press, 2010, p.20.

합법성에 대한 질문을 하자 그는 "국내법과 국제법이 인본주의와 상충한다면 나는 그들을 법이라고 생각하지 않겠다."[63] 이어서 기자는 그 돈의 사용처를 물었다. 아일랜드 정치를 장악하기 위하여 신페인당의 금고로 들어갈 것인지, 그것이 무기를 구입하는데 사용하지 않을 것을 데 벌레라가 어떻게 보장할 것인지. 데 벌레라가 대답하였다. "우리는 이 돈을 전에 모금한 자금처럼 사용하지 않을 것이다. 우리는 어떤 특정한 정당을 위해 사용하지 않고 아일랜드를 위하여 사용할 것이다. 이 돈을 프랑스, 스위스 등 여러 나라에 대사관 유지를 위하여 사용할 것이다."[64] 데 벌레라는 친우회의 모금과 달리 자신의 공채판매 목적을 분명히 하였다.

이 인터뷰와 동시에 대통령 데 벌레라는 친우회 간부들과 만났다. 그 자리에서 단도직입으로 자신의 차입 계획을 설명하였다. 여기서 데 벌레라는 미국의 아일랜드 동포사회를 colony라는 표현을 사용한다. 대서양을 사이에 둔 게일Sea divided Gaels이라는 개념을 확장한 것이다. 식민지, 이민지, 거류지 등으로 번역되는 이 단어는 아메리카라는 말을 대신하고 있다는 점에서 데 벌레라가 미국의 아일랜드 동포사회를 어떻게 이해하고 있는지를 나타낸다.

> [아일랜드 국가 승인을 위한] 시작 단계에서 우리는 금전적 도움이 필요하다. 여기 colonies에서 이미 해왔듯이 … 외국인[영국정부]이 강요하는 공물tribute이 이 순간 우리가 세금을 걷는 것을 막고 있다. 도일이 외국

63) *New York Times*, June 25, 1919.

64) *New York Times*, June 25, 1919.

에서 필요한 차입을 허가하였다. 도일과 공화국은 살아남을 것이고 부채는 상환한다고 결정하였다. 미국이 부흥과 재건 계획을 도울 수 있다.[65]

데 벌레라가 영국정부가 걷어가는 세금을 공물이라고 표현하는 것도 그가 아일랜드는 영국에게 세금을 내는 곳이 아니라 강탈당하는 곳으로 인식하고 있음을 드러낸다. 데 벌레라는 친우회의 협조를 부탁하였다. 그러나 그가 생각하는 협조는 의존적이 아니다. 그의 눈에 친우회는 아일랜드의 미국식민American colonist 또는 거류민에 불과하다. 데 벌레라의 설명에 친우회는 놀랐다.

## 청천법

이미 밝혔듯이 친우회는 1백만 달러의 기금목표를 세웠었다. 그들은 그 해 또 한 번 모금계획을 세웠다. 그리고 그 가운데 25만 달러를 데 벌레라에게 줄 테니 그 돈을 갖고 아일랜드로 돌아가라고 권고하였다. 아일랜드 공화국 대통령의 공채판매는 미국에서 그들의 정치적 위치와 임의적으로 모금하는 자신들의 노력에 찬물을 끼얹는 것이었다. 그들은 이유를 내세웠다. 아일랜드 공화국이 아직 미국의 승인을 받지 못한 상태에서 공채를 발행하면 미국의 〈청천법Blue Skies Laws〉에 저촉된다. 실체가 없는 단체 또는 부실한 단체가 마치 푸른 하늘만을 담보로 부실채권junk bond을 발행하여 투자자들의 손해를 입히는 사기행위를

---

65) Lainer-Vos, *Sinews of the Nation*, Cambridge: Polity Press, 2013, p.75.

막기 위한 법이다. 아일랜드 공화국은 미국 법률의 눈에는 승인받지 못한 정부로써 공채를 발행할 수 있는 법률적인 요건이 갖추어지지 않은 단체에 불과하였다. 이러한 단체가 공채를 발행하는 것은 불법이다.[66]

친우회만 반대한 것이 아니다. 재미아일랜드독립위원회ACII도 반대하였다. 데 벌레라는 공채를 발행하여 인수할 은행을 찾았다. 그러나 어느 은행도 심지어 아일랜드계은행도 난색이었다. 앞서 재미아일랜드독립위원회는 파리강회회의에 3명의 대표를 파견했다고 했는데 그 가운데 일리노이즈 전 주지사 워쉬Frank Walsh에게 신탁을 의뢰하였다. 그는 거절하였다. 이들이 가능하다고 권한 모금과 공채판매가 가능한가는 다른 문제였다.

데 벌레라는 영국계미국인으로부터 집중 공격을 받았다. 보스턴의 어떤 출판업자는 윌슨 대통령에게 편지를 보내 공채판매를 막으려 하였다. "데 벌레라가 공채를 판매하는 것은 사기죄에 해당한다."[67] 그러

---

66) 무장독립에는 천문학적 재정이 소요된다. 러일전쟁의 승자 일본을 이기려면 일본처럼 런던시장에서 기채 할 정도의 실력이 있어야 한다.[藤村欣市朗, 高橋是清 上卷, 1992] 일본은 그렇게 모집한 돈도 모자라 나중에는 자금난에 허덕였다. 전비가 모자라기는 러시아도 마찬가지였다. 이승만은 외교독립을 주장하였다. 양자 모두 돈이 드는 것은 마찬가지이지만 아무래도 후자가 훨씬 경제적이다. 체코-슬로바키아를 3백 년 만에 독립시킨 마사리크는 외교독립운동 4년 동안 약 1백만 달러를 지출하였다. 그는 "이처럼 저가의 혁명은 역사에 없을 것이다."라고 방점을 찍었다.[김학은, 『이승만과 마사리크』, 2013] 당시 미주에 거주하는 한국 동포의 수는 대체로 8천여 명에 지나지 않았다. 1902년 알렌이 시작한 하와이 노동이민을 1905년 일제가 정지시켰기 때문이다. 이 인구 가지고는 어린이 노인 할 것 없이 1인당 평균 1백 달러 이상 구매하여야 8십만 달러가 된다. 당시 하와이 노동자의 월급이 18달러에 불과하였으니 1가구당 반 년 치 수입에 해당하고 4인 가족이라면 2년 치에 해당한다.

67) Hannigan, D., *De Valera in America*, New York: O'Brien Press, 2010, p.112.

한 돈이 있다면 미국정부가 전쟁 시에 발행하는 자유공채Liberty Bond로 바꾸라고 소리쳤다. 미국도 전쟁 자금에 시달리는데 아일랜드 대의를 위해 모금하는 것을 볼 수만 없었다. 월 스트리트 저널도 반대하는 칼럼을 게재하며 데 벌레라를 사기꾼으로 묘사하였다.[68]

뉴욕 정치인 퀸Alderman Quinn은 "이 데 벌레라라는 사람이 진실하다면 아일랜드 자유에 약정하는 것에 대해 진실을 밝혀야 한다. 그것은 공채 약정이 아니라 기부금 약정이다. … 아일랜드 인과 그 후손을 포함한 선한 미국인이여, 이 데 벌레라라는 사람은 축출당한 과격파와 다를 바 없는 인물이라는 점을 잊지 말라." 불과 1달 전 248명의 과격파 무정부주의자들이 미국으로부터 축출 당하였음을 상기시킨다. 말하자면 데 벌레라를 축출하라는 주문이었다. 퀸은 아일랜드계 미국인이다. 데 벌레라의 공채 판매에 대해 미국언론도 집중 취재를 하였다. 마침내 영국에서도 여론이 일어났다. 영국 하원이 이 문제를 제기하였다.[69]

## 1818중립법

어떤 외교관은 "미국과 평화관계에 있는 국가에 대항하는 군사적 업무"는 기소감이라고 주장하였다.[70] 이것은 미국의 〈1818중립법〉에 위배된다.[71] 국무부는 격분하였다.[72] 윌슨 대통령도 미국에 사는 이민

---

68) *Wall Street Journal*, February 4, 1920.

69) *New York Times*, May 7, 1920.

70) Carroll, F., *American Opinion and the Irish Question 1910-1923*, New York: St. Martin's Press, 1978, p.152-53.

자들이 두 나라에 속하는 이른바 양다리 걸침hyphenism을 경계하였다.[73] 미국시민이 두고 온 고국을 위해 저마다 군대를 조직하거나 군사행동을 위해 도움을 준다면 미국의 단결에 훼손이 된다. 상원의원 윌리엄은 데 벌레라와 그와 함께 여행하는 추종자들이 "미국과 평화관계에 있는 외국에 대하여 군사행동의 업무"에 대하여 연방법으로 기소할 수 있는지 물었다. 이것이 〈1818중립법〉의 요체이다.[74]

## 공채표

그러나 데 벌레라는 물러서지 않았다. "나는 나의 방문목적을 밀고 나가겠다. 그것이 성공하던 실패하던." 이 문제를 법률적으로 해결해 준 사람이 후일 미국 대통령이 되는 프랭클린 루스벨트Franklin Delano Roosevelt(1882-1945)이다. 그는 해군차관의 임기를 마치고 본업인 변호사로 돌아갔다. 그가 속한 변호사회사는 1803년 봉기에 처형된 로버트 애미트의 형이 미국에서 만든 변호사 회사였다. 그는 아일랜드의 공채 발행이 위법이므로 이를 법을 피하여 공채Bond가 아니라 공채표Bond

---

71) 이승만은 그의 박사학위 논문에서 이 법의 중요성을 강조하고 있다. "1818년 4월 20일 [미국]의회에 새로운 법률이 통과되었다. 이것이 [1910년] 현재 1818년도 중립법the Neutrality Act of 1818로 알려져 있는 항구적 입법이다." 이 법의 주요골자는 532쪽을 참조.

72) Coogan, T., *De Valera*, London: Random House, 1993, p.158.

73) Hannigan, D., *De Valera in America*, New York: O'Brien Press, 2010, p.42.

74) 박용만과 노백린이 무장독립을 내걸고 미국에서 군사훈련을 시도한 것을 법률적 측면에서 연구된 바가 거의 없다. 532쪽을 참조.

Certificate를 발행하는 우회방법을 조언하였다. 공채표의 소지자는 장차 아일랜드가 독립하여 국제적으로 승인을 받으면 아일랜드 정부가 발행하는 공채와 교환할 수 있거나 현금으로 수령할 수 있다. 공채표의 핵심은 이렇다. 공채표 소지자에게 그 대금은 아일랜드가 독립하기 전에는 기부금이지만 독립 이후에는 투자가 된다. 기부와 투자의 배합으로 법을 피했다. 준비기간을 거쳐 마침내 최초의 아일랜드 공채표가 발행된 것은 1920년 1월이었다.[75] 데 벌레라 명의의 공채표는 다음과 같다.

> 아일랜드 공화국 공채표. 아일랜드 공화국의 선출된 정부의 대통령 나에이먼 데 벌레라는 아일랜드 국가의 선출된 대표의 권한으로 이 공채표를 발행한다. 이 25달러 표는 그 소지자에게 아일랜드 공화국의 최우선 첫 번째 국립채무임을 증명한다. 이 공채표는 양도가 되지 않는다. 본 공화국이 국제적으로 승인된 지 1개월 후에 아일랜드 공화국 재무부에 제시하면 아일랜드 공화국의 25달러 금공채와 교환될 수 있다. 본 표의 이자는 아일랜드 공화국에서 영국 군대가 철수하고 7개월의 첫날부터 연 5퍼센트이다. 그로부터 1년 내에 액면으로 상환될 수 있다. 1920년 1월 21일. 대통령 에이먼 데 벌레라 서명, 기록인 숀 누난 서명.[76]

---

75) Lainer-Vos, *Sinews of the Nation*, Cambridge: Polity Press, 2013, p.82.

76) Republic of Ireland Bond Certificate. I, Eamon de Valera, President of the Elected Government of the Republic of Ireland, acting in the name of and by the authority of the elected representatives of the Irish Nation issue this Certificate in acknowledgement of your subscription of $25 to the First National Loan of the Republic of Ireland. This Certificate is not negotiable but it is exchangeable if presented at the Treasury of the Republic of Ireland one month after the international recognition of the said Republic for one $25 Gold Bond of the

공채표에도 대통령이라는 직함을 사용(참칭?)함에 주목된다. 데 벌레라에게 공채표모금은 대단히 중요하였다. 그는 이 성공이 아일랜드 공화국이 실체가 되고 승인을 유리하게 만든다고 보았다. 남은 문제는 이 공채표를 인수할 은행을 찾는 것이다.

## 제1차 유세

도일이 승인받지 못한 정부이므로 공채표를 인수할 은행을 찾지 못하자 데 벌레라는 아일랜드계 미국인들에게 직접 판매하려고 미국 전역 유세에 나섰다. 데 벌레라가 밀항으로 뉴욕에 도착한 것은 1919년 6월 22일이고 제1차 유세를 끝내고 뉴욕으로 귀환한 것은 7월 29일이었다. 그 사이 뉴욕에서 시작한 군중대회는 보스턴을 거쳐 시카고에서 샌프란시스코에 이르기까지 6천 마일에 걸친다. 보스턴 삭스 야구장에는 이 야구장 생긴 이래 최대의 인파가 몰려들어 입추의 여지가 없었다. 곳곳에서 수만 명의 아일랜드계 미국인 군중을 모았다. 운집한 총 군중은 약 5십만 명. 데 벌레라는 23일 동안 17번의 대중연설을 하였다. 그밖에 수많은 소규모 연설을 하였다. 그것은 공채판매운동이면서 영국에 대한 선전 전장이었다. 그는 가는 곳마다 아일랜드어로 연설을 시작한 뒤 서서히 영어로 바꾸어 갔다. 그가 아일랜드어를 사용할 때

---

Republic of Ireland. Said Bond to bear interest at five per cent per annum from the first day of the seventh month after the freeing of the territory of the Republic of Ireland from Britain's military control and said Bond to be redeemable at par within one year thereafter. Dated January 21, 1920. Signed by Sean Nunan. Signed by Eamon de Valera.

노인 군중은 흐느껴 울었다. 그들로서는 처음으로 듣는 사라져가는 모국어였다. 그것도 아일랜드 대통령의 연설이었다. 가는 곳마다 신문이 대대적으로 보도하였다. 모두 호의적인 것만은 아니었다. 영국의 역선전이 뒤따랐고 영국 대사관은 계속 동향을 본국에 보고하였다.

대통령이 미국에서 영국의 역선전에 대하여 선전 전쟁을 이끌어 갔다 하지만 본국에서는 영국과 독립전쟁 중이었다. 앞서 보았듯이 1919년 1월 21일에 두 명의 경찰의 살해로 시작된 선전포고도 없는 독립전쟁의 와중인 6월 11일에 데 벌레라가 더블린을 떠났다. 아일랜드 공화국군IRA 1만 5천명이 영국군 병력 4만 명을 상대로 게릴라전을 펼쳤다. 550명의 아일랜드 공화군 사망, 700여명의 영국군 사망, 4천명의 시민 사망. 도일 의장 그리피스가 체포되었고 신페인당 의원 오키퍼Patrick O'Keefe(1881-1973)도 체포되었다. 콜린스는 은신처로 피신하였다. 데 벌레라가 미국 프라비던스에서 아일랜드계 부호와 호화 요트로 시간을 보내고 있던 9월 13일 더블린에서는 영국 군용트럭에 아일랜드 전쟁포로를 가득 싣고 감옥으로 향하고 있었다. 더블린시의회 의장 맥스위니Terence MacSwiney(1879-1920)는 체포되어 감옥에서 단식투쟁 74일 만에 목숨을 잃었다. 콜크Cork 주 시의회 의장 맥커튼Tomas MacCurtain(1884-1920)은 그의 침실에서 사살되었다. 앞서 오키퍼가 데 벌레라가 전쟁을 피해 미국으로 달아났다고 비난하였다고[77] 하였는데 이에 대해 데 벌레라는 미국에서 선전이라는 전선에서 다른 전쟁을 하고 있다고 응수했다. 또

---

77) Hannigan, D., *De Valera in America*, New York: O'Brien Press, 2010, p.67.

한 그로서 할 말이 있었던 것은 떠나기 전에 콜린스의 군사작전을 억제하라고 강권하였기 때문이다.

제1차 전국유세에서 가는 곳마다 데 벌레라는 동일한 내용을 반복하고 반복하였다. 1백50년 전 미국의 독립운동과 아일랜드 독립운동을 같은 대의에 놓고 미국의 동정을 구하는 것이다. 뉴욕타임스는 "신페인 데 벌레라 도움을 위하여 여기에"의 머리기사 하에 데 벌레라의 연설을 실었다.[78]

> 여러분 지도자가 그랬듯이 우리도 그렇다. 그들이 그들의 독립과 공화국을 주장했듯이 우리도 우리의 독립과 공화국을 주장한다. 그들이 싸웠듯이 우리도 싸웠고 싸우고 있다. 그들을 반역자와 살인자라고 불렀듯이 우리도 그렇다. 여러분의 공화국을 세운 사람들이 프랑스의 도움을 구했듯이 우리도 미국의 도움을 구하고 있다. 내가 여기 온 것은 그 구함이다. 나를 실망시키지 않을 것을 믿는다.
>
> 윌슨 대통령이 미국을, 로이드조지가 영국을, 클레망소가 프랑스를 위해 대변하는 것처럼 나 또한 민주적 권위로 아일랜드 국가를 위해 대변한다. 나는 아일랜드 사람으로부터 곧바로 미국 사람들에게 왔다. 미국인, 국민의 뜻을 반영하는 정부로서의 미국정부가 결코 의식적으로 하나님이 아일랜드 국가에 주신 자연의 권리가 억압받는 것을 묵인하거나 그 자신 그 일부가 되지 않을 것임을 믿는다. 자유 속에서 자란 이 위대한 미국인 국가는 자유의 챔피언이다. 한 번도 그에 대한 호소가 헛된 적이

---

78) 1904년-1965년에 뉴욕타임스에 게재된 이승만 관련 기사가 1,256건에 이른다.[이주영 2014, 140]

없었다.[79)]

이어서 데 벌레라는 베르사유 조약의 단점과 그것을 수정할 것을 미국 여론에 호소하였다. 미국 여론도 분열되어 있었다. 공화당을 이끄는 로지 상원의원은 윌슨을 싫어하였다. 그는 베르사유 조약이 미국의 군사력을 국제연맹에 하위에 두게 된다고 반대하였다. 국제연맹의 의결로 미국군대가 파견될 가능성에 반대하였다. 아일랜드 친우회의 코할란도 윌슨과 앙숙이었다. 그도 반대했음은 물론이다. 데 벌레라는 윌슨의 높은 이상은 비판하지 않고 그 정신이 열강에 의해 훼손된 점을 비판하였다. 만일 수정하지 못한다면 그것을 인준하지 말아야 한다고 미국의회를 압박하였다.

데 벌레라는 처음부터 민족자결주의에 주목하였다. 미국에 오기 전 그리고 그가 총리에 선출되고 2개월 후 런던에 아일랜드 민족자결주의 연맹을 결성한다. 영국을 상대로 민족자결주의에 대한 아일랜드의 주장을 도덕적으로 선전하는 조직이다. 미국에 도착하여 첫 번째 발언도 "민족자결주의는 아주 훌륭한 정책이다."였다. 처음에 그는 윌슨을 설득할 수 있다고 믿었다. 그러나 곧 그것이 어렵다는 것을 깨달았다. 그 이유는 미국이 강력한 우방인 영국의 이해를 건드리고 싶지 않았다는데 있다. 그래서 그는 전략을 바꾸기로 하였다. "나는 파리에 있는 윌슨 대통령의 고충을 안다. 그가 진실하다면 미국인들이 그를 뒤에서

79) *New York Times*, June 24, 1919.

밀어주는 것만큼 그를 기쁘게 하는 일도 없을 것이다. 미국인들이 자신들의 정부가 아일랜드 공화국을 승인하기를 원한다는 점을 보여주기 때문이다."[80]

그는 열강이 서명한 베르사유조약을 나쁜 조약이라고 보고 참되고 정의로운 조약real just Treaty으로 개정할 것을 미국인들에게 호소하였다. 보스턴 유세에서 그는 베르사유조약은 단순히 치장에 불과하고 장차 제2차 대전을 불러온다고 예언하였다. "만일 미국이 그에게 부여한 역사적 사명을 다 하지 않을 때 인류는 그 역사에서 일찍이 경험하지 못한 대참사의 시대에 돌입할 것이다."[81] 파리강화회담에 영국대표단의 일원이었던 케인스 역시 회의결과에 실망한 끝에 대표단을 사임하고 자신의 주장을 담은 책을 출판하였다. 이 책에서 그는 한 세대가 지나기 전에 또 하나의 세계대전이 발발할 것을 내다보았다. 데 벨레라에게 파리강화조약이 나쁜 또 하나의 이유는 이 조약의 10조가 아일랜드의 독립에 방해가 된다고 생각했기 때문이다. 제10조를 그대로 두고 조약이 발효되면 아일랜드는 국제연맹에 영국의 식민지로 들어갈 것이다. 만일 미국이 아일랜드 공화국을 승인하지 않거나 또는 최소한도 아일랜드 문제를 명시적인 전제로 제시하지 않은 채 조약을 비준하면 그것을 아일랜드가 영국의 식민지임을 미국이 정식으로 인정하는 것으로 영국은 주장하게 될 것으로 보았다.[82]

---

80) Dwyer, T., *Big Fellow, Long Fellow*, Dublin: Gill & Macmillan, 2006, p.84.
81) Dwyer, T., *Big Fellow, Long Fellow*, Dublin: Gill & Macmillan, 2006, p.75.
82) *New York Times*, Sep. 5, 1919.

> 우리는 진정한 민주적 국제연맹을 위하여 투쟁할 것이다. 현재의 동맹[국제연맹]은 신성하지 않아서 안 된다. 그것은 세계의 민주주의가 전쟁을 치른 그 목적을 성취할 수 없기 때문이다. 나는 미국인들에게 묻노니 우리에게 진정한 국제연맹을 다오. 아일랜드가 포함된. … 이 목적을 위해서 나는 미국을 공식적으로 유세하면서 선전을 하고 있는 것이다. 내가 호소하는 대상이 바로 미국 국민이다. 당신들이 일어나면 정부는 따를 것임을 나는 안다. 내가 대도시를 순회하며 민초들에게 직접 호소하는 이유이다.[83)]

그는 반복해서 베르사유조약을 반대하는 한편, 윌슨의 원래의 "진정한" 정신은 지지하였다. 그는 윌슨을 자극해서는 안 되었다. "만일 세계인이 기대하는 것을 미국이 해준다면 공통의 법률과 공통의 권리를 인정하여 국가 사이에 전쟁을 종식시키는 국가연합체의 이상은 가능하다."[84)] 그는 국제연맹의 이상에 대해서는 추호의 의심이 없었다.

## 위임통치

여기서 그는 중요한 발언을 한다. 그가 반대하는 것은 제10조 그 자체가 아니다. 그것이 품고 있는 전제이다. 사실 제10조와 같은 규정이 필요하다. 그러나 그것은 전제가 필요하다. 미국은 베르사유 조약을 서명하기 전에 악명 높은 10조의 전제를 수정하여 제국주의 강대국에

83) *Irish Press*, June 28, 1919.

84) Dwyer, T., *Big Fellow, Long Fellow*, Dublin: Gill & Macmillan, 2006, p.85.

게 "그들의 식민지를 포기하고 국제연맹 하에 위임통치국Mandatories으로" 전환시켜야 한다고 데 벌레라는 주장하였다.[85] 케인스는 위임통치국까지 포함하여 자유무역연맹을 제의하였다.[86]

데 벌레라는 덴버의 군중에게 연설하였다. "제10조가 국제연맹의 진수이다. 그것은 살려야 한다. 전제가 옳으면 그 규정은 옳다. 그러나 전제가 그릇되면 그 규정은 옳지 못하다. 우리가 국제연맹을 반대하는 이유이다." 따라서 "미국은 정의로운 국제연맹을 워싱턴에 설립하라. 미국은 그럴 능력과 강한 힘이 있다. 지금이야말로 시작할 때이다. 국제연맹을 죽이는 것으로 충분하지 않다. 재건해야 한다."[87]

스코틀랜드 장로교인 윌슨 대통령은 아일랜드 문제를 무시해왔다. 그러나 여론의 압력으로 데 벌레라에게 답했다. 그는 파리에서 아일랜드 문제를 취급할 수 없는 이유가 그 회의는 패전국의 국경선을 정하는 회의였기 때문이라고 운을 뗀 다음, 그러나 일단 조약이 비준되면 미국은 아일랜드 문제를 국제연맹에 제출할 수 있을 것이라고 주장했다. 그 이유로 그는 "세계 평화에 영향을 주는 모든 사안은 모두의 일이 된다."라는 제11조를 제시하였다. "달리 말하면 현재의 일에만 집중하자. 일단 국제연맹이 설립되면 모두의 문제를 다룰 수 있다."[88] 그 속에는 국제연맹 하에 위임통치도 들어있다. 이에 데 벌레라가 대응하였다.

---

85) Dwyer, T., *Big Fellow, Long Fellow*, Dublin: Gill & Macmillan, 2006, p.86.

86) 케인스는 전후 식민지 해방이 어려우면 국제연맹 하 위임통치국까지 포함하는 자유무역동맹 결성을 제의하였다.[Keynes 1919]. 데 벌레라가 국제연맹 하에 위임통치안을 지지하는 것과 이승만의 위임통치안을 비교하는 것은 흥미로운 일이다.

87) *New York Times*, Sep 5, 1919.

88) *Irish Press*, Sep. 13, 1919.

"제10조의 잘못을 제11조가 교정하도록 하지 말고 처음부터 제10조를 고치면 되지 않는가? 윌슨 대통령이 [지금] 평화회의에 영향력을 행사하지 못한다면 [나중에] 국제연맹의 회의에서도 못할 것이다."[89] 데 벌레라에게 제11조는 도적으로부터 소를 지키자는 것이 아니라 소를 잃고 소를 찾으라는 격에 불과하였다. 윌슨은 제10조를 수정할 생각이 없었다. 만일 미국 상원이 제10조에 전제를 내건다면 조약 비준을 부결하라고 지지자들에게 지시하였다.

## 제2차 유세

제10조와 제11조의 모순을 들추어낸 데 벌레라는 제1차 미국유세에서 얻은 높은 인기를 앞세워 제2차 유세를 생각했다. 베르사유 조약에 대해 의회의 지지를 못 받을 것을 예감한 윌슨이 국민의 지지를 얻기 위해 전국유세에 나설 때 그도 나서려는 것이다. 그러나 윌슨은 유세 도중 뇌졸중으로 쓰러진다.

윌슨이 파리에서 미국으로 귀환한 것은 1919년 7월이다. 뉴욕에서 개선행진을 받았다. 이 모습을 데 벌레라는 호텔에서 내려다보았다. 이때 그는 제1차 미국 유세를 성공리에 마친 직후였다. 파리에서 아일랜드 대표는 이미 참석을 거부당한 상태였다. 윌슨이 귀국길에 들린 런던에서 아일랜드 대표가 아일랜드를 거쳐 가기를 요청했지만 일정이 바쁘다고 거절하였다. 데 벌레라의 면담신청도 거부당했다. 그가 취할

89) *Gaelic American*, Nov. 1, 1919.

수 있는 다음 순서는?

공채표 판매를 마무리 짓기 위하여 데 벌레라는 다시 한 번 유세를 떠났다. 워쉬Frank Walsh가 "미국 역사상 가장 대규모 연설 여행"이라고 표현한 데 벌레라의 제2차 미국유세는 1919년 10월 1일부터 11월 29일까지 3천 마일의 장정이다. 그것은 필라델피아의 독립관 방문으로 시작하였다. 자유의 종 앞에서 연설을 하였다. 대륙회의 서기가 아일랜드 인이었다. 그는 제퍼슨이 넘겨 준 독립선언서를 첫 번째로 복사한 사람이다. 그것을 받아 인쇄한 사람도 아일랜드 인이다. 미국 헌법에 첫 번째 서명인도 아일랜드 인이라고 강조한다. 프랭클린Benjamin Franklin(1706-1790)의 묘 앞에서 그의 말 "여러분[아일랜드 인]의 자유를 완전하고 알차게 확보하는 수단을 찾을 것이라고 [아일랜드 인에게 나는 맹세한다]"를 상기시키며 "아일랜드 애국자는 프랭클린의 정신과 함께 한다."고 연설하였다. 메트로폴리탄 오페라 하우스에서 1788년 워싱턴George Washington(1732-1799)이 아일랜드의 독립운동을 촉구한 연설을 복창하였다.

> 아일랜드의 애국자여! 모든 땅의 자유의 챔피언. 희망을 갖고 강할지어다. 여러분의 대의가 나의 대의였다. 여러분의 시대에는 버림받는다. 나 또한 나의 시대에 왕당파의 조롱이었다. 내가 실패했다면 교수대가 나의 운명이었다. 그러나 지금 그들은 나를 존경한다. 내가 실패했다면 그 또한 나에게는 영광이었다. 자유를 빼앗겼을 때에도 나는 의연하였다. 그래서 나는 성공했다. 여러분도 그렇게 행동하라.

워싱턴의 연설로 시작하는 그의 연설은 뉴욕 인도 친우회에서도 이어졌다. 여기서 그는 아일랜드의 대의를 인도의 대의와 동일시하며 인도의 독립운동을 북돋았다. 특히 1919년 인도에서 3천2백만 명이 아사했다는 보도에 아일랜드의 기근을 빠뜨리지 않는다.

> 어떤 영국 정치가가 한때 아일랜드의 인구 증가가 영국에게 두통거리라고 말했다. 그들은 몇 년 내에 일부러 인위적인 기근을 만들어서 백만의 아일랜드인을 아사시킬 것이다.[90)]

아일랜드가 두통거리라는 영국정치가의 발언은 아일랜드인은 스스로 다스릴 능력이 없어서 영국이 다스려야 한다는 뜻이다. 그에 반발한다.

> 우리에게 말하기를 우리는 스스로 다스릴 능력이 없다고 한다. 여러분에게 말한다. 나는 아일랜드에서 아일랜드 인이 무엇을 못하는지 모른다. 그러나 이 나라[미국]에서는 아일랜드인들이 미국을 움직인다.[91)]

제2차 유세는 제1차 유세와 달리 반대 여론을 만났다. 그 동안 데 벌레라의 미국 유세를 보던 영국과 영국계미국인의 본격적 역선전 탓이다. 특히 남부에서 심했다. 그러나 열렬한 환영도 있었다. 국가원수

---

90) de Valera, *India and Ireland*, New York: Friends of Freedom for India, 1920, p.13.

91) Dwyer, T., *Big Fellow, Long Fellow*, Dublin: Gill & Macmillan, 2006, p.59.

를 맞이하여 21발의 예포로 환영받기도 하였다. 거의 같은 시기 미국을 방문한 벨기에 국왕이 볼 수 없었던 예포와 비교하면 파격적 환영이었다. 샌프란시스코에서는 1803년 봉기의 순교자 애미트의 동상 제막식에도 참관하였다.

미국에서 펼치는 데 벌레라의 선전전쟁에 대하여 무언가 하라는 북아일랜드의 카슨의 압력에 시달리던 영국 수상 로이드조지는 데 벌레라를 미국 남부 대통령 데이비스Jefferson Davis(1808-1889)에 비교하였다. 그리고 북부가 남부에 가하던 압력을 영국이 아일랜드에 가할 수 있음으로 암시하며 위협하였다. 이 비유가 미국 남부의 비유를 건드렸다. 남부 연합 재향회의 후손회의 대표가 나섰다. "아일랜드 공화국을 남부 연합과, 데 벌레라를 제퍼슨 데이비스와 비교함으로써 로이드조지는 아마 무의식중이었겠지만 미합중국의 남부 여러 주를 모욕한 것이다. 그리고 제1차 세계 대전의 프랑스 전선에서 훌륭하게 싸운 남부 연합의 훌륭한 아들들을 모욕한 것이다."

이같이 영국을 나무란 뒤 아일랜드에 대하여 부정적인 일침을 가한다. "아일랜드는 미국 남부의 경우처럼 독립국가 아니다. 아일랜드는 민족자결의 공화국이 아니다. 데 벌레라는 제퍼슨 데이비스처럼 남부의 고위직에 선출된 대통령이 아니다. 이른바 아일랜드 공화국의 위치 및 그의 대통령의 위치와 남부 연합에 상응하는 대통령의 위치나 그 대표직의 위치와 비교할 대상이 없다."

의도되었건 아니건 이 사건은 영국에게 환영할 일이 되었다. 영국은 오래 동안 아일랜드가 가톨릭과 개신교의 분쟁의 곳이라고 선전하였다. 미국의 개신교는 아일랜드와 가톨릭을 동일시하고 차별하였다. 남부가 심하였다. 데 벌레라의 유세가 남부에서 모조리 거절되기에 이른다. 데 벌레라를 "신페인 선전꾼"이라 불렀고 그의 임무를 "비열한 거짓과 독일 편이며 악명 높은 반역자들로서 세계에 등장한 아일랜드를 대신하여 잘못된 정보를 뿌리기 위한 것"이라고 매도하였다.[92] 미국 남부는 가톨릭에 대한 편견이 심하다. 그리고 인종차별도 심한 곳이다. 이 사건이 없었어도 데 벌레라의 유세가 순탄하지 않았을 것이다.

그것은 예상된 일이었다. 미국에는 가톨릭계 신문이 많았다. 데 벌레라가 미국에 도착했을 때부터 가톨릭과 가톨릭계신문을 아일랜드 대의에 이용하는 것이 득이 되지 않을 것이라고 조언을 받았다. 영국은 미국의 가톨릭 세력을 주시하였다. 주미 영국대사관과 미국 가톨릭 사이의 연락책임자를 파견하였다. 그는 미국에 도착하자마자 자치령의 실패는 영국의 책임이 아니라 아일랜드의 책임이라는 발언을 하였다. 아일랜드는 분열되어 하나를 만족시키면 다른 하나가 반대하기 때문이라는 것이다. 가톨릭이 반격을 하였다. 샌프란시스코 가톨릭 신부들의 청원을 모아서 그곳 출신 상원의원 펠란James Phelan(1861-1930)이 윌슨 대통령에게 아일랜드의 민족자결권을 지지해 달라는 청원을 제출한 것이다. 그 청원에는 대주교의 서명도 있었다.

이 소식을 접한 맥가리티는 코할란을 만나서 전미 가톨릭교회가 나서서 아일랜드 대의를 지지하도록 하자고 말했다. 코할란은 대주교가 펠란에게 이용당한 것이라고 잘라 거절했다. 그 이유는 펠란이 가톨릭

92) Hannigan, D., *De Valera in America*, New York: O'Brien Press, 2010, p.144.

의 비호 하에 윌슨에게 아일랜드 문제를 넘겨 윌슨으로 하여금 자치령으로 아일랜드 문제를 해결하려는 것이라는 것이다.

실망한 맥가리티는 대주교의 조언을 따라 위원회를 조직하여 그를 통해서 전국 가톨릭 대주교 회의에 제출하려고 하였다. 마침 전국 가톨릭 대주교회의는 워싱턴에서 열릴 것이다. 대주교는 추기경 앞으로 추천서를 써주었다. 맥가리티는 가톨릭 대주교 전국대회 코할란을 설득하여 위원회를 이끌어가게 되었다. 그러나 코할란은 약속과 달리 이 핑계 저 핑계로 가지 않았고 대주교 회의는 위원회 없이 개최되었다. 아일랜드 대의에 관해서 아무 언급이 나오지 않았다.

## 가톨릭

데 벌레라는 아일랜드의 문제가 개신교 증오에 의해 일어난 파당이라는 영국의 선전에 반박한다. "지난 세기에 아일랜드 독립운동을 이끌었던 뛰어난 지도자들이 가톨릭이 아니라 개신교인 것이 사실이 아닌가?" 부활절 봉기의 지도자들을 가리킨다. 뿐만 아니다. 아일랜드 공화국 독립의 아버지 울프 톤과 애미트가 개신교도였다. 개신교도가 공화파이며 완전독립을 주장하는 운동을 했다는 것은 무엇을 의미하는가. 그것은 아일랜드의 문제가 종교의 문제가 아니라 영국의 압제임을 증언한다. 그래서 데 벌레라는 말한다.

> 이 문제[아일랜드 대의]가 종교 문제인 것처럼 포장한다. 나는 부정한다. 아일랜드에서 우리를 나누는 것은 종교의 차이가 아니다. 소수의 다수가

> 개신교이고 다수의 다수가 가톨릭인 것은 역사적으로 그렇게 된 것뿐이다. 영국이 그것을 자신들의 이익을 위하여 유지하지 않으면 그것은 사라진다. 영국은 모든 수단을 써서라도 그것을 유지하려고 애쓴다. 그러나 나는 그것이 성공하지 못할 것이라는 점을 말할 수 있어 기쁘다. 우리는 점점 더 우리 자신을 동포로 여긴다. 사랑하는 같은 조국에서 함께 일하는. 아일랜드 공화국의 선포가 파당, 계급, 종교에 상관없이 아일랜드 국가의 모든 시민 하나하나에게 평등한 권리를 보장한다.[93)]

데 벌레라는 이 말을 할 수 있는 경력의 소유자이다. 앞서 보았듯이 그가 부활절 봉기로 수감되었을 때 부하 수감자들이 경원하는 맥닐 교수를 옹호하였다. 맥닐은 아일랜드 자원군IVF의 창시자이다. 그는 가톨릭세력을 등에 업고 있던 평화적 의회주의자였다. 말하자면 데 벌레라는 아일랜드에서 가톨릭 세력을 중요하게 보았던 것이다. 아일랜드에는 두 가지 전통이 내려왔다. 가톨릭주의와 국민주의이다. 앞서 보았듯이 오코넬에 의해 이 두 주의가 화합하였다. 그러나 무장옹호자들은 그렇지 않았다. 가톨릭이 무장옹호에 반대했기 때문이다. 가톨릭은 부활절 봉기를 격렬하게 비난하였다. 독립전쟁과 내전에 대해서도 마찬가지였다. 가톨릭은 영국 법률과 화합하기를 바랐다. 만일 아일랜드가 혁명이나 봉기에 제대로 대처한다면 페니안이란 말도 듣지 못할 것이고 아일랜드 사람들은 행복하고 평화로울 것이라고 가르쳤다. 영국은 이 점을 이용하였다. 여러 대학을 설립하고 지원금을 통하여 학생들에

---

93) Hannigan, D., *De Valera in America*, New York: O'Brien Press, 2010, p.39.

게 영국 국왕에게 충성하도록 교육시켰다. 비밀결사를 비난하는 교황의 칙서도 가톨릭교회의 태도를 강화하였다. 추기경은 아일랜드 공화주의 형제단IRB을 파문하였다. 형제단은 가톨릭교회가 적이 아니고 반종교적도 아니며 아일랜드의 군대라는 성명서를 발표해야만 하였다. 이러한 맥락에서 형제단은 아일랜드 공화국과 자신들을 일치시킬 수밖에 없었다. 그들은 교회와 국가의 분리를 주장하며 국가는 무력으로 방어해야함을 역설하였다. 이것이 형제단의 논리였다. 그럼에도 가톨릭은 형제단을 비난하고 파문하였다. 그러나 데 벌레라가 온건 평화적 공화주의자가 되면서 가톨릭의 협력을 얻게 된다. 그가 유세하는 곳에는 가톨릭 신부의 기도로 시작하고 기도로써 끝난다.

## 미국의회

데 벌레라의 성공적인 공채표 판매는 미국방문 제1목표를 완수한 것이고 그의 정치적 입지를 더욱 강화시켜주었다. 이제 그는 제2목표를 위해 일할 차례이다. 미국으로부터 아일랜드 공화국의 승인을 받아내는 것이다. 처음 계획은 윌슨을 설득하는 것이었다. 이와 병행하여 파리강화회의에 아일랜드 대표를 참석시키는 것이었다. 그러나 그 계획은 너무 순진하였다. 영국은 당시 세계최강이었다. 윌슨은 개인적으로 영국 편이었다. 프랑스는 영국의 눈치를 본다. 데 벌레라는 전략을 바꾼다. 2천만 아일랜드계 미국인을 움직이는 것이다. 그밖에 일반 미국인들에게도 호소하는 것이다. 여론이 미국의회에 압력을 행사하는 방법이다. 데 벌레라가 미국에 오기 6개월 전인 1918년 12월 14일 미국

하원의원이 개시하여 외교위원회에서 개최된 청문회는 이미 다음과 같은 결의를 채택하였다. 신페인이 총선에서 대승을 거둔 직후이다.

> 국제평화회의에 참석한 미국 전권대사에게 아일랜드의 자유, 독립, 자결의 권리를 그 회의에 제출하도록 요구한다.[Joint Resolution 357]

위원회의 이 결의에 뒤이어 1919년 3월 4일 파리강화회의가 아일랜드 대표의 청문 기회를 허용할 것을 미국하원이 216 대 41로 결의하였고, 1919년 6월 6일 아일랜드대표가 청원하는 것을 미국대표가 도울 것을 상원이 1명을 제외한 전원 찬성으로 결의하였다.(Gallagher Resolution)[94] 데 벌레라가 미국에 발을 딛기 직전의 일이다. 상원의 결의에도 불구하고 윌슨은 행동으로 옮기지 않았다. 파리강화조약에서 미국, 영국, 프랑스, 이태리 4강이 약소국 대표의 호소를 만장일치 하에서만 청취하기로 합의하였고 윌슨은 아일랜드를 영국의 일부로 보고 아일랜드 문제를 영국의 내정이라고 생각했기 때문이다.[95] 윌슨은 회의에 아일랜드 문제를 올려놓았을 때 만장일치로 해결될 수 있는지 의문이었다. 이때(1919년 6월 6일) 윌슨은 아일랜드가 의뢰한 파리회의 대표 던Edward Dunn을 30분 동안 만났다. 던은 일리노이 주 지사를 역임한 아일랜드계 미국인이었다. 윌슨은 '개인적으로' 최선을 다하겠다고 약속했다.[96] 그리고 2주 후에 그는 강화조약에 서명하였다.

---

94) McCartan, P., *With De Valera in America*, New York: Brentano, 1932, pp.170-1.

95) Hannigan, D., *De Valera in America*, New York: O'Brien Press, 2010, pp.42-43.

96) Hannigan, D., *De Valera in America*, New York: O'Brien Press, 2010, pp.42-43.

이러한 윌슨의 행동을 앞서 소개한 말로니는 위헌의 차원으로 끌어 올리며 그 부당함을 주지시켰다. 먼저 그는 국가의 승인 기준을 면밀히 조사한 다음 아일랜드가 그 조건에 부합함을 주장하였다. 다음, 그는 미국 헌법에 의하면 국가의 승인은 의회에 속하는 권한이라고 주장하였다. 먼로, 잭슨, 링컨이 이 권한을 의회에서 빼앗아 오려다가 실패하였다. 먼로 대통령이 남미제국을, 잭슨이 텍사스 국가를, 링컨이 맥시밀리언 국왕의 멕시코를 승인한 것도 의회의 권한을 통한 것이었다.

의회의 결의에도 불구하고 윌슨이 실행에 옮기지 않자 의회는 다른 방법으로 자신들의 권리를 관철시키려하였다. 신생 아일랜드 공화국 주재 미국공사의 판공비 14,000불 계상할 것을 행정부에 권고하는 결의안을 하원 외교위원회이 통과시켰다.(Mason Bill) 이 행위는 아일랜드 공화국을 미국의회가 사실상 승인함을 뜻한다.[97] 청문회가 열렸다. 그러나 이 법안은 위원회에 상정되지 못한 채 잊혀졌다. 청문회는 다가오는 선거철에 아일랜드계 미국인의 표를 의식한 미장용에 불과하였다.

그럼에도 데 벌레라는 미국의회 결의에서 희망을 보았다. 윌슨은 기본적으로 아일랜드에 동정적이지 않았지만 아일랜드계 미국인의 투표를 무시할 수 없었고 그들을 대변하는 의원들의 견해도 무시할 수 없었으므로 영국에게 아일랜드 문제에 대해서 무언가 조치를 취하라는 압력은 계속 보내고 있었다.[98]

1920년 3월 17일 비준 절차에 따라 베르사유 조약이 미국 상원에

97) McCartan, P., *With De Valera in America*, New York: Brentano, 1932, p.173.

98) Carroll, F., *American Opinion and the Irish Question 1910-1923*, New York: St. Martin's Press, 1978,

상정되었을 때 상원은 공화당의 제의로 14개 조건을 전제하였다. 여기에 15번째 조건으로 아일랜드에 대한 전제가 제안되었다.

> 독일과 조약을 인준함에 있어서 미국은 민족자결주의와, 1919년 6월 6일에 채택된 아일랜드인들이 자신들이 원하는 정부를 선택하는 기대에 동정하는 결의와 함께 한다. 그리고 아일랜드인들이 그러한 정부를 선택하고 그 목적이 달성했을 때 국제연맹은 회원국으로 받아드린다.[99)]

이 제안은 38 대 36으로 통과되었다.[100)] 이 제안으로 아일랜드 공화국의 국제연맹 회원을 미국 상원이 인정한 것이다. 데 벌레라는 '황홀'하였다. 그는 그리피스에게 전보를 쳤다. "우리의 사명은 달성되었다. 민족자결주의가 국제적 기준으로 공식적으로 채택되었다. 아일랜드는 강대국에 의해 열국 사이에서 나란히 할 수 있게 되었다." 그 전제는 "내가 항상 바라던 것이었고 그것은 기대 이상이었다."[101)] 데 벌레라 외교와 선전의 승리였다.

그러나 데 벌레라의 승리는 빨랐다. 상원은 아일랜드계 미국인들의 표를 의식해서 그들의 축제인 성 패트릭스데이에 맞추어 체면용cosmetic으로 결의한 것뿐이었다. 더욱이 윌슨은 제10조에 전제를 달면 부결하

---

99) McCartan, P., *With De Valera in America*, New York: Brentano, 1932, p.161.

100) 이승만과 그의 구미위원회 위원들의 노력으로 아일랜드 독립안과 함께 한국 독립안이 상원에 올라갔는데 한국은 34 대 46으로 부결되었다. 그 결의의 결과를 떠나서 아일랜드의 경우에 비추어 보면 상원 결의의 배경에는 윌슨 대통령과 상원 공화당 의원들 사이의 알력에 기인함을 알 수 있다.

101) McCartan, P., *With De Valera in America*, New York: Brentano, 1932, p.167.

라는 지시를 추종자들에게 내린 바 있다. 열강 특히 영국과 약속이 깨져 강화회의 자체가 실패로 되는 것을 두려워 한 것이다. 15개 전제는 상원의 윌슨 반대편 지지자들에게 부결의 빌미를 준 것에 불과하였다. 다음날 상원은 15개 조건과 함께 베르사유 조약 비준을 부결하고 만다. 윌슨은 상원의 결의를 자신의 의견을 달지 않고 클레망소에게 보냈다. 당연히 아무 반응이 없었다.[102]

부결로 데 벌레라는 실망했지만 그것은 그것대로 의미가 있었다. 미국이 국제연맹에 가입하지 않으므로 영국이 제10조를 행사할 때 미국은 중립적인 위치에 놓이게 되었다는 점이다.

## 5. 분열

### 유용

데 벌레라는 공채표 판매를 통해 미국 내의 아일랜드계 미국인과 아일랜드를 결속시킬 수 있다고 믿었다. 그것은 아일랜드계 미국인이 아일랜드에 보내는 자선의 기부가 아니고 대등한 대차관계로 발전시킨다고 보았다. 여기에 더하여 공채표 운동의 미국 전역 유세는 영국에 대한 선전 전쟁에 중요한 계기가 될 것으로 보았다. 비록 국제적 승인을 받는데 실패하였지만 데 벌레라는 승인받은 국가의 대통령처럼 유세를 계속했던 것이다.

---

102) Carroll, F., *American Opinion and the Irish Question 1910-1923*, New York: St. Martin's Press, 1978, p.282.

공채표는 대성공이었다. 그러나 그 후유증 또한 컸다. 친우회와 데 벌레라 사이에 균열이 일어난 것이다. 친우회는 데 벌레라가 공채표 판매대금을 유용한다고 비난하였다. 이에 대해 데 벌레라는 다음과 같이 답하였다.

> 대금은 아일랜드 공채표에 대한 투자이다. 아일랜드 정부 돈이다. … 합법적으로 정부 목적에 알맞게 지출된다. … 아일랜드 국민 이외에 그 어느 누구의 소망대로 사용하라고 나에게 압력을 사용하는 노력이 나를 굴복시킬까 두렵다. 이것을 방지하기 위해 나는 나의 정부에게 정부 자금을 내가 아일랜드의 이익을 위해 방해받지 않고 자유롭게 사용할 수 있는 범위 내에서 자의적으로 사용할 수 있는 전권을 요청하였다.[103)]

## 쿠바발언

데 벌레라에 대한 친우회의 비난의 화살은 멈추지 않았다. 이른바 쿠바발언 사건이다. 데 벌레라의 아일랜드 정부 승인취득의 걸림돌은 영국의 안전 노이로제였다. 역사적으로 영국은 스페인이나 프랑스가 아일랜드를 디딤돌로 영국을 침략하는 것을 두려워하였다. 세계대전에서 영국은 독일의 침략통로가 되는 것을 우려하였다. 영국의 안보를 위해서 아일랜드는 포기할 수 없는 요충지였다. 이 문제를 우회하는 방식으로 데 벌레라는 아일랜드가 영국의 안전을 위협하는 어떠한 조

---

103) Lainer-Vos, *Sinews of the Nation*, Cambridge: Polity Press, 2013, p.101.

약도 외국과 체결하지 않을 것임을 보장하였다. 역사적인 사례로서 그는 쿠바와 미국 사이의 조약을 들었다.[104)]

> 미국은 먼로주의를 선언함으로서 남아메리카 라틴 제국의 독립과 생명을 위협하지 않고도 자신의 안전을 지킬 수 있게 되었다. 미국은 '쿠바정부가 외국과 쿠바의 독립을 침해하거나 군사와 해군 목적으로 기지를 취득하거나 쿠바 섬의 어떠한 일부를 거점으로 삼는 어떠한 조약도 체결하지 않는다는 조건을 명문화함으로서 외국이 쿠바를 미국에 대한 공격용으로 사용하는 것을 막을 수 있었다.' 미국이 쿠바에 대한 정책을 영국은 아일랜드에 대해 취하지 못하는가? 왜 영국은 영국식 먼로주의를 그 주변 섬에게 선포하지 못하는가? 아일랜드인들은 그를 거부하지 않고 전적으로 협력할 수 있다.[105)]

데 벌레라의 요지는 이렇다. 미국의 먼로선언은 중남미의 독립을 희생함이 없이 미국의 안전을 보장한 장치이다. 외국이 미국을 공격하는데 쿠바를 기지로 삼지 않는다는 조건도 여기에 속한다. "쿠바정부는 쿠바의 독립을 해치는 외국과 조약이나 어떠한 약속도 하지 않는다. 어떠한 외국에게 식민의 방법이나, 육군, 해군의 목적이나 어떠한 목적으로도 그 섬의 일부를 통솔하거나 점거로 취득하는 것을 허용하지 않는다." [The First Article of the Platt Amendment] 미국과 쿠바의 관계

104) Tansill, C., *America and the Fight for Irish Freedom 1866-1922: An Old Story Based upon New Data*, New York: Devin-Adair, 1957, pp.359-361.

105) Hannigan, D., *De Valera in America*, New York: O'Brien Press, 2010, p.116.

처럼 영국은 외국의 공격에 대하여 자신을 보호하는 이러한 계약을 왜 하지 못하는가? 어째서 영국은 자신과 아일랜드에 대하여 영국 판 먼로 선언을 하지 못하는가? 그렇게만 한다면 지금까지 영국을 적대하던 아일랜드는 혼신을 다하여 협력할 것이다.

이 내용을 데 벌레라는 아무하고도 상의하지 않고 발설하였다. 언론이 들끓었다. "이 발언은 새 원칙이다. 이것은 아일랜드가 자신의 국제관계를 자유롭게 결정한다는 아일랜드 공화국 대표 주장의 후퇴이다."[106] 이것은 두 말할 것도 없이 아일랜드 공화국 대통령이 완전 독립에서 한 단계 낮은 지위를 수용할 수 있다는 암시였다. 만일 아일랜드가 이 주장을 지지한다면 영국은 양보할 수 있다. 더욱이 인터뷰 신문은 영국의 신문이었다. 로이드조지에게 던지는 신호로 받아드릴 수 있다. 데 벌레라는 아일랜드에서도 이와 비슷한 발언을 한 적이 있었다. 그때 아일랜드 내각은 아무 제지도 하지 않았다.

데 벌레라는 먼로선언 전체를 주장한 것이 아니라 한 줄만 인용한 것이다. 그러자 기다렸다는 듯이 코할란과 드보이는 먼로선언 전체를 들고 일어났다. 드보이가 자신의 매체Gaelic American로 공격을 했다. 결국 미국-쿠바의 조약에 의해서 쿠바는 미국에 해군기지를 제공했지 않느냐. 그에 의하면 미국-쿠바 조약으로 미국이 1906년 합법적으로 쿠바에 침입하였다는 것이다. 데 벌레라의 발언은 "영국에 대한 항복이라고 영국은 만세를 부를 것이다." "영국으로부터 완전히 떨어져 나간다는 아일랜드 공화국에 대한 염원이 지갑을 열게 하였는데 이제 그들은 영

106) McCartan, P., *With De Valera in America*, New York: Brentano, 1932, p.150.

국의 먼로주의 하의 이른바 자유 아일랜드에서 염원도 없어지고 지갑도 닫히게 되었다."[107] 코할란도 가세하였다. 영국의 먼로주의는 아일랜드를 대영제국의 요새로 만들 위험이 있다고 공격하였다.

맥카르탄과 말로니는 맥가르티의 신문Irish Press에 데 벌레라 옹호 기사를 썼다. 말로니는 다른 매체에게 설명문을 보냈다. 미국의 언론도 갈라졌다. 이 소식이 본국에 알려졌다. 데 벌레라는 소명해야만 하였다. 그의 밀사가 위조여권으로 아일랜드로 향하였다. 밀사는 설명하였다.

> 첫째, 발레라는 영국이 대화에 나오기를 원했다. 그래서 자리를 마련한 것이다. 둘째, 데 벌레라는 미국-쿠바 조약의 한 줄만 인용한 것뿐이다. 그것은 영국의 안전을 해치지 않고 아일랜드의 독립이 가능하다는 점을 토의하자는 것이다. 마지막으로, 데 벌레라의 적들이 그의 발언을 고의로 왜곡한 것이다. 데 벌레라가 미국에 처음 발을 디디는 순간부터 그에게 보인 적의의 연장이다.[108]

내각은 둘로 갈라졌다. 그러나 임시총리 그리피스와 재무장관 콜린스가 토의를 중지시켰다. 그리고 데 벌레라의 편에 힘을 실어주기로 결정했다. 필요하다면 내각의 지지를 언론에 발표하겠다고 결의하였다. 그러나 데 벌레라는 거절하였다. 그가 생각하기에 그것이 논쟁을 멈추지 않고 계속시킬 것이고 자신의 입지에 타격을 줄 것으로 믿었다.

---

107) Lainer-Vos, *Sinews of the Nation*, Cambridge: Polity Press, 2013, p.101.

108) McCartan, P., *With De Valera in America*, New York: Brentano, 1932, p.153.

그렇지 않아도 그를 지지하는 맥가리티의 신문Irish Press과 그를 반대하는 드보이-코할란 신문Gaelic American이 날로 분위기를 확대하여 격앙시켜가고 있었다.

그리피스는 데 벌레라에게 편지를 썼다. "두려워 마시오. 귀하가 겪는 그런 곡해는 국가의 단결에 아무 지장이 없습니다. 다만 그러한 분란을 일으키는 자들은 영국이 그러한 사건을 어떻게 이용하는지 생각이 없는 자들입니다."[109)]

## 전당대회

분열은 다른 곳에서 계속되며 더 험악해졌다. 1920년 미국 대통령 선거 공화당 전당대회가 시카고에서 열렸다. 아일랜드계 미국인들이 모여들었다. 친우회와 데 벌레라는 전혀 다른 전략을 내세웠다. 데 벌레라는 공채표 판매에 힘을 얻어 자금에 문제가 없었다. 그는 5천 명의 아일랜드계 미국인들을 모았다. 그리고 시카고거리를 행진하며 전단을 뿌렸다. 밤에는 횃불행진을 하였다. 시카고 신문Chicago Daily는 "데 벌레라는 전당대회의 후보자가 아니다"라는 만평을 실어야 했다. 친우회는 그러한 유세는 해가 된다고 주장하며 소극적인 전략을 펼쳤다. 각 파는 아일랜드 인이 외부의 지시 없이 자유롭게 스스로 정부를 결정하고 외국과 국제관계를 결정할 자결권리의 원칙을 인정하는 결의안을 전당대회 위원회에 제출하였다. 데 벌레라는 공화당 전당대회의 소위원회의

109) Longford and Thomas P. O'Neill, *Eamon de Valera*, London: Hutchison of London, 1970, p.100.

의결에 앞서서 청문의 기회를 요청했다. 그 요청은 12대 1로 부결되었다. 그러나 코할란이 소위원회를 설득하여 7대6으로 소청할 기회를 얻었다. 이 소식을 들은 데 벌레라는 그것을 철회할 것을 요구하였다. 이 같은 외국의 간섭에 짜증난 소위원회의장은 그의 투표를 번복하여 부결시켰다. 코할란은 화가 나서 뉴욕으로 돌아갔다. 데 벌레라는 샌프란시스코에서 열리는 민주당 전당대회에 쫓아갔다. 그곳에서도 실패하였다. 양측의 단합실패가 미국에서 아일랜드계 미국인 사회를 분열시켰다.

## 탄핵재판

코할란과 드보이는 데 벌레라의 출현으로 정치적 입지가 좁아졌다. 친우회의 모금도 금지되었다. 이들은 쿠바발언에서 데 벌레라를 공격할 구실을 찾았다. 코할란은 데 벌레라를 이번 기회에 정치적으로 매장하기로 결심을 하고 재판을 열었다. 사전 공작으로 드보이가 시카고의 심복에게 보낸 편지에 그 의도가 잘 드러나 있다.

> 지금 싸우지 않으면 결국에는 우리가 패배한다. 그[데 벌레라]는 끝까지 우리와 싸울 것이다. 단지 적당한 기회를 엿보고 있을 뿐이라고 나는 확신한다. 그는 잘못된 때에 잘못된 주제[쿠바발언]를 택했다. 그의 판단은 좋지 못하다. 그는 여기서 받는 갈채가 자신이 마음대로 할 수 있는 위임장이라고 생각한다. 내가 지난 반세기에 만난 어떠한 사람도 그의 머리만큼 빨리 회전하지 않았다. 우리는 현재의 견딜 수 없는 관계를 더 이상 계속할 수 없다. 우리의 대의에 심각한 위험에 대한 책임감

없이는.[110)]

코할란과 드보이는 데 벌레라의 시카고 유세에 맞추어 일부러 궐석재판을 뉴욕에서 열었다. 참석자들을 자신의 심복에 제한하여 초대장 없으면 입장할 수 없도록 만들었다. 일종의 인민재판이며 탄핵재판이 되었다. 미국의 아일랜드계 지도자들을 적으로 만들은 죄, 친우회 모금을 막은 죄, 쿠바발언으로 아일랜드의 주장을 희석시킨 죄, 공채표 판매 대금을 유용한 죄. 데 벌레라가 미국에 온 목적이 하나같이 기소감이 되었다.

소문을 입수한 데 벌레라의 심복들이 입장하였다. 데 벌레라는 시카고에 가지 않았다. 기차역까지 가서는 일부러 기차를 놓쳤다. 한참 데 벌레라를 성토하는 도중에 맥가르티가 말했다. "피고인에게 발언기회를 주어야 하지 않겠느냐. 피고는 어디 있느냐?" 방청석에서 누군가 "그가 시카고에 있다."고 말하자 맥가르티가 대답하기를 "아니다. 그는 월돌프 호텔에 있다." 마침내 심복의 안내를 받고 재판장에 데 벌레라가 나타나 자신을 변호하며 코할란과 드보이의 모의를 공격하였다. 데 벌레라는 드보이와 코할란이 자신을 학생schoolboy처럼 다루는데 불만을 털어놓았다. 그러자 코할란이 학생이라고 소리쳤다. 데 벌레라는 자신이 자금을 오용했다는데 대하여 반박했다.

아일랜드 공채에 약정한 돈은 아일랜드 정부의 돈이다. 아일랜드 국가의

110) McCartan, P., *With De Valera in America*, New York: Brentano, 1932, p.165.

재산이다. 그것은 정부의 모든 합법적 목적에 약정한 것이다. 현재 나에 대해 혐의는 또 하나의 증세인데 이 질병의 증세를 발견하고 나는 나의 정부에 여기 상황을 지적하는 편지를 보냈다. 아일랜드인들이 아닌 다른 이들의 바람에 나를 굴복시키기 위해 지갑의 힘을 이용하려는 노력이 있을까 염려된다. 그를 막기 위하여 나는 나의 정부로부터 일정한 범위 내에서 정부의 돈을 자의적으로 사용할 수 있는 권한을 나와 나의 공동 수탁자에게 부여해줄 것을 요청해 두었다. 내가 자유롭게 아일랜드의 이익을 위하여 족쇄가 없이 일할 수 있도록.[111]

마침내 데 벌레라는 최후의 카드를 꺼낸다. 드보이가 자신의 심복에게 보낸 편지의 공개이다. 그 편지는 데 벌레라를 매장시키자는 드보이의 모의 편지였다. 그 심복은 이중 첩자였던 셈이다. 사태가 더 악화되는 것을 막기 위하여 사회를 보던 신부가 얼른 기도로써 마감을 하였다. 코할란과 드보이의 계획은 실패로 돌아갔다.

## 독재자

데 벌레라와 드보이/코할란 사이의 반목이 심해지기 전인 1919년 여름에 코할란은 상원 외교위원회의 보라William Borah(1865-1940) 의원에게 접근하여 데 벌레라를 미국의회에서 연설할 기회를 만들었다. 아일랜드계 보라 의원이 고립주의 공화당원이고 윌슨의 강한 비판자라고 말

111) Lainer-Vos, *Sinews of the Nation*, Cambridge: Polity Press, 2013, p.101.

하며 자신의 기회는 초당파적인 것이어야 하므로 민주당 의원 펠란Phelan과 함께 공동후원 해야 한다고 믿은 데 벌레라는 코할란, 보라, 펠란을 동시에 만나 이 문제를 논의했지만 소득이 없었다. 코할란은 몹시 화가 났다.

거꾸로 코할란이 데 벌레라의 주장에 무조건 반대하는 경우도 있다. 후의 일이지만 독립전쟁이 종결되고 1921년 영국-아일랜드 조약을 놓고 아일랜드가 찬반으로 나누어졌을 때 데 벌레라는 처음부터 반대하였다. 코할란은 처음에는 반대하였지만 데 벌레라가 반대한다는 소식을 듣고 다른 이유 없이 찬성으로 선회하였다.[112)]

많은 데 벌레라 전기 작가들은 이 반목을 사적인 개성의 탓으로 돌린다. 데 벌레라는 말했다. “미국은 크지만 나와 판사[코할란]에게는 좁다.”[113)] 데 벌레라는 부모 없이 자랐다. 그의 정서는 불안하다. 그것을 감추고 자신을 보호하는 방법이 남보다 두드러져 보이는 것이다. 여기에 그는 갑자기 유명해졌다. 그가 정상적으로 성장했으면 코할란의 행동이 자신에게 위협으로 여기지 않았을 것이다. 그러나 그는 그렇지 못하여 자신의 위치에 대해 민감하고 위협으로 쉽게 간주하였다.[114)] 아일랜드 유력정치인의 말. “그는 가장 흥미로운 인물이다. 매우 편안하다. 행동은 정중하다. 그러나 그는 보통사람이 아니다. 그는 천재와 광인의 경계이다. 나는 여러 나라의 많은 사람을 만났고 또 나는 정신

---

112) Dwyer, T., *Big Fellow, Long Fellow*, Dublin: Gill & Macmillan, 2006, p.252.

113) Carroll, F., “America and Irish Political Independence, 1910-1933,” in P.J.Drudy (ed.), *The Irish in America: Emigration, Assimilation and Impact*, Cambridge University Press, 1985, p.284.

114) Dwyer, T., *Big Fellow, Long Fellow*, Dublin: Gill & Macmillan, 2006, p.118.

병원의 책임자인 적도 있는데 아일랜드 자유국의 총리 같은 사람은 본 적이 없다."[115] 데 벌레라와 일을 함께 한 사람들의 증언. "매우 매력적이다. 유머는 없다. 그의 미소는 아일랜드의 그것이다. 그의 약점을 감춘다. 그는 그의 행동과 결정을 철저히 방어한다. 그의 판단에 도전하면 분개한다. 그는 결코 오류가 없다고 믿게 한다. 그러나 거만하거나 위엄을 부리지 않는다. 그는 전화도 손수 받고 현관문을 열어준다. 행동이 단순하다. 자신을 데 벌레라 씨이거나 대장이라고 부르는 것을 좋아한다. 부인만이 데브라고 부를 수 있다. 그는 내각에서 투표로 결정하는 것을 싫어한다. 만장일치를 요구한다. 그러기 위해 그는 엄청난 인내심을 발휘한다. 그는 특별한 독재자Unique Dictator이다."[116]

한편, 코할란의 경력을 보면 그의 행동을 이해하게 된다.[117] 코할란의 의도는 아일랜드 보다 미국에서 자신의 정치적 입지 강화였다. 만일 그가 아일랜드 공화국을 인정하는 순간 대통령인 데 벌레라의 지시를 따르지 않을 수 없다. 반대로 공화국을 부정하고 민족자결주의의 적용만 주장하면 미국에서 자신의 뜻대로 정치활동을 할 수 있다는 계산이었다. 그는 윌슨을 싫어하였다. 1916년 미국 대통령 선거에서 그는 공화당 후보를 밀었다. 그것이 실패하자 1920년 대선에서 다시 공화당 후보를 밀었다. 그러려면 아일랜드계의 지원을 장악해야 하고 그 기초가 친우회이었다. 친우회는 그가 완전히 조정하는 개인적 사유물이 되었다.[118]

115) Dwyer, T., *De Valera The Man and the Myths*, Dublin: Poolbeg, 1991, p.195.
116) Dwyer, T., *De Valera The Man and the Myths*, Dublin: Poolbeg, 1991, pp.162-3.
117) Dwyer, T., *De Valera The Man and the Myths*, Dublin: Poolbeg, 1991, pp.34-45.

부활절 봉기 직후 코할란은 전미 아일랜드 민족대회Ireland Race Convention를 개최하였다. 여기서 돈을 모았다. 일부는 아일랜드로 보냈지만 상당한 금액을 자신의 정치활동에 썼다. 돈을 전부 아일랜드 공화국에 보내라는 요구를 거절하였다. 미국 대선이 임박해지자 제2차 아일랜드 민족대회를 개최하여 윌슨에게 민족자결권을 지지해줄 것을 부탁하는 대표로 뽑혔다. 윌슨은 그가 대표단에 있는 한 만나지 않겠다고 거절하였다. 그가 빠진 대표단이 윌슨을 만나서 민족자결권을 아일랜드에게 요청했지만 윌슨은 거절하였다.

코할란이 자신에게 계속 도전하자 화가 난 윌슨은 비밀문서를 의회정보위원회로 하여금 발표케 하였다. 부활절 봉기에 코할란이 1916년 4월 17일 워싱턴 주재 독일대사에게 주문한 내용이다.[Von Igel Documents]

> 아일랜드의 혁명은 독일의 도움이 있었어야만 성공할 수 있다. 그렇지 않으면 영국은 진압할 수 있다. 원조는 절대적이다. 영국에 대한 공중공격과 함대작전을 포함한다. 가능하다면 군대, 무기, 탄약의 상륙과 함께 비행선의 장교도 포함한다. 이렇게 해서 영국에 대한 아일랜드 항구가 봉쇄된다. 잠수함의 기지로 사용하여 영국의 식량공급을 끊는다. 혁명은 전쟁이 될 수 있다.

당시 주미 독일대사의 부관은 폰 파펜Franz von Papen(1879-1969)인데

---

118) McCartan, P., *With De Valera in America*, New York: Brentano, 1932, p.91.

후일 그는 히틀러 제3제국의 부수상이 된 인물이다. 그와 대사 베른스톨프Johann Heinrich Bernstorff(1862-1939)는 독일 외무상 짐머맨이 멕시코에 비밀리에 보낸 짐머맨 전문의 장본인이다. 멕시코가 미국을 침략하여 텍사스를 잠령하면 독일이 도와주고 미국이 세계 대전에 참전하지 못하도록 하자는 작전이었다. 독일대사와 폰 파펜은 미국에서 추방되었다. 코할란 역시 반역으로 기소될 수 있었으나 아일랜드계 미국인들의 정서를 고려하여 윌슨은 실행에 옮기지 않았다. 윌슨이 아일랜드 대의에 소극적인 것은 이러한 개인적인 반목이 기여했을지 모른다.[119)]

분열은 데 벌레라가 미국 땅에 처음 발을 딛는 순간부터 예고되었음은 데 벌레라가 도일의 그리피스에 보낸 편지에 잘 나타나 있다.[120)] 평생을 아일랜드 대의에 몸 바쳐 온 노 혁명투사 드보이가 보기에 데 벌레라는 철모르는 "학생schoolboy"에 불과하였다. 학생처럼 다루려 하였다. 그러나 이 학생이 곧 지난 반세기에 만난 어떠한 인물보다 더 호적수였음을 깨닫게 된다. 그가 미국의 아일랜드계 미국인의 돈을 독점하다시피 하면서 자신이 평생 쌓아온 기반이 무너지는 것을 본 것이다. 한편 데 벌레라의 측면에서 보면 자신은 아일랜드 공화국의 대통령이다. 나이가 문제가 아니다. 혁명경력도 뒤처지지 않는다. 임무도 막중하다. 학생으로 취급하는데 반발하였다.[121)]

---

119) McCartan, P., *With De Valera in America*, New York: Brentano, 1932, p.17.
120) Dwyer, T., *Big Fellow, Long Fellow*, Dublin: Gill & Macmillan, 2006, p.110.
121) Hannigan, D., *De Valera in America*, New York: O'Brien Press, 2010, pp.63-64.

## 충성서약

아일랜드 공채표를 둘러싼 데 벌레라와 코할란 사이의 갈등은 근본적으로는 아일랜드의 아일랜드인과 아일랜드계 미국인 사이의 갈등이다. 쿠바 발언으로 공격받은 데 벌레라라는 코할란에게 근본을 따진다. 아일랜드 공화국의 대통령의 자격으로 자신의 태도를 분명하게 밝힌다.

> 내게 부여한 아일랜드 국민의 신뢰에 대한 정당한 행사에 아일랜드 국민에게 책임질 수 있는 사람은 나다. 나는 그것에 책임이 있으며 나만이 책임자이다. 미국 시민으로 구성된 친우회는 아일랜드 국민이 원하는 자유를 쟁취하는 것을 돕기 위해 조직된 것이다.

데 벌레라는 자신을 아일랜드의 국가적 통합체와 하나로 묶고 아일랜드계미국시민에게 아일랜드의 아일랜드인과의 차이를 확실하게 선을 긋는다. 이러한 점에서 그는 도일에게도 분명한 태도를 취하였다.

> 기본적으로 아일랜드계 미국인들은 우리와 다르다. 그들은 미국의 이익에 필요하다면 아일랜드의 이익을 버릴 수 있는 미국 우선의 미국 시민들이다. 우리는 그 반대로 아일랜드 우선이다.[122)]

코할란의 태도도 이 점을 분명하게 적시한다.

---

122) Fanning et al (ed.), Documents on Irish Foreign Policy 1919-1922, Dublin: Royal Irish Academy, 1998, p.55.

당신[데 벌레라]이 아일랜드 국민에 대한 책임을 홀로 진다는 것을 왜 나에게 말해야 하는지 알 수 없다. 당신이 그렇게 한다면 내[코할란]가 당신의 짐을 나누자고 하지 않는다. 내가 대의를 위해 하는 일은 미국인으로 하는 것이다. 미국에게 충성을 서약한 미국인, 다른 나라의 이익과 안전보다 미국의 이익과 안전을 우선하는 미국인. 나는 당신이나 다른 나라의 대변인으로부터 임명받은 적이 없다. 나는 그러한 임명을 수락할 처지도 아니다.

데 벌레라와 코할란은 공히 아일랜드의 아일랜드인과 아일랜드계 미국인을 분명하게 구분하고 있는 논거가 바로 충성서약이다. 아일랜드인은 아일랜드에게 충성서약을, 미국인은 미국에 충성서약을 한다는 점이다. 데 벌레라는 패트릭 킹 사건에 주목하였다. 그는 아일랜드에서 이민 온 사람이다. 귀화법정에서 미국에 대한 충성을 서약하는 동시에 뒤에 두고 온 과거 조국에 대한 충성을 거부하는 것은 법적 절차이다. 중요한 것은 그가 대영제국과 조지국왕에 대한 충성거부 뿐만 아니 판사의 명에 의하여 아일랜드 공화국과 그 대통령 데 벌레라에 대한 충성도 거부했다는 점이다. 아일랜드 공화국과 데 벌레라 대통령이라는 용어가 공식적으로 미국법원에서 사용된 첫 번째 사례이다. 판사는 그의 명령이 아일랜드 공화국과 그의 대통령에 대한 공식적 승인이었음을 밝혔다. 그것은 비록 외국정부의 승인을 받지 못했지만 9할의 아일랜드인들의 합의에 의한 사실상de fact의 정부이다. 똑같은 상황이 1776년에서 1783년 사이에 미국에서도 독립투쟁 과정에서 일어났다.[123]

여기서 일어난 충성서약은 아일랜드계 미국인과 아일랜드의 아일랜드인의 차이를 가르는 중요한 핵심이다. 데 벌레라의 눈에는 코할란과 드보이는 모두 미국에 충성을 서약하고 아일랜드 충성을 거부한 아일랜드계 미국인이다. 그들은 영국과 미국 사이에 이해가 상충되면 미국편에 서야 한다. 한편 코할란과 드보이에게 아일랜드의 아일랜드인은 영국인이었다. 그들의 눈에 데 벌레라 역시 영국국적법으로 영국인이었다. 이 충성서약은 후술하는 대로 데 벌레라와 코할란 사이에 불화에 근본이 된다.

이 차이가 미국에서 독립운동을 하는 아일랜드본국 지도자들과 아일랜드계미국 지도자들 사이에 사사건건 반목을 일으키게 되는 원인이다.[124] 코할란이 아일랜드 공화국을 인정하지 않는 깊은 속사정이 여기에 있다. 아일랜드가 공화국이 아닌 한 영국의 속국이다. 아일랜드에게 민족자결을 인정하면 그것으로 족하다. 그러나 아일랜드 공화국을 인정하는 순간 자신을 포함한 아일랜드계 미국인들은 미국에 충성을 서약한 이상 미국의 우방인 영국을 상대로 전쟁을 하는 적국을 지원하는 셈이 되고 이것은 반역이다. 데 벌레라는 이 점을 꿰뚫어 본 것이다. 아일랜드를 지원하는 아일랜드계 미국인의 한계가 바로 미국에 대한 충성서약에 있었던 것이다. 그래서 코할란은 데 벌레라에게 묻는다. "자중하는 [아일랜드계] 미국인이 당신이 이끄는 [독립운동] 방식에 따를 것이라고 생각합니까?"[125]

---

123) Hannigan, D., *De Valera in America*, New York: O'Brien Press, 2010, p.139.

124) 제2차 대전에서 독립운동을 하던 이스라엘도 미국에서 대대적인 모금운동을 전개하였다. 아일랜드의 경험삼아 크게 성공하였다. 한국 독립운동사에서 이 문제를 심도 있게 연구한 적이 없다.

125) Lainer-Vos, *Sinews of the Nation*, Cambridge: Polity Press, 2013, p.120.

두 사람 사이의 논쟁은 지지자들에게 퍼진다. 두 사람은 각자 지지자들에게 편지를 보냈다. 아일랜드계 미국인과 아일랜드의 아일랜드인 사이의 차이를 강조하는 내용이다. 데 벌레라는 도일에게 설명한다.

> 공채표 사업과 우리가 하고자 하는 일에 위협이 되는 시도에 대하여 나는 아래와 같은 태도를 밝힌다.
>
> (1) 미국인 어느 누구도 아일랜드인에게 지시할 권리가 없다.[126)]
>
> (2) 우리에게는 확실한 목표가 있다. 친우회라는 상호로 뭉친 미국인들은 우리의 목적을 달성하고자 하는 우리를 도와야 한다.

볼란드도 콜린스에게 보내는 편지에서 합창을 한다.

> 드보이와 코할란은 아일랜드의 자유 운동을 지도하러 아일랜드에서 미국에 오는 아일랜드인들을 해치려 한다. 이런 사람들은 믿을 수 없다.

불리해진 친우회는 자신들을 지지해달라는 서신을 대동한 밀사를 아일랜드로 보냈다. 그러나 데 벌레라가 한 발 빨랐다. 볼란드가 이미 도일에 와 있었다. 도일은 친우회 지도자들을 강하게 비난하며 코할란과 드보이 편에 섰던 도일의 밀사 린취를 도일에서 쫓아냈다. 그렇게 되기 전에 린취가 먼저 사임하였다.

데 벌레라는 친우회의 조직을 민주적으로 전환할 것을 요구하였다.

---

126) 한국독립운동사에서 이 문제를 다룬 적이 없다.

그는 회장에게 서신을 보냈다.

> 친우회의 신뢰를 회복하려면 민주화가 필요하다. 이견이 생길 때 이를 해결할 수 있는 조직으로 개편해야 한다. 회원에 대한 이사회의 자의적인 자격정지나 추방이 아니라 다수결에 의해 해결하는 방식을 채택해야 한다.

구체적으로 데 벌레라는 친우회 지부 평의회에 권한을 확대하도록 규정을 개정할 것을 권고하였다. 이를 위하여 특별 민족대회 아니면 전미 평의회를 개최할 것을 코할란의 정치적 요새인 뉴욕을 피하여 시카고나 디트로이트에서 권유하였다. 좀 더 지방분권화의 모습을 갖추도록 희망하였다.

### 단절

이 권유는 거부되었고 대신 뉴욕에서 전미 평의회가 개최되었다. 162명의 대표가 참석한 회의는 처음부터 긴장이었다. 데 벌레라의 지지자 63명은 옵서버로 참석하였다. 회의에서 데 벌레라에게 연설 기회가 거부되었다. 그는 회의를 걸어 나왔고 그의 추종자들도 그의 뒤를 따라 나왔다. 마침내 볼란드는 1920년 10월 22일 클란을 본국의 아일랜드공화파형제단과 단절시켰다.

클란이 우리에게 주고자 원했던 협력을 받도록 우리는 노력 했지만 헛되게 되었다. 코할란의 거부권veto에 대하여 무기력한 클란 지도부의 모습을 본 우리는 그 회원들에게 클란과 아일랜드에 있는 그의 모체의 관계를 단절해야만 한다는 사실을 전하는 것이 우리의 의무임을 알았다.

이로써 미국의 아일랜드계 미국인 지도부와 아일랜드 지도부의 공식적 관계는 완전히 끊어졌다. 미국의 클란은 아일랜드에 있는 그 모체를 상실한 것이다. 대신 클란 내부의 데 벌레라 추종자들이 새 클란Reorganized Clan na Gael을 신설하였다. 구 클란 회원들은 경쟁적인 두 개의 클란 사이에 하나를 선택하여 충성하는 편지를 보냈다. 여기에 더하여 데 벌레라의 추종자들은 여세를 몰아 친우회에 대항하는 아일랜드 공화국 승인 미국회American Association for the Recognition of the Irish Republic (AARIR)를 출범시켰다. 이것으로 데 벌레라는 아일랜드계 미국인의 아일랜드 지원의 목표가 민족자결권의 획득이 아니라 아일랜드 공화국의 승인에 있음을 분명히 하였다. 그는 회원들에게 하향식 지배집단 정치machine politics에서 벗어나 회원이 참여하는 상향식 민주적 조직을 기대한다고 연설하였다. 그 효과는 당장 나타났다. 여러 친우회 지부가 데 벌레라의 분권화를 따르기 시작하였다. 그들은 친우회 중앙에 납부하는 회비를 거부하였다. 데 벌레라 추종자들은 뉴욕에서 열린 친우회 회의를 습격하였다. 친우회는 이에 대해 회원지부를 추방하였다. 이 조치는 소요를 진정시키는데 도움이 되지 않았다. 친우회 회원은 1920의 1십만 명에서 1921년의 2만 명으로 줄었다. 데 벌레라는 미국 방문의 목적 가운데 하나인 아일랜드계 미국인 단체의 통합에는 실패하였지만 미국 보다 아일랜드 대의에 충실한 단체를 만드는데 성공하였다.

## 추문

데 벌레라는 친우회와 반목을 일으켰지만 그곳에서 비서로 일하던 오코넬Kathleen O'Connell(1888-1956)을 자신의 개인비서로 채용하였다. 그녀는 아일랜드에서 태어나 미국으로 이민 갔다. 데 벌레라는 그녀를 다른 심복들과 함께 미국순회에도 항상 대동하였다. 얼마 지나지 않아 이들 사이의 관계가 추문으로 사람들 사이에 오르내렸다. 신문에도 났다. 특히 정적들의 입에 오르내렸다. 콜린스의 주선으로 데 벌레라의 아내가 미국으로 밀항했을 때 추문의 와중이었다. 데 벌레라는 콜린스의 이 호의를 불쾌하게 생각하였다. 그는 여자가 있을 곳은 자녀가 있는 집이라고 주장하였다.

콜린스의 호의는 진심이었다. 그는 자신이 수배중인 몸임에도 위험을 무릅쓰고 데 벌레라가 부재중에 데 벌레라의 가족을 돌보았다. 데 벌레라의 미국 소식을 자주 전해주었고 아이들도 돌보아주었다. 무장독립을 선호했지만 콜린스는 데 벌레라가 어려운 고비를 맞을 때마다 언제나 그의 편에 서는 것을 주저하지 않았다. 데 벌레라의 대통령 칭호를 묵인하였고, 쿠바발언을 옹호하였으며, 코할란과 대립에서 데 벌레라 편에 서고, 드보이의 클란을 아일랜드공화파형제단과 끊어버리는 등 이었다.

오코넬은 평생 동안 데 벌레라의 개인비서가 되었다. 데 벌레라가 미국에서 돌아와 독립전쟁의 와중에 그녀는 자기 집에 데 벌레라를 숨겨주었다. 영국군에 의해 체포된 장소도 그녀의 집이었다. 그 군인은 영국정부가 데 벌레라를 체포하지 말라는 명령을 전달받지 못하였다. 둘 사이의 추문은 부정되었고 데 벌레라의 아내도 남편을 믿었다.[127] 데 벌레라의 아내와 비서가 주고 받은 편지가 그것을 증언한다.[128] 오코넬은 죽을 때 자신이 보관하고 있던 모든 문서를 고문서보관소에 맡겼다.

## 수탁

공채표 판매의 결산. 303,578명이 5,123,640달러의 공채표를 매입하였다.[129] 데 벌레라는 합법적인 방법으로 도일의 요청금액에 무려 5배에 해당하는 모금에 성공하였다. 앞서 보았듯이 공채표는 아일랜드 공화국을 대표하여 데 벌레라와 누난의 공동서명으로 발행되었다. 역시 앞서 언급했듯이 데 벌레라는 이 돈의 사후 관리 권한을 도일로부터 위임 받았다. 과거의 친우회 모금조직은 치밀하지 못하여 지부의 횡령을 견제할 방법이 완벽하지 않았다. 데 벌레라의 공채표 판매는 이 점을 고려하여 조직을 중앙집권화 하여 지부는 모금한 돈을 직접 만질 수 없게 만들었다. 지부는 은행계좌를 데 벌레라의 이름으로 열었다. 데 벌레라의 이름으로 개설된 공채표 판매 대금은 1전이라도 차질 없이 본부로 송금해야 한다. 지부경비는 이 대금에서 지불하지 않는다. 지부가 경비 영수증을 본부에 보내면 아일랜드 독립 미국위원회ACII가 처리한다.

공채표 배분을 감독하기 위하여 특별한 고안이 마련되었다. 지부는

---

127) 이승만과 그의 여제자 김노디 사이에 관계를 그의 정적들이 최근에도 사실과 다르게 보도하였다.

128) Hannigan, D., *De Valera in America*, New York: O'Brien Press, 2010, pp.179-180.

129) Hannigan, D., *De Valera in America*, New York: O'Brien Press, 2010, p.113.

다만 빈 영수증공책만 받는다. 지부가 약정자로부터 돈을 받게 되면 은행에 예치하고 약정자의 이름으로 된 영수증을 교부한다. 지부는 공채표신청서와 약정신청서를 뉴욕에 있는 아일랜드 독립 미국위원회로 보낸다. 돈과 두 종류의 신청서를 함께 받은 본부는 공채표를 약정자에게 직접 우송한다. 돈을 내고도 공채표를 받지 못하는 약정자가 생기면 돈을 아직도 쥐고 있는 해당지부에 압력을 행사할 것이다. 이렇게 하는 장점 가운데 하나는 지부가 자발적으로 협력할 수밖에 없다는 점이다. 데 벌레라의 측면에서 볼 때 또 하나의 장점은 친우회의 자금을 경비로 사용하게 되어 친우회의 자금압박을 촉진시키게 된다. 그러나 이것은 반목을 더 깊게 만들게 되는 부정적인 결과를 낳았다.

문제는 공채표 대금의 신탁의 어려움이다. 데 벌레라는 1년 이상 아일랜드계 미국인들을 상대한 결과 그들 손에 맡기지 않기로 마음먹었다. "[미국] 약정자들은 수탁자에 아일랜드계 미국인 임명과 미국 내 예치를 원한다. 우리는 정부의 돈을 이방인에게 맡길 수 없다."[130] 여기서도 데 벌레라는 아일랜드계 미국인을 이방인으로 구별하고 있음이 드러난다.

데 벌레라는 아일랜드에서 미국으로 떠날 때 도일로부터 공채표 판매 대금을 안전하게 미국 내에 보관할 수 있는 수탁의 위임을 받았다. 5백만 달러가 모이자 애초에 도일의 목표인 1백만 달러와 경비 1백만 달러를 제외한 나머지 3백만 달러를 반반씩 예금과 미국자유공채 매입에 사용했다. 1백5십만 달러는 데 벌레라, 볼란드, 훠시트의 명의로 은

130) Lainer-Vos, *Sinews of the Nation*, Cambridge: Polity Press, 2013, p.107.

행에 예금하였다. 훠시트Diarmuid Fawsitt는 뉴욕주재 아일랜드 상무관이다. 데 벌레라가 다시 수감되거나 사망하는 경우를 대비하여 데 벌레라의 명의는 맥가리티에게 위임하였다. 1백5십만 달러의 미국자유공채는 여러 은행금고에 비밀번호와 함께 나누어 예치되었다. 비밀번호는 볼란드, 맥가리티, 누난에게 분산하였다. 열쇠는 오말라에게 맡겼다. 이 과정에서 위임받은 수탁의 범위를 밝혔다.

> 나는 이 돈이 공화국으로서 아일랜드 국가와 당의 것이라고 여긴다. 동시에 독립을 지지하고 특히 독립 공화국의 이상을 표방하는 당이 이 돈에 대해 특별한 소유권을 갖는다. 만일 아일랜드 사람들이 투표로 현재와 다른 형태로 가고 독립적이고 공화국 의회가 아닌 아일랜드 의회가 다수에 의해 선택되어 [현재의] 아일랜드 대표가 소수가 되는 경우를 생각해서 도일 에이레안의 수탁자의 손에 있는 이 돈은 신탁에 맡겨야만 한다. 아일랜드에서 선거로 공화파가 다시 다수가 되는데 사용하도록. 그리고 그들이 영국을 힘으로 몰아낼 수 있도록.131)

이 발언으로 데 벌레라는 자신이 공화파임을 다시 한 번 분명히 하였다. 그리고 공채표 판매 대금이 사람들이 공화국에 대해 투자한 돈이라는 점을 부각시키고 있다. 그러므로 장차 공화파와 자치파 사이의 내전이 일어나서 자치파가 승리하는 경우 공화파의 권토중래에 필요한 자금으로 예비해두려는 혜안이었다. 이 발언은 예언적이며 결과

---

131) Cronin, S., *The McGarrity Papers*, Tralee: Ireland, Anvil Books, 1972, p.92.

적으로 들어맞았다. 그리고 이 자금을 둘러싼 복잡한 문제가 아일랜드와 아일랜드계 미국인단체에 심대한 영향을 남겼다.

데 벌레라는 자금의 안전함을 보고 아일랜드로 돌아갔다. 그러나 안전장치가 복잡하면 할수록 인출에 곤란함이 중첩되었다. 여기에 친우회가 자금에 대해 소송을 제기하면서 일이 복잡하게 되었다. 후일 독립전쟁과 내전이 끝나고 들어선 공화국이 아닌 영연방 자치정부인 아일랜드 자유국Irish Free State 정부도 이 돈의 소유권을 주장하였다. 이 문제는 아일랜드 자유국의 합법성과 맞물려 국제적으로 비상한 관심을 끌었다. 아일랜드 자유국의 최고법원은 자유국이 제2도일의 합법적 계승자임을 판결하였다. 자금이 보관되어 있는 뉴욕의 법원은 자유국이 합법적 계승자가 아니라 영국정부의 계승자임을 판결하였다. 그리고 돈을 원래의 공채표구매자에게 돌려주라고 판정하였다.[132] 이것은 뉴욕법원이 아일랜드 자유국 정부를 아일랜드 공화국 정부의 계승자가 아님을 직접적으로 인정한 사건이다. 데 벌레라의 주장에 손을 들어준 것으로 그는 해석하였다.[133] 이 판결은 지금도 국제법학자들의 학문적 주제이다.[134]

후일 내전에서 정권을 아일랜드 자유국에게 잃은 데 벌레라는 1927년 미국에 나타나 공채표구매자에게 다시 한 번 호소하는 유세를 한다. 그는 아일랜드계 미국인에게 호소한다.

---

132) Carroll, F.,*Money for Ireland*, Westpot, CT: Praeger, 2002, Chs.3-4.

133) Carroll, F.,*Money for Ireland*, Westpot, CT: Praeger, 2002, p.77.

134) Carroll, F.,*Money for Ireland*, Westpot, CT: Praeger, 2002, Appendix 3.

> 아일랜드에서 데일리 메일, 데일리 익스프레스, 데일리 클로니클 같은 영국신문의 구독이 빠르게 증가한다. 이 신문들의 철학이나 방침은 우리와 전혀 맞지 않는다.[135]

영국신문의 세뇌로부터 아일랜드인을 구하고, 조약에 의하면 영국이 미국과 전쟁을 하는 경우 아일랜드가 영국을 돕도록 되어 있는 조약을 파기할 수 있도록 아일랜드인을 도와야 한다. 결국 그는 설득에 성공하여 그 돈으로 공화파의 전통을 계승하는 새로운 자신의 정당 피아나 포일Fianna Fail(운명의 전사)의 기관지 Irish Press를 창건한다. 아이리쉬 프레스는 당장 아일랜드 제1의 신문이 되었다. 그리고 향후 몇 십년간 그를 권좌에 앉게 만들도록 여론을 동원하는데 중요한 역할을 한다.

그가 예측한대로 아일랜드 국민에 의한 국민투표에서 자치파가 다수가 된다. 그들과 소수가 된 공화파 사이의 내전이 자치파의 승리로 돌아가 아일랜드에 영연방 자치정권이 들어서자 데 벌레라는 정권에서 물러난다. 권토중래 하는 가운데 그의 정당 피아나 포일은 공채표 판매대금으로 설립한 신문Irish Press을 이용하여 마침내 집권에 성공한다. 그리고 그는 약속대로 영국 국왕에 대한 충성서약 폐지, 총독 폐지, 영국국적 폐지 등 영국의 나머지 잔해를 청산하면서 아일랜드 자유국을 해체하고 완전 독립의 아일랜드를 선언하기에 이른다.

---

135) Dwyer, T., *De Valera The Man and the Myths*, Dublin: Poolbeg, 1991, p.152.

## 귀국

데 벌레라의 미국 유세의 결산. 윌슨 대통령의 비서가 파리에 있는 윌슨에게 뉴욕의 신문들이 아일랜드의 독립을 지지하는 기사와 함께 보낸 전문이 요약하였다. "이 기사는 종족과 종교와 상관없이 미국의 보통사람들의 견해를 대변하는 것입니다. 데 벌레라가 미국에 온 이래 그 견해는 강도를 더해 가고 그의 공화국은 이를 적절히 이용하고 있습니다. 이제 국제연맹도 윤곽이 잡혀가고 있으니 우리는 이 문제에서 선도적 위치를 차지해야 합니다."[136] 비서의 견해는 옳았다. 데 벌레라의 아메리카 입성은 아일랜드 문제에 미국인의 주의를 긍정적이든 부정적이든 집중시켰다.

아일랜드 공화국의 승인을 이끌어내려는 노력은 공화당의 하딩이 대통령에 당선되면서 또 다른 국면으로 접어들게 된다. 그는 아일랜드계 미국인에게 아일랜드 문제로 구애하지 않았지만 아일랜드계 미국인들은 그에게 투표하였다. 하딩은 윌슨과 달리 아일랜드 문제로 영국을 심하게 압박하였다.(후술)

또 하나의 미국유세 목적이었던 미국 내 아일랜드계 미국인의 단체를 통합하는데 실패하였다. 오히려 더 악화시켰다. 그러나 아일랜드계 미국인이 미국보다 아일랜드 대의에 충실할 수 있는 단체를 만드는데 성공하였다.

데 벌레라는 5백만 달러 공채표 판매에는 전례 없는 대성공을 거두

---

136) *New York Times*, Nov 30, 1921.

었다. 여기에 더하여 아일랜드 대의를 선전하는데 크게 기여하였다. 공채표 판매에 수많은 사람이 참여했다는 사실 자체가 아일랜드 공화국의 존재를 아일랜드, 영국, 영연방, 그리고 세계에 그 정부의 정당성을 입증하는데 성공하였다.[137] 미국의회의 결의도 선전이었다. 이 선전의 성공으로 영국이 협상 테이블에 나오지 않을 수 없게 만들었다. 데벌레라는 대통령에 선출되어 첫 번째 시험에 무난히 합격하였다.

고국은 아직도 독립전쟁의 가운데에 있었다. 1920년 10월 독립전쟁의 첫 총성을 올린 아일랜드 공화군IRA단원이 더블린에서 블랙앤탠에게 살해되었다. 동시에 앞서 언급한 코크 시의회 의장 맥스위니가 체포되어 감옥에서 단식으로 사망하였다. 더블린 대학의 의과대학생이 체포되어 교수형을 당했다. 여론이 매우 나빠졌다. 그러나 로이드조지는 더욱 강경한 진압정책을 계속하였다. 1920년 11월 21일(일) 아일랜드 공화군IRA 암살단이 더블린에서 12명의 경찰정보원과 2명의 영국군인을 사살했다. 암살단원이 신부에게 고해성사를 했다.

> 사람을 죽였습니다. 신부님./왜?/자유를 위해 싸웠습니다. 신부님./그대는 그 행위가 정당하다고 진심으로 믿는가?/확신합니다. 신부님./하나님의 가호가 있기를.

로이드조지는 아일랜드 공화군IRA에 대한 복수를 명령하였다. 같은 날 블랙앤탠은 즉각 더블린의 럭비경기장에 난입하여 무고한 관중을

---

137) Carroll, F.,*Money for Ireland*, Westpot, CT: Praeger, 2002, p.24.

향해 무차별발포를 자행하였다. 이것이 피의 일요일Bloody Sunday이다. 세계는 영국의 만행에 경악하였다. 콜린스는 위험을 무릅쓰고 희생자의 장례식에 참석하였다. 보복으로 그의 부하가 18명의 영국군을 살해하였다. 영국군은 2주 후 코크 시가를 초토화 시켰다. 영국신문의 기사. "정부가 아일랜드 시에서 자행하는 무모한 복수를 멈추는 단호하고 확실한 조치를 취하지 않는 한 이러한 복수는 세계를 큰 충격에 빠뜨리게 할 것이다."[138)]

도일 의장 그리피스가 체포되어 콜린스가 새 의장이 되었다. 데 벌레라는 아일랜드 공화군IRA의 군사행동에 불만을 터뜨렸다. 미국에서 쌓아올린 선전의 효과를 떨어뜨리는 일이라고 우려하였다. 그는 도일Dail과 아일랜드 공화군IRA 사이에 종전에 대한 이견을 염려하였다. 종전에 대하여 신페인과 로이드조지 사이에 교섭이 진행되고 있었다. 수감된 그리피스로부터 비밀리에 쪽지가 콜린스에게 하달되었다. 로이드조지와 종전협정을 제출하라고 촉구하였다. 이러한 모든 소식을 콜린스로부터 전해들은 데 벌레라는 귀국을 결심한다. 그러나 영국은 휴전교섭에 콜린스를 잠시 해외에 보낼 것을 주문한 상태였다. 데 벌레라가 콜린스에게 미국에 가라고 권했다. 내각의 승낙도 받았다. 그러나 콜린스는 이 모든 것이 자신을 제거하려는 음모로 해석하며 거절하였다. "데브Dev가 나를 쉽게 떼어놓으려고 하는 거야."[139)]

원래 계획대로라면 데 벌레라는 미국에 더 머물 생각이었다. 내각의 승인도 받았다. 독립전쟁의 휴전 교섭 분위기가 시작되었다고 판단

---

138) Ranelagh, J., *A Short History of Ireland*, Cambridge, 2012, pp.223-225.

139) Dwyer, T., *De Valera The Man and the Myths*, Dublin: Poolbeg, 1991, p.47.

하였다. 대통령이 필요한 시점이다. 귀국을 결심하자 영국당국에 의한 체포를 생각하지 않을 수 없었다. 그가 잡혀 단식투쟁이라도 하게 되면 더 할 수 없는 실책이 될 것이다. 많은 지도자들이 이미 단식투쟁 중 사망하였다. 데 벌레라는 그 가능성도 열어놓았다. 그렇게 된다면 그 또한 이용가치가 있다. 때로는 큰 희생이 필요하다. 누가 아느냐. 그것이 때때로 다른 방법이 일으키지 못하는 커다란 결과를 가져올지 모른다.[140)]

데 벌레라는 1920년 크리스마스이브에 더블린에 비밀리에 귀국했다. 1년 6개월만이다. 영국 당국은 알고 있었지만 체포하지 않았다. 로이드조지가 종전협정과정에 아일랜드 공화군IRA를 통제하며 협상에 필요한 인물로 그를 지목했기 때문이다.[141)]

140) Cronin, S., *The McGarrity Papers*, Tralee: Ireland, Anvil Books, 1972, p.212.

141) Ranelagh, J., *A Short History of Ireland*, Cambridge, 2012, p.225.

# 제 5 장 국가창건

## 1. 분단

오늘날 에이레는 북아일랜드와 나머지 아일랜드로 나누어진 분단 국가이다. 북아일랜드는 영국령이다. 하나의 에리레 섬에서 남북 아일랜드인들은 여러 모로 달랐지만 1914년까지 분단은 생각조차 하지 못했다. 아일랜드의 분단은 두 가지 요인으로 설명될 수 있다. 하나는 원인遠因이고 다른 하나는 근인近因이다.

원인은 앞서 살펴본 대로 아일랜드의 역사에서 찾을 수 있다. 남북 아일랜드 사이에 뿌리 깊은 원한은 역사적으로 반복되어온 가톨릭교도의 도륙과 개신교도의 살육이 가져온 공포에 기인한다.[1] 그럼에도 분단은 생각하지도 안 했다. 어느 편이 승리하던 통일체는 공동의 이념이었다.

근인은 아일랜드 문제의 해법을 둘러싸고 자치령에 대한 세 주인공의 합작품이다. 북아일랜드(얼스터)의 카슨은 아일랜드 섬 전체의 자치법률을 거부하고 아일랜드 전체와 영국의 연합/합병Union을 목표로 하였다. 남아일랜드(더블린)의 레드몬드는 아일랜드 섬 전체의 자치령을 주장하며 아일랜드 전체의 점진적 독립을 목표로 하였다. 양측은 조금도 물러서지 않았다. 특히 얼스터는 강경하였고 내란도 불사할 협박도 하였다. 이러한 차이에도 불구하고 남북의 공통점은 통일 아일랜드였다. 북의 연합주의자는 완전 자치령은 압도적 인구의 남아일랜드에 예속되어 그들의 경제기반을 무너뜨리고 그들의 가치에 위협이 된다고 믿었다. 완전 자치법률의 실시로 그들이 정치적으로 감정적으로 하나였다고 여기는 영국과 분리가 되는 것을 우려하였다. 영국의 보수당으로서도 아일랜드에 완전 자치법률을 실시하면 인도, 아프리카, 극동의 영국식민지들도 자치법률을 요구할 것이므로 이것은 받아드릴 수 없는 것이었다. 유럽은 전쟁의 먹구름이 밀려오는데 자치법률이 영국에 위협요소가 될 것이라는 우려도 깔려있었다. 아일랜드연합주의자들과 보수당은 반자치법률에 동참하였다. 그러나 단 한 사람. 애스퀴스 내각의 젊은 해군장관 윈스턴 처칠Winston Churchill(1974-1965)만은 이들과 달리 자치법률만이 영국을 지켜준다고 믿었다. 그러나 타협안으로 처칠은 얼스터를 제외한 나머지 아일랜드의 자치법률을 밀고 나갔다. 당시 처칠을 비롯한 당국자들은 이 방법이 유일하며 임시적인 것으로 생각했지

---

1) Ranelagh, J., *A Short History of Ireland*, Cambridge, 2012, p.185.

만 역사가 증명하듯이 분단의 근인이 되었다.

후술이 따르듯이 1921년 영국이 아일랜드와 조약을 맺을 때 아일랜드를 담당하는 영국의 식민장관이 윈스턴 처칠이었다. 그가 아일랜드와 인연을 맺은 것은 그의 조상 말보러 1대 공작the 1st Duke of Marlboroughfh 거슬러 올라간다. 제임스 II세가 윌리엄 III세의 상륙부대와 전투를 할 때 제임스 II세의 총사령관이었던 말보러 공작이 등을 돌려 윌리엄 III세에 합세한다. 그 후 말보러 7대 공작(1822-1883)이 아일랜드 총독이 된 것은 1876년이다. 그 밑에서 그의 아들 랜돌프 경Lord Randolph Church (1849-1895)이 비서를 지냈는데 그의 아들이 윈스턴이다. 그는 유년기를 더블린에서 보냈다. 아버지는 아일랜드의 봉기를 보며 할아버지에게 "골치 아픈 페니안"이라고 외치는 소리를 들었다. 아버지는 아일랜드를 서브리튼West Britons이라고 부르는 지주 편이었다. 윈스턴은 토지개혁도 목격하였다. 자유당의 글래드스턴과 파넬의 아일랜드 의회당은 자치법률로 아일랜드 문제해결의 돌파구로 삼았다.

자유당이 자치법안을 당론으로 정한 배경에는 밀John Stuart Mill(1806-1873)이 있다. 아일랜드에서 봉기가 일어나던 1868년 그는 『영국과 아일랜드England and Ireland』라는 소책자에서 다음과 같이 주장하였다.

> 문명세계에서 아일랜드를 다스리는 일에 있어서 지금까지 이룩한 것보다 더 능력을 보여주지 않은 국가는 영국 말고 없다. 이유는 다음과 같다. 첫째, 영국만큼 그 제도와 공공의 행동양식에 그렇게 자만하는 국가가 없다. 둘째, 역사에 있어서 또 사회경제의 모든 기질에 있어서 아일랜드와 다른 문명국가도 없다. 그리고 그렇게 확실히 잘못되어가

는 국가도 없다.[2)]

이 글로 밀은 여러 곳에서 공격을 받았다. 그러나 밀에게 영향을 받은 정치가가 있었으니 그가 글래드스턴William Gladstone(1809-1898)이다. 아일랜드가 잘못되어 가는 것을 바로 잡아 주는 것이 자치령이라고 믿었다. 그 후 글래드스턴을 이어서 자유당 총리들은 아일랜드에 대한 자치령을 구체적으로 제시하였다.

보수당의 랜돌프 처칠은 이에 반대하였다. 자치령이 대영제국의 이해에 치명적이라고 주장하였다.[3)] 캐나다는 3천마일 떨어져서 자치법률이 영국에 해가 되지 않으나 아일랜드는 불과 15마일 밖에 있으므로 캐나다와 다르다고 주장하였다. 그는 1800년 연합법Act of Union을 지지하였다. 브리튼-아일랜드 왕국의 연합의 제1조가 명시했듯이 하나의 왕국이 되어야만 한다. 아일랜드가 다른 외국의 지배에 놓이면 영국의 자유와 번영이 위험에 빠진다. "아일랜드를 잃으면 영국도 잃는다." 이것이 그가 하원에서 연설한 내용이다.[4)] "만일 글래드스턴이 자치법률을 도입한다면 나는 초헌법적인 수단을 써서라도 얼스터를 선동할 것이다."[5)] 그는 아일랜드에 대한 영국의 무력사용을 반대하고 아일랜드의 교육, 종교, 농촌의 개혁을 주장하였다. 그의 눈에는 아일랜드인들

2) Mill, J. S., *England and Ireland*, Longmans, Green, Reader, and Dyer, 1868, p.29.

3) Jennings L.(ed.), *Speeches of the Right Honourable Lord Randolph Churchill, M. P.*, London: Longmans, Green, 1889, p.88.

4) Jennings L.(ed.), *Speeches of the Right Honourable Lord Randolph Churchill, M. P.*, London: Longmans, Green, 1889, pp.88-89.

5) Churchill, W., *Lord Randolph Churchill*, London: Macmillan, 1906, pp.28-29.

은 두 종류이다. 신교도와 구교도, 지주와 소작인, 앵글로색슨과 켈트. 이들 사이에는 메울 수 없는 간극이 있다. 그는 얼스터에게 자치령에 저항하라고 선동하였다. "절대 항복하지 말라." 이것이 얼스터의 기치가 되었다. 영국으로 돌아와서는 연합당Unionist Party을 만들었다. 영국과 하나가 되는 것을 목표로 한다.

글래드스턴은 자치령을 위해서 세 가지를 제시하였다. 첫째, 얼스터나 얼스터의 일부는 예외로 한다. 둘째, 얼스터나 얼스터의 일부에 자율권을 준다. 셋째, 얼스터나 그 일부에게 특정분야의 권리를 부여한다. 1886년 글래드스턴의 첫 번째 자치령은 하원에서 부결되었다. 1893년 두 번째 자치령은 무한정 지연한 상원을 통과하지 못했다. 글래드스턴에 동조하였던 아일랜드 국민당의 파넬은 비극 속에서 운명하였고 자유당의 글래드스턴은 총선에서 패배하여 수상에서 밀려났다. 자치령은 표류하였다.

1900년 윈스턴 처칠은 보수당의 하원 의원이 되었다. 4년 후 그는 의사당 반대편으로 걸어가서 자유당 의원이 되었다. 이것이 처칠의 유명한 횡보이다. 그가 자유교역에 대해 보수당과 의견을 달리하였지만 보수당의 식민정책에 대한 반동이었다. 보어전쟁에 참전하였던 경험이 식민지에 대한 보수당의 정책에 회의를 가져온 것이다. 골수 보수당원이었던 아버지와 견해를 달리하였다. 윈스턴의 정치는 현실적이며 유연하였다. 그는 자유당 의원석으로 옮겼지만 외톨이였다. 그러나 그의 곁에 같은 또래의 로이드조지가 앉아 있었다. 이때부터 그는 아일랜드 문제에 깊숙이 관여하게 된다. 윈스턴이 이해한 아일랜드 문제는 종교 문제도 아니고 종족 문제도 아니었다. 아일랜드에 부과하는 과도한 세금이었다. 아일랜드가 번영하면 아일랜드는 영국에 충성할 것이고 그럴수록 아일랜드는 자유롭게 될 것이라는 것이 그의 생각이었다.[6] 그 방법이 자치령이었다.

윈스턴이 아버지의 보수당과 결별한 것은 시대가 변했다고 보았기 때문이다. 1886년 제1차 자치령을 놓고 하원에서 찬반이 격돌하는 역사에서 그는 양측의 증오를 보았다. 그 속내는 장기에 걸쳐 아일랜드에서 자행되는 폭력과 불안, 미국의 압력, 암살 등이 영국에게 악몽이 되었다. 윈스턴이 보기에 증오는 결국 독립운동으로 발전할 것이다. 이를 잠재우기 위해서는 자치령 이외에는 방법이 없다고 보았다.

## 2. 자치법안

그는 이 같은 과거를 청산하고 미래를 보기 시작하였다. 새로운 세대가 등장하면 억압적인 법률의 정당성을 묻게 될 것이다. 그들은 법에 의해 제국의 우위를 인정하는 식민의회의 설립을 제의할 것이다. 그 제의는 자치정부를 의미한다. 그는 아일랜드 문제를 넓은 시야에서 보았다. 자유무역과 적정세금을 포함하여 제국의 전체와 관련된 문제로 파악하였다. 그에게 세금은 아일랜드나 영국, 종교, 종족, 직업, 관습의 차이에 상관없이 공정해야 한다고 주장하였다. 자치령만이 이 문제를 해결할 수 있다고 믿었다.

단 하나 걸리는 문제. 얼스터의 오렌지당Orange Party이었다. 그들은

---

6) Bromage, M. C., *Churchill and Ireland*, University of Notre Dame Press, 1956, p.9.

아버지 시절부터 자치령에 대해 완고하게 반대하였다. 소수였던 북아일랜드는 자치령으로 다수인 남아일랜드에게 지배당할까 두려웠다. 1905년 자유당이 정권을 잡자 윈스턴은 식민차관Under-Secretary이 되었다. 대영제국이 강해지려면 아일랜드와 함께 가야 한다. 그러려면 넓은 이해에 기초하여 아일랜드가 몹시 원하는 권리를 인정하는 자치령의 길밖에 없다.[7] 자유당은 자치령당이 되어야 한다. 자유당은 아일랜드에게 스스로의 일을 처리하는 자치의회를 허락하고 그 자치의회는 제국의회의 하위에 두면 된다. 여기에 윈스턴은 얼스터를 별도로 취급한다는 단서를 붙였다. 다시 말하면 얼스터는 자치령에서 제외된다. 얼스터의 각 주에게는 각자 선택권을 부여한다.

윈스턴의 이러한 주장은 아버지 랜돌프의 주장과 다르다. 아버지는 얼스터를 중심으로 아일랜드 전역에 자치령을 반대하였다. 얼스터는 자치령 반대의 집결지였다. 카슨은 윈스턴에게 유감을 표명하였다. "[윈스턴] 처칠은 그러한 자리에 있는 누구보다도 공직생활을 망칠 작정이다. 그가 다수가 신뢰하는 신중하고 믿을 수 있는 정치가로 성숙할지 의심스럽다."[8] 윈스턴은 응수하였다. "정당이 그 이념을 바꾸기보다 개인이 견해를 바꾸는 것이 났다."[9] 이때가 1909년이다. 이때는 아무도 윈스턴의 생각을 심각하게 생각하지 않았다. 처칠의 이러한 발언은 영국을 위해 우회적으로 계산된 계획이 아닌 것 같다. 그것은 나누어서 지배하는 것이 아니라 나누어서 평화를 유지하자는 것이었다.[10] 1910

7) Bromage, M. C., *Churchill and Ireland*, University of Notre Dame Press, 1956, p.14.

8) Hyde, H., *Carson*, London: Heinemann, 1953, p.242.

9) Churchill, W., *Amid These Storms*, New York: Charles Scribner's Sons, 1932, p.46.

년 선거 후에 윈스턴에게 아일랜드 장관Chief Secretary for Ireland을 제시하였지만 그는 고사하였다. 대신 내무장관Secretary of State for Home Affairs을 수락하며 아일랜드 자치령을 주장하였다.

1910년 선거에서 아일랜드 자치령은 주요 쟁점이 되었다. 그 쟁점에서 윈스턴은 얼스터를 제외한다는 주장을 아직 드러내지 않았다. 그 쟁점은 아일랜드 전역에 전면적 자치령이냐 아니냐의 선택이었다. 웨스트민스터 의회에서 아일랜드 의회당은 균형의 추 역할이 되었다. 자유당의 자치령을 지지하는 대가로 아일랜드 의회당은 의회법의 개정을 요구하였다. 1893년 제2차 자치령이 상원을 통과하지 못한 경험에 비추어서 상원이 무한정 저지할 수 없도록 의회법을 개정하는 것이었다. 의회법 개정 토론에서 윈스턴은 의원들에게 확신을 주려 하였다. "하원을 통과시키면 아일랜드에 부과하는 충분한 안전장치를 의회가 마련하도록 하겠다. 제국의 번영, 단결, 국력에 도움이 되는 장치이다." 그 결과 "자치령이 실시되면 영국의 아낌없는 지원으로 아일랜드는 혜택을 볼 것이다. 남아프리카와 캐나다가 자치정부를 허락한데 대하여 감사의 표시로 영국에게 도로 갚은 경험이 있다. 아일랜드라고 예외가 아니다. 우리는 이 실험에 성공하였다. 남아프리카의 평화와 캐나다의 충성이 제국주의에 의한 자유와 평화의 열매라고 주장할 수 있지 않은가? 이 모든 것이 자유주의 정신이 영국민족에게 부여한 유산이 아닌가?"[11] 정부가 자치 법안을 다시 발의하겠다고 과감하게 말하면서 윈스

10) Bromage, M. C., *Churchill and Ireland*, University of Notre Dame Press, 1956, p.17.

11) Bromage, M. C., *Churchill and Ireland*, University of Notre Dame Press, 1956, p.18.

턴은 카슨을 겨냥하였다. "그는 글자 그대로 심각한 용어를 사용한다. 그 용어에서 영국 국왕의 군대에게 전쟁을 하겠다는 의도가 드러난다. 그리고 육군과 해군의 장교들을 법적인 충성의 서약에서 떼어놓으려는 유혹을 보이고 있다." 윈스턴은 여기에 덧붙이기를 망설이지 않는다. "전에도 우리는 [얼스터에 의한] 내전의 협박을 들었다."

윈스턴은 1912년 해군장관The First Lord of Admiralty에 임명되었다. 자치령 문제가 전면에 대두되자 그는 아일랜드 국민당 의원에 대한 정부의 책임과 의무로 얼스터의 벨파스트를 방문하게 되었다. 연합주의자들은 자유당을 전복시키고 다시 정권을 잡기 위하여 얼스터에 부채질하였다. 얼스터는 휴화산이었다. 그가 연설할 장소는 거부되었다. 곳곳에 불타는 십자가의 행렬로 가득 찼고 벽에는 저주의 글이 적혀 있었다. 그가 해를 입을지 모르는 상황이었다. 연합주의자들은 자동차에 돌을 던지고 윈스턴의 인형을 불태웠다. 25년 전 그의 아버지가 방문했을 때와는 사뭇 달랐다.

그럼에도 주둔군의 보호 속에서 집회는 순조롭게 진행되었다. 5천 명의 군중이 자치령에 대해 찬성하였다. 아일랜드 의회당의 레드몬드가 단상에 올라가 처칠의 연설을 지지하였다. 처칠 장관은 말했다. 아일랜드 국민주의 횃불은 꺼지지 않는다. 자치령이 해결되지 않는다면 투쟁만이 계속되어야 하고 그것은 전 세계로 퍼져나갈 것이다. 그러나 그는 얼스터의 분리는 언급하지 않았다. 여기서 그는 아버지의 연설 한 구절을 읊었다. "얼스터가 아일랜드의 명예를 위하여, 종족의 화해를 위하여, 과거의 잘못을 용서하려고, 제국의 단결을 공고히 하려고 싸운다면, 얼스터는 진실로 투쟁할 것이고 그렇게 하는 얼스터는 옳다."[12] 아버지의 연설을 인용했지만 윈스턴은 아일랜드 전체와 제국 전체를 위해 싸우는 얼스터를 가리키는 것이지 아버지처럼 얼스터의 연합주의자의 얼스터를 가리키는 것이 아니다.

아들과 아버지의 차이는 세월의 차이이다. 윈스턴의 대영제국은 아버지 시절의 그것이 아니다. 지난 25년 동안 영국-아일랜드의 관계는 대영제국의 안전을 위해 발전해 왔다. 랜돌프 시대와 달리 윈스턴의 시대에는 자치령을 아일랜드에 허락해도 제국에 위해가 가해지지 않는다는 자신감의 성취였다. 오히려 자치령이야말로 제국의 안전을 더욱 공고히 할 수 있는 방법이라고 윈스턴은 생각한 것이다. 그 예로써 자신이 직접 경험한 남아프리카를 들었다.

눈을 돌려 유럽대륙을 보면 영국의 숙적 프랑스는 독일의 발흥으로 영국에 정신을 집중할 여력이 없다. 한때 1천2백만 명의 영국은 7백만 명의 아일랜드와 2천만 명의 프랑스에 포위되어 있었다. 윈스턴 시대에 영국의 인구는 아일랜드 인구의 10배가 되었다. 프랑스 인구는 독일 인구를 감내하지 못한다. 아일랜드가 영국을 침공하는 프랑스의 통로가 될 수 있다는 우려는 더 이상 우려가 아니다. "아일랜드를 잃으면 영국을 잃는다."는 아버지의 시대는 지났다. 윈스턴에게 자치령은 제국 의회 내에서의 자치령을 의미한다. 아일랜드 의회를 허락하는데 그 의회는 영국 의회와 국왕에게 충성을 서약해야 한다. 윈스턴에게 이것은 아일랜드를 영국으로부터 분리가 아니라 협력하는 관계이다. "만일 아일랜드가 전쟁에서 영국을 위해 최선을 다한다면 영국을 위해 큰 도움

12) Bromage, M. C., *Churchill and Ireland*, University of Notre Dame Press, 1956, p.22.

이 될 것이다. 그러나 만일 아일랜드가 영국에 최악으로 대하면 우리는 아일랜드를 갈아엎을 것이다."[13]

윈스턴이 보기에 최악의 관계가 될 전쟁이나 외국이 아일랜드를 침공할 상황은 거의 없는 시대가 되었다. 아일랜드에게 어떠한 양보를 허용한다 하더라도 영국의 해군이 바다를 제패하고 있는 한 제국은 안전할 것이다. 해군장관으로서 그는 자신했다. 그는 이미 1906년부터 아일랜드에 자치령을 허용하는 것을 원칙으로 삼고 여기에서 아일랜드의 일부는 제외하자는 생각을 하게 되었다. 그것이 말썽 많은 얼스터였다. 그는 이 분리를 다음 단계로 이행하는 임시 조치라고 보았다.

그가 생각하는 자치령의 궁극적인 모습은 분권과 집권의 연방주의이다. 얼스터에 지방의회를 허락하고 더블린에도 지방의회를 허용한다. 그밖에도 여러 지방의회를 허락한다. 지방의회는 지역의 문제를 다루고 대영제국 전체의 사안은 웨스트민스터 제국의회가 다룬다. 제국의회에 권력이 집중하는 동시에 지방의회에 권력을 분산한다. 미국은 46주의 분권이 연방의회의 집권과 병행하며 독일은 23주의 분권이 연방의회의 집권과 혼재한다.[14] 윈스턴의 이러한 구상은 그가 제2차 보어전쟁에 참전한 경험에서 나온 것이다. 그 전쟁의 결과 오늘날 남아프리카의 초석이 되는 트란스발이 탄생하였다. 이해와 종족과 종교가 다기한 구성원들을 연방으로 묶는데 성공했다고 자평하였다.

---

13) Bromage, M. C., *Churchill and Ireland*, University of Notre Dame Press, 1956, p.26.

14) MacVeagh, J., *Home Rule in a Nutshell - A Pocket Book for Speakers and Electors*, London: Daily Chronicle, 1912, pp.10-11.

그러나 아일랜드는 다른 영연방 국가와 다르다. 그들은 지구 반대편에 멀리 있지만 아일랜드는 너무 가깝다. 윈스턴의 자치령 구상에서 아일랜드는 영연방의 일원으로 허락되지 않았다. 그것이 그가 타협으로 내놓은 남아일랜드의 자치령과 북아일랜드의 영국 잔류이다.

남아일랜드는 찬성 쪽으로 기울어져 갔다. 얼스터만으로 북아일랜드가 존립할 수 없다고 보았다. 그들은 결국 남아일랜드에 흡수될 것이다. 이에 위협을 느낀 북아일랜드는 자치령이 실시되는 경우 외세의 힘을 빌릴 것을 불사하는 태도를 보였다. 그러나 북아일랜드는 오랫동안 영국 편이었다. 윈스턴은 얼스터를 달랠 필요를 느꼈다. 여기에 동배의 로이드조지도 동의하였다. 윈스턴은 아일랜드 국민당의 레드몬드로부터 양보를 얻어낼 필요성을 절감하였다. 이때가 1912년이다. 그러나 이때에도 아무도 이것이 분단이 되리라고 생각하지 못하였다.

마침내 처칠과 로이드조지는 1912년 6월에 얼스터의 4개주를 제외하자는데 동의하였다. 그러나 아무도 따르지 않았다. 이제 태도가 바뀌어서 레드몬드가 반대하였다. 얼스터의 산업 없이 아일랜드의 조세수입을 어떻게 할 것인가? 카슨 역시 자신의 주장을 재고하여 얼스터가 빠진 자치령은 불가능하다고 보았다. 그는 그 편에 투표하였다. 그렇게 해서 자치령이 폐기되기를 바랐다. 그러나 부결된 것은 얼스터의 제외조항이었다. 카슨은 정부가 법안을 얼스터에 힘으로 밀어붙인다면 전쟁을 각오해야 한다고 경고하였다. 보수당의 지도자 로우Bonar Law(1853-1923)는 어떠한 정부도 군대를 투입하여 얼스터를 몰아낼 수 없을 것이라고 항변하였다. 처칠은 이에 대해 로우와 카슨이 내전을 부추긴다고 비난하였다. 처칠은 보수당이 얼스터 문제로 정권을 잡으려 한다고 비난하였다. 얼스터는 그들에게 정권을 잡기 위한 마지막 카드였다. 이 과정에서 연합주의자가 던진 서류철에 처칠의 이마가 다쳤다. 다음날 그가 사과를 하자 해군장관은 이를 받아드렸다.[15)]

## 3. 처칠

얼스터를 분리한다고 처음으로 밝혀진 것은 1912년 8월 31일 처칠의 편지이다.[16)] 레드몬드에 보내는 서한에서 그는 아일랜드와 미국의 [아일랜드 독립운동자들]에게는 유감스럽지만 자치령이 마침내 윤곽이 드러났다고 썼다. 그러면서 그는 이 제안이 영국정부가 아니라 아일랜드 의회당이 제기한 것이기를 바랬다. 또한 그는 이 분리가 얼스터의 9개주 모두 영원한 분리가 아니라 연합주의자가 압도적인 4개의 주에만 국한하는 일시적인 분리라고 거듭 강조하였다. 남측의 아일랜드 국민주의자들은 자치령이 통일 아일랜드와 함께 성립할 수 없음을 깨달았다. 선택은 자유당의 손에 달려있음을 알았다. 보수당과 자유당의 타협을 찾기 위하여 처칠은 바삐 움직였다.

### 처칠의 구상

타협점을 찾기도 전에 사태는 긴박하게 흘러 1912년 9월에 벨파스트에서 얼스터에 대한 자치령의 거부가 아니라 전체 자치령에 대한 전

15) Asquith, H. H., *Memories and Reflections 1852-1927*, London: Cassell, 1928, p.187.

16) Gwynn, D., *The Life of John Redmond*, London: Harrap, 1932, p.214.

면 거부의 서약이 이루어졌다. 분리는 얼스터의 목적이 아니었다. 그 다음해 1월 카슨이 하원에 얼스터 전부를 제외하는 자치령을 제출하였다. 처칠은 얼스터에 속한 4개주의 주민투표를 무시했다고 반박하였다. 카슨의 제안은 부결되었다.

연합주의자들의 저항이 워낙 거세어서 처칠과 로이드조지는 해법에 고심하였다. 처칠의 구상은 얼스터에 불을 지르는 한편 아일랜드 국민주의자들에게는 찬물을 끼얹는 격이었다.[17] 얼스터는 말뿐만 아니라 행동으로 나타냈으니 얼스터 자원군Ulster Volunteers을 조직하고 카슨을 임시정부의 수반으로 앉힌 것이다. 처칠은 타협점을 다시 모색하였다. 그러나 그는 여전히 자유당의 기본방침인 자치령을 고수하는 한편 얼스터의 요구도 들어주려고 하였다. 처칠의 생각에 내각이 모두 동의한 것은 아니지만 마침내 의견의 통일을 보았다.[18] 처칠의 생각의 저변에는 국제정세에 있었다. 유럽대륙의 불안에 직면한 영국으로써는 북아일랜드의 봉기는 생각할 수 없는 일이었다.

얼스터는 사실상 긴장감이 돌아 무기고가 습격당할 위험이 있었다. 얼스터 자원군이 정부의 자치령에 반대하여 봉기할 염려 속에 영국군이 동요하기 시작하였다. 군사작전의 사령관 윌슨 경은 북아일랜드를 향하여 발사하지 않겠다고 선언하고 만일 군대에게 명령을 내리면 많은 군인들이 군대를 떠날 것이라고 내다보았다.[19] 영국군의 동요에 대

17) Healy, T., *Letters and Leaders of My Day*, New York: Frederick A. Stokes, 1929, p.530.

18) Gwynn, *The History of Partition 1912-1925*, Dublin: Browne and Nolan, 1950, p.70, p.82.

19) Callwell, C. E., *Field-Marshall Sir Henry Wilson*, London: Cassell, 1927, pp.130-

해 독일은 기회라고 생각하였고 프랑스는 불안에 떨었다. 유럽대륙은 전쟁 1보 직전이었다.

처칠은 몹시 분개하였다. 얼스터가 정부의 제안을 받아드리지 않으면 처칠은 이제 얼스터 연합주의자들에게 등을 돌릴 수밖에 없게 되었다. 해군장관으로 처칠은 공개적으로 정부의 타협안을 말할 수 없는 형편에 재무상 로이드조지가 거들었다. 얼스터의 각주는 자치령에서 예외가 될 것인지 아닐지 결정하는 처칠의 주민투표 제안에 힘을 실어주었다.[20]

해군장관으로서 처칠은 얼스터에 군사력을 행사하는 데에는 반대하였다. 그는 차라리 사임하겠다는 뜻을 분명히 했다. 그러면서 그는 자신이 할 수 있는 한 자신의 제안을 끝까지 관찰하겠다고 말했다. "우리는 그 가능성[얼스터 제외]을 결코 포기하지 않는다. - 결코Never." "결코"는 아버지가 얼스터에게 심어준 유명한 말이다. 얼스터에게 그들은 자치령을 거부할 수 없고 그들에게 봉기는 무자비하게 진압한다는 점을 알려야 한다는 점을 분명히 했다. 다른 한편, 얼스터는 자치령에서 제외할 수 있는데 그 이유는 정부는 얼스터에게 자치령 실시를 강제할 권한이 있다고 생각하지 않았기 때문이다.

처칠과 로이드조지는 얼스터 제외조항과 함께 자치령을 제안하였다. 그 제외조항에는 조건이 있었다. 일시적 제외 이후 일정기간이 지난 다음 얼스터 지방의회에게 다른 결정을 할 수 있는 기회를 부여한

---

131.

20) Riddell, G., *More Pages from My Diary 1908-1914*, London: Country Life, 1934, p.202.

다. 얼스터는 자신들을 영국으로부터 떼어놓는 제안이라고 반발하였다. 내각은 처칠을 전쟁장관과 함께 내각 내에 아일랜드 문제를 담당하는 위원으로 임명하였다.[21] 수상은 이 위원회를 만들면서 얼스터를 "일시 분리"하는 제안으로 수정하라고 지시하며, 그러나 얼스터는 허용할 수 없다는 점을 분명히 했다.

일시분리의 이유는 두 가지였다. 하나는 만일 때가 되기 전에 총선에서 보수당이 승리하면 자치령 법안을 폐기할 위험이 있었다. 둘째, 두 번의 총선이 치룰 때까지 얼스터의 의지에 반해서 자치령을 강제하지 않겠다는 점을 [북아일랜드의] 아일랜드 국민당에게서 약속을 받아내기 위함이다. 이것은 얼스터가 더블린에 예속되는 일이 없도록 하는 안전장치였다.[22] 얼스터를 제외한 제안이 조금은 유혈을 부르겠지만 정부는 얼스터를 자극해서는 안 된다. 그들이 까닭 없이 공격하면 여론이 지지하지 않기 때문에 얼스터에게 빌미를 주어서는 안 된다.

이 제안에 대해 레드몬드는 찬성했지만 카슨은 반대했다. 얼스터에 지방의회를 허용하지 않는다는데 대하여 북아일랜드는 들끓었다. 얼스터의 임시정부는 실제로 독일과 협력하여 무기를 밀반입하였다. 해군장관 처칠은 내각의 동의하에 군함을 급파하였다. 전쟁장관은 무기고를 지키기 위하여 육군을 보냈다. 그리고 벨파스트에 군정장관을 보냈다.[23]

---

21) Ryan, A., *Mutiny at the Curragh*, London: Macmillan, 1956, p.117.

22) Bromage, M. C., *Churchill and Ireland*, University of Notre Dame Press, 1964, pp.40-41.

23) Ryan, A., *Mutiny at the Curragh*, London: Macmillan, 1956, p.122.

영국군 장교들에게 얼스터를 공격하라고 명령을 내리면 많은 장교들이 사임할 것이라는 관측이 유포되었다. 이것이 커라의 반역the Curragh Mutiny이다. 전쟁장관이 장군들을 불러 이 문제를 의논했다. 카슨은 의기양양하게 외쳤다. "군대는 우리 편이다." 정부와 군대 사이에 불협화가 발생한 것이다.[24] 같은 해에 대륙에서 제1차 세계대전이 발발할 징조가 커져갔다. 이때 군대의 반란은 매우 위험하였다. 해군장관에게 유럽전쟁 중에 군의 동요는 견딜 수 없는 일이었다. 처칠은 영국군의 동요에 화가 났다. 법과 질서에 저항하려는 움직임에 단속하기를 주저하는 아일랜드 주둔군의 동요에 참을 수 없었다.

미국대통령 윌슨은 정부를 참칭하고 군대를 조직하였으며 적국으로부터 무기를 밀반입하여 미국의 우방인 영국을 상대로 전쟁을 준비한 카슨을 반역죄로 교수대로 보내야 한다고 선동하였다.[25] 그러나 영국 수상은 얼스터의 지도자들을 기소하지 않았다. 수상은 누군가에게 책임을 물어야 할 처지에 놓였다. 전쟁장관이 사임하였다. 처칠은 남았다. 얼스터는 무기고를 습격하지 않았고 군대는 얼스터에 발사하지 않았다. 위기는 넘겼다. 보수당은 얼스터에 군대를 보낸 경위를 의회가 조사해야 한다고 주장하였지만 실행되지는 않았다. 마침내 국왕 조지 5세가 회의를 소집하였다. 그러나 이 회의의 잉크가 마르기도 전에 1차 대전이 터졌다.

처칠은 남아일랜드 만의 자치령 수용을 받아내기 위하여 레드몬드에게 1차 대전에 아일랜드 징집을 제의하였다. 레드몬드는 이 제의를

24) Churchill, W., *Great Contemporaries*, New York: Putnam's Sons, 1937, pp.122-123.

25) Ranelagh, J., *A Short History of Ireland*, Cambridge, 2012, p.187.

받아드렸다. 카슨에게는 얼스터의 제외와 지방의회의 허용을 약속하였다. 레드몬드의 아일랜드 의회당과 로이드조지의 자유당에 의해 하원을 통과한 법안은 예상대로 상원에서 부결되었지만 하원으로 다시 넘어와 재심하여 상원의 승인 없이 1914년 9월에 마침내 법률이 되었다. 글래드스턴에 의해 1차 자치령이 발의된 지 28년 만에 3차 자치령으로 비로소 법률이 된 것이다. 그러나 제1차 세계대전으로 실시가 연기되었다.

여기에다 얼스터 분할의 범위는 정해지지 않았다. 몇 개의 주가 제외되고 몇 개의 주가 자치령을 수용할지 이 문제를 해결하려면 또 다시 분쟁에 휩쓸리게 될 위험이 있다. 세계대전의 와중에 이것은 제국의 안전에 위해가 된다. 얼스터의 카슨과 더블린의 레드몬드는 자치령 연기에 찬성하였다. 처칠을 위시한 자유당의 노력은 시기를 놓쳤다. 자유당의 약속은 지켜지지 않았다. 세계대전에서 카슨은 연립내각에 일원이 되었다. 레드몬드는 입각을 거절하였다. 처칠은 제외되었다. 그는 대령의 신분으로 유럽전선에 뛰어 들었다. 레드몬드는 종전을 앞두고 비탄heartbroken 속에 사망하였다. 3차 자치령마저 중심을 잃었다.

아일랜드 의회당의 자치령이 좌절되는 것을 본 새로운 세대가 남아일랜드에 등장하였다. 그들은 아일랜드 의회당이 자치령을 수용한 대가로 아일랜드 징집에 동의한 것을 거부하고 젊은이들에게 징집에 응하지 않을 것을 호소하였다. 그들은 자치령 자체를 거부하고 완전독립을 외쳤다. 1916년 신페인의 부활절 봉기가 그것이다. 그들은 아일랜드가 더 이상 대영제국에 일원이 되는 것을 전면적으로 거부하고 공화국 건립을 목표로 하였다. 앞서 본 대로 신페인당은 1918년 선거에서 아일랜드를 휩쓰는 대승을 거둔 다음 웨스트민스터 의회에 출석하는 것을 거부하고 스스로 도일을 수립하여 부활절 봉기가 선언한 아일랜드 공화국을 비준하였다. 데 벌레라를 총리로 선출하였다함은 이미 본 바대로이다. 아일랜드와 영국의 관계는 새로운 국면을 맞이하게 되었다. 그 가운데 하나가 아일랜드의 분단 문제였다.

## 로이드조지

1919년 12월 19일 더블린에서 발생한 아일랜드 영국주둔군 사령관 프랜치 경Sir John Denton Pinkstone French(1852-1925)의 암살 시도가 세계 언론을 뒤덮었다. 이에 즉각적 반응으로 3일 후 영국 수상 로이드조지는 하원에서 아일랜드 정부법의 윤곽을 잡는다. 제4차 자치령이다. 내용은 두 개의 의회 구성이다. 더블린과 벨파스트 각각에 하나씩 의회를 설치한다. 더블린 의회는 26개주를 벨파스트 의회는 6개주를 대표한다. 데 벌레라에게 보란 듯이 로이드조지는 미국의 각 주의 의회에 비교하였다. 그리고 경고하였다. "영국과 분리는 전쟁을 의미한다. 마치 미국에서 분리를 주장하는 남군을 북군이 공격했듯이."[26] 미국 유세 중인 데 벌레라는 즉각 촌평을 냈다. "나는 아일랜드에 두 개의 의회에 관한 로이드조지의 최근의 새 계획을 보지 못했다. 자세히 읽기 전이다. 물론 나는 그것을 자세히 논평할 수 없다. 내가 지금 말할 수 있는 것은 영국 수상이 그린 새 의회계획이란 것이 아일랜드를 우롱하는 영국 정치가들의 또 하나의 시도 이상 아무 것도 아니라는 것이

26) Hannigan, D., *De Valera in America*, New York: O'Brien Press, 2010, p.102.

나의 신념이다."[27)]

해를 넘겨 1920년 4월 로이드조지의 자치령이 하원에서 제2독회가 마무리되었을 때 데 벌레라가 자치령을 비난하였다. "우리는 그것이 좋은 법안인지 나쁜 법안인지 말하지 않겠다. 다만 우리는 아일랜드 정부에 대해 그가 말하는 어떠한 것도 인정하지 않는다. 영국이 군대를 철수하면 그 순간 평화가 온다. 우리는 복수할 동기도 없고 우리는 다른 나라에 대항하여 또 다른 나라의 앞잡이가 되는 것을 거부한다."

부활절 봉기는 자치령에 예상치 않은 결과를 가져왔다. 지도자 15명의 처형 1주일도 지나지 않아서 워싱턴주재 영국대사가 본국에 미국에서 반영 분위기가 급속히 퍼진다고 보고하였다. 대전에서 독일과 힘겹게 싸우고 있는 영국은 하루라도 빨리 미국의 참전을 애타게 기다리고 있는 형편이므로 악화된 미국여론에 대하여 무슨 조치를 취해야할 처지가 되었다. 애스퀴스 내각은 전쟁으로 연기되었던 자치령 카드를 들고 나왔다. 이 법률에 의하면 얼스터 6개주는 주민투표에 의해 임시 자치령 실시에서 제외된다. 이 단서조항은 부활절 봉기 직후에도 북측의 카슨과 남측의 레드몬드 사이의 교섭에 장애가 된 것이다. 당시 전쟁장관 로이드조지가 주관하였다.

## 4. 1920년 아일랜드 정부법

다시 한 번 로이드조지가 이 문제를 담당하였다. 그는 '임시'라는

27) Hannigan, D., *De Valera in America*, New York: O'Brien Press, 2010, p.102.

단어에서 해결의 '책략'을 찾았다. 자치법안에는 '임시'라고 단서가 붙었지만 그 기간이 정해지지 않았고 그 기간이 지난 후에 대해서는 아무 언급이 없었다. 흡사 종신형과 달리 기간을 정해놓지 않은 무기징역에 비유할 수 있다. 먼저 6개주의 분리가 '임시'라고 레드몬드를 설득하여 동의를 받았다. 반대로 카슨에게는 사적으로 6개주 분리의 '임시' 기간의 불가피성을 말한 뒤 그러나 그 임시기간이 종료되어도 얼스터를 나머지 아일랜드에 합치지 않을 것임을 보장했다. 나중에 이 사실을 알게 된 레드몬드가 로이드조지에게 이 사적인 약속이 사실이 아님을 부정하라는 성명을 요구했다. 영국정부는 로이드조지의 해법이 사실임을 확인했다.[28] 부활절 봉기의 배경에 대해서는 앞서 누누이 소개했지만 영국의 빈번한 약속 파기에도 기인한다. 영국도 알고 있었다. 챔버린이 자인한 대로 영국은 1691년 리메리크 조약, 1800년 합병법, 1914년 자치령 등 아일랜드와 약속을 지키지 않았다.[29] 결국 영국은 1920년 최후의 자치령마저도 책략으로 달성하였다. 이것이 제4차 자치령이다. 이것이 법률로 되어 〈1920년 아일랜드 정부법〉이 되었다. 이 법률의 중요성은 앞으로 아일랜드에서 영국주도하에 제정되는 모든 법률의 근거가 된다는 점이다.

레드몬드는 그러한 자치령을 거부했다. 그의 아들은 아버지 당의 노선에 따라 전쟁에 자원하여 유럽전선에서 전사하였다. 대전이 종료되는 것을 보지 못하고 레드몬드는 비탄 속에 죽었다함은 앞서 본대로

---

28) Ranelagh, J., *A Short History of Ireland*, Cambridge, 2012, p.214.

29) Laffan, M., *The Partition of Ireland 1911-1925*, Dublin: Dundalgan Press, 1987, p.88.

이다. 아일랜드의 분단은 로이드조지와 처칠이 주장한 대로 결정되었다. 이 분단은 1921년 아일랜드-영국의 조약의 내용이 되었고 이 조약을 아일랜드가 어떻게 수용하느냐를 둘러싸고 내전이 일어난다. 그것은 데 벌레라와 콜린스 사이의 전쟁이 되었다. 아일랜드의 분단은 외세에 의한 분단이다.

로이드조지는 얼스터를 싸고도는 이유를 밝혔다. 아일랜드 섬의 3분의 1을 차지하는 인구가 영국과 연합을 원하는 것은 자결권원칙에 따라 인정해야 한다는 것이다. 데 벌레라는 영국이 아일랜드의 자결권을 인정하지 않으면서 얼스터의 자결권을 인정하라는 것은 모순이라고 반박한다. 데 벌레라는 자결권이란 하나의 민족에게 적용되는 것인 만큼 아일랜드 전체를 하나의 단위로 적용해야 한다고 논박한다. 로이드조지는 영국이 얼스터를 떠난다면 신페인이 얼스터를 초토화시킬 우려를 앞세운다. 데 벌레라는 영국이 이것을 선전하기 때문에 아일랜드가 세계의 동정을 잃게 될지 모른다고 도일에게 경고하였다.

데 벌레라에게는 신념이 있다. 아일랜드의 최종적인 자유와 통일은 불가피한 것이다. 역사적으로 보나 지리적으로 보나 우리는 성공할 것임을 추호도 의심하지 않는다. 우리는 유럽에서 자유를 얻지 못한 유일한 백인이다. 그러나 영국이 언제까지 최강이라는 법은 없다. 영국의 비행기, 전함, 탱크, 독가스, 나머지 모두에도 불구하고 우리는 승리한다. 정의가 우리 편이기 때문이다. 필요하다면 다음 세대가 우리가 이룬 것과 같이 성스러운 과업을 완수할 것이다. 아일랜드의 자유는 당장 찾아오지 않겠지만 불가피하다. 세계평화가 아일랜드의 대의에 달려있기 때문이다. 아일랜드의 염원은 아일랜드의 황금시대의 재현을 포

함한다.[30)]

그 근거를 보면 남아일랜드 주민은 모두 분할에 반대하며 북아일랜드 주민도 벨파스트 동북부 2개주 안트림Antrim과 다운Down만 제외하고 과반수이상이 분할에 반대한다는데 있다.[31)]

## 5. 조약

### 입헌주의

런던의 웨스트민스터 의회에서 지난 1년간 논쟁을 거친 제4차 자치령법률(1920년 아일랜드 정부법)이 시행되기 시작한 것은 데 벌레라가 미국유세를 마치고 더블린에 도착하기 하루 전인 1920년 12월 23일이었다. 1916년 로이드조지가 윤곽을 그린 대로 아일랜드를 남북으로 분단했다. 이 법에 의하면 아일랜드에는 두 개의 자치 정부를 수립하는데 하나는 26개주를 대표하는 더블린의 국민주의Nationalist 정부와 또 다른 하나는 6개주를 대표하는 벨파스트의 연합주의Unionist 정부이다. 장차 통일정부를 목표로 한다는 조건이 전제되었고 아일랜드 협의체Council of Ireland가 받아드려졌다. 통일을 위해서 남북 사이의 상호이익의 문제를 협의하는 기구이다. 그러나 카슨은 북아일랜드 문제를 자결권으로

30) Bowman, J., *De Valera and the Ulster Question 1917-1973*, Oxford 1982, pp.41-55.

31) Gallagher, T., B. Fiona, and O. D. Fionnbarra, *A Pocket History of the 1916 Rising*, Dublin: Gill Books, 2015, p.183.

해결하려는 영국에 실망하여 의원직을 사임했다. 그의 후임으로 크레이그James Craig(1871-1940)가 선출되었다.

데 벌레라는 미국에서 귀국하자마자 명목뿐인 내각을 다시 챙겼다. 그 동안 영국의 탄압으로 지하로 잠적한 내각은 제대로 업무를 수행할 수 없었다. 데 벌레라는 외무장관 업무를 직접 챙겨 선전부서로 바꾸었었다. "선전국장과 긴밀하게 일해야 한다." "그 부서는 사실상 선전의 항구적 가치의 부서 또는 통계적 부서이다."[32] 그는 의식적으로 온건한 인상을 만들었다. 은신처에서 외신기자들과 만나 온건한 성명서를 발표하였다. 그는 아일랜드 공화군IRA지도자들과 만나 자신이 미국에서 펼쳤던 선전방식에 부응하는 군사 활동을 주문하였다.

데 벌레라는 자신의 부재중에 콜린스가 이끄는 독립전쟁은 진정한 전쟁이라고 생각하지 않았다. 그것은 아일랜드에 질서를 회복하려고 증강한 영국의 경찰력과 전투에 불과하였다. 블랙앤탠, 보조부대, 카이로갱 등은 모두 경찰과 정보에 대한 전투경찰이다. 데 벌레라는 도일의 원들이 깨닫기를 촉구하였다. 영국이 육군, 해군, 새로 조직한 항공대의 정규군대로 진짜 전쟁을 선포하는 경우 영국의 지배를 불러온다. 아일랜드는 영국과 너무 가깝다. 아일랜드의 주권과 영국의 안전을 동시에 충족시키는 먼로주의를 영국에게 주장했지만 영국이 국제사회에 호응을 얻으면 아일랜드를 점령하는 것은 문제도 되지 않는다. 그는 미국유세에서 아메리카인디언 보호구역을 방문한 적이 있다. 그는 말한다. "미국을 보라. 본토인들은 어디 있느냐? 지구상에서 사라졌다.

32) Dwyer, T., *Big Fellow, Long Fellow*, Dublin: Gill & Macmillan, 2006, p.160.

동일한 일이 아일랜드에서 일어날 수 있다."[33] 그 본토인을 사라지게 만든 장본인이 바로 영국인이다.

콜린스의 친구 볼란드도 같은 의견이다. 그는 데 벌레라를 수행하여 미국유세에 동참하였다. "내가 미국에서 배운 것은 네[콜린스]가 군사력으로 영국을 제압할 수 없다는 사실이다. 나에게 전쟁과 평화 가운데 하나를 선택하라면 나는 평화를 선택하겠다."[34]

로이드조지는 럭비경기장 학살 사건으로 악화된 미국여론이 걱정이었다. 세계대전으로 미국에서 빌려온 막대한 전비가 그를 억누르고 있었다. 여기에 더하여 국내의 전쟁기채로 영국의 재정은 사실상 파산 상태나 다름없었다. "미국의 여론을 호전시키려면 데 벌레라를 만나서 해법을 찾아야 한다."[35] 그의 해법은 아일랜드에 대한 자치법이다. 데 벌레라는 관심을 보이며 그것이 아일랜드가 수용할 수 있는 실체가 되어야 한다고 지적하였다. "영연방 국가들은 아일랜드가 원하는 모든 권리를 부여받았다. 만일 그 권리가 우리에게도 주어진다면 우리는 현재의 투쟁을 접을 수 있다."

데 벌레라가 이 발언을 하게 된 것은 도일과 아일랜드 공화군IRA의 간극을 인지하고 아일랜드의 문제를 해결하는데 혁명주의를 제압하는 입헌주의를 수립하기 위해서는 분단을 받아드릴 수밖에 없음을 깨달았다는데 있다. 다시 말하면 그의 앞에는 두 길이 놓여있었다. 전 아일랜

---

33) Dwyer, T., *Big Fellow, Long Fellow*, Dublin: Gill & Macmillan, 2006, p.178.

34) Dwyer, T., *Big Fellow, Long Fellow*, Dublin: Gill & Macmillan, 2006, p.190.

35) Jones, T., *Whitehall Papers, Volume 3: Ireland 1918-1925*, ed. by Keith Middlemas, London, 1971, p.9.

드의 자치법률 아니면 분단된 공화국. 첫째, 영국의 〈1920년 아일랜드 정부법〉으로 분단이 확정된 마당에 분단의 방법은 여러 가지이다. 논의할 것이 많다. 그는 스위스처럼 여러 행정구역으로 나누는 방법을 제의하였다. 둘째, 영국의 안전에 대하여는 영국 판 먼로주의를 제의하였다. 그가 공화주의에서 한 발 양보한 것으로 생각하는 사람들에게 "이러이러한 것 이외에 아무 것도 우리를 만족시킬 수 없다는 것을 로이드조지에게 압박해야 한다."고 해명하였다. 그것이 유연한 온건이다. 세계의 동정을 구하고 영국의 복잡다기한 연립정부를 수세에 몰게 하는 방법이다. 파리 주재 아일랜드 대표가 온건에 반대하자 "당신은 아일랜드만을 생각하라."라고 응대하였다.

데 벌레라가 온건한 평화 해법을 모색하고 콜린스는 계속 군사해법을 취하는 것을 본 로이드조지는 둘 사이에 권력 다툼이 있음을 감지하였다. 로이드조지는 연립정부의 수상으로 그의 자유당은 소수당이다. 그의 위치가 취약하다. 그는 협상경험이 없는 콜린스를 만나서 해법을 찾는 것이 더 쉽다고 생각했지만 영국 국민들이 "테러리스트 대장"과 만나는 것을 묵인할지 자신이 없었다.[36]

## 제2도일

제4차 자치법률(1920년 아일랜드 정부법)을 남아일랜드가 거부한 데 대하여 북아일랜드가 수용한 것은 의외였다. 〈1920년 아일랜드 정

36) Riddell, G., *Lord Riddle's Intimate Diary of the Peace Conference and After 1918-1923*, London, 1933, p.288.

부법〉이 분단을 강요한데 대하여 남아일랜드의 도일과 아일랜드 공화군IRA은 전체 아일랜드 공화국의 건국을 목표로 독립전쟁을 계속할 것을 결정하였다. 그러나 제4차 자치법률에 의해 총선거가 1921년 5월 19일에 예정되자 신페인은 독립전쟁 중이면서도 세를 과시하기 위하여 이 선거에 참여를 결정하였다. 아일랜드 정부법에 의하면 더블린에는 남아일랜드 자치의회Southern Ireland Parliament, 벨파스트에는 북아일랜드 자치의회Northern Ireland Parliament를 신설하게 되어 있다. 두 가지 강조 사항. 첫째, 독립전쟁 중에 아무도 신페인 후보를 상대로 선거에 출마하지 않았다. 반대후보가 아일랜드 공화군IRA에 의해 저격당할 것이라는 공포분위기였다. 둘째, 신페인은 이 선거를 영국이 강요한 남아일랜드 자치의회를 수립하는 선거로 받아드리지 않고 제1도일을 계승하는 제2도일의 선거로 규정하였다. 이것이 장차 내전의 불씨가 될 줄 아무도 예상하지 못했다.

예상대로 신페인당이 상대후보가 없는 무투표 당선으로 더블린 소재 트리니티 대학 자동할당인 4석을 제외하고 남아일랜드 26개주 124석 가운데 124석을 모두 석권하였다. 6일 후에 북아일랜드 6개 주에 선거가 실시되었다. 연합주의자가 40석을 국민주의자가 12석을 차지했다. 국민주의 가운데에는 신페인당의 6석이 포함되었다.

남북을 합쳐 130석을 석권한 신페인당은 남아일랜드 자치의회에 등원을 거부하고 북아일랜드를 포함하여 전全아일랜드 공화국All-Ireland Republic의 국회를 선포하였다. 이것이 제1도일을 계승한 제2도일이다. 다시 말하면 제1도일이 영국의 웨스트민스터 등원을 거부하고 선포된 의회라면 제2도일은 영국이 만들어준 남아일랜드 자치의회 등원을 거부하고 선포된 국회이다. 현재 아일랜드 국회는 제32도일이다. 제2도일은 지금까지 남북을 합쳐 전全아일랜드를 대표한 유일의 국회로 기록된다. 데 벌레라는 평생 이 제2도일이 선포한 전체 아일랜드를 주장하였다. 그가 1937년에 제정한 이른바 데 벌레라 헌법이 그것을 반영한다.

독립전쟁의 와중에 혁명을 주장하는 아일랜드 공화군IRA가 입헌의 실체인 도일의 명령에 따르는지 시험할 목적으로 데 벌레라는 공화군IRA에게 더블린의 세관Customs House을 폭파하라고 지시하였다. 세관은 영국의 조세수입과 지방정부를 관장하는 곳이다. 콜린스는 그들이 무기를 지닌 채 체포될 것이고 공화군IRA의 대손실이 될 것이라는 이유로 반대하였다. 1921년 공화군IRA는 세관을 폭파하고 80명이 체포되었다. 1916년 부활절 봉기 이후 가장 큰 규모의 군사작전이었다. 이 폭파로 아일랜드의 옛 기록물들이 사라졌다. 이 사건으로 더블린 공화군IRA는 마비가 되었다. 콜린스는 아일랜드 전역에 3천명의 공화군IRA를 배치할 수 있다고 계산하였다. 그러나 총과 탄약의 부족에 항상 시달렸다. 3주를 버티기 어려웠다. 영국군은 마침내 공화군IRA를 수비상태로 모는데 성공하였다. 여기에 6월 22일 벨파스트에서 영국 국왕 조지 5세가 북아일랜드 의회를 개회하면서 모든 아일랜드인들이 잠시 투쟁을 멈추고 관용과 화해, 용서와 망각을 호소하자 휴전의 때가 무르익었다. 그러나 다음날 군사작전의 착오로 데 벌레라가 숨어있던 자신의 여비서O'Connell의 집에서 체포되면서 영국의 휴전교섭 노력이 무위로 그치는 듯하였다. 그러나 몇 시간 뒤에 풀려나면서 영국정부로부터 소식을 기다렸다.

## 휴전교섭

로이드조지가 이 기회를 포착하였다. 그는 이 기회에 아일랜드의 폭력을 끝내고 아일랜드 문제에 만족할만한 해결을 위해 최선을 다하겠다고 연립내각의 보수당을 설득하였다. 피의 일요일 럭비경기장 학살로 실추된 영국의 명예를 생각한 강경파 처칠도 휴전을 주장하였다. 로이드조지는 온건파 데 벌레라를 휴전할 인물로 보았지만 강경파 콜린스의 영향을 확신할 수 없었다. 내각은 갈라져 현재의 전쟁상태를 유지하기로 하는 한편 로이드조지가 데 벌레라에게 편지를 보내 "남아일랜드 대다수의 지도자로 선출된" 그와 북아일랜드 연합주의 크레이그를 평화회의에 초대하기로 하였다. 데 벌레라와 그의 공화국을 인정하지 않은 표현이다. 데 벌레라는 로이드조지와 만나는 장소에 크레이그도 초대하는 것은 북아일랜드를 인정하는 행위가 된다고 로이드조지와 단독 회동을 주장하였다. 로이드조지는 그 전에 크레이그와 둘이서 만나보라고 요청하였다. 둘이 비밀히 만났다. 크레이그는 영국과 연합이야말로 성스러운 운명이라는 생각에 변함이 없는 사람이다.

데 벌레라가 말했다. "음."
크레이그가 대꾸하였다. "음."

그리고 반시간 동안 의미 없는 말만 늘어놓았다. 데 벌레라는 장황하게 아일랜드 역사얘기만 하였다. 이상의 진전이 없었다. 크레이그가 의견교환을 성명서로 만들 것을 제의하였다.[37]

다음 순서로 로이드조지는 국왕 조지 5세의 신임이 두터운 남아프리카 총리 스머트Jan Christian Smuts(1870-1950)를 중재자로 보냈다. 데 벌레라는 크레이그와 함께 로이드조지를 만날 생각이 없음을 분명히 하였다. 스머트가 데 벌레라에게 물었다. "아일랜드 문제의 해법은?" "공화국이다." "당신은 영국이 정말 공화국에 동의할 것이라고 생각하느냐?" 제약(영국 판 먼로선언)하의 조약이라면 아일랜드가 영국의 안전을 보장해주게 되어 가능하다는 것이 데 벌레라의 생각이다. 아일랜드는 영연방을 받아드릴 준비가 되어 있지 않다. 줄이면, 데 벌레라는 아일랜드 문제가 제약에 의한 공화국과 제약이 없는 영연방 자치국 사이의 선택의 문제라고 보았다. "아일랜드는 자유선택을 원한다. 강요된 선택은 안 된다." 스머트가 말했다. "영국은 절대로 공화국을 인정하지 않을 것이다. 친구로서 충고하겠는데 공화국만 빼고 원하는 것을 제의하시오." 데 벌레라가 대답하였다. "만일 영연방규칙rule에 맞는 지위가 [아일랜드에] 부여된다면 나는 우리의 모든 정치력을 동원해서 아일랜드 국민이 그것을 수용하도록 하겠다."[38] 데 벌레라가 영국과 타협할 것이라는 우려를 씻기라도 하듯이 그는 회동의 목적이 "단 한 가지, 아일랜드 국가의 자결권을 승인하라는 것이다."라고 말했다. 동시에 그는 언론이 그가 공화국이라는 단어를 누락했음을 지적한 것을 부정하였다. 그의 언술이 애매해져 갔다. 스머트의 보고를 받은 영국정부는 데 벌레라가 요구하는 크레이그 배제를 받아드리는 조건으로 그를 초청하였다.

데 벌레라는 자신의 지지자들 및 남북 연합주의자들과 상의한 후

37) Dwyer, T., *De Valera The Man and the Myths*, Dublin: Poolbeg, 1991, p.52.
38) Dwyer, T., *De Valera The Man and the Myths*, Dublin: Poolbeg, 1991.

콜린스와 공화군IRA지도부의 승인 하에 수락하였다. 곧바로 1921년 7월 11일 휴전협정이 조인되었다. 콜린스가 시작한 전쟁을 데 벌레라가 종결했다. IRA와 영국군 사이의 전쟁이 끝났다. 콜린스는 후일 영국 아일랜드 사무총장에게 "우리가 휴전 여부를 들었을 때 놀랐고 당신들이 돌았다고 생각했다." 공화군IRA에게 3주일 치 탄약밖에 없었기 때문이다. 그는 휴전교섭으로 공화군IRA가 노출되는 것을 걱정했다. 만일 휴전교섭이 실패하면 노출된 공화군IRA는 괴멸을 피할 수밖에 없었기 때문이다.

## 미국

로이드조지가 아일랜드 문제에 이렇게 매달리는 이유는 미국의 압력에 있었다. 유럽 중심의 제1차 대전이 종료되자 세계 질서의 중심이 태평양으로 몰렸다. 태평양에서 일본의 발흥이 캐나다와 호주의 안보에 위협이라고 영국은 내다보았다. 미국도 우려하기 시작하였다. 상원의원 보라(아일랜드계)가 이 문제를 제기하였고 국무장관 휴즈Charles Evans Hughes가 태평양에 이해관계가 있는 9개국 사이에 군축회의를 제의하였다. 그것은 해상의 자유통상에 관한 것에서 출발하여 군축문제로 확장된 것이다. 영국 런던에서 본국과 식민지를 포함하여 대영제국 총리회담이 열렸다. 이 회의에서 일본의 위협에 대하여 캐나다 수상과 호주 수상이 깊은 우려를 표명하였다.

첫째, 제1차 대전에서 승전국이 된 일본은 국제연맹에 이사국이 되었고 독일이 소유했던 적도 이북 태평양 섬들을 차지했다. 일본은 시베리아 출병 이후 철병을 하지 않고 있다. 중국에 대해서는 독일 조차지였던 칭다오뿐만 아니라 산둥반도를 포함하여 21개 조항을 강요하고 있다. 둘째, 이것은 미국에게 위협으로 떠올랐다. 미국상원에서 국제연맹 가입이 부결되었고 파리강화조약 체결도 부결되었다. 하딩 대통령은 미국이 국제적으로 고립되었음을 알았다. 미국은 다시 국제사회로 나오고 싶어 한다. 셋째, 중국에 대한 문호개방 원칙과 해상교역의 자유를 주장하는 미국이 태평양에서 세력을 키우는 일본과 전쟁을 불사할 일이 벌어질 수 있다. 영국이 생각하기에 영일동맹을 연장한 채 미일전쟁이 일어나는 경우 영국 식민지인 캐나다, 호주, 뉴질랜드, 태평양 도서가 말려들게 되고 해상교역으로 연결된 남아프리카까지 전쟁에 연루되게 될 것이다. 이렇게까지 발전되지 않는다 하여도 전쟁을 예비하는 국방비 지출을 염려하지 않을 수 없다. 영국은 제1차 대전 전비로 미국에 막대한 빚을 지고 있는 형편이다. 대영제국 수상회의를 열어 의논하지 않을 수 없다. 일본은 히로히토 왕자를 보내 친선을 보이며 영일동맹을 연장하고 싶어 한다. 일본의 기대와 달리 영일동맹은 그 해로 끝났다. 영국은 미국을 끌어들여 삼국동맹을 구상하였다. 그러나 미국이 거부하면 영국으로서는 부담이다. 따라서 태평양에 이해가 걸린 모든 나라들과 상의하여 전쟁을 막아보자는 취지였다. 영국으로서는 일본의 해군력을 제한하여 캐나다와 호주를 안전하게 만드는 것이다. 워싱턴회의는 이렇게 하여 열렸다.

여기에 미국이 요구하는 아일랜드 문제가 끼어들었다. 미 국무장관 휴즈가 주미 영국대사를 만나 압박을 가했다. 후일 데 벌레라는 회상하였다. "하딩이 백악관에 있을 때 우리의 친구[아일랜드계 미국인]로부터 압력을 받아서 아일랜드 문제를 해결하지 않으면 영국이 걱정하는 것에 협조하지 않겠다고 강하게 영국을 압박하였다."[39] 데 벌레라는 하딩의 압박이 대단히 효과적이었다고 믿었다.

## 예비회담

휴전 다음날(7월 12일) 데 벌레라는 그리피스, 스택, 바르턴, 칠더스를 대동하고 런던으로 떠났다. 콜린스가 함께 가겠다고 요구했지만 데 벌레라는 거절하였다. 데 벌레라가 로이드조지와 총리 대 총리로 단독회견을 희망하자 로이드조지는 반겼다. 둘은 1주일 동안 4번 단독회견을 가졌다. 데 벌레라의 목표는 공화국의 승인이었다. 세 번째 회견에서 로이드조지는 우연히 데 벌레라가 꺼낸 관용지에 적혀있는 머리문자 Saorstat Eireann을 보았다. 무슨 뜻인지 물었다. 데 벌레라가 자유아일랜드 국가Free State of Ireland라고 대답하자 로이드조지가 이어서 물었다. 그렇다면 아일랜드어로 공화국이 무엇인가. 데 벌레라는 순간 당황하였다. 아일랜드어로 아일랜드 공화국은 Poblacht na hEireann이고 이 단어는 1916년 부활절 봉기 선언서 머리문자로 적시되어 있는데 어째서 1919년 제1도일이 조직되었을 때 그 단어가 누락되었는지 설명할 방법이 없었다. 로이드조지는 승리에 찬 환호를 질렀다. "켈트는 절대 공화파가 아니고 공화국이라는 단어가 없다는 사실을 인정해야 하지

39) Carroll, F., "America and Irish Political Independence, 1910-1933," in P.J.Drudy (ed.), *The Irish in America: Emigration, Assimilation and Impact*, Cambridge University Press, 1985, p.291.

않겠소!"[40] 흥미로운 사실. 이 웨일스출신의 귀재 로이드조지 자신이 바로 켈트이다. 로이드조지는 같은 켈트의 아일랜드가 조약을 통해서 국제사회에 진출하기를 바랐다고 한다.[41] 이를 두고 보수당의 거두 챔버린Neville Chamberlain(1869-1940)가 뱉은 촌철살인. 영국을 상대하는데 있어서 영국내각에 켈트가 있다는 것이 아일랜드에게 얼마나 행운인가!

그러나 데 벌레라는 이미 공화국승인이 불가능함을 알았기에 타협안으로 자신의 외부연계External Association를 카드로 내놨다. 아래에서 설명하겠지만 이것의 정확한 의미는 그 후 역사학자들의 몫이 되었다. 로이드조지는 거부하였다. 그는 아일랜드인[데 벌레라]과 협상을 하는 어려움을 "포크로 수은을 집는 것과 같다."라고 표현하였다.[42]

7월 20일 로이드조지가 영국의 정식 제안을 내놨다. 남아일랜드 26개주는 영연방 지위의 형태이다. 육군규모는 감소하고 해군은 없다. 국제적 위기에 전쟁이 발생하면 영국은 아일랜드에서 원하는 어느 곳이라도 군사시설을 구할 수 있음이 보장된다. 영국과 아일랜드는 자유무역을 한다. 자유아일랜드는 북아일랜드 의회의 권리와 현존하는 세력을 완전히 인정한다. 이것은 그들의 동의 없이 삭제할 수 없다.

데 벌레라는 영국의 제안을 비난하고 아일랜드는 캐나다나 남아프리카보다 못하여 영연방의 지위에도 미치지 못함을 지적하였다. 전체

---

40) Jones, T., *Whitehall Papers, Volume 3: Ireland 1918-1925*, ed. by Keith Middlemas, London, 1971, p.89.

41) Curran, J., *The Birth of the Irish Free State 1921-1923*, University of Arizona Press, 1980, p.210.

42) Chapple, P., "Dev: the Career of Eamon de Valera," *History Review*, December 2005, p.30.

아일랜드 의회 내부에서 북아일랜드의 대의가 달성되는 조건하에 연방제는 받아드릴 수 있음은 암시하였다. 그것이 아니라면 26개 주의 공화국을 고집했다. 로이드조지는 "그것은 전쟁을 의미한다."고 응대하였다.

데 벌레라는 겁먹지 않았다. 그는 그 제안을 더블린으로 가져가지 않겠다고 말했다. 로이드조지는 놀랐지만 그 제안을 언론에 발표하겠다고 위협했다. 그것은 양측이 합의해야만 할 수 있는 일이었음에도 로이드조지 역시 물러서지 않았다. 로이드조지가 말했다. "생각해서 응답하겠다는 의미인가?" "수상이 협상을 계속한다면 생각해서 답을 보내겠다." 데 벌레라는 로이드조지의 제안서를 그의 책상에 놓고 빈손으로 더블린에 돌아갔다. 더블린에서 로이드조지에게 제안서를 보내라고 편지를 썼다. 로이드조지가 데 벌레라의 숙고한 답신을 받으려면 기다려야만 하는 상황을 만들었다. 로이드조지는 아일랜드를 벼랑까지 밀어붙였지만 그보다 그에게는 국제여론을 무시할 수 없는 절박감이 있었다. 그는 데 벌레라가 받아드릴 수 없는 역제안을 가져올 것으로 예상하지만 미국과 영국의 여론을 유리하게 만들 제안에 자신하고 있었다.

### 초대 대통령

런던협상에 다녀온 다음달 8월 도일은 헌법에 수정안을 첨부하여 총리를 대통령으로 승격시켰다. 1918년 제1도일의 총리제도하에 데 벌레라가 미국에서 법적 근거 없이 대통령으로 행세하였는데 2년 만에 제도를 바꾼 것이다. 이로써 데 벌레라는 아일랜드 공화국 초대대통령이 된 것이다. 그는 지금까지 법률적으로는 정부의 수장인 총리였다. 아일랜드는 정부의 수장보다 한 단계 지위가 높은 국가의 원수가 필요하다. 장차 영국에 대항하는 여러 경우를 생각해서 영국국왕과 대등한 대통령 직책을 신설한 것이다.

대통령 데 벌레라는 약속한대로 로이드조지에게 제안서를 보냈다. 그리고 그 속에 다음의 문장이 들어 있었다.

> 우리나라가 독립을 정식으로 선포하였고 스스로 주권 국가임을 인식하였다. 우리 국민을 대신하여 행동할 수 있는 권한을 우리가 갖고 있다는 것은 우리가 다만 그 국가의 대표자로서이고 그가 선출한 관리자로서이다.[43]

이 문장을 본 로이드조지는 경악하며 자신은 받아드릴 수 없다고 전달자에게 말했다. 받으면 아일랜드가 국가임을 인정하는 꼴이 되기 때문이다. 그것을 도로 가져가라고 했으나 전달자가 거절하였다. 로이드조지는 매번 데 벌레라의 완고함을 상대하는 사람이 자신이라는 사실에 불만이었다.

> 대국과 소국의 경우, 대국은 모두 주어서도 안 되고 아무 것도 얻지 않아도 안 된다. 나는 모든 나라와 클레망소, 브리앙 등 모든 사람을 상대해 보았다. 우리 모두 무언가 주어야 한다. 그러나 데 벌레라는 아무 것

43) Longford and Thomas P. O'Neill, *Eamon de Valera*, London: Hutchison of London, 1970, p.141.

도 주려고 하지 않는다. 나는 끝내겠다.[44]

로이드조지는 정말로 중단하려고 하였다. 그는 독립된 주권국가의 대표를 주장하는 데 벌레라와 협상하려고 하지 않았다. 그것은 아일랜드를 대영제국과 단절하는 공식적인 승인이나 마찬가지였다. 로이드조지를 궁지에 끝까지 밀어붙인 데 벌레라가 약간 물러섰다. 자신이 원하는 협상의 환경이다.

이 같은 경우 어떤 결과를 얻으려면 협상자는 편견이나 어떠한 조건으로 억매지 않은 자세로 만나야 한다.[45]

데 벌레라와 로이드조지는 15편의 편지와 전보를 교환하였다. 지친 로이드조지는 기권하였다. 편지교환을 끝내면서 로이드조지는 영국이 회담에 임할 기반이 마련되지 않았다고 변명하였다. 그러나 말과 달리 그에게는 회담을 해야 하는 절박감이 있었다. 영국은 아일랜드 정책에서 미국의 지지가 절대적이었다. 로이드조지는 말했다. "미국과 잘못되면 우리는 패배한다. 나는 얼스터가 이것이 무엇을 의미하는지 알기를 바란다. 그러나 그들은 그렇지 않다." 데 벌레라는 로이드조지의 이 약점을 알고 있었다.[46]

44) Longford and Thomas P. O'Neill, *Eamon de Valera*, London: Hutchison of London, 1970, p.142.

45) Longford and Thomas P. O'Neill, *Eamon de Valera*, London: Hutchison of London, 1970, p.142.

46) Buckland, P., *Irish Unionism: 1: the Anglo-Irish and the New Ireland 1885-1922*,

결국 영국은 데 벌레라의 주장대로 아일랜드와 아일랜드의 통일이나 공화국에 관한 아무 전제 없이 평화회담을 하기로 합의하였다. 그러나 로이드조지는 사적으로 북아일랜드의 크레이그에게 6개 주는 그들의 손에 남게 될 것이라고 보장해 주었다.[47] 앞서 데 벌레라가 로이드조지와 단독회견 한다고 했을 때 크레이그가 "미쳤소? 증인을 대동하시오. 로이드조지는 인터뷰에서 마음대로 지껄이는 사람이오." 이 웨일스 출신의 귀재Wales Wizard는 표리부동의 전설적 표본이다.[48] 전설적인 협상의 귀재 로이드조지가 인터뷰에서 다른 말을 못하도록 데 벌레라는 모든 것을 문서화된 편지와 전보로 교환했던 것이다.

## 외부연계

데 벌레라는 영국과 전쟁에서 승산이 없다는 것을 잘 알고 있었다. 그로써는 아일랜드의 자유를 확보하고 영연방이 아니면서 영연방 국가의 지위와 동등한 지위를 확보하는 해법을 모색해야 하였다. 그가 생각해낸 것이 "외부연계External Association"이다. 그는 이 개념을 수학자답게 집합이론에서 얻었다. 첫째, 영국이라는 커다란 원과 전혀 만나지도 않는 원은 완전한 독립 국가이다. 둘째, 영국을 하나의 커다란 원이라 생각하면 식민지는 그 안에 완전히 갇힌 작은 원으로 영국국왕에 충성을 서약한다. 셋째, 영국이라는 커다란 원의 외부에 있으면서 그 원과

---

Dublin, 1972, pp.121-2.

47) Ranelagh, J., *A Short History of Ireland*, Cambridge, 2012, p.228.

48) Bowman, J., *De Valera and the Ulster Question 1917-1973*, Oxford 1982, p.37.

겹치는 작은 원은 영연방 국가이다. 여기서 겹치지 않는 부분이 내정이고 겹치는 부분이 외정과 국방이다. 겹치는 부분에 영국 국왕에 대한 충성을 포함한다. 넷째, 데 벌레라가 고안한 것은 영국이라는 커다란 원에 아일랜드라는 작은 원이 접하는 것이다.[49] 영국과 연계되지만 그 연계는 외부에서 형성되며 완전히 독립적인 관계가 아니며 그렇다고 겹치는 관계도 아니다. 겹치지 않는 이상 영국 국왕에 충성을 서약할 필요가 없다. 또 겹치지 않으므로 내정과 외정 및 국방도 독립적이다. 이것이 데 벌레라의 "외부연계"의 개념이다. "아일랜드 국민은 영연방이라고 알려진 영국의 부분적 연맹partial league과 외부에서 연계를 맺는다."[50] 그는 내각에서 이 개념을 집합이론의 벤다이어그램으로 설명하였다. 이 개념을 공식화한 것이 데 벌레라의 "제2문서Document No.2"이다. 내각은 만장일치로 승인하였다. 데 벌레라는 경고하였다. 충성서약과 영연방 국가의 문제가 조약의 핵심이다. 만일 그것이 지켜지지 않으면 조약을 깨라.[51]

## 본회담

1921년 10월 11일 데 벌레라가 임명한 5명의 전권대표가 로이드조

---

49) Longford and Thomas P. O'Neill, *Eamon de Valera*, London: Hutchison of London, 1970, p.139.

50) Longford and Thomas P. O'Neill, *Eamon de Valera*, London: Hutchison of London, 1970, p.139.

51) Jones, T., *Whitehall Papers, Volume 3: Ireland 1918-1925*, ed. by Keith Middlemas, London, 1971.

지와 협상하기 위하여 런던으로 떠났다. 그리피스, 콜린스, 버튼 등이다. 수상관저에서 열린 이 회의에 영국 대표는 로이드조지 이외에 처칠과 챔버린 등이다. 처칠은 식민지장관으로 아일랜드에 대하여 강경하다. 챔버린은 보수당의 실력자로 역시 아일랜드에 대해 강경하다.

예비협상에서 데 벌레라는 참석하고 콜린스는 참석을 고집했지만 거절당하였다. 이와 반대로 조약 본격협상에서 참석을 거부하는 콜린스가 가게 되었고 데 벌레라는 빠졌다. 콜린스는 데 벌레라가 가야한다고 주장했다. 그는 데 벌레라가 협상의 달인이라는 점을 인정한다. 데 벌레라의 대표를 놓고 내각에서 투표를 했는데 3대3으로 갈렸다. 결정권casting vote를 갖고 있던 데 벌레라가 더블린에 남기로 투표하였다.

콜린스는 자신이 군인이지 정치가가 아니고 더욱이 외교의 협상은 해본 적도 없다며 대표가 되는 것을 거부하였다. 그때까지 영국 정보부는 그의 사진을 구하지 못했다. 그는 자신이 노출되는 것을 염려하였다. 자신은 테러의 전설인데 그 전설이 깨진다는 것이다. 그보다 콜린스는 자신이 협상의 희생자가 될 것이라고 예상했다. 데 벌레라도 알고 있었다. 대표들이 타협하지 않으면 온건파에게 희생되고 그들이 타협하면 강경파에게 희생이 된다.[52] 콜린스는 그것을 각오하고 떠났다. "누군가는 해야 하는 일이다. …나는 선택의 여지가 없다. 나는 가야한다." "군인은 명령에 따른다."[53] "희생양이 필요하다면 나를 그렇게 만들어라."[54]

---

52) Dwyer, T., *De Valera The Man and the Myths*, Dublin: Poolbeg, 1991, p.65.
53) Dwyer, T., *Big Fellow, Long Fellow*, Dublin: Gill & Macmillan, 2006, pp.185-6.
54) Dwyer, T., *Big Fellow, Long Fellow*, Dublin: Gill & Macmillan, 2006, p.191.

데 벌레라가 불참하는 이유는 영국국왕 조지 5세가 참석하지 않았다는데 있다. 데 벌레라 자신은 아일랜드의 국가원수인 대통령으로 영국의 국가원수인 국왕과 동격이라고 생각했다. 무엇보다 대통령은 상징이다. 상징이 훼손되면 국가가 훼손된다는 것이 그의 주장이다.[55] 그리고 윌슨 대통령의 실패의 예도 들었다. 윌슨이 파리강화회의에 나타나서 소기의 결과를 얻지 못하여 국내에서 정치적으로 추락했다는 것이다. 또한 그는 자신이 더블린에서 런던의 대표와 교신하며 시간을 끌어야 대표들이 충분한 숙고 시간을 벌 수 있다고 주장하였다. 어찌되었던 데 벌레라는 예비회담에서 공화국 승인을 관철하지 못한 자신의 실책을 다른 사람에게 전가시키려는 마키아벨리의 술수라고 한 역사학자는 본다.[56]

## 영국-아일랜드 조약

조약회담은 순조롭지 않았다. 데 벌레라와 교신하기 때문이다. 회담에서 그리피스와 콜린스가 데 벌레라의 외부연계를 제시하였을 때 로이드조지는 거부하였다. 남은 선택은 조약 아니면 전쟁이었다.[57] 로이드조지는 아일랜드 대표들에게 두 통의 편지를 보여주면서 협박했다.

---

55) Longford and Thomas P. O'Neill, *Eamon de Valera*, London: Hutchison of London, 1970, p.146.

56) Chapple, P., "Dev: the Career of Eamon de Valera," *History Review*, December 2005, p.30.

57) Curran, J., *The Birth of the Irish Free State 1921-1923*, University of Arizona Press, 1980, p.148.

> 나는 [북아일랜드의] 제임스 크레이그 경과 오늘밤에 통화해야 한다. 여기 두 통의 서한이 있다. 그 가운데 하나에는 국왕 폐하의 정부와 당신들 사이에 합의된 조항이 들어 있고, 다른 하나에는 신페인 대표가 충성을 거절하고 제국에 들어오는 것을 거절한 것이 들어 있다. 만일 내가 이 서한을 보내면 그것은 전쟁이다. 삼일 이내에 전쟁이다! 나는 어느 서한을 보내야만 할까?

1921년 12월 6일 아일랜드 전권대표들은 데 벌레라와 상의함이 없이 조약에 서명하였다. 국명은 아일랜드 자유국Irish Free State이고 영국 국왕 조지 5세와 그의 법적 상속자들에게 충성서약하며 남북아일랜드의 분단을 수용하였다. 데 벌레라는 그리피스와 콜린스에게 협상에서 충성서약과 분단 가운데 하나를 선택하라고 지시했는데 결과적으로 모두 수용한 것이다. 이 조약에 의해서 아일랜드는 영국의 자치국Dominion의 일원이 되어 영국국왕이 임명하는 총독Governor-General이 아일랜드의 법적 지배자가 된다. 이것이 대브리튼과 아일랜드 사이의 조약이다. 오늘날의 관점에서 볼 때 향후 16년 동안 이 조약의 각 조항의 세부를 협상해 나갈 것이며 결과가 완성 될 것이다.

이 조약은 1920년 로이드조지가 만든 자치법률 보다 더 진보한 것으로 총독에 아일랜드 사람을 임명할 수 있도록 하였다. 또 국가와 국가 사이의 약속인 조약이라 명명함으로써 아일랜드를 국가로 승격시킨 점도 그렇다. 그러나 이것은 아일랜드의 해석이고 영국의 눈에는 아일랜드는 국가가 아니었다. 영국은 이 조약의 근거가 웨스트민스터가 제정한 〈1920년 아일랜드 정부법〉, 다른 말로 제4차자치법이라고 법률적으로 해석하였다. 이 조약의 개념이 후일 국가승계 문제의 초점이 된다.

그리피스는 협상에서 남북 아일랜드의 경계위원회Boundary Commission 신설을 제의한 로이드조지에 동의하였다. 그리피스는 이중왕국을 주장한 인물답게 정부형태는 중요하다고 생각하지 않았고 통일된 아일랜드를 원했다. 그가 동의한 기저에는 공평한 경계위원회가 정하는 경계선이라면 북아일랜드는 그 크기로 홀로 설 수 없을 것이어서 장차 통일될 것이라고 내다보았다. 조약에 서명하기 전 로이드조지는 다른 대표들에게 그리피스가 분단에 동의했음을 주지시켜 그들은 놀랬다. 그리피스 스스로도 다른 대표가 서명하지 않아도 자신은 서명하겠다고 입장을 밝혔다. 콜린스는 실용적 측면에서 조약을 지지하였다. 그것이 아일랜드에 자유와 안전을 가져오고 공화파의 이상을 달성할 수 있는 주요 단계로 "자유를 얻기 위한 자유freedom to achieve freedom"를 쟁취했다고 주장했다. 그는 아일랜드의 역사가 많은 사람들이 지적하는 것처럼 영국의 지배에 대한 무장저항의 연속이 아니라 영국에 의한 평화적인 삼투滲透라고 강조한다. 그것은 영국에 의해 진행된 느리고 점진적인 경제적 잠식의 역사이다. 그것이 게일문화를 서서히 파괴했다는 점을 아무도 눈치 채지 못했지 않은가. 그는 1916년 공화국도 선언만 하였지 수립된 것이 아니고 1918년 도일 선거야말로 아일랜드인의 투표에 의해 선택된 공화국이 실현된 시점이라고 주장한다. 선거에 의한 합법성을 근거로 삼는다. 그러므로 도일만이 최후의 결정자라는 것이다. 자신들의 결정을 찬반으로 투표하는 결정권이 최후에 도일에게 있지 않는가. 그러나 콜린스는 알았다.

> 생각해보라. 내가 아일랜드에 무엇을 가져왔는가? 지난 7백 년 동안 아일랜드가 원하던 것일까? 누구나 만족하는 협상이었을까? 누구나 만족할까? 이것만은 말할 수 있다. 오늘 아침 나는 나의 사형선고장에 서명하였음을. 나는 이 얼마나 괴상하고 우스꽝스러운 시간에 5년 전[1916년]에 총탄이 할 수 있었던 일을 이제 한 것이 아닌가? [그러나] 이 서명은 아일랜드를 위한 첫 번째 참다운 발걸음이다.58)

이것이 콜린스의 유명한 "디딤돌steppingstone에 의한 단계별 독립"이며 "자유를 얻기 위한 자유the freedom to achieve freedom의 획득"이다. 로이드조지는 스스로 "테러리스트"에게 자치법안 원본 이상으로 양보했다고 믿었다. 그가 협박한 것은 국내 정치에서 취약한 자신의 정치적 입장을 보완하려는 것이고 선거인들에게 승리를 보여주기 위함이었다. 아일랜드 대표들은 자신들의 결정이 최후가 아니고 그 다음 단계로 내각의 검토가 있고 그 뒤에는 도일의 최후결정이 남아 있다고 합리화하였다. 마지막에는 주민투표까지 할 수 있지 않겠는가.

그러나 로이드조지 측에서는 조약으로 영국 땅의 25퍼센트에 해당하는 면적을 얻었다. 독일이 전쟁에서 잃은 면적에 버금간다. 뿐만 아니라 수백만 파운드의 아일랜드 유지 경비를 절약했다. 여기에 웨스트민스터는 더 이상 아일랜드 의회당에 끌려가지 않게 되어 영국정치를 단순화하게 만들었다. 1907년에 캐나다, 오스트레일리아, 뉴질랜드에 자치정부가 허용되었기 때문에 아일랜드가 여기에 추가되는 것은 대영

58) O'Mahony, E., *Michael Collins*, His Life and Times, 1996, Ch. 8.

제국의 후퇴가 되지 않아서 체면도 세웠다.

영국과 아일랜드에서 대부분 환영하였다. 미국도 환영하였다. 그러나 아일랜드 공화국에 충성을 서약한 아일랜드 공화군IRA에게 영국국왕에 대한 충성서약은 받아드릴 수 없는 중요한 일이었다. 그들은 둘로 갈라졌다. 지도부는 조약 찬성편에, 하위 대부분은 조약 반대편에 섰다. 반대파가 75퍼센트였다.[59] 64년 전 아일랜드 공화국에 충성을 맹세한 아일랜드공화파형제단IRB도 곤란에 빠졌다. 그들의 지도자인 콜린스가 조약의 서명자이기 때문이다. 도일도 찬반으로 갈라졌다.

## 6. 침체

먼저 내각에서 1표 차이로 조약찬성이 통과되었다. 데 벌레라의 외부연계에 의한 조약반대는 내각에서 받아드리지 않았다. 데 벌레라는 자신의 주장에 대한 내각의 반대를 인정하지 않고 이 문제를 도일로 가져갔다. 도일에서 조약을 둘러싼 10일 동안 격렬한 토의의 핵심은 충성서약이었다. 분단이 아니었다.[60] 데 벌레라는 조약에 반대한다. 그는 도일에서 만장일치로 찬성한 제2문서Document No.2라고 칭한 자신의 제안을 옹호하였다. 영국국왕을 국가원수로 인정하는 자치국Dominion이 되는 대신 영국국왕을 대영제국의 수장임을 인정하는 외부연계External

59) Carroll, F., "America and Irish Political Independence, 1910-1933," in P.J.Drudy (ed.), *The Irish in America: Emigration, Assimilation and Impact*, Cambridge University Press, 1985, p.33.

60) Curran, J., *The Birth of the Irish Free State 1921-1923*, University of Arizona Press, 1980, p.157.

Association에 근거하여 아일랜드에게 충성서약이 필요 없다는 점을 역설하였다. 말을 바꾸면 충성과 분단 사이의 선택에서 그 중간을 주장한 것이다. 대영제국의 수장을 인정하는 것으로 충성서약을 대신하면 자치국 회원에서 제외되며 북아일랜드 문제는 아일랜드 내정이 되므로 분단도 거부할 수 있다는 논리이다. 데 벌레라는 조약이 공화국을 인정하지 않았고 그것이 부여한 자유라는 것도 영국이 정해주는 자유라고 주장하였다. 대표적인 예가 충성서약을 마음대로 하지 못하지 않는가? "그것은 선택의 자유가 아니었다. 극단의 선택이었다. 전쟁이 아니면 평화의 선택이었다."[61]

조약찬성 지도자는 그리피스, 콜린스, 코스그레이브였고 반대 지도자는 데 벌레라, 볼란드, 칠더스이었다. 콜린스와 볼란드는 친구였지만 갈라졌다. 1922년 1월 7일 도일은 투표에 의해서 64대 57로 조약을 비준하였다.[62] 패배한 데 벌레라는 한때의 동지들에게 선언하였다.

> 나는 이 조약에 반대한다. 내가 전쟁광이어서가 아니라 평화주의자이기 때문이다. … 이것으로 영국과 아일랜드 두 나라 사이의 수 세기에 걸친 갈등이 끝나지 않는다. … 이것은 우리의 목적에 완전히 상반된다. 이것

---

61) de Burca, P., and J. Boyle, *Free State or Republic?*, Dublin: Talbot Press Limited, 1922, p.15.

62) 도일에서 10일간 격론이 이어졌다. 토론은 세 가지 방식이었다. 공개토론, 폐쇄토론, 비밀토론이다. 공개토론에는 세계 각국의 언론과 통신사가 모여들었다. 흥미로운 사실은 그 가운데 일본특파원도 있었다는 점이다. de Burca, P., and J. Boyle, *Free State or Republic?*, Dublin: Talbot Press Limited, 1922, 13. Originally, Irish Independent, Dec. 19, 1921.

으로 아일랜드의 독립은 사라졌다. 이것은 우리를 대영제국으로 끌어드렸다. 이것은 대영제국의 수장을 인정하는 것이다. 단순한 연계의 수장으로서가 아니라 아일랜드의 군주로서 말이다. 아일랜드 주권의 원천으로서.[63]

마지막 문장의 중요성은 후일 아일랜드 자유국의 주권재민에 대한 데 벌레라의 문제제기와 연결된다는데 있다. 데 벌레라는 눈물을 흘리고 지위President를 사임하였다. 새 인물을 뽑아야 할 처지에 그리피스가 데 벌레라를 투표 없이 추대할 것을 제안하였으나 데 벌레라가 반대하였다. 그는 추대 대신 정식투표로 재당선 되고 싶었던 것이다. 그것이 그의 자존심이었다. 데 벌레라의 속셈은 공석인 자리President에 대한 선거에서 다시 당선되어 조약찬성자를 몰아내고 내각을 조약반대자로 구성하는 것이다. 투표는 60대 58로 데 벌레라가 졌다. 찬성표를 던진 의원 가운데 하나는 데 벌레라에게 데브Dev라는 별명을 처음 불러준 친구였다. 그가 반대표를 던졌으면 동수가 되고 데 벌레라가 결정표casting vote를 행사하여 뜻대로 되었을 것이다. 패배한 데 벌레라는 자신의 추종자를 데리고 도일을 떠났다. 남은 의원들은 떠나는 의원들을 "외국인"이라고 욕했다.

63) Chapple, P., "Dev: the Career of Eamonn de Valera," *History Review*, December 2005, p.31.

## 임시정부

데 벌레라의 뒤를 그리피스가 취임하여 1월 14일까지 대통령이 되었다. 그 날짜로 아일랜드 공화국은 종료되었고 대통령 자리도 없어졌다. 그러나 남은 사람들에 의해 도일은 계속되었고 그리피스가 도일의 총리가 되었다. 조약에 의하면 남아일랜드 자치의회Parliament가 임시정부를 구성하게 되어 있다. 데 벌레라와 그의 추종자들이 떠난 남아일랜드 자치의회에 의해 남아일랜드 임시정부가 수립되었고 그 행정수반에 콜린스가 임명되었다. 그 임무는 아일랜드 자유국Irish Free State이 수립될 때까지 남아일랜드의 행정을 관리하는 일이다. 그때까지 그것이 국사를 책임지는 곳은 도일 의회Assembly도 아니고 남아일랜드 자치의회Parliament도 아닌 영국정부이다.

## 헌법위기

조약의 일정에 의하면 1922년 6월 16일 총선을 실시하기 전에 아일랜드 헌법을 제정하여 총선으로 구성된 자치의회가 그 헌법을 비준하여 아일랜드 자유국을 수립하도록 되어 있다. 데 벌레라는 정부에서 사임하였고 임시정부의 총리인 콜린스가 헌법(안)을 만들었다. 이 안은 최종적으로 런던의 웨스트민스터에 의하여 승인되어야 비로소 아일랜드 헌법이 된다. 콜린스는 조약반대파의 주장을 반영하여 영국국왕에 대한 충성서약을 제외시켰다. 그리고 아일랜드의 주권이 아일랜드 국민에게 있으며 전쟁선포권도 아일랜드 자치의회에 있음을 헌법(안)에

집어넣었다. 그리고 헌법과 조약 사이에 이견이 생길 때 조약이 우선한다는 조항도 집어넣었다. 다만 영국이 원하는 때에 군항사용을 허가하는 조항을 만들었다. 이것은 다른 영연방 자치국과 다른 점이다.

영국수상 로이드조지와 식민장관 처칠은 충성서약이 빠진 것을 허락하지 않았다. 허락하면 그들 자신이 국왕에 대한 반역자가 되기 때문이다. 처칠은 선을 그었다. "영국의 인내에도 한계가 있다. 아일랜드에 공화국은 어떤 경우라도 허락할 수 없다."[64] 아일랜드에 공화국을 허락하면 영국의 다른 자치국들도 요구할 것이기 때문이다. 그들은 아일랜드가 영국의 요구를 들어주지 않을 경우를 생각하여 대책위원회를 만들었다. 처칠이 책임자가 되었다. 그들은 남아일랜드에 대한 경제적 봉쇄와 군사적 제재계획을 수립하였다.

> 대책위원회는 경제적 봉쇄에 대하여 조사한다. 전반적인 봉쇄는 피하고 제한적인 봉쇄는 가능하다. 영국에 별로 위험을 주지 않으면서 필수불가결한 연료의 수입을 봉쇄하여 [아일랜드] 공화주의자들에게 상당한 압박을 가할 수 있다. 더블린, 퀸스타운, 리메리크를 점령하여 봉쇄한다. 군사적 제재는 더욱 연구한다. 헌법위기 동안 군참모들을 포함하여 처칠이 이끄는 위원회가 회의를 한다. 대책위원회 계획에 의하면 남아일랜드를 굴복시켜 영국이 수로와 강과 호수를 장악하여 얼스터를 남아일랜드의 침략으로부터 지킨다. 동시에 증원군을 남아일랜드로 보내 더블린과 퀸스타운과 리메리크에 있는 세관을 장악한다. 임시정부가 헌법문제에

64) Curran, J., *The Birth of the Irish Free State 1921-1923*, University of Arizona Press, 1980, p.169.

항복하면 제재의 필요성과 적대적 위험을 제거한다. 수 주 내에 경제군사위원회는 해산한다.[65)]

로이드조지의 전쟁위협이 처칠의 봉쇄협박으로 확대되었다. 영국의 요구를 듣지 않으면 영국과 아일랜드는 단절이다. 들으면 자유국과 공화파 사이의 단절이다. 콜린스는 처칠에 승복할 수밖에 없었다. 콜린스의 앞에는 신페인 공화파의 저항이 기다리고 있었다. 자신이 육성한 신페인 공화파 IRA가 자신에게 총부리를 겨냥할 것이다.

아일랜드 자유국 헌법은 영국이 만들어준 것이다. 아일랜드인이 영국국왕의 신민인 이상 아일랜드인의 국적은 회복되지 않았다. 데 벌레라는 불같이 화를 냈지만 권력을 잃은 그가 당장 할 수 있는 일은 없었다. 단기적으로 보아 자유국의 헌법은 남아일랜드의 패배로 보인다. 그러나 장기적으로 보면 남아일랜드의 승리라고 보는 것이 헌법학자의 견해이다.[66)] 이후 헌법 개정에 대한 아일랜드의 투쟁은 다른 영국자치국의 국민주의의 자각을 불러왔고 대영제국의 해체의 기폭제가 되었다는 평가이다. 그 과정에서 아일랜드는 자치국에 대한 영국의 지배는 약화되어 갔고 그 유대도 느슨해져 갔으며 국왕에 대한 관계도 크게 변해갔다. 이것이 콜린스에서 시작하여 데 벌레라가 마감한 헌법투쟁이다. "데 벌레라는 영연방의 개념을 사실상 바꾸었다."[67)] 그 시작은

---

65) Curran, J., *The Birth of the Irish Free State 1921-1923*, University of Arizona Press, 1980, p.294.

66) Hancock, W., *Survey of British Commonwealth Affairs*, Vol. I, Problems of Nationality 1918-1936, London: Oxford University Press, 1937, p.165.

67) Dwyer, T., *De Valera The Man and the Myths*, Dublin: Poolbeg, 1991, p.207.

국제적 사건과 맞물려 있다. 그것이 영국이 대면하게 된 차낙 위기 Chanak Crisis이다.

## 차낙 위기

예비회담에서 데 벌레라는 로이드조지의 전쟁위협에 겁먹지 않았다. 본 회담에서 콜린스와 그리피스는 전쟁위협에 굴복하고 서명하였다. 본 회담으로부터 10개월 후에 로이드조지는 권력을 잃었다. 터키와 전쟁을 진지하게 고려했던 것이 그 하나의 이유가 된 것을 보면 아일랜드에 대한 그의 전쟁 위협은 진심이었다. 그의 전쟁위협은 진심이었지만 의회 동의는 별개의 문제였다. 제1차 대전에서 지친 영국국민은 또 하나의 전쟁에 동의하지 않았다. 그것은 터키의 차낙 위기로 알려진 사태에서 드러났다. 로이드조지는 패전한 오스만 터키를 분할하는 과정에서 그리스에게 고토회복의 기회를 주어 헬레닉 제국Hellenic Empire 수립을 약속하였다. 헬레니즘 발상지인 그리스반도 전부와 기독교 발상지 및 유적지인 터키 해안선 일대가 포함된다. 영국은 발칸 반도에서 이슬람 세력을 청소하고 싶은 것이다. 콘스탄티노플은 기독교가 공인된 역사적인 곳이다. 기독교와 이슬람이 혼재하는 유럽터키를 개신교와 가톨릭이 혼재하는 북아일랜드에 비교할 수 있었다.

오스만 터키정부에 반대하고 일어선 터키공화국 정부는 그리스군을 패퇴시키고 콘스탄티노플을 점령하였다. 로이드조지 수상은 영국과 영국자치국들이 세브레조약Treaty of Sevres을 위반한 터키공화국을 상대로 전쟁을 선포하겠다고 위협하였다. 이것이 전쟁에 지친 프랑스의 포

앙카레Raymond Poincare(1860-1934) 대통령을 화나게 만들었다. 영국 외무상 커슨George Curson(1859-1925)이 그를 달래려 프랑스로 달려갔다. 방금 세계대전으로 지친 영국 여론은 전쟁 반대였다. 영국 내각에서 보수당 각료들은 터키 편으로 전쟁을 반대하였고 로이드조지와 처칠이 그리스 편으로 전쟁을 원했다. 처칠은 자신의 작전 실수가 초래한 갈리폴리Gallipoli 대참사로 이 문제를 대하는데 감정이 앞섰다.

영국은 전쟁을 준비하면서 영국 자치국들의 참전을 당연하게 생각하였다. 이때 캐나다 수상이 캐나다의 전쟁참여여부는 캐나다 자치의회에 있음을 주장하였다. 캐나다 자치의회가 외부 사태External Affairs에 참여를 결정한다는 뜻이다. 영국은 말을 듣지 않는 캐나다를 군사작전으로 위협하기에 캐나다가 너무 멀었다. 다른 자치정부도 캐나다를 뒤따랐다. 영국이 자치정부의 협력을 얻는데 실패할 수 있음이 처음으로 드러났다. 할 수 없이 영국정부는 그리스에 고토회복을 포기하라고 압력을 넣었다. 로이드조지의 연립내각은 무너졌다. 이후 영국은 벨포어 보고서Balfour Report를 채택하여 자치정부를 영국정부와 동등한 위치로 영국국왕 아래 두었다. 전에는 자치정부는 영국정부 (내각) 아래에 두었었다.

이 역사적 전개를 미리 알 수 있었으면 데 벌레라의 외부연계가 성공할 수 있었을 것이다. 벨포어 보고서가 바로 데 벌레라의 외부연계의 시작이기 때문이다. 벨포아 보고서를 계승한 것이 웨스트민스터 장전the Statute of Westminster이다. 대영제국British Empire은 해체되고 영연방British Commonwealth of Nations의 시작이다. 이것들이 후일 정권을 잡은 데 벌레라가 자신의 외부연계를 하나씩 실천해 가는데 방해물을 제거해 주었다.

## 두 정부

여기서 예기치 않은 문제가 발생했다. 조약을 비준한 것은 그리피스가 이끄는 제2도일과 그의 정부이다. 한편 바로 그 조약에 의해 들어선 남아일랜드 자치의회가 임시정부를 수립하였다. 그러나 조약에 의하면 도일은 더 이상 합법성을 갖지 않는다는 문제가 발생하였다. 영국은 조약 이전의 아일랜드 의회를 인정하지 않았기 때문이다. 이보다 심각한 문제는 앞서 보았듯이 영국이 실시한 자치의회 총선에서 제2도일 의원들이 남아일랜드 자치의회가 될 것을 거부하고 제1도일을 계승한 제2도일로 규정한 사실에 있다. 아일랜드 법률에 의하면 남아일랜드 자치의회가 존재하지 않는 이상 이들에게 조약의 찬반을 떠나서 임시정부를 구성할 권한은 아무에게도 없었다. 말하자면 아일랜드법률과 영국법률 사이의 충돌이었다. 아일랜드법률에 의해 그리피스는 제2도일의 의장 겸 총리(재임 1922년 1월 10일-1922년 8월 12일)이고 영국법률에 의해 콜린스는 임시정부의 의장(재임 1922년 1월 16일-1922년 8월 22일)이다. 조약 찬성자 사이에 두 개의 정부가 생겼다.

이 문제를 해결하기 위하여 조약찬성자들은 도일 내각과 임시정부 내각을 동일 인물로 구성하였다. 두 개의 정부는 회의도 같이 하고 책임도 함께 진다. 이 차이를 분명히 하지 않았다. 이것이 나중에 국가승계와 건국의 합법성 문제로 번지게 된다. 그리피스는 도일정부의 수장이고 콜린스는 임시정부의 수반이다. 둘 사이에는 권력다툼이 있었다.

데 벌레라의 눈에 임시정부는 불법단체였다. 도일이나 자치의회나 그 의원은 모두 신페인당 소속이다. 신페인당의 규정에는 외국의 간섭을 부인하는 조항이 있다. 데 벌레라는 대통령이면서 총리였다. 그가 사임을 주장하였을 때 그는 President를 사임한다고 말했는데 아일랜드의 직책에는 대통령은 President of Irish Republic이고 총리는 President of Executive Council이며 도일의장은 President of Dail이므로 어느 President를 사임한 것인지 확실하게 정리하지 않았다. 만일 총리를 사임한다면 내각도 사임해야 한다. 그러면 그리피스의 정부는 성립하지 않는다. 자치의회도 존재하지 않으니 콜린스의 정부도 성립하지 않는다. 그렇다면 총리직은 어떻게 되는가? 콜린스가 그리피스를 총리President에 추천하고 통과되었다. 영국은 콜린스를 임시정부의 Chairman of the Provisional Government에 임명하였는데 이것은 총리에 해당한다. 총리가 두 명이 되었다.

영국으로부터 권한을 이양 받을 때에도 합법성의 문제가 생겼다. 영국은 그리피스의 정부를 인정하지 않았기 때문에 임시정부의 총리인 콜린스가 조약에 의해서 영국의 행정권, 사법권을 이양 받았다. 재정도 인수하였다. 특히 총독부가 보관하였던 토지대금Annuities을 임시정부가 인수 보관하였다. 이 대금은 후일 경제전쟁의 불씨가 된다. 콜린스는 영국군의 철수를 참관하였다. 그들이 남긴 무기로 국민군National Army을 조직하였다. 그것은 아일랜드 공화군IRA를 대신할 새로운 군대였다. 영국군 가운데 아일랜드 군인도 인수하였다. 이 모든 것은 국가의 헌법 토착권constitutional autochthony에 위배된다. 대영제국에서 식민지가 자치국 내지 독립국이 되어 식민모국의 권한을 식민지에 이양할 때 발생하는 문제이다. 한 국가의 권한은 국민으로부터 발생하기 때문에 식민모국이 어떠한 절차와 형식으로 토착권을 존중하느냐 하는 문제가 발생한다. 국민투표에 의해 수립된 국회가 토착권을 반영한 헌법을 제정해야 한다. 콜린스는 이를 무시한 것이다. 이 문제는 후일 국가승계의 문제로 비화된다.

한편, 도일의 총리인 그리피스는 자치의회를 소집하였다. 영국법률에 의하면 총독이 국왕의 이름으로 남아일랜드 자치의회 개회를 요청할 수 있다. 이를 생략한 채 자치의회를 소집할 권한이 그에게는 없었다. 그리고 의원들이 국왕에 대해 충성서약을 하지 않았다. 이것은 자치의회가 아니라 도일의 모습이다. 조약반대의원들은 그리피스가 도일을 이용하여 공화국을 전복하는 임시정부를 구성할 수 없다고 주장하였다. 데 벌레라는 대통령을 새로 선출하지 않으면 공화국은 소멸되고 도일 자체도 사라진다고 주장하였다.

이러한 모순을 영국은 개의치 않고 콜린스에게 정부를 이양하였다. 이 행위는 양측 모두에게 자가당착의 모순이며 불법행위였다. 더 큰 문제는 당시 자치국은 법률적으로 영국의 식민지였다. 영국 총리와 식민장관하의 총독이 다스리는 영국국왕을 국가원수로 받드는 식민지였다. 데 벌레라로서는 받아드릴 수 없는 조약이었다. 데 벌레라에게는 아일랜드 국민의 선거에 의한 도일 정부만이 합법적인 정부였다.

> 아일랜드 국민이 공화국을 수립하였다. … 아일랜드 국민이 합법적인 절차로 이 공화국을 해체하기 전까지 이 공화국은 계속된다. 어떠한 절차가 있었는지 몰라도 도일이 이 나라의 최고 주권기구이다. 이 기구야말로 이 나라가 그의 최고 정부로 받들어야 할 기구이다. 누가 수반인지는 중요하지 않다. 그것은 아일랜드 국민이 폐기하기 전까지 존속해야 마땅하다.

데 벌레라는 그의 추종자들과 함께 남아일랜드 자치의회에 등원을 거부한 채 임시정부의 결정에 불복종하고 영국국왕에 대해 충성서약을 거부하였다. 내각의 반대와 도일의 반대도 거부하고 데 벌레라는 국민투표를 주장하였다. 핵심은 조약반대파와 조약찬성파 사이에 충성서약 수용여부에 있었다. 국민투표 대신 총선이 실시되었다.

## 선거협정

조약에 의하면 남아일랜드 자치의회의 총선거를 실시해야 한다. 내전을 피하기 위하여 콜린스와 데 벌레라는 선거협정election pact을 맺었다. 조약의 찬반을 둘러싸고 둘로 갈라진 신페인당이 총선에서 경쟁하면 표가 갈라져 다른 당 후보가 당선될 가능성이 크므로 조약의 찬반을 떠나서 신페인당 이름 아래 단합하여 출마한다는 협정이었다. 단합의 비율은 현재 도일에서 차지하는 조약의 찬반 의석의 비율이다. 그리고 총선의 결과 정부를 구성할 때 5대 4로 찬성파가 유리하도록 약속을 하였다. 이것이 유명한 "협정"이며 나중에 국가승계와 건국의 합법성 문제에 불씨가 된다.

처칠은 이것이 조약에 위배된다고 화를 냈다. 조약에 의하면 모든 의원이 조약찬성자가 되어야 한다는 주장이었다. 처칠에 굴복한 콜린스는 무리수를 두었다. 첫째, 조약에 의하면 헌법(안)을 선거 전에 국민에게 공지해야 했는데 콜린스는 처칠의 강압을 피하려고 되도록 시간을 끌다가 선거 전날 발표하여 국민들은 선거일에 신문을 보고 알게 되었다. 둘째, 데 벌레라와 협정을 깨고 선거유세에서 조약찬성자에게 투표하라고 연설을 하였다. 이것은 협정의 정신을 어긴 것이다.[68] 영국이 콜린스를 그렇게 사주하였던 것이다.[69] 이를 『아일랜드 공화국 Republic of Ireland』도 비난했지만 공화군IRA도 조약반대자에게 투표하도록 국민을 협박하였음도 함께 비난받았다.

어찌 되었든 선거결과는 58대 35로 국민은 조약찬성자에게 표를 던졌다. 이것을 조약찬성자들은 국민투표로 받아드렸다. 그러나 당선된 의원들은 자신들이 도일의 의원Dail인지 자치의회Parliament의 의원인지 구분할 수 없었다. 외교관 생활 끝에 귀국하여 의원이 된 지넬 Lawrence Ginnell(1852-1923)은 자신의 의회가 도일 에이레Dail Eireann인지 또는 분단된 자치의회Partition Parliament인지 분명히 할 것을 요구하였다.[70] 그는 등원한 유일의 조약반대의원이다.

콜린스와 조약지지 신페인 IRA의원들은 민주적인 절차에 의한 민주적인 결과에 승복할 것을 요구하였다. 그러나 조약반대 신페인 IRA 의원들은 지금 콜린스가 주장하는 민주주의를 가져온 부활절 봉기가 대다수의 지지로 성사된 것이 아니라는 이유로 승복하지 않았다. 데벌레라가 유명한 말을 했다. "대다수라고 잘못된 결정을 할 권한은 없다."[71] 반대의원들은 등원을 거부하였다. 공화군IRA는 72시간 내에 휴전협정이 만료됨을 영국에 통보하겠다고 최고회의에 안건을 제출하였

68) Dwyer, T., *De Valera The Man and the Myths*, Dublin: Poolbeg, 1991, p.110.

69) Macardle, D., *The Irish Republic*, Dublin 1937, pp.721: Bromage, M. C., *Churchill and Ireland*, University of Notre Dame Press, 1964, p.172.

70) Curran, J., *The Birth of the Irish Free State 1921-1923*, University of Arizona Press, 1980, p.252.

71) Dwyer, T., *De Valera The Man and the Myths*, Dublin: Poolbeg, 1991, p.188.

다. 이 안은 부결되었다. 그러자 공화군IRA강경파는 지도자를 경질하였다.

## 내전

1922년 6월 28일에 시작되어 1923년 4월 30일에 끝난 아일랜드의 내전은 조약의 충성서약을 둘러쌓고 신페인이 찬성과 반대로 분리된데 기인한다. 그리피스는 콜린스 보다 더 현실적이었다. "나의 원칙은 아일랜드 동포들을 위한 아일랜드의 원칙에 나의 목숨을 바치겠다는 것이다. 그것이 공화국이라면 나는 공화파가 된다. 그것이 군주라면 나는 입헌군주파가 된다." 그러나 조약반대자들은 공화군IRA에 집결되었는데 그들이 평생 싸워온 대의 - 영국으로부터 완전 결별 원칙에 타협하는 그 무엇에도 저항하였다. 내전을 감지한 콜린스는 조약의 의미에 대하여 의문을 품게 되었다. 그리고 내전을 피하려고 고심을 한다.

1920년 제4차 자치령 시행 이후 북아일랜드에서 가톨릭에 대한 신교도의 공격이 심해졌다. 1922년 전반기에만 250명이 죽었다. 콜린스는 이에 대하여 아무 것도 할 수 없는 자신의 무능력에 화가 났다. 그는 1922년 6월 임시정부의 국민군이 소지한 무기를 북아일랜드 공화군IRA에게 보내기 시작했다. 조약에 위배되는 일이었다. 그는 이에 반대되는 일로 남아일랜드에서는 공화군IRA를 대신할 국민군National Army을 증원하기 시작하였다.

공화군IRA의 대다수에게 조약은 그들이 목숨 바쳐 싸운 공화국에 대한 배신이었다. 그들에게 1919년 8월 공화국 정부인 도일에 맹세한 서약이 어느 때보다 더 분명해졌다.

> 도일에이레안은 아일랜드 공화국과 아일랜드 공화국 정부를 국내외의 모든 적으로부터 방어한다.72)

이 서약에 의하면 도일이 그들의 적이 되었다. 그 도일이 1798년 울프 톤 이래 봉기가 선포한 공화국을 배반한 것이다. 그들은 도일에 대한 서약을 철회하였다. 1916년 부활절 봉기가 선포한 공화국을 방어하기로 집결하였다. 그들은 도일의 권위를 거부하고 스스로 헌법을 만들었다. 자신들의 지휘관인 도일 국방장관의 명령에도 불복종하였다. 1922년 3월 도일과 임시정부가 금한 공화군IRA 대회를 개최하였다. 여기서 그들은 도일 국방장관 대신 도일의 린치Liam Lynch(1893-1923)를 자신들의 최고사령관을 선출하였다.

## 공화군 대 국민군

조약반대 공화군IRA와 조약찬성 국민군National Army 사이에 산발적 전투는 전국적으로 일어났다. 콜린스와 데 벌레라 사이에 찬반의 사이를 좁히려는 노력이 있었다. 최고지도자 린치가 신중을 기하는데 불만을 가진 조약반대 공화군IRA은 더블린의 법원청사Four Courts를 점령하였다. 조약찬성 국민군National Army이 자신들을 공격하도록 유인하는 작

72) Ranelagh, J., *A Short History of Ireland*, Cambridge, 2012, p.220.

전이었다. 이 작전으로 총선에 의해 태어날 아일랜드 자유국의 싹을 분쇄하려고 하였다. 그러나 사태는 공화군IRA이나 국민군이 예상치 못한 방향으로 흘러갔다. 1922년 6월 22일 영국의 윌슨 원수Field Marshall Henry Wilson(1864-1922)이 2명의 형제단IRB에 의해 런던의 자신의 집 앞에서 암살된 것이다. 콜린스의 명령이었다. 그러나 이 기회에 조약반대자를 제거하려는 처칠은 법원청사를 점령한 조약반대 공화군IRA에게 책임을 떠넘기고 그들을 소탕하라고 임시정부를 압박하였다. 다음 월요일에 한 명의 공화군IRA가 체포되자 보복으로 공화군IRA는 국민군 군인들을 체포하였다. 다음 날 콜린스는 법원청사에 대하여 포격명령을 내렸다. 그 전날 영국군이 넘겨준 대포로 포격하였다. 내전이 시작된 것이다. 독립전쟁에 이어 내전도 콜린스가 시작한 셈이 되었다.

내전은 처음부터 승패가 보였다. 자유국은 영국으로부터 모든 권한을 인수하면서 조세권까지 넘겨받았다. 조약 반대편은 자금이 고갈되기 시작하였다. 돈으로 "콜린스와 그리피스가 우리[조약반대자]를 쓰러뜨리기를 희망한다."[73] 여기에다 콜린스는 데 벌레라가 뉴욕에 맡긴 공채표판매대금을 찾아 쓸까봐 뉴욕 변호인에게 아일랜드 자유국을 대신하여 뉴욕법원에 지불금지 요청을 하였다. 데 벌레라의 변호인은 자신하고 있었다. 아일랜드 자유국이 제2도일을 정당하게 합법적으로 계승하지 않은 정부라는 것을 입증할 자신이 있었다. 그 정부는 영국국왕으로부터 정권을 인수한 정부이므로 공채표판매대금 소유에 부적격이라는 주장이다.[74] 데 벌레라는 제2도일이 해산한 적이 없었다는 사실

73) Carroll, F., *Money for Ireland*, Westpot, CT: Praeger, 2002, p.33.

74) Carroll, F., *Money for Ireland*, Westpot, CT: Praeger, 2002, p.38.

을 들고 있다. 그러나 전쟁은 돈 전쟁이다. 뉴욕은 멀고 시시각각 자금이 궁핍해지면서 데 벌레라는 미국의 지지자들에게 지원을 호소하지만 조세권을 행사하는 자유국 정부와 상대가 되지 못하였다.

데 벌레라는 무력에 호소하는 공화군IRA에 제동을 걸었다. 그러나 법원청사 공격 이후 사태는 그를 비켜갔다. 그는 부활절 봉기 이후 많은 시간을 감옥과 미국에서 보냈기 때문에 조약반대자들과 깊은 교제가 없었다. 1922년 6월 이래 도일에서 정치적으로 패배하여 그는 더 이상 도일 정부와 아일랜드 공화국의 수반도 아니었다. 조약찬성자나 반대자 사이의 이견을 평화롭고 입헌적으로 해결해야 한다는 그의 의견은 공화군IRA에게는 패배자로 비쳤다. 데 벌레라는 자신의 영향력이 사라졌음을 인정한 후 공화파의 지도직을 공화군IRA 최고지도자 린치에게 이양하고 공화군IRA 더블린 여단 3대대 사병으로 자원하였다. 1831년 폴란드의 차르토리스키 공Prince Czartoryski이 폴란드 임시정부의 수반을 사임하고 러시아에 대항한 봉기군의 자원병이 된 적이 있다. 데 벌레라는 이것을 흉내 낸 것이다. 그는 국내적으로 국제적으로 역사와 궁지를 의식하여 행동하였다.

법원청사 공격 6주 후 그리피스가 과로에서 오는 뇌졸중으로 죽었다. 총리와 도일 의장이 공석이 되었다. 그리피스의 장례행렬 1주일 후에 콜린스가 그의 고향 코크에서 암살당하였다. 그는 공화군IRA의 린치를 만나 내전을 끝내기를 원했다. 그 여정은 위험하였지만 그는 "나의 고향에서 나를 저격할 자는 없다."며 강행하였다. 그의 사망으로 평화는 멀어졌다. 남은 조약찬성 지도자 코스그레이브William Cosgrave가 콜린스의 뒤를 이었다. 그 역시 부활절 봉기에 참여했던 신페인당원이었다.

콜린스의 사망 이후 1년 동안 국민군은 77명의 공화군IRA를 총살했다. 더 많은 숫자가 탈출 도중 사살되었다. 어제의 동지가 오늘의 적이 되었다. 콜린스가 암살되기 전에 그의 친구 볼란드도 사살되었다. 그는 숨이 넘어가는 순간까지 자신을 사격한 옛 동지의 이름을 발설하지 않았다. 볼란드는 콜린스와 주요 고비마다 정견을 달리했지만 우정은 변하지 않았다. 친구의 죽음을 듣고 콜린스는 대성통곡을 하였다. 그는 이제 정부가 생긴 마당에 그 같은 살육은 멈추어야 한다고 선언하였다. 아일랜드 공화파의 대의를 위해 부활절 봉기에 독일로부터 무기를 밀수입한 칠더스도 총살당하였다. 그는 콜린스가 선물로 준 권총을 소지하고 있었는데 그것을 빌미로 처형당하였다. 체포되자 영장을 요구했지만 소용없었다. 3일 후 공화군IRA는 보복과 함께 처형에 동의한 남아일랜드 자치의회의 의원들이 무사하지 않을 것임을 선언하였다. 칠더스는 총살에 앞서서 사수들과 일일이 악수를 하였다. 그의 아들이 후일 아일랜드의 대통령이 되었다.

## 아일랜드 자유국

조약 1년이 지난 1922년 12월 6일 임시정부는 종료되고 아일랜드 자유국Irish Free State이 정식으로 출범하였다. 아일랜드 자유국은 자치국으로서 영국의 앞잡이 대리국가proxy이었다.[75)]

75) Brewer, *Shots of War*, Carlton Book, 2010, p.155.

그 다음날 북아일랜드가 분리되었다. 그날 남아일랜드 자치의회에서 처형정책을 지지했던 국민군 여단장 해일스Sean Hales(1880-1922)가 더블린 시가에서 공화군IRA행동대원에 의해 사살되었다. 그 다음날 이에 대한 보복으로 법무장관 오히긴스Kevin O'Higgins(1892-1927)의 명령으로 감옥에 있던 4명의 공화군IRA 장교를 국민군이 재판도 없이 총살하였다. 그 가운데 하나는 1년 전 오히긴스 혼인식의 들러리였던 친구였다. 또 하나는 멜로우였다. 동족에 대한 이러한 보복의 악순환이 아일랜드 사람들의 마음에 깊은 상처를 남겼다. 아일랜드 자유국은 출발에서 좋지 않은 선례를 남겼다. 사람들이 등을 돌렸다.

자유국은 출범했지만 신페인은 양측으로 갈라졌다. 신페인당과 아일랜드 자원군 창설자 가운데 하나인 코스그래이브William Cosgrave가 콜린스의 뒤를 이어 임시정부의 수반이 되었다가 아일랜드 자유국이 수립되면서 자유국의 초대 총리가 되었다. 그도 부활절 봉기에서 사형선고를 받았으나 감형되었다. 게일연맹의 설립자였고 이제 자유국 교육부장관이 된 맥닐 교수의 집안이 조약 찬반으로 나뉘었다. 찬성한 두 아들은 자유국 국민군의 장교가 되었고 반대했던 공화군 작은 아들은 전사했다.

내전이 종료된 6월에 총선을 실시하였다. 총선에 대비하여 코스그래이브는 신페인의 이름을 버리고 쿠만나게딜Cumann na nGaedheal을 창당하였다. 게일사회Society of Gael라는 의미이다. 일찍이 그리피스가 신페인에 앞서서 창당했던 정당이다. 총선에서 153석 가운데 63석을 얻어 집권당이 되었다. 그는 제2도일이 6월 30일로 종료되고 아일랜드의 법적의회는 그 순간부터 지난 6월에 선출된 의원들로 구성된 자치의회임을 선언하였다.

## 비상정부

데 벌레라는 이제 남은 신페인을 이끌어갈 책임을 느꼈다. 그는 1916년 이래 지속되어온 신페인으로 국민주의자들의 견해를 폭넓게 대변할 수 있다고 믿었다. 더욱이 제2도일이 해산된 적이 없다. 아일랜드에서는 정부를 불신하면 의회가 자동적으로 해산되는 것이 아니었기 때문이었다. 공화군IRA의 눈에 영국이 만들어준 남아일랜드 자치의회는 제3도일이 아니다. 그리고 자치의회가 만든 자유국은 공화국을 전복할 권한이 없다. 조약반대자들은 공화국의 전복을 막는 최선의 길이 공화국에 충성을 맹세한 공화군IRA의 자치권을 재정립하는 것이라고 결정했다. 그들은 공화군IRA가 대회를 열고 자치할 수 헌법상의 권리를 주장하였다. 그들에게는 도일을 재건하고 그 정부를 개혁하여 자유국의 그것에 대항하는 정치기구로 만들 능력이 있었다. 그들은 군사독재도 고려하였다.[76] 그들은 1922년 10월 도일의 의원이며 전 대통령인 데 벌레라에게 정부를 구성할 것을 요청하였다.

데 벌레라는 난처했다. 그는 군부보다 문민 우위를 믿는다. 그는 공화군IRA 대회에도 불참하였다. 그리고 그 대회가 채택한 선언도 반대하였다. 그는 공화군IRA 장교들에게 새 정부에 복종할 것을 호소하였다. 공화군IRA에게 전투를 멈출 것을 강력하게 주문하였다. 공화군IRA가 내전에 책임을 져야 한다고 선언하였다. 그러나 공화군IRA는 그러한 성명서를 발표하지 않았고 공화파 정치인들까지 데 벌레라를 의

76) Macardle, D., *The Irish Republic*, Dublin 1937, p.679: O'Donoghue, F., No Other Law, Dublin: Irish Press, 1954, pp.219-21.

심하였다. 전쟁과 평화를 선택할 수 있는 결정이 스스로에 있는 조건하에 데 벌레라 정부에 충성하겠다고 하였다.

데 벌레라는 이 상태라면 조약반대 움직임도 사분오열될 것이라고 우려하였다. 그러는 한편, 그는 공화파의 대담한 움직임이 그에게 권력을 찾아줄지 모른다고 인식하였다. 결국에는 공화주의가 승리할 것으로 내다보았다. 그는 공화군IRA 대회를 옹호하였다. 마지못해 이 제안을 수락하였다. 후일 그는 이 결정을 후회하였다.[77] 그는 비상정부 Emergency Government를 구성하고 대통령이 되었다. 그러나 공화파의 대의는 급속히 사라져갔다. 자금의 원천이 고갈되었고 사람들이 자유국정부를 지지하였던 것이다. 공화군IRA의 무자비함이 스스로를 망치게 하여 공화군IRA대원들은 발붙일 곳을 잃었다. 이와 반대로 국민군은 인계받은 영국군의 장비로 남아일랜드 26개주를 평정하였다.[78]

## 서약거부

코스그레이브의 아일랜드 자유국 정부는 영국의 앞잡이정부답게 지나친 보수정권이다. 대기업과 대농장 위주의 경제정책을 실시하였

77) Curran, J., *The Birth of the Irish Free State 1921-1923*, University of Arizona Press, 1980, p.173.

78) 앞서 소개했듯이 거의 같은 시기에 터키에도 두 개의 정부가 대립하고 있었다. 콘스탄티노플의 오스만 터키와 앙카라의 터키 공화국이다. 터키 공화국은 오스만 터키가 외국과 맺은 조약이 무효라고 선언하고 새 조약을 맺을 것을 요구하였다. 새 조약에 의하여 오스만 터키의 국토의 분할이 결정되고 콘스탄티노플을 비롯한 유럽터키가 앙카라정부 수중에 들어왔다.

다.[79] 가톨릭의 요구를 들어주는 억압적인 법률이 코스그레이브 정부하의 초기 남아일랜드 자치의회의 안건이었다. 영화검열법이 1923년에, 이혼금지법이 1925년에, 출판물검열법이 1929년에 제정되었다. 신페인당과 공화군IRA가 요구하는 경제사회개혁은 뒷전이었다. 개혁을 주장하는 사람들이 조약반대자였다는 이유 때문이다. 국회의원 예이츠 William Butler Yeats(1865-1939) 시인은 이런 억압을 우려하며 1925년 이혼금지 법률제정을 반대하였다.

> 이 나라, 남아일랜드를 가톨릭 이념으로만 다스리겠다고 주장한다면 당신들은 북아일랜드는 영원히 포기해야 한다. 당신들은 남북 사이를 가로막는 장애물을 만든 것이다. 당신들은 점점 더 가톨릭 법률을 만들 것이고 북은 영국의 법을 만들 것이다. 당신들은 이 나라 가운데에 쇄기를 박고 있다. 당신들이 소수를 억압하는 법률을 만들면 북아일랜드를 결코 얻지 못한다. 자유국의 헌법을 만들 때 이혼금지를 삽입하라고 외쳤다. 그것은 아일랜드의 정치적 정신의 표현이었다. 영국과 오랜 전쟁에서 가톨릭 신부는 백성들 편이었다. 그 결과 유럽 어디에서도 볼 수 없는 영향력을 갖고 있다. 나는 독립한지 3년 내에 이 나라의 소수민이 벌써 압박을 받고 있다고 생각하는 법안을 이야기하고 있음은 비극이라고 생각한다. 나는 그 소수민에 속함을 자랑스럽게 생각한다. 우리는 이따위 일을 할 정도로 시시한 사람들이 아니다. 우리는 위대한 유럽인이다. 우리는 버크의 사람이고, 그라탄의 사람이고, 스위프트의 사람이고, 이매트

---

79) Gallagher, T., B. Fiona, and O. D. Fionnbarra, *A Pocket History of the 1916 Rising*, Dublin: Gill Books, 2015, p.190.

의 사람이며, 파넬의 사람이다. 우리는 이 나라 근대 문학을 창조했다. 우리는 정치 분야에서도 최고의 지식인을 창조했다.[80)]

자유국 총리 코스그레이브는 1923년 8월에 총선실시를 예고하였다. 그로써는 내전은 끝난 것이다. 데 벌레라도 내전을 끝내고 도일에서 문제를 해결하는 길을 택하였다. "전투는 끝났다. 선거 전이나 후이나 전투는 없다." 6월 28일 데 벌레라는 신페인이 "외국 왕에 대한 충성 서약에 대한 혐오, 분단에 대한 거부, 영국이 지배하는 정부가 아니라 아일랜드인 자신의 뜻을 따르는 정부에 대한 갈망을 표출하는 기회가 되는 선거"로 기록되는 총선에 후보자를 낼 것이라고 발표하였다. "만일 신페인이 다수당이 되면 그의 정부는 영국이 우리와 평화를 유지하는 장치, 우리가 하나의 단일 국가로서 독립이 되는 장치를 선행하지 않는 한 영국과 협력할 것을 거부한다."

그러나 데 벌레라와 그의 비상정부는 공화군IRA와 함께 산속으로 도피 중이었다. 데 벌레라는 수염을 길러 위장하였다. 자유국의 선전장관 피츠제랄드Desmond FitzGerald(1888-1947)가 강경하게 말했다. "데 벌레라는 도피 중이다. 그는 이 나라의 적이다. 우리가 권력에 있는 한 데 벌레라와 이 나라의 모든 적들은 도망치지 않으면 안 된다." 데 벌레라가 응답하였다. "죽든 살든 우리는 우리나라의 완전한 자유를 위하여 살고 수고하는 아일랜드 공화파의 권리를 찾으려 하였다. 우리의 적들이 우리가 숨어 지낸다고 생각하면 오산이다. [나의 지역구] 클레어Clare

80) Ranelagh, J., *A Short History of Ireland*, Cambridge, 2012, p.245.

주민들이 나를 다시 선출해주면 나는 그들과 함께 할 것이고 총알 이외에 그 어느 것도 나를 막지 못할 것이다."

자신의 말대로 데 벌레라가 지역구 연설장에 나타났다. 사람들은 놀랐다. 경찰은 체포 과정에서 그를 구타하였다. 그들은 군중을 향하여 발포하였다. 부총리 겸 법무장관 오히긴스가 외쳤다. "우리는 범죄와 무정부를 주창하는 인간을 체포하였다. 그는 생각할 수 있는 그 어느 누구보다 더, 영국이 자행한 짓 보다 더 악을 행하였다. 그가 사주하여 아일랜드 공화국의 이름으로 은행이 털리고, 다리가 폭파되고, 철도가 파괴되었다. 이번 선거의 진짜 쟁점은 무정부 대 법과 질서, 법과 질서를 대변하는 정부후보 대 범법자의 대결이다." 그는 자신의 친구도 사형시킬 정도로 강경파이다. 그의 아버지를 공화군IRA대원이 사살하였다.

선거유세에 내전에서 총살당한 칠더스의 어린 아들과 함께 연단에 선 데 벌레라의 어린 아들이 선거구민에게 호소하였다. "나의 아버지는 오늘 여러분에게 연설하겠다고 약속하였다. 나의 아버지는 약속을 지키는 분이다. 그러나 오늘 그 약속을 지킬 수 없게 되었다. 외국인[영국]에게 봉사하는 사람들[조약찬성자]이 잡아갔기 때문이다. 그는 지금 감옥에 수감되어 있다. 나는 지금 그들이 아버지에게 무슨 짓을 하는지 알지 못한다." 소년의 호소가 선거구민의 마음을 흔들었다. 여기에 더하여 프랑스 영사가 보탰다. "현재 코스그레이브 정부와 비교하여 과거 영국 지배는 천국이었다."[81]

예상을 깨고 총선에서 신페인 후보가 선전하였다. 여당 쿠만나게딜

81) Dwyer, T., *De Valera The Man and the Myths*, Dublin: Poolbeg, 1991, p.133.

의 63석에 비하면 뒤처졌지만 44석을 얻었다. 그러나 코스그레이브는 신페인의 협조를 얻지 않아도 정부를 구성할 수 있는 의석을 얻었다. 아일랜드인들은 자유국의 현실적인 영국화 정책에 동조하는 한편 조약 반대자들이 아일랜드의 자존심과 정신을 지켰음을 인정했다.

데 벌레라는 당선되었지만 여전히 수감 중이었다. 아일랜드 도일에 의하면 의원이 불참석할 수 있는 특권이 있었다. 해가 바뀌어 자유국 정부는 데 벌레라가 미국에서 모금하고 신탁한 자금에 대해 권리를 주장하였다. 이에 대하여 데 벌레라는 1924년 1월에 감옥에서 미국변호사를 단 한 차례 접견할 수 있었다.

코스그레이브 자유국정부는 데 벌레라를 재판에 회부하려하였으나 혐의를 찾는데 실패하였다. 정부가 발견한 것은 데 벌레라가 미약한 소수의 여자자원군 쿠만나반Cumann na mBan(League of Woman)의 비서에게 보낸 편지가 선동적이었다는 것뿐이었다. 막강한 신페인도 아니고 공화군IRA도 아닌 공화군IRA부설 여자구국대이라니! 그는 1년 동안 아무 혐의 없이 수감되었다. 데 벌레라도 다른 조약반대자들처럼 혐의 없이 처형될 수 있었지만 처형하기에 너무 거물이었고 석방하기에도 너무 위험하였다. 그가 속한 조약반대편에게 던진 유권자의 표가 3분의 1을 넘는다. 자유국의 존속을 위해 평화와 타협이 절실한 마당에 3분의 1 이상의 국민이 등을 돌릴 것이다.[82)]

조약반대 공화군IRA대장 린치는 끝까지 투쟁할 것을 결심으로 평화를 모색하는 데 벌레라가 패배주의자라고 공화군IRA최고회의에 참

---

82) Chapple, P., "Dev: the Career of Eamon de Valera," *History Review*, December 2005, p.31.

석까지 막았다. 데 벌레라는 자유국에게 쫓기고 공화군IRA에게 의심받아 사면초가의 몸이 되었다. 린치는 결국 전사하였다. 데 벌레라는 비로소 공화군IRA에게 전투중지 명령을 내릴 수 있었다. 그들은 패배한 것이다. 데 벌레라는 공화군IRA가 무기를 내려놓고 그 대가로 충성서약을 하지 않아도 된다는 조건을 제의하였다. 공화군IRA는 동의하였다.

그러나 자유국은 공화군IRA의 일방적 휴전을 무시했다. 총리 코스그레이브가 잘라 말했다. "데 벌레라가 현재 자신의 처지에서 명예롭게 벗어나려고 협상을 희망한다. 그러나 우리는 그렇게 하지 않을 것이다." 부총리 겸 법무장관 오히긴스는 단호했다. "데 벌레라 씨와 함께 아일랜드국가의 미래와 생명에 반하여 범죄음모를 계속 꾸미는 자들은 아일랜드국가가 그 정당방위와 존속을 위한 행동으로 그들을 무자비한 약식 처형을 한다 해도 불평할 이유가 없을 것이다."[83] 자유국정부의 국민군은 5월 2일 2명의 공화군IRA대원을 총살하였다. 3주 후에 데 벌레라는 성명서를 발표하였다. "공화국 군인, 후방군인, 공화국은 더 이상 귀관들의 무기로 방어될 수 없다. 더 이상 희생은 무의미하다." 공화군IRA에게 남은 일은 무기를 감추고 집으로 가거나 이민을 가는 것이다. 시작도 없었던 내전은 종전도 없었다. 자유국은 처형은 중지했지만 공화군IRA 대원들을 계속 체포하고 수감하였다. 1923년 10월까지 1만1천 명이 감옥에 갔다. 감옥에서 그들은 단체 단식투쟁에 들어갔다. 41일 단식 끝에 여러 명이 죽자 단식이 멈추었다. 양측 사이에 깊은 증오만 남긴 채 수감자들은 석방되었다. 데 벌레라가 마지막 출소자였다.

---

83) Dwyer, T., *De Valera The Man and the Myths*, Dublin: Poolbeg, 1991, p.123.

1924년 7월이었다.

## 내전의 책임

내전은 처칠의 지시에 따른 콜린스의 명령으로 법원청사Four Courts를 점령한 조약반대 아일랜드 공화군IRA에 대한 포격으로 시작되었다. 데 벌레라의 적들은 내전의 책임을 데 벌레라에게 돌린다. 그의 대중연설에서 빌미를 찾았다.[84] 만일 조약이 비준되는 경우 "아일랜드의 자유를 쟁취하기 위해서는 아일랜드인의 피와 아일랜드 정부 군인의 피와 정부 요인의 피를 헤치고 나가야 할 것이다."[85] 이어서 다른 장소의 대중 집회에서도 비슷한 연설에서도 구실을 찾았다.

> 그러므로 미래에 자유를 쟁취하기 위해서 우리의 자원군이 계속한다면, 그리고 자원군이 시작한 것을 우리가 계속한다면 그 목표가 달성될 때까지 자원군이 계속하기를 나는 바란다. 만일 여러분이 투표로 조약을 비준하는 경우 이들은 자유를 쟁취하기 위하여 우리들의 형제의 시체를 넘어 행진할 것이다. 그들은 아일랜드의 피를 건널 것이다.[86]

---

84) O'Sullivan, D., *The Irish Free State and Its Senate*, London: Faber and Faber, 1940, p.57-8.

85) Moynihan, M.(ed.), *Speeches and Statements by de Valera 1917-1973*, Dublin 1980, p.98.

86) Curran, J., *The Birth of the Irish Free State 1921-1923*, University of Arizona Press, 1980, p.174.

내전책임을 떠넘기려는 총리 코스그레이브의 비방에 대하여 데 벌레라는 공개토론을 제의하였다. 데 벌레라 자신과 코스그레이브가 각각 세 명을 추천하는 역사적인 위원회를 구성한다. 그들은 판사, 헌법 변호사, 교수들이다. 가톨릭 주교를 공정한 사회자로 임명한다. 코스그레이브는 거절하였다.[87] 앞서 본 것처럼 코스그레이브는 데 벌레라를 체포하고 기소하려 했지만 혐의를 찾을 수 없었다. 코스그레이브 정부가 어제의 동지와 가까운 친구도 총살하는 내전 처리에서 무자비했다는 점을 생각하면 데 벌레라를 1년 동안 혐의 없이 구금한 상태에서 아무 혐의를 찾지 못했다는 것은 데 벌레라의 내전 책임을 묻는 것은 정치적 중상일 뿐이다. 문제의 그의 연설은 선동이 아니라 경고와 예언이라고 보아야 한다. 그의 적들은 그의 연설에서 선동을 발견하는데 실패하였다.[88] 데 벌레라는 말했다. "나는 (미래에) 아무도 동족상잔을 이야기하지 않기를 바란다. 그것은 터무니없는 말이 된다. 우리는 스스로 운영할 줄 아는 국가를 가졌다."[89] 아일랜드가 스스로 통치할 수 없다는 영국의 선전을 겨냥한 발언이다.

내전의 원인으로 역사가들이 지목하는 하나는 젊은 지도층의 미숙이다.[90] 1916년 부활절 봉기에서 가장 연장자였던 클라크가 58세였고 코널리는 48세였다. 피어스, 맥더마트, 프랑케트, 켄트, 맥도나 등은 20

87) Dwyer, T., *De Valera The Man and the Myths*, Dublin: Poolbeg, 1991, p.191.

88) Curran, J., *The Birth of the Irish Free State 1921-1923*, University of Arizona Press, 1980, p.174.

89) Dwyer, T., *De Valera The Man and the Myths*, Dublin: Poolbeg, 1991,

90) Ranelagh, J., *A Short History of Ireland*, Cambridge, 2012, p.238.

대 말 아니면 30대 중반에 불과하였다. 그들의 처형 후 지도층은 더 젊어졌다. 1922년 내전 당시 코스그레이브가 42세, 데 벌레라가 40세, 그리피스는 50세, 콜린스는 31세에, 린치가 33세였다. 오히긴스가 임시 정부를 적절하게 묘사하였다. "시청에 여덟 명의 청년이 옛 정부가 무너진 폐허 속에 모여 서 있었다. 새로운 정부가 기초되지 않았기에 그 방에 들어가는 길을 찾으려고 열쇠구멍에 대고 소리만 지르고 있었다."[91] 그들은 모두 애국적 정열에 불탔지만 현실적으로 타협할 줄 몰랐다. 그들은 북쪽의 연합주의자에 대항하여 공화국의 이상에 지나치게 경도되었다. "콜린스는 지나치게 앞서갔고 데 벌레라는 지나치게 신중했다."[92] 앞서 본 것처럼 독립전쟁과 내전 모두 콜린스의 명령으로 시작하였다. 이에 대하여 역시 앞서 본대로 데 벌레라는 독립전쟁과 내전 모두 반대하였다. 그리고 수습하였다.

## 7. 소생

아일랜드 자유국은 영국의 자치국으로 1922년 12월에서 1937년 12월까지 존속하였다. 자치국인 만큼 아일랜드 자유국에서 국가원수는 영국국왕이고 주권은 영국국왕으로부터 나왔으니 아일랜드인들의 국적은 영국으로 영국국왕의 신민이었다. 아래에서 설명하겠지만 정권을 다시 잡는데 성공한 데 벌레라는 1937년 새로운 헌법을 제정하였다.

---

91) White, T., *Kevin O'Higgins*, London: Methuen, 1948, p.83.

92) Williams, T.D., "From Treaty to Civil War," in Williams(ed.), *The Irish Struggle*, London, 1966, p.124.

국명을 에이레Eire 또는 영어로는 아일랜드Ireland로 개명하고 국가원수는 대통령이다. 아일랜드인의 국적은 에이레/아일랜드이며 주권은 아일랜드 국민으로부터 나왔다. 데 벌레라는 결국 자신의 초기 정치적 신념, 공화국, 외부연계를 관철하여 에이레/아일랜드를 건국한 것이다. 에이레/아일랜드는 1937년 12월부터 1948년 9월까지 존속하였다. 그것은 이름만 제외하고 실질적 공화국이었다. A Republic in all but name.[93] 마침내 마지막 남은 공화국은 1948년 12월에 선언하였지만 국명은 여전히 에이레/아일랜드이다.

## 공화국

아일랜드 자유국은 피어스와 클라크가 목숨을 바쳐 지키려했던 이상을 저버렸다. 나아가서 아일랜드의 정신을 잃어가며 영국화가 되어갔다. 코스그레이브 정부는 아일랜드를 서브리튼West Britain이라고 불렀다.[94] 경제적으로 후퇴하여 영국에 의존하게 되면서 영국으로부터 분리가 의미 없게 되었다. 가톨릭 영향을 반영한 법률에도 불구하고 아일랜드 가톨릭의 불안은 여전하였다. 아일랜드 자유국은 피어스의 나라가 아니었다. 콜린스가 생각한 아일랜드의 모습도 아니었다. 콜린스는 조약을 "자유를 쟁취하기 위한 자유의 디딤돌a steppingstone for the freedom to achieve freedom"로 본만큼 아일랜드 자유국을 아일랜드 공화국의 중간

93) Chapple, P., "Dev: the Career of Eamon de Valera," *History Review*, December 2005, p.31: Ranelagh, J., *A Short History of Ireland*, Cambridge, 2012, p.267.

94) Ranelagh, J., *A Short History of Ireland*, Cambridge, 2012, p.256.

단계로 보았는데 아일랜드 자유국은 그 자체를 목표로 삼고 있었다. 이것이 데 벌레라가 본 아일랜드 자유국의 모습이었다.[95] 그는 피어스와 콜린스가 남긴 유업을 이어 최종 자유를 획득하기 위해 기회를 엿본다. 결과적으로 콜린스의 자유의 디딤돌 전략을 채택한 인물이 데 벌레라이라는 것을 역사가 말해준다. 후일 데 벌레라는 말했다. "역사는 콜린스의 위대함을 기록할 것이고 그 기록은 나를 대신할 것이라는 것이 나의 생각이다."[96]

## 피아나 포일

데 벌레라는 1년 동안 혐의 없이 구금되었다가 출소하였으나 영국 국왕에 대한 서약을 거부하였기 때문에 자치의회에 등원할 수 없었다. 신페인은 총선에 임하여 등원거부정책을 정강으로 내세웠던 것이다. 1926년 1월 데 벌레라는 서약 없이 할 수만 있다면 도일에 등원하고 싶다고 공개적으로 발표하였다. 오는 3월에 특별대회를 개최하여 등원거부정책에 대해서 재고하자고 신페인 최고회의를 설득하였다. 그의 명분은 조약반대 의원이 등원을 거부함으로 그들을 선출한 과반수 정도의 아일랜드 민의가 대변되지 않는다는 것이다.[97] 그러나 신페인 대회 투표에서 데 벌레라의 제안이 거부되었다. 그는 신페인의 대표를

95) Ranelagh, J., *A Short History of Ireland*, Cambridge, 2012.

96) Coogan, T., *Michael Collins*, London: Random House, 1990, p.432.

97) Kissane, B., "Eamon de Valera and the Survival of Democracy in Inter-War Ireland," *Journal of Contemporary History*, April 2007, p.215.

사임하였다. 그는 등원을 지지하는 자신의 정당이 필요해졌다.

영연방 자치국인 아일랜드 자유국의 탄생을 반대하고 재야가 된 데 벌레라의 목적은 정치적으로 재기하여 영국과 완전 분리된 공화국을 수립하는 것이다. 그러기 위해서는 정치에 참여해야 한다. 그는 남아일랜드 자치의회에 등원하면서 그 근거가 원칙이 아니라 정책의 문제라고 강변하였다. 신페인당과 공화군IRA는 데 벌레라의 이 강변을 일축하였다. 데 벌레라는 1926년 3월 그의 정치적 기반이었으나 등원거부 정책을 고수하는 신페인당 및 공화군IRA와 결별한다.

내전은 무엇보다 원칙을 둘러싼 전쟁이었다. 그러나 등원을 결정한 데 벌레라는 공화국의 이상주의를 정치적 현실주의와 바꾸었음을 인정하였다. 그리고 신페인당에게 그 순수성을 저버린 자신을 축출하라고 주문하였다. 이것이 신페인당의 당원과 대표를 사임하게 된 사유였다. 1926년 5월 자신의 정당 피아나 포일Fianna Fail(The Republican Party)을 창당하였다. 아일랜드어의 Fail이 영어의 실패Fail로 오인될 구실을 피하기 위해 공화당을 괄호에 넣었다. 피아나 포일은 운명의 군인이라는 의미인데 아일랜드 자원군의 기장에도 있는 아일랜드 전설이다. 그는 그 이름을 페니안이 내걸었던 아일랜드 전설의 영웅the Fianna Eireann에서 따왔다. 정당의 목적은 정치적 완전독립의 통일아일랜드 공화국 수립이었다. 더불어 아일랜드어의 회복, 토지개혁, 자급자족의 경제를 목표로 삼았다. 모두 탈영국화가 목표였다.

피아나 포일이 그 목적을 공화국 수립에 둔만큼 국내외 다양한 이견을 조율하는데 입헌주의를 따른다. 여기에 아일랜드 공화주의 형제단IRB은 이미 내전에서 해체되었다. 이제 아일랜드에는 평화적 입헌주의가 대세가 되었고 군사적 혁명주의는 소수의 공화군IRA와 신페인당으로 연명하게 되었다. 이것은 제1차 세계대전 이후 국제사회가 지향하는 평화와도 일치하였다. 그러나 곧 유럽 각국에서 등장하는 파시스트와 공산주의가 아일랜드에도 침투하여 데 벌레라가 탈퇴한 공화군IRA는 좌익으로 경도되고 새로 등장하는 극우의 파시스트와 대결을 목격하게 된다. 그 근본적인 배경에는 독립운동 과정에 있어서 무장투쟁의 오랜 전통에 있다.

## 무장독립과 외교독립

부활절 봉기는 아일랜드 공화군IRA의 무력투쟁이었다. 영국과 독립전쟁에서도 아일랜드 공화군이 주도하였다. 그 중심이 콜린스이다. 내전에서 공화군IRA는 조약을 둘러싸고 둘로 갈라졌다. 그 중심에도 역시 콜린스가 있었다. 앞서 본대로 데 벌레라는 독립전쟁과 내전에서 모두 평화적인 방법을 추구하였다.

도일은 콜린스의 군사행동이 위험하다고 생각하여 그의 휘하의 공화군IRA에게 도일에 충성을 서약시키려 했지만 콜린스는 공화국에 충성을 서약한 이상 그것이 불필요하다고 고집했다. 도일의 의결만이 그를 제지할 수 있었지만 그것도 제한적이었다. 도일과 공화군의 관계는 계속 골칫거리였다. 이것은 무력에 의존하는 독립운동이 가져오는 공통적 현상이다. 군부의 입김을 제어할 문민정부의 강력한 지도자가 필요한 이유이다. 그렇지 못한 경우 독립 후에 정치적 혼란이 계속된다. 그럼에도 콜린스는 결국 아일랜드 공화군IRA을 이용하여 영국에 대한 게릴라 총력전으로 독립전쟁을 전개한다.

독립운동에 무장투쟁도 필요하겠지만 그 후유증은 아일랜드의 경우 깊고 오래 갔다. 지금도 그 후유증은 후손에까지 영향을 미치고 있다. 부활절 봉기는 그 진압에서 영국이 보여준 잔학상이 세계 여론을 움직였다는 점에서 기대하지 않은 대성공이었다.

그러나 영국은 부활절 봉기를 사전에 알고 있었다. 아일랜드의 무장봉기의 실패의 뒤에는 언제나 영국의 정보력이 있었다. 제1차 세계대전이 발발하고 2주가 지났을 무렵, 러시아제국 해군이 독일 해군 암호책을 입수하여 영국에 그 사실을 알리자 해군장관 처칠은 즉시 구축함을 무르만스크로 급파하여 그것을 입수하였다. 이 사실을 독일은 모르고 있었다.[98] 개전 초에 영국은 독일과 미국을 연결하는 해저 전신전화선을 두절하면서 개전초기부터 독일의 무선전신을 낱낱이 알고 있었다.[99] 심지어 독일 편에 섰던 각국 특파원들조차 이 독점적인 전신전화선에 의존할 수밖에 없었는데 이 또한 모두 영국 정보부에 포착되었다. 부활절 봉기를 위해서 드보이가 미국에서 자금을 대고 독일대사관에 접근하여 케이스먼트가 독일로부터 무기를 밀수한다는 정보를 영국은 미리 알고 있었고 케이스먼트는 체포되었다.

선전의 중요성은 미국승객을 싣고 가던 영국 여객선 루시타니아가 독일잠수함에 의해 격침되었을 때, 영국 간호사 카벨Edith Cavell(1865-1915)이 독일군에 의해 처형되었을 때, 영국은 미국을 전쟁에 끌어들이는 호재로 적극 활용하였다는데 드러난다. 이 모든 것은 미국을 전쟁에

98) Ranelagh, J., *A Short History of Ireland*, Cambridge, 2012, p.200.

99) Taylor, P., *Munitions of Mind*, Manchester University Press, 2003, p.177.

끌어들이게 하려는 영국의 의도와 맞물렸다.[100] 프랑스 역시 마타 하리 Mata Hari(1876-1917)를 독일 첩자혐의로 처형하고 그 뒤 처리에 있어서 선전을 게을리 하지 않았다. 독일은 선전에서 실패하였다. 아마도 이러한 노력의 절정은 짐머만 전보사건일 것이다.

데 벌레라가 무장봉기에서 외교선전 독립운동으로 선회한 배경은 이와 무관하지 않다. 데 벌레라는 부활절 봉기 후 아일랜드공화파형제단IRB을 탈퇴하였다. 그는 형제단이 더 이상 계속되는 것에 격렬하게 반대하였다. 이제 도일이 구성되고 정부가 수립된 마당에 비밀단체의 역할은 필요 없다는 주장이다. 아일랜드 독립의 대의가 도일에 의해 널리 선포되었다. 형제단은 도일에게 위험을 가져온다는 것이다. 브루하도 반대하였다. 부활절 봉기의 실패는 형제단이 계획을 수행하지 못했기 때문이라는 것이 그의 평가였다. 브루하는 콜린스를 증오하였다. 콜린스가 형제단을 이용하여 자신의 영향력을 행사한다는 이유였다.

이것은 입헌주의와 혁명주의 사이에 전통적인 반목이었다. 이 반목이 신생 독립정부에 위협이 되었다. 도일의 신페인당이 1918년 총선에서 대승을 거둔 것은 평화회의에 아일랜드 독립을 호소하겠다는 약속 때문이라고 믿었다. 도일은 의회답게 아일랜드 공화군IRA의 인정을 주저하였다. 의회는 더 이상 영국군인이나 영국경찰을 공격하는 전투를 승인하는 데에도 주저하였다. 1921년에 가서야 마지못해 인정하였는데 이때 데 벌레라는 "아일랜드 공화군IRA은 정부의 군대이다. 정규군대이므로 선출된 민간정부 하에 두어야 한다."라고 선언하였다.[101] 그럼

100) Taylor, P., *Munitions of Mind*, Manchester University Press, 2003, Ch.2.

101) Ranelagh, J., *A Short History of Ireland*, Cambridge, 2012, pp.219-220.

에도 아일랜드 공화군IRA은 도일의 권위에 복종하지 않았다. 아일랜드 공화군IRA은 도일을 믿지 못했다. 데 벌레라가 걱정한 것은 완전 독립 후에 아일랜드공화파형제단IRB과 아일랜드 공화군IRA의 독자적인 군사행동이었다.

군사력에 의한 독립은 설령 독립이 성공하더라도 그 후 그들의 영향력에서 문민정부가 벗어날 수 있겠느냐 하는 문제를 안고 있다. 무력을 앞세우고 독립한 나라들에서 군사독재가 눈에 보이는 것이다. 제1차 대전에서 탄생한 나라 가운데 체코슬로바키아와 핀란드를 제외한 나머지 국가들이 예외 없이 나타난 군사독재로 베르사유의 정신을 무색하게 만들었다. 앞서 본대로 내전에서 공화군IRA는 두 개로 분리되었다. 그리고 문민정부의 통제가 불가능한 상태에서 어제의 동지들이 오늘의 적이 되어 전투를 치르게 된 것도 독립운동에 있어서 무단파의 입김이 커졌기 때문이다. 데 벌레라가 감옥에서 깨달은 것도 바로 이 점이었다.

아일랜드를 무력으로 지배했던 육군원수 윌슨 경마저 로이드조지와 처칠의 강경책을 비난하였다. 블랙앤탠의 지나친 진압작전에 그는 육군원칙에는 보복은 안 된다고 로이드조지에게 항의하였다. "나[윌슨]는 로이드조지와 보나 로우와 1시간 반을 만났다. 나는 그들에게 블랙앤탠이 저지른 보복 살육에 대한 나의 생각을 말했다. 이것이 어떻게 혼돈과 파괴를 야기하는지를. 로이드조지는 [나에게] 화를 냈다. 그러나 나는 조금도 물러서지 않았다. 나는 이 보복이 무책임하게 자행된다는 점을 지적하였다. 시민이 살육 당했다. 집이 불탔다. 마을은 초토화되었다. 이것은 규율이 서지 않은 결과라고 말했다. 당장 중지해야 한다. 이들이 중지하지 않는다면 정부가 사살해야 한다." 102) 후일 윌슨은 콜린스가 보낸 형제단IRB에게 암살되는데 이것이 내전의 발단이 되었음은 앞서 본 대로이다.

윌슨의 항의는 군사적인 원칙에 의한 것이지만 정치인인 로이드조지와 처칠은 그의 항의를 무시했다. 그 결과 세계는 영국에 등을 돌렸다. 1921년 독립전쟁의 와중에서 아일랜드의 주교가 미국의 아일랜드 친우회 회장에게 보낸 편지가 당시 세계 여론을 읽을 수 있다.

> 아일랜드가 미국 대중의 도움이 필요한 때가 있었다면 그것은 지난 6개월이다. 그때 이태리는 의회를 통하여 아일랜드에서 자행하고 있는 영국의 만행에 대하여 격렬한 항의 목소리를 냈다. 프랑스의 언론은 타오르는 분노의 필봉으로 반인륜 행동을 비난하였다. 벨기에의 추기경이 이끄는 주교단은 아일랜드에서 일어나는 영국의 테러를 확실하게 비난하였다. 스칸디나비아, 홀란드, 스페인, 심지어 영국의 지식인들도 아일랜드인에게 행하는 영국 용병[블랙앤탠]의 범죄에 대한 그들의 전율을 표현하였다. 그러나 아일랜드 인들이 많이 살고 있는 자유의 챔피언 미국만이 아무 것도 하지 않았다.[103]

미국은 영국의 눈치를 보고 있었던 것이다. 그래서 데 벌레라는 말한다. "이것이 내가 미국의 공식적인 무대에서 선전을 퍼뜨리고 싶어하는 이유이다. 나는 미국국민들에게 호소한다. 이것이 내가 여러분의 대도시를 방문하는 의도이고 백성들에게 뛰어들어 직접 대화하는 이유

102) Ranelagh, J., *A Short History of Ireland*, Cambridge, 2012, p.223.

103) Lainer-Vos, *Sinews of the Nation*, Cambridge: Polity Press, 2013, p.118.

이다."[104]

처음부터 데 벌레라는 미국에서 선전가로서 자신의 역할을 정의하였다. 앞서 보았듯이 2차에 걸친 미국유세가 선전이었다. 그런 의미에서 그는 아일랜드의 대통령이라는 칭호가 미국인들의 눈에 인상적임을 간파하였다. 그래서 그는 내각과 상의 없이 사용하였다.[105] 그러나 영국과 더불어 행동하는 북아일랜드는 동요하지 않았다. "영국의 위기가 아일랜드의 기회라는 말은 곧 영국의 위기가 얼스터에게도 위기이기도 하다."라고 표현하였다. 그 지도자 카슨은 미국에 경고한다.

> 지금 미국에서 가톨릭과 독일 및 그의 친구들이 후원하는 캠페인이 일어나고 있다. 목적은 반영 감정을 불러일으키는 것이다. 나는 이따위 선전, 호의적이든 아니든, 굴복하지 않는다. 내가 미국에 말하고 싶은 것: 당신들은 당신들 일이나 살펴라. 우리는 우리 일을 살피겠다. 당신들은 집에서 일어나는 문제를 해결하라. 우리는 우리 집안일을 해결하겠다. 우리는 우리 일에 어떠한 강한 나라라도 간섭하는 것을 참지 못한다.[106]

데 벌레라가 응대하였다.

> 미국이 아일랜드 일에 간섭하지 말라고 [카슨이] 그런다. 여러분[미국]은 영국과 아일랜드의 대사로 게데스 경을 받아드리므로 아일랜드 일에 간

104) Dwyer, T., *Big Fellow, Long Fellow*, Dublin: Gill & Macmillan, 2006, p.84.
105) Dwyer, T., *Big Fellow, Long Fellow*, Dublin: Gill & Macmillan, 2006, p.83.
106) Dwyer, T., *Big Fellow, Long Fellow*, Dublin: Gill & Macmillan, 2006, p.49.

섭하고 있다. 여기서 나는 동정도 감사도 구하지 않는다. 내가 여기서 구하는 것은 정의이다. 어째서 영국을 반대하지 않는가. 아일랜드는 반대하면서. 영국은 강하고 아일랜드는 약해서? 여러분이 전쟁에 뛰어든 바로 그 정신에 따라 행동하면 영국은 당할 리가 없다. 아일랜드를 승인한다고 그것이 곧 [영미]전쟁이 아니다. 그 전쟁에 영국은 미국으로부터 돈을 빌려오지 않으면 안 되기 때문이다.[107]

영국에 대한 데 벌레라의 기본적인 생각은 외국정부였다. 그는 아일랜드에 두 개의 정부가 있다고 선전한다. 그 가운데 하나는 아일랜드 백성의 보통선거에 의해 선출된 정부이다. 그것은 국민의, 국민에 의한, 국민을 위한 정부이다. 다른 하나의 정부는 백성의 동의를 받지 않은 외국정부이다. 그 정부는 외국의 제국주의 이익을 위해 외국의 칼에 의해 유지되는 정부이다. 영국의 아일랜드 지배가 군사지배라는 것은 사실이 아닌가? 칸트는 그의 저서 『영구평화론』에서 평화를 위하여 각국이 하지 말아야 할 6가지 지침을 제시하였다. 그 하나가 외국에 대한 간섭이다. 그러나 예외를 열어두었다. 하나의 영토에 대하여 두 단체(정부)가 주권을 주장하는 경우이다. 데 벌레라는 아일랜드에는 두 개의 정부가 있어서 아일랜드에 대해 주권을 주장하는데 미국의 간섭이 합법적이라고 믿는다. 그것이 민족자결권에 의한 승인이다.

107) Dwyer, T., *Big Fellow, Long Fellow*, Dublin: Gill & Macmillan, 2006, p.148.

## 좌우의 충돌

결국 공화군IRA는 조약을 둘러싸고 둘로 갈라졌다. 하나는 자유국의 조약찬성에 흡수되었고 다른 하나는 공화주의 이상을 따라 조약반대에 섰다. 후자는 데 벌레라의 정치 강령을 따랐다. 공화주의이며 서약철폐와 토지대금청산을 지지하였다. 특히 토지대금청산은 잔존IRA의 공화파사회주의와 일치한다고 생각했다. 그것은 부활절 봉기의 서명자 코널리의 사회주의공화파를 계승한 것이다. 그들은 자신들의 정당으로 자유에이레Saor Eire를 설립하였다. 그 정강은 다음과 같다.[108)]

1. 영국의 제국주의와 아일랜드자본주의를 전복시키기 위하여 노동자와 농민을 위한 독립적이고 혁명적인 지도력을 성취한다.
2. 토지, 생산수단, 분배, 교환을 노동자와 농민이 소유하고 운영하는 것을 기반으로 아일랜드 공화국을 결속하고 조직한다.
3. 아일랜드 언어, 문화, 운동을 장려하고 회복한다.

그 지도자 오도넬Peadar O'Donnell(1893-1986)은 1934년 공화군IRA를 떠나 공화파 의회를 설립하였다. 그 목적은 입헌적으로 사회주의를 성취하는 것이다. 그러나 가톨릭, 보수, 농업의 아일랜드에서는 호응을 얻지 못하였다.

공화군IRA는 한편으로는 입헌적 국민주의의 피아나 포일과 다른

108) Ranelagh, J., *A Short History of Ireland*, Cambridge, 2012, p.261.

한편 보수의 쿠만나게딜 사이에서 사회주의 노선으로 게일의 아일랜드를 재건하려는 꿈을 키웠다. 쿠만나게딜이 영국을 모범으로 보고, 피아나 포일이 외부연계를 목표로 하는데 대하여 공화군IRA는 좌익으로 돌아섰다. 그들은 모스크바를 방문하고 무기를 요청하였다. 그들은 영국 정보부에서 주요 정보를 빼내어 모스크바에 보냈다. 일부는 리메리크 주Limerick County에 소비에트를 선포하였다. 그들은 자신들의 화폐도 만들었다. 식량을 배분하였다.[109)]

후일 데 벌레라가 권력을 다시 장악했을 때 공화군IRA는 그의 정부가 자신들의 사회주의 개혁, 과격한 국민주의와 동일시하여 피아나 포일을 지지하였다. 그러나 데 벌레라의 정부가 그렇지 않음을 보이자 폭력으로 다시 돌아갔다. 데 벌레라가 콜린스가 주장했던 완전독립의 디딤돌 작전을 이행하고 있음을 확인한 과격파 공화군IRA는 피아나 포일과 대척점에 섰다. 데 벌레라는 조약찬성자들을 보복하지 않았고 찬성과 반대 가리지 않고 연금을 주었다. 공화군IRA는 이것도 불만이었다.

조약찬성과 함께 자유국에 잔류하였던 공화군IRA의 일부는 마침 유럽에서 대두된 극우의 파시즘에 경도되었다. 자유국에서 경찰 총수를 지낸 오두피Eoin O'Duffy(1892-1944)는 파시즘을 숭배하였다. 데 벌레라에 의해 경찰총수에서 해임된 그는 1933년 국민방위군National Guard을 조직하였다. 그들은 검은 바지에 푸른 상의를 입어 청색셔츠Blue Shirts로 불렀다. 무소리니의 검은셔츠Black Shirts를 흉내 내었다. 청색셔츠는 공화군IRA와 전투를 하였다. 좌와 우의 충돌이 시작되었다.

---

109) Gallagher, T., B. Fiona, and O. D. Fionnbarra, *A Pocket History of the 1916 Rising*, Dublin: Gill Books, 2015, p.175.

후일 정권을 잡은 데 벌레라는 1933년 9월 청색셔츠를 불법화하였다. 그들은 쿠만나게딜과 소수의 국민중심당과 합쳐 새 정당 피네 게일 Fine Gael을 만들었다. 오두피가 지도자로 선출되었다. 당명을 바꾸어가며 계속 활동을 하자 데 벌레라는 청색셔츠의 착용을 금했다. 피네 게일이 대중의 의사를 반영하는데 실패하자 오두피는 지도자를 사임하였다. 코스그레이브가 새 지도자가 되었다. 오두피는 청색셔츠를 데리고 스페인 내전에 파시스트 편에 참전하였다.

공화군IRA와 청색셔츠 사이의 살육은 국민들의 지지를 얻지 못하였다. 데 벌레라는 1936년에 공화군IRA를 불법화하였다. 이후 아일랜드 정치에서 폭력은 사라지고 법질서가 자리 잡게 되었다. 그렇게 되기까지 데 벌레라가 평화적으로 정권을 재창출하여야 하였다. 그 걸림돌 가운데 하나가 영국국왕에 대한 충성서약이었다.

## 서약

창당한지 1년이 지난 1927년 6월 아일랜드 자유국 총선에서 피아나 포일이 44석을 차지하였다. 여당인 쿠만나게딜은 의석수가 감소하여 46석에 그쳤다. 그러나 데 벌레라와 그의 추종자들은 영국국왕에게 충성서약을 거부하여 등원할 수 없었다. 사태를 악화시킨 것은 법무장관 겸 외부장관인 오히긴스가 1927년 7월 10일 공화군IRA 대원에 의해 암살된 것이다. 그가 내전에서 공화군IRA 대원의 처형을 주도했다는 이유였다. 그 보복으로 코스그레이브 정부는 공공안전법Public Safety Act과 수정선거법Electoral Amendment Act을 통과시켰다. 전자에 의해서 공화군IRA 대원은 사형까지 시킬 수 있었다. 후자에 의하면 피아나 포일 의원은 서약하고 등원하든지 자신들의 원칙을 고수하여 정치적으로 사라지든지 둘 가운데 하나를 선택해야 하였다. 전에는 등원을 거부하여도 의원직을 유지할 수 있었지만 이제부터는 안 된다. 데 벌레라와 피아나 포일의원들은 등원을 택할 수밖에 없었다. 1927년 8월 11일 데 벌레라와 피아나 포일 의원들은 조지 5세에게 충성서약을 마치고 등원하였다. 후일 데 벌레라는 자신의 '서약행위'에 대해 변명한다.

> 나는 "서약할 준비가 안 되었다. 나는 서약하지 않을 것이다. 나는 도일에 들어가는 허가를 얻기 위하여 이 방명록에 이름을 적을 준비는 되었다. 다른 의미는 없다."고 말했다. 책상 위에 성서가 있었다. 나는 가서 그 성서를 집어 들고 다른 책상에 옮겨놓고 오해가 없도록 [참관자에게] 말했다. "내가 서약을 한 것이 아니라는 점을 당신은 기억해야만 한다."[110]

서명은 도일에 등원하기 위한 "공허한 요식행위an empty formula"라고 폄하하였다.[111] 이것만으로도 부족하였던지 여기에 더하여 데 벌레라는 "나에게 서약 문구를 읽으라고 하지 않았고 아무도 읽어주지도 않았다."고 첨언하였다. 당시 서약은 말로 하지 않고 성서에 손을 대고 서약책Book에 서명하는 행위였으니 이 주장은 틀린 말은 아니다. 그러나 궤변이다. 그럼에도 이 행위는 데 벌레라가 조약에 대해 강한 거부감을

110) Ranelagh, J., *A Short History of Ireland*, Cambridge, 2012, p.252.

111) Hackett, F., "De Valera's Ireland," *The American Mercury*, Jan. 1945, p.33.

드러냈다는데 의의가 있다. 어찌되었든 데 벌레라와 피아나 폴리는 아일랜드 자유국의 정치에 복귀하였다. 데 벌레라는 현실적으로 자유국을 인정한 것이다. 그해 미국에 맡겨둔 공채표 판매 대금을 인수하러 미국을 가기 위하여 그는 자유국 정부에 정식으로 여권을 신청하였다. 자유국은 1924년부터 아일랜드국적 여권을 발행했으나 영국이 인정하지 않아서 외국에서 영국영사의 도움을 받아야 하였다. 여권을 얻으려고 충성서약을 하였다.[112] 그는 여전히 영국국왕 조지 5세의 신민이었다.

집권당 쿠만나게딜은 피아나 폴리의 등원을 강한 원칙 속에 받아주었지만 언젠가 그들이 정권을 잡을 것이라고 예상하지 않을 수 없게 되었다. 데 벌레라는 야당의 지도자가 되었다. 정부의 토지판매대금정책을 비판하였다. 토지구매법Land Purchase Acts에 의해 19세기말과 20세기 초에 영국의 부재지주는 사라졌다. 그 법에 의해 영국지주로부터 토지를 구매한 소작인이 그 대금을 매년 자유국정부에 지불하여왔다. 자유국정부는 그것을 영국을 대신하여 적립하였다. 1920년까지 그 금액은 아일랜드 자유국 정부수입의 5분의 1이 되었다.[113] 데 벌레라는 영국이 이미 과도한 세금으로 아일랜드를 착취한 것으로 상쇄할 수 있다고 주장한다. 미국은 영국을 전비부채를 삭감해주었는데 그 영국은 아일랜드의 부채를 삭감하지 않는다고 비난하였다.

112) Dwyer, T., *Michael Collins* and the Treaty, Dublin: Mercier Press, 1981, p.36.

113) Longford and Thomas P. O'Neill, *Eamon de Valera*, London: Hutchison of London, 1970, p.262.

## 총리

벨포어 보고서에 이어서 영국은 1931년 웨스트민스터 장전the Statute of Westminster을 채택하였다. 영국은 마침내 자치정부가 스스로 자신의 운명을 결정하고 더 이상 영국에 종속되지 않음을 인정하였다. 전에는 자치국을 영국 식민장관 하에 두었었다. 이 지위가 바뀌어 국왕 밑에 놓여 자치국 정부는 영국 정부와 대등한 지위가 되었다. 그럼에도 처칠은 아일랜드는 예외로 둘 것을 주장하였지만 코스그레이브는 조약이 아일랜드 자유국을 캐나다 및 다른 자치국들과 동등한 지위를 부여한다고 주장하였다. 이 기회를 이용하여 코스그레이브 정부는 아직 임기가 남았음에도 1932년 2월 16일의 조기총선을 발표하였다.

그리피스와 콜린스가 생각한 조약은 완전한 독립을 위한 디딤돌이었고 사람들도 그렇게 믿었다. 자유국의 지위가 아일랜드 공화국의 방향으로 발전되길 바랐다. 그것은 새로운 헌법의 도입을 의미하였다. 그러나 코스그레이브 정부는 조약의 틀에서 벗어나지 못하였다. 이에 대하여 데 벌레라의 피아나 포일은 헌법을 비롯한 사회경제의 개혁을 총선정강으로 내세웠다. 데 벌레라는 조약에서 충성서약을 폐지해야 한다고 주장하였다. 적들은 그의 공화주의를 집어서 그를 공산주의로 몰았다. 당시 유럽대륙에서는 소비에트의 사주를 받은 국제공산주의자들이 여러 공화국에 잠입하였다. 앞서 설명한 것처럼 자유국에도 마르크스주의자의 자유에이레Saor Eire가 조직되었고 이들에 대항하여 파시스트가 등장하였다. 자유국 정부는 새 공공안전법을 제정하였다. 이 법에 의해 정부는 어떤 단체를 금할 수 있는 권한을 부여하고 단심제의 군사법원에 회부할 수 있었다. 사형이 선고되면 상고가 불가능하였다. 데 벌레라는 이것이 “아일랜드를 불안 속으로 몰고 갔고 총선을 여당에게 유리하도록 만든다.”고 보았다.[114)]

총선이 임박하자 데 벌레라의 피아나 포일이 승리하면 쿠데타가 일어날 것이라는 설이 돌았다. 쿠데타 주모자인 경찰총수 오두피는 국민군의 참모총장에게 접근하였으나 거절당하였다. 다시 경찰특수대장에게 접근도 거절당하였다. 그럼에도 오두피는 포스터를 만들어 시민들의 호응을 얻으려 하였다. 이에 관여하지 않은 코스그레이브는 자신이 재집권하면 오두피를 해임시키려고 마음먹었다. 자유국은 경찰총수의 쿠데타 모의에도 불구하고 당장 제압하지 못하였다. 오두피는 후일 아일랜드 파시스트당의 당수가 된다.

영국도 가만있지 않았다. 자치국장관 토마스John Thomas(1874-1949)가 내각에서 경고하였다. “자유국 총선에서 데 벌레라가 승리하면 어려운 상황이 일어날 것이다.”[115)]

마침내 데 벌레라의 피아나 포일이 72석을 얻어 다수당이 되었다. 코스그레이브의 쿠만나게딜은 57석에 그쳤고 나머지 24석은 군소정당에 돌아갔다. 데 벌레라는 코스그레이브가 정권을 평화리에 인계할지 걱정이었다. 피아나 포일 의원들은 권총을 지니고 도일에 등원하였다. 어느 의원은 전화부스에 기관총을 설치하였다. 데 벌레라 자신은 빈손이었지만 그의 큰 아들이 권총을 지니고 아버지를 경호하였다. 데 벌레

114) Dwyer, T., *De Valera The Man and the Myths*, Dublin: Poolbeg, 1991, p.154.

115) Longford and Thomas P. O'Neill, *Eamon de Valera*, London: Hutchison of London, 1970, p.274.

라는 총리에 당선되었다. 예상과 달리 별 소동이 일어나지 않았다. 코스그레이브 정권의 업적 가운데 하나가 민주적인 정권 교체였다.

전통적으로 총리는 총독을 찾아가 임명장을 수령하였다. 그러나 데 벌레라는 가지 않았다. 대신 총독이 의회에 와서 데 벌레라에게 임명장을 수여하였다. 이때 총독은 부활절 봉기에 기여한 이온 맥닐 교수의 동생 제임스 맥닐James McNeill(1869-1938)이었다. 그는 부활절 봉기에 참여하지는 않았지만 참여자들과 함께 수감되었다. 석방된 후 임시정부의 콜린스 밑에서 아일랜드 자유국의 헌법(안)을 기초하였다. 영국주재 아일랜드 대사로 지내던 가운데 코스그레이브의 천거로 조지 5세에 의해 아일랜드 총독으로 임명되었다. 그가 데 벌레라에게 전례가 없는 대우를 한 것이다.

## 미국

데 벌레라는 도일이 개회되기 전날 시카고 트리뷴 기자와 인터뷰를 하면서 충성서약과 공공안전법에 대해 도전하고 기회를 보아서 분단문제에도 돌파구를 찾아보겠다고 말했다. 다음날 데 벌레라는 미국인에게 보내는 방송을 하였다. 이것은 전례 없는 일이었다.[116] 히틀러가 방송을 이용한 선전의 시초라고 알려졌지만 데 벌레라가 그에 앞섰다. 새로 등장한 방송, 신문, 잡지 등을 적극 이용한 것은 데 벌레라가 선전의 위력을 선제적으로 깨달은 덕택이다. 그가 정권을 잡은 것도 그의 신문 아일리쉬 프레스Irish Press가 그의 주장을 널리 선전했던데 기인한다.

116) Dwyer, T., *De Valera The Man and the Myths*, Dublin: Poolbeg, 1991, p.286.

그는 미국의 여론에 항상 민감하였다. 부활절 봉기로 수감했을 때 윌슨대통령에게 청원을 준비한 것으로 시작하여, 독일음모 사건으로 수감되었을 때에는 윌슨을 만나러 미국에 가겠다는 생각으로 발전하였다. 독립전쟁의 와중임에도 불구하고 미국에서 유세를 하며 공채표를 판매하였다. 정권을 잃었을 때 미국에 다시 나타나서 공채표 대금을 인수하여 자신의 신문을 창간하였다. 다시 정권을 잡자 제일 처음 한 일이 미국에 대한 선전 방송이었다. 그의 정신적 뿌리는 자신의 출생지 미국이었다. 그는 선전의 중요성을 강조한다. "아일랜드에서 어떠한 정부도 정권을 유지하고 싶으면 홍보를 우선해야 한다."[117] 평화주의-입헌주의의 무기는 선전이다.

## 충성서약

미국에 대한 방송에 이어서 그는 영국의 자치국장관 토마스에게 편지를 보냈다. 충성서약의 철폐와 토지대금지불정지를 통보하였다. 1932년 4월 데 벌레라 정부는 충성서약을 폐지하는 법안을 상정하였다. 토마스 장관의 경고가 적중하였다.

조약에서 충성서약은 신페인을 분열시킨 중요한 조항이었다. 공화군IRA는 공화국을 목표로 투쟁해 왔다. 그들은 서약을 강요하는 자치국의회에 충성하지 않았다. 데 벌레라가 공화군IRA와 결별하게 된 이유도 서약 때문이었다. 데 벌레라가 목표로 하는 공화국의 안정과 평화

117) Dwyer, T., *De Valera The Man and the Myths*, Dublin: Poolbeg, 1991, p.134.

를 위해서는 공화군IRA의 끝없는 무장투쟁을 중지시켜야만 하였다. 그것은 그들이 원하는 서약의 철폐만이 가능하였다. 데 벌레라는 새 헌법을 만들기 전에 사전 작업으로 서약 문제를 제기해야만 하였다.[118]

영국은 이 문제는 조약에 포함되므로 일방적으로 폐지할 수 없다고 일축하였다. 데 벌레라는 조약이 전쟁의 협박 하에 체결되었으므로 윤리적으로 문제가 있다고 항의하였다. 여기에 더하여 법률적으로는 웨스트민스터 장전에 의하면 자치국들은 스스로의 내정을 결정할 수 있다고 규정하였으므로 자유국 헌법에서 충성서약을 제거하는 것은 내정이라고 주장하였다. 그 결과 자유국은 조약 대신 자신의 제2문서를 채택할 수 있음을 주지시켰다.

1932년 4월 이제 야당이 된 코스그레이브는 토마스 자치국장관에게 비밀서한을 보냈다. 데 벌레라에게 단호한 태도를 보여 달라는 주문이었다. 이것은 반역에 가까운 행위였다. 며칠 지나지 않아 코스그레이브는 또 보냈다. 충성서약법이 통과되는 경우에 영국이 취할 행동에 대한 언질을 부탁하였다. 대장상 챔버린이 반응을 보였다. 서약을 폐지하는 경우 영국은 어떠한 것도 협상하지 않겠다고 경고하였다.

데 벌레라는 예봉을 피하여 토지대금지불정지에 대한 협상을 제의하였다. 1932년 6월 영국은 두 명의 각료를 더블린에 보냈다. 자치장관 토마스와 전쟁장관 해일햄 경Sir Hailham(1872-1950)이다. 전쟁장관은 일종의 무언의 위협이었다. 그러나 영국의 각료가 협상 때문에 더블린에 온 것은 초유의 일이다. 코스그레이브 정부는 사사건건 런던에 사람을

118) Kissane, B., "Eamon de Valera and the Survival of Democracy in Inter-War Ireland," *Journal of Contemporary History*, April 2007, pp.216-217.

보내어 자문을 구하였던 것에 비하면 아일랜드의 위상과 데 벌레라의 위엄에 아일랜드국민들은 환호하였다. 데 벌레라의 성가를 높여주었다. 충성서약은 1933년 5월 영국추밀원의 "웨스트민스터장전이 아일랜드 자유국에게 조약을 폐지하는 권한을 주었다."고 판정하면서 내전까지 치르게 만들었던 충성서약은 역사에서 사라졌다.

충성서약이 폐지되기 훨씬 이전부터 데 벌레라는 영국에게 자극을 주어 조약을 수정하려고 하였다. 그 한 예가 총독에 대한 비협조이다. 각료들은 총독이 초청하는 모임에 가지 않았다. 한번은 프랑스 영사관에 총독이 도착하자 그 자리에 있던 부총리와 국방장관이 걸어 나왔다. 총독이 항의하자 데 벌레라는 유감을 표명하며 사전에 내가 알았다면 그런 일은 다시는 없을 것이라고 답변하였다. 그러나 그 후에도 참석자들은 데 벌레라에게 통보하지 않고 같은 행동을 취하였다. 한번은 미국대사가 아일랜드에 새로 부임하면서 그의 신임장을 총독에게 제시하지 않고 데 벌레라에게 제시하였다. 부총리는 "우리는 영국의 족쇄를 하나씩 풀어간다. 매일 영국을 추방하는 일이 일어나고 있다." "아무 것도 우리를 멈출게 할 수 없다." "우리는 32개주 전부를 회복할 때까지 멈추지 않을 것이다."119)

## 국제연맹

데 벌레라는 1932년 9월 국제연맹의 의장으로 피선되었다. 국제연

119) Dwyer, T., *De Valera The Man and the Myths*, Dublin: Poolbeg, 1991, pp.193-4.

맹이 자치국을 인정한 것이다. 그는 레스터Sean Lester(1888-1959)를 국제연맹 아일랜드대사에 임명하였다.[120] 데 벌레라에게 당면한 문제는 일본이 세운 괴뢰 만주국에 관한 것이다. 그는 리튼 조사단을 파견하는데 커다란 역할을 하였다. 그는 일본의 강한 거부에도 불구하고 중국대표에게 기회를 주었다. 만일 이 문제를 끝내는데 국제연맹의 영향력을 사용하지 않으면 그것은 세계여론에 참을 수 없는 도전이라고 선언하였다. 총회에서 아일랜드는 체코슬로바키아, 스페인, 스웨덴과 함께 이른바 4소국이 되어 리튼 조사단의 견해에 "기초하여 논쟁을 확실하게 종식"시키는 결의에 찬동하였다. "만일 국제연맹이 이 문제에서 뒷걸음치거나 망설이면 국제연맹은 살아남을 수 없고 살아남을 가치도 없다."[121]

4소국과 달리 영국과 프랑스는 주저하였다. 그들은 방대한 식민지를 거느린 식민모국이었고 국제연맹 규약에 의하면 영국, 미국, 프랑스, 이태리는 자국의 이익이 걸린 사안은 만장일치로 해결하게 되어 있었다. 여기에 일본은 빠졌지만 영국과 프랑스는 동양의 식민모국인 일본에 적대적이면 안 된다고 주장하였다. 그럼에도 데 벌레라는 강력하게 호소하였다. 어찌되었던 리튼 조사단의 보고서가 채택되어 만주국에 대한 일본의 이익은 인정하지만 만주국은 인정하지 않는다고 결의하였다. 일본은 국제연맹을 탈퇴하였다.

---

120) 1933년 국제연맹에 참석하려고 노력하는 이승만은 레스터를 만난다.

121) Dwyer, T., *De Valera The Man and the Myths*, Dublin: Poolbeg, 1991, p.203.

## 토지대금

아일랜드 토지개혁법에 의해서 소작인은 지주로부터 토지를 매입하였다. 그 대금을 매년 아일랜드 총독부에 갚게 되었다. 영국이 자유국에 모든 정부의 권한을 인계할 때 이 적립된 대금도 인계시켰지만 그 대금은 최종적으로 영국 정부 금고에 귀속되도록 되어 있었다. 이것이 토지대금이다. 코스그레이브 정부로부터 이 대금을 이양한 데 벌레라의 방침은 강경하였다. 여기에는 사연이 있다.

앞서 소개한 대로 1921년 아일랜드-영국 조약에 의해서 경계위원회가 구성되었다. 북아일랜드의 피셔Joseph Fisher(1855-1939), 아일랜드 자유국의 맥닐Eoin MacNeill, 그리고 영국이 추천한 남아프리카의 피담Richard Feetham(1874-1965)으로 구성되었다. 피담이 위원장이다. 맥닐은 영국이 조약협상에서 콜린스에게 암시를 준 것처럼 자유국에 유리하게 지지한다는 인상을 받았다. 곧 북아일랜드 6개주 가운데 2개주가 남아일랜드에 귀속시키는데 동의할 것으로 기대하였다. 그 2개주에는 가톨릭이 다수이므로 맥닐의 기대를 뒷받침하였다. 나머지 4개주만으로는 북아일랜드가 유지할 수 없어 결국에는 남아일랜드로 흡수되어 하나의 아일랜드로 통일되리라 낙관하였다.

그러나 위원회 의장인 남아프리카의 피담은 조약 12조를 달리 해석하였다. 경계위원회의 임무는 경계선을 긋는 것이 아니라 이미 정해진 경계선의 세부사항을 확정하는 것이라고 해석하였다. 언론이 이를 폭로하자 남아일랜드의 국민주의자들은 피담이 북아일랜드의 연합주의자들에게 편향되었다고 비난하였다. 맥닐은 경계위원회와 자유국 정부

각료를 사임하였다. 세 당사자인 더블린, 벨파스트, 런던은 협정에 서명하였다. 위기를 맞은 자유국 코스그레이브 정부를 살리려고 영국이 양보를 하였다. 자유국이 영국에 갚아야 하는 부채를 탕감해 준 것이다.

데 벌레라와 공화군IRA가 보기에 이것은 부채탕감으로 북아일랜드를 팔아먹은 행위였다. 공화군IRA는 북아일랜드를 되찾는 방법은 이제 무력밖에 없다는 생각을 더욱 굳혔다. 데 벌레라는 군사적 해법 보다 정치적 해법을 생각했다.

데 벌레라가 정권을 잡은 후 이 문제를 영국과 협상하는 가운데 코스그레이브 정부가 영국과 1923년과 1926년 두 번에 걸쳐 협정을 맺은 사실이 있다는 것을 알게 되었다. 더욱이 1923년 협정은 비밀협정이었는데 그 문서조차 아일랜드에서는 사라졌다. 그리고 두 협정 모두 비준된 적도 없었다. 1926년 협정에는 다음의 문구가 있다. "아일랜드는 1891-1909년 아일랜드 토지법에 의해 누적된 토지대금을 영국정부에게 소득세나 기타의 형식으로 갚는다." 데 벌레라는 과도한 소득세로 이미 갚아버렸음을 주장하며 더욱이 경계위원회 협정에서 모든 부채를 탕감한다고 하였는데 그 부채 속에는 토지대금도 포함되어 있다고 주장하였다. 영국 보수당의 챔버린은 데 벌레라의 주장이 일리가 있음을 깨달았다. 그러나 이것을 인정하면 코스그레이브 정부의 체면에 치명타가 될 것을 염려한 챔버린은 도덕적인 채무를 주장하였으나 데 벌레라는 대금의 원천이 되는 토지가 처음부터 영국이 강탈한 것이라고 맞섰다. 결국 법률에 호소하게 되었는데 데 벌레라는 이 문제를 국제중재재판소에, 영국은 영연방 중재재판소에 중재를 주장하였다. 경계위원회에서 영국이 추천한 남아프리카 위원의 편파적인 행위를 본 데 벌레라는 똑같은 실수를 반복하지 않으려 하였다. 중재는 깨졌다.

## 무서운 인물

영국은 데 벌레라에게 7월 16일까지 토지대금을 넘겨주지 않으면 아일랜드산 수입품에 20퍼센트 관세를 부과하겠다고 통보하였다. 그러자 데 벌레라는 아일랜드도 영국산 수입품에 동률의 관세를 부과하겠다고 응대하였다. 6년간의 경제전쟁economic war이 시작된 것이다. 영국수상 맥도널드가 말했다. "데 벌레라가 있는 한 다른 방법이 없다."

데 벌레라는 쇼Bernard Shaw(1856-1950)를 제외하면 가장 유명한 아일랜드인이다.[122) ]그가 상대하였던 영국인들의 목록은 한이 없다. 카슨은 분단의 아버지이고, 애스퀴스, 로이드조지, 챔버린, 맥도널드, 볼드윈은 영국수상이다. 가장 호적수는 윈스턴 처칠이었다.[123)] "이 가운데 동시대에 대등하게 대적할 수 있는 무시무시한 인물." 데 벌레라만이 이들을 상대할 수 있었다. 그러기 위해서 데 벌레라는 국제수준에 적합한 평화주의-입헌주의-국제주의 정치가가 되어야 했다.

## 경제전쟁

영국은 세계도처에 시장이 있으므로 피해가 크지 않았지만 아일랜드는 고초를 겪었다. 그러나 데 벌레라는 신생 국가의 위엄이 우선이었

122) Hackett, F., "De Valera's Ireland," *The American Mercury*, Jan. 1945, p.29.
123) Hackett, F., "De Valera's Ireland," *The American Mercury*, Jan. 1945, p.29.

다. 데 벌레라가 독일, 폴란드에서 석탄을 수입하려는 기미를 보고 영국은 경제전쟁을 다시 생각하기 시작하였다. 데 벌레라는 경제전쟁으로 경제가 어려워진 것을 영국의 탓으로 돌렸다. 경제전쟁을 영국에 대한 7백년에 걸친 독립투쟁의 마지막 전쟁임을 상기시켰다. 그는 국민들에게 호소하였다. "영국정부가 이 전투에서 승리하면 여러분에게 자유란 없다. 그들은 매번 계속해서 자신들에게 복종하도록 힘으로 위협하기 때문이다. 여러분이 자유를 얻느냐 마느냐는 여기에 달려있다."

경제전쟁이 시작되고 6개월이 지난 1933년 2월 데 벌레라는 총선을 실시하였다. 시기가 절묘했던 것은 경제전쟁의 부정적 효과가 아직 나타나기 전이었기 때문이다. 피아나 포일은 77석을 얻어 과반수를 넘겼다. 데 벌레라는 단독으로 정부를 구성할 수 있게 되었다. 이것을 본 영국은 경제전쟁을 끝내기로 하였다. 1억 파운드의 토지대금은 1천만 파운드로 타협하고 1938년 경제전쟁은 끝났다.

경제전쟁으로 아일랜드는 사실상 자급자족에 의존할 수밖에 없었다. 데 벌레라는 농지를 확대하는 정책을 실시하였다. 그 장기적인 효과가 풍부한 농산물이다. 오늘날 아일랜드는 농산물 수출국이 되었다. 감자대기근은 역사에 사라졌다.

## 아일랜드 국적시민법

1933년 데 벌레라는 처형된 부활절 봉기 지도자들의 묘 앞에서 영국의 잔재를 하나씩 청산하겠다고 발표하였다. "우리가 다스리는 이 국가는 공화국일지 모른다. 그러나 때가 되면 단지 형식적이 아닌 그 이상의 공화국 선언, 정식으로 확정하는 선언을 들을 것이다."[124] 그것은 자신이 평생을 주장해온 외부연계 실현의 완성이었다.

1935년 데 벌레라는 자신의 외부연계를 연이어 실천하는 단계에서 아일랜드 국적시민법the Irish Nationality and Citizen Act을 제정하였다. 1921년 영국-아일랜드조약에 의한 충성서약서를 보면 아일랜드인과 영국인은 공동시민common citizen이었다. 한 마디로 영국국왕의 신민이었다. 국적시민법에 의하여 아일랜드인과 아일랜드에 거주하는 영국인을 외국인으로 구분하였다. 아일랜드 시민권citizenship은 1922년 아일랜드 자유국에서 유래한다. 당시 그것은 국내에서만 인정되었다. 1935년 아일랜드인은 그 역사에서 처음으로 국제적으로 인정받는 시민권을 취득한 것이다.

그가 1935년 시민법을 제정하면서 북아일랜드에 보낸 경고. 아일랜드가 싫으면 떠나라. 아일랜드인 가운데에는 영국의 시민임을 영예로 알고 포기하는 것을 싫어하는 소수가 있는데 그들에게 공정한 제의를 한다. 영국은 매우 가까우니 그곳으로 이사할 자유가 있다. 아일랜드에 남기고 가는 재산이 있다면 아일랜드 공화국이 보상하겠다.

아일랜드 자유국에서 트리니티 대학에는 영국국기, 자유국국기, 대학기가 나란히 게양되었다. 그러나 데 벌레라 집권 하에서 1935년 조지 5세의 즉위 기념일에 영국국기는 마지막으로 게양되었다. 8개월 후 영국국왕이 사망하자 트리니티 대학은 영국국기 대신 왕의 깃발을 조기로 게양하였다. 항의서신을 보내왔지만 묵살 당하였다.[125]

---

124) Coogan, T., *De Valera*, London: Random House, p.486.

125) McDowell and Webb, *The Trinity College Dublin 1592-1952 An Academic History*,

## 독립이냐 통일이냐

이제 남은 일은 국가의 원수를 아일랜드인 스스로 자유시민의 자격으로써 선출하는 일이다. 그것은 데 벌레라의 헌법제정이 해결하였다. 데 벌레라는 아일랜드 자유국 헌법이 국민에게 제시된 적이 없었고 영국의 강권적 힘에 의해 제정된 것이라고 부정적으로 선전하였다. 1922년부터 1936년까지 14년 동안 무려 27번 수정하였다는 점도 자유국 헌법의 취약성이었다. 아일랜드 자유국을 탄생시킨 임시정부는 그 권력을 영국으로부터 이전받았다. 콜린스가 임시정부 수반으로 이전받았다. 다시 말하면 임시정부의 권력은 아일랜드에 상주하는 인구로부터 나오지 않고 물러가는 식민모국으로부터 나온 것이다. 그것은 영국국왕으로부터 나온 것이다. 이것은 주권재민에 어긋난다. 당연히 아일랜드 자유국은 공화국이 될 수 없었고 이러한 특성은 부활절 봉기가 선언한 공화국의 정신에 부합하지 못하였다.

마침내 데 벌레라에게 기회가 왔다. 1936년 4월 영국의 윈저공이 국왕 에드워드 8세가 되었다. 그는 이혼녀 심프슨과 결혼하고 싶었다. 영국 내각은 총 사직을 각오하며 반대하였다. 그들은 국왕의 공동신민인 자치국 신민의 의견도 존중해야 하였다. 그들이 이혼녀와 결혼하는 영국국왕에게 계속 충성서약을 할 것인지는 중대한 문제였다. 데 벌레라는 영국교회는 헨리 8세의 이혼에서 시작된 종교이므로 에드워드 8세의 결혼을 찬성하였다. 그러나 아일랜드는 가톨릭 국가로서 이혼을

---

Trinity College Dublin Press, 2004, p.434.

허락하지 않으므로 이 기회에 영국국왕을 아일랜드 법에서 삭제하기로 작정하였다.

그는 새 법안을 만들었다. “자유국 헌법에서 영국국왕에 관한 모든 조항을 폐지하는 것은 아일랜드의 내정이 된다.”고 데 벌레라는 설명하였다. 영국은 이 법안이 영연방 회원국 자격의 최소조건인지를 검토하였다. 모든 법률적인 면을 검토했을 때 결론은 부정적이었다. 그러나 영국은 국왕 위기로 발생하는 문제를 확대하고 싶지 않아서 묵인하기로 하였다. 대신 그들은 자유국 헌법 제1조항 “아일랜드 자유국은 영연방이라고 알려진 국가사회의 동등의 공동회원이다.”만으로 만족할 수 밖에 없었다.

그러나 데 벌레라는 얼마 후 새 헌법(데 벌레라 헌법)을 제정하면서 영국에게는 실망스럽게도 이 조항마저 삭제하였다. 이 헌법은 아일랜드의 국명을 아일랜드말로 에이레, 영어로 아일랜드로 개명했다. 총독이 폐지되고 대통령이 국가원수가 되었다. 내각책임제하의 정부의 수반은 총리이다. 총리의 이름도 아일랜드말Taoiseach로 바꾸었다. 명목상의 대통령President에는 1893년 게일연맹의 창시자 하이드Douglas Hyde가 선출되었고 실권의 총리에는 데 벌레라가 선출되었다. 제2조는 에이레의 국토를 북아일랜드 6개주까지 포함하여 32개주로 정했다. 제3조는 국토의 통합이 미결이라고 선언하고 에이레의 법은 26개주에 적용된다. 영국은 사용하던 이른바 조약 해군군항Treaty Ports에서 철수하였다.

아일랜드어를 부활시켰다. 정치와 종교는 분리되었다. 그러나 44조는 가톨릭에 특별한 지위를 부여하였다. 이혼은 금지였다. 이혼녀와 혼인 때문에 야기된 국왕 위기를 이용했던 명분이었기 때문이다. 그러나 대가를 치러야 하였다. 에이레가 가톨릭을 헌법상 특별한 위치에 놓으면 개신교의 북아일랜드와 통일은 멀어져 간다. 데 벌레라에게 통일보다 독립이 우선이었던 것이다.

## 완전독립

데 벌레라는 "내가 헌법을 대부분 썼다."고 후일 아일랜드 주재 영국대사에게 고백했듯이 그는 자신의 외부연계의 제2문서를 끝까지 관철하였다.[126] 새 헌법을 국민들에게 물으면서 데 벌레라는 총선을 실시하였다. 경제전쟁으로 어려울 때 야당은 어려운 경제와 연계하여 실업문제를 들고 나왔다. 그러나 데 벌레라는 주권의 문제를 총선주제로 들고 나왔다. "새 헌법이 [영국이 주둔하고 있는] 해군군항에 대한 국가의 주권의 회복과 전체 [32개주에 대한 통일된] 국가로 나아갈 수 있는 확실한 기초이다."[127]

데 벌레라 헌법은 국민투표를 거쳐 1937년 7월 1일 비준되었다. 새 헌법은 데 벌레라가 1921년에 구상한 외부연계의 내용을 담은 공화주의 문서였다. 그러나 데 벌레라는 끝까지 공화국이라는 용어는 사용하지 않았다. 데 벌레라는 언젠가 북아일랜드를 통합할 때까지 공화국 사용을 보류하기로 하였다.[128] 새 헌법이 북아일랜드까지 포함하기 때문이다. 그러나 데 벌레라는 자신의 헌법에서 가장 중요한 원칙이 주권

126) Ranelagh, J., *A Short History of Ireland*, Cambridge, 2012, p.266.
127) Dwyer, T., *De Valera The Man and the Myths*, Dublin: Poolbeg, 1991, p.201.
128) Ranelagh, J., *A Short History of Ireland*, Cambridge, 2012, p.274.

이 국민에게서 나온다는 점이라고 믿었다. 이 점이 자유국 헌법과 다른 점이다.[129] 데 벌레라 헌법은 가톨릭주의, 자유주의, 공화주의, 의회주의의 혼합이며 현재까지 유럽에서 가장 오래된 헌법 가운데 하나가 되었다.[130]

데 벌레라는 말했다. "새 헌법이 국가의 완전독립의 새 선언이다." 마침내 영국 수상 챔버린Neville Chamberlain(1869-1940)이 아일랜드를 "외국"이라고 불렀다.[131] 그리고 정보망을 만들라고 지시했으나 "너무 어렵다"는 대답을 들었다. 1916년 부활절 봉기가 선언한 공화국의 독립투쟁은 마침내 1937년에 와서 데 벌레라에 의해 완성되었다.

## 자유시민

국가가 건국되기 위해서는 자유시민이 그들이 원하는 정부를 반영하는 헌법을 만들고 국가의 원수를 선출하는 일처럼 중요한 일이 없다. 데 벌레라는 1935년 시민법을 제정하여 아일랜드인들을 자유시민으로 만든 다음 1937년 아일랜드 자유시민이 총독을 폐지하고 스스로 헌법을 만들어 그 헌법 하에 국민이 되고, 그들에 의해 국가의 원수인 대통령을 선출하도록 하여 아일랜드의 주권재민을 실현함으로써 아일랜드/에이레의 건국을 완성하였다. 독립국가에 있어서 자유시민이 필수불가

129) Kissane, B., "Eamon de Valera and the Survival of Democracy in Inter-War Ireland," *Journal of Contemporary History*, April 2007, p.217.

130) Kissane, B., "Eamon de Valera and the Survival of Democracy in Inter-War Ireland," *Journal of Contemporary History*, April 2007, p.213.

131) Ranelagh, J., *A Short History of Ireland*, Cambridge, 2012, p.267.

결한 요소인지는 거꾸로 아일랜드 자유국을 탄생시킨 1921년 영국-아일랜드 조약을 보면 알 수 있다.

> 나는 아일랜드 자유국의 헌법에 진정한 믿음과 충성을 엄숙히 맹세한다. 그리고 나는 영국과 아일랜드의 공동시민common citizenship의 덕으로 국왕 조지 5세와 그의 후손 및 법적 후계자에게 맹세에 충실할 것이다.

데 벌레라가 평생을 싸워온 것은 공화국의 건설이었는데 그 핵심이 영국국왕에 대한 충성서약 거부였다. 그것은 곧 영국국왕의 공동시민이 되는데 대한 거부이다. 이것 때문에 내전을 치렀다. 그는 마침내 공동시민을 거부하고 아일랜드 자유시민을 창조하는 동시에 영국국왕과 그 대리인 총독을 철폐하면서 모든 권력이 아일랜드 국민으로부터 나오는 주권재민의 공화국 건설을 할 수 있었던 것이다. 이것이 그가 표현한 대로 완전독립의 건국이다. 데 벌레라 헌법은 아직도 유효하다.

## 중립

데 벌레라의 에이레/아일랜드는 그가 호언한대로 완전독립국임을 만방에 확인시키는 계기가 왔다. 제2차 대전에서 데 벌레라는 중립을 지키게 된다. 많은 학자들은 중립이야말로 아일랜드가 독립국이라는 사실을 극명하게 보여준 사건이라고 본다.[132] 아직 미국이 참전하지

132) Dwyer, T., *Big Fellow, Long Fellow*, Dublin: Gill & Macmillan, 2006, p.340.

않고 고전을 면치 못하여 다급해진 처칠은 아일랜드가 참전한다면 그 대가로 전쟁이 끝난 후 북아일랜드를 아일랜드에 돌려주겠다고 제의하였다.[133] 데 벌레라는 거절하였다. 처칠을 신뢰하지 않을 뿐만 아니라 아일랜드가 중립을 선택함으로써 완전독립국의 주권행사를 만방에 보여주고 싶었다. 현실적으로도 참전은 불가능하게 보였다. 데 벌레라가 보기에 에이레 군대는 6천 명 정도인데 이들을 유럽전선에 보내면 독립된 군대가 못되고 영국부대에 휩쓸려 영국지휘관에 지휘를 받을 것이 분명하였다. 데 벌레라가 보기에 그것은 독립국가 군대의 모습이 아니다. 더욱이 숙적이었던 영국군 휘하에서.

데 벌레라의 거절에 처칠은 화가 났다. 만일 아일랜드가 독일에 비밀리에 도움을 준다면 또는 영국의 안전에 위협이 된다면 영국은 중립을 선언한 아일랜드 공화국을 침략할 수 있음을 표명하였다.

> 데 벌레라의 행동으로 인하여 … 아일랜드의 군항과 비행장이 적의 전투기와 잠수함으로 접근이 용이하게 되었다. 우리 생명에 정말로 치명적인 순간이었는데 우리의 친구인 북아일랜드만 아니었으면 … 지상에서 없애 버릴 수도 있었다. 그럼에도… 국왕폐하의 정부가 인내심을 갖고 폭력을 동원한 일이 없었다는 것은 역사에서 드문 일이다. 그것이 매우 쉬운 방법이었음에도.[134]

---

133) Ranelagh, J., *A Short History of Ireland*, Cambridge, 2012, p.272: Chapple, P., "Dev: the Career of Eamon de Valera," *History Review*, December 2005, p.32.

134) Ranelagh, J., *A Short History of Ireland*, Cambridge, 2012, p.272.

데 벌레라는 반박한다.

처칠은 경우에 따라서 영국이 필요하다면 아일랜드의 중립을 깨뜨릴 의사가 있음을 분명히 했다. 처칠은 영국의 필요성이라는 것이 도덕적인 것인지를 인식하는데 실패했다는 것은 나로서는 이상스러운 일이다. 1년도 아니고 2년도 아니고 침략과 약탈에 대항하여 수백 년을 견뎌온 약소국이 있다는 사실을 진정 보지 못했는가. 그럴 때마다 새롭게 투쟁하며 패배를 인정하지 않고 결코 항복하지 않는 약소국을.[135)]

히틀러가 자살했을 때 데 벌레라는 더블린 주재 독일대사에게 조의를 표명하였다. 세간의 비난이 일었으나 이에 개의치 않은 데 벌레라가 처칠과 영국에 모욕을 준 것이다.[136)] 주권을 가진 독립국임을 만방에 과시하였지만 아일랜드의 분단문제는 여전히 미해결인 채 남아있다. 데 벌레라는 그 소임을 미래 세대에 넘겼다.[137)] 그는 말한다. "분단을 종식시킬 사람이 없는가? 그것을 해내는 사람이 국가를 구하는 것이다."[138)]

데 벌레라의 완전독립 주장에 대하여 이견이 없는 것은 아니다. 그

---

135) Ranelagh, J., *A Short History of Ireland*, Cambridge, 2012, p.273.

136) Chapple, P., "Dev: the Career of Eamon de Valera," *History Review*, December 2005, p.32.

137) Bowman, J., *De Valera and the Ulster Question 1917-1973*, Oxford 1982, p.60.

138) Bowman, J., *De Valera and the Ulster Question 1917-1973*, Oxford 1982, p.89.

이전의 아일랜드 자유국의 존재를 인정하는 주장들이다. 자유국은 1919년 캐나다와 함께 영국의 자치국으로써 국제연맹의 회원국이 되었다. 자치국이지만 영연방 국가로써 인정받은 것이다. 캐나다와 아일랜드 자유국은 영국외무성의 승인 하에 미국과 외교관계를 맺은 것이 1924년이었다. 최초의 아일랜드 대사가 미국 쿨리지 대통령에게 신임장을 제출하였다. 이것을 아일랜드독립의 마지막 과정인 미국의 외교승인이라고 보는 견해가 있다.[139]그러나 앞서 본 것처럼 1919년 미국은 아일랜드를 영국의 영토로써 인정하면서도 더블린에 미국공사를 보냈다. 데 벌레라가 정권을 잡았을 때 미국공사가 신임장을 총독에게 제시하지 않고 데 벌레라에게 제시하였다. 이러한 행위는 외교승인diplomatic recognition이다. 데 벌레라는 외교승인을 완전독립이라고 보지 않았다.

## 합법성

데 벌레라가 아일랜드 자유국을 완전독립으로 인정하지 않은 이유는 개인적인 성격에서 연유하지 않는다. 그것은 국제법에 의한다. 앞서 미국에서 공채표판매를 소개하였다. 데 벌레라가 야인이 되어 자유국으로부터 쫒길 때 자유국은 공채표판매대금에 대해 소유권을 주장하였다. 아일랜드 최고법원은 두 가지 이유로 소유권을 인정하였다. 첫째, 아일랜드 자유국은 제1도일과 제2도일의 법적 계승자이다. 둘째, 제2도

139) Carroll, F., "America and Irish Political Independence, 1910-1933," in P.J.Drudy (ed.), *The Irish in America: Emigration, Assimilation and Impact*, Cambridge University Press, 1985, p.289.

일이 결의한 공채표판매의 법적 귀속은 아일랜드 자유국이다. 첫째 이유는 다시 두 가지 근거를 갖고 있다. 첫째, 영국-아일랜드 조약은 제2도일의 의결로 통과되었고 그 결과 임시정부에 이어 아일랜드 자유국이 탄생하였다. 둘째, 그 조약에 대해 찬반을 아일랜드인에게 묻는 형식을 취한 총선에서 제2도일의 데 벌레라와 임시정부의 콜린스가 맺은 이른바 데 벌레라-콜린스 협약Pact은 두 기관을 모두 인정한 것이다.

그러나 뉴욕법원은 다른 판결을 내렸다. 첫째, 아일랜드 자유국과 그것을 탄생시킨 임시정부는 모두 영국의 〈1920년 아일랜드 정부법〉에 근거를 둔 것이다. 둘째, 제2도일은 그 영토에서 영국을 몰아낸 적이 없다. 셋째, 영국-아일랜드조약Treaty은 국가와 국가 사이의 조약이 아니라 〈1920년 아일랜드 정부법〉 집행의 형식이다. 넷째, 영국은 아일랜드 도일을 인정한 적이 없다. 조약에도 도일에 관한 조문이 없다. 콜린스에게 정권을 인계시킨 주체가 영국정부이다. 법의 눈으로 볼 때 아일랜드 자유국은 도일의 계승자가 아니라 영국정부의 계승자이다.[140] 도일이 허가한 공채표판매는 법의 눈으로 보았을 때 불법이다. 원래 판매자에게 돌려주어야 한다. 이것은 국제법에 비춘 판결이었다.

아일랜드 자유국은 항소하지 않았다. 이것은 자유국이 스스로 국가의 합법성을 포기한 행위라고 데 벌레라는 보았다. 앞서 말했듯이 조약을 둘러싼 분열에서 데 벌레라는 조약찬성자들의 임시정부의 합법성에 대해 처음부터 문제 삼았다. 결국 데 벌레라의 주장이 옳았음을 중립적인 뉴욕법원이 인정한 것이다. 자유국이 항소를 포기한 이유는 그 판결

140) Carroll, F.,*Money for Ireland*, Westpot, CT: Praeger, 2002, Ch.4.

이 판매자에게 변제할 의무를 자유국에게 묻지 않았기 때문에 재정적인 의무에서 벗어나는 것을 우선했기 때문이다.[141] 합법성을 변제의무에 팔아먹은 셈이다.

## 건국 - 아일랜드 경우

건국을 둘러싸고 피를 흘린 나라가 아일랜드이다. 그만큼 중요한 사안이다. 앞서 인용한 데 벌레라의 "새 헌법이 국가의 완전독립의 새 선언이다."라는 말과 영국 수상 챔버린이 아일랜드를 "외국"이라고 불렀다는 말은 에이레/아일랜드의 건국을 의미한다. 그러나 챔버린의 개인 소견과 달리 영국이 아일랜드의 독립주권을 인정한 것은 1949년이다.

건국은 두 글자이다. 건국의 영어 표현은 다기하다. Nation Building이라고 표현하는 것이 보통이다. 마사리크는 The Making of A State라는 표현을 썼다. 이스라엘은 The Creation of the State of Israel이다. Birth of Nation이라고도 부른다. 미국의 the Founding Fathers는 건국의 아버지들이라고 번역한다. Making, Building, Creating, Birth, Founding은 완성형이면서 진행형이다. 우리말로 번역하면 모두 건국이다. 건국은 완성형이면서 진행형으로 사용할 수 있다. 국가는 유기체이기 때문이다.

건국의 "개념"을 둘러싸고 피를 많이 흘린 나라 또한 아일랜드이다.

---

141) Carroll, F.,"America and Irish Political Independence, 1910-1933," in P.J.Drudy (ed.), *The Irish in America: Emigration, Assimilation and Impact* Cambridge University Press, 1985, Ch.III.

국가라는 개념이 처음 등장한 것은 종교개혁 이후이다. 그 전에는 로마 교황청이 세계정부였으며 교황 아래 모든 민족은 하나님의 똑같은 자녀였다. 종교개혁으로 각 민족은 종교의 자유를 쟁취하고 성서가 민족 고유의 언어로 번역이 되어 최소한 종교와 언어에 기초하여 국가라는 개념이 생기기 시작하였다. "짐이 국가다."라는 말로 유명해진 루이 14세의 프랑스가 그 상징이다. 그 전에는 영토, 공국, 왕국 등에 불과하였다. 이들 군웅할거의 지역을 왕권을 기반으로 무너뜨리기 시작하며 국가의 법이 규정하는 권력체계가 등장하였다.

나폴레옹 법전이 이를 집대성하자 유럽 각국에 전파되었다. 시간이 지나면서 영국은 잉글랜드, 웨일스, 스코틀랜드, 아일랜드 등 지역을 통합하여 대영제국을 만들었다. 19세기 이르러 이태리는 카불과 가리발디에 의해, 독일은 비스마르크에 의해 지역을 통합하여 통일국가를 이루었다. 이들 국가는 절대국가였다. 서양세력 앞에 일본의 선각자들은 명치유신 이전에 국가라는 생소한 개념으로 고심하였다. 백성에게는 그가 속한 영주가 전부였고 영주에게는 막부가 전부였다.

중국 중심의 동양에서는 나라와 임금을 구별하지 못하였다. 임금이 다스리는 존재를 창생이라고 불렀다. 억조창생은 임금의 소유였다. 국가의 개념이 없기에 안으로는 국민이라는 개념이 없었고, 밖으로는 국제 개념도 없었다. 여기서 국가의 핵심개념이 나오니 국민과 국제이다. "신성로마제국 및 교황청의 몰락 국민국가의 발흥에 따라 국가관계를 지배할 일정한 확립된 규범을 필요로 하게 되었다."[142] 이 두 가지 상대

142) Rhee, S., *Neutrality As Influenced by the United States*, Princeton University Press, 1912, p.5.

적인 개념이 성립하기 위해 파생되는 개념이 영토와 정부이다.

1933년 몬테비데오 협정에 의하면 4가지 조건이 구비되어야 국가라 인정할 수 있다. 1. 상주하는 인구 2. 명확한 영토 3. 정부, 4. 다른 국가들과 관계를 맺을 수 있는 능력이다. 여기서 말하는 국가에는 여러 종류가 있다. 대표적인 것이 앞서 등장한 자치국과 공화국이다.

먼저 국가의 첫 번째 조건을 본다. 이 책에서 보았듯이 아일랜드의 예이다. 1916년 부활절 월요일에 더블린에서 아일랜드 공화국 임시정부의 이름으로 독립선언문을 발표하였다. 부활절 봉기에서 살아남은 공화파 지도자들은 1918년 총선에서 대거 당선되었지만 런던의 웨스트민스터 의회에 등원을 거부하고 1919년 도일 에이레를 결성하여 부활절 봉기가 선언한 아일랜드 공화국Irish Republic을 선포하였다. 그리고 독립선언문과 헌법을 제정하였다. 두 번째 독립선언문이다. 도일에서 의장 겸 총리로 데 벌레라를 선출하였다. 무단파 콜린스가 시작한 독립전쟁을 뒤로 두고 데 벌레라는 미국으로 떠났다.

그 사이 영국은 제4차 자치법을 통과시켜 〈1920년 아일랜드 정부법〉을 제정하였다. 영국은 아일랜드와 휴전을 하고 〈1920년 아일랜드 정부법〉에 근거하여 1921년 영국-아일랜드 조약을 맺었다. 이 조약에 의해 1922년 임시정부에 이어 아일랜드 자유국Irish Free State이 탄생하였다. 이 탄생의 산파역을 담당한 콜린스는 "1916년 아일랜드 공화국은 선언만 된 것이지 건국된 적은 없다.The 1916 Irish Republic was asserted but never established."라고 주장하였다.[143] 그에 의하면 "1918년 도일 선거가

143) Ranelagh, J., *A Short History of Ireland*, Cambridge, 2012, p.233.

공화국의 기점이다. 총선거가 그 합법성이다." 다시 말하면 임시정부는 국가의 기원이 아니다. 북아일랜드에서 보았듯이 그곳에도 임시정부가 있었지만 북아일랜드 국가는 탄생하지도 못했다.

데 벌레라는 콜린스가 주장하는 1918년 기점도 거부한다. 조약이 영국국왕에 대한 충성서약을 명시한 이상 "조약은 공화국을 부정한 것이다."라고 반대하였다. 조약에 의하면 영국의 자치국Dominion으로 국가의 원수는 영국국왕 조지 5세였다. 아일랜드인들은 영국시민과 국왕의 신민이 되어 영국국왕에게 충성서약을 해야만 하였다. 아일랜드 자유국 헌법(안)은 런던의 웨스트민스터 의회가 최종 승인하여 아일랜드 자유국의 헌법이 되었다. 1922년의 일이다. 콜린스가 승계한 임시정부의 뿌리는 총독부이다. 이것은 국가승계 정통성에 심각한 문제이다.

1932년 총선에서 정권을 다시 잡은 데 벌레라는 아일랜드 자유국의 흔적을 하나씩 없애버렸다. 1933년 영국국왕에 대한 충성서약 철폐, 1935년 국적시민법 제정, 1936년 총독 폐지, 1936년 모든 법에서 영국국왕에 관한 조문 삭제. 마침내 1937년 새 헌법을 제정하고 국호도 에이레 영어로는 아일랜드로 개명하여 국민투표로 확정하였다. 아일랜드의 국가원수는 영국국왕에서 대통령으로 바뀌었다. 새 헌법은 아일랜드 자유국의 헌법을 수정이나 개정한 것이 아니라 폐기해버리고 완전히 새로 주권재민의 원칙하에 만든 것이다. 영국국왕의 신민에서 시민법에 의해 자유시민으로 신분이 바뀐 아일랜드인들이 헌법을 만들어 스스로 원하는 정부를 세우고 에이레/아일랜드를 건국한 것이다. 그리고 아일랜드국민이 되었다. 정리하면 "상주하는 인구"의 자격이 신민→시민→국민으로 상승해 가는 과정이 건국과정이다.

공채표 자금에 대한 뉴욕법원 판결에서 아일랜드 자유국은 몬테비데오의 영토 조건에서 제2도일의 계승자임을 인정받지 못했다. 데 벌레라의 주장대로 제2도일은 해산된 적이 없다. 데 벌레라는 아일랜드 자유국의 헌법이 영국이 만들어준 것이고 영국국왕으로부터 정권을 인수한 점을 강조한다. 그 헌법은 아일랜드국민의 투표로 승인된 것이 아니므로 공화국 헌법의 주권재민 원칙을 어긴 점을 지적하였다. 아일랜드 자유국 헌법 하에서 아일랜드인들의 국적은 영국인이므로 주권재민이 실현될 수 없는 운명이었다. 데 벌레라가 새 헌법의 제정 전인 1935년에 시민법을 먼저 제정한 이유이다. 아일랜드 땅에 “상주하는 인구”를 아일랜드 시민으로 만들어 놓고 이들에게서 국가의 모든 권력과 권리가 원천이 되게 하는 주권재민의 기초 작업을 한 것이다. 아일랜드의 경우 국가의 조건에서 국적이 중요한 것은 아일랜드는 오래 전부터 상주하는 인구가 있었고 명확한 영토도 있었고 정부도 있었다. 그리고 외국 영사가 아일랜드로 파견되었다. 그러나 국가는 아니었다. 자치국은 식민지의 다른 말이다. 그 이유는 상주하는 인구가 영국시민이었고, 영토도 있었고, 정부는 총독부 산하였고, 외국사신도 신임장을 총독에게 제시하였기 때문이다. 주권재민이 아니었다. 주권재민의 기본이 국적시민법이다. 데 벌레라는 “새 헌법이 국가의 완전독립의 새 선언이다.”라고 선언한 배경이다.

아일랜드의 새 헌법과 새 국호를 본 당시 영국 수상 챔버린이 에이레/아일랜드를 “외국”이라고 불렀을 때 아일랜드의 건국은 국가의 4번째 조건을 완결하였다. 챔버린은 아일랜드를 식민지로 끝까지 붙들어 두려고 노력했던 보수당의 거두였다. 그의 입에서 이러한 선언이 나왔다는 것은 그가 에이레/아일랜드의 주권을 바탕으로 국제관계를 인정했다는 뜻이다. 1916년 부활절 봉기가 선언한 공화국의 독립선언문은 마침내 1937년에 와서 데 벌레라에 의해 에이레/아일랜드 국가건설로 완성되었다.

에이레/아일랜드의 예가 중요한 것은 인도, 남아프리카, 파키스탄 등 영연방 국가들의 헌법 제정이 이를 뒤따랐기 때문이다. 1932-1937년까지 데 벌레라가 추진한 독립국가 건설의 과정은 "헌법의 주권재민"이 핵심이다.

앞서 영국 챔버린 수상이 에이레/아일랜드라고 부른 것은 에이레/아일랜드를 주권을 가진 국가로 인정했다는 의미이다. 그 인정은 제2차 세계대전에서 에이레/아일랜드가 주권국가로써 선택한 중립을 세계의 열강이 받아드린 것으로 풀이된다. 영국은 그의 뒷마당에 중립국이 있으므로 불만이지만 그리고 처칠이 협박도 했지만 에이레/아일랜드의 주권을 어찌할 도리가 없었다. 이것이 국가의 4번째 조건이다.

아일랜드의 예에서 보듯이 건국에는 과정이 필요하다는 것을 알 수 있다. 무엇을 위한 건국인가. 당연히 이민족으로부터 억압받는 상주하는 인구의 자유와 번영을 위한 건국이다. 주체가 사람이다. 그런데 피압박 인구에게 국적은 적국의 국적이었다. 이들에게 국적을 찾아주는 행위가 건국과정이고 국적이 완전히 회복되면 건국이 완성이 되는 것이다. 그 순서를 보면 먼저 임시정부가 수립되어야 한다. 그 대의가 국제적으로 인정되어 피압박 상태에서 벗어나면 주권재민의 첫 단계가 자유시민의 탄생이고 이 자유시민이 스스로 원하는 정부를 수립하는 동시에 그 정부에 의해 국가가 선포되는 것이다. 이것이 국가창설이다.

| 제2부 |

# 이승만

# 제 1 장
# 왕가의 후예

## 1. 서세동점

### 출생

이승만은 1875년 3월 26일 황해도 평산군 마산면 대경리 능안골에서 태어났다. 그 해 9월에 강화도 앞 바다에서 일본 군함이 이른바 운양호 사건을 일으켰다. 바야흐로 서세동점의 아시아 앞잡이를 자처하는 일본이 세력을 키워 조선과 그 넘어 대륙에 야심을 드러내는 제1보이었다. 일본이 구미歐美의 수하에서 벗어난 것은 행운이었다. 유럽은 계속되는 보불전쟁으로, 미국은 남북전쟁으로 갓 개국한 일본에 관심을 집중할 여유가 없었던 것이 가져다 준 선물이었다. 미국은 일본을 중국에 대한 교두보로 생각하였다. 그러나 중국은 이 보다 앞서 아편전쟁과 태평천국의 난을 겪으면서 열강에 강토가 분할되는 혼란의 와중에 시달리고 있었다. 유럽열강에 국토가 할양되자 강유위는 "이러다 중국이라는 나라는 없어지는 것이 아닐까" 걱정하였다. 이러한 상황에서 중국은 조선에 대해서 전통적인 관계를 유지하기 어려워졌고 조선은 고립될 위험에 빠졌다. 유럽의 제국주의를 모방하여 일본은 조선을 첫 희생자로 선택하였다. 전통적인 중국 중심의 세계관이 무너지고 설익은 해양세력의 대륙야심은 강화도에서 시작되었다. 그곳은 황해도에서도 보일 정도로 가까웠다.

내정도 혼란 상태였다. 임진왜란으로 산하가 찢겨 그로 말미암아 전답의 실정이 무너졌고 인구의 변화는 호적의 실태를 무너뜨렸다. 이것은 삼정의 문란으로 이어졌다. 이를 틈타서 부패한 관리들의 가렴주구와 백성들의 고난은 드디어 홍경래란과 진주민란을 비롯한 여러 민란을 촉발시켰다. 유형원, 이익, 홍대용, 정약용, 박지원 등 실학자들의 건의는 채택되지 않아 국세는 날로 쇠약해져 갔다. 대원군의 천주교 박해를 반대하고 문호개방을 주장하던 박규수가 우의정 벼슬에서 물러나 그의 사랑방에서 김윤식, 김옥균, 유길준, 박영효 등 젊은 양반자제를 대상으로 박규수의 『연암집』, 『해국도지』 등을 가지고 실학을 가르치기 시작한 것은 이승만이 태어나던 해였다.

청국과 사대관계도 청국 자신이 아편전쟁과 태평천국의 난으로 혼란에 빠지고 동아시아의 전통적인 질서가 붕괴 직전이 되면서 조선은 고립되었다. 이를 알아채지 못한 조선에서는 세도정치가 조선의 정치를 후퇴시키고 있었다. 대원군의 등장도 사정을 호전시키지는 못했다.

그의 쇄국정치는 조선을 점점 고립의 수렁으로 빠뜨렸을 뿐이었다. 조선은 수구 아집의 나라였다. 병인양요, 신미양요, 강화도조약, 임오군란을 거쳐 김옥균, 서광범, 서재필 등 젊은 개혁자들이 일으킨 갑신정변은 실패하였고 외세를 불러 드렸다. 곧 이어 을미사변, 갑오경장, 동학란, 청일전쟁 등 꼬리를 물고 일어나는 사건은 조선을 파국으로 몰아가고 있었다. 한때 만주벌판과 사해바다를 호령하던 상무의 기상과 우수문자를 발명한 문화의 정신을 다시 회복시킬 인물을 고대할 때가 되었다. 이상재는 "어떻게 하면 고구려 신라의 화랑도 정신 풍류도 정신을 부활시킬 수 있을까"에 골몰하였다.[1)]

## 유년시절

이승만의 가계는 양녕대군의 후예로 그는 6대 독자였다. 그가 2세가 되었을 때 그의 부모는 한성[서울] 남대문 밖 염동으로 이거하였다가 낙동을 거쳐 같은 남대문 밖 도동으로 이사하였다. 아마 자식의 교육을 생각했을 것이다. 서울에서 이승만이 유년시절을 부모의 염원을 충실히 받들어 과거시험 준비로 보냈으니 그러했을 것이다. 무엇보다 친척인 이근수 대감이 서울 도동에 살았고 그에게 글을 배울 수 있었기 때문이다. 이 일대는 양녕대군 후손들의 집단 거주지였다. 이근수는 일찍이 1864년에 과거에 급제하여 1883년에 사간원 대사간을 거쳐 사헌부 대사헌에 이른 인물이다. 또 도동에는 집안의 가묘가 있었다. 그것은

1) 전택부, 『월남 이상재의 생애와 사상』, 연세대학교 출판부, 2001, 91쪽.

양녕대군의 묘였다고 전한다. 그 자리는 남묘의 건너편이었다. 남묘는 관우를 모신 네 개의 사당 가운데 하나인데 서울에 동서남북 네 군데에 있었다. 명나라의 만력제가 보낸 자금으로 지었다 한다. 사대주의를 떠받들다 못해 신앙으로 모시는 대표적인 본보기였다. 남묘는 지금의 서울역 앞 힐튼 호텔의 남쪽 후암동 방면에 있었다. 이곳은 후일 들어선 세브란스 병원과 아주 가까운 거리였다. 중국문명에서 서양문명으로 교체되는 상징적인 건물들이다. 여기에서 이승만은 어린 시절을 보냈다.

이근수 대감은 "유명한 한문학자"를 초빙하여 이승만을 가르치도록 했다는데 이정식은 그 사람이 신면휴라고 추정했고 신면휴 자신도 이승만을 가르쳤다고 기록하였다.[2] 그는 후일 배재학당 교장과 주일대표를 지낸 신흥우申興雨(1883-1959)의 부친이다. 이승만의 조모와 같은 성씨였던 신면휴는 궁내부 사계과장이었으며 이승만의 부친과 친구였다. 이승만은 좋은 스승 밑에서 착실하게 한학을 공부하였다. 곧 서당에서 두각을 나타냈고 같은 서당에서 공부했던 신흥우는 이승만을 천재라고 불렀다.[3] 이승만은 6세까지 어머니에게서 천자문을 떼고 7세부터 이근수 서당에서 16세 아니면 17세까지 사서삼경을 모두 마쳤는데 그밖에도 수준 높은 서적들을 모두 암송했다고 전한다. 후일 그가 감옥에서 영어사전과 영어문장을 암기한 것으로 미루어 보아 이 증언은 사실일 것이다.

---

2) 이정식, 『이승만의 구한말 개혁운동』, 배재대학교출판부, 2005.

3) 신흥우, 「이승만을 말한다」, 이정식, 『이승만의 구한말 개혁운동』, 배재대학교출판부, 2005, 391-401쪽.

이승만의 부친 이경선은 보학을 좋아하는 선비였는데 집안 경제를 돌보지 않고 전국을 유람하며 친구 사귀기를 좋아 하였다 한다. 집안은 어머니가 꾸려 나갔으니 가난하였을 것이다. 이승만에게 한 명의 형과 두 명의 누님이 있었지만 형은 유년 시절에 사망하였다. 당시 조선의 인구는 감소하고 있었다. 전국의 우물이 기생충과 결핵의 매개체였다. 여기에 3-4년에 한 번씩 만주를 통하여 창궐하는 콜레라, 장티푸스, 천연두 등 각종 전염병이 위협적이었다. 중국에서 의료선교 하던 미국의사가 출판한 『중국의 질병 Diseases in China』의 "콜레라 지도 Cholera Map"가 그 사정을 말해 준다.[4] 1893년 내한한 캐나다 의료선교사 에이비슨 박사의 회고에 의하면 자신이 만난 조선인 10명 가운데 8명이 곰보였다고 한다. 어떤 여자 환자는 11명의 자식을 모두 2살이 되기 전에 천연두로 잃었다고 기록하였다. 에이비슨Oliver R. Avison(1860-1956)은 한국인구의 감소를 걱정하였다.[5]

천연두에 대한 조선의 치료방식은 1907년 조선을 방문한 러드로우 Alfred Irving Ludlow(1875-1961) 교수가 기록으로 남겼다.[6] 조선 사람들은 귀신이 들어서 생긴다고 믿었다. 그러니 귀신이 나가주기를 빌거나 귀신에게 몸을 줄 수밖에 없다고 하였다. 당시 천연두로 죽으면 시

4) Jefferys and Maxwell, *The Diseases in China*, Philadelphia, Blaikstone's Son and Co. 1911.

5) Avison, *Memories of Life in Korea*, unpublished manuscript, in George Baik's Archives, Yonsei University Library.

6) Ludlow, "Observations on the Medical Progress in the Orient," *Cleveland Medical Journal*, Oct. Nov. 1908: Ludlow, "Medical Experiences in Korea," *Cleveland Medical Journal*, Vol. 13, 1914, pp.476-81.

체를 거적에 싸서 지게 같은 받침대에 의지하여 성벽에 수직으로 붙여 놓았다. 땅에 묻으면 귀신이 화를 내어 다른 희생자를 찾을까 겁이 났기 때문이다. 천연두에 걸리면 5일째 되는 날부터 가족들은 머리를 빗지 못하며 세탁도 하지 못한다. 집안 청소는 물론 장작도 패지 못한다. 벽에 못 하나 박지 못하고 벽지도 바르지 못한다. 만일 이것을 어기면 귀신이 환자를 맹인으로 만든다고 믿기 때문이다. 만일 누군가 바느질을 하면 귀신이 환자에게 바늘을 찌르는 고통을 준다. 개나 소 등 가축도 잡지 못하는데 그 이유는 환자가 얼굴을 긁어 살더라도 곰보가 되기 때문이다. 9일째가 되면 이러한 금기가 걷어지지만 못 박기와 도배는 여전히 예외다. 13일째가 되면 귀신이 환자의 몸에서 물러나간다. 그러면 잔치를 해야 한다. 가마니에 쌀과 돈을 넣어 목마에 싣고 지붕 위에 올려놓아야 천연두 귀신이 그걸 타고 날아간다. 환자가 죽어도 이 짓을 하였다. 이러한 미신은 러드로우 교수가 조선을 다시 찾은 1912년에도 성행하였다. 산모의 몸에서 산아의 팔이 먼저 나오면 팔목에 아버지의 이름을 쓴 종이를 걸어놓고 아버지의 이름을 불러서 유도했다.[7] 러드로우는 후일 이승만의 친구가 되고 하와이 한인기독교회 낙성식에 초대된다.

이승만의 유년시절 조선은 미신과 질병의 나라였다. 민간에서만 사정이 이러한 것은 아니었다. 궁중에서 민비는 무녀들을 끼고 살았고 고종은 태조대왕으로 접신했다고 널뛰는 무당에게 절을 하였다. 후일 이승만은 탄식했다. "우리나라 사람들의 어쩔 수 없는 폐단을 말하자면

7) Ludlow, "Medical Experiences in Korea," *Cleveland Medical Journal*, Vol. 13, 1914.

어둡고 완고하다, 원기가 없고 나약하다, 용맹스러이 하고자 하는 일이 없다 하는 것이라 할 터이나, 그중에 가장 어려운 것은 운수라 하는 것을 믿음이라. 이것을 믿는 마음 때문에 백 가지 중 하나도 될 수 없으니 실로 깊이 걱정하는 바로라."[8] 비숍은 한국이 귀신을 위해 매년 250만 달러를 허비한다는 기록을 남겼다. 1896년 한국의 수출은 473만 달러였고 수입은 654만 달러였다.[9] 이승만이 『독립정신』에서 과학지식을 그토록 열거하는 데에는 모두 이유가 있었다.

이승만도 어릴 때 천연두로 3개월 동안 시력을 잃었다고 한다. 외아들을 끔찍이 아꼈던 이승만의 부모도 6대 독자를 위해서 미신의 치료를 했을 것이지만 그 무서운 천연두에서 살아남은 것을 보면 그는 선천적으로 강한 체질이었던 것 같다. 그는 후일 감옥에서 콜레라 환자들 집단 틈에서도 살아남는다.

그의 실명 연도는 기록마다 엇갈린다. 이승만의 영문일기에는 6세라고 하였다.[10] 이것이 만 6세인지 세는 6세인지 불분명하다. 이때 서양의학의 진료로 다시 눈을 떴다. 그러나 당시에는 서양의사는 없었다. 1876년 일본과 강화도조약을 맺은 다음해 1877년 부산에 제생병원이 들어섰다. 일본해군 야노矢野義徹 대군의가 이 병원의 원장이 되었고, 1880년 원산의 생생병원에서 역시 일본해군 야노矢野義徹와 고다戸田 대군의가 진료하다 육군의 고마르小松運 일등군의가 이어받았다. 서울에서

---

8) 이승만, 『제국신문』, 1903년 2월 5일.

9) Bishop, *Korea and Her Neighbors*, Vol.II, 1898, p.276.

10) 이정식, 『이승만의 구한말 개혁운동』, 39쪽: 리차드 알렌, 윤대균 역, 『한국과 이승만』, 합동통신사, 1961, 15쪽: 서정주, 『우남 이승만』, 화산문화기획, 1996, 39-50쪽.

는 1880년에 해군 마에다前田清則 대군의가 진료하였다. 이승만이 세는 6세일 때이다. 1883년에는 인천의 일본공사관에는 카이세海瀨敏行 일등 군의가 있었다. 이들은 모두 군의관이었다. 짐작컨대 군의학교 출신들이었다. 이들이 최초의 서양의사 알렌Horace Newton Allen(1858-1932)이 내한하기 전의 서양의학을 알고 있던 의사들이었다.[11)]

1879년 진고개의 일본의사 치료로 회복되었다고도 전한다.[12)] 이승만의 나이가 세는 6세일 때이다. 그렇다면 아직 마에다前田 대군의가 서울로 진출하기 전이다. 만 6세였다면 치료의사가 아마 마에다前田 대군의이었을지 모른다. 당시 군의는 민간인도 치료했다고 한다. 마에다前田이 지석영에게 종두를 가르쳤다.

이승만의 전기 작가 올리버는 치료해준 의사가 서양의사 알렌이라고 주장하며 이승만의 열 번째 생일에 치료 효과가 나타났다고 적었다.[13)] 이승만이 10세 생일이라면 1885년 3월 26일이다. 알렌은 1884년에 입국하였으니 햇수가 맞는다. 그렇다면 이승만은 10세에 생애의 중요한 갈림길에서 미국 의료선교사의 도움으로 서양의학의 혜택을 본 셈이다. 이것이 이승만과 미국의 첫 번째 인연일 것이다. 데 벨레라의 무의식 속에도 항상 미국이 자리 잡고 있었다함은 앞서 본 바이다. 눈 치료가 어린 이승만에게 어떤 영향을 미쳤는지 알 수 없으나 미신과 질병과 아집의 나라를 바꾸어 보겠다는 그의 각오에 상징적으로 어울

---

11) 김두종, 『한국의학사 전』, 탐구당, 1966, 472-475쪽.

12) 이주영, 『이승만과 그의 시대』, 기파랑, 2011, 15쪽.

13) 로버트 올리버, 「내가 아는 이승만 박사」, 『신동아』, 1979년 9월호, 464쪽: Oliver, *Syngman Rhee The Man behind the Myth*, Greenwood Press, 1954, pp.10-12.

리는 사건이라 아니할 수 없다. 이승만은 15년 후에 알렌과 친교를 맺게 된다.

## 2. 배재학당

### 통상조약의 시대

1882년 미국과 조선은 우호(수호)통상조약을 맺었다. 이 조약은 서양과 맺은 첫 번째 조약이다. 당시 조선에는 이 조약을 이해할 수 있는 능력을 갖춘 사람이 없었다. 그러나 이승만의 일생에 있어서 이 조약처럼 중요한 사건이 없다. 프랑스는 1862년 베트남왕국이 프랑스 선교사를 살해한 데 대한 보복으로 베트남을 무력으로 토벌하고 1867년 식민지 코친차이나를 만들었다. 조선에서 병인양요로 일단 물러난 프랑스가 1867년 군대를 파견하여 조선을 보호령으로 삼겠다고 청국에 통보하였다. 동북아의 베트남을 만들 작정이었다. 미국에게 이 토벌작전에 참여할 의사가 있느냐고 타진하였다. 이에 미국이 유럽세력을 아시아시장에서 견제하기 위하여 조선을 지독하고 서둘러 조약을 추진하였다.

이밖에도 태평양에서 열강들의 세력다툼이 새로워졌던 것도 요인이었다. 스페인의 쇠퇴와 더불어 이 지역에 야심을 품은 것은 이미 중국에 교두보를 마련한 영국 이외에 독일과 일본이다. 중국 청도에 교두보를 둔 독일은 태평양의 도서와 필리핀 심지어 미국의 코앞인 캐리비안까지 넘보았다. 일본 역시 세력을 키우고 있었다. 조미우호통상조약을 체결한 슈펠트는 말했다. “태평양은 미국의 신부이다. 중국, 일본,

한국은 그 들러리이다. 캘리포니아는 신부의 혼인 마차이고 신부 대기실로 모든 혼인 예물이 쏟아지는 곳이다."[14] 1890년에 미국해군력은 중국과 터키에 뒤진 세계 12위였다.[15] 미국은 급속하게 해군력을 키웠다. 그러나 여전히 미국 육군의 규모는 루마니아 보다 작았다.[16]

상하원 합동결의안을 거쳐 10년 만에 성사시킨 것이 조미우호통상조약이다. 이 조약에는 유효기간이 없으며 거중중개조항이 있다. 또 불평등조항은 후일 개정할 수 있도록 명문화 하였다. 파격적인 조약이며 한국사뿐만 아니라 세계 근세사에 대단히 중요한 조약이다. 이승만은 이 조약의 의미를 깊이 이해하기 위하여 박사공부를 하였다. 그의 박사학위논문은 대서양에서 유럽과 미국 사이의 해상통상자유를 놓고 다투는 법제사를 1776년부터 추적한 것인데 1872년에서 끝난다. 그 후 미국과 유럽은 태평양에서 다시 통상의 자유를 놓고 다투게 되는데 조선이 그 범위에 들어왔다. 이승만의 사상을 조사하기 위하여 뒤에서 다시 언급해야 한다.

조미우호통상조약에 의해 서울에 미국 공사관이 들어섰다. 재한 미국인들의 건강을 위해서 의사가 필요하자 공사관 의사 알렌 박사가 내한한 것은 1884년이었다. 그는 의료선교사였지만 조선이 아직 선교를 금지하므로 의사의 신분만으로 입국하였다. 그 해 갑신정변에서 27곳의 자상을 입고 빈사상태에 빠진 민영익閔泳翊(1860-1914)을 서양수술로 살려놓은 이변으로 그는 궁중의 신임을 얻게 되었다. 상금 1만 냥에

14) Phillips, *William McKinley*, Time Books, 2003, p.89.

15) Phillips, *William McKinley*, Time Books, 2003, p.104.

16) Brewer, *Shots of War*, Carlton Books Limited, 2010, p.219,

참판벼슬에 제수되고 고종의 어의가 되었다. 그가 입국한지 불과 3개월 만이다. 그 다음 해에 입국한 언더우드Horace Grant Underwood (1859-1916)와 아펜젤러Henry Appenzeller(1858-1902), 두 사람의 개신교 목사가 선교의 초석을 놓을 수 있었던 것은 알렌의 공이다. 그 전 1백 년 동안 많은 피를 흘렸던 천주교의 박해에 비하면 기적이라 아니 할 수 없다. 그 가운데 아펜젤러 목사가 배재학당을 설립한 것이 1885년이고 고종으로부터 학교명을 하사받은 것이 1886년이다.

그 다음 해 박정양竹泉 朴定陽(1841-1905)이 초대 주미전권공사로 도미하면서 그의 문객이었던 이상재月南 李商在(1850-1927)가 일등서기관으로 워싱턴에서 외교활동을 하였다. 박정양은 실학파의 거두 박지원의 손자 박규수의 친척이었다. 같은 해 이승만이 처음 과거에 도전한다. 그의 나이 12세였다. 한시라도 빨리 등과를 바라는 부모가 나이를 속였다고 한다. 몰락한 왕가의 꿈이었을 것이다. 그 후 1894년까지 매년 과거시험을 보았으나 그때마다 낙방하였다. 당시 과거시험은 부패하여 공정하지 못했다고 전한다. 이승만처럼 몰락한 왕가의 후예가 입신하기에는 벽이 높았을 것이다. 훌륭한 스승 아래에서 수석을 차지하며 공부하던 그가 거듭되는 낙방을 어떻게 받아드렸는지 상상할 수 있다. 이상재 역시 1867년 과거에서 낙방한 적이 있다. 이상재는 기가 막혀서 "한심하다. 다시는 과거에 응시하지 않으리라"고 결심하였다. 시제라는 것이 대체로 이런 것이었다. "어진이는 사람들의 마음을 편안케 한다.(人之安宅)"의 택(宅)자를 압운으로 하였다.[17] 실학과는 거리가 먼 문제였

17) 정원용 지음, 허경진 옮김, 『국역 경산일록 6』, 249쪽.

다. 답안지가 17,350장이었다. 드디어 1894년 갑오경장과 함께 과거가 폐지되자 과거로 벼슬길에 오르려는 젊은이들의 일생의 목표가 사라졌다.

## 독립=통상

이때 친구 신긍우가 이승만에게 배재학당에 다니길 권유하였다. 그는 신흥우의 형이다. 이승만은 영어를 배울 욕심에 배재학당의 문을 두드렸다. 1895년 4월의 일로서 그의 나이 20세였다. 당시 배재학당에는 주시경朱時經(1870-1914)도 다니고 있었다. 당시 이름은 주상호였다. 이승만에게 배재학당은 별천지였다. 미국인 교사들이 영어 이외에 유학자들이 천시하는 천문, 지리, 생리, 수학, 수공, 성경 등 근대학문을 가르쳤기 때문이다. 그러나 아펜젤러는 한문 교육도 빼놓지 않았다. 그는 졸업식에서 학생들에게 『조선사략』이나 『통감』 등을 외우게 하였다.

이승만은 여기서 예수와 처음 만난다. "1천9백 년 전에 죽은 사람이 내[이승만] 영혼을 구원해 줄 수 있다는 것이다." 그러나 그는 곧 그런 생각을 떨쳐 버린다. "어떻게 그런 우스꽝스러운 말을 믿을 수가 있단 말인가. … 그러니 가난하고 무지한 사람만 교회에 가는 것은 놀랄 일이 아니지. 위대한 부처님의 진리와 공자님의 지혜로 무장된 학식 있는 선비라면 저런 말은 절대 믿게 되지 않을 거야." 그는 걱정하는 불교신자 어머니를 안심시켰다.

배재학당은 주입식에서 탈피하여 연설회와 토론회를 통한 근대시민 교육도 포함시켰다. 정구와 야구도 가르쳤다. 이승만이 정구를 즐겼다는 것은 익히 알려진 사실이다. 근로의식을 부어 넣어 일하면서 공부할 수 있는 제도도 구비하였다. 그곳에 삼문출판사(삼국어출판사)를 설립하여 수많은 기독교서적 등을 보급했는데 학생들은 여기에서 일하며 학자금에 보탰다. 배재학당의 이러한 교육은 아펜젤러 교장의 교육 목표에 잘 나타나 있다.

> 우리는 통역관을 양성하거나 학교의 일꾼을 양성하려는 것이 아니요, 자유의 교육을 받은 사람을 내보내려는 것이다.

이승만도 후일 배재학당에서 영어보다는 자유의 개념을 배웠노라고 회고했다. 아펜젤러의 교육 목표가 그대로 이승만에게 이식되었다. 그가 후일 『독립정신』을 집필하게 되는 동기가 이미 여기에서 싹이 텄을 것이다. 많은 사람들이 단발령으로 마지못해 상투를 자를 때 그는 자발적으로 잘랐다. 고집불통의 이승만이 과단성 있게 결심하는 면모가 드러난다. 자유와 유교의 가르침 사이의 방황을 처음 경험했을 것이다.

배재학당에서 이승만은 영어에도 뛰어난 재능을 보였다. 입학 6개월 만에 신입생들에게 영어를 가르치는 조교가 될 정도였다. 그리고 그것은 그에게 생계수단이었다. 영어가 일취월장하자 그는 여자 의료선교사 파이팅 박사Georgiana Whiting(1869-1952)에게 조선어를 가르쳤다. 첫 번째 사례금으로 20달러를 들고 온 아들을 보고 어머니가 놀랐다. 그때서야 배재학당에 다닌다고 고백하였다. 영어를 더욱 연마하려고 그는 일요일이면 제중원에 가서 에이비슨 박사와 영어로 얘기를 나누었다.

그는 캐나다 토론토 의과대학 교수 출신으로 1893년 의료선교사를 자원하여 조선에 온 사람이다. 그 후 제중원을 세브란스 의학전문학교로 발전시켜 45년 동안 이 땅에 커다란 공헌을 하였다.

당시 조선 사람의 큰 문제는 독립심의 결여였다. 오래 동안 청국에 의존하는 사대사상으로 자주정신이 사라졌다. 아펜젤러는 독립심을 가진 하나의 자유로운 인간을 근대교육을 통해서 길러내고자 하였다. 병인양요가 일어나는 해(1866년)에 강화도에 양선이 나타나 통상을 요청하자 문정관問情官 방우서가 말했다. "천하만국이 화친하며 서로 사고팔기를 하지 않음이 없으니, 우리나라가 하고자 함도 이와 같다." 여기까지는 통상개국의 의지가 보여 좋았다. 그러나 그는 "마땅히 동지사가 가는 편에 자문을 보내어 대국[청국]에 청하고 3개월 뒤에 회답한 자문을 보고서 [교역을] 시행토록 하겠다."고 말했다.[18] 독립심이 결여된 채 문호를 개방한들 무슨 소용이 있겠는가. 양선에서 어떻게 생각했는지 궁금하다. 무엇이든지 청국에 의존하는 의존정신이 조선을 하나의 독립국가로 유지하는데 커다란 장애가 되었다. 방우서는 이 일로 통진부사로 제수되었다. 통진은 서울을 지키는 중요한 관문이었다. 후일 언더우드는 이곳에 교회를 개척한다.

당시 "조선이 독립국인가" 라는 것은 열강의 의문이었다. 청국의 속국으로 보는 견해가 지배적이었다. 위의 글에서 보았듯이 조선 스스로도 인정하는 태도였다. 정한론이 일본을 풍미하던 명치 초기 그의 찬성자 외무경 소에지마副島種臣(1828-1905)는 청국에 주재하는 영국, 프랑

18) 정원용 지음, 허경진 옮김, 『국역 경산일록 6』, 176쪽.

스, 미국 공사에게 그에 대한 의견을 물었다. 조선 침략의 핵심이 바로 이 질문의 대답이었기 때문이다.

프랑스 신부 학살에 대해 프랑스함대가 조선을 향해 청국을 출발하는 병인년에 청국정부와 상의하였다. 청국의 예부가 이 사실을 조선에 통보하였다. "북경의 예부에서 자문이 왔다. 지난 달 20일에 발송한 것으로 하루에 3백리를 달려온 것이다. 프랑스가 금년 봄에 자국민이 살해당한 일로 장수에게 군사를 일으키도록 명하려 하자 [청국]예부에서 이를 해명하면서 갑자기 병란의 단서를 만들어서는 안 된다고 하며 만류하였으니, 이러한 사실을 귀국[조선]에 알려 심사숙고하며 처리하게 하여 만전을 기하자 한다는 내용이었다. 놀랍고도 걱정됨을 무어라 말로 표현하기가 어려웠다."[19] 이것이 영의정을 지냈다는 사람의 반응이다. 프랑스는 1866년에 병인양요를 일으켰다.

앞서 말했듯이 조정은 세계 대세에 역행할 수 없다는 사실을 깨닫고 미국과 조미우호통상조약을 맺은 다음 박정양을 주미 공사로 보냈다. 청국은 조선 대표가 신임장을 미국 대통령에게 직접 제출하지 못하게 간섭을 하였다. 청국의 지도를 받아야 한다고 강압하였다. 조선은 청의 호조가 관리하는 제후국이었다. 이때 1등서기관인 이상재가 청국 공사와 담판을 하였다. 마침 미국 신문에서 이 사실을 보고 "미국은 조선을 청국과 마찬가지로 독립국가로 대우한다. 양국 사신을 국제관계에 의하여 각자의 정부를 대표하는 독립된 사신으로 간주한다."라고 보도하여 도움이 되었다. 조선 대표는 미국 땅을 밟은 지 17일 만에

19) 정원용 지음, 허경진 옮김, 『국역 경산일록 6』, 174쪽.

신임장을 제출할 수 있었다. 박정양 공사는 귀국 후에 청국의 압력으로 모든 관직에서 파직 당하였다. 이상재도 이때 조정에서 물러나왔다. 이것이 당시 세계에서 조선의 실정이었다. 여기서 주목되는 사항은 미국이 자신과 우호통상항해조약을 체결한 상대방을 독립국가로 인정하는 사실이다. 곧 〈자유통상=독립국가〉의 등식이다.

## 춘생문 사건

배재에 입학한지 7개월이 지난 1895년 11월 28일. 이른바 춘생문 사건이 터졌다. 청일전쟁에서 승리한 일본은 요동반도를 빼앗았다. 의화단 사건 이후 이곳에 진출을 노리고 있던 러시아가 프랑스와 독일을 설득하여 삼국간섭을 하자 열세를 절감한 일본이 요동반도에서 철수하며 국제적으로 망신을 당하였다. 이 사건을 지켜본 조선에서 러시아가 의지할 수 있는 강한 나라로 떠올랐다. 조선왕실 특히 민비가 정점이 되어 친러파가 득세하였다. 마침내 일본은 친러파의 민비를 살해하고 고종을 유폐시켰다. 을미사변이다. 조선 천지에서 의병이 일어났다. 이 와중에 일부 군인들이 고종을 유폐된 경복궁에서 춘생문을 통해 탈출시켜 러시아 [미국?] 공사관으로 피신시키려는 계획을 짰다. 실행에 옮겼을 때 궁중 동지들의 배반으로 실패하였다. 춘생문 사건이다. 이승만은 가담하지 않았지만 모의자의 한 사람이었던 이충구로부터 계획을 알고 있었고 가담하고 싶어 했다. 그러나 6대 독자라는 이유로 허락되지 않았다. 이충구는 배재학당 학우였다. 거사가 실패하여 그가 쫓기면서 이승만도 같은 신세가 되었다. 여의사 파이팅 박사의 도움으로 환자로 가장하여 황해도로 탈출하는데 성공하였다. 이충구는 붙잡혀 제주도로 귀양 갔다. 그로부터 얼마 지나지 않은 1896년 2월 11일에 고종이 러시아 공사관으로 파천하면서 다시 친러파의 세상이 되었다. 이충구는 귀양에서 돌아왔다.

## 서재필

아관파천 2개월 전인 1895년 12월 26일 서재필松齋 徐載弼(1864-1951)이 귀국하였다. 불과 20세의 나이에 병조참판으로 갑신정변에 참여했다가 미국으로 망명한지 11년 만에 의사가 되어 고종의 중추원 고문의 자격으로 귀국하였다. 서재필이 러시아 공사관으로 고종을 찾아가 환궁할 것을 상주하였으나 고종은 듣지 않았다. 왕실이 독립국가의 위신을 저버리고 스스로 러시아의 속국임을 자청한 것이다. 사실상 볼모로 잡힌 모양새가 된 고종에게서 나라의 이권이 러시아로 넘어가기 시작하였다.

황해도에 피신한지 3개월 만에 세상이 바뀌자 이승만은 다시 서울로 돌아올 수 있었다. 그리고 새 학기에 학당에 복귀해 보니 서재필이 강의하고 있었다. 서재필을 만난 것은 이승만에게 커다란 행운이었다. 이때가 1896년 4월이었다. 아펜젤러를 비롯한 서양선교사들의 가르침도 훌륭하지만 조선의 선각자이며 풍운아에게서 직접 구미식 교육을 받았으니 젊은이들의 가슴이 뛰었을 것이다. 그가 가르치는 민주주의, 자유, 권리, 의무, 독립, 미국 역사, 유럽 역사, 지리 등 조선에서 생소한 개념들이었다.

## 협성회

얼마 지나지 않아 1896년 11월에 서재필은 13명의 배재학당 학생들에게 서양식 토론방식을 가르치는 "협성회"를 조직하였다. 토론은 한국에서 처음 있는 일이었다. 이 학생모임은 외부에도 공개하여 1년 만에 회원과 참가자가 2백 명으로 불어났고 1898년 4월까지 42회의 토론회를 가졌다. 주제는 개화였다. 서재필은 말했다. "이 매주의 토론회는 회원들의 사고에 놀라운 영향을 미치었다. … 그들은 점차 단결의 정신과 민족주의와 자유주의 관점과 교육의 중요성에 고취되었다."[20] 서재필은 이승만의 모범이 되었다. 그는 비로소 눈이 떴다. 배재학당에 입학하기 전에는 일본과 러시아도 구분하지 못했던 고집불통의 서생이었던 그가 나라를 걱정하는 젊은 우국지사로 빠르게 탈바꿈하였다.

서재필은 이 협성회에서 함께 일하는 법을 가르쳤다. 글자 그대로 협력하여 이룬다는 뜻이다. "한국 역사에서 모든 문제는 함께 일하는 정신과 일을 조직하는 데에 중요성을 두지 않았다는 것이다. 정부조직이나 심지어 작은 사업도 조직과 협력이 필요하다. 여러분이 사업을 수행하고 원하는 바를 얻으려면 조직이 필요하다. 중국역사, 한국역사, [동양]고전은 협력의 필요성을 가르치지 않는다."[21] 이승만이 말을 끊었다. "지금은 그렇지 않습니다." 서재필이 반문한다. "그래서 결과가 어떠했나? 조국은 자살하지 않았는가. 솔직히 말해서 이것이 일본만 빼놓고 모든 동양 사람의 약점이다. 중국의 약점이고, 인도의 약점이

20) *The Korean Repository*, Aug., 1898.

21) *First Korean Congress*, 1919, p.57.

며, 한국과 러시아의 약점이다." 이승만은 이것을 가슴에 깊이 새겼을 것이다.

이승만은 학업을 계속하여 배재학당 대학부를 1897년 7월에 졸업하였다. 정부의 대신과 주한 외교 사절이 참석한 졸업식에서 그는 영어로 "한국의 독립"이라는 제목으로 졸업생 대표연설을 하였다. 그의 연설이 훌륭했다고 칭찬이 자자했다. 그의 자존심과 우월감이 하늘을 찌를 듯했을 것이다.

# 제 2 장
# 개혁가

## 1. 언론인

### 『독립신문』

서재필은 배재학당에서 학생들을 가르치기 시작하는 거의 동시에 1896년 4월 7일 『독립신문』을 창간하면서 백성을 상대로 계몽운동도 시작하였다. 『독립신문』이 나오기 전 10년 동안 조선에는 조선인 신문이 없었다. 10년 전에는 『한성주보』가 있었다. 『한성신보』도 있었지만 그것은 일인 신문이었다. 조선 백성은 그야말로 암흑에서 살고 있었다. 사대주의에 젖은 줄도 몰랐다. 『독립신문』이 창간된다는 정보를 들은 일본 공사관은 한국에는 하나의 신문이면 족하다고 협박하며 방해하였다.

## 독립협회

서재필은 신문만으로는 부족하다고 생각했다. "나는 신문만으로는 대중에게 자유주의, 민주주의적 개혁사상을 고취하기가 곤란할 듯해 여러 가지로 생각하다가 무슨 정치적 당파를 하나 조직하여 여러 사람의 힘으로 그 사상을 널리 전파시켜야겠다고 『독립신문』을 창간한지 7,8삭 후 우리 집에서 비로소 독립협회를 창설"했다.[1] 독립협회는 서울의 외교관과 개화파 인사들의 모임인 정동구락부에서 싹이 터서 건양협회의 영향을 받아 1896년 7월 2일 조직되었다.[2] 독립협회는 사대주의의 상징인 영은문을 허물고 그 자리에 독립문 건립을 결의하였다. 준공식은 성대하였다. 1896년 11월의 일이다. 서재필은 말했다. "내가 본국에 돌아와서 제일 먼저 눈에 띈 것이 영은문이었다. 무엇보다도 이 더러운 문, 부끄러운 이 문을 없애야겠다고 굳은 결심을 하였다. 이 문을 없애는 것이 우리 국민의 소원일 것이다. 영은문을 없애고 그 자리에다 우리나라가 노예의 굴레를 벗어버리고 완전히 자주독립국이 되었다는 기념으로 새로이 독립문을 세우기로 한 것이다."[3] 1897년 11월에 완공되었다. 독립관과 독립공원도 조성하였다. 이 행사에 배재학당의 학생들이 대거 참석하였다. 이승만은 독립협회의 회원이 되었다. 한국에서 선교사들이 발행하는 영문 잡지에 다음과 같은 글이 실렸다. "한국은 너무나 중국의 사대주의 주독에 취해 있었으며 … 우리는 오늘

---

1) 김도태, 『서재필박사자서전』, 215쪽.

2) 전택부, 『월남 이상재의 생애와 사상』, 50쪽.

3) *The Korean Repository*, vol.5, no.8, Aug. 1898.

날 20년 전의 그것[사대주의]에 비해 훨씬 발전된 모습을 보게 된다."[4]

## 『협성회회보』

협성회는 여러 주제를 놓고 토론을 하였다. 그 가운데 하나가 학생신문 『협성회회보』를 발간하기로 결의한 것이다. 1898년 1월 1일 이승만은 주간신문 『협성회회보』의 주필이 되었다. 한국 최초의 학생신문과 한국 최초의 학생신문 편집장의 탄생이다. 그의 최초의 행렬은 여기에서 시작한다. 이 신문은 한국최초의 한국인에 의한 신문이기도 하였다. 여기에 이승만은 한국 최초의 신체시를 발표했다.[5] "신문이라 하는 것이 나라에 크게 관계가 되는 것으로 세 가지 목적이 있으니 첫째 학문이요, 둘째 경계요, 셋째 합심이라"며 합심을 강조한다. 그의 정치사상은 "무엇이든지 하나"가 되라는 일민주의이다. 망명을 끝내고 귀국의 제일성은 "뭉치면 살고 흩어지면 죽는다."고 하였다. 모두 초심이었던 협성회에서 연유한 것이다. 『협성회회보』는 비록 학생신문이었지만 시의적절한 때 암흑의 세상에 등불이 되었다. "작은 신문이기는 했으나 나는 그 지면을 통하여 자유와 평등이라는 위험한 사상을 나의 힘을

4) Hulbert, *The Korea Review*, 1901, p.411.

5) 현대말로 다음과 같다. 슬프다 저 나무 다 늙었네/심악한 비바람 이리저리 급히 쳐/병들고 썩어서 반만 섰네/몇 백 년 큰 남기 오늘 위태롭도다//원수의 때짝새 밑을 쫒네/쫒고 또 쫒다가 고목이 부러지면/미육한 저 새야 쫒지마라/네 처자 네 몸은 어듸 의지하려나//버티세 버티세 저 고목을/새 가지 새 잎이 다시 영화붐되면/뿌리만 굳박혀 반근되면/강근이 자란 후 풍우 불외하리라//쏘아라 저 포수 때짝새를/비바람을 도아 위망을 재촉하야/원수의 저 미물 남글 쪼아/너머지게 하니 어찌할꼬//

다하여 역설하였다."[6] 서재필의 가르침이 묻어난다. 당시에 당면한 국가적 문제는 독립의 보존과 개혁이었다. 젊은 혈기로 신문의 논조는 자연히 정부에 비판적이었다. 정부는 수구파가 장악하여 국제정세에 어두웠고 위정척사만을 읊어댔다. 왕실은 왕실대로 청국이 강하다 싶으면 청국에 의존하고 러시아가 믿음직하다고 생각되면 러시아에 붙고 일본이 청국을 이기자 일본을 경원하였다.

## 『매일신문』

당시는 언론 자유의 시기가 아니었다. 급진적인 기사에 사태를 우려한 아펜젤러 교장이 검열을 요구하자 이승만은 이를 거부하고 신문을 학교 밖으로 가지고 나와 한 걸음 더 나아가서 1898년 4월 9일에 이것을 한국 최초의 일간지인 『매일신문』으로 창간하였다. 그리고 5월 16일에 러시아와 프랑스가 대한제국정부에게 토지와 광업에 무리한 이권을 요구하는 비밀 외교문서를 폭로하였다. 러시아의 압력에 정부는 이승만을 소환하였다. 그러나 이승만은 굴복하지 않았다. 한국 최초의 언론의 자유와 국가의 이익과의 논쟁을 불러 일으켰다. 서재필의 『독립신문』의 판매부수에 영향을 줄 정도로 장안의 인기가 높았다. 그러자 격일간이었던 『독립신문』도 일간으로 전환하였다. 이승만은 신문의 경쟁시대를 만들었다. 러시아는 요구를 철회하였다.

6) 이정식 지음, 권기붕 옮김, 『초대대통령 이승만의 청년시절』, 동아일보사, 2002, 274쪽.

### 『제국신문』

『매일신문』의 경영문제가 불거지자 이승만은 여기서 나와 1898년 8월 10일에 『제국신문』을 창간하였다. 조선왕조는 그 전 해에 대한제국으로 승격하였으므로 중국의 영향에서 벗어났다는 의미이다. 그의 논설이 인기가 높아 궁중에서 엄비도 읽었다 전한다. 후술하는 만민공동회의 대정부 투쟁에서 당시 시대상황을 빠짐없이 전달하고 백성을 계몽하는데 커다란 공헌을 하였다. 이 신문은 일제에 의해 폐간되던 1910년 8월까지 살아남았다. 그때까지 유일한 한글전용신문이 되어 일반 대중으로부터 환영받았다.

## 2. 만민공동회의

### 급진주의

이승만은 신문을 통해 국민 계몽을 하는 한편 독립협회에서도 열심히 활동하였다. 갑오경장은 타의에 의한 정부주도의 변혁이지만 독립협회의 계몽운동은 안으로부터 자생적인 변혁이었다. 이 협회는 서재필 이외에 윤치호, 남궁억, 정교, 이상재 등 개화파가 주도하였다. 윤치호佐翁 尹致昊(1864-1945)는 일찍이 일본, 중국, 미국에서 유학한 개혁자였다. 그의 부친은 군부대신을 역임하였고 그의 부인은 임오군란 당시 청국함대를 이끌고 한국에 왔던 마건충의 조카였다. 그는 갑신정변으로 상해에 망명하였는데 청일전쟁에서 일본이 승리하고 개화파가 정권을 잡자 서재필처럼 귀국할 수 있었다. 수구파의 모함과 위협으로 서재필이 미국으로 추방당했다. 1898년 5월의 일이다. 그의 뒤를 이어 윤치호가 독립협회와 『독립신문』을 맡으면서 급진적 자유주의의 기치를 세웠다. 이승만은 여기서 행동대의 선봉이 되었다.

청일전쟁에서 패배한 청국이 물러간 자리를 러시아가 넘보았다. 러시아는 부산 절영도와 진해를 해군기지로 사용하려고 하였다. 『독립신문』은 그 부당함을 맹공격하는 필봉을 휘두르는 한편 독립협회는 가두에서 실력행사를 하였다. 이승만도 『제국신문』에 절영도 문제에 격렬한 반대의 글을 쓰며 러시아의 야욕을 폭로하였다. 이때부터 그는 러시아에 대해 두려움과 함께 경계를 하였다.

독립협회는 1898년 3월 만민공동회를 종로에서 개최하였다. 이것은 초유의 일로서 1만 명이 모였다. 당시 서울인구가 25만이었다니 그 운집의 규모를 상상할 수 있다. 지금처럼 고층건물과 포장된 길도 없고 대중매체가 없는 사회에서 초가집과 좁은 길에 2개의 신문으로 그 정도로 많은 사람을 모은 적이 일찍이 없었다. 이승만은 『협성회회보』 - 『매일신문』 - 『제국신문』으로 옮기면서 필봉을 멈추지 않았고 배재학당의 협성회 - 독립협회 - 만민공동회로 이어지는 선상에 언제나 있었다. 그는 필봉만 휘두른 것이 아니다. 만민공동회의 가두연설로 인기를 얻었다. 그의 이름은 장안에 회자하였다. 독립협회의 목표는 의회를 개설하는 것이다. 만민공동회는 그것을 촉구하는 대회였다.

박정양 내각은 고종의 허락을 받아 중추원 관제를 반포하였다. 최초의 의회개설을 약속한 것이다. 그러나 조병식趙秉式(1832-1907)을 필두로 수구파가 독립협회를 탄압하기 시작하였다. 수구파는 대자보의 익명서를 조작하여 이상재, 남궁억 등 17명을 체포하고 독립협회를 혁파하였다. 혐의는 조작된 익명서에 적힌 대로 군주제를 공화제로 바꾼다는 역적모의였다. 윤치호는 아펜젤러 집으로 피신하였다. 이승만도 그곳으로 피했다.

## 대중운동

그러나 이승만은 다시 밖으로 나와 군중을 이끌고 경무청으로 가서 체포된 17명의 독립협회 회원의 석방을 요구하는 시위를 하였다. 그는 모닥불 앞에서 밤새 연설을 하였다. 아버지와 아펜젤러 교장이 찾아와 만류하였으나 듣지 않았다. 고종이 마음을 바꾸어 개화파에 대한 유화책으로 요구를 들어주었다. 고종은 개화파와 수구파 사이에서 갈팡질팡하고 있었다. 체포된 17명은 모두 석방되었고 독립협회도 복설되었다. 고종은 개화파 민영환을 중심으로 새 정부를 구성하게 하였다. 일단 수구파는 물러났다.

처음으로 여론의 힘을 맛본 이승만은 여기서 그치질 않고 대한문 앞에서 강도 높은 개혁을 요구하였다. 그러나 당시 조병식으로 대표되는 수구파는 순순히 물러나지 않았다. 고종은 다시 마음이 변하여 강경책으로 돌아서 독립협회를 탄압하였다. 수구파는 황국협회의 보부상을 불러드려 맞불을 놓았다. 덕수궁 앞에서 시위군중이 보부상과 한판 격돌하였다. 1898년 11월 28일 "이상재를 총사령관격으로 이승만을 전위부대장격으로 삼아" 대거 서대문 밖으로 나가 전국에서 마포에 모인 보부상 본거지를 습격하였다. 그러나 중과부적으로 보부상들의 반격에 시위군중은 지리멸렬 흩어지며 이승만도 몸을 피했다. 그러나 그는 만만히 피하지 않고 적의 의표를 찔러 중심부를 유유히 걸어서 돌파하였다. 아무도 그를 미처 알아차리지 못했다. 배재학당에서 다시 모인 학생들은 이승만을 앞세우고 종로로 가자 이승만은 밤새도록 연설을 하였다. 이때 독립협회 회원 김덕구가 사망하였다. 장례식에 수많은 군중이 모였는데 그에게 의사의 칭호가 주어졌다. 아마 조선 역사상 시위에서 사망한 최초의 '의사'일 것이다.

## 3. 중추원의관

### 박영효 사건

고종은 개화파를 무마하려고 왕의 자문기관인 중추원을 부활시키며 독립협회 회원들을 참여시키는 조치를 취했다. 중추원의관 50명 가운데 25명이 할당되었다. 윤치호가 부의장이 되었고 이승만이 의관이 되었다. 종9품이다. 1898년 12월 16일 그의 나이 23세의 일이다. 낙방거사 이승만이 처음으로 얻은 관직이었다. 그러나 그의 혈기는 높았으나 정치경험은 일천한 순진한 청년이었다. 일본공사관에서 개화파 의관을 포섭하려고 친일파 청년들을 시켜 이승만에게 접근하였다. 그들은 이승만 등에게 속삭였다. 조선이 독립을 보전하려면 청국과 러시아의 위협을 물리쳐야 하는데 일본의 도움이 필요하다. 이승만은 청국은 사대주의의 근원이어서 싫어하고 러시아는 그 야욕이 두려워서 멀리하였다.

이승만 등 젊은 급진주의자들은 12월 16일 개원하는 "중추원에서 박영효의 귀환을 정부에 제안하자고 동의를 했다." 그리고 그날 중추원에서 11명의 대신을 천거했는데 그 명단에 박영효朴泳孝(1861-1939)의 이름이 들어가 있었다. 윤치호는 이를 우려하였다. "중추원이 박영효의 송환을 통과시키자마자 민심은 독립협회와 만민공동회에 반기를 들었고 사람들은 역도 박영효를 황제에게 밀어붙이려고 한다며 욕을 퍼붓기 시작했다." 이로써 만민공동회는 사람들의 지지를 받지 못하게 되었다. 말하자면 국왕의 역린을 건드린 것이다. 고종은 박영효의 귀환을 주장하는 자들을 강력히 비난하며 군대를 동원하였다. 그리고 귀환에 동조한 중추원 의관들을 파면하였다. 중추원은 개원하자마자 그 의미를 상실해 버렸다. 이승만의 중추원 의관은 보름 만에 끝났다. 독립협회도 해산되었다. 이승만은 고종을 폐위하고 박영효와 공모하여 공화정부를 세우려 했다는 음모로 기소되었다. 이제 그는 대역모의의 국사범이 되어 쫓기는 신세가 되었다. 당시 공화주의는 체제를 위협하는 혁명적 주장이었다. 그는 미국 선교사의 보호 속으로 몸을 숨겼다. 이것이 박영효 사건이다. 1898년 12월 25일의 일이다.

## 덫

박영효는 철종의 부마이다. 그는 고종이 무시할 수 없는 존재이며 그만큼 출중하였다. 21세의 나이에 특사로 일본에 3개월 다녀온 경험에서 일본의 개혁을 보았다. 그가 갑신정변에 참여한 것도 이러한 배경 탓이다. 정변의 실패로 10년간 일본에서 도피생활을 하며 기회를 엿보고 있었다. 일본이 청일전쟁의 승리로 조선에서 발언권이 강해진 덕택에 박영효는 귀국할 수 있었다. 일본을 업고 개혁을 하던 도중 러시아가 주동이 된 삼국간섭으로 일본의 열세가 노출되자 조선정부 특히 민비가 러시아에 붙었다. 박영효는 여기서 개혁을 위해 왕을 폐위하고 왕비도 제거하려고 하였는데 실패하여 다시 일본으로 망명하였다. 일본이 다시 그를 이용하려고 자금을 공급하며 젊은 친일파 한국인들을 포섭하였다. 그들은 친미 개혁파에도 접근하였다. "일본사람들은 민족주의 간부와 교분을 갖는데 활발했고 민첩했다. 그들은 일본에 오랫동안 머물고 있던 한국인 망명객들을 이용하여 민족주의자들의 호감을 사기 위해 할 수 있는 일은 다했다. … 몇 명의 한국인 망명객들이 일본에서 돌아와서 서울 내 일본인 거주지에서 머물면서 돈을 쓰기를 물같이 했다. 당시 내[이승만]는 너무나 순진하고 젊어서 그들이 물같이 쓰고 있는 돈이 어디에서 나오는지 의심하지를 않았다. 그러나 나는 후일 이들이 미국의 영향 하에 있던 한국인 지도자들을 그들 쪽으로 끌어들이려고 했다는 것을 알게 되었다. 당시 나는 대동합방론을 주창하는 이들과 여러 차례 비밀 회담을 가졌다."[7] 이런 방식으로 일본은 독립협회를 무너뜨릴 기회를 엿보았다. 의외로 독립협회 젊은 급진주의자들이 그 구실을 만들어 주었다. 다시 말하면 박영효 사건은 일본이 쳐놓은 덫이었다.[8] 윤치호가 우려한 것이 바로 이 점이었다. 그는 갑신정변의 교훈을 잊지 않고 있었다. 그는 중추원에서 박영효를 언급도 하지

---

7) 이승만, 『비망록, *Rough Sketch*』. 이정식, 『이승만의 구한말 개혁운동』, 80쪽에서 재인용.

8) 신용하, 『독립협회연구』, 일조각, 496쪽.

말라고 주장하였으나 이승만 등 젊은 급진주의들이 무시했다.

일본은 치밀하였다. 급진주의자들에게 덫을 놓는 한편 고종에게 군대를 동원할 수 있는 구실도 제공하였다. 고종은 사태수습을 위해 수구파와 함께 군대동원을 생각했다. 그러나 미국, 영국공사들이 전례가 없는 일이라고 반대하였다. 그러나 일본공사만은 찬성하였다. 일본에서도 명치유신 초에 군대를 동원하여 혼란을 막은 적이 있다고 설명하였다. 고종은 여기에 힘을 얻어 수구파의 주장대로 군대를 동원한 것이다.[9] 그러나 이에 대한 결정적 증거는 아직 발견되지 않고 있다 한다.[10] 어찌되었던 독립협회가 거북하였던 일본의 작전은 이래서 두 번째로 성공한 것이다. 첫 번째 성공은 서재필의 추방이었다. 서재필은 후일 회고하였다.

> 독립협회의 소멸은 한국 역사상 가장 불행한 일의 하나이지만, 여기서 한 가지 위안을 받는 일은 이 운동을 통해서 민주주의의 씨가 비로소 한국에 뿌려졌다는 것이요, 또한 현재 한국의 독립운동을 지도하는 인물들이 대개는 옛날 독립협회가 무너진 후에 일어난 대대적인 박해를 피해서 용케 그 목숨을 건진 옛날의 독립협회 회원들이라는 것이다. 금년[1919년] 이 민족에 의해서 선출된 8명의 [임시정부] 각료 가운데 6명이 독립협회 때 활약한 회원들이었던 것이다.[11]

9) 이정식, 『이승만의 구한말 개혁운동』, 89-91쪽.

10) 이정식, 『이승만의 구한말 개혁운동』, 91쪽.

11) McKenzie, *Korea's Fight for Freedom*, p.47.

## 4. 대역죄인

### 체포

이승만은 대한제국 말기 두 가지 사건인 춘생문 사건과 박영효 사건에 모두 연루자가 되었다. 더구나 박영효사건은 대역사건이다. 이승만이 선교사의 거처 [배재학당 혹은 에이비슨 집]에 몸을 숨긴지 19일째. 그가 숨어 있을 때 선교사들은 그가 안전한지 매일 와서 방문하였다. 이승만은 이것이 한국 독립정신에 어긋나는 것이라고 싫어했다. 그는 밖에 나가 다시 대중운동을 일으키길 원했다. 주시경이 밖에 수천 명이 지도자를 기다리고 있다고 말했다.[12] 마침 환자에 왕진가는 의료 선교사 셔먼 박사Harry C. Sherman를 만났다. 그가 이승만에게 통역을 부탁하자 기꺼이 따라 나섰다가 그만 체포되었다. 윤치호는 그의 일기에서 이승만의 경솔함을 나무라며 안타까워하고 있다. 그러나 당시 이승만은 다른 일도 아닌 환자의 일이었기에 의사의 요청을 뿌리치지 못했을 수도 있다. 그는 후술하는 대로 감옥에서 하루에도 여러 명이 쓰러지는 콜레라 환자들 집단 속에서 자신의 몸은 생각하지 않고 물불 가리지 않고 돌보았다는 점을 생각하면 수긍할 수 있다. 그가 살아난 것은 기적이다. 또는 이 기회에 다시 대중운동을 일으키려고 했는지도 모른다. 또한 치외법권의 미국의사였기에 자신이 보호될 줄 믿었을 수 있다. 아닌 게 아니라 셔먼 의사는 당장 미국 공사관으로 달려가 알렌

12) Oliver, *Syngman Rhee The Man behind the Myth*, p.45.

공사에게 이 사실을 보고하였다. 이승만의 체포는 미국 선교사들 사이에 비상한 관심을 일으켰다.

## 탈옥

그들의 노력으로 이승만의 석방이 임박하였다. 이것은 이승만이 셔만 의사를 따라나선 것이 미국의 치외법권이 이승만에게도 어느 정도 영향을 미쳤다고 볼 수 있다는 점에서 수긍할 수 있다. 그러나 이러한 사실을 모르는 배재학당 친구들의 도움으로 이승만은 감옥동료 둘과 탈옥을 했는데 그 가운데 하나는 만주까지 도망가는데 성공했지만 이승만과 최정식은 다시 붙잡혔다. 탈옥 과정에서 최정식은 육혈포로 옥정을 사격하였음이 드러나서 교수형을 당했다. 그 육혈포를 넣어준 친구 가운데 한 사람이 주시경이다. 최정식은 형장으로 끌려가면서 이승만의 이름을 불렀다. "이승만씨, 잘 있으시오. 당신은 살아서 우리가 같이 시작한 일을 끝맺으시오." 최정식은 배재학당 학우이며 독립협회에서 연설 잘 하기로 소문이 자자한 청년이었다. 그는 고종이 약속을 안 지킨다고 연설하였다가 잡혀왔다. 육혈포를 발포한 것은 최정식이 아니라 이승만이라는 설도 있다.

## 종신형

이승만은 종신형에 100대 태형이 언도되었다. 그 집행자가 총을 맞은 바로 그 옥정이었다. 그러나 그는 매를 때리는 시늉만 내었다. 이승만의 부친이 뇌물을 수여했다는 소문도 있었다. 그러나 이승만이 정말 발포했다면 그가 뇌물로 시늉만 냈을까.

이승만은 한성감옥에 수감되었다. 그곳에서 이미 수감된 이상재, 김정식, 홍재기, 유성준 등을 만날 수 있었다. 이들 독립협회 회원들은 수구파의 모함으로 재수감된 것이다. 이상재는 아들과 함께 옥살이를 하고 있었다. 학생운동하다 잡혀온 신흥우도 만날 수 있었고 그밖에 박용만과 정순만도 있었다. 특히 사람들은 후자의 두 명과 이승만을 합하여 3만이라고 불렀다 한다. 이승만의 수감은 세인의 관심을 끌었다. 어느 병정은 신문에 썼다. "불쌍하다, 불쌍하다, 이승만씨 불쌍하다 /위국단심 일편으로 만분지일 보답타가/시운이 불행하여 어망홍리되었구나." 이승만은 유명 인사였다.

감옥은 상상을 초월하는 지옥이었다. 마침 당시의 기록이 남아 있어 당시 한성감옥의 실태를 알 수 있다. 죄수들은 좁은 공간에 거의 포개진 상태로 수감되었다. 말로 다할 수 없는 잔인한 고문을 받은 이승만은 목에 나무칼을 메고 손발에는 차꼬를 찼다. 중죄인이었다. 고문의 후유증은 오래 남아 노년에도 손톱 밑을 만지작거렸다. 나무칼은 두 명이 함께 메었는데 매일 사형수를 부를 때마다 아직 미결수였던 이승만은 내 차례로구나 각오하곤 하였다. 그럴 때마다 옆의 죄수가 끌려가곤 하였다. 이승만은 말로 그를 위로할 수밖에 없었다. 밖에서 들려오는 소문을 듣자니 이승만이 사형당해서 그 부친이 시체를 찾으러 왔다 한다. 이런 식으로 그는 17개월을 2인용 나무칼을 메고 차꼬를 차고 말 못하는 고통을 이겨냈다. 제일 괴로운 일은 빈대의 공격이었다. 손발을 쓸 수 없으니 온 몸에 기어 다니며 흡혈하는 빈대 부대를 일본육사 출신 김형섭(1878-?) 죄수도 어쩔 도리가 없었다. 누군가 손으로 쓸어내려주면 고추씨 빠지듯 후두둑 떨어졌다. 그도 다른 일로 박영효와 연루되었다는 혐의로 옥살이를 하고 있었다. 최초의 성경번역자 이수정도 같은 혐의로 처형되었다. 고종은 박영효 열등감이 있었던 것 같다. 그러니 이승만이 박영효 사건에 걸려든 것은 중죄 중에 중죄였다. 그나마 살아남은 것이 다행이었다. 선교사들의 구명운동과 왕족의 신분이 그를 살렸다.

## 기독교

죽음의 갈림 길에서 그는 배재학당에서 건성 들은 성경구절이 떠올랐다. 이때 그는 자신도 모르는 사이 간절한 기도를 드렸던 같다. "오 하나님! 저의 영혼을 구해 주시옵소서. 오 하나님! 우리나라를 구해 주시옵소서." 고집불통 이승만이 예수 앞에 꿇는 순간이었다. 두 번째 고집이 꺾인 것이다. 첫 번째는 배재학당에서 유학을 버리고 서양학문을 받아드릴 때였다. 그는 그 상징으로 단발을 하였다. 이렇게 하여 그는 양반 지식인으로 최초의 기독교인이 된 것이다. 불교신자 어머니와 철석같은 약속을 저버리며 기독교로 개종하였다. 기독교는 개인의 구원을 믿는다. 종교개혁 이전에는 개인이라는 개념이 없었다. 조선에서도 개인이라는 개념이 없었다. 이승만이 개인을 발견한 사건이다. 자유는 개인에서 출발한다.

신문과 서적의 반입이 금지되었지만 에이비슨 박사를 통하여 세계적인 선교사 에디Sherwood Eddy(1871-1963)의 신약성경이 몰래 반입되었다. 당시 죄수들에게 요강 크기의 항아리 하나씩 허락되었다. 그것을 누여놓고 그 속에 촛불을 밝히면 성경을 읽을 수 있었다. 그러나 그는 나무칼을 쓰고 손발이 차꼬에 묶여 스스로 책장을 넘길 수 없었다. 손발이 자유로운 동료죄수가 도와주었다. 다른 죄수는 망을 보았다. 옥정이 순찰하면 항아리 입구를 벽에 밀착시켜 촛불을 감춤으로써 발각을 피할 수 있었다.

드디어 기결수가 되어 나무칼과 차꼬에서 풀려났다. 그러자 감옥 내에 콜레라가 돌았다. 매일 희생자가 속출하였다. 어느 날은 17명의 환자죄수가 죽었다. 그들을 맨손으로 치웠다. 이승만은 제중원의 에이비슨 박사에게 부탁하여 의약품을 반입하고 환자들을 돌보는데 앞장서서 복음을 전파하였다. "이런 기회를 당하여 복음 말씀을 가르치게 됨에 기쁨을 이기지 못할지라." 그는 자신의 몸을 돌보지 않았지만 어릴 때 천연두를 이긴 그의 강인한 체력이 그를 콜레라 속에서도 다시 살린 것 같다. 그 가운데에서도 『제국신문』에 콜레라 예방에 대하여 기고를 하였다.

부디 요사한 말 믿어 재앙이나 귀신의 벌로 알지 말지라.

이것은 아무래도 에이비슨 박사의 유인물에 영향을 받은 것 같다.

콜레라는 귀신의 장난이 아니다. 콜레라균이 음식을 통해서 몸으로 들어가서 생기는 병이다. 음식을 불로 요리하거나 물에 끓이면 균이 죽는다. 끓인 물만 마셔라. 끓인 음식만 먹고 항상 손을 씻어라. 그릇도 씻어야

한다. 이것을 지키는 사람은 콜레라에 걸리지 않는다.[13]

이승만이 콜레라에서 살아남은 것은 이 지침을 지켰던 덕택이었을까. 그러나 "탈황증으로 아주 죽을 뻔하였다." 그는 콜레라 사망자의 이름과 수효를 기록하였다. 그는 일찍부터 기록광이었다. 어떤 사명감 없이는 그러하지 못했을 것이다. 그것도 가장 열악한 감옥이었기에 보통사람이라면 엄두도 나지 않았을 것이다. 그 덕택에 오늘날 우리는 당시의 사정을 알 수 있게 되었다.

## 감옥교회

그 자신 최초의 양반 기독교인이 되는데 만족하지 않고 콜레라의 아비규환 속에서 동료죄수들을 상대로 전도하였다. 그 결과 전 주미 1등서기관 이상재, 전 경무관 김정식, 전 개성군수 홍재기, 전 강화 진위대 장교 유동근 등 독립협회 회원들이 기독교를 받아 드렸다. 심지어 한성감옥 간수장 이중진도 기독교를 받아 드렸다. 한국 역사상 최초의 양반계층에서 기독교인이 탄생한 것이다. 이승만이 감옥교회를 세운 것이다. 이것이 그가 세운 첫 번째 교회였다. 지옥을 천당으로 만들었다. 이들은 출옥 후에 무더기로 게일James Gale(1863-1937) 선교사의 연동교회의 신자가 되었고 마침 창설된 종로 황성기독청년회의 주요간부가 되어 한국 근대화에 커다란 공헌을 남겼다.

---

13) Avison, *Creating A Medical School in Korea*, 1937: 김학은, 『루이스 헨리 세브란스』, 389쪽.

그러나 국왕이 언더우드에게 약속한 만수절 이승만의 특사는 지켜지지 않았다. 영향력 있는 선교사들이 연서로 항의편지를 내무협판에게 보냈으나 묵묵부답이 되었다. 이승만에 대한 선교사들의 기대는 존스George H. Jones(1867-1919) 목사의 편지에 잘 나타나고 있다. “지난 일요일에 부친을 만나 황제께서 얼마 전에 발표하신 사면령에 당신을 포함시키지 않았다는 이야기를 들었습니다. … 그러나 낙담하지 마시오. 하나님을 믿으시오. … 당신이 출옥하여 한국을 기독교 국가로 만들기 위한 우리의 노력을 돕기를 바라고 기도합니다.”[14] 그때 이승만은 주한미국공사 알렌이 일본공사관과 대한정부에 자신을 보호하고 종국에는 석방할 것을 교섭하고 있다는 소문을 들었다. 그는 외교가에서도 유명하였다.

## 감옥학교

열악한 감옥사정은 새로 부임한 감옥서장 김영선 덕택에 크게 나아졌다. 여기에는 여러 가지 얘기가 전해온다. 이승만 논설의 애독자였던 엄비의 후의라고 한다. 어찌되었던 이승만의 옥살이는 크게 나아졌다. 선교사들의 구명운동도 꾸준하였다. 이승만은 김영선에게 편지를 써서 감옥 안에 도서실과 학교를 만들었다. 이것은 한국 역사상 초유의 일이다. 문맹죄수에게는 글을 가르쳤다. 도서실에는 약 250권의 책을 수집할 수 있었다. 이로부터 20년이 지난 1923년에 경성도서관의 장서가

14) Oliver, *Syngman Rhee, The Man behind the Myth*, 1960, pp.66-67.

2천3백 권에 불과하였고[15] 1927년 연희전문 상과 도서총수가 269권이었던[16] 통계에 비추어 보면 그리 작은 도서관이 아니었다.

독지가들이 보내준 것도 있고 헌금한 돈으로 구입한 것도 있다. 당시 이승만의 기록 덕택에 오늘날 우리는 그 사정을 알 수 있다. 이승만은 도서대출장도 만들었다. 이것을 보면 감옥 밖의 사람이 빌려간 흔적도 있다. 그 자신 엄청난 양의 독서를 하였다. 특히 영어잡지를 구독하여 당시 그 누구보다도 세상사정을 잘 알고 있었다. 영어를 비롯한 외국어를 해득할 수 있는 사람이 희귀했던 탓이다. 그리고 독서 목록을 만드는 것을 잊지 않았다. 그는 새로운 지식에 갈급하고 있었던 것이다.

## 『독립정신』

이승만은 영어신문과 잡지를 읽으며 좋은 문장을 암기하였다. 그는 사전을 통째로 외웠다. 영한사전도 만들었다. 『청일전기』의 편역이 시급해져서 비록 F 항에서 멈추었지만 이 작업을 위해서 일본어 사전이 필요하자 독학으로 일본어도 공부하였다. 만일 영한사전이 완성되었다면 한국 역사상 최초가 되었을 것이다. 수감되기 이전에 몸담았던 『제국신문』에도 잊지 않고 계속 익명으로 논설을 기고하였다. 이 감옥에서 그는 논설들을 한데 모아 『독립정신』을 편찬했으며 『청일전기』를 탈고하였다. 그밖에 기록할만한 것은 모두 기록하였다. 묵은 신문지에 붓글씨 연습도 게을리 하지 않았다. 오늘날 그의 서예는 높은 경지에

15) 『동아일보』, 1923년 7월 31일.

16) 연희전문학교 상과, 『경제연구』, 1927년 155쪽.

이르렀다고 평가받는다. 붉은 물감을 얻어서 세계 각국의 조약문, 세계 위인 목록, 미국 교육제도 등도 번역하였다. 종이로 미루어 보면 선교사가 넣어준 미제공책에 썼다. 출판이 약속된 것도 아니다. 더욱이『독립정신』은 발각되면 중죄인의 신상에 위태로웠다. 이 책을 쓸 때 동료 죄수가 망을 보았다. 감옥은 그에게 대학이 되었다. 감옥학교는 감옥교회와 함께 훗날 이승만이 하와이에서 창립한 한인기독학원과 한인기독교회의 전례가 되었다. 그는 감옥 밖에서 기독교교육을 위하여 일생을 바치기를 원했다.

많은 죄수들이 풀려나가는데 아들이 빠진 것을 알고 아버지 이경선은 여러 곳에 아들의 석방을 부탁하였다. 이승만도 여러 곳에 편지를 썼다. 한규설에게 썼다. 그는 자신이 그럴만한 능력이 없다고 아쉬워하는 답장을 보냈다. 이승만은 고종의 외척 민영환에게도 썼다. 그는 독립협회에 관여한 적이 있던 개화파였다. 아버지는 결국 조정의 실력자 이지용에게 부탁하였다. 그는 고종의 종질이며 왕족인 이승만과 먼 족척이다. 이지용은 답장에서 "여러 차례 법부대신에게 이야기했고 사리국장에게도 부탁했[다]."고 말하며 "이 죄인은 다른 사람과 비교할 수 없으므로" 사면 명단에 포함시킬 수 없다는 법부대신의 말도 전했다. 그러나 너무 염려하지 말고 기다리라고 위로하였다. 이승만은 중죄인이었던 것이다.

한일의정서가 교환된 후 고종은 일본공사의 요구도 참작하여 개혁관료로 개각을 하였다. 한규설이 의정부 찬정, 민영환이 내무대신, 윤치호가 외부협판, 박정양이 탁지부대신이 기용되었다. 모두 이승만 사면에 지지자들이다. 다행스러운 점은 무엇보다도 이지용 자신이 법부

대신이 되었다. 마침내 1904년 8월 7일 이승만은 특사로 풀려나왔다. 그의 나이 29세의 일이다. 수감된 지 5년 7개월 만이다. 그의 출옥을 영문월간지『코리아 리뷰』와『황성신문』이 보도하였다. 윤치호도 기록을 남겼다. 그는 출옥 다음 날 찾아갔다가 이승만의 영어 실력이 크게 성장한 것을 보고 "놀라운 청년"이라고 감탄하였다. 감옥기간 동안 얼마나 영어를 연마했는지 알 수 있다. 배재학당에서 출옥기념예배가 열렸다. 여기서 감옥에서 겪었던 그의 신앙 간증에 감화되어 목사가 된 사람도 있었다. 이정식은 감옥기간을 이승만이 급진주의에서 기독교 입국론자로 변한 시간으로 요약하였다.[17]

17) 이정식,『이승만의 구한말 개혁운동』. 2005.

# 제 3 장
# 혁명가

## 1. 자유주의

### 한국혁명

근대에 들어오면서 계몽주의의 영향으로 전제주의가 무너지고 공화국이 등장하기 시작하였다. 첫 번째가 미국의 독립이다. 영국 왕정의 압제로부터 벗어나는 그들의 투쟁을 혁명전쟁Revolutionary War, 그 역사적인 사건을 미국혁명American Revolution이라고 부른다. 식민지에서 독립국으로, 왕정에서 공화국으로 이것이 혁명이다. 페인Thomas Paine의 『상식 1776』은 독립전쟁의 관두에서 출판되었다. 그의 책은 출판되고 1년도 되지 않아 12만부가 팔렸다. 그는 자신의 책에서 군주와 그 세습에 대하여 강한 의문을 던진다. 왕권신수설에 대한 도전이었다. 그 제도는 인류의 자연권에 위배된다. 천부인권설에도 어긋나니 우리가 우리에게 맞는 정부를 선택하는 주권재민이 우리의 자연권이다. 아메리카는 왕이 우선이고 법이 그 다음이라는 왕정에 대해 충성의 부채가 없다. 이것이 상식이다. 그것은 한 마디로 요약된다. "왕이 법이라면 그 이외는 아무 것도 아니다."

두 번째가 프랑스 혁명French Revolution이다. 역시 군주제를 철폐하고 공화국을 세웠다. 이 혁명의 뒤에도 책이 있었으니 시에이에스Emmanuel-Joseph Sieyes의 『제3신분이란 무엇인가 1789』이다. 페인의 질문을 확장하여 그 역시 같은 질문을 한다. "1. 제3신분이란 무엇인가 - 모든 것이다. 2. 제3신분은 무엇이었나 - 아무 것도 아니었다. 3. 제3신분은 무엇이 되어야 하나 - 주인something이 되어야 한다." 시에이에스는 신분에 부여한 집단 투표제를 개인에 부여하는 개별투표로 바꿀 것을 주장하였다. 그때까지 그 누구도 제의하지 못한 발상이었다. 이것이 공화제도에서 보통선거의 출발점이 된다. 이른바 선거혁명이다.

그러나 버크Edmund Burke의 시각은 크게 다르다. 그의 『프랑스혁명에 대한 성찰 1790』에 의하면 프랑스혁명은 자유와 평등이라는 이름하에 자행된 폭도의 지나친 폭거에 불과하다. 그는 영국의 명예혁명Glorious Revolution이 평화리에 성취한 것과 비교하였다. 미국혁명 후 두 가지 견해가 등장하였다. 중앙집권적 연방주의자와 지방분권적 연방주의자이다. 전자는 "프랑스 혁명을 지지하는 자는 위험하기 짝이 없다." 후자는 "프랑스 혁명을 반대하는 군주국 연합은 미국공화국을 위협하는 테러리스트들이다." 전자는 버크의 견해를, 후자는 페인의 견해를 지지한다. 모든 것을 감안할 때 칸트의 글이 혜안이라고 생각된다.

> 많은 사람들이 [공화제 헌법]을 제정하는 것은 매우 어려운 일이고, 그것을 보존하는 일도 어려워 그것은 천사의 국가에서만 가능하다고 주장한다. …그러나 자연은 보편적이고 합리적인 인간의 의지를 도와줄 것이다. …[따라서] 오직 국가를 위한 훌륭한 제도를 만드는 일만이 남았다. … 우리는 이미 이 원칙[입헌공화제]이 아직 완전하지는 않지만 실제 운영되고 있는 국가[미국]을 본다.[1]

이 글이 주장하듯이 공화제는 당시에 실천하기 어려운 혁명이었다. 이 글에서 칸트는 이성에 의한 공화제를 목적으로 삼았다. 개인이 수단이 아니고 목적이듯이 국가도 마찬가지라는 확장된 개념이다. 이른바 이성국가이다. 칸트는 프러시아에 대해 애국심이나 소속감을 갖지 않았고 아무런 느낌을 갖지 않았다.[2] 공화제가 아닌 군국주의였기 때문이다. 칸트 사후 1백년이 지나도 전 인류의 17퍼센트만이 공화국에 살았다.[3]

대한민국의 건국은 미국혁명처럼 식민지에서 독립국으로, 프랑스 혁명처럼 왕정에서 공화국으로, 영국의 명예혁명처럼 폭력이 아닌 평화적으로 성취한 혁명이다. 3중 혁명이다. 신분제투표제도에서 보통투표제도로 5천 년 만에 주권재민을 이루었다. 국왕의 신민에서 자유시민

1) Kant, *Perpetual Peace A Philosophical Essay*, 1795(1999), p.391.

2) Kant, Smith(tr.), *Perpetual Peace A Philosophical Essay*, 1903, p.57.

3) Masaryk, *The Making of A State*, p.369.

으로 다시 국민으로 대변신을 거듭한 사건이다. 여기에 더하여 국제연합에서 한반도 유일의 합법정부로 승인받았다. 대한민국의 건국은 명예혁명, 미국혁명, 프랑스혁명처럼 한국혁명Korean Revolution이었다.[4] 이러한 혁명이 가능하게 되는 데에는 『상식』이나 『제3신분이란 무엇인가』과 같은 서적이 있지 않을 수 없다. 그것이 『독립정신』이고 그 요지가 자유주의이다.

## 시진과 대변신

신분사회였던 조선은 개인을 억압하고 전체를 앞세웠다. 이利는 억제되고 의義가 우선이었다. 자유라는 개념이 없었다. 개인의 개념도 없었다. 당연히 개인의 자유와 권리라는 말도 몰랐다. 당시에 자유주의는 혁명 사상이었다. 혁명이란 시진時震timequake이다. 이승만은 수감생활에서 미국독립선언문과 프랑스 혁명구호에서 자유를 접하고 사상이 급전하는 경험을 한다. 그의 투옥은 당시 조선사회가 용납할 수 없는 그의 급진적인 자유주의 사상 때문이었다. 서양에서도 개인의 개념이 등장한 것은 종교개혁의 영향이다.[5] 개신교의 핵심이 개인의 구원이다.

이승만은 배재학당에 입학하기 전에는 시경을 읽던 청년이었다. "유가에서 태어난 나는 중국고전과 역사 문학 종교 등에 관한 책들을

---

4) 이인호, "대한민국의 건국은 혁명이었고, 프랑스 혁명이나 미국의 혁명이나 마찬가지로 성공한 혁명이었다." 안병훈, 『대통령 이승만』, 51쪽에서 재인용.

5) Dülmen, R., *Die Entdeckung des Individuums 1500-1800*, Frankfurt am Main, Fischer Taschantbuch Verlag, 1997.

습득하여 과거시험을 보는 것을 나의 의무로 여기고, 유교만큼 훌륭한 종교는 있을 수 없다고 믿고 있었다."[6] "내가 남묘에서 한 겨울을 시전 열권을 읽었는데 그때 청일전쟁이 났으며 아펜젤러 박사가 아들처럼 여기던 신긍우 씨가 이제는 세계대세가 변했으니 시전을 그만두고 새 지식을 배우는 것이 어떻겠느냐고 권했다. 그 후 형편이 어려워지고 모든 것이 신식으로 변했는데 먼저 과거가 폐지되면서 사서삼경이 필요치 않아서 다른 방면으로 나선다고 한 것이 배재학당에 들어오게 된 계기가 되었다. 그때 처음 만난 사람이 노블 박사였고 여기서 배우고 얻은 것이 세계대전의 지식이며 내가 새 길로 들어가는 첫 길이었다."[7] 이승만은 여기서 처음으로 '세계' 또는 '세계대전'을 만났다. 여기서 세계대전이란 후술하는 대로 청일전쟁을 가리킨다.

이승만은 천성적으로 고집이 세고 자기주장이 강하여 타협할 줄 모른다고 알려져 있다. 그 스스로 인정한다. "본래 본 기자[이승만]는 흉중에 불평한 마음을 품은 자라. 진실로 이 [억압과 착취의] 세상과 합[타협]할 수 없어 일신에 용납할 곳이 없는 자라. 입으로 나오는 말이 다 사람의 귀에 거슬리며 붓끝으로 쓰는 말이 다 남의 눈에 거리끼는 바니, 이는 불평한 심사에서 스스로 격발함이다."[8] 부인 프란체스카는 말한다. "이 박사는 상처 받는 것을 두려워하지 않는다."[9] 이러한 성격

6) 이정식, 『이승만의 구한말 개혁운동』, 306쪽.

7) 이승만, 『대통령리승만박사담화집 제2집』, 1956. 최종고 편, 『우남 이승만』, 청아출판사, 2011, 27쪽에서 재인용.

8) 이승만, 『제국신문』, 1903년 4월 17일. 원영희 · 최정태 편집, 『뭉치면 살고 …』, 469쪽에서 재인용.

9) Oliver, *Syngman Rhee and American Involement in Korea, 1942-1960 A Personal*

의 그가 단 시간에 쉽게 새 지식에 굴복했는지는 그가 "남의 말에 귀를 기울이[고]" 말은 "확신에 차있으며 탐구적인" 한편 "대화에 진지한" 까닭이었을 것이다.[10] 자신도 문장가이면서[11] 그의 전기를 기록한 올리버Robert T. Oliver(1909-2000)에게 한국사정을 언론에 기고해달라는 부탁을 하며 "나는 문장가가 아니요. 당신이 쓰면 어떻소?"라고 겸손하게 남의 문장을 인정한다.[12]

이러한 고집불통은 이승만에게만 나타나는 특성이 아니다. 앞서 우리는 데 벌레라에서 그의 '무오류성'의 독선을 보았다. 마사리크 역시 타협할 줄 모르는 인물이었고 윌슨 역시 마찬가지였다. 제1차 대전에서 민주당-공화당 연정의 전시내각을 거부하고 민주당 측근만으로 내각을 구성한 이유에 대하여 윌슨은 "자신에게는 연정이나 타협을 할 수 있는 능력이 없다"는 핑계를 둘러대었지만 "나는 솔직히 말해서 스코틀랜드 장로교인의 후손이라서 완고하다."라고 고백하였다.[13] 그러나 이러한 고집은 적과 맞서는데 필요한 것이었다. 데 벌레라는 '무시무시한' 처칠에 대적할 수 있는 유일한 아일랜드 인이었고, 마사리크는 카이저와 페르디난드를 능가할 수 있는 유일의 체코인이었다. 이승만은 요시다

*Narrative*, p.22.

10) Oliver, *Syngman Rhee The Man behind the Myth*, pp.3-4.

11) "Dr. Rhee is a great scholar, linguist, and a persistent, inexorable champion of independence for his own people." Coffee, "Korea and the Crisis in the Orient," *Appendix to The Congressional Record*, A1877, May 21, 1942.

12) Oliver, *Syngman Rhee The Man behind the Myth*, p.5.

13) Masaryk, *The Making of A State* Memoirs and Observations 1914-1918, London, George Allen and Unwin Ltd., 1927, p.277.

와 아이젠하워에 맞설 수 있는 유일의 한국인이었다.

고집은 세지만 일단 옳다고 결심하면 실천에 망설이지 않는다. 이승만이 제중원 의사 에이비슨 박사를 찾아가 자진하여 자신의 상투를 잘라달라고 요청한 것도 그 한 예이다. 그것은 배재학당 입학 직후의 일이다.[14] '새 길로 들어가는' 그의 사상변화의 상징으로 볼 수 있는 바, 그가 "목숨보다 중히 여기던 털을 버렸으니 … 목을 버리기를 일개 터럭같이 가벼이 할 줄로 작정한 일이요,… 사오천년 늙은 대한을 일조에 새 대한으로 만들어 부강문명에 나가기를 힘쓰기를 작정한 일이로다."라고 각오를 새롭게 다지고 있다.[15] 이것은 "기름으로 쩌들어 더러워진 머리털 뭉치"를 잘라 버리고 깨끗하게 정화되어 거듭나는 대한제국 형 '세례의식'을 연상하게 된다. 그 의식의 주재자 에이비슨 박사는 목회자격증도 소지하고 있었다.[16] 뿐만 아니라 그는 정구도 배웠다. 그 시작이 배재학당 시절이었다고 짐작되는데[17] 당시 양반이 운동을 경멸하거나 기피하였음을 상기하면 그가 얼마나 빨리 시대변화에 적응하였는지 알 수 있다.[18] 아마도 독립운동가들 가운데 이승만처럼 세계변화에 빠르고 민감하게 반응한 인물도 찾아보기 힘들 것이다. 후일

---

14) Avison, *Memories of Life in Korea*, unpublished manuscript, p.269.

15) 이승만, 『제국신문』, 1902년 9월 17일. 원영희 최정태 편집, 『뭉치면 살고 …』, 337-338쪽에서 재인용.

16) 김학은, 『루이스 헨리 세브란스』, 연세대학교 출판부, 2008, 424쪽; Avison, *Memories of Life in Korea*, unpublished manuscript, p.269.

17) 당시 배재학당에는 정구장이 있었다.

18) 일본의 만주침략으로 국제연맹이 회의를 열었을 때 이승만은 제네바에 있었다. 참석은 거절당하였지만 보고서는 남겼다. 그때 일기를 보면 정구관전기가 보인다.

그는 하와이에서 한인기독학원 교장으로 한국역사 최초로 남녀공학을 실시하였다. 그는 실학의 실천가였다.

배재학당Pai Chai College에 입학한 1895년 4월부터 대역죄로 수감되는 1899년 1월까지 3년 9개월 동안 그는 대학생, 『협성회회보』, 『매일신문』, 『제국신문』의 주필, 발행인, 논설인을 거쳐 독립협회의 열성회원으로 변신을 거듭하면서 사상의 대변혁을 겪었다. 특히 감옥에서 남긴 기록은 그가 벌써 위정척사와 결별했음을 보여준다. 스스로 작성한 세계위인 목록, 세계 각국의 사정, 조약문, 세계역사, 기독교, 정치제도, 교육제도, 법률제도 등에서 드러난 그는 시경이나 읽고 있는 청년이 아니었다.

이승만이 배재학당에서 배운 서양학문이 구체적으로 무엇이었는지는 그가 관여한 학생조직 협성회에서 토론한 제목으로 미루어 부분적으로 추론할 수 있다. 1896년 11월에서 1898년 4월까지 42번의 토론회는 서재필의 지도하에 남녀평등, 기독교 국교, 노비해방, 국민개병, 사농공상 학교 설립, 상하원 설립, 전면 개항 등 각종 주제를 다루었다.[19] 한 결 같이 혁명적 주제였다. 토론 내용을 백성에게 계몽시킬 목적으로 『협성회회보』를 발간할 것을 건의하였고 이승만이 주필로 참여하였다 함은 앞서 밝혔다. 여기서 토론된 주제 가운데 하나가 한글사용이었는데 이승만의 동급생 주시경은 이미 한글을 연구하고 있었다. 그는 아무도 관심을 갖지 않은 국어문법을 홀로 연구하여 1893년에 책을 쓰기 시작한 끝에 1898년에 완성하였다.

19) 신용하, 『독립협회연구』, 일조각, 1985, 113-114쪽.

## 영어

당시 서울에는 여러 나라의 어학교습소가 있었고, 프랑스어가 가장 유행하였다고 한다.[20] 아무래도 1세기에 걸친 프랑스 천주교 선교의 영향과 서울이 좁다하지만 그래도 좁은 대로 형성된 외교가에서 사용하는 프랑스어 탓이었을 것이다. 그러나 이승만은 영어를 배울 생각이었다. 이것만 보아도 20세의 그가 한문으로 된 사서삼경이나 읽고 앉아서 천하대세를 논하는 당시 위정척사의 선비들에 대해 그 낙후성을 한탄하지 않을 수 없었다고 여겨진다. 앞서 말한 대로 그가 배재학당에서 영어를 배운지 6개월 만에 후배들을 가르칠 수 있게 되었고 2년 후 졸업식에서 훌륭한 영어연설을 했다는 것은 위정척사의 선비의 모습과는 정반대이다.

이승만은 배재에서 배운 영어를 5년 반 동안의 감옥생활에서도 쉬지 않고 연마하여 일방 영어사전을 만들어가며 일방 영어문장을 통째로 암기할 지경에 이르러 출감한지 불과 반년도 되지 않아 미국 국무장관 존 헤이John Milton Hay(1838-1905)와 국사를 논할 정도로 향상되었다. 다시 반년 만에 미국 대통령 시어도어 루스벨트Theodore Roosevelt(1858-1919)를 면담했다는 사실은 그가 완벽한 영어의 중요성을 얼마나 뼈저리게 느끼고 스스로를 단련시켰는지를 우리에게 알려준다. 이승만이 시어도어 루스벨트 대통령을 만나러 가는 길에 『뉴욕 타임스』 기자와 인터뷰를 갖게 되었다. 동행하였던 윤병구 목사가 대부분 대답하였는데 기자는

20) 분쉬 지음, 김종대 옮김, 『고종의 독일인 의사 분쉬』, 학고재, 1999, 50쪽.

윤병구의 영어가 '엉터리 영어 broken English'라고 적었다.[21] 당시 한국 대표의 영어수준이 이러했다. 이때 이승만은 구국의 길이라고 생각한 외교에 완벽한 영어의 필요성을 다시 확인했을 것이다. "만국이 상통하여 한 집같이 섞여 살며 형제같이 사랑하여 정의가 친밀할진대 풍속이 스스로 같아지며 인물과 언어 문자까지라도 다 한 결같이 될지라. 이것이 곧 개화의 주의니 지나간 백 년 동안에 세상이 변한 것을 볼진대 오는 백 년 동안에 또 어떻게 변할 것을 가히 짐작할지라."[22] 그는 앞으로 백년을 내다보며 영어를 끊임없이 연마하였다. 그러한 이승만의 영어는 "자연스럽고, 정확하며, 단어 선택에 흠 없이 완벽하다"고 올리버 교수는 평하였다.[23] 올리버는 수사학 교수이다. 여기에 일어는 독학을 하였고 프랑스어는 학위과정에서 습득하였다.[24] 그는 세계사정을 이해할 수 있는 준비를 마쳤다. 그리고 세계 지도자들과 외교적인 내용을 대화할 수 있는 높은 수준으로 끌어올렸다.

## 자유

그러나 "나[이승만]는 그곳[배재학당]에서 영어보다 더 중요한 것을 배웠음을 깨달았다. 그것은 정치적 자유의 개념이었다. 한국의 일반백

---

21) *New York Times*, August 4, 1905.

22) 이승만, 『독립정신』, 55쪽.

23) Oliver, *Syngman Rhee The Man behind the Myth*, p.3.

24) 이승만의 박사학위 논문의 각주와 참고문헌을 보면 그가 프랑스 문헌을 두 가지 방법으로 인용하고 있다. 하나는 원문 그대로 인용하고 다른 하나는 프랑스 원전과 함께 그 번역본의 인용임을 밝히고 있다.

성이 무자비하게 당하는 정치적 억압에 대하여 조금이라도 아는 사람이라면 한 젊은이가 평생 처음으로 기독교 국가에서는 국민들이 법률에 의해 지배자의 횡포로부터 보호받는다는 얘기를 들었을 때 그의 마음속에 어떠한 혁명이 일어났을 지를 쉽게 상상할 수 있을 것이다."[25] 그 '혁명'이라는 것은 "속으로 우리가 그와 같은 정치적 원칙을 택한다면 나라의 핍박받는 동포들에게 커다란 축복이 될 것이라는" 다짐이었다. 아마도 이러한 마음의 혁명이 그로 하여금 사상의 변혁을 일으키는 원동력이 되었을 것이다. 그 순간 그는 단순한 영어교습생에서 기독교 자유주의 혁명가로 태어났다.

이승만은 개인의 권리, 곧 인권을 중시하는 서양 정신을 다시금 확인한다. "내[이승만]가 1905년 미국에 처음 왔을 때 느꼈던 첫 인상 중에 그 후에도 늘 생각하지 않을 수 없었던 것은 나의 나라와 미국과의 대조이다. 물질적인 진보, 현대적 발명, 고층건물 등등 그런 따위의 대조보다 우리나라에서 가장 싼 인명과 노동력이 미국에서는 가장 비싸다는 것이다." 인권을 중시하는 인본주의를 발견한 것이다. 이뿐만이 아니다. "뉴욕시내에서 어떤 외국 사람이 마차를 몰고 가다가 뛰어내려 자기 말에게 채찍을 가하기 시작하였다. 그랬더니 사람들이 모여들기 시작하더니 어떤 부인은 어찌나 흥분했던지 그 사람을 악한 사람이라고 말하고 유치장에 보내야 한다고 했다."[26] 생명을 존중하고 폭력에 분노하는 미국인들의 모습을 목도한 것이다.

이승만이 배재학당에서 배운 정치적 자유라는 개념은 서재필을 통

---

25) 유영익, 『젊은 날의 이승만』, 6쪽.

26) 이정식 역주, 「청년 이승만 자서전」, 『신동아』, 1979년 9월호.

해서였다. "그[이승만]에게 충격적인 영향을 끼친 것은 1896년 5월 후반기부터 매주 있었던 서재필의 강의였다. 서재필은 곧 승용[이승만]의 존경하는 본보기가 되었다."[27] 이것이 이승만의 첫 번째 사상적 충격이다. 배재학당은 과거시험 준비생 이승만으로 하여금 위정척사에 집착하는 보수적 유교 사고와 결별하게 만든 첫 번째 장소가 되었다. 여기에다 그가 읽은 유길준의 『서유견문록』은 당시로서는 생소하고 이해하기 힘든 자유의 개념을 설명한다. 조선에는 예로부터 불기不羈라는 말은 있었다. 그러나 한국 최초로 자유의 개념을 접한 사람은 박영효라고 알려져 있다. 그는 그 뜻을 충분히 이해하지 못하였다. 그 후 유길준이 1895년 출판한 『서유견문록』이 최초의 입문서라고 여겨진다.[28] 유길준의 자유는 일본의 후쿠자와福澤諭吉(1934-1901)의 자유를 수입한 것이다. 그러나 이들이 말하는 자유는 liberty였지 freedom이 아니었다.[29] 전자는 주인이 노예를 속박에서 풀어주며 베푸는 인위의 자유이고 후자는 개인이 타고날 때부터 하늘로부터 부여받은 양도할 수 없다는 천부의 자유이다.[30]

이러한 사정으로 미루어보아 같은 해에 배재학당에 입학한 이승만이 서재필로부터 배운 자유의 개념은 미국의 그것 freedom이었던 만큼 그에 관해서는 한국 최초의 자유주의자 가운데 하나가 될 수 있었다.

---

27) 이정식, 『이승만의 구한말 개혁운동』, 41쪽.

28) 정용화, 「유교와 자유주의 유길준의 자유주의 개념수용」, 『정치사상연구』, 2집, 2000년 봄, 61-83쪽.

29) Fisher, *Liberty and Freedom*, Oxford, Oxford University Press, 2005, Ch.1.

30) Fisher, *Liberty and Freedom*, Ch.1.

이승만의 글에 잘 나타나 있다. "자유가 본래 우리의 물건이요, 남에게 청구할 것이 아니[다]."[31] 이 글로 보아 이승만이 말하는 자유는 인위의 자유liberty가 아니라 천부의 자유freedom임을 알 수 있는 바, 그가 감옥에서 번역한 미국 『독립선언서』의 서문 "대저 온 세계 사람이 다 동등으로 생겼나니 이는 고금에 바꾸지 못할 참 이치라. 조물주께서 일체로 권리를 품부하였으며 생명과 자유와 안락한 복을 구하는 것이 다 남이 빼앗지 못할 권리라."에서 이미 천부의 자유와 권리를 논하고 있다.[32] 이것이 미국의 자유이다.[33] 이승만의 자유주의는 아래에서 보듯이 세 가지 제도로 구성되어 있다. 자유공화제도, 자유통행-통상제도, 자유국가연합제도가 그것이다.

자유공화국은 대의기구가 전쟁을 선포하므로 국왕이나 지배계급의 이익에 따른 전쟁선포를 어렵게 만든다. 자유국가연합체는 회원국의 합의체이므로 이 또한 전쟁의 억제수단이 된다. 자유통행은 자유통상의 전제인데 자유통상은 전쟁과 병존하기 어렵다. 자유통상은 식민통상과 달리 식민모국의 독점통상이 아니다. 자유통상은 모든 식민지가 독립국가가 되어야 비로소 가능하다. 국가와 국가가 전장에서 만나 승자독식을 추구하는 것이 아니라 시장에서 만나 상호이익을 창출하는 제도이다. 이 세 가지 제도가 평화 속에서 약소국가도 독립할 수 있는 권리를 확보할 수 있다. 이 내용은 칸트의 『영구평화론』과 일치하는데

---

31) 이승만, 『동아일보』, 1924년 4월 23일. 원영희 · 최종태(편), 『뭉치면 살고,…』, 209쪽에서 재인용.

32) 이승만, 『독립정신』, 77쪽.

33) Fisher, *Liberty and Freedom*, Ch.1.

그는 첫 문장에서 자신의 글이 기존질서에 위협적임을 알고 풍자를 빌려 저자세low profile의 수사학으로 자신을 보호하고 있다.[34] 그만큼 당시로서는 혁명적이었다. 이승만이 자신의 초기 사상을 정리한 『독립정신』도 조선에서 받아줄 수 없는 혁명적인 책이었기에 미국으로 밀반출하여 출판할 수밖에 없었다.

## 2. 자유공화제도

### '반역자'

고려왕조에서 조선왕조로 바뀐 것을 역사에서는 역성혁명이라고 부른다. 영국사에서 스튜어드 왕조를 엎은 오렌지공의 윌리엄 III세 즉위가 명예혁명이다. 왕조에서 왕조로 바뀐 것도 혁명이라고 부르는데 왕조에서 공화국으로 바뀐 것은 그 이상의 혁명이라 아니할 수 없다. 중국의 신해혁명이 이것이다. 역시 영국사에서 크롬웰이 찰스 I세를 참수함으로서 왕조에서 공화정으로 바뀐 청교도혁명이 여기에 속한다. 그 공화국이 자유주의에 바탕을 둔 자유공화국임에야 말할 나위도 없다. 앞서 인용한 대로 "많은 사람들이 [공화제 헌법]을 제정하는 것은 매우 어려운 일이고, 그것을 보존하는 일도 어려워 그것은 천사의 국가에서만 가능하다고 주장"할 정도로 공화제는 혁명적이다.[35] 그 '천사의

---

34) Williams, D., *The Enlightenment*, Cambridge University Press, p.375.

35) Kant, Smith(tr.), *Perpetual Peace A Philosophical Essay*, London, George Allen and Unwin, 1903, pp,153-154.

나라'에 대하여 루소는 말했다. "만일 하나님의 나라라는 것이 있다면 민주정부일 것이다. 그리고 [그의] 이상적인 민주정부는 백성과 어울리지 못할 것이다."[36)]

이승만은 배재학당 밖에서도 자유주의를 습득한다. 배재학당에서 배운 영어로 부족함을 느꼈던지 매일[37)] 제중원 의사 에이비슨 박사를 찾아가서 영어 연습에 겸하여 한국의 장래를 이야기하면서 자연히 접한 것이다. 후일 대통령이 된 이승만이 에이비슨 박사에게 건국공로훈장을 수여하며 그 관계를 기록하였다. "에이비슨 박사는 그가 이 땅에 전한 기독교 정신으로부터 오는 자유주의 사상의 상징으로써 본 대통령[이승만]의 신실한 친구이었으며 또 본 대통령의 청년시기에 기독적 민주주의의 새 사상을 호흡케 하였[다.]"[38)] 에이비슨 박사 역시 회상하였다. "한 번은 그[이승만]가 상당히 흥분돼 자신의 일생을 조국의 정부형태를 바꾸는 것을 돕는데 바치기로 결심했다고 내[에이비슨]게 말했다."[39)] 이승만이 바꾸고 싶어 하는 정부형태란 무엇인가. 후일 대한민국이 건국되고 에이비슨 박사가 대통령 이승만에게 편지를 보냈다. "나는 당신이 제중원 뒤의 언덕에 있던 우리 집에 거의 일요일마다 와서 나를 상대로 영어를 연습하고 한국의 장래에 대해 이야기하던 때를 잘 기억합니다. 당신은 그때도 젊은 모반자였지요. … 당신이 그때에도

---

36) Kant, Smith(tr.), *Perpetual Peace A Philosophical Essay*, London, George Allen and Unwin, 1903, p,153.

37) Avison, *Memories of Life in Korea*, p.260.

38) Avison, *Memories of Life in Korea*, p.261; 연세대학교 의과대학, 『의학백년기념화보』, 제1집, 1985, 33쪽.

39) Avison, *Memories of Life in Korea*, p.262.

밟고 있던 그 길이 얼마나 위험한 길이라는 것에 대해 내가 경고해준 것을 기억하시는지 모르겠군요. 내가 하는 말을 조용히 듣고 한참 있다가 '그래도 나는 하겠습니다.' 하던 당신을 나는 잘 기억합니다. 그리고는 당신은 초지대로 했지요. … 왕[고종]이 아프거나 병이 있다고 생각하였을 때 [나는] 그 분을 진찰하러 [궁에] 갔다 와서는 왕위가 폐기된 후의 장래에 대해서 당신과 토론을 하곤 하였으니 … 분명히 우리 둘은 반역자들이었지요."[40]

## '공화혁명'

'반역자' 이승만이 바꾸고 싶어 하는 정부형태는 왕정을 폐기하고 그것을 대체한 공화정이었다. 에이비슨 박사의 편지가 이를 증언한다. "왕위가 폐기된 후의 장래에 대해서 당신과 토론을 하곤 하였으니 말이요."[41] "나[이승만]은 곧 이들[개화파]와 운명을 함께 하기로 결심했다. 우리는 다른 동양 국가와 같이 오래 동안 유지되었던 왕정을 폐기하는 일을 반드시 성취해야 한다고 느꼈다."[42] 그래서 이승만 스스로 "공화혁명"을 말한다. "대체로 혁명이라 하는 것은 백성들이 일어나서 정부를 뒤집고 자신들의 뜻대로 다시 조직하는 것을 말하는데 동양의 역사에는 없는 일이다. … 그 임금이나 임금의 세대만 고쳤을 뿐, 그 정부의 제도와 국권의 지배층은 변하지 아니한 [것은 혁명이 아니다.]"[43] "'이른바

---

40) 이정식, 『이승만의 구한말 개혁운동』, 309쪽.

41) 이정식, 『이승만의 구한말 개혁운동』, 309쪽.

42) Avison, *Memories of Life in Korea*, p.274.

압제자의 굴레에서 벗어날 목적으로 백성들이 일으키는 혁명이 합법적 수단인가? … 물론 의심할 바 없다."[44]고 칸트도 그의 『영구평화론』에서 적었다. 저항권이다. 공화제도가 혁명인 이유로 칸트는 공화제도가 프랑스 혁명의 구호 자유 평등 박애의 실현을 들고 있다.[45] 여기서 칸트는 공화제도 자체 보다 대의제도가 더 중요함을 잊지 않고 강조한다.

백성이 선택하는 정치제도 그것은 자유공화제도를 가리킨다. 일찍이 동양역사에 없었다는 혁명을 하겠다는 것이니 그것이 곧 백성이 선택하는 정치제도, 곧 자유공화제도이다. 대체로 이승만이 감옥에서 번역한 『미국 독립선언문』의 서문의 분위기를 나타내니 "무슨 주의로 잡든지 권세를 무슨 제도로 조직하던지 그 백성의 생각에 가장 합당하여 태평하고 안락한 복을 유지하도록 만드는 것이 곧 그 백성에 합당한 권리라."[46] 이승만은 자신이 이해한 공화정을 더 구체적으로 표현하였다.

> 대저 공화라 하는 것은 …'백성이, 백성으로, 백성을 위해' 세운 정부라는 것이 곧 이것이라. 그런즉 공화정체는 군주정체와 반대니 이는 한 사람이 다스리는 것이요, 사부정체와도 반대되니 이는 일본사람들의 소위 귀족정체라 하는 것으로 위에 있는 양반끼리 다스리는 것이요, 소수정체

43) 이승만, 『한국교회핍박』, 하와이, 신한국보사, 1913, 78-79쪽.

44) Kant, Smith(tr.), *Perpetual Peace A Philosophical Essay*, London, George Allen and Unwin, 1903, p.186.

45) Kant, Smith(tr.), *Perpetual Peace A Philosophical Essay*, London, George Allen and Unwin, 1903, p.121.

46) 이승만, 『독립정신』, 78쪽.

> 와도 반대니 이는 적은 수효의 몇몇 사람이 짜고 앉아 다스리는 것이라. 오직 모든 백성이 평등한 권리를 가지고 공동히 합하여 다스리는 것을 곧 공화라 하는지라.[47]

이 문장은 칸트의 문장과 일치한다.[48] 이승만이 박사학위를 취득하고 1910년 귀국한 후 던진 말 가운데 하나는 "귀국하고 보니 시원한 일이 세 가지가 있는데 임금이 없어진 것, 양반이 없어진 것, 그리고 상투가 없어진 것"이었다. 혁명을 이처럼 상징적으로 잘 표현한 말이 달리 없을 것이다. 그 자신 왕족-양반이었음에도 실학파가 주장한 바와 같이 신분제 타파를 부르짖었고 그 상징인 상투도 잘랐으니 신분혁명이며, 자신의 의지 밖의 존재였던 임금이 없어졌으니 가히 자신이 꿈꾸던 '공화혁명'이었을 것이다. 그러나 그것은 공화혁명이 아니라 국권상실이라는 비극이었다. 이 비극적인 국권상실을 회복하려고 그가 이번에는 일본을 상대로 싸우는데 다시 초지일관했음을 에이비슨 박사의 편지가 지적한 것이리라.

이승만은 왜 '공화혁명'을 원했을까. 이승만의 이 염원은 그 전의 선각자보다 한 걸음 더 나아간 것이다. 1880년대 초 개화사상을 주도한 사람은 김옥균, 박영효 등이었다. 이들의 개화사상은 외국의 기술을 받아드려 국가를 부강하게 하여야 한다는 것이었고 주위 사람들을 그렇

---

47) 이승만, 「미국헌법의 발전」, 『태평양잡지』, 1914년 2월. 유영익, 『건국대통령 이승만』, 일조각, 2013, 118쪽에서 재인용.

48) Kant, Smith(tr.), *Perpetual Peace A Philosophical Essay*, London, George Allen and Unwin, 1903, p.124.

게 계몽하였다. 그러나 1883년에 이르러 정계에서 배척당하자 서양기술의 습득에 앞서 그것을 수용할 수 있는 정치개혁의 필요성을 절감하였다.[49] 당시에 지배적이었던 개화사상에서 한 걸음 나아가서 '혁명'을 시도한 것이다.

결국 김옥균, 서재필 등은 갑신정변을 일으키기에 이른다. 그러나 '공화혁명'을 꿈꾼 것은 아니었다. 이승만은 이들의 실패와 그에 따르는 위험을 알면서도 한 걸음 더 나아가는 것을 주저하지 않았다. "그[이승만]는 너무나 위대한 목표를 추구하는데 있어 자신에게 무슨 일이 닥치더라도 기꺼이 받아드리겠다고 나[에이비슨]에게 말했다."[50] 그가 "나의 목숨을 바쳐서라도 이 뜻[공화혁명]을 이룰 수만 있으면 진실로 아끼지 않겠노니"라는 각오는 비장하기조차 하다.[51] 그 결과 공화정 음모라는 대역죄로 감옥에 갇혔고 사형에 일보 앞까지 다가갔다가 종신형으로 간신히 풀려났다. 공화정은 이처럼 위험한 혁명 사상이었다. 김옥균 등의 개화사상에 공화사상과 기독교사상을 더한 것은 이승만의 독창성이다. 자유공화제도는 칸트 『영구평화론』의 첫 번째 의무조항 the first definitive article에 해당한다.[52] "개별국가의 헌법은 공화제여야 한다."[53]

---

49) 이광린, 『한국개화사연구』, 일조각, 1977, 57쪽.

50) Avison, *Memories of Life in Korea*, p.262.

51) 이승만, 『독립정신』, 24쪽, 101쪽.

52) Kant, Nisbet (tr.), "Perpetual Peace A Philosophical Sketch," in Williams, *The Enlightenment*, Cambridge University Press, p.381.

53) Kant, Smith (tr.), *Perpetual Peace A Philosophical Essay*, p.120.

## 3. 자유통행/통상제도

### 통상

페리가 함대를 이끌고 일본 시모다下田에 기항하고 함포위협으로 개항을 요구했을 때 서당훈장 요시다吉田松陰(1830-1859)가 막부의 허락도 없이 페리 기함에 올라 미국으로 데려갈 것을 간청하였으나 거절당하여 하선한 후 사형 당하였다. 그는 이토우伊藤博文(1841-1909)의 스승이다. 당시 막부 하에서 통행은 나가사키長崎의 데지마出島에서만 허락되었다. 자유통행은 사형에 해당하는 중죄였다. 자유통행은 목숨을 걸어야 하는 혁명적 주장이었다. 그것은 곧 개국이니 이 사안을 놓고 일본은 내전을 치렀다. 요시다의 조선침략 주장에 맞서서 삼국동맹을 주장했던 가쓰勝海舟(1823-1899)가 막부에 건의한 내용은 적극적인 통상이었다. 이 주장은 쇄국정책의 막부에게 위협적이었다.

조선에서도 백성이 허락 없이 외국으로 나가지 못하였다. 또한 자유통상은 사농공상의 순으로 상업을 천시하던 당시 조선 신분제 사회에서 상업을 그것도 해외 통상을 우선하자는 주장으로 신분제 사회를 아래로부터 뒤엎는 혁명적 발상이다. 막부시절 일본은 쌀 5백석 이상을 적재할 수 있는 크기의 배를 만들지 못하게 하였다. 역내 통상도 제한한 것이다. 번주의 세력이 커지는 것을 막부가 두려워했기 때문이다. 하물며 해외통상 역시 나가사키 데지마 이외에서는 금지였다. 자유통상은 막부를 위협하는 혁명이었다. 칸트는 그의 『영구평화론』에서 일본의 예를 소개하고 있다.[54]

이승만 박사학위논문의 주제는 통상commerce[55]인데 당시 수준으로 이것은 혁명적 발상이다. 그 먼 배경에는 상업의 중요성을 강조했던 실학사상과 무관하다 하지 않을 수 없으므로 이것을 분리하여 생각할 수 없다. 우선 이승만 자신이 "나는 갑오년[1894년] 청일전쟁 이후부터 시와 서의 옛 학문을 버리고 영어와 신학문에 전심하여 비로소 세계대세에 눈을 뜨게 되었다."[56]라고 밝힌바 대로 1895년 20살의 나이에 배재학당에서 새로운 문명과 만나면서 구각에서 벗어났다. 여기서 세계대세란 서양 통상 세력의 동진을 가리킨다. 이것이 계기가 되어 정계에 입문하게 되었는데 여기에는 배재학당의 스승 서재필의 영향력이 컸다. 서재필 곁에는 김옥균, 서광범, 박영효, 유길준 등 개화파가 있었고 이들은 박지원의 손자인 박규수의 문하생이었다. 김옥균의 유학 비판을 이어 서재필의 유학 비판이 신학新學과 구학舊學 논쟁을 일으켰다.[57] 박지원은 실학에서도 이용후생학파의 거두로서 18세기 조선의 양반사회를 '붓끝'으로 비판하고 개혁을 주장하였다.

그러나 조선은 거꾸로 가고 있었다. "연전에 동학의 혹한 말로 인연하여 온 세상이 다 믿고 따라가다가 급기 일패도지 하였으니 … 슬프

54) Kant, Smith(tr.), *Perpetual Peace A Philosophical Essay*, London, George Allen and Unwin, 1903, p.140-141.

55) 통상은 영어로 trade이다. 그러나 amity and commerce는 우호통상 또는 수호통상이라고 번역한다.

56) 손세일, 『이승만과 김구 1-1』, 68쪽. 이 글은 이승만이 쓴 한문비문의 일부인데 손세일이 번역한 것이다.

57) 이광린, 「구한말 신학과 구학의 논쟁」, 『한국개화사의 제 연구』, 일조각, 1986, 203-204쪽.

다, 세상에 어두움이 이같이 심하뇨."[58]라고 이승만은 탄식한다. 이어서 "외국인을 몰아낸다, 민요를 일으킨다 하는 것이 다 원기는 있고도 동서를 몰라 속히 변통하기를 생각하다가 도리어 더 심한 화를 당한 연유라. 마땅히 문견이 있어 이러하면 되겠고 저리하면 아니 될 줄을 알아야 하겠다."라고 사태를 헤쳐 나갈 방법을 찾으려 애쓰고 있다.[59] 민영환의 밀사로 미국에 가는 선상에서 보낸 편지의 "우리나라에 소위 교육이라는 것을 가지고 그 폐단을 말할진대 태고 적 옛 것을 숭상함이니"에 이르러서는 통상을 거부하고 구사상을 신봉하여 쇄국하자는 선비들을 질책하고 있다.[60] 이승만이 바라는 바는 칠언절구로 요약한 대로 "그릇된 옛 법은 선듯 고치고 신식도 좋으면 받아드리소"[61]라는 개혁인데, 위정척사파의 방해로 뜻을 이루지 못하여 "청국을 배반하고 독립국이 되는 일이 의 없는 일이라 하[여]··· 도학을 숭상하는 무리들의 독해가 이렇듯 심한지라 진실로 통분함[이로다]."[62]라며 계속 청국에 속방으로 사대하자는 유학자들을 탄핵하고 있다. 유학자들 편에서 본 이승만은 중국과 조선에 반하는 혁명분자였다. "만일 구습을 면치 못하여 종시 내 나라 예약 문물과 내 집안 지체문벌이나 진지히 의논하고

58) 이승만, 『제국신문』, 1902년 9월 4일. 원영희 · 최정태 편집, 『뭉치면 살고 …』, 329쪽에서 재인용.

59) 이승만, 『제국신문』, 1902년 10월 6일. 원영희 · 최정태 편집, 『뭉치면 살고 …』, 343-344쪽에서 재인용.

60) 이승만, 『제국신문』, 1904년 12월 19일. 원영희 · 최정태 편집, 『뭉치면 살고 …』, 173-174쪽에서 재인용.

61) 法僞恐後無泥舊 從善爭前莫厭新. 유영익, 『젊은 날의 이승만』, 101쪽.

62) 이승만, 『독립정신』, 128쪽.

내외국 시세 형편을 도무지 모르고 안연히 앉아 [있으면] … 장차 어떤 지경에 이를지 모를지라."[63] 그는 한 걸음 더 나아갔다. "지금 세상의 문명이 오대주 중에 퍼지지 않은 곳이 없으나 … 그 세력이 온 세상에 균평히 퍼져 … 이용후생 할 … 세상이 될지라."[64] 서양 통상세력의 확대를 가리킨다. 이것은 이들을 맞이하여 조선도 통상혁명과 개국혁명을 하자는 주장과 같다. 칸트는 적었다.

지구 표면에 대한 권리는 인류에게 공동으로 주어졌다.[65]

이것이 칸트 영구평화 세 번째 의무조항the third definitive article인 자유통행의 근거가 되는 자연권natural rights인데 사해 자유통행권리 곧 세계시민권리cosmopolitan right이다. 연고권historical rights에 의지하는 국경은 무력에 의해 이동한다. 그러기에 국경을 사이에 두고 이쪽은 내 땅이고 저쪽은 네 땅이라고 생각하던 당시로서 이것은 혁명적인 발상이다. "여전히 문 닫치고 어둡게 살려"하는 쇄국주의는 발상을 할 수 없는 반역이다. '문 닫치고 어둡게 살려다' 고대에 한반도의 연고권을 강변하며

---

63) 이승만, 『제국신문』, 1898년 4월 12일. 원영희 · 최정태 편집, 『뭉치면 살고 …』, 134쪽에서 재인용.

64) 이승만, 『제국신문』, 1902년 8월 21일. 원영희 · 최정태 편집, 『뭉치면 살고 …』, 307쪽에서 재인용.

65) [A]ll men are entitled to present themselves in the society of others by virtue of their right to communal possession of the earth's surface. … [N]o-one originally has any greater right than anyone else to occupy any particular portion of the earth.

침략한 일본에 '내 땅'을 빼앗겼다. 칸트의 사해통행권리 글을 이승만의 글과 비교함은 흥미롭다.

> 하나님의 천지만물을 창조하신 뜻을 살필진대 하나도 버릴 것이 없어 모든 사람에게 쓰임이 되게 하심이라.[66)]

이 글은 창세기가 기록한 대로 "생육하고 번성하여 … 땅을 정복하라. … 모든 생물을 다스리라."에서 유래한다. 또한 『독립신문』의 논설과 매우 유사하다.[67)] 이승만은 더 구체적으로 전개하였다.

> [유럽] 사람은 많고 땅은 좁음에 각처로 흩어져서 비인 땅을 찾아서 삶에 … [그러나] 그곳 백성들은 혹 반쯤 열려 여간 개화된 나라도 있고 아주 미개하여 야만 인종되는 나라도 있어 다 각기 옛적에 지내단 대로 게을리 살려 할 뿐이오 더 낫게 되어 남과 같아지기는 원치 아니하며 그 좋은 천조물을 다 버려 썩혀두어 폐한 물건을 만드나니 … 여전히 문 닫치고 어둡게 살려하니 이 뜻을 공평하다 하여 따로 썩히기를 허락함이 옳다 할까. 결단코 그렇지 않은지라 … 조물주가 사람의 쓰이는바 되기를 위하여 한 없이 쌓여 두신 것을 썩혀 버려져도 쓰지 아니하며 남도 쓰지 못하게 하니 이는 포진천물이라 불가함이오. … 그러므로 공법에 어느

---

66) 이승만, 『독립정신』, 34쪽.

67) 『독립신문』(영문판), 1896년 11월 12일. The Creator of the Universe did not intend to make these fertile valleys and the mineral deposits therein to be kept unused. They were made for the benefit of mankind.

나라이던지 주인 없는 비인 땅을 찾아낼진대 그 땅이 의례히 그 나라에 속하다 하려니와 만일 그 나라이 땅을 얻어 제 것만 만들고 실상으로 개척하는 효험이 없으면 그 나라 땅으로 보지 못하여 누구든지 먼저 들어가 개척하여 쓰게 만드는 자가 참 주인이 되는 법이니 이는 아무쪼록 천지만물을 다 사람의 쓰는 바 되고져 함이니 헛 이름을 중히 하지 않고 실상 효력을 인연하여 권리가 생기는 본의라. 이로 볼진대 당당한 나의 토지라도 내가 능히 개척해야 쓰게 만들지 못하면 나 하나를 인연하여 영히 버려 둘 수는 없은즉 필경 남이 만들어 남의 쓰는 것이 될지라 어찌 개화를 싫어 하고야 나라를 보전할 수 있으리요."[68]

이 글에서 이승만의 핵심 논저인 "천지만물을 다 사람의 쓰인 바 되고자함이니"와 "조물주가 사람의 쓰이는바 되기를 위하여 한 없이 쌓여 두신 것을 썩혀 버려져도 쓰지 아니하여도 남도 쓰지 못하게 하니 이는 포진천물이라 불가함이오."라는 대목은 자유통행과 자유통상을 연결시키고 있다.

자유통상은 또한 상업을 우선시하자는 주장은 신분제도의 혁명을 불러온다. 박지원이 상업의 중요성을 소설 『허생전』의 예를 들어 사실적으로 강조했듯이 이승만 역시 『옥중잡기』에서 유학생활을 부양할 수 있는 구체적인 직종들을 열거하고 있다. "점잖은 사람들은 말하기를 아무리 양반이 죽게 되기로 어찌 장사할 수가 있느냐"[69]고 말하지만

68) 이승만, 『독립정신』, 37-38쪽.

69) 이승만, 『제국신문』, 1901년 4월 19일. 원영희 · 최정태 편집, 『뭉치면 살고 …』,

"무슨 일이든지 수고로히 직업 하는 것을 대단히 중하게 여겨 일 없이 편히 지내는 자를 곧 사회에 벗어난 자라고 하며 세상에 버린 물건이라고도 [한다]."[70]에 이르면 구태의 양반이나 의연의 선비로서는 상상도 할 수 없는 일이다. 또한 스스로 하와이에서 회사를 설립함으로써 상업의 중요성을 관념적으로 주장했던 선각자들과도 차이를 드러냈다.

상업[통상]뿐만 아니다. 과학에 대한 이승만의 관심 또한 놀랍다. 마르코니가 역사상 최초로 문자를 무선으로 대서양을 넘긴 때가 1901년이었는데 1902년에 이미 이승만은 감옥이라는 차단된 공간에 앉은 몸임에도 "줄 없는 전선의 발명"을 얘기하고 있으며,[71] 라이트 형제가 활공이 아니라 비행을 성공한 해가 1903년인데 그는 1904년에 "공중에 올라가서 사방으로 횡행하여 세계를 유람하며 임의로 왕래함"을 소개하고 있다.[72] 이것은 비행선을 가리킨다. 그가 『독립정신』에서 물을 묻힌 귤의 회전으로 중력현상을 설명하는 예도 독창적이다. 이승만이 과학에 관심을 가진 것은 미신에 젖은 대한 동포를 서양세력의 원천 가운데 하나인 과학의 세계로 계몽시키기 위함이면서 그것이 먼 나라와 통상을 촉진하고 거꾸로 통상이 과학을 발전시키기 때문이다.

---

273쪽에서 재인용.

70) 이승만, 『독립정신』, 41쪽.

71) 이승만, 『제국신문』, 1902년 11월 29일. 원영희 · 최정태 편집, 『뭉치면 살고 …』, 372쪽에서 재인용.

72) 이승만, 『독립정신』, 102쪽.

> 화륜선을 만들어 전에 배가 못 다니던 곳을 평지같이 횡행하며 철로를 지어 수레가 통치 못 하는 곳을 순식간에 왕래하며 … 전기선을 마련하여 몇 만 리 밖에 앉아 글자를 시각으로 화답하며 전화통을 만들어 언어로 화답하며 … 이렇듯 만들어 세계에 통하지 못하는 나라가 없으며[73] 줄 없는 전선이 발명된 후로 각 회사에서 많이 세우는데 이 전선 세우는 회사에서는 상업이 많이 흥왕하며 편리함이 비할 데 없[다.][74]

통상의 어느 부분이 이승만의 마음을 끌었을까?

> 대저 사람이라 하는 것은 이웃이 있어야 사는 것이니 만일 이웃이 없[다면] … 다 내 손으로 혼자 만들어야 할지니 어찌 이것을 다 내 손으로 만들 수 있으며 … 나의 사는 것이다 이웃을 힘입어 입고 먹고 쓰는 것을 얻으며 … 이웃이 넓을수록 나의 수용할 물화가 더욱 정긴하고 풍족하며 나의 물건이 귀하고 널리 쓰일 것이오 … 이것이 곧 온 천하만국과 서로 이웃을 삼아 문호를 열고 풍속을 고치며 물화를 바꾸는 바라. … 이럼으로 각처에 서로 통하기를 제일주의로 삼아 한 구석도 통하지 않은 곳이 없도록 만들매 륜선화차와 전보 우체 등 각색 기계가 생긴지라.[75]

이승만은 분업과 교환의 원리를 국제적 시야로 넓혀 자유통상을 설

---

73) 이승만, 『독립정신』, 57-58쪽.

74) 이승만, 『제국신문』, 1902년 11월 29일. 원영희 · 최정태 편집, 『뭉치면 살고 …』, 372쪽에서 재인용.

75) 이승만, 『독립정신』, 254-255쪽.

명하고 있다.[76)] 자유통상제도는 칸트 영구평화의 세 번째 의무조항the third definitive article, 곧 자유통행의 첫 번째 보장보록the first supplement of guarantee이다. 오늘날 시각에서 보면 당연한 얘기 같겠지만 불과 한 세대 전만 하여도 외국상품 불매운동을 주창하는 사람이 있었다. 우리가 외국산 불매운동을 하면 상대방 나라에서 우리 상품을 불매한다는 사실을 인식하지 못한 소치이다. 하물며 1세기 전 자유통상이 상호이익을 가져다준다는 주장을 하는 것은 쉬운 일이 아니었을 것이다. 이승만이 면담한 미국국무장관 헤이도 자유통상을 이해 못하고 보호무역을 주장하였다. 그는 시인이었다. 이승만은 자유통상을 무엇보다 중요하게 생각하였다. 왜 그랬을까? 그 이유를 단적으로 나타내는 글을 이미 1902년 감옥에서 썼다.

> 전에는 이런 것[약육강식]을 포학에 가깝다 하여 어진 정사가 아니라 하더니 근래에 이르러는 부강한 법을 말하는 자는 말하기를 … 강한 자가 약한 나라를 치고 멸하여도 악한 것이 아니라 할지니 … [그러나] 문명국 사람의 의견은 이와 달라서 말하기를 … 장사를 상통하지 않고 … 산과 바다를 통하지 못하여 … 다만 땅만 차지할 줄만 아는 … 이런 악한 정부의 권리 밑에 토지가 있음은 온 세상 사람들에게 일체로 해가 되는 것이다. … 그러므로 개명한 사람 이르는 곳에는 어두운 사람을 몰아내

---

76) 플라톤이 일찍이 말했다. "국가는 인간의 필요로 만들어졌다. 아무도 자급자족할 수 없다. 우리 모두에게는 부족한 것이 많다." *Republic*, II, Burges (trans.), London, H. G. Bohn, 1854, p.369. Smith, "Translator's Introduction," in Kant, Smith (trans.), *Perpetual Peace A Philosophical Essay*, p.5에서 재인용.

며 문명한 나라의 세력 미치는 곳에는 야만 나라를 복멸하는 것이 종종 행하는 바라.[77]

홀로 영토를 차지한 채 통행과 통상을 하지 못하게 하고 “하늘이 내신 물건[지하자원]도 캐어 쓰지 못하게” 하면 나머지 모든 다른 나라의 통상이익과 과학 발달에 해가 되므로 그런 “야만 나라”는 몰아낸다는 것이다. 이 문장대로 이승만은 다윈에 영향을 받은 스펜서의 사회진화설에 의한 약육강식의 식민세계 대신 개명한 사람들이 교류 통상하여 상호이익을 얻는 문명세계를 믿었다. 런던대학에서 개최한 인도 독립헌법제정 기념식에서 영국 대표가 대영제국의 인도통치를 “개명된 식민지통치”라고 발언하였다. 여기에 참석하였던 인도대표 판디트(Vijay Lakshmi Pandit)가 “모든 식민통치는 인류의 야만적 범죄행위”라고 반박하였다.[78] 이에 훨씬 앞서서 이승만은 국제사회에서 문명국의 공존공생 원리를 야만국의 무력에 의한 약육강식 논리와 대비시켰다. 이 공생의 세계에서는 약소국도 생존이 보장된다고 믿었기 때문이다. 약육강식의 수단이 무력[강제]통상이라면 공존공생의 수단은 자유통상이다.

---

77) 이승만, 『제국신문』, 1902년 11월 15일. 원영희 · 최정태 편집, 『뭉치면 살고 …』, 370-371쪽에서 재인용.

78) 김입삼, 「초근목피에서 선진국으로의 증언」, 『한국경제신문』, 1991, 439-440쪽. 김용삼, 『이승만과 기업가시대』, 북앤피플, 2013, 53쪽에서 재인용. Pandit, *Are Colonial Empires a Threat to World Peace?* 1945.

## 공존공생

세계평화가 자유통상에 기초한다는 주장의 역사는 오래 되었다. 문헌으로 보면 통상에서 최초로 평화를 발견한 사람은 아마도 1650년 이스라엘Menasse Ben Israel일 것이다. 그는 썼다. "상업과 해상통상은 이웃 국가 사이의 평화의 기초이다."[79] 이 주장에는 종교적인 면모가 보인다. 하늘은 각국에 각기 서로 다른 자원을 부여하였다. 그리고 명하였다. 땅을 다스려라 그리고 번성하여라. 하늘이 준 이 두 가지 모순을 해결하는 방법이 국제분업과 국제통상이다. 자유통상이야말로 자원을 가장 효율적으로 사용하는 방법이다. 그 결과 하나의 국가가 다른 국가에 상호 의존하게 되며 하늘이 기대하는 평화가 땅에서 성취되며 국가 사이에 사해동포주의가 형성된다. 하느님 앞에 한 형제가 되는 유일한 실이며 공존공생의 길이다.

아담 스미스의 친구인 로버트슨William Robertson 에딘버러 대학 총장은 다음과 같이 말했다. "통상은 국가 간의 원한과 차별을 만드는 편견을 없애는 경향이 있다. 그것은 사람의 품성을 부드럽게 다듬는다. 그것은 가장 강력한 수단인 욕구, 상호 원하는 것을 제공하려는 욕구로 사람들을 통일한다. 그것은 그들을 평화롭게 만든다."[80] 이와 반대로 "무사가 명예로운 직업이 되는 곳은 미개한 국가이다. 인간의 모든 창

79) Menasse ben Israel, *Vindiciae Judaeorum*, London, 1650, pp.33-4. Viner, *Studies in the Theory of International Trade*, New York, 1937, pp.100-37에서 재인용.

80) Herman, *How the Scots Invented the Modern World*, New York, Crown Publisher, 2001, p.85.

조성과 용기가 무술을 익히는데 소모된다."[81] 자유통상 대 무력통상을 대비하는 발언이다.

사회적 약자라도 강자 틈에서 독립하여 살 수 있는 이치가 바로 여기에 있다. 그것이 비교우위 원리comparative advantage이다. 비서 출신으로 타자 잘 치는 사장이 그보다 조금 못 치는 비서를 두는 이유이다. 그 핵심은 강자이건 약자이건 모두 같은 크기의 시간 (24시간)이 천부적으로 주어졌다는 것이다. 우리 가운데 모든 면에서 절대적으로 뛰어난 초인이 설혹 있다 하여도 그 역시 시간제약으로 그가 모든 일을 스스로 하는 것은 비효율적이다. 그가 만든 물건 값이 모두 상대적으로 값 싸라는 법이 없기 때문이다. 그 가운데 가장 잘하는 분야를 선택하여 주어진 시간을 집중적으로 활용하는 것이 최대의 결과를 얻을 수 있다. 나머지는 절대적으로 자신보다 능력이 못한 약자가 만든 상대적으로 값싼 생산물을 구입하면 된다. 약자는 모든 면에서 초인보다 능력이 떨어지지만 초인이 시간제한으로 효율적으로 할 수 없는 분야 가운데 자신이 가장 잘 하는 분야를 택하여 자신의 시간을 집중적으로 활용하면 최대의 결과를 얻을 수 있다. 결과물의 교환을 통하여 부족한 면을 서로 해결한다. 상호이익이 발생한다. 이 원리를 국제통상에도 적용할 수 있다. 건륭제가 영국 사신의 통상요청을 거절하면서 중국은 땅이 넓고 없는 물산이 없으며 풍부하여 통상이 필요 없다고 거절하였다. 그 결과 청은 멸망했다. 아무리 대국이라도 모든 물산을 직접 생산하는

---

81) Robertson, History of Charles V, 1813, Sect. I, p.iii. Kant, Smith(tr.), *Perpetual Peace A Philosophical Essay*, London, George Allen and Unwin, 1903, p.6에서 재인용.

것 보다 통상을 통하여 상대적으로 값싼 외국물산을 수입하는 것이 유리한 것이 바로 비교우위 원리이다.

## 통상=독립

이것은 국제무역이론이지만 그 배경에는 모든 국가가 독립할수록 최대의 결과를 거둘 수 있다는 의미가 숨겨져 있다. 비교우위 이론은 식민지 독점통상에는 쓸모없다. 독립국 사이에 자유통상을 전제로 할 때 결과가 최대가 된다. 그리고 이 이론을 실천할 때 약소국의 독립이 보장된다. 당시 영국은 이 이론을 적극적으로 활용하지 않고 식민지 독점통상을 무력으로 계속 유지하였다. 이에 자유통상을 들고 도전한 국가가 미국이다. 이승만이 기록하였다. “아담 스미스 시대 이전 오랫동안 유럽에서 통상의 기조는 힘의 문제였지 권리의 문제가 아니었다.” 따라서 “가장 큰 어려움은 식민지 통상은 오직 식민모국의 이익만을 위하여 수행되어야 한다는 오랜 된 통상이론에 있었다. 이 이론은 자유통상의 신세계[미국]에서는 더 이상 수용될 수 없는 것이다.”[82] 신생국가 미국은 모든 식민지가 독립되어 미국제품에 대한 시장이 확대되기를 원했다. 그러므로 자유통상이 곧 약소국이 독립할 수 있는 길[권리]이다. 〈통상=독립〉이다. 이승만이 자유통상을 『독립정신』의 첫 번째 요지로 내세운 배경이고, 그 후 이 생각을 학문적으로 발전시켜 박사학위 논문으로 끌어 올렸다. 앞서 언급했듯이 1882년 조미우호통상항해

82) Rhee, *Neutrality As Influenced by the United States*, p.9: 이승만 저, 정인섭 역, 『이승만의 전시중립론』, 30쪽.

조약이 바로 독립국가 사이의 조약이다.

그는 이 '독립'이라는 두 글자를 평생 놓지 않았다. 그의 모든 사상은 이 글자에서 유래한다. 심지어 미국 공사 알렌의 도움으로 출감하는 것조차 '독립정신'에 위배된다는 이유로 사절하였다.

> 한국 죄인의 보호를 인국 공사에게 전탁하심은 아한 독립을 존중히 하시는 본의에 위배 되오며 귀아 양국의 우의에 흠결함이니 생이 차라리 부굴감사언정 고소불원이오 역소불불인이라.[83]

사정이 이러하매 자유통행/자유통상을 주장하는 이승만은 당시 청국을 사대하며 쇄국을 주장하여 독립정신과는 빙탄불상용氷炭不相容이었던 위정척사 선비와는 불구대천이 될 수밖에 없었을 것이다.[84] 그들의 측면에서 보면 체제를 위협하는 혁명이었다.

## 통행

아무리 통상이 상호이익을 창출하는 자연의 제도라 하지만 통상을 거절할 권리는 없는 것일까. 칸트는 지구표면에 대한 공동의 권리를 내세워 다음과 같이 정리하였다.

> 세계시민으로서 개인의 권리는 보편적 우호 조건에 제한된다.[85]

---

83) 유영익, 『젊은 날의 이승만』, 25쪽.

84) 신용하, 『독립협회연구』, 161쪽.

자유통행제도이다. 이승만은 이에 대해 말한다.

> 외국인을 대접할 때에 흔연한 뜻을 드러낼지니.[86]

이승만이 이렇게 말하기는 쉽지 않았다. 선교사가 들어오면 의례히 상인이 따라오고 그 뒤를 이어 자국민 보호라는 명목으로 군대가 입성하고 무력으로 식민지로 삼는다는 당시 쇄국주의자들 주장처럼 이승만도 초기에는 똑같은 우려를 하였다.

> 미국 선교사들이 한국에 도착하기 시작한 직후 우리 한국인은 어떻게 선교사들이 하와이 군도에 가서 그곳 원주민들을 다수 가독교로 개종시켰는지를 알았다. 그리고 선교사들 뒤에 미국 기업가들이 따라와서 원주민과 장사를 하면서 원주민들에게는 별로 이익을 끼치지 않고 자기들만 치부하고 있었다[는 것도 알았다]. 그리고 우리는 미국 선교사들이 한국에 오기 조금 전에 미국 정부가 이 섬들을 모두 병합하여 그 영토의 일부로 만들었으며 이 과정에서 하와이들의 여왕이 폐위되었음을 알았다. 따라서 우리 한국인은 당연히 우리나라에 대해서도 똑같은 운명이 계획된 것으로 생각하였다. 미국인들이 일본과 중국 그리고 한국으로 하여금 문호를 개방하고 통상을 하도록 강요한 다음 선교사들이 왔기 때문에 우리로서는 그렇게 생각하지 않을 수 없었다.[87]

---

85) Kant, Smith (tr.), *Perpetual Peace A Philosophical Essay*, p.137.

86) 이승만, 『독립정신』, 269쪽.

87) Avison, *Memories of Life in Korea*, pp.272-273. 유영익, 『젊은 날의 이승만』, 61쪽.

그러나 이승만은 곧 아래에서 보듯이 선교와 통상에서 평화적 공생의 원리를 발견하게 된다. 그는 1904년에 쓴 글에서 다음을 지적하였다.

> [조선이] 아직까지 부지하여 온 것은 다 외국들의 교제상 서로 관계한 형편에 달려 된 것이라. 만일 지금껏 통상이 아니 되었다면 어떤 강한 나라이 무슨 욕심을 부렸을 런지 알 수 없을지니 오늘날 이 뜻을 깨쳐 본 즉 전일에 까닭 없이 남[외국인]을 의심하던 것이 어찌 어리석지 않으리오.[88]

이것이 앞서 말한 대로 칸트가 제시한 세 번째 의무조항the third definitive article으로 지구 표면에 대한 권리는 모든 사람에게 공통적으로 주어졌다는 전제이다. 칸트는 세계를 통행하는 권리를 거절하는 것이 영구평화에 장애라고 생각했다. 그러나 칸트는 자유통행만으로는 부족하다고 생각하여 보장보록the first supplement of guarantee을 추가하였다. 이것이 자유통상이다. 그 이유를 다음과 같이 설명하였다.

> 자연은 현명하게도 세계를 여러 국가로 나누었다. … 그러는 한편 자연은 상호이기심이라는 수단으로 국가들을 하나로 묶는다. 그 이유는 통상정신이 조만간 모든 사람들을 하나로 붙잡으며 이것은 전쟁과 병존할 수 없기 때문이다.[89]

---

88) 이승만, 『독립정신』, 159쪽.

89) Kant, Nisbet(tr.), "Perpetual Peace. A Philosophical Sketch," p.393.

이것은 칸트의 〈통상=평화〉의 등식과 일치한다. 이승만은 이것을 다음과 같이 표현하였다.

> 상업이 확장하는 곳에는 난리가 가장 두려워하는 바인 고로 각국이 그 나라 상업관계 있는 곳은 기어이 전쟁 없애 하나니 태평을 즐겨하는 이익이 한 가지요.[90)]

이러한 일치가 우연한 일이 아니라면 아마도 조선이 1882년 서방국가로서는 최초로 맺은 조약의 조미우호통상조약에서 암시를 받았을지 모른다. 조선과 통상을 구하는 조약 첫 문장에 영구평화를 강조하고 있다. There shall be perpetual peace and friendship between the President of the United States and the King of Chosen and the citizen and the subjects of the respective Governments. 영구평화와 공존공생은 쌍생아이다.

그러나 조선은 일본에 의해 자유통상과 자유통행이 봉쇄당하였다. 해방 직후 1946년 한국무역협회의 설립 취지문이 그 저간의 사정을 말해준다. "우리에게도 광명한 천지는 왔다. 수동적 무역, 독점적 무역, 착취적 무역시대는 물러가고 우호적이요 자주 경제적 무역시대가 왔다." 다시 말하면 일제하에서 조선은 세계에 대한 창구가 모두 막힌 감옥이 되었다. "내[이승만]가 무엇 때문에 7년 동안 감옥에서 보냈고 고문받았는지 아시오? 바로 그러한 [억압과 착취] 제도 때문이었소. 나는 일

---

90) 이승만, 『제국신문』, 1903년 3월 13일. 원영희 · 최정태 편집, 『뭉치면 살고…』, 434쪽에서 재인용.

본의 지배가 이보다 더 나쁘기 때문에 아직도 항거하고 있는 겁니다."[91] 조선에게 자유통행과 자유통상을 거부하는 일제는 그에게 반드시 물리쳐야 하는 〈평화=통상=독립〉의 해독이었다. 미국은 영국의 식민통상에 대항하여 자유통상으로 독립을 쟁취한 전쟁을 혁명전쟁Revolutionary War이라고 부른다. 이에 비추어 자유통행/자유통상이 가져오는 독립의 가능성을 추구하는 이승만의 '항거' 또한 혁명적인 발상이다.

전후를 살펴보면 이정식의 암시가 새롭다. "서재필도 그랬거니와 … 이승만도 역시 개혁을 부르짖다가 옥고를 치러야 했는데 [실학파] 박지원과 서재필, 그리고 이승만의 논저가 그처럼 같았던 것은 우연의 일치로 돌릴 수는 없을 것이다."[92] 우연의 일치가 아닌 것이 석연한 것은 이승만은 실학의 논저에서 한 걸음 더 나아가서 그것을 국제정세의 시각에서 새롭게 인식했다는 점이다. 실학 특히 통상을 실천하지 않으면 국제사회가 형성하는 국가가족으로부터 "야만 나라로 복멸" 당한다는 냉엄한 현실을 직시한 것이다. 그것은 조선에서 현실이 되었다.

## 4. 자유국가연합제도

### 평화연합

공화혁명, 통행/통상혁명에 이어서 이승만은 중국을 사대하는 구질서에 대항하여 혁명적 주장을 한다. 중국 중심에서 세계 중심으로, 사

91) Oliver, *Syngman Rhee The Man behind the Myth*, p.7.

92) 이정식, 『이승만의 구한말 개혁운동』, 410쪽.

대에서 대등 관계로, 전제주의에서 자유주의로, 전체주의에서 민주주의로 세계의 변화를 촉구하는 이승만은 그것을 자유국가연합체(만국공회)에서 찾으며 그 속에서 한국 독립의 가능성을 보았다. 그것은 한마디로 대륙문명의 한국역사에서 해양문명으로 귀속하자는 혁명적 발상이다. 앞서 인용한 대로 공화제도의 채택이 천사의 나라에서 가능하다고 할 정도로 어려운데 자유국가연합체의 설립의 어려움은 말할 필요도 없다. 칸트는 "도덕과 정치의 불일치"를 들어 평화가 어렵다고 보았고 오직 "국가연합"에서만 가능하고 그것은 국가의 권리라는 원리를 기반으로 성립한다고 주장하였다.93)

그러나 일본의 후쿠자와福澤諭吉는 의심했다. 그는 칸트의 두 번째 의무조항처럼 "천리인욕에 따라 서로 교제를 맺어 이를 위해서는 아프리카의 흑노라 할지라도 두려워하며 도[이성]를 위해서는 영국, 아메리카의 군함도 두려워하지 않는다. … 바깥으로는 만국의 공법으로 외국과 교제하고 안으로는 인민에게 자유 독립의 취지를 보여"줄 수 있는바 이성[만국공법]이 국가권리를 존중할 수 있기 때문이다.94) "바깥으로 만국공법으로 교제하는 것"이 자유국가연합을 가리키고 "안으로는 인민에게 자유 독립의 취지를 보여"준다는 것이 자유공화국 또는 자유대의제를 가리킨다. 그리고 칸트의 세 번째 의무조항으로 옮겨가서 말하기를 "각국 교제는 천지의 공도에 의거하는 것이다. … 자유롭게 무역

93) Kant, Smith(tr.), *Perpetual Peace A Philosophical Essay*, London, George Allen and Unwin, 1903, pp,189-194.

94) 福澤, 『학문 초편』, 14-15쪽. 김석근, 「복택유길의 자유와 통의」, 『정치사상연구』 2집 2000년 봄, 101-102쪽에서 재인용.

하고 자유롭게 왕래해서 오로지 천연[자연]에 맡겨야 한다는 … [칸트의] 주장에는 참으로 일리가 있다. 개인과 개인의 교제에 있어서는 진실로 그렇게 해야 하겠지만 각국의 교제와 개인의 사교는 완전히 취지를 달리하는 것이다. … 그러기 위해서는 먼저 세계의 [모든] 정부를 폐하는 것을 … 하지 않으면 안 된다. 그것이 가능하겠는가?"[95] 후쿠자와는 일본이 명치유신 이후 지방의 3백 개 번을 없애고 하나의 일본정부를 만든 역사적 경험[廢藩置縣]을 확대 적용하여 세계의 모든 정부를 폐하고 세계정부를 설립해야 하는데 그것이 불가능하다고 본 것이다. 그 이유로 그는 "외국교제의 실상을 아는 사람이 없다"는 것을 들었다.[96] 결국 후쿠자와福澤는 "백 권의 만국공법은 몇 개의 대포만 못하며 여러 책의 화친조약은 한 광주리의 탄약만 못하다. 대포와 탄약은 있는 도리를 주장하는 수단이 아니라 없는 도리를 만들어 내는 기계다."[97]라고 말하며 '권리'보다 '무력'에 호소하는 '아담 스미스 이전 시대'로 돌아가면서 스미스의 시장자유주의의 권리 보다 스펜서의 사회다윈주의의 무력을 신봉하게 되었다.

이승만은 후쿠자와의 의견에 동의하지 않는다. 그의 문장을 보자. "남의 군함 대포만 장한 세력이 아니요, 우리의 일심단결이 더욱 큰 세력이니 우리의 자유는 지금이라도 못 찾는 것이 아니요, 아니 찾는 것이다. 자유를 위하여 싸우라. 세상에 자유를 위하여 싸우지 않고 자

---

95) 福澤, 『文明論之概略』, 1875, 제10장, 293-4쪽. 김석근, 「복택유길의 자유와 통의」, 『정치사상연구』 2집 2000년 봄, 102쪽에서 재인용.

96) 김석근, 「복택유길의 자유와 통의」, 『정치사상연구』 2집 2000년 봄, 110쪽.

97) 김석근, 「복택유길의 자유와 통의」, 『정치사상연구』 2집 2000년 봄, 102쪽.

유를 찾은 민족이 없나니 우리의 붓끝과 혀끝으로 남의 칼날과 탄환에 대적하여 우리의 배척과 비협동으로 남의 학형虐刑과 속박과 싸우자."[98] 필설이 남의 대포와 남의 탄환을 대적할 수 있다는 것을 "백 개의 대포가 한 권의 만국공법만 못하며 몇 광주리의 탄약이 한 줄의 화친조약만 못하다."로 표현한 이승만의 신념이다. 그러하기에 그가 황성기독청년회에서 가르칠 때 이 주제로 학생들의 토론을 이끌어 갔다.[99]

국가 사이에 약육강식의 논리가 아니라 공존공생의 원리가 성립하려면 감성이 지배하는 자유통상이 평화 속에서 유지되는 어떠한 형태의 국제조직이 필요하다. 그것은 이성이 가능하게 한다. 칸트는 그것을 평화연합 foedus pacificum이라고 불렀다. 이것이 그의 영구평화사상의 두 번째 의무조항the second definitive article이다. 어느 칸트 연구자는 이것을 자유국가연합a federation of free states이라고 번역하였다.[100] 칸트에 의하면 "자유국가연합에 기초하여 개별국가의 법률이 제정되어야 한다."[101] 이것이 칸트의 두 번째 의무조항the second definitive article이다. 이승만은 이것을 알고 있었다.

우리도 하로 바삐 법률을 고쳐 남과 같이 되고[102]

---

98) 이승만, 『동아일보』, 1924년 4월 23일. 원영희 · 최정태 편집, 『뭉치면 살고 …』, 209-210쪽에서 재인용.

99) 전택부, 『한국기독교청년회운동사』, 213쪽.

100) Smith, "Translator's Introduction," Kant, Smith(tr.), *Perpetual Peace A Philosophical Essay*, London, George Allen and Unwin, 1903, p.68.

101) Kant, Smith (tr.), *Perpetual Peace A Philosophical Essay*, p.128.

102) 이승만, 『독립정신』, 273쪽.

> [그러나 법률만] 가지고는 만국공회에 참예할 수 없고 …서양문명한 나라들의 교[회] 믿는 남녀가 각국 인민들을 위하여 행하는 일을 많이 모본하여[야 한다.][103]

여기서 주목할 것은 만국공회와 교회이다. 이승만이 사용하는 만국공회가 칸트의 세속적 평화연합체에 해당하며 국경을 넘어 각국을 선교하는 교회는 최초의 영적 평화연합체였다.[104] 후일 그는 이 개념을 더욱 발전시켰다.

> 만일 국가의 규모가 작고 크고 간에 또는 정체가 민주적이든 전체주의적이든 그 국가의 평화를 위하여 지도력이 필요한 것이라면 그것은 국가결합의 평화를 위해서도 똑같이 필요한 것이다. 그렇다면 국가사회는 인간사회와 마찬가지로 구성분자의 전체적인 평화를 위하여 모든 일을 지휘할 지도력을 갖지 못할 때는 [평화는] 타격을 받을 것이 분명하다.[105] 새로운 국가가 독립하여 국가가족의 한 자리를 차지할 수 있음을 승인하는 것은 언제나 대단히 민감하고 책임이 따르는 행위이다.[106]

여기서 이승만이 사용하는 국가결합a combination of states, 국가사회

---

103) 이승만, 『독립정신』, 274쪽.

104) Smith, "Translator's Introduction," pp.13-14.

105) Rhee, Japan Inside Out, p191. 이종익 역, 『일본군국주의실상』, 245쪽.

106) Rhee, *Neutrality As Influenced by the United States*, p.70. 정인섭 역, 『이승만의 전시중립론』, 101쪽.

the society of nations, 국가가족a family of nations는 만국공회에서 발전한 것으로 모두 칸트의 평화연합에 해당하는 개념이다. 후일 태어난 국제연맹과 국제연합이 바로 그것이다. 사회적 약자가 독립하여 평화롭게 살 수 있는 것이 국가라는 울타리 덕택이듯이 약소국이 독립하여 평화롭게 존재할 수 있는 것도 자유국가연합의 우산 덕택이라는 칸트의 주장에 이승만도 동의하고 있다.

> 사람이 사람에게 대한 권리가 이러함에 나라가 세상에 대한 권리가 또한 이러하다.[107]

마사리크는 약소국이 존재할 수 있는 울타리를 국가평화연합a pacific society of all States and Nations, 유럽자유연맹a free federation of Europe, 초국가시민사회a supranational civil society라고 불렀다. 그리고 "그것은 무기가 아니라 필설로 이룩된다."라고 믿었다.[108] 그 이치를 다음과 같이 말했다.

> 약소국이 강대국과 함께 동등하게 존재할 수 있는 이유는 보통 사람이 부자와 권력자 틈에서 동등하게 살 수 있는 이치와 같다.[109]

---

107) 이승만, 『독립정신』, 42쪽.

108) Orzoff, *Battle for the Castle*, Oxford University Press, 2009, p.54.

109) Masaryk, *The Making of A Nation*, p.325.

## 선도국가

칸트 평화연합체의 예가 국제연맹과 국제연합이다. 칸트는 세계정부는 반대하였다. 그것이 또 하나의 전제정치로 흐를 염려가 있다고 판단했기 때문이다. 대신 칸트는 선도국가를 제안했는데 신생공화국인 미국을 지목하였다. 이승만 역시 미국에 거는 기대가 그러하였다. 그것이 "그 국가의 평화를 위하여 선도력이 필요한 것"의 그 선도력을 가리킨다.

이승만 『일본 내막기』의 제1장은 일본이 칸트 의무조항 2에 역행하는 모습을 기록하는 것으로 시작한다. 일본은 스스로 선도국가를 자임하는 것을 넘어서 세계정부를 꿈꾸고 있다고 이승만은 본다. 그 결과 칸트의 자유국가연합 대신 일본에 의한 단일의 세계정부를 꿈꾸는 일본의 모습을 이승만은 제1장에서 극적으로 폭로하고 있다.

> 세계 평화를 보존케 하고 인류의 번영을 추진함은 일본 황실의 사명이다. … 일본 황실은 육천만 일본 국민의 어버이일 뿐만 아니라 세계 전 인류의 어버이이시다. 황실에서 바라볼 때는 모든 민족은 동일하다. 다시 말하면 모든 민족적 고려를 초월하고 있다. 따라서 인류의 모든 분쟁은 그 순결한 정의로써 해결을 볼 수 있는 것이다. 전쟁의 공포로부터 인류를 구원하기 위하여 제창된 국제연맹은 일본 황실을 그 머리로 섬김으로써만 그 진정한 목적을 이룰 수 있다.[110]

---

110) Rhee, *Japan Inside Out*, p.14. 이종익 역, 『일본군국주의실상』, 36쪽.

이것이 일본식 영구평화사상의 정체라는 것이다. 일본이 한일합병 조약 제2조에 보장한 평화가 바로 이런 평화였다. 그러면서 이승만은 냉소를 잊지 않고 있다. "무엇보다도 인류가 신으로부터 기원하고 있다는 그들의 [진화]이론은 사람이 원숭이로부터 진화했다는 서양의 이론보다는 더 나은 것같이 들린다. 그들이 하늘에 연원하고 있는 까닭에 그 누구보다도 뛰어나다고 믿는다면 마음껏 그렇게 믿도록 하라." 영국의 적자생존-진화론과 일본의 신화설을 함께 냉소하였다. 심지어 자신은 퀘이커 교도이면서 무사도가 일본의 종교라고 말한 니토베에 대한 이승만의 논평은 일본의 군국주의 분위기를 알리기에 족하다.

> 고故 니토베이나조新渡戸稲造와 같이 서양에서 교육받은 위대한 기독교 지도자들까지도 일본의 지배자가 천지의 구현체라고 말하고 있다.[111)]

니토베는 일본을 대표하여 국제연맹의 부의장을 지낸 인물이고 그의 부인은 미국여자이다. 그의 주장대로 무사도武士道가 일본의 종교라면 무사의 칼武士刀은 그 성서이다. 그러나 이것이 이승만이 폭로하는 일본식 영구평화의 전부가 아니다.

> 우리[일본]는 전 세계를 혼돈과 폐허로부터 구출하라는 신탁을 받고 있기 때문에 우리는 전 [세계] 영토에다 우리의 수도를 건설할 것이다.[112)]

---

111) Rhee, *Japan Inside Out*, p.15. 이종익 역, 『일본군국주의실상』, 37쪽.

112) Rhee, *Japan Inside Out*, p.17. 이종익 역, 『일본군국주의실상』, 40쪽.

일본식 영구평화사상이 영구전쟁사상으로 전환되는 위험이 여기에 있다. 일본은 "전 세계 국가를 단일한 행복으로 묶어 바치려는 성스러운 전쟁"에 종사하며 "이것이야말로 제국의 초창기부터 일본의 이상이며 욕망"이었기 때문이라는 것이다. 이것은 부분적으로 후쿠자와福澤諭吉의 탓이다. 그는 칸트의 영구평화론을 읽고 의무조항 2에 역행하는 길을 선택하여 "만국공법 보다 대포"의 철학을 나았다.

칸트가 지적한 것처럼 단일의 세계정부는 전체주의에 흐를 위험이 있는데 바로 이 점에서 일본의 전체주의가 미국의 민주주의에 도전하는 것을 이승만의 눈에는 보였다. 민주주의 대 전체주의. 이것이 이승만의 진단이었다. 그러므로 이승만은 책의 모두에서 미국에 다음과 같이 주문하고 있다.

> 미국이 서반구[대서양]에서만이 아니라 온 세계의 평화와 안정에 관련된 세계적인 커다란 문제 해결에 있어서 적극적이고 선도적인 역할 an active, leading part을 담당하여야만 할 것이다.[113)]

칸트 영구평화 의무조항 2의 지도국가로서 '칸트의 미국'으로 회귀하라는 주문이다. 자신이 학위논문에서 분석한대로 대서양에서 그 역할을 충실히 수행한 미국이 태평양에서도 선도국가가 되어 달라는 요청이다. 칸트의 표현을 빌리자면 [영문번역에 따라서] this would serve as a center of federal union for other states 또는 this will provide

113) Rhee, *Japan Inside Out*, p.13. 이종익 역, 『일본군국주의실상』, 35쪽.

a focal point for federal association among other states이다. 그런데 미국은 1776년 독립 이후부터 1872년까지 대서양에서 충실하게 해 오던 그 역할을 20세기 들어서면서 태평양에서 방기하고 있다는 것이 이승만의 예관이다. 이승만은 미국이 정신 차려서 초심으로 돌아가지 않으면 민주주의 대 전체주의의 사활을 둘러싼 '아마게돈 전쟁'이 일어나고야 말 것이라고 예측하였다. 책의 마지막에 아예 '민주주의 대 전체주의'라는 이름으로 독립된 장을 마련하였다.

미국이 초심을 방기하고 있는 이유를 이승만은 두 가지로 보았다. 첫째, 경제적인 이유이다. 미국은 상업상의 이익을 지나치게 우선하였다. '스미스의 이기심'이 너무 앞서 나간 것이다. 이승만이 학위논문에서 밝혔듯이 미국은 유럽, 특히 영국에 대항하여 대서양에서 자유해상통상의 이익을 위하여 싸워왔다. 그것은 곧 자유를 위한 투쟁이기도 하였다. 이것이 20세기에 들어서며 한나Mark Hanna(1837-1904) 상원 의원을 필두로 "달러외교"가 되어 버렸다. 제1차 대전으로 유럽 경제는 어려워졌다. 부유해진 미국은 고립주의를 택하며 그 이상의 국제적 역할을 사절하였다. 자유를 위한 투쟁을 방기해 버렸다. 그 덕에 매킨리 대통령에 이르러 미국경제는 유럽을 추월하게 되는 긍정적 효과가 가시적으로 밝게 보였지만 이승만은 그 어두운 이면을 보았다.

> 이와 같은 생각은 곧 기력을 잃고 말았다. 신세계의 막대한 물적 자원의 개발과 대량생산을 위한 새로운 시장의 발견은 점진적으로 인도주의를 몰아내고 달러 외교는 이타주의를 배척하였다.[114]

자유통상의 챔피언 아담 스미스의 글과 비교하는 것은 흥미롭다.

> 상업의 역효과는 인간의 용기를 감소시키고 용맹한 정신을 꺼버리는 경향이 있다. 모든 상업국가에서 분업으로 저마다 한 가지 일에 사로 잡혀서 마음이 좁아 들고 고양할 수 없게 되었다. 교육은 하찮게 생각하고 무시되며 영웅적 정신은 마침내 사라진다.[115]

결국 미국은 칸트가 품었던 '이기심과 국제협력 사이의 조화'를 상실하고 지나친 개인주의적 이기심에 의한 상업추구로 자유를 위해 투쟁하는 세계의 지도자로서의 위치를 스스로 방기하고 말았다고 이승만은 진단하였다. "미국의 선도력은 미국 상품을 위한 세계시장을 의미한다는 생각을 미국인들은 깨닫지 못했다." 그 첫 번째 사례가 상업상 이익이 작다는 이유로 1882년 조선과 맺은 조미우호통상조약을 일방적으로 위반한 불법이었다고 이승만은 질타하고 있다. 이것이 세계적으로 "조약위반시대"를 만들어 내었다는 것이다.[116] 그 결과 "한국은 일본의 권력욕의 희생, 특히 최초의 희생"이 되었다고 이승만은 두고두고 반복하여 미국을 몰아세우고 있다.[117] 다시 말하면 "만국공법 보다 대포"를 묵인했다는 것이다.

둘째, 정치적인 이유이다. 미국의 민주주의가 개인의 자유를 지나

114) Rhee, *Japan Inside Out*, p.191. 이종익 역, 『일본군국주의실상』, 244쪽.

115) Herman, *How the Scots Invented the Mordern World*, 2001, p.186.

116) Rhee, *Japan Inside Out*, p.176.

117) Rhee, *Japan Inside Out*, p.176.

치게 우선한다는 것이다. '칸트의 권리'를 지나치게 확대한 것이다. 위험이 닥쳐왔을 때 국방을 견고히 할 동기가 개인에게 결여되게 만든다. 이것은 정확한 지적이다. 실제로 미국은 진주만 기습 같은 타격을 받아야 개인이 깨어나는 제도였다. 미국은 견제와 균형의 나라이다. 이승만이 이러한 진단을 내릴 수 있었던 것은 그가 받은 미국 교육 덕택이다. 건국의 아버지들은 팽창하는 미국에 적용할 이론에 부심하였다. 초기에는 몽테스키외Charles-Louis Montesquieu(1689-1755)의 『법의 정신』에 의존하였다. 그러나 그것은 작은 국가에 적용할 수 있다는 한계가 있었다. 매디슨은 헌법을 구상하면서 이 문제를 돌파하려고 노력하다가 흄의 「완전한 연방 The Idea of a Perfect Commonwealth」에서 착안을 얻었다.

> 노련한 기술에 의지하는 거대 정부에도 민주주의를 구현할 수 있는 충분한 여유가 있다. … 집단으로는 사람들은 정부에 맞지 않지만 작은 정부에 흩어져 있으면 이성과 질서에 순응하게 된다. 시속의 힘은 힘을 쓰지 못하게 된다. … 동시에 사람들은 멀리 흩어져 있어서는 음모, 편견, 열정에 의해 공중의 이익을 해치기가 매우 어렵다.[118]

그것은 몽테스키외가 주장하는 입법부, 행정부, 사법부 사이의 견제와 균형뿐만 아니라, 연방정부와 주정부, 금융가와 농민, 간접선거와 직접선거, 노예경제의 남부와 상업경제의 북부 등 모든 이해집단 사이의 견제와 균형이었다. 모든 관계인들의 음모, 편견, 열정을 좌절시키

118) Hume, "Essay XII," *Political Discourses*, Edinburgh, 1752. Herman, *How the Scots Invented the Modern World*, 2001, p.220에서 재인용.

는 제도gridlock 였다.[119] 국가의 크기와 상관없이 어느 집단이 독주할 수 없는 장치였다. 이승만의 다음 글도 이를 그대로 반영한다.

> 행정, 입법, 사법부는 … 서로 견제 … 하게 되어 있다. 국회 자체가 상하원을 가지고 있는 것도 상호 … 견제한다는 기초 위에 조직된 것이다. 서로 반대로 활동하는 정당들도 역시 동일한 이론에 기초를 두고 있다. … 정당들은 그대로 방치하면 민주주의를 전복하고 독재권을 형성할지도 모르는 집단들 [금융가와 농민, 북부와 남부, 연방정부와 주정부, 간접선거군과 직접선거군]의 권력 혹은 주정부의 권력을 약화하는 목적으로 작용하게 되어 있다.[120]

이 다층적인 균형이 지나친 상업적인 이익 추구와 지나친 개인의 자유로 깨졌다고 이승만은 분석한 것이다. 그는 프린스턴에서 매캘로이Robert McElroy(1872-1959) 교수의 미국헌법사를 두 강좌 들었으니 매디슨의 의도를 충분히 이해했을 것이다.

미국은 국제연맹의 가입도 거부하였기 때문에 세계는 칸트의 두 번째 의무조항이 뒷받침되지 않은 세 번째 의무조항 하에 간신히 일시적이고 불안한 평화만을 누리고 있는 형편이 되었다. 그 틈을 타서 일본은 전형적인 〈외교-조약-파기-전쟁〉의 방정식을 만들어 내어 조선을 디딤돌로 삼아 만주침략 - 중일전쟁 - 동남아시아를 차례로 잠식해 갔다.

119) Herman, *How the Scots Invented the Modern World*, pp.220-221.

120) Rhee, *Japan Inside Out*, p.188. 이종익 역, 『일본군국주의실상』, 241쪽.

드디어 태평양에서 미국 민주주의에 도전하게끔 되었다. 조선을 방기한 대가가 이렇게 커졌다는 것이 이승만의 논리였다. 그러나 미국은 사태의 심각성을 깨닫지 못하고 있다. 이렇게 되었을 때 세계의 모습을 이승만은 그렸다.

> 민주주의는 미국이 국제관계에서 [칸트의] 지도자의 역할 its role of leader in international relations을 담당하지 못했던 까닭으로 자기의 주장을 유지할 수 없게 되었다. 아시아와 구라파에서 현재 벌어지고 있는 무질서하고 무정부주의적 사태는 거의 대부분이 현명한 지도력의 결핍 lack of wise leadership에서 기인하는 것이다. 인간사회는 평화와 질서를 위하여 선도력을 필요로 한다. 전체주의적 조직은 독재가 없이는 성립이 불가능하다. 민주주의적 사회도 행정적 선도자 없이는 역시 성립이 불가능하다. [이렇게 되면] 국가가족 the family of nations [이라는 것]은 단지 가족단위의 확장[에 불과하게 될 뿐]이다.[121]

이 문장에서 이승만은 자신이 학위논문에서 소개한 국가가족 the family of nations이라는 용어를 다시 사용하고 있다. 앞서 말했듯이 이것은 칸트의 a federation of free states 또는 a particular kind of league, which we might call a pacific federation에 해당한다. 국제연맹 the league of nations가 좋은 예이다. 마사리크는 이것을 a pacific society of all States and Nations라고 표현했다.[122] 그러나 칸트가 기대

121) Rhee, *Japan Inside Out*, p.191. 이종익 역, 『일본군국주의실상』, 244쪽.

122) Masaryk, *The Making of A State*, p.326.

하는 바대로 미국이 선도력을 발휘하지 않으면 국가연합 또는 국가결합이라는 것은 단지 국가들 덩어리에 불과하여 그러한 오합지졸로는 영구평화에 아무 도움이 되지 않는다는 뜻이다. 이승만의 〈미국=선도국가〉 등식은 칸트의 〈미국=중심국가〉 등식이다. 이승만은 말한다.

> 만일 국가의 규모가 작고 크고 간에 또는 정체가 민주주의적이든 전체주의든 그 국가의 평화를 위하여 선도력이 필요한 것이라면, 그것은 국가결합체 a combination of states의 평화를 위해서도 똑같이 필요한 것이다. 그렇다면 국가사회 the society of nations는 인간 사회와 마찬가지로 구성 분자의 전체적인 평화를 위하여 모든 일을 지휘할 선도력을 갖지 못할 때는 [영구평화는] 타격을 받을 것이 명백하다.[123)]

여기서 이승만은 국가결합체의 중요성을 다시 강조한다. 칸트가 a federation of free states, a particular league, a federal association이라는 용어를 병행하여 사용하는 것과 같은 차원에서 이승만은 the family of nations, a combination of states, the society of nations라는 용어를 자유자제로 사용하고 있다. 이승만은 말한다.

> 세계 특히 동서양이 서로 접촉하게 된 이래로 지도력을 필요로 하여 왔다. 극동의 여러 국가와 유럽의 몇몇 약소국가는 미국에 의지하였으나 실망하였다. 그들은 지역적 야심을 가지지 않은 유일한 국가가 미국이라

---

123) Rhee, *Japan Inside Out*, p.191. 이종익 역, 『일본군국주의실상』, 245쪽.

는 것을 알았다.[124)]

다시 말하면 '칸트 미국'의 선도력이 절실히 필요할 때 그것은 사라졌다. 미국에 실망한 중남미 국가들은 독일을 받아 드렸다. 일본이 재빠르게 여기에 편승하였다. 미국이 뒤늦게 심각성을 알았을 때에는 늦었다. 영국은 전통적으로 동양인들의 신뢰를 얻지 못했다. 미국과 세계무역을 위해 경쟁을 한 관계로 더욱 그렇다. 프랑스는 독일에게 항복한 상태였다. 결국 독일은 유럽을, 일본은 아시아를 장악하면서 "미국은 전체주의 바다 가운데 떠있는 단 하나의 섬"이 되었다. 이것은 일찍이 동양에서 한국이 고립되어 겪은 운명과 같은 것이다. 이승만은 선도국가로서 '칸트의 미국'을 일깨운다.

> 미국은 제국주의적 대군주나 독재자로서가 아니고 큰 형 big brother의 자격으로 선봉에 서서 모든 사람을 위한 국제적 평등과 공정의 기초 위에서 국가 간에 평화와 신의를 가져오도록 그의 위대한 세력을 행사하여야 한다. … [그 같은] 노력은 세계의 모든 민주주의 간의 [국제]협력을 얻을 수 있었을 것이고 또 전체주의자들의 계획수행을 방지할 수 있었을 것이 명백하다.[125)]

한 마디로 칸트의 세 가지 의무조항을 미국이 선도국가 a center, a focal point로서 지도력을 발휘하여 실천하라는 주문이다. 미국의 통

124) Rhee, *Japan Inside Out*, p.191. 이종익 역,『일본군국주의실상』, 245쪽.

125) Rhee, *Japan Inside Out*, p.196. 이종익 역,『일본군국주의실상』, 250쪽.

상에 대한 이기심과 영구평화를 얻기 위한 국제협력을 만족시키는 길은 그 길뿐이라는 것이다. 그렇지 않으면 민주주의는 전체주의에게 패배하게 된다. 이승만은 경고한다. "세상의 절반이 민주주의이고 나머지 반이 전체주의로 있는 한 평화와 안전은 없다."126)

이승만은 『일본 내막기』를 마무리 지면서 "나는 이와 같은 정책의 전환을 시종일관 주장해 왔다."라고 말한다. 그의 「초기 논설」-『독립정신』-『학위논문』-『일본 내막기』을 관통하는 일관된 정치사상을 가리킨다. 그러면서 다음의 말로 희망을 던지고 있다.

> 한국은 일본의 권력욕의 희생, 특히 최초의 희생이라는 것을 입증하기 위한 실례로써 한국의 경우를 제시하는 것이 [세계인에 대한] 나의 임무이다. 한국의 운명은 세계 자유민들의 운명으로부터 또한 한 때는 자유를 즐겨왔고 당분간 그 자유를 상실하고 있는 많은 사람들의 운명으로부터 분리하여 생각할 수 없다. 결국에 가서는 아마 우리가 바라는 것보다도 일찍이 세계의 민주주의 군대는 일본인들을 그들의 섬에 다시 잡아넣을 것이며 평화는 태평양 지역에 다시 찾아 올 것이다. 그러한 시기에는 한국은 또 다시 자유국가들의 행렬에 보조를 맞출 것이며, 또 다시 '아침의 평화로운 땅'으로 알려질 것이다.127)

이승만이 이처럼 미국을 촉구하는 이유는 자유국가연합체의 선도국가가 없으면 자유공화제도와 자유통상만으로는 식민지 해방이 어렵

---

126) Rhee, *Japan Inside Out*, p.13.

127) Rhee, *Japan Inside Out*, p.202. 이종익 역, 『일본군국주의실상』, 258쪽.

다고 본 것이다. 이승만의 외교독립 주장은 한결 같다. 첫째, 조미우호 통상조약을 미국이 일방적으로 방기한 것을 계속 추궁한다. "잘 알려지지 않았지만 국무성 문서보관소에는 한 조약서가 잠자고 있다. 이 조약은 결코 폐기되지 않았으며 여전히 완전한 효력을 지니고 있다."[128)]

둘째, 한국의 비극은 그것을 막기 위하여 거중조정을 조약으로 약속한 미국의 배신 이외에 강화도조약에서 선언한 독립국의 지위를 늑탈한 일본의 배신에 있다. 한국은 일본의 영토야욕에 첫 번째 희생자이지만 그로인해 만주와 중국 나아가서 태평양도 내일의 한국이 될 것이다. 그래서 "한국의 운명은 세계 자유민들의 운명으로부터 … 분리하여 생각할 수 없다."[129)]

셋째, 그럼에도 불구하고 일본은 드디어 미국에 도전하기에 이르렀다. "일본은 오래 동안 태평양을 일본의 호수 또는 일본의 뜰 안이라고 말해왔다." 그래서 미국은 "해양의 경계선을 설정하려는 어떠한 노력도 가상적인 장벽 이면에서 일본 해군의 행동을 인정하는 것이며 미국 시민을 세계 어느 곳에서도 공격의 대상이 되게 하는 결과를 가져오게 하는 것이다."라고 천명하였다. 여기서 미일전쟁은 반드시 일어난다. 그것은 민주주의 대 전체주의의 대결이다.

넷째, 일본의 신용은 이제 아무도 믿지 않게 되었다. 그런즉 "일본은 가장 효과적으로 이용한 논증 - 힘의 논증 - 이외에는 인정치 않을 것"을 알게 되었다. 그것은 무력통상과 우호통상의 충돌이다.

다섯째, 일본은 그가 개발한 〈선전-외교-도발-전쟁〉 공식으로 국가

---

128) *New York Times*, July 13, 1944.

129) Rhee, *Japan Inside Out*, p.202.

자살의 전쟁을 시베리아 방면 아니면 태평양 방면에서 일으킬 것이다.

여섯째, 결국에는 민주주의 군대가 일본을 그들의 섬에 잡아넣을 것이다.

일곱째, 지난 반세기에 일어난 이 모든 것이 한국에서 시작했다는 것을 생각하면 한국을 어느 국가에도 예속되지 않는 자유통상지역으로 독립시키지 않는 한 아시아의 평화란 있을 수 없으며 그렇게 되는 경우 역사는 다시 반복될 것이다.

## 혁명가

이승만은 자유주의 사상으로 조선에서 혁명가가 되어 옥고를 치렀다. 같은 이유로 일제 치하에서는 미국으로 망명하였다. 이제 미국을 향하여 자유주의의 지도국가의 역할을 촉구한다. 세계가 파시즘과 전체주의로 향하고 있을 때 그의 자유주의 외침은 잠자고 있는 세계에 대한 혁명적 구호였다. “지구의 절반이 민주주의이고 절반이 전체주의이면 자유는 없다.” 자유주의와 전체주의 사이의 아마게돈을 피하려면 미국이 지도국가의 임무를 다하는 길밖에 없다. 그 이유는 자유주의와 자유세계에서만 약소국 한국의 독립 권리를 요구할 수 있기 때문이었다. 이승만은 당시 한국과 세계의 자유주의 혁명가였다. 제2차 대전 이후에 새로이 전개되는 세계질서를 내다 본 전 세계 지도자 가운데 유일하게 이승만 혼자만이 전체주의에 대항한 것이 그 증거이다.

이것이 이승만 외교독립운동의 진수이다. 이승만은 한편으로 전쟁과 평화의 현실을 직시하며 다른 한편 칸트 영구평화사상을 실천하고

자 하는 움직임도 예의 주시하고 있는 것이다. 윌슨의 뉴프리덤 - 윌슨의 국제연맹 - 윌슨의 14개조 - 루스벨트의 4대 자유 - 루스벨트의 대서양헌장 - 트루먼의 국제연합 구상으로 이어지는 칸트 영구평화 실현의 단계를 보면서 웰즈Herbert George Wells(1866-1946)와 면담에서 이승만은 그 실천의 마지막 관석capstone인 "칸트의 자유국가연합"인 국제연합을 언급하기에 이르렀다.

> [이승만과] 면담을 이용해서 웰즈는 인류는 세계정부[국제연합]를 수립해야 비로소 자멸을 면할 수 있다는 주장을 열렬하게 토로했다. 그리고 웰즈가 … 세계평화의 일익으로서 동양평화를 유지하기 위해서는 한국의 독립이 반드시 필요하다는 이승만의 견해를 진심으로 받아드리고 있는 것도 발견하였다.[130)]
> 짧은 동안이었으나 이승만은 국제연합에서 비록 정의에 입각하지 못할지라도 최소한 법에 기초를 두고 구폐를 타파하는 동시에 새로운 원칙의 수립을 위하여 노력하고 있다는 사실을 알게 되었다.[131)]

웰즈는 칸트 영구평화에 영향을 받아 세계평화에 관해 많은 글을 썼다. 그의 제의 가운데 하나가 〈상설만국회의〉이다. 국제연합이다. 그의 글은 일본에서도 번역되어 『歐洲戰爭實記』 23호(1915년 4월 15

---

130) Oliver, *Syngman Rhee, The Man behind the Myth*, p.159. 이원순, 『인간 이승만』, 1988, 181쪽.

131) Oliver, *Syngman Rhee, The Man behind the Myth*, p.159. 이원순, 『인간 이승만』, 1988, 179쪽.

일)에 게재되었다.

이러한 논리 하에 이승만의 신념은 요지부동이다. 독립의 권리를 실현시키는 일이 대단히 힘든 일이라는 것을 그도 안다. 그를 위해서는 열국으로부터 독립의 승인이 필요한데 그것은 '정의가 아니라 능력'에 준거하기 때문이다. "독립을 승인할 미국의 정치적 권리는 정의에 입각하는 것이 아니라 독립의 실제 달성 여부에 입각한다."[132]는 이승만의 논거는 칸트에 의하면 "도덕보다는 재력에 의해서 평화를 유지"할 수 있고[133] 케인스에 의하면 "위험한 것은 이익이 아니라 이념이기" 때문이다.[134] 대부분의 한국인이 정의를 부르짖을 때 이승만은 능력을 무시할 수 없었다. 한국에게 과연 그 능력이 있는가. 이승만은 이에 대해 긍정적이다. 그 근거는? 이승만은 "정치가들은 한국이 독립을 위해 싸우기에는 일본이 너무 강한 나라이고 따라서 한국 독립은 영원히 사라졌다고 말한다. 그러나 그것은 피상적인 관찰이다. 한국은 충분히 강하다. 우리는 4천년 이상을 특별하고 온전하게 유지해왔다. 어떤 나라도 지구상에서 [우리를] 없앨 수 없다."고 예언한다. 올리버가 증언한다.

> 이 예언이 이[승만]의 생생한 신념이다. 일본이 한국을 점령했고, 미국친구들이 그에게 그 사실을 인정하라고 하며, 미국과 영국의 여론이 일본편이고, 서구 외교가도 그렇고, 독립협회의 많은 동지들이 새 질서에 순

---

132) Rhee, *Neutrality As Influenced by the United States*, p.69. 정인섭 역, 『이승만의 전시중립론』, 100쪽.

133) Kant, "Perpetual Peace A Philosophical Sketch," in Williams(ed.), *The Enlightenment*, Cambridge University Press, 1999, p.393.

134) Keynes, *The General Theory of Employment, Interest, and Money*, 1936, p.384.

응했음에도, 그리고 그의 친구들, 선교사들도 일본의 지배를 인정하는 데에도 불구하고 그는 한국독립은 옳은 길이며 그럼으로써 그것은 필연적이라는 자신의 옹골차고 요지부동의 신념을 버릴 수도 없었고 버리지도 않았다."[135]

이 모든 것이 이승만이 칸트의 『영구평화론』에 영향을 받은 결과라는 앞서 주장의 핵심은 그가 칸트의 책을 읽었겠는가의 의문에 답할 수 있어야 한다. 첫째, 이승만의 스승 윌슨은 독일어 원서로 읽었을 가능성이 높다. 그의 뉴프리덤, 14개조, 그 속에 민족자결주의, 그리고 국제연맹은 칸트 영구평화사상의 실천이다. 둘째, 이승만의 다음 글이 또 하나의 증거가 될 수 있다.

> 전쟁의 잔인성을 완화시키려고 덧없는 노력을 하는 철학자의 꿈으로서 '아름다운 추상화'로나 지적되고 제대로 평가받지 못하였다는 점도 여기서 언급되어야만 한다.[136]

여기서 덧없는 노력을 하는 철학자란 누구를 가리키는가. 이승만이 인용한 "전쟁의 잔인성을 완화시키려고 덧없는 노력을 하는 철학자의 꿈으로서 '아름다운 추상화'"라는 문장은 칸트 자신의 첫 문장과 유사하다는 데에서 단서를 얻을 수 있다.

---

135) Oliver, *Syngman Rhee The Man behind the Myth*, pp.108-109.

136) Rhee, *Neutrality As Influenced by the United States*, 1912, p.24: 이승만 저 정인섭 역, 『이승만의 전시중립론』, 2000, 47쪽.

> [영구평화]가 일반인에게 해당되는지, 혹은 언제나 전쟁에 목말라 하는 국가의 수장에게 특별히 해당되는지, 아니면 단지 영구평화를 달콤하게 꿈꾸는 철학자에게만 해당되는지 물어야 할 것이다. … 정치가는 이론가를 단지 학문상의 자기만족으로 폄하하[여 제대로 평가하지 않]는 경향이 있다.137)

여기서 철학자란 칸트 자신을 말한다. 또는 칸트에 앞서서 영구평화를 꿈꾸고 집필했던 모든 철학자들을 가리킨다. 이렇게 볼 때 이승만이 인용한 '철학자의 꿈'과 칸트의 '꿈꾸는 철학자'가 일치하며, 이승만이 덧붙인 자신인 "제대로 평가받지 못하였다는" 표현과 칸트의 "폄하하는 경향이 있다."는 표현이 유사하다는 것은 예사로운 일이 아니겠지만 그럴 수밖에 없는 이승만이 인용한 문장은 존 포스터의 것인데 그가 칸트를 인용한 것이다.138)

---

137) Kant, "Perpetual Peace A Philosophical Sketch," in Williams, *The Enlightenment*, p.377.

138) Foster, *A Century of American Diplomacy*, p.93.

# 제 4 장
# 외교독립

## 1. 미국

### 교육

이상이 이승만의 평생에 걸친 자유주의 사상의 내용이지만, 그 출발은 청년 이승만이 감옥에서 그 실마리를 발견한데 있었다. 후술하는 대로 그가 읽고 편역한 『청일전기』에서 그 흔적을 찾을 수 있다. 이승만은 깨달았을 것이다. 종교교육과 학교교육이 뒷받침되지 않은 자유주의 혁명은 실패한다는 것을 죽음 문턱에서 배웠다. 갑신정변의 실패 원인도 여기에 있었다. 이미 언론인으로 자유주의에 대하여 필봉을 휘둘러 백성을 깨우쳐 보았으나 이보다 교육현장에서 후학을 길러내는 것이 더 중요하다고 생각하였다. 그것은 급진적으로 성취되는 것이 아니었다. 얼마나 걸릴지 아무도 모르는 장기전이 될 것이다. 그는 말한다. "영 미 등 사람들이 일이백년 삼사백년 전에는 우리와 같이 못하여 심히 어둡고 어리석던 사람들이라 졸지에 세계가 열리는 때를 당하여 지식학문이 한 없이 발달됨에 지금은 우리보다 몇 백 배나 지나가서 우리의 생각도 못할 일을 성취한지라."[1] 그러나 "[우리도] 합당하게 가르쳐서 그 뜻만 깨달으면 어찌 힘이 없으리오. 사천여년 예의 동방 … 우리 인민의 좋은 성질 무엇이 부족할까. 다만 교육을 숭상치 못하여 어두운 중에서 의심이 생겨 어찌할지 모르는 바이라."[2] 계속해서 반복한다. "일심으로 새 것을 배우며 다만 배우기만 할뿐만 아니라 그 배우는 것을 곧 행하여야 한다." 그러면 "밤낮으로 변하여 사람과 집안과 나라이 날날이 새것이 되어 장차 일이십년 안에는 전국이 다 영, 미국 같이 되게 우리 손으로 만들기를 일심으로 힘쓸진대 어찌 일본만 못할 것을 염려하리요."[3]

출옥한 이승만은 상동교회의 상동청년학원의 교장이 되었다. 이 학교는 "우리 손으로 만들기를 힘쓴" 사립학교이다. 이 학교의 교사진은 당대의 내 노라 하는 인재들이었다. 그 이름만 보아도 주시경, 남궁억, 최남선, 전덕기 등이다. 이 학교는 후일 다른 사립학교의 모범이 되었다. 여기서도 이승만은 신교육운동의 선구자가 되었다. 그는 체육, 지육, 덕육을 교육의 목표로 삼았다. 그러나 그 포부는 3주 만에 끝났다.

---

1) 이승만, 『독립정신』, 36쪽.

2) 이승만, 『독립정신』, 43쪽.

3) 이승만 저, 김충남 김효선 풀이, 『풀어 쓴 독립정신』, 263쪽.

미국으로 떠나야 할 일이 생겼기 때문이다. 그러나 교육자로서 이승만의 역할은 이것으로 끝나지 않는다.

## 밀사

서재필은 배재학당 시절의 이승만을 회고하였다. "그[이승만]는 자신의 생애를 교육 사업에 바치기를 원했고 나[서재필]의 활동에 대하여 깊은 관심을 가지고 있었다. 나는 그에게 만일 그의 생애를 한국 민중의 복지를 위하여 바치기를 원한다면 먼저 유럽이나 미국에 가서 교양교육을 받고 지도력을 갖출 준비를 해야 한다고 말했다."[4] 이승만에게 미국에 갈 기회가 왔다.

민영환은 러일전쟁의 강화회의에 한국 사정을 제출할 사람을 비밀리에 물색하고 있었다. 그는 강화의 대가로 러일이 한국을 희생의 제물로 삼을까 우려하였다. 그는 조미우호통상조약의 거중조정 조항에 매달리는 수밖에 없었다. 번역본 조약 제1조는 "만약 제3국이 어떤 불공평하고 경솔한 행동을 한다면 통보를 하고 필수로 서로 간에 도와야 할 것이고, 알선을 통해 평화적인 타협에 도달할 수 있게 하며, 그렇게 함으로써 그들의 우호 관계를 보이도록 한다."라고 되어 있다. 밀사를 제안한 사람이 이승만이었다 한다.[5] 그러나 "민[영환]공은 나를 미합중국 공사에 임명시키려 하였는데" 일본은 이미 황제로부터 자신을 대표할 수 있는 법적 권한을 한일의정서(1904년 8월)에 의해 박탈한 뒤였

4) 유영익, 『젊은 날의 이승만 - 한성감옥생활(19899-1904)과 옥중잡기』, 2002, 170쪽.
5) 손세일, 『이승만과 김구 1-3』, 234쪽.

다. 그래서 "그[민영환]의 개인 사절로 나[이승만]를 미국에 보내"게 되었다.

이승만은 이른바 "외교문서"라는 것을 갖고 미국으로 떠났다. 그것은 민영환과 한규설이 워싱턴에 주미공사에게 보내는 서찰과 딘스모어 Hugh A. Dinsmore(1850-1930) 하원의원 앞으로 써준 편지였다. 딘스모어는 1887-1890년에 주한 미국공사로 근무한 친한 인사로 귀국 후에 아칸소 출신 하원의원이 되었다. 이승만은 이밖에 19통의 추천서를 언더우드, 게일, 질레트, 존스, 스크랜턴, 벙커 등 선교사들로부터 받았다. 선교사들은 이승만이 사명을 마치면 학업을 계속한 뒤 귀국하여 기독교교육을 위해 일해주기를 기대하였다. 이승만의 여비는 여러 사람들이 십시일반으로 모았다. 민영환과 한규설도 도왔고 감옥의 간수장으로 이승만 덕택에 기독교인이 된 이중진도 보탰다. 그는 자신의 동생 이중혁을 부탁하였다. 이승만은 그를 미국으로 데리고 갔다.

이승만과 이중혁은 1904년 11월 4일 조국을 떠났다. 일본의 감시를 피하려고 학생 신분으로 위장하였다. 아버지, 아내, 아들을 두고 일본의 눈을 피해 밀사로 떠나는 그에게 여비도 충분하지 않았지만 무엇보다 의심을 사지 않으려고 최하급 선실에 탔다. 거기에는 중국인 노동자들과 조선인 이민자들이 있었다. 이승만은 중국인 노동자들이 불결하여 사람 대접받지 못한다고 글로 남겼다. 이승만은 기회가 닿는 대로 청결의 중요성을 강조한다.

일본을 거쳐 호놀룰루 항에 도착한 것은 11월 29일 아침이었다. 하루 정박하는 틈을 타서 이승만은 하선하였다. 배재학당 동창인 윤병구 목사가 마중 나와 있었다. 그의 안내로 한국인 교회에 가서 연설을 하였다. "동포들은 그의 연설에 … 울었다." 하와이 이민의 역사는 1890년대로 거슬러 올라갈 수 있지만 정부가 공식적으로 이민을 주관한 것은 1902년이었다. 그로부터 1904년까지 약 5천명이 하와이로 왔다. 그곳 사탕수수밭에서 고된 노동에 종사하고 있었다. 1905년 일제에 의해 이민이 금지될 때까지 약 8천명에 이를 것이다. 이들은 뒷날 독립운동의 터전이 되었다. 그날 그의 연설에 감동 받은 그들이 뒷날 이승만의 독립운동을 도와준다. 이승만은 윤병구 목사와 러일 강화조약에 대한 대책을 상의하였다. 다음 날 이승만은 다시 연설을 하였고 그들은 여비를 지원하였다. 그리고 호놀룰루를 떠났다.

샌프란시스코를 거쳐 로스앤젤레스에서 옥중동지였던 신흥우를 만났다. 그는 대학에 재학 중이었다. 여비가 충분하지 않아서 이중혁은 그곳에 남고 이승만만 홀로 워싱턴으로 향했다. 도착 시간을 보니 1904년 12월 31일 밤이었다. 고국을 떠난 지 56일 만이다. 이튿날은 일요일이었다. 커버넌트 장로교회를 찾아가서 아침예배를 보았다. 존 헤이 John Milton Hay(1838-1905) 미국 국무장관은 그 교회 신자였다. 신년예배였으니 헤이 장관도 참석했을지 모른다. 그랬다면 이승만은 감옥에서 손수 작성한 세계유명인사록에 헤이 장관을 올려놓은 적이 있었던 만큼 그 기회를 지나치지 않았을 것이다. 담임목사인 햄린Lewis Hamlin 박사에게 게일 목사가 써준 추천서를 제시하였다. 점심을 햄린 목사 집에서 먹고 저녁예배에도 참석하였다.

한국공사관을 찾아가니 참사관 김윤정이 있었다. 그는 햄린 목사가 알선하여 하워드 대학에 입학했다. 공사관에는 민영환으로부터 이승만을 도우라는 전갈이 도착해 있었다. 이승만은 지체하지 않고 딘스모어

의원을 방문했다.

## 헤이

딘스모어 의원은 "두 옛 친구[민영환과 한규설]로부터 소식을 듣게 되어 무척이나 기뻐했고 이승만을 위해 존 헤이 국무장관과의 면담을 주선해 주겠다고 약속했다."[6] 그 약속은 그해 2월에 헤이의 국무장관 집무실에서 이루어졌다. 헤이는 말했다.[7]

장로교인으로써 한국의 교회 사업에 대단히 큰 흥미를 갖고 있습니다. [러일]전쟁이 일어났을 때 평안도 지방에 거주하는 미국 선교사들이 할 일을 두고 떠날 수 없다는 이유로 미국 정부의 철수 권고를 거절했다는 알렌 공사의 소식에 감격했습니다.

평양은 러일전쟁 격전지 가운데 하나였다. 헤이는 러일전쟁 개전 직전인 1904년 1월 6일 서울 미국공사관에 미군 사병 36명과 장교 4명을 급파했을 정도로 한국정세를 잘 알고 있었다. 이승만이 헤이 장관에게 말했다.[8]

우리 한국 사람들은 귀하께서 중국에 대하여 하신 것과 같이 우리 한국

6) Oliver, *Syngman Rhee: The Man behind the Myth*, p.81.

7) 이원순, 『인간 이승만』, 신태양사, 1988, 94쪽.

8) 이원순, 『인간 이승만』, 신태양사, 1988, 94쪽.

에 대해서도 힘써 주시기를 갈망하고 있습니다.

헤이 장관은 자신의 문호개방정책에 관한 이승만의 말이 마음에 들었던지 말했다.

나 개인적으로도 혹은 미국정부를 대표하는 의미에서도 기회가 있을 때마다 [조미우호통상]조약상의 의무를 이행하기 위하여 최선을 다 하겠습니다.

딘스모어가 존 헤이를 소개한 것이 그가 자발적으로 한 것일까 아니면 민영환과 한규설의 편지부탁에 의한 것일까. 이 궁금증에 대한 추론은 초기 한미관계 특히 인적관계를 엿보는데 도움이 된다.

러일전쟁에서 선교사들이 본국의 철수지시를 무시하고 평양을 떠나지 않았는데 그때 마페트 박사의 결심이 중요하였다. 헤이는 이 일화를 보고받고 인상적으로 기억하고 있어서 이승만과 만난 자리에서 이 일화를 꺼낼 수 있었다. 그렇지 않아도 당시 헤이에게 한국은 골치 아픈 나라였기에 잘 알고 있었다. 조미우호통상조약을 체결했지만 알고 보니 실수였다. 시어도어 루스벨트 대통령이 이 조약에서 벗어나고 싶을 때였다.

헤이 장관에게는 한국과 또 다른 인연이 있었다. 이승만이 출옥한 직후(9월 23일) 서울역 앞에는 현대식 병원이 준공되었다. 병원 이름은 그 기증자의 이름을 따서 세브란스 기념병원이라 명명하였다. 장안의 명사들이 구름처럼 초대되었다. 미국 공사 알렌은 이 준공식을 외교문서로 헤이 국무장관에게 보고하였다. 그 2년 전 추수감사절에는 정초식을 보고하였다. 이 두 보고서에 세브란스 기념병원이라는 이름이 등장한다. 헨리 루이스 세브란스Louis Henry Severance(1838-1913)는 록펠러와 함께 스탠더드 오일 회사를 세운 거부이다. 그는 막대한 돈을 기독교 자선에 기부하였다.

세브란스는 오래 동안 클리블랜드 소재 웨스턴 리저브 대학Western Reserve University의 이사로서 이 대학에 많은 건물을 기증하였다. 그 웨스턴 리저브 대학의 이사장이 거부 아마사 스톤이었는데 그의 맏사위가 존 헤이였다. 그는 이사였다. 장인이 죽자 이사장이 되었다. 국무장관 시절에도 그 자리를 지켰다. 세브란스의 재취부인은 헤이 장관 처제의 제자였다. 세브란스의 사위와 딸이 헤이 처제와 친구 사이였다. 헤이, 세브란스, 록펠러, 여기에 달러외교의 대명사였던 공화당의 실력자 한나 상원의원은 클리블랜드의 친구였으며 클리블랜드의 유명한 명사클럽의 회원이었다. 특히 후자 세 사람은 고등학교 동창이었다.

에이비슨 박사는 1893년 의료선교사로 한국에 와서 알렌이 세운 제중원의 원장이 되었다. 그는 서울 외교가에서 가장 존경받는 인물이 되었다. 1900년 뉴욕에서 개최된 에큐메니칼 대회에 참석하고 여기서 대자선가 세브란스를 만났다. 그의 재정지원으로 서울에 현대식 병원을 지을 수 있었다. 이것이 세브란스 병원과 세브란스 의학교이다. 세브란스는 그 후 여러 건물과 의료진을 한국에 보내주었다. 그의 사후 그의 자녀가 대를 이어서 기부하였다. 아들이 죽으며 만든 기금의 이자는 오늘날까지 세브란스 병원으로 오고 있다. 에이비슨은 언더우드와 제일 친했다. 그가 조선에 오게 된 사연도 언더우드의 권유에 감화되어

의료선교사를 지원한 것이다.

이승만이 도미하며 챙긴 19통의 추천서에 언더우드의 것은 밝혀졌지만 에이비슨의 것도 포함되었는지 알려지지 않고 있다. 그러나 에이비슨이 이승만의 강력한 후원자였다는 것은 부인할 수 없는 사실이다. 헤이 장관의 조카 아마사 스톤 마서가 예일 대학을 졸업한 기념으로 친구들과 - 여기에는 태프트 장관의 아들도 포함되었다 - 세계일주 여행을 떠났을 때 일본에서 친구들과 잠시 헤어져서 홀로 서울 세브란스 병원을 방문하였다. 그때 세브란스도 방문 중이었다. 그날 에이비슨 박사의 사택에서 에이비슨, 세브란스, 마서는 저녁 늦게까지 얘기를 나누었다. 대화에는 한국사정도 있었고 특히 민비시해와 의병도 얘기했다. 마서는 의병이 보고 싶어 방법을 수소문하던 중에 영국 특파원 매켄지Frederick McKenzie(1869-1931)와 뜻이 맞았다. 그러나 일본군의 삼엄한 경비를 뚫지 못해 마서는 포기하였다. 매켄지만 홀로 기지를 발휘하여 의병활동을 취재할 수 있었다. 그래서 출판된 책이 『한국의 비극』과 『한국의 독립운동』이다. 매켄지는 이승만의 친구인데 앞서 말했듯이 1916년 아일랜드 부활절봉기에서 데 벌레라를 취재했던 적이 있다. 마서는 이 모든 것을 아버지에게 편지로 보고하였다.[9)]

세브란스 병원은 당시 클리블랜드 일대에 알려져 있었다. 이러 저러한 인연으로 민영환과 한규설이 딘스모어에게 헤이 장관 소개를 부탁했을 수 있다. 헤이 장관은 여러 사람의 체면을 보아 이승만을 만나주었을 것이다.

---

9) *Extracts from Letters, Diary, and Notebooks of Amasa Stone Mather June 1907 to December 1908*, Vol. I, 1910, p.440.

이승만이 헤이 장관을 만날 무렵 러일전쟁의 강화를 주선하려는 루스벨트 대통령의 지시에 따라 헤이 장관은 카니시A.P.Canissi 러시아 대사와 다카하라高平小五郞 일본 공사를 매일 만나고 있었다. 그들은 아예 국무장관실에서 상주하다시피 하고 있었다.[10) 루스벨트는 이미 친일정책으로 크게 기울어져 있었는데 그 이유는 테프트-가츠라 비밀협약을 맺어 한반도에 대한 일본의 우선권을 인정하는 대신 미국의 필리핀에 대한 우선권을 인정받기 위함이었다. 포츠머스에서 한국의 운명은 정해졌다.

그런 줄을 알 길이 없는 이승만은 헤이 장관의 말을 듣고 커다란 희망을 품었다. 이승만은 햄린 목사의 주재로 커버넌트 교회에서 세례를 받았다. 그리고 그의 추천으로 워싱턴의 조지 워싱턴 대학에 입학할 수 있었다. 학비는 면제였지만 생활비는 스스로 벌어야 하였다. 그는 교회에서 연설을 한 사례금으로 지냈다.

## 루스벨트

이승만이 헤이를 만나는 거의 같은 무렵 루스벨트 대통령의 특사 테프트 국방장관이 일본에 비밀협정을 체결하러 가는 여정에 호놀룰루에 들렀다. 그곳에서 미국 감리교 선교회 와드먼John Wadman 감독을 만났다. 와드먼 감독은 하와이 한국 교민의 교회생활에 커다란 관심을 갖고 있었다. 와드먼의 부탁을 받은 테프트 장관은 윤병구 목사가 루스

10) Thayer, *Life and Letters of John Hay*, 1916.

벨트 대통령을 만날 수 있도록 소개장을 써주었다. 한국을 일본에 넘기려는 비밀협정을 맺으러 가는 그가 무슨 이유로 윤병구 목사에게 소개장을 써주었는지 밝혀진 바 없다. 테프트의 뱃속을 알 길이 없는 윤병구는 이승만에게 이 사실을 알렸고 워싱턴으로 길을 떠났다.

루스벨트는 러일 강화조약 중재로 바빴다. 그는 여름 별장이 있는 뉴욕 외곽 오이스터 베이의 사가모아 힐에 머물고 있었다. 한국의 운명이 결정되는 회담준비가 막바지일 때 이승만과 합세한 윤병구도 오이스터 베이로 향했다. 이들의 등장을 뉴욕 타임스가 기자가 취재하였다.[11] 그는 청원서memorial의 내용을 물었다. 그러나 윤병구는 공개하기를 거절하였다. 그러나 기자가 알기로는 윤병구와 그의 동료[이승만]이 지니고 온 문서는 1882년 6월에 미국과 한국이 맺은 우호조약 the treaty of friendship에 기초한 것이다.

다음날 윤병구와 이승만은 대통령과 약 30분을 대담하였다. 호텔로 돌아와서 기자에게 윤병구는 말했다. "대통령은 우리를 아주 친절하게 맞이해 주었다. 그는 우리가 말한 것과 우리 동포들이 처한 아픈 고통에 대해서 아주 관심을 보였다. 그를 만나서 기쁘다. 대통령은 청원서를 읽었다. 그러나 워싱턴의 국무성을 통해 자신에게 오지 않는 한 자신은 접수할 수 없으니 워싱턴의 우리 공사관의 허락을 받으라고 조언하였다."

이승만은 청원서를 들고 워싱턴 한국공사관에 갔다. 김윤정에게 공식 경로를 통해 국무성에 제출하라고 말했다. 그러자 뜻밖에도 김윤정

11) *New York Times*, August 5, 1905.

이 거부하였다. 본국의 지시가 없으면 못하겠다는 것이다. 이승만은 펄펄 뛰었지만 요지부동이었다. 김윤정은 이미 일본에 매수되었던 것이다. 김윤정은 귀국하여 인천부사, 충남지사를 거치며 출세하였다. 이승만은 민영환에게 자세한 보고를 서신으로 보냈다. 광복 후 귀국하여 반도호텔에 머물고 있는 이승만을 찾아와 용서해달라며 김윤정이 빌은 것은 40년이 지났을 때의 일이다.

## 모금

이것이 이승만 청원외교 실패의 전말이다. 고종이 보낸 밀사 육영공원 교수 헐버트Homer B. Hulbert(1863-1949)도 실패한다. 이승만은 조지워싱턴 대학으로 돌아가 학사학위를 받았다. 입학 2년 만인 1907년 6월 5일이다. 배재학당 대학부 2년을 인정받은 것이다. 그는 그 과정이 "매우 힘들었다."고 회상하였다. 성적도 좋지 못하였다. 충분한 영양을 섭취하지 못하고 생활비 조달로 강연에 시간을 빼앗겼기 때문이다. 가을학기에 하버드 대학 석사과정에 진학하였다.

그때 한국에서 외아들 태산이 미국에 왔다. 1905년 6월 4일 『워싱턴타임스』 일요판에 광고기사가 났다. 태산을 맡아 줄 독지가를 찾는 이승만의 광고였다. 이 기사에 의하면 평양사람 이인홍과 이관영이 데려왔다 전한다. 이틀 후인 6월 6일 신문에 한국에서 일하는 여자 선교사의 부모가 태산을 데리고 갔다는 기사가 났다.[12] 아마 보이드Mrs.

12) 정창인, 「이승만을 만나러 미국에 온 태산」, 『미래한국』, 2012년 7월 30일, 51쪽.

Boyd 여사를 칭하는 것 같다. 그러나 태산은 디프테리아로 죽었다.

하버드 대학에서 석사과정을 마치고 박사과정을 물색하던 1908년 7월 콜로라도 덴버에서 한인 애국자대표대회Korean Patriots' Delegation Convention가 열렸다. 모두 36명이 참석했는데 멀리 블라디보스토크와 상해에서도 왔다. 대회는 이승만을 의장으로 선출하였다. 매켄지 가 격려의 편지를 보냈다.

> 한민족이 일제로부터 당하는 불공정과 억압은 거시적으로 볼 때 한민족을 분발시키는 효과가 있을 터임으로 앞으로 한국은 '아시아 최초의 기독교 국가이자 20세기 진보의 선두주자'가 될 것이다.[13)]

같은 해 에이비슨, 언더우드, 헐버트가 동시에 안식년을 맞아 미국에 왔다. 그들은 미국에서 쉬지도 않고 한국 선전Korea Campaign을 벌렸다. 목적은 모금과 선교사 모집이었다. 목표액은 10만 달러였고 목표인 원수는 20명이었다. 여기에 이승만이 참여하였다.

> 참으로 이상한 일은 언더우드, 헐버트, 나[에이비슨], 우리 셋 … 은 그 해[1908년] 우리 사업[한국 선전]을 위해서 미국 전역에 연설하러 순회할 때 이승만의 도움을 받을 수밖에 없게 되었다는 점이다.[14)]

세브란스도 참여하였다. 언더우드가 기록을 남겼다.

---

13) 유영익, 『이승만의 삶과 꿈』, 중앙일보사, 64쪽.

14) Avison, *Memoirs of Life in Korea*, unpublished manuscript, p.282.

> 전략. 한국 선전 위원회는 오늘 회의를 열고 장시간 세브란스 씨와 토론한 후 다음 사항을 결정했습니다. 중략. [이 에프] 홀 [목사]가 이 나라에 도착한 이후 강력한 캠페인에 참석했고, 실제로 안식년을 지내지 않았으므로 선교본부는 그에게 안식년 봉급을 최소한 올해 예산년도까지 계속 주고 그는 건강이 허락하는 한 캠페인을 위해서 최대한 노력을 하도록 권한다.[15]

그들이 순회 연설한 도시는 클리블랜드, 뉴욕, 필라델피아, 보스턴, 시카고, 버펄로, 밀워키, 세인트루이스, 인디애나폴리스, 캔자스, 미니아폴리스, 피츠버그이다. 특히 클리블랜드에서 이승만은 세브란스 교회에서 연설하였다. 그는 1908년 11월 29일 일기에 기록을 남겼다.

> 일 기념교회. 한국 선전을 하였다. 언더우드 박사의 운동. 클리브랜드 오하이오. 우드랜드 교회 (장로교) 일요일 아침 예배. 세브란스 씨 교회 (병원). 레이크우드 장로교회 일요일 저녁예배, 클리브랜드 오하이오.

이틀 전에는 클리블랜드의 갈보리 교회 맥윌리엄스 목사 사택에서 여신도해외선교부원들에게 연설하였다. 갈보리 교회는 세브란스 주치의이며 그의 뜻을 받들어서 서울 세브란스 병원과 의과대학에서 평생을 봉직한 러드로우Alfred Irving Ludlow(1875-1961) 교수의 교회였다. 그는 이승만의 친구이다. 맥윌리엄스 목사는 세브란스가 작고하고 그의 외아들

15) 이만열, 옥성득, 편역, 『언더우드 자료집 III』, 연세대학교 출판부, 2007, 139쪽.

이 아버지를 추모하여 만든 세브란스 석좌교수직에 추천된 인물이다.

한국선전의 결과 9만 달러가 모금되고 20명의 새 선교사를 파송할 수 있었다. 모금 가운데에는 평양 신학교 신축기금이 있었으며 새 선교사 가운데에는 세브란스 교회가 파송한 마우리Eli Miller Mowry(1877-1969) 박사가 있었다. 그는 삼일운동 때 일본경찰에 체포되어 재판을 받았다.

## 박사

가을 학기가 되자 이승만은 뉴욕의 유니언 신학교에 주거를 정하고 컬럼비아 대학으로 통학하였다. 그때 한국 선전에서 함께 일했던 홀 목사를 장로교 선교본부에서 만났다. 그는 이승만에게 유니언 신학교에 가지 말고 자신의 모교인 프린스턴 대학원에 가는 게 좋다고 권유하였다. 여기서 공부할 때 존 헤이 국무장관의 대중국문호개방정책을 기본으로 삼아 미국의 대아중립론에 관한 논문을 준비하였다. 이에 기초하여 1910년 박사학위 논문 『미국영향하의 중립 Neutrality As Influenced by the United States』을 제출하여 한국인 최초의 박사가 되었다. 1910년 6월 14일 졸업식에서 윌슨 총장으로부터 졸업장을 받았다. 그 졸업식은 윌슨 총장의 마지막 졸업식이었다. 그는 뉴저지 주지사로 출마할 것이다.

이승만의 박사학위논문은 1912년 프린스턴 대학 출판부에서 발간되었다. 그는 박사학위취득 후에 귀국하여 이미 일본에 병탄된 조국에서 교육 사업에 투신할 것을 결심하였으므로 학위논문의 목적을 명시적으로 밝히는 위험을 피하고 일본으로부터 스스로를 보호하기 위하여 고도의 지식을 함양한 소수의 학자만이 알 수 있도록 본래의 취지를 숨겨 놓았다고 생각된다. 우선 그는 논문이 당시 프린스턴 학장인 에드워드 엘리어트(Edward Elliot) 교수의 '제의'에 의해 집필했음을 논문 모두에 슬쩍 밝히고 있다. 논문제목인 『미국영향 하의 중립』도 얼핏 보면 오도의 소지가 다분하다. 그 내용이 다른 국가 사이에 전쟁이 일어났을 때 중립을 선언한 미국이 해상에서 자유로운 통상의 권리를 관철하는 역사이지만 이 권리를 다른 중립국[지역]이 적용하는데 대해서는 거의 입을 다물고 있고 이 권리로 식민지 문제를 해결하는데 대해서도 그 진의를 감추고 있기 때문이다. 이승만의 진의는 바로 이 묵언 속에 있다. 따라서 지금도 주의 깊게 읽지 않으면 그 깊은 뜻을 놓치고 다만 미국 역사의 일부로만 보기 쉽다. 그 본래의 취지란 앞에서 언급한 독립승인에 관한 미국의 외교 원리의 파악이다. 귀국을 앞둔 당시 그의 다른 글에서 다소 유화적인 표현이 산견되는 현상과 일맥상통한다.

## 헤이스팅스 대학

독립운동노선에 있어서 박용만은 이승만과 대조되는 인물이다. 그는 무장투쟁을 주장하였다고 알려졌다. 그 목적을 위하여 그가 세운 학교로 이른바 '한인소년병학교'를 내세운다. 그러나 이것은 정식 명칭이 아닌 듯 하다. 우선 명칭부터 살펴보자. 이 학교를 졸업한 홍승국(후일 연희대학교 상경대학 학장)은 자필 이력서에 미국 네브라스카 주 '헤이스팅스 시 대학부속 중학교 2년 수료'에 이어서 '헤이스팅스 시 시립중학교 졸업'이라고 기록하였다.[16] 기간은 1910년 9월부터 1914년 6월까지이다. 홍승국이 입학한 그 다음해 1911년 3월 헤이스팅스 대학의 잡지 The Hastings College Collegian은 그와 함께 5명의 한국학생의 입학을 보도하면서 학교 명칭을 The Hastings College Academy라고 적고 있다. 또 행간에 따라서 한인여름학교The Korean Summer School이라고 표현하기도 하였다. 추측컨대 이 학교에서 한인학생들은 중학교 과정을 배우면서 여름에 박용만의 지도 아래 군사훈련도 받았기에 당시 한국 교포신문들이나 지역신문들이 박용만의 군사훈련을 강조하여 세칭 한인소년병학교라고 부른 듯하다.

이 학교에서 이승만이 여러 차례 강연을 하였다. 흥미로운 점은 이 학교의 설립에 이승만의 역할이 컸다는 점이다. 미리 말해두지만 이승만은 이 학교를 군사학교 보다는 한국청년들의 일반중학과정학교로 생각하고 도와주었다는 점이다. 임시정부가 설립되기 전이다.

이승만이 프린스턴을 졸업하기 직전 5월에 네브라스카 주 헤이스팅스 대학의 존슨Pleasant Lee Johnson(1860-1949) 재무이사가 대학기금 모집을 위하여 "동부"를 방문하였다. 이때 이승만은 학업과정은 모두 마치고 학위논문도 제출한 상태여서 시간적 여유가 생겼을 것이다. 여기서 동부란 프린스턴이다. 박용만의 소개로 이승만을 찾아왔기 때문이다.

> 이번에 동부를 방문하였던 존슨 씨는 올해 프린스턴 대학을 졸업한 한국학생 고문 이승만 씨를 만났고, 이곳[헤이스팅스]에 거주하는 박처후 박용만 등 한인 지도자들을 만나 대학이 도울 수 있는 방법 등을 논의하였다. [그 결과] 헤이스팅스 대학은 한인소년병학교가 대학 시설을 쓸 수

16) 홍승국 교원기록, 연세대학교

있도록 결정하였으며 여름학교는 한인들이 스스로 운영할 것이다.[17)]

여기서 여름학교란 한인여름학교The Korean Summer School이다. 이 기사에 따르면 존슨이 대학기금을 마련하기 위하여 이승만을 만난 직후 한인 여름학교가 헤이스팅스 대학에서 정식으로 개강하게 되었다는 것이다. 그것은 1910-1912년이었다. 다시 말하면 한인여름학교가 여름 동안 헤이스팅스의 대학시설을 이용할 수 있었던 것은 이승만의 어떤 도움 덕택이었을 것을 강하게 암시하고 있다. 아쉬운 것은 존슨이 '동부'에서 이승만을 만나고 어떤 도움을 받았는지 기록이 없다. 다만 루이스 헨리 세브란스가 1913년 6월 25일 갑자기 타계했을 때 그의 수첩이 발견되었는데 자선을 약속하고 이행하지 못한 미지급 내역서가 발견되었다.[18)] 달러 이하 단위의 금액까지 꼼꼼하게 기록되어 있는 것으로 보아 약속한 총액은 알 수 없고 남은 잔액들이다. 그 목록 가운데 '네브라스카 헤이스팅스 대학' 앞으로 '5천 달러'가 적혀 있었다. 조건은 대학이 '10만 달러를 모금'하는 것이다. 대학기금 10만 달러 모금에 세브란스가 미상의 금액의 기부를 약속했고 남은 잔액으로 추정된다. 그렇다면 존슨 재무이사를 세브란스에게 소개한 사람은 누구였을까.

이승만과 세브란스의 인연은 각별하다. 첫째, 앞서 밝힌 대로 1908년 한국주재 미국 선교사 에이비슨, 언더우드, 헐버트가 동시에 안식년을 맞아 미국에 왔을 때 벌린 한국선전Korea Campaign에 이승만과 세브란

---

17) Hastings Daily Tribune, May 7, 1910: *Kearney Daily Hub*, May 10, 1910: 안형주, 『박용만과 한인소년병학교』, 지식산업사, 2007, 136쪽에서 재인용.

18) *New York Times*, November 27, 1913.

스가 참여하였다.

둘째, 1911년 세브란스의 외동딸 엘리자베스가 남편과 함께 세계일주여정에서 한국을 방문한 것은 6월이었다.[19] 여기서 이승만을 만나 저녁을 함께 먹었다. 그녀의 일기 한 토막.

> 6월 21일. 수요일. 서대문에 있는 학교를 방문하였다. 언더우드 박사의 남자학교와 여자학교, 밀러 목사가 교회의 남학생들을 보고 있는 가운데 더드리[남편]가 연설하였다. 김 씨가 통역을 하였고 언더우드 박사가 보고 있었다. 왕비가 살해된 왕궁을 보았다. 에이비슨 박사와 점심을 먹었다. 저녁이 되자 언더우드 박사가 우리를 멋진 자신의 집으로 데리고 갔다. 여기서 기독청년회관의 이박사Dr. Rhee와 김[정식] 씨를 만났다. 비가 왔지만 아주 즐거운 저녁이었다.[20]

6월 21일이라면 이승만이 전국 순회 전도여행을 마치고 서울로 돌아온 날이다. 기독청년회관에 이 박사Dr. Rhee는 이승만 한 사람뿐이었다. 이 자리에서 이승만은 엘리자베스에게 3년 전 한국선전을 위해 클리블랜드 세브란스 교회에서 연설했던 일을 얘기했을 것이고 헤이스팅스 대학 얘기도 했을 것이다.

이러한 여러 가지 인연으로 이승만은 세브란스 집안과 구면이었고 더욱이 세브란스는 에이비슨을 도와 서울에 세브란스 병원과 의학교를

19) 뮈텔일기, 2008.6.1.

20) Elizabeth Severance Allen, *Diary, Around the World, 1910-1911*, unpublished diary, Western Reserve Historical Society.

설립한 자선가이다. 에이비슨은 이승만의 친구이다. 이승만이 존슨 재무이사를 세브란스에게 소개시켰을 것이다. 이 소개로 인하여 '한인소년병학교'가 여름에 헤이스팅스 대학 내의 시설을 쓸 수 있게 된 것이다. 헤이스팅스 대학은 장로교가 설립한 대학이었다. 세브란스는 장로교 기관에 자선을 우선하였다. 세브란스가 약속한 기부금은 그의 사후 아들이 지불하였다. 후일 존슨 이사는 1948년 12월 15일 대통령 이승만에게 안부편지를 보냈고 이승만은 1949년 1월 27일에 답장을 하였다.[21)]

헤이스팅스 대학의 존슨 이사의 편지를 보면 한국학생들이 졸업 후에 한국으로 돌아가서 조국의 "영적 향상"에 기여하길 기대하였다.[따옴표는 원문][22)] 존슨이 보기에 학생들 자신들은 군인이 되려고 교육받는 것이 아니었다. 박용만이 그들을 군인으로, 특히 장교로 교육시킨다고 알려졌지만 존슨이 이해하기로는 기독교교육이 우선이었다. 동상이몽이었다. 한인소년병학교의 성격에 대하여 더 깊은 연구가 필요하다.

이승만이 반대한 것은 소년병학교의 군사훈련이지 한국 청년들을 고등교육 시키는데 도움을 주는 존슨 계획이 아니었다. 존슨의 다른 기록에 의하면 이승만이 자주 방문하여 교육시켰다고 한다. 독실한 기독교 신자인 존슨이 한국학생들에게 관심이 컸던 이유는 기독교인으로 만들어 선교 사업에 필요한 인재를 양성하는데 있었기 때문이다.[23)] 그 증거가 소년병학교 졸업생들 대부분이 미국의 여러 대학에 진학하여

---

21) Hastings College, Library Archives, Vol.III, No.2, Korean Connection.

22) "They expect to return to Korea to join in the "spiritual uplift" of their native land." *P.L.Johnson writes in 1910, concerning the school for Koreans at Hastings college*, Hastings library archives vol.III no.2 PLJohnson.

23) 안형주, 『박용만과 한인소년병학교』, 지식산업사, 2007, 136쪽.

군인이 아니라 사업가, 의사, 학자가 되었기 때문이다.

## 기독청년회

박사학위를 받았지만 이승만은 나라 없는 백성이 되었다. 그는 외국에서 공부한 대한 사람들은 반드시 귀국하여 고국의 교육 사업을 위해 헌신해야 한다고 『독립정신』에서 역설하였다. 자신부터 실천해야 했다. 졸업하는 해 2월 16일에 서울 언더우드 박사로부터 초청편지를 받았다. "우리는 당신을 크게 기대하고 있습니다. 귀국하시면 알맞은 일이 기다리고 있습니다."로 시작하는 편지에 언더우드는 자신이 곧 대학 사업을 시작하려하는데 교수로 와주었으면 좋겠다는 내용이었다.[24] 이승만은 4월 19일에 답장을 썼다. "나는 국제법, 국가론, 정부론, 역사, 근세유럽사, 미국사, 미국헌법, 서양철학, 종교 같은 정치학 과목을 가르치고 싶습니다. 정치, 역사, 문학, 종교 서적을 한글로 번역해야 합니다. … 물론 반일운동이나 혁명 정신을 고취하려는 뜻은 없습니다. 한국인들에게 기독교인의 원칙을 알 수 있는 기회를 주고 싶을 뿐입니다. 내 일생을 가난한 사람들에게 예수를 알리려 여기 저기 여행하며 순회 전도하는데 일생을 바치고 싶습니다." 그는 이어서 "하와이에 일이 있을 것 같습니다. 정치적 자유와 금전적 약속이 특히 저를 이끄는군요. 그러나 고국의 동포에게 나의 일생을 바치는 것이 나의 의무라고 느낍니다."라고 솔직한 감정을 피력하였다. 그러면서 "서울

---

24) H.G.Underwood⇒Syngman Rhee(1910.2.16). The Syngman Rhee Correspondence in English 1904-1948, Volume 2, pp.43-44.

기독청년회의 게일 박사와 질레트 씨가 나를 원합니다. 그러나 나는 그 자리에 적합할 정도로 능란하지 못합니다. 그곳의 일이 일본인들과 부닥치는 것이라면, 차라리 그보다 못한 일을 맡겠습니다."[25]

결국 이승만은 서울의 황성기독청년회 학감으로 초청되었다. 이곳에는 감옥동지 이상재가 회장으로 이끌어 가고 있었다. 다른 옥중동지 김정식, 유성준, 홍재기 등도 일하고 있었다. 이승만의 월급은 국제기독청년회 국제위원회에서 지급되는 만큼 그의 신변은 국제기독교청년회 총재 마트 박사가 보장했다. 그는 대한 백성이로되 국제기구에 속한 사람이다. 아마 이 신분보장이 그를 기독청년회로 이끌었는지 모른다. 사실상 2년 후에 일제가 105인 사건을 일으켰을 때 그가 체포에서 탈출할 수 있었던 것은 이 신분 덕택이었다.

당시 한국에는 대학이 없었다. 총독부가 허락하지 않았다. 청년회 대학부에서 그는 성경과 국제법을 가르쳤다. 그에게 가르침을 받기 위해 많은 학생들이 몰려왔다. 그 가운데 임병직, 이원순, 허정, 정구영, 안재홍 등이 있었다.

1911년 초여름 이승만은 전국으로 전도여행을 떠났다. 5월 16일부터 6월 21일까지 방방곡곡 그의 발자취를 남겼다. 13개 선교부를 방문하였고 33번 집회를 가졌는데 7,535명의 학생들이 참석하였다. 여행거리는 2,300마일이고 교통수단은 기차, 선박, 말, 나귀, 인력거, 가마, 수레, 도보 등 아홉 가지였다. 그는 한국을 발견한 것이다. 이 여행에서 만난 7, 535명의 학생들이 훗날 이승만 박사의 신화를 만들어냈을 것이

25) Syngman Rhee ⇒ [H.G.] Underwood(1910.4.19), The Syngman Rhee Correspondence in English 1904-1948, Volume 2. pp.1-2.

다. 거의 같은 무렵 인도에서도 청년 하나가 인도를 돌아다니며 연설을 하였다. 간디다. 이것이 간디의 유명한 인도발견이다.

## 망명

1911년에 이르러 총독부는 강압정책을 실시하기 시작하였다. 그들은 1885년 이래 25년 동안 서양선교사가 구축해 놓고 기독교와 자유를 가르치는 교육제도가 식민지 정책에 방해물이 된다는 것을 알고 있었다. 이것을 분쇄하지 않으면 그들의 목표가 달성되기 어려울 것이다. 그들이 기독교 박멸 음모를 만들어 낸 것이 105인 사건이다. 한국의 대표적인 종교지도자와 서양선교사들을 날조된 총독암살미수사건에 얽어맸다. 1908년 이래 서양선교사의 치외법권 특혜도 없어졌다. 이승만의 체포도 시간문제가 되었다.

1912년 5월 미국 미니아폴리스에서 세계 감리교 총회가 개최될 예정이었다. 여러 사람들의 도움으로 그는 한국 대표가 되어 여기에 참석하게 되었다. 그는 1912년 3월 26일 자신의 37세 생일날 회의 참석 구실로 미국으로 떠났다. 그러나 언제 돌아올지 모르는 망명길이었다. 연로하신 아버지와도 마지막 작별을 하였다. 아들이 죽은 이후 아내와도 사실상 이혼 상태였다.

## 하와이

세계 감리교 총회가 끝나고 이승만은 갈 곳이 없었다. 박용만의 초청으로 헤이스팅스 대학에 가서 연설을 하였다. 군사교육을 원하는 박용만은 1912년 12월에 하와이 대한인국민회 초청으로 하와이에 온 이래 국민군단을 조직하였다. 오아후 섬의 어느 농장에 병학교 교사를 짓고 1914년 8월 29일에 1백3명으로 시작하였다. 한때 311명으로 증가되었다.[26)]

이승만은 11월에 워싱턴에 가서 은사 윌슨 박사의 대통령 선거를 보았다. 그의 선거구호는 "뉴 프리덤New Freedom"이었다. 그는 대통령에 당선되었다. 최초의 박사 대통령이었다.

이승만은 1913년 2월 3일에 하와이에 도착하여 환영을 받았다. 그의 초청은 대한인국민회 하와이지방총회에 의한 것이지만 하와이 제일감리교회 감리사 와드먼도 원한 일이었다. 이승만이 밀사로 가던 길에 하와이에 들렀다고 앞서 썼다. 그때 와드먼 감리사는 말했다. "우리는 그를 붙잡았으면 좋겠다. 그러나 그는 미국에 가야 한다. 우리는 그가 돌아갈 때까지 기다리자. 그때 그를 붙잡아 두자."라고 말했다.[27)] 이승만이 공부를 마치고 언더우드에게 보낸 편지에 "하와이에 일이 있을 것 같습니다. 정치적 자유와 금전적 약속이 특히 저를 이끄는군요."라고 말하고 있다.[28)] 와드먼이 이번에 그를 붙잡아두는데 성공한 것이다.

도착 즉시 『한국교회핍박』을 집필하여 두 달 만에 탈고 출판하였다. 그 내용은 일제가 날조한 105인 사건을 세계 기독교 국가에게 고발

26) 서대숙, 「한국독립운동사 103」, 『한국일보』 1988년 11월 18일.

27) Oliver, *Syngman Rhee The Man behind the Myth*, p.77.

28) Syngman Rhee ⇒ [H.G.] Underwood(1910.4.19), The Syngman Rhee Correspondence in English 1904-1948, Volume 2, pp.1-2.

한 것이다. 출판과 함께 하와이 동포사회를 기독교 한인사회로 만드는 일을 시작하였다. 첫 번째 활동으로 하와이 8개의 섬에 흩어져 사는 동포들을 방문하는 것이었다. 한국에서 전국을 순회전도하면서 한국을 발견했듯이 하와이 한국사회를 순회전도하면서 또 하나의 한국을 발견하는 것이다. 이 여행에서 이승만은 동포들이 여자애들을 교육시키지 않고 있다는 사실을 보고 충격을 받았다. 부모의 허락을 받아 6명의 여자애들을 데리고 호놀룰루로 돌아와서 감리교 여선교회가 운영하는 수잔나 웨슬리 홈Susannah Wesley Home에 맡겼다. 이때가 7월 말인데 한 달이 지나서 와드먼 감리사가 이승만에게 한인기숙학교 교장직을 제의하였다. 그는 먼저 교명을 한인중앙학원Korean Central School로 바꾸었다. 한국 최초의 남녀공학이다.

이승만이 학교를 맡고 한 학기가 지나자 학생수가 36명에서 120명으로 급증하였다. 이승만에 대한 신뢰와 기대뿐만 아니라 그의 교육이 수월하였음을 반영한다. 여기에 도움이 되었던 것은 그해 12월에 백악관으로부터 윌슨 대통령 딸의 혼인 청첩장이 날아온 것이다. 하와이에서 이 청첩장을 받은 사람은 하와이 총독과 이승만 두 사람뿐이었다는 사실에 이승만의 성가는 높아졌다. 학생 수가 증가하여 학교를 확충할 필요가 생기자 이승만은 모금운동을 하여 이 일을 성사시켰다. 그러나 한인중앙학원은 미국 감리교 소속이었다. 동포의 헌금으로 만들어진 학교재산이 미국 감리교 재단에 귀속되는 것을 깨달은 이승만은 한인중앙학원을 그만두고 한인기독학원Korean Christian Institute을 설립하고 감리교에서 탈퇴하였다.[29] 독립 학교 재단을 설립한 것이다. 한성감옥학교에 이은 또 하나의 학교의 설립이다. 학교 설립정신은 1) 교육적이고 종교적인 학생생활 장려, 2) 한국인의 정체성 확보, 3) 젊은이들의 지도력 양성, 4) 사회교육의 추진이다. 이 학원은 1947년 폐교될 때까지 많은 인재를 길러냈다. 1954년 학원부지 매각대금 15만 달러를 이승만의 뜻에 따라 한국으로 보내 인하공과대학을 설립하는 종자돈이 되었다.

둘째, 한국인의 교회를 설립하였다. 신립교회로 출발하여 한국기독교회가 되었다. 어느 교파에도 속하지 않은 독립교회였다. 앞서 이승만이 감리교를 탈퇴했다고 썼는데 그와 병행한 것이다. 한인기독교회 Korean Christian Church는 한인기독학원의 항구적인 재정을 담당하였다. 한성감옥교회에 이어 이 교회는 이승만이 세운 두 번째 교회가 되었다. 이 두 기관이 이승만의 장기적인 독립운동을 뒷받침해 줄 것이다. 1938년 4월에 광화문 모양의 성전을 건축하였다. 이승만의 민족주의를 대변하는 건축물로 지금도 예배를 드리고 있다.

셋째, 여기에 더하여 『태평양잡지』를 창간하였다. 주간으로 발전하여 『태평양주보』로 제호가 변경되었다. 1970년 폐간될 때까지 58년 동안 하와이 교포의 대변인 노릇을 충실히 하였다. 이승만은 기본이 언론인이었다.

넷째, 대한인동지회를 결성하였다. 이승만은 통합임시정부의 대통령으로 임시정부 교민단령을 공표하였다. 이에 의거하여 대한인국민회 하와이총회가 하와이 대한인 교민단으로 개편되었다. 그리고 3개월 뒤 대한인 동지회를 조직하였다. 그 목적은 현 상해의 임시정부를 옹호하

---

29) 이에 대한 연구에는 1차 사료를 이용한 이덕희, 『한인기독교회 한인기독학원 대한인동지회』, 한인기독교회 동지회, 2008과 이덕희, 『하와이대한인국민회』, 연세대학교 대학출판문화원, 2013가 있다.

며 교포들의 대동단결에 있었다. 이승만이 상해의 임정 지위가 여러 단체들에 의해 흔들리는 것을 목격하고 조직한 것이다. 동지회는 지금도 활동하고 있다.

이 과정에서 군사교육 - 무장독립을 주장하는 박용만과 기독교교육-외교독립을 주장하는 이승만 사이에 다툼이 일어났다. 여러 번 소송으로 이어졌다. 하와이는 두 걸물이 함께 숨쉬기에는 너무 좁았다. 동지가 숙적이 되었다. 결국 박용만이 하와이를 떠났다. 하와이는 미국 속의 한국이며 이승만의 기나긴 독립운동의 기지가 되었다. 그는 기회가 무르익기를 기다렸다. 하와이 5천여 명 교민이 없었다면 이승만도 없고 임정도 없다.

## 2. 삼일운동

### 전조

이승만이 1913년부터 1918년까지 하와이에서 미국 속의 한국을 만들어 가고 있을 때 한국은 일본의 총독정치 밑에 어려운 시기를 보내고 있었다. 특히 토지정리 사업은 많은 한국 농민을 농토 없는 소작인으로 만들었다. 많은 사람들이 남부여대하며 만주로 떠났다. 이 시기는 일제가 조선을 영원한 식민지로 만들기 위하여 이민정책을 획책하던 때와 겹친다. “조선에는 아직도 2천만 인구를 이식할 수 있다. 국경에 출몰하는 서적鼠賊을 걱정할 것 없이 해마다 내지[일본]으로부터 [조선으로] 드려 미는 것이 양책이다.”[30] 1928년 일본의 각 성은 조선총독부와 협의하여 "1. 조선인은 될 수 있는 한 조선에서 화전 관개 등의 사업에 종사케 할 방침을 취할 일. 2. 만면한 도항을 제한할 일. 3. 조선인 특유의 직업소개소를 신설하지 않을 일" 등을 새로이 정하였다고 한다.[31] 그 목표는 일본인의 조선유입은 장려하며 조선인의 일본유입은 막고 조선에 남은 조선인의 동화시키는 정책이다. 여기에 더하여 일제 치하를 요약한 "3재(인재, 지재, 관재) 8난(생활난, 취업난, 어학난, 여행난, 언론난, 기업난, 금융난)의 민생" 가운데 하나인 토지를 빼앗겨(지재) 만주로 떠나는 조선인에게는 일본국적법에 적용되지 않아 국적을 포기할 수도 없게 만들어 만주에서 중국국적 취득도 어렵게 만들었다.[32] 사실상 유민을 만든 것이다. "경성은 토지로는 겨우 1할 7분강 자본으로는 겨우 5분강 정도를 조선인이 소유하고 이외에는 전부 일본인이 소유하였다." "전 조선의 경지의 3분의 1이 일본인의 소유에 속하였고 다른 3분의 1이 척식회사와 식산은행에 저당되었다." "수천년래로 세전하던 토지를 이렇게 이민족에게 돌린 예는 역사상으로는 일찍 애란아일랜드]에 있었다. 그런데 어떤 의미로 보아 조선인의 사정은 애란인의 사정 이상으로 절박하다."[33]

한편, 새로운 사립학교법으로 기독교교육을 금하자 많은 기독교선교학교가 문을 닫았다. 삶의 터전과 교육의 기회를 빼앗기고 자유를 박탈당한 한국인들이 고종황제의 붕어를 보고 드디어 독립선언을 하였

---

30) 『동아일보』, 1924년 5월 29일.

31) 『동아일보』, 1924년 1월 18일

32) 『동아일보』, 1924년 3월 10일.

33) 『동아일보』, 1924년 2월 24일.

다. 기미 독립선언이다.

삼일운동은 한국역사에서 시대구분의 이정표이다. "삼일운동은 이를 우리의 경제사적 국면에서 집약해 볼 때, 때는 바야흐로 일본의 후진 자본주의가 제국주의 본연의 경제적 지배체제를 식민지 한반도 위에 강요하고 그 본원적 수탈과정으로부터 개발자본의 본격적 이식과 그 침투력의 확대강화를 위한 신체제로 이행하는 관두에서 발발하였다."[34]

청국에서 독립하려고 소수의 지식인들이 갑신정변을 일으켰다. 백성의 지지를 받지 못해 실패하자 독립협회의 자주독립 계몽운동은 이 실수를 만회하려 하였다. 그러나 수구파에 의해 좌절되었다. 그러나 자주독립정신은 죽지 않았다. 갑신정변의 서재필이 독립협회를 조직하였고 삼일운동의 독립선언서 서명 33명 가운데 8명이 독립협회 회원이었다. 그 정신이 면면히 이어져 내려온 결과이다. 그것은 독립정신이다. 삼일운동은 민족이 하나가 되어 일으킨 한국 역사의 전대미문의 혁명이 되었다.

이처럼 삼일운동은 하루아침에 일어난 것이 아니었기에 그 전조가 없지 않을 수 없다. 그런데 삼일운동의 기원에 이승만이 세 갈래로 기여하였다고 문헌은 가리키고 있다. 1918년 11월 11일 제1차 세계대전이 종결되었다. 이때부터 다음해 4월까지 숨 막히는 사건의 연속이 일어났다. 제일 먼저 그 의미를 이해한 사람이 이승만이다. 그는 윌슨 대통령의 민족자결주의의 의미를 알았다. 자신의 학위논문에 기초하여 윌슨이 강화회의에서 식민지문제를 해결하여 칸트의 영구평화

34) 김준보, 『한국자본주의사연구 I』, p.1.

를 구현해 보려 하리라 예측하였다. 이 기회를 붙잡아 한국의 독립 문제를 해결할 가능성을 보았다.

이승만은 그 해 10월 경 자신의 복안을 마침 하와이를 방문하고 있던 미국인 의료선교사 샤록스Alfred Sharrocks 박사를 통해 국내 지도자들인 함태영, 양전백, 송진우 등에게 알려 국내에서 결정적인 대일 혁명을 일으킬 것을 주문하였다.[35]

이것은 마사리크가 사용한 방법이다.[36] 미국은 결정적 순간에 마사리크에게 그의 외교활동을 뒷받침해줄 수 있는 체코 내부의 혁명을 주문하였다. "스스로 싸우지 않으면 누가 싸워줄 것인가?"의 철학이다. 그래서 일어난 것이 프라하 혁명이었고 마사리크는 필라델피아에서 체코슬로바키아 독립선언을 할 수 있었다.

이승만도 동일한 방법을 구상한 것이다. 샤록스는 일찍이 서울 제중원에서 일하다가 평북 선천으로 옮겨 미동병원 원장이 되었는데 양전백이 같은 도시의 신성중학교에서 가르치고 있었다. 그는 기미독립선언서 33명 서명자 가운데 한 사람이 되었다. 함태영은 뒷일을 책임지는 48인의 한 사람이 되었다.

## 동경 독립선언

11월 11일(1918년): 제1차 대전 종전. 이승만만 움직인 것이 아니다. 윌슨의 민족자결주의에 자극을 받은 여러 피압박 민족의 지도자들

35) 유영익, 『이승만의 삶과 꿈』, 1996, p.134.

36) Masaryk, *The Making of A State*, 1927.

도 이 기회를 놓치지 않았다. 12월 14일에 뉴욕에서 소약속국 동맹회의 제2차 회의의 개최가 그것이다. 여기에 한국, 인도, 스코틀랜드, 폴란드, 그리스, 아일랜드, 페르시아, 우크라이나, 리투아니아, 알바니아, 체코 등이 참석할 것이다

11월 16일(1918년): 대한인 국민회는 소약속국 동맹회 제2차 회의에 한국 대표로 이승만, 민찬호, 정한경을 파견하기로 결정하였다. 여기에 더하여 파리 강화회의에 이승만과 정한경을 파견하기로 결정하였다. 때마침 하와이 교민들도 이승만에게 한인기독학원 일에서 잠시 손을 떼고 파리강화회의에 참석할 것을 권유하였다.[37]

11월 25일: 이승만, 민찬호, 정한경 세 사람 이름으로 파리강화회의에 참석 중인 윌슨 대통령에게 독립 청원서를 보냈다.

12월 15일: 동경에서 미국인이 발간하는 영문신문 『재판 어드버타이저 Japan Advertizer』가 "한국인들 독립을 주장"이라는 기사를 냈다. 당시 이 신문의 특파원 가운데 한 사람이 언더우드Horace Horton Underwood(1890-1951)였다.[38] 그는 연희전문 설립자 언더우드 박사의 아들이다. 그는 삼일운동의 보복으로 일제가 방화로 몰살시킨 제암리 사건을 취재하였다. "미일인 공동소유의 『재판 애드퍼타이저』는 한국에 특파원을 보냈던 바, 그는 지극히 가치있는 보도를 하였다."라고 매켄지는 기록하였다.[39]

12월 18일: 『오사카아사히大阪朝日新聞』에 "민족자결을 인정하라"는 제목의 기사가 크게 났다. 그런데 신비로운 것은 당시 백관수, 전영택,

---

37) 유영익, 『이승만의 삶과 꿈』, 1996, p.134.

38) McKenzie, *Korea's Fight for Freedom*, p.188.

39) McKenzie, *Korea's Fight for Freedom*, p.222.

김도연 등 동경유학생들이 이러한 기사들이 모두 이승만의 활동이라고 생각했다는 점이다.[40] 그렇게 착각한 이유는 밝혀지지 않고 있다. 이때 이승만 당사자는 하와이에서 본토로 나오려고 애쓰고 있었다. 당시 본토여행을 하려면 여권이 필요한데 이승만이 일본영사관에 여권을 신청할 수 없는 노릇이었다. 결국 하와이 고위관리의 도움으로 이민국의 허락을 받아 샌프란시스코에 도착한 것은 1919년 1월 15일이었다. 이 사실을 모르는 동경유학생들은 이승만 신화에 자극을 받아 움직이기 시작하였다.

12월 29일: 간다神田에 있는 조선기독교청년회관에서 동경유학생들이 송년회로 모여 독립운동의 실천방안에 대해 논의하였다.

1월 7일 (1919년): 조선기독교청년회관에 다시 모였다. 경찰이 이들을 강제로 해산시키고 여러 명을 잡아갔다.

1월 26일: 『뉴욕 타임스』일요판 잡지에 이승만이 윌슨에게 보낸 독립 청원서가 크게 게재되었다. 작년 11월 25일에 보낸 것이 이제 실린 것인데 그 경위는 알려지지 않았다.

2월 8일: 동경유학생이 조선기독교청년회관에 모였다. 그날 30년 만에 큰 눈이 왔지만 동경유학생 642명 가운데 580명이 모였다.[41] 당시 경찰이 엄히 감시했는데 비밀이 새지 않았다. 이광수가 작성한 독립선언문을 백관수가 낭독하였다. 28독립선언문이다. 선언문에는 한일합병이 한국민족의 자유의지에 의한 것이 아니므로 무효라는 점을 밝혔다. 한국은 자유로운 독립국가인고로 민족자결주의가 허여되어야 한다

40) 손세일, 『이승만과 김구 1-3』, pp.429-437.

41) 韓永大, 『柳宗悦と朝鮮』, 東京: 明石出版社, 2008, p.166.

고 선언하였다.42) 김도연이 결의문을 낭독하자 장내는 "감격의 울음바다가 되었다."43) 경찰은 강제 해산시키고 60명을 체포하여 눈길에 끌고 갔는데 그 가운데 주모자 29명을 구치하였다. 이 선언문은 "재일동경조선청년독립단"이라는 이름으로 작성되었다. 주요 지도자는 최근우, 서춘, 김도연, 백관수, 송계백, 최팔용, 김철수 등이다.

### 서울 독립선언

이승만의 부탁을 받은 샤록스가 양전백과 함태영에게 전했는지 확인되지 않는다. 그러나 그들은 그 무렵 기민하게 움직이고 있었다. 한편 최근우는 거사 전에 28독립선언문을 학생모자 속옷감에 써서 보이지 않게 다시 뒤집어서 재봉한 뒤 송계백과 함께 국내로 들어왔다. 송계백은 중앙고보 선배인 현상윤을 찾아가 보고하고 선언서를 전했다. 현상윤은 다시 이것을 최남선에게 보여주었다. 현상윤은 다른 한편 이 사실을 보성학교 교장 최린에게 알렸고 최린이 천도교 교주 손병희에게 보고하였다. 서춘 역시 거사 직전 평양으로 은사 이승훈을 찾아갔다.44) 동경유학생 동태를 자세히 보고하였다. 이승훈은 서울로 올라가서 이상재를 만났다.45) 이승훈, 이상재, 현상윤, 박승봉이 상의하였다.

2월 11일: 이승훈은 최린, 최남선의 부름을 받고 서울에 와서 참여

42) 韓永大, 『柳宗悅と朝鮮』, 東京: 明石出版社, 2008, p.166.

43) 손세일, 『이승만과 김구 1-3』, p.441.

44) 韓永大, 『柳宗悅と朝鮮』, 東京: 明石出版社, 2008, 168頁.

45) 전택부, 『월남 이상재의 생애와 사상』, 288쪽.

할 것에 동의하였다. 여기에 불교대표를 초청하여 한용운과 백상규가 합세하였다. 유림은 대표가 불분명하고 시간도 없어서 제외하였다. 이렇게 해서 기독교, 천도교, 불교가 합의를 보았다. 거사일은 3월 1일. 이틀 후 3월 3일은 고종의 국장일이다. 수많은 백성이 상경할 것이다. 독립만세를 부르고 고향에 가서 이 소식을 전하며 또 독립만세를 불렀다. 일본관헌은 이것을 총칼로 탄압하여 5만2천명의 사상자가 발생했다.[46] 10만 명 이상이라는 보고도 있다.[47] 그 후 사건전개는 잘 알려져 있어 생략한다.

이승만의 신화가 촉발시킨 동경유학생의 독립선언은 서울의 지식인 및 종교지도자의 독립선언을 거쳐서 모든 백성의 독립선언으로 이어져 4월 29일까지 60일 동안 계속 되었다. 수감된 사람의 직업을 보면 농민이 58퍼센트로 가장 많았다. 고종황제의 붕어가 촉발했지만 토지를 빼앗긴 농민들의 10년 묵은 불만의 폭발이었다. 삼일운동을 전후하여 소작쟁의가 빈번해졌음이 그 증거이다.[48]

## 필라델피아 독립선언

이승만에 의해 시작된 국내 독립선언의 물결이 그 전국적 규모를 멈추게 될 즈음 필라델피아에서 독립이 선포되었다. 그 시작도 이승만

46) 韓永大, 『柳宗悅と朝鮮』, 東京: 明石出版社, 2008, 142頁.

47) 山辺健太郎, 『日本統治下の朝鮮』, 岩波新書, 1971, 韓永大, 『柳宗悅と朝鮮,』 東京: 明石出版社, 2008, 142頁에서 재인용.

48) 김준보, 『한국자본주의사연구 I』, 1974, 제1장 제4절.

이다.

2월 13일(1919년): 이승만과 정한경은 일본의 방해로 국무성으로부터 출국허가를 받을 수 없어서 파리강화회의 참석에 실패하였다. 이승만은 차선책으로 일시 귀국하는 윌슨 대통령을 회견하려고 노력하였지만 이 역시 허사였다. 그 이유는 아마도 "한국문제는 이번 전쟁과 상관없는 일"이었던 탓이다. 또 파리강화회의에서 다른 열강으로부터 자신의 국제연맹안과 위임통치안에 동의를 얻으려는 윌슨에게 일본의 협조도 중요했을 것이다. 이승만은 병기가 있어 입원하였다. 이때 이승만은 어떤 발상을 하였다. 필라델피아에서 한인회의를 개최하고 독립관까지 행진을 하여 한국의 독립의지를 세계에 알리자는 것이다. 이곳은 미국 독립전쟁 때 대륙회의가 열린 곳이다. 아마 이승만은 이 발상을 체코 대통령 마사리크에서 얻은 듯하다. 바로 4개월 전 체코슬로바키아의 마사리크가 이곳에서 독립을 선포하고 독립관에서 기념사진을 찍었다. 이승만과 정한경은 서재필과 상의하여 준비에 착수하였다. 그때의 행사를 필라델피아 신문이 취재하였다. "체코슬로바키아가 몇 개월 전에 그러했듯이, 오늘 자신들의 조국의 독립을 선포하기 위해 독립관에 모인 한국 대표들"은 사진을 찍었다.[49)]

3월 8일: 이승만은 퇴원을 한 후 자신이 제안하고 준비한 한인회의를 개최하려고 워싱턴을 떠나 필라델피아로 갔다. 그곳에서 서재필이 전보를 보여주었다. 그것은 안창호가 보낸 것이다. 국내에서 독립을 선언했다는 놀라운 소식이다. 독립의 불꽃이 타올랐다. 이 불씨가 꺼지

---

49) *First Korean Congress*, 1919, p.74.

지 않도록 역경을 견디는 일이 이승만의 임무가 되었다.

4월 14일: 한인 대표들이 필라델피아 리틀 시어터Little Theater에 모여 제1차 한인회의First Korean Congress를 개최하였다. 이 회의는 3일간 계속될 것이다. 모든 회의는 기도로 시작하였다. 여기서 다섯 가지가 채택되었다. (1) 대한민국 임시정부에 보내는 교서, (2) 미국에 보내는 호소, (3) 한국인의 열망과 목표, (4) 사려 깊은 일본인들에게, (5) 미국 대통령과 파리강화회의에 보내는 임시정부 승인 청원서 등이다. 회의 마지막 날에 기미독립선언서를 영어로 낭독하였다.

회의에서 이승만이 동의한 「미국에 보내는 호소」에서 "우리들은 미국국민의 지원과 동정에 호소한다. 그 이유는 여러분이 정의를 사랑하고 자유와 정의를 위해 투쟁한 것이 기독교와 인류애에 입각했다는 것을 우리들이 알기 때문이다. 우리들의 주장은 하나님과 인류의 법 앞에 떳떳한 것이며, 우리가 바라는 것은 군사적 압제에서 자유롭게 되는 것이고 그 목표는 아시아의 민주주의이며, 우리들이 희망하는 것은 보편적인 기독교이다."[50] 이 글에서 이승만은 1882년에 체결한 한미우호통상조약 제1조 제2항을 언급하면서 미국이 일본에 대하여 양심적인 개입을 기대하고, 평화회담에서 윌슨 대통령이 제안한 국제연맹에 대해서 관심을 나타내고 있다.

이승만이 동의한 또 하나의 공개서한 「사려 깊은 일본인들에게」에서는 "여러분의 정부는 지금은 파괴되고 사라진 유럽의 전제정치에 의해 길러진 잘못된 이상과 탐욕의 야심을 향유하고 있다. … 지금처럼

---

50) An Appeal to America. *First Korean Congress*, Philadelphia 1919, pp.29-30. 李省展, 『アメリカ人宣教師と朝鮮の近代』, 2006, 203-4頁.

프러시아 형의 이기적인 정책을 계속한다면 여러분의 나라는 여러분이 모범이라고 여기는 유럽국이 밟은 길을 따라가서 똑같은 운명을 맞을 것이다."[51]라고 예언을 하고 있다.

"사려 깊은 일본인" 가운데 하나가 5월 20일-24일 『요미우리신문讀賣新聞』에 「조선인을 생각한다.」라는 제목 하에 "일본의 무력지배를 비판하고 조선 독립을 이해한다."라는 요지의 글을 썼다. 그가 야나기 무네요시柳宗悅이다. 이 글은 다음 해 4월 12일에 『동아일보』에 한글로 번역되어 실렸다. 최근우와 서춘은 동경고등사범 3학년에 재학 중이었는데 교장이 야나기柳宗悅의 숙부 가노우嘉納이었다. 야나기는 2살 때 아버지를 여의고 숙부를 아버지처럼 따랐다. 최근우와 서춘의 거사가담은 즉시 교장에게 보고되었다. 이 사실을 야나기도 알았을 것이다.

평화적인 회의를 진행하면서 서재필은 한국인의 군사적인 현황을 보고하는 것을 잊지 않는다.

> [제정]러시아 정부에 의해 무장한 삼 만 명의 한국인이 린 장군 지휘 하에 [제1차 대전의 러시아] 동부전선에서 싸우고 있으며 러시아 정부가 해체되자 그들은 체코슬로바키아 포로들과 함께 시베리아로 이동하면서 볼셰비키와 싸우고 있다. 동부전선에서 체코슬로바키아 또는 다른 민족만큼 많은 한국인이 싸움터에서 목숨을 바쳤다는 것은 사실이다.[52]

---

51) To the Thinking People of Japan. *First Korean Congress*, Philadelphia, 1919. p.45. 李省展, 『アメリカ人宣教師と朝鮮の近代』, 2006, 203頁.

52) *First Korean Congress*, Philadelphia, 1919, p.16.

체코슬로바키아 독립을 적극적으로 돕고 있던 밀러 교수도 한국인의 군사적 경험을 보고하였다.

> 내[헐버트 밀러 교수]가 체코슬로바키아의 자연적 양심의 역사에 크게 주목한바 여러분들[한국인들]이 그들[체코슬로바키아]과 함께 [제1차 세계] 대전에 관계하였다는 것은 뜻밖이다.[53)]

이것은 체코슬로바키아의 경험을 따르는 것 같다. 마사리크의 외교독립을 강화하는 방법으로 체코슬로바키아 반공포로군단의 활약을 크게 선전하여 세계의 이목을 받았다. 미국은 여기에 더하여 체코국민의 지지를 나타내는 시위를 권유하여 국내에서 프라하 혁명이 일어났다. 한국의 경우 삼일운동이 먼저 일어나고 외교독립운동에 불을 댕겼으므로 군사적인 역할이 필요하게 되었다. 그것이 체코슬로바키아 반공포로군단과 연루되었다.

한편, 이승만의 기자 친구 매켄지는 한국인이 앉아서 독립을 요구하는 것이 아니라 미국 사회에 기여하는 바를 자신의 책에 썼다.[54)]

> 하와이 제도에는 5만[sic]명의 한국인이 있는데 대개 노동자로 가족과 함께 사탕농원에서 일하고 있습니다. 그들은 자녀들을 위하여 이십육 개의 학교를 세웠고, 교육비로 일 년에 매인당 20달러씩 갹출하고 있습니다. 교회가 열여섯이나 되고, 대전 중 8만 달러에 해당하는 자유공채를 샀으

53) *First Korean Congress*, Philadelphia, 1919, p.19

54) McKenzie, *Korea's Fight for Freedom*, p.227.

며, 적십자사에 기부를 아낌없이 했습니다. 하와이에 있는 한국인 중, 일부는 자원하여 출전하였습니다. 러시아군에 입대하여 린 장군 휘하에서 싸우다가, 체코슬로바키아 포로들과 연합하여 재무장한 독일군 포로 및 볼셰비키들과 싸웠습니다.

이것은 장차 제2차 대전시 미국에 무기대여를 요구하는 근거가 되었다. 이승만은 끈질기게 요구하였지만 거부되었다.

5월 12일: 일본으로부터 자유를 요구하는 한국인들의 파리 청원서가 평화회의에 제출되었다. 청원서는 1910년 한일합병조약의 무효와 독립국가로서 한국의 승인을 요구하고 있다.[55]

5월 12일: "대한민국 임시정부의 비서secretary 이승만이 윌슨 대통령과 클래망소 총리에게 보낸 서한에서 평화회의가 한국의 독립요청을 승인할 것을 촉구하며, 4인회의가 파리에 가 있는 임시정부 대표를 접견할 것을 요구했다."[56] 여기서 이승만을 비서라고 표한 것이 흥미롭다. 그 서한은 "스스로의 선택으로 자유롭고 완전한 독립정부를 갖는 것이 한국인의 만장일치이며 열렬한 소망이다. 그러한 정부가 아니면 우리는 자유기독교국가로 발전할 수 없다고 믿는다."고 전한다. "한국인은 그들의 임시정부 이외에 다른 모든 현존하는 당국에게 저항할 것을 엄숙히 맹세하였다. 한국인에게 비도덕적이고, 불법적이며, 자기들 멋대로 임명한 당국에게 강제로 복종케 하는 것은 잔인한 수단뿐이다. 잔혹한 수단으로 독립운동을 무차별하게 억압하고 있다고 전하는 것이

55) *New York Times*, May 13, 1919.

56) *New York Times*, May 13, 1919.

유감이다. 당신들의 명예로운 기관이 거중조정을 하여 그들이 불법으로 강탈한 땅에서 그러한 비인도적인 행동을 단념하게 해주길 임시정부는 희망한다. 그것은 분명 현대문명의 오점이며 국제연맹이 성찰해야 할 부분이다."

5월 23일: 양유찬은 뉴욕 소재 국제필름서비스회사International Film Service Co.의 보스턴 사무소로부터 한 통의 편지를 받았다.

> 동봉하는 $2.50의 영수증입니다. 그것은 "한국인들을 처단하는 일본인"의 사진의 사용료로 귀하가 우리에게 보낸 3달러 50센트의 정산입니다. 귀하가 이미 사용료를 지불했으므로 이[승만]박사에게 이 사진의 출판권에 관해서 편지를 쓸 필요는 없습니다. 뉴욕 사무소에 이 사진들과 비슷한 사진들이 있는지 묻는 편지를 이미 보냈는데 그렇다면 귀하에게 즉시 보내겠습니다. 국제필름서비스회사, 보스턴 책임자, 조지 에스. 우드러프.

여기서 이박사는 Dr. Rhee라고 표기하는 것으로 보아 이승만을 가리킨다. 이 편지는 이승만이 필라델피아 제1차 한인회의를 끝내고 즉시 삼일운동에 대한 홍보 선전에 돌입했음을 의미한다. 국제필름서비스회사에는 이미 사진기자, 선교사 등이 보낸 참혹한 사진이 속속 도착하고 있었다.

### 독립조건

독립을 선언하였지만 열강으로부터 독립 승인을 받는 것은 다른 문제이다. 그것이 정의가 아니라 능력에 준거한다는 것이 이승만 학위논문의 결론이다. 그 능력이란 무엇인가. 독립의 조건을 묻는 것이다. 가장 중요한 것은 미국의 독립 승인 정책에 대한 확실한 이해이다. 이러한 정확한 이해가 뒷받침 되지 않으면 독립운동의 올바른 방향을 정할 수 없기 때문이다. 이승만은 하나의 민족이 독립을 하는데 있어서 "칸트의 미국" 주도하에 국제적인 승인조건을 탐구하였다. 그것은 자유국가연합의 질서에 편입되는 하나의 민족이 독립의 권리를 확보하기 위해서는 독립정부에 대한 책임 있는 의지와 독립을 유지할 수 있는 통상교섭 및 조약체결의 수행능력이었다. 이승만은 미국 독립전쟁 중인 1778년에 프랑스가 미국과 우호통상조약과 방위동맹 조약을 체결함으로써 "미국 독립을 공개적으로 승인하였다"는 점을 강조하고 있다. 한국독립 이후 미국과 우호통상조약과 방위조약의 중요성에 대한 이승만의 끈질긴 노력은 여기에 연유한다.

앞서 지적한대로 미국의 관심은 되도록 많은 식민지가 독립되어 미국의 통상 상대가 되는 것인데 과연 국가가족의 일원으로 되는 책임 있는 정부로서의 그들의 자격을 묻지 않을 수 없었다. 특히 칸트는 타국을 간섭하지 말라는 영구평화 금지조항 5에 그 국가가 무정부상태에 있을 때에 한하여 간섭의 명분을 터주었다. 이것을 미국은 국제질서하에 책임 있는 정부가 되지 못하는 경우로 해석하였다. 중요한 예를 들자면 제1차 대전의 와중에 미국은 식스투스 사건Sixtus Affair을 일으킨 오스트리아-헝가리 제국을 책임 있는 정부라고 여기지 않게 되는 즉시 제국 해체의 방향으로 외교정책을 변경하였다.[57] 조선에서 일어난 동학란을 정부군이 진압하는 정세와 이를 간섭에 기회로 삼아 일어난 청일전쟁을 당시 조선과 조약을 맺은 외국, 특히 미국이 조선정부를 책임 있는 정부로 보았는지 또 그 정부와 맺은 조약을 준수할 의무에 의문을 품었는지 살피는 것은 흥미로운 일이다.[58)]

돌이켜 볼 때 국가가족에 편입되려면 칸트의 세 가지 의무조항을 실천할 수 있는 국가의 자격을 갖추어야 한다는 사실을 알 수 있다. 이때 칸트가 기대하는 대로 자유국가연합 질서를 주도할 수 있는 국가가 미국이었다. 따라서 미국이 과거에 독립을 승인한 국가들의 사례를 조사하여 미국의 외교 원리를 추적한 것이 이승만의 학위논문이다. 특히 남미 제국의 독립을 미국이 승인하는 과정을 추적하였다. 이제 이승만의 마음속의 질문은 삼일운동 같은 대사건을 맞이하여 자신이 공부한 것을 한국에 어떻게 반영하겠는가.

1919년 국내 삼일운동에 이어 미국 필라델피아에서 제1차 한인의회First Korean Congress가 개최되었다. 여기서 "한국인의 희망과 목표 Aims and Aspirations of the Korean People"라는 제목 하에 10개의 종지 Cardinal Principles를 채택하였다. 이것은 새로운 국가 건설의 헌법대강이었다. 여기에 칸트의 의무조항이 모두 포함되어 있다.

(1) 우리는 백성으로부터 권리가 나오는 정부를 믿는다. 따라서 정부는

57) Masaryk, *The Making of A State*, p.202; Keleher, "Emperor Karl and the Sixtus Affair," *East European Quarterly*, June 1992, p.172; Lansing, *War Memoirs*, New York, 1935, pp.267-268; Marholeva, *Nationalism, Federalism, Universalism, Tomas Garrigue Masaryk in a Hapsburg Context*, MA Thesis, Central European University, Budapest, pp.72-73.

58) 이 부분의 단서가 『청일전기』에 있다.

백성의 뜻에 따라야만 한다.

(3) … 우리는 보통선거로 지방의원을 선출하고 그 의원들이 국회의원을 뽑는 제도를 제의한다. 입법부는 행정부와 협력하고 그들은 법률 제정권을 갖고 국민에게 책임을 진다.

(4) 대통령은 국회에서 선출하고 대통령은 각료, 지사, 그밖에 주요 정부 관리를 임명한다. 여기에는 외무 관리도 포함된다. 대통령은 외국과 조약을 체결하는 권한을 가지며 상원의 비준을 책임진다.

(6) 우리는 모든 국가와 자유통상을 믿는다. 모든 조약국의 시민에게 통상과 산업을 진흥하는 기회균등과 보호를 제공한다.

(9) … 우리는 세계 여러 나라와 민주, 기회균등, 합리적 경제정책, 모든 나라와 자유 교류의 원칙을 믿는다.

(10) 우리는 매사에 행동의 자유를 믿되, 그것이 다른 나라 국민의 권리에 간섭이 되지 않고 다른 나라의 법률과 이익과 상충되지 않도록 한다.

처음 1항과 3항은 입헌공화정을 제의하여 칸트 의무조항 1과 부합한다. 9항의 세계 국가와 자유교류free intercourse with the nations of the world가 칸트 의무조항 3과 합당하다. 6항의 모든 국가와 자유통상이 칸트 의무조항 3의 보장보록에 해당한다. 10항은 칸트 금지조항 5를 가리킨다. 이것은 또한 10항에서 다른 나라의 법률과 상충하지 않는 것은 국내법보다 우선하는 국제법에 기초한다는 의미로서 자유국가연합을 전제하므로 칸트 의무조항 2에 부합한다.

그러나 나머지 항 (2항, 5항, 7항, 8항)은 독립직후 과도기적 특수 사정을 감안한 것이다. 특히 제2항은 “우리는 할 수 있는 데까지 미국의 정체를 모방한 정부를 세우는 것”을 원칙으로 하되, “앞으로 오는 10년 동안에는 필요한 경우에 따라 권력을 정부에 더욱 집중하며 또 국민교육이 발전하고 자치상의 경험이 증가하면 그에게 관리상 책임 있는 권리를 허락할 것”을 제의하였다. 이승만의 건국초기 10년 집권은 여기에 근거를 두었을지 모른다. 그를 위하여 국민의 종교자유 (5항)와 교육 (7항)과 보건 (8항)을 강조하였다. 이 종지에는 외교의 중요성이 생각보다 두드러지지 않다. 당시 의장이었던 서재필이 참석자들에게 단어 하나하나를 심의할 것을 요청하였으나 시간부족으로 그렇게 하지 못한 것 같다.

이 종지는 이승만이 찬성을 했지만 기안한 것은 아니었다. 이승만 자신이 작성한 헌법안은 그가 임시정부 대통령에 추대된 사실을 통보받은 후이다. 이 문건은 자신이 구미위원부 위원장으로 임명한 김규식과 공동으로 발표한 것이다. 그는 이 『독립운동지속서 Proclamation and Demand for Continued Independence of the Korean Nation 1919』로 대한민국의 정체성을 전 세계에 알리려고 하였다. 먼저 이승만은 미국 독립선언문의 제 원칙을 따른다고 선언하였다. 윌슨을 설득하기 위해 미국을 방문한 마사리크도 게티스버그 전투 묘지에서 동일한 감회를 가졌다.

> 우리 체코슬로바키아 국가를 미국을 닮게 만들겠다는 생각으로 내 마음은 꽉 찼다.[59)]

한 마디로 '칸트의 미국'을 모범으로 삼았다. 마사리크는 독립 직후 프라하 역을 우드로우 윌슨 역으로 개칭하고 그곳으로 고국 땅을 밟고 개선하였다. 이승만은 이보다 더 구체적이다.

> 우리는 근대적 민주주의의 이상을 수용하였고 앞으로 그것을 고수할 것이다. 우리는 미국 민주주의의 여러 원칙과 윌슨 대통령이 세계대전 당시에 공표한 [민족]자결주의를 수용하고 이에 동의한다. 우리는 워싱턴, 제퍼슨, 및 링컨 등에 의해 설파 유지된 미국 독립선언서의 제 원칙을 인정하고 수용한다.[60]

칸트의 미국을 전제한 다음 전개되는 대한민국 헌법의 기본원칙은 미국 독립선언문 보다 더 구체적으로 칸트의 영구평화조약을 담고 있음을 한 눈에 알 수 있다. (괄호는 상해 대한민국 임시헌장이다.)

(1) 대한민국의 국체는 공화국이다. [제1조. 대한민국은 민주공화제로 함.]
(2) 대한민국의 정체는 대의제이다. [제2조. 대한민국은 임시정부가 임시의정원의 결의에 의하여 차를 통치함.]
(3) 대한민국은 종교와 양심의 자유를 보장한다. [제3조. 대한민국의 인민은 남녀귀천급 빈부의 계급이 무하고 일체 평등함.]
(4) 대한민국은 언론의 자유와 소청의 권리를 인정한다. [제4조. 대한민

59) Masaryk, *The Making of A State*, p.213.

60) 유영익, 「대한민국임시정부 수반 이승만의 초기 행적과 사상」, 유영익 외, 『이승만과 대한민국임시정부』, 연세대학교 출판부, 2009, 31-32쪽.

국의 인민은 신교 언론 저작 출판 결사 집회 신앙 주소 이전 신체급 소유의 자유를 향유함.]

(5) 귀족의 특권은 폐지한다. [제5조. 대한민국의 인민으로 공민자격이 유한자는 선거권급 피선거권이 유함.]

(6) 교회와 국가는 완전히 분리한다. [제6조. 대한민국 인민은 교육 납세급 병역의 의무가 유함.]

(7) 국가의 안보와 독립 그리고 주권을 보전할 목적으로 상비군 대신 민병대를 유지한다.[제7조. 대한민국은 신의 의사에 의하여 건국한 정신을 세계에 발휘하며 진하여 인류의 문화 급 화평에 공헌하기 위하여 국제연맹에 가입함.]

(8) 소수민족들의 권리를 보호한다. [제8조. 대한민국은 구황실을 우대함.]

(9) 독립된 사법부를 설치한다. [제9조. 생명형 신체형 급 공창제를 전폐함.]

(10) 교육을 특별히 장려한다. [제10조. 임시정부는 국토회복 후 만 1개년 내에 국회를 소집함.]

(11) 사회풍속을 정화한다.

[12] 대한민국은 세계 여러 나라와 [각종] 업무를 처리함에 있어 정의와 공평의 원칙을 따르며, 아시아와 전 세계의 평화를 도모하고, 열국과의 조약은 원칙적으로 비밀외교가 아니라 공개적이고 솔직한 협상을 통해 체결할 것이다.

제1항-2항 및 5항과 9항은 칸트 의무조항 1을 확대한 것이다. 제3항-4항 및 6항과 8항은 칸트 의무조항 2의 각 민족의 고유한 종교와 언어를 존중함을 반영한다. 마지막[제12항]은 칸트 의무조항 2와 3 및 보장

보록의 연장이다. 특히 공개외교는 칸트 금지조항 1을 따르고 있다. 마사리크도 같은 견해이다. "오스트리아 외교뿐만 아니라 모든 외교는 낡았다. 그것은 절대주의였고, 비밀주의였으며, 형식주의였다. 이 분야에도 민주주의가 필요하다. 공적이고, 공개적이며, 문화적이고, 실제적이어야 한다."[61]

第7항은 칸트 영구평화 금지조항 3에 해당하는데 이승만의 평화주의를 나타내는 대표적인 문구이며 그가 칸트를 이해했다는 증거이기도 하다. 특히 이에 대하여는 이 문건을 발표하고 이승만은 수개월 후에 프린스턴 대학에서 강연을 하였고 이것이 신문에 게재되었다.

> 사기, 왜곡 그리고 탐욕은 개인의 사업을 망칠 뿐만 아니라 한 나라의 정부도 망치는 법입니다. 그러므로 일본이 [한국에서 자행한] 행위를 악의나 증오감 없이 공명정대하게 폭로하는 것은 한국인의 의무입니다. 우리가 [일본의] 만행을 만행으로 대항하였더라면 우리는 외부 세계의 동정을 받을 수 없으려니와 받지도 못하였을 것입니다.[62]

이 연설은 이승만의 외교독립운동의 정수를 보여주며 왜 평화 시에 무력투쟁을 기피 하는지 그 이유를 설명하고 있다. 특히 보복을 피함으로써 또 하나의 전쟁을 막아 일시평화가 아닌 영구평화를 요구하는 칸트의 금지조항 6을 따르고 있다는 증거라 할 수 있다.

---

61) Skilling, *Against the Current 1882-1914*, p.133.

62) *The New State Gazette*, October 14, 1919. 유영익, 『이승만의 삶과 꿈』, 34쪽에서 재인용.

## 3. 외교독립

### 『청일전기』

이승만의 외교독립노선의 원거를 찾는 것은 매우 흥미로운 일이다. 앞서 언급한대로 그가 배재학당에서 "처음 배우고 얻은 것이 세계대전의 지식"이다. 그 '세계대전'이란 것이 청일전쟁인데 한성감옥에서 그것을 편역한 것이 『청일전기』이다. 조선 천지에 청일전쟁을 세계대전으로 인식한 사람은 아마 이승만 뿐일 것이다. 그에게 그 내용이 얼마나 시급하였던지 조선 최초의 영한사전을 F항에서 중단하고 그 책을 썼다. 그것은 두 마디로 요약된다. 조선의 운명이 급락하게 된 이유와 그 세계적인 파장이다.

전 세계가 소수의 유럽국가의 식민지로 전락하자 필경 그들 사이에 이해가 충돌하는 시대가 되었다. 선발주자 영국은 느긋하게 고립정책을 취하여 '영광스런 고립Splendid Isolation'이라고 불렀다. 그러나 후발주자 독일, 프랑스, 이태리 등의 추격에서 위협을 느끼자 고립에서 벗어날 수밖에 없게 되었다. 동맹외교의 시대가 온 것이다. 이것이 역사에서 말하는 이른바 '외교혁명'이다. 여러 형태의 삼국동맹이 비밀리에 체결되기 시작하였다. 지구 오지에서 다툼이 유럽으로 전쟁의 불꽃을 불러올 위험이 커지자 정치의 무대도 유럽정치에서 '세계정치'로 확대되었다.

그 최초의 시금석이 청일전쟁(1894-1895)과 보어전쟁(1899-1902)이다. 보어전쟁에서 열강의 개입이 일어나지 않았지만 청일전쟁에서는 그렇지 않았다. 이 전쟁으로 일본이 두려워하던 중국을 간단히 제압하자 유럽열강이 중국에 대한 침략을 노골적으로 드러내기 시작하였다. 이 지역의 후발주자 러시아가 프랑스와 독일을 설득하여 유명한 삼국간섭으로 일본을 요동반도에서 물러나게 만들었다. 그 대가로 독일은 산동반도의 청도를 차지하고, 프랑스는 광주지역으로 진출하였다. 러시아는 요동반도에 진주하여 철병하지 않았다. 독일은 일방 중국에 대해 야심을 품으면서 일방 러시아를 아시아에 붙들어두어 자신의 배후를 안전하게 만들려는 이중효과를 노렸다. 영국은 이에 러시아의 동방진출을 우려하여 일본과 영일동맹을 맺기에 이른다. 또 산동반도의 위해위를 차지하였다. 전통적으로 프랑스와 영국은 숙적이었지만 러시아와 동맹을 맺고 있어 독일을 포위하는데 영국에 합세하였다. 독일이 고립되었다. 늦게 등장한 일본은 만주와 중국에 야심을 드러내며 실력을 키우는 한편 태평양에서 독일이 차지한 여러 도서를 탐내고 있었다. 뒤늦게 등장한 미국은 이러한 독점적 점령을 무시하고 문호개방정책 open door policy을 내세웠다. 청일전쟁을 둘러싸고 열강 사이에서 이합집산의 무수히 많은 비밀조약이 체결되었다.

이것이 모두 청일전쟁에서 시작하여 세계열강이 세계정치라는 새로운 판도에 의해서 외교혁명이 일어났다는 것을 조선에서 깨달은 사람이 이승만이다. 『청일전기』를 보면 식민모국들 사이의 이해가 얽혀 있음이 보인다. 그의 외교독립방략의 뒤에는 식민지쟁탈을 둘러싸고 전개되는 세계정치의 외교혁명이 영향을 주었을 것이다. 그러나 그것은 위태로운 혁명이었다. 언젠간 식민지 쟁탈을 둘러싸고 유럽에서 전쟁이 터지고야말 운명이었다. 〈무력통상-식민지쟁탈-식민지모국전쟁〉

의 공식이 청일전쟁에서 시작되었다는 것은 지구 끝자락 조선에서 시작한 산불이 지구를 뒤덮는 대화재가 되리라 이승만은 단정했다.

> 일본이 갑오년 전쟁[청일전쟁]을 차릴 때에 십년 전기하여 리홍장과 천진조약을 정하고 … 러일전쟁에 러일담판이 먼저 시작되었으며 그 외에 무수한 전쟁이 그 시작을 항상 외교로 [시작] 되었으니 오늘날 미일 협상이 평화로 정돈되기를 바라기 어렵다 하노라.[63]

청일전쟁에서 시작한 일본의 〈선외교-후전쟁〉의 외교혁명의 마지막에 미일전쟁이 있음을 예견한 글이다. 세계정치로 눈을 돌리면 규모가 커진다. 이승만은 이 모든 것이 한국에서 시작되었다고 설명한다.

> 1905년 한국에서 일어난 불의 가장 최근의 사태를 예로 보자. 이 불은 그 후 점차 확대되어 만주, 중국, 이디오피아, 오스트리아, 체코슬로바키아, 폴란드, 알바니아, 노르웨이, 덴마크, 네덜란드, 벨기에 및 프랑스를 침범하여 이 국가들을 파괴하고 말았으며, 지금도 그 불은 꺼질 기색조차 보이지 않고 있다. … 현재 구라파 제국의 반 이상이 지도상에서 없어지고 말았으며 나머지 소수국가는 “언제 우리에게 돌아올 것인가?”하고 자문하고 있다.[64]

---

63) 이승만, 『공립신보』, 1908년 12월 16일. 원영희 · 최정태 편집, 『뭉치면 살고…』, 191쪽에서 재인용.

64) Rhee, *Japan Inside Out*, p.83.

이승만은 이 모든 것을 시작한 일본의 침략표를 만들었다.

1895년 대만과 [조선], 1895년 팽호열도, 1905년 화태, 1910년 한국, 1915년 관동주, 1919년 구독일신탁통치영토, 1931년 만주, 1939년 중국.

청일전쟁의 강화에서 러시아가 주도한 삼국간섭으로 요동반도를 포기한 일본은 러시아에 대해 절치부심의 9년을 기다렸다. 그것이 러일전쟁이다. 러일전쟁에서 모습을 드러내지 않고도 전화보고로 적을 강타하는 야포의 유용성이 최초로 발휘되었다.[65] 이 전쟁에서 승리한 일본은 강화조약에서 조선에 대해 정치, 경제, 군사상 우월하고 필요에 따라 지도, 보호, 감리를 할 수 있는 권리를 획득하였다(제2조). 그들이 지불한 전비는 20억 엔 현재가치로 20조 엔이고 동원한 병력은 109만 명이다.[66]

이러한 세계사의 흐름에서 이승만이 도달할 수 있는 결론은 하나이다. 외교독립방략이다. 식민지로 인해 세계대전이 일어나는 기회를 포착하여 세계정치 속에서 외교로 독립을 되찾는 것이다. 이미 제1차 대전으로 유럽에서 7개 식민지가 독립을 찾았다. 이러한 통찰력을 이승만만 보았던 것일까. 파리강화회담에서 식민지 재분배에 광분하는 승전국 태도에 실망한 영국대표 케인스John Maynard Keynes(1883-1946)는 대표직을 사임하고 한 세대가 지나기 전에 또 하나의 세계대전이 일어날 것을 예측하였다. 그리고 그 예측을 구체적인 논증을 책으로 썼다. 『평화회

65) Brewer, *Shots of War*, 2010, p.89.

66) 原康史, 『日本大戰爭』, 東京スポ-ツ新聞社, 1987, 306頁

담의 경제적 귀결』. 이 책에서 그는 독일에 무거운 배상이 세계평화의 장애가 된다는 점을 조목조목 밝혔다. 세계평화를 위하여 그가 구상한 것이 자유무역연맹인데 되도록 많은 회원의 가입을 위하여 국제연맹 하의 위임통치지역까지 포함시키는 제의를 한다. 이것이 바로 칸트의 세 번째 의무조항이다.

이 책은 당장 베스트셀러가 되어 12개국 언어로 번역되었다. 일본에서는 이시바시 石橋가 『동경경제신보』에 연재하였다. 그리고 3개월 후 『동아일보』에 사설이 등장하였다. 이승만의 학위논문은 케인스 보다 10년이 앞섰다. 이승만이 이 책을 읽었는지는 알 수 없다.

이러한 배경 하에서 보면 이승만이 한국독립운동을 세계정치의 틀 속에서 보아야 한다고 주장한 첫 번째 지적 근거가 『청일전기』일 것이다. 마사리크도 동일한 생각을 하였다. "체코의 정책은 세계정책이 되어야 한다."[67]

## 『독립정신』

이승만의 외교독립론의 배경에는 『청일전기』 이외에 『독립정신』이 깔려있다. 지리상의 발견으로 시작된 서세동점의 끝자락에 조선이 있었다. 병자호란 이래 중국의 속방으로 독립을 잃어버린 조선에 제국주의의 등장이 새로운 형태로 조선의 독립을 위협하였다. 그 등장 순서를 보면 하멜표류(1627)에서 비롯하여 영국인들의 탐사(1797, 1816,

67) Masaryk, *The Making of A State*, p.374.

1845), 병인양요(1866), 오페르트 만행(1868), 신미양요(1871)를 조약이 이었다. 조일수호통상조규(1876), 조미수호통상조규(1882), 조영수호통상조규(1883), 조러수호통상조규(1884), 조독수호통상조규(1884), 조불수호통상조규(1886)이 그것이다. 통상의 시대가 된 것이다. 특히 불란서가 조선에 대해 포교의 자유를 관철한 이후 선교의 시대도 되었다. 통상과 선교의 시대에 이승만은 그의 『독립정신』에서 독립을 유지하는데 6대 강령을 주장하고 있다. "이것[기독교]이 곧 지금 세계상 상등문명국의 우등 문명한 사람들이 인류사회의 근본을 삼아 나라와 백성이 일체로 높은 도덕지위에 이름이라. 지금 우리나라가 쓰러진 데서 일어나려 하며 썩은 데서 싹이 나고자 할진대, 이 교로써 근본을 삼지 않고는 세계와 상통[통상]하여도 참 이익을 얻지 못할 것이오, 신학문을 힘써도 그 효력을 얻지 못할 것이오, 외교를 힘써도 깊은 정의를 맺지 못할 것이오, 국권을 중히 여겨도 참 동등지위에 이르지 못할 것이오, 의리를 숭상하여도 한결같을 수 없을 것이오, 자유 권리를 중히 하려도 평균한 방한을 알지 못할지라."[68] 뒤집어 풀이하면 기독교를 반석삼아 독립요지의 6대 강령인 통상, 교육, 외교, 국권, 자유, 의리를 실천하면 나라를 지킬 수 있다고 이승만은 강조하고 있다. 그래서 "나라를 일심으로 받들어 영, 미 각국과 동등이 되게 하며, 이후 천국에 가서 다 같이 만납시다."

통상의 기초는 이익이고 의리의 기본은 이성이다. 칸트에 의하면 영구평화는 이익과 이성의 협력을 요구한다. 이승만은 여기서 한 걸음

68) 이승만, 『독립정신』, 293-294쪽.

더 나아가 영구평화는 모든 식민지가 독립국가로 전환되어야 달성할 수 있다고 보았다. 이것이 그의 독립정신이다. 따라서 이승만의『독립정신』을 기독교에 바탕을 둔 (1) 통상 (2) 교육 (3) 외교 (4) 국권 (5) 자유 (6) 의리의 6대 강령으로 세분할 수 있다. 이 가운데 선교와 통상. 이 두 가지가 이승만 외교독립론의 골격이 된다.

## 기독교

이승만이 독립운동에 기독교를 먼저 내세운 것은 다른 독립지사들과 다른 점이다. 그 사상의 기원은 두 가지로 살펴볼 수 있다. 먼저 이승만이 실학사상에서 기독교정신과 서구사상을 발견하였으리라 하는 추정이다. 이정식의 암시이다.[69] 그는 이승만이 실학의 급진적 실천가에서 독실한 기독교인으로 변신한 것도 실학과 연관이 있었을 것으로 보았다. 고려의 불교를 조선의 유교가 대체하였듯이 이제 유교는 불가피하게 새로운 정신에 의해 대체될 때가 되었는데 그것이 이승만에게는 기독교였다. 이 점에서 그는 실학파의 마지막 계승자였던 김옥균 등 개화당 핵심요인들의 생각과 달랐다. 박규수, 오경석, 유대치의 가르침을 받은 이들은 유교를 대체할 사상을 불교라고 보았다.[70] "김옥균과 나[박영효]와 사귄 것은 불교토론으로요. 김옥균은 불교를 좋아해서 불교 이야기를 했는데 나는 그것이 재미가 나서 친하게 되었소."[71]

69) 이정식,『이승만의 구한말 개혁운동』, 112-130쪽.

70) 이광린,『개화당연구』, 136쪽.

71) 이광수,「박영효를 만난 이야기」,『동광』, 1931년 3월호;『이광수전집』, 제17권,

봉원사의 개화승 이동인이 이들과 어울린 영향도 있었을 것이다.

서세동점을 맞이하여 조선, 청, 일본이 각기 서로 다른 정신세계를 찾았다는 것은 흥미로운 일이다. 일본은 신도를 강화하였고, 중국은 유교에서 엉거주춤한 형국이었는데, 유독 조선만이 기독교를 수용해야 할 새로운 정신으로 보았다. 일본에서 최초로 서양사정을 수입했다는 후쿠자와福澤諭吉(1934-1901)는 서양문명 뒤에 있는 정신에 대해서 별로 관심을 기울이지 않자 니토베新渡戶稻造(1862-1933)가 일본의 종교는 무사도라고 주장하는 논란거리 책을 썼다. 이와 병행하여 일본 작가 나쓰메夏目漱石(1867-1916)는 영국에 유학하여 서구문명을 부러워하던 가운데 러일전쟁에서 승리하자 태도를 바꾸어 우수한 일본문명의 증거라는 글을 써서 서구의 복장까지 흉내 내던 당시 분위기를 일거에 국수주의로 바꾸어 놓는데 일조하였다. 한편 중국에서 최초로 서구 자유주의를 수입한 엄복嚴復(1853-1921)은 서구문명 뒤에 자유라는 사상이 있음을 알고 당시 유행이던 양무운동을 비판하였지만 그 자유주의의 기원에 대해서는 별로 관심을 갖지 않았다.

그러나 이승만은 서구문명 뒤에 있는 자유주의의 기원이 기독교였음을 간파하였다. 앞서 이승만과 에이비슨의 관계에서 이미 썼듯이 이승만은 에이비슨 박사를 한국 땅에 전한 "기독교 정신으로부터 오는 자유주의 사상의 상징"이라고 본대로 기독교와 자유주의는 불가분의 관계임을 인식하였다. 그래서 "이 [기독]교로써 근본을 삼지 않고는 … 자유 권리를 중히 하려도 평균한 방한을 알지 못할지라."[72] 그 이유는

---

400-403쪽. 이광린, 『개화당연구』, 95쪽에서 재인용.

72) 이승만 지음, 김승남 김효선 풀이, 『풀어쓴 독립정신』, 청미디어, 2008, 294쪽.

"대한에 자초에 유교가 있어 정치와 합하여 행하여 세상을 다스리기에 극히 선미한 지경에 이르러 보았은즉, 사람마다 이 교[유교]만 실상으로 행하면 다 이전같이 다시 되어 볼 줄로만 생각하여 다른 도리[기독교]는 구하지 않고 다만 이 도[유교]를 사람마다 행치 않는 것만 걱정하니, 비컨대 어려서 입어 빛나던 옷을 장성한 후에 다시 입으려 한즉 해져 무색할 뿐만 아니라 몸에 맞지 않는 줄은 생각지 못하고 종시 입기만 하면 전같이 찬란할 줄로 여김과 같[기]"[73] 때문이다.

선미한 경지의 유교시대가 지나고 새 시대가 되어 "찬란한 다른 도리"로써 이승만이 발견한 것은 기독교이다.

> 이것[기독교]이 곧 지금 세계상 상등문명국의 우등 문명한 사람들이 인류사회의 근본을 삼아 나라와 백성이 일체로 높은 도덕지위에 이름이라. 지금 우리나라가 쓰러진 데서 일어나려 하며 썩은 데서 싹이 나고자 할진대, 이 교[기독교]로써 근본을 삼지 않고는 세계와 상통[통상]하여도 참 이익을 얻지 못할 것이오.[74]

이때 기독교와 더불어 발견한 것이 통상이다. 그래서 거듭 강조한다.

영국으로 말할 지경이면 그 나라의 부강함이 천하 각국 중에 제일인데,

---

73) 이승만, 『신학월보』, 1903년 8월. 원영희 · 최정태 편집, 『뭉치면 살고 …』, 149쪽에서 재인용.

74) 이승만, 『독립정신』, 293쪽. 이 인용문은 독립정신의 말미에 전체를 요약한 것으로 이 인용문 뒤에 교육, 외교 등이 이어진다. 그로 미루어 그 첫 번째로 등장하는 상통은 통상이다.

> 그 토지인즉 불과 조그만 섬이요, … 전국 백성들이 상업[통상]에 종사하여 … 자기 나라를 부요하게 바꾸어 놓[았다.][75]

여기에 더하여 공자는 사람이고 예수는 하나님의 아들이므로 "유교는 사람의 도이고 기독교는 하나님의 도"[76]인 연고로

> 예수교 받드는 나라들이 문명부강 태평[평화] 안락하다.[77]

이것을 정리하면 〈예수교+통상=평화+부강〉의 등식이다. 이 등식은 아래에서 보는 대로 이승만의 글 도처에서 산견될 수 있다. 이승만이 하와이에서 『태평양잡지』를 발간하면서 일찌감치 20세기를 태평양의 시대라고 불렀던 만큼 이것으로 한국은 대륙의 중화유교문명권에서 이탈하여 해양의 구미 기독교 통상문명권으로 진입하기 시작하였다.[78] 후쿠자와의 탈아입구론脫亞入歐論과 비교할 수 있으되 전혀 다른 차원이다.

---

75) 이승만, 『제국신문』, 1901년 4월 19일. 원영희 · 최정태 편집, 『뭉치면 살고 …』, 272쪽에서 재인용.

76) 이승만, 『신학월보』, 1903년 8월. 원영희 · 최정태 편집, 『뭉치면 살고 …』, 149쪽에서 재인용.

77) 이승만, 『신학월보』, 1903년 8월. 원영희 · 최정태 편집, 『뭉치면 살고 …』, 149쪽에서 재인용.

78) 이승만이 한국을 대륙문명권에서 해양문명권의 일원으로 전환시켰다고 해석한 학자는 이주영이다. 이주영, 『이승만과 그의 시대』, 239-244쪽.

## 배경

어머니의 불교를 버리지 않겠다던 이승만이 기독교로 개종한 데에는 배경이 있다. 그가 감옥에서 애독했다는 주간잡지 『아우트룩 The Outlook』의 내용을 이정식은 검토하였다. 시어도어 루즈벨트가 대통령 임기를 마치고 이 잡지의 부편집인associate editor이 될 정도로 당대 여론을 이끈 잡지였다. 루즈벨트는 그 전에 이 잡지에 여러 번 기고하였다. 아마 이승만도 읽었을 것이다. 이정식은 잡지 편집인 애보트Lyman Abbott 목사의 신학관에 주목하였다.[79] 인격수양이 땅위에 천국을 건설하는 길이라는 애보트의 신학관이 바로 유교사상과 일치한다고 본 그는 "완성된 인격체가 공의의 실현을 위해 노력해야" 한다는 점을 학자군주였던 정조가 누누이 강조했음을 지적하였다. 정조는 정약용의 강력한 후원자였다.

이러한 태도는 서재필에게서 그대로 발견된다. "이미 일어난 일[갑신정변의 실패]을 가지고 통곡하는 것은 아무런 도움이 되지 않는다. 그러나 자신이 속한 쇠퇴하는 국가를 다시 중흥시키기 위한 개화 정신의 회복, 도덕적, 육체적 용기, 자유와 자존에 대한 사랑 등으로 자신의 최선을 다하는 것은 훌륭한 인격을 갖춘 사람의 의무이다. 이러한 이상을 갖고 나는 11년 동안의 미국생활을 청산하고 … 조선으로 돌아갔다."[80]

서재필이 미국에서 근대교육을 받았다 하지만 그가 한때 고도로 연

79) 이정식, 『이승만의 구한말 개혁운동』, 112-119쪽.

80) Avison, *Memories of Life in Korea*, p.148.

마한 유교사상의 진수는 버리지 못했을 것이다. 그것은 이정식이 지적한 대로 "정신적 회복, 도덕적 용기" 등 서양사상의 인격수양과 아무 모순 없이 일치하기 때문이리라. 이러한 측면에서 정약용은 시경, 서경, 예기 등 고전에서 등장하는 "상제라는 개념을 천, 하늘이라는 추상적인 개념에서 분리하여 인격적인 존재로 인정했고 그를 받드는 것이 수양의 근본이라고 주장하였다." 이정식이 보기에 이승만이 감옥에서 기독교를 받아드릴 수 있었던 배경 중의 하나가 그가 애보트의 신학관을 다산의 상제관에 자연스럽게 일치시켰을 개연성을 암시하고 있다. 이승만의 글을 보면 알 수 있다. "전지전능하신 성신으로써 다스리는 법관을 삼고 지인지선한 교화로써 어둠을 비추는 법감을 삼아야 한다. 그리하여 백성으로 하여금 상제의 치리는 지상, 지하, 수중의 만물만생과 모든 인간이 평생 행하는 바를 하나도 빠짐없이 정확하게 알고 밝게 보고 있다는 것을 알아야 한다."[81] 또 정약용의 조카 정하상이 집필한 「상재상서上宰相書」에도 "주역에서는 '하늘께 드린다'고 했고 시경에서는 '하늘을 열심히 섬긴다'고 했으며 상서에는 '하늘께 제사를 지낸다'고 했고 또 공자는 '하늘에 죄를 지으면 빌어 볼 곳이 없으며'라고 했[다]." 앞서 이승만이 시경 열권을 읽었다는 회고를 인용하였다. 그러한즉 "이승만이 다산의 이러한 [상제=하나님] 주장을 알고 있었다면 지구의 반대쪽[미국]에서 이처럼 똑같은 주장이 나온 것에 놀라기도 하였을 것이지만 쉽게 받아들이기도 했을 것이다."[82]

---

81) 유영익, 「이승만의 〈옥중잡기〉 백미」, 유영익 편, 『이승만 연구』, 연세대학교 출판부, 2000, 36쪽.

82) 이정식, 『이승만의 구한말 개혁운동』, 120쪽.

여기서 이정식은 이승만이 다산의『목민심서』,『흠흠심서』등을 읽었을 가능성을 강하게 암시하고 있다.[83] 암시를 넘어 이승만이 정약용의 저서를 읽었을 것이라는 증거는『황성신문』에 있다. "아국의 경제학대선생 정약용씨의 소술한 바를 적요하노라."라고 소개하고, 몇 달 지나서 "대한경제선생 다산 정약용 씨의 소찬한 수령고적법을 좌에 약기하노라."하며 다시 소개하였다.[84] 당시 다산문고는 독립협회 회원들 사이에 회자되었다.

이승만은 여기에서 한 걸음 더 들어가 "예수가 동양에서 나서 교를 전하셨거늘 동양에서 받지 아니하여 서양에서 받아다가 저러한 문명 정도에 이르렀거늘 지금 우리는 그 근본을 모르고 서학이라고도 하며 혹 서양 교화라고도 하여 남의 것이니 알기 싫다 하는지라. 사람의 어리석음이 어찌 이다지 심하리오."[85]라고 기독교를 서학이라고 배척하는 유학자들에게 기독교의 근원부터 가르치고 있다. 더 나아가서 아예 "이 [아시아] 대륙이 세계에 제일 조종이니 이는 만국 만민의 시조되는 아담이 이 땅에서 났으며 세계에 나라이라고 설립하기를 이 땅에서 먼저 하였[다]."[86]라고 창세기를 해석하고 있다.

이승만의 정신적 스승 이상재 역시 기독교의 가르침이 공맹사상과 어긋나지 않음을 발견했다. 그는 산상수훈에서 자신이 "금과옥조로 신봉하던 공자와 맹자의 교훈을 버리지 않고도" 기독을 믿을 수 있다는

83) 이정식,『이승만의 구한말 개혁운동』, 118-119쪽.
84) 신용하,『독립협회연구』, 175쪽.
85) 이승만,『독립정신』, 119쪽.
86) 이승만,『독립정신』, 50쪽.

생각을 갖게 되었다고 한다.[87] 그 결과 "유[교학]문으로부터 기독교회에 전[환]하니 경행충서와 박애평등은 공[자]씨와 기독이 그 안에 인애의 본원을 함께 함이오! 오호! [이상재] 선생이 유[교]에서 시[작]하여 기독에서 종[료]하되 그 천하 국가와 동포 인생을 위하여 노력하는 건건한 성충인즉 평생 일관한 바이로다."[88]

대륙에서 당송 교체기에 고려가 한반도를 통일하였고, 원명 교체기에 조선이 건국되었다. 이제 청의 쇠락과 함께 조선에도 새로운 국가의 건설이 필요해졌다. 더욱이 주변정세는 대륙에서 단순한 왕조교체를 넘어서 중일러 3국 사이의 다툼으로 판이 커져 대륙세력과 해양세력 사이의 패권경쟁의 시대가 되었다. 이승만은 감옥에서 이것을 알고 있었다. "그때 세월[과거]에 흥망성쇠는 아세아 동방 삼국의 집안끼리 하는 일이라 이해득실이 다 그 속에 있다 하려니와 지금 이 세대는 동서양이 상통하며 육대부주가 연락하여 오색인종이 섞여 살며 만국이 경쟁하여 세력을 확장하며 문명을 다투며 구라파의 인물 교화 정치 학문이 육대주에 제일이라."[89] 따라서 조선은 싫든 좋든 세계정치질서에 편입하게 되었는데 이에 서구사상을 공부해야할 필요성이 절실해 졌다. 서구사상이란 기독교에 바탕을 둔 경험주의 실학사상이다. 특히 그가 알고 있었는지 모르겠으나 1900년 경 영국의회가 가장 현명하고 국가에 혜택이 큰 기관이 무엇인지 조사하라고 위원회를 만들었다. 결과는 14권의 책으로 출판되었다. 대답은 기독교 대학이고 이것이 영국

87) 전택부, 『월남 이상재의 생애와 사상』, 73쪽.

88) 김유동, 『월남이선생실기』, 154쪽.

89) 이승만, 『독립정신』, 28쪽.

과 스코틀랜드가 가장 앞선 국가가 된 이유라는 것이다.[90] 기독교와 실용주의[실학]. 이것이 당시 이승만이 관찰한 구미문명의 요체였고 서세동점의 대세였다.

## 기독교창구

이승만은 외교권을 빼앗긴 한국이 일제에 의한 식민모국 통상 이외에 외부와 철저히 차단된 채 거대한 감옥으로 변했을 때 선교사에게서 유일한 외부 창구를 발견하였다. 이 창구를 통해 이승만이 관찰한 당시 기독교[개신교]의 위세란 어떠했는가. 1900년 미국 뉴욕에서 에큐메니칼 선교대회가 열렸다. 전 세계에 파송된 미국 선교사 가운데 8백 명 가량이 뉴욕 카네기 홀에 모였다. 뉴욕 주지사 시어도어 루스벨트가 환영사를 읽었고 윌리엄 매킨리 대통령이 기조연설을 하였으며 대회 명예회장 벤저민 해리슨 전임 대통령이 답사를 하였다. 여기에 글로버 클리블랜드 전임 대통령이 명예회원으로 참석하였고 캐나다 총독과 수상도 참석하였다. 당시 캐나다는 영국령이었으므로 총독은 영국 빅토리아 여왕의 대리인이었다. 말하자면 미국과 영국의 최고 통치자들이 참석하는 성대한 모임이었다. 여기에 록펠러를 비롯한 5백 여 명 산업계의 거물들이 명예부회장으로 참석하였다. 선교와 통상의 모임이다. 모든 의전은 장로교 선교부의 브라운Arthur Brown(1856-1963) 박사가 맡았는데 그는 유력한 국무장관 후보였었다. 미국의 유수한 신문들은 2주

90) 김학은, 『루이스 헨리 세브란스』, 224쪽.

동안 연일 이 선교대회를 대서특필하였다. 한국에서는 이승만의 스승 에이비슨 박사가 참석하였다. 그리고 여기서 세브란스를 만나게 된다.

## 세계기독교사회

이 대회가 열리는 즈음 북경에서는 의화단 난이 일어났다. 감리교 선교본부 총무 앞으로 전문이 날라 들었다. "북경. 1900년 6월 9일. 중국인 기독교도에 대한 학살. 외국인이 위험. 워싱턴에 압력." 총무는 매킨리 대통령과 친구 사이였다. 그는 즉시 백악관에 북경의 전문과 함께 전문을 보냈다. "이 전문은 미국인이 매우 위급한 상태에 있음을 알리는 것입니다. 정부의 보호가 필요합니다." 이로서 미국은 다른 7개국과 함께 북경으로 쳐들어가 서태후의 항복을 받아냈다. 이 대회에 이어 1910년에는 에딘버러에서 세계선교대회가 열렸다. 여기에 윤치호가 참석했다. 그 사이 1906년에는 평신도선교대회가 열렸다. 그 목적은 전 세계 15억 인구 가운데 5억의 기독교 인구를 10억으로 배가하자는 것이었다.[91] 평신도선교대회의 부회장이 세브란스이다.

이러한 기운을 타고 국제기독교청년회 총무 존 마트John Mott(1865-1955)는 윌슨 대통령의 영적 조언자가 되어 상당한 영향력을 행사하였다. 마사리크를 도와 체코슬로바키아 독립에 있어서 그가 결정적인 역할을 할 수 있었던 것이 그 하나의 예이다.[92] 그가 1907년 한국을 방문했을 때 300명의 한국 신자가 공개간증을 하였는데 마트 총재는 그들이

91) 김학은, 『루이스 헨리 세브란스』, 414쪽.

92) 김학은, 『이승만과 마사리크』, 2013.

일제의 박해를 무릅썼다고 증언하였다.[93] 이처럼 마트는 일찍부터 한국의 실정을 알고 있었기에 105인 사건이 일어났을 때 그와 국제기독청년회 본부는 워싱턴 주재 일본대사에게 강도 높은 항의서한을 보내고 여론을 일으킬 수 있었다. 뉴욕 장로교 선교본부의 브라운 박사는 『한국인에 대한 음모사건』이라는 책자를 출판하여 모든 것이 날조라고 폭로하여 세론을 일으켰다. 하버드 대학의 전설적인 총장 찰스 엘리어트 Charles Elliot(1834-1926)는 일본이 재판을 제대로 한다면 문명국가로서 그들의 위치가 높아질 것이라고 일본의 한복판 동경에서 발표하였다. 결국 105인 사건은 날조라는 것이 기독교 세계에 드러났고 대부분 무혐의로 풀려났다. 잡지 『아우트룩 The Outlook』 역시 이 문제를 게재하였다.[94] 아무도 관심을 갖지 않던 한국이 처음으로 국제적으로 주목받은 사건이 되었다. 이승만은 이 사건을 "기독교교인들은 [한국]국민전체를 위하여 십자가를 지지 않으면 안 되었다."고 규정하며 세계 기독교 사회에 호소하였다.[95] 이승만이 105인 사건에서 간신히 체포를 피하고 미국으로 망명할 수 있었던 것도 마트 총재의 중재 덕이었다. 후일 상해 임시정부가 이승만에게 "마트 박사에게 교섭하시와 [상해에] 청년회를 창설케 하시옵소서"라고 요청한 것도[96] 그들 사이의 관계에서 비롯하였다.

일본의 예에서도 선교사의 역할은 컸다. 1859년 최초로 일본에 파

93) Hopkins, *John R. Mott*, p.401.

94) 이승만, 『한국교회핍박』, 1914, 1쪽.

95) Rhee, *Japan Inside Out*, p.115.

96) 『우남이승만문서』 동문편 18, 장붕 ⇒ 이승만, 1920년 7월 2일.

송된 6명의 선교사 가운데 베르베크Guido Verbeck(1830-1898) 목사가 있다. 그는 미국의 네덜란드 개혁교회 선교사인데 막부가 예로부터 나가사키를 통해 네덜란드 상인과 오래 통상을 해온 경험 덕택에 그에게 쉽게 선교활동을 허락하였다. 이러한 이점을 업고서 미국의 네덜란드 개혁교회는 한국에도 선교사를 파송했는데 그가 언더우드이다. 베르베크는 막부를 무너뜨리고 명치유신을 단행한 인물들을 길러내었다. 이토우伊藤博文, 사이고西鄕隆盛, 가쓰勝海舟, 오쿠보大久保利通, 소에지마副島種臣, 오쿠마大隈重信, 다카하시高橋是淸, 이와쿠라岩倉具視, 도고東鄕平八郎 등이 그의 제자이다. 특히 그는 이와쿠라를 단장으로 구미사절단을 파견하는 일을 주선하였는데 그 가운데 가네코金子堅太郎는 미국에 남아 하버드 대학에서 학업을 계속하였다. 그때 하버드에서 사귄 친구가 후일 미국 대통령이 되는 시어도어 루스벨트Theodore Roosevelt(1858-1919)였다. 그는 러일전쟁의 막바지에 일본의 전쟁 자원이 바닥을 보이자 강화회담을 원하는 이토오의 특사가 되어 루스벨트를 만나 중재를 교섭한 결과 루스벨트가 수락하여 일본은 원하는 바를 얻었다. 베르베크는 일본에 오기 전에는 신학생에 불과하였다.

당시 기독교가 이처럼 홍왕했던 미국에서는 여기에 병행하여 철학자 제임스William James(1842-1910)의 실용주의 철학이 흥기하여 대세를 이루었다. 이리하여 20세기 초는 기독교 선교와 실용주의 시대가 되었다. 미국형 실학과 기독교의 시대였다. 그러나 안창호(1878-1938)는 선교사들의 문화적 소양을 높이 인정하지 않았고 이들을 비판하는 자세였다. 그와 대조적으로 이승만의 시각은 선교사의 측면에서 한국 교회와 한국 문제를 관찰하였고 그러한 관찰을 통한 미국 선교사와 관계가 그에게 중요하였다는 점이다.[97] 그들을 통하여 전 세계 5억 기독교인의 잠재력을 꿰뚫어 보았다. 그 중요한 예가 존 마트였음은 체코슬로바키아 독립운동의 예에서 당장 드러났다.[98]

게일 박사가 도미하는 이승만을 소개한 워싱턴의 커버넌트 장로교회The Church of the Covenant는 예나 지금이나 미국의 대표교회이고 당시의 햄린 목사는 미국을 대표하는 교역자였다.[99] 이승만은 워싱턴에 도착한 다음날인 1905년 1월 1일 이 교회에서 예배에 참석하였고 점심을 햄린 목사 집에서 먹었다. 햄린 목사는 조지 워싱턴 대학의 부지를 선정하는데 관여하였고 하워드 대학의 이사였다. 그는 서재필의 혼인을 주례하였다. 후일 이 교회는 워싱턴 최초의 장로교회인 제일장로교회the First Presbyterian Church와 합쳐져 커버넌트-제일장로교회the Covenant-First Church가 된다. 제일장로교회는 백악관 건축의 스코틀랜드 석공들이 1795년에 세운 교회였다. 이 교회에는 애덤스 대통령, 먼로 대통령 등 역대 대통령들이 출석하였다. 1812년 제2독립전쟁에서 영국군이 워싱턴 시를 점령하고 방화하였을 때 목표 가운데에는 그들과 영국교회Anglican Church의 적인 제일장로교회가 있었다. 이때 백악관

---

97) 장규식, 「한국교회 펩박에 나타난 이승만의 기독교입국과 외교구상」, 송복 외, 『이승만의 정치사상과 현실인식』, 165쪽. 주한선교사의 역할을 강조한 또 다른 인물은 서재필이다. "One of the things the Koreans should do is to send Korean missionaries to other Oriental countries, for the influence of such missions will be very great." *First Korean Congress*, 1919, p.48.

98) 김학은, 『이승만과 마사리크』, 2013.

99) The National Presbyterian Church, *The National Presbyterian Church The First 200 Years, 1795-1975*. Washing D.C., 1975.

도 불탔으나 이 교회는 방화에서 살아남았다. 커버넌트-제일장로교회는 후일 내셔날 장로교회the National Presbyterian Church로 개칭하는데 이때 트루먼 대통령이 참석하였다. 이 교회는 이름이 가리키듯 미국의 모든 장로교회의 맏형이다. 워싱턴을 방문하는 외국 원수는 이 교회에 출석하였다. 엘리자베스 영국여왕, 남아프리카 대통령 등이다. 마더 테레사도 그랬다. 〈우호통상=영구평화〉에 대한 초보적 생각을 『독립정신』에서 언급한 이승만이 프린스턴으로 진학하여 그에 관하여 더욱 심도 있고 확대된 학위논문 『미국 영향 하의 중립』을 쓰게 된 것은 그의 운명이었을지 모른다. 이승만이 도미 직후 첫 부활절에 워싱턴의 커버넌트 장로교회the Church of the Covenant에서 세례를 받은 것도 운명이었을까 아니면 계산된 결과였을까. 그 교회는 당시 미 국무장관 존 헤이가 출석하는 교회였다.

이승만이 선교사의 중요성을 인식한 것은 당시 한국에게 그들이 유일한 대외창구였을 뿐만 아니라 희망이었기 때문이다. 이를 뒷받침하기라도 하듯이 1907년 한국을 방문한 마트 총재는 강연에서 "한국은 근대선교사상 완전히 복음화된 유일한 비기독교국이 될 것을 나는 확신합니다. 나라를 살리는 길은 기독교밖에 없습니다."라고 용기를 불어넣었다.[100] 이상재 역시 "한국의 유일한 희망은 기독교에 있다. 다른 나라들도 기독교 진리를 통해서만 부강한 나라가 되었다."라고 전도하였다.[101]

여기에 선교사는 아니지만 학자의 시각에서 한국 문제를 관찰하는

---

100) 전택부, 『월남 이상재의 생애와 사상』, 100쪽.

101) 전택부, 『월남 이상재의 생애와 사상』, 84쪽.

밀러Herbert Miller(1875-1951) 교수가 이승만의 확장된 시야에 들어왔다. 그는 일찍이 중부유럽의 사정을 동정하고 미국의 여론을 일으키는데 일생을 바친 학자로 체코슬로바키아 독립운동 지도자 마사리크Thomas G. Masaryk(1850-1937) 교수를 도와 1918년에 '피압박민족 대회'를 뉴욕과 필라델피아에서 개최하여 의장이 되었고, 그 직후 '중부유럽연합 Mid-European Union'을 창시하여 이사 겸 사무총장이 되었다. 마사리크의 미국 내 선전을 미국 여론정보위원회Committee of Public Information와 연결해 준 이도 밀러 교수였다.[102] 마사리크가 주도하는 중부유럽 대표들이 필라델피아 독립관에 모여서 독립선언을 하게 된 것은 밀러 교수의 주선이었다. 미국의 여론을 환기시키는데 독립관 보다 더 나은 곳이 없다고 판단한 밀러 교수가 마사리크를 설득한 결과였다.[103]

이러한 의미에서 그 다음 해[1919년] 한국에서 일어난 삼일운동의 여파로 필라델피아에서 '제1차 한인의회First Korean Congress'가 개최된 것이나 여기에 밀러 교수가 연사로 나선 것은 우연이 아니다. 그는 "내가 체코슬로바키아 양심의 역사에 지대한 관심을 가졌었는데 제1차 대전에서 한국인들이 그들과 함께 하였다는 사실은 뜻밖이다."[104]라는 말과 함께 한국독립을 지지하였으며 이승만을 도와 '한국친우회'와 '구미한국위원회'의 위원이 되었다. 그 업적으로 건국훈장을 받았다. 그 회의에 참석하였던 한국 독립지사들이 체코슬로바키아 독립지사들이 4개월 전

---

102) May, "H.A.Miller and the Mid-European Union of 1918," *American Slavic and East European Review*, Dec. 1957, p.480.

103) May, "H.A.Miller and the Mid-European Union of 1918," p.482.

104) *First Korean Congress*, 1919, p.19.

그러했던 것처럼 필라델피아 독립관 회의실에서 사진촬영을 하였다.

삼일운동은 이승만 평화주의에 전환점을 가져다주었다. 명치일본이 한국에 그 야욕의 촉수를 뻗었을 때 한국에서는 무력 의병운동으로 격렬하게 저항하였다. 그것은 임진왜란에서 일찍이 증명된 전략이었지만 구시대의 전통적인 유물이 되고 말았다. 그럼에도 여러 애국지사들이 그러한 선상에서 개인적으로 또는 집단적으로 구국운동을 하였다. 그러나 무저항 비폭력 투쟁이었던 삼일운동이 전환점이 되었다. 평화적 시위로 독립을 정당하게 요구하는 방략은 세계의 이목을 끌었다.[105] 매켄지Frederick McKenzie(1869-1931)는 그의 책『한국의 독립운동』서문을 "1919년 봄에 일어난 한국국민의 평화적 항일봉기는 하나의 세계적 경이였다. … 아주 높은 수준의 영웅심을 발휘한 것이다."라고 장식하였다. 일본제국주의의 폭압을 폭력으로 맞서지 않고 평화적 시위혁명으로 승화했다는 것은 민족 대표 33인 가운데 16인의 개신교도와 15인의 천도교도 그리고 2인의 불교도의 구성을 보면 알 수 있다.

여기에 천주교가 빠졌다. 유림도 빠져있다. 이 기회를 놓친 유림은 파리강화회의에 청원서를 보냈다. 그 전 일부 유림들은 처절한 의병투

105) 삼일운동에서 약 한 달 뒤 4월 6일 인도에서 간디가 사탸그라하 Satyagraha의 날로 선언하고 영국에 대해 비폭력 불복종 운동을 시작하였다. 다시 한 달 뒤 5월 4일에 중국에서 일본에 대해 54운동이 일어났다. 이러한 저항운동이 삼일운동에서 영향을 받은 것인지 알 수 없지만 네루가 딸에게 보내는 옥중서신이 주는 시사는 기록할 만하다. "오랫동안 독립을 위한 항쟁은 계속되어 그것은 여러 번 폭발을 보았다. 그 중에서도 중요한 것은 1919년의 봉기였다. 한국민중, 특히 청년 남녀들은 우세한 적에 항거하여 용감하게 투쟁하였다. 그들은 이렇게 하여 그들의 이상을 위해 순사한 것이다. 일본의 한인 억압은 역사 가운데에서도 참으로 비통한 암흑의 한 장이다." 천관우,『한국사의 재발견』, 355-356쪽.

쟁을 1912년까지 한 바 있다. 결국 평화적 시위혁명은 유림이 중심이 되어 투쟁하였던 무력의병의 적개심을 토착종교와 서양종교가 이성의 명령으로 전환시킨 결과라 할 수 있다. 이러한 평화적인 독립 요구는 후에 인도에서 간디가 나타날 때까지 유일한 경우로 기록된다. 간전기(間戰期 interwar period 제1차 대전과 제2차 대전 사이 기간)의 세계평화에 어울리는 투쟁방식이라고 할 수 있다.

이에 대해 이승만은 말한다. "유사 이래 최초의 무저항 혁명이며, 더욱 널리 알려진 인도의 간디 운동보다 앞선, 1919년의 평화적이고 비폭력적인 3월 혁명을 한국 사람들이 전개하였을 때, 한국인들은 [세계] 기독교도 전체의 압도적인 동정을 받았다. 한국 기독교인과 교회에 대하여 행한 야만적이고 잔악한 일본의 행위에 관한 비참한 이야기는 온 세계 문명국 시민들의 분노를 격동시켰다."[106] 이처럼 이승만은 삼일운동의 핵심을 다른 무엇보다 기독교 탄압으로 포장하여 세계에 호소하였다. 만주사변의 리튼 보고서가 나온 1933년 그가 이것을 근거로 제네바에서 쓴 소책자에서도 삼일운동을 부각시키며 일본의 악정을 모두 기독교 박해로 장식하였다.[107] 이것을 모두 105인 사건의 연장에 두었다. 왜 그랬을까.

## 『한국교회핍박』

이승만이 기독교를 민족의 종교로 내세우는 또 하나의 이유는 아래

106) Rhee, *Japan Inside Out*, p.181. 이종익 역, 『일본군국주의실상』, 232쪽.

107) Rhee, *The Koreans in Manchuria*, Paris, Agence Korea, 1933, pp.29-30.

에서 보겠지만 민족국가 독립에 언어와 함께 종교가 중요하기 때문이다. 칸트 역시 독립국가의 조건으로 언어와 종교를 꼽았다.[108] 여기에 더하여 보편적 평화 측면에서도 중요성이 있다. 인류의 역사에서 첫 번째 평화기구는 국가였다. 두 번째 평화기구가 교회였다. 중세에는 로마교회가 세계정부였다.

> 교회의 목표는 보편 종교로서 세계제국이다. 이런 면에서 보편적 평화의 씨는 뿌려졌다. 우리는 기독교를 평화의 재정립이라고 말할 수 있다.[109]

"이웃을 네 몸 같이 사랑하라."는 로마교회의 평화는 타종교 사이에 이른바 '성전聖戰'을 막지는 못했으나 그 전 시대와 비교하면 로마교회의 '영적 역할'은 수행한 셈이다.[110] 당시에는 국가의 개념이 없었다. 국가가 탄생하면서 로마교회를 대신할 제도가 필요해졌다. 국가와 국가 사이의 관계를 정의할 국제법도 필요했다. 칸트는 로마교회 대신 '세속적 역할'을 할 수 있는 평화연합체foedus pacificum을 제안하였다. 이것이 국제연맹이나 국제연합 같은 자유국가연합a federation of free nations이다.

이처럼 교회는 영적 평화연합제도였다. 근대에 와서 미국의 대륙의회가 「독립선언문」에서 "대의를 들어 만국대주재The Supreme Judge of the

---

108) Kant, Kant, Smith(tr.), *Perpetual Peace A Philosophical Essay*, London, George Allen and Unwin, 1903, p.156.

109) Smith, "Translator's Introduction," in Kant, Smith(tr.), *Perpetual Peace A Philosophical Essay*, London, George Allen and Unwin, 1903, pp.13-14.

110) Smith, "Translator's Introduction," in Kant, Smith(tr.), *Perpetual Peace A Philosophical Essay*, London, George Allen and Unwin, 1903, p.20.

World의 판결하심을 바라는" 것도 여기에 해당한다. 이승만이 바로 이 만국대주재의 영적 평화연합제도를 중시한 것이 흥미롭다. 그 이유는 그가 일본의 악정만으로는 독립을 호소하는 명분이 약하다는 점을 알고 있었기 때문이다. 다른 서구열강도 그들의 식민지에 악정을 실시하고 있었고 가재는 게 편이었다. 토지의 착취는 공통적인 악정이다. 식민모국의 악정에 대해 식민지 백성이 암살과 테러로 맞서는 것은 열강들에게 너무나 익숙해져 있었고 그것을 무력으로 탄압의 구실로 삼는 일도 허다하였다. 일본은 안중근의 이토우 암살에 재빠른 한일병탄으로 응수하였다.

이승만은 일본의 악정을 서구 식민모국의 그것과 차별할 필요가 있었다. 그것은 일본의 한국 기독교 박해이다. 전 세계 5억 기독교인에게 이것은 커다란 명분이 된다. 여기에 더하여 미국 기독교 선교본부는 세계 기독교 인구를 5억에서 10억으로 확장시키는 평신도운동을 시작했다.[111] 영적 평화연합에 호소하기 위하여 이승만이 망명하여 제일 먼저 착수한 저술이 『한국교회핍박』이었다는 사실이 그것을 말해준다. 어떻게 보면 서양의 역사 자체가 〈기독교박해-기독교공인〉의 역사이다. 이 과정에서 핍박받던 민족이 자유를 찾았다. 일본이 한국 기독교를 말살하고 신사참배를 강요한다는 것은 역사를 역행하는 것이고 인류 대의에 어긋나며 신앙의 자유에 반하는 것으로 더욱이 기독교 정신에 거슬리는 일이었다. 이런 점에서 신도神道는 일본의 식민지 정책의 아킬레스건이다. 이승만은 모든 독립운동 대회에서 기도로 시작하여

111) 김학은, 『루이스 헨리 세브란스』, 2008.

기도로 끝내는 순서를 잊지 않았다. 그가 세계 여론에 호소하는 순서를 보면 교회 순회로 시작한다. 그리고 일본의 한국 교회 박해를 빠짐없이 강조한다. 기독교는 이승만에게 중요한 독립운동 수단이 되었다. 그가 비폭력 외교방략을 택한 배경과도 무관치 않다.

체코슬로바키아 건국의 아버지 마사리크도 독립운동에서 열강 특히 프랑스의 식민정책을 건드리지 않는 방법을 택하였다. 그에게 프랑스의 도움이 절대적이었기 때문이다. 그가 열강에 호소한 방법은 가톨릭 구교를 강권하는 오스트리아 - 헝가리 제국의 체코슬로바키아 개신교 박해였다.[112] 이렇게 함으로써 같은 가톨릭 국가라도 우방인 프랑스와 차별을 두었다. 그것은 다른 가톨릭 국가와 달리 가톨릭의 오스트리아-헝가리가 전쟁을 시작했다는 사실이다. 마사리크는 말한다. "오스트리아의 가톨릭, 독일의 루터교, 러시아의 정교회, 어느 것도 전쟁을 막지 못했고" 스스로의 멸망을 자초했다.[113] 개신교야말로 체코민족의 새로운 희망이라고 그는 보았다.

앞서 본 것처럼 데 벌레라도 영국에 대항하면서 아일랜드 전통종교인 가톨릭을 강화하는 정책을 펼쳤다. 영국교회와 영국이 만든 아일랜드교회를 배척하고 가톨릭을 국가의 정신으로 삼은 것은 가톨릭 국가, 특히 프랑스나 스페인의 지지를 얻고자 하는 데에도 있었다. 아일랜드가 다른 국가의 지배를 받는 유일한 백인이라는 점을 부각시키며 그것을 영국교회에 의한 아일랜드 가톨릭의 탄압으로 포장하였다.

한국 독립운동에 있어서 선교사와 기독교의 역할은 이승만이 예측

112) 김학은, 『이승만과 마사리크』, 2013.

113) Masaryk, *The Making of A State*, p.320.

한대로 무시할 수 없는 것이었다. 일례로 삼일운동이 일어난 지 불과 3주 만에 총독부는 10명의 주한 선교사와 회합을 갖고 사태수습의 의견을 물었다.[114] 여기에 참석한 에이비슨Oliver R. Avison(1860-1958), 벙커Dalzell. H. Bunker(1853-1926), 노블William A. Noble(1866-1945), 게일James S. Gale(1863-1937)은 이승만의 스승이고, 브로크만Frank M. Brockman(1878-1929)은 친구이다. 게일은 "조선의 정신세계는 물질세계와 차이가 있다. … 조선의 정신세계는 알면 알수록 존경의 생각이 높아진다."라고 증언하였다. 영국국적의 식민지 캐나다인 에이비슨 박사의 발언은 주목할 만하다.

> 대영제국 신민으로서 어떤 의미에서 미국 친구들보다 언론의 자유가 [더] 있을 수 있다. 대영제국 신민으로서 생각하지 않으면 안 된다. 세끼야(關玉 총독부학무국장)씨가 솔직히 말을 했으니 마음에서 솔직한 의견을 말하겠다. 우리는 대전을 경험했고, 일본은 동맹국과 함께 자유의 원리를 지키기 위해 싸웠다. …지금 세계는 그 원칙을 유지하기 위해 대연맹을 조직하고 있으며 일본은 5대국의 일원으로서 그 이념에 찬성을 표하고 있다. 여기에 인간의 자유에 관하여 내 생각을 말하겠다. 1. 민족정신은 대단히 중요하다. 나는 [영국의] 식민지 백성으로서 경험을 말할 수 있다.… 2. 자유인은 민족의 언어를 사용할 권리가 있다.… 3. 언론의 자유는 또 하나의 권리이다.… 4. 동시에 출판의 자유가 있다.… 5. 이것과 관련하여 집회의 자유가 있다.… 6. 모든 자유인은 참정권을 갖는다.…머리에 떠오르는 것 하나는 과거 수년 동안 통치의 상징으로

114) 李省展, 『アメリカ人宣教師と朝鮮の近代』, 東京, 評論社, 2006, 155-175頁.

항상 착검을 휴대한 것이다. 세끼야關玉씨를 집에서 보았을 때 평상복이어서 친구같이 느껴지지만 집무실에서 보면 제복에 눌려 무서운 생각이 든다. 세끼야關玉씨도 개인적으로는 착검을 좋아하지 않을 것이라고 생각한다. (그가 자신도 착검을 좋아하지 않는다고 대답하였다.) 그렇다면 일본은 인류의 자유를 위해 동맹이라는 생각이 든다.

이 회합의 내용은 선교사들에 의해 제66회 미국상원에 제출되었다. 여기서 에이비슨은 제1차 세계대전이 민주주의와 자유를 지키기 위한 전쟁이었음을 상기시키고 새로운 시대에 일본도 자유의 원칙을 한국에 실행할 것을 촉구하였다. 이 같은 견해는 에이비슨의 것만이 아니다. 당시의 일본외상 이시이石井菊次郎 역시 일본이 제1차 세계대전에 참전하게 된 이유를 유럽전쟁이 군벌야심과 정의자유와의 투쟁이었는데 일본은 후자에 두었다고 호도하였다.[115] 여러 가지 다른 복합적인 이유도 있었겠으나 주한 미선교사들의 보고가 주일 미선교사들을 움직이고 뉴욕의 선교본부를 움직여 마침내 일본정부가 개선하지 않을 수 없게 되었다.[116] 그해 9월에 조선총독이 경질되고 이른바 문화정치가 시작되었다. 착검도 사라졌다. 일본이 기독교를 한국에서 사갈시하는 데에는 이유가 있었다. 그러나 새 총독의 "이러한 정책변경은 사태의 근본적인 요구를 충족시키는 것은 아니었다. … 이 두 가지 정책[동화정책과 착

115) 田村幸策, 『世界外交史』 中卷, 有斐閣, 1963. 池田十吾, 『第一次世界大戰期の日美關係史』, 成文堂, 2007, viii頁에서 재인용.

116) McKenzie, *Korea's Fight for Freedom*, New York, Fleming H. Revell Company, 1920, Ch.18. 이광린 역, 『한국의 독립운동』, 일조각, 1969, 18장.

취정책]은 새로운 실패를 초래하였다."[117]

이승만에게 기독교가 단지 개인의 신앙체험에 머무르지 않고 구국의 동력으로 인식된 것은 이런 까닭이었다. 중국과 일본의 기독교 교세가 미약하다는 사실과 대비하며 그는 아시아의 첫 번째 기독교 국가 건설을 목표로 삼아 미국의 건국목표와 일치시켰다.[118] 그가 미국을 주목한 것은 『독립정신』에 기술된 대로 미국이 기독교 정신에 의해 탄생되었고 여기에서 영향을 받아 일어난 프랑스 혁명 정신이 현대 민주주의와 계몽주의가 되어 전 세계로 전파되는 과정으로 보았고 그것이 아시아의 끝자락에 있는 한국에서 대미를 이루기 바랐기 때문이다. "나중 난 뿔이 우뚝"하다는 것이다.[119]

## 기독교 입국론

이승만의 기독교 입국론은 결실을 맺었다. 그가 105인 사건에서 탈출하여 『한국교회핍박』을 집필한 배경을 보면 1884년 첫 번째 개신교 의료선교사가 입국한 이래 일본의 침략이 노골화되던 1905년을 거쳐 합병한 1910년까지 25년의 교세확장은 놀라운 것이었다. 1900년은 신약이 한글로 완역된 해이다. 성경을 읽기 위한 한글의 보급도 빨랐다. 그 결과 1907년 평양에서 전국을 휩쓴 '대부흥운동'이 일어나고 이것은

117) McKenzie, *Korea's Fight for Freedom*, p.314, 이광린 역, 『한국의 독립운동』, 224쪽.

118) *New York Times*, May 13, 1919.

119) 이승만, 『독립정신』, 25쪽.

곧 '백만인구령운동'으로 이어졌다. 국권을 빼앗긴 백성의 실의, 이길 수 없는 침략자에 대한 적개심, 역사와 문화에 대한 자부심을 이끌어줄 지도자를 갈망하던 시기에 개신교가 정신세계를 제시하자 기다렸다는 듯이 곧 나타난 전 세계에서 그 유래를 찾기 힘든 폭발적 분출이었다. 그러자 이러한 정신혁명을 두려워한 일본의 탄압이 시작되었다. 그 시작이 105인 사건이다.

> 조선에 예수교 퍼지는 것을 일본이 극히 슬퍼하는지라. 이 교가 정치와 도덕과 사회개량에 큰 기초도 되려니와 각 국인이 조선과 이렇듯 교회상 친밀한 관계를 주는 것이 일인이 제일 혐의하는 바라.120)
>
> [그러나] 지금 한국은 기회를 가졌[습니다.] … 자기들의 나라가 비하할 대로 비하해진 어둠 속에서 한국 사람들은 자기들을 들어 올려 줄 어떠한 위대한 능력을 필요로 한다는 것을 갑자기 느끼게 되었습니다. … 그들의 정부는 정화되어야 하고 그들의 마음과 힘은 갱생되어야 합니다. 그러나 공자나 부처님은 그렇게 하지 못했습니다. 만일 한국이 구원을 얻을 수 있다면 이 세상을 구세주이신 예수 그리스도만이 그렇게 할 수 있을 것입니다.121)

이승만이 이 연설을 하던 1908년 당시 한국의 기독교 인구는 10만이었다. 그 후 한일합병, 만주사변, 중일전쟁, 태평양전쟁, 신사참배강

120) 이승만, 『공립신보』, 1908년 9월 2일. 원영희 · 최정태 편집, 『뭉치면 살고 …』, 189-190쪽에서 재인용.

121) *Korean Mission Field*, June 15, 1908.

요의 격랑에 시달렸음에도 해방 전 한국의 기독교인 수는 남북한 합쳐 37만 명이었다. 다시 공산주의의 기독교 탄압과 한국전쟁의 참화를 극복하고 1960년에 이르러 남한의 기독교인 수는 114만 명이 되었다. 이승만 집권기까지 3배로 확장된 셈이다. 이것을 바탕으로 더욱 성장한 기독교는 2005년 그 수에 있어서 1,376만 명에 달하였다. 개신교 한국 전파 1백 년 만에 140배로 커진 1985년 『뉴욕 타임스』는 한국 개신교 선교 1백 년 기념기사에서 한국기독교인구가 장로교 본산인 스코틀랜드 장로교인구와 캐나다 장로교인구와 미국장로교인구를 합친 것보다 많다고 보고하였다. 유영익은 이것을 가리켜 313년 종교 자유의 칙령을 반포하여 로마를 기독교국가로 만든 콘스탄티누스 대제의 업적에 필적할 업적이라고 평하였다.[122] 다른 점이 있다면 이승만은 정교분리를 주장하였다는 점이다.[123]

## 외교

이승만의 저서 『독립정신』의 세 번째 요지는 외교의 중요성이다. 영구평화의 수단이 외교이기 때문이다. 영구평화와 외교의 관계는 모겐소Hans J. Morgenthau(1904-1980)가 적절히 표현하였다.

[국제]협력을 거쳐 우리가 평화라고 부르는 영구평화permanent peace의 전

122) 유영익, 「기독교 정치가 이승만을 회고하다」, 『미래한국』, 2012년 11월 5일, 25쪽.
123) 이승만, 『신학월보』, 1903년 9월. 원영희 · 최정태 편집, 『뭉치면 살고 …』,154쪽에서 재인용.

제조건을 구축하는 이 방법. 그 수단이 외교이다. … 국력의 요소로서 외교의 엄청난 중요성을 강조하는 경우를 우리는 경험하였다.[124)]

공개외교는 국제협력의 평화적 수단으로 윌슨 14개조의 첫 번째 내용이다. 이승만은 자신의 학위논문에서 한국 독립운동의 방향을 외교독립으로 설정하는데 어떠한 이론적 근거를 찾았는가.

한국의 독립운동에 있어서 가장 어려운 문제는 세계가 한국이라는 나라를 모른다는 점이다. 선교사를 파송하는 미국교회 목사의 기도 가운데 한국은 '남태평양의 한국,' 영국교회에서는 '코르시카 옆에 있는 코리아'라고 밖에 알려지지 않은 형편이었다.[125)] 21세기에도 잘 알려지지 않은 아프리카의 어느 나라 정도였다. 은둔의 나라라고 희미하게 알려졌을 뿐이다. 더욱이 밖에서 보기에 조선은 중국의 속방으로 알려져 있었다. 이런 나라가 독립을 주장하려면 먼저 민족이나 국가의 존재부터 알려야 하는데 여기에는 두 가지 방법이 있다. 무력과 외교이다.

---

124) This method of establishing the preconditions for permanent peace we call peace through accommodation. Its instrument is diplomacy. … We have already had occasion to emphasize the paramount importance of diplomacy as an element of national power. Hans J. Morgenthau, *Politics Among Nations The Struggle for Power and Peace*, New York, Alfred A. Knopf, 1948.

125) Fenwick, *The Church of Christ in Corea*, New York, George H. Doran Co., 1911, p.9; Weir, "Report," *The Morning Calm*, April 1908, p.67. 원한경은 1930년 한국에 관한 서지를 정리하면서 한국에 관해 잘못된 내용을 지적하고 있다. 예를 들어 어떤 서양 여행객은 김치는 썩힌 생선이고 한국인은 옷을 벗고 식사를 하며 한국에는 악어와 코끼리가 우글거린다고 한국을 소개하고 있다. Underwood, H.H., *A Partial Bibiliography*, pp.11-12.

무력은 테러도 수반한다. 당장에 세계를 놀라게 하여 존재감을 드러나게 하지만 부정적 인상을 남긴다. 무장독립운동 그 자체가 장기 전략이다. 삼십년전쟁이 될지 백년전쟁이 될지 알 수 없다. 대단히 소모적이다. 외교는 이성국가들이 환영하겠지만 이 역시 장기 전략이라는 단점이 있다. 그러나 무장독립운동 보다 덜 소모적이다. 이승만은 외교를 택하였다. 왜 그랬을까?

일본이 한국을 병탄하는 순서에서 외교권 박탈(1905년)이 군대 해산(1907년)에 앞섰다는 사실이 시사되는 바가 크다. 이승만은 이보다 앞서 외교독립을 주창하였으니 그의 칠언절구에 잘 나타나 있다. "정치의 급무는 외교에 있고 … 외로우면 나라가 위태롭다오."[126] 그가 감옥에서 출옥한 후 "민[영환] 공은 나를 주미 공사로 임명시키려고 했으나 일본 사람들은 벌써 [외교권을 박탈함으로써] 모든 길을 막아버렸고 황제는 아무 조치도 취할 수 없게 되어버렸다."[127] 외교권을 빼앗긴 한국은 거대한 감옥이 되었다.

1898년 12월 3일 독립협회 토론회에서 이승만은 "신과 의를 튼튼히 지키는 것은 본국을 다스리는 데와 외국을 사귀는데 제일 긴요함"이라는 제목으로 대표 토론을 하였다.[128] 독립협회 34번 토론회 가운데 외교를 주제로 토론한 것은 이것이 유일하다. 그러나 그것은 관념적인 것이었다. 이승만이 외교의 중요성을 처음 경험한 것은 한국정부와 결

---

126) 圖治先在篤交隣 … 憂國戒存孤立勢. 유영익, 『이승만의 삶과 꿈』, 223쪽.

127) Rhee, Autobiographical Notes: Syngman Rhee, unpublished manuscript. 이정식, 『이승만의 구한말 개혁운동』, 313쪽에서 재인용.

128) 신용하, 『독립협회연구』, 267쪽.

탁한 열강의 이권을 자신의 신문 『매일신문』이 폭로한 데에서 유래한다. 이때 일을 이승만은 "외국 공영사도 이 무세無勢한 종이조각을 꺼리기를 군사 몇 만 명보다 어렵게 여기고 …"[129]라며 회고하였다. 이 폭로로 프랑스 및 러시아와 외교문제로 비화 되었지만 결국 그들의 이권을 좌절시켰다. 이승만이 세계 여론의 중요성을 경험한 것은 105인 사건이다. 이 사건은 앞서 얘기했듯이 일본의 날조임이 드러났는데 뉴욕에서 발간되는 영향력 있는 잡지 『아우트룩 The Outlook』에 기사가 났다.[130] 그때의 경험이 외교독립에 힘을 실어 주었다.

> 오늘날 한인의 당한 처지에서 군사 십만명을 허비하고라도 능히 세상 공론을 일으켜 일본으로 하여금 고개를 숙이게 만들지 못하였을 것이어늘, 몇십명 교인이 의를 잡고 핍박을 당하므로 인연하여 각국의 공론을 일으켜 일본이 능히 씻지 못할 수욕을 당한지라. 이것이 곧 의리로써 세상을 이기는 능력의 증거이니, 우리가 이 능력만 많이 배양하면 전쟁을 아니 하고라도 능히 우리의 국권을 회복할 수 있을지라. 이것은 우리의 이른바 피 아니 흘리는 전쟁이라 함이로다.[131]

여기서 의리는 『독립정신』의 여섯 번째 요지이다. 외교는 의리에 바탕을 두어야 한다는 뜻이다. 이승만은 이것을 몸소 경험하였다. 이러한 정신이 발전하여 비폭력 삼일운동이 되었다. 마사리크도 동의한다.

129) 이승만, 『제국신문』, 1898년 8월 15일.

130) 이승만, 『한국교회핍박』, 1쪽.

131) 이승만, 『태평양잡지』, 1914년 2월, 67-68쪽.

"모든 정치의 윤리적 기반은 인본주의이다. 그리고 인본주의는 국제적 강령이다."[132] "우리는 연합국, 외교가와 정치가, 국회의원, 신문과 언론을 우리 편으로 끌어 드려야 한다. 우리는 연합국이 자진해서 [체코] 국가를 세워준다고 기대해서는 안 된다. 우리는 체코국가가 반드시 필요하고 연합국에게도 유익하다는 점을 설득시켜야 한다."[133] 공생의 원리이다.

이승만의 평화주의 외교독립을 끝까지 지지한 인물에 이상재가 있다. 이승만은 감옥에서 이상재를 기독교인으로 만들었다. "[감옥에 있는] 우리들 사이에서 의견의 일치를 본 것은 한국 사람들 자신의 힘만으로는 침략국들의 군사력을 물리칠 수 없다는 것이다. 미국의 도덕적이고 물질적인 도움은 불가결한 것이라고 생각했[다.]"[134] 그 생각이란 외교독립방략이다. 그러면 그 수단이란 무엇인가? "미국의 주요 목적은 세계전반에 민주주의와 기독교를 전파하는 것이라고 생각했다. … 같이 있었던 사람들 모두가 우리 국민들의 갱생을 위해 기독교 교육을 전파하는데 전력을 기울이자고 결의하였다."[135] 그것은 평화주의이다. 이상재의 비문을 쓴 사람은 변영로이다. 그의 비문 가운데 다음의 문구가 있어 눈길을 끈다. "그 중에 특기할 것은 31운동의 방법을 지정한 것이다. … 다수인이 한 결 같이 살육을 주장했으나 오직 선생은 살육하느니 보다 우리가 죽기로 항거하여 대의를 세움만 같지 못하다고 제

132) Masaryk, *The Making of A State*, 1927, p.407.

133) Selver, *Masaryk*, p.254.

134) 이정식, 『이승만의 구한말 개혁운동』, 126쪽.

135) 이정식, 『이승만의 구한말 개혁운동』, 126쪽.

의하셨다. 그리하여 무저항 비폭력의 혁명운동이 처음으로 전개되어 인류 역사상 우리가 영광스러운 시작을 가지게 되었던 것이다."[136] 이승만이 외교독립을 무장독립 보다 선호한 이유는 이처럼 여러 가지일 것이지만 그의 학위논문에 나타난 논리적인 암호를 중심으로 살펴 볼 수 있다.

## 『미국영향 하 중립』

미국 독립 이전의 세계 통상의 중심은 영국교회의 영국과 가톨릭교회의 스페인이었다. 영국은 자신의 식민지의 독점통상권리를, 스페인 역시 자신의 식민지의 독점통상권리를 무력으로 척식하고 방어하였다. 식민통상과 무력통상의 시대였다. 개신교의 신생 독립국가 미국은 세계 최대 농산물생산국이었는데 수출할 시장이 대단히 제한되었다. 그들은 당연히 자유통상과 우호통상을 원했다. 시장을 둘러싼 식민통상과 자유통상, 무력통상과 우호통상은 충돌할 수박에 없었다. 이승만의 표현을 빌리면 "유럽 국가들은 자신들의 식민지 통상에 대하여 [다른 나라에게] 어떠한 권리도 허용하지 않았다. 반면 미국은 언제나 통상의 자유[권리]를 위하여 투쟁하였다."[137]

미국의 자유통상을 저해하는 요인은 두 가지였다. 하나는 유럽 식

---

136) 전택부, 『월남 이상재의 생애와 사상』, 150-151쪽; *The Korean Liberty Conference*, Washington, D.C., p.72.

137) Rhee, *Neutrality As Influenced by the United States*, p.14. 정인섭 역, 『이승만의 전시중립론』, 36쪽.

민모국 사이의 전쟁이었고 다른 하나는 유럽 소유의 식민지였다. 비교전국 즉 중립국인 미국은 전시에도 구애받지 않고 평화 시와 동일한 자유통상을 원했다. 미국 독립 이후 첫 1세기 동안 국제통상법 제정을 둘러싼 미국과 유럽 사이의 다툼에서 세계는 미국영향 하에 중립국의 전시 자유통상권리가 신장해 나가는 것을 목격할 수 있었다. 이것이 이승만 박사학위논문 『미국 영향 하 중립』의 전반부 내용이다.

해상, 특히 대서양에서 자유통상권을 확보한 미국은 되도록 많은 식민지가 자신처럼 식민모국만을 위해 희생하는 독점적 시장의 굴레에서 벗어나 자유로운 독립국가로 전환되기를 기대하였다. 그들이 미국에게 새로운 시장이 되어 여기에 다른 나라와 경쟁적으로 자유롭게 접근할 수 있어서 상품수출에 유리하였기 때문이다. 미국에게 영토야심이 없으며 전쟁을 기피하는 이유였다. "이웃과 다투지 말고 교류하라."는 금언은 이를 두고 하는 말이다. 다투면 서로 손해이지만 교류하면 상호이익이 상승적으로 발생하므로 미국은 식민지가 독립을 위해 투쟁할 때 일찍이 프랑스가 자신들을 도와준 것처럼 국제법에 따라 그들을 도와주는 것이 자신의 국가 이익에 부합함을 깨달았다. 공생공존의 원리였다. 여기에 독립승인의 문제가 대두되었다. 이승만의 표현을 빌리면 "새로운 국가가 독립하여 국가가족a family of nations의 한 자리를 차지할 수 있음을 승인하는 것은 언제나 대단히 민감하고 책임이 따르는 행위이다."[138] 이승만 박사학위논문 『미국영향 하 중립』의 후반부 내용이다.

---

138) Rhee, *Neutrality As Influenced by the United States*, p.70. 정인섭 역, 『이승만의 전시중립론』, 101쪽.

이승만은 대서양에서 영국과 어느 정도 자유통상의 문제를 해결한 후 태평양에서 자유통상을 관철하리라 보았다. 그것은 아시아에서 식민지의 청산을 의미하는 것이었다. 그 일환이 조선과 맺은 조미우호통상조약이었다. 그러나 태평양에서 자유통상은 좀 더 시간을 기다려야 하였다.

이 같은 세계 자유통상의 역사를 조국의 독립과 연결시키기 위하여 이승만은 공부부터 하였다. 독립을 잃게 된 경위를 알아야 독립을 회복하는 방법을 찾을 수 있을 것이 아닌가.

> [독립을 잃게 된] 이 수치를 한 번 씻어 볼 날이 있을 터인데 이것을 분히 여길 줄 알자면 그 속을 알아야 될 터이니 아무쪼록 … 외국 형편과 내 나라 사정을 공부하는 것이 급선무라.[139]

이승만은 청일전쟁에서 모든 면에서 우세한 중국을 이길 수 있었던 일본의 힘을 요약하였다.

> 그 이유는 일본인은 전후 25년을 공부에 전력했고, 청국은 25개월에 불과하니 달수와 햇수를 비교하면 실력 차가 날 수밖에 없었다. … 일본이 청국을 이긴 이유는 공부를 부지런히 하여 군심이 견고하며, 군령을 어기지 않았기 때문이다.[140]

---

139) 이승만, 『청일전기』, 호놀룰루, 태평양잡지사, 1917, 6쪽.

140) 이승만 편역, 김용삼 김효선 류석춘 번역 해제, 『청일전기』, 북앤피플, 2015, 168-169쪽.

다른 독립지사들이 곧바로 독립운동에 뛰어 들 때 이승만이 공부부터 한 이유가 여기에 있었을 것이다.

> 굳센 마음만 가지고는 능히 경쟁할 수 없을 지라. 마땅히 경위를 알아야 굳센 마음을 바로 쓰는 것이 될지라. 그렇지 않으면 내가 남의 경위에 지는 것을 가지고 강력을 부리고자 할지니 이러한 강력은 실로 내게 해만 되는 것이라 마땅히 남의 경위와 법을 알아야 될 터인즉 … 우선 공법과 약장합편이며 내 나라 사기와 대지를 힘쓰며 통감 사략 등 청국사기만 공부하지 말고 각국의 지는 사적과 당시 형편을 의론한 모든 서적과 정치 교화 풍속이며 각색 학문산 서적을 구하여 [읽어야 한다.][141]

경위에 맞게 사실과 법을 알기 위하여 이승만이 공부한 결정체가 그의 박사학위논문이다. "그는 외국인으로 동양사, 철학, 문학에 깊이 천착한 초기유학[교육]과 함께 미국사와 유럽사, 국제법, 서양철학의 어려운 [박사학위]시험을 명예롭게 통과한데 대해 자부심을 가졌다. … 그 둘을 융합하여 그 자신의 사상으로 만들었다."[142]

## 『영구평화론』

식민통상의 배경은 다윈의 적자생존의 논리였고, 자유통상의 배경은 칸트의 이성의 논리였다. 약육강식의 논리 대 공존공생의 원리. 약

141) 이승만, 『독립정신』, 262쪽.

142) Oliver, *Syngman Rhee The Man behind the Myth*, p.114.

육강식 논리의 단점은 약자의 생존을 설명할 수 없고 끊임없는 전쟁을 일으킨다는 점이다. 이에 대하여 공생공존 원리의 장점은 사회적 약자가 강자 틈에서 독립하여 평화롭게 삶을 영위할 수 있다는데 있다. 그 이유는 분업의 원리에 의한 개인 사이의 자유교환과 국가조직에 있다. 국가 사이의 관계도 마찬가지이다. 약소국이 강대국 틈에서 평화롭게 공생공존과 독립을 유지할 수 있는 것은 분업에 의한 국가 사이의 자유통상과 자유국가연합조직a family of free nations 덕분이다. 여기에 자유국가 사이에 통상이 곧 평화라는 명제가 성립한다. 이승만은 이 논리에 의해 미국영향 하에 약소국인 한국이 독립할 수 있는 권리를 주장할 수 있었다. 칸트는 그의 저서 『영구평화론』에서 영구평화를 실현할 수 있는 3가지 의무조항과 6가지 금지조항을 제시하였다. 이승만의 자유주의가 칸트의 영구평화 사상과 일치한다함은 앞에서 본대로이다. 이승만은 칸트의 논리를 완전히 이해하였고 그 논리를 발전시켜 식민지인 한국을 독립국가로 만들려는 논리를 주장할 수 있었다. 그의 학위논문의 내용이다.

## 『일본 내막기』

박사학위논문은 1776-1872 기간을 다루었다. 그 후 태평양에서 미국의 자유통상주의에 도전한 것이 일본제국의 식민통상주의였다. 이승만은 아시아 시장을 놓고 두 국가 사이에 전쟁을 예견하였다. 그리고 자유국가연합조직인 국제연맹 후일에는 국제연합을 주도해 주기를 기대하는 '칸트의 미국'의 영향 하에 한국의 독립을 무력수단이 아니라 평화수단 곧 외교방략에 의해 실현시킬 수 있다는 가능성을 믿고 추구했다. 이승만의 『일본 내막기』의 내용이다. 그 기간이 1884-1940년이다. 『미국영향 하 중립』이 이론편이라면 『일본내막기』는 응용편이다.

외교방략의 성공 가능성은 식민주의-제국주의가 심화될수록 커져갔다는 데에 그 역설적 특징이 있다. 〈식민지통상=전쟁주기〉의 등식 탓이다. 앞서 본대로 청일전쟁에서 식민모국 사이의 치열한 다툼을 보았다. 그것은 전쟁으로 가는 길이었고 그 결과 식민지 문제가 해결될 가능성이 열렸다. 제1차 대전 이전 유럽에서 안도라와 산마리노 등 도시국가형을 제외하고 프랑스, 포르투갈, 스위스 등 3개뿐이었던 공화국이 전후 18개국으로 증가했고 독립국가의 수가 18개국에서 28개국으로 증가했음이 그 증거이다. 이 행렬은 계속되어 제2차 대전의 종결로 아시아에서 수많은 식민지가 독립국가로 되었다.

미국의 자유통상주의에 마지막으로 도전한 것이 소비에트의 공산주의통상이었다. 이승만은 다시 한 번 자유통상주의를 이용하여 신생 대한민국을 지켰다. 마침내 공산주의가 붕괴되면서 탄생한 수많은 국가들이 참여하는 세계무역기구가 탄생하였고 병행하여 자유무역협정을 적극 수용한 한국은 평화 속에 통상대국으로 성장하였다.

## 중립통상

자유국가의 자유해상통상을 저해하는 요인은 식민지 이외에 또 하나가 있다. 전쟁이다. 이승만은 학위논문에서 제퍼슨의 입을 빌려 말한다. “어느 두 나라가 전쟁을 시작할 때 평화 속에 살기를 원하는 나라들은 … 교전국이든 중립국이든 모든 국가에 대하여 평소처럼 그들의 산업생산물을 교환하기 위해 운송할 자연권을 갖는다. … 요약하자면 타국 간의 전쟁은 이들에 대해서는 마치 존재하지 않는 것과 같다.”[143] 미국은 비교전[중립]국가로서 전시에도 평시처럼 방해받지 않는 통상을 원했다. 이것이 이른바 중립통상의 정체이다. 이에 대하여 영국은 반대하였다. 점차 두 국가는 견해를 좁혀 전시금제품contraband에 한하여 통상을 금지하였다. 그러나 미국은 그 품목 범위를 되도록 좁게 정하고 영국은 넓게 정하려 하였다. 전시금제품은 곧 해상에서 선박방문권visit과 수색권search을 동반한다. 가장 심한 경우는 봉쇄blockade이다. 이에 대해서도 미국과 영국은 대립되어 있었다. 이승만은 전시금제품, 방문, 수색에 대한 역사적인 사례를 추적하고 있다. 이로부터 10년 전 이승만이 감옥에서 구독한 『아우트룩』(1900년 1월 20일)에 실린 울시Theodore S. Woolsey의 논문 「전쟁시기의 중립권과 금제품」을 읽었을 개연성이 크다고 지적한 학자는 이정식이다.[144] 이때부터 이승만은 중립통상에 대해 관심을 키워왔는지 모른다.

그러나 그의 논문에 등장하지 않은 사례가 있었다. 아마 이승만은 의도적으로 이 사례를 제외시켰을지도 모른다. 청일전쟁의 서막에 비교전국[중립국]인 영국 국적의 상선 고승호高陞號가 청국 군인과 무기 등 전시금제품을 싣고 풍도 앞 바다를 향해 하던 중이었다. 이를 포착

143) Rhee, *Neutrality As Influenced by the United States*, pp.33-34. 정인섭 역, 『이승만의 전시중립론』, 58-59쪽.

144) 이정식, 『이승만의 구한말 개혁운동』, 116쪽.

한 일본 순양함 나니와浪速의 함장 도고東鄕平八郞(1848-1934)는 임검search 명령을 내렸고 이선을 촉구하는 명령을 두 번 발령한 다음 거절당하자 포격을 가하여 격침시켰다. 격침 후 비교전국인 영국선원은 전원 구조되었지만 적국인 청국병사들은 수장되었다. 이것은 이제 막 아시아에서 러시아의 남진을 저지하는데 일본을 이용하여 '영광된 고립splendid isolation'에서 벗어나서 일본과 군사동맹을 고려하고 있던 영국으로서는 매우 당혹스런 사건이 되었다.

그럼에도 영국의 중국함대사령관이 일본에 항의하였으며 영국의 언론은 '아시아인의 해적행위,' '일본의 국제법 무시'라고 매도하였다. 일본의 외무상 무쓰陸奧宗光(1844-1897)도 도고 함장의 격침명령을 바보스럽다고 매우 질책하였다. 그러나 영국의 국제법 학자 홀랜드Sir Thomas Erskine Holland(1835-1926)와 웨스트레이크John Westlake(1828-1913)가 도고의 조치가 국제법에 어긋나지 않는다고 『타임스 The Times』에 게제하면서 사태가 일본에 유리하게 전개되었다.[145] 도고는 영국 상선학교 출신이므로 국제법을 알고 있었다고 한다. 이러한 내용은 이승만의 학위논문을 보면 쉽게 이해할 수 있는데 그는 논문 제3장 제4절에서 전시금제품을 다루고 있으며 참고문헌으로 홀랜드의 대표저서 『Admiralty Manual of Prize Law』를 게시하고 있다.[146] 아마 당시 한국인으로 홀랜드를 이해한 사람은 이승만이 유일했을 것이다. 또 이승만은 고승호

145) Holland, "The Sinking of the Kowshing," *The Times*, Aug. 6, 1894 in Holland, Letters to *"The Times" upon War and Neutrality 1881-1920*, London, Longman, Green and Co., 1921, Chapter .V, Section 1.

146) Rhee, *Neutrality As Influenced by the United States*, p.113.

사건을 알고 있는 위치에 있었다. 그는 이미 이 사건을 그의 저서 『청일전기』에서 설명하고 있다. 그의 학위논문에서도 다음 글을 발견할 수 있다.

> 영국 선박의 선장은 외국 순양함에 의한 정선 명령과 조사에 복종하여야만 했다.[147)]

이 글의 주인공인 앨라바마 호도 고승호 사건처럼 동일한 문제를 일으켰고 똑같은 운명으로 격침되었다.

일본이 안으로는 여러 가지 불법을 교묘하게 저지르면서도 밖으로는 국제법을 준수하려고 노력한 까닭은 국제사회에 일원이 되려는 목표와 함께 개국 시에 체결한 열강과의 불평등조약을 개정하려는 염원이 있었기 때문이다.[148)] 일본은 1907년 제2회 헤이그 평화회의에서도

---

147) Rhee, *Neutrality As Influenced by the United States*, p.90. 정인섭 역, 『이승만의 전시중립론』, 127쪽.

148) 서세 동점과 더불어 아시아에서는 중국을 중심으로 하는 국가 사이에 전통적인 관계가 허물어져가고 서양의 국제법이 빠르게 도입되는 과정에서 그 중요성을 제일 먼저 인식한 것은 일본이었다. 마태 페리(Matthew Perry 1794-1858)에 의해 일본이 강제 개국된 후 명치유신의 기초를 닦는데 커다란 공헌을 남긴 사카모토(坂本龍馬 1836-1867)의 일화에도 그 중요성이 묻어있다. 용마가 긴 칼을 차고 있는 친구에게 "장검의 시대는 지났다. 나처럼 짧은 칼을 지녀라"라고 말했다. 두 번째 만났을 때 짧은 칼을 찬 것을 보자 "단검의 시대도 지났어. 나처럼 권총을 갖고 다녀"라고 권하였다. 세 번째 만났을 때 책 한 권을 보여주며 "권총도 소용없네. 국제법을 익히게."라고 말했다고 전해진다. Hillsborough, *Samurai Tales*, 2010, pp.165-166. 사카모토는 선박의 주권이 선적국가에 있다는 국제법에 매료되어 작은 일본이 국토를 팽창하려면 많은 선박을 만들어야겠다고 주장한 인물답게 국제법 신봉자가 되었다.

국제법의 우등생이 되고자 열심이었다. "헤이그 회의에 참가하는 데 따르는 만반의 준비와 아시아 대륙을 대표하여 완벽한 공헌을 하는 일에 다른 어떤 대표단보다 더 강하게 의식하고 있었다."[149)]

## 1818중립법

전시금제에는 사람도 포함된다.[150)] 비교전국이 지켜야 할 가장 중요한 원칙은 정부가 적대행위를 회피해야 하고 자국 관할 내의 모든 내국인과 외국인이 적대적 행위를 하지 못하게 주의를 다해야 한다는 점이다.[151)] 모병에 관한 문제는 심각하다. 이승만은 이에 관해서도 여러 역사적 사례를 정리하였다. 그는 제퍼슨 시대부터 검토하였다.

> 병력을 모집하는 권리는 주권의 일부이며, 따라서 해당국가에 배타적으로 속하므로 외국이나 외국인은 현지국의 동의 없이 그 영토 내에서 모병할 수 없다.… 미국이 자신의 주둔지와 영토 내에서는 선박의 무장과 병력의 모집에 대한 허가를 거부할 수 있는 권리를 갖고 있다면, 미국은

149) Eyffinger, "The 1899 Hague Peace Conference: The Parliament of Man, The Federation of the World," *Kluwer Law International*, 2001, p.451; Ditto, "A Highly Critical Moment: Role and Record of the 1907 Hague Peace Conference," *Netherlands International Law Review*, vol.LIV, 2007, issue 2, pp.197-228. 무라세 신야, 「1907년 헤이그 밀사 사건의 유산」, 이태진 외, 『백년후 만나는 헤이그 특사』, 태학사, 2008, 251쪽에서 재인용.

150) Rhee, *Neutrality As Influenced by the United States*, p.90. 정인섭 역, 『이승만의 전시중립론』, 126쪽.

151) Rhee, *Neutrality As Influenced by the United States*, p.27.

> 중립법에 따라 이 권리를 행사하여, 그 같은 무장과 모병을 금지시켜야만 한다.[152]

이때 관계법을 어긴 사례가 등장하자 1794년 제1차 외국모병법이 제정되었고 이 법이 발전하여 항구적 법이 1818년에 제정되었다. "… 1818년 4월 20일 [미국]의회에 새로운 법률이 통과되었다. 이것이 [1910년] 현재 1818년도 중립법the Neutrality Act of 1818으로 알려진 있는 항구적 입법이다." 이승만은 이 법의 주요골자를 다음과 같이 정리하였다. 그의 외교독립방략에 중요하였기 때문이다.

(1) 미국 관할 내에서 외국 군주, 국가, 식민지, 지역, 또는 국민에 봉사하기 위한 임관을 수락하거나 이의 사령을 한 모든 미국 시민은 중한 범죄를 범한 것으로 간주한다.

(2) 모병하거나, 스스로 입대하거나, 입대할 의도로서 관할권을 벗어나는 타인을 고용하거나 구하려는 자는 유죄이다.

(3) 어떤 선박의 장비를 갖추어 무장시키는 자, 이를 시도하는 자, 또는 설비하거나, 개조하거나 무장하는데 고의적으로 관여하는 자는 유죄이다.

(4) 여하한 군함, 순양함, 기타 무장 선박의 화력을 증대, 증강시키는 자, 증대되거나 증강되도록 조달하는 자, 또는 증대시키거나 증강시키는데 고의로 관여한 자는 유죄이다.

---

152) Rhee, *Neutrality As Influenced by the United States*, 1912, p.29: 정인섭 역, 『이승만의 전시중립론』, 53쪽.

(5) 미국과 평화관계에 있는 외국군주의 영토나 지배자를 목표로 그 곳에서 수행하려는 어떠한 군사적 원정이나 계획을 시작하거나 착수하거나 그 수단을 제공하거나 준비하는 자는 유죄이다.

(6) 세관원은 명백히 군사목적으로 건조되었거나 장비를 갖춘 모든 선박은 압류한다.

이 가운데 눈에 띄는 조항이 (1)번과 (5)번이다. (1)번에 의하면 이승만은 미국시민이 될 수 없다. 외국[한국]에 봉사하는 임관[군대통수권자]이 될 수 없기 때문이다. 또 당시 미국의 눈으로 볼 때 한국이 독립국가가 아니므로 외국에 해당하지는 않지만 식민지이므로 위법이 된다. 이승만은 무국적자이었다. 미국시민인 독립지사가 임관하거나 사령을 받으면 위법이다. (5)번에 의하면 당시 일본은 미국과 평화관계에 있었다. 일본의 군주와 영토를 목표로 하는 군사행동은 안 된다는 것이다. 당시 미국의 측면에서 한국은 일본의 식민지였다. 이 법에 추가하여 타일러 대통령은 1841년 캐나다 접경인 미국 북부에 비밀집회, 동아리, 모임, 협회 등을 금하는 법령을 선포했다. 1850년과 60년대에 대통령은 서인도, 중미, 캐나다의 반란에 무기를 돕는 행위를 금하는 법령을 선포하였다.[153]

식민지로 압박 받고 있는 민족이 무장독립을 하려면 무기와 병사가 필요하다. 그런데 이 모병법의 중요성은 "이것이 1819년 영국의 외국모병법과 그 후 여러 유럽국가의 형법에서 채택되었던 유사한 법률의 기

153) Ørvik, *The Decline of Neutrality 1914-1941*, p.29.

초가 되었다."는 데에 있다.[154] 그리고 그들의 식민지에서도 유효하다. 따라서 미국과 유럽 국가들이 전쟁금제품과 모병을 제한하면 식민지는 무기와 병사를 조달할 방법이 없다. 무엇보다 자금이 필요하다. 전쟁에 세 가지가 필요하다. 첫째 돈, 둘째 돈, 셋째 돈이다. 어디서 막대한 자금을 구할 것인가. 일본이 러일전쟁을 치르기 위해 어렵게 런던시장에서 기채 하였고 종국에는 그렇게 모은 자금도 모자라 평화협상을 서둘렀다. 러시아도 사정은 마찬가지였다.

설사 조달하는데 성공한다 하여도 무기와 병사를 싣고 갈 해상운송수단은 어디서 구하는가. 해상운송수단이 마련된다 하여도 (3)과 (6)에 의하여 미국과 유럽국가에 접안할 수 없다. 모병금지법을 채택한 구미국가를 피하여 다른 지역 [예를 들면 소련이나 중국 등]에서 조달하거나 구미 국가로부터 밀수를 하는 방법밖에 없을 것이다. 그러나 소련도 체코슬로바키아 군단의 무장을 해제할 것을 명령하였다.

제1차 대전이 발발하였을 때 당시 오스트리아-헝가리 제국의 식민지였던 체코-슬로바키아 청년들은 강제 징집 당하였다. 동부전선에 투입되었던 그들의 일부는 연합국이었던 러시아에 투항하였다. 이들과 함께 재러 체코-슬로바키아 교포들을 조직하여 체코슬로바키아 포로군단을 만들었다. 러시아에서 혁명이 일어나자 동부전선이 무너졌다. 독일의 군사력이 서부전선으로 집중되어 가장 피해를 크게 본 연합국이 프랑스였다. 위기에 처한 프랑스의 협조로 체코슬로바키아 군단은 프랑스 전선으로 이송하게 되었다. 그 경로가 우크라이나에서 블라디보

154) Rhee, *Neutrality As Influenced by the United States*, pp.53-54 ; Ørvik, *The Decline of Neutrality, 1914-1941*, p.23.

스토크를 연결하는 시베리아 횡단철로였다. 그러나 러시아에서 다시 볼셰비키 혁명이 일어나고 독일과 단독강화조약을 맺었다. 이 조약에 의하면 러시아 내에서 독일과 오스트리아에 대한 적대행위는 금지하도록 되어 있다.[155] 이에 따라 이동하는 체코슬로바키아 군단에게 무장해제를 명하였다.[156] 이것을 거부한 체코슬로바키아 군단은 시베리아 대장정의 여정에서 소비에트 혁명군대와 전투를 치르지 않으면 안 되었다. 백위군과 함께 적위군을 상대로 내전에 휘말렸다. 트로츠키는 무장한 체코슬로바키아 군인을 보면 즉석에서 사살하라고 명령을 내렸다. 타국에서 군사행동이란 여건이 바뀌면 위험에 빠질 수 있음을 보여준다. 상태가 열악한 시베리아 횡단철로를 따라 7만 명의 체코군단이 대장정 끝에 블라디보스토크에 도착했을 때 그를 수송할 선박이 없었으면 몰살당할 처지였다. 다행인 것은 체코군단의 뒤에는 프랑스, 영국, 미국, 일본 등 러시아에서 소비에트 공산주의를 몰아내려는 연합군이 있었다. 그 연합군을 필설에 의해 외교로 움직인 사람이 마사리크이다. 이때는 제1차 대전과 러시아 혁명의 와중이었으므로 이것이 가능하였겠지만 평화시기에는 가능하지 않다. 마사리크는 이 문제를 이미 검토하였다. "미국이 중립인 한 미국에서 군대를 조직하는 것은 불가능하다."[157] 마사리크는 심지어 중립국인 미국에서 독립운동자금을 모금하는 것조차 금했다.[158] 미국이 참전하는 경우에는 법적인 이유 이외에

---

155) Masaryk, *The Making of A State*, p.189.

156) Japan Advertiser, April 11, 1918 ; Masaryk, *The Making of A State*, pp.194-5.

157) Masaryk, *The Making of A State*, p.262.

158) Selver, *Masaryk*, p.252.

다른 문제도 있었다. “전쟁은 모든 미국시민을 단결시키는데, 미국의 민족 마다 군대를 조직하면 단합이 깨진다.”[159)]

1931년 만주사변이 일어나자 중국의 제소에 따라 국제연맹은 조사단을 보냈다. 영국의 리튼 경을 단장으로 이 조사단은 6개월을 조사하고 보고서를 제출하였다. 이 보고서를 보면 중국이 만주에 있는 한국인들에게 우호적이지 않았음을 알 수 있다. 우선 토지를 소유할 수 없었다. 그것도 중국국적을 취득해야 한다. 토지를 소유할 수 없으면 군사훈련은 불가능하다. 이 보고서에 드러난 또 하나의 사실은 소련도 시베리아에 거주하는 한국인들에게 우호적이 아니었다. 지적할 것은 시베리아에서 일어난 한인학살사건도 이와 무관하지 않다. 소비에트가 일본과 다투면 한인이 보호받지만 화해하면 한인을 학살할 수 있다는 본보기가 되었다. 이승만은 리튼 보고서를 읽고 『만주의 한국인』이라는 소책자를 출판하였다. 이 소책자에서 만주에 사는 한국인들의 참상을 목격하고 외교독립의 의지를 더욱 다졌을 것이다.[160)]

앞서 말했듯이 전쟁에는 세 가지가 필요하다. 첫째 돈, 둘째도 돈, 셋째도 돈이다.[161)] 이승만은 반대한다. “[얼마 안 되는 무력을 써 버려] 장래에 원기를 다 탕비하여 놓고 앉아 만리같이 창창한 [독립운동의] 길을 어찌 하고자 하느뇨.”[162)] 이승만이 학위논문에서 인용한 바텔

159) Benes, *My War Memoirs*, Boston, Houghton Mifflin Company, 1928, p.184.

160) Rhee, *The Koreans in Manchuria*, Paris, Agence Korea, 1933.

161) Smith, “Translator's Introduction,” in Kant, Smith(tr.), *Perpetual Peace A Philosophical Essay*, London, George Allen and Unwin, 1903, p.72.

162) 이승만, 『공립신보』, 1908년 8월 12일. 원영희 · 최정태 편집, 『뭉치면 살고 …』, 184쪽에서 재인용.

Vattel은 일찍이 "야심 있는 이웃이 자유를 위협하면, 노예로 삼고 복속시키려 하면, 취할 수 있는 것은 자신의 용기뿐이다. [외교로] 논쟁하기 싫어서 회담조차도 하지 않는다. 거기[용기]에 모든 노력, 자원을 쏟고, 피를 마지막 한 방울까지 아끼지 않는다. 이런 방법은 아주 위험하다." 라고 썼다.163) 마사리크도 동의한다. "자기희생은 [체코]민족의 이상이 되어왔다. …이것은 매우 위험한 일이다. 순교가 민족에게 하찮은 일상이 되어버리기 때문이다."164) "참된 인본주의의 목표는 폭력, 영웅적 행위, 순교라는 낡은 이상을 극복하는 것이다."165)

중국이 만주에 신흥무관학교 창설에 반대하였으나 만주의 혼란기에 원세개와 이시영의 개인적인 우정으로 가능하였다. 비슷한 예로써 후일 이청천이 장개석과 일본육사 동창인 인연으로 중국 영토에서 한국독립군을 훈련시킬 수 있도록 특별허락을 받았다.

비제도적인 이런 방식은 단기간이라면 몰라도 장기간에 걸쳐 지속되는 무력투쟁을 거의 불가능하게 만든다. 더욱이 소련은 공산국가이고 중국은 내전과 외전 중이다. 일본은 시베리아 출병을 기회로 중국 단기서 정권과 〈중일공동방적군사협정〉을 맺었다.(1918년 5월 16일). 비밀협정이었다. 중국영토 내에서 일본군이 임의로 군사행동을 할 수

163) Vattel, Chitty (trans.), *Law of Nations*, II, Philadelphia, T & J. W. Johnson, & Co., 1883, Ch. XVIII, p.332. Smith, "Translator's Introduction" in Kant, Smith(tr.), *Perpetual Peace A Philosophical Essay*, London, George Allen and Unwin, 1903에서 재인용.

164) Szporluk, *The Political Thought of Thomas G. Masaryk*, Boulder, Eastern European Monographs, 1981, p.87.

165) Warren, *Masaryk's Democracy*, University of North Carolina Press, 1941.

있는 권리를 승인받았다.[166)]

계다가 상대방은 이미 청국을 패배시키고 러시아마저 굴복시켰으며 독일을 중국에서 몰아내고 세계 정복을 목표로 세계적인 군사강국으로 떠오른 강적이다. 여기에 미국의 한인동포의 인구는 8천 미만이었는데 청년의 수는 넉넉히 잡아도 3천을 넘지 않을 것이다. 인구, 군사력, 자원, 기술, 외교력, 영향력 등에서 절대부족이다. 앞서 얘기했지만 러일전쟁에서 일본이 동원한 병력이 109만 명이고 전비가 당시 가치로 2억 엔이었다.

중일전쟁이 일어나자 장개석은 상해임정에 자금을 적극 지원한다. 그러나 국가적 차원이 아니라 장개석 개인의 권한 내에서 이루어졌으며 상해임정을 교전단체나 독립정부로 인정하지 않았다. 자금을 둘러싼 좌우 세력 사이의 내홍이 일어났다. 장개석이 지원하는 사정은 "만주지역의 안전을 위해 한국독립운동을 지키고 유지시켜야 한다."는 것과 "인도적인 동기와 함께 임정과 한인 독립단체, 특히 한인무력을 관리하는" 데에 있었다.[167)] 이에 대해서는 심도 있는 연구가 필요하다.

이승만은 학위논문의 사례를 통해서 미국이 영국과 독립전쟁을 전개할 때 프랑스가 자금과 무기를 원조하면서 가장 염려한 것은 그것을 빌미로 영국이 프랑스 자신에게 선전포고하는 것이었음을 알고 있었다. 그는 또 자신을 돕지 않는다는 이유로 영국이 홀랜드에 선전포고한

---

166) 小林啓治, 『總力戰とデモクラシ-』, 吉川弘文館, 236頁

167) 서상문, "한국독립운동에 대한 중국의 경제지원과 임정 내 내홍," 제28회 이승만 포럼 발표, 2013, 7쪽, 15쪽. 서상문, 「抗戰時期 中國國民政府對在華韓國獨立運動之資助」, 『近代中國』, 第91期, 1992年 10月.

사실도 알고 있었다. 이것은 비교전 중립국이 교전국의 한편을 지원하면 전쟁이 확산될 수 있는 위험을 말한다. 이승만은 비교전 중립국이 이러한 위험을 무릅쓰고 식민지의 독립을 위해 모병 등을 지원하기가 어려울 것임을 암시하고 있다. 실제 이 문제로 영국과 프랑스는 전쟁을 하였다. 프랑스는 미국에게 도움을 요청하였다. 독립전쟁 때 도움을 받은 워싱턴 대통령은 오랜 숙고 끝에 거절하였다. 유럽 일에 간섭하지 않겠다고 선언하였다. 아마도 이 문제가 그로 하여금 대통령직에 더 이상 미련을 두지 않게 만들었는지도 모른다.

박용만과 노백린이 무장독립을 내걸고 미국에서 군사훈련을 시도한 것을 법률적 측면에서 연구된 바가 거의 없다. 「1818년 중립법」이 아직도 유효한 1910년대 당시 비교전 중립국이었던 미국에서 한국인들이 미국과 평화관계에 있는 일본과 전쟁을 목표로 모병하고 군사 훈련시켰던 행위를 법률적으로 검토할 필요가 여기에 있다.

실제 박용만의 한인병학교에 대하여 미국 국무장관은 내무부에 엄중히 조사할 것을 명령하였다. 그의 모범이 되었던 중국의 보황회군대도 뉴욕에서 행진하는 것이 법적으로 문제 되었었다.[168] 제1차 대전 말기인 1918년 3월 미국의회가 미국에 거주하는 외국인이 모병되어 전쟁에 참여한 뒤 미국으로 귀환할 수 있도록 개정한 법률이 태어난 사례가 시사되는 바가 적지 않다.[169] 그 전에는 귀국이 불가능하였다. 이승만이 어째서 무장독립운동에 대하여 적극적이지 않고 유보적이었는지 생각해 볼 일이다. 이승만이 학위논문에서는 전혀 기미를 보이고

168) 안형주, 『박용만과 한인소년병학교』, 2007, 41-42쪽.

169) Masaryk, *The Making of A State*, p.449.

있지 않지만 이 부분에서 무력투쟁은 어렵다고 확신했을지 모른다. 일본에 비해 인구, 군사력, 재력, 외교력, 기술 등 여러 면에서 열세인 한정된 자원을 비효율적으로 "탕비하여 놓고 만리같이 창창한 [독립운동의] 길을 어찌 하고자 하느뇨."라며 탄식하고 있다. 그렇다면 그에게 주어진 유일한 소망으로 외교방략만이 남았다. '칸트의 미국'은 여론의 나라이다.

흥미로운 점은 외교방략의 성공 가능성은 식민주의-제국주의가 심화될수록 커져갔다는 데에 그 역설적 특징이 있다. 앞서 〈식민지통상=전쟁주기〉의 등식 탓이다. 제1차 대전 이전 유럽에서 안도라와 산마리노 등 도시국가형을 제외하고 프랑스, 포르투갈, 스위스 등 3개뿐인 공화국이 전후 18개국으로 증가했다. 독립국가의 수는 18개국에서 28개국으로 증가했다. 그 가운데 체코슬로바키아의 독립이 있고 여기에 희망이 보인다. 그러나 이 희망은 어찌 보면 "제1차 대전 이전의 근대 국제법 질서는 기본적으로 서구적인 문명 형태를 취하는 국가만의 질서라고 인정되었던 것"이라는 데에 그 한계가 있었다.170) 다시 말하면 제국주의의 식민지 지배도구에 불과하였으므로 약소민족을 옹호하려는 의도는 없었다. 이것이 제1차 대전과 더불어 미국에 의해 흔들리기 시작하였는데 그 이유는 자유통상의 목표가 식민지를 없애고 그에 따라 구시대의 영토야욕이 없었기 때문이다. 그 결과 이승만이 분석했듯이 유럽에 대한 미국의 국제법 우위와 더불어 강대국 지배민족에 비해 무력에서 크게 열세가 될 수밖에 없었던 약소국 피지배민족의 외교독

170) 무라세 신야, 「1907년 헤이그 밀사 사건의 유산」, 이태진 외, 『백년후 만나는 헤이그 특사』, 264쪽.

립방략에 희망이 생기게 된 것이다. 그 희망은 윌슨의 14개조에서 태동되었다.

제1조. 강화조약의 공개와 비밀외교의 폐지.

제2조. 공해상에서 항해의 자유.

제3조. 통상조건의 균등화.

제4조. 군비축소.

제5조-제13조. 식민지 요구의 공정한 조정. 러시아로부터 철병과 스스로 선택한 제도 존중. 벨기에로부터 철병과 주권 존중. 점령되었던 프랑스 영토 해방. 이태리 국경조정. 오스트리아-헝가리의 각 민족 국제적 지위 보장. 루마니아, 세르비아, 몬테네그로에서 철병과 발칸국가들 독립의 국제적 보장. 오스만 제국 주권 보장과 그 치하의 타민족에 대한 자치 육성의 보장. 폴란드 독립.

제14조. 국제연맹 창설.

제1조는 칸트 금지조항 1의 실천이다. 제2조-제3조는 칸트 의무조항 3의 실천이다. 제4조는 칸트 금지조항 3의 응용이다. 제5조-제13조는 칸트 의무조항 1의 응용인데 여기에 해당하는 국가들이 의무조항 1과 2를 의무적으로 수행하느냐는 것은 숙제로 남겨졌다. 이 부분을 가리켜 민족자결주의라고 부르는데 특히 제10조에 의해 독립의 열망이 성취된 첫 번째 예가 체코슬로바키아의 독립이다. 제14조는 칸트 의무조항 2의 응용으로 자유국가연합의 창설이다. 윌슨의 14개조는 칸트의 영구평화헌법의 구체적 실천 조항이다. 윌슨은 칸트에게서 영향

을 받았다.[171]

이승만의 외교독립방략은 국내에서 외로운 주장이었지만 국제적으로 짝이 없는 것은 아니다. 마사리크의 외교독립주장이 그것이다. 1910[1912]년 박사학위 논문과 그 전후 저술에서 드러난 이승만의 정치경제사상과 외교방략은 1914년 마사리크의 그것보다 시대적으로 앞선다는 점에서 이승만의 선구적인 점이 돋보이지만, 그것을 더욱 빛나게 한 역사적 실례를 후에 등장한 마사리크의 1914-1918년 외교독립 성취에서 찾을 수 있다면, 비록 제1차 대전과 제2차 대전이라는 시간과 유럽과 아시아라는 공간의 여건이 일치하지 않는다 하더라도, 동서양 비교역사에서 보기 드문 흥미로운 사실이 될 것이다. 이승만은 이것을 알고 있었다.

> 체코슬로바키아라는 나라는 구라파의 동남지방에 산재한 민족으로 여러 강국에 부속되어 다소간 학대를 받다가, 세계전쟁 후에 미국에서 미국 친우들의 도움으로 독립을 선언하고 마사릭씨를 대통령으로 삼아 윌슨 대통령의 동정을 얻어 오백만원 차관을 얻어 독립국을 이루었다.[172]

마사리크는 "미국 친우들의 도움"으로 독립을 쟁취하였다. 여기서

---

171) Vorlander, *Kant und der Gedanke des Volkerbundes*, Leipzig, Meiner, 1919, p.67; Beestermoller, *Volkerbunsidee*, Stuttgart, Kohlhammer, 1995, pp.94-142; Hackel, *Kants Friedensschrift und das Volkerrecht*, Berlin, Duncker & Humbolt, 2000, p.170; Rauber, "The United Nations - a Kantian Dream Come True?," *Hanse Law Review*, Vol.5, No.1, 2009.

172) 이승만, 『태평양 주보』, 1939년 7월 29일.

말하는 미국 친우들 가운데에는 윌슨 대통령, 마트 총무, 크레인 대사가 포함되어 있다.[173] 말하자면 마사리크의 외교독립방책은 필설에만 의지했다는 뜻으로 이승만이 의도하는 바를 그대로 닮고 있다.

마사리크 역시 처음에는 따르는 사람이 많지 않았다. 돈키호테의 무모함이라고 도와주지 않았다. 대부분의 체코지도자들은 러시아에 희망을 걸었다. 그러나 마사리크는 소수의 제자를 데리고 결국 필설로 뜻을 이루었다. 이승만이라고 시도하지 말라는 법이 없다. 시간적으로 보았을 때 외교독립의 실현은 마사리크가 앞서지만 이론적으로는 이승만의 주장이 앞서기에 더욱 그렇다.

이승만의 외교독립방략[제1의 독립운동]은 자신의 이론과 마사리크의 실제를 겸비하게 되는 셈이다. 이승만 외교독립은 3년의 해방정국에서 신탁통치에 대항하는 완전독립운동[제2의 독립운동]에서 발휘된다. 이것이야말로 어쩌면 마사리크가 4년 만에 조국을 독립시킨 사건에 비교될 수 있을지 모른다.

### 세계사의 흐름

또 하나 간과할 수 없는 것은 이승만 외교독립노선이 세계사 조류를 정확하게 읽은 산물이라는 점이다. 두 가지 흐름이다. 절대주의가 막을 내린 제1차 대전 후 유럽에서 7개의 식민지 [핀란드, 에스토니아, 라트비아, 리투아니아, 폴란드, 헝가리, 체코슬로바키아, 유고슬라비

173) 김학은, 『이승만과 마사리크』, 2013.

아]가 독립을 성취하였다. 모두 러시아제국, 오스트리아-헝가리 제국에서 독립한 것이다. 제1차 대전 이전에는 발칸반도의 식민지가 오스만제국으로부터 독립을 달성하였다. 이것이 당시 제국주의에 의한 식민지 시대 청산의 시작이다. 그런데 유럽국가가 청산을 시작한 식민지정책을 일본이 조선에서는 강화하고 있었다.

> 조선에 이르러서는 구미제국에서 원칙상 포기된 동화주의로써 조선에 임하고 있나니 전 세계에서 이만한 민족으로서 이러한 정책 하에 지배되고 있는 에가 조선 이외에는 없다는 의미에서 조선은 세계적 특수부락의 칭호를 받는 것이다.[174)]

이 세계사의 조류는 미국 독립과 프랑스혁명의 영향이다. 일찍이 마사리크는 프랑스혁명 정신이 유럽에서 식민제도를 청산하고 그 물결이 아시아로 넘어가 아시아의 여러 나라들이 식민지에서 벗어날 것이라고 예언한 바 있다.[175)] 이승만 역시 아시아의 유일의 제국주의 일본이 그 구각의 탐욕과 야심에서 벗어나는 것은 시간문제라고 보았다. 구각의 흉내에서 벗어나라고 일본의 양심에게 촉구한다.

> 여러분의 정부는 지금은 파괴되고 사라진 유럽의 전제정치에 의해 길러진 잘못된 이상과 탐욕의 야심을 향유하고 있다. 만일 여러분 국민이 우리들이 생각하고 있는 것처럼 지적이고 현명하다면, 이 같은 정책은 변

174) 『동아일보』, 1928년 1월 18일.

175) Masaryk, *The Making of A State*, 1927.

> 경되어 당장 높고 고결한 사람들에게 행복을 가져오는 진정한 민주주의를 여러분의 정부가 채택하도록 노력해야 한다. 지금처럼 프러시아 형의 이기적인 정책을 계속한다면 여러분의 나라는 여러분이 모범이라고 여기는 유럽국이 밟은 길을 따라가서 똑같은 운명을 맞을 것이다.[176)]

이승만은 이러한 세계사의 조류에서 무력투쟁의 한계를 내다보고 외교독립방략을 계속하였다. 여기에다 제1차 대전 이후 전쟁에 지친 세계는 평화를 원했고 전후 복구로 다른 나라에 호의를 베풀 여유가 없었다. 그럼에도 자유를 위한 국지전은 간헐적으로 이어졌다. 러시아내전(1917-1921), 아일랜드내전(1919-1923), 모로코독립전쟁(1919-1926), 만주침략(1932), 볼리비아-파라과이전쟁(1932-1935), 이태리 에티오피아 침공(1935), 스페인내전(1936-1939), 중일전쟁(1937-1945). 이 가운데에서 식민지는 예외 없이 패배하였다. 그 이유는 전쟁을 기피하는 열강의 소극적 태도였기 때문이다. 대표적으로 영국수상 챔버린은 이른바 '우리 시대의 평화'라는 미명하에 제1차 대전의 탄생아인 체코슬로바키아를 히틀러에게 양도하였다.

## 4. 칭호

삼일운동은 비폭력 무저항주의를 채택하였다. 이것은 이승만의 평화외교방략과 어울린다는데 의의가 있다. 삼일운동 직후 국내외에서

---

176) 李省展, 『アメリカ人宣教師と朝鮮の近代』, 203-4.

여러 임시정부가 등장하였다. 이승만은 모든 임시정부에서 중요한 직책에 추대되었다. 1919년 3월 21일 블라디보스토크의 대한인국민회는 노령 임시정부를 선포하였는데 대통령 손병희, 부통령 박영효, 국무경 이승만이었다. 4월 11일에는 상해임시정부에서 국무총리로 추대되었다. 여기에는 국가원수에 해당하는 대통령이 없다. 뒤이어 4월 23일에 서울에서 선포된 한성정부에서 집정관총재로 뽑혔으니 국가원수이다.

이승만은 한성정부 집정관 총재가 마음에 들었다. 전국 각처에서 대표들이 모여 선포한 정부이기 때문에 대표성과 정통성이 컸다. 이 한성정부의 뒤에는 그의 옥중동지 이상재가 있었다. 여기에 근거하여 이승만은 즉시 워싱턴에 대한공화국의 대통령 집무실을 마련하고 활동에 들어갔다. 먼저 『대한독립혈전기』를 발간하여 대통령 이승만의 사진을 싣고 대통령 선언서를 담아 해외 동포들에게 자신과 신생공화국을 선전하였다. 자신의 사진이 들어있는 엽서를 만들어 널리 사용하도록 권장하였다. 이것은 고래로 중국에서 새 왕조가 쓰던 방식이다. 새 왕조는 농사의 절기를 담은 책력을 배포하며 황제의 권위를 천하에 알렸다. 내부를 다진 이승만은 외부로 눈을 돌려 세계의 열강 지도자들에게 대한공화국의 정부가 수립했고 자신이 대통령에 취임했음을 알리는 공식 서한을 보냈다. 일본 국왕에게도 보냈다. 국가원수 대 국가원수의 절차였다. 그리고 미국 전역을 순회하며 지지를 호소하는 강연을 하였다.

이승만이 집정관 총재를 대통령President로 번역하여 사용하면서 분란이 일어났다. 제1차 세계대전이 터지자 프라하는 곧바로 계엄 상태가 되었다. 프라하 대학 철학교수 마사리크는 가족을 남긴 채 단신 탈출하는데 성공하였다. 파리에 잠시 머물던 그는 오스트리아 - 헝가리 제국 의회 체코출신 의원이라는 신분을 이용하여 임시정부를 세웠다. 그곳을 군사의 중심지로 생각하고 자신의 충직한 제자에게 맡긴 그는 다시 런던으로 옮겼다. 런던은 정치외교의 중심지로 파악하였다. 그는 이번 세계대전이 3백년 만에 오스트리아-헝가리로부터 조국을 독립시키는 절호의 기회라고 생각했다. 그는 스스로를 대통령이라고 소개하였다. 9개국의 언어를 구사하는 능력을 마음껏 구사하여 세계의 동정을 구하는 외교와 선전방략을 택하였다. 런던에서 강연과 함께 세계대전의 목표와 전후 질서에 관한 책자를 출간하였다. 마침내 그는 미국으로 건너가 윌슨과 독대할 수 있었다. 그를 설득시켜 오스트리아-헝가리를 지구상에서 없애고 합스부르크 왕가가 누대로 지배하던 체코와 슬로바키아를 한데 묶어 신생 국가로 독립시키는데 성공한다.

아무도 그에게 임시정부의 조직과 대통령의 지위를 부여하지 않았다. 그러나 그에 개의치 않고 신뢰하는 소수의 제자만으로 구성한 임시정부를 마침내 체코슬로바키아의 합법적 정부로 인정받는데 성공한 것이다. 다시 말하면 그의 임시정부는 그 정당성과 합법성을 국내에서 인정받기 전에 국외에서 먼저 인정받은 것이다. 그의 정적들은 그가 대통령을 참칭했다고 비난하였다. 그러나 그는 결과를 보여주었다. 그는 말했다. "나와 나의 정부를 인정해라. 나는 기다리겠다. 그러나 인정하지 않겠다면 나는 나의 길을 가련다." 그가 이러한 용기 있는 행동을 택할 수 있었던 것은 당시 체코-슬로바키아의 지도자들은 러시아가 구세주라고 생각하고 그곳만 쳐다보았다는 것이다. 그러나 마사리크는 러시아가 부패하였고 그럴 능력이 없다고 파악하고 미국에 기

대하였다. 러시아가 혁명으로 망하자 마사리크의 방략이 옳았음이 드러났다.[177)]

이승만은 집정관총재를 알맞은 영어로 번역하는데 어려움을 토로하였다. 그는 비서 임병직에게 말했다. "아니 그러면 집정관총재를 영어로 어떻게 번역하란 말이냐?"[178)] 그는 즉시 이 칭호를 영어로 President로 번역하였다. 여기에 근거하여 이승만은 즉시 워싱턴에 대한공화국 대통령 집무실을 마련하고 활동에 들어갔다. 먼저 대통령의 이름으로 열강의 국가원수 앞으로 보낸 서한에서 대한민국이 독립국가가 되었음을 알렸다. 일본천황에게도 보냈다. 이것은 대한민국의 국가원수가 일본의 국가원수에게 보낸 공식문서이다. 상해임시정부에는 국가원수에 대한 규정이 모호하다. 국무총리는 정부수반이지 국가원수가 아니다. 집정관총재가 국가원수인지 아닌지를 규명할 필요가 있다. 이승만은 집정관총재를 국가원수인 대통령으로 번역한 것이다. 데 벌레라의 경우처럼 동일한 번역상의 문제가 일어났다. 만일 아일랜드어의 총리Priomh를 영어로 수상Prime Minister으로 번역하면 아일랜드의 국가원수는 영국국왕이 된다.

집정관은 로마시대의 유산이다. 영어로 Regent이다. 지금도 이 직함을 사용하는 공화국이 한 군데 있다. 산마리노이다. 이 나라의 수반은 임기 1년의 Captains Regent이다. 두 명이다. 6개월씩 교대한다. 이것을 구태여 국문으로 번역하자면 집정관 지도자일 것이다. 이 나라는 세계에서 가장 오래된 공화국이므로 그 칭호가 알려져 있고 무엇보다

177) 김학은, 『이승만과 마사리크』, 2013.

178) 안병훈, 『대통령 이승만』, 기파랑, 2011, 322쪽.

독립하겠다고, 알아달라고 세계에 호소할 필요가 없는 2천년 공화국의 역사가 있다.

총재는 일반적으로 President로 번역되므로 집정관 총재를 영어로 번역한다면 President Regent 정도일 것이다. 이것은 세상에 없는 명칭이다. 이 명칭을 알아달라고 열강에게 소개할 수 없을 것이다. 열강에게 아일랜드의 Priomh를 소개할 수 없었고, Captains Regent로 알릴 수도 없는 것처럼 President Regent 명함을 내밀 수도 없는 노릇이다.

약소국 외교독립운동 지도자 마사리크, 데 벌레라, 이승만 모두 선전과 외교로 세계에 알릴 수 있는 칭호가 필요하였다. 그것은 President였다. 이 셋 가운데 이승만이 가장 정직하게 번역했다고 생각된다.

무엇보다 총리는 정부의 수반이지 국가원수가 아니다. 상해 임시정부의 논리라면 상해의 대한민국에는 국가원수가 없었던 셈이다. 이승만은 대통령이라는 칭호로 열강의 국가원수에게 서한을 보내면서 일본 국왕에게도 보냈다. 데 벌레라의 경우 후일 도일이 총리가 대통령을 겸한다고 헌법을 수정하였다. 데 벌레라는 후일 영국과 담판을 할 때 자신은 가지 않았다. 그 이유가 영국 측에서 국왕이 나오지 않았다는 이유였다.

대한민국의 경우에도 세 임시정부를 통합할 필요가 생겼고 이에 상해에서 통합정부가 성립되며 정부수반을 대통령으로 수정했다. 1919년 9월 11일 이승만은 국무총리에서 임시대통령으로 추대되었다. 한국 역사에서 최초의 공화국에 최초의 대통령이 된 것이다. 국무총리 이동휘, 노동총판에 안창호, 경무국장에 김구, 외무총장에 박용만 등이 선출되었다. 이승만은 이 각료 선정에 아무 권한이 없었다. 박용만은 이승만이 싫어서 취임을 거절하였다. 그는 성명서를 발표하여 상해임시정부 자체를 부인하였다.

이승만은 대통령 직권으로 워싱턴에 구미한국위원부Korean Commission to Europe and America for the Republic of Korea를 설치하였다. 줄여서 구미위원부이다. 이것은 삼일운동 직후 이승만이 만든 한국위원회The Korean Commission를 개편한 것이다. 파리강화회의가 끝나자 김규식이 워싱턴을 찾았다. 이승만은 한국위원회를 그에게 맡겼다. 필라델피아에 한국홍보국The Korea Information Bureau과 한국친우회The League of the Friends of Korea를 만들어 운영하던 서재필과 제휴하였다. 이 가운데 구미위원부가 핵심이다.

구미위원부는 미국의 21개 도시와 런던, 파리에까지 한국친우회를 확장하여 2만5천 명의 회원을 확보했다. 그 효과는 1년 후에 나타났다. 1920년 3월 상원 본회의에서 한국 독립 승인안이 아일랜드 독립승인안과 함께 상정되었다.(190쪽 참조) 부결되긴 하였으나 이승만은 실망하지 않았다. 이제 독립을 위한 기나긴 외교활동이 막 시작한 것뿐이다. 독립운동은 회임기간이 장구한 투자활동이다.

이승만은 워싱턴을 외교중심지로 상해를 정치중심지로 파악했다. 그리고 상해에는 수하의 장붕, 현순, 조소앙, 안현경을 보냈다. 그들로부터 편지와 전문으로 정부를 이끌어갔다. 이것은 마사리크의 방식이다. 그는 런던을 외교의 중심지로 삼아 둥지를 틀고 파리를 군사의 중심지로 삼아 수하 베네시와 스테파니크를 심었다. 그들이 분담한 독립방식은 성공하였다. 이승만도 성공할 것인가.

## 5. 모금

### 공채표

독립운동은 첫째 돈, 둘째 돈, 셋째 돈이다. 미국은 영국과 독립전쟁을 할 때 프랑스에서 자금을 조달하였다.[179] 이승만은 통합임시정부의 임시대통령에 취임하고 1919년 9월 1일 미국에서 대한민국 임시정부 대통령 명의로 공채표를 발행하였다. 그에 앞서 7월에 상해의 임시의정원의 승인을 받았다.[180] 이른바 '독립' 공채표이다. 이것은 앞서 데벨레라의 경우처럼 공채가 아니라 공채표이다. 영어로 표현하면 certificate of indebtedness 또는 certificate of bond이다. 이승만이 발행한 것의 영문이름은 전자이다. 배면의 한글 번역에는 '대한민국 공채표'라고 분명하게 적시되어 있다. 이승만은 미국연방법인 청천법blue sky law에 따라 공채를 발행할 수 없어서 공채표를 발행할 수밖에 없었다고 판단된다.(168쪽 참조) 이승만이 발행한 공채표는 영문, 한문, 국문으로 적혀있다. 국문문장은 다음과 같다. "대한민국 공채표. 이는 대한민국 정부가 이 증표를 가진 사람에게 금화 일백 원을 채부한 것을 증거함이니 북미합중국 정부가 대한민국을 승인한 후 1개년 내로 대한 경성에서 대한정부 재무부 총장에게 이 표를 들이면 곧 합중국에서 통용하는 금화의 대등으로 보상하기를 대한민국의 명예와 신용으로 담보하노니 이 보상 금액은 현금으로나 대한민국의 공채증권으로 대신하거나 대한민

179) Robinson, A., *The Story of Measurement*, Thames and Udson, 2007, p.59.

180) Lew, *The Making of the First Korean President*, p.113.

국 정부 재무부 총장의 편의를 따라 처리할 것이며 이식은 소불하며 연에 백분지 4로 정하며 이상에 말한 대로 보상할 때까지는 매년 백분지 6의 이식으로 계산함. 대한민국 원년 9월 1일. 대한민국 집정관 총재 리승만. 특파주차구미위원장 김규식."[181] 국가의 실체가 되는 승인 이전에는 기부금gift이고 승인 이후에는 투자investment가 되므로 미국관계 법률에 맞게 작성되었다. 데 벌레라가 발행한 공채표도 이와 동일하다. 1919년 대한인국민회하와이지방총회장의 명의로 발행된 것은 '대한독립운동비 제1차 의연금증서'이다.[182] 기부금이다.

이승만이 공채표 발행의 가능성을 핀란드 독립운동가로부터 들었다는 주장도 있다. 그녀가 1918년 뉴욕에 개최되는 약소민족대회에 참

181) Republic of Korea Certificate of Indebtness. This certifies that there is due from the Republic of Korea to the bearer, the sum of ONE HUNDRED DOLLARS, of the standard of value, weight and finess of gold coin of the United States of America, for the redemption of which we pledge the good faith and credit of the Republic of Korea upon presentation to the Minister of Finance, at Seoul, Korea, withion one year after the recognition of the Republic of Korea by the United States of America; the original holder hereof having loaned the amount of this certificate of indebtedness to the republic of Korea. Redemption shall be made either in cash or in authorized bonds of the Republic of Korea drawing not less than four per cent annum as the said Minister of Finance, acting for the said Republic of Korea, by proper authority shall direct. This certificate shall draw interest at six per cent annum until time for redemption as above specified. Done and certified by and for the Republic of Kora this first day of September, A.D. 1919. ATTEST: Signed by Chairman of the Korean Commission Kim Kuisic. Signed by President of the Republic of Korea Syngman Rhee.

182) Lew, *The Making of the First Korean President*, 2014, p.115.

석하고자 하와이에 들렀을 때였다.[183] 그렇다 하여도 그녀는 공채표가 아니라 공채를 생각했을 것이고 그것은 청천법에 저촉되었을 것이었기에 실행 할 수 없었을 것이다.

이승만이 공채표 발행에 있어서 아일랜드의 데 벌레라에게서 암시를 받았다는 주장도 있다. 앞서 보았듯이 데 벌레라는 1919년 6월 22일 미국에 도착하였고 공채가 아니라 공채표 발행에 대하여 변호사의 자문을 받은 것은 그 해 9월이었다.[184] 그리고 세부준비를 거쳐 첫 번째 발행한 것이 1920년 1월이었다. 이승만의 공채표가 4개월 앞섰다.

만일 이승만이 아일랜드의 모금으로부터 영감을 받았다면 그것은 1866년 마호니John O'Mahony가 발행한 페니언 공채Fenian Bond였을지 모른다. 앞서 소개했지만 마호니는 1848년 더블린에서 무장봉기가 실패하자 1858년 미국으로 망명한 후 남북전쟁에서 아일랜드군단에 참여하여 대활약을 한 인물이다. 그 후 영국식민지인 캐나다에 침공하였을 때 참전하였다. 그가 미국에서 조직한 단체가 페니안 형제단이고 이 이름으로 페니안 공채를 발행하였다. 당시에는 청천법이 없었다. 이승만은 재미 아일랜드인들이 소지하고 있던 페니안 공채에 대한 얘기를 들었을지 모른다. 그러나 그것은 공채표가 아니라 공채였으니 이것을 모방한 것도 아니다.

페니안 공채는 데 벌레라가 미국에 올 때까지 원리금이 상환되지 않았다. 데 벌레라가 새로 탄생한 아일랜드공화국이 페니안 공채의 원리금까지 책임진다고 말했다.[185] 이때 콜린스가 "미국에 간다니까 그

---

183) Lew, *The Making of the First Korean President*, 2014, n84, 357. 그러나 이 인용의 출처가 불분명하다.

184) Lainer-Vos, *Sinews of the Nations*, p.80.

생각을 적용하면 어떨까?"라고 제의하였다.[186] 이승만이 콜린스와 데 벌레라의 사적 대화까지 알 수는 없었을 것이다. 이 대화를 하던 당시 데 벌레라나 콜린스 모두 청천법을 모르고 있었다.

또 하나. 이승만이 데 벌레라로부터 공채표 기안을 차용했다면 그 실행방법까지 원용했을 것이다. 앞서 보았듯이 데 벌레라는 중간에 배달사고를 방지하기 위하여 대단히 복잡한 모금방법을 채택하였다. 이에 비해 이승만은 북미, 하와이, 멕시코/쿠바에 42개 지방위원회를 설치하고 4개의 시찰단을 조직하여 판매를 독려하였다. 단순한 조직이었다.

무엇보다 이승만이 발행한 공채표의 발행날짜(1919년 9월 1일)가 데 벌레라가 발행한 것의 날짜(1920년 1월 21일)보다 4개월 앞섰다는데 그의 독창성이 있다. 중요한 것은 이승만이 청천법까지 알고 그를 우회하기 위해 공채가 아니라 공채표를 발행했다는 점이다. 이승만은 누구와 법률적으로 상의한 것일까? 이승만은 미국 대학에서 법학을 공부하였으므로 이를 알고 있었을 가능성이 있다. 이에 대하여 데 벌레라는 수학강사였다. 철학교수였던 마사리크는 아예 미국에서 공채표를 발행하는 것을 시도하지 않았다. 그는 거부로부터 후원을 받았다.[187] 아일랜드의 공채표는 5백만 달러를 모금하였다. 한국의 공채표는 1921년까지 8만 1천 351달러를 모금하였다.[188] 이것은 그해 한국위원회 재정수

185) Dwyer, *De Valera The Man and The Myths*, p.36.

186) Dwyer, *De Valera The Man and The Myths*, p.36.

187) 김학은, 『이승만과 마사리크』, 2013

188) Lew, *The Making of the First Korean President*, 2014: 안병훈, 『대통령 이승만』, 2012, 324쪽.

입의 55퍼센트를 차지하였다. 이 자금으로 구미위원회 운영, 한국위원회 운영, 한국홍보국 운영에 사용하고, 상해임시정부에도 송금하였다.[189] 필라델피아와 파리의 영문 불문 월간잡지 『한국평론 Korea Review』과 『자유한국 La Coree Libre』및 많은 소책자를 출판하는데 지원했다.[190]

## 모금자격

앞서 아일랜드의 경우 '국호'를 내걸고 모금을 하는 경우 모금의 자격과 소유권 및 합법성에 커다란 문제가 제기되었다. 이 문제의 심각성은 아일랜드의 경우 이로 인해 아일랜드 시민과 재미아일랜드인 사이에 메울 수 없는 괴리가 생겼다는 점이다. 독립 이전 가졌던 재미 아일랜드인들의 아일랜드에 대한 관심은 독립 이후 달라졌다. 그 후 아일랜드에서 발생하는 내전에서 최근의 북아일랜드 사태에 이르기까지 재미아일랜드인들은 냉담해 졌다. 이와 대조적으로 아일랜드를 교훈 삼아 독립자금을 조달한 이스라엘은 독립 이후에도 중동사태를 거쳐 오늘날에 이르기까지 이스라엘시민과 재미유대인의 관계는 한결같다.[191]

1919년 한성정부 집정관총재에 피선된 인물은 이승만이다. 한성정부의 규정에는 집정관총재의 임기가 정해지지 않았다. 상해임시정부에서 이승만이 국무총리로 추대되었다. 모든 임시정부가 합쳐져 통합임시정부가 되었을 때 이승만은 대통령이 되었다. 이승만은 통합임시의

189) 유영익, 『이승만의 삶과 꿈』, p.160.

190) Lew, *The Making of the First Korean President*, p.116.

191) Lainer-Vos, *Sinews of the Nations*, All Chapters.

정원의 승인 하에 공채표를 대통령 이름으로 판매하였다. 다시 말하면 해외에서 '조국독립의 명분으로 국호를 내걸고' 모금할 수 있는 합법적인 대표는 이승만 뿐이다. 후일 이승만이 대통령 자리에서 물러났을 때에도 그는 대표성과 합법성이 가장 크다고 생각한 한성정부의 집정관총재를 계속 고집하였다.

그밖에 해외 특히 미국에서 임의의 단체가 '국호를 앞세운' 모금의 소유권과 합법성은 결여되어 있다. 이러한 점에서 안창호의 말이 재미있다. "독립전쟁문제로 말하면 하와이에서도 모씨 등이 달마다 태평양을 건너간다 하여 무식한 동포들은 전쟁이 어떤 물건인지도 모르고 그런 말에 돈도 바치고 시간도 허비하여 속는 이가 많[다]."[192] 다시 말하면 사기라는 것이다. 이 말은 박용만의 무장투쟁을 위해 필요한 자금조달을 겨냥한 것이지만 안창호 본인도 조국을 위한 자신의 모금운동을 합법적이라고 생각했을까. 박용만의 조국독립과 연계한 이른바 '한인소년병학교'의 합법성도 의문이다. 대한민국 임시정부가 설립되기 전에는 누구에게도 대표성과 합법성이 없었으므로 '국호를 걸지 않은 의연금'에 의한 사립교육기관 성격이어야 한다. 이에 관한 이른바 '한인소년병학교'의 전말도 조사할 만하다.

## 모금관리

또 하나. 모금한 자금은 누가 관리하는가. 이 문제도 앞서 보았듯이

192) 안창호, 「전쟁종결과 우리의 할 일」, 주요한 편저, 『안도산전서』, 삼중당, 1963, 520쪽.

아일랜드의 경우 중요하였다. 데 벌레라는 도일로부터 관리의 권한을 부여 받았다. 그럼에도 정권이 바뀌자 뉴욕법원까지 소송이 이어졌음도 보았다.

김규식은 모금위원을 자신이 의장인 한국위원회가 임명하려 하였다. 김규식을 한국위원회 의장에 임명한 것은 이승만이다. 이승만은 대한인국민회가 임명하기를 원했다. 이 충돌이 그 전까지 친했던 두 사람이 갈라서게 된 계기가 되었다. 김규식이 임명한 송헌주가 판매를 시도하자 이승만이 해임하였다. 이에 김규식이 한국위원회 의장을 사임하겠다고 위협하였다. 결국 김규식이 굴복하였지만 의장 자리는 유지한 채 상해에서 문교장관이 되는 선으로 마무리 되었다. 김규식은 상해 의정원에 이승만 대통령의 '독재'에 대한 보고서를 제출하였다.[193]

## 6. 침체

### 분열

이승만은 독립운동을 분열시키는 장본인으로 지목받고 있다. 대체로 그의 정적들의 저서에 의존한 주장이다. 최근에 1차 자료에 의한 연구는 모든 분란을 비교적 공정하게 기록하고 있다. 사람이 모이는 곳은 어디나 대소의 분열과 음모가 일어난다. 그리고 분란에는 반드시 상대방이 있는 법이다. 하물며 빼앗긴 국가를 되찾으려는 대사에 분열

193) Lew, *The Making of the First Korean President*, pp.136-138.

과 음모가 난무하지 않는다면 오히려 이상한 일이다. 앞서 데 벌레라의 경우도 마찬가지이다. 마사리크의 경우도 또 하나의 예가 된다.

이승만의 경우 하와이에서 일어난 사건 가운데 한 가지 예를 들 수 있다. 이승만 때문에 대한인국민회에 부여한 특별경찰권이 회수되었다는 비난은 그러한 특별경찰권이 부여된 적이 있다는 기록이 발견되지 않고 있다.[194] 미국 내에서 각 민족 마다 군대를 갖지 못하게 하는 것과 마찬가지로 각 민족 마다 경찰권을 인정할 수 없을 것은 상식이다.

이승만이 국민회의 땅을 사유화하였다는 혐의도 오해임이 밝혀졌다. 그것은 개인 이승만이 아니라 한인여학원 이사 이승만의 이름으로 등기한 것이다. 그리고 이 학원은 후에 한인기독학원으로 성장하게 되는데 1954년 이 땅의 판매대금이 인하공과대학 설립의 종자돈이 되었다.[195]

이승만의 분열 비난은 이승만과 박용만, 이승만과 안창호의 독립운동 방식의 차이에서 비롯한 것이다. 불과 8천여 명에 불과한 한인동포들에게서 거금의 독립운동 자금을 모으는 것도 힘들 텐데 그것을 외교, 무장, 준비 모든 목적에 사용할 수 없는 것이다. 또 생각할 수 있는 것은 개성 탓이다. 서로 다른 개성의 소유자들이 야심을 펴기에는 한인사회가 너무 좁았다. 2천만 명의 미국 아일랜드인들도 데 벌레라가 일으킨 분열로 독립 이후 오늘날까지 그 후유증에 시달리고 있으며 아일랜

194) 이덕희, 『하와이 대한인국민회 100년사』, 연세대학교 대학출판문화원, 2012, 30-31쪽.

195) 이덕희, 『하와이 대한인국민회 100년사』, 연세대학교 대학출판문화원, 2012, 63-71쪽.

드 본국과 두절되고 있다. 하와이에서 일어난 분열 역시 마찬가지이다. 한국이 독립한 후 하와이 국민회는 이승만 정부와 단절하고 지냈다. 대한민국 하와이 총영사관 구입에도 방관하여 이승만계 동지회가 헌납하였다.[196] 이러한 것을 보면 이스라엘 민족 역시 분열이 심하다고 알려졌지만 또한 단결도 잘하여 이러한 문제를 일으키지 않아 이스라엘 본국과 미국 유대인과 관계를 계속 유지할 수 있었다고 여겨진다.[197]

### 서약

이 분열과 불가분 뗄 수 없는 문제가 국적 문제이다. 미국시민이 되려면 미국 대통령과 미국 국기, 미국 헌법에 대한 충성서약을 해야 한다. 특히 떠나온 모국과 미국이 전쟁을 하는 경우 미국편에서 싸운다는 서약을 포함한다. 떠나온 모국의 국가원수와 모국에 대한 충성서약을 버리는 절차이다. 앞서 아일랜드의 경우를 보았다. 충성서약으로 내란까지 치렀다. 그것 때문에 아일랜드 자유국에서 에이레로 환골탈퇴까지 하는 경험을 하였다.

이승만은 무국적자였다. 그밖에 미국에 거주하는 한인들은 대부분 미국시민이었다. 미국시민인 동포들에게 두 가지 법적인 문제가 대두된다. 떠나온 모국의 독립을 위해 미국과 평화관계에 있는 국가를 상대로 독립전쟁을 목적으로 모금을 하는 것이 미국국법을 위반하는 것이

---

196) 이덕희, 『하와이 대한인국민회 100년사』, 연세대학교 대학출판문화원, 2012, 130-131쪽.

197) Lainer-Vos, *Sinews of the Nations*, 2013.

아닌가. 1818중립법에 위배된다. 둘째, 합법적으로 모금한 자금의 소유권과 관리권은 누구에게 있는가. 특히 모국의 이름을 대의로 내걸었을 때 이것은 심각한 문제였음이 아일랜드와 이스라엘에서 문제가 되었다. 이승만과 미국 한인과의 관계는 쉽게 말하면 무국적자와 미국시민의 관계이다. 이에 대해 연구가 필요하다.

## 위임통치

윌슨의 이상은 모든 식민지를 독립시키는 것인데 여기에는 두 가지 장애가 있었다. 하나는 식민지들이 국제법과 통상조약을 준수할 능력을 갖춘 국제연맹 회원의 자격조건과 다른 하나는 식민모국의 강력한 반발이었다. 절충으로 나온 제안이 국제연맹 하에 위임통치안이다. 식민지의 일차 비원인 억압의 족쇄를 풀어주되 국제사회의 일원이 되도록 준비시키자는 취지였다. 그 이점으로 말하면 위임통치지역에 대해 문호를 개방하여 자유통상의 범위를 확대하자는 것이다. 이것은 칸트 의무조항 3과 보장보록의 실천이다. 또 하나의 이점으로 이를 처음 연구한 최정수에 의하면 국제연맹 규약 제22조는 국제연맹에 의해 위임통치를 받는 지역에서 일체의 군사시설을 세울 수 없고 거주민의 모병도 금지하고 있다.[198] 이것은 칸트 영구평화 금지조항 3의 응용이며 국제분쟁을 피하고자 하는 윌슨의 지략이었다.

이승만은 윌슨의 민족자결주의가 동유럽 식민지 독립에만 적용됨

198) 최정수, 「이승만의 『미국의 영향 하에 성립된 중립론』과 외교독립론」, 송복 외, 『이승만의 정치사상과 현상인식』, 132-134쪽.

을 알고 다음 기회 곧 다음 세계대전을 기다려야 하였다. 그는 전쟁주기설을 믿었다. 그에 따라 1908년 미일협약을 보고 그가 해독한 일본의 〈선외교-후전쟁〉 공식에 따라 다음에 발발할 전쟁으로 미일전쟁을 예측하였다.[199] 그러나 그것은 언제 일어날지 누구도 알 수 없는 노릇이었다. 이승만이 차선으로 선택할 수 있는 방법이 국제연맹에 의한 위임통치였다. 이 시도가 성공했다면 한국은 일본의 억압에서 벗어날 수 있었고 국제연맹 우산 아래 자유해상통상의 일원이 되어 대외창구가 확대되었을 것이다. 1919년 3월 3일에 윌슨 대통령에게 제출한 이승만-정한경의 청원서에 이것이 분명히 적시되어 있다. (정한경 본인의 한글 번역이다.)

> 우리는 자유를 사랑하는 2천만의 일흠으로 각하께 청원하노니 각하도 평화회에서 우리의 자유를 주창하야 평화회에 모인 열강으로 하여곰 먼저 한국을 일본의 학정하에서 버서나게 하심면 장래 완전독립을 보증하시면 아직은 한국을 국제연맹 통치하에 두게 하시옵소서. 이러케 할 지경이면 대한반도는 만국통상지가 될지라. 이러케하야 한국을 원동에 완충기를 만들어 노흐면 어느 일국이던지 동아대륙에서 침략정책을 쓰지 못할 것이오 동양평화를 영원히 보전할 것이 올시다. …자유를 사랑하는 2천만 한인으로 하여금 이 시대에 다른 나라의 속박을 받게 되면 이로써 세계상 민주정책주의가 완전히 발전되지 못할 것이 올시다. 각하의 영원평화를 창조하시는 근본 대지가 모든 발달된 위국적 갈망에 큰 만족을

199) 이승만, 『공립신문』, 1908년 12월 16일. 원영희 · 최정태 편집, 『뭉치면 살고…』, 192쪽에서 재인용.

> 줄이라 하엿스니 이 대지는 평화회에서 모든 일을 규정하는데 모범이 될 것이라. 이 대지 속에 한인이 위국적 갈망을 포한한 것은 듯지 안어도 가히 알 것이라.…각하께서 잘 주선하야 한국인민으로 하여곰 천부의 자유를 찾게 하시며 한국인민으로 하여곰 자기가 원하는 정부를 자기들이 건설하고 그 정부하에서 살게 하시기 바라나이다.[200]

이 문서는 중국정부의 정치고문 젠크스Jeremiah Jenks(1856-1929) 박사의 권고를 얻어 "여러 만국공법률사들의 의향을 참작하여" 정한경이 작성한 내용을 이승만이 국제법에 참조하여 검토한 것이다. 최종적으로 안창호가 대한인 국민회 총회 행정위원회를 소집하여 그곳에서 결정하여 정한경에게 공함을 보냈다.[201] "민주정책주의"가 다른 글에서는 공화정치로 번역되었다.[202] 영어표현은 safe for democracy이다. 또 번역에 따라서 "만국통상지," "공동 상권," "중립통상지" 등 약간 차이가 난다. 영어표현은 a zone of neutral commerce이다. "각하의 연원평화를 창조하시는 근본대지"는 one of your ideals for a just and lasting peace이다. 곧 영구평화의 이상을 가리킨다.

번역의 차이가 있음에도 이 세 가지 표현에 칸트 영국평화사상이 모두 요약되어 있다. 즉 칸트 의무조항 1의 공화정(자기가 원하는 정부), 의무조항 2의 국제연맹과 윌슨의 이상, 의무조항 3의 만국통상이 갖추어져서 칸트 영구평화가 실현되려면 한국을 다른 나라의 속박에

---

200) 우남 이승만 문서, 동문편 8, 331쪽.

201) 우남 이승만 문서, 동문편 8, 317쪽.

202) 우남 이승만 문서, 동문편, 8, 316쪽.

두어서는 안 된다는 내용이다. 결국 이승만이 칸트 영구평화사상에 가장 접근했음을 나타내는 문서가 이승만-정한경이 작성하고 안창호의 대한인 국민회 총회 행정위원회에서 승인한 국제연맹 위임통치 청원서이다. 이 문서로 당시는 물론 오늘날까지도 그가 궁박을 받고 있다는 것은 역설적이다. 그러나 이 문서의 중요성은 다음에 김규식이 작성한 위임통치안과 비교하면 알 수 있다.

> 고유의 강한 민족 감정을 지니고 있기 때문에 한국인들은 일제가 한국을 강점한 이래 날이 갈수록 냉혹한 증오심을 키워가고 있습니다. 비록 일정 부분의 자유가 허용되었다고 하더라도 한국인들은 결단코 일본과 같은 이민족 지배 하에서 평화롭게 살 수가 없습니다. 일본이 감독국의 일원이 아니라는 조건 아래, 스스로를 일정한 보호기간 동안 한국을 국제적 감독에 맡길 것을 바랍니다.[203]

이 문건은 김규식이 파리강화회의에 제출한 것인데 그를 파견한 여운형도 알고 있었다. 여기에는 위임통치의 당위성을 인도주의로 호소하지만 칸트 영구평화사상이나 국제법의 기초가 미약하다. 또 열강에게 그 당위성의 호소력이 약하다. 그 이유는 당시 열강은 모두 식민지를 보유하고 있었는데 그들도 식민지를 둘러싼 동일한 문제에 당면하고 있었기 때문이다. 일본과 동병상린의 그들이 누구 편을 들겠는가.

---

203) Wilson Papers, Microfilm, Reel No.339, "To the International Peace Conference." 오영섭, 대한민국임시정부 초기 위임통치 청원논쟁, 이승만 연구의 흐름과 쟁점, 연세대학교 대학출판문화원, 2012, 23쪽에서 재인용.

여운형이 김규식을 파리에 별도로 파송한 것은 전문성이 결여되어 있다. 그는 윌슨의 특사 크레인Charles R. Crane(1858-1939)의 언질에 의지하였다. 실업가인 크레인은 마사리크의 체코슬로바키아 독립운동을 적극적으로 특히 금전적으로 지원했는데 그의 딸은 마사리크의 아들과 결혼하였다. 크레인은 거부였는데 중국을 좋아하고 일본을 싫어하였다. 그는 중국대사도 지냈는데 파리강화회의에 중국대표를 파송하도록 중국정보와 교섭 중이었다. 여운형이 그를 만나 한국대표가 파리에 참석할 가능성을 묻자 그는 긍정적으로 대답하였다.

김규식의 청원에 비하면 이승만-정한경의 청원서의 만국통상지역이란 전쟁 시에도 평화 시와 마찬가지로 자유통상이 허락되는 곳을 말한다. 다시 말하면 이 지역에 전쟁을 없애겠다는 뜻이다. 자유통상=평화이기 때문이다. 그리고 마지막으로 "한국인민으로 하여금 천부의 자유를 찾게 하시며 한국인민으로 하여곰 자기가 원하는 정부를 자기들이 건설하고 그 정부 하에서 살게 하시기를 바라나이다."를 끝으로 완전독립을 강하게 희구하고 있다.

이승만의 위임통치청원 시도는 다른 독립지사들과 달리 자신이 연구한 학위논문이 이끄는 대로 국제정치와 국제법에 근거한 과학적 판단이었다고 말할 수 있다. 그러나 윌슨의 이 위임통치 구상은 국제연맹의 시각에서 실패한 구상이었다. 식민지를 보유한 다른 열강들이 모두 반대했기 때문이다. 특히 일본은 위임통치제도를 병합의 예비단계로 간주하였다. 삼일운동 이후 한때 국내에서 일어났던 자치운동을 비호했던 일제의 속셈이 이러했다. 내부적으로도 다른 독립지사들의 격렬한 반발을 불러왔다.

대통령 이승만이 상해에서 일해주기를 요청받았다. 어느 정도 워싱턴의 일이 자리를 잡자 1920년 여름 그는 상해 행을 결심한다. 그러나 이것은 대단히 위험한 일이었다. 그의 목에는 일제가 걸어놓은 3십만 달러의 현상금이 있었다. 호놀룰루에서 비서인 임병직을 데리고 상해 행 선박에 올랐다. 중국인들은 죽으면 고국에 묻히기를 원한다. 그들의 시체를 담은 관은 특수 철제 창고에 싣게 되어 있다. 중국인으로 변장하고 중국옷을 입은 이승만과 임병직은 영해를 벗어날 때까지 그 속에서 하루를 지냈다. 뒤늦게 공해상에서 밀항자를 발견한 선장은 이미 짜놓은 각본에 따라 시치미를 떼고 일을 시켰다. 무사히 상해에 도착하여 검사도 받지 않고 상륙할 할 수 있었다. 이 모든 일은 하와이의 장의사 보드윅(W. Borthwick)이 꾸몄다.

1920년 12월 28일 상해교민들의 환영을 받고 이듬해 1월 1일부터 임시대통령 공무에 들어갔다. 그러나 상해임시정부와 밀월기간은 길지 않았다. 그에게 자금과 정략을 기대했던 임정 각료들은 실망하고 예전의 국제연맹위임통치 청원을 끌어내어 공격하기 시작했다. 이 당시 공격은 박용만이 시작하였다. 정한경은 장문의 경위서를 보냈다. 7월 20일 국무회의 기록으로 보존되어 있다. 이승만이 상해임시정부의 임시대통령에 추대되자 반대파가 뒤늦게 이 문제를 꺼냈다. 이에 정한경이 해명하였다. 이 글은 청원서를 제출한지 3년이 지난 1921년 6월 14일에 쓴 것이다.

우리 대표자가 동포의 사령을 밧아가지고와서 아모리 곤란한 처지에 잇을 망정 형편에 의지하야 주선함이 가한 고로 다방면으로 알아본 즉 국

> 무경 랜싱 씨는 말하기를 「목하 형편으로는 한국대표가 오더래도 조흔 효과가 업스리라.」 위일손 통령은 평화회에서 말하기를 「각 소약국은 자유를 찻더라래도 계단을 따라 할 것이라.」 미국의 유력한 정객들은 이상 두 가지 말을 해석하여 갈아대 한국은 구전에 참가치 안이 하였든 고로 평화회에서는 문제가 되지 안을 것이라. 그러나 이 기회를 놋치는 것은 불가하니 좀 쉬운 길노 주선하여 보라고 말하는 자가 만핫습니다. 랜싱이나 위일손이나 모든 정객들도 3월 1일 운동이 생길 것을 예상치 못하고 이만치 생각하얏삼니다. 그리하야 산궁수진한 길에 어데로나 갈 수 있는 것을 시험하기 위하야 이 글을 위일손 통령의게 올렷다가 독립운동의 인도를 엇어 감전분투의 발은 길에 올나서 외교선전을 계속한지가 이미 양년이니 이를 보면 우리의 일은 우리가 직접 하여야 되는 것이올시다.[204]

그 진행상황을 보면 1919년 9월 11일에 국무총리 이승만은 새로운 임시헌법에 의해 임시대통령이 되었다. 그 보름 전인 8월 29일에 조용하가 「탄고문」을 썼다. 한 동안 잠잠하던 이 문제를 2년이 지나서 1921년 4월 19일에 신채호 등이 성토문을 발표했는데 이 글에서 위임통치를 미국에 위임하는 것으로 오해하고 있다. 그런데 이 글의 내용 가운데 재미있는 부분이 있다. "김규식이 구주로부터 돌아와 「조선사람이 독립운동을 하면서 어찌하야 위임통치청원자 이승만을 대통령에 임하였느냐」 하는 반문에 아무 회답할 말이 없었다 한다." 김규식 본인도 위임

---

204) 『우남 이승만문서 동문편 8』, 225쪽.

통치 청원서를 파리강화회의에 제출한 상태였으니 그의 고자질은 우스운 노릇이다. 1921년 4월 24일 박용만이 북경에서 군사통일회의 이름으로 「통첩」을 발표하였다. 박용만은 다시 5월에 군사통일회의 이름으로 「선언서」를 썼다. 같은 달 박용만은 또 다시 군사통일회의 이름으로 「성토문」을 썼다. 같은 달 북경유학생회 이름으로 「성토문」이 나왔다.

## 자치론

위임통치 청원 이전에도 이승만은 일본의 학정에서 벗어나는 길을 가능한 찾아보았다. 그 하나가 자치론이다. 앞서 보았듯이 여러 차례 시도한 아일랜드의 자치령은 1914년 4월에 웨스트민스터 상하원을 모두 통과하였다. 그러나 제1차 대전으로 시행되지 않았다. 이에 대한 그의 관심은 그가 발행하는 『태평양잡지』에 기고한 글에 나타난다.[205] 그러나 그는 그 내용에 있어서 아일랜드가 남북으로 쪼개진다는 사실은 모르고 있었던 같았다. 그러나 이 관심의 핵심은 아일랜드 자치운동이 영국에 대한 미국의 압력이 작용하였다는 점이다. 이승만이 미국에 거는 기대 가운데 하나였다. 암담하던 1930년에 와서도 이승만은 아일랜드의 자치론을 다시 꺼낸다.[206] 이때 아일랜드는 아일랜드 자유국이었다. 다시 말하면 영연방의 하나인 자치국이었다. 그것은 영국국왕에게 충성을 서약한 자치국이었다. 데 벌레라가 이에 저항하였음을 앞서

205) 이승만, 「내치자치」, 『태평양잡지』, 1913년 11월호: 「아일랜드자칭운동」, 『태평양잡지』, 1914년 4월호.

206) 이승만, 「10분의 9가 독립을 원함」, 『태평양잡지』, 1930년 7월호.

보았다. 그럼에도 데 벌레라는 자치정부를 수용하였다. 영국에게 자치국인 캐나다, 호주, 뉴질랜드의 수준을 요구하였다. 이승만이 아일랜드의 자치론을 다시 꺼냈던 1930년은 벨포아 보고서가 발표된 때이다. 이 보고서에 근거하여 1931년 웨스트민스터 장전이 채택되고 자치정부가 스스로 자신의 운명을 결정하고 더 이상 영국에 종속되지 않음을 인정하였다. 자치국정부는 영국정부와 대등한 지위가 되었다 함은 앞서 본 바이다. 이것이 대영제국의 해체되고 영연방의 시작이라 함도 앞서 본대로이다.

## 워싱턴회의

이보다 더 중요한 것은 독립운동 방식을 둘러싼 이견이었다. 이동휘는 무장독립을, 이승만은 외교독립을 주장하였다. 이동휘는 심지어 임정을 시베리아로 옮겨야 한다고 주장하였다. 이동휘는 사회주의자였다. 결국 이동휘, 안창호, 김규식 등이 임정에서 탈퇴하자 이승만은 이시영, 손정도, 노백린, 신규식으로 새 국무원을 조직하여 임정 와해위기를 간신히 넘겼다. 그리고 그는 5월 17일 워싱턴의 외교 업무를 구실로 상해를 떠났다.

그 외교 업무란 워싱턴 군축회의, 일명 태평양회의였다. 이승만은 6월 29일에 천신만고 끝에 호놀룰루에 도착하였다. 무사히 일본의 체포망을 뚫고 태평양을 왕복한 것이다. 그리고 곧 태평양회의에 대한 전문을 상해에 보냈다. 7월 20일 상해 임정원 국무회의는 "18일 정례국무회의에서 금차 태평양회의에 관한 일체 준비를 외무부에 일임하야 적당한 특의를 물실하도록 대통령 각하와 및 주차구미위원부와 협의 진행케 하기로 결정하다."의 기록을 확인했다.[207] 한국대표단 단장에 대통령 이승만, 부단장에 서재필을 임명하였다. 이들이 워싱턴에 도착한 것은 8월 27일이었다.

미국 국무장관 찰스 에반스 휴즈는 태평양에 이해관계가 있는 9개국 사이에 군축회의를 제의하였다. 그것은 해상의 자유통상에 관한 것에서 출발하여 군축문제로 확장된 것이다. 대서양에서 영국과 자유통상의 문제를 어느 정도 매듭지은 미국은 태평양으로 눈을 돌렸는데 한마디로 무주공해이었던 이곳은 각국의 세력 다툼이 치열하였다. 독일은 이 지역의 주인이었던 스페인과 전쟁을 고려하였다. 중국의 청도, 필리핀, 사모아, 남양군도 등 태평양 도서 그리고 멀리 캐리비안까지 야심을 품었다.[208] 그러나 미-스페인 전쟁으로 미국의 영향력이 커지고 제1차 대전에서 패하자 이번에는 일본이 태평양에서 해군력을 급속히 키우고 있었다. 홍콩, 캐나다, 호주의 안전을 염려하는 영국과 하와이, 필리핀, 태평양 도서를 품으려는 미국이 불안하였다. 여기에 더하여 일본의 호전성이 커져갔다.

첫째, 제1차 대전에서 승전국이 된 일본은 국제연맹에 이사국이 되었고 독일이 소유했던 적도 이북 태평양 섬들을 차지했다. 일본은 시베리아 출병 이후 철병을 하지 않고 있다. 중국에 대해서는 독일 조차지였던 청도뿐만 아니라 산동반도를 포함하여 21개 조항을 고집하고 있다.[209] 둘째, 이것은 미국에게 위협으로 떠올랐다. 미국상원에서 국제

207) 『우남이승만문서 동문편 8』, 214쪽.

208) Phillips, *William McKinley*, 2003, pp.104-5.

연맹 가입이 부결되었고 파리강화조약 체결도 부결되었다. 하딩 대통령은 미국이 국제적으로 고립되었음을 알았다. 미국은 다시 국제사회로 나오고 싶어 한다. 셋째, 중국의 문호개방의 원칙과 해상교역의 자유를 주장하는 미국이 태평양에서 세력을 키우는 일본과 전쟁을 불사할 일이 벌어질 수 있다. 영국이 생각하기에 영일동맹을 연장한 채 미일전쟁이 일어나는 경우 영국 식민지인 캐나다, 호주가 말려들게 되고 해상교역으로 연결된 남아프리카까지 연루되게 될 것이다. 이렇게 까지 발전되지 않는다 하여도 전쟁을 예비하는 국방비 지출을 염려하지 않을 수 없다. 대영제국 수상회의가 열려 의논하지 않을 수 없을 것이다. 일본은 왕자를 보내 친선을 보이며 영일동맹을 연장하고 싶어 한다. 이승만이 간파한 대로 〈선외교-후전쟁〉의 수순이다. 일본의 기대와 달리 영일동맹은 그 해로 끝났다. 영국은 미국을 끌어들여 삼국동맹을 구상하였다. 그러나 미국이 거부하면 영국으로서는 부담이다. 따라서 태평양에 이해가 걸린 모든 나라를 포함하여 상의하여 태평양에서 전쟁을 막아보자는 취지였다.

워싱턴회의는 이승만에게 중요했다. 이승만을 따르는 협성회에서 이에 대한 배경을 임정에 보냈다. 임정 7월 27일자 기록에 런던주차위원 황기환의 두 가지 보고가 실려 있다. "거 6월 12일 영경 론돈에서 개최되얏든 대영제국총리회에 한국의 독립승인을 요구하얏삽고 성적을 부득하엿스나 각 지방총리에게서 다대한 동정을 표하는 회답을 밧앗슬 뿐이올시다. … 일황자의 구라파 여행 중에 일인들의 간악한 선전

209) 池田十吾, 『第一次世界大戰期の日米關係史』, 成文堂. 2007.

으로 인하야 재구라파 동포들이 해지 경찰들에게 일황자 암살음모의 혐의를 수하얏스나 지어 금일 하야는 일인이 도리혀 혐의를 수하게 되얏나이다."[210] 이 보고 대로 1921년에 영국 런던에서는 본국과 식민지를 포함하여 대영제국 총리회담이 열렸고, 일본은 히로히도裕仁 왕자를 영국에 보냈다. 1921년이라면 영일동맹이 만료되는 해이다.

이승만은 한일늑병과 제1차 대전으로 문호개방정책, 기회균등, 영토보전이 깨졌다고 보았다. 따라서 워싱턴 회의에서 이를 바로 잡으려고 "중국에 대한 주권침해, 서백리아의 공통문제, 비율빈독립보장문제, 얍도문제에 한국문제 등 신구문제가 의안이 되리라" 예상했다. 그래서 "천재일우의 기회를 만난 오인은 잇는 력과 잇는 지와 성을 갈하야 공동일치로 내외협력하사이다. 오인은 이 기회를 좃차 일이 가장 만토다. 일각이나 일초라도 방심할 수 없나니."라고 토로하고 있다.[211]

이승만과 서재필은 회의에 초대받기 위하여 노력하였다. 그러나 실패하였다. 그는 신문에 기고도 하였다. 이렇게 열강에 푸대접 받을 때 체코슬로바키아의 마사리크가 즐겨 쓰던 방법이었다. 그러나 이승만의 경우에는 효과가 없었다. 청원서에는 "한국은 모든 면에서 극동의 문제이다. 한국은 일본의 야심의 표본이며 끝내주는 사례이다. 교정되지 않는다면 그의 운명이 곧 아시아의 운명이 될 것이다."라고 경고하였다.

워싱턴회의에서 중국의 주권과 영토는 보장되었다. 문호개방정책은 폐기되지 않았다. 또 해군회의에서 미국과 영국과 일본의 해군력 비율은 5:5:3으로 결정되었다. 미국은 일본의 해안선 길이를 생각하면

210) 『우남이승만문서 동문편 8』, 229쪽.

211) 『우남이승만문서 동문편 8』, 371쪽.

그 정도는 충분하다고 보았다. 미국과 영국은 일본의 해군력을 낮게 결정하여 만족할지 모르지만 이승만은 이것을 미국과 영국의 패배로 보았다. 오히려 일본으로서는 세계 3대 해군보유국가로 인정받은 셈이고 미국과 영국의 해군력을 제한한 것으로 보았다고 이승만은 해석하였다. 일본은 시간을 벌고 있는 것이다. 가까운 장래에 이 비율을 수정하자고 요구할 것이다. 결국 1931년에는 10:10:7로 수정되었는데 1936년에 재수정을 할 수 있는 길을 터놓았다. 이승만은 일본이 동등한 비율을 목표로 온갖 방법을 동원하리라 내다보았다. 당장 이에 불만을 품은 일본의 청년장교들이 총리를 공격하였고 대장대신을 살해하였다. 총리는 살아났다. 그것은 전쟁으로 가는 길이다. 워싱턴회의는 미국과 영국, 곧 영어사용국가의 단결을 이끌어냈고 그들의 가상적 일본을 고립시킨 것이 총결산이다. 그해 영일동맹이 종료되었다.

이승만은 워싱턴회의에 참관하였던 영국의 작가 웰즈Herbert George Wells(1866-1946)와 면담을 가졌다. 웰즈는 칸트 영구평화사상에 영향으로 세계정부를 주장한 인물이다. 그의 세계정부는 칸트가 반대하는 단일정부를 뜻하는 것이 아니라 이를테면 만국우편연합과 같은 것이다. 즉 자유국가연합을 의미한다. "이 면담을 이용해서 웰즈는 세계정부를 수립해야 비로소 자멸을 면할 수 있다는 주장을 열렬하게 토로하였다. 그리고 웰즈가 극동 정세에 관한 견해와 세계평화의 일익으로써 이승만의 견해를 진심으로 받아들이고 있는 것도 발견하였다. 이승만은 웰즈가 많은 정치가들보다 국제관계에 정통해 있음에 놀랐다."[212]

212) 이원순, 『인간 이승만』, 1988, 181쪽.

## 하와이

워싱턴회의에서 이승만의 외교가 성과가 없자 그의 영향력이 줄었다. 1922년 9월 이승만은 하와이에 돌아와 한인기독학원과 한인기독교회에만 전념하였다. 임병직에게 맡긴 워싱턴의 구미위원부를 감독하였다. 그렇다고 자신의 외교독립 주장을 굽히지는 않았다. 기회가 닿는 대로 미국 전역을 돌며 일본과 미국이 전쟁을 할 것이라고 주장하였다. 그의 "이론"대로라면 반드시 전쟁은 일어나게 되어 있다.

> 만일 이 문제들[중국에 대한 주권침해, 서백리아의 공통문제, 비율빈독립보장문제, 얍도 문제에 한국문제 등]을 해결하지 아니하고 엇던 국가의 이권독점으로 타를 배척하며 분규를 의장시켜 열국협조의 방이 괴하면 평화파열의 위험이 지집할 일이 무하리니 이것이 다만 이론상으로 뿐만 아니라 태평양 연안에 재한 자는 수를 물론하고 일석공박하는 중 더욱 미일 간에 일차 결도치 아니치 못할 자이라 금차 회의는 차를 예방코자 함임으로 관계 각국의 여론과 추향이 차에 주집됨이라.[213]

그런데 관계 각국의 여론 가운데 당사자의 하나인 한국문제가 빠져 있으니 "미일간에 일차 결도치 못할 것"이다. 여기에도 칸트 영구평화사상이 배어 있다. "이권독점"은 자유통상에 역행하는 것이고 "열국협조의 방이 괴하면" 자유국가연합의 부재를 뜻한다. 태평양에는 이것이

---

213) 『우남이승만문서 동문편 8』, 371쪽.

결여되어 있어서 전쟁은 피할 수 없다는 뜻이다. 더욱이 미국과 일본 사이에 회담에서 일본은 중국에서 이른바 "특수이익"을 요구하고 있다.[214] 이 문제를 둘러싸고 미일 간에 첨예한 외교전쟁이 벌어지고 있다.

## 탄핵

1925년 3월 상해 임시정부 의정원은 이승만을 탄핵하여 대통령에서 면직하였다. 주요 사유는 이승만이 상해가 아니라 미국에서 대통령직을 수행한다는 것이었다는데 탄핵 절차상의 하자가 있었다.[215] 마사리크는 정치외교중심지인 런던에 둥지를 틀고 파리 임시정부를 군사중심지로 수하에게 맡겼다. 그 후 마사리크는 런던을 떠나 러시아와 미국을 돌아다니며 외교에 역량을 집중시켰다.

탄핵과 함께 이승만의 활동기반인 구미위원부도 폐지하였다. 그것을 안창호 지지 세력인 대한인국민회로 넘겼다. 이때 임시정부는 김원봉의 공산주의자들을 끌어들여 좌우합작정부가 되었다. 어차피 반공주의자 이승만과 어울릴 수 없었다.

그러나 이승만은 여전히 한성정부의 집정관 총재였다. 그것은 임기도 없었다. 이승만에게 이 같은 명분이 있었지만 마사리크에게는 아무런 명분도 없이 스스로 독립운동의 지도자임을 자임하고 임시정부를 세웠다. "국내 정치지도자들의 동의를 받지 못한다면 마사리크는 기다리겠지만 결국에는 상관하지 않고 자신의 계획대로 움직일 것이다. 그

214) 池田十吾,『第一次世界大戰期の日米關係史』, 成文堂. 2007, 第二章.

215) 이덕희,『대한인국민회』, 2012.

같은 전쟁 상황 하에서 그 같은 소모적 논쟁에 시달릴 정도로 그에게 많은 시간이 기다려주지 않기 때문이다."[216] 결국 마사리크를 인정하지 않을 수 없게 되었다.

## 7. 소생

### 만주사변

이승만의 외교노선의 예측대로 일본은 속셈을 드러내기 시작하였다. 일본이 만주를 침략한 것이다. 1922년 워싱턴회의의 9개국 조약에 일본이 만주의 주권은 중국에 있다고 서명한지 9년만이다. 이승만이 예상한대로 일본의 〈외교-전쟁 공식〉이 여기에도 비켜가지 않았다. 일찍이 아시아 침략론의 원조인 요시다吉田松陰의 제자였던 육군대장 야마가타山縣有朋(1838-1922)가 1882년 제1회 일본제국의회에서 국경은 일본의 주권선, 조선은 일본의 이익선이라는 유명한 연설을 하였다. 1920년대에 와서 육군의 소장강경파들이 만몽 滿蒙이 일본의 생명선이라고 공공연히 떠들어댔다. 일본 육군은 제1차 대전에 참전은 했지만 청도에서 독일군과 전투한 것뿐이다. 그러나 그들은 유럽에서 벌어진 새로운 전쟁양상을 보았다. 국가총력전이다. 장차 제1차 대전 정도 국가총력전을 수행하려면 만주의 광활한 토지와 그 자원이 필요하다는 구실을 생각해 냈다. 일본육군은 청일전쟁에서 획득했다가 삼국간섭으로 포기한

216) Benes, *My War Memoirs*, pp.58-63.

요동반도를 잊지 않고 있었다. 일본의 불만은 러일전쟁의 전리품으로 러시아로부터 인계받은 만주의 이익이 걸린 조약의 만기가 1923년이라는 데에도 있었다. 영국이나 프랑스는 99년을 조차하는데 비하면 불평등하다는 것이다. 만주로 말하면 손문은 한때 일본에 넘겨주려고 하였다. 후의 일이지만 얄타 회담에서 루스벨트는 스탈린에게 넘겨주려고 하였다.[217] 말하자면 무주공산으로 생각했던 것이다. 마침내 일본 육군은 1931년 만주사변을 일으켰다. 이제 군대를 제압할 일본 정부의 능력의 한계가 온 것이다. 일본정부는 사후 추인하였다.

1932년 일본 육군이 만주국을 건국하였다. 만주족이 민족자결의 원칙에 의해 독립하였다고 강변하였다. 중국이 국제연맹에 제소하자 영국의 리튼 경을 단장으로 조사단이 형성되어 6개월 동안 조사하였다. 그 결과 1933년 2월에 보고서가 나왔다. 독립국가로서 만주국은 부정하나 만주에 대한 일본의 권익은 인정한다는 내용이었다. 일본에게 어느 정도 우호적이었으나 일본은 결사적으로 이 보고서를 막으려 하였다. 그들은 만주에 사는 대표 586명의 서명을 받아 만주인이 독립했다는 주장을 펼쳤다. 그들은 진정서도 내었다. 소련 공산주의의 팽창을 막으려면 일본이 만주를 점령해야 한다는 강변이었다.

이 보고서가 중요한 것은 만주에 사는 한국인의 열악한 사정이 최초로 세계에 드러났기 때문이다. 이승만에게는 그 이상의 의미가 있었다. 만주문제는 한국문제와 분리하여 해결할 수 없다는 신념이었다. 만주의 주민은 한국인이다. 일본인이 아니다. 만주문제가 일어난 것은

---

217) 石田榮雄, 「二一箇條問題と列國の抵抗」, 『日本外交史研究』 大正時代, 1958 夏季, 39頁.

일본의 영토야욕 탓이고 그것은 이미 한국을 병합하는 데에서 시작되었다. 영토야욕은 오래된 역사이다. 16세기에 명나라가 망한 것도 일본의 영토야욕으로 인한 조선 침략 때문이고 그 틈에 만주족이 청나라를 세웠다. 3세기가 지나 똑같은 일이 벌어지고 있다는 역사를 주지시켰다.

이승만은 스팀슨 미 국무장관이 서명한 외교관 여권을 갖고 제네바로 갔다.[218] 그는 무국적자였다. 이때 임시정부를 이끌게 된 김구 주석이 이승만을 대표로 보냈던 것이다. 그 후의 일은 그가 일기Log에 자세히 기록하였다. 당시 국제연맹의 이사국은 14개국이었는데 당사자인 중국과 일본을 제하고 12개국의 19인으로 위원회를 구성하여 리튼 보고서를 검토해야 한다.

이승만은 워싱턴의 친구들에게서 추천서를 받아 에이피 통신, 뉴욕타임스, 뉴욕월드, 중국통신, 주르날 드 주네브, 워싱턴 스타 등 신문기자들을 만났다. 그리고 9개국 대표들을 만났다. 영국의 세실 경, 스페인의 마다리아자 이 로호, 스웨덴의 랑게, 핀란드의 루돌프, 아일랜드의 레스터, 에스토니아의 슈미트 등이다. 세실 경은 마사리크가 영국 망명시 캠브리지 대학에 자리를 주선하는데 도움을 준 인물이다.[219] 레스터와 이승만은 구면이다. 이승만은 당사자인 중국의 곽태기, 고유균, 안혜경과 공동보조를 하기로 하였다. 고유균은 오랜 친구였다. 여기에 미국 총영사 길버트가 도와주었다. 미국은 국제연맹의 회원국이 아니었다. 제네바에는 열국의 거물 외교관의 각축장이었다. 워싱턴 외교가에서 단련한 이승만이 유럽 외교가에 등장한 것이다. 그러나 그는 회의

218) 유영익, 『이승만의 삶과 꿈』, 174쪽.

219) Masaryk, *The Making of A State*, 1927.

에 참석할 수 없었다. 이승만은 자신의 외교망을 총동원하였다.

중국대표들은 처음에 이승만의 요구를 듣고 자신들의 청원서와 함께 한국 독립 청원서를 제출할 것을 약속하였다. 그러나 그들의 문제도 복잡하여 결국 약속을 이행하지 못하였다. 여기서 이승만은 다섯 가지 일을 하였다. 첫째, 중국 청원서를 수정해서 서명해 주었다. 거기에는 만주의 한국인의 국적문제, 토지소유문제 등이 포함되었다. 둘째, 그는 『한국의 청원서』를 150부 만들어 중국의 안혜경으로 하여금 국제연맹에 제출케 하여 사무국이 각국 대표와 언론기관에게 배포하게 하였다. 각국 신문이 다투어 게재하여 큰 반향을 일으켰다. 공교롭게도 같은 시기 19인위원회의 보고서가 채택되었는데 영향을 주었다. 결과적으로 리튼 보고서를 14대 1로 채택하였다. 셋째, 국제연맹 사무총장과 스팀슨 미국무장관에게 서신을 보냈다. 스팀슨 장관에게는 미국이 한미우호통상조약을 이행해 줄 것을 촉구하였다. 마침 헐이 새 국무장관이 되자 그에게도 동일한 서한을 보냈다. 넷째, 국제연맹 방송에서 『극동의 분쟁과 한국 Korea and the Far Eastern Dispute』이라는 연설을 하였다.[220] 이 연설에서 이승만은 다른 때와 마찬가지로 다음을 강조하였다.

> 한국을 열국의 군대를 주둔시켜 독립적인 중립국으로 만들지 않으면 아시아의 평화는 이룩되지 않는다.

여기서 중립국은 자유통상이 보장되는 독립지역을 가리킨다. 다섯

220) Oliver, *Syngman Rhee, The Man behind the Myth*, 1954, p.160.

째, 그는 리튼 보고서를 기초로 『만주의 한국인 The Koreans in Manchuria 1933』이라는 소책자를 집필하였다. 이것은 파리에서 출판되었다.

국제연맹은 만주에서 일본군의 철수를 요구하였다. 그 순간에도 일본 육군은 국제연맹을 비웃기라도 하듯이 한 단계 더 나가 열하작전을 감행하고 있었다. 만주를 방어하려면 산해관을 포함하여 열하지방이 필요했기 때문이다. 국제연맹 총회에서 국제연맹 규약 제16조에 의해 제재를 받게 된 일본은 리튼 보고서를 부정하고 국제연맹에서 탈퇴하였다. 일반회원이 아닌 이사국의 탈퇴로 국제연맹의 한계가 드러났다. 국제연맹은 이에 대해 아무 조치도 못했다. 이를 보고 무솔리니가 뒤따랐고 히틀러도 반복했다. 국제연맹은 종이기관이 되었다.

1933년에 불길한 조짐이 보였다. 만주문제를 처리하는데 드러난 국제연맹의 무능과 대공황문제를 논의하는 런던 세계경제대회의 실패가 그것이다. 이승만은 1933년 런던으로 날아갔다. 그는 회의를 참관하고 전쟁이 불가피함을 재확인하였다. 그럴수록 세계대회에서 반복해서 한국문제를 제기할 필요는 더욱 커졌다. 결국 이승만의 외교는 국제연맹에서 일본 대표가 걸어 나가게 만드는데 기여를 하였다.

이것은 중요한 사건이다. 그 이유는 일본을 국제사회에서 고립으로 몰아가는데 성공했기 때문이다. 일본은 점점 호전성을 보일 것이다. 그리고 그들이 일으킨 청일전쟁과 러일전쟁이 침략전쟁이 아니라고 강변하던 경우와 달리 만주사변은 침략전쟁이라는데 변명의 여지가 없다는 점이 드러났다. 더욱이 청일전쟁과 러일전쟁에서는 선전포고 없는 기습은 불법이 아니었지만 1907년 헤이그 조약 이후로는 그것이 불법이 되었다. 국제법을 어긴 최초의 이사국이 되는 불명예를 지게 되었다. 이 불명예는 진주만 기습으로 이어질 것이다.

이승만은 리튼 보고서를 정독하고 그곳에 폭로된 한인들의 참상을 알았다. 그 참상의 기원이 일본의 야심에서 비롯했음을 밝혀 만주문제는 한국문제와 떼어서 생각할 수 없다는 사실을 조목조목 역사적 사실을 들어 설명했다. 중국은 한인들에게 우호적이지 않았다. 소련도 마찬가지였다. 일본은 두 정부를 압박하여 한인들이 그곳에서 살 수 없도록 조직적으로 방해하였다. 사면초가가 된 만주의 한인들의 실정을 아무도 대변해 주지 않았다. 아마 리튼 보고서가 그나마 최초의 폭로였을 것이다. 이승만은 리튼 보고서의 글을 빌려 세계의 양심에게 고발하였다. 그리고 만주와 시베리아에서 무장독립운동은 가능하지 않다고 확신했을 것이다. 이런 면에서 이 청원서는 이승만 외교독립 주장에 중요했을 것이다. 이승만은 런던에서 세계경제대회도 참관하고 그곳에서도 어두운 그림자를 보았다. 그는 태평양 상에서 미국의 자유통상이 일본의 도전으로 좌절되어 두렵지만 기다려지는 전쟁으로 이어진다고 믿었다.

이승만은 일본의 만주침략에 긴장하고 있는 소련을 방문하기로 결심했다. 소련은 의화단 사건 이래 만주에 이익을 키워왔다. 동청철도의 운영권을 갖고 있었다. 반공주의자로 널리 알려진 그가 소련비자를 얻기는 쉽지 않았다. 오스트리아주재 중국공사의 도움으로 비자를 받을 수 있었다. 그러나 그가 모스크바에 도착하자마자 출국 통지를 받았다. 공교롭게도 같은 시각에 일본 대표단이 모스크바에서 소련정부와 만주의 동청철도 운영권을 흥정하고 있었다. 이제 소련은 철도운영권 마저 내놓아야 하는 신세가 되었다. 일본의 압력으로 소련은 이승만을 출국시켜야 했다.

이래저래 실의에 빠진 이승만에게 또 하나의 기회가 왔다. 제네바에서 프란체스카를 만난 것이다. 그녀와 결혼을 약속하고 미국으로 왔지만 무국적자이므로 그녀를 초청할 수 없었다. 그녀는 이민을 택하여 미국으로 왔다. 뉴욕에서 혼인을 하고 하와이에서 다시 교육 사업에 몰두하였다.

## 중일전쟁

이승만의 태평양전쟁 예측은 그의 학위논문에 바탕을 두고 그에 역행하는 일본 군국주의의 팽창의 피할 수 없는 결말이다. 일본은 칸트 영구평화에 하나도 적합하지 않은 국가이다. 칸트가 싫어하는 프러시아형의 국가이기 때문이다. 여기에 이승만은 일본의 외교가 파행하고 있음을 눈치 챘다.

만주사변을 일으키고 나중에 정부로부터 추인을 얻어낸 일본육군의 강경파들은 자신들이 천하무적이라고 생각했다. 그런데 민간정부가 자신들의 진로를 방해한다고 분개하였다. 1936년 2월 26일 청년장교혁명 사건은 이래서 일어났다. 수상을 총으로 저격하고, 군부예산증액을 반대한 대장대신 다카하시高橋是清(1854-1936)와 천황의 고문 해군대장 사이토齊藤實(1958-1936)을 암살했다. 수상은 살았다. 그들의 목적은 "일본으로 하여금 5:5:3의 해군력 비율에 목매어 있게 하려는 각료들을 구축하려는 것"이었다. 이렇게 하여 천하무적이라는 군부와 아직 준비가 미흡하다는 정치가들 사이의 괴리가 일본의 이중외교를 만들어 내었다.[221] 만주사변을 기획한 이시하라石原莞爾는 베르사유 조약이 일본의 팽창을 방해한다고 주장하며 "국제연맹을 폭파하라"고 극언까지 하였다.

외무상이 군부를 따라가기 시작하였다. 온건하다던 외무상 우치다 內田康哉가 국회답변에서 "국가가 초토가 되어도 만주를 사수한다."라고 발언한 것이다. 다음 외무상 마츠오카松岡洋石 역시 피해갈 수 없었다. "팔굉일우八紘一宇 … 이와 같은 이상은 독일과 맺어진 우리들의 동맹관계에 아로 새겨졌으며, 이 동맹이야말로 우리 외교정책의 정신인 것이다."라고 라디오 방송을 하였다.[222] 그 결과가 중일전쟁이다. 이승만은 일본 침략을 표를 만들었다. 1895 대만, 1895 팽호열도, 1905 화태, 1910 한국, 1915 관동주, 1919 구독일신탁통치영토, 1931 만주, 1939 중국. 그리고 묻는다. "다음에는 누구 차례일까?"

중일전쟁이 확대되면서 상해임시정부도 영향을 받게 되었다. 중국 국민당 정부와 함께 상해에서 중경으로 옮겼다. 김구가 주석이 되면서 이승만과 임정의 관계가 복원되었다. 이승만은 주미 외교위원장 및 주미전권대표가 되었다 그 자격으로 루즈벨트 대통령에게 한국인의 대일투쟁을 설명하고 임시정부의 승인과 무기요청을 하는 편지를 썼다. 그러나 거절당했다.

중일전쟁은 미국을 난처하게 만들었다. 일본은 만주에 이어 중국을 유린하기에 이른 것인데 이것은 문호개방정책에 정면으로 도전하는 것이다. 이승만이 보기에 문호개방의 덕을 가장 크게 본 국가가 있다면 그것은 중국이 아니라 일본이다. 일본이 실력을 기를 때까지 아무도 독점하지 않고 놔두었기 때문이다. 실력이 자라자 워싱턴회의 조약을

221) 池田十吾, 『第一次世界大戰期の日米關係史』, 成文堂. 2007, xii頁,

222) Rhee, *Japan Inside Out*, p.45.

파기하고 만주를 침략하였다. 다시 국제연맹 탈퇴라는 방법으로 시간을 벌어 힘을 기른 뒤 중국을 침략하였다. 미국의 인내심이 바닥을 보이기 시작하였다. 첫 번째 무기가 미일우호통상조약의 효력정지이다.

## 『일본 내막기』

이승만을 지지하던 사람들도 그의 외교독립운동이 성과가 없자 지치기 시작했다. 그러나 이승만은 흔들림이 없었다. 이승만은 말했다. "1895년에 처음으로 신세계 형편을 알게 된 이후로 일본인이 발행한 책 두 권을 구경했는데, 하나는 『러일전쟁미래기』요, 또 하나는 『미일전쟁미래기』이다. 이 두 책을 구경한 이후에는 일본의 야심이 어떠하다는 것을 짐작하게 되었[다.]"[223] 전자는 이미 벌어진 일이 되었고, 후자는 예측을 기다리고 있다. 이승만의 친구 매켄지 기자가 일찍이 예언하였다.[224]

> 한국문제로 전쟁도 각오해야겠느냐고 여러분이 나에게 물으신다면 나는 이렇게 대답하겠습니다. 오늘날 꿋꿋하게 행동하면 마찰이 생기기는 하겠지만 위험은 적습니다. 그러나 오늘날 나약하게 행동하면 여러분은 거의 틀림없이 삼십 년 내에 극동 지방에서 큰 전쟁을 하게 될 것입니다. 서양제국 중에서도 그 전쟁에서 가장 큰 부담을 질 나라는 미국일 것입니다.

---

223) Rhee, *Japan Inside Out*, 이종익 역, 『일본군국주의실상』, 1987, 25쪽.

224) McKenzie, *Korea's Fight for Freedom*, p.228.

이 예언은 정확했는데 이승만은 이를 구체적으로 표현하고 있다.

중국의 문호개방 원칙은 보전되어야 하며, 극동에서의 조약에 의한 미국의 원리는 보호되어야 하며, 태평양에서의 일본의 확장에 대한 꿈에도 한계가 그어져야 한다는 것이다. 미국은 어떠한 결과가 생기든 이를 생각하지 않고 그 정책을 수행할 것을 원하고 있고 또 능력도 있다는 것을 일본이 확신하게만 된다면, 이 목적한 바는 한 발의 총탄도 발사되지 않고 성취될 수 있는 것이다.[225)]

그러나 일본은 거꾸로 가고 있었다. 1938년 고노에近衛文麿 수상이 동아신질서를 제창하였고 이에 따라 기본국책요강을 만들었는데 여기에 팔굉일우八紘一宇와 대동아공영권大東亞共榮圈이 강조되었다. 팔굉일우란 천하가 한 집이란 뜻으로 일본의 세계정복을 의미한다.[226)] 유럽에서는 나치 독일이 오스트리아를 합병하고, 체코슬로바키아를 합병하였다. 다시 폴란드를 침공하면서 제2차 대전이 시작되었다. 이태리가 이디오피아를 점령하였다. 독일, 이태리, 일본이 군사동맹을 체결하였다. 이승만은 이 모든 것이 한국에서 시작되었다고 설명한다.[227)]

1905년 한국에서 일어난 불의 가장 최근의 사태를 예로 보자. 이 불은

225) Rhee, *Japan Inside Out*, p.152.

226) 일본서기가 출전인데 국주회 國柱會의 전중(田中智學)이 대정시대에 일련교로 세계를 영적으로 통일하지 않으면 안 된다는 종교적 의미로 사용되었다.

227) Rhee, *Japan Inside Out*, p.51.

> 그 후 점차 확대되어 만주, 중국, 이디오피아, 오스트리아, 체코슬로바키아, 폴란드, 알바니아, 노르웨이, 덴마크, 네덜란드, 벨기에 및 프랑스를 침범하여 이 국가들을 파괴하고 말았으며, 지금도 그 불은 꺼질 기색조차 보이지 않고 있다. … 현재 구라파 제국의 반 이상이 지도상에서 없어지고 말았으며 나머지 소수국가는 "언제 우리에게 돌아올 것인가?"하고 자문하고 있다.

그런데도 미국은 요지부동이었다. 이승만은 미국을 깨우는데 열심이다. 순회강연도 하고 신문에 기고도 하였다. 드디어 1939년 7월 미국이 일본과 맺은 미일통상항해조약을 폐기한다고 전했다. 드디어 1940년 1월 26일에 그것은 폐기되었다. 이승만에게 있어서 통상조약은 평화의 끈인데 이것이 끊어졌으니 보통 일이 아니다. 그는 하와이에서 워싱턴으로 옮겨 미국인들을 깨우는 책을 쓰기 시작하였다. 그것이 제2차 대전의 태평양전쟁이 임박했음을 예측한 『일본 내막기』이다. 탈고한 직후 중경 임시정부에서 이승만을 다시 주미외교부위원장 및 주미전권대표로 임명하였다. 1941년 6월의 일이었다. 이 책을 출판하고 반년도 되지 않아서 1941년 12월 8[7]일 일본이 진주만을 기습공격 하였다. 이승만의 책은 베스트셀러가 되었다.

이승만은 성과도 없는 외교에 흔들림 없이 매달리는 이유가 무엇일까. 측근 이원순이 그 이유를 우리에게 전한다.[228)]

---

228) 이원순, 『인간 이승만』, 180쪽.

[1921년] 군비축소회의 이후 1939년 독일의 폴란드 침공이 시작되기까지 약 20년 동안 이승만은 도저히 될 것 같지 않는 일을 성취시키기 위해서 혼자 악전고투를 되풀이했다. … 실질적인 사멸상태 중에서 한국이 소생을 얻은 것은 1919년의 독립만세운동이 일어난 뒤부터였다. … [임시정부]가 계속되는 한 언젠가는 갱생의 불꽃은 타오를 수 있다. 이승만의 사명은 이 불길이 일본인에 의해서 짓밟히지 않게 하고, 무관심과 태만으로 망각되지 않도록 해야 하는 것이었다. 그의 투쟁방법은 1919년 7월 5일 임시정부에 보낸 장문의 보고서 가운데 잘 나타나 있다. 거기서 그는 "현재에 있어서 우리들의 노력은 많건 적건 간에 미국에 집중되어야 한다. 이 효과는 집중되는 노력에 의해서 태어날 것이다."라고 역설하고 있다.

이승만이 평생 매달린 외교방략이 칸트 영구평화사상에 기초한 것이라고 하였는데 그 이상이 현실로 나타났다. 『대서양헌장 The Atlantic Charter』이다. 미국은 아직 참전하지 않은 상태였지만 1941년 8월 루스벨트 대통령과 처칠 수상이 만나 전쟁의 목적을 발표하였다. 1조. 더 이상 영토 확대는 없다. 2조. 국민의 의사에 반하는 영토 변경이 없다. 3조. 민족자결의 회복. 4조. 통상의 장애를 감소한다. 5조. 국제협력. 6조. 두려움과 결핍에서 자유, 항해의 자유, 무기사용의 폐기, 침략국가의 무장해제. 이 원칙은 이듬해인 1942년 1월 1일 『국제연합 선언 The Declaration by the United Nations』으로 이어졌다.

칸트가 오랫동안 '꿈꾸어' 왔던 영구평화의 이상이 모두 담겨져 있다. 이승만이 학위논문에서 다루었던 미국과 영국 사이에 오랜 문제였던 통상의 자유나 항해의 자유가 모두 포함되어 있다. 그리고 평생을 싸워왔던 민족자결주의가 다시 선언되었다. 이번에는 그것이 독립국가의 의미이기를 바랐다. 이승만은 고무되었다. 물론 식민지를 대량 보유한 영국의 처칠은 해석을 달리하여 루스벨트와 언쟁이 있었지만 국제연맹에서 커다란 진전을 보인 것은 고무될만한 사실이다.

### 태평양전쟁

미국과 영국이 잠자고 있을 때 이승만은 그의 저서『일본 내막기』에서 일본이 싱가포르와 홍콩을 점령하고 시베리아에서 바이칼 호수까지 진격할 것으로 내다보았다. 그리고 미국을 기습공격 한다고 예측하였다. 그 목표로 알류산열도의 미국 도서를 지목하였다. 마침내 일본은 진주만을 기습공격하고 미국은 일본에 선전포고를 하였다. 이승만의 예상대로 태평양전쟁이 발발한 것이다. 일본 육군은 실제로 이승만이 지목했던 섬에 상륙하였다. 이것이 태평양전쟁 기간에 일본이 미국 영토를 점령한 유일한 곳이 되었다.

### 한인자유대회

진주만 기습에서 3개월이 지난 1942년 2월 27일-3월 1일에 이승만은 워싱턴 소재 라파에트 호텔에서 한인자유대회를 개최하였다.『대서양헌장』에 고무된 미국의 모든 한국 단체들이 참여하여 단합을 보여주었다. 한국 발언자는 이승만, 서재필, 장석윤, 한표욱, 장기영, 김용중

등이다. 외국 발언자는 주캐나다 전 미국대사 크롬웰, 국회의원 커피, 방송인 오웬, 신문기자 윌리암스, 시사평론가 이튼, 아메리칸 대학 총장 더글러스, 헤이그회의 자문이며 법률교수 스토웰, 국제법학자 워다이머, 구미위원부 법률가 스타거스, 피치 목사 부인, 필리핀 법률자문 우가르트, 감리교 감독 해리스, 정치철학자 윌리암, 국회의원 킹, 주미중국대사 호적, 주캐나다 미국대사 크롬웰, 공화당 대통령 후보 윌키, 정치철학자 윌리암, 고종의 밀사 헐버트 박사 등이다.

이 회의는 워싱턴의 WINX 라디오로 생중계되었고 그 결과는 소책자로 출판되었다.[229] "지금도 그리고 지금까지 사실상의 정부는 현재 중국 중경에 있는 유일의 한국정부이다. 워싱턴에서 그 정부의 대표는 이승만 박사이다."라고 서문은 밝혔다. 이어서 서문은 "자신들이 사는 정부의 형태를 선택할 수 있는 권리를 인정한다. 그리고 그 권리를 박탈당한 사람들에게 자신의 정부와 주권이 회복되기를 바란다."라는 『대서양헌장』의 구절을 인용한 후에, "대한민국의 사실상 de facto 정부의 승인이 대서양헌장이 진실로 말이 아니라 행동이라는 것을 만천하 사람들에게 증명하는 황금의 기회이다."라는 크롬웰 대사의 글이 실렸다. 한미협회 회장인 그가 국무성에 보낸 편지의 구절이다. 킹 의원과 커피 의원의 연설은 의회록에 게재되었다. 커피 의원은 이승만의 연설도 의회록에 게재토록 하였다.

이승만은 4가지를 보고하였다. 1. 구미위원부는 미국정부에 한국인을 적국인으로 분류하지 않도록 조취를 취하였다. 2. 구미위원부는 한

229) *Korean Liberty Conference*, Washington, D.C., 1942.

국인의 재산을 동결하지 않도록 조치를 취하였다. 3. 구미위원부는 국제연합선언에 서명하기를 청원하였다. 4. 구미위원부는 국무성에 대한민국 임시정부의 승인을 요청하였다.

커피 의원은 "위대한 중국의 지도자 장개석 총통이 한국의 독립과 임시정부를 승인한다면, 우리 미국도 기꺼이 한국 국민을 도와야만 한다."고 말했다. 시사평론가 이튼은 1942년 2월 23일 워싱턴 생일에 루스벨트 대통령의 라디오 연설을 인용하였다.

> 점령당한 유럽 국가들이 나치의 멍에가 무엇인지 알았다. 한국인과 만주인들이 일본의 참혹한 전제정치를 몸으로 안다. 아시아의 모든 사람들은 그들에게 명예롭고 위엄 있는 미래가 있어야만 한다면 추축국의 노예에서 벗어나는 길이 국제연합의 승리에 있다는 것을 알고 있다.

미국 대통령이 한국을 거론한 것은 이것이 처음이고, 연합국이 승리하면 자유를 얻을 수 있다고 언급한 것도 처음이다. 이어서 이튼은 대통령이 『대서양헌장』을 태평양에도 적용한 것이 그가 동양을 얼마나 생각하고 있는 증거라고 덧붙였다.

> 우리 국제연합은 우리가 추구하는 평화에 일반적인 원칙에 합의하였다. 『대서양헌장』은 대서양에만 적용되는 것이 아니라 전 세계에 적용된다. 침략자의 무장해제, 국가와 민족의 자결주의, 그리고 4가지 자유, 곧 표현의 자유, 신앙의 자유, 결핍으로부터의 자유, 공포로부터의 자유이다.

그리고 이어서 그는 대통령이 파리에서 들은 이야기, 곧 한국인의 저항을 덧붙였을 것이라고 청중에게 말했다. 이승만이 파리에서 출판한 소책자가 앞서 소개한 『만주의 한국인』이다. 더글러스 아메리칸 대학 총장은 미국 국무성과 대통령에게 임시정부의 승인을 촉구하는데 동참하겠다고 밝히며 이승만의 신임장을 당장 접수하라고 주장하였다. 그는 기미독립선언서를 낭독하였다. 윌리암스 기자의 차례이다. 그는 자신이 이승만과 30년 친구라고 소개하며 이승만은 지난 30년 동안 변함없이 한결 같다고 말한 뒤 그가 평화주의, 금욕주의를 실천하고 있음을 지적하였다.

참석자들은 세 가지를 결의하였다. 1. 구미위원부, 재미한족연합위원회, 한미협회, 한국, 중국, 만주, 시베리아의 애국한인 대표들은 1942년 1월 1일 워싱턴에서 26개국이 서명한 『국제연합 선언』에 충성을 재확인한다. 대표들은 국제연합선언에 한국 정부의 정식 동참의 요청을 미국 국무성에 제출함을 재확인하고 승인한다. 2. 대표들은 임시정부의 승인을 미국 대통령에게 청원하는 것을 승인한다. 3. 대표들은 임시정부의 승인을 미국 의회에 청원하는 것을 승인한다. 결의 후에 장개석 총통과 그의 정부, 처칠과 그의 정부, 스탈린과 그의 정부 그리고 다른 중요한 정부 지도자와 그들의 정부에 임시정부의 즉시 승인을 촉구하는 전문을 보내는 것이 제의되었다.

다음 날 장소를 아메리칸 대학으로 옮겼다. 워다이머 교수가 미법무장관 비들이 한국인과 오스트리아인들이 적국인이 아니라는 규정을 승인했다고 말했다. 한국은 아시아의 오스트리아이다. 한국은 일본 침략의 첫 번 희생자이고 오스트리아는 독일 침략의 첫 번 희생자임을 강조하였다. 이승만이 "나의 아내는 오스트리아 출신이지만 지금은 미국인이다. 그러나 나는 미국인이 아니다." 라고 말했다. 이승만은 끝까지 바꾸지 않고 한국인으로 남았다. 그는 젊을 때 약속을 지켰다. 『독립정신』에도 그렇게 썼다. "국적을 바꾸지 말라." 한일합병 뒤에는 미국에서 무국적자가 되었다. 그런 까닭에 그는 행사에는 되도록 미국시민을 이용하여 단체를 내세웠다. 피처 목사 부인이 "이 박사가 언젠가는 미국과 일본이 반드시 전쟁을 한다고 내게 말했다." 라고 회상하였다. 그는 이어서 "중국에서 1932년 [윤봉길 의거] 문제가 일어났을 때 우리는 네 명의 한국인을 한 달 동안 숨겨주었는데 그 가운데 한 사람이 김구였다. 이것은 처음 발설하는 것이다."라고 덧붙였다.

회의 마지막 날이 3월 1일이다. 다시 라파예트 호텔에 모였다. 이승만 앞으로 보내온 전문을 서재필이 읽었다. 그것은 미 해군 제독이 보낸 것이다. 그 전문에서 그는 『대서양헌장』보다 더 자세한 『태평양헌장』이 필요하고, 그 헌장에서 일본이 무력으로 점령한 지역인 한국, 대만, 만주, 위탁제도(캐로라인, 마샬, 라드론스 제도)를 원상대로 복귀한다는 점을 적시해야 한다. 그럼으로써 한국이 독립하고 1882년 한미조약이 용서받는다고 주장하였다. 나치에 점령당해 런던에 망명정부를 세운 체코슬로바키아의 주미 영사관에서도 전문을 보내왔다. 마사리크 대통령이 미국의 도움으로 삼백년 간 식민지에서 독립을 하였다는 내용이다. 미국 대통령 후보 윌키 의원의 전문도 읽었다. 손문이 공산주의와 결별하게 만든 결정적인 책의 저자 윌리암에 이어서 킹 의원도 연설을 하였다. 가장 흥미로웠던 것은 주미 중국 대사 호적이었다. 그는 약속과 달리 류치 영사를 대신 보내 자신의 연설을 대독시켰다. 대사가 이 회의 이전인 1941년 12월 31일에 행한 연설이다. 진주만 공격 불과 3주 만이다. 호적 대사의 연설 원고는 먼저 『대서양헌장』을 인용한 후 다음을 말했다.

> 종전에 이은 평화회담에서 2천3백만 한국인의 비원이 반드시 고려되어야 하고 그들의 독립을 회복시키는 절차를 밟아야 한다.

영사의 대독이 끝나자 이승만이 말했다.

> 호적 대사가 나에게 전화로 "이[승만] 박사, 12월 31일의 내 연설은 우리 정부가 승인한 것입니다."라고 말했다. 이것이 방금 류치 영사가 대독한 것이다. 우리는 장개석 총통과 마담 장개석의 마음을 알고 있다.

이것이 1941년 12월 31일의 일의 일이고, 루스벨트의 워싱턴 대통령 생일 라디오 연설이 1942년 2월 23일이니 카이로 회담(1943년 11월 25일) 훨씬 이전의 일이다. 이러한 이승만의 인적 외교망이 결국 카이로선언으로 연결되어 "적당한 시기"에 한국을 독립시켜 준다는 원칙을 문서로 받아내는데 기여하였다고 본다. 다만 "적당한 시기 in due course" 라는 조건 아닌 조건이 붙었는데 호적 대사의 "회복시키는 절차 steps to taken to restore"란 이것을 뜻한 것인가?

## 국무성

1942년-1945년 이승만의 외교독립운동은 한인자유대회에서 세운 4가지 목표의 달성이었다. 그 가운데 제일 중요한 임시정부 승인은 전쟁 끝날 때까지 달성되지 못했다. 돌이켜 보면 국무성의 실력자 히스Alger Hiss(1904-1996)가 소련 첩자였기 때문이다. 당시에는 아무도 몰랐다. 한국은 피터 대제 이래 러시아의 점령 목표였다. 구한말에 목적을 달성했을 뻔하였다. 이제 다시 기회가 온 것이다. 스탈린의 목표는 동유럽과 한국이었다. 히스는 한국에 반소 정권이 들어서는 것을 막는 하수인이었다. 이런 점에서 이승만과 대한민국은 마사리크에 비해 불운했다. 마사리크에게는 반소 인사들이 국무성 요직에 있었기 때문이다.

이승만의 노력은 번번이 국무성의 히스의 책상 위에서 좌절되었다. 히스 자신이 한국 독립운동을 분열시킨 책임이 있다. 미국에는 당초에는 세 가지 모임이 있었다. 미국에 입국한 순서대로 안창호의 대한인국민회, 박용만의 대조선독립단, 이승만의 대한인동지회가 그것이다. 박용만이 중국에서 피살되고, 안창호가 체포되어 병원에서 작고하고, 이승만만 남았다. 그러나 새로운 세력이 등장했다. 김호, 김원용, 한시대가 조직한 재미한족연합회이다. 여기에 상해의 김규식이 만든 중한민중동맹단과 역시 상해 김원봉의 조선민족전선연맹이 미국에 내세운 한길수가 있었다. 결국 이승만에게 두 단체가 다시 도전한 것이다. 그러나 이승만은 임시정부가 정식으로 임명한 주미외교위원장 및 주미 전권대표였다. 그리고 여전히 한성정부 대통령이었다. 그러나 국무성의 눈에는 일개 개인이었다. 임시정부가 승인받지 못했기 때문이다.

히스는 반공주의자 이승만을 냉대하였다. 그리고 좌우합작을 주장하는 독립운동 지도자들을 사주하였다. 이승만으로 하여금 그들과 손을 잡아 단결된 모습을 보이는 주문을 하였다. 이승만은 단연코 좌우합작을 거부하였다. 그는 임시정부가 좌우합작이 된 것도 못마땅하였다. 그의 주장은 너무나 분명하다. 좌우합작은 공산화되는 첫 걸음이다. 전쟁이 끝나면 좌우합작은 반드시 한국 땅을 공산주의로 만들 것이다. 그는 말했다.[230)]

> 나는 조국을 일본으로부터 해방시키기 위하여 일생 동안 싸워 왔습니다. 그러한 내가 개인의 지위를 위하여 조국을 소련에 맡기도록 꾸며 나갈 수가 있겠습니까? 아내와 나는 오래 동안 고국에 돌아가서 국민과 재회할 것을 꿈꾸었습니다. 수백만의 동포들이 나를 기다리고 있습니다. 조국이 [소련의] 노예화되는데 그들을 속이고 그들에게 독립을 주기 위하여 조국에 돌아왔노라고 말할 수 있습니까? … 그렇게 되면 조국에 대한 나의 일은 끝입니다. 그러나 나는 될 수 있는 한 계속하여 그들의 잘못을 경고할 작정입니다. 파멸해 가고 있는 것은 한국만이 아닙니다. 소련의 세계정복에 대항할 수 있는 국민은 미국뿐이므로 미국은 타국보다 더한 타격을 받을 것입니다. 나의 임무는 현재 일어나고 있는 사태를 미국인에게 그대로 보일 뿐입니다. 우리들은 언제든지 시골로 은퇴하여 닭을 칠 수도 있습니다.

---

230) 이원순, 『인간 이승만』, 1988, 235-236쪽.

국무성에 분노한 이승만은 국방성을 두들겼다. 다행히도 국방성에 이승만의 주장에 귀를 기울이는 사람이 있었다. 그들의 도움으로 한국 젊은이들을 특수 군사훈련 시켜 태평양 전선과 버마와 중국전선에 투입하게 되었다. 그러나 실전에 투입되기 전에 일본이 항복하였다.

제 5 장

# 국가창건

## 1. 제2의 독립운동

이승만은 1905년에서 1945년까지 한 가지 길을 걸어왔다. 세계 영구평화와 연계한 한국의 외교독립이다. 이것을 그의 제1의 외교독립운동이라 할 수 있다. 이 외교독립운동은 일단 실패한 것처럼 보였다. 그러나 그는 평화적인 삼일독립운동이 일으킨 불꽃의 불씨가 꺼지지 않도록 계속 지폈다. 그 결과 그것은 그 후에 정말 필요한 시기를 맞이하여 그 진가를 나타냈다. 1945년에서 1948년까지 해방정국에서 미소의 신탁통치정책에 맞서 그가 주도한 제2의 독립운동에 의한 지난한 국가창건과 1950년에서 1953년까지 세계 공산주의 침략에 맞선 국가방위가 바로 그것이다.

이승만은 1945년 10월 16일 김포공항에 도착하였다. 망명 33년 만의 환국이다. 부인은 아직 미국에 두고 단신 귀국이었다. 그의 앞에는 지난한 건국사업이 놓여있다. 당시 상황은 첫째, 한반도는 종전 전에 이미 미소에 의해 38선으로 나뉘어져 있었다. 둘째, 북한은 이미 소련이 점령하여 사실상의 공산주의 북한정권을 만들어 놓은 상태였다. 셋째, 그의 전초부대인 공산당이 남한을 석권 인계할 공작을 꾸미고 있었다. 박헌영의 조선공산당이다. 넷째, 여기에 좌익인 여운형의 조선인민공화국은 이미 항복한 조선총독부에 협력하여 정치 일선에 나선 상태였다. 다섯째, 백성들은 공산주의의 실상을 모르고 있었다. 여섯째, 무엇보다 전후 세계질서의 개편에 대한 통찰력을 가진 인물이 없었다. 1945년 샌프란시스코에서 열린 국제연합 창립총회에 이승만이 보낸 각서memorandum가 당시 상황을 잘 말해준다.[1)]

> 나는 스탈린이 실제 참석하지 않았더라도 카이로 회담에서 그의 힘이 보이지 않게 작용했다는 것을 잘 알고 있습니다. 태평양 방면에 대한 소련의 야망은 전면적인 고려를 받고 있습니다. … 나는 미국 국무성의 문이 나의 임시정부 승인의 호소에 대하여 카이로회담 이전과 같이 굳게 닫혀 있음을 알고 있습니다. … 우리의 문제를 차후의 결정에 맡기기 위하여 카이로 회담이 고의로 애매한 표현을 사용한 것은 명백합니다. 또한 이 애매한 표현의 주요 이유가 아시아에서 소련의 입장이 결정되지 않았던 때문인 것도 명백합니다.

---

1) 이원순, 『인간 이승만』, pp.228-230: Oliver, *Syngman Rhee The Man behind the Myth*, pp.196-198.

이렇게 전후 한국문제를 소련과 연결시킨 이승만은 그 연유를 설명한다.

나는 아시아에 관해서는 물론 유럽에 대해서도 그 국제관계를 오랫동안 연구해 왔습니다. 나의 유럽여행은 유럽에서 발생한 사건이 의미하는 바에 대한 이해를 강하게 했습니다. … 루스벨트와 처칠이 유럽 대륙에 대한 상륙작전을 세울 때 발칸 반도를 경유하지 않기로 합의한 것은 동 지역을 소련의 세력에 맡기기로 합의한 것을 뚜렷이 나타내는 것입니다. … 그러나 그 지역이나 그 외의 지역에 있어서 발생한 공산당 문제를 토의할 수는 없었으므로 (소련의 감정을 해치지 않기 위하여) 동남유럽의 안전에 관한 정책을 세우는 것은 저해되었던 것입니다.

이번에는 공산주의에 대한 경계의 눈을 전후 유럽에서 전후 중국으로 돌린다.

유럽에서 서서히 전개되고 있던 사태가 중국에서는 훨씬 공공연히 또한 확실하게 나타났습니다. 연합국은 중국의 국민정부가 (정부에 대하여 공공연한 반감을 품고 독립된 군대와 정부를 가지고 있는) 공산주의자에 대하여 대립적인 행동을 중지하고 타협하여 제휴coalition 할 것을 주장하였습니다.

이렇게 공산주의의 위협을 받고 있는 전후 유럽과 중국을 살펴본 뒤 다시 한국문제로 돌아왔다.

> 전쟁이 종말에 가까워졌을 때 나는 한국 임시정부의 승인만이 소련의 한국 약탈을 막을 수 있다는 유일한 수단이라고 주장하였습니다. 한국 임시정부는 너무나 오랫동안 한국을 떠나 있었으므로 한국 민족을 대표할 수 없으니[2] 종전 후 우리[연합국]가 신정부를 수립하기 위하여 총선거를 실시할 수 있을 때까지 기다리는 것이 좋다는 연합국의 이견에 대하여, 우리는 한국이 해방됨과 동시에 즉시로 연합국의 감시 밑에서 총선거를 실시한다는 양해 하에 임시정부의 가승인provisional recognition이 이루어져야 한다고 답하였습니다. … 그러나 [미국]정부 고위 당국에서는 이 견해를 고려하는 기색이 없었습니다. 그래서 나는 부득이 루스벨트 대통령과 처칠 수상은 한국이 형식적인 정부를 갖는다 하더라도 사실상에 있어서는 소련의 지배하에 둘 것이라는 결론에 도달할 수밖에 없었습니다.

이것이 당시 이승만의 시국관이었다. 후에 그가 옳았음이 증명된다. 그가 우려한대로 동남유럽(발칸 반도)과 중국이 결국 스탈린 수중에 넘어갔다. 이승만이 1933년 유럽여행에서 이러한 징조를 보았다는 것은 그의 예지가 앞섰음을 말해준다. 이 예지로 남한은 이를 뿌리치고 자유주의 진영에 남을 수 있게 되었다. 그것은 험난한 과정이었다.

남한은 형식상 미국이 점령하고 미군정이 유일한 법적기관이라고 선언하였지만 70여 개의 우후죽순 정당이 난립하고 있는 혼란 상태였

---

2) 이원순의 번역에는 오해의 소지가 있어서 바로 잡았다. 원문은 이렇다. To the resort that the provisional government had been so long and so far removed from Korea that it no longer represented the people, and that it would be better to await the end of the war,….

다. 이승만은 모든 정당에서 그의 의견과 상관없이 대표로 임명되었다. 그만큼 그의 명성, 경륜, 위엄을 따라갈 인물이 없었다. 독립심이 강한 그는 남이 가져다 떡을 삼킬 사람이 아니다. 그에게는 독립적인 조직이 어울린다. 그는 남의 도움 없이 정부를 수립하기로 결심하였다.[3]

이승만은 모든 대표직을 물리치고 10월 23일 65개의 정당과 단체를 모아 독립촉성중앙협의회(독촉중협)를 조직하였다. 개별 단체의 지위는 그대로 두고 느슨하게 묶은 연합체였다. 다시 말하면 "정치적 지주회사"라고 할 수 있다. 그는 어느 정당에도 속하지 않았다. 이승만이 귀국하기 전에 사람들은 어떤 식으로든 정당통합을 기획하였지만 강력한 지도자가 없어서 조직되지 않았다.[4] 독촉중협은 정당통합과 다르다. 흡사 개별 국가의 독립을 유지하며 가입한 국가연합체와 비슷한 개념이다. 그러나 그 목적은 한국인의 대동단결을 보여주는 것이다. 이러한 조직은 국제적 감각과 경험이 없는 인물이 아니면 쉽게 그 머리에서 떠오르지 않았을 것이다. 여기에 공산당을 비롯한 좌파단체도 환영하였다. 독촉중협은 급속하게 지방으로 뿌리를 내렸다. 이승만의 명성 덕택이다. 이승만은 독촉중협의 이름으로 미, 소, 영, 중 "4대 연합국에게 결의문"을 보냈다. 자유총선거를 통한 조속한 정부수립을 요망하는 것이다. 그가 일찍이 국제연합 창립총회에 보낸 강령이다.

그러나 박헌영의 공산당과 여운형의 인민당이 탈퇴하여 독촉중협은 우익단체가 되었다. 이들이 탈퇴하는 11월 23일 마침내 중경에서

---

3) Oliver, *Syngman Rhee The Man behind the Myth*, p.215.

4) 김수자, 「해방정국 이승만의 대동단결과 단체통합운동」, 최상오 · 홍선표 외, 『이승만과 대한민국 건국』, 연세대학교 출판부, 2010, 5쪽.

김구를 필두로 임시정부가 귀국했다. 개인자격으로 귀국한 중경임정은 정부로 행동하였다. 그 다음날 각료회의를 열었다. 이승만도 구미위원부 위원장 자격으로 참석했다. 그러나 중경임정은 이미 좌우합작정부가 되었다. 무엇보다 미군정은 자신이 유일한 정부라고 선언하고 중경임정을 인정하지 않았다. 그들은 임시정부가 "너무나 오랫동안 한국을 떠나 있었으므로 한국 민족을 대표할 수 없다."는 것이 이유였다.[5)]

중경임정이 좌우합작을 했을 때 여기에는 중국(국민당) 외무장관 송자문이 관여하였다. 그는 장개석의 처남이다. 1942년 미국무성과 협의하여 자신과 친한 좌익인사인 김규식, 김약산(김원봉), 조소앙과 합작하도록 김구에게 권했다. 김구는 그들을 각료로 임명하였다. 이 사실을 알게 된 이승만은 그 결정을 취소할 것을 강하게 요구하였다.[6)] 그는 그렇게 된 배경을 알고 있었다. 여기에는 미국, 장개석, 송자문, 김구 모두 복잡하게 얽혀 있었다. 미국은 일본과 전쟁 중인데 중국이 내전으로 힘이 분산 소모되는 것을 원하지 않았다. 유리해진 중국공산당의 입김이 컸고 여기에 미국의 돈과 원조가 필요했다. 그래서 국공합작이 생겼다. 그 여파가 중경임정의 좌우합작으로 나타났다.

이듬해(1943년) 이승만은 한국 지하저항조직의 청사진을 루스벨트에게 제출했다. 마침 중경임정을 좌우합작 시킨 송자문이 미국에 왔다. 루스벨트가 그에게 한국 독립운동의 효용가치에 대해서 의견을 물었다. 송자문의 비서가 이승만에게 미국무성이 선호하는 미국의 한인좌익동조자와 합작을 권유하였다. 중경임정의 사정을 알고 있는 이승만

---

5) Oliver, *Syngman Rhee The Man behind the Myth*, p.198.

6) Oliver, *Syngman Rhee The Man behind the Myth*, p.210.

은 좌익동조자와 합작하기를 거부하였다. 송자문은 루스벨트에게 한국인은 분열로 어떠한 힘도 되지 못한다고 보고하였다.[7] 그때 중국 자신도 사분오열되어 내전 중이었고 그 국가 크기에 어울리지 않게 세계대전의 골칫거리였다. 송자문 자신은 모스크바에 가서 스탈린을 만났고 대련, 여순, 남만주철도를 소련에게 넘기는 조약에 서명하였다. 이승만이 보기에 이들은 모두 자신들이 알던 모르던 모스크바에 앉아서 국제공산주의를 한반도에 획책하려는 스탈린의 하수인에 불과하였다.

카이로 선언은 "적당한 시기에 한국 독립"을 약속했다. 그 조건이 드러났다. 테헤란 회담과 얄타 회담을 거쳐 결정된 것이 이른바 신탁통치였다. 우선 미국과 소련은 한반도에 통일정부를 수립하기로 합의하였다. 이것을 모스크바 3상회의에서 미, 영, 소, 중 4개국이 최고 5년간 신탁통치할 것을 선언문으로 발표되었다. 첫째, 임시정부를 세운다. 둘째, 임시정부를 도울 [미소]공동위원회 설치한다. 이것은 오스트리아 문제와 비슷한 해법이었다.[8] 오스트리아는 독일에 합병되었었다. 전쟁이 끝나고 독일은 4개국이 분할 통치하지만 오스트리아 역시 그 운명을 피하지 못했다. 스탈린이 원했기 때문이다. 한국 역시 일본에 합병되었었다. 일본의 분할통치는 거부되었고 한국의 분할통치로서 신탁통치 제의를 한 것이라고 당시에는 추측하였다.

12월 28일 이승만은 신탁통치 반대성명을 냈다. 이로써 이승만의 제2의 독립운동이 시작되었다. 조선공산당과 좌익단체들은 처음에는 신탁통치를 반대하더니 북한의 지령을 받고 찬성으로 급전하였다. 이

7) Oliver, *Syngman Rhee The Man behind the Myth*, pp.195-196.

8) Oliver, *Syngman Rhee The Man behind the Myth*, p.212.

승만이 지금까지 상대한 것은 일본이었다. 이제 그는 "결의문"에 반대하는 미국뿐만 아니라 소련, 영국, 중국도 상대해야 한다. 무엇보다 "한반도 유일 정부"인 미군정이 그의 최대의 상대가 될 것이다. 국내적으로는 공산당, 인민당 등 좌익도 그의 상대이다. 같은 날 김구는 신탁통치반대국민총동원위원회(반탁총위)를 만들었다. 그도 제2의 독립운동을 시작했다.

## 2. 건국

2월 6일 이승만은 라디오로 전국에 27개조의 계획을 발표하였다. 1. 정의의 원칙하에 독립 대한 국가를 세운다. 2. 총선거로 국민국가를 세운다. 3. 표현, 집회, 신앙, 언론, 정치의자유가 보장되는 민주헌법을 제정한다. 4. 일본의 잔재를 없앤다. 5. 일본과 그 협력자들의 재산을 몰수한다. 6. 경제부흥을 위하여 경제계획을 수립한다. 7. 주요산업을 국유화한다. 8. 모든 산업을 감독한다. 9. 농지개혁을 한다. 10. 농지개혁은 유상 원칙을 적용한다. 12. 사금융의 철폐와 사금융이자율을 조정한다. 13. 건전한 통화제도를 구축한다. 14. 필요할 때까지 가격을 통제한다. 15. 조세제도를 개혁한다. 16. 상속세와 증여세를 조정한다. 17. 의무교육을 실시한다. 18. 한국문화를 보존 발전시킨다. 19. 실업보험과 사회보장보험을 제도로 만든다. 20. 최저임금법을 제정한다. 21. 의료제도에 국가가 개입하고 모든 노동자에게 공공보건시설을 제공한다. 22. 14세 미만의 노동을 금한다. 23. 여성의 6시간 노동과 남성의 8시간 제도를 만든다. 24. 임산부에게 의료와 사회적 지원을 제공한다.

25. 모든 자유국가와 우호관계를 수립한다. 상호 호혜의 국제교역을 촉진한다. 26. 어느 국가나 어느 국가군의 지배적 지위를 불허한다. 27.국방을 위하여 육군, 해군, 공군을 창설한다. 현대 국가 헌법의 내용을 담고 북한 공산주의를 의식한 청사진이다. 이것은 후일 1948년 헌법에 반영되었다. 이승만이 미군정을 상대로 정국을 선도해 나가기 시작하였다.

2월 8일 이승만과 김구는 손을 잡고 독촉중협과 반탁총위를 합쳐 비상국민회(독촉국민회)를 결성하였다. 앞으로 중경임정의 김구는 필요에 따라 협조와 결별을 교직할 것이다. 이승만은 6주 동안 전국순회여행을 떠났다.[9] 모든 도시와 촌락을 돌아다니며 공산주의의 위험성과 그들과 투쟁을 역설하였다. 이승만은 1911년 기독청년회를 지방에 심기 위하여 3개월을 전국 방방곡곡 돌아다녔다. 1913년 하와이에서 모든 섬을 찾아다니며 동포들을 방문하였듯이 이제 그는 다시 직접 동포들과 대면하여 지지를 구하는 것이다. 그의 힘은 동포로부터 나왔다.

3월 2일 제1차 미소공동위원회가 열렸다. 앞으로 들어설 임시정부에 반탁지지 정당과 단체를 배제하자는 소련 주장과 반탁과 찬탁 가리지 않고 모든 정당과 단체를 참여시키자는 미국 주장이 맞섰다. 한반도를 적화시킬 목적을 가진 소련과 모스크바 3상회의 결정을 실천하려는 미국은 미소공동위원회의 회의로 시간만 허비하고 결렬되었다. 그 사이 북한은 비밀리에 김일성에게 권력이 집중되며 소련의 비호국가의 형태가 진행되었다. 미군정은 소련의 속셈을 알지 못했다. 그에게 소련

---

9) Oliver, *Syngman Rhee The Man behind the Myth*, p.218.

은 제2차 대전 동맹국이었다. 미군정 책임자 하지 중장은 반공주의자 이승만을 싫어했다. 그에게는 지켜야할 모스크바 3상 회의 결의가 있었다. 그 틀을 벗어나지 못하는 그는 남한의 단체와 정당들이 좌우합작을 하도록 강력히 권유했다. 그리고 김규식을 선호하였다. 하지 중장의 뒤에는 미국 국무성의 좌익세력이 있었다. 이승만은 하지에 맞섰다. 좌우합작을 권하는 공동위원회 뒤에 미국과 소련이 진짜 결정자라는 점을 알고 미소공동위원회를 상대하지 않았다.

그때 남한의 정당과 단체들이 둘로 갈라졌다. 우익은 신탁통치 반대 투쟁을 하는데 좌익은 찬성을 하게 되었다. 이것은 소련의 지령에 의한 것으로 신탁통치기간에 남한을 공산주의로 물들이게 할 목적이었다. 반탁과 찬탁으로 남한사회는 전쟁터를 방불케 되었다. 미소공동위원회가 열리고 있을 때 공산당에 의한 정판사 사건이 일어났다. 미군정이 공산당을 탄압하자 그들은 지하로 잠입 활동하였다. 테러, 폭동, 파업 등이 일어났다. 정당의 수는 4백 개로 늘어났다.[10] 미국은 빨리 임시정부를 세우고 떠나고 싶어 했다. 이승만이 염려한 것은 이런 혼란 상태에서 이보다 더 화급한 일이 지구 반대편에 생기면 미군이 한반도를 수습도 하지 않은 채 철수하는 것이었다. 이승만은 미국이 1882년 한미우호통상조약을 일방적으로 방기한 것을 아직도 기억하고 있다. 이런 상황이 계속되어 미군정이 수습을 못하면 남한은 공산화될 것이다. 하지 휘하의 미군정은 수습할 능력이 없었다. 이승만은 하지를 신뢰하지 않았고 하지는 이승만을 배제하려고 애썼다. 한때 그는 이승만

10) Oliver, *Syngman Rhee The Man behind the Myth*, p.221.

을 자택에 연금시켰다. 둘 사이는 악화일로였다.

북한에는 공식적으로 선포만 하지 않았지 사실상의 공산정권이 이미 수립되어 남한마저 공산화시킬 준비를 진행 중이었다. 군사력을 급속히 증강시키고 있었다. 이승만은 남한만이라도 빨리 독립된 과도정부를 세워 혼란을 잠재우고 질서를 회복하는 길이 공산화를 막는 길이라고 주장했다. 이것이 유명한 그의 정읍발언이다. 그가 그런 발언을 하기 전에 이미 미국과 소련에 의해 38선은 그어져 있었다. 소련이 재빨리 북한을 점령하고 그 여세로 남한까지 넘보자 미국이 화급하게 그은 것이다. 그래서 소련은 점령했던 38선 이남의 개성에서 철수했다.

이승만은 과도정부 수립을 강력하게 밀고 나갈 조직으로 민족통일본부를 만들었다. 좌우합작에 대항할 조직이었다. 여기서 이승만 조직을 다음과 같이 비교표로 보는 것도 흥미로울 것이다.

| | 중세 (1) | 나폴레옹 이후 (2) | 제1차대전 이후 (3) | 제2차대전 이후 (4) | 해방정국 (5) | 해방정국 (6) |
|---|---|---|---|---|---|---|
| 구성원 | 공국 | 유럽국가 | 가맹국 | 가맹국 | 70여개 정당 | 70여개 정당 |
| 구심점 | 신성동맹 | 유럽협조 | 국제연맹 | 국제연합 | 미군정 | 독립촉성 중앙협의회 |
| 지도자 | 교황 | 오스트리아 | ? | 미국 | 하지 | 이승만 |
| 목적 | 영구평화 | 일시평화 | 영구평화 | 영구평화 | 신탁통치 | 완전독립 |

또 하나 흥미로운 점은 국가연합체가 세계사적 변화인 제1차 대전과 제2차 대전 등에 맞추어 그 모습이 진화 발전해 나갔듯이, 이승만의

독촉중협도 해방정국의 변화였던 신탁통치발표, 좌우합작권유, 한반도 문제 유엔 이관 등에 대응하여 빠르게 변모해 나갔다.

변화 1: 신탁통치발표 / 변화 2: 한반도문제 유엔이관

독촉중협 → 독촉국민회 → 민족통일본부

유럽협조 → 국제연맹 → 국제연합

변화 1: 제1차 대전 / 변화 2: 제2차 대전

다시 말하면 이승만은 국내 문제를 국제적 경험으로 풀어나갔다. 이승만에게 있어서 국내문제는 국제문제의 응용에 불과하였다. 다른 조직들은 흡수 또는 통합을 시도하였을 뿐 이 같은 "정치적 지주회사"를 만들지 못했다는 점에서 이승만의 독창성이 있다. 위로부터 조직인 중경임정에 대하여 이승만의 독촉중협은 저인망식으로 아래로부터 그 영향을 뻗히고 있다.

그러나 위 표 (5)에서 신탁통치를 목표로 좌우합작만을 고집하는 미군정의 하지 중장과 불화로 아무 것도 할 수 없게 되자 직접 미국에 가서 미국의 조야를 움직일 것을 결심하고 미국으로 갔다. 즉 위 표에서 정국을 (5)에서 (6)으로 전환시키고자 하였다. 그는 미소공동위원회가 아무 일도 하지 못하고 소련이 시간만 끌므로 한국문제를 국제연합에 상정해 줄 것을 호소하려는 것이다.

국무성에 제출한 서한은 1. 남한에 선거에 의한 과도정부를 세운다. 때가 되면 남북한 총선거를 실시하여 통일정부를 세운다. 2. 과도정부는 국제연합에 가입하여 미국과 소련을 직접 상대하여 한반도문제를 해결한다. 3. 한국에게 통상의 완전한 권리를 부여한다. 이것은 어떤

특정 국가에 대한 호의 없이 모든 국가에 대한 동등성에 기초한다. 4. 소련군이 북한에서 철수할 때까지 미국은 남한에 주둔한다. 그밖에 5. 일본의 배상금은 조기집행이 되어 한국경제를 조속히 부흥시켜야 한다. 그리고 6. 한국 통화를 안정시켜 국제결재에 맞추어야 한다. 여기서 1-3을 합치면 국제연합의 권위를 이용하겠다는 것이다. 이 생각을 발전하면 한국문제를 국제연합으로 가져가겠다는 의미이다.

이승만은 전부터 좌익이 포진하고 있는 국무성에서 환영받지 못했는데 여전했다. 그러나 개의치 않고 여론에 호소하였다. 그리고 국무성의 좌익을 폭로하는 것을 잊지 않았다. 그의 선전선동의 충격요법이다. 이승만을 견제하기 위해 하지 중장이 미국으로 쫓아와 트루먼 대통령을 만나고 상원 군사위원회에서 증언하는 과정에 한국이 처한 사정이 드러났다. 그는 북한이 5십만의 군대를 조직했다고 증언하여 펜타곤이 놀랐다.[11] 국방성은 주한미군이 여차하여 인질이 되어 소련과 전쟁을 걱정했다.

그때 소련의 속셈이 동유럽과 그리스 및 터키에서 드러났다. 지구 곳곳에서 좌우합작은 우익의 실패로 끝났다. 이즈음 영국의 처칠은 유명한 철의 장막이라는 연설을 하였다. 이승만의 세계관이 옳았음이 드러났다. 이승만은 어쩌면 20세기 최초 반공주의자의 한 사람일지 모른다. 미군정의 하지 중장도 이 대세를 인정할 수밖에 없었다. 새 국무장관에 마샬 장군이 되면서 달라졌다.

결국 이승만이 미국에서 제2의 독립운동을 하던 1947년 3월 트루먼

---

11) Oliver, *Syngman Rhee The Man behind the Myth*, p.234.

선언이 발표되었다. 그것은 소련의 위협을 받는 그리스와 터키를 방어하는 목적이다. 여기는 소련이 지중해로 나오는 길목으로 미국에게 대단히 중요한 곳이다. 오랫동안 러시아는 이 길목을 탐냈다. 그러나 지구 반대편에서 소련이 태평양으로 진출하는 길목인 한국도 아시아의 그리스이며 터키이다. 그것은 역사적으로도 대칭이다. 러일전쟁에서 패배한 러시아가 한반도 대신 지중해로 진출하려고 노력한 것도 그들의 오래된 세계 전략의 하나였다. 결국 마샬 국무장관이 한국문제를 국제연합으로 이관한다고 발표하였다. 미국이 도와서 남한문제를 해결하면 남한을 미국의 군사기지로 만든다는 비난을 피하고 싶었던 것이다.[12] 국제연합에서 토의를 거쳐 결정하면 이 비난을 피할 수 있다.

이승만이 국무성에 제출한 서한에서 처음 제기한 대로 한국문제를 국제연합으로 가져간 것이다 결국 이승만이 생각했던 방향으로 사태는 진행하고 있었다. 당시 남한에서 한국문제를 세계의 문제로 파악한 인물은 이승만 밖에 없었다. 그것은 반공이었다.

제2차 대전에서 승리한 미국은 소련의 팽창을 막기 위하여 군사적 대립과 병행하여 경제적 대립을 취하였다. 미국은 유럽과 아시아를 5개의 경제원조지역으로 나누고 유럽에서는 마샬플랜을 아시아에서는 지역통합을 시도하였다. 그 목표는 통상으로 소련을 경제적으로 봉쇄하는 것이다. 이 목적을 위하여 미국은 경제협조처를 신설하였다. 미국의 구상한 아시아 지역통상은 일본 중심이었다. 미국은 일제 하 좌익의 온상이었던 교토대학에서 좌익교수들을 쫓아내었다. 이것은 새 시대에

12) Oliver, *Syngman Rhee The Man behind the Myth*, p.240.

일종의 경고이면서 신호였다.

1947년 11월 14일. 국제연합 총회에서 한반도에서 국제연합 감시 하에 남북한 자유총선거를 통한 남북한통일정부 수립 결의. 1948년 2월 26일. 국제연합 소총회에서 가능한 지역에서 자유총선거 결의. 3월 12일. 국제연합 임시한국위원단이 국제연합 소총회 결의안을 놓고 남한선거안 가결. 5월 10일. 남한자유총선거. 8월 15일. 대한민국 건국. 외교방략에 의한 이승만의 제2의 독립운동은 결실을 맺었다.

나폴레옹은 프랑스 혁명의 혼란을 대포로 단숨에 평정한 인물이다. 갈브레이드는 레닌의 최대 업적이 공산혁명이 아니라 혁명 직후 극심한 혼란을 폭력으로 단숨에 평정한 것이라고 평했다. 당시 남한의 극심한 혼란상을 단숨에 평정할 수 있는 능력을 가진 인물이 이승만과 김구였다. 그러나 김구는 중경임정의 권위를 빌려 쿠데타를 생각했다.[13] 언더우드는 김구가 "거칠고 접근하기가 어렵고 무자비하며 비민주적"이라고 평했다.[14] 김구는 국제정세를 이해하지 못했다.[15] 이승만은 무력을 반대였다. 그는 미소공동위원회, 미군정, 좌익, 미국무성, 귀국한 재미교포단체, 때로는 중경임정의 반대와 견제를 받으며 홀로 남한 정세를 세계 사정에 맞추어 국제연합 감시 하에 자유선거로 남한에 정부를 수립하는데 성공하였다. 이승만의 독립운동과 건국. 그것은 나폴레옹이나 레닌과 달리 "촌철도 사용하지 않고 필설로만 이룩한 위업이었다."고 유영익은 기록하였다.[16]

---

13) 이주영, 『이승만과 그의 시대』, 118쪽, 123쪽.

14) 언더우드, 『한국전쟁, 혁명 그리고 평화』, 연세대학교 출판부, 2002, 156쪽.

15) Oliver, *Syngman Rhee The Man behind the Myth*, p.237.

## 건국과정

대한민국의 건국은 각 과정을 거쳤다. 해방은 이 땅에서 상주하던 인구를 일제하 신민臣民의 지위에서 벗어나 일본국왕에 대한 충성서약을 무효로 만들었다. 미군정하 국적이 없는 자유시민이 되었다. 이 자유시민이 주권재민의 원칙에 따라 선거를 통하여 자신들이 원하는 헌법과 정부를 택하여 국가를 건국하였다. 시민은 국적을 갖은 국민이 되었다. 앞서 아일랜드도 동일한 과정을 거쳤음을 보았다. 미국의 건국과정도 또 하나의 예이다.

신대륙 미13주는 식민모국 영국과 전쟁 중이었다. 1776년 7월 2일 대륙회의는 "이들 합친 식민지들United Colonies은 자유롭고 독립된 주들이고, 영국국왕에 대한 충성을 폐지하며, 그들과 영국 사이에 모든 정치적 연결은 제거되고 그렇게 되어야만 한다."고 결의하였다.[17] 이것은 식민지 사람들이 더 이상 영국국왕의 臣民이 되기를 거부한 결의이다. 독립된 자유시민이 된 것이다. 이들이 지난 7월 4일에 만장일치로 채택한 문서의 제목이 '미13주의 선언Declaration of the Thirteen United States of America'이다. 이 문건에는 독립이라는 명사가 등장하지 않는다. 그럼에도 이것이 이른바 미국의 독립선언서라고 알려졌다. 지구상에 어느 국가도 신대륙 미13주의 대륙회의를 정부로 인정하지 않았다. 정부수반도 국가원수도 없었다. 프랭클린의 외교로 프랑스가 미13주에 무기를 판매할 때 프랑스는 이 판매가 합법적인지 불법적인지 심사숙고하지

16) 유영익, 『이승만의 삶과 꿈』, 210쪽.

17) Brogan, *The Penguin History of the United States of America*, 1985, p.180.

않았다. 프랑스가 걱정한 것은 이 판매로 영국의 프랑스에 대한 선전포고였다. 워싱턴의 민병대가 승리하자 프랑스는 1778년 2월 미13주와 두 가지 조약을 체결하였다. 첫 번째가 우호통상조약이었고 두 번째가 방위동맹조약이었다. 이것으로 프랑스는 사실상 미13주를 "독립정부"로 승인한 셈이다.

그러나 미13주 "대륙회의"는 아직 국가가 되지 못하였다. 조약의 협상도 "1776년 의회가 이를 위하여 임명한 위원회의 위원 가운데 한 사람이었던 존 애덤스가 기초한 '국제법의 보편원칙'이라는 주목할 만한 초안문서에 바탕을 두었다."[18] 영국과 정전을 한 1783년 조약을 맺었다. 이 조약에 의해 영국은 미13주의 권리를 인정하였다. 이로써 미13주에 상주하는 인구의 시민권이 탄생되었다.

그 후 미13주는 뿔뿔이 흩어졌다. 그들은 필요할 때에만 모였던 것이다. 그 예가 영국과 전쟁을 수행하는 목적으로 모인 대륙회의였다. 흩어진 각 주의 이해가 상충되어 주끼리 전쟁이 발생할 위험이 증대되었다. 주 사이의 통상에 관세를 부과하였다. 하나의 강을 사이에 둔 두 개의 주는 항해권을 놓고 다투었다. 이러한 위기를 극복하고자 미13주는 해밀턴이 중심이 되어 1787년 중앙정부national government를 수립할 목적으로 모였다. 여기서 헌법을 만들고 양원제 의회에 대한 합의를 도출하였다. 각 주 의회의 비준을 거쳐 1789년 미국헌법으로 확정되고 조지 워싱턴을 건국대통령으로 선출하였다. 미13주 시민들은 자신들이 원하는 정부를 선택한 것이다. 이것이 주권재민에 의한 미국의 건국이

18) Rhee, *Neutrality As Influenced by the United States*, p.16.

다. 여기서도 신민→시민→국민의 순서가 관찰된다. 1776년 7월 2일 자유시민의 선언에서 시작한 미13주의 독립투쟁은 1789년 4월 30일에 미국의 건국으로 완성되었다.[19)]

건국 과정에 있어서 주권재민이 일으키는 문제는 또 있다. 제1차 대전에서 패한 오스트리아-헝가리 정부는 체코의 대표자들에게 정권을 인계하려고 하였다. 이에 마사리크는 협조하지 말라는 엄명을 내렸다. 앞서 데 벌레라가 아일랜드 자유국을 반대한 이유도 그것이 영국 총독부로부터 인수한 것이었기 때문이었다. 식민모국으로부터 정권을 인수하면 그 정권의 합법성과 권력이 상주하는 인구로부터 나오지 않고 물러가는 식민모국으로부터 나오기 때문이다. 이 문제로 내전을 겼었다. 한국의 경우 일제가 패망하자 조선총독부는 치안을 빌미로 송진우에게 행정권을 인수시키려 하였지만 그는 거절하였다. 이어서 여운형에게 제의하자 여운형이 수락하였다. 이때 여운형이 자신의 수락이 권력 원천의 법적 측면을 생각했는지 그에 대해서 연구된 바 없다. 그가 수립한 인민공화국의 권력은 일제총독부가 이관해준 것으로 일본정부로부터 나온 것이다. 국가 승계에 심각한 문제가 제기된다.

주권재민과 관련하여 마지막으로 제기되는 문제. 1919년 대한민국 임시정부가 상해에서 수립되었을 때 그 헌법을 보면 국호를 "대한민국"으로 정하고 "전체 인민이 주권을 가지는 민주공화국"이라고 정의하였다. 그런데 여기서 말하는 "전체인민"의 당시 국적은 불행히도 일본제국이었다. 그리고 중요한 것은 비록 강제이었지만 이들이 일본천황에

19) Brogan, *The Penguin History of the United States of America*, 1985, Chs. 10-11.

게 충성을 서약하였다는 점이다. 일본제국의 주권은 일본천황에게 있었다. 일본천황의 臣民인 일본국적의 "전체인민"이 어떻게 "주권"을 가지며 그 주권으로 어떻게 "민주공화국"을 건국했는지 논리적으로 설명하기 어렵다. 임시정부를 수립하는데 참여한 많은 애국지사들의 국적도 중국과 미국이 대부분이었다. 외국국적의 독립운동 지도자들이 대한민국 임시정부를 수립했다는 점을 받아드리기 불편한데, 하물며 외국국적의 독립운동지도자들이 대한민국을 건국했다는 것이 외국인이 대한민국을 건국했다는 것과 무엇이 다른지 설명하기 어렵다. 이승만은 끝까지 무국적자였다.

무국적자에게는 무슨 자격이 주어졌나. 칸트 영구평화 의무조항 1은 자유국가 내에서 자유시민과 자유시민의 관계, 의무조항 2는 자유국가연합 내에서 자유국가와 자유국가의 관계, 의무조항은 3은 자유세계와 자유시민의 관계를 규정한 것이다. 무국적자는 칸트 의무조항3에 의하면 세계시민이다.[20] 조건은 거주하는 국가의 법률이 국제법에 일치하면 된다. 그 근거가 지구표면이 누구에게나 권리라는 것이다.

지구표면에 대한 권리는 인류에게 공동으로 주어졌다.[21]

이것이 칸트의 자연권natural right 개념이다. 연고권historical right에 의지하는 국경은 무력에 의해 이동한다. 고대에 한반도에 대해 연고권을 강변하는 일본이 무력으로 한국인의 국적을 강탈해갔다. 그러기에 국

20) Kant, Smith(tr.), *Perpetual Peace A Philosophical Essay*, 1903, p,119.

21) Williams, D.(ed.), *The Enlightenment*, Cambridge University Press, 1999, 387.

경을 사이에 두고 이쪽은 내 땅이고 저쪽은 네 땅이라고 생각하던 당시로서는 이것은 혁명적 발상이다. "여전히 문 닫치고 어둡게 살려"하는 쇄국주의가 국적을 잃게 되는 결과를 낳았음이 그 증거이다. 세계시민으로써 이승만의 다음 글이 칸트의 글과 일치한다.

> 하나님의 천지만물을 창조하신 뜻을 살필진대 하나도 버릴 것이 없어 모든 사람에게 쓰임이 되게 하심이라.[22]

앞서 언급한 대로 1818중립법 1항에 의한 범법자가 되지 않기 위해서라도 이승만은 미국시민이 될 수 없었다. 세계시민이지만 무국적자로 독립운동이 어려웠고 그때마다 미국 국적 취득을 권유 받았으나 이승만은 거절하였다. "한국이 곧 독립될 것이므로 소용없다."[23] 그는 독립운동에 있어서 국적의 중요성을 인식한 것이었다.

서재필이 해방 후 귀국하여 주변으로부터 대통령에 추대되는 움직임을 보고 자신이 미국시민이므로 불가하다는 뜻을 보였음도 마찬가지이다. 추대되면 1818중립법 1항에 저촉된다. 그 이전 필라델피아에서 열린 제1차 한인대회에서 서재필은 자신이 미국시민임을 내세워 대회에서 대표가 되는 것을 거절하고 사회만 보았다. 이승만은 무국적자이므로 미국정부와 교섭이 어려웠다. 그런 경우 그는 뒤로 물러나고 미국인으로 구성된 한미협회를 내세웠다.[24] 이승만이 제네바에서 열린 국

---

22) 이승만, 『독립정신』, 34頁.

23) 안병훈, 『대통령 이승만』, 2011, 351쪽.

24) 안병훈, 『대통령 이승만』, 2011, 351쪽.

제연맹 회의에 갈 때 미국 국무부에 여권을 신청하여 특별여권을 받았다. 미국 국법이 이승만을 세계시민으로 인정한 것이다.

국적문제가 중요한 것은 태평양전쟁에서 미국 내의 일본계미국인들을 적국 국민으로 분류하여 수용소로 보내졌는데 이승만이 1942년 2월에 미 법무부에 청원서를 제출하여 재미 한국계미국인을 일본계의 분류에서 제외하였다는 점이다. 만일 미국이 계속 한국계미국인을 일본계로 분류하였으면 수용소로 보내졌을 뿐만 아니라 적국국민인 한국계미국인은 한국 독립을 위하여 어떠한 도움 되는 일도 할 수 없었을 것이다.

앞서 확인했듯이 미국도 독립선언을 하기 전에 영국국왕의 臣民이 아니라는 결의를 먼저 하고 독립전쟁의 종전의 결과 영국과 조약으로 영국국왕의 신민에서 벗어남을 인정받아 신대륙의 市民이 되었다.

국적 문제가 중요한 또 하나의 이유는 역시 아일랜드에서 중요하게 대두되었다. 앞서 본 것처럼 데 벌레라가 미국에서 독립운동을 할 때 미국에 있는 2천만 명의 아일랜드계 미국시민을 대표하는 독립지도자들의 협조가 필요하였다. 그러나 중요한 문제에서 의견이 갈렸다. 이때 아일랜드계 미국인 독립지도자와 아일랜드의 독립지도자 사이에 민감하게 대두되는 문제가 국적문제와 충성서약 문제였다. 당시 아일랜드의 지도자의 국적은 영국이었고 아일랜드계 미국인 지도자의 국적은 미국이었다. 미국인은 미국에 충성서약을 한다. 영국인은 영국국왕에 충성서약을 한다. 그 서약을 보면 서약 국가를 국내와 국외의 적으로부터 생명을 바쳐 보호한다는 구절이 들어 있다. 두 나라가 사이가 나빠지고 최후에 전쟁상태라도 된다면 어느 편에서 싸워야 할지 분명해진다. 데 벌레라는 미국에 충성서약을 한 아일랜드계 미국인 지도자들을 모두 몰아내었다. 데 벌레라는 미국에서 태어났으므로 선서에 의한 미국시민이 아니었고 3살 때 아일랜드로 옮겨왔으므로 이른바 미성년자에 의한 미결정 지위였다. 그는 이 문제에 관해 기자가 물으면 언제나 "나는 아일랜드를 위하여 나의 목숨을 바치는 한 아일랜드 시민이다." 라고 대답하였다. 부활절 봉기에서 체포된 후 사형선고를 받는 군사재판에서 "나는 언제나 영국의 신민이 아니라 아일랜드 인으로 생각했다."라고 진술하였다.

그러나 데 벌레라의 이 주장과는 달리 제1도일에서 영국과 조약이 통과되자 패배한 데 벌레라와 그의 추종자들이 도일을 떠날 때 남아있던 의원들이 뒤에서 '외국인-반역자'이라고 소리쳤다. 조약찬성자와 반대자 사이의 내전의 시작은 입 싸움에서 시작하였다. 앞서 말했듯이 많은 추종자들의 부모 가운데 하나가 영국인이든지, 영국에서 출생했든지, 데 벌레라처럼 미국에서 출생했든지, 식민지 760년 동안 아일랜드의 정체성이 의심되는 면이 많았다. 위기를 당할 때마다 이 문제가 수면으로 떠올라 그렇지 않아도 복잡한 아일랜드 문제를 어렵게 만들어 왔다.

국적 문제는 제1차 세계대전과 제2차 세계대전에서 독일계 미국인이 겪어야 했던 역사적 사실이다. 아일랜드가 고민한 것도 영국이 아일랜드에 대하여 징집령을 실시하면 아일랜드 젊은이들이 영국국적이라는 이유 하나만으로 독일과 원치 않는 전투를 하게 된다는 점이었다. 독일은 당시 아일랜드가 도움을 바랄 수 있는 몇 안 되는 국가 가운데 하나였다. 일본이 미국과 중국을 상대로 전쟁을 일으켰을 때 많은 한국의 젊은이들이 일본국적 때문에 목숨을 잃었다. 미국국적의 한국계 청년이 태평양전쟁에서 일본의 포로가 되었을 때 제네바협정에 의하여 대우하게 된다. 그것은 위험한 일이다.

1910년 이전의 우리 조상은 조선조 국왕의 臣民이었다. 1910년 8월-1945년 9월에는 일본천황의 臣民이었다. 1945년 9월-1948년 8월에는 미군정하의 市民이었다. 1948년 8월 15일부터 대한민국 國民이다. 1948년 5월 10일에 치룬 총선은 해방된 이 땅의 자유시민이 주권을 행사한 역사적인 사건이다. 그들에 의한 주권재민의 원칙으로 헌법이 승인되고 합법적 정부가 들어서서 대한민국의 건국이 선포된 것이다. 이때 선포된 대한민국의 국호는 임시정부가 선포한 국호가 아니라 1948년 5월 10일 총선의 실시로 개원한 제헌국회에서 헌법기초위원회가 6월 7일 투표로 대한민국 17표, 고려공화국 7표, 조선공화국 2표, 한국 1표 가운데 대한민국을 다시 결정한 것을 국회 본회의가 채택한 국호이다.

## 건국대통령

대한민국 건국에는 여러 사람들이 공헌을 남겼다. 이들을 건국의 주역들 또는 건국의 공훈들이라고 부를 수 있지만 미국에서는 건국의 아버지들the founding fathers이라고 복수를 사용한다. 누구를 포함하느냐 하는 것에는 국민적 합의가 필요할 것이다. 그 가운데 대통령은 한 명뿐이다. 그가 건국의 아버지들 가운데 건국대통령이 된다. 이승만이다.

## 4. 한미상호방위조약

이승만은 건국 대통령이 되었다. 그는 젊을 때부터 간직했던 꿈을 실천할 때가 된 것이다. 실천실학이다. 그것은 농지개혁, 의무교육, 남녀평등, 사민평등, 상공업장려, 국제통상 등이었다. 그는 국가의 터전을 마련하였다. 그것은 자유민주주의와 자본주의이다. 그에게 한 가지 미진한 것이 있다면 1882년의 한미우호통상조약을 복원하는 것이었다. 그것은 애초부터 만기가 없는 것이었다. 소련 및 중공과 북한을 배후에 둔 어린 국가를 지키려면 미국과 군사동맹도 필요했다.

남한정부는 이승만의 외교독립의 전통 하에 건국되었는데 이것은 삼일운동의 평화정신과 일치한다. 북한정권은 소련의 비호로 김일성의 무장독립이라는 신화(?) 하에 수립되었다. 아직도 자유주의 필설과 공산주의 무력의 대립이다. 그것이 첫 번째 충돌한 사건이 북한의 남침이다.

일본의 패망 이후 북한을 점령한 김일성은 비밀리에 소련의 원조로 정부를 수립하고 군사력을 증강하였다. 미군이 철수한 남한은 방어할 능력이 갖추어지지 않은 어린 국가였다. 이때 미국 국무장관 에치슨 Dean Acheson(1893-1971)이 한국과 대만이 미국의 방어선 밖이라는 발언을 하였다. 에치슨의 발언은 모스크바와 평양의 남침 결심에 작용하였다. 소련과 중공의 비호 하에 김일성의 북한군대는 1950년 6월 25일 남침하였다. 이렇게 시작한 한국동란은 3년간 수많은 인명과 재산을 파괴하고 첫 발의 총성이 울린 그 자리 부근에서 휴전을 하게 되었다.

이승만은 통일할 수 있는 절호의 기회라고 생각했는데 휴전을 한다니 받아 드릴 수 없었다. 그러나 미국은 이제 전쟁을 그만둘 생각이었기에 중국과 소련을 만족시킬만한 제의가 필요했다. 그 조건을 제시하기 위하여 국제연합 휴전 위원회를 구성하였다. 그들의 시안은 대한민국이 없었던 것으로 하고 국제연합 감시 하에 남북한 총선거를 실시하여 통일정부를 수립한다는 것이었다. 이승만은 반대하였다. 남한은 이미 유엔 감시 하에 자유선거를 치러 정부가 수립되었으니 그렇지 않은 북한만 선거하면 된다는 논리를 폈다. 너무 완강한 이승만의 반대로 국제연합 시안은 휴지가 되었다. 이승만을 대체할만한 인물을 그들은 찾지 못했다. 여기서 주목할 만한 사항은 만일 1948년 정부수립이 국제연합 감시 하에 치러지지 않았더라면 어떻게 되었을까 하는 점이다. 이승만은 항상 강대국이 자신들의 이익을 따라 약소국을 희생시킬 준비가 되어 있다는 점을 염두에 두었다. 그것은 1882년 한미우호통상조약의 일방적 파기에서 시작하여 에치슨의 발언으로 이어지는 경험에서 얻어진 것이다. 이승만은 두 번이나 미국에 배신당한 것을 잊지 않았다. 이승만이 국제연합으로 한국문제를 가져간 것은 이처럼 중요했다.

이승만은 휴전을 극력 반대하였다. 그는 한민족과 함께 벼랑 끝에서 다 함께 죽을 정도의 결의를 보였다. 마지막 수단으로 그는 1만 2천 명의 반공포로를 연합국과 상의도 없이 석방하였다. 공산권은 분노하여 휴전회담이 결렬될 위험이 생겼다. 미국은 비로소 이승만이 원하는 바를 들어주지 않으면 휴전이 불가능함을 깨달았다. 이승만이 원한 것은 한미상호방위동맹, 군사원조, 경제원조였다. 군사동맹은 북한뿐만 아니라 중국, 소련, 일본, 그 어느 국가의 침략으로부터 방어하는 것이다. 이승만의 뇌리에는 일본의 재침이 생생하게 살아있었다. 1953년

10월 1일. 한미상호방위조약. 이승만은 말했다. "이제 한미방위조약이 체결되었으므로 우리의 후손들은 누대에 걸쳐 이 조약으로 말미암아 갖가지 혜택을 누릴 것이다."[25] 체결을 직접 지켜 본 현장에서 그는 아마 70년 전 조미우호통상조약을 둘러싼 조국의 파란만장한 운명을 생각했을 것이다. 이 조약으로써 그가 평생 고집하던 외교방략의 화룡점정이 되었다.

그 의의를 살펴보면, 학위논문 제목 『미국영향 하 중립』의 중립의 의미는 단순한 비교전 중립상태를 의미하는 것뿐만 아니라 평화의 세 가지 권리 가운데 하나이다. 첫째, 중립은 전쟁이 임박했을 때 평화를 선택하는 권리이다. 통상이 권리이기 때문이다. 둘째, 보장은 평화에 도달했을 때 그 평화가 계속되도록 확실하게 조치하는 권리이다. 그것 역시 통상의 권리가 보장한다. 셋째, 군사동맹은 장차 국가가 공격을 받을 때 공동으로 방어하는 연합의 권리이다. 이것이 칸트의 국가 권리이다.[26] 이승만의 표현을 빌리면 "[중립은] 중립국이 평화 시나 전쟁 시나 교전국의 방해받지 않고 통상할 수 있는 권리이다." 이것이 중립통상의 정체이다. 구체적으로 "어느 2개국이 전쟁을 시작할 때 평화 속에서 살기를 선택한 나라들은 … 모든 국가에 대하여 평소와 같이 그들의 산업생산물을 교환하기 위하여 운송할 자연권을 향유한다." 이승만이 한국전쟁의 휴전에 임할 때 미국에 대하여 평화의 군사동맹 권리를 끈질기게 요구하여 마침내 『한미상호방위조약 1953』을 관철시켰고 이어서 평화의 보장권리로서 『한미우호통상항해조약 1956』까지 성

25) 이주영, 『이승만과 그의 시대』, 183쪽.

26) Kant, Hastie (trans.), *The Science of Right*, Edinburgh, Clark, 1887[1790], p.55, p.69.

사시킨 것은 칸트 평화의 세 가지 권리를 이해했다고 볼 수 있다. 이때 이승만은 젊은 시절 학위논문에서 기록한 대로 1779년 프랑스가 영국과 독립전쟁을 치르고 있는 미국을 상대로 우호통상조약과 방위동맹조약을 동시에 체결한 것을 떠올렸을 것이다.[27] 이 두 조약으로 프랑스는 아직도 전쟁 중인 미국의 독립을 사실상 승인하였다. 그만큼 이 두 조약은 독립에 중요하였다. 『한미우호통상항해조약』의 서문에도 평화가 적시되어 있다.

> The United States of America and the Republic of Korea, desirous of strengthening the bonds of peace and friendship traditionally existing between them.

여기서 강조하는 '전통적으로 존재했던 우의와 평화'의 평화야말로 1882년 조미우호통상조약이 명기했던 영구평화가 아니었던가. 미국이 방기한 『조미우호통상조약』에 대한 이승만의 줄기찬 추궁이 이 정도의 표현으로 남아있게 된 것이 아닐까. 반세기가 지나 이승만은 마침내 청년시절 자신에게 주어졌던 밀사의 사명을 대통령이 되어 완수하였다. 끝.

---

27) Rhee, *Neutrality As Influenced by the United States*, pp.15-16: 정인섭 역, 『이승만의 전시중립론』, 37쪽.

## ■ 부록

### ■ 에이먼 데 벌레라 연보(1882-1975)

1882 뉴욕에서 출생 10월 14일

1885 아일랜드 생활 시작

1898 블랙라크 대학 입학. 울프 톤 반란 1백주년

1908 게일 연맹에 가입

1910 시니드 프래나간과 결혼

1912 자치령 위기. 영국 보수당원과 북아일랜드 연합주의자 모두 실망. 북아일랜드의 얼스터자원군UVF 결성.

1913 얼스터자원군에 대항하여 남아일랜드 아일랜드자원군IVF 결성. 데 벌레라 가입.

1916 부활절 봉기. 사형선고. 감형으로 영국의 링컨감옥에 수감.(1차 수감)

1917 석방. 신페인당 대표로 피선. 신페인당의 당수로 피선. 아일랜드자원군의 대표로 피선. 이스트클레어 지역구 국회의원 당선

(1917-1922)

1918 제1차 대전에 영국군으로 징집 위기. 총선에서 신페인당 승리. 데 벌레라 이른바 '독일음모'로 수감.(2차 수감)

1919 제1의회 소집. 마이클 콜린스가 데 벌레라의 탈옥을 기획. 성공. 데 벌레라 제1도일의 총리Priomh Aire로 피선(1919-1921). 미국행. 마이클 콜린스 군대Squad 결성. 게릴라 전투부대로 발전. 독립전쟁 시작.

1920 '테러의 해.' 블랙텐Black and Tans의 아일랜드 상륙. 평화 시도. 데 벌레라 미국에서 아일랜드공화국 대통령 호칭 사용. 미국의 아일랜드계 지도자 코할란 및 드보이와 충돌. 미국 아일랜드사회의 분열. 공채표 판매 성공. 자금을 미국에 예치하고 귀국. 〈1920년아일랜드정부법〉

1921 데 벌레라 총리에서 아일랜드공화국 초대대통령이 됨(1921-1922). 조지 5세 얼스터 6개주의회Parliament를 개원. 화해연설. 정전. 데 벌레라 로이드조지와 회담. 귀국. 협상단에 마이클 콜린스를 보냄. 현재의 상태를 인정한 앵글로-아이리쉬 조약에 반대.

1922 제1도일 조약을 비준. 데 벌레라 조약 다수결결정 수용반대. 대통령 사임. 조약반대운동 시작. 내전 발발. 그리피스 사망. 콜린스 피격 사망. 아일랜드 자치국 탄생. 클레어 지역구 국회의원(1922-1959)

1923 내전 종식. 반조약파 패배. 데 벌레라 체포수감.(3차 수감)

1924 데 벌레라 석방.

1926 데 벌레라 아일랜드공화군IRA에서 탈퇴. 새정당 Fianna Fail 결

성, 당수(1926-1959).

1927 데 벌레라 아일랜드 자치의회에 입성.

1927 공채모금 해결 차 미국행.

1931 모금으로 신문Irish Press창간

1932 총선에서 승리. 총리Taoiseach(1932-1937). 조약철폐 시작. 충성선서 폐지. 영국과 경제전쟁 시작.

1933 활기의 정치 시작.

1935 국제연맹 의장. 시민법 제정.

1936 총독 폐지. 국가원수에서 영국국왕을 삭제

1937 총리(1937-1948). 데 벌레라 헌법 도입. 국호를 에이레/아일랜드로 변경.

1938 영국과 경제전쟁 종식. 아일랜드 군사항구에서 영국해군 철수.

1939 제2차 대전에서 중립 선언.

1951 총리(1951-1954)

1957 총리(1957-1959)

1959 대통령(1959-1973)

1973 정계은퇴

1975 서거

## ■ 이승만 연보(1875-1965)

1875 황해도 평산면 마산면 능내동에서 출생 3월 26일

1895 배재학당 입학

1898 한국최초 일간지 『협성회회보』를 창간. 주필
만민공동회 총대위원
중추원 의관(종9품)에 피임.

1899 박영효 사건으로 투옥

1901 옥중에서 독립정신 집필(1910년 3월 LA에서 출판)

1904 출옥. 민영환 한규설의 밀사로 도미

1905 미국국무장관 헤이와 회담(2월 20일)
미국대통령 시어도어 루스벨트와 회담(8월 4일)

1907 조지 워싱턴 대학 졸업(학사). 하버드 대학 입학(1908 석사)

1908 콜로라도 덴버 애국동지대표대회 의장으로 피선

1910 프린스턴 대학 졸업(PhD)
성황성기독청년회 총무와 청년학교 학감 취임

1912 105인 사건으로 미국으로 망명
박사학위논문『미국영향 하 중립』프린스턴 대학 출판부에서 출간.

1913 하와이 정착. 『한국교회핍박』 출간
한인기속학교 교장

1914 한인여자학원 설립

1918 한인기독학원 설립

정한경 민찬호와 함께 대한인국민회 파리평화회의 한인대표로 피선

1919 국제연맹의 위임통치 청원

상해 대한민국 임시정부 국무총리에 피선

한성임시정부의 집정관 총재에 피선

워싱턴에 구미위원부 개설

대한민국임시정부 의정원에서 임시대통령으로 피선

1920 상해 도착

1921 워싱턴 군축회의 미국대표단에게 한국독립청원서 제출

1925 대한민국임시정부 임시대통령 면직

1932 국제연맹에 한국독립 탄원 대한민국임시정부 전권대사에 피임

1933 프란체스카 도너를 만남

소련에 한국독립 호소할 목적으로 모스크바에 도착 퇴거당함

1934 미 국무부 정치고문 스탠리 혼벡 박사 독립 호소

1941 재미한족연합위원회 외교위원장에 피임

대한민국임시정부 주미외교위원장에 피임

『일본 내막기』 출간

1942 한미협회 결성

워싱턴 라파에트 호텔에서 한인자유대회 개최

미국 육군전략사무처 프레스턴 굿펠로우 대령에게 항일게릴라 조직 제의

1943 미국 육군장관 헨리 스팀슨에게 편지 항일게릴라 조직 계획서 제시

1944 루스벨트 대통령에게 임정승인 요청

1945 얄타밀약설 발표

1945 해방

귀국(10월 16일)

조선독립촉성중앙협의회 총재

1946 반탁 투쟁 시작

대한독립촉성국민회 총재

미 군정청 자문기구 남조선대한민국대표 민주의원 의장에 피선

하지 장군의 좌우합작위원회 참가권유 거부

정읍발언

민족통일총본부 결성

독립정부 수립을 국제연합에 직접 호소하기 위해 도미

1947 장개석 총통과 회견

하지 장군과 결별 선언. 가택연금 당함

남한 총선거 주장. 미국정부의지지 획득

1948 최초의 자유선거에서 동대문구에서 당선

제헌의회 의장에 피선

국회에서 대통령으로 당선(186 출석 가운데 180표 획득).

1948 대한민국 정부수립 선포식

한미상호방위원조 협정 체결

맥아더 초청으로 일본 방문

파리 유엔총회에서 대한민국 승인안이 통과.

1949 대마도 반환 요구

필리핀 퀴리노 대통령 제안 반공 태평양동맹안지지
태평양동맹 체결 협의차 퀴리노, 장개석 초청
이승만-장개석 회담
남북통일 방안으로 북한 괴뢰정권 해체 후에 총선거 주장

1950 농지개혁 개정법 공포(3월 10일). 농지분배 예정통지서 발송(4월 5일)
북한의 남침. 625동란발발
동경 맥아더 사령부에게 무기 즉각 지원 요청(6월 26일)
맥아더에게 작전지휘권 위임(7월 14일)
유엔군 서울 수복(9월 28일)
국군에 38선 이북 진격 명령(9월 28일)

1951 정전 결사 반대 선언
휴전 수락 조건으로 중공군 철수. 북한 무장 해제. 유엔감시 하 총선거 실시 요구
자유당 총재

1952 평화선 선포
직선제 대통령 당선
대만 방문
방한 중인 아이젠하워 미 대통령 당선자와 회담

1953 휴전반대. 국군 단독북진 명령
미 정부에 휴전 수락 거부 통고
반공포로 2만 7천명 석방
한미상호방위조약 체결

장개석과 반공통일전선 결성 발표

1954 대한민국 정부를 해체하고 유엔 감시 하의 선거를 통해 한반도에 통일정부 수립하려는 제네바정치회의 결의 맹렬히 반대 철회시킴

미 상하원 합동회의에서 연설

1956 제3대 대통령에 당선

1957 휴전협정 폐기와 군비강화 강조.

1958 한일회담 재개를 요망하는 일본 기시 수상 친서에 동의

원자력 연구 지시

베트남 방문

1960 제4대 대통령 당선 확정

419 유혈사태 책임지고 자유당 총재 사임

대통령직 사임서 국회에 제출

하와이로 출국

1965 호놀룰루 마우라니 요양원에서 서거(7월 19일). 국립묘지에 안장.

# ■ 참고문헌

## 〈제1부 데 벌레라〉

### I. 국문

김학은, 『이승만과 마사리크』, 연세대학교이승만연구원 총서 6, 북앤피플, 2013.

______, 『이승만의 정치경제사상』, 연세대학교이승만연구원 총서 7, 연세대학교 출판문화원, 2014.

뮈 텔, 『뮈텔주교일기 5』, 한국교회사연구소, 1998.

안병훈, 『대통령 이승만』, 기파랑, 2011.

이주영, 『이승만 평전』, 살림, 2014.

### II. 영문

Asquith, H. H., *Memories and Reflections 1852-1927*, London: Cassell, 1928.

Bowman, J., *De Valera and the Ulster Question 1917-1973*, Oxford 1982

Brennan, R., *Allegiance*, Dublin, 1950.

Brogan, H., *The Penguin History of the United States of America*, Longman Group Limited, 1985.

______, *De Valera and the March of a Nation*, Dublin 1956

______, *Churchill and Ireland*, University of Notre Dame Press, 1964.

Buckland, P., *Irish Unionism: 1: the Anglo-Irish and the New Ireland 1885-1922*, Dublin, 1972.

Callwell, C. E., *Field-Marshall Sir Henry Wilson*, London: Cassell, 1927.

Carroll, F., *American Opinion and the Irish Question 1910-1923*, New York: St. Martin's Press, 1978.

______, "America and Irish Political Independence, 1910-1933," in P.J.Drudy(ed.), *The Irish in America: Emigration, Assimilation and Impact*, Cambridge University Press, 1985, 271-293.

______, *Money for Ireland*, Westpot, CT: Praeger, 2002.

Chapple, P., "Dev: the Career of Eamon de Valera," *History Review*, December 2005, 28-33.

Churchill, W., *Lord Randolph Churchill*, London: Macmillan, 1906

______, *Amid These Storms*, New York: Charles Scribner's Sons, 1932.

______, *Great Contemporaries*, New York: Putnam's Sons, 1937.

Collum, P., *Arthur Griffith*, Browne and Nolan 1959.

Coogan, T., *Michael Collins*, London: Random House, 1990.

______, *De Valera*, London: Random House, 1993.

Cramer, *Case Western Reserve University*, New York: Little Brown,

1976.

Cronin, S., *The McGarrity Papers*, Tralee: Ireland, Anvil Books, 1972.

Cullen, L., *The Emergence of Modern Ireland*, London: 1981.

Curran, J., *The Birth of the Irish Free State 1921-1923*, University of Arizona Press, 1980.

Dawe, L., "Review," *International History Review*, Vol.4, No.3(Aug. 1982), 455-457.

de Burca, P., and J. Boyle, *Free State or Republic?*, Dublin: Talbot Press Limited, 1922.

de Rosa, P. *Rebels The Irish Rising of 1916*, New Yok: Fawcett Columbine, 1990.

de Valera, E., "Letter to Irish Society in London," *New York Times*, 4, March, 1919.

______, *India and Ireland*, New York: Friends of Freedom for India, 1920.

Doorey, M., *Irish-American Diaspora Nationalism: The Friends of Irish Freedom, 1916-1935*, Dublin: Four Courts, 2005.

Dwyer, T., *Michael Collins and the Treaty*, Dublin: Mercier Press, 1981.

______, *Michael Collins: The Man Who Won the War*, Cork, 1990.

______, *De Valera The Man and the Myths*, Dublin: Poolbeg, 1991.

______, *Big Fellow, Long Fellow*, Dublin: Gill & Macmillan, 2006.

Fanning et al (ed.), *Documents on Irish Foreign Policy 1919-1922*, Dublin: Royal Irish Academy, 1998.

Farrell, M., *Northern Ireland: the Orange State*, London, 1980.1980.

Fitzpatrick, D., *Harry Boland's irish Revolution*, Cork: Cork University Press, 2013.

Gallagher, T., B. Fiona, and O. D. Fionnbarra, *A Pocket History of the 1916 Rising*, Dublin: Gill Books, 2015.

Gwynn, D., T*he Life of John Redmond*, London: Harrap, 1932.

______, *The History of Partition 1912-1925*, Dublin: Browne and Nolan, 1950

Hackett, F., "De Valera's Ireland," *The American Mercury*, Jan. 1945.

Hamilton, E., *The Soul of Ulster*, London, 1917.

Hancock, W., *Survey of British Commonwealth Affairs, Vol. I, Problems of Nationality 1918-1936*, London: Oxford University Press, 1937.

Hannigan, D., *De Valera in America*, New York: O'Brien Press, 2010.

Healy, T., *Letters and Leaders of My Day*, New York: Frederick A. Stokes, 1929.

Hyde, H., Carson, London: Heinemann, 1953.

Jennings L.(ed.), *Speeches of the Right Honourable Lord Randolph Churchill, M. P.*, London: Longmans, Green, 1889.

Jones, T., *Whitehall Papers, Volume 3: Ireland 1918-1925*, ed. by Keith Middlemas, London, 1971.

Kant, I., Nisbet, H. (tr.), "A Sketch of Perpetual Peace," in Williams, D.(ed.), *The Enlightenment*, 1795(1999).

Kennedy, C., *Genesis of the Rising 1912-1916: A Transformation of National Opinion*, Peter Lang, 2010.

Kissane, B., "Eamon de Valera and the Survival of Democracy in Inter-War Ireland," *Journal of Contemporary History*, April 2007,

213-226.

Lainer-Vos, *Sinews of the Nation*, Cambridge: Polity Press, 2013.

Laffan, M., *The Partition of Ireland 1911-1925*, Dublin: Dundalgan Press, 1987.

Longford, Earl of and T. O'Neill, *Eamon De Valera*, London: Hutchinson, 1970.

Macardle, D., *The Irish Republic*, Dublin 1937.

MacVeagh, J., *Home Rule in a Nutshell - A Pocket Book for Speakers and Electors*, London: Daily Chronicle, 1912.

Maher, J., *Harry Boland*, Boulder: Mercier Press, 1998.

McCartan, P., *With De Valera in America*, New York: Brentano, 1932.

Mill, J. S., *England and Ireland*, Longmans, Green, Reader, and Dyer, 1868.

Moynihan, M.(ed.), *Speeches and Statements by de Valera 1917-1973*, Dublin 1980.

O'Connor, F, *Big Fellow*, Dublin, 1979

O'Donnell, R., (ed.), *The Impact of the 1916 Rising : Among the Nations*, Irish Academic Press Dublin 2008

O'Donoghue, F., *No Other Law*, Dublin: Irish Press, 1954.

O'Hegary, P., *A History of Ireland under the Union 1801-1922*, London: Meththuen, 1920.

O'Mahony, E., *Michael Collins, His Life and Times*, 1996.

O'Sullivan, D., *The Irish Free State and Its Senate*, London: Faber and Faber, 1940.

Pollard, H. B. C., *Secret Societies of Ireland, Their Rise and Progress*,

Kessinger, 1932.

Ranelagh, J., *A Short History of Ireland*, Cambridge, 2012.

Rhee, S., *Neutrality Influenced by the United States of America*, Princeton University Press, 1912.

Riddell, G., *More Pages from My Diary 1908-1914*, London: Country Life, 1934.

______, *Lord Riddle's Intimate Diary of the Peace Conference and After 1918-1923*, London, 1933.

Russell, G. W., *The Irish Home Rule Convention*, New York: 1917.

Ryan, D., *Unique Dictator: A Study of Eamon de Valera*, London 1936.

Ryan, A., *Mutiny at the Curragh*, London: Macmillan, 1956.

Smith, M., "Translator's Introduction," in Kant, *Perpetual Peace A Philosophical Essay*, London: George Allen and Unwin, 1903.

Tansill, C., A*merica and the Fight for Irish Freedom 1866-1922: An Old Story Based upon New Data*, New York: Devin-Adair, 1957.

Taylor, P., *Munitions of Mind*, Manchester University Press, 2003.

Turi, J., *England's Greatest Spy*, Aritan International, 2009

Vaughan, W. and A. Fitzpatrick (eds.), *Irish Historic Statistics: Population 1821-1971*, Dublin, 1978.

Walker, B. (ed.), *Parliamentary Election Results in Ireland 1801-1922*, Dublin, 1978.

White, T., *Kevin O'Higgins*, London: Methuen, 1948.

Williams, T.D., "From Treaty to Civil War," in Williams(ed.), *The Irish Struggle*, London, 1966

Young, A., *A Tour in Ireland*, London, 1780.

## III. 영문신문

Boston Globe, June 30, 1919.
Chicago Daily Tribune, July 14, 1919.
Gaelic American, Nov 1, 1919
Irish Press, June 28, 1919.
Irish Press, Jan 24, 1920.
Los Angeles Times, Nov 24, 1919.
New York Times, June 22, 1919.
New York Times June 23, 1919.
New York Times, June 24, 1919.
New York Times, June 30, 1919.
New York Times, June 28, 1919.
New York Times, Dec. 13, 1919.
New York Times, Nov 30, 1921.
New York World, March 13, 1919.
New York Times, December 13, 1919.
New York Times, June 25, 1919.
New York Times, May 7, 1920.
New York Times, June 24, 1919.
New York Times, Sep 5, 1919.
New York Times, Sep 5, 1919.
New York World, March 13, 1919.
Wall Street Journal, February 4, 1919.

## 〈제2부 이승만〉

### I. 국문

고정휴. 『이승만과 한국독립운동』. 연세대학교 출판부, 2004.
김 구. 『백범일지』. 집문당, 1994.
김도태. 『서재필박사자서전』. 수선사, 1948.
김두종. 『한국의학사』. 탐구당, 1966.
김상태 편역. 『윤치호 일기, 1916-1943』. 역사비평사, 2001.
김석근. 『복택유길의 자유와 통의, 정치사상 연구』 2. 2000년 봄.
김수용. 「1920년 체코슬로바키아 공화국 헌법에 관한 연구」. 『공법연구』. Vol.36, No.2, 2007.
김수자. 「해방정국 이승만의 대동단결과 단체통합운동」. 최상오 · 홍선표 외. 『이승만과 대한민국 건국』. 연세대학교 출판부, 2010.
김유동. 『월남이선생실기』. 동명사, 1927.
김준보. 『한국자본주의사 연구』 Ⅰ. 일조각, 1974.
김학은. 『루이스 헨리 세브란스』. 연세대학교 출판부, 2008.
______. 『이승만과 마사리크』, 연세대학교 이승만연구원 학술총서 6, 북앤피플, 2013.
______. 『이승만의 정치경제사상 1899-1948』, 연세대학교 대학출판문화원, 2014.
맥캔지 저. 이광린 역. 『한국의 독립운동』. 일조각, 1987.
박기서. 「유길준과 복택유길의 정치사상 비교연구」. 홍익대학교 박사학위논문, 1988.
반병률. 「이위종과 항일 혁명운동」. 이태진 외. 『백년 후 만나는 헤이그 특사』. 태학사, 2008.
방기중. 『배민수의 농촌운동과 기독교 사상』. 연세대학교 출판부, 1999.
백낙준. 『백낙준 전집』. 제1-10권. 연세대학교 출판부, 1995.
______. 『한국개신교사』. 연세대학교 출판부, 2002[1929].
분쉬 지음. 김종대 옮김. 『고종의 독일인 의사』. 학고재, 1999.
서대숙. 「한국독립운동사(103)」. 『한국일보』. 1988.11.18.
손세일. 『이승만과 김구』. 제1-3권. 나남, 2008.
송 복 외. 『이승만의 정치사상과 현실인식』. 연세대학교 출판부, 2002.
송인상. 『(송인상 회고록) 부흥과 성장』. 21세기북스, 1994.
신용하. 『독립협회 연구』. 일조각, 1985.
안형주. 『박용만과 한인소년병학교』. 지식산업사, 2007.
올리버. 「내가 아는 이승만 박사」. 『신동아』. 1979.7.
우남이승만문서편찬위원회 편. 『우남이승만문서 : 동문편』. 전18권. 중앙일보사/현대한국학연구소, 1998.
원영희 · 최정태. 『뭉치면 살고…』. 조선일보사, 1995.
유영익. 『이승만의 삶과 꿈』. 중앙일보사, 1996.
______. 「대한민국 임시정부 수반 이승만의 초기 행적과 사상」. 유영익 외. 『이승만과 대한민국 임시정부』. 연세대학교 출판부, 2009.
______. 『젊은 날의 이승만—한성감옥생활(1899-1904)과 옥중잡기 연구』. 연세대학교 출판부, 2002.
______. 「이승만의 옥중잡기」. 유영익 편. 『이승만 연구—독립운동과 대한민국 건국』. 연세대학교 출판부, 2000.
______. 「이승만의 〈옥중잡기〉 백미」. 유영익 외. 『이승만 연구』. 연세대학교 출판부, 2000.
______. 「자료를 통해 본 인간 이승만」. 『계간 진리 자유』. 1997년 겨울.

______. 「기독교정치가 이승만을 회고하다」. 『미래한국』. 2012.11.5.
______. 『건국 대통령 이승만』, 일조각, 2013.
______ 외. 『이승만과 대한민국 임시정부』. 연세대학 출판부, 2009.
윤성렬 증언. 「인간 이승만 백년(10)」. 『한국일보』. 1975.7.20.
이광린. 『개화당 연구』. 일조각, 1973.
______. 『한국개화사 연구』. 일조각, 1977.
______. 『한국개화사의 제문제』. 일조각, 1986.
이도형. 「한일유착 드라마」. 『월간조선』. 1986.1.
이덕희. 『한인기독교회 · 한인기독학원 · 대한인동지회』. 한국기독교회역사연구소, 2008.
이만열 · 옥성득 편역. 『언더우드 자료집』 III. 연세대학교 출판부, 2007.
이승만 저. 이종익 역. 『일본군국주의 실상』. 나남, 1987.
______ 저. 정인섭 역. 『이승만의 전시중립론』. 나남, 2000.
______ 저. 김충남 · 김효선 풀이. 『풀어 쓴 독립정신』. 청미디어, 2008.
______ 저. 이수웅 역. 『이승만 한시선』. 배재대학교 출판부, 2007.
______. 『한국교회핍박』. 하와이: 신한국보사, 1913.
______. 『독립정신』. 로스엔젤스: 대동신서관, 1910[1904].
______. 『청일전기』. 호놀룰루: 태평양잡지사, 1917.
______. 「일민주의 概述」. 일민주의보급회, 1949.
이원순. 『인간 이승만』. 신태양사, 1988.
이인호. 「대한민국 건국은 혁명이었다—거시사적 비교를 통한 건국의 재인식을 위하여—」. 이주영 엮음. 『대한민국은 왜 건국을 기념하지 않은가』. 뉴데일리, 2011.
이정식. 『구한말 이승만의 개혁운동』. 배재대학교 출판부, 2005.
______ 저. 권기붕 옮김. 『초대대통령 이승만의 청년시절』. 동아일보사,

2002.
______ 역주. 「청년 이승만 자서전」. 『신동아』. 1979.9.
이주영. 『이승만과 그의 시대』. 기파랑, 2011.
이태진 외. 『백년후 만나는 헤이그 특사』. 태학사, 2008.
______ 외. 『영원히 타오르는 불꽃』. 지식산업사, 2010.
이한우. 『우남 이승만 대한민국을 세우다』. 해냄, 2008.
이현표. 「외교의 달인 이승만 미 행정부 대신 여론에 호소하다」. 『미래한국』. 2012.5.21.
장규식. 「『한국교회핍박』에 나타난 이승만의 기독교입국과 외교구상」. 송복 외. 『이승만의 정치사상과 현실인식』. 연세대학교 출판부, 2011.
전택부. 『월남 이상재의 생애와 사상』. 연세대학교 출판부, 2001.
______. 『한국기독교청년회운동사』. 범우사, 1994.
정병준. 『우남 이승만 연구』. 역사비평사, 2005.
______. 「태평양전쟁기 이승만과 중경임시정부의 관계와 연대강화」. 유영익 외. 『이승만과 대한민국 임시정부』. 연세대학교 출판부, 2009.
정용화. 「유교와 자유주의 유길준의 자유주의 개념수용」. 『정치사연구』 2. 2000년 봄.
정창인. 「이승만을 만나러 미국에 온 태산」. 『미래한국』. 2012.7.30.
정원용 저. 허경진 역. 『국역 경산일록』. 보고사, 2009.
조병옥. 『나의 회고록』. 해동, 1959.
천관우. 『한국사의 재발견』. 일조각, 1974.
최정수. 「이승만의 『미국영향 하에 성립된 중립론』과 외교독립론」. 송복 외. 『이승만의 정치사상과 현실인식』. 연세대학교 출판부, 2001.
______. 「특사 태프트의 제2차 대일방문과 미일조약체제 1907-1908」. 『동북아역사논총』 29, 2010.

최종고. 『우남 이승만』. 청아, 2011.
해링턴 저. 이광린 역. 『개화기의 한미관계』. 일조각, 1973.

## II. 일문

李省展. 『アメリカ人宣教師との朝鮮の近代』. 東京: 評論社, 2006.
原揮之. 『シベリア出兵』. 筑摩書房, 1989.
柳宗悅. 『朝鮮の藝術』. 有斐閣, 1922.
細谷川博. 『シベリア出兵の史的研究』. 有斐閣, 1955.
池田十吾. 『第一次世界大戰期の日美關係史』. 成文堂, 2007.
信夫清三郎. 「大正外交史の基本問題」. 『日本外交史研究』. 1958 夏季, 1-12.
山辺健太郎. 『日本統治下の朝鮮』. 岩波書店, 1971.
石田榮雄. 「20箇條問題と列强の抵抗」. 『日本外交史研究』. 1958, 夏季, 39.
田村幸策. 『世界外交史』. 有斐閣, 1963.
韓永大. 『柳宗悅の朝鮮』. 明石書店, 2008.

## III. 중문

黃克武. 「梁啓超與康德」. 『中央研究院近代史研究所集刊』. 第30期. 民國 87年(1998),12月, 126-127.

## IV. 영문

Angell, Norman. *Peace Theories and the Balkan War*. London, Horace and Marshall, 1912.

Avison, Oliver R. *Creating A Medical School in Korea*. University of Toronto Monthly, 1937.

______. *Memories of Life in Korea*. Unpublished Manuscript, 1940.

Baker, Newton D. *Why We Went to War*. Harper and Brothers, 1936.

Beld, Antonie van den. *Humanity—The Political and Social Philosophy of T. G. Masaryk*. The Hague, Menton, 1975.

Benes, Edvard. *My War Memoirs*. New York: Houghton, 1928.

Bentham, Jeremy. "A Plan for the Universal and Perpetual Peace." *Principles of International Law*. Vol.IV. in *The Work of Jeremy Bentham*. Vol.2. Edinburgh, William Tait, 1843.

Betts, Reginald R. "Masaryk's Philosophy of History." *Slovonic and East European Review*. Vol.26, No.6, Nov. 1947.

Bradley, John. *The Czechoslovak Legion in Russia 1914-1920*. Boulder, East European Monographs, 1991.

Brock, Peter and Skilling, Gordon (ed.). *The Czech Renaissance of the 19th Century*. University of Toronto, 1970.

Brozek, Josef M. and Hoskovec, Jiri. T*homas Galligue Masaryk on Psychology*. Praha, Karolinum, 1995.

Bruce, Duncan A. *The Scottish 100*. New York, Carrol and Graff Publishers, 2000.

Bugge, Peter. "Czech Democracy Pagan or Parody." *Bohemia*, Vol.47, No.I, 2006/2007.

Campell, Gregory F. "Central Europe's Bastion of Democracy." *East European Quarterly* II, Summer 1977.

Capek, Karel. *President Masaryk Tells His Story*. New York, Arno Press and New York Times, 1971.

______. Westherall, Robert (tr.). *Masaryk on Thought and Life*. Allen and Unwin, 1938.

______ and Hruby, Karel (ed.). T. G. *Masaryk in Perspective*. University of Michigan, 1981.

______. Round, Dara (tr.). *Talks with T. G. M.* Catbird Press, 1995.

Capoccia, Giovanni. "Legislative Responses against Extremism : The Protection of Democracy in the First Czechoslovak Republic 1920-1938." *East European Politics and Societies*, 2002.

Chung, Henry. *The Case of Korea*. Fleming H. Revell, 1921.

Cohen, Victor. *The Life and Times of Masaryk*. London, John Murray, 1941.

*Congressional Record*. Appendix, A1877, May 21, 1942.

Cornwall, Mark. *Undermining of Austria-Hungary The Battle for Hearts and Minds*. Palgrave Macmillan, 2000.

Cramer, Paige. *Case Western Reserve University*. Boston, Little, Brown and Company, 1976.

Creel, George. H*ow We Advertised America*. New York, Harper, 1920.

Demenchonok, Eduard. "The Concert of Human Rights." *American Journal of Economics and Sociology*, Jan. 2009.

Dennet, Tyler. *John Hay from Poetry to Politics*. New York, Dodd, mead & Co., 1934.

*First Korean Congress*. Philadelphia, 1919.

Fisher, David H. *Liberty and Freedom*. Oxford University Press, 2005.

Foster, John W. *A Century of American Diplomacy.* Boston, Houghton, 1901.

Garver, Bruce M. *The Young Czech Party 1874-1901 and the Emergence of A Multi-Party System.* New Haven, 1978,

Gary, Brett. *The Nervous Liberals: Propaganda Anxieties from World War to the Cold War.* Columbia University Press, 1999.

Hajek, Hanus J. *T. G. Masaryk Revised.* Boulder. Eastern European Monographs, 1983.

Hanak, Harry. *T. G. Masaryk, Statesman and Cultural Force, I, II, III.* London, Macmillan, 1990.

______. "British Views of the Czechoslovaks from 1914-1924." in Schmidt-Hartmann, Eva and Winters, Stanley B. *Grossbritannien, Die USA und Die Bohmischen Lander 1848-1938.*

Herman, Arthur. *How the Scots Invented the World.* New York, Crown Publisher, 2001.

Higram, William P. "Intellectual History and Its Neighbors." *Journal of the History of Ideas*, Vol.15, No.3, Jan. 1954.

Holland, Thomas. E. "The Sinking of the Kowshing." *The Times*, Aug. 1894.

Hopkins, Charles H. *J. R. Mott.* New York, National Board of YMCA, 1979.

Houston H. A. and Knox, W.W.J. (ed.). *The New Penguin History of Scotland.* London, Penguin, 2001.

Hoyt, Adwin P. *The Army Without A Country.* London, Macmillan, 1967.

Hulbert, Homer B. *The Echoes of the Orient A Memoir of Life in the Far East*. Unpublished Manuscript.

Kalvoda, Josef. "Masaryk in America in 1918." *Jahrbucher fur Geschichte Osteuropas*. Neue Folge, Bd. 27, H.1, 1979.

______. *The Genesis of Czechoslovakia*. East European Monographs No.209, Boulder, 1986.

Kant, Immanuel. Smith, Mary C. (tr.), *Perpetual Peace A Philosophical Essay*. London, George Allen and Unwin, 1903[1795].

______. Nisbet, Harrison B. (tr.). "Perpetual Peace A Philosophical Sketch." in Williams, David (ed.). *The Enlightenment*. Cambridge University Press, 1999.

______. "Idea for a Universal History with a Cosmopolitan Purpose." in Immanuel Kant, Reiss, Hans (ed.). Nosbet, Harrison B. (tr.). *Political Writings*. Cambridge University Press, 1970.

______. Hastie, William (tr.). T*he Science of Right*. Edinburgh, Clark, 1887[1790].

Keleher, Edward P. "Emperor Karl and the Sixtus Affair." *East European Quarterly*. June 1992.

Kelly, Donald R. *The Czech Fascist Movement 1922-1942*. Boulder, East European Monographs, 1995.

Keynes, John M. *The General Theory of Employment, Interest and Money*. London, Macmillan, 1936.

Kohak, Erazim. *Jan Patocka Philosophy and Selected Writings*. Chicago, University of Chicago Press, 1989.

*Korean Connection*. Hastings College Library Archives. Vol.Ⅲ, No.2.

*Korean Liberty Conference*. Washington, D.C., 1942.

Kovtun, George J. *The Spirit of Thomas G. Masaryk (1850-1937) An Anthology*. London, Macmillan, 1990.

Lamont, Stewart. *When Scotland Ruled the World*. London, Harper Collins, 2001.

Lansing, Robert. *War Memoirs*. New York, Bobs-Merrill, 1935.

Lester, David. "An Empirical Examination of Thomas Masaryk's Theory of Suicide." *Archives of Suicide Research*. 1997.

Lew, Y., *The Making of the First Korean President*, University of Hawaii Press, 2014.

Lewis, Michael S. "Masaryk's Political Philosophy." *Slovonic and East European Review*. Vol.2, No.1, March 1943.

Li, Tae Jin. "Revisiting Ahn Jung-geun's Treaties on Peace in East Asia Critical Encounters with Kant's Perpetual Peace." *Journal of Northeast Asian Studies*. December 2009.

Long, John W. "Czeching In Woodlow Wilson, Russia, and the Origins of Czechoslovak Independence." *Reviews in American History*. September 1991.

Long, John W. and Hopkins, C. Howard. "T. G. Masaryk and the Strategy of Czechoslovakia Independence An Interview in Russia on 27 June 1917." *Slovonic and East European Review*. Jan. 1978.

Lovejoy, Arthur O. "Reflection on the History of Ideas." *Journal of History of Ideas*. Vol.1, No.1, Jan. 1940.

Lowrie, Donald A. *Masaryk of Czechoslovakia : A Nation Builder*. Oxford University Press, 1937.

Luwig, Emil. *Defender of Democracy*. New York, McBride, 1936.

MacMillan, Margaret. *Paris 1919 : Six Months That Changed the World*. New York, Random House, 2003.

Mamatey, Victor S. *The United States and East Central Europe, 1914-1918*. Princeton University Press, 1959.

Marholeva, Krasimira L. *Nationalism, Federalism, Universalism, Tomas Gurrigue Masaryk in A Habsburg Context*. MA Thesis, Central European University, Budapest.

Marks, Barry A. *The Idea of Propaganda in America*. Ph.D. Dissertation, University of Minnesota, 1957.

Masaryk, Tomas G. *The Making of A State Memoirs and Observations 1914-1918*. London, George Allen and Unwin, 1927.

______. Weist William B. and Bastion, Robert G. (tr.). S*uicide and the Meaning of Civilization*. Chicago, 1970[1881].

______. *Hitler's Credo*. Prager Presse, 1933.

______. *Modern Man and Religion*. London, George Allen and Unwin, 1938.

______. "Austria Terrorism in Bohemia." *La Nation Tcheque*. May/June 1916.

______. Warren, W. Preston (tr.). *Humanistic Ideals*. Bucknell, 1971.

______. Warren, W. Preston (tr.). *Ideals of Humanity and How to Work*. Bucknell, 1969.

______. Shillinglaw, Draga B. (ed.). *Lectures at the University of Chicago*. Bucknell, 1978.

______. Kohak, Erazim V. (ed.). *Masaryk on Marx*. Bucknell, 1972.

______. Kussi, Pater and Welle, Rene (tr.). *Meaning of Czech History*. University of North Carolina Press, 1974.

______. Bibza, Ann and Benes, Vaclav (tr.). *Modern Man and Religion*. George Allen & Unwin, 1938.

______. *The New Europe*. Bucknell, 1972.

______. *Slav Among Nations*. London, Czech National Alliance in Britain, 1916.

______. Paul, Cedar and Bass, Robert (tr.). *The Spirit of Russia I, II, III*. London, Allen & Unwin, 1919.

______. Weist, William B. and Batson, Robert G. (tr.). *Suicide and the Meaning of Civilization*. University of Chicago, 1970.

Mather, Arma S. *Extracts from Letters, Diary, and Notebooks of Aama Stone Mather June 1907 to December 1908*. Vol.1, Cleveland, Private Publication, 1910.

May, Arthur J. "H. A. Miller and the Mid-European Union of 1918." *American Slavic and East European Review*. Vol.16, No.4, Dec. 1957.

McCosh, James, *The Scottish Philosophy, Biographical, Expository, Critical from : Hutscheson to Hamilton*. New York, Carter, 1875.

McCullough, David W. *John Adams*. New York, Touchstone Book, 2002.

McKenzie, Fred A. *Korea's Fight for Freedom*. New York, Fleming H. Revell, 1920.

Mill, John S. *Considerations on Representative Government*. London, Parker, Son and Born, 1865.

Miller, Daniel E. *Forging Political Compromise Antonin Svehla and the Czechoslovak Republican Party 1918-1933*. University of Pittsburgh Press, 1999.

Millis, Walter. T*he Road to War America 1914-1917*. Boston, Houghton-Mifflin, 1935.

Morgenthau, Hans J. *Politics among Nations*. New York, Alfred Knopf, 1948.

______. *The Struggle for Power and Peace*. New York, Alfred A Knopf, 1948.

Nahm, Andrew C. *Historical Dictionary of the Republic of Korea Asian Historical Dictionaries*. No.11, Metuchen, New Jersey, Scarecrow Press, 1993.

Odlozilik, Otakar. "Enter Masaryk A Prelude to His Political Carrier." *Journal of Central European Affairs*. April 1950.

Oliver, Robert T. *Syngman Rhee The Man behind the Myth*. Westport, Greenwood Press, 1954.

______. S*yngman Rhee and American Involvement in Korea 1942-1960 : A Personal Narrative*. Seoul, Panmun, 1978.

Ørvik, N., *The Decline of Neutrality 1914-1945 With Special Reference to the United States and the Northern Neutrals*, Oslo, 1953.

Orzoff, Andrea. *The Battle for the Castle*. Oxford University Press, 2009.

______. "The Husbandman Thomas Gurrigue Masaryk's Leader Cult in Interwar Czechoslovakia." *Austrian Yearbook*. Vol. 39, 2008, p.123.

______. "Literary Organ of Politics Thomas Masaryk and Political

Journalism 1925-1929." *Slavic Review*. Summer 2004, p.297.

Phillips, K., *William McKinley*, Time Books, 2003.

Prentiss, Elizabeth Severance Allen. *Elizabeth Severance Allen Prentiss Diary Around the World 1910-1911*. Unpublished Manuscript. Cleveland Historical Society.

Pynsent, Robert B. T. G. *Masaryk Thinker and Critic*, I, II. London, Macmillan, 1989.

Rauber, Jochen. "The United Nations—A Kantian Dream Come True?" *Hanse Law Review*, Vol.5, No.1, 2009.

Rhee, Syngman. *Neutrality As Influenced by the United States*. Princeton University Press, 1912.

______, *Neutrality As Influenced by the United States*, Charleston, Bibliolife, 2008.

______. *Japan Inside Out*. New York, Fleming H. Revell, 1941.

______. *Korea's Appeal to the Conference in Limitation of Armament*. Korean Mission to the Conference on the Limitation of Armament. Washington, D.C., 1921-1922.

______. *The Koreans in Manchuria*. Paris, Agence Korea, 1933.

______. *Log Book*. Unpublished Diary.

______. *Autobiographical Note*. Unpublished Manuscript.

______. *The Syngman Rhee Correspondence in English 1904-1948*. Seoul, Institute for Modern Korean Studies. Yonsei University, 2009.

Robinson, Danial S. *The Story of Scottish Philosophy*. New York, Exposition Press, 1961.

______. *Realistic Philosophy*. 1887.

Rychnovsky, Ernest. Epstein Benjamin E. (tr.). *Thomas G. Masaryk and the Jews*. New York, Pollack, 1949.

Schuman, Frederick L. *American Policy toward Russia*. International Publishers, 1928.

Schmidt-Hartman, Eva. *Thomas G. Masaryk's Realism*. Munchen, Oldenberg Verlag, 1984.

Selver, Paul. *Masaryk*, London. Michael Joseph, 1940.

Setton-Watson, Hugh. *Masaryk in England*, London. Macmillan, 1943.

Simpson, Miles E. and Conklin, George H. "Socioeconomic Development Suicide and Religion A Test of Durkheim's Theory of Religion and Suicide." *Social Forum*. June 1989.

Skilling, Harold G. *Against the Current 1882-1914*. Pennsylvania State University Press, 1994.

Smith, Mary C. "Translator's Introduction." in Immanuel Kant. *Perpetual Peace A Philosophical Essay*. London, George Allen and Unwin, 1903.

Staif, Jari. "The Image of the Others in the Nineteenth Century, Historical Scholarship in the Bohemian Lands." in Nancy M. Wingfield (ed.). *Creating the Other Ethnic Conflict and Nationalism in Habsburg Central Europe*. New York, Berghan Books, 2003.

Street, Cecil J.C. *Masaryk*. Dood and Mead, 1930.

Stritecky, Jaroslav. "The Czech Question A Century Later." *Czech Sociological Review*. Jan. 1995.

Szporluk, Roman. *The Political Thought of Thomas G. Masaryk*. New

York, East European Monographs, 1981.

Taylor, Philip M. *Munitions of Mind.* Manchester University Press, 2003.

Uhde, Jan. *Democracy Sub Specie Aeternitatis The Theology and metaphysical Foundations of Thomas Garrigue Masaryk's Political Philosophy.* MA Thesis, University of Waterloo, 2009.

Underwood, Horace G. *A Partial Bibliography of Occidental Works on Korea*, Chosun Christian College, 1931.

Unterberger, Betty M. "The Arrest of Alice Masaryk." *Slavic Review.* March 1974.

______. *The United States, Revolutionary Russia, and the Rise of Czechoslovakia*, University of North Carolina Press, 1989.

Voska, Emanuel V. and Irwin, Will. *Spy and Counterspy.* New York, Doubleday, Doran and Company, 1940.

Wallace, William V. *Czechoslovakia.* Boulder, Westview Press, 1976.

Warren, W. Preston. *Masaryk's Democracy A : Philosophy of Scientific and Moral Culture.* London, George Allen and Unwin, 1941.

Weir, Mitchell, S. "Report." *The Morning Calm.* April 1908.

Welleck, Rene. "Introduction." in Masaryk. *The Meaning of Czech History.* Chapel Hill, University of North Carolina Press, 1974.

Williams, D.(ed.), *The Enlightenment*, Cambridge University Press, 1999.

Wingfield, Nancy M. (ed.). *Creating the Other : Ethnic Conflict and Nationalism in Habsburg Central Europe.* New York, Berghahn Books, 2005.

Winters, Stanley B. (ed.). *T. G. Masaryk (1850-1937) Thinker and Politician*. Vol.I, London, Macmillan, 1990.

Woolfolk, Alan. "Thomas Garrigue Masaryk Science and Politics As A Vocation." *Society*. March/April 1996.

Zdenka, Kloslova. "Kim U-Jin on Karel Capek." *Korea Journal*. Spring 1992.

______. "Czech Arms for Korean Independence Fighters." *Archiv Orientalni*. Vol.71, No.1, 2003.

______. "Czechoslovak Legion in Russia and Korean Indpendence Movement." *Archiv Orientali*. Vol.70, No.2, 2002.

Zeman, Zbynek. *The Masaryks The Making of Czechoslovakia*. New York, Barnes and Nobles, 1976.

______. *The Breakup of the Habsburg Empire 1914-1918*. London, Oxford University Press, 1961.

______. and Klimek, Antonin. *The Life of Eduard Benes 1884-1948 Czechoslovakia in Peace and War*. Claredon Press, 1997.

Zenkle, Petr. *T. G. Masaryk and the Idea of European and World Federation*. London, Czech National Council of America, 1955.

## V. 국문신문

『경향신문』. 1996.7.

『공립신보』. 1908.9-12.

『국민보』. 1913.9.

『대조선독립협회회보』. 1896,11.

『독립신문』. 1898.6-12.

『(상해판)독립신문』. 1920.1.

『동광』. 제18-32호, 1931.1-1932.4.

『동아일보』. 1920.4, 1924.4.

『신학월보』. 1903.5-8, 1904.11.

『제국신문』. 1898.4-1904.12.

『태평양잡지』. 1913.12-1914.6.

## VI. 영문 신문과 잡지

*Hastings Daily Tribune*. May, 1910.

*Independent. The*, June, 1896.

*Kearney Daily Hub*. May, 1910.

*Korean Mission Field*. June, 1908.

*Korean Repository*. Aug. 1898.

*Korean Review*. Feb. 1904.

*New York Times*. Aug. 1905, November 1913. November 1917. June, 1918. May, 1919. July, 1944.

*Philadelphia Public Ledger*. June, 1918.

# ■ 찾아보기

## 〈제1부 데 벌레라〉

(국문)

(영문)



(기타)

# 〈제2부 이승만〉

## (국문)

### (기타)

**김학은**(金學㶊)

서울대학교 농과대학 졸업
미국 University of Pittsburgh 대학원 경제학과 졸업, Ph.D. 경제학박사
미국 Case Western Reserve University 경제학과 조교수
연세대학 상경대학 경제학부 교수
현재 연세대학교 상경대학 경제학부 명예교수

**〈주요 저서〉**

- *A Study on Inflation and Unemployment*, New York and London: Garland, 1984
- 『화폐와 경제』, 법문사, 1984
- 『화폐와 이자』, 법문사, 1984
- 『화폐와 시간』, 법문사, 1991
- 『새 거시경제학』(공저), 세경사, 2005
- 『자유주의 경제학 입문』(공저), 세경사, 2006
- 『정합경제이론』, 박영사, 2006
- 『화폐와 금융 - 불확실성의 경제학』, 박영사, 2007
- 『루이스 헨리 세브란스』, 연세대학교 출판부, 2008
- 『이승만과 마사리크』, 북앤피플, 2013
- 『이승만의 정치경제사상』, 연세대학교 대학출판문화원, 2014
- 『이상의 시 괴델의 수』, 보고사, 2014
- 『한국의 근대경제학 1915-1956, 연세대학교 상경대학 백년사 제1권』, 연세대학교 대학출판문화원, 2015

# 이승만과 데 벌레라

저 자 김학은
발 행 연세대학교 대학출판문화원
주 소 서울특별시 서대문구 연세로 50
http://www.yonsei.ac.kr/press
ysup@yonsei.ac.kr
전 화 02)2123-3380~2
팩 스 02)2123-8673
등 록 1955년 10월 13일 제9-60호
인 쇄 (주)태화북스

2017년 10월 31일 1판 1쇄
ISBN 978-89-6850-194-4 (93900)



값 35,000원

일 수도 있고, 다른 이유로 인한 피부 통합성 상실일 수도 있다. 이 같은 경우 감염 질환을 예방하고, 분비물을 흡수하며, 환부를 고정하기 위해 상처를 덮은 드레싱을 보게 될 것이다. 분비물을 흡수하기 위해 환부에 거즈패킹이 삽입될 것이다.

혈액, 담즙, 고름을 제거하기 위해 상처부위에 배액관을 삽입하기도 한다. 배액관은 일반적으로 부드러운 고무관으로, 상처의 한 끝부분에 있으며 또다른 끝에 주머니가 달려있거나 혹은 흡인장치를 가지고 있다. 일반적인 배액관으로는 간단한 고무 튜브인 팬로즈 배액관(Penrose drain) 및 흡인 벌브가 있는 의료용 저압지속흡입기 튜브(잭슨-프렛 배액관, Jackson-Pratt drain)이 있다.

상처는 봉합, 와이어, 스테이플, 의료용 순간접착제로 봉합한다. 상처의 종류 및 의사의 선호에 따라 무엇으로 봉합할지 결정한다. 봉합은 상처를 닫기 위해 가장 흔히 사용되는 방법이나, 스테이플과 접착제가 사용하기 쉽기 때문에 점차 널리 사용되고 있다. 와이어는 일반적으로 복장뼈절개(sternotomy) 후에 갈비뼈 또는 복장뼈(흉골)과 같은 근골격계 구조를 안전하게 보호하기 위해 사용된다.

상처 봉합 시, 항상 상처가 부적절하게 낫고 있지 않은지 유심히 관찰한다. 앞서 언급한 것처럼, 가정건강관리 환자는 감염 질환에 걸릴 확률이 높다. 가정건강관리 환자는 말초 관류 저하, 많이 움직이지 않는 경향, 피부를 통해 이식된 의료장비, 만성 질환 등으로 인해 일반 환자보다 면역 반응 및 상처 회복 속도가 느리다.

면역 기능이 악화된 환자나 허약해진 환자의 경우, 감염된 표피 상처는 급격히 주요 감염 질환 및 패혈증으로 이어질 수 있다. 만성 질환 환자 또는 가정건강관리 환자, 특히 노인 환자의 경우, 통증을 감지하거나 자가간호를 수행할 능력이 감소한다. 가정건강관리 환자의 상처에서 감염 질환의 징후를 유심히 관찰한다. 상처를 검사할 때, 무균술을 실시하여 상처를 처치한다.

## 산모 및 신생아 처치

오늘날, 병원에서 출산한 여성들은 많은 경우 24시간 이내에 퇴원한다. 치솟는 의료비에 의해 가속화된 이 경향은 병원에서 가정으로 전이하는 시간을 크게 단축시켰다. 일부 부모들은, 특히 초산 부모인 경우, 새롭게 태어난 아기를 처치할 정서적 준비가 부족할 수 있다. 빠른 퇴원으로 인해 출산 중 산모와 신생아에게 발생할 수 있는 문제와 합병증을 인지하지 못하게 되는 경우도 있다. 따라서, 응급구조사는 가정에 출동하여 "신생아 응급" 및 "소아 응급"에서 학습한 신생아 및 소아 처치 기술을 활용하게 될 수 있다.

### 일반적 산모 합병증

산모에게 있어, (특히 제왕절개 시) 산후 출혈 및 색전이 가장 흔하다. 색전의 관리는 비슷한 증상의 다른 환자들과 유사하다. 산후 출혈은 심각한 증상일 수 있다. 관리 단계는 다음과 같다.

- 자궁 마사지. 아직 수축되지 않은 경우.
- 저혈압을 교정하기 위한 수액 투여
- 만약 처방되었다면 피토신과 같은 정해진 약물 투여
- 필요한 경우 병원으로 긴급 이송

산모는 또한 산후 우울증(postpartum depression)을 경험할 수 있다. 이 경우, 자신과 아기 모두 돌보기 힘들다. 극단적인 경우 아동은 방임되거나 위해를 입을 수 있다.

집안에 들어갈 때, 부모의 요구에 세심한 주의를 기울인다. 초산 부모는 아동 양육에 대한 경험이 부족하며, 다른 경험 있는 부모들은 정상이라고 여길 만한 상황에 대해 응급구조팀을 호출할 수 있다. 항상 모든 부모의 우려를 심각하게 여기고, 의료적 보조가 필요하지 않다면 정서적 안정을 제공한다. 신생아 학대 또는 방임이 의심된다면, "신생아 응급", "소아 응급", "학대, 방임, 폭행"에서 설명한 조치를 취한다.

## 일반적 영아/아동 합병증

신생아 응급에서 언급한 것처럼, 신생아는 반드시 새로운 환경에 적응해야 하는데, 스스로 생존할 수 있는 상태에 도달하지 못하게 될 수 있다. 신생아는 반드시 호흡하기 쉬운 자세를 유지해야 하고, 코는 깨끗해야 하고(신생아는 코로 숨을 쉰다), 체온 조절이 미숙하기 때문에 따뜻하게 유지되어야 한다. 또한 면역계가 미숙하므로 빠른 속도로 치명적인 감염 질환이나 패혈증에 걸릴 수 있다.

질환이 인지된 영아는 이미 가정건강관리를 받고 있을 수 있다. 심장 이상, 호흡계 이상 또는 기타 선천적 결손이 있을 수 있다. 미숙아 또는 저체중아는 호흡기 질환을 가지고 있는 다른 영아들과 마찬가지로 수면 무호흡이 나타날 위험이 있다. 이 경우 가슴에 무호흡 모니터를 연결해 호흡 패턴에 중지가 발생하면 알람이 울린다. 일부 영아는 맥박산소측정기를 사용할 수 있다. 알람이 울려 출동했는데 호흡 패턴이 정상적인 경우에도, 가능한 빨리 부모나 건강관리제공자에게 영아를 검사하도록 권할 수 있다.

언급한 것처럼, 신생아는 심장 질환이나 호흡기 질환을 인지하지 못한 채 퇴원하게 될 수 있다. 심장 질환 또는 호흡기 질환의 징후와 증상은 다음과 같다.

- 청색증
- 느린맥(분당 100회 이하)
- 거품소리(crackles)
- 호흡곤란

이 경우, 즉시 소생술을 실시해야 한다. 관리는 백 밸브 마스크(BVM) 또는 삽관을 통해 호흡 보조를 하는 방향으로 실시해야 한다. 30초 이상의 산소 투여 후에도 심박수가 분당 80회 미만인 경우, 심폐소생술을 실시한다. 온기를 유지하고, 부모로부터 생후 섭식 기록을 얻도록 한다. 영아가 먹지 않았거나, 설사로 구토를 하는 경우, 탈수가 나타났을 수 있다. 이 경우, 수액 20mL/kg을 bolus로 투여한다. 말초 정맥을 2회 시도 또는 2분 내로 확보하지 못한 경우, 골내 경로로 투여한다. 혈당이 80mg/dL 이하인 경우, 1.5mg/kg로 $D_{10}W$를 투여한다.

신생아에게 감염 질환이나 패혈증이 나타난 경우, 열, 빈맥, 예민함을 관찰한다. 패혈증이 패혈성 쇼크로 진행되면, 앞서 설명한 것처럼 소생술을 실시한다.

심각한 장기 질환이 있는 아동은 보통 부모가 가정에서 돌보며, 이때 가정건강관리 전문가의 도움이 있을 수도 있고 없을 수도 있다. 가정건강관리를 받는 아동 환자에게 많이 실시되는 처치는 다음과 같다.

- 기계적 환기
- 정맥주사를 통한 투약 및 영양공급
- 산소요법
- 기관절개술
- 영양공급관
- 맥박산소측정기
- 무호흡 모니터

의사와 간호사가 실시하는 부모 또는 건강관리제공자에 대한 교육이 응급 상황에 대처하는 능력을 좌우한다. 일부는 잘 적응해 환자의 만성 질환에 전문적으로 대처한다. 하지만 나머지 일부는 착오나 부인으로 인해 당황하거나 상황을 거의 이해하지 못한다. 다른 어려운 출동 상황과 마찬가지로 항상 전문적인 자세를 유지한다.

아동 환자를 상대할 때, 부모와 보육사가 평가 및 처치 계획을 이해할 수 있게 한다. 따라서 지지적이고 안정된 태도를 보여야 한다. 아동이 현재 나타난 증상을 얼마나 오래 겪었는지에 따라 아동을 안정시키는 데 큰 차이가 있을 것이다.

## 호스피스와 안위 간호

오늘날 5,000명 이상의 호스피스 인력 – 및 수백 개의 봉사 기관 – 이 불치병 환자와 그 가족들에게 지지를 제공하고 있다. 호스피스 프로그램은 현재 메디케어에서 비용을 부담한다. 또한 대부분의 주에서 메디케이드로 비용을 부담하고 있다. 프로그램 대부분은 가정을 기반으로 하며, 메디케어와 메디케이드를 통해 기관에서 제공하는 처치의 최소 80%는 가정건강관리를 받는 환자에게 제공되도록 하고 있다.

표 8-4 | 연령별 호스피스 환자 비율

| 연령 | 비율 |
|---|---|
| 45세 미만 | 8.1 |
| 45~54세 | 7.9 |
| 55~64세 | 14.8 |
| 65~69세 | 8.7 |
| 70~74세 | 15.6 |
| 75~79세 | 14.5 |
| 80~84세 | 12.3 |
| 85세 이상 | 16.4 |

출처: 국립보건통계센터

매년 최대 450,000명의 환자가 메디케어나 메디케이드에서 비용을 부담하는 서비스를 받고 있다(그 외의 수천 명이 사설기관이나 자원봉사기관에서 도움을 받는다). 메디케어 환자의 과반수 이상이 70세 이상이지만(표 8-4), 아동도 의료비를 지원받는다. 생후 6개월 이내의 환자까지 보상이 확대되었다.

호스피스 처치의 목적은 처치적 진료보다는 완화적 또는 안락한 간호를 제공하는 데 있다. 이는 응급구조체계를 포함한 대부분의 의료 전문가와는 역할이 다르다. 전문소생술 팀은 대부분 공격적이고 구명적인 처치를 실시한다. 반면 호스피스 팀은 증상을 완화하고, 통증을 관리하며, 환자에게 자신의 마지막을 조절할 수 있도록 도움을 준다. 이 같은 환자들은 대부분 처치 과정에 지쳐 처치를 거부하게 되었다는 사실을 기억하는 것은 중요하다.

### 전문소생술

호스피스 환경에 출동하는 것은 어렵고 스트레스가 많다. 대부분, 가족, 건강관리제공자, 의료인은 응급구조팀보다 호스피스에 호출하라고 지도 받는다. 하지만 이송이 필요한 경우 출동하게 될 수 있다. 항상 호스피스 환자는 질환 말기에 있으며, 소생을 중단해 달라는 소망을 이미 표현했다는 사실을 기억한다. 하지만, DNR 요청이 유효하더라도 완화적 및 안정적 처치를 실시하는 것을 막을 수는 없다.

호스피스 환경에서 마주칠 수 있는 질환은 다음과 같다.

- 울혈심부전
- 낭성섬유증
- 만성폐쇄성폐질환
- 후천면역결핍증후군(AIDS)
- 알츠하이머병
- 암

어떤 경우, 특히 암이 관련되었을 때, 진통제를 과량 투여하는 환자를 만나게 될 수 있다. 예를 들어, 암 환자는 모르핀을 사용한다. (하루 3,000mg 이상) 모르핀을 사용하는 환자는 변비 외에는 다른 부작용이 거의 없다는 사실을 인지하는 것이 중요하다. 이 환자는 약물 사용에 익숙해져 있고 정상적인 부작용은 나타나지 않을 것이다. 다른 약물로는 하이드로몰폰(Dilaudid), 옥시코돈(Percocet, Oxycontin),

> **내용 요약**
> ➤ 죽음 및 슬픔에 대한 반응 단계
> - 부정
> - 분노
> - 우울
> - 타협
> - 수용

펜타닐(duragesic) 패치가 있다. 일부 환자는 말초로 삽입된 중심카테터(peripherally inserted central catheter, PICC)을 통해 지속적으로 약물을 투입할 수 있게 이동식 펌프를 가지고 있는 경우도 있다. 펌프는 작아서 옷에 감출 수 있다.

호스피스 환경에서는 가능한 빨리 가정건강관리 인력과 의사소통해야 한다. 응급구조사는 기관내삽관을 하고 정맥로를 확보하고 투약을 시작하고 싶을 수 있다. 하지만 완화적 간호가 처치적 처치를 대신한다. 호스피스 인력은 말기 환자를 돌보면서 환자의 소망에 따라 아무 조치도 취하지 않을 수 있다. 따라서, 가족의 언급이나 문서를 통해, 환자들의 소망을 분명히 이해하는 것이 중요하다. 가정건강관리 환경에 출동했다면, 환자의 소망과 호스피스 처치의 이상을 존중하는 것은 응급구조사의 책임이다.

호스피스 환경에서 가족들은 환자에게 죽음이 임박했을 때 혼란에 빠질 수 있으며, 이때 환자를 소생하는 것보다는 가족을 지지하는 것이 적절한 조치가 될 수 있다. 지역 지침 역시 소생술포기(DNR), 소생시도포기(DNAR), 생전 유언, 위임장 등에 따라 달라진다. 이 같은 법적 문서에 대해 숙지하고, 불치병 환자 처치에 따른 결과를 잘 확인한다("병원전 처치의 법의학적 측면" 참조).

호스피스 처치에 개입되지 않은 불치병 환자는 회색 영역에 있을 수 있다. 호스피스 시설에서는 가족들이 환자의 죽음에 대비할 수 있도록 하지만, 호스피스 환경이 아닌 곳에서는 가족들이 환자의 삶의 말기에 준비되어 있지 못할 수 있다. 모든 말기 환자들이 호스피스 환경에 있다고 가정하지 않는다. 호스피스의 유무를 판단할 수 있는 간단한 질문을 통해 가족들에게 대응하는 방법이 달라질 수 있다.

환자가 호스피스 환경에 있는 지에 관계없이, 부정, 분노, 우울, 타협, 수용의 슬픔의 단계를 유념한다. 환자와 가족 모두 이 단계를 겪게 될 것이며, 불치병 환자는 남겨질 사람들보다 훨씬 더 일찍 수용 단계에 도달할 수 있다.

## 요약

가정건강관리로의 변화는 21세기에서 나타나고 있는 중요한 추세 중 하나이며, 전문소생술 제공자에도 큰 영향을 미칠 것이다. 응급구조사는 점차 증가하고 있는 모든 연령의, 그리고 질병 진행의 모든 단계에 있는 환자에게 급성 의료개입을 제공해야 한다. 이때 효과적인 관리 계획을 고안하기 위해 자신의 모든 평가 기술을 활용해야 한다. 이는 많은 경우 가정건강관리 인력으로부터 제공받는 정보에 기반해서 이루어지게 될 것이다.

## 현장 출동 후 결과 분석

프라이드마크 응급구조 4팀은 휠체어에서 넘어진 환자를 보조하기 위해 현장에 출동한다. 현장으로 향하는 길에 환자는 32세의 여성으로 두부 부상이 발생했을 수 있다는 말을 듣는다. 가정건강관리제공자가 환자와 함께 있다.
도착한 후 구조팀은 환자가 바닥에 반듯이 누워있는 것을 발견한다. 왼쪽 관자놀이에서 흐른 피가 살짝 머리카락과 엉겨 있다. 가정건강관리제공자는 환자를 주기적으로 방문하는 간호조무사라고 자신을 소개한다. 그녀는 통상 방문 대로 20분 전에 집에 도착했는데, 문을 두드리자 환자가 큰 소리로 도움을 요청하는 소리를 들었다고 했다. 열쇠로 문을 열고 들어가 환자가 바닥에 누워 있는 것을 발견했다.
한 명이 환자를 평가하는 동안, 다른 한 명은 가정건강관리제공자에게 환자의 병력과 기본적인 환자상태에 대해 물었다. 그 동안 응급 부서가 지역 지침에 따라 세 명의 소방관과 함께 도착한다. 프라이드마크 팀원은 환자의 아파트가 어지럽고 지저분한 것에 주목한다.

가정건강관리제공자는 환자가 18세 때 자동차 사고로 생긴 좌뇌 부상으로 신체 오른쪽에 신경 결손이 있다고 설명한다. 환자는 오른쪽에 감각은 있었으나, 움직임은 제한되어 있다. 오른쪽 팔은 정상적으로 수축하며, 안면 좌측은 쳐져 있다. 가정건강관리제공자는 환자가 먹고 있는 약을 보여주었는데 그것이 무엇인지는 알 수 없었다. 약병을 살펴보니 환자는 테그레톨, 글루코파지, 졸로프트를 투약 받고 있었다.

소방관들은 지난 출동으로 인해 환자를 알고 있으므로 더 자세한 병력을 제공한다. 환자는 담배를 많이 태우며, 마리화나를 사용하고, 때로 적대적인 태도를 보인다고 설명한다.

프라이드마크 응급팀 팀원들은 알아낸 사실을 공유한다. 응급구조사는 환자가 지난 밤, 응급구조팀이 도착하기 약 14시간 전, 휠체어에서 떨어졌음을 보고한다. 환자는 균형을 잃었고 어지럽고 약하거나 아프지는 않았다. 환자는 추위를 호소하고 담배를 요구한다. 왼쪽 관자놀이에 피가 보이나, 엉겨 붙은 머리 때문에 상처는 보이지 않는다. 환자는 의식상실을 부정하고 병원에 가고 싶지 않다고 한다. 혈압은 110/84mmHg; 맥박은 72, 정상적이고 규칙적이며; 호흡은 정상이고 고르다. 피부는 차갑고 건조하며, 피부색은 정상이다. 눈은 균등하고 반응이 있다. 복부는 부드러우며 압통이 없다. 다른 부상은 보이지 않는다.

응급구조사는 환자가 소변을 본채로 누워 있었다고 보고한다. 가정건강관리제공자는 환자가 보통은 실금하지 않는다고 언급한다. 하지만 평소보다는 조용해 보인다.

환자에게 목이나 등에 통증이 나타나지는 않지만, 척추 고정을 실시한다. 응급구조사는 환자에게 이야기하며, 처치 및 이송에 대한 동의를 구하려 한다. 척추 부상이 발생했을지 모른다고 설명하자, 환자는 마음을 바꿔 처치 및 이송에 대해 동의한다. 지역 지침에서는 척추 부상 검사를 허가하고 있으나, 응급구조사는 환자에게 신경 결손이 있기 때문에 더 주의를 기울일 필요가 있다고 느낀다.

응급팀은 단단한 경추 보호대를 환자에게 착용시킨다. 그 후 환자를 긴 척추 보드에 위치시키고 바른 자세로 고정시킨다. 병원으로 향하는 길에 이차 평가를 실시하지만 새로운 결과는 발견되지 않는다. 계속되는 질문에서 환자는, 복용하는 약품의 종류에도 불구하고, 과거에 당뇨나 발작을 앓은 적이 없다고 강렬히 주장한다. 계속해서 자신은 정상이라고 말한다. 또한 알레르기는 없다고 언급한다. 환자가 혈당측정에 대해 강력한 정서 반응을 보이기에 혈당측정은 실시하지 않는다.

응급실에서 응급팀은 전체 보고서를 제출하고 환자를 병원에 전원 한다. 환자는 1cm 가량의 두부 열상에 나비모양의 반창고를 붙이고 퇴원했으며, 휠체어를 타고 집으로 돌아왔다.

1. 아파트 상태에서 무엇을 알 수 있는가?

2. 가정건강관리제공자와 즉시 면담하는 것은 왜 중요한가?

3. 요실금의 원인은 무엇이 있는가?

4. 어떻게 이 환자에게 척수외상을 제외할 수 있는가?

5. 환자가 테그레톨과 글루코파지를 복용함에도 당뇨와 발작이 없었다고 주정하는 이유는 무엇이라고 생각하는가?

6. 환자가 복용하는 의약품에서 혈당 문제가 발생할 수 있다는 것을 알 수 있음에도 혈당 검사를 보류하는 것이 가능한 이유는 무엇인가?

7. 정맥 투여가 필요한 경우가 있었는가?

8. 환자는 산소를 투여 받아야 했는가?

*이 책 뒷부분에 제시된 해설을 참고한다.*

## 복습 문제

1. 당뇨에서 순환이 원활하지 않은데, 특히 ______의 순환을 더 나쁘게 한다.
   a. 머리　　b. 목
   c. 몸통　　d. 사지

2. 세포단위에서 발생한 감염증은 ______이라고 불리며, 목숨을 위협하는 질환은 아니다.
   a. 패혈증　　b. 괴사
   c. 연조직염(cellulitis)　　d. 괴저

3. 욕창은 ______로 구분한다.
   a. 괴사가 발생한 정도
   b. 조직 파괴의 깊이
   c. 분비물이 나타난 정도
   d. 환부 근처에 나타난 수포의 수

4. 호흡기 질환을 처치하기 위해 가장 흔히 사용하는 가정 처치 장치는 ______이다.
   a. 산소 장치　　b. 유발성 폐활량측정기
   c. 다양한 가정용 산소호흡기　　d. 위의 전부

5. ______은 아동에게 곧 호흡부전이 나타난다는 불길한 징후이다.
   a. 뒤당김　　b. 머리 끄덕임
   c. 보조근 사용　　d. 복식 호흡

6. 근육 세포의 세포 내 대사성 결손을 일으키며, 근육 퇴행 및 위축을 초래하는 유전적 질환은 무엇인가?
   a. 회색질척수염(Poliomyelitis)
   b. 중증근무력증
   c. 근디스트로피(Muscular dystrophy)
   d. 길랑-바레증후군

7. 현행에 따르면, 지속적인 기계 환기가 필요한 급성 호흡기 질환 보조에서 권고되는 방식은 무엇인가?
   a. 양압환기
   b. 음압환기
   c. 지속적 양압 또는 이중 기도 양압환기
   d. 호기말양압환기

8. 기도개방을 유지하는데 도움이 필요한 수면 무호흡 환자에게 흔히 처방되는 것은 무엇인가?
   a. 양압 환기
   b. 지속적 양압환기
   c. 이중 기도 양압
   d. 호기말양압

9. Hickman, Broviac 혹은 Groshong 카테터와 같은 중심 카테터를 가장 찾기 쉽고 안전하게 삽입하기 위한 가장 일반적인 해부학적인 위치는 어느 정맥인가?
   a. 노정맥　　b. 빗장밑정맥
   c. 복재정맥　　d. 바깥목정맥

10. 기관 튜브와 가정용 호흡기를 장착한 외상성 뇌손상 환자가 있는 현장에 응급구조사가 도착하였다. 가정용 호흡기를 새로운 것으로 방금 교체하였고 호흡기에 알람이 울려서 가족들이 응급구조사를 호출하였다고 말하였다. 응급구조사는 붉은색 빛이 나오고 큰 경보음을 들었다면, 가장 먼저 할 일은 무엇인가?
    a. 환자가 백밸브 마스크로 환기하도록 하고 호흡기 튜브를 제거한다.
    b. 호흡기계 회사에 연락하여 설명을 요청한다.
    c. 환자를 구급차에 빠르게 태워서 이송한다.
    d. 기관절개튜브를 제거하고 그 자리에 기관내삽관을 한다.

*이 책 뒷부분에 제시된 해답을 참고한다.*

## 참고문헌


1. Centers for Disease Control and Prevention. Home Health Care. [Available at http://www.cdc.gov/nchs/fastats/homehealthcare.htm]
2. Arendts, G., M. Sim, S. Johnston, and R. Brightwell. "ParaMED Home: A Protocol for a Randomized Controlled Trial of Paramedic Assessment and Referral to Access Medical Care at Home." BMC Emerg Med 8 (2011): 7.
3. National Hospice and Palliative Care Organization. Advancing Care at the End of Life. [Available at http://www.nhpco.org]

## 추가문헌

Neal, L. J., and S. E. Guillet. Care of the Adult with a Chronic Illness or Disability: A Team Approach. St. Louis, MO: Mosby-Year Book, 2004.

Redman, B. K. Patient Self-Management of Chronic Disease: The Health Care Provider's Challenge. Sudbury, MA: Jones and Bartlett Publishers, 2003.

Spratt, S. J., et al., eds. Home Health Care: Principles and Practices. Delray Beach, FL: GR/St. Lucie Press, 1997.

# Chapter 9
# 구급차 운영
## Ground Ambulance Operations

Bryan Bledsoe, DO, FACEP, FAAEM, EMT-P

### 단원 표준

EMS 운영(구급차를 안전하게 운영하는 원칙)

### 학습 역량

환자, 시민, EMS 종사자의 안전을 보장하기 위해 역할과 책임에 대한 지식을 적용한다.

## 학습 목표

**최종 목표**

이 장의 학습을 마치면 구급차 운영 시 출동요청에 적절하게 대응할 수 있으며 환자이송에 필요한 처치를 올바르게 수행할 수 있다.

**수행 목표**

최종 목표를 달성하기 위해 다음 사항은 필수적이다.

1. 이 장에서 소개되는 주요 용어를 정의할 수 있다.
2. 응급구조사가 탑승하는 구급차와 운반하는 장비에 영향을 주는 관리 규칙, 규정, 표준과 경향을 설명할 수 있다.
3. 구급차 체크리스트 내용과 교대 근무를 시작할 때 구급차를 점검하는 응급구조사의 책임을 설명할 수 있다.
4. 구급차 배치 및 인력 구성의 고려사항을 설명할 수 있다.
5. 구급차 충돌사고 위험 감소, 안전 운전, 구급차의 안전 주차, 구급차에 환자를 싣고 내리는 방법과 관련하여 안전 조치를 취할 수 있다.

### 핵심 키워드

인구 통계학, demographic
배치, deployment
DOT KKK 1822F 사양, DOT KKK 1822F specs
주의 의무, due regard
필수 장비, essential equipment
최적 기준, gold standard
최소한의 기준, minimum standards
최대 출동건수, peak load
주요 거점지역, primary areas of responsibility (PARs)
충돌사고 보고, reportable collisions
예비 자원, reserve capacity
감시자, spotter
체계적 상황관리, system status management (SSM)
단계별 반응체계, tiered response system

## 사례 연구

오전 9시, 근무 교대가 이루어진다. 야간근무 팀과의 교대를 위해 응급구조사와 동료가 도착했다. 야간근무가 끝난 응급구조사와 마취제 사용 기록을 확인하던 중 응급환자가 있다는 출동 요청이 들어왔다. 서류 작업을 서둘러 마치고 개인보호장비를 준비한 후 야간근무 팀에게 구급차 상태가 어떤지 물어보니 방금 재정비를 했다고 하였다.

응급구조사는 구급차에 필요한 모든 물품이 구비되었다고 확신했다. 응급구조사는 근무를 교대할 때마다 구급차 점검 목록을 확인하고 소모품을 항상 보충해 놓는다. 현장에 도착한 응급구조사는 천식으로 인한 호흡곤란을 호소하는 환자를 발견하였다. 환자를 응급의료기관으로 이송하였으며 상태가 호전되었다.

구급일지 작성을 마치고 구급대로 복귀하던 중에 동료와 함께 몇 년 전에 환자를 이송하였던 일을 떠올렸다. 일부 응급구조사는 사용한 구급차 소모품과 장비를 보충해 놓지 않았지만 크게 문제 되지 않았다. 하지만 만약에 천식 환자에게 투여할 산소가 부족하거나 기관지 확장제가 없었다면 어떻게 되었을까? 모든 응급구조사는 환자를 이송한 후 구급차 점검 항목을 꼼꼼하게 확인하기 때문에 구급차 관리가 이전보다 개선되었다.

## 개요

효과적인 구급차 운영은 응급구조사 교육과정과 현장경험을 통해서 습득한 지식, 술기와 밀접한 관계가 있다. 구급차의 유지 관리 및 운영에 따라서(응급구조사, 환자, 주위 사람 등) 많은 사람의 안전이 좌우되기 때문에, "EMS 체계와 의사소통"의 내용을 기억하고 있어야 한다. 응급구조사는 의사소통과 이송술기 뿐만 아니라 다음과 같은 내용도 알아야 한다. 구급차 기준, 구급차 장비 및 소모품 관리, 구급차 대기 장소, 구급차의 운영, 항공이송을 이용하는 것에 대해 잘 알고 있어야 한다.

### 구급차 기준

다양한 표준뿐만 아니라 행정적 법규 및 규제에 따라 다양한 기준들이 구급차의 디자인과 탑재된 의료장비에 영향을 미친다. 또한 이러한 표준지침에 의해 EMS 기관의 인력 수준 및 배치가 결정된다.

응급의료체계에 대한 관리 감독은 일반적으로 정부에서 하기 때문에 구급차 서비스에 대한 지침 중 상당수는 정부의 법령이나 규정을 따른다. 그러나 국가적 기준 및 동향은 이러한 법률 개발에 영향을 미칠 수 있다. 일반적으로 광범위한 법률은 해당 규정보다 구체적인 지침이나 규칙을 제공한다. 예를 들어, 공중보건법은 EMS 사무국 업무에도 불구하고 주 보건성에 권한을 위임한다. '주 EMS code'라고 불리는 이러한 규정은 모든 구급차에 탑재되어야 하는 필수 장비와 같은 문제들을 다룬다.

주 정부의 기준은 대부분 일반적이기 때문에 경제적, 정치적으로 모든 EMS 기관에서 받아들이고 실행할 수 있다. 일반적으로 주정부의 기준은 최적 기준이 아니라 현실적인 최소기준이다. 다르게 말하자면 이송단위의 가장 낮은 수준에서 기준이 정해진다. 지역의 응급의료체계에 규정이 적용될 경우 세부 항목이 더욱 세분화되고 최적 기준에 접근할 수 있다.

### 구급차 형태

미 연방 조달청 산하 자동차 상품 센터는 구급차의 형태와 제작 기준을 명확하게 하기 위한 연방기준을 제시하고 있다. DOT KKK 1822F 사양이라 알려진 이 연방 규정은 안전기준 뿐만아니라 구급차 형

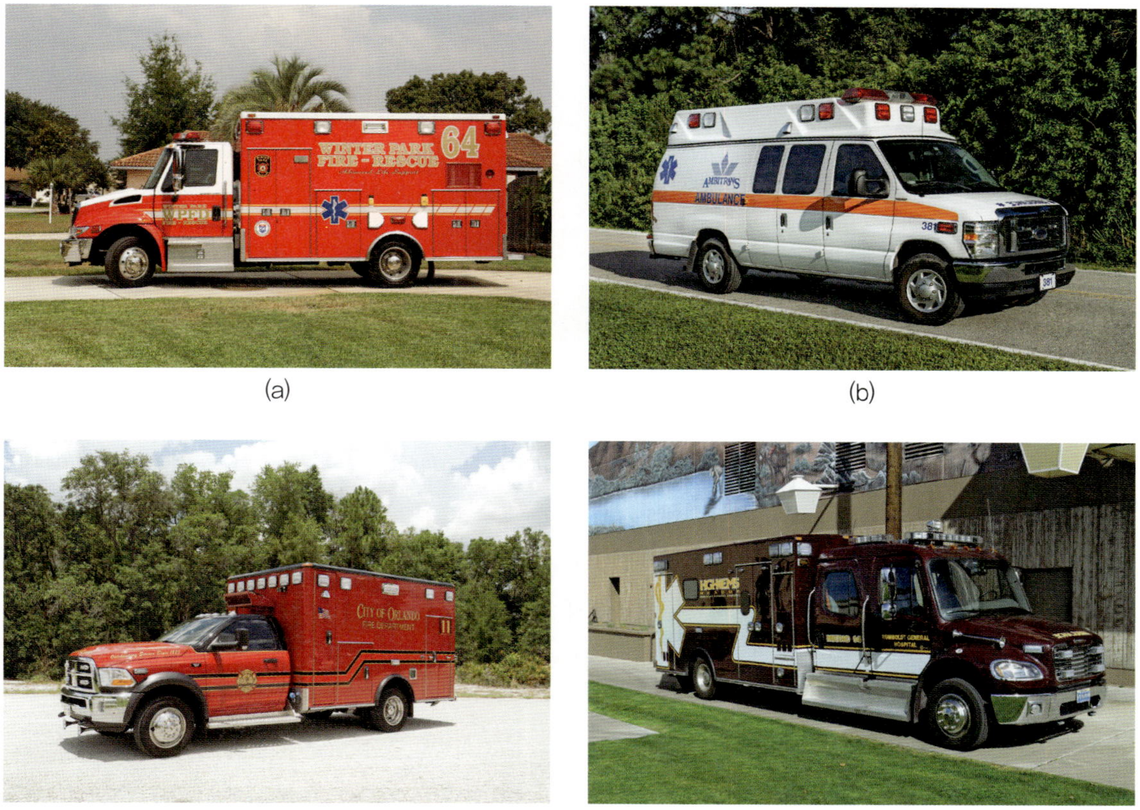


(a) (b) (c) (d)

**그림 9–1** 구급차의 네 가지 유형: (a) I형 구급차, (b) II형 구급차, (c) III형 구급차, (d) 중형구급차
*(Photo d: ⓒ Pat Songer)*

태에도 영향을 미친다.

최근 몇 년 동안, "KKK 사양"은 구급차 제작 과정에 많은 영향을 미쳤다. KKK 사양은 다음과 같은 세 가지 기본 구급차 형태를 설명하였다.

- *I형 구급차*: 기존의 트럭 구조에 구급차를 장착한 전통적인 트럭형
- *II형 구급차*: 운전석에서 전체를 제어할 수 있는 표준 밴형
- *III형 구급차*: 운전석에서 전체를 제어할 수 있는 특수 밴형

뿐만 아니라 적재량이 많고 총 중량이 10t(톤) 정도 나가는 중형 구급차 형태도 있다(그림 9–1).

연방정부의 구급차 제작 사양은 연방정부에 의해 사용되는 구급차의 구매에 대한 기준 뿐만 아니라 주정부가 준수해야 하는 지침 사항도 제시하고 있다. 예를 들어, 메사추세츠 주는 자체 규정을 통해 연방정부의 구급차 제작 사양을 준수한다. 이 경우, 연방 정부의 구급차 제작 사양은 주정부에서 구급차를 구매할 때 준수해야 하는 표준 역할을 한다. 주 정부는 자체 규정을 위해 연방 정부의 구급차 제작 사양에 근거하거나 출발점으로 사용하는 경우가 많다. 뉴욕과 일부 주는 연방정부나 주 정부의 구급차 제작 사양을 사용하지 않는다. 대신 구급차 구매 결정은 지자체 중심으로 이루어진다.

최근 들어 구급차의 안전성을 개선하려는 움직임이 있었다. 미국 고속도로 교통 안전국과 미국 산업안전 보건국은 구급차 뒤 칸에서 환자와 응급의료 인력이 안전할 수 있도록 현행 기준을 개선하려고 공동연구를 하고 있다. 여러 구급차 제조업체 및 EMS 사업자들은 신형 구급차의 형태와 안전시스템을 테스트해 볼 수 있는 자동차를 개발했다(그림 9–2).

미국 교통부(DOT) 뿐만 아니라, 다른 연방기관과 국가기관도 구급차 기준에 영향을 미친다. 예를 들

(a) (b)

그림 9-2 응급의료 인력에 대한 안전이 강조되면서 구급차의 안전성에 대한 평가가 강화되고 있다.
(a) 외관 모습 (b) 안전장비를 갖춘 내부 모습(*Photos courtesy of American Medical Response and American Emergency Vehicles*)

면, 항공이송 기준은 미국 항공 및 지상 이송 간호사 협회(ASTNA)와 항공이송 및 중환자 처치 응급구조사 국제 협회(IAFCCP), 미국항공의료학회(AAMS)에 의해 의료 항공기의 기준이 설정된다. 1권 9장에서 설명된 연방통신위원회(FCC)는 구급차에서 사용되는 무선통신 주파수와 장비유형을 지정한다.

## 의료장비 기준

유해 물질 및 전염병 질환에 대한 인식이 증가함에 따라 직업안전건강관리청(OSHA)은 이를 구급차 기준 설정 작업에 포함시키고 있다. 근로자의 안전에 대한 직업안전건강관리청(OSHA)의 책임이 증가함에 따라 소독제, 바늘 폐기 용기, 폐기물 봉투, HEPA 필터 마스크, 개인보호장비와 같은 필수적인 장비의 사용을 강조하고 있다. 미국 국립직업안전건강연구소(NIOSH) 또한 이와 유사한 기준을 만들었다.

기타 자발적인 기준은 미국방재협회(NFPA)와 같은 유사 조직에 의해 작성되었다. 대부분의 경우 이러한 기준은 지역 조례에 명시되어 해당 지역의 기준이 되어 왔다.

국가, 도시, 지역의 구급차와 관련된 규정 외에도 지역응급의료위원회에서 구급대가 사용할 수 있는 약물을 결정하였다. 지역응급의료위원회에서는 간접 의료지침, 모든 구급차에 비치되어야 하는 전문인명소생술 장비 및 소모품의 목록을 결정하였다. 예를 들어, 전문응급구조사가 12유도 심전도의 사용법을 교육받은 경우, 지역응급의료위원회에서는 환자 처치를 표준화하기 위해 구급차에서 사용되는 실제 장비의 상품명을 지정할 수도 있다.

## 추가 지침 사항

구급서비스인가위원회(CAAS)는 응급의료체계에서 국가적 차원으로 사용될 "최적 기준"을 정하였다. 구급서비스인가위원회는 구급차 의료장비 및 물품이 주 정부와 지역의 지침사항을 준수할 것을 권장하고 있다. 해당 지침이 없는 경우 구급서비스인가위원회는 미국외과협회(ACS)가 설정한 기준에 준하는 지침사항을 개발할 것을 요구한다. 미국외과협회 산하 외상위원회는 1970년에 구급차의 필수 장비를 정하였고 1994년에 개정되었다. 놀랍게도 이 장비 목록은 1970년에 발표되었지만, 전문인명소생술 관련 장비, 응급약물 및 수액을 포함하고 있다.

## 구급차 점검

근무 교대 시, 전문응급구조사의 주요 업무 중 하나는 구급차의 장비 및 물품과 세부 관련 사항을 점검하는 것이다. 교대 근무자에게 구급차 장비와 물품의 저장 장소를 알려주는 것과 더불어 교대근무 시 점검을 통해서 모든 장비와 물품이 환자처치를 위해 곧바로 사용 가능한 상태인지를 확인하는 것이다. 구급차 점검을 통해 의료장비의 유지보수 상태와 개인보호장비의 사용 가능한 상태를 확인하여 근무 환경을 더욱 안전하게 관리할 수 있다.

일반적인 구급차 장비 점검목록의 구성요소는 다음과 같다.

- 환자의 감염관리, 보호장비
- 초기/집중 평가장비
- 환자 이송장비
- 기도관리, 환기보조장비, 소생장비
- 산소공급 및 흡인장비
- 심폐소생술 보조장비
- 부목
- 손상 및 쇼크 처치를 위한 장비
- 분만세트
- 급성 중독, 뱀에 물린 상처, 화학 화상, 당뇨 관련 응급상황 시 처치를 위한 장비, 약물 및 소모품
- 전문인명소생술 약물 및 소모품
- 안전관련 장비 등
- 구급차 운영 및 점검 관련 정보

구급차의 일상적인 점검을 통해 환자 이송 시 발생할 수 있는 위험과 관련된 문제를 최소화할 수 있다. 예를 들어, 구급차를 운영하는 많은 기관에서 "들것 점검하는 날"을 정해 매주 1회 시행하고 있다. 들것에서 발생할 수 있는 문제를 사전점검을 통해서 들것으로 인해 환자를 떨어뜨리거나 응급구조사가 허리를 다치거나 하는 위험성을 감소시킬 수 있다.

구급차에 비치된 약물은 유효기간이 있기 때문에 매 근무교대 시 유통기한을 반드시 확인하고 유통기한이 얼마 남지 않은 약물을 우선적으로 사용할 수 있도록 적절하게 표시한다. 마약성 진통제와 같은 관리대상 약물을 사용한 경우 근무교대를 시작하고 끝내는 시점에 확인을 하고 서명을 해야 한다.

앞서 설명한 것처럼 구급차는 항상 안전하게 운행될 수 있도록 정기적으로 점검을 하여야 한다. 구급차 또는 장비의 수리가 필요한 경우,

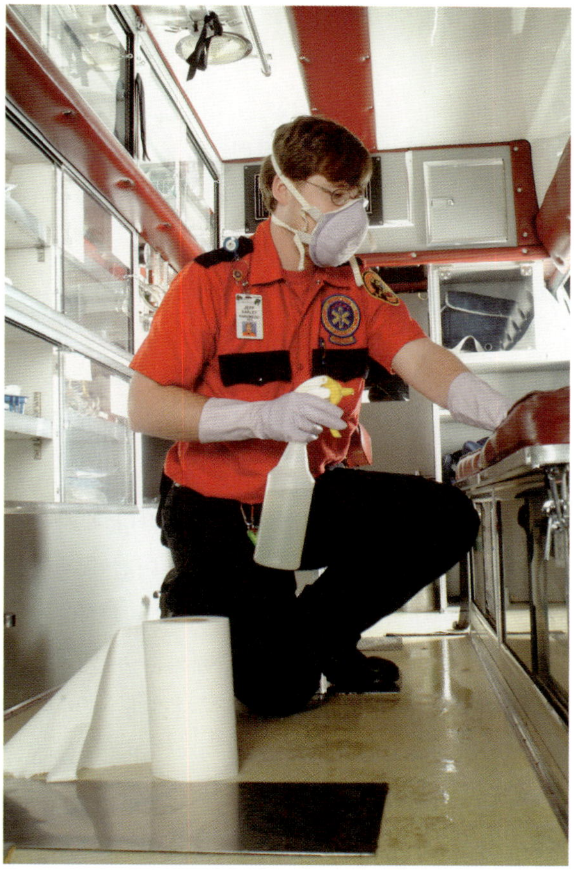

그림 9-3 구급차 소독

**내용 요약**

➤ 구급차 배치 시 고려사항
- 구급차가 도착하는 시설의 위치
- 병원의 위치
- 예상되는 신고 수
- 지리적 및 교통에 대한 고려

응급구조사는 소속 기관의 표준작전절차(SOPs)에 따라 관리 감독자에게 보고를 해야 하는 책임이 있다.

미국 직업안전건강관리청(OSHA)의 요구에 충족하기 위해 응급구조사는 전염성 질환이 의심되는 환자를 이송한 후 반드시 적절한 방법으로 구급차를 소독해야 한다(그림 9-3). 대부분의 구급차를 이용해서 환자를 이송한 후 청소를 하고, 일부 기관에서는 그 내용을 기록하는 경우도 있다. 모든 응급의료기관은 직업안전건강관리청(OSHA)이나 이와 동등한 주 정부 기관의 의무조항에 의해 구급차 내부의 혈흔을 제거하는 청소 방법 등을 포함하여 감염통제 계획을 수립해야 한다. 기관 내에 표준작전절차(SOPs)가 없는 경우, 응급구조사는 구급차 청소 및 소독에 관한 사항을 기록해야 한다.

마지막으로 응급구조사는 특정 의료장비에 대해 정기점검, 유지보수, 측정을 모두 계획해서 실시해야 한다. 정기적으로 점검해야 하는 항목은 다음과 같다.

- 자동제세동기(AED)
- 혈당측정기
- 심장 모니터
- 호기말이산화탄소분압 측정기
- 산소공급 장비
- 자동 이송용 인공호흡기(ATV)
- 산소포화도 측정기
- 흡인기
- 후두경 날
- 발광 탐침
- 펜라이트
- 배터리로 작동되는 기타 장비

## 구급차 배치와 인력

EMS 기관에서 구급차와 구급인력의 현장 출동시간을 최소화하기 위해 운영하는 방법을 배치라고 한다. 구급차를 배치할 때는 구급차가 도착해야 하는 시설의 위치, 병원 위치, 예상 신고 수, 지형 및 교통 상황 등 다양한 요소를 고려해야 한다.

대부분의 EMS 기관의 현재 위치에 따라 배치 전략을 개발해야 한다. 몇몇 기관들은 더 나은 위치로 이동할 수 있는 특정 위치에 있다. 기관 이전에는 예산, 토지 매입, 지역 사회 교육, 건축설계 재원 마련 등의 절차가 매년 필요하다.

가장 이상적인 배치 결정을 위해서는 두 가지 사항을 고려해야 한다. 구급차 반응시간과 인구 변화를 고려해야 한다. 가장 출동이 많은 시간대는 일주일 중 특정 요일 또는 하루 중 특정 시간대와 같은 방식으로 기록한다.

전략적 위치에 있는 EMS 기관이 적은 경우, 구급차 출동요청 신고건수가 유독 많은 지역에 여분의 구급차를 배치시키는 경우가 많다. 이러한 지역을 주요 거점지역(PAR)이라고 한다. 배치된 구급차는 그 지역의 직장, 학교 등으로 이동하는 인구나 구급차가 신고에 따라 출동하면 재배치 할 수도 있다. 주요 거점지역의 크기는 사용 가능한 구급차의 수와 예상되는 신고건수에 따라 결정된다.

고도화된 정보기술을 이용하는 일부 체계는 컴퓨터를 이용해 구급차 배치 작업을 하기도 한다. 컴퓨터는 차량 위치 추적 시스템을 통해 특정 시간대에 각 구급차가 어느 곳에 위치해 있는지를 알려준다.

## 교통 혼잡

배치 전략을 결정하기 위해서는 교통 혼잡, 지하철과 같은 특수한 요소를 고려해야 한다. 예를 들어, 일부 지역에서는 화물열차가 15분 이상 도시 전체를 가로질러 지나가는 경우 철길의 반대쪽에 구급차를 배치해야 한다. 다른 특별히 고려할 사항은 출퇴근하는 사람 및 주행 중인 자동차, 스쿨버스 운행 시간 같은 지역의 일상적인 활동이다. 이러한 특별한 시간대에 대응하기 위해서는 추가적인 구급차와 인력의 지원이 필요하다. 이외에도 스포츠 경기, 귀빈의 방문, 대규모 집회, 지역 행사 등을 포함하는 사항들도 고려해야 한다.

최근 몇 년 동안 주목을 받는 배치 전략은 체계적 상황관리(SSM)를 사용하고 있다. 체계적 상황관리는 적은 자원으로 서비스 욕구를 충족시키고, 출동시간을 단축시키고, 구급차의 적절한 위치를 확보하기 위해 컴퓨터를 이용하여 구급차 및 구급 인력 배치를 자동화한 것이다.

출동시간은 특히 심폐정지 환자의 경우 지역 주민의 생사를 좌우하는 문제이다. 그러나 최근 연구에 따르면 구급차가 4분 이내에 현장에 도착하는 경우에만 개선된 결과와 연관되어 있음을 보여준다. 몇몇 연구는 현장도착에 걸리는 시간이 8분 이내의 경우 환자 결과를 개선하는데 관련이 없다는 것을 보여 주었다. 대부분의 지역에서 현장에 구급차가 4분 이내에 도착한다는 것은 거의 불가능하거나 엄청난 비용이 든다. 그렇기 때문에 현장도착까지 걸리는 시간은 각 지역의 이용 가능한 자원에 의해 결정된다. 신뢰할 수 있는 기준에 대한 응급의료체계의 기준은 우선순위가 높은 신고에 대한 현장도착 시간을 고려해야 한다. 의료 감독자는 신뢰할 수 있는 기준을 설정할 때 직접적인 의견을 반영해야 한다. 신뢰할 수 있는 기준의 한 예로 심정지, 호흡기 질환, 자동차 충돌사고와 같이 우선순위가 높은 신고의 90%는 구급차가 현장에 4분 이내로 도착해야 한다는 것이다.

신뢰할 수 있는 기준을 충족하기 위해 많은 지역에서는 단계적 반응체계에서 최초반응자가 자동제세동기를 사용할 수 있도록 교육을 한다. 첫 번째 반응단계에서는 4분 이내에 현장에 도착해서 환자를 돕고, 8분 이내에 환자에게 전문인명소생술이 실시되는 2단계 반응을 돕는다. 일부 지역에서는 전문응급구조사에 의한 3단계 반응을 포함한다. 지역 사회에 가장 적합한 것은 없다. 특정 지역에 대한 이상적인 체계는 이용 가능한 인력, 응급처치 교육과정 및 여러 가지 요소들을 고려해야 한다.

## 구급차 운영 인력

훈련된 1급응급구조사의 경우 한 팀에 얼마나 많은 인력을 배정해야 하는지의 문제는 항상 논란을 일으키는 복잡한 문제이다. 가령, 1급응급구조사가 두 명인 구급차의 경우, 심정지 환자를 처치할 때 추가적으로 발생할 수 있는 응급상황에 대처할 인력이 부족하다. 그렇기 때문에 일부 지역에서는 1급응급구조사와 2급응급구조사를 한 팀으로 묶어 전문인명소생술팀을 구성한다. 뉴욕과 같은 지역에서는 현장에서 의견을 서로 교환해 의사결정을 할 수 있도록 2명의 1급응급구조사로 1급인명소생술팀을 구성한다. 지역마다 이용 가능한 자원이 다양하므로 모든 가능성은 특정 요구와 이용 가능한 자원을 기반으로 응급구조사의 배치가 결정된다.

일반적으로 구급차에 1급응급구조사를 배치하는 경우 지역에서 출동 건수가 하루 또는 일주일 중 구급차 출동 요청이 가장 많은 때를 감당할 수 있도록 근무교대 시간을 조정한다. 구급차를 운영하는 기관은 예비인력을 고려해야 한다. 즉, 모든 구급차가 출동한 상황이나 다발성 손상 사고로 인해 모든 구급차와 1급응급구조사가 현장으로 출동한 상황에서 추가적인 인력이 필요한 경우 동원할 수 있어야 한다. 일부 구급차를 운영하는 기관에서는 비번인 1급응급구조사에게 연락하여 예비인력으로 활용한다. 어떤 계획을 세우든지 구급차를 운영하는 기관에서는 1급응급구조사를 요청하는 경우에 지원할 수 있도록 예비인력을 확보해야 한다.

마지막으로 구급차를 운영하는 기관은 구급차를 운영하기 위한 기준을 만들어야 한다. 이러한 기준은 구급차를 운영하는 기관에 맞게 자세히 설명되어 있다.

## 안전한 구급차 운영

환자, 가족, 운전자 및 EMS 제공자는 자동차 충돌사고로 인한 손상이 발생할 수 있다. 구급차 충돌사고는 개인적 손상뿐만 아니라 자동차 수리 또는 교체, 환자 이송 업무를 하지 못하고 보험료가 인상되는 상황, 해당 구급차를 운영하는 기관의 신뢰도 훼손 등 큰 손실을 초래한다.

미국의 어느 주를 둘러봐도 구급차 충돌사고에 대해 정확한 통계를 제시하는 국가적 데이터베이스가 구축되어 있지 않다. 그렇기 때문에 신고 건수나 주행 거리를 기준으로 구급차 사고율을 구하기는 어렵다. 또한 구급차 사고를 효과적으로 감소시키기 위한 과학적인 연구는 거의 없다. 하지만 소속된 기관에서 심각한 구급차 충돌사고를 경험한 경우, 해당 기관의 구급차 운전자 교육 및 충돌 예방 프로그램에 대한 의문이 제기될 것이다.

### 응급구조사 교육

어떤 구급차 사고방지 프로그램은 문제의 인식 및 정의에서 출발한다. 국가적인 데이터베이스가 없는 상태에서 현실화하기 힘든 문제이지만 일부 주에서는 구급차 충돌사고 데이터를 작성하고 있기 때문에 이러한 데이터를 출발점으로 삼을 수 있다. 아래의 통계자료는 뉴욕주에서 22년간 발생한 자동차 파손 및 인적 손상이 1,000달러 이상 발생한 충돌사고 중 법률적으로 의무 보고를 해야 하는 충돌사고에 대한 분석이다. 하지만 뉴욕 주의 통계자료는 다른 49개의 주에 일반화될 수 있을 만큼의 과학적인 타당성을 갖추지 못했다. 또한 이 통계자료에는 구급차 출동 과정에서 동료를 통해 예방할 수 있었던 충돌사고가 상당 부분 반영되지 않았다. 수많은 충돌사고를 기반으로 얻은 이 자료는 예시의 용도로 이용된다.

지난 10년 동안 구급차 사고의 발생 건수가 현저하게 증가하였다. 이에 대한 몇 가지 이론이 제시되고 있지만 분명한 원인은 밝혀지지 않고 있다. 첫째, 현재의 자동차는 과거보다 잘 제작되었으며, 이로 인해 자동차 운전자들이 가까이 오는 구급차의 소리를 듣지 못할 수 있다. 또한 구급차의 크기와 무게가 증가하였으며, 현대 구급차의 성능과 특성은 과거 모델과 상당히 다르다. 현대 구급차는 트럭 차체를 사용하고 있어서 일반 자동차보다는 가속력이 낮고 제동거리가 길은 대형 트럭과 유사한 특징을 보인다. 또한 무게 중심도 일반 자동차와는 매우 다르다. 의료 행위의 첫 번째 규칙이 "해를 끼치지 않는다."이지만, 구급차 충돌사고는 상당한 수의 피해자를 발생시켰다.

뉴욕주에서 수집된 자료를 분석해 보면 구급차 충돌사고는 일반적인 행태를 보여준다. 악천후 사고 원인의 비교적 적은 부분을 차지한다. 자동차 충돌사고의 약 18%는 비 오는 날, 16%는 구름이 낀 날, 6%는 눈, 진눈깨비, 우박, 한파가 있을 때 발생한다. 사고의 55%는 맑은 날씨에 일어나며, 전체 사고 중 약 67%는 오전 시간에 발생한다.

정면충돌 사고에서 심각한 손상이 발생할 수 있는 경우는 전체 사고 중 1%를 차지한다. 가장 많이 발생한 사고 유형은 정면충돌과 측면충돌의 혼합기전으로 발생하는 회전충돌이 41% 발생한다. 사고 중 약 21%는 차선을 끼어들거나 다른 자동차를 추월하다가 발생하고, 12%는 우회전 또는 좌회전 시 발생한다.

뉴욕주 통계 자료에서 가장 중요한 것은 모든 구급차 사고의 약 3/4(72%)이 교차로에서 발생한다는 것이다. 안전운행을 하는 대부분의 구급차 운전자들은 경광등과 사이렌을 울리며 교차로를 빠르게 통과하는 경우가 많다는 것을 인정한다. 하지만 모든 자동차 충돌사고의 50% 가량은 신호등이 있는 교차로에서 발생하고, 전체 사고의 1/3은 신호등이나 교통안내 표시가 전혀 없는 장소에서 발생한다.

뉴욕주의 통계 자료를 근거로 해서 일반적인 구급차 충돌사고는 다음과 같이 요약할 수 있다. 측면충돌은 신호등이 있는 교차로에서 맑은 날 낮 시간대에 도로 사정이 좋을 때 일어난다. 일반적으로 구급차 운전자는 기상 조건이 좋지 않은 경우에 방어운전을 해야 한다. 어떻게 보면 열악한 도로 상태로 인해 매우 드물게 발생하는 자동차 충돌사고에 온 신경을 기울이는 것보다는 악천후에 대한 안전운전이 더욱 현실적일 수 있다.

## 구급차 충돌사고 감소

EMS 기관이 구급차 충돌사고를 감소시키기 위해 해야 할 일은 무엇입니까? 구급차 운전자를 위한 운전 교육 프로그램이 있습니까? 또는 기관에 따라 "발생한 사고에 어떻게 대처하는가? 후자와 같은 접근법은 때때로 뉴스로 실릴 수 있다. "구급차 충돌사고로 인해 3명의 소아가 사망하였고 엄마와 이모가 중상을 입었다. 구급차 운전자는 3명의 희생자에 대한 살인죄로 체포되었다."

앞에서 언급한 바와 같이 구급차 충돌사고는 언제 어디서 가장 빈번하게 발생하는지를 적절히 판단하여 사전에 예방할 수 있다. 그렇기 때문에 뉴욕주 또는 1급응급구조사가 근무하는 주의 구급차 충돌사고 경향은 안전운전에 대한 태도 및 훈련 방향을 결정하는 데 큰 도움이 된다. 노면이 젖었거나 눈이 쌓인 주차장에서 바퀴가 미끄러지는 것에 익숙해지는 훈련을 수행함과 동시에, 평상시에도 안전운전을 의식적으로 실천한다.

1급응급구조사가 근무하는 지역에서 구급차 충돌사고 예방 프로그램을 개발하려고 한다면, 다음과 같은 행동과 기준을 고려해야 한다.

- 지역 경찰서나 자동차 등록사무소를 통해 운전자 자격 확인 및 운전 면허증을 주기적으로 점검한다.
- 자동차 운전자 확인 목록을 점검하거나 또는 운전 중 발견한 문제들을 보고하기 위한 절차 등을 통해 예방적인 조치를 운전자에게 설명한다.
- 관련 분야의 숙련되고 자격 있는 사람들을 통해 사전에 운전 교육을 제공한다. 4.5t(톤)~11t(톤) 정도 되는 구급차를 운전하는 경우 운전자가 출퇴근할 때 이용하는 SUV 자동차보다 제동 거리가 훨씬 길다. 예를 들면, 미숙한 운전자가 교차로를 통과하는 동안 가로등이나 다른 자동차와 충돌하는 사고를 방지하는 것이다(그림 9-4).
- 구급차 운전자가 자동차 사이드미러, 룸

그림 9-4 구급차 충돌사고(ⓒ *Canandaigua Emergency Squad*)

미러, 후진, 주차, 제동 거리와 회전 반경에 대한 정확한 예측을 포함한 구급차 수준의 자동차 운전방법을 숙지할 수 있도록 장기적 교육 과정을 실시한다.

- 구급차 운전자에게 브레이크 파열, 가속 페달 고장, 타이어 펑크, 자동차 고장 등의 응급상황에 맞는 대처 방법을 교육한다.
- 구급차 운전자가 구급차 출동 지역에 있는 모든 병원으로 이어지는 도로에 대한 지식 알고 있어야 한다.
- 구급차 운영과 운전자를 위해 구급차 운영 기관에서는 규칙, 규정, 법규에 대한 운전자의 이해도를 확인한다.

그림 9–5 동료에게 도움을 받는 방법

## 운행기준 절차

각 EMS 기관은 구급차의 운행에 관한 표준작전절차(SOPs: standard operating procedures)가 있어야 한다. 최소한의 표준작전절차(SOPs)는 다음과 같은 내용이 포함되어 있어야 한다.

- 구급차를 운전할 수 있는 자격을 주기 위한 절차
- 구급차 충돌사고 처리 및 보고 절차
- 각 충돌사고에 대한 조사 절차
- 충돌사고 이후 차량 품질보증을 이행하기 위한 과정
- 자동차의 후진 시 동료에게 도움을 받는 방법(그림 9–5)
- 구급차에서 안전벨트의 사용 및 18kg 이하의 소아 환자를 이송하는 절차
- 응급출동의 구성 요소와 주정부 법에 의한 면책 사항에 대한 지침
- 규정 속도, 반대편 차선의 이용이 필요한 상황, 교차로 안전운행에 대한 지침
- 호송자원의 이용을 위한 상황 및 절차
- 약물남용 및 음주 운전자에 대한 강력한 무관용 정책

## 주의 의무 기준

대부분의 주에서 제정된 자동차 관련 법은 기준이 되는 법을 준수한다. 구급차 운행과 관련된 주 정부의 법은 대부분 유사한 근거를 기반으로 한다. 한 가지 유사한 점은 주의 의무에 대한 법적 개념을 중요시한다는 것이다. 근본적으로 주의 의무는 구급차 운전자들을 특정 법으로부터 면제시켜 주는 동시에 더 높은 기준을 적용한다.

주법은 일반적으로 응급상황에서 출동을 하는 구급차 운전자의 규정 속도 제한, 주행차선 방향, 주차 관련 규정, 정지신호 등의 의무를 면제시켜준다. 그러나 구급차가 면제 혜택을 받지 못하는 상황도 있다. 예를 들어, 차단기가 내려진 철도 건널목을 일방적으로 통과하거나 비상등을 켜고 있는 통학 버스를 추월하는 경우이다. 후자의 경우, 구급차 운전자는 통학 버스에 탑승한 어린이들의 안전을 확보하고 비상등을 끌 때까지 기다려야 한다. 그 이후 통학 버스를 추월할 수 있다.

때때로 법은 면책 또는 예외 조항에 있어서 법 적용이 관대한 경우도 있지만 언제 어디에서 면책 조항

이 적용될 수 있는가를 결정하는 경우에는 책임 유무를 가지고 결정을 한다. 예를 들어, 법은 "위와 같은 규정 및 면책 사항은 모든 사람의 안전을 충분히 고려한 구급차 운전자를 처벌하지 않는다"라는 법 조항이 있는 경우, 이는 도로상의 어떠한 운전자보다 구급차 운전자에게 더 높은 기준의 적용을 받는다.

이러한 기준의 적용을 더욱 쉽게 이해하기 위해 다음과 같은 상황을 고려한다. 자동차 충돌사고가 오후 7시 자양동의 한 골목에서 발생하였다. 4세 어린이가 최근에 유행하는 세발자전거를 타고 있다. 어린이는 자전거를 타고 자동차 운전자의 시야를 가리는 소나무 옆을 지나 약간 경사진 차도를 내려오고 있다. 저녁 식사를 하고 영화를 관람하러 가기 위해 나온 4명의 성인이 탑승한 자동차가 아파트 단지에서 차도로 나오고 있다. 의식이 명료한 운전자는 규정 속도를 지키며 일상적인 대화를 나누고 있다. 이때 갑자기 자전거를 탄 어린이가 소나무 뒤에서 주행 중인 자동차를 향해 튀어나왔다. 운전자는 놀라서 급하게 브레이크를 밟았지만 이미 늦었다. 자동차와 충돌한 어린이는 응급실로 이송되었지만 다발성 외상으로 사망하였다.

사고 현장에 도착한 경찰은 모든 관련된 진술을 들은 후, 운전자가 약물중독 및 음주운전을 하지 않았다는 것을 확인하였으며 자동차의 점검 상태를 확인하고 도로에서 바퀴 자국을 확인한다. 경찰은 모든 상황을 종합하여 위반사항이 없는 것으로 결론을 내렸다. 사망한 어린이의 가족이 운전자를 고소할 수는 있지만, 경찰은 도로교통법을 위반되지 않는 한 법률적 제재를 가할 수 없다.

같은 상황이지만 교통사고를 낸 자동차가 구급차였다고 가정한다면 근무하는 지역에 도움 요청을 받고 구급차가 경광등과 사이렌을 켜고 규정 속도를 지키면서 출동을 하고 있다. 동료가 사고 위치의 번지수를 확인하고 있는 동안, 한 어린이가 갑자기 뛰어들어 구급차 운전자가 급하게 브레이크를 밟았지만 어린이는 자동차와 충돌하였고 다발성 손상으로 현장에서 사망하였다.

사고 현장에 도착한 경찰은 모든 목격자들로부터 진술을 들은 후, 운전자의 약물중독, 음주운전 여부, 자동차 점검 관련 내용을 확인하고, 바닥에 난 바퀸자국을 조사하였다. 경찰은 추가 조사를 위해 사건을 검찰로 송치하였다. 전문응급구조사는 개인, 직업상 운전경력, 소속된 구급차 운영 기관의 표준 운영 절차, 도로교통법, 심지어 개인적인 습관까지 검사를 받고 재판에 참석하였다. 지방 신문의 1면에는 구급차 운전자가 소속된 기관이 뉴스로 보도되었다. 신문 기사를 보면 구급차가 시내를 질주하여 어린이를 사망하게 한 것처럼 보인다.

지역 주민 중 일부는 구급차 운전자가 어린이를 사망하게 했다고 조롱하기 시작했다. 구급차 운전자가 소속된 기관은 지울 수 없는 오점을 남기게 되었다. 환자들이 당신의 구급차 운영에 대한 안전성을 의심하고 있다고 다른 대원들이 말하고 있다. 하지만 현재로서는 구급차 운전자가 대응 할 방법이 없다. 구급차 운전자가 소속된 기관은 심리 결과에 대한 처벌로 구급차 운전을 정지시킨다.

일주일 넘게 심의한 후 배심원들은 구급차 운전자에게 무죄 판결을 내린다. 사고 당시 구급차 운전자가 약물복용이나 음주운전을 하지 않았고, 주의 깊게 행동하였으며, 본연의 임무를 수행하고 있었음이 밝혀졌다. 배심원에 따르면 구급차 운전자가 어린이의 사망을 방지할 수 있었던 방법은 아무것도 없었다. 이 이야기의 교훈은 구급차 운전자에게는 다른 자동차 운전자보다 더욱 엄격한 기준이 적용된다는 것이다. 구급차 운전자는 자신이 선택한 직업에 동반되는 책임을 감당할 준비를 하고 주의를 기울여야 한다.

## 경광등과 사이렌: 안전의 잘못된 인식

다른 자동차 운전자에게 미리 경고를 할 때 경광등과 사이렌에만 의존해서는 안 된다. 연구에 따르면 대부분의 운전자는 15~30m 밖에 있는 구급차를 보거나 소리를 듣지 못한다고 한다. 그럼에도 불구하고 사이렌은 가장 일반적으로 사용하지만 반대로 가장 잘못 사용할 수 있는 청각용 경고 장치이다. 구급차 운전자는 사이렌을 켜기 전에 다음과 같은 사항을 고려해야 한다.

- 운전자들은 사이렌이 지속적으로 울리더라도 구급차에게 덜 양보하는 경향이 있다.
- 많은 운전자들은 사이렌이 울리는 경우 통행에 관한 특권을 남용한다고 생각한다.
- 미숙한 운전자는 사이렌이 울리는 경우 주행 속도를 16~25km/h의 속도로 증가시키는 경향이 있다.
- 지속적으로 들리는 사이렌 소리는 환자를 불안하게 하여 상태를 악화시킬 수 있다.
- 장시간 동안 사이렌을 사용할 경우 구급차 운전자의 청력 문제뿐만 아니라 불안감이 증가할 수 있다.

일부 지역에서는 사이렌의 사용에 관해서 특정 법률 및 관리 운영 기준을 가지고 있다. 다음과 같은 유용한 지침 사항을 고려해야 한다.

- 반드시 필요한 경우 외에는 사이렌의 사용을 최소화한다.
- 절대로 모든 운전자가 사이렌 소리를 들을 것이라고 생각하지 않는다.
- 일부 운전자는 사이렌 소리를 들었지만 무시할 수 있다.
- 사이렌 소리를 들은 운전자가 갑자기 당황하거나 불안하게 운전을 하는 상황에 대비한다.
- 절대로 누군가를 놀라게 하기 위해 사이렌을 사용해서는 안 된다.

주간과 야간에 관계없이 구급차가 도로에 있는 경우, 육안으로 식별할 수 있도록 전조등을 켠다. 전조등 외에 보조등이 설치된 경우에는 야간에만 사용한다. 아마도 가장 유용한 등은 자동차의 전면 중앙에 위치한 것이다. 일반적으로 이 불빛은 앞 자동차의 백미러를 통해 쉽게 확인할 수 있다.

구급차의 각 모서리에는 동시에 반대편 자동차에 구급차의 위치와 크기를 구분할 수 있도록 깜빡이는 큰 점멸등이 있어야 한다. 짧게 반짝거리는 등을 사용하는 것에 대한 논란이 아직 끝나지 않고 있지만, 구급차에 설치하는 것에 대한 연구를 시행해야 할 필요가 있다. 가장 중요한 것은 구급차를 모든 운전자와 보행자가 360도 어디에서나 쉽게 구분할 수 있도록 해야 한다는 것이다.

흥미롭게도 연구 결과에 따르면, 경광등과 사이렌의 사용에도 불구하고 현장 도착시간이 현저하게 감소하지 않고 임상적으로 큰 차이가 발생하지 않는다고 한다. 경광등과 사이렌 사용과 관련된 위험이 동반되기 때문에, 구급차를 운영하는 기관은 반드시 경광등과 사이렌의 사용을 통해 환자에게 제공되는 혜택과 구급대원과 시민에게 초래될 수 있는 위험에 관해 확인해야 한다.

## 경찰차의 호위 및 여러대의 구급차 출동

대부분의 EMS 기관은 구급차 운전자가 익숙하지 않은 지역에서 서비스를 제공하고 환자를 병원으로 이송해야 하는 경우를 제외하고는 경찰차의 호위를 요청하지 않는다. 여기에는 몇 가지 이유가 있다. 첫째, 구급차와 경찰차는 제동 거리가 다르다. 구급차가 경찰차에 너무 가깝게 주행한다면 경찰차가 급제동하는 경우 충돌할 수 있다. 둘째, 구급차와 경찰차는 가속력이 다르다. 그 결과 구급차 운전자는 경찰차를 뒤따라가지 못할 수 있다. 두 자동차 간의 거리가 멀어질수록 다른 자동차가 끼어들어 사고가 발생할 위험이 커진다. 마지막으로 다른 자동차의 운전자는 구급차와 경찰차가 같이 이동하고 있다는 것을 인식하지 못할 수도 있다. 경찰차가 지나가면 다른 자동차가 구급차 앞으로 끼어들 수도 있다.

동시에 여러 대의 구급차가 출동하는 경우에도, 경찰차가 호위하더라도 마찬가지의 위험이 있다. 뿐만 아니라 두 대의 구급차가 교차로에 동시에 접근하는 경우 또 다른 위험이 발생할 수 있다. 이 경우, 다른 자동차의 운전자와 보행자가 당황해서 교차로에서의 자동차 충돌 위험은 현저하게 증가한다. 운전자는 종종 첫 번째나 두 번째 구급차 또는 두 자동차 모두에게 차선을 양보하지 않을 수도 있다.

관할 구역 내의 또 다른 출동에 관해 주의를 기울이는 것은 바람직하지만, 모든 출동 사항을 당신이 안다고 생각해서는 안 된다. 예를 들어, 경찰은 범인에게 들키지 않기 위해 출동 사실을 알리지 않고 현장

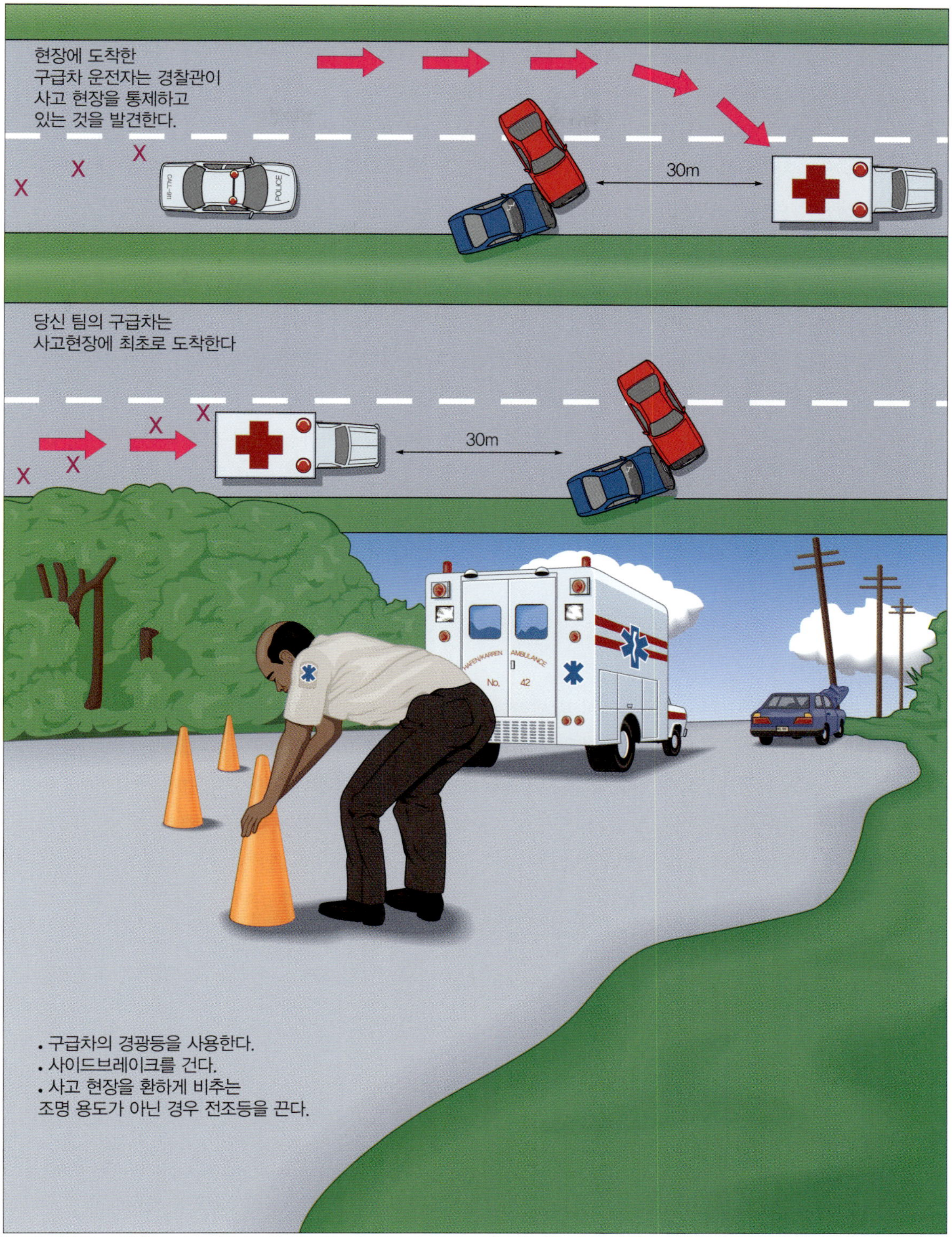


그림 9-6 자동차 사고 현장에서 구급차의 주차

에 접근하기도 한다. 교차로에서는 항상 다른 구급차도 진입할 수 있다는 점을 기억한다.

## 구급차의 주차와 환자 싣기

자동차 충돌사고 현장에 최초로 도착하는 경우, 전문응급구조사는 동료와 환자에게 잠재적인 위험요소가 있는지 현장 평가를 수행해야 한다. 위험한 지역을 설정하고 자동차 화재, 유독가스가 누출되는 경우 사고 자동차로부터 최소 30m 떨어진 오르막길 또는 바람이 불어오는 반대쪽 방향에 주차한다. 자동차 화재나 유독가스의 누출이 없는 경우, 사고 자동차로부터 최소 15m 떨어진 곳에 주차한다. 만일 가능하다면, 경찰이 도착할 때까지 교통 통제를 동료에게 지시한다.

당신 팀의 구급차가 현장에 최초로 도착한 경우, 주행 중인 자동차의 운전자에게 경고할 수 있도록 사고 자동차의 앞에 주차를 시키고, 가능한 한 빨리 신호탄을 쏘아 올리거나 비인화성 경고 장치를 설치한다.

현장의 안전이 이미 확보된 경우, 다른 자동차의 차량흐름에 방해되지 않도록 사고 차량의 뒤쪽에 주차한다(그림 9-6). 현장에 있는 응급의료팀에 의해 사고 현장 지휘체계가 이미 확립된 경우, 1급응급구조사는 현장 도착 전부터 지시사항을 전달받을 수 있다. 예를 들어, 다발성 사고의 경우 현장지휘자는 어디에 주차하고, 누구에게 보고할 것인지를 알려줄 것이다.

사고 현장에는 잠재적인 사고의 위험성을 항상 경계해야 한다. 사고 현장을 지나가던 자동차에 의해 많은 EMS 종사자들이 손상을 입거나 심지어 사망하는 경우도 있다. EMS 종사자는 자신 및 동료나 환자가 최대한 사고 현장에서 위험에 노출되지 않도록 해야 한다. 구급차에 환자를 실으려고 뒷문이 열려있는 경우 비상등이 보이지 않는다는 것을 기억한다. 빨간색 경고등의 빛은 술에 취했거나 피로에 지친 운전자를 끌어당긴다는 연구 결과도 있다. 구급차를 갓길에 주차하며 전조등을 끄고, 자동차 깜빡이를 사용하는 것이 좋다. 양쪽에서 함께 깜빡이는 점멸등은 주행 중인 자동차가 구급차의 크기와 위치를 식별하는 데 도움을 준다.

## 위험한 교차로

구급차 충돌사고의 72%는 교차로에서 발생한다는 뉴욕시의 통계를 다시 생각해 보면, 교차로는 매우 위험한 장소이다. 교차로를 주행하는 경우 최대한 주의를 기울여야 한다. 구급차의 제동거리, 경광등과 사이렌 사용, 도로교통법, 소속 기관의 표준작전절차, 교차로를 안전하게 통과하는데 필요한 적정속도 등을 고려한다. 교차로를 안전하게 통과하기 위한 유용한 정보는 다음과 같다.

- 정지신호에 멈추고 조심스럽게 통과한다.
- 교차로에서는 항상 서행하도록 한다.
- 다른 자동차의 운전자들이 구급차 운전자의 의도를 알 수 있도록 눈을 맞춘다.
- 정지신호 통과와 같은 구급차 면책 사항을 이용하는 경우, 경광등과 사이렌을 적절하게 사용해 다른 자동차 운전자에게 미리 경고한다.

### 간단히 알아보는 병태생리학

**EMS의 과학적 근거 강화**

EMS가 발전하는 동안, 대부분의 서비스 업무는 일반상식에 근거를 두고 있었으며, 현재의 의료행위 또는 합리적인 추측에 근거하고 있다. 1990년대 후반, 미국 고속도로 안전관리국(NHTSA)은 보건 자원 및 서비스 관리와 함께, 1996년 미국 고속도로 안전관리국에서 미래를 위한 EMS 의제를 발표하였다.

미래를 위한 EMS 의제는 지난 30년을 돌아보고 미래를 위한 비전을 제시하는 기회를 제공했다. 이러한 기회는 EMS 기관, 조직, 인력이 급변하는 보건의료체계에서 자신의 역할을 재평가하는 적절한 시점이었다. "EMS Agenda for the Future(응급의료체계)"를 통해 미래를 위한 EMS 의제 보다 광범위하게 논의를 하였다.

또한 정부와 고령자 · 장애인 의료보험, 저소득층 의료보험, 민간 보험회사와 같은 제 3자 의료 보험기관은 오직 환자 처치와 환자의 결과를 증명할 수 있는 병원전 처치비만을 지급하려고 할 것이다. 그렇기 때문에 현재의 모든 EMS 업무는 신중하게 검토하는 일에서부터 시작되어야 할 것이다. 예를 들어, 의료용 헬리콥터는 과거에 생각했던 것보다 환자에게 큰 혜택을 제공하지 못할 수도 있다. 병원전 처치의 질은 의료용 헬리콥터에서 시행하는 처치와 구급차에서 시행하는 처치는 거의 차이가 없을 정도로 개선이 되었다. 이러한 문제들로 인해, 의료용 헬리콥터와 같은 고가의 자원에 대한 역할과 활용 기준을 구체적으로 정의하는 것이 중요하다. 이는 모두 현대의 EMS의 자연스러운 발전 과정으로 볼 수 있다.

- 경광등과 사이렌의 기능은 시민들에게 통행권이나 차선을 양보해 줄 것을 부탁하는 것이라는 점을 기억한다. 다른 자동차의 운전자가 통행권이나 차선을 양보하지 않는다면, 구급차 운전자의 의도를 잘못 이해했거나, 주변의 소음으로 인해 사이렌 소리를 듣지 못했거나, 구급차의 경광등 불빛을 보지 못한 것일 수도 있다. 교차로에서는 다른 자동차의 운전자가 항상 구급차 운전자의 의도를 이해할 것이라고 추측하지 않는다.
- 교차로에서는 항상 다른 자동차 운전자의 왼쪽으로 추월한다. 경우에 따라 중앙선을 침범하여 서행하면서 조심스럽게 추월해야 할 수도 있다. 교차로에서 다른 자동차 오른쪽으로 추월을 하는 것은 자동차 운전자가 도로교통법을 준수하며 주행을 하는 경우 구급차에 차선을 양보하기 위해 오른쪽으로 이동하기 때문에 충돌사고를 발생시킬 수 있다.
- 구급차가 교차로를 통과하는 데 걸리는 시간을 알아야 한다. 이것은 교차로를 안전하게 지나갈 수 있는지를 효과적으로 판단할 수 있다.
- 교차로에 있는 보행자를 주의 깊게 관찰한다. 보행자가 구급차가 아닌 다른 방향을 쳐다보고 있다면, 구급차 방향으로 접근하는 소방차를 보고 있는 것일 수도 있다.
- 약 4.5t(톤) 또는 11t(톤) 이상의 무게를 가지고 달리는 구급차는 급제동 할 수 없다는 것을 기억한다. 구급차의 속도가 약 50km/h 정도의 느린 속도에서도 아주 짧은 거리에서는 급정지할 수 없다. 교차로를 통과할 때는 제동거리가 짧도록 브레이크의 사용을 고려해야 한다.

## 요약

응급구조사는 교육과정과 일상적인 경험을 통해 구급차 운영 및 항공의료 이송에 대해 알게 되지만, 바람직한 안전의식은 반복적인 훈련을 통해 더욱 강화된다. 응급구조사는 구급차의 유형, 장비, 인력 등의 기준을 알고 있어야 한다. 응급구조사는 구급차, 이송장비 및 필요한 소모품을 모두 확인하고 주기적으로 점검해야 한다. 주기적인 점검 또는 소모품 보충, 유효기간이 표시된 물품들에 주의한다. 구급대원과 환자의 안전을 확보함과 동시에 관리자에게 장비 문제나 장비 부족 상황에 대한 보고는 직업안전건강관리청(OSHA)의 규정을 따른다.

구급차 운전자는 이동하는 위치에 상관없이 특별한 책임이 따른다. 응급구조사는 구급차 충돌사고를 전문가적으로 이해하고 사고 발생을 방지하기 위한 전략을 개발해야 한다. 응급구조사는 구급차의 대기 및 출동에 관한 문제에 대해 알고 있어야 하고, 응급구조사 자신이 근무하는 기관의 정책을 결정해야 한다.

## 현장 출동 후 결과 분석

응급구조사와 동료는 세종시 소방서 구급대에 근무하고 있다. 자동차 충돌사고로 인해 환자가 발생하여 도움 요청을 받고 현장으로 출동을 하고 있다. 구급차 운전자는 현장에 빨리 도착하기 위해서 경광등과 사이렌을 울리며 교차로에 접근하고 있다. 이 교차로는 퇴근 시간이라 교통이 혼잡한 상태였다. 교차로는 2개의 직진 차선과 좌회전, 우회전 차선으로 구분되어 있으며, 항상 양쪽 방향의 자동차가 빠르게 주행 중이다.

교차로에서 70m 정도 떨어진 지점에서 구급차 운전자는 신호등이 빨간 등으로 바뀌는 것을 보았다. 자동차는 양쪽 좌회전 차선에 정지해있다. 1차선에는 자동차가 몇 대 있는 반면 우회전 차선은 텅 비어 있었다. 평상시처럼 많은 자동차가 교차로를 지나 북쪽 방향으로 주행 중이다. 또한 남쪽 방향과 동쪽 방향으로 좌회전하기 위해 신호를 기다리고 있는 자동차도 있다.

1. 구급차 운전자는 경고등과 사이렌을 켜고 차량이 없는 동쪽 방향의 오른쪽 차선으로 운행을 해야 하는가? 만약

에 운행한다면 그 이유를 설명한다.

2. 구급차 운전자는 현재 좌측 도로의 동쪽 방향의 차선에 정지해 있는 자동차의 왼쪽으로 진행 중인 교통상황에서 어떻게 진입해야 하는가? 만약에 진입한다면 그 이유를 설명한다.

3. 이렇게 위험한 교차로를 안전하게 통과할 수 있는 최선의 방법은 무엇인가?

*이 책 뒷부분에 제시된 해설을 참고한다.*

## 복습 문제

**1.** EMS 기관은 구급차를 운영하는 데 필요한 ____ 기준을 설정한다.
a. 최적 b. 최정
c. 최소 d. 최대

**2.** 다음 중 Type II 구급차 형태를 설명한 것은?
a. 중형 구급차
b. 운전석에서 전체적인 통제가 가능한 표준 밴형
c. 운전석에서 전체적인 통제가 가능한 특수 밴형
d. 보통의 구급차 차체로 구성된 전통적인 트럭 형태

**3.** 작업자의 안전관리를 담당하는 기관은?
a. 미국의 반송간호사협회(ASTNA)
b. 연방통신위원회(FCC)
c. 직업안전건강관리청(OSHA)
d. 구급서비스인가위원회(CAAS)

**4.** 국가수준에서, EMS 운영을 위해 주와 지역지침을 충족하는 지침과 표준을 준수하는 EMS 자격증을 발급하는 기관은?
a. 미국외과협회(ACS)
b. 미국 고속도로안전관리국(NHTSA)
c. 직업안전건강관리청(OSHA)
d. 구급서비스인가위원회(CAAS)

**5.** EMS 기관이 현장출동 시간을 단축하기 위해 구급차와 구급 인력을 운영하는 전략을 ____라고 한다.
a. 배정 b. 재조정
c. 배치 d. 유지 보수

**6.** ____은/는 최소한의 자원으로 적절한 응답시간과 구급차의 위치를 확보하기 위해 컴퓨터를 이용해 구급차와 구급 인력을 배치하는 체계는?
a. 체계적 상황관리(SSM)
b. 구급서비스인가위원회(CAAS)
c. 주요 거점지역(PAR)
d. 자동제세동기(AED)

**7.** 경광등이 있는 구급차를 운전하는 응급의료체계 인력을 관장하는 법과 관련하여 사고가 일어나지 않도록 확인하는 최고 책임자는 누구인가?
a. 구급차를 운전하는 응급의료종사자
b. 구급차 앞좌석에 타는 운전자
c. 구급차 경고 장치를 보고 듣는 범위 안에 있는 모든 차량 운전자들
d. 어느 누구에게도 책임이 없다.

**8.** 일반적으로, 유해 액체나 유해 가스 위험이 있을 수 있는 사고 현장에서, 얼마나 떨어져서 구급차를 주차해야 하나?
a. 15.24m(50피트) b. 30.48m(100피트)
c. 45.72m(150피트) d. 60.96m(200피트)

**9.** 경광등을 작동하는 동안 발생한 구급차 충돌이 가장 많이 발생하는 장소는 어디인가?
a. 고속도로 b. 도시 근교의 도로
c. 네거리 교차로 d. 병원에서 4.8km 이내

*이 책 뒷부분에 제시된 해답을 참고한다.*

## 참고문헌


1. United States General Services Administration. Federal Specification for the Star-of-Life Ambulance (KKK-A-1822F). Washington, DC. Government Printing Office, 2007.
2. De Maio, V. J., I. G. Stiell, G. A. Wells, D. W. Spaite, Ontario Prehospital Advanced Life Support Study Group. "Optimal Defibrillation Response Intervals for Maximum Out-of-Hospital Cardiac Arrest Survival Rates." Ann Emerg Med 42 (2003): 242-250.
3. Pons, P. T., J. S. Haukoos, W. Bludworth, T. Cribley, K. A. Pons, and V. J. Markovchick. Paramedic Response Time: Does It Affect Patient Survival? Acad Emerg Med 12 (2005): 594-600.
4. Blackwell, T. H., J. Kline, J. Willis, et al. Lack of Association between Prehospital Response Times and Patient Outcomes. Prehosp Emerg Care 11(1) (2007): 115.

5. Vukmir, R. and L. Katz, Sodium Bicarbonate Study Group. The Influence of Urban, Suburban, or Rural Locale on Survival from Refractory Cardiac Arrest. Am J Emerg Med 22 (2004): 90–93.
6. Valenzuela, T. D., D. J. Roe, G. Nichol, L. L. Clark, D. W. Spaite, and R. G. Hardman. Outcomes of Rapid Defibrillation by Security Officers after Cardiac Arrest in Casinos. N Engl J Med 343 (2000): 1206–1209.
7. Berger, E. Nothing Gold Can Stay? EMS Crashes, Lack of Evidence Bring the Golden Hour Concept under New Scrutiny. Ann Emerg Med 56 (2010): A17–A19.
8. Studnek, J. R. and A. R. Fernandez. Characteristics of Emergency Medical Technicians Involved in Ambulance Crashes. Prehosp Disaster Med 23 (2008): 432–437.
9. Custalow, C. B. and C. S. Gravitz. Emergency Medical Vehicle Collisions and Potential for Preventive Intervention. Prehosp Emerg Care 8 (2004): 175–184.
10. De Grave, K., K. F. Deroo, P. A. Calle, et al. How to Modify the Risk–Taking Behaviour of Emergency Medical Services Drivers. Eur J Emerg Med 10 (2003): 111–116.
11. Marques–Baptista, A., P. Ohman–Strickland, K. T. Baldino, M. Prasto, and M. A. Merlin. Utilization of Warning Lights and Siren Based on Hospital Time–Critical Interventions. Prehosp Disaster Med 25 (2010): 335–339.
12. Brown, L. H., C. L. Whitney, R. C. Hunt, M. Addario, and T. Hogue. Do Warning Lights and Sirens Reduce Ambulance Response Times? Prehosp Emerg Care 4 (2000): 70–74.
13. Hunt, R. C., L. H. Brown, E. S. Cabinum, et al. Is Ambulance Transport Time with Lights and Siren Faster Than That Without? Ann Emerg Med 25 (1995): 507–511.

## 추가문헌

Limmer, D., and M. F. O'Keefe. Emergency Care. 12th ed. Upper Saddle River, NJ: Pearson/Prentice Hall, 2011.

Lindsey, J. T., and R. W. Patrick. Emergency Vehicle Operations. Upper Saddle River, NJ: Pearson/Prentice Hall, 2007.

Mistovich, J. J., and K. J. Karren. Prehospital Emergency Care. 9th ed. Upper Saddle River, NJ: Pearson/Prentice Hall, 2010.

# Chapter 10
# 항공의료 운영
Air Medical Operations

Bryan Bledsoe, DO, FACEP, FAAEM, EMT-P
Mike Abernethy, MD, FAAEM
Ryan J. Wubben, MD, FAAEM

## 단원 표준

항공의료 운영

## 학습 역량

환자, 시민, 의료 인력의 안전을 보장하기 위한 응급의료서비스의 역할과 책임에 대한 지식을 적용한다.

## 학습 목표

**최종 목표**

이 장의 학습을 마치면 항공의료 운영의 맥락에서 환자 처치를 적용하고 항공의료 기관과 관련 기관 내에서 안전하게 구급서비스를 제공하여 효과적인 신고 대응과 환자 이송을 할 수 있다.

**수행 목표**

최종 목표를 달성하기 위해 다음 사항은 필수적이다.

1. 이 장에서 제시된 핵심 용어를 숙지한다.
2. 헬리콥터와 고정익 항공기가 현대 응급의료체계의 수행과 보고 · 관리에 공헌한 여러 가지 측면을 설명할 수 있다.
3. 오늘날과 같은 항공의료 이송의 발달을 가져온 핵심 사건들을 포함하여, 그동안의 항공의료 이송의 역사를 설명할 수 있다.
4. 다양한 종류의 항공법 사용을 포함하여, 고정익 항공기와 회전익 항공기의 특징과 사용범위를 설명할 수 있다.
5. 항공의료 이송의 적응증, 한계, 우려 사항, 논란을 설명할 수 있다.
6. 항공의료 이송을 포함한 시나리오에서, 효과적이고 안전한 지상 작업(ground operations)에 필요한 수행을 논의할 수 있다.
7. 항공의료 이송을 포함한 시나리오에서, 항공의료 요원(crew)과 지상요원(ground personnel)들 사이에 안전하고 효과적인 상호작용에 필요한 정보를 얻고 의사소통할 수 있다.

## 핵심 키워드

항공의료 서비스 지도 및 데이터베이스, ADAMS
고정익 항공기, fixed-wing aircraft
계기 비행 규칙, instrument flight rules(IFR)
야간 투시경, night-vision goggles(NVG)
회전익 항공기, rotor-wing aircraft
시계 비행 규칙, visual flight rules(VFR)

## 사례 연구

라스베가스에서 북쪽으로 약 121km 떨어진 네바다주의 한 교외 지역 고속도로에서 한 소형 스포츠카가 느리게 이동하는 RV 캠핑 차량 옆을 추월하려 한다. 하지만 RV 차량 옆에 있는 반대편 차선으로 빠져나온 스포츠카 운전자는 오토바이 한 대가 정면으로 빠르게 다가오는 것을 발견하고 이에 반사적으로 브레이크를 밟고 자기 차선으로 돌아가려 시도해 보았지만, 스포츠카는 충돌을 피하지 못했다. 사고를 직감한 오토바이 운전자는 최소한 정면충돌을 피하기 위해 오토바이를 옆으로 쓰러트렸다. 이로 인해 오토바이 운전자는 오토바이와 함께 약 시속 100km/h의 속도로 고속도로 위를 구르다가 결국 오토바이는 스포츠카와 충돌하고 사막으로 튕겨 나갔다.

스포츠카는 바로 급정지하고 차량 충돌을 목격한 RV 차량 탑승자 노부부는 사고 현장으로 되돌아왔다. 고속도로에서 약 30m 떨어진 곳에 운전자는 무반응 상태로 누워있고 거품을 내며 호흡을 하고 있었고 오토바이 운전자(이하 "환자")는 헬멧과 가죽옷을 입고 있음에도 불구하고 심한 다발성 외상이 발생하였다. 노부부와 스포츠카의 운전자는 쓰러져 있는 환자에게 뛰어갔다. 이들은 무엇을 어떻게 해야 할지 몰라 당황하다가 노부부는 RV 차량에서 소형 구급상자를 꺼내오고, 스포츠카 운전자는 휴대폰으로 신고를 하려 하지만 신호가 잡히지 않는다. 노부부 역시 신고를 하려 하지만 휴대폰의 신호가 잡히지 않았다. 이때 환자의 친구인 오토바이 운전자가 도착하지만, 그의 핸드폰도 신호가 안 터지기는 마찬가지이다. 그는 도로 가에 설치되어 있는 긴급 신고용 전화기를 찾아서 도움을 요청하러 현장을 떠났다.

약 20분 뒤 최초반응자를 태운 자원봉사 소방 구조팀이 도착한다. 신속히 현장을 살펴본 구조팀은 의료 헬리콥터를 요청한다. 가장 가까운 병원은 사고 현장으로부터 약 1시간 거리에 떨어져 있다. 구조팀은 초기 안정 처치를 제공하고 고속도로 순찰대와 함께 의료 헬리콥터를 위한 착륙지를 확보한다.

의료 헬리콥터가 곧 도착하고 응급의료 인력이 환자 평가를 시작한다. 의료 인력은 환자를 신속하게 헬리콥터로 옮기고 라스베가스에 위치한 외상 센터로 이송을 하였다. 외상 센터에 도착한 환자에게 즉각적인 평가와 처치를 수행하였는데 경막밑출혈, 다발성 얼굴 골절, 지라파열, 다발성 다리 골절이 발생한 것으로 확인되어 환자는 개복술과 지라 절제술을 위해 수술실로 옮겨졌다. 환자에게 8팩의 수혈을 하였고, 외상 중환자실에서 기관내삽관 처치와 기계적 환기 처치를 받은 후 4시간 뒤 기관내삽관을 제거한 후 일반실로 옮겨졌다. 그 후 환자는 여러 번의 수술을 통해 얼굴 골절과 손상 부위에 정형외과적 처치를 받았다. 6주 뒤 환자는 퇴원하고 몬타나에 있는 집으로 갔으며 환자의 예후는 매우 양호하였다.

## 개요

응급환자의 이송을 위해 의료용 항공기를 사용하는 것은 현대 응급의료에 있어서 핵심적인 부분이 되었다. 헬리콥터와 항공기(고정익)는 질병이나 손상이 발생한 응급 환자의 긴급 이송에 있어 핵심적인 역할을 수행하고 있다.

그림 10-1 의료용 헬리콥터의 임무는 사고 현장으로 출동하여 환자를 적절한 의료기관으로 이송하는 것이다. (© *Pat Songer*)

- ***현장 대응*** 의료 항공기(특히 헬리콥터)의 첫 번째 주요 임무는 사고 현장으로 출동하여 환자를 적절한 의료기관으로 이송하는 것이다(그림 10-1). 현장 대응은

(항공의료팀이 현장에 최초로 출동하는) 1차 대응 또는 (지상 구급 인력에 의해 요청되는) 2차 대응일 수 있다.

- *의료시설 간 이송* 의료시설 간의 환자 이송은 항공의료 이송의 새롭게 떠오르는 분야이다(그림 10-2). 도시 외곽에 있는 병원에서 제공받지 못하는 특수 처치를 받아야 하는 환자가 발생할 수 있다. 중환자의 경우, 항공의료 이송을 통해 병원전 대응 시간을 최소화할 수 있다. 의료용 항공기의 유형은 출동 거리와 환자의 상태에 따라 결정된다. 일반적으로 헬리콥터의 이동 반경은 240~320km 이하로 제한된다.

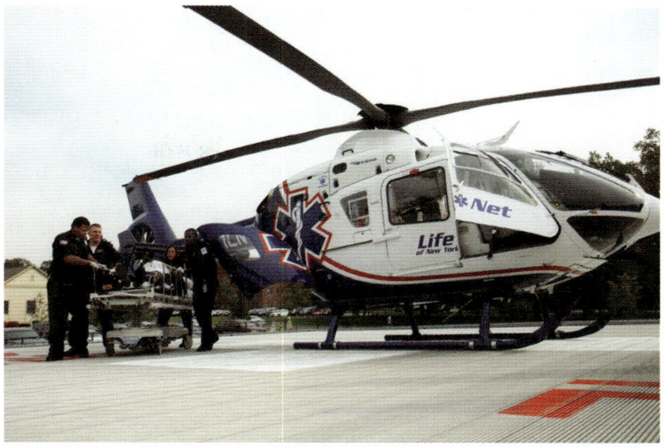


그림 10-2 의료시설 간의 환자 이송은 항공의료 이송의 새롭게 떠오르는 분야이다.(ⓒ *Mark Foster*)

- *특수 처치* 특정 환자의 처치를 위해 지역 병원에 의료용 항공기를 통해 특수 의료진을 이송해오는 경우가 있다(그림 10-3). 가장 대표적인 예는 신생아 처치 전문 인력의 이송이다. 신생아는 복잡한 전문 처치를 필요로 한다. 일부 의료 체계에서는 초기 안정 처치가 제공된 지역 병원으로 신생아 처치 전문팀이 이송된다. 이러한 의료진 이송은 일부 의료 체계에서는 신생아 전문 처치팀은 의료용 헬리콥터를 통해 지역 병원으로 이송되지만, 3차 처치 시설로 복귀할 때는 구급차에 탑승하는 경우가 많다.

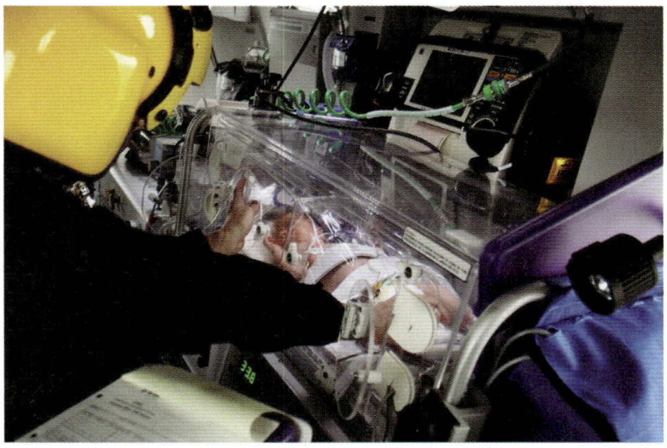

그림 10-3 신생아 전문 처치팀은 의료 헬리콥터를 타고 지역 병원으로 출동할 수도 있다.(ⓒ *Austin/Travis County STAR Flight*)

- *장기 운반* 지난 20년 동안 장기 이식은 현저하게 변화했다. 신체 장기의 운반은 시간이 생명인 작업이다. 이러한 특성으로 인해 장기 운반팀은 의료용 헬리콥터를 타고 장기 기증자가 있는 곳으로 이동한 다음 장기를 이식 센터로 이송한다.
- *수색 및 구조* 항공기는 초창기부터 수색 및 구조 목적으로 사용되어 왔다. 고정익 항공기와 헬리콥터를 포함한 의료용 항공기는 경우에 따라 수색 및 구조 작업에 투입된다. 현지 의료 체계에 따라 사정은 다를 수 있지만, 수색 및 구조 작업에는 항공기가 자주 활용된다. 의료용 헬리콥터 조종사와 탑승 대원은 현지의 지리에 훤하기 때문에 수색 및 구조 활동에 큰 도움이 되는 경우가 많다. 고강도 조명기, 전방감시 적외선 장비, 야간 투시경과 같은

그림 10-4 야간 투시경은 헬리콥터의 수색 및 구조 작업에 유용하다.(ⓒ *Austin/Travis County STAR Flight*)

기술의 발달로 인해 헬리콥터의 수색 및 구조 능력은 더욱 빛을 발하고 있다(그림 10-4).

- *재난 보조* 재난은 피해 지역의 기반 시설을 크게 손상시키거나 파괴시킨다. 재난으로 인해 도로가 파괴되면서 현장진입과 대피가 제한되는 경우가 많다. 지진이나 허리케인이 대표적인 예이다. 토네이도의 경우에도 유사한 문제가 발생한다. 항공기(특히 헬리콥터)는 구급차로 접근이 불가능한 재난 피해 현장으로 출동할 수 있는 장점이 있다. 예를 들어, 뉴올리언즈와 루이지애나 남부를 강타한 허리케인 카트리나와 2005년 대서양 허리케인 재난 사태 이후로 의료용 헬리콥터의 역할은 더욱 명확해졌다.

항공의료 이송은 응급의료체계에서 중요한 자산으로 다른 의료 자산이나 장비와 마찬가지로 무분별하게 사용되어서는 안 된다. 응급구조사는 반드시 현지 의료 자원 및 역량과 이를 사용하기 위한 현행 의료 지침을 숙지하고 있어야 한다.

## 항공의료 이송의 역사

응급의료의 대부분이 그렇듯이 항공의료 이송의 시작과 발달은 군대의 발달과 관련이 있다. 항공기는 1차 세계 대전 당시 세르비아에서 사용된 프랑스 군대에 의해 최초로 사상자 구출 작업을 위해 사용되었다. 같은 전쟁에서 영국은 터키 극장의 사상자 구출을 위해 항공기를 사용했다. 이후 영국과 프랑스는 1920년대 아프리카와 중동 지역의 식민지 전쟁에서 체계적으로 조직화된 항공의료 구출 작전을 수행한다. 독일군이 스페인 내전에 개입했을 당시, "콘돌 군단"의 사상자는 융커스 Ju-52 수송기를 통해 본국으로 이송되었다.

군사 작전에 성공적으로 사용된 헬리콥터는 1942년 미국에 의해 제작된 시콜스키 YR-4이다. 미군은 시콜스키 YR-4를 1944~1945년에 시범으로 미얀마에서 사용했다. 초창기에 시콜스키 YR-4는 격추당한 전투기 인력에 대한 수색 및 구출을 위해 사용되었지만, 1945년 1월 26일의 공식 기록에 따르면, 미얀마 정글에서 세계 최초로 헬리콥터를 통한 환자 이송이 수행되었다. 만약 지상 구조(이송) 인력에 의한 구조였다면 10일이 걸렸을 수도 있는 구조작업이었다.

미국이 한국 전쟁에 참여한 1950년에는 헬리콥터의 역할은 공중 정찰과 보병 손상 환자의 이송으로 더욱 확대되었다. 당시 한국에서는 손상이 발생한 환자가 전쟁터에서 육군 야전 외과 병원과 응급처치소로 이송되어 처치와 외과 수술을 받았다. 중증 질환이나 손상을 입은 환자는 의료 장비를 갖춘 병원으로 이송되어 결정적 처치를 받은 뒤 전쟁터로 복귀했다.

1960년에는 더욱 강력한 가스 터빈 엔진이 대량 생산되면서 헬리콥터의 성능이 더욱 강화된다. 이로 인해 전장의 사상자는 병원으로 이송되는 도중

그림 10-5 후송용 헬리콥터는 베트남전에서 손상을 입은 환자를 집중처치가 가능한 시설로 신속히 이송하면서 사망률을 낮추는데 중대한 역할을 했다.(*Dustoff* ⓒ *2000, Joe Kline Aviation Art*)

에 헬리콥터 안에서 의료 인력에 의해 처치를 받을 수 있게 되었다.

군용 헬리콥터는 몇 가지 비의료적 역할을 수행한다. 헬리콥터를 이용해서 손상 환자를 이송하는 작업은 월남전에서 대대적으로 실시되었고 환자의 예후에 영향을 주었다(그림 10–5). 현대전에서 헬리콥터나 고정익 항공기를 이용한 환자 이송은 병력의 안전에 대단히 중요한 역할을 수행한다.

그림 10–6 민간 환자의 처치만을 위한 헬리콥터 응급의료서비스는 덴버주 소재 세인트 앤서니 병원의 플라이트 포 라이프이다.(© *Flight For Life Colorado*)

환자 이송 및 처치를 위해 민간 항공기의 사용은 캐나다나 호주와 같은 국가의 교외 지역에서 시작되었다. 특히 호주는 도시외각 지역 주민을 위한 이송을 제공하는 왕립 항공의료 서비스를 개발했고 현재도 시행하고 있다. 미국의 최초 항공의료 서비스는 로스앤젤레스의 쉐퍼 구급 서비스로부터 시작되었다. 1947년에 신설된 쉐퍼 구급 서비스는 미연방 항공국 승인을 받은 항공기를 환자 이송 목적으로 사용한 최초 기관이다. 1960년대 후반까지 의료용 헬리콥터는 중증도가 심한 전쟁에서 손상이 발생한 환자를 위한 이송 수단으로서의 효과를 인정받았다. 하지만 헬리콥터는 환자의 생명 유지에 대단히 효과적인 수단이지만 민간 부문에서의 활용도가 매우 낮은 편이다.

1970년, 미국 의회는 안전 및 교통 군수 지원 프로그램의 창설을 위한 법안을 통과시켰다. 이 법은 민간 응급의료체계의 강화를 위해 전장에서 효과가 검증된 군용 헬리콥터를 환자의 이송 및 처치 목적으로 사용하게 하는 권한을 미군에게 부여한다. 안전 및 교통 군수 지원 프로그램은 12개의 육군 부대, 주 방위군, 예비군이 참여하였다.

1970년 메릴랜드주 경찰은 최초로 민간용 헬리콥터 이송 프로그램을 시행했다. 2년 뒤, 덴버주의 세인트 앤서니 병원은 민간용 헬리콥터 응급의료서비스 프로그램인 플라이트 포 라이프를 창설한다(그림 10–6).

지난 30년 동안, 헬리콥터 응급의료 산업은 꾸준하게 기대된 성장을 보였다. 대부분의 의료용 헬리콥터 관련 신설 프로그램은 비용의 문제로 인해 병원을 중심으로 설치 및 시행되었다. 2001년, 메디케어의 경우, 의료용 헬리콥터의 환자 이송에 대한 재정 지원 폭을 확대하면서 지역 사회 (비의료시설) 부문에서의 의료용 헬리콥터 산업이 크게 발전했다. 2010년 기준 미국에는 약 730대의 의료용 헬리콥터와 900대의 항공기가 있다.

전에 사용된 용어 "헬리콥터 EMS(HEMS)"는 사용되지 않는 용어이고, 2015년에 "헬리콥터 항공 구급차(HAA)"가 사용되어야 한다고 미연방항공국에서 결정하였다. 그 이유는 중환자 상태의 삶과 죽음이 존재할 수 있다고 하더라도 항공 구급 비행기는 응급의 용도로 운영되지 않기 때문이다. 조종사와 운영 관리 인력은 환자 상태가 아니라, 비행기 안전에 근거하여 비행 결정을 내려야 하기 때문이다.

## 항공기

지난 수 십 년 동안 항공 기술의 진보에 힘입어 항공의료 이송은 상당한 변화를 가져왔다. 항공의료에 사용되는 항공기는 두 가지 유형인 고정익 항공기와 회전익 항공기로 구분된다. 고정익 항공기는 특히 구급차보다 편안한 승차감, 빠른 속도, 넓은 이동 범위가 장점이다. 회전익 항공기는 접근이 힘든 현장으로 비교적 쉽게 이동하고 구급차보다 더욱 신속한 환자 이송 서비스를 제공한다. 일반적으로 항공기의 유형에 대한 선택은 환자 이송 거리, 의료적 필요, 환자의 상태, 항공기의 가용성에 따라 결정된다.

## 고정익 항공기

보통 일반 항공기라고 불리는 고정익 항공기는 고정 날개를 사용해 이륙을 할 수 있다(그림 10-7). 항공기는 대부분 헬리콥터보다 속도가 빠른 편이다. 항공기는 주로 터빈 엔진이나 피스톤 엔진을 사용한다. 일부 터빈 엔진을 사용하는 항공기는 추진을 위해 프로펠러를 사용하지만, 또는 제트 엔진을 사용해서 추진되는 경우도 있다. 터보 프롭 엔진의 경우, 터빈 엔진에서 생성되는 동력 에너지의 대부분은 프로펠러를 추진하는 데 사용된다. 제트 엔진 추진 시스템의 경우, 터빈 엔진은 유입되는 공기를 압축하는 회전 공기압축기를 구동시키고, 배출하는 가스는 덕트를 통해 방출시킨다. 터빈 엔진에 의해 방출되는 가스는 항공기를 추진시키는 힘으로 작용한다.

그림 10-7 호주의 뉴 사우스 웨일즈 구급 서비스와 연계되어 운영되는 고정익 항공대(ⓒ *Dr. Bryan E. Bledsoe*)

대부분의 의료용 항공기는 터빈 구동 방식이고 최소 2개 이상의 엔진이 장착되어 있다. 많은 경우, 고정익 항공기 내부에는 고도에서 안전하고 편안한 비행을 가능하게 하는 여압실이 설치되어 있다. 일반적으로 고정익 항공기는 헬리콥터보다 다소 큰 편이고, 여러 명의 환자를 동시에 이송할 수 있는 경우가 많다. 또한 제트기는 헬리콥터보다 이동 가능 범위가 넓고 속도가 빠르다.

의료용 항공기의 한계는 공식 지정된 공항에서만 이착륙해야 이착륙지가 항상 환자나 병원에 근접해 있는 것은 아니라는 점이다. 이로 인해, 구급차에 환자를 싣고 항공기가 착륙한 공항까지 이동하는 과정에서 결정적 처치가 불필요하게 지연될 수 있다.

## 회전익 항공기

회전익 항공기로 정의되는 헬리콥터는 현대 응급의료체계에서 널리 사용되고 있다(그림 10-8). 헬리콥터는 회전 날개를 통해 이륙과 추진을 한다. 메인 회전 날개에 의해 자연적으로 발생하는 비틀림 현상은 후미의 회전 날개에 의해 보완이 된다. 후미 회전 날개가 없다면, 헬리콥터의 캐빈과 기체가 메인 회전 날개와는 반대 방향으로 회전할 수 있다. 응급의료체계에 사용되는 모든 헬리콥터는 기본적으로 터빈 엔진으로 구동

그림 10-8 헬리콥터(회전익 항공기)는 현대 응급의료체계에서 널리 사용되고 있다.(ⓒ *Austin/Travis County STAR Flight*)

된다. 2009년에 응급의료체계의 헬리콥터 기단의 46%는 단일 엔진을, 54%는 2개의 엔진을 사용한다. 응급의료체계의 헬리콥터 대부분은 소형/중형 항공기이다(그림 10-9~10-13). 경우에 따라 대형 기체를 사용하는 헬리콥터도 있다(그림 10-14). 미국의 경우, 대부분의 응급의료용 헬리콥터는 조종사가 한 명이다. 미국 의료용 헬리콥터 중 일부는 계기 비행 규칙을 사용한다.

모든 헬리콥터가 피해갈 수 없는 가장 심각한 한계 상황은 기상 상태이다. 비행 또는 비행의 지속 여부를 결정할 때 기상 상태와 관련하여 모든 조종사가 준수해야 하는 특정 규칙이 있다. 이는 크게 시계 비행 규칙과 계기 비행 규칙으로 나뉜다. 두 가지 규칙의 가장 큰 차이는 조종사가 방향 결정에 기준이 되는 수평 시정이 확보되고 계기 장치가 없어도 비행을 할 수 있을 정도로 시야가 확보되는지의 여부이다. 이는 구름 속이나 한계 기상 속에서 계기 장치와 미 연방항공국의 항공 교통 관제 체계의 지시에만 의존하면서 비행하는 것과는 대조된다.

미국의 경우, 시계 비행 규칙이 표준이고 기상 상태가 지나치게 열악한 경우에만 계기 비행 규칙이 예외로 적용될 수 있다. 몇몇 응급의료용 헬리콥터 프로그램의 경우, 장비와 인력에 대한 투자 강화를 통해 환자 이송 시 계기 비행을 하도록 교육하고 있다. 미국의 의료 헬리콥터는 대부분 한 명의 조종사에 의해 운행되기 때문에, 안개나 구름 속에서 안전한 비행을 할 수 있도록 고도화된 자동 항법 장치와 GPS 시스템이 필수적이다.

**그림 10-9** 유로콥터 EC135(© *Austin/Travis Country STARFlight*)

**그림 10-10** 어거스타 109 파워 헬리콥터(*REACH Air Medical Services*)

**그림 10-11** 시콜스키 S76 헬리콥터(*Courtesy of Children's Medical Center, Dallas*)

의료용 헬리콥터의 출동을 위한 기상의 선제 조건은 현지 프로그램에 따라 다르고 지형, 밝기(주/야간), 기지로부터의 거리 등의 요소에 따라 달라진다. 예를 들어, 시계 비행 프로그램은 수평 시정이 최소 5km이고 구름층과 지상 간의 거리가 300m 이상일 때 비행을 허용한다. 앞서 설명된 모든 변수는 최소한의 비행 허용 요건을 변화시킬 수 있다. 뇌우는 모든 항공기의 적이다. 1년 중 뇌우가 집중되는 기간이 있는 일부 지역의 경우, 항공기의 비행이 제한된다.

심지어 계기 규칙에 준수하는 비행 역량과 훈련을 갖춘 헬리콥터 프로그램이라도 피할 수 없는 한계가 있다. 예를 들어, 대부분의 민간 헬리콥터는 기체에 (하중의 증대로 인한 비행 성능 및 조정력 감퇴를 통해 여러 안전사고의 원인으로 작용하고 있는) 결빙 현상이 일어나는 조건에서의 비행에 대한 미연방 항공국의 승인을 받지 못한 상태이다. 이는 북부 지역의 경우 겨울에 구름이 많이 끼거나 특정 고도에서 온도가 영하도 떨어지거나 강수가 발생하는 경우 비행이 금지된다는 것을 의미한다. 또한 계기 비행 규칙을 의무화하는 프로그램은 항공교통센터 지침에 따라 비행하는 범위에 국한된다. 특히 이러한 항공기는 보통 (병원이 공항 근처에 있거나 병원으로 승인된 계기 진입 체계가 있는 경우) 공항 간 혹은 병원 간의 이동만 가능하다.

일반적으로 헬리콥터는 현대 기술과 항공교통센터 체계의 한계로 인해 임의로 계기 장치를 통해 고속도로의 사고 현장과 같은 지면으로 비행할 수 없다. 이 경우, 응급구조사가 환자를 가장 가까운 병원으로 이송하는 것이 최선의 방법일 수 있다. 이러한 한계에도 불구하고, 계기 비행 규칙은 기상 조건이 변화한다면 더욱 폭넓은 선택권을 제공하고 변화하는 환경 속에서 안전성을 더욱 강화한다.

응급구조사가 현장에서 헬리콥터 비행의 승인 또는 금지에 관여되는 모든 요소를 파악하는 것은 쉽지 않은 일이다. 그렇기 때문에 헬리콥터의 비행 가능 여부를 추측하는 것보다는 관련 기관에 연락해서 알아보는 것이 가장 바람직하다. 이를 통해 조종사는 가용 자원을 최대한 활용하면서 상황을 평가하고, 판단을 내리기에 충분한 사전 정보를 확보할 수 있다. 설령 안개, 폭설, 뇌우, 토네이도가 발생하는 상황이라도 기상 상태는 지속해서 변화하고 헬리콥터 이송에 도움이 될 상황으로 항상 항공의료 관련 기관에 연락을 취해야 한다.

**그림 10-12** 벨 407 헬리콥터(ⓒ *Mark Foster*)

**그림 10-13** 유로콥터 EC145
(ⓒ *Austin/Travis Country STARFlight*)

**그림 10-14** 미 국경 수비대는 대형 헬리콥터를 사용한다.
(*US Coast Guard*)

환자 이송에 있어 헬리콥터의 최대 장점은 이착륙 지점이 공항으로 한정되지 않는다는 것이다. 그러므로 헬리콥터는 현대 외상 관리 체계에서 중요한 부분이 되었다. 기상 조건이 허용하는 한, 헬리콥터는 거의 모든 곳에 착륙이 가능하고, 구출된 환자를 병원이나 외상 센터로 즉시 이송할 수 있다. 많은 경우, 의료용 헬리콥터는 환자의 병원전 대응 시간을 단축시킨다.

## 응급의료체계의 역할

항공의료 이송은 수십 년 동안 응급의료체계 운영에 있어서 중요한 역할을 수행해왔다. 예를 들어, 호주의 구급 기관은 대부분 산하에 항공의료 부서를 운영하고 있다. 항공의료 부서는 항공기와 헬리콥터를 모두 운영하고 있다. 호주는 외각 지역이 많기 때문에 대도시와 외각 지역 간의 환자 이송을 위해 의료 항공기와 헬리콥터가 매일 사용되고 있다. 호주 연안에 위치한 주에서는 헬리콥터가 구조 작업에 주요 이송 수단으로 사용된다. 런던에서는 의료 헬리콥터 서비스가 지상 응급의료체계와 긴밀하게 연계되어 있다.

미국 응급의료체계에서 헬리콥터 및 항공기 사용은 지난 40년간 많은 변화를 거쳤다. 1970년대에는 일부 병원과 다른 의료기관은 항공의료체계를 계획했다. 1980년대 중반, 거의 모든 지역 사회에서 항공의료에 대한 접근성을 갖추었다. 대부분의 항공의료 서비스는 병원을 중심으로 이루어지는 반면, 메릴랜드주 경찰과 같은 일부 항공의료 기관은 정부의 관할 아래 운영된다. 부실한 배상 체계로 인해, 대형 의료 기관이나 정부의 보조 없이 독립된 영리 기관을 운영하는 것은 매우 힘든 일이었다.

2001년 연방 정부는 항공의료 이송을 위한 배상 체계를 수정하였다. 이로 인해 미국 내 의료 항공기가 급증하였다. 이후 항공의료 운영 모델의 중심점은 병원에서 지역 사회로 전환되었다. 뿐만 아니라 병원 중심의 운영 모델은 수익성 중심의 모델로도 전환되었다.

### 항공의료 이송의 사용

항공의료 이송이 현대 응급의료체계에서 중요한 역할을 차지하고 있다는 사실에는 아무런 이견이 없을 것이다. 하지만 의료용 헬리콥터가 미국에서 수행하는 역할은 명확하게 정의되지 않았고 규제 정책도 불충분한 상태이다. 미국에서 항공의료 이송이 급격하게 성장하고 병원 중심 운영 모델에서 수익성 중심 모델로 전환되면서, 의료용 항공기의 사용이 현저하게 증가하고 있다. 현재 항공의료 이송의 역할에 대한 정의가 개선되는 작업이 진행 중에 있다.

응급의료체계에서 의료용 헬리콥터는 외상 처치 부문에 최초로 사용되었다. 초기 항공의료 이송 작업은 볼티모어 소재 쇼크 외상 센터의 설립자인 R. 아담스 코울리 박사의 연구 저서를 기반으로 하였다. 코울리 박사가 메릴랜드주의 외상 관리 체계를 개발하면서 현대 외상 처치의 발흥을 이끈 두 가지 개념을 도입한다. 첫 번째 개념은 "황금 시간"이고, 두 번째 개념은 메릴랜드주 경찰이 운영하는 (외상 환자를 사고 현장에서 볼티모어에 위치한 쇼크 외상 센터로 이송하는) 헬리콥터 망 체계의 확립이었다. 두 가지 개념은 현대 외상 처치의 핵심 원칙이 되었다. 하지만 후속 연구에 따르면, 이 두 가지 개념은 원래 기대했던 것보다 중요하지 않은 것으로 나타났다. 그럼에도 불구하고 최근 연구는 우선순위가 높은 중증 환자의 경우 헬리콥터를 이용한 이송이 큰 도움이 된다는 것을 입증하고 있다.

의료용 헬리콥터가 병원전 외상 관리 체계에서 필수적인 역할을 한다는 것은 이미 기정사실이다. 하지만 헬리콥터는 이제 비외상성 환자에서도 사용되고 있다. 사고 현장 출동이 의료용 헬리콥터의 주요 기능이지만, 최근 들어 의료시설 간 이송에 의료용 헬리콥터가 더욱 빈번하게 사용되고 있다. 이는 병원이 의료 분야별로 특성화되고 있기 때문에 발생하는 현상으로 볼 수 있다. 최근에는 종합 병원의 개념은 찾

### 표 10-1 | 응급의료체계의 적절하고 안전한 사용

우리는 다음 사항을 지지한다:

- 환자들은 헬리콥터 응급의료체계(HEMS)의 적절한 사용으로 도움을 받는다.
- EMS와 지역보건체계는 적절한 환자 선택을 활성화하는 HEMS 이용에 대한 지침을 만들어 준수해야 하고, 임상적인 이점을 확인해야 한다.

임상적 이점은 다음과 같이 제공받을 수 있다:

- 시간을 다투는 의학적 상황을 가진 환자에서 결정적 처치를 전달할 시간을 확실하게 단축함.
- 이송 전후에 환자에게 필요한 자격을 갖춘 의료전문가를 제공함.
- 다른 이송 수단으로 접근할 수 없는 환자에게 이송을 제공함.

HEMS 사용 결정은 의학적 결정이며, 이송이 안전하게 끝날지에 대한 비행 결정과 분리되어 있다.
EMS와 항공의료 이송에서 특수 훈련과 경험이 있는 의사들은 지침개발과 HEMS 질 관리 활동을 포함하여 HEMS 사용 결정에 대해 통합적이어야 한다.
연방 항공국 승인의 안전관리 체계는 모든 HEMS 이송을 받아서 지속하는 결정을 내릴 때, 항공의료 운영자에 의해 개발, 채택, 준수되어야 한다.
HEMS는 지역, 주 응급의료체계 내에서 충분하게 통합되어야 한다.
HEMS 프로그램은 지역 내 건강관리환경과 독립적으로 운영할 수 있다.
EMS와 건강관리체계는 적절한 지역 적용 범위를 제공하는데 필요한 HEMS 자산의 수를 결정하는 데 포함되어야 한다.
너무 많은 자원은 사용에 충돌이 생겨서 결국 안전에 영향을 줄 수 있는 경쟁적 실시로 이끌 수 있다.
불충분한 자원은 결정적 처치를 받는 것을 늦추게 될 것이다.

우리는 더 나아가서 다음 사항을 지지한다:

- 적절한 HEMS 사용을 위한 국가 지침이 개발되어야 한다. 이런 지침들은 국가적 범위이어야 하지만, 지역과 주에서 실행을 허용해야 한다.
- 미래를 위한 국가 HEMS 의제는 HEMS 사용과 유효성을 다루고, 사용 지침의 지속적이고 근거 중심의 사고를 위한 연구전략을 확인하고 지원하도록 개발되어야 한다.

*American College of Emergency Physicians, National Association of EMS Physicians, American Academy of Emergency Medicine, and Air Medical Physicians Association. Policy Statement Approved 2016:.

### 표 10-2 | 항공의료 디스패치 지침서

**항공의료 디스패치 지침서**

**1.** 일반 지침 사항
  - **a.** 중중도가 심각한 환자는 최대한 신속한 중재 처치를 제공받아야 한다.
  - **b.** 상태가 안정적인 환자는 환자와 응급의료체계의 필요를 최대한 충족하는 선에서 이송되어야 한다.
  - **c.** 중증 질환이나 손상으로 인해 활력징후가 불안정한 환자는 최대한 신속하게 (적절한 처치 역량을 보유한) 구급 이송팀에 의해 결정적 처치를 제공하는 의료 센터로 이송해야 한다.
  - **d.** 중증 질환이나 손상을 입은 환자는 이송 중 중환자 처치를 제공할 수 있는 구급팀에 의해 이송되어야 한다.
  - **e.** 질환이나 손상에 대한 수준 높은 처치가 필요하지만 시간이 촉박한 환자는 (자원을 사용할 수 있고 물류적으로 가능한 경우 현지 응급의료체계의 수준을 상회하는 처치를 제공하는 중환자용 특수 구급 차량과 같은) 구급차를 통한 중환자 처치를 받아야 한다.

**2.** 의료 항공기 유형별 고려사항
  - **a.** 회전익 항공기
    - **i.** 장점
      - **1.** (구급차 전환 시간과 같은 물류 교통 사정에 따라 최대 160km까지) 환자에게 도착하기까지의 대응 시간이 단축된다.
      - **2.** 병원전 대응 시간의 축소
      - **3.** 고급 의료 인력 및 특수 의료 장비의 가용성
    - **ii.** 단점
      - **1.** 기상 관련 고려사항 (예. 결빙, 최저 기상 조건)
      - **2.** 구급차에 비해 제한적인 가용성
  - **b.** 고정익 항공기
    - **i.** 장점
      - **1.** 이송 거리가 약 160km가 넘을 경우, 회전익 항공기에 비해 현장 대응 시간이 단축된다.
      - **2.** (구급차에 비해) 병원전 이송 시간의 단축
      - **3.** 고급 의료 인력 및 특수 의료 장비의 가용성
      - **4.** 회전익 항공기에 비해 기상 조건에 대한 취약성이 떨어진다.

ii. 단점
1. 오직 공항에서만 이착륙할 수 있고 환자가 있는 위치, 공항, 의료시설 간의 구급차 이송이 필요하다.
2. 구급차에 비해 (결빙이나 강설과 같은) 기상 조건에 따른 불가용성이 더 높다.
3. (정상 참작이 되는 상황이 아닌 한) 중증 손상이나 질병이 발생한 환자를 위한 이송 수단으로는 효과가 떨어지는 편이다.

3. 즉각적인 항공의료 이송을 필요하게 하는 물류적 문제
a. 접근, 시간과 거리 요소
i. 지형학적으로 접근하기 힘든 지역에 있는 환자는 항공의료 이송을 제공하는 것이 최선의 방법이다.
1. 경우에 따라 환자는 산악지형과 같이 구급차로 접근하기 힘든 위치에 있을 수도 있다.
2. 수상 이송이 불가능한 환자를 섬에서 구출해야 하는 경우
ii. 경우에 따라 환자는 (미국 서부와 같이) 구급차로도 접근이 가능하지만 이송 거리가 너무 멀기 때문에 (회전익이나 고정익 항공기와 같은) 항송이송이 필요할 수도 있다.
b. 시스템적 고려 사항
i. 일부 응급의료체계에서 항공의료 인력은 중환자에게 수준 높은 처치를 제공할 수 있는 유일한 자산일 수도 있다. 이 경우, 의료 항공기의 배치에 대한 기준 요건이 낮은 편일 수 있다.
ii. 전문 소생 처치의 제공 범위가 넓지만 산발적으로 흩어진 의료 체계의 경우, 전문 소생 구조팀이 다른 곳에 출동해있기 때문에 오랜 기간 동안 구조 자원의 혜택을 받지 못한 구역이 생길 수 있다. 항공의료 이송은 환자에게 처치를 제공하고 전문 소생 조치의 사각 지대를 해소하는 최선의 방법이다.
iii. 재난이나 다수의 사상자가 발생하는 사고는 항공의료 이송이 빛을 발휘하는 경우이다. 지면의 한계로 인해 이에 대한 더욱 자세한 별도의 설명은 따로 정리하기로 한다.

4. (기본 항송이송으로 알려진) 항공의료 이송을 위해 사고 현장에서 중증도 분류를 필요로 하는 임상적 상황은 다음과 같다. (동요가슴과 같은) 일부의 경우, 진단이 병원전 환경에서 내려질 수 있다. (손상 기전이나 심장 모니터링 검사 결과 의심되는 심장 손상과 같은) 다른 경우, 병원전 처치 서비스 제공자는 자신의 판단에 따라 의심되는 부분에 대한 조치를 취해야 한다. 비정상적인 물류적 고려 사항이 없는 경우, 항공의료 이송의 현장 대응에는 일반 항공기가 아닌 회전익 항공기가 사용된다. 일반적으로 항공의료 이송은 (구급차에 비해) 환자를 적정 의료시설로 더욱 신속하게 이송할 수 있거나 항공의료 인력이 (지상 기본 소생 구급팀이 기도 중재 처치가 필요한 다발성 외상 환자를 다루는 경우와 같이) 고급 전문 처치에 대한 신속한 접근을 제공할 수 있을 때 권장된다.
a. 외상: 손상 환자를 위한 현장 출동은 의료용 헬리콥터 사용이 가장 합당한 근거이다.
i. 일반 손상기전 고려사항
1. 외상 점수: 12점 이상
2. 불안정한 활력 징후 (예: 저혈압이나 빠른 호흡)
3. 12세 미만, 55세 이상, 임신 중인 환자의 심각한 외상
4. 다발성 손상 (예: 팔다리의 여러 곳에 발생한 긴뼈 골절, 두 곳의 신체 부위 이상에서 발생한 손상)
5. 차량에서 이탈된 사고
6. 보행자나 자전거 운전자가 자동차와 충돌
7. 동승자의 사망
8. 차량안 탑승자의 심각한 손상을 응급구조사가 확인
9. 복부, 골반, 가슴, 목, 머리의 관통상
10. 복부, 가슴, 머리의 압좌손상
11. 높은 곳에서의 추락
ii. 신경학적 고려 사항
1. 글래스고혼수점수: 10 미만
2. 정신적 상태의 감퇴
3. 머리뼈 골절
4. 척수 손상이 의심되는 신경학적 증상 징후의 발현
iii. 가슴 관련 고려 사항
1. 가슴벽의 심각한 손상 (예: 동요가슴)
2. 공기가슴증/혈액가슴증
3. 심장 손상이 의심되는 경우
iv. 복부 및 골반 관련 고려 사항
1. 타박상 이후 발생한 심각한 복부 통증
2. 안전벨트의 자국이나 복벽 타박상의 징후
3. 유두선 아래로 분명하게 드러나는 갈비뼈 골절
4. 심각한 골반 골절 (예: 불안정한 골반환, 개방성 골반 골절, 저혈압을 동반한 골반 골절)

**표 10-2 | 항공의료 디스패치 지침서**

v. 정형 외과적 및 사지 관련 고려 사항
  1. 손가락과 발가락을 제외한 팔다리의 부분적 또는 전체 절단
  2. 손가락 및 발가락의 절단으로 인해 (가령 재접합술과 관련된) 응급 외과 수술이 필요하고 신속하게 구급차를 사용할 수 없는 상황
  3. 혈관 혈류 이상을 동반하는 골절이나 탈구
  4. 팔다리 허혈
  5. 개방성 긴뼈 골절
  6. 두 개 이상의 긴뼈 골절

vi. 심각한 화상
  1. 화상 부위가 체표면적의 20%
  2. 얼굴, 머리, 손, 발, 성기 부위 화상
  3. 흡입화상
  4. 전기 화상이나 화학화상
  5. 손상이 동반된 화상

vii. 익수 사고 환자

b. 비외상: 비외상 환자의 항송이송을 위한 지원은 물류학적 고려 사항에 한정된다. 항공의료 이송을 필요로 하는 임상적 징후는 사후에 발견될 수 있는 점은 충분히 이해될 수 있는 부분이다. 하지만 응급구조사는 비외상성 진단을 받은 환자를 위한 항공의료 이송의 적절성을 판단할 때 반드시 물류학적 고려 사항, 임상적 판단, 의료 감독과 같은 요소를 고려해야 한다.

5. 의료기관 간 항공의료 이송을 위한 임상적 상황은 다음과 같다. (1) 환자가 있는 병원에서 진단이 불가능한 경우 및 처치상 필요한 경우. (2) 시간, 거리, 이송 중 제공되는 처치의 요건 등의 요소가 지상 이송을 불가능하게 하는 경우

a. 외상: 손상 환자는 항공의료 이송을 통한 환자 결과의 개선이 확실시된다는 진단을 받은 집단으로 구성된다.

i. 현지 병원의 역량과 현행 의료 관행에 따라, (병원 방사선 촬영을 통해 의심되는 혹은 확인된) 현장 지침 아래 정리된 진단상 고려사항은 지역 병원에서 지역 외상 센터로 항공의료 이송을 필요로 하는 충분한 근거가 될 수 있다.

ii. 또한 지역 병원의 초기 평가 결과 다른 의료시설에서 추가적인 평가 및 관리가 필요한 손상이 확인(예: 컴퓨터 단층 촬영 결과 발견된 복강내 출혈)되거나 의심(흉부 X 레이를 통해 발견된 종격 확대로 인해 의심되는 대동맥 외상)되는 경우, 항공의료 이송(단거리/장거리)이 필요할 수 있다.

b. 심장 질환: 심장 질환 처치의 특수화 및 분화와 처치 시간의 임계성으로 인해, 심장 질환을 진단받은 환자는 의료시설 간 항공의료 이송을 받는 경우가 많다. 다음과 같은 심장 증상을 보이는 환자는 항공의료 이송을 받을 수 있다.

i. 급성 관상 동맥 증후군으로 현재 위치한 의료 센터에서 제공받을 수 없는 급속한 중재 처치(예: 심장 도관술, 대동맥내 풍선 펌프 설치, 급속 심장 수술 등)가 필요한 경우

ii. (특히 심실 보조 장치나 대동맥내 풍선 펌프가 있거나 필요한 상황에서 발생하는) 심장 쇼크

iii. 급성 혈류 역학적 이상 증세와 함께 나타나는 심낭 압전

iv. (급성 심장 파열이나 대상부전성 심장판막증과 같은) 기계적 심장 질환

c. 중환자: 일반적으로 중환자는 이송 도중에 수준 높은 처치를 해야 하고, 병원전 이송 시간의 단축이 큰 도움이 되며, 병원에서 진단 및 중재 처치를 받아야 하는 시간이 매우 촉박할 수 있다. 중환자를 위해 구급차로 이송하는 경우도 많지만, 다음과 같은 경우 항공의료 이송이 고려될 수 있다.

i. 이송 전에 발생하는 심정지나 호흡 정지

ii. 안정적인 심박출량을 유지하기 위해 혈관작용제나 심실 보조 장치의 지속적인 사용이 필요한 경우

iii. 기도 상태 악화의 위험 (예: 혈관 신경 부조나 후두개염 등)

iv. 이송 중에 급성 폐기능상실이나 (역비율 환기와 같이) 절차가 복잡한 폐 질환 집중 처치의 필요가 발생하는 경우

v. 특수 독성 처치가 필요한 중증 중독 증세나 약물 과다 복용

vi. (혈관 가스 색전증, 괴사를 유발하는 감염, 일산화탄소 중독 등에 대한) 빠른 고압산소 처치의 필요

vii. 급성 투석의 필요

viii. 혈류역학적 이상 증세를 동반하는 위장관 출혈

ix. 근막염, 대동맥 박리, 동맥류, 사지 허혈과 같이 신속한 외상 수술이 필요한 경우

x. 다른 의료시설에서 제공될 수 있는 평가 및 처치가 필요한 소아 환자

d. 산부인과 질환: 임신을 한 환자의 경우, 항공의료 이송이 병원전 대응 시간을 최소화한다는 장점뿐만 아니라 이송 중 발생할 수 있는 위험도 있다는 점을 고려해야 한다. 신속한 이송이 필요한 환자의 경우, 임상적 상태와 (긴 이동 거리와 같은) 물류적인 사정으로 인해 항공의료 이송이 선호되지 않는 한, 구급차 이송이 적절하다. 물류적인 사정이나 아래와 같은 상황으로 인해 지상 이송이 불가능할 경우, 항공의료 이송을 고려해야 한다.

i. 신생아의 이송으로 인해 목적지인 병원의 역량 범위를 뛰어넘는 산부인과적 처치나 신생아 처치가 필요하게 될 것으로 충분히 예상되는 경우

ii. 임신 34주 미만으로 추정되거나 태아의 무게가 2kg 이하인 상황에서 조기 분만이 긴박하게 진행되는 경우

iii. 중증 임신 중독증이나 자간증

**표 10-2 | 항공의료 디스패치 지침서**

iv. 임신 후기 출혈
v. 태아수종
vi. 조산을 유발할 수 있는 산모의 건강 상태 (예: 심장병, 약물 과다 복용, 대사성 장애 등)
vii. 태아의 중증 심장병이 예상되는 상황
viii. 임신 34주 미만으로 추정되거나 태아의 무게가 2kg 이하인 상황에서 (외과 수술이 필요할 수 있는) 급성 복부 질환이 발생하는 경우

e. 신경 질환: 신경 질환에 대한 분류는 특수 뇌졸증 센터로의 이송을 필요로 하는 환자를 포함하기 위해 특수 신경 처치를 요하는 환자의 분류에서 더욱 확장된 것이다. 항공의료 이송이 필요한 신경 질환은 다음과 같은 예시와 같다.
i. 중추 신경계 출혈
ii. 종괴성 병변에 의한 척수 압박
iii. (용해소 처치가 요구되는) 허혈성 뇌졸증의 진행
iv. 뇌전증지속증

f. 신생아 질환: 신생아 처치의 분화로 인해 신생아 환자의 이송을 중심으로 한 전문 (지상/항공) 이송 서비스가 급속히 개발되고 있는 추세이다. 신상아 환자의 경우 급속 이송보다는 적정 구조팀에 의한 안정 조치가 더욱 중요하기 때문에, 일부 의료 체계에서는 신생아 환자에게 안정 조치 및 이송팀을 신속하게 제공하는데 의료 항공기를 적용하고 있다. 실제 환자는 구급차에 의해 이송된다. 또한 구급차를 통한 병원전 대응 시간이 30분이 초과되는 경우 (주로 특수 신생아 처치팀에 의한) 항공의료 이송을 하도록 규정하는 의료 체계도 있다. 신생아 환자를 위한 항공의료 이송이 권장되는 예시는 다음과 같다.
i. 임신 34주 미만으로 추정되거나 태아의 무게가 2kg 이하, (출산 전후의 심장 및 호흡 정지, 혈류역학적 불안정성, 패혈증, 뇌수막염, 대사성 교란, 체온 이상 등) 신생아의 여러 복잡한 증상 징후
ii. 60% 이상의 보조 산소 투여, 지속적 기도내 양압 호흡, 인공 환기 등의 조치가 필요한 상황
iii. 폐외공기누출, 간질성 폐기종, 공기가슴증
iv. 발작, 울혈성심장기능상실, 파종성 혈관내 응고증
v. 가로막 탈장, 괴사성 전장염, 복벽 결함, 장중첩, 장염전 의심 징후, 선천성 심장 결함

g. 기타 질환: 항공의료 신고 접수처는 다음과 같은 상황에 효과적으로 대응할 수 있다.
i. 환자 이송
1. 환자는 뇌사 상태로 장기를 살리기 위해 신속한 항송이송이 필요한 상황
2. 제시간 안에 이식 수술이 이뤄질 수 있도록 장기나 장기 공여자가 이식 센터로 의료 항공기를 통해 이송되어야 하는 경우
ii. 일반적으로 수색 및 구조 작업은 항공의료 이송 서비스의 범주를 벗어나지만, 헬리콥터의 응급의료 인력이 수색 및 구조 작업에 투입되는 경우도 있다. 수색 구조 기관은 대부분 의료 역량이 제한적이기 때문에, 환자의 효과적인 추적, 구출, 안정화, 이송을 위해 의료 기관과의 협업이 필요하게 된다.
iii. 심정지가 의심되는 환자를 의료 항공기로 이송하는 경우는 거의 없다.
1. 미 구급의학회의 기존 정책 성명서에는 현장에서 비외상성 성인 심정지 환자에 대한 소생 조치를 하지 않아야 하는 상황이 설명되어 있다. 이 경우, 항공의료 이송이 소생술 중단 조치에 대한 대안으로 고려되지 않아야 한다.
2. 심정지 환자가 소생술 중단에 대한 현행 의료 기준을 충족하지 않거나 병원전 의료 인력이 소생술을 중단할 수 없는 관할권에 있다면, 특수한 경우에 한해서 항공의료 이송을 고려할 수 있다. (가령, 차가운 물속에서 익수 사고를 당한 소아 환자를 의료 헬리콥터에 태워 심혈관 우회술 센터로 이송하는 상황이 있을 수 있다).

*출처: 정책 자원 및 교육 성명서, 미 구급의학회, 미 응급의학회, 2006년

아보기 힘들어지고 있기 때문에, 의료시설 간 환자를 (심지어 중환자도) 이송하는 작업이 일반적인 일이 되고 있다. 많은 의료 기관에서 항공의료 이송은 효과적이고, 효율적이며, 신속한 환자 이송을 통해 병원 외부의 이송 과정에서 불가피하게 수반되는 위험을 최소화한다는 사실을 확인하고 있다. 이는 최근에 뇌졸증을 겪었거나 중증도가 높고 쉽게 확인이 가능한 유형의 급성 심근경색증이 있는 환자를 처치할 때 더욱 중요한 사실이다.

일부 연구는 헬리콥터 이송의 의료적 혜택이 제한적인 상황을 보여주고 있다. 이에 항공의료 이송이 필요한 환자를 병원전 인력과 병원 인력이 효과적으로 판별할 수 있도록 현행 의료 조치가 재평가를 받고 있다. 미 응급의학회는 환자의 항공의료 이송을 결정할 때 기준이 되는 지침을 제시하였다(표 10-1). 미 응급의학회의 지침서는 (미 구급의학회와 미 응급의학회가 기존에 구상한) 항공의료 이송이 고려될 수 있는 기준을 정의한 성명서를 보완한다(표 10-2). 하지만 표 10-2에는 항공의료 이송의 사용 기준이

반영되어있지는 않았다. 여기서 유의할 점은 외상 센터나 화상 센터로의 이송에 대한 기준과 동일한 센터로의 항공의료 이송에 대한 기준을 서로 혼동해서는 안 된다는 것이다. 또한, 외상성 심정지 환자는 예후가 좋지 않기 때문에 헬리콥터를 이용한 이송을 권장하지 않는다.

항공의료 이송의 장점은 신속한 이송, 병원전 시간의 단축, (경우에 따른) 처치 품질의 향상이다. 신속한 이송이 필요하지 않거나 병원전 대응 시간을 단축할 필요가 없거나 구급차를 통해 충분히 효과적인 처치를 받을 수 있는 환자는 구급차로 이송되어야 한다. 만약 병원으로 이송 시간을 단축해야 할 필요가 있거나 구급차에 의해 제공하기 힘든 처치나 특수 처치에 대한 신속한 접근이 필요한 경우, 항공의료 이송이 우선적으로 고려되어야 한다.

## 한계점

항공의료 이송은 수많은 장점에도 불구하고 단점이 존재한다. 우선 앞서 설명한 바와 같이 기상 조건의 악화로 인해 비행 자체가 불가능할 수도 있다. 이 경우, 구급차 이송만이 유일한 선택권일 수 있다.

두 번째로 비용의 문제가 있다. 항공의료 이송은 매 이송 건당 30,000~40,000달러 이상의 고비용이 소요된다. 의료 보험을 통해 이송 비용을 어느 정도 보장받을 수 있지만, 보험에 가입되지 않았거나 보장 혜택의 범위가 좁은 환자와 환자의 가정이 모든 비용을 감당해야 하는 것은 부당하다고 볼 수 있다. 항공의료 이송이 저렴할 수 없는 이유는 항공기 유지 관리비, 의료 인력 및 조종사에 대한 초기 및 지속 훈련, 인력 모집과 활용, 연료, 보험 등에 들어가는 비용이 많기 때문이다. 그렇기 때문에 응급구조사는 환자가 지불 능력이 충분한 경우에만 항공의료 이송을 사용해야 한다.

세 번째로 협소한 내부 공간이 문제가 될 수 있다. 대부분의 소형/중형 헬리콥터는 가장 규모가 작은 구급차보다도 크기가 작다. 경우에 따라 (유로콥터 EC-135와 같은 초경량 의료용 헬리콥터와 같은 경우) 환자의 체중 때문이 아니라 두꺼운 허리가 헬리콥터의 후면에 위치한 문을 통과하지 못하기 때문에, 고도 비만 환자를 이송하는 능력이 제한될 수 있다. 안타깝게도 미국의 비만 인구는 증가하는 추세에 있다. 고도 비만 환자는 항공의료 이송의 대상자에서 제외될 가능성이 크다. 이와 마찬가지로, 항공기 유형에 따라, 신장이 지나치게 크거나 견인 부목을 적용한 환자는 헬리콥터의 규격에 맞지 않을 수 있다. 응급구조사는 항공의료 이송 기관이 정의한 체중 제한에 대한 규정을 숙지해야 한다. 또한 의료 항공기 내부에서는 환자 신체에 대한 접근이 제한적이다. 이러한 경우, 구급차가 더욱 넓은 공간과 신체 접근성을 제공할 수 있다.

## 인력 배정

미국을 비롯한 전 세계에 걸쳐 의료 항공기의 인력 배정은 현지 사정에 따라 천차만별이다. 대부분의 경우, 현대 의료용 헬리콥터는 조종사와 응급구조사 두 명을 포함하여 총 3명이 탑승한다. 경우에 따라 조종사가 두 명이기 때문에 항공의료 인력이 4명으로 늘어나기도 한다. 미국에서는 응급의료용 헬리콥터 프로그램의 95%가량이 응급구조사와 간호사를 한 팀으로 하는 출동 체계를 사용하고 있다. 하지만 인력 배치에는 간호사–간호사, 간호사–호흡기 처치 전문가, 간호사–의사, 응급구조사–응급구조사 등 여러 다른 방식이 있다. 특수 처치가 필요한 경우, 소아 호흡기 전문 처치사나 신생아 전문 간호사와 같은 특수 의료 인력이 의료 항송이송팀에 배치될 수 있다. 미국에서는 간호사–의사 조합으로 의료 항송이송팀을 구성하는 경우도 드물게 발생한다. 이 경우, 주로 응급 구조 의사나 응급구조사의 지시를 수행하는 응급의료 레지던트가 탑승한다. 매우 상태가 안정적인 환자가 아닌 이상, 조종사와 응급의료서비스 제공자(응급구조사, 의사, 간호사와 같은), 두 명으로 구성된 항송이송팀은 구급 대응력이 부족하다.

"의사-간호사"는 유럽, 호주, 일본, 남아프리카를 포함한 미국 등으로 여러 국가에서 일반적으로 사용되는 인력 배정 방식이고, 의사는 주로 마취 전문의, 중환자 전문의, 응급실 전문의, 혹은 일반 전문의일 수 있다. 영국과 뉴질랜드의 일부 응급의료 헬리콥터 체계에서는 지상 응급구조사가 헬리콥터에 탑승하는 경우도 있다. 일반적으로 인력 배정은 현지 관행과 가용 자원의 현황에 따라 결정되는 특정 지역 및 체계에 특화된 문제이다.

## 논란점

(특히 의료 헬리콥터를 통한) 항공의료 이송이 현대 응급의료체계에서 큰 역할을 수행하고 있지만 미 연방 교통안전 위원회를 포함한 여러 기관에서는 의료용 헬리콥터 사고의 수와 빈도가 증가하고 있는 현상에 대해 논란을 피해갈 수는 없으며 깊은 우려감을 표하고 있다.

항공의료 서비스 지도 및 데이터베이스의 최근 수집 정보에 따르면, 2009년 기준 미국에서는 900대 정도의 헬리콥터가 의료용으로 사용되었다. 최근 들어 근접 지역에 위치한 의료용 헬리콥터의 수가 증대되면서, 의료상의 필요성에 대한 질문이 제기되었고 이에 실효성에 대한 많은 조사가 실시되었다. 의료용 헬리콥터가 급증하는 현상을 우려한 것은 단지 의료계뿐만이 아니었다. 특히 미연방 교통안전 위원회와 같은 연방 교통 관리 기관에서도 의료 헬리콥터에 대한 조사에 착수했고, 의료 헬리콥터의 경쟁적인 확대는 조종사의 판단력을 흐리게 하거나 비행 허가에 대한 무언의 압박으로 작용할 수 있다고 우려하고 있다. 의료 헬리콥터는 많은 경우 사고 현장과 병원이나 교외 지역 병원이나 3차 처치 시설과 같이 거리가 먼 교외 지역에서 사용되고 있지만, 이미 의료 항송이송 서비스의 범위 내에 있는 지역에서 새로운 의료용 헬리콥터 프로그램을 또다시 개발한다는 것이 문제이다.

그뿐만 아니라 2008년에는 13건의 헬리콥터 충돌 사고로 인해 29명의 사상자가 발생했다(그림 10-15). 2008년 잇따라 발생한 헬리콥터 충돌 사고로 인해 사고 발생률과 사망률이 급증했고 응급의료 헬리콥터의 안전성 문제가 대두되기 시작하였다. 또한, 항공의료계 내부에서는 의료용 헬리콥터의 안전성 강화를 위한 전략을 개발하고 시행하기 위한 구상이 마련되었다. 이로 인해 항공의료 인력의 민간단체인 환자 우선 항공의료 협회가 창설되었다. 협회는 중증 손상 및 질환을 입은 환자가 가장 안전하고 품질이 보장된 항공의료 이송 서비스를 사용할 수 있게 하는 것을 목표로 하고 있다.

많은 점에서 항공의료 업계는 군사 작전 수행의 성공을 위해 개발된 기술의 수혜자였다. 특히 야간 구조 작업의 경우 많은 항공의료 이송 체계에서 야간 투시 기술을 십분 활용하고 있다. 지난 여러 해 동안 헬리콥터가 지면에 충돌하는 사고에 대응하기 위해, GPS 기반의 헬리콥터용 지형 장애물 회피 경고 시스템, 지상 근접 경고 시스템, (지면을 기준으로 헬리콥터가 위치한 고도를 정확하게 측정하는) 레이더 고도계와 같이 안정성을 강화하는 기술이 도입되었다. 하지만 이러한 안전 강화 기술을 의료용 헬리콥터에 탑재시키는 작업은 미 연방 항공국에 의해 2011년까지도 의무화되지 않았다.

**그림 10-15** 항공의료 이송은 늘어나는 충돌 사고로 인해 안정성에 대한 우려가 커지고 있다.
(ⓒ *AP Images/Odessa American, Paul Zoeller*)

규제가 상당히 강화된 지상 응급의료 업

계와는 대조적으로, 주 정부와 지자체는 항공의료 이송에 대한 규제 권한이 매우 미비된 상태이다. (헬리콥터와 고정익 항공기를 사용한) 항공의료 이송을 규제하는 권한은 미 연방 항공국에만 있다. 1978년에 발효된 의료용 항공기에 대한 규제는 미 항공 규제 완화법의 권한과 범주에 한정되었다. 미 항공 규제 완화법으로 인해 주 정부 차원에서는 항공의료 서비스의 "품질, 접근성, 가용성, 수용성"에 대한 감독 작업을 금지해왔고, 주 정부와 지자체는 항공의료 이송의 사용에 대한 규제 및 규칙을 세울 수가 없었다. 현재는 항공의료 업계에 대한 단일화된 승인 기관이 부재한 상황이다. (중환자 의료 이송 서비스와) 항공의료 이송은 비정부 민간단체인 의료 이송 서비스 승인 위원회에 의해 승인을 받을 수 있다.

## 사고 현장 작업

사고 현장에서는 의료용 헬리콥터 요청에 대한 결정을 최대한 빨리 내려야 한다. 환자가 항공의료 이송을 필요로 하지 않는 것이 빨리 확인된 경우, 출동 중인 항공기를 다시 복귀시킬 수 있고 비용도 발생하지 않는다. 기상 상태의 확인, 비행 준비 작업, 사고 현장으로의 출동에는 수 분이 걸리기 때문에, 항공의료 기관에는 최대한 신속하게 전달 사항을 알리는 것이 중요하다. 출동을 위해 문 밖으로 나가기까지 몇 초 혹은 몇 분도 되지 않는 지상 구급팀과 소방 구조 작업과는 다르게, 항공의료팀은 비행 승인을 받기 위해서는 기상, 위험요소, 지형과 같은 변수가 면밀하게 검토되어야 한다.

### 초기 정보

대부분의 응급의료기관은 현지 항공의료 이송 기관의 요건과 필요에 대해 잘 알고 있어야 한다. 다음은 대부분의 응급의료체계에 적용되는 일반적인 개념이다.

- 사고 현장의 위치
  - (37° 14.50 N 혹은 115° 48.50 W처럼) 수치, 시간, 시간의 소수점까지 포함된 GPS 위치 정보(경도와 위도). GPS 위치 정보의 표시에 대한 다양한 규약이 있기 때문에, 현지에서 사용되는 표준이 (항공업계의 오래된 표준인) "수치-시간-분의 소수점"인지 "수치-분-초의 소수점"인지를 확인해야 한다.
  - 가장 인접한 교차로나 도로. 많은 경우 헬리콥터 통신 센터는 델로름과 같이 지도상의 커서가 교차로 위에 있을 때 GPS 위치 정보를 자동으로 보여지거나 컴퓨터 스크린 상에 표시되는 시판용 컴퓨터 매핑 프로그램을 보유하고 있다.
  - 가장 근접한 도시나 마을
  - 사고 장소의 주소
  - 잘 알려진 지형물(예: 배수탑, 고등학교, 지역 공항 등)
- 출동 정보
  - 기관 정보, 연락용 무선 주파수, (가능한 경우) 장소에 대한 휴대폰 회신 번호
  - 현지 기상 상태
  - 유해 물질의 유무
  - 환자의 수와 기본적인 의료적 설명(예: 전복에 의해 튕겨져 나간 사고, 9m 높이에서 추락한 환자가 의식이 없는 경우, 가슴 총상)

## 착륙장

착륙장을 초기에 확보하는 것이 매우 중요하다. 국가 사고 관리 체계와 사고 지휘 체계의 일환으로서 착륙장 담당관이 선정되어야 한다. 착륙장 담당관은 사고 지휘자와 소통하면서 접근 중인 의료 항공기와 조율 작업을 해야 한다. 착륙장 담당관의 임무는 다음과 같다.

- 착륙장 선정
- 착륙장 준비 작업
- 착륙장 보호 및 통제
- 접근 중인 항공기와의 통신
- 항공기의 예상 도착 시간을 사고 지휘자에게 보고

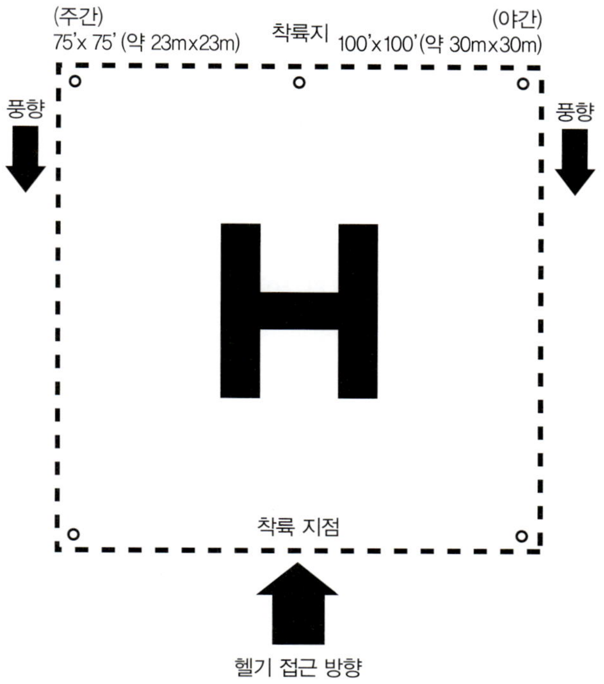

그림 10-16 헬리콥터 착륙지는 최소한 30m×30m(야간 기준)이고 장애물을 모두 제거해야 한다.

착륙장 확보를 위해서는 30m×30m 수준의 장소를 확보해야 한다(그림 10-16). 이 정도 규모의 착륙장은 대부분의 의료용 헬리콥터가 착륙할 수 있다. 착륙장은 경사지지 않고 눈에 띄는 정도 크기의 잔해물이나 장애물이 제거되어야 한다. 착륙장에 흙먼지가 많은 경우, 착륙 시 먼지가 날려 조종사의 시야가 흐려지는 상황을 방지하기 위해 물을 분사하여 지면을 축축하게 만든다. 일부 소방 구조대에서도 그렇듯이 항공기를 향해 물이 채워진 소방 호스를 항상 조준하고 있을 필요는 없다. (이는 오히려 항공의료 이송팀에게 불안 요소가 될 수 있다) 대부분의 경우, 착륙장 접근과 착륙은 장애물과 지형을 고려하면서 최대한 바람 방향에 가깝게 실시하는 것이 바람직하다. 착륙장에는 바람을 안은 방향에 콘이나 섬광등으로 표시를 해두는 것이 널리 이용하는 관행이다(그림 10-17).

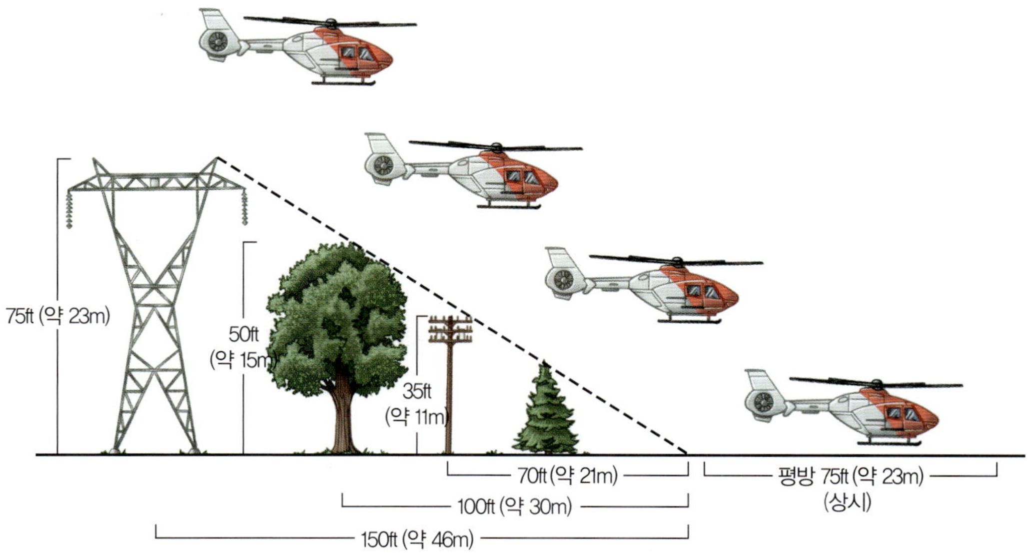

그림 10-17 착륙장을 선정할 때는 반드시 풍향과 (나무, 건물, 타워, 여타 건축물과 같은) 주변 장애물을 고려해야 한다.

콘과 섬광등을 사용해서 착륙장에 표시를 한다. 섬광등이 없는 경우, 콘을 착륙장의 중심을 향하게 눕히고 각각의 콘 안에 손전등을 넣어두는 것도 대안이 된다. 절대로 항공기가 다가오는 방향으로 조명을 비추지 않는다. 불빛은 접근하는 항공기의 반대편으로 비춰야 한다(그림 10-18). 야간 작업 시 구조 기관별로 자체적으로 선정한 색상의 섬광등을 사용하지만, 특정 색상(녹색과 청색)은 야간 투시경으로 식별하기가 힘들다는 점을 기억해야 한다. 야간에는 적색/백색 섬광등이 야간 투시경을 통해 식별하기가 쉽다. 야간 투시 장비가 탑재된 항공기는 지나치게 밝은 조명은 꺼달라고 요청할 수도 있다. 조명이 너무 밝은 경우, 와이어, 나무, 기둥과 같은 장애물이 시야를 가릴 수도 있기 때문이다. 조명탄의 사용은 지양한다.

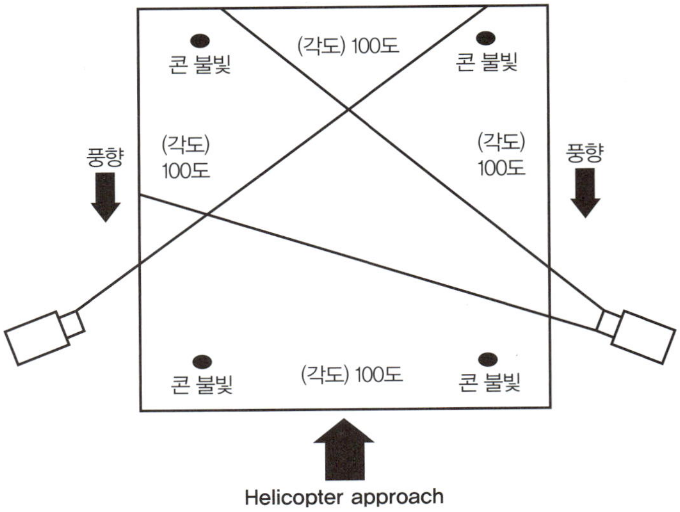


그림 10-18 헬리콥터 착륙지의 조명은 조종사의 시야를 방해해서는 안 된다. 절대로 항공기가 다가오는 방향으로 조명을 비추지 않는다.

착륙장 안전은 항공기가 착륙하고 이륙할 때까지 가장 중요한 부분이다. 이착륙 과정에서 작업에 필요한 핵심 인력, 차량, 장비만 남기고 현장을 비워야 한다. 인력을 동원하여 착륙장에 잔해물, 장애물, 여타 위험요소가 있는지를 확인한다. 이때 약자인 "HOTSAW"를 통해 위험요소에 대한 교육을 쉽게 할 수 있다.

- 위험물질(Hazards)
- 장애물(Obstructions)
- 지형 상태(Terrain)
- 지면 상태(Surface)
- 동물(Animals)
- 바람 및 기상 조건(Wind/Weather)

착륙 지점의 주변뿐만 아니라 "위"를 살피는 것도 중요하다. 자주 간과되는 사실은 항공기가 3차원에서 이동하고 상공에서 지상으로 접근한다는 점이다. 그렇기 때문에 와이어, 기둥, 나무와 같이 착륙 시 방해가 될만한 요소를 확인해야 한다.

## 헬리콥터의 접근

착륙장 담당관은 접근 중인 항공기와의 통신을 유지하고 조종사의 요청 사항에 적극적으로 대처해야 한다. 야간 착륙 시 헬리콥터가 접근할 때는 다음과 같은 사항에 유의한다.

- 백색 전등을 끈다. (조종사는 다른 전등도 끌 것을 요청할 수 있다.)
- (와이어, 나무, 기둥과 같은) 장애물이 있으면 조명을 통해 표시한다.
- 헬리콥터가 접근하는 방향으로 조명을 비추지 않는다.

의료용 헬리콥터는 많은 경우 야간 착륙 작업 시 야간 투시경과 같은 야간 투시 영상 장비를 사용한다. 야간 투시 장비는 야간 환경에 시야를 확보할 수 있다. 야간 투시 장비를 사용하는 경우, 항공의료 이송

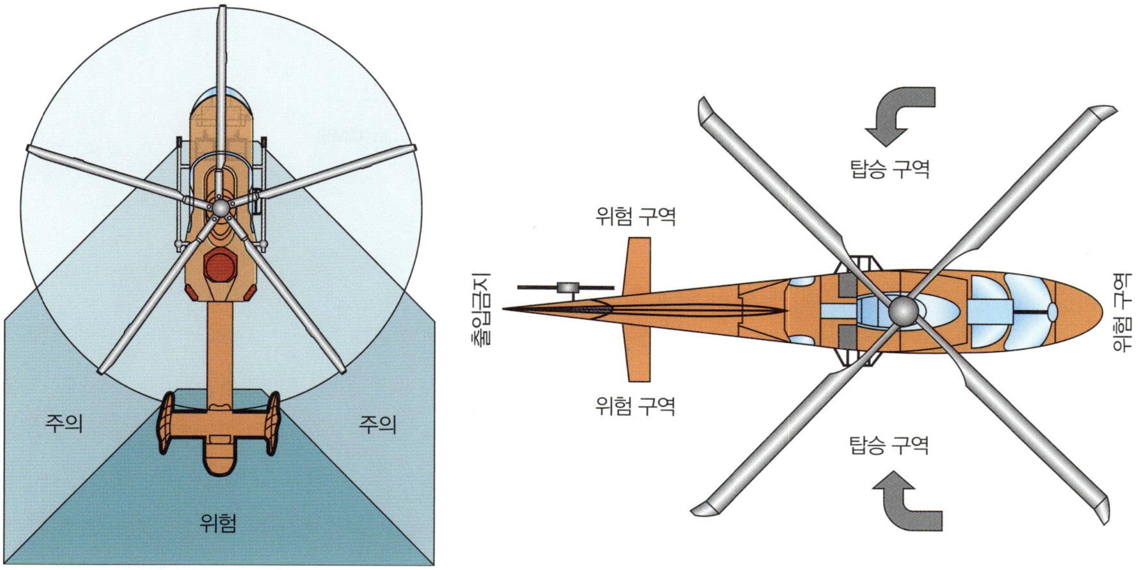

그림 10-19 현장의 인력은 헬리콥터 인력이 요청하는 경우 헬리콥터에 접근해야 한다. 오직 정면에서 항공의료인력이 보고 있는 방향으로 접근해야 한다.

팀이 안전한 착륙을 위해 현장의 조명을 상당수 끌 것을 요청할 수 있다.

일반적으로 접근 중인 항공기는 착륙장에 근접할 경우 (주로 5분 전에) 미리 통신을 해야 한다. 이에 접근하는 항공기의 소리를 듣거나 기체를 볼 수 있다고 통신해야 한다. 접근하는 항공기가 보인다고 해서 반드시 항공기에서 착륙 지점이 보이는 것은 아니다.

접근 중인 항공기를 위해 방향을 바로 잡아줄 필요가 있는 경우, 시계 방향을 기준으로 방향을 지시한다. (항공기의 전방 동체에 있는) 조종사를 위한 방향의 기준은 항상 12시 방향이다. 항공기가 착륙장에 최종적으로 접근할 때는 안전을 위해 통신을 제한한다. (가령 누군가 착륙 지점에 갑자기 진입하는 등) 착륙장이 위험해지는 경우, 통신을 통해 "착륙 중단!"을 외친다. 착륙장 담당관은 안전거리를 유지하며 위험요소를 지속적으로 살펴야 한다.

안전이 확보되기 전까지는 아무도 항공기에 접근하지 않도록 지시한다. 현대의 터빈 엔진 구동 항공기는 시동을 끄기 전에 30초에서 2분 동안 엔진을 식혀야 한다. (항공의료 이송팀에 의해) 안전이 확인될 때까지는 헬리콥터의 회전 날개 범위 밖에 위치한다. 헬리콥터의 회전 날개는 엔진이 풀리면서 아래로 주저앉을 수 있다. 또한 회전 날개는 바람에 쉽게 구부러지기 때문에 낮게 위치시켜야 한다. 조종사는 헬리콥터의 시동을 유지할 수도 꺼둘 수도 있다. (심지어 덮개형 회전 날개가 사용되더라도) 회전 날개는 잘 보이지 않는 곳에 있고 매우 위험할 수 있기 때문에 헬리콥터의 뒤쪽으로 접근해서는 안 된다.

현장의 인력은 오직 정면에서 항공의료 인력이 보고 있는 방향에서 항공기에 접근해야 한다(그림 10-19). 항공기가 고르지 않은 지면에 있는 경우, 비탈진 언덕의 아래에서 위로 접근해야 한다. 항공기에서 물러날 때는 접근했던 방향으로 이동한다(그림

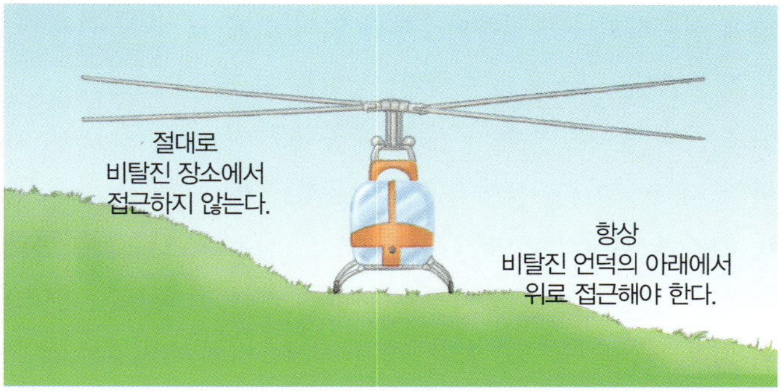

그림 10-20 착륙지가 다소 비탈진 경우 항상 비탈진 언덕의 아래에서 위로 접근해야 한다.

10-20). 항공의료 인력이 문을 열고 필요한 장비를 제거하게 한다.

## 환자 정보의 제공

환자를 헬리콥터로 곧바로 이송하지는 않는다. 일반적으로 구조 인력은 환자의 평가와 이송을 위한 결착 조치를 위해 헬리콥터 밖으로 나와야 한다. 헬리콥터 밖으로 나온 구조 인력은 환자에게 접근하며 우선 처치를 담당한 응급구조사는 항공 구조요원에게 환자의 증상에 대한 신속 정확한 보고를 하고, 제공된 처치와 처치에 대한 환자의 반응을 자세히 설명해야 한다. 투여된 약제(펜타닐, 안정제, 마취제 등), 투여량, 투여 시기 등을 보고하는 것은 대단히 중요하다. 가능하다면 환자의 신원, 활력 징후, (심전도 모니터나 호기말이산화탄소 수치 등) 여타 생리학적 데이터 등이 담긴 정보의 사본을 제공해야 한다. 항공구조 인력에게 전달해야 하는 중요한 여타 정보에는 (환자가 삽관 조치를 받은 경우) 최대 심전도 수치와 신경학적 검사 결과, 투여된 마취제의 종류와 투여 시기, 저혈압이 발생한 시간, 손상 기전 등이 있다. 환자에게 기관내삽관을 수행한 경우 삽관 튜브의 크기와 (입술로부터의 떨어진 거리 등의) 위치를 설명한다.

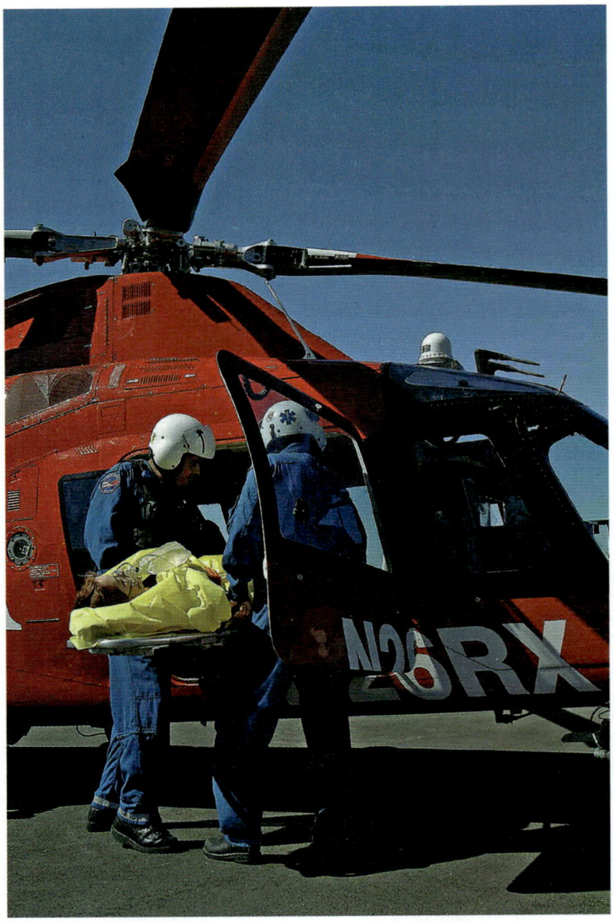


그림 10-21 헬리콥터의 측면을 통해 환자를 싣는다.

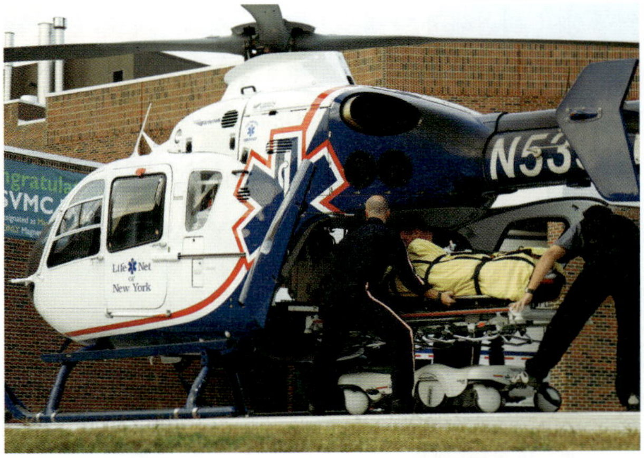


그림 10-22 헬리콥터의 후면을 통해 환자를 싣는다. (© *Mark Foster*)

## 환자 싣기

헬리콥터의 구조 인력이 환자를 이송하는 작업을 요청을 받을 경우 보조한다. 헬리콥터에 접근하거나 헬리콥터로부터 멀어질 때는 모든 안전 규칙을 준수한다. 장비를 어깨 위로 들어 올리지 않는다. 항상 항공구조 인력의 지시에 따른다. 헬리콥터의 유형에 따라 환자를 기체의 측면 또는 후면으로 싣는다(그림 10-21과 10-22). 현장의 소음으로 인해 소리가 잘 들리지 않기 때문에, 헬리콥터 구조 인력의 말과 행동에 예의주시한다. 항공구조 인력이 헬리콥터의 문과 외부 짐칸을 닫도록 한다. 항상 헬리콥터의 후미로는 접근하지 않도록 주의한다.

헬리콥터로 환자를 이송하기 위해 구급차가 사용되는 경우, 7m 이내로 가까워져서는 안 된다.

## 이륙

환자 결착이 끝나면 착륙장 밖으로 물러나 안전거리를 유지한다. 열린 문이나 짐칸은 없는지를 유의하며 헬리콥터 구조 인력을 보조한다. 밖으로 풀려난 스트랩이 없는지를 확인한다. 위험요소가 발견되는 즉시 헬리콥터 조종사에게 알린다. 현장이 완전히 정리될 때까지 헬리콥터와의 통신을 유지한다.

## 요약

항공의료 이송은 응급의료체계의 중요한 부분이다. 일반적인 처치 과정과 마찬가지로 헬리콥터를 통한 환자 이송을 할 때는 혜택과 위험의 경중을 잘 구분해야 한다. 의료용 항공기를 사용하는 경우 위험과 비용 부담이 있기 때문에, 분명히 혜택보다는 위험이 더 많이 있다. 환자는 현대 응급의료체계에서 헬리콥터가 수행하는 역할에 익숙하지 않은 경우가 많기 때문에, 응급구조사가 최대한 환자의 편에 서줄 것이라고 기대할 것이다.

## 현장 출동 후 결과 분석

응급구조사와 동료는 도시 외곽에서 손상 환자가 발생한 사고에 출동한다. 사고에 대해 알려진 정보는 거의 없다. 응급구조사는 현지 최초 반응 기관인 레드 캐니언 자원봉사 소방대는 이미 현장으로 이동 중이다. 교외 지역 도로로 빠져나온 응급구조사는 먼 거리에서 소방 차량의 빨간 불빛을 확인한다. 현장 근처에 접근하던 응급구조사는 소방차 뒤편에 구급차를 세운다. 환자의 집은 아담하게 꾸며진 주택이다. 최초반응자 중 한 명은 응급구조사와 동료를 환자에게 안내한다. 72세 여성 환자는 카페트에 걸려 넘어졌다. 환자는 왼쪽 엉덩관절 부위에 통증을 호소하고 있다. 환자의 남편은 그녀의 곁에서 손을 잡고 있다. 1차/2차 평가를 마친 응급구조사는 왼쪽 엉덩관절에 골절이 발생한 것을 확인하였다. 응급구조사는 최초반응자 중 한 명에게 구급차에서 들것을 가지고 오도록 한다. 이에 최초반응자는 의아해하며 "이미 의료용 헬리콥터가 오고 있습니다."라고 말한다. 응급구조사는 "헬리콥터가 오고 있다고요?"라고 반문한다. 최초반응자는 환자가 20분 동안 구급차를 이용해서 이송하는 것보다 의료용 헬리콥터를 이용하는 것이 더 적절하다고 판단했다고 전한다. 게다가 환자의 남편은 현지 의료용 헬리콥터 서비스에 가입했다고 최초반응자에게 말했다고 한다.

응급구조사와 동료는 환자에게 의료용 헬리콥터가 반드시 필요한 것이 아니라는 사실을 알고 있다. 하지만 응급구조사는 자원봉사 소방대와 원만한 관계를 유지하고 싶어 한다. 다음의 질문에 대답하시오.

1. 환자의 상태가 의료용 헬리콥터를 반드시 필요로 하지는 않은 상황인 경우, 여전히 헬리콥터 이송을 선택할 것인가?

2. 응급구조사는 환자를 의료용 헬리콥터로 이송하지 않기로 한 결정을 환자의 남편이나 최초반응자에게 어떻게 설명할 것인가?

3. 제시된 상황에 대처하기 위해 응급구조사가 고려할 수 있는 방법에는 무엇이 있는가?

*이 책 뒷부분에 제시된 해설을 참고한다.*

## 복습 문제

**1.** 사상자 구조를 위해 항공기가 최초로 사용된 때는 ______이었다.
   a. 1차 세계대전　　b. 2차 세계대전
   c. 한국 전쟁　　d. 베트남 전쟁

**2.** 헬리콥터의 최대 단점은 ______이다.
   a. 비행 거리　　b. 주변 밝기
   c. 환자 상태　　d. 기상 상태

3. 조종사와 항공기가 어떤 비행규칙을 준수하는 장비를 갖춘 경우에만, 열악한 시계상태의 기상조건에서 비행할 수 있나?
   a. 계기비행 b. 시계비행
   c. V4R d. GPS

4. 항공의료 이송의 혜택은 어느 것인가?
   a. 비싸지 않은 이송 방법
   b. 모든 기상 상태에서 환자 이송
   c. 병원까지 환자 이송 시간 단축
   d. 더 좋은 처치의 질

5. 헬기에 의한 항송이송이 가장 필요한 환자는?
   a. 다이빙 손상 b. 유해물질 노출
   c. 심정지 d 급성 뇌졸중

6. 응급구조사는 정면 차량 충돌 사고 현장으로 출동한다. 차량 내부에 끼인 환자는 중증 머리 손상이 발생하였으며 의식상태가 악화되었다. 다음 보기 중 어떠한 요인이 항공의료 이송을 불가능하게 만드는가?
   a. 머리 손상 b. 환자의 체격
   c. 척추 손상 d. 정신적 상태의 변화

7. GPS 기반 헬리콥터 전용 지형 경고 체계로 조종사가 지형에 충돌하지 않도록 보조하는 것은?
   a. 헬리콥터용 지형 장애물 회피 경고 시스템(HTAWS)
   b. 지상 근접 경고 시스템(GPSWS)
   c. 미 연방 항공국 승인 야간 투시경(FAA-NVG)
   d. 야간 투시경(NVG)

8. 항공의료 서비스를 요청할 때 응급구조사가 초기에 제공하는 정보에는 ______가 있다.
   a. 현장으로의 거리 b. 환자의 수
   c. 의료 감독자의 성명 d. 인근의 수역

9. 착륙장 담당관의 임무는 장소 선정 및 준비, 사고 지휘자에게 헬리콥터 예상 도착 시간 보고, ______ 등이 있다.
   a. 착륙지의 시야 확보 b. 공지 통신
   c. 구조 현장의 안전 확보 d. 환자 준비 조치

10. 착륙장에는 쉽게 튈 수 있는 잔해물이 없어야 하며, 최대한 비탈지지 않은 곳에 어느 정도 크기의 착륙 공간이 확보되어야 하는가?
   a. 15.24미터×15.24미터 b. 22.86미터×22.86미터
   c. 30.48미터×30.48미터 d. 45.72미터×45.72미터

11. 착륙장 주변에는 ______으로 표시되어야 한다.
   a. 백색 조명등
   b. 상공의 장애물에 대한 조명
   c. 사선으로 겹쳐진 형태의 조명탄
   d. 접근하는 항공기를 비추는 레이저 조명

12. 착륙장 담당관은 접근 중인 헬리콥터와 통신 중이다. 다음 보기 중 조종사에게 보내는 적절한 지시는 무엇인가?
   a. "착륙지는 벨몬트 도로의 왼쪽에 위치합니다."
   b. "착륙장은 오른쪽 가장자리에 존스 경관의 픽업트럭으로 표시되었습니다."
   c. "헬리콥터가 보입니다. 착륙장은 제 위치에서 북쪽으로 500야드 떨어진 곳에 위치해 있습니다."
   d. "착륙장은 네 개의 콘으로 표시되어 있고 현재 헬리콥터의 3시 방향에 위치해 있습니다."

13. 시동이 꺼지지 않은 헬리콥터로 접근할 때 가장 위험한 방향은 ______.
   a. 비탈진 언덕의 아래서 위로 올라오는 것이다.
   b. 헬리콥터 정면에서 접근하는 것이다.
   c. 조종사 측면에서 접근하는 것이다.
   d. 헬리콥터 후면에서 접근하는 것이다.

14. 항공구조 인력이 기체에 환자를 싣는 것을 보조해 달라고 요청할 경우 여러분은 ______.
   a. 구조 인력이 현장 인력을 헬리콥터에 탑승하게 해야 한다.
   b. 환자의 옷을 모두 제거해야 한다.
   c. 비탈진 언덕의 위에서 아래로 접근해야 한다.
   d. 보조 조종사가 엔진을 끌 때까지 기다린다.

15. 항공기에 이물질이나 잔해물이 접촉된 경우, 항공기는 ______.
   a. 정비 인력이 점검을 할 때까지는 헬리콥터를 작동할 수 없다.
   b. 조종사가 항공기를 점검하면서 20분의 시간이 지연된다.
   c. 항공기는 엔진을 식히기 위해 자동으로 시동이 꺼진다.
   d. 추가적인 환자 처치를 제공하기 전까지 20분간 엔진을 식힌다.

*이 책 뒷부분에 제시된 해답을 참고한다.*

# 참고문헌


1. Karanicolas, P. J., P. Bhatia, J. Williamson, et al. "The Fastest Route between Two Points Is Not Always a Straight Line: An Analysis of Air and Land Transfer of Nonpenetrating Trauma Patients." J Trauma 61 (2006): 396–403.
2. Talving, P., P. G. Teixeira, G. Barmparas, et al. "Helicopter Evacuation of Trauma Victims in Los Angeles: Does It Improve Survival?" World J Surg 33 (2009): 2469–2476.
3. Svenson, J. E., J. E. O'Connor, and M. B. Lindsay. "Is Air Transport Faster? A Comparison of Air versus Ground Transport Times for Interfacility Transfers in a Regional Referral System." Air Med J 25 (2006): 170–172.
4. Diaz, M. A., G. W. Hendey, and H. G. Bivins. "When Is the Helicopter Faster? A Comparison of Helicopter and Ground Ambulance Transport Times." J Trauma 58 (2005): 148.
5. Fan, E., R. D. MacDonald, N. K. Adhikari, et al. "Outcomes of Interfacility Critical Care Adult Patient Transport: A Systematic Review." Crit Care 10 (2006): R6.
6. Werman, H. A. and B. N. Neely. "One–Way Neonatal Transports: A New Approach to Increase Effective Utilization of Air Medical Resources." Air Med J 15 (1996): 13–17.
7. Berge, S. D., C. Berg–Utby, and E. Skogvoll. "Helicopter Transport of Sick Neonates: A 14–Year Population–Based Study." Acta Anaesthesiol Scand 49 (2005): 999–1003.
8. Thomas, S. H., T. Harrison, S. K. Wedel, and D. P. Thomas. "Helicopter Emergency Medical Services Roles in Disaster Operations." Prehosp Emerg Care 4 (2000): 338–344.
9. Martin, T. Aeromedical Transport: A Clinical Guide. 2nd ed. Williston, VT: Ashgate Publishing, 2006.
10. Atlas and Database of Air Medical Services (ADAMS). [Available at http://www.aams.org/AAMS/Media_Room/ADAMS_Database/aams/MediaRoom/ADAMSDatabase/ADAMS_Database. aspx?hkey=4cccf748-2bc7–4bb9–b41a–c710366c51dc]
11. Lerner, E. B. and R. M. Moscati. "The Golden Hour: Scientific Fact or Medical "Urban Legend"?" Acad Emerg Med 8 (2001): 758–760.
12. Newgard, C. D., R. H. Schmicker, J. R. Hedges, et al. "Emergency Medical Services Intervals and Survival in Trauma: Assessment of the "Golden Hour" in a North American Prospective Cohort." Ann Emerg Med 55 (2010): 235–246.
13. Brown, J. B., N. A. Stassen, P. E. Bankey, A. T. Sangosanya, J. D. Cheng, and M. L. Gestring. "Helicopters and the Civilian Trauma System: National Utilization Patterns Demonstrate Improved Outcomes after Traumatic Injury." J Trauma 69 (2010): 1030–1034; discussion 1034–1036.
14. Schiller, J., J. E. McCormack, V. Tarsia, et al. "The Effect of Adding a Second Helicopter on Trauma–Related Mortality in a County–Based Trauma System." Prehosp Emerg Care 13 (2009): 437–443.
15. Butler, D. P., I. Anwar, and K. Willett. "Is It the H or the EMS in HEMS That Has an Impact on Trauma Patient Mortality? A Systematic Review of the Evidence." Emerg Med J 27 (2010): 692–701.
16. Bledsoe, B. E., A. K. Wesley, M. Eckstein, T. M. Dunn, and M. F. O'Keefe. "Helicopter Scene Transport of Trauma Patients with Nonlife–Threatening Injuries: A Meta–Analysis." J Trauma 60 (2006): 1257–1265; discussion 1265–1266.
17. Black, J. J., M. E. Ward, and D. J. Lockey. "Appropriate Use of Helicopters to Transport Trauma Patients from Incident Scene to Hospital in the United Kingdom: An Algorithm." Emerg Med J 21(3) (2004): 355–361.
18. Thomas, S. H., F. Cheema, S. K. Wedel, and D. Thomson. "Trauma Helicopter Emergency Medical Services Transport: Annotated Review of Selected Outcomes–Related Literature." Prehosp Emerg Care 6 (2002): 359–371.
19. Thomas, S. H. "Helicopter EMS Transport Outcomes Literature: Annotated Review of Articles Published 2004–2006." Prehosp Emerg Care 11 (2007): 477–488.
20. Bayley, R., M. Weinger, S. Meador, and C. Slovis. "Impact of Ambulance Crew Configuration on Simulated Cardiac Arrest Resuscitation." Prehosp Emerg Care 12 (2008): 62–68.
21. Burney, R. E., L. Passini, D. Hubert, and R. Maio. "Comparison of Aeromedical Crew Performance by Patient Severity and Outcome." Ann Emerg Med 21 (1992): 375–378.
22. Burney, R. E., D. Hubert, L. Passini, and R. Maio. "Variation in Air Medical Outcomes by Crew Composition: A Two–Year Follow–Up." Ann Emerg Med 25 (1995): 187–192.
23. Ray, A. M. and D. P. Sole. "Emergency Medicine Resident Involvement in EMS." J Emerg Med 33 (2007): 385–394.
24. Garner, A., S. Rashford, A. Lee, and R. Bartolacci. "Addition of Physicians to Paramedic Helicopter Services Decreases Blunt Trauma Mortality." Aust N Z J Surg 69 (1999): 697–701.
25. National Transportation Safety Board. Public Hearing: Helicopter Emergency Medical Services, February 3–6, 2009.
26. Federal Aviation Administration. Fact Sheet–Helicopter Emergency Medical Services Safety.
27. National Transportation Safety Board. EMS Helicopter Safety: Is It an Oxymoron? [Available at http://www.ntsb.gov/doclib/speeches/sumwalt/aamt.pdf]
28. Patient First Air Ambulance Alliance. [Available at http://www.patientfirstalliance.org/]

## 추가문헌


Air and Surface Transport Nurses Association. ASTNA Patient Transport: Principles and Practices. St. Louis: Mosby, 2009.

Bledsoe, B. E., and R. W. Benner. Critical Care Paramedic. Upper Saddle River, NJ: Pearson/Prentice Hall, 2006.

Deschamp, C. Introduction to Air Medicine. Upper Saddle River, NJ: Pearson/Prentice Hall, 2006.

# Chapter 11
# 다발성 사상자 사고 및 사고 관리
## Multiple-Casualty Incidents and Incident Management


Bryan Bledsoe, DO, FACEP, FAAEM, EMT-P
Louis Molino, NREMT-I


### 단원 표준

응급의료체계 운영(다수환자 사고)

### 학습 역량

환자, 시민, 의료 인력의 안전을 보장하기 위한 응급의료종사자의 역할과 책임에 대한 지식을 적용한다.

## 학습 목표

**최종 목표**

이 장의 학습을 마치면 다발성 손상 발생 시 응급의료 인력으로부터 기대되는 역할을 효과적으로 수행할 수 있다.

**수행 목표**

최종 목표를 달성하기 위해 다음 사항은 필수적이다.

1. 이 장에서 제시된 중심용어를 숙지한다.
2. 소형, 대형, 재난성 다수환자 사고를 유발할 수 있는 상황을 예측할 수 있다.
3. 현장지휘 체계 또는 현장 관리 체계의 최초 발달 과정과 목적, 국가 사고 관리 체계(NIMS)의 구성 요소를 설명할 수 있다.
4. 국가 사고 관리 체계(NIMS)와 현장 지휘 체계(ICS)의 5가지 주요 기능, 구역의 목적과 기능을 설명할 수 있다.
5. 상호 협력 조정 센터(MACC)의 목적을 설명할 수 있다.
6. 국가 사고 관리 체계 혹은 현장지휘 센터의 5가지 주요 기능 구역에서 다양한 인력이 수행하는 역할을 설명할 수 있다.
7. 사고 관리 체계 과정을 EMS 분과 내에서 기능적 그룹을 설명할 수 있다.
8. 다수환자 사고 발생 시 환자 분류, 처치, 이송 부서에서 응급의료 인력이 수행하는 다양한 기능을 수행할 수 있다.
9. START, JumpSTART 체계의 구성 요소를 설명하고, 각각의 요소들이 무엇을 수반하는지 설명할 수 있다.
10. 재난 관리의 4단계를 설명하고, 재난이 다수 환자 사고에 어떤 영향을 주는지 설명할 수 있다.
11. 다수환자 사고와 재난에서 발생하는 흔한 문제점들, 다수 환자 사고와 재난 대응에 관련된 사전 계획, 훈련, 검토의 중요성을 설명할 수 있다.
12. 재난 정신 보건 서비스의 역할을 설명할 수 있다.

## 핵심 키워드

부서, branches, branches
C-FLOP, C-FLOP
폐쇄형 사고, closed incident
현장지휘, command
현장지휘 인력, command staff
합의 표준, consensus standards
해산, demobilized
미국 국토안보부, Department of Homeland Security(DHS)
재난 관리, disaster management
국내 사고, domestic incidents
비상 대책 센터, emergency operations center(EOC)
응급의료 통신 담당관, EMS communications officer
구출, extrication
시설팀, facilities unit
재정 및 행정 부서, finance/administration section
현장지휘통제소, incident command post (ICP)
현장지휘체계, Incident Command System (ICS)
현장지휘자, incident commander(IC)
사고 관리 체계, Incident Management System(IMS)
정보 담당관, information officer(IO)
연락 담당관, liaison officer(LO)
물류 부서, logistics section
의료 물품 공급팀, medical supply unit
시신 안치소, morgue
시신 안치소 담당관, morgue officer
다수환자 사고, multiple-casualty incident (MCI)
상호 협력 협약, mutual aid agreement
상호 협력 조정 센터(MACC), mutual aid coordination center(MACC)
국가 사고 관리 체계, National Incident Management System(NIMS)
개방형 사고, open incident
작전 부서, operations section
계획/정보 부서, planning/intelligence section
일차 환자 분류, primary triage
신속 중재 처치팀, rapid intervention team
안전 담당관, safety officer(SO)
SALT 환자 분류법, SALT(sort-assess-lifesaving interventions-treatment/transport) triage
현장 감독 권한법, scene-authority law
이차 환자 분류, secondary triage
부서장, section chief
부서, sector
단독 사고 지휘, singular command
상황인식, situational awareness
통제 구역, span of control
직원의 기능, staff functions
중간 대기 구역, staging area
중간 대기 구역 담당관, staging officer
START 분류, START
이송팀 감독관, transportation unit supervisor
처치 대상 관리자, treatment group supervisor
처치팀 책임자, treatment unit leaders
환자 분류, triage
환자 분류 대상 관리자, triage group supervisor
환자 분류 담당관, triage officer
통합 지휘 체계, unified command
창문 밖 평가, windshield survey

## 사례 연구

29명의 초등학교 학생이 탑승한 관광버스가 219번 도로를 따라 약 72km/h의 속도로 북쪽으로 이동 중이었다. 관광버스는 도로가 얼은 결빙 구간에서 조정력을 상실하고 도로 밖으로 미끄러져 도로변 왼쪽에 서 있는 나무와 충돌했다. 버스 기사는 휴대폰으로 카운티 911센터에 신고하고, 센터는 유선 전화로 현지 경찰, 소방서, 응급의료 기관, 해당 초등학교를 담당하는 행정 기관에 연락을 취한다.

경찰차가 현장에 최초로 도착한 후에 이어 구급차가 도착했다. 조수석에 탄 응급구조사는 창문 밖으로 현장조사를 실시한 뒤, 상황실로 현장 상황을 보고하였다. "사고 현장에는 도로변 숲 속으로 미끄러진 관광버스가 있고, 심각한 차량 손상으로 인해 구출 작업이 어려울 수 있습니다. 앰뷸런스 21이 사고 현장을 지휘하겠습니다."라고 현장 평가 내용을 전달하였다. 이에 응급의료통신관리자는 "알겠음. 앰뷸런스 21은 7시 23분 이후로 카운티 219번 도로의 현장 지휘를 담당함." 보고사항을 재차 확인하였다. 현장지휘를 맡은 수석 응급구조사는 동료 구조사를 환자 분류 담당관으로 임명하였다. 현장지휘자는 사고 현장을 평가하기 위해 한 바퀴를 돌면서, 구조 인력에게 대한 위험요소, 구조 작업에 예상되는 문제, 출동 중인 자원을 위한 대기 장소 등을 확인한다. 개인 보호구를 착용한 환자 분류 담당관은 손상된 앞문이 숲에 가려져 있어 차량 뒤편의 비상 출입구를 통해 버스에 진입하였다. 신속하게 환자의 수를 파악하던 현장지휘자는 현장에 총 30명(버스 기사 1명, 29명의 소아)의 환자가 있는 것을 확인한다. 현장지휘자는 무전을 통해 지휘 통제소로 환자의 수를 보고하였다.

환자 분류 담당관은 START/JumpSTART 체계를 이용해 환자를 평가하고 전체 환자의 수를 세면서 개별적으로 분류 표시를 해둔다. 1차 평가를 마친 환자 분류 담당관은 현장에는 총 30명의 환자(긴급환자 7명, 응급환자 12명, 비응급환자 11명, 지연환자 0명)가 있다고 지휘 통제소에 보고한다. 버스 기사를 포함한 세 명의 환자는 차량 내부 깊숙이 갇혀있다.

버스 밖에서 현장지휘자는 응급의료 전화상담 요원에게 다음과 같이 보고한다. "본부. 여기는 카운티 219번 현장지휘 통제소입니다. 34번 주립 고속도로에서 북쪽으로 1마일가량 떨어진 카운티 219번 도로, 좌측 변에 있는 숲에서 대형 통학 버스가 충돌했습니다. 현재 총 환자 수는 30명이고 버스 기사를 제외한 나머지 29명은 소아 환자입니다. 상당히 심각한 다수환자 사고가 발생했습니다. 최소한 10개의 이송팀과 추가적인 중장비 구조팀, 경찰 및 소방 인력의 지원을 요청합니다. 추가 지원될 구조팀은 카운티 219번 도로의 반대편에서 작업대기 구역을 설정해야 하고, 이송팀이 원활히 현장을 빠져나갈 수 있도록 중앙 차선을 비워두어야 합니다."

공공 안전 응답 지점의 상급 응급상황관리자은 카운티의 상호 협력 조정 센터(MACC)와 현지의 다수환자 사고 및 재난 비상 계획을 실행시킨다. 사고 현장에 대한 긴급 대응뿐만 아니라 기관별로 일반 신고에 대한 대응력이 떨어지지 않도록 응급의료 기관, 경찰서, 소방서, 여타 응급 기관의 인력을 동원한다.

일부 상호 협조 기관은 비번인 구조대원을 인력충원 요청 기관에 투입하면서 부족한 인력 문제를 해소한다. 모든 현지 병원은 전화, 무선 통신, 호출기를 통해 사고에 대한 보고를 받고, 사용 가능한 침상과 모든 유형의 특수 침대에 대한 현황에 관해 상호 협조 조정 센터로 실시간으로 보고하도록 요청한다.

추가 자원이 현장에 도달할 때까지는 치명적인 증상만을 중점적으로 중환자 처치를 시작한다. 구급차가 추가적으로 현장에 도착하고, 얼마 뒤 도착한 소방팀과 구조팀은 유해 물질 통제와 깊숙이 갇혀있는 환자를 위한 구조 작업을 시작한다. 근무 중이었던 응급의료 현장 감독자는 현장에 도착한 뒤 현장지휘자로부터 현황 보고를 듣고 현장지휘권을 이양 받는다. 현장 감독자는 응급의료 사고 접수 센터에 "본부. 본부. 여기는 카운티 219번 현장지휘 통제소입니다. 앰뷸런스 21로부터 EMS-1로 현장지휘권을 인계받습니다."라고 보고한다. 앰뷸런스 21의 응급구조사는 작전 부서 총괄의 임무를 부여받는다. 응급의료팀이 추가로 도착하면서, 작전 부서 총괄자는 안전 담당관, 처치팀 관리자, 이송팀 관리자 등 다양한 기능별 역할을 분담한다. 이 밖의 인력은 환자 처치, 비품 확보, 환자 이송 등의 임무를 수행한다. 사고 관리 체계의 여러 다양한 기능 및 부서별로 본연의 임무를 수행하고 원활한 소통과 조율이 이루어지면서, 사고 대응 작전은 순조롭게 진행된다.

구급차는 현장지휘 체계 수립을 기준으로 26분 만에 최초 중환자를 싣고 7시 49분에 현장을 떠난다. 이송 작업 담당관은 3개의 지역 병원에 환자를 고르게 배분한다. 환자로 인해 병원이 감내하게 될 부담의 정도는 손상의 유형에 따라 결정이 되고, 중증도가 가장 심각한 외상 환자는 지정된 외상 센터와 같은 적정 처치 센터로 이송된다. 마지막 환자는 현장지휘 체계 수립을 기준으로 53분 뒤에 현장을 떠난다. 이제 사고에 대한 응급의료 대응은 해제되었지만, 몇몇 구조팀이 현장에 남아 수사 과정을 보조한다. 이번 사고 외에도 현지의 다른 응급의료팀은 (비교적 규모가 작은 다수환자 사고인) 다중 출동 사고 1건을 포함한 8개의 응급 상황에 대응했다. 일반 신고에 있어서 다소 지연된 부분이 있기는 하지만, 두 건의 다수환자 사고로 인해 현지 응급의료체에서 대응 시간이나 환자 처치가 심각하게 지연되지 않았다.

## 개요

기존의 응급구조사 교육은 한 명 내지 2명의 처치 제공자와 한 명의 환자 간의 관계에 중점을 두었다. 이러한 경우 응급구조사는 환자 평가 및 처치에 집중할 수 있는 여력이 있다. 하지만 경우에 따라 응급구조사는 동시에 2명 이상의 환자를 처치해야 하는 상황에 처하기도 한다. 다수환자 사고는 차량 충돌, 아파트 화재, 폭력 집단의 무력 싸움 등 다양한 사건에 의해 발생할 수 있다. 응급구조사는 다수의 사상자가 발생할 수 있는 다수환자 사고 현장에 출동하게 될 수 있다는 점을 인지해야 한다.

다수환자 사고는 앞의 사례처럼 관광버스 충돌 사고와 같은 일상적인 사고나 토네이도, 열차 사고, 항

**그림 11-1** 1995년 4월 19일, 오클라호마 시 알프레드 머레이 연방 청사 건물에서 발생한 폭발 사건 현장 (ⓒ *AP Images*)

**그림 11-2** 2001년 9월 11일 세계 무역 센터와 미국방성에 가해진 테러 공격은 다수환자 사고 관리 체계의 판도를 뒤바꾸어 놓았다.(ⓒ *AP Images/Shawn Baldwin*)

공기 추락사고, 심지어 테러 공격과 같은 재난에 의해 발생할 수 있다(그림 11-1, 11-2, 11-3). 다수환자 사고의 정의는 기관별로 다를 뿐만 아니라 동일 기관이나 관할권 내에서도 구체적인 행정구역에 따라 달라질 수도 있다. 다수환자 사고는 기관에 따라 3~4명 이상의 환자가 발생하는 사고 또는 5명, 7명, 그 이상의 환자가 발생하는 사고로 정의된다. 재난이 발생하는 경우 환자의 수는 수백 명에서 수천 명에 이를 수 있다. 일반적으로 다수환자 사고는 언제든 현장의 자원을 소모시킬 수 있는 사고로 정의된다. 이 정의를 기준으로 할 때, 2명의 응급구조사가 탑승한 구급차가 도착한 사고현장에 전문소생술이 필요한 4명의 환자가 발생하였다면 이는 다수환자 사고에 해당한다. 각 응급의료체계는 다수사상자 사고에 대한 대응에 있어 비교적 한정된 역량을 가지고 있다. 일부 대도시의 응급의료기관의 경우 작은 의료기관에서 쉽게 감당할 수 없는 규모의 다수환자 사고를 원활하게 관리할 수 있다. 하지만 보통 다발성 손상은 다음과 같이 분류한다.

**그림 11-3** 2005년 8월 29일, 멕시코만을 강타한 허리케인 카트리나는 미국 재난사에서 최악의 사건으로 기억된다. 대규모 허리케인 사태로 인해 미국 재난 관리 체계의 허점이 드러났다.(ⓒ *AP Images/David J. Phillip*)

- *소형 사고* 일반적으로 사고 발생 지역의 응급의료 인력에 의해 관리될 수 있는 사고로 응급의료체계에게 부담이 될 수는 있지만, 과부하를 초래하지 않는다. 소형 사고에는 다수의 환자를 발생시키는 차

량 충돌 사고나 총격 사건 또는 기타 유사한 사건이 있다.

- *대형 사고* 경찰, 소방서, 응급의료체계, 지역 병원을 포함하여 사고 발생지역의 응급의료자원에 부담으로 작용하는 사고이다. 토네이도, 구조물 붕괴, 홍수, 여타 유사한 사건 등을 예로 들 수 있다.
- *재난* 지역 응급 대응 자원에 과부하를 초래하는 사건으로 허리케인, 지진, 대홍수를 예로 들 수 있다. 테러 행위 또한 재난성 상황을 초래할 수 있다.

3장에서 다수환자 사고와 (사상자를 발생하거나 발생하지 않을 수도 있는) 재난에 대한 응급의료체계의 대응 방식을 학습한다. 다수의 환자가 발생하는 차량 충돌 사고에 대응할 때 사용되는 기술과 수단은 더욱 피해 규모가 큰 다수환자 사고 관리를 위해 사용된다. 또한 지난 25년간 원활한 조직 운영을 위해 사용되어온 지휘 통제의 개념과 응급 대응의 통제 방식에 관해 설명한다. 3장 후반부에서는 재난 관리에 관한 특수 고려 사항이 제시된다.

## 응급 사고 관리의 역사

1970년대에 발생한 몇몇 대형 화재와 기타 대규모 사고로 초래된 혼란으로 인해, (특히 캘리포니아 남부 지역의) 소방 기관은 대규모 응급 상황에 대한 조직적 대응 체계를 세우는 데 주도적인 역할을 했다. 이러한 노력은 주 정부 차원의 대응 체계인 응급 상황 대응을 위한 남부 캘리포니아 소방 자원 조직화 체계(이하 "FIRE SCOPE")의 확립으로 이어진다. FIRE SCOPE은 미국 전역에 걸쳐서 기타 주요 분야로 확대되기 시작한다. FIRE SCOPE이 적용된 분야는 자체적인 운영 방식이 있었고, (이후에 현장지휘체

### 법적 고려사항

**국가 사고 관리 체계**

9/11 테러 공격의 여파 속에서 국토안보부가 신설되는 과정 중, 재난이나 다수환자 사고에 대응하는 모든 응급 기관이 공유하는 효과적인 사고 관리 체계가 필요했다. 국가 사고 관리 체계는 응급 기관이 지자체, 주, 연방 차원에서 사용할 수 있는 보편적인 체계를 제공하기 위해 개발되었다. 앞서 설명한 대로 국가 사고 관리 체계는 국토 보안을 위한 대통령 행정 명령 제5호에 의해 추진되었다. 2003년 2월 28일에 발효된 행정 명령 5호는 단일 통합형 국가 사고 관리 체계를 통해 국내 사고에 대한 미국의 대응력을 강화하기 위해 공표되었다.

국가 사고 관리 체계는 모든 유해 물질과 위험 관리에 대한 총체적 접근법을 제공하는 5개의 하위 체계로 구성된다.

- 사고 관리 체계–현장 관리 구조의 조직 및 운영을 위한 운영 요소, 8개의 상호작용적 구성 요소, 절차를 포함한다.
- 훈련–국가 사건 관리 체계의 효과적인 운영을 지원하는 표준 훈련 과정
- 자격 인증 체계–현장지휘체계의 특정 임무 직책을 수행하기 위해 필요한 표준 훈련, 경험, 신체적 조건을 충족할 수 있도록 미국 전역의 인력을 양성한다.
- 출판물 관리–국가 사고 관리 체계의 출판물 개발, 홍보, 유통을 포함한다.
- 보조 기술–국가 사고 관리 체계의 운영을 보조하는 인공위성 영상화 기술, 전문 통신 체계, 지리 정보 체계

미 국토안보국은 자연 재난이나 대규모 테러 공격에 대한 대응에 있어 사고 관리가 얼마나 중요한지를 명확하게 인식하고 있다. 국토안보국은 소방 기관과 여타 응급 기관의 노하우를 십분 활용하여 대규모 사고에 대한 국가적인 표준 대응 체계를 마련했다. 국가 사고 관리의 표준이라는 개념은 이례적인 재난에 대응하는 응급 기관이 모두 동일한 용어와 대응 체계를 공유하는 것을 보장한다. 국가 사고 관리 체계는 사고 대응에 있어서 응급 기관 간의 통신을 표준화하여 기관장이 사고의 속성과 범위에 대한 정확하고 총체적인 이해를 할 수 있도록 한다. 또한 국가 사고 관리 체계는 시민과의 신속 정확하고 효과적인 통신을 보장한다. 국가 사고 관리 체계의 대부분은 더욱 체계적인 기존의 사고 관리 체계를 기반으로 하고 현재 소방 기관과 기타 응급의료기관에 의해 사용되는 현장지휘체계의 많은 부분을 반영하고 있기 때문에, 사고 대응에 참여하는 대부분의 응급의료서비스 제공자에게는 크게 다른 점이 없을 것이다. 국가 사고 관리 체계는 사고 대응의 연장 선상에 있는 (공공 의료 인력과 같이 사고 현장의 응급 구조 활동에 참여하는 경우가 거의 없는 인력을 포함한) 모든 응급 구조 인력이 응급 사고를 지휘, 통제, 통신, 조정하는 동일한 과정에 참여할 수 있게 하는 장점이 있다.

계라고 알려진) 기본 체계를 채택하였다. 현장지휘체계는 견실한 관리의 기본 원칙을 수용하고 이를 응급 사고 현장의 특성에 맞게 적용하는 관리 체계이자 철학이다. 현장지휘체계는 응급 대응 자원의 효과적인 통제, 지시, 조정을 위해 설계되었다. 초기의 현장지휘체계는 대형 화재의 진압을 위해 개발되었지만, 법 집행 기관, 응급의료기관, 병원, 업계에 의해 표준 현장지휘체계 또는 사건 관리 체계가 도입되어 왔다.

지난 여러 해 동안 (특히 9/11 테러 이후) 미국의 현장지휘체계와 사고 관리 체계는 더욱 표준화되고 포괄적인 국가 사고 관리 체계로 통합되었다. 국가 사고 관리 체계는 (모든 응급 기관이 국토안보부가 정의한 표준을 개발 및 시행해야 하는) 국토 안보를 위한 대통령 행정 명령에 의해 규정된다. 국가 사고 관리 체계가 미국의 응급 기관 커뮤니티에 공식적으로 도입된 이래로, 모든 관련 기관이 국가 사고 관리 체계의 표준을 준수하도록 지침 및 지시 사항이 제공되어 왔다. 규정 미준수 행정 구역은 재난 대응을 위한 연방 정부 지원금과 기타 보조금을 박탈당할 수도 있기 때문에 모든 응급의료기관은 반드시 국가 사고 관리 체계의 표준 준수 사항을 인지하고 있어야 한다. 인터넷망과 신속한 정보 수집력은 국가 사고 관리 체계의 규정 준수를 유지하게 하고 (사례 연구에서 소개된 허리케인 카트리나와 샌디 혹은 보스톤 마라톤 폭파, 샌 베르나르디노 총격, 세계무역센터 충돌사고 같은 국가적인 규모의 사고와 같이) 요구되는 수준의 대응에 응급 기관이 효과적으로 통합하는 작업을 가능하게 한다.

## 규제 및 표준

사고 관리에 대한 표준 관행은 다양한 출처에서 기인한다. 국가 사고 관리 체계를 규정한 국토 안보를 위한 대통령 행정 명령 제5호가 시행되기 이전에는 사고 관리 체계의 사용에 대한 유일한 연방 정부 표준이 (유해 물질 대응으로 더 잘 알려진) (유해 물질의 누출에 대한 응급 대응 시 "사고 장소에 특화된 현장지휘 체계의 사용"을 필수로 하는) 산업 안전 보건청의 규제뿐이었다. 이후 산업 안전 보건청의 규제는 (각 주의 산업 안전 보건청 현황과는 상관없이) 규정된 사고 관리 체계를 모든 주에 일괄 적용하는 환경보호청의 규제에 반영이 된다.

많은 주 정부는 사고 관리 체계의 사용을 의무화하는 법안을 통과했다. 응급구조사는 근무 지역에 이러한 주법이 있는지를 조사한다. 특히 (사고 현장의 최종적인 감독 권한자를 규정하는) 현장 감독 권한법에 유의할 필요가 있다.

광범위한 합의가 이루어진 지침 사항인 국가 합의 표준은 미국 방재 협회를 비롯한 유사 기관에 의해 제정되었다. 국가 합의 표준은 법이나 규제와 같은 구속력은 없지만, 다수환자 사고 관리를 위한 권고 사항을 일부 제시한다. 이 중 상당수는 유해 물질 사고("유해 물질" 참고), 안전 및 보건, 재난 관리와 같은 응급구조사에게 익숙한 문제를 다룬다. 9/11 테러 이후, 국가 위기 대응에 대한 판도가 뒤바뀌었기 때문에 국가적 합의 표준은 지속적으로 재평가되었다. 대형 응급 상황에 대한 대비를 갖추기 위해서는 견실한 일일 대응 체계를 개발하고 적시에 효과를 보기 위해 지속적인 연습이 필요하다.

사고 관리 체계의 시행을 위한 진정한 의미의 국가 표준 교육과정은 없지만, 메릴랜드 주 에미츠버그의 미 국립 소방 학교나 (미국 전역의 야생 지역에서 근무하는 소방 인력 컨소시엄인) 미 산불 조정 협회와 같은 기관의 교육 과정은 참고가 될 만하다. 사고 관리 체계의 개념이 상당 부분 야생 지역에서 발달한 이유는 사고 지역을 짧은 시간 안에 광범위하게 대응해야 하고 상황이 통제되는 경우 작전을 신속히 종료해야 하기 때문이다. 견실하고 표준화된 사고 관리 체계는 대규모 사고에 대한 신속하고 원활한 대응을 가능하게 한다.

**내용 요약**

- 사고 대응 우선순위
  - 현장안전
  - 사고 안정화
  - 재산 보존

국토 보안을 위한 대통령 행정 명령의 공표 이후, 국토안보부에 의해 국가 사고 관리 체계 시행을 위한 교육 요건과 관련 있는 많은 지침 및 지령이 제시되었다. 9/11 테러 이전의 교육 과정은 국가 사고 체계의 수준에 준할 수 있도록 수정 및 최신화되었다. 이러한 지침 사항은 국가 사고 관리 체계 통합 센터의 공식 웹사이트를 참고한다. 공식 웹사이트(http://www.fema.gov/emergency/nims/index.shtm)는 국가 사고 관리 체계나 기존의 웹사이트에 공지한 준수 사항과 이와 관련한 변동 사항이 있는 경우 주기적으로 수정되어야 한다.

## 통합적이고 유연한 신고 관리 체계

국가 사고 관리 체계는 사용되는 용어의 통일과 총체적인 접근법뿐만 아니라 여러 다른 면에서도 지난 수십 년 동안 여러 갈래로 분화되어 발달한 현행 사고 관리 체계보다 많은 장점이 있다. 우선, 국가 사고 관리 체계는 사고가 관할권이나 지리적인 경계를 뛰어넘어 발생할 수 있다는 사실과 호환성이 높은 표준 관리 체계의 사용이 일상적인/대규모의 응급 상황에 대한 체계화된 대응을 가능하게 한다는 점을 잘 반영하고 있다. 가장 단적인 예로 2005년 미국을 강타한 허리케인 카트리나와 리타를 들 수가 있다. 많은 주에 피해를 준 두 허리케인으로 인해 미국의 50개 주 6개 영토가 대대적인 대응 작업에 동원되었다. 재난 피해로 인한 재건 작업은 아직도 진행 중이다. 또한 국가 사고 관리 체계는 공공/민간 부문의 응급 상황에 대응하고 사업 지속성과 위기관리와 같이 민간 부문에 활용되는 개념을 통해 필요한 지속성을 갖추고 필수적 운영을 유지하는 유연성을 갖췄다.

또한 (비상 작전 센터라고 불렸던) 상호 협력 조정 센터(MACC)는 관할권의 범주를 넘어 사고를 관리하는 핵심 요소이다. 상호 협력 조정 센터(MACC)는 (시, 카운티, 주, 연방) 국가 관료가 응급 상황이나 재난 사태에 대한 대응 지시를 내리고 통제를 하는 장소이다. 센터에서 관리 및 보조 인력은 적절히 조율된 응급 대응을 수행한다. 사무실, 회의실, 혹은 지정된 시설이나 장소에서 운영하는 상호 협력 조정 센터(MACC)는 원활한 통신과 정보성 자료를 통해 사전에 계획된 응급 대응 작전을 수행한다. 가능하다면 상호 협력 조정 센터(MACC)는 안전한 장소에 위치해야 한다.

국가 사고 관리 체계와 (국가 사고 관리 체계의 핵심 원칙인) 현장지휘체계의 개념, 구조, 관행을 더욱 쉽게 이해할 수 있도록 다음 단락은 5가지 주요 기능 분야를 중점적으로 설명한다. 5가지 기능 분야를 간단히 암기할 수 있도록 약자인 "C-FLOP"을 활용한다.

C-지휘(Command)

F-재정/행정(Finance/administration)

L-물류(Logistics)

O-작전(Operations)

P-계획(Planning)

## 현장지휘

현장지휘는 사고 관리 체계에서 가장 중요한 기능 분야이다. 현장지휘자는 사고 현장을 총괄하는 사람이다. 현장지휘자는 법적 테두리 내에서 전권을 부여 받고 대부분의 경우 사고 대응과 관련된 법적 책임으로부터 보호를 받는다. 현장지휘에 있어 가장 핵심적인 개념은 의사 결정에 대한 최종적인 권한이 현장지휘자에게 있다는 점이다. 현장지휘자는 응급 사고 현장에서의 모든 활동을 관리한다. 현장에 있는 모든 인력이 현장지휘자에게 직통으로 보고를 하는 것은 불가능하고 혼잡스러우므로 지휘자는 인력별로 특정 기능 및 역할을 부여해야 한다. 이를 통해 현장지휘자는 관리 감독할 수 있는 적정 범위의 인력과 임무, 즉 합리적인 통제 범위를 확보할 수 있다. 수행하는 작전의 복잡성, 전체 사고의 범위, 현장지휘자가 가용할 수 있는 자원에 따라, 통제 범위는 3명에서 7명으로 확대될 수도 있다(적정 통제 범위는 5명).

**그림 11-4** 사고 현장에 최초로 도착한 응급 대응팀은 현장지휘체계를 실행하고 다수환자 사고 현장의 모든 구조 작업을 지휘해야 한다.

통제 범위와 관련하여 가장 중요한 점은 작전이나 임무가 더욱 위험할수록 통제 범위가 더욱 강화되어야 한다는 것이다. 작전을 수행하는 인력을 가장 심각한 신체적 위험에 노출시키는 작전은 관리 감독 능력이 있는 인력에 의해 지휘가 이루어져야 하고, 적정한 수의 숙련된 담당자를 선정하여 모든 작전이 최대한 안전한 환경에서 수행될 수 있도록 해야 한다.

## 현장지휘의 확립

앞서 설명한 대로 현장지휘를 확립해야 하는 시기와 다수환자 사고를 선포하는 시기에 대한 결정 방식은 기관마다 차이가 있다. 환자 발생 수가 특정 수준에 도달하였거나 미리 결정된 여타 조건으로 인해 현장 관리가 어려워지거나 가용할 수 있는 자원의 폭을 좁아지게 만드는 상황에는 다수환자 사고를 공식 선포한다. 일반적으로 두 개 이상의 지원팀이 응급 상황에 대응하는 경우, 사상자가 2명 이상일 경우, 혹은 사고 대응을 위해 다수의 응급 기관이 동원되는 경우, 사고 관리 체계를 실행해야 한다.

최초로 사고 현장에 도착하는 공공 안전 구급팀은 현장지휘체계를 실행해야 한다(그림 11-4). 지휘체계를 확립하는 것은 최초로 현장에 도착한 응급의료팀일 수도 있고 아닐 수도 있고 해당 사고의 유형에 맞는 지휘 체계를 실행할 법적 권한이 있는 기관일 수도 있고 아닐 수도 있다. 현장에 도착한 현장지휘자는 창문 밖으로 보이는 현장을 평가해야 한다. 응급의료서비스 제공자는 창문을 통해 현장의 모든 위해 요소를 확인하기 전까지는 구급차를 떠나지 않아야 한다. 예를 들어, 다량 충돌 사고 현장에서는 숲속에 가려진 차량이나 차량 근처에 고여있는 휘발유와 같은 위험요소를 간과해서는 안 된다. 육안으로 사고 현장의 범위와 위험요소를 파악한 응급구조사는 해당 정보를 통합상황관리센터와 현장으로 기타 응급 기관과 대응팀에 전달해야 한다.

## 현장 평가

현장 평가는 소방 인력 사이에서 널리 알려진 개념이지만, 응급의료에서는 자주 교육되지 않는다. 하지만 응급 대응 시 현장 평가가 적용되는 경우가 있다. 현장 평가는 사고 현장의 상황을 공식적으로 평가하는 과정으로 지휘 체계의 실행과 다수환자 사고의 관리에 있어서 핵심적인 부분을 차지한다. 초기/지속 현장 평가를 통해 작전 수행 인력과 현장지휘자가 높은 수준의 상황 인지력을 유지할 수 있다. 이를 통해 구조 인력이 노출될 수 있는 위험을 방지하고 사고 현장 접근 시 직면하게 될 유해 요소를 사전에 확인할 수 있다. 응급 사고 현장에서 임무를 수행하는 응급의료 인력은 항상 현장의 상황과 대응 작전에 대한 높은 수준의 인지력을 유지해야 한다. 초기/지속 현장 평가를 할 때 응급구조사는 모든 응급 구조 작업의 3가지 주요 우선순위를 기억해야 한다.

- 현장안전
- 사고 안정화
- 재산 보존

## 현장안전

모든 사고 대응에 있어서 현장안전은 항상 최우선순위이다. 대형 사고 현장에 최초로 도착한 응급구조사는 자신을 포함한 모든 구조 인력을 유해 물질로부터 보호해야 한다. 현장안전이 확보된 경우에만 즉각적으로 생명을 위협하는 환자를 처치한다. 이 경우, 소수의 요구보다 다수의 요구가 우선한다는 점을 기억해야 한다. 가령, 최초로 발견한 환자를 처치하는 동안 주변에 쓰러져있는 (처치 중인 환자보다 소생 확률이 더 높은) 10명의 중환자를 놓치는 경우가 있다.

현장지휘자는 환자의 분류를 별도의 환자 분류 담당관에게 일임해야 한다. 소규모 사건의 경우 현장지휘자도 환자 분류 작업에 참여할 수 있다. 이러한 상황이더라도 환자 분류 담당관은 중증도에 따라 환자를 분류하는 작업을 주도한다.

사고의 범위와 현행 지침에 따라 사고 현장에 최초로 도착한 응급구조사와 동료 구조사는 현장지휘자나 환자 분류 담당관의 역할을 수행하게 될 가능성이 크다. 사고 지휘 및 환자 분류 역할은 다른 구급팀이 도착할 때까지 지속하여야 한다. 사고 발생 초기에 최대한 신속하게 현장지휘체계를 실행하는 것의 중요성을 기억한다.

## 사고 안정화

현장안전이 보장되는 전제에서 모든 구조 인력은 두 번째 우선순위인 사고 안정화를 기억해야 한다. 사고 현장을 안정화하기 위해서는 사고의 유형이 개방형인지 폐쇄형인지부터 확인해야 한다. 개방형(사고의 원인이 차단되지 않은: 지속되고 있는 상황) 사고는 언제라도 더욱 많은 환자를 발생시킬 수 있다. 사무용 건물 내부에 사람이 고립된 화재를 그 예로 들 수 있다. 사고 현장에 도착한 응급구조사가 발견한 최초 환자의 수는 그렇게 많지 않을 수 있다. 하지만 (화재 진압 및 구조 작업 중 사고를 당하는 소방 인력을 포함한) 추가적인 환자가 이내 곧 발생할 수 있다. 그렇기 때문에 현장지휘자는 반드시 추가로 필요성이 있는 자원을 예상해야 한다. 개방형 사고 현장의 지휘를 맡게 되는 경우 다음과 같은 사항을 기억한다. 자원은 언제든지 복귀시킬 수 있기 때문에 부족한 것보다는 과한 것이 더욱 바람직하다.

폐쇄형(사고 발생의 원인이 종결되었으나 2차 사고가 발생할 수 있는 위험성이 잠재되어 있는 상황) 사고의 경우 응급구조사가 현장에 도착할 때쯤에는 이미 환자가 발생해 있다. 예를 들면, 다중 충돌 사고의 경우 미처 발견하지 못했던 가스의 누출이나 충격에 빠져 갑자기 도로로 뛰어드는 환자의 가족, 사고 현장 주변에 있다가 추가적인 손상을 당한 환자, 임무 수행 중 손상을 입는 구조 인력 등과 같이 추가적인 위험을 초래할 수 있기 때문에 현장지휘자는 항상 사고 현장을 안정화하는데 최선을 다해야 한다. 환자나 구조 인력의 추가적인 손상을 방지하는 것은 다수환자 사고의 성공적인 관리를 돕는다.

## 재산의 보호

응급 상황 대응 시 현장지휘자의 세 번째 우선순위는 재산의 보존이다. 구조 작업 시 현장안전과 사고 안정화라는 두 가지 예외 상황을 제외하고는 어떠한 이유에서라도 재산을 훼손해서는 안 된다. 재산 보호 작업에는 사고 현장의 환경 보호도 포함이 된다. 대부분의 다수환자 사고 관리의 성패는 최초 10분에 달려있다. 현장지휘체계가 실행되지 않는 경우 응급 구조 인력은 자체적인 판단에 따르면서 환자의 우선 순위에 대한 잘못된 판단, 사고의 심각성에 대한 간과, 추가 자원 요청의 지연 등의 문제를 일으킬 수 있다. 다수환자 사고 관리의 성공은 (2명이 되었든 20명이 되었든) 공통된 체계를 따르는 정예 인력에 달려 있다.

## 단독 지휘 체계와 통합 지휘 체계

대부분의 응급 기관은 최고 직급자인 대표자에 의해 운영되고 있다. 기관 대표자는 특별한 제제 없이 매일 자신의 기관을 관리 감독할 전권을 부여받는다. 하지만 상황이 쉽게 급변하는 사고의 경우 지휘 체계는 현장에 최초로 도착하는 공공 안전 인력에 의해 실행된다. 이러한 지휘 체계는 주로 관할권 문제가 제한적인 소규모 사고에 적용된다. 단독 지휘 체계라고 부르는 이 현장지휘체계는 대부분의 사고를 관리하는데 효과적이다. 다수환자 사고에 비해 단독 지휘 체계가 적용되는 사고의 범주는 좁은 편이고 외부 기관을 동원하는 일이 드물다.

예를 들어, 차량 충돌 사고는 현지 소방서, 응급의료 기관, 경찰서가 대응을 한다. 세 기관은 사고 발생 시 소방 기관이 현장지휘를 총괄하기로 합의한 상태이다. 즉, 사고 발생 시 소방 기관을 선두로 단독 지휘 체계가 수립된다. 하지만 관할권이나 담당 임무가 중첩된다면 단일 지휘 체계가 효과적이지 않은 경우도 많다. 이 경우 통합된 현장지휘체계가 실행된다.

통합 지휘 체계가 사용되는 경우는 테러 공격, 폭발물 사고, 저격 사건, 인질극, 대규모 재난 사건 등이 있다. 이 경우, 정부의 다양한 관할권(연방 정부, 주 정부, 지자체)에 소재한 법 집행 기관, 소방 기관, 응급의료 기관에서 동원된 담당자가 소속 기관의 통제를 유지하는 동시에 전체 사고 대응 작업 및 공동 임무를 협의한다. 통합 지휘 체계를 실행하기 위해 각 기관과 관할권의 담당자는 균형 잡힌 의사 결정을 조율한다. 각 담당자는 사고 현장에 필요할 수 있는 적정 기관, (미국 적십자와 같은) 특수 조직, 현지 보건부서, 공공사업 부서에 연락을 취한다. 또한 현장의 담당자는 합리적이고 수용할 수 있는 통제 범위 내에서 임무 분담을 해야 한다.

마지막으로 현장지휘자는 언론 취재에 대응할 정보 담당관과 사고 대응에 협조가 불확실한 기관 및 조직에 대한 설득 작업을 할 연락 사무관의 필요성을 판단해야 한다. 여러 응급 기관이 동원되고 여러 관할권이 혼재되는 복잡한 사고의 경우 지휘 체계에 대한 문제도 복잡해진다. 단독 지휘 체계 혹은 통합 지휘 체계에 대한 결정은 사고의 특성 및 범위에 따라 좌우되고 (테러 행위로 의심되는 사건의 경우) 법령에 의해 규정될 수도 있으며 사전에 마련된 재난 대비 계획에 의해 정해질 수도 있다. (계획 수립의 중요성은 후반부에서 설명된다.)

현장지휘통제소는 (현장지휘자가 판단하기에 필요하다고 느낄 정도로 큰 규모의 사건이 발생하는 경우) 사고 현장이나 현장 근처에 설치되어야 한다. 현장지휘통제소는 사고에 대응하는 다양한 응급 기관의 대표자와 인력이 서로 만나 필요한 결정을 내리는 공간이다. 현장지휘통제소는 몇 일 또는 몇 주 동안 지속해서 사용될 것이기 때문에 장소 선정에 신중을 기한다. 유선 전화, 휴게실, 대피소에 대한 접근성도 고려되어야 한다. 또한 현장지휘통제소는 구조 작업을 쉽게 감시할 수 있도록 최대한 사고 현장에 가깝게, 하지만 직접적인 작업 구역의 밖에 위치시킨다. 현장의 구조 인력, 취재 기자, 행인은 현장지휘통제소에 진입할 수 없도록 접근 금지해야 한다.

## 작업대기 장소 확인

작업 대기 구역의 선정 방식은 현장 평가에 따라 달라진다. 유해 물질이나 구조물 화재와 같은 위험요소가 존재하는 다수환자 사고의 경우 현장의 풍향과 풍속을 파악해야 한다. 현장지휘자는 작업 대기 구역과 현장지휘통제소를 연기, 물, 화학물, 기타 유해 물질의 접촉이 없는 곳에 위치하도록 해야 한다.

다수환자 사고에 대한 지휘 체계를 실행한 경우 현장지휘자는 1차 작업 대기 구역과 2차 작업 대기 구역을 선정해야 한다. 1차 작업 대기 구역을 선정할 때는 해당 구역이 가지는 본연의 목적을 기억해야 한다. 구조 자원은 사고 현장 전체에 신속 간편하게 배치될 수 있도록 조직되어야 한다. 구조 인력과 대기 중인 자원의 안전을 해치지 않는 선에서 1차 작업 대기 구역을 사고 현장에 최대한 가깝게 위치시킨다.

현장지휘통제소는 응급 차량의 원활한 흐름을 위해 출입구를 관리한다. 필요한 경우, 1차 작업 대기 구역과 다른 장소에 2차 작업 대기 구역을 설치하는 것이 바람직하다. 이는 1차 작업 대기 구역이 사용할 수 없게 되는 경우에 대한 대비책이 될 수 있다. 작업 대기 구역은 차량 흐름의 변화, 풍향의 변화, 소방 호스나 여타 특수 장비로 인한 접근 제한 등의 문제로 인해 변경될 수 있다.

## 사고 통신체계

현장 통신체계는 사고 현장 관리의 핵심 요소이다. 현장지휘자는 현장지휘체계가 실행된 경우 이 사실을 통합상황관리센터에 전달한다. 현장지휘자는 사고 유형, 우선순위에 의해 분류된 환자의 대략적인 숫자, 추가 자원의 요청, 대기 지시, 행동 계획과 같은 데이터가 포함된 초기 보고서를 전송해야 한다. 현장지휘자는 고정형 현장지휘통제소가 설치되면 해당 장소의 위치 또한 보고해야 한다.

다수환자 사고가 선포될 경우 통신 체계는 2차 채널인 전략적 채널로 확대되어야 한다. 현장지휘자는 자원을 조율하기 위해 필요한 정보를 제공할 수 있어야 하고 이것이 사고 관리 체계 본연의 목적이다. 2차 통신 채널을 사용하는 현장지휘자는 타 기관이나 관할권을 침해하거나 1차 응급의료 통신 채널에 과부하가 발생하는 일을 방지할 수 있다. 일반적으로 통신과 상호 운용성은 재난 대비 훈련이나 실제 상황에서 일어나는 문제의 주요 원인으로 꼽힌다.

현장지휘자는 통신 체계에 다양한 관할권 및 행정 구역에 속하는 응급 구조팀이 관여될 수 있다는 점을 기억해야 한다. 사고 관리의 기본은 통일된 용어의 사용이다. 통신 중에는 무선 통신용 암호를 배제하고 단순한 언어로만 송수신해야 한다. 무선 통신 암호는 맥락에 따라 다양한 의미를 지닐 수 있다. 현장지휘자는 이미 복잡한 상황을 더욱 복잡하게 만들지 않아야 한다. 심지어 일상적인 작업을 할 때도 무선 통신 암호를 사용하지 않는 것이 바람직하다. 이러한 통신 방식이 습관이 되면, 현장지휘자는 다수환자 사고 발생 시 자연스럽게 단순한 언어로 소통할 수 있다.

## 자원의 활용

자원 활용은 외부 기관의 도움 없이 내부 자원만으로 다발성 사고에 완벽 대응할 수 있는 응급의료 기관은 찾아보기 힘들다. 사고의 특성에 상관없이, 대부분의 구조팀은 추가적인 구급차, 구급 인력, 장비, 의료물품이 필요하게 된다. 많은 경우, 특수 구조 장비나 공공/민간 기관의 도움이 필요하게 될 수도 있다.

현장지휘자의 1차 역할은 사고 현장에서 모든 자원을 적재적소에 배치하는 것이다. 전략은 목표를 설정하고 목표 달성을 위해 필요한 전술을 결정하는 것이다. 다수환자 사고의 복잡한 속성으로 인해 현장지휘자는 수립된 전략이나 계획의 효과를 지속해서 평가해야 한다.

유연한 대처를 위해 현장지휘자는 사고 현장이 안정될 때까지 약 10분 단위로 통합상황관리센터에 간결하게 상황 보고를 해야 한다. 보고를 통해 사고 관리 목표 및 전략과 목표 달성을 위해 사용된 자원,

개선 혹은 악화한 사항을 전달해야 한다. 이러한 과정 속에서 현장지휘자는 구조 작업을 감시하고 급변하는 상황에 맞게 전략과 자원을 적용하고 효과적이지 않은 전략은 과감히 배제할 수 있다.

하위 체계의 인력은 이와 비슷한 보고를 통해 현장지휘자가 전체 사고 관리 작업을 효과적으로 평가할 수 있도록 해야 한다.

## 지휘 과정

현장지휘자가 다수환자 사고를 더욱 효과적으로 관리할 수 있도록 하는 몇 가지 절차가 있다. 우선 모든 구조 인력은 (설치 및 실행되는 경우) 현장지휘통제소와 현장지휘자를 인지해야 한다. 대응 기관이 하나인 사고일 경우 무전기를 통해 들리는 목소리만으로도 현장지휘자를 파악할 수도 있다. 하지만 사고의 규모가 더욱 커지는 경우 현장지휘자의 파악이 쉽지 않은 경우가 많다. 따라서 사고 관리 체계의 확립을 위해 현장지휘자는 특수 형광색 조끼를 착용해야 한다(그림 11-5). 조끼는 기능 구역에 따라 색상이 지정될 수 있고 앞뒤에 직책이 적혀있을 수 있다. 형광색 조끼는 규모가 작은 사

**그림 11-5** 다수환자 사고 현장에서 현장지휘자용 조끼를 착용하면 구조 인력의 구분이 수월해진다. 현장지휘자는 대응 지시를 내리고 자원을 효과적으로 운영한다.(© *Kevin Link/Science Source*)

**COLONIE EMS** *Incident Tactical Worksheet*

Location ____
Med. Command ____

____ Establish unified command with fire & police
____ Place 2 cones on command vehicle
____ Put bib on
____ Designate triage office
____ Advise inbound units where to stage
____ Advise crews to stay with units until given instructions
____ Advise units to switch to EMS Admin., 265 or 715

| LEVEL 1 (3-10 Patients) | LEVEL 2 (11-25 Patients) | LEVEL 3 (over 25 Patients) | FIRE | RESCUE |
|---|---|---|---|---|
| __ Declare MCI<br>__ EMS All Call<br>__ Request # of Units Needed<br>__ Cover Town/Sr. Medic Act 615<br>__ Roll Call Hospitals<br>__ Transport Officer?<br>(2-5 Amb. Needed) | __ Declare MCI<br>__ EMS All Call<br>__ Request # of Units Needed<br>__ Cover Town/Sr. Medic Act 615<br>__ Roll Call Hospitals<br>__ Get Mutual Aid Units<br>__ Designate Treatment Officer<br>__ Designate Transport Officer<br>__ Designate Staging Officer<br>__ REMO MD to Scene<br>__ Consider Rehab & CISD<br>(6-13 Amb. Needed) | __ Declare MCI<br>__ EMS All Call<br>__ Request # of Units Needed<br>__ Cover Town/Sr. Medic Act 615<br>__ Roll Call Hospitals<br>__ Get Mutual Aid Units<br>__ Designate Treatment Officer<br>__ Designate Transport Officer<br>__ Designate Staging Officer<br>__ REMO MD to Scene<br>__ Request Bus to Scene<br>(over 13 Amb. Needed) | __ Assess # of Units Needed<br>__ EMS All Call Req. 619<br>__ Designate Triage<br>__ Set up Rehab at Air Bank<br>__ Use 619 as ALS Unit | __ Establish Perimeter<br>__ Request Specialty Units<br>__ Triage Officer Handles Inner Circle |

HAZ-MAT

__ Req. # of Units Needed
__ EMS All Call
__ Est. Command in Cold Zone
__ Designate Triage
__ Identify Agent
__ Research Decontamination
__ Research Med.
__ Medical Baseline Assessment of Team
__ Don Protective Barriers
__ Assist With Decontamination
__ Rehabilitate

| HOSPITAL ROLL CALL | AMCH | St. PETERS | MEMORIAL | VA | ELLIS | St. CLARE'S | LEONARD | St. MARY'S | SAMARITAN |
|---|---|---|---|---|---|---|---|---|---|
| CAN TAKE | | | | | | | | | |
| # PATIENTS SENT | | | | | | | | | |

# OF PATIENTS BY PRIORITY

| 1 (Red) | 2 (Yellow) | 3 (Green) | 0 (Black) | TOTALS |
|---|---|---|---|---|
| | | | | |
| | | | | |
| | | | | |

UNITS RESPONDING

620 621 622 ____ ____
630 631 632 ____ ____
640 641 642 ____ ____
650 651 652 ____ ____
610 611 605 ____ ____
TSU-1 TSU-2 ____ ____
619 ____ ____
Guild. __ __ ____ ____
CPHM __ __ ____ ____
Albany __ __ ____ ____
Mohawk __ __ ____ ____
Empire __ __ ____ ____

UNITS IN STAGING

620 621 622 ____ ____
630 631 632 ____ ____
640 641 642 ____ ____
650 651 652 ____ ____
610 611 605 ____ ____
TSU-1 TSU-2 ____ ____
619 ____ ____
Guild. __ __ ____ ____
CPHM __ __ ____ ____
Albany __ __ ____ ____
Mohawk __ __ ____ ____
Empire __ __ ____ ____

**그림 11-6** 뉴욕 소재 콜로니 타운 응급의료기관의 사고 전략 시트

고일지라도 사고 관리 체계가 실행되는 곳에서는 항상 착용되어야 한다. 모든 구조팀에게 (특히 현장지휘자나 환자 분류를 맡게 되는 팀에게) 기본적인 형광 조끼가 제공된다면 구조 인력은 대형 사고가 발생하기 전에 조끼를 착용하고 조끼의 색상을 알아보는 습관을 갖는다.

(의사 결정 사항이나 실행 조치를 추적 관리하는데 도움이 되는) 현장상황판은 현장지휘자에게 큰 도움이 될 수 있다(그림 11-6). 사고 관리 체계 작업 시트는 사고에 대한 기본 정보, 현장에 대한 스케치, 기억해야 하는 중요한 품목과 같은 내용이 담긴다. 뿐만 아니라 현장의 구조팀과 구조 인력, 할당된 임무, 환자의 정보, 환자 이송 정보를 위한 기록 공간도 포함된다. 현재 작업 시트를 생성하는 컴퓨터 프로그램을 비롯한 다양한 현장상황판용 제품이 시중에서 판매되고 있다.

현장상황판은 (상급 지휘자가 현장에 도착하는 경우) 지휘 통제권을 인계할 때 매우 유용한다. 지휘 통제권은 오직 면대면으로 이루어지고 지금까지 지휘해온 인력은 간결하지만 완전한 사고 현황 보고를 한다. 상급 지휘자는 단지 현장에 도착한 것만으로 지휘 통제권을 인계받지 않는다. 반드시 상황 보고가 선행되어야 한다. 여기서 작업 시트가 상황 보고의 개요 역할을 한다.

### 지휘 체계의 종료

사고가 진행되면서 자원은 재배치되거나 해산될 수도 있다. 예를 들어, 상급 지휘자에게 통제권을 인계한 현장지휘자는 새로운 현장지휘자를 위한 보조 역할을 하거나 완전히 새로운 사고 관리 체계의 역할을 부여받게 될 수도 있다. 결국에 자원은 응급의료체의 다른 곳에서 사용되기 위해 해산된다. 사고 관리 체계가 더 이상 필요하지 않은 경우, 지휘 체계는 종료되어야 한다. 마지막 상황 보고는 통신 센터로 전달되고, 모든 구조팀은 일상 업무로 복귀한다.

지휘 체계의 종료 시점은 사고에 따라 다르다. 자연 재난이나 테러 공격과 같은 대형 사고는 수주에 걸쳐 현장지휘체계가 지속되겠지만 모든 응급 기관이 이렇게 오랜 시간 동안 지휘 체계를 유지하는 것은 아니다. 예를 들어, 응급의료체계는 적극적인 초기 대응을 하지만 시간이 지나면 구급차 한 대를 현장에 남겨두고 인력을 해산시킬 수도 있다. 기타 응급 기관은 사고 대응 및 구조 작업이 더 이상 필요하지 않는 경우 현장에서 해산된다.

## 현장지휘의 보조 기능 분야

앞서 설명한대로 C-FLOP의 C(Command)에 해당하는 현장지휘는 4개의 기능 분야에 의해 보조된다.

- F-재정/행정(Finance/administration)
- L-물류(Logistics)
- O-작전(Operations)
- P-계획(Planning)

각 기능 분야는 사고 관리 체계에서 본연의 역할이 있고 부서장에 의해 통솔된다. 4개의 기능 분야는 모든 응급 대응에서 (심지어 일상적인 응급 대응 시에도) 어떠한 방식이나 형태로든 실현된다. 하지만 이 기능 분야가 모든 사고에서 공식적으로 실행되는 것은 아니다. 소형 혹은 중형 사고의 경우 작전 분야만 실행될 수도 있다. 대형 사고나 장기성 사고의 경우 사고 관리 체계는 재정 및 행정, 물류, 계획 분야를 모두 실행시킬 수 있다. 사고의 유형과 지휘 체계의 구조에 따라 기능 분야는 응급의료 인력만으로 충원되지 않을 수도 있다. 하지만 기능 분야는 응급의료 활동의 일부를 보조할 수 있다.

또한, 몇몇 주요 담당관은 현장지휘자에게 직통 보고를 할 수도 있다. 담당관은 정보, 안전, 외부 연락, 정신 보건 보조 등의 작업을 맡는다. 담당관은 현장지휘 보조 인력으로 알려져 있다. 지휘 보조 인력과 부서장은 인력 기능을 구성 및 수행한다.

응급구조사는 세부 직무 기능의 전문가가 되는 것보다 사고 관리 체계의 전체 운영 방식을 파악하는 것이 더 중요하다. 그림 11-7과 이후의 단락을 통해 사고 관리 체계의 기본 구성 요소를 개괄해본다.

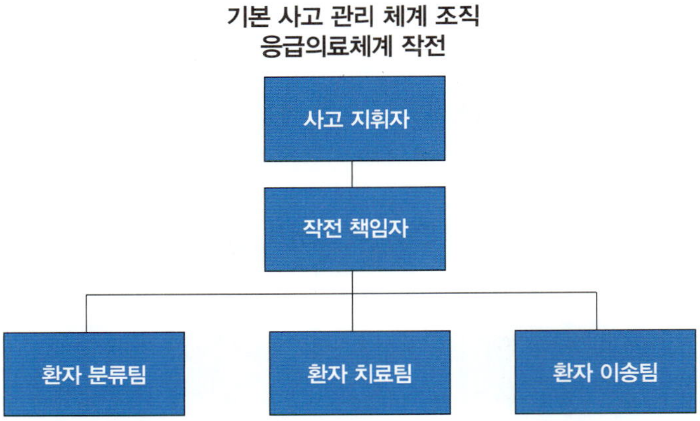


**그림 11-7** 뉴욕 소재 콜로니 타운 응급의료 기관의 사고 전략 시트

## 현장지휘의 보조 인력

현장지휘의 확립과 역할은 이미 앞서 설명되었다. 하지만 현장지휘 보조 인력은 특히 대형 사고나 재난 발생 시 현장지휘자에게 큰 도움이 될 수 있다. 그렇기 때문에 응급구조사는 지휘 보조 인력의 역할을 숙지하고 있어야 한다.

### 안전 담당관

안전 담당관은 다수환자 사고에서 가장 중요한 역할을 맡는다. 안전 담당관(과 경우에 따라 안전 담당팀)은 현장의 모든 활동을 감시하면서 유해한 환경이 조성되지 않도록 한다. 사고 현장에서 일어나는 거의 모든 일에는 잠재적 위험성을 내포하기 때문에 안전 담당관이 수행해야 하는 역할이 크다. 사고 현장에서 안전을 위해 감시되어야 하는 요소는 감염 통제, 개인 보호 장비 사용 실태, 한곳으로 몰리는 인파, 환자나 장비를 들어 올리는 작업, 현장의 조명 상태 등이 있다. 사고 관리 체계에서 안전 담당관은 추가적인 조치가 없이는 생명에 즉각적인 위협이 되는 행동을 중단시키는 권한을 부여받는다. 즉, 안전 담당관은 사고 현장에서 특정 작업을 중단시킬 수 있는 재량권을 가진다. 현장의 안전을 위해서라면 안전 담당관의 재량권은 절대적이다.

### 연락 담당관

연락 담당관은 외부 기관이 동원되는 모든 사고에 대한 작전을 조율한다. 외부 기관에는 기타 응급 기관, 재난 보조 네트워크, 민간 업계 대표, 정부 기관 등이 있다. 연락 담당관은 외부 기관이 사고 관리 체계의 기능 분야에 적절하게 연계될 수 있도록 해야 한다. 이러한 외부 연락 작업은 현장지휘자의 요청과 보고에 따라 특수 자원이 적재적소에 배치될 수 있도록 한다.

### 정보 담당관

정보 담당관은 사고에 대한 데이터를 수집하고 수집된 데이터를 필요에 따라 적정선에서 언론과 다른 기관에 배포한다. 정보 담당관은 기존에 언론과의 연계가 없더라도 대형 사고가 발생할 경우 공공의 스포트라이트를 받을 수밖에 없다. 언론에 비치는 모습은 소속 기관의 이미지를 좌우한다. 또한 시민을 안전하게 하고 안심시키는 것은 사고에 대한 정확한 정보를 적시에 제공하는 데에 결정적인 역할을 한다.

그렇기 때문에 사고 관리 체계에는 뛰어난 정보 담당관이 필요하다. 대규모의 언론 취재가 예상되는 대형 사고의 경우, 공보 담당관을 지정할 필요가 있다. 이 경우 공보 담당관은 정보의 흐름을 조율하기 위해 정보 담당관에게 보고하게 된다.

### 정신 보건 보조

대형 사고는 자원과 인력의 신체적, 정신적 소모와 함께 부담을 가중한다. 그렇기 때문에 충분한 휴식을 취할 수 있도록 구조 인력을 지속적으로 순환시키는 것이 중요하다. 구조 인력은 과도한 스트레스나 비정상적인 스트레스 반응을 보이는지를 확인하기 위해 주기적으로 평가받아야 한다. 비정상적 스트레스 반응을 보이는 인력은 현장에서 제외되어야 한다.

위기상황스트레스관리는 더 이상 권장되지 않는다. 대신 정신 보건 보조 인력이 "심리적 응급 처치"를 제공해야 한다. 이는 정신 처치를 제공하거나 무리하게 대화를 유도하는 것이 아니라 구조 인력이 (물, 음식, 휴식과 같은) 즉각적인 필요를 충족할 수 있도록 보조를 하는 것이다.

모든 응급의료 기관은 기관에 연계된 공인 정신과 전문 의료 인력이 있다. 대형 사고의 경우, 정신 보건 의료 인력을 동원하여 과도한 스트레스 반응을 보이는 구조 인력을 감시할 필요가 있다. 정신 보건 인력은 사고 현장 작업의 속성과 문화를 잘 알고 있어야 하고 비정상적인 스트레스 반응을 보이는 구조 인력을 찾아내어 추가적인 평가와 처치를 위해 정신과 전문 인력에게 보내야 한다. 다음은 스트레스성 사고 시 조직 차원에서 권장되는 대응에 대한 일반적 지침 사항이다.

**소형 사고** (동료의 사망으로 인해 충격을 받는 등) 소형 사고에 대한 대응 작업 중 정신 보건상의 도움이 필요한 인력은 다음과 같이 적절한 정신 보건 전문 인력에 의해 다뤄져야 한다.

- 심리적 응급 처치를 제공한다.
- 보고에 대한 요구나 심리 상태의 이성적 해결을 지양한다.
- 정신 보건 인력은 사고 후 최대 2개월까지 보이는 비정상적인 스트레스 반응을 보이는 구조 인력을 분류한다.
- 적응 장애를 보이는 인력은 정신 보건 전문 인력에게 보내서 적절한 형태의 처치를 받도록 한다.

**대형 사고/재난 사고** 대형 사고로 인한 스트레스는 몇 가지 전략으로 완화될 수 있다.

- 사고 관리 체계의 적절한 사용
- 재난 사고 현장 안팎으로의 인력 순환
- 심리적 응급 처치의 제공
- 보고에 대한 요구나 심리 상태의 이성적 해결을 지양
- 구조 인력의 스트레스 증상에 대한 정신 보건 전문 인력의 모니터링
- 사고 후 구조 인력에 대한 정신 보건 전문 인력의 모니터링

## 재정 및 행정

매일 일어나는 모든 사고에서 재정적인 고려는 중요하지만, 재정 및 행정 분야는 소형 사고에서는 거의 실행되지 않는다. 하지만 대형 사고나 장기성 사고의 경우 재정 및 행정 분야의 인력이 모든 회계 및 행정 활동 임무를 수행하면서 현장지휘를 보조한다. 재정 및 행정 분야는 인력 및 시간에 대한 기록을 유지한다. 뿐만 아니라 비용 추산, 비용 보상, 사고에 소요되는 품목의 조달과 같은 업무도 처리한다. 이러

한 기능은 주로 사고가 발생하는 관할권의 관련 당국에 의해 수행된다. 대형 사고가 발생하는 경우 정부의 예산이나 여타 재난 대비용 기금을 통한 보상 처리가 발생할 가능성이 있기 때문에, 재정 및 행정 관련 작업에 정확성을 기해야 한다. 보상 처리는 (특히 일반 구조 작업 수준 이상의) 비용을 기록, 관리하는 기관의 회계 역량에 달려있다.

### 물류 구역

물류 구역은 사고 대응 작업을 보조한다. 물류 분야에서 가장 중요한 기능은 의료 물품 공급팀의 운영이다. 의료 물품 공급팀은 다수환자 사고 현장에서 의료 장비와 비품을 조달하고 분배한다. 사고 관리 체계의 구조에 따라 물류 구역에서는 다른 팀이 구성될 수 있다. 예를 들어, 시설 관리팀은 현장지휘와 재활 처치를 위한 장소를 선정하고 유지한다. 시설 관리팀은 사고 대응 작업을 보조하기 위해 적정 수준의 음식, 식수, 휴게실, 조명, 전원, 기타 요소를 유지한다. 이외에도 현장의 통신이나 구조 인력의 처치와 같은 부가 기능을 하는 물류 담당팀이 배치될 수 있다.

### 작전 구역

작전 구역에서는 사고 대응에 필요한 모든 작업이 수행된다. 이 구역에서는 목표 달성을 위한 전술의 실행, 최전방 작업의 지시, 대응 계획 수립 과정에 대한 참여, 행동 계획의 수정, 규율 및 기강의 유지, 인력 관리 등의 업무가 수행된다. 즉 작전 구역에서는 실질적인 구조 작업이 실행된다.

3장 후반부에서 설명한 바와 같이 작전 구역은 (주요 역할과 지리적 위치를 중심으로 다양한 기능적 차원으로 분류되는) 여러 부서로 구분된다. 역할에 의해 편성되는 부서에는 응급의료 기관, 구조 기관, 소방서, 법 집행 기관 등 사고 현장의 많은 기관의 관할 구역이 포함된다. 지리적 구분에 의해 형성된 부서는 여러 장소에서 실행되는 작전을 포함한다. 예를 들어, 1993년 세계 무역 센터 폭발 사고 당시 사용된 금융 단지의 각 건물에 작전 분과를 설치했다.

### 계획 및 정보 구역

계획 및 정보 구역은 사고에 대한 과거, 현재, 미래의 정보를 제공한다. 계획 구역은 전반적인 사고 행동 계획을 수립하고 계획의 수정을 감독한다. 계획 구역에서는 일기 예보와 같은 정보의 수집, 사고 현장 작업의 문서 기록, 비상 계획의 개발과 같은 임무가 수행된다. 이를 통해 (정부 부처 자원의 공유를 관장하는) 상호 협력 협약을 위한 표준 운영 절차가 실행된다.

계획 및 정보 구역은 "문제의 가능성이 있는 것은 반드시 문제가 될 수 있다"는 원칙에 따라 운영된다. 구조 인력은 과거 사고 사례를 통해 사고 현장에서 예상되는 문제에 대비해야 한다.

지휘 및 작전 구역에서 전술상 변화가 필요한 경우 계획 구역은 전술 실행에 필요한 보조 조치를 준비해야 한다.

## 작전 기능의 분화

앞서 설명한 대로 신속한 체계의 조직화는 사고 관리 체계의 성공적인 실행에 있어 핵심적인 기능을 담당한다. 사고 현장의 기능을 구분하는 몇 가지 방법이 있다. 체계 조직 방식은 사고의 범위, 전략적 목표, 소속 부서의 조직, 단독/통합 지휘 체계의 실행 등에 의해 결정된다. 현장지휘자는 작전과 같은 기능

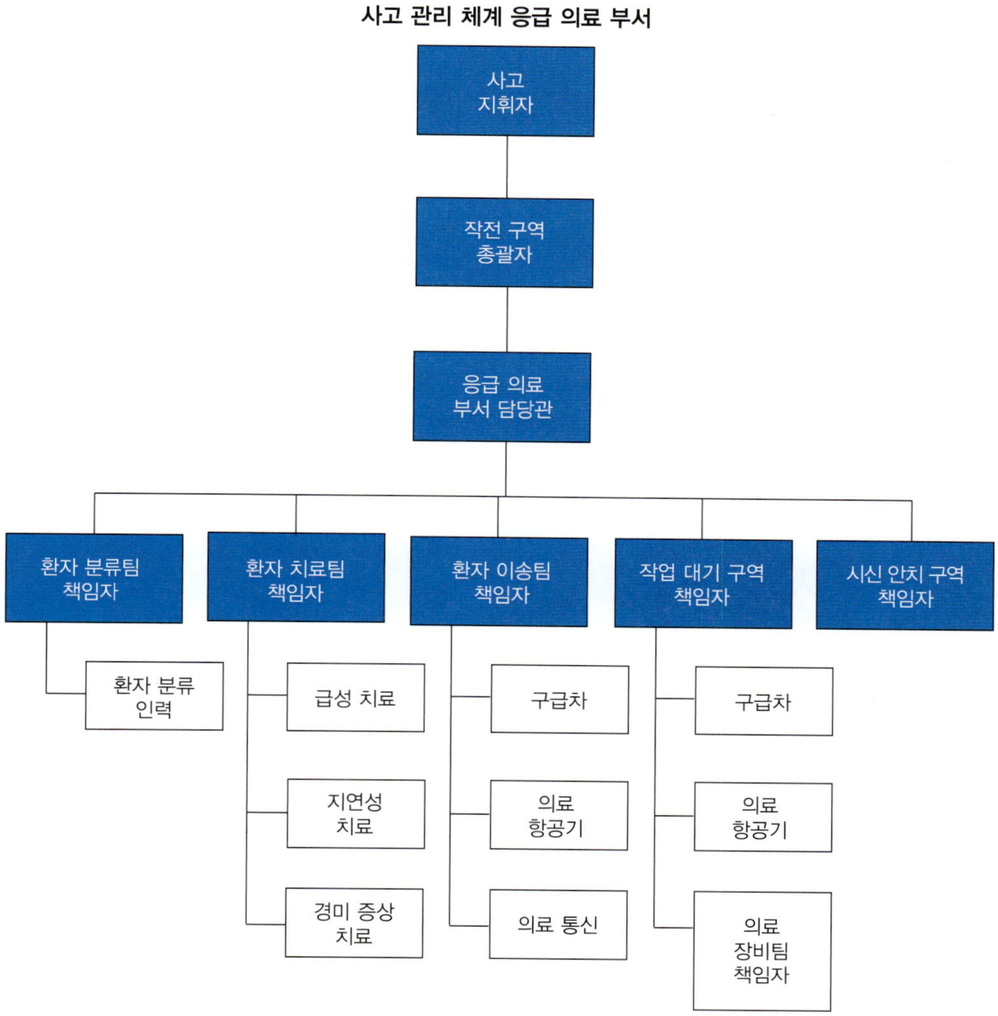


**그림 11-8** 대형 사고에 대응하는 부서의 예시

을 최대한 효과적으로 조직해야 한다. 이를 위해 현장지휘자는 사고 관리 체계의 기본 기능을 모두 숙지해야 한다.

## 부서

현장지휘자나 통합 현장지휘체계의 공동 지휘자는 여러 부서를 설치할 수 있다. 앞서 설명한 대로 이러한 부서는 부여되는 역할이나 지리적 구분에 의해 조직될 수 있다. 각 부서는 (특정 기능 구역 부서장에게 보고하는) 지정된 담당관에 의해 감독 된다. 응급의료 부서의 총괄책임자는 환자 처치 및 이송과 관련된 업무를 감독한다. 그림 11-8은 전형적인 응급의료 부서 내의 기능 체계를 보여준다. 사고의 체계, 범위, 정도에 따라 구조팀은 독립된 부서로 활동하거나 응급의료체계나 소방 부서의 총괄 책임자에게 보고한다.

### 집단과 분과

부서는 특정 임무가 수행되는 사고 현장의 작업 구역인 집단과 분과로 분류된다. 집단은 기능에 따라, 분과는 지리에 따라 구분된다. 예를 들어, 분류된 환자는 집단으로 간주되고, 고층 건물 사고 현장의 3층에서 작업 중인 구조 인력은 분과로 구분된다. 집단과 분과는 부서 총괄 책임자에게 보고를 하는 감독자에 의해 관리된다.

### 팀

집단과 분과는 개별 임무에 특화된 팀으로 분류될 수 있다. 팀은 (집단이나 분과 담당자에게 보고하는) 지정된 책임자에 의한 감독을 받는다.

### 섹터

사고 관리 체계의 유형에 따라 섹터라는 용어를 듣게 될 것이다. 섹터는 부서, 집단, 분과와 혼용되는 용어이다. 하지만 섹터는 기능적 혹은 지리적 구역을 지정하지 않는다. 섹터를 관리 감독하는 인력을 위한 공식 명칭은 없지만 섹터장으로 불리는 경우가 많다.

## 응급의료체계 부서와 기능군

사고 관리 체계는 (필요하지 않은 도구는 도구 상자에서 제거한다는) 툴 박스 이론에 따라 운영된다. 유연한 사고 관리 체계는 사고 현장에 필요한 구역만을 실행하는 역량에 달려있다. 툴 박스 이론은 사고 관리 체계의 모든 구역(부서, 분과, 군, 섹터)과 응급의료 작업을 위한 특수 구역을 위한 근거가 된다. 많은 경우 응급 사고 현장에서 필요한 모든 도구는 사고 관리 체계의 기본 조직(환자 분류, 처치, 이송)에 있다(그림 11-7).

### 환자 분류

환자 분류는 손상의 중증도에 따라 환자를 분류하는 것이다. 다수환자 사고 현장에서 응급의료서비스의 목표는 최대 다수의 사람에게 최선의 혜택을 제공하는 것이다. 그렇기 때문에 즉각적 처치가 필요한 환자, 처치가 지연되어도 생존할 수 있는 환자, 처치에도 불구하고 사망할 환자가 누구인지를 판단해야 한다.

환자 분류는 추가적인 사고 대응 작업의 속도를 촉진하기 때문에 다수환자 사고 현장에서 가장 먼저 실시되어야 한다. 그렇기 때문에 구조 인력은 반드시 환자 분류법을 훈련받아야 하고, 모든 응급 대응팀은 환자 분류 장비를 갖춰야 한다. 환자 분류 감독관은 단독으로 행동하거나 환자 분류 집단이나 환자 분류 섹터를 감독할 수 있다.

#### 1차/2차 환자 분류

환자 분류 작업은 단계별로 진행된다. 1차 환자 분류는 응급 구조 인력이 환자를 최초로 접촉하는 사고 발생 초기에 시행된다. 환자의 손상에 대한 기본적인 분류를 하는 1차 환자 분류는 현장지휘통제소에서 현장 처치의 애로 사항과 필요 자원을 판단할 수 있도록 신속하고 효율적으로 제공되어야 한다. 일반적으로 분류되는 환자 유형은 다음과 같다.

분류 유형은 다음과 같이 정의된다. 긴급환자는 즉각적인 처치가 필요한 상태, 응급환자는 처치가 다소 지연되어도 안정적인 상태, 비응급환자는 처치가 거의 필요하지 않은 상태, 지연환자는 사망이 예상되거나

**내용 요약**

- START 체계의 증상 징후
  - 걸을 수 있음
  - 기도개방, 호흡수 30회/분
  - 노동맥
  - 지시 사항에 대한 반응

사망한 상태이다.

2차 환자 분류는 확인된 환자가 처치 구역으로 이송되고 적절한 처치를 받은 뒤 현장을 떠나 병원으로 이송되는 과정 동안 진행된다. 응급구조사는 시간이 지남에 따라 변화하는 환자의 증상으로 인해 환자의 분류 유형을 수정해야 할 수도 있다.

| 분류 유형 | 색상 | 우선 |
|---|---|---|
| 긴급환자 | 적색 | 1급 |
| 응급환자 | 황색 | 2급 |
| 비응급환자 | 녹색 | 3급 |
| 지연환자 | 흑색 | 0급 |

## START 체계

START는 가장 일반적으로 사용되는 환자 분류 체계로 캘리포니아 뉴포트 비치에 소재한 호그 메모리얼 병원에 의해 개발되었다. START의 간편한 절차는 신속한 환자 분류를 가능하게 한다. START를 사용하는 응급 구조 인력은 별도의 진단을 할 필요 없이 다음 사항만을 확인하면 한다(그림 11-9).

- 걸을 수 있는 능력
- 호흡 상태

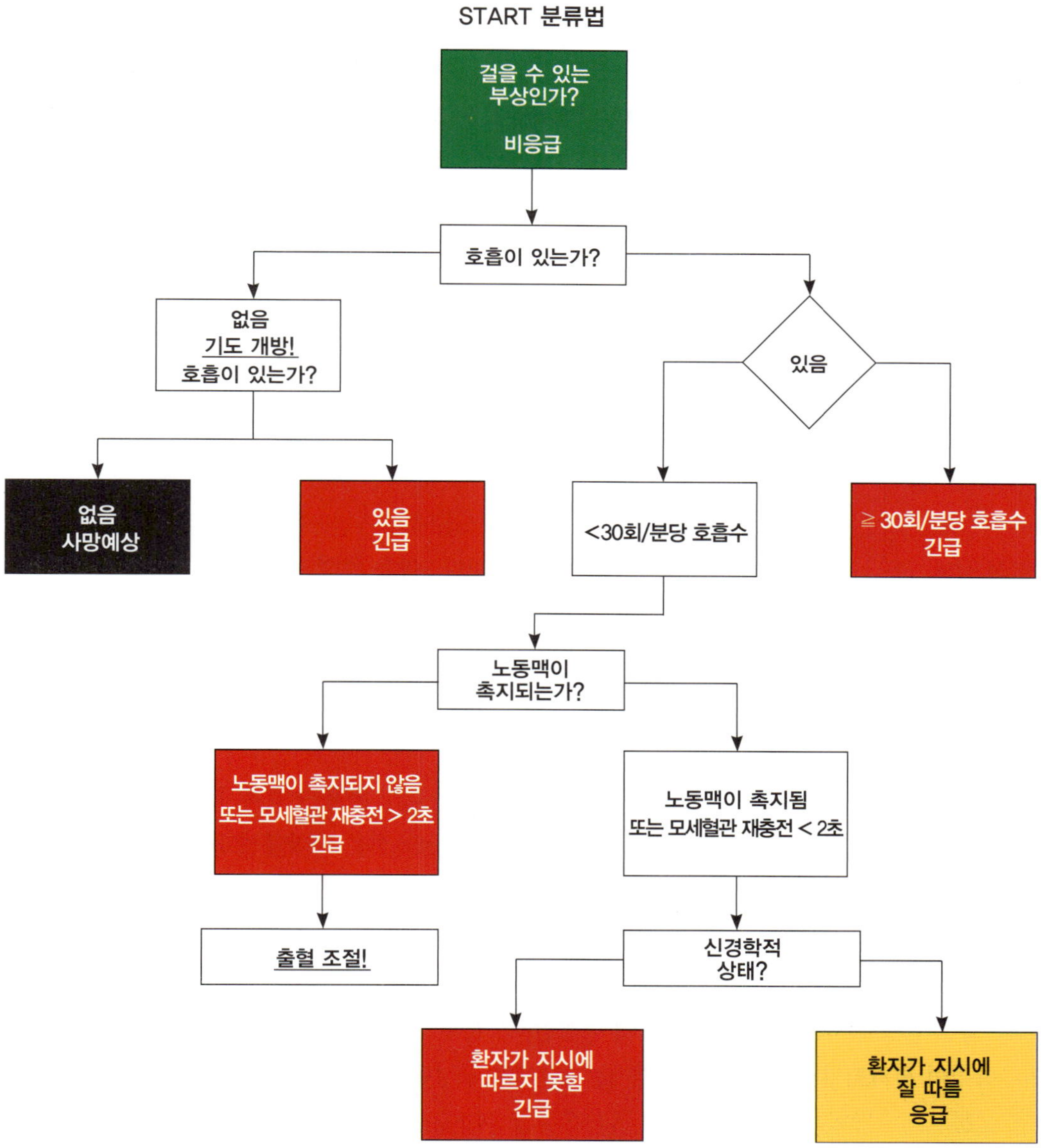


그림 11-9 가장 일반적으로 사용되는 환자 분류 체계인 START의 운영

● 맥박 및 관류 상태
● 신경학적 상태

**걸을 수 있는 능력** 응급구조사는 자신에게 환자가 걸어오도록 요청해보는 것으로 START 체계를 실행한다. 손상에도 불구하고 응급구조사에게 걸어올 수 있는 환자는 녹색 또는 처치 우선순위 3급 환자로 분류된다. 응급구조사나 환자 분류 집단의 인력은 색상 분류표를 활용하여 환자를 정확히 분류해야 한다. 걸을 수 있는 환자는 결국 스스로 걸으려 하는 경향이 있기 때문에, 응급구조사는 최대한 환자를 하나의 장소에 위치시켜야 한다. 이곳저곳 걸어 다니는 환자가 아니더라도 다수환자 사고 현장은 충분히 혼잡스럽다는 점을 기억한다.

**호흡 상태** 이후 응급구조사는 걸을 수 없는 환자의 분류를 시작한다. 색상 분류표를 이용해 정확하게 환자 분류를 시행한다. 응급구조사의 처치는 기도 장애와 중증 출혈의 완화에 집중되어야 한다. 우선 호흡 상태에 대한 평가부터 시작한다. 환자의 호흡이 없는 경우 손으로 직접 기도를 개방한다. 자발적으로 호흡을 하는 환자는 적색 또는 처치 우선순위 1급으로 분류한다.

반응이 없는 환자는 흑색 또는 처치 우선순위 0급으로 분류한다. 호흡을 하는 환자의 경우 신속하게 호흡수를 확인해야 한다. 분당 호흡수가 30회 이상인 환자는 적색 분류표로 분류하고, 30회 미만인 경우 다음 평가 절차를 적용해야 한다.

**맥박 및 관류** 순환 상태의 평가는 노동맥 맥박이나 모세혈관 재충혈 속도로 평가한다. 노동맥이 촉지되는 것은 최대 혈압이 적어도 90mmHg 이상임을 의미한다. 하지만 2초 이상 지연되는 모세혈관 재충혈 속도는 성인 환자의 경우 관류 상태가 양호하지 않음을 나타낸다. 모세혈관 재충혈 속도는 추위에 의해 느려지거나 체질적으로 속도가 지연되는 사람도 있다. 그렇기 때문에 권장되는 관류 평가법은 노동맥을 평가하는 것이다. 노동맥이 촉지되지 않는 환자는 적색 또는 처치 우선순위 1급으로 분류한다. 분당 호흡수가 30회 이하이고 노동맥이 촉지되는 환자의 경우 다음 단계의 평가법을 적용한다.

**신경학적 상태** 응급구조사는 환자의 의식 상태를 평가한다. 이를 위해 다음과 같은 속성 평가법을 활용한다. 환자에게 당신의 손을 잡으라고 하고 이를 수행하는 경우 황색 또는 처치 우선순위 2급으로 분류하고 수행하지 못하는 경우 적색 또는 처치 우선순위 1급으로 분류한다.

## SALT 체계

2006년 질병 통제 예방 센터는 다수환자 사고에 적용되는 다양한 환자 분류 체계에 대한 문헌을 검토하는 실무 기관을 창설하고 지원하였다. 실무 기관을 창설한 목적은 미국에서 표준으로 채택될 수 있는 다수환자 사고용 환자 분류 체계를 파악하고 권장하는 것이다. 실무 기관은 주류/비주류 현행 환자 분류 체계를 검토하였지만, 어느 체계에서도 정확한 과학적 근거를 확인하기 어려웠다. 실무 기관은 각 체계에서 수행되는 최선의 관행을 분석한 뒤 SALT 체계(분류-평가-소생 조치-처치 및 이송)를 제시하였다. SALT는 특정 연령대가 아닌 모든 연령대에 적용할 수 있다. SALT 체계는 개발된 이후에도 여러 연구에 의해 유용성이 평가되었다. SALT 분류 체계는 2단계로 구성된다(그림 11-10).

● *1단계—분류*: 포괄적 선별: SALT 분류 체계는 의지가 있는 움직임을 기준으로 환자에 대한 종합 분류

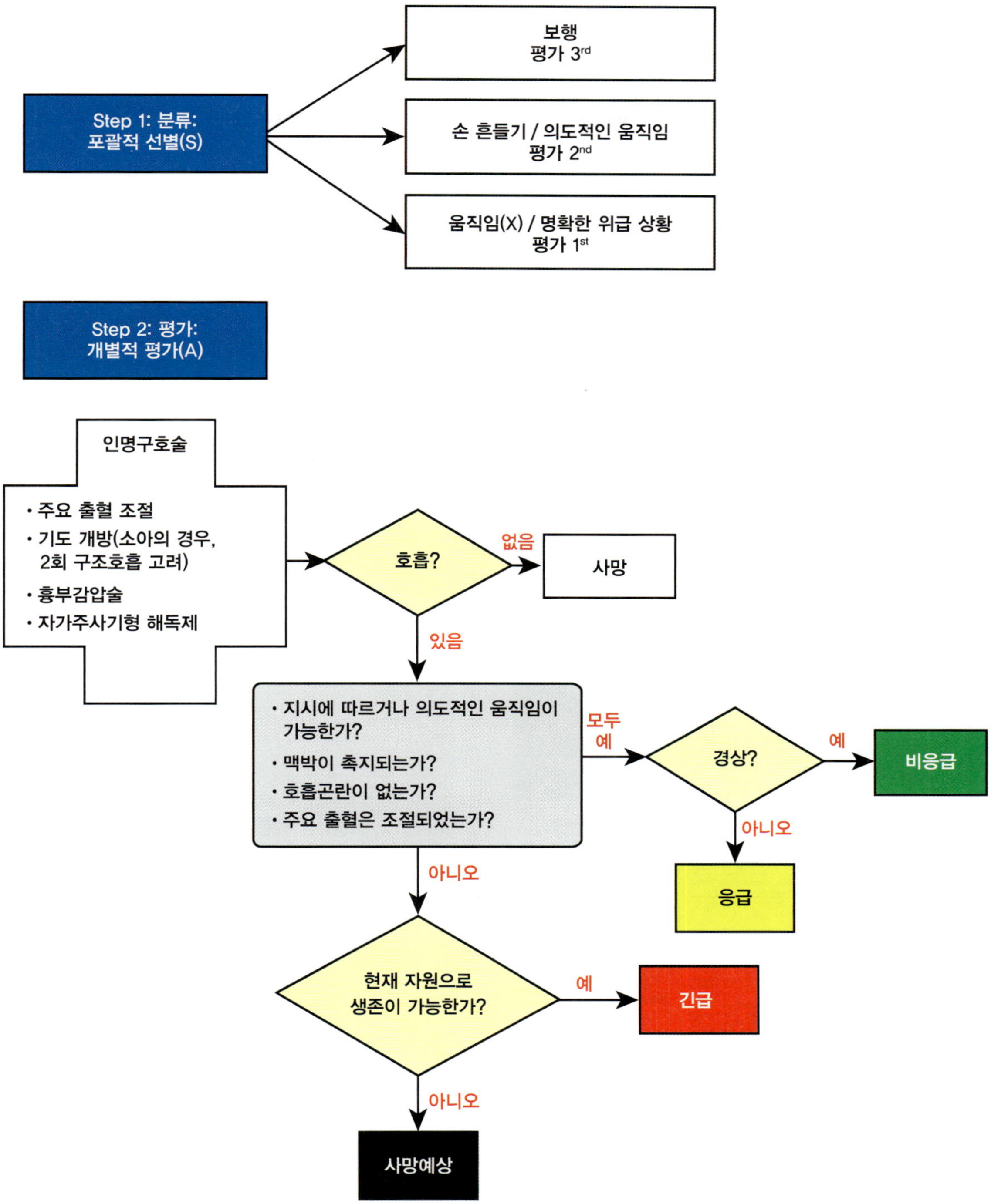


그림 11-10 SALT 환자 분류 체계

와 함께 시작한다. 가만히 있는 등 움직이지 못하는 환자나 조절되지 않는 출혈과 같이 생명을 위협하는 상황이 나타나는 환자는 처치 우선순위 1급으로 분류되어 가장 먼저 평가를 받아야 한다. 손발을 흔들 수는 있지만 걷지 못하는 환자는 처치 우선순위 1급인 긴급환자로 분류한다. 1단계는 다음과 같이 요약할 수 있다.

ㅇ처치 우선순위 1급: 움직이지 못함. 생명을 위협하는 상황.

ㅇ처치 우선순위 2급: 손/발을 흔들거나 의식적으로 걸을 수 있음.

ㅇ처치 우선순위 3급: 걸을 수 있음.

그림 11-11 SALT 환자 분류 체계에서 사용되는 색상 분류표

- *2단계—평가*: 개별 평가: 2단계에서 최우선 순위는 모든 환자에 대한 개별 평가를 통해 기도개방, 대량출혈의 조절, 긴장공기가슴증에 대한 감압처치, 적절한 해독제 투여 등 인명구호술이 필요한 환자

를 확인하는 것이다. 인명구호술은 환자 분류가 끝나기 전에 마무리되어야 한다. SALT 분류 체계는 5가지 환자 분류 유형을 적용한다(그림 11-11).

- ㅇ긴급환자(적색): 즉각적인 소생술이 필요하고 지시에 대한 무반응, 말초 맥박 없음, 호흡곤란, 조절되지 않는 출혈 등의 증상을 보이는 환자
- ㅇ응급환자(황색): 즉각적인 소생술이 필요하지 않지만, 처치를 하지 않으면 증상이 악화할 수 있는 환자
- ㅇ비응급환자(녹색): 처치를 하지 않아도 피해 범위가 제한되는 경미한 손상이 있고, 처치를 제공받는 시간이 지연되더라도 사망률이 증가하지 않고 버틸 수 있는 환자
- ㅇ지연환자(회색): 긴급환자이지만 가용 자원으로는 생존시키기 어려운 손상을 입은 환자
- ㅇ사망환자(흑색): 소생술 처치를 시행해도 무호흡 상태인 환자

역동적인 SALT 분류 체계는 환자의 증상 변화, 현장의 가용 자원, 현장 안전에 따라 분류 작업이 변경될 수 있다. 긴급환자 처치가 끝나면, 일부 환자의 증상이나 징후가 나아지거나 악화될 수 있기 때문에 지연환자, 사망환자, 비응급환자의 재평가를 실시해야 한다. 환자 처치와 이송은 다음과 같은 순서대로 제공되어야 한다.

1. 긴급환자
2. 응급환자
3. 비응급환자
4. 지연환자(가용 자원이 있는 경우)

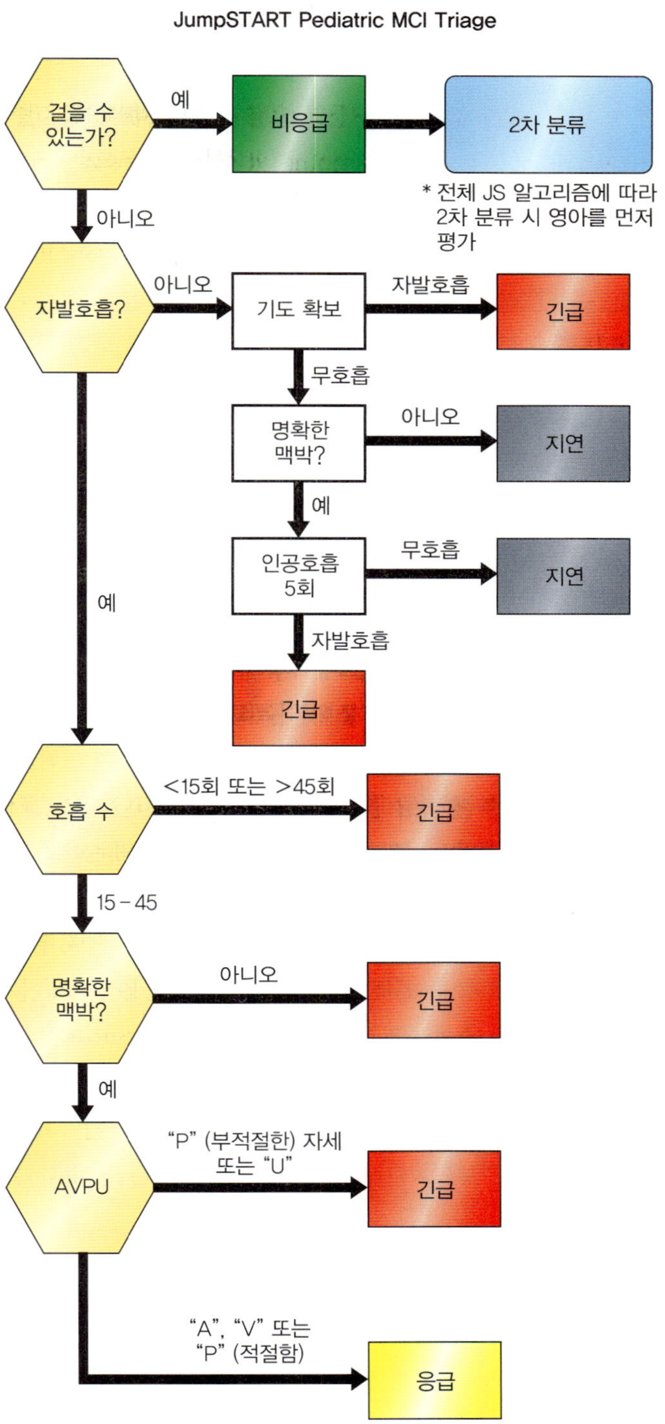

그림 11-12 JumpSTART 소아 환자 분류 체계

SALT 환자 분류 체계의 유용성은 여전히 검증이 필요한 부분이 있다. 불행하게도 국가적 차원의 환자 분류 체계가 개발되지 않는 한, 응급구조사는 여러 가지 환자 분류 체계에 익숙해져야 한다.

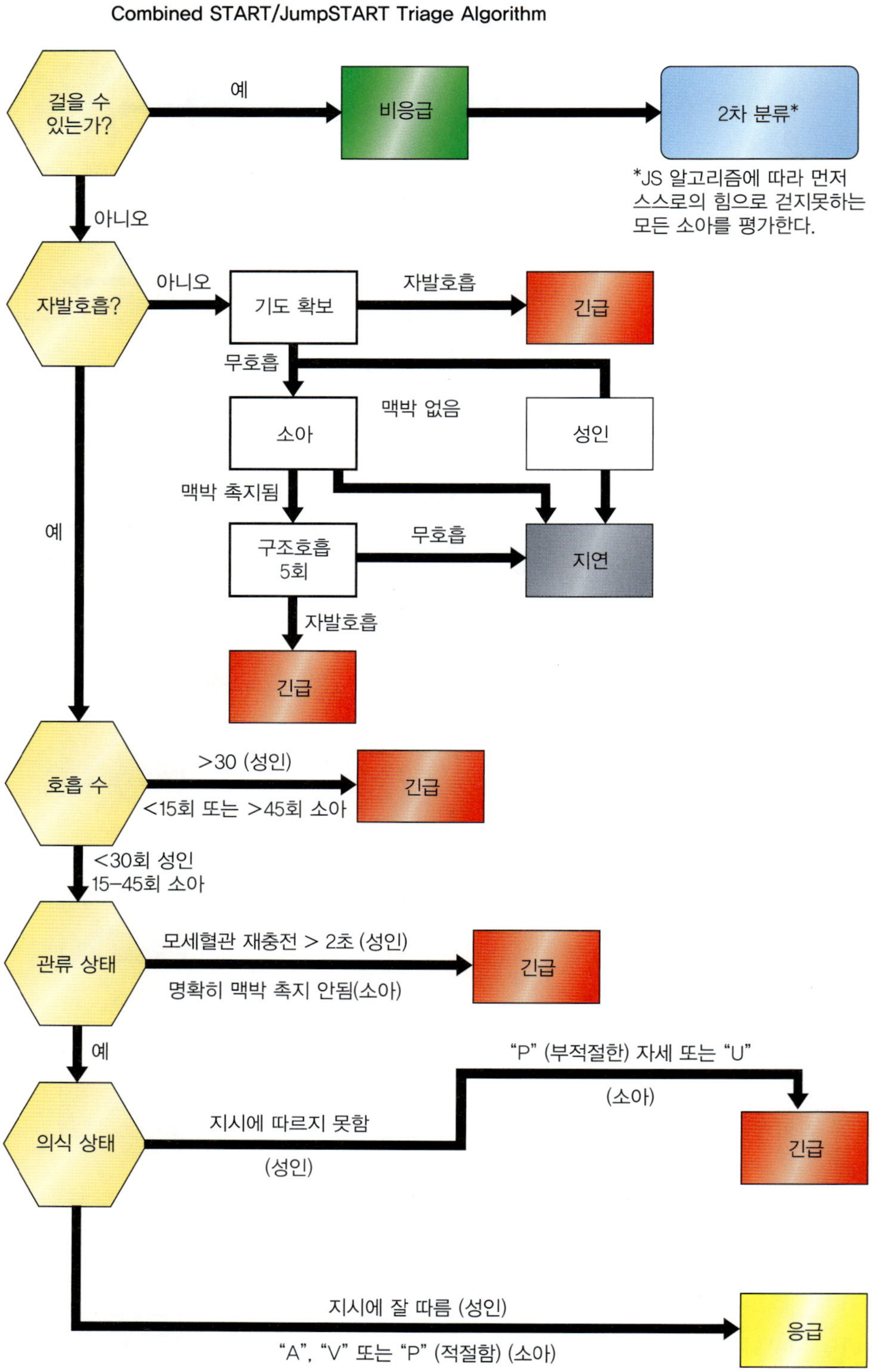


**그림 11-13** START와 JumpSTART 분류 체계의 통합을 보여주는 알고리듬

## JumpSTART 분류 체계

다수환자 사고나 재난 시 발생하는 소아 환자를 위해 개발된 JumpSTART 소아 환자 분류 체계는 미국에서 다수환자 사고 성인 환자 분류 체계인 START 체계와 유사하다. JumpSTART 분류 체계는 소아의 신체 및 생리적 특성과 차이를 고려한다. JumpSTART 분류 체계의 목표는 다음과 같다.

1. 다수환자 사고 환경에서 손상이 발생한 소아 환자에게 최적화된 평가를 제공한다.

2. 다수환자 사고를 위한 자원 할당의 효율성을 향상시킨다.
3. 혼란스러운 상황에서 손상이 발생한 소아 환자의 생사가 달린 문제를 신속히 결정해야 하는 환자 분류 인력의 정서적 부담감을 완화시킨다.

JumpSTART 분류 체계는 응급의료 인력이 손상이 있는 소아 환자의 가슴이 아닌 머리를 통해 분류되게 하는 객관적인 양식을 제공함으로써 더 많은 도움을 필요로 하는 환자를 위해 의료 자원을 절약하고 불필요한 구급 조치로 고통을 받거나 사랑하는 가족으로부터 격리되면서 겪을 수 있는 신체/정서적 스트레스를 방지한다. 성인과 소아의 생리적 차이를 고려하고 적절한 소아 생리학적 지표의 사용을 통해 분류되지 않는 환자가 없게 한다(그림 11-12). JumpSTART 분류 체계는 START 분류 체계와 쉽게 통합된다(그림 11-13).

## 분류된 환자의 색상 분류표

앞서 설명한대로 응급구조사는 분류된 환자에게 색상 분류표를 부착해야 한다. 색상 분류표는 다음과

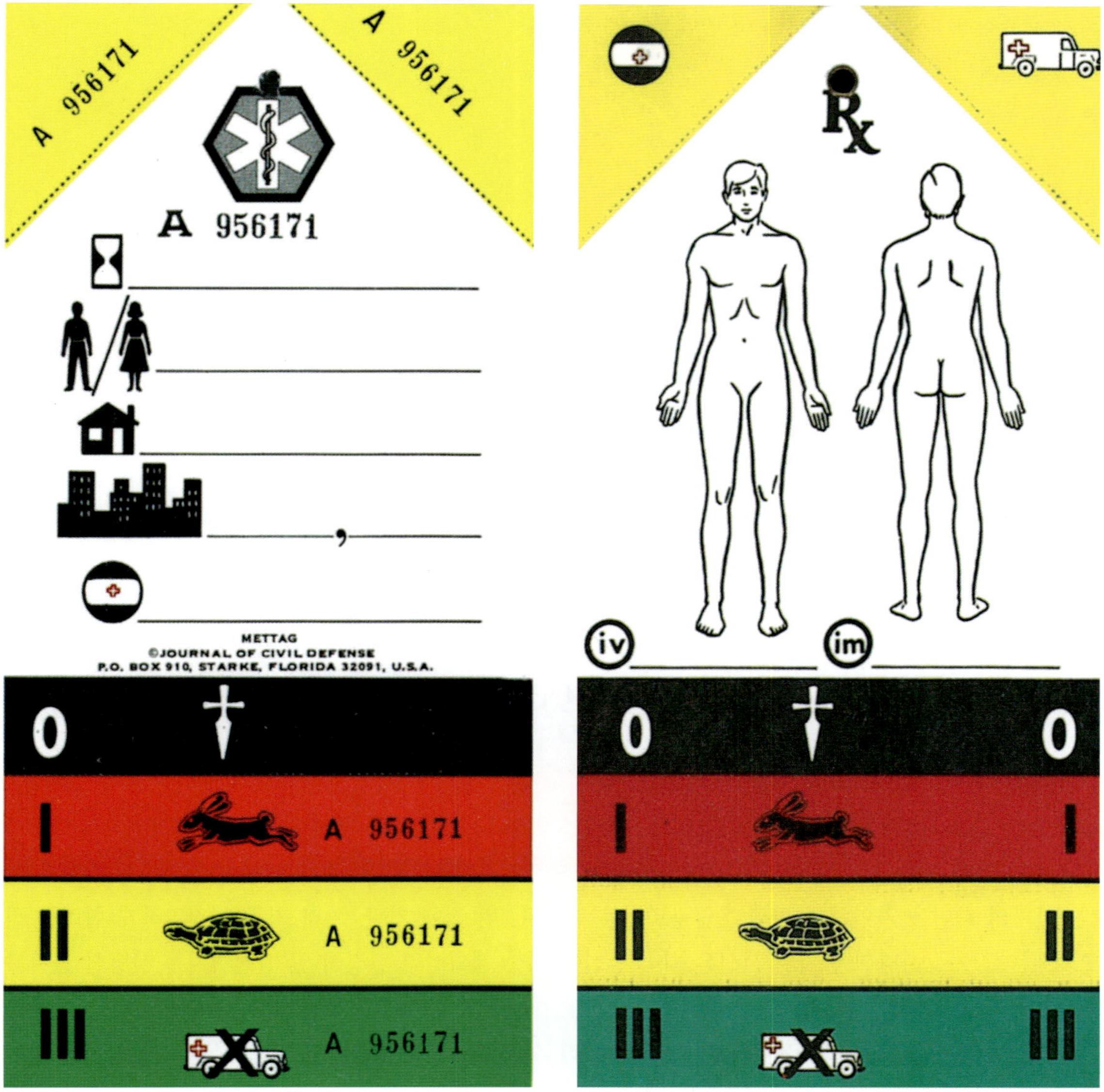


그림 11-14 METTAG 분류표
*(copyright ⓒ by METTAG. Used by permission of American Civil Defense Association)*

같은 장점이 있다.

- 응급처치 인력에게 환자 처치의 우선순위를 신속히 알림으로써 체계적 처치가 강화될 수 있다.
- 같은 환자를 번복해서 분류하는 낭비를 줄일 수 있다.
- 이송 및 처치 시 환자를 추적 관리할 수 있게 한다.

환자 분류용 태그는 METTAG 분류표(그림 11-14)나 SALT 분류표와 같이 시중에서 쉽게 구할 수 있다. 하지만 응급구조사는 색상이 있는 측정용 테이프를 사용할 수도 있다. 이러한 표시물은 각각 장단점을 가지고 있다. 우선 부착식 분류표는 각 분류 유형별로 환자의 수를 쉽게 셀 수 있게 한다. 또한 환자를 추적 관리하고 처치 정보를 기록하고, 이송 사고 시 환자의 위치를 쉽게 파악할 수 있다. 하지만 분류표는 비 오는 날씨에 의해 쉽게 손상될 수 있고 분류된 환자의 유형을 바꾸기가 힘들다. 측정용 테이프는 비용이 적게 들지만, 분류 작업 도중에 환자를 셀 수가 없다. 게다가 어두운 색상의 테이프는 야간에 쉽게 구분이 되지 않는다.

일부 의료 체계에서는 분류표와 테이프를 함께 사용한다. 다른 의료 체계에서는 긴급 이송이 가능하거나 별도의 응급환자처치 구역으로 환자를 분리해야 하는 경우에만 분류표를 사용하기도 한다. 분류 방법과는 무관하게 다음 두 가지 기준이 충족되어야 한다.

- 사용의 용이성
- 처치 우선순위의 신속한 시각적 구분 제공

### 신속한 환자 분류

응급구조사는 환자 분류 시 1대1로 환자를 전담해서 다루려고 해서는 안 된다. 하지만 아무런 처치도 제공하지 말라는 뜻도 아니다. 기도 개방이나 대량 출혈 부위에 대한 직접 압박과 같은 단순한 처치는 사고 현장에서 조기에 환자의 생명을 구할 수 있다. 그렇기 때문에 환자 분류 담당관은 감염 통제 비품, 구인두기도기, 외상 처치용 붕대와 같은 의료 도구를 지니고 다녀야 한다. 기타 핵심 의료 물품에는 분류표나 테이프, 현장지휘자와 소통하기 위한 휴대용 무전기, 지휘자용 형광 조끼, 손전등이 있다. 이상적으로 환자 1명당 분류 속도는 30초 이하이다. 하지만 이는 5분에 10명, 20분이 넘게 40명 등을 분류한다는 것이다. 그렇기 때문에 다수환자 사고 현장의 환자 분류 담당관은 많은 수의 환자를 함께 분류하는 다른 보조 인력의 도움을 받는 경우가 많다. 추가 보조 인력을 투입하는 결정은 환자 분류 시간을 단축시키고 환자 처치 및 이송의 속도를 향상시킨다. 환자 분류 인력은 개별적 또는 집단으로 활동할 수 있다. 어떠한 방식이든지 환자 분류 인력은 환자 분류 담당관에게 보고하고, 담당관은 필요한 정보를 현장지휘통제소로 전달한다. 환자 분류 작업을 마친 인력은 처치팀과 같은 다른 팀으로 투입될 수 있다.

## 시신 안치소

응급구조사는 흑색으로 분류된 사망 예상 환자를 처치 구역에서 멀리 떨어진 곳에 격리해야 한다. 시신 안치소로 이동하는 길은 외부 인원이나 언론에 노출되지 않도록 관계자 외에는 출입하지 못하도록 한다. 환자의 사인을 확인하기 위해 응급구조사는 검시관, 법 집행 기관, 기타 기관과 긴밀하게 협력할 필요가 있다. (가능하다면 안치된 시신은 처리 방식에 대한 계획이나 결정이 있기 전까지는 사망한 환자를 필요 이상으로 다루지 않는다.)

선정된 시신 안치소는 지정된 담당관에 의해 관리 감독 된다. 시신 안치소 담당관은 (시신 안치를 위한 장소 선정 및 보호를 해줄) 환자 분류 담당관이나 환자 처치 담당자에게 보고할 수 있다.

다수환자 사고 관리의 경우, 사전에 대비 계획을 마련하는 것이 매우 중요하다. 환자 처치를 위해 특수

설비가 필요할 수 있다. 또한 구조 인력은 상담사나 종교인의 지원이 필요하게 될 수도 있다.

## 환자 처치

구급차보다 환자의 수가 많은 경우 환자를 처치 구역으로 이동시켜야 한다(그림 11-15). 처치 대상 관리자는 처치를 받을 환자 집단과 처치 구역과 관련된 모든 작업을 통제한다. 환자를 처치 구역으로 이송하는 구급 인력은 환자나 물건을 들어 올리다가 손상을 입지 않도록 4인 1조로 작업을 수행해야 한다. 환자가 처치 구역에 도착하면 응급구조사는 2차 환자 분류를 통해 환자의 상태가 변화되었는지를 확인한다. 환자는 다음과 같은 분류 체계에 따라 기능적 처치 구역으로 배정되어야 한다.

**그림 11-15** 다수환자 사고 현장의 처치 구역

- START 환자 분류 체계
  - 적색(긴급환자, P-1)
  - 황색(응급환자, P-2)
  - 녹색(비응급환자, P-3)
  - 흑색(지연환자, P-0)
- SALT 환자 분류 체계
  - 적색(긴급환자)
  - 황색(응급환자)
  - 녹색(비응급환자)
  - 회색(지연환자)-흑색(사망환자)

응급구조사는 처치 구역의 효과적인 운영을 위해 의료 장비가 필요하다. 핵심 의료 장비에는 기도 유지 장치, 산소 공급 기구, 지혈 기구, 화상 관리 기구 등이 있다. 또한 응급구조사는 고정술용 기구와 이송용 기구(들것, 긴 척추고정판)가 필요하다.

### 적색 처치 구역

적색 처치 구역에서는 적색으로 분류된 모든 중환자를 위한 처치가 제공된다. 이 경우 지휘 및 물류 체계를 통해 다량의 의료 자원을 적색 처치 구역에 할당한다. 일반적으로 전문 소생술을 제공하는 구급 인력은 환자에 대한 고정과 이송을 준비하기 위해 적색 처치 구역에 통보한다. 의료 자원은 빠르게 소진될 수 있기 때문에, 작업 보조를 위한 비품 공급 체계가 필요하다. 또한 적색 구역에는 현장 전문의나 간호사가 반드시 필요하다.

### 황색 처치 구역

응급 구조팀은 부목 등을 고정하기 위해 증상이나 징후가 치명적이지 않은 모든 환자를 황색 처치 구역으로 이송한다. 적색 처치 구역보다 황색 처치 구역의 환자는 중증도가 낮지만, 전문 소생술이 필요할 수 있다. 예를 들어, 단순 넙다리 골절 환자는 황색 분류표로 표시해야 할 것이다. 황색으로 분류된 환자는 신속한 처치나 이송이 필요하지 않지만 정맥주사 투여나 외과적 처치를 해야 할 수도 있다.

### 녹색 처치 구역

녹색으로 분류된 환자는 (이송 준비 조치를 받는) 녹색 처치 구역으로 이송한다. 이 구역에서는 처치는 거의 제공되지 않지만, 환자의 증상이 악화하지 않도록 지속적인 모니터링을 해야 한다. 환자는 녹색 처치 구역에서 재분류된 뒤 적정한 처치 구역으로 이송된다.

### 처치 구역의 감독

모든 처치 구역은 처치 대상 관리자에게 보고하는 처치 구역 책임자의 관리 감독을 받는다. 처치 구역 책임자는 적절한 환자 처치를 제공할 수 있도록 최대한 유연한 대처를 할 수 있어야 한다. 환자의 증상은 언제든지 급변할 수 있고 각 처치 구역에서 매번 필요한 만큼의 구급 인력, 장비, 물품을 사용할 수 있는 것은 아니다. 그렇기 때문에 항상 긴밀한 통신 상태를 유지해야 한다. 처치 대상 관리자는 반드시 각 처치 구역의 현황에 대한 보고를 받아야 한다. 관리자는 특히 처치 작업을 지휘하거나 환자 분류, 이송과 같은 기타 다른 구역과 함께 조율해야 한다.

## 현장 전문의

대형 사고나 장기화되는 사고의 경우, 응급의료체를 보조하기 위해 전문의가 현장에 동원될 수 있다. 전문의는 다수환자 사고 현장에서 전문 의료 지식과 기술을 다방면으로 적용할 수 있다. 예를 들어, 어려운 환자 분류, 처치 구역에서의 외상 환자 전문 분류 및 처치, 극단적인 경우 환자 구출 목적의 외과적 응급 수술과 같은 전문적인 처치는 전문의가 가장 효과적일 수 있다. 전문의는 처치 구역의 응급구조사에 대한 직접적인 현장 감독 및 의료 지시를 제공하기 때문에 별도의 표준 운영 절차나 무선 통신이 필요 없을 수 있다. 다수환자 사고 발생 시 전문의가 수행하는 대응 및 작업의 시기와 방법에 대한 비상 계획이 수립되어야 한다.

## 작업 대기

구급차는 다수환자 사고에서 가장 중요한 자원이기 때문에, 환자에 대한 접근 및 이송 작업을 위해 사고 현장에 대기시켜야 한다. 환자 처치가 필요하기도 전에 구급차가 현장에 도착하는 경우 별도의 담당관에 의해 운영되는 이송 대기 구역에 정차시킨다. 이송 대기 구역은 도로변, 주차장, (현장지휘자로부터 배치 지시가 내려지기 전까지) 기타 대기 장소가 될 수 있다(그림 11-16).

현행 지침에 따르면 구급차 인력이나 운전자는 환자 이송이 필요할 때까지 현장에서 대기하고 있어야 한다. 대기 구역을 설정할 경우 구조 인력이 자체적으로 이동하는 것을 방지하고 필요시 사고 현장에 즉각 배치될 수 있게 할 뿐만 아니라 자원의 조기 소모를 방지한다. 긴급 환자 이송을 위해 구급차가 필요한 경우 이송 대기 구역은 환자를 구급차에 태우는 구역으로 사용한다.

그림 11-16 작업 대기 구역은 대규모 다수환자 사고의 중요한 부분이다.(ⓒ *Dr. Bryan E. Bledsoe*)

## 환자 이송팀

환자 이송팀 감독관은 이송 대기 구역 담당관이나 처치 구역 책임자와 서로 협조한다. 환자 이송팀 감독자는 구급차에 환자를 태우고 병원으로 이송하는 임무를 수행한다. 환자 이송팀을 관리할 때는 환자를 고정하고 이송 수단에 태우는 작업에 대해 유연하게 판단해야 한다. 예를 들어, 외상 센터로 이송하기 위해 2명의 중환자를 구급차에 태우는 상황에서 구급차의 응급구조사가 모든 환자에게 적절한 처치를 제공하지 못할 것으로 판단된다면 중환자 한 명과 중증도가 비교적 떨어지는 환자 한 명과 함께 이송하게 할 수도 있다. 환자 이송팀 감독자는 이송할 의료기관으로 지정된 병원의 시설 현황 파악을 통해 중환자 처치를 위한 자원이 고갈되지 않도록 해야 한다.

환자와 병원을 이어주는 작업은 구급차에 환자를 싣는 것만큼이나 중요하다. 사고 발생 초기에 통신 센터는 현지 병원과 연락을 취하고 각 환자 유형별로 얼마나 많은 환자를 수용할 수 있는지를 파악한다. 환자 이송팀 감독관은 반드시 이와 같은 정보를 숙지하고 있어야 한다. 또한 외상 센터, 화상 처치팀, 신경 처치팀과 같은 병원의 특성화된 처치 분야를 잘 알고 있어야 한다. 응급의료 인력이 도착하기도 전에 사고 현장을 떠나 가장 가까운 병원으로 이동하는 환자도 많기 때문에, 사고의 범위와 특성에 따라 개인적으로 이동하는 환자를 고려해야 한다.

이를 위해 환자 이송 관리자는 추적 관리 및 이송기관 목록을 관리해야 한다. 추적 관리나 이송기관 목록에는 다음과 같은 정보가 포함되어 있어야 한다. 환자 분류 번호, 환자 분류 우선순위, 환자의 나이, 성별, 주요 손상:

- 이송팀
- 이송 의료기관으로 선정된 병원
- 출발 시간
- 가능한 경우 환자의 성명

이러한 추적 관리 목록은 다수환자 사고 현장의 작업을 체계적으로 조직하는데 도움이 될 뿐만 아니라 나중에 사고 상황을 재구성할 때 매우 중요한 자료로 활용된다. 또한 이는 현장에서의 환자 처치에도 중요한 근거 자료로 사용된다.

## 구출/구조팀

응급의료체에서 구출 및 구조 작업은 부서 혹은 집단 단위로 수행될 수 있다. 구출 및 구조 작업이 응급의료체의 기능으로 고려될 경우, 이는 응급의료체 관련 부서의 집단 혹은 섹터로 편성될 것이다. 구출 및 구조 작업이 소방 체계의 기능이라면 이는 소방 부서에 배치될 것이다. 구조 작업이 광범위하거나 장기적인 경우 사고 관리 체계의 한 부서로 분리될 수도 있다.

일반적으로 구출/구조팀 집단은 사고 현장에 갇힌 환자를 밖으로 구출하고 처치 구역으로 이송한다. 구출/구조팀 작업은 매우 다면적이고 특수 장비와 인력을 필요로 한

그림 11-17 다수환자 사고 현장에서의 구출 및 구조 작업 시 유해 물질의 위험에 노출될 수도 있다. 2001년 10월 25일, 탄저병 감염으로 인해 유해 물질 제거팀이 브렌트 우드 mail facility로 진입할 준비를 하고 있다.(© *AP Images/Ron Thomas*)

다. 구출 및 구조 작업이 장기화되는 경우 처치팀 인력은 구조 작업 구역에서 환자가 구출되기 전에 처치를 제공하게 된다.

상황에 따라 구조 작업 구역에 있는 인력은 헬멧, 보호경, 장갑, 마스크, 보호복과 같은 개인 보호 장비가 필요로 한다(그림 11-17). 일부 구조 장비는 휘발유, 전기, 압축된 공기가 필요할 수 있다. 구출 및 구조 구역은 대단히 위험한 장소이기 때문에, 모든 작업이 안전하고 효과적으로 수행될 수 있도록 최대한 노력을 기울여야 한다.

## 재활팀

사고 대응 작업이 장기화될 경우 구조 인력을 지원하는 특수 재활 구역이 설치되어야 한다. 재활 구역에 식량, 식수, 의료 감시 장비의 필요 분량을 공급받을 수 있도록 물류팀과의 조율이 필요하다.

구조 인력은 주기적으로 사고 현장에서 재활 구역으로 순환되는 것이 이상적이다. 재활 구역은 온도가 조절되고 연기, 모여든 군중, 언론의 취재로부터 안전한 피난처 기능을 해야 한다. 이러한 환경에서 구조 인력이 휴식을 취하고 회복을 할 수 있다.

재활팀 의료 인력은 구조 인력의 활력 징후를 측정하고 구조작업으로 인한 피로나 스트레스의 징후를 보이는지를 확인한다. 미리 지정된 수치를 기준으로 활력 징후가 비정상적인 구조 인력은 작업에서 제외시켜야 한다. 이는 특히 기온이 지나치게 높거나 낮은 환경에서 더욱 중요하다.

긴급 중재 처치팀의 가용성에 대한 조항이 마련되어야 한다. 가능하다면 구급차와 구급 인력은 작업 대기 구역의 바깥에서 대기하도록 해야 한다. 그러한 경우 현장지휘자는 구조대원이 질병에 걸리거나 손상을 입으면 대기하던 구급차에 연락할 수 있다. 하지만 대형 다수환자 사고의 경우 상황에 따라 요구되는 사항이 많아서 매번 구급차를 대기시키는 것이 어려운 경우가 많다.

## 통신 체계

"다발성 사상자 사고 및 사고 관리"는 이미 현장 평가, 상황 보고, 주파수 사용과 같은 통신 체계의 문제를 다뤘다. 하지만 통신이 사고 관리 체계의 기반이 된다는 것은 아무리 강조해도 지나치지 않다. 그렇기 때문에 사고 관리 체계의 응급의료 부서에서 사용하는 기본 통신 규칙을 검토할 필요가 있다.

우선, 통신할 때는 무엇을 말해야 하는지를 미리 생각해야 한다. 반드시 무선 통신을 통해 전달되어야 하는 말인지를 판단한다. 다수환자 사고 현장에서는 이미 대부분의 주파수가 사용되기 때문에 불필요한 무선 통신을 최소화해야 한다.

두 번째로 송신을 하기 전에 무선 통신장비의 볼륨을 높인다. 말을 하기 전에 버튼을 누르고 1초 정도 기다린다. 이를 통해 송신을 효과적으로 시작할 수 있고, 다른 무선 통신장비 사용자가 송신을 듣게 된다. 송신이 전달되지 않을 경우 구조 인력 간의 협응과 효율성이 저하된다.

세 번째로 수신받은 메시지는 이해했다는 반응으로 응답한다. 예를 들어, "이송팀 대기 인력은 환자 이송을 위해 구급차 2대를 보내주시기 바랍니다."라는 송신이 오는 경우, "이송팀 수신"이라고 말하기 보다 "이송팀, 환자 이송을 위해 구급차 2대를 투입하겠습니다."라고 대답하는 것이 바람직하다.

(통신 암호가 아닌 단순한 언어의 사용, 현장지휘통제소, groups(섹터), 분과, 팀 간의 공용 무선 통신 채널의 확보, (필요한 경우) 면대면 소통, 사고 관리 체계의 통신 체계 준수와 같은) 기타 통신 규칙은 이미 "다발성 사상자 사고 및 사고 관리"에서 설명하였다. 또한 구조 인력은 항상 보고 체계를 준수해야 한다.

### 응급의료 통신 담당관

대형 사고의 경우, 사고 관리 체계는 응급의료 통신 담당관을 필요로 하게 된다. 응급의료 통신 담당관은 EMS COM이나 MED COM으로 줄여 부르기도 한다. 응급의료 통신 담당관은 환자 이송팀 감독자와 긴밀한 협력을 통해 이송되는 환자를 병원에 알리는 역할을 한다. 이를 위해 별도로 지정된 무선 통신 채널이 필요하다. 응급의료 통신 담당관은 통신 주파수의 혼잡 문제로 인해 완전한 환자 상태 보고를 할 수 없기 때문에, 현재 병원으로 이송 중인 처치 우선순위 1 또는 적색으로 분류된 환자, 도착 예상 시간과 같은 환자 이송팀 감독자가 전달한 기본적인 정보를 전송하게 된다.

### 대안적 통신 수단

다수환자 사고 현장에서 주요 무선 통신 체계가 언제나 정상적으로 항상 제대로 작동될 것이라는 보장이 없다. 재난 발생 시에는 경우 무선 통신탑이 파괴되고 전원 공급이 차단될 수도 있다. 수많은 사용자로 인해 주파수에 과부하가 걸릴 수 있으며, 전화 회선이 끊어질 수도 있고, 무선 통신기의 배터리가 방전될 수도 있다. 그렇기 때문에 모든 다수환자 사고 대비 계획에서는 대안적 통신 수단이 규정되어야 하고 이러한 대안적 사용법도 정기적으로 훈련되어야 한다. 구조 인력은 주요 무선 통신 체계가 비활성화된 상태에서는 휴대폰, 휴대용 데이터 단말기, 호출기, 팩스, 기타 통신 기술을 대안으로 사용하게 된다. 모든 대안이 소용없는 경우 구조 인력이 직접 발로 뛰어 사고 현장에 메시지를 전달해야 한다. 물론 구조 인력이 직접 메시지를 전달하는 데에는 많은 한계가 있지만 별다른 대안이 없는 경우 최후의 수단으로 사용해야 한다.

## 재난 관리

재난은 대형 사고 현장에서 주로 사용되는 운영 절차를 크게 바꿔놓는다. 예를 들어, 재난은 발생지역의 기간 시설을 파괴하여 열차 운행, 병원 운영, 통신 체계 등을 방해한다. 근무 지역에 재난 사태가 발생한다면 응급구조사는 구조 인력이기 앞서 재난 피해자가 될 가능성이 있기 때문에 재난 대응을 위해 타지역 응급 기관의 지원을 요청하게 되는 경우가 많다. 일반적으로 재난 관리는 경감, 계획, 대응, 복구의 4단계로 진행된다.

### 경감 단계

경감은 애초에 재난 사태를 예방 또는 제한시키는 작업이다. 예를 들어, 공공 안전 커뮤니티는 범람원에서의 건축 사업이나 재해나 테러 공격이 취약한 건축물의 신축을 방지한다. 게다가 대부분의 지역 사회에서는 허리케인이나 토네이도와 같은 기상 재난이나 화산 폭발, 지진 등의 지질학적 재난 사태에 대한 조기 경보 체계가 갖춰져 있다.

### 계획 단계

앞서 설명한 바와 같이 계획 단계에서는 모든 대형 응급 사고에 대한 성공적인 관리에 있어 핵심적인 역할을 차지한다. 모든 지역 사회는 재해 위험 분석 과정에 참여하여 재해 발생률을 평가해야 한다. 재해 위험 분석과 관련해 3장 후반부의 사전 계획에 대한 설명을 참고한다.

재해 위험 분석에 따라 재배치 계획과 대피 절차를 수립한다. 가능한 경우 대피하는 사람은 최대한 익숙한 환경에서 관리한다. 손상 환자가 아닌 경우 대피자를 병원과 같은 의료시설에 모아두는 것보다는 자택으로 피신시키는 것이 바람직하다. 대피 절차를 가동해야 하는 경우 모든 수단을 동원하여 최대한 신속하고 반복적으로 재난 대피 경고를 내린다. 재난의 속성, 피해 발생 예상 시점, 예상되는 피해의 심각성에 대한 경고가 시민에게 전달되어야 한다. 예상 피해지에서 벗어나는 안전 대피로와 대피한 사람을 위한 피난처를 설명한다.

주요 통신 체계가 불능화되었을 때 대안이 될 수 있는 효과적인 통신 체계가 공급되는 것은 재난 대비 계획의 핵심이다. 예를 들어, 도움이 필요한 사람을 위해 중앙 통신 체계를 어느 장소에 설치할지를 결정해야 한다. 응급의료 인력을 위한 무선 통신장비 사용 지침을 규정한다. 휴대용 무선 통신 장비와 녹음기를 필요한 만큼 구비한다.

### 대응 단계

재난 발생 시 사상자와 가용 자원 간에는 큰 간극이 발생한다. 재난 사태는 지정된 대응 절차의 순서를 흐트러지게 하고 막대한 인명피해와 재산상의 손실을 초래하기 때문에 외부 기관의 지원과 예비 재난 대비 계획이 항상 필요하다. 기본적으로는 사고 관리 체계의 지침 사항을 준수해야 한다.

### 복구 단계

복구 단계에서 구조 인력은 소속 부서, 관할권 혹은 지역 사회로 돌아가 정상적인 임무를 수행한다. 복구 단계에서 취해지는 조치나 행동은 현지 재난 대비 계획의 특성에 따라 결정된다. 응급 구조 인력은 가족의 재회, 후속 처치의 제공, 구조물이나 고속도로 붕괴와 같은 위해 요소에 대응하는 인력을 위한 보조 등의 작업에 참여하게 될 수 있다.

## 다수환자 사고 시 문제의 해결

앞서 설명한대로 응급구조사에게 있어 다수환자 사고보다 더 힘든 사고는 없다. 재난의 복잡성과 각종 사고로 인한 스트레스 때문에 평소에는 쉽게 처리하던 업무가 대단히 어려워지거나 수행이 불가능해 지기도 한다. 그러므로 응급구조사는 다양한 문제점을 예상하고 극복 방안을 마련해야 한다.

### 구조 작업 방해 요소

다수환자 사고나 재난이 발생한 경우 예상치 못한 문제가 발생할 수 있다. 이러한 문제를 최소화하는 방법을 사전에 예측하는 것이다. 항상 "미리 아는 것이 미리 대비하는 것"이라는 유비무환의 자세로 재난에 대응해야 한다. 과거 사고에 관한 여러 연구에 따르면 다음과 같은 문제점들이 구조 작업을 방해할 수 있다.

- 현장지휘통제소를 현장에서 쉽게 발견할 수 없는 경우
- 사고에 대한 정보가 전달되지 않은 경우
- 부실한 환자 분류 작업이 이루어진 경우
- 초기에 신속하게 환자 고정을 제공하지 못한 경우
- 처치 구역으로 환자를 신속하게 이송하고 관리하지 못한 경우
- 환자 처치에 지나치게 시간이 낭비되는 경우

- 너무 일찍 환자를 이송한 경우
- 현장 인력의 부적절하거나 비효율적인 활용이 발생한 경우
- 의료시설에 환자를 잘못 배분한 경우
- 정확한 환자 추적 시스템을 설치하지 못한 경우
- 현장 구조팀, 지역 응급 기관, 기타 인력과 소통하는 능력이 부실한 경우
- 모든 사고 관리 담당관이나 감독자를 위한 지휘자용 형광 조끼가 부족한 경우
- 다수환자 사고에 대응하는 구조 인력의 교육 및 훈련 경험이 부족한 경우
- 사고 관리 체계에 참여한 지역 응급 기관의 훈련 경험이 부족한 경우
- 지역 사회 평가, 사전 계획, 비상 계획이 적절하지 못한 경우

## 사전 계획, 훈련, 개선점을 위한 비판

앞서 설명한 바와 같이 다수환자 사고나 재난을 위한 대비 계획은 대응 작업을 더욱 원활히 진행되게 한다. 예기치 못하게 발생할 수 있는 문제를 예상하고 대응 방안을 마련한다. 미리 대비할 수 있는 모든 것에 대해 최대한 대비를 해야 한다.

우선 자연 재해나 인재를 유발할 수 있는 위험요소에 대한 철저한 평가 작업을 시작한다. 예를 들어, 캔자스주의 경우, 허리케인의 위험은 없지만, 토네이도가 발생할 확률이 대단히 높다. 화학 공장, 핵물질 시설, 탄광, 학교, 교도소, 경기장, 위락 단지, 철도, 공항과 같은 장소는 사고가 발생할 확률이 높은 곳이다.

지역 평가를 마친 응급 기관은 사고에 대한 표준 운영 절차와 지침 사항을 요약한 대비 계획을 수립해야 한다. 물론 모든 상황에 대한 대비책을 만드는 것은 불가능하다. 가령 100개의 대비 계획을 세웠지만 예상하지 못한 시나리오 101이나 102가 존재할 수 있다. 예를 들어, 통합상황관리센터가 파괴되었다면 응급구조사는 어떻게 구급차에 연락을 취할 수 있는가? 지역 병원이 화학물 오염에 의해 불능화되었다면, 어떻게 대처해야 하는가?

사전 대비 계획이 완성되면, 계획의 효용성을 확인하기 위해 우선 소규모 훈련을 해봐야 한다. 이는 모의 훈련과 같은 테스트가 적절하다. 미진한 점이 대부분 개선된 경우 완성된 사전 대비 계획은 소속 부서와 주변 부서, 현지 경찰, 소방서, 병원의 모든 인력 등 현지 사고 관리 체계의 관계자 모두에게 공지해야 한다. 사전 대비 계획을 통해 필요한 모든 상호 협력 협약을 체결하고 사고 체계의 모든 인력이 이러한 협약에 대한 지식을 갖추도록 한다.

다수환자 사고 현장의 모든 인력이 사고 관리 체계에 대한 적정 수준의 훈련을 받도록 한다. 현장의 최초반응자가 사고 대응의 향방을 좌우한다. 다수환자 사고 대응 작전과 대규모 사고 관리 체계에 대한 경험을 강화하기 위해 모의 훈련을 하고 참여한다. 모의 훈련은 규모를 작게 해서 시작해야 한다. 소속 부서는 현지 모의 훈련을 통해 모든 구조 인력이 사고 대응 체계에 대한 이해도를 높이도록 해야 한다. 이후 외부 기관을 참여시키는 대규모 훈련도 한다.

그림 11-18 다수환자 사고에 대한 대비 계획에는 과거의 유사 사례에 대한 검토를 바탕으로 고려되어야 한다. 훈련을 통해 현장지휘자로 역할을 수행할 수 있도록 해야 한다.

"절대로 그러한 일이 일어나지 않을 것"이라는 식의 태도는 지양한다. 다수환자 사고와 재난은 언제 어디서든 발생할 수 있다. 직업 훈련을 통해 사고 관리 체계를 조직하고 시행을 담당하는 현장지휘자로 역할을 수행할 수 있도록 해야 한다(그림 11-18).

## 재난 정신 보건 서비스

다수환자 사고에서 구조 인력과 환자의 정서적 보건은 매우 중요한 고려 사항이다. 기존에는 응급 기관에 의해 CISM(위기상황스트레스관리)를 사용할 것이 권장되었지만 CISM과 위기 상황 스트레스 해소 방법은 외상 스트레스를 경감시키는 효과가 없고, 슬픔과 정상적인 치유 과정을 지연시킬 수 있다는 것이 입증되고 있다.

하지만 다수환자 사고 시 정신 보건 인력이 수행해야 하는 중요한 역할은 있다. 정신 보건 인력은 현장에서 사고에 의해 심각한 스트레스를 받은 응급의료 인력을 포함한 모든 사람을 위한 심리적 응급 처치를 제공해야 한다. 현장의 심리적 보조에는 특수 훈련이나 별도의 자격증이 필요 없고 실질적인 심리적 처치에 해당하지 않지만, 다음과 같은 활동을 통해 인간의 기본적인 요구를 충족시킬 수 있다.

- 경청
- 위로
- 필요로 하는 것에 대한 평가
- 심리적으로 기본적인 필요가 충족되었는지를 확인
- 지나치게 개인적인 것을 묻지 않음
- 가족이나 친지를 불러오기
- 불쾌하지 않은 선에서 사회적 보조를 제공
- 추가적인 위해로부터 보호

정신 보건 인력은 구조 인력과 환자 모두가 외상 후 스트레스로 인한 증상이나 징후를 보이는지를 감시해야 한다. 이러한 증상은 최대 2개월 뒤에 나타날 수 있다. 이 때문에 정신 보건 인력은 항상 응급 구조 인력과의 협력을 통해 사고로 인한 스트레스로부터 쉽게 벗어나지 못할 가능성이 있는 사람을 파악해야 한다. 외상 후 스트레스를 겪고 있는 추가적인 상담 처치나 여타 정신 처치를 받을 수 있도록 해야 한다.

## 요약

응급구조사는 사고 관리 체계 절차를 완전히 숙지하고 모든 소형 및 대형 다수환자 사고에서 해당 절차를 준수해야 한다. "실전은 연습 때처럼"이라는 마음가짐으로 행동하면 (응급의료체에 큰 부담이 될 수 있는) 다수환자 사고나 재난 사태에 대한 적절한 대비를 할 수 있다.

## 현장 출동 후 결과 분석

어둡고 음산한 수요일 새벽 5시 15분, 홀 카운티 보안관 사무소의 통합상황관리센터로 신고가 들어온다. 휴대폰으로 전화를 한 신고자는 론 파인 모텔 뒤편에서부터 연기가 피어오르고 무언가 타는 냄새가 난다고 전한다.
신고 접수원은 즉시 홀 카운티 소방서, 보안관 사무소, 응급구조사가 속한 기관에 연락을 취한다. 홀 카운티의 응급의료 기관은 전문 소생팀 구급차 1대, 기본 소생팀 구급차 1대, (전문 소생팀 구급팀 뒤로 따라가는 현장 감독자를 출동시킨다(그림 11-19).

전문 소생팀과 함께 현장에 도착한 응급구조사는 창문 밖 평가(windshield survey)를 통해 모텔 뒤편에서 자욱하게 피어오르는 연기와 불길을 확인하고 일부 모텔 투숙객이 방에서 대피하고 있는 것을 확인한다. 야간 관리자가 뛰어와 모텔 안에는 최소 20명의 사람이 남아있다고 말한다.

1. 현장에 최초로 도착한 응급구조사와 동료가 사고 관리 체계에서 수행할 수 있는 두 가지의 역할은 무엇인가?
2. 사고 평가를 어떻게 하는가?
3. 응급구조사가 예상하는 추가의 자원과 자원을 위해 제공하는 지침은 무엇인가?
4. 응급구조사는 사고에 대한 대응을 조직하기 위해 사고 관리 시스템을 어떻게 사용할 것인가?
5. 이러한 사고가 발생하는 경우 응급구조사는 무선 통신장비를 통해 어떻게 초기 보고를 해야 하는가?

*이 책 뒷부분에 제시된 해설을 참고한다.*

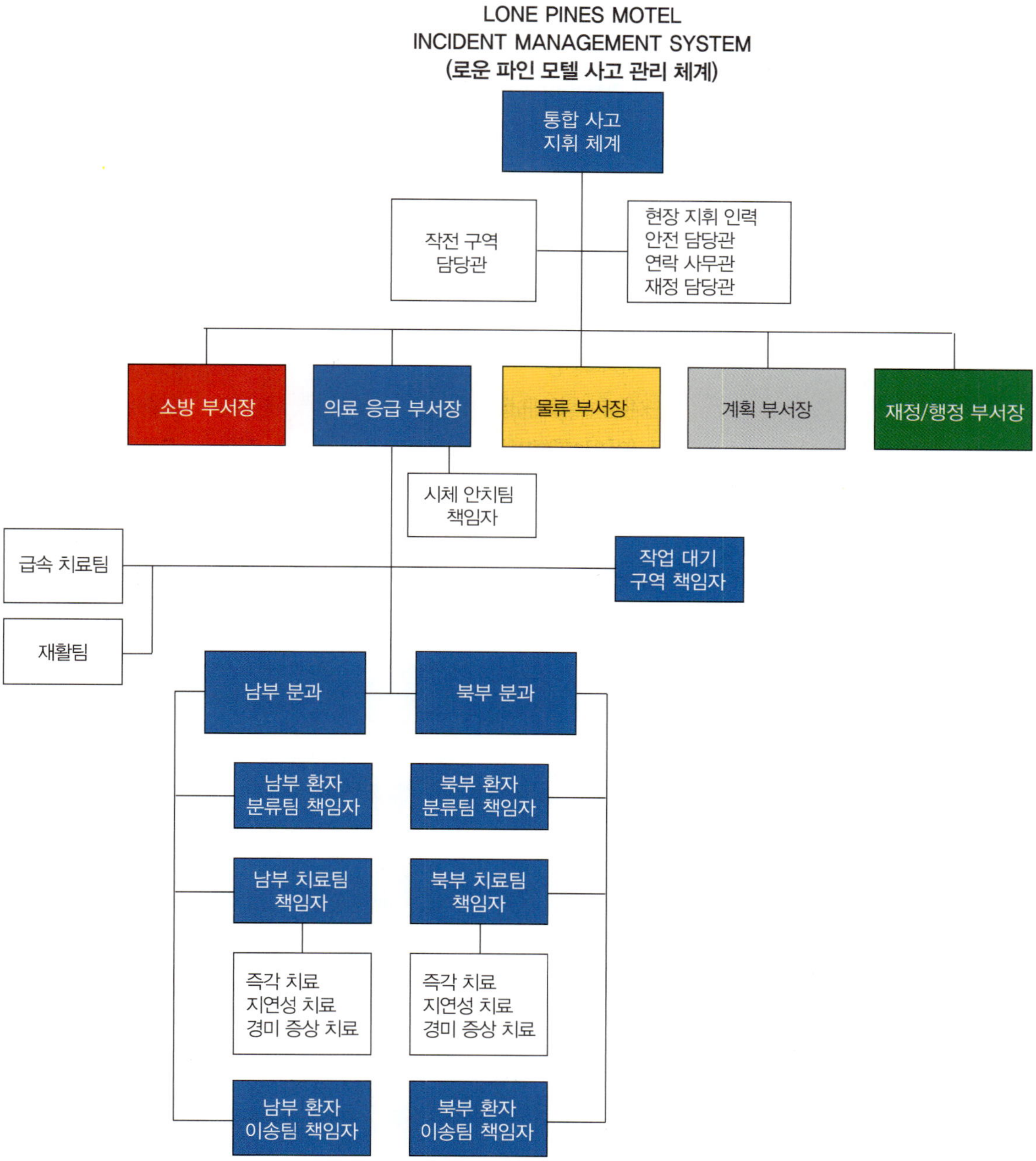


그림 11-19 다수환자 사고 현장이 모텔에서 수립된 지휘 체계

## 복습 문제

1. 응급 대응 자원의 통제, 지휘, 조정을 위해 개발된 관리 체계는 현장지휘 체계 혹은 ____이다.
   a. 다수환자 사고 b. 사고 관리 체계
   c. 현장지휘체계 d. 주요 책임 구역

2. 사고 관리 체계가 확대되거나 사고 현장이 광범위한 경우, 현장지휘자는____을 설치해야 한다.
   a. 관제탑 b. 현장지휘통제소
   c. 처치 구역 d. 작전 구역

3. 다음 보기 중 다수환자 사고 관리 시 고려해야 하는 3가지 주요 우선순위에 해당하지 않는 것은 무엇인가?
   a. 현장안전 b. 사고 안정화
   c. 재산 보존 d. 비용 평가

4. 응급구조사가 현장에 도착하기도 전에 손상 환자가 발생한 사고는?
   a. 개방형 b. 통제되지 않은
   c. 폐쇄형 d. 통제된

5. 현장지휘자는 유연한 대처를 위해 사고 현장이 안정될 때까지 ____분마다 신속한 상황 보고를 해야 한다.
   a. 5 b. 10
   c. 15 d. 20

6. 사고 현장의 전체 작업을 총괄하고 위해한 환경을 조성하지 않도록 예방하는 인력은?
   a. 섹터장 b. 안전 담당관
   c. 연락 담당관 d. 정보 담당관

7. ____는 추가적인 사고 작업의 속도를 촉진하기 때문에 다수환자 사고 현장에서 가장 먼저 실시되어야 한다.
   a. 환자 분류 b. 조사
   c. 처치 우선순위 d. 환자 평가

8. 환자 분류 시 분당 호흡수가 30회가 넘는 경우, ____으로 분류해야 한다.
   a. 적색 b. 녹색
   c. 흑색 d. 황색

9. 소속 기관, 관할 구역, 지역으로 돌아와 정상적인 임무를 수행하는 단계는?
   a. 사전 계획 단계 b. 대응 단계
   c. 복구 단계 d. 경감 단계

10. 현장지휘권은 오직 무엇을 통해서만 인계될 수 있는가?
    a. 직접 대면 b. 유선 전화
    c. 무선 통신 d. 서면

*이 책 뒷부분에 제시된 해답을 참고한다.*

## 참고문헌


1. Department of Homeland Security. Homeland Security Presidential Directive 5: Management of Domestic Incidents. [Available at http://www.fas.org/irp/offdocs/nspd/hspd-5.html]
2. Kahn, C.A., C.H. Schultz, K.T. Miller, and C.L. Anderson. "Does START Triage Work? An Outcomes Assessment after a Disaster." Ann Emerg Med 54 (2008): 424–430.
3. Hong, R., P. R. Sierzenski, M. Bollinger, C. C. Durie, and R. E. O'Connor. "Does the Simple Triage and Rapid Treatment Method Appropriately Triage Patients Based upon Injury Severity Score?" Am J Disaster Med 3 (2008): 265–271.
4. Gebhart, M. E. and R. Pence. "START Triage: Does It Work?" Disaster Manag Response 5 (2007): 68–73.
5. Deluhery, M. R., B. Lerner, R. G. Pirallo, and R.B. Schwartz. "Paramedic Accuracy Using SALT Triage after a Brief Initial Training." Prehosp Emerg Care 15(4) (2011): 526–532.
6. Lerner, E. B., R. B. Schwartz, P. L. Coule, et al. "Mass Casualty Triage: An Evaluation of the Data and Development of a Proposed National Guideline." Disaster Med Public Health Prep 2 Suppl 1 (2008): S25–S34.
7. Romig L. E. "Pediatric Triage. A System to JumpSTART Your Triage of Young Patients at MCIs." JEMS 27 (2002): 52–58.
8. Bledsoe, B. E. "Critical Incident Stress Management (CISM): Benefit or Risk for Emergency Services?" Prehosp Emerg Care 7 (2003): 272–279.
9. Macnab, A. J., J. A. Russell, J. P. Lowe, and F. Gagnon. "Critical Incident Stress Intervention after Loss of an Air Ambulance: Two-Year Follow-Up." Prehosp Disaster Med 14 (1999): 8–12.
10. Everly, G. S., Jr., D. J. Barnett, N. L. Sperry, and J. M. Links. "The Use of Psychological First Aid (PFA) Training among Nurses to Enhance Population Resiliency." Int J Emerg Ment Health 12 (2010): 2131.

## 추가문헌


Molino, L. N., Sr. Emergency Incident Management Systems: Fundamentals and Applications. Hoboken, NJ: John Wiley and Sons, 2006.

National Incident Management System (NIMS). Washington, DC: U.S. Department of Homeland Security, 2004. NIMS information also available from the Department of Homeland Security website: http://www.dhs.gov (keyword: NIMS).

NFPA 1500. Standard on Fire Department Occupational Safety and Health. 1995 ed. Quincy, MA: National Fire Protection Association.

NFPA 1561. Standard on Fire Department Incident Management System. 1995 ed. Quincy, MA: National Fire Protection Association.

NFPA 1600. Recommended Practices for Disaster Management. 1995 ed. Quincy, MA: National Fire Protection Association.

# Chapter 12
# 구조 상황 인지와 작전

## Rescue Awareness and Operations

Bryan Bledsoe, DO, FACEP, FAAEM, EMT-P

### 단원 표준

응급의료체계 운용(차량 구출)

### 학습 역량

환자, 시민, 의료 인력의 안전 보장을 위한 응급의료 작업의 역할과 책임에 대한 지식을 적용한다.

## 학습 목표

**최종 목표**

구조 작전 시 응급의료 인력으로부터 기대되는 역할을 효과적으로 수행할 수 있다.

**수행 목표**

최종 목표를 달성하기 위해 다음 사항은 필수적이다.

1. 이 장에서 제시된 핵심 키워드를 숙지한다.
2. 구조 작전 시 응급구조사가 수행하는 역할과 관련된 구조 상황 인지 훈련의 개념을 이해하고 설명할 수 있다.
3. 다양한 구조 작업 상황에서 구조 인력과 응급의료 인력에 필요한 보호 장비를 설명할 수 있다.
4. 구조 작전 상황에서 환자 보호를 위해 사용되는 장비와 안전조치를 설명할 수 있다.
5. 구조 작전의 7가지 단계에 맞는 목표와 임무를 이해하고 설명할 수 있다.
6. 수상 구조 작업과 기본 원칙을 설명할 수 있다.
7. 위험한 환경에서 수행하는 구조 작업과 관련된 조치와 기본 원칙을 이해하고 설명할 수 있다.
8. 고속도로 구조 작업과 차량 구조 작업 시 관련된 조치와 기본 원칙을 설명할 수 있다.
9. 위험한 지형에서 구조 작전 시 실행하는 조치와 기본 원칙을 설명할 수 있다.

### 핵심 키워드

적극적 구조 구역, active rescue zone
장애물 제거, disentanglement
회오리 급류, eddies
구조, extrication
열손실 최소화 자세, heat escape lessening position (HELP)
회전 급류, recirculating currents
스크램블링, scrambling
자갈 비탈, scree
단거리 이송, short haul
장애물 급류, strainers

## 사례 연구

자원봉사를 하는 응급구조사가 탑승한 소방 구조, 구급팀에 사고 신고가 들어온다. 소방서에서 약 20km 떨어진 교외지역 주립 공원에서 손상 환자가 발생했다. 응급구조사는 무전기를 통해 신고를 듣고 동료와 함께 신속히 출동한다.

사고 장소까지의 거리가 멀고 길도 구불구불하기 때문에, 현장에 도착하는데 30분 가량 소요된다. 주립 공원 입구에서 공원 관리사는 등산객이 암벽 중간에 서 있는 친구에게 내려가기 위해 레펠 하강하던 중 낙상을 하여 사고가 발생했다고 전한다. 사륜 차량을 탄 공원 관리사는 산책로를 지나 응급구조사를 환자에게 데려다 준다. 휴대용 무전기는 공원에서 통신 상태가 불량하기 때문에, 동료 구조사는 구급차에 남는다.

산책로를 이동하면서 응급구조사는 쌍안경으로 환자를 확인한다. 한 젊은 남성이 산책로부터 55피트 아래에 있는 암벽에 누워있다. 주의를 끌기 위해 황급히 손을 흔들고 있는 환자의 친구는 멀쩡해 보인다. 환자가 누워있는 곳 위에는 거의 수직으로 표면이 부드럽게 깎인 절벽이 솟아있다.

응급구조사는 구조와 환자 이송을 위해 산악구조팀과 의료용 헬리콥터가 필요함을 신속하게 판단한다. 응급구조사는 현장 평가 결과를 구급차에 전달한다. 동료 구조사는 통합상황관리센터에 연락한 뒤 필요한 자원을 요청한다.

신고 접수 센터는 2인 1개조로 구성된 현지 고각 구조팀을 준비된 의료 헬리콥터에 탑승시킨 뒤 사고 현장으로 출동시킨다. 공원 관리사는 현장에 도착한 구조 인력을 사고 장소로 데려다 준다. 두 명의 구조대원은 응급구조사와 신속하게 협의 후, 현장을 평가하고 현장 안전을 확보한다. 이후 암벽을 내려가기 위한 장비를 준비하고 환자에게 접근한다.

환자 곁에 있던 지인은 레펠 하강을 통해 암벽 아래로 내려간 구조대원에게 이렇게 말한다. "왜 이런 일이 일어났는지 모르겠어요. 정말 암벽 잘 타는 사람인데… 앵커 근처에 잔돌이나 낙엽 보이시죠? 아마도 레펠로 내려오는 도중에 발을 헛디딘 것 같아요. 낙상 이후 호흡도 없고 움직이지도 않아요. 제 친구입니다! 도와주세요!"

구조사는 추가적인 손상을 피하기 위해 환자의 친구를 암벽 턱에 안전하게 묶어둔다. 중증도가 높은 손상 기전으로 인해 구조사는 환자에 대한 1차 평가에 이어 신속하게 2차 평가를 실시한다. 평가 결과, 무반응 상태인 환자는 다발성 골절이 있으나, 아직 안정적인 혈압과 맥박 상태를 보인다.

수풀이 우거져 있기 때문에 응급구조사는 의료 헬리콥터를 통한 단거리 이송을 하지 않기로 결정한다. 다른 구조 인력이 로프와 구조 장비를 설치하는 동안 응급구조사는 환자를 고정시키고 정맥주사를 통해 생리 식염수를 투여한다. 구출 작업이 지연될 것으로 예상한 응급구조사는 환자의 친구로부터 환자의 병력에 대해 물어보고 세부적인 신체 평가를 시작한다. 응급구조사는 두 번째 정맥 수액 조치를 시작하여, 펜타닐을 투여하고, 손상 부위에 소독 및 붕대 조치를 한 다음 골절 부위에 부목 조치를 한다. 구조 작업 준비를 마치고 스토크 바스켓 들것에 옮긴 환자를 암벽에서 구출하는 데까지 약 25분이 소요됐다. 다소 흔들림은 있었으나 손상을 입지 않은 환자는 암벽 위로 들어 올려지고 응급구조사의 처치를 받는다. 산악구조팀은 환자를 산책로 아래 약 180미터 떨어진 곳에 대기 중인 헬리콥터로 이송한다. 이후 환자는 가장 가까이 위치한 외상 센터로 이송되어 처치를 받는다. 약 1시간 뒤 격렬한 뇌우가 발생한다. 산악구조팀의 도움이 없었다면 환자는 보호받지 못한 채 여전히 암벽 턱에 누워 있었을 것이다.

## 개요

일반적으로 응급의료 인력은 환자에게 접근할 때 큰 어려움을 겪지 않는다. 하지만 차량 밑에 깔리거나, 붕괴된 건물에 갇히거나, 암벽 등반 중 낙상을 당하거나, 동굴에 빠지는 환자는 예외이다. 이러한 상황에서 손상을 입거나 행방불명이 된 환자가 발생하는 경우, 구조 인력이 도착하기 전에 최초 발견자가 환자를 구조해야 한다.

그렇다면 '구조'의 정의는 무엇인가? 구조의 사전적 정의는 위험하거나 갇혀있는 상황에 처한 사람을 구하는 행위이다. 응급의료체계에서의 구조는 환자를 갇혀있는 공간에서 구출하거나 분리하는 것을 의미한다. 즉, 구조가 없으면 환자도 없다.

## 응급구조사의 역할

구조는 환자 중심적 활동이고 응급의료는 환자 중심적 직군이다. 하지만 모든 응급의료 인력은 구조 훈련을 받아야 한다. 대부분의 경우, 응급구조사가 모든 특수 구조 유형에 맞는 세부 지식이나 작전 기술을 훈련받는 것은 비현실적이다(그림 12-1). 하지만 구조의 개념과 구조가 필요한 상황을 인지하는 훈련을 가능하다. 구조 상황 인지력 훈련을 통해 구조 인력은 구조 작전에 대한 충분한 지식을 숙지할 수 있다. 이를 통해 구조 인력은 위험을 감지하고 사고 현장에서 필요한 추가 전문 자원을 신속하게 판단할 수 있다. 응급구조사가 구조 상황 인지력을 훈련받지 못할 경우, 응급구조 인력, 환자, 혹은 누군가가 결국엔 손상을 입거나 사망을 할 수도 있다.

구조 작업에는 의료적 지식과 기계적 기술이 모두 적시에 효과적으로 사용된다. 군부대에서 의료적 임무를 수행하는 위생병을 생각하면 이해가 수월해진다. 세상의 모든 군부대는 전투 부대를 지원하는 의무병을 훈련한다. 의무병은 소총을 들고 전투에 임하지는 않지만, 전투 상황에서 환자를 처치하는 훈련을 받는다. 이는 산악구조팀이나 스쿠버 구조팀을 비롯한 여타 특수 구조팀을 지원하는 응급구조사의 상황과 크게 다르지 않다. 구조팀의 의료적 지식과 기술이 낮은 경우, 응급구조사가 보완하여 역할을 수행할 수 있다.

구조 작전 시 사고 현장에서 처치를 시작한다. 환자에게 접근이 불가능하지 않는 한 구출 작업이 시작되기 전부터 처치가 시작되어야 한다. 한번 시작된 환자 처치는 사고를 관리하는 과정 내내 지속되어야 한다. 구조 작전 시 중요한 점은 의료적 지식과 구조 장비 활용 기술을 적절히 활용하여 환자가 적시에 안전하게 구출될 수 있게 하는 것이다. 구조팀은 환자의 의료적/신체적 요구를 충족하기 위해 긴밀한 협력 속에서 임무를 수행해야 한다.

구조 작업에서 응급구조사가 수행하는 역할은 지역마다 차이가 있다. 일부 지역의 경우, 응급구조사는 상황 인지력 이상의 훈련을 받아야 한다. 하지만 일반적으로 모든 응급구조사는 환자에게 접근하고 평가를 하고 사고 지휘 체계를 실행하기 위해서 적정 수준의 훈련을 받고 개인 보호구를 착용해야 한다.

응급구조사는 최초반응자로서 온도가 매우 높거나 낮은 장소, 유독한 장소, 불안정한 구조물 등 다

**그림 12-1** 구조는 위험한 작업이기 때문에 항상 안전이 최우선 순위이다. 응급구조사가 모든 유형의 구조 작업에 숙련되는 것은 불가능하다. 그렇기 때문에 특수 구조팀의 지원이 필요하다.(© *Jeff Forster*)

양한 환경과 관련된 위험요소를 잘 이해해야 한다. 응급구조사는 환자에게 접근하기 전에 위험한 혹은 위험하지 않을 때의 구조 작업을 실행하는 시점을 판단할 수 있어야 한다. 사고 현장이 안전해 보이고 충분한 사전 훈련을 받은 경우, 전문 구조 인력의 지시 사항에 맞게 구조 작업에 동참해야 한다. 응급구조사는 다양한 처치가 권장되거나 권장되지 않는다는 사실을 판단하기 위해서는 구조 작전 과정을 이해해야 한다. 예를 들어, 앞서 제시한 낙상 사례에서 보았듯이 응급구조사는 환자에 대한 고정 조치가 끝나기 전에는 구조 인력이 환자를 이송하지 않도록 해야 한다.

구조 분야는 수많은 전문 분야가 혼재되어 있기 때문에 "구조 환경 인지와 작전"에서 각 상황마다 적합한 구조 절차 및 장비를 상세히 다루는 것은 불가능하다. 모의 상황을 예시로 구조 작업을 설명하는 별도의 교재도 있지만, 4장에서는 대부분 구조 작전에 적용되는 고려 사항을 집중적으로 다룬다. "구조 환경 인지와 작전"에서는 구조 인력의 개인 보호구와 안전, 구조 작전의 7가지 단계, 다음과 같은 환경의 구조 상황 인지 수준을 설명한다.

- 수상 구조 작업: 보, 저수역, 급류 등
- 위험 공간: 갇혀진 공간, 참호, 유해 물질 사고 등
- 고속도로 구조 작업: 불안정한 차량, 유해 물질을 실은 화물칸, 휘발성 연료 등
- 위험 지대: 고각 암벽, 비개발구역, 야생 구역 등

## 보호 장비

구조 인력과 환자가 개인 보호 장비를 사용하는 것은 어느 상황에서나 중요하다. 구조 작업 준비를 하기 위해서 응급구조사는 반드시 개인 보호 장비 보관함을 만들어야 한다. 제대로 된 보호 장비를 착용하지 않는 경우, 응급구조사 자신과 환자의 안전을 모두 위험에 빠뜨릴 수 있다. 다음 단원에는 구조 작업에 일반적으로 적용될 수 있는 보호 장비가 정리되어 있다. 이 외의 보호 장비는 특수한 환경에서 사용된다.

### 구조 인력의 보호

모든 구조 작업에서 응급구조 인력은 눈에 쉽게 띄는 옷을 착용해야 한다. 이를 위해 개인 보호 장비를 사용하는 것이 좋지만, 상황에 따라 보호 장비는 개조될 수 있다. 예를 들어, 개인 보호 장비는 전염병의 감염을 완벽하게 보호하지 못하지만 감염 위험을 최소화한다(그림 12-2). 사실 대부분의 개인 보호 장비는 응급의료에 특화되어 설계되지 않았고, 소방 구조, 등산, 동굴 탐험, 산업 안전과 같은 다른 분야에서 차용된 보호 장비이다.

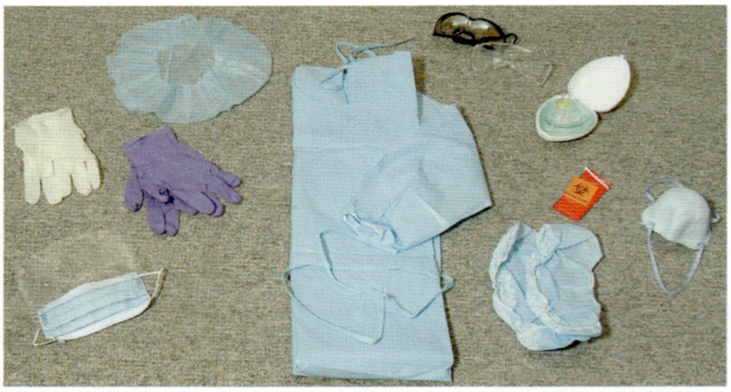

**그림 12-2** 응급구조사의 개인 보호 장비는 전염병에 대한 감염의 위험을 최소화한다. 수상 구조와 같은 특수 구조 작업의 경우, 더욱 특화된 장비를 사용해야 한다.

보호 장비가 개조되어 사용되는 것은 의료 인력이 노출되는 위험을 탐지하는 국가적 관리 시스템이 없기 때문이다. 앞으로의 위험 관리와 개인 보호 장비의 설계는 표준이 되는 국가적 관리시스템을 통해 수집한 데이터를 기반으로 해야 한다. 최소한 응급구조사는 다음의 장비

를 사용해야 한다.

- *헬멧* 가장 좋은 헬멧은 네 개의 지점으로 고정된 비탄성 서스펜션 시스템을 갖춘다(그림 12-3). 이러한 헬멧은 (공사 현장에서 자주 찾아볼 수 있는 안전모와 같은) 고정점이 두 개인 헬멧보다 더욱 강화된 충격 흡수력을 보인다. 뒷부분의 덕빌이 떼어지지 않는 헬멧은 협소한 장소에서 착용하기가 힘들기 때문에 사용하지 않도록 한다. 미 방화 협회 표준을 준수하는 소형 소방관 안전모는 대부분의 차량 및 구조물 구출 작업에 적합하다. 암벽 등반용 안전모는 협소한 장소나 특수 구조 작전에 적합한 반면, 래프팅이나 카약용 헬멧은 수상 구조 작업에 효과적이다.

그림 12-3 표준 구급차에 비치되는 안전 및 구조 장비의 양은 제한적이지만, 헬멧은 구급차에 최소한 구비되어야 하는 안전 장비이다.

- *보호경* 성애 방지용 통기식 고글이 산업 안전용으로 사용된다. 보호경은 미 국가 표준 협회에 의해 승인받는다. 소방관 안전모에 달린 안면 보호대는 충분한 안구 보호를 하지 못한다.
- *청력 보호구* 기술적인 측면에서만 볼 때 고급 귀마개를 사용하는 것이 청력 보호에 가장 효과적이지만, 실용성, 사용 편의성, 자원 가용성, 환경학적 고려 사항을 염두 해야 한다. 소음이 심한 지역의 경우, 응급구조사는 (군부대에서 사용되는) 여러 겹으로 된 귀마개나 스폰지로 된 1회용 귀마개를 사용할 수도 있다.
- *호흡기 보호 도구* 외과용 마스크나 미세 먼지 마스크는 호흡기를 보호하는데 효과적이다. 모든 응급구조팀은 호흡기 보호용 마스크를 일상적으로 착용해야 한다.
- *장갑* 가죽 장갑은 열상이나 절상에 보호 기능이 있다. 장갑을 착용한 손가락은 자유롭게 움직일 수 있고 신속하게 대처할 수 있다. 너무 무거운 전투형 장갑은 움직이기에 힘들기 때문에 구조 작업에 적합하지 않다.
- *족부 보호구* 일반적으로 응급의료 작업을 위한 최상의 부츠는 거친 러그 솔이 부착되어 미끄럼 방지 기능이 강화된 굽이 높은 스틸 생크 부츠이다. 레이스 업 부츠는 구조 작업에 있어서 더욱 강화된 안전성을 제공하고 움직임의 범위를 제한하여 발목을 보호한다. 레이스 업 부츠는 깊은 진흙을 걸을 때 신는 풀온 부츠처럼 쉽게 벗겨지지 않는다. 추운 환경인 경우, 신발에 단열재를 사용하는 것도 효과적이다.
- *섬광/화염 보호구* 모든 응급 기관은 화재가 발생한 장소에서 구조 작업이 발생하는 경우 섬광/화염 보호구의 착용을 필수로 하는 표준 운영 절차를 규정하고 있다. 소방 보호복, 전신 작업복, 점프 수트는 사지에 대한 일부 보호 기능을 하고 작업복의 손상을 방지한다(그림 12-4). 이러한 보호복은 쉽고 빠르게 착용할 수 있다는 장점도 있다. 소방 보호복은 차량 충돌 사고나 구조물 붕괴 현장에서 튈 수 있는 유

**내용 요약**

➤ 생존용 백팩 점검 사항
- 악천후에 대비한 개인 보호 장비
- 식수
- 몇 시간 동안 버티게 할 간식
- 임시 피난처
- 부탄 가스 라이터
- 여분의 조명 도구

리나 금속 파편에 대한 훌륭한 보호 기능을 한다. 노멕스(Nomex®), PBI®, 내염성 천 소재로 제작된 보호구는 섬광에 대한 제한적인 보호 기능을 제공한다. 현장에서 쉽게 눈에 띄기 위해 주황색이나 라임색과 같은 밝은 색상을 사용하고 형광색 테두리나 심볼이 달린 보호구를 착용한다. 일부 응급 기관은 모든 고속도로 구조 작업 현장에서 주간이든 야간이든 쉽게 눈에 띄는 보호구나 주황색 안전 조끼의 착용을 권장한다. 보온 기능이 강화된 보호구와 점프 수트는 추운 환경에서 효과적이지만, 작업량이 많거나 주변 온도가 높은 경우 열 스트레스를 더욱 가중시킨다.

그림 12-4 보호 장비 세트(소방 보호복, 보호경, 헬멧, 글로브)

- *개인 부표 도구* 수상 사고가 발생할 수 있는 지역에서 근무하는 응급 구조팀은 미 연안 경비대 부표 표준에 준하는 개인 부표 도구를 사용해야 한다. 물 주변이나 물속에서 구조 작업을 할때는 개인 부표 도구를 착용해야 한다. 구조 작업에는 3번 타입 개인 부표 도구가 권장된다. 또한 구조 인력은 휴대용 칼, 섬광등, 호루라기를 쉽게 꺼내 쓸 수 있도록 부표 도구에 부착해야 한다.
- *전등* 구조 작업의 유형 및 장소에 따라 응급 구조 인력은 휴대용 전등의 사용을 고려할 수 있다. 많은 구조 인력은 최소한 손전등을 소지하고, 두 손을 자유롭게 하기 위해 헬멧에 헤드 램프를 부착하는 경우도 있다. 혹은 산악인이 자주 활용하거나 인터넷 혹은 산악 장비 판매점에서 찾을 수 있는 오래 가는 헤드 램프의 사용을 고려해본다.
- *유해 물질 보호복/자급식 공기 호흡기* 취급과 관련한 훈련을 받은 구조 인력만 사용할 수 있다. 대부분의 응급 기관이나 지역에서는 유해 물질 제거반이 유해 물질 사고 장소의 구조 작업에 대한 특수 훈련을 제공한다. (유해 물질 제거반의 훈련 및 장비에 대한 더 자세한 설명은 "유해 물질"을 참고한다.)
- *산간 오지 및 야생 지역의 보호 장비* 산간 오지나 야생 지역에서는 구조 인력이 거친 환경 깊숙이 걸어 들어가거나 항송이송이 있을 수 있다. 이 경우, 구조 인력은 생존용 백팩도 갖춰야 한다. 이 백팩은 악천후(추위, 비, 눈, 바람)에 대비한 개인 보호구, 개인용 식수(요오드 정제/정수 필터), 몇 시간을 버티게 할 간식(에너지 젤리, 에너지바), 임시 피난처(텐트, 방수포, 비박색), 부탄 가스 라이터, 여분의 조명 도구를 담고 있어야 한다.

## 환자 보호

구조 인력을 위한 안전 수칙은 일부 중요한 차이점을 제외하고는 환자에게도 적용될 수 있다. 환자용 보호 장비 보관함에 포함되어야 할 물품은 다음과 같다.

- *헬멧* 환자용 헬멧은 구조 인력의 중형 헬멧보다 가볍기 때문에, 비교적 저렴한 (공사 인부가 주로 사용하는) 안전모는 경미한 위험에 대한 충분한 보호 기능을 한다. 하지만 암벽이나 동굴과 같은 사고 장소에서 구조 작업을 하는 경우, 더 큰 위험이 예상되기 때문에 환자에게도 더욱 강도 높은 보호 도구를

착용시켜야 한다.

- *보호경* 탄력이 있는 밴드로 고정되는 통기식 고글은 가장 우수한 보호 기능을 보인다. 통기식 고글은 일반 보호경과는 다르게 쉽게 벗겨지지 않는다. 또한 작업실용 안면 쉴드를 사용할 수도 있다.
- *청력/호흡기 보호* 환자에게는 구조 인력을 위한 동일한 청력/호흡기 보호 고려 사항을 적용해야 한다. 귀마개도 적절하게 사용될 수 있다.
- *보호용 담요* 응급구조사는 날카로운 파편, 화재, 열악한 기후로부터 환자를 보호할 다양한 보호용 담요를 준비해야 한다. 비교적 저렴한 비닐 방수포는 물, 기후, 파편으로부터 환자를 보호하는 기능을 한다. 알루미늄 처리된 보호 담요는 화재, 열, 유리 가루에 대한 보호막이 된다. 울소재 담요는 훌륭한 단열 기능을 한다. 크기 별로 다수 준비해놓은 (정원사가 보통 사용하는) 플라스틱 쉴드와 쓰레기 봉지는 작업 현장에서 매우 유용하게 사용된다. 환자 한 명을 덮기에 충분한 55갤런 드럼 라이너는 1회용 담요, 판초, 증기막처럼, 야생 지역에서는 비비색으로 활용될 수 있다.
- *보호용 차폐물* 상황에 따라 담요나 플라스틱 시트보다 더욱 견고한 보호 장비를 사용해야 할 수도 있다. 모든 구조팀은 백보드나 쉴드와 같이 흔하게 구할 수 있는 장비를 통해 환자를 화재, 기후, 낙석, 잔해, 유리, 날카로운 물체로 부터 보호하는 방법을 훈련 받아야 한다. 스토크식 들것에 맞게 특수 제작된 쉴드가 구비되어야 한다. 환자를 잔해물이나 기상으로부터 보호하는 장비는 환자에 대한 구조 인력의 접근을 제한할 수 있다는 점도 기억해야 한다. 환자를 더욱 견고하게 고정 할수록 환자의 모니터링이 더욱 어려워진다. 환자 처치가 더욱 복잡해질수록 환자의 증세가 변하는 것을 놓치고 지나갈 수 있다.

## 안전 절차

응급구조사와 동료의 최우선 순위는 항상 안전이다. 하지만 실제 구조 현장에서는 다음과 같은 여러 가지 요소로 인해 응급구조사가 조치를 취하게 되는 경우가 있다. 처치를 제공하기 위해 환자에게 접근하고 싶은 충동, "무언가 조치를 해달라는" 주변의 분위기, 도움을 요청하는 환자의 목소리, 취재를 위해 현장에 등장한 기자, 구조 인력의 미진한 의료 경험에 대한 분노 등에 의해 응급구조사는 안전을 무시하고 의료 조치를 실시하게 되는 경우가 있다. 하지만 단 하나의 실수가 응급구조사 자신과 동료, 갇혀있는 환자에게 재앙으로 돌아올 수 있다. 영웅 의식에 젖어 행동하는 만용을 방지하는 한 가지 방법은 표준 운영 절차를 실행하는 것이다. 이를 통해 구조 인력을 배정하고 실제 구조 작업에 앞서 사전 계획을 수립할 수 있다.

### 구조 작업 표준 운영 절차

표준 운영 절차는 효과적인 응급의료의 초석이다. 구조 작전을 수행하는 팀은 모두가 익숙한 안전 절차를 규정해야 한다. 안전 절차는 예상 가능한 모든 유형의 구조 작업에 대한 안전 수칙을 포함해야 한다. 각 안전 조항은 필요한 안전 장비, 필수/금지 조치, 구조 작전에 특화된 인력 배정를 규정해야 한다.

표준 운영 절차는 안전 담당자가 사고 현장에 있어야 한다는 조항과 사고 지휘 체계와 안전 담당자의 관계에 대한 설명을 포함한다. 안전 담

**내용 요약**

➤ 구조 작업의 단계
- 도착 및 현장 평가
- 위험 통제
- 환자 접근
- 환자 처치
- 장애물 제거
- 환자 로프 고정
- 구출 및 이송

당자는 위험한 상황에서 중재 조치를 취할 수 있는 지식과 권한을 갖춘 인력이어야 한다. 안전 담당자는 구조 작업의 실행 혹은 미실행을 결정한다. (안전 담당자의 역할에 대한 더 자세한 설명은 "다수 사상 사고와 사고 관리"를 참고한다.)

## 임무 배정

응급 기관은 구조 작전 이전에 표준 운영 절차뿐만 아니라 구조 인력별 임무 배정과 특수 필요 사항을 예상해야 한다. 이러한 작업은 인력에 대한 심사, 세심한 사전 계획, (구조 인력이 수행하도록 훈련된) 위험한 구조 기술의 주기적인 모의 훈련을 통해 달성할 수 있다(그림 12-5).

수색 및 구조 계획 총괄책임자는 심사 과정을 통해 구조 작업에 투입될 인력을 선별하는 경우가 많다. 구조 인력의 신체 능력을 평가하는 프로그램의 결과는 구조 임무 배정에 큰 영향을 미친다. 심리 테스트 또한 권장된다. 공포증과 같은 특수한 심리적 특성까지 확인하는 것이 바람직하다. 예를 들어, 고소 공포증이나 폐쇄 공포증은 구조 임무 배정의 결정에 반영되어야 한다.

그림 12-5 실제 구조 상황에서 최대한의 안전성을 보장하기 위해 수직 구조 작업과 같은 위험한 구조 기술은 주기적으로 훈련되어야 한다.

## 사전 계획

3장에서 강조된 것처럼 사전 계획은 구조 작업의 성공과 안전성을 위한 필수적 요소 중 하나이다. 사전 계획은 현지에서 구조 작업이 발생할 수 있는 장소, 구조물, 활동을 파악하는 작업에서 출발한다. 이후 사전 계획의 효용성을 강화하기 위해, 발생할 수도 있는 구조 상황에 필요한 특수 훈련 및 장비를 평가한다. 사전 계획을 통해 가용 자원을 효율적으로 사용하는 방법을 구상하고 추가적으로 필요한 장비, 구조 인력, 특수 지식을 파악할 수 있다.

많은 경우 구조 작전은 강도 높은 작업이고 많은 시간이 소요되기 때문에, 구조 인력의 역량 유지와 순환 및 교대 근무에 대한 조항이 필요하다. 기후에 대한 보호 기능을 하는 작업 대기 공간에 대한 계획이 수립되어야 한다. 작업 대기 공간은 구조 작전 구역으로부터 멀리 위치시키고 관계자를 제외한 일반인이나 취재를 하려는 기자의 접근을 금지해야 한다. 구조 인력은 특정 주기별로 순환되어야 한다. 식량 및 식수에 대한 정책이 사전에 마련되어야 한다. 사고 현장의 식단은 복합 탄수화물이 다량, 당과 지방이 소량 함유되어야 한다. 수액 보충을 위해서는 (스포츠 음료와 같이) 50% 가량 희석된 전해질 용액이 사용되어야 한다. 오래된 관습처럼 애용되던 커피와 도넛은 모두 식단에서 제외되어야 한다.

사전 계획은 모의 실험을 통한 검증 및 수정을 통해 지역의 응급 구조 계획의 운용 기반이 되어야 한다. 가능하다면 산악구조팀과 같은 특수 구조 기관 또한 모의 실험에 참여시켜야 한다. 모의 실험을 통해 응급구조사와 여타 구조 인력은 사고 관리 체계를 구조 상황에 적용시켜보는 값진 경험을 누릴 수 있다.

## 구조 작업

앞서 설명한대로 구조 작업에는 기술적으로 복잡한 절차와 고도의 특수 장비를 필요로 하는 몇 가지 유형이 있다. 이러한 구조 작업은 관련 분야에 대한 특수 훈련 및 경험을 겸비한 전문 인력에 의해서만 수행되어야 한다. 특수 구조 작전의 일부는 4장 후반부에서 설명한다. 하지만 응급구조사는 일반적인 구조 상황에 대한 접근법을 숙지해야 할 필요가 있다.

그림 12-6 구조 작업의 1단계는 도착 및 현장 평가이다. 현장 평가를 통해 위험요소가 발견되는 경우, 2단계인 위험 통제 조치를 취해야 한다.

여러 대응 작업에서처럼 구조 작전은 단계별로 진행된다. 구체적인 절차는 장소와 인력에 따라 달라질 수 있지만, 대부분의 경우 '현장 평가, 위험 통제, 환자 접근, 환자 처치, 장애물 제거, 환자 로프 고정, 구출 및 이송'의 7단계를 거친다.

### 1단계: 도착 및 현장 평가

현장 평가는 접수된 신고에 대해 출동한 인력이 사고 현장에 도착하면서 시작된다(그림 12-6). 응급상황관리자 또한 사고에 대한 설명을 제공하지만, 반드시 응급구조사가 직접 현장의 환경과 위험요소를 파악해야 한다. 현장에 도착한 응급구조사는 신속하게 의료 지휘 체계를 실행하고 환자 분류 담당관을 지정해야 한다. 응급구조사는 신속한 현장 평가를 하고 환자의 수를 파악한 뒤에 사고의 심각성을 응급의료 신고 센터에 보고한다. 이후 사고 관리 체계, 상호 부조 협약, 비번인 구조 인력에 대한 연락 및 전문소생팀에 대한 추가 지원과 관련된 절차를 실행해야 한다.

신속하게 구조 상황과 필요한 구조 작업의 유형을 파악하는 것은 대단히 중요하다. 응급구조사는 구조물 붕괴, 차량 전복, 산악 사고와 같은 다양한 사고 현장으로 호출될 수 있다. 이러한 유형의 구조 상황은 환자가 갇히는 사고가 발생할 위험이 있기 때문에 특수 구조 인력과 장비가 필요할 수 있다. 응급구조사는 도착한 사고 현장의 상태를 신속하게 파악해야 한다. 구조 상황에 대한 응급구조사의 대응력을 과신해서는 안 된다. 응급구조사의 용기가 요구되는 상황이 발생하는 경우도 많지만, 언제나 안전이 최우선 순위라는 점을 기억해야 한다. 확신을 할 수 없는 상황에는 항상 안전을 택한다.

추가 지원을 요청할 때는 다음 주의사항을 기억한다. '부족한 것보다는 넘치는 게 낫다.' 구조대원이 부족하거나 만용에 휩싸여 성급히 행동하는 인력에 의해 발생하는 추가적인 문제를 해결하는 것보다는 (필요 없을 경우 복귀시키더라도) 추가 지원을 넉넉하게 받는 것이 좋다. 또한 갇혀있는 환자에게 접근하고 평가하는데 소요되는 시간을 감안해야 한다. 사고 관리 체계의 효과적인 활용을 통해 환자의 생사가 좌우되는 절체절명의 상황에서 낭비되는 시간이 없도록 한다.

### 2단계: 위험 통제

현장의 위험요소는 최대한 신속 정확하게 발견해야 한다(그림 12-7). 응급구조사는 환자에게 접근하기도 전에 위험요소를 제거해야 하는 경우가 많다. 위험요소를 제거하지 않고 구조 작업을 강행할 경우, 응급구조사와 여타 구조 인력을 위험에 노출시키게 된다. 위험요소는 최소화해야 하지만 응급구조사가 훈련받은 지식과 기술의 범위를 넘어서는 행동을 섣불리 해서는 안 된다. 예를 들어, 경우에 따라 화학물질, 방사능, 가스 등의 누출, 폭발물, 여타 위험물질이 발견될 수도 있다. 이 경우, 응급구조사는 자신의 행동 범위를 제한하고, 유해 물질 제거반을 지원 요청한다. (유해 물질 사고 현장에 대한 자세한 설명은 5장을 참고한다.) 현장에 방치된 전선은 화재와 감전 사고를 동시에 유발할 수 있는 고위험 요소이다.

그림 12-7 구조 작업 2단계는 위험 통제이다. 위험요소를 신속하게 파악하고 통제한다.

응급구조사가 임무를 수행하는 환경 자체가 위험요소가 될 수도 있다. 주변 환경을 살펴보면서 벼락, 눈사태, 돌벼락, 함몰 사고와 같은 위험이 있는지 확인한다. 손상 방지를 위해 통제되지 않은 위험요소를 관리한다. 예를 들어, 모든 구조 인력은 적절한 개인 보호 장비를 착용해야 한다. 도로 상의 위험요소도 잊지 않고 확인한다. 음주 운전자가 빛에 이끌려 운전을 하다가 교통사고 현장에서 비형광 조끼를 착용한 채 작업을 하던 구조 인력을 충돌하면서 사망하는 응급구조사의 수가 적지 않다. 다음은 응급구조사가 노출될 수 있는 위험이다. 하지만 이는 단지 일부에 불과하다는 점을 염두한다.

- 독극물, 부식성 물질
- 생물학 작용제, 병균에 감염된 물질
- 급류, 물에 떠있는 잔해, 독성 물질에 오염된 물
- 배, 탄광, 동굴과 같은 협소한 장소
- (특히 산악 지역에서의) 지나치게 높은 장소, 얼음 암벽
- 인질극, 도시 내 폭력 사태, 집단 히스테리, 환자나 구급 인력의 정서적 외상 등의 경우에서 확인될 수 있는 정서적 불안 상태 (구급 인력에 대한 사전 평가의 필요성을 상기시킨다.)

## 3단계: 환자 접근

위험요소가 통제되고 나면 응급구조사는 환자에게 접근한다(그림 12-8). 환자에 대한 접근은 계획을 수립하면서 시작한다. 환자에게 접근하고 필요한 구조 인력을 적재적소에 배치하는 최선의 방법을 판단한다. 환자가 위치한 물리적 공간을 안정화하는 조치를 취해야 한다. 예를 들어, 사고 현장에 구조물 붕괴, 함몰, 차량 전복과 같은 위험요소가 없는지 살핀다.

구조 작업의 기술적인 부분은 환자에 대한 접근에서부터 시작된다. 환자에게 접근을 하는 응급구

그림 12-8 구조 작업의 3단계는 환자 접근이다. 수직 구조와 같은 특수 구조의 경우, 환자에 대한 접근에 많은 시간이 소요될 수 있다.

## 법적 고려사항

**구조 신고, 일반 신고, 안전**

구조 작업에 있어서 주요 고려 사항은 환자와 구조 인력의 안전 문제이다. 특히 사고 관리 체계가 실행된 경우, 구조 작업을 하는 인력은 더욱 의식적으로 안전에 주의를 기울이게 될 수 있다. 하지만 응급구조 인력에게 최대 위험요소로 작용하는 것은 구조 신고가 아닌 일반 신고이다. 구급차가 경광등과 사이렌을 켠 채로 충돌할 경우, 응급의료 인력을 위험에 처하게 한다. 구급차 뒤 편에서 환자 처치를 하는 도중에 구속 장치를 매지 않은 응급구조사는 충돌 사고가 발생할 경우, 손상을 입을 확률이 매우 높다. 그렇기 때문에 구급차를 타고 임무를 수행할 때는 항상 안전 벨트와 여타 구속 장치를 착용하는 것이 중요하다. 또한 응급 사고 현장에서는 도로상의 차량이 응급의료 인력에 대한 중대한 위험요소가 될 수 있다. 매년 많은 응급의료 인력이 환자에게 접근하고 처치를 시도하던 중 차량 충돌에 의해 사망하고 있다. 구조 작업뿐만 아니라 응급의료 체계에 있어 안전은 근본적인 요소이기 때문에 안전에 대한 충분한 사전 훈련이 필요하다.

조사는 반드시 적절한 안전 장비를 착용하고 안전 절차를 사용해야 한다. 이 시점에서 응급구조사, 사고지휘자, 안전 담당자는 환자에 대한 접근에 필요한 훈련 및 기술을 면밀히 평가해야 한다. 안전 장비, 훈련, 경험이 모두 부족한 구조 인력이 영웅 의식과 만용에 휩싸여 섣불리 구조를 하려다가 자신과 동료의 안전을 위협하는 행위는 금지되어야 한다. 환자 접근 단계에서 의료, 기술, 지휘 핵심 인력은 안전 담당자와 함께 성공적인 구조 작업을 위해 필요한 전략을 상의해야 한다. 모든 사람이 구조 계획을 이해하고 지원할 수 있는지를 확인하기 위해 작업을 시작하기 전에 구조 인력을 대상으로 공식적인 설명을 해야 한다. 전체적인 그림을 조망하지 못하고 각 팀의 구성원이 어떠한 임무를 수행해야 하는지에 대한 이해도가 부족할 경우, 아무리 숙련된 전문 인력과 적절한 장비를 보유하고 있다 해도 구조 작업은 실패로 돌아갈 수 있다.

### 4단계: 환자 처치

구조 계획을 구상한 응급 구조 인력은 환자 접촉을 할 수 있다. 건강상의 문제가 없고 위험요소로부터 보호를 받고 환자를 안전하게 접근, 관리, 구출할 수 있는 기술이 확보되지 않는 경우, 아무도 환자 처치를 위해 사고 현장에 진입하지 않아야 한다. 구조 인력과 환자의 안전은 현장에서 요구되는 구조 작업의 유형에 특화된 최초반응자에 의해 관리되어야 한다. 하지만 최초반응자가 요구되는 건강 상태와 기술이 없는 경우, 섣불리 환자 처치를 하려다가 구조가 필요한 또 하나의 환자로 전락할 수도 있다.

일반적으로 환자 처치 단계에서 응급구조사가 수행해야 하는 세 가지 책무가 있다.

- 환자 평가 및 처치의 신속한 실행
- 장애물 제거 시 환자 처치의 유지
- 구출 및 이송 시 환자 곁에서의 수반

응급구조사의 임무 수행 능력은 특수 구조팀의 전문 의료 지식에 달려있다. 예를 들어, 4장 초반부 사례에서는 산악 구조 인력이 환자 접근 및 처치를 모두 제공했다.

그림 12-9 구조 작업 4단계는 환자 처치이다. 환자 평가 및 처치는 현장의 상황이나 특수 위험 요소에 의해 언제든 수정될 수 있다.

환자 처치 시 별다른 문제가 없는 경우 다음과 같은 조치를 취한다. 각 환자별로 신속히 (정신적 상태, 기도–호흡–순환 상태, 경부 상태에 대한 1차 평가를 실시한다(그림 12–9). 이후 상당한 손상 기전에 대한 신속

> **내용 요약**
> ➤ 구조 평가의 목적
> • 환자의 현재 증상에 대한 발견 및 처치
> • 환자 증세의 변화에 대한 예상과 필요하게 될 지원 및 장비에 대한 사전 결정

한 2차 평가, 세부 신체 평가, 구출팀에 대한 의료적 조언을 실시한다.

이송 조치가 취해지기 전까지 많은 시간이 소요될 수 있기 때문에, 장애물 제거 및 구출시 환자의 증상은 현저하게 변화할 수 있다. 그렇기 때문에 응급구조사는 두 가지 목표를 염두에 두고 환자 평가를 실시해야 한다. 첫 번째 목표는 환자의 현재 증상을 발견하고 처치하는 것이다. 두 번째 목표는 환자 상태 변화를 예상하고 이에 필요한 보조 및 장비를 판단한다.

구조사와 환자가 노출될 수 있는 위험요소를 지속적으로 평가한다. 많은 경우, 환자를 위한 최선의 처치에는 항상 신속한 고정술과 즉각적인 구출이 포함된다. 최종적인 환자 결과는 (환자와 구조 인력이 직접적인 위험으로부터 피신하기 위해) 사고 발생 초기에 양보된 결정적 처치의 제공 시간에 의해 좌우될 수 있다. 관련 예시는 다음과 같다.

- 작업 도중 손상을 입거나 줄이 끼인 고층 빌딩 유리창 청소부, 배수탑/무선탑/TV 송신탑 근무자, 고층 건물 공사 현장 인력
- 도랑 함몰 사고의 피해를 입은 근로자나 행인
- 급류에 갇힌 사람
- 불이 붙은 차량에 갇힌 환자
- 생명에 위협이 되는 환경에 처한 환자
- 불안정하거나 휘발성인 유해 물질이 있는 장소에 갇힌 사람

이 경우, 구조 인력에게 손상의 위험이 있고 환자가 더욱 심각한 합병증을 겪게 될 수도 있기 때문에, 고정 조치를 하지 않은 채 환자를 더욱 안전한 곳으로 신속하게 이송하는 것이 정당화될 수도 있다. 환자의 손상 상태가 악화될 위험이 있음에도 불구하고 신속한 이송이 필요할 수도 있다.

갇혀있는 환자를 관리하는 방법은 기본적으로 모든 응급처치와 유사하다.

- 정신적 상태/기도–호흡–순환 상태에 대한 1차 평가
- 치명적인 상태인 기도/호흡/순환의 관리
- 척추 고정술
- 주요 골절 부위에 대한 부목 조치
- 환자 손상을 고려한 로프 고정, 이동 단계 중 구출 시 요구 사항
- 이송 중 환자에 대한 재평가

구조 작업 중 환자 관리의 세부 사항은 현행 의료 지침을 준수하지만, 차이가 나는 부분도 있다. 세부적인 차이가 발생하는 이유는 환자 접근, 장애물 제거, 구출까지의 과정에 많은 시간이 소요되기 때문이다. 응급의료 인력은 (특히 외상 환자의) 신속한 고정술과 이송 조치에 대한 훈련을 받는다. 하지만 실제 구조 작업을 할 때는 환자 이송 속도를 신속히 하는 것이 불가능할 수 있다. 그렇기 때문에 응급구조사는 장기적 처치를 제공하는 상황으로 모드 전환을 해야 한다. (시간에 따른 처치의 변화에 대한 자세한 설명은 교외 지역의 응급의료 부분을 참고한다.)

응급구조사는 장기화되는 사고 현장 대응뿐만 아니라 환자에 대한 더욱 강도 높은 심리적 보조를 제공할 준비를 해야 한다. 이는 환자가 이미 상당한 시간 동안 갇혀있었던 경우 더욱 중요하게 적용되는 사항이다.

지속적으로 위로와 안심이 되는 대화를 통해 환자와의 신뢰를 형성한다. 이는 다음과 같은 방법을 통해 달성할 수 있다.

- 환자를 이름으로 부른다.
- 환자가 응급구조사의 이름을 기억하게 하고, 환자 곁을 떠나지 않을 것이라는 확신을 심어준다.
- 다른 구조팀 인력이 환자의 이름을 제대로 부르고 있는지 확인한다.
- 병원전 환경에서는 환자를 이름이 아닌 대명사(그 사람)로 부르지 않는다.
- 환자가 들을 수 있는 거리에서 구조 작업, 작업의 원인, 환자의 상태에 대한 부정적이거나 불안 심리를 자극할만한 언급을 하지 않는다.
- 지연되는 모든 사항과 상황 개선을 위해 실행할 조치를 환자에게 설명한다.
- 환자를 불안하게 만들거나 환자의 증상에 영향을 미칠 수 있는 구조 작전의 기술적인 부분은 특수 구조팀이 설명해줄 것을 요청한다. 지나치게 기술적인 구조 작업은 환자가 이해하기 쉬운 용어로 풀어서 설명한다.
- 환자에게 거짓말을 하지 않는다. 신속하게 이송을 하다가 손상이 발생할 수 있다면, 그 사실을 인정해야 한다. 환자가 주변 환경이 불안정하다고 의심할 경우, 이 또한 인정해야 한다. 하지만 (통증이나 불안정한 환경 등의) 상황을 개선하기 위해 어떠한 조치가 필요한지에 대한 설명은 잊지 않아야 한다.
- 무엇보다 항상 침착함을 유지하고 전문가의 위엄을 잃지 않는다. 환자의 질문에 대한 답변을 할 수 없을 때는 답변을 할 수 있는 사람을 찾는다. 구조 작업은 환자의 요구를 기반으로 해야 한다.

## 5단계: 장애물 제거

장애물 제거는 손상된 자동차의 대쉬 보드, 붕괴된 구조물 속의 콘크리트 슬래브, 동굴의 막힌 입구와 같이 환자를 갇히게 한 원인을 제거하는 작업이다. 장애물 제거는 구조 작업 중 가장 기술적이고 많은 시간이 소요되는 단계이다(그림 12-10). 장애물 제거 단계 시 환자 처치를 해야 하는 응급구조사는 3가지 책임이 부여된다.

- "핫 존"이나 "이너 서클"로도 불리는 적극적 구조 구역에서 효과적으로 대응하기 위해 필요한 전문 지식과 장비에 대한 확신
- 구조작업 시간으로 인한 장기적 환자 처치제공에 대한 대비
- 특수 구조팀 지원 요청 혹은 사용할 수 있는 능력

응급구조사나 여타 구조대원이 이러한 책무를 수행하지 못하는 경우, 가용 구조 인력을 재평가하고 추가 인력을 요청한다. 장애물 제거 단계에는 환자 구출을 위해 협소한 공간으로 기어들어갈 일이 많기 때문에, 폐쇄 공포증이 있는 인력은 적합하지 않다. 장애물 제거는 사지 절단 수술도 수반될 수 있기 때문에 비위가 약한 인력이 수행할 수 있는 작업이 아니다.

그림 12-10 구조 작업의 다섯 번째 단계는 장애물 제거이다. 차량에 환자가 갇히는 사고와 같은 일부의 경우 장애물 제거 단계는 장기화될 수 있다.

환자를 갇히게 한 장애물을 제거하는 방법은 지속적인 위험요인 분석을 토대로 사용되어야 한다. 응급구조사와 여타 구조 인력은 환자의 의료적 필요에 대응할 때, 처치 수행 시간이나 사고 환경의 안전성과 같은 문제를 함께 고려해야 한다. 환자의 사지에 중증 압궤 손상을 입은 상황에서 장애물을 제거하고 사지를 꺼내기까지 지나치게

그림 12-11 구조 작업의 6단계는 환자 로프 고정이다.

(a)

(b)

그림 12-12 구조 작업의 마지막 7단계는 환자의 (a) 구출 및 (b) 이송이다. 환자 이송은 사고 현장의 상황이나 환자의 증상에 따라 구급차나 의료 헬리콥터로 결정될 수 있다.

많은 시간이 소요되는 경우, 환자는 사지 절제술을 시행하지 않는다면 출혈로 인해 사망할 수 있다. 사지 절제술은 장애물 제거 단계에서 직면할 수 있는 가장 힘든 결정 중 하나이다.

## 6단계: 환자 로프 고정

장애물 제거 이후에는 환자의 모든 의료적 필요가 해결될 수 있도록 로프 고정 조치를 취해야 한다(그림 12-11).

응급구조사는 사고 현장을 떠나는 방법(들것을 통한 환자 이송 환자 혹은 환자 스스로 걷게 함)을 결정해야 한다. 또한 응급구조사는 환자의 증상을 기준으로 작업 시간(KED 고정대의 사용 등)을 계산해야 한다. (사다리 소방차를 통해 스토크 바스켓 들것에 결착된 환자를 구멍에서 꺼내는 작업, 맨홀에 빠진 환자를 SKED 들것에 결착한 뒤 수직으로 끌어 올리는 작업 등) 환자 구출에 필요한 특수 기술에 따라 환자 로프 고정은 복잡해질 수 있다. 환자를 수직으로 끌어올리거나 스토크식 들것으로 이송할 때는 추가 손상을 방지하기 위해 구조 인력이 올바른 로프 고정 방법을 알고 있는 것이 중요하다.

## 7단계: 구출 및 이송

구출은 가장 힘든 구조 작업일 수도 있고, 들것에 환자를 올리거나 들것에 있는 환자를 구급차에 싣는 단순한 작업이 될 수도 있다(그림 12-12a). 구출 작업은 모든 구조 작업의 조율된 협력을 통해 실시되어야 한다. 특히 중간 과정상 지연이 예상될 경우, 의료시설로의 환자 이송은 충분한 사전 계획 아래 진행되어야 한다. (구급차, 의료 헬리콥터, 혹은 구조 인력에 의한 직접 이송과 같은) 환자 이송은 의료 감독자와의 상의를 통해 결정되어야 한다(그림 12-12b). 병원으로 이동하는 도중에 불안정 환자의 경우 매 5분, 안정 환자의 경우 매 15분마다 활력 징후에 대한 검사를 통해 재평가를 실시한다. 환자의 상태는 주기적으로 최신화하고 의료 감독 지시가 전달될 때마다 추가적인 처치를 적용한다.

## 수상 구조

지금까지 4장에서 설명된 원칙과 절차를 적용할 수 있는 구조 작업의 유형이 많다. 그 중 가장 일반적인 사례는 수상 사고이다. 물가를 찾는 인파와 수상 활동의 방대한 유형을 감안할 때, 수상 사고는 다양한 형태로 나타날 수 있다. 대부분의 수상 구조는 응급의료 인력을 동원하지 않는다. 예를 들어, 주변 사람이 물에 뛰어들어 허우적대고 있는 사람을 구하거나 지나가던 보트가 뒤집어진 카누를 바로 세우는데 도움을 줄 수도 있다. 하지만 일부 수상 구조의 경우, 구조 인력은 특수 훈련과 장비를 갖추기도 한다. 이 경우, 정지해 있는 혹은 이동하는 물의 온도 및 역학으로 인해 구조 인력과 환자가 갇히게 되는 사고를 당할 위험이 높다. 수상 훈련의 모든 시나리오를 이 장에서 다루는 것은 불가능하기 때문에, 수상 사고 인지력을 높이기 위해 일반적인 개념과 방법을 설명한다.

### 개괄적 지식

수상 사고는 연못, 강, 하천, 호수, 운하, 홍수가 난 채석장, 바다 등 다양한 수역에서 발생할 수 있다. 일부 지역의 경우, 돌발 홍수로 인해 급류가 흐르는 강이 되지 않는 한 평소에는 강바닥이 마르게 하는 배수 체계를 운용하고 있다. 수역에서 손상을 입거나 익수되는 환자는 대부분 의도치 않게 사고에 휘말리는 경우가 많다. 하지만 기상의 변화, 수심이나 물살에 대한 방심, 개인 부표 도구의 미사용으로 인한 익수 사고, 수영 중 발생하는 경련, 물속에 있던 물체에 부딪혀서 방수복이 벗겨지는 경우, 선박의 충돌 사고 등의 요소로 인해 수상 사고가 발생할 수 있다.

수상 사고의 대부분은 사전에 예방 가능하다. 수상 안전 수칙을 숙지하는 것은 대단히 중요하다. 우선 수영법을 배우고 운동의 일부로 생활화해야 한다. 두 번째로 수영에 숙련된 사람조차도 사고를 당할 수 있다는 점을 기억한다. 그렇기 때문에 항상 개인 부표 도구를 구조팀에 구비시키고, 물이나 얼음 근처에서 임무를 수행할 때 항상 개인 부표 도구를 착용한다(그림 12-13). (동료 구조 인력도 동일한 안전 수칙을 준수하는지 확인한다.) 세 번째로 기본 수상 구조 작업에 대한 교육 과정을 고려한다.

그림 12-13 수상 구조 작업에서 개인 부표 도구의 사용은 필수이다.

**내용 요약**

➤ 저체온증을 지연시키는 방법
- 개인 부표 도구의 사용
- 열손실 최소화 자세의 사용
- 무리지어 있기

## 수온

일반적으로 체온은 98.6°F(37°C)이기 때문에 대부분의 수역은 차갑게 느껴지고 열손실을 유발한다. 작은 수역의 온도는 계절이나 유출량에 따라 크게 달라진다. 하지만 따뜻한 날씨에도 불구하고 대부분 수역의 온도는 차갑다. 그렇기 때문에 수온과 열손실은 대부분의 수상 사고 환자와 구조 인력 장비의 불충분에 대한 원인이 된다.

입수는 빠르게 저체온증("환경 외상")을 유발할 수 있다. 일반적으로 92°F(33°C) 이하의 수온에서는 체온을 유지할 수 없다. 수온이 낮아질수록 열손실률이 더욱 높아진다. 사실 물은 공기보다 열손실률이 25배나 높다. 온도가 35°F(1.6°C)인 수역에 15~20분간 입수되는 경우, 사망할 가능성이 있다. 저체온증 환자의 사망을 유발하는 요소는 다음과 같다.

- 불능화/자기 구조력 상실
- 단순한 지시 사항도 순응하지 못함
- 줄이나 부표 도구를 잡지 못함
- (갑작스러운 입수로 인한) 후두 경련과 익수 사고 위험의 증대

수상 구조 시 여러 가지 조치를 통해 저체온증의 발생을 지연시킬 수 있다. 개인 부표 도구를 사용하면 열손실률이 낮아지고 물위에 뜨기 위해 소모되는 에너지의 낭비가 줄어든다. 갑작스럽게 물에 빠질 경우 열손실 최소화 자세(HELP)가 도움이 될 수 있다. 열손실 최소화 자세는 고개만 물 밖으로 내놓고 몸을 마치 태아의 자세처럼 웅크리는 것이다. 연구에 따르면 열손실 최소 자세는 (헤엄을 칠 때에 비해) 열손실의 최대 60% 가량 줄일 수 있다고 한다. 연구자들은 여러 명의 익수자가 발생하는 경우 서로 가까이 무리지어 있는 것을 권장한다. 이는 열손실을 방지할 뿐만 아니라 구조 작업을 수월하게 한다.

**그림 12-14** 구조 작업의 마지막 7단계는 환자의 (a) 구출 및 (b) 이송이다. 환자 이송은 사고 현장의 상황이나 환자의 증상에 따라 구급차나 의료 헬리콥터로 결정될 수 있다. (ⓒ *Both Photo: Kevin Link/Science Source*)

### 기본 구조 기술

기본 구조 기술은 물의 역학에 따라 달라지고, 급류의 수상 구조는 정수의 구조법과 차이가 있다. 얼어있는 수역으로 출동하는 경우, 응급구조사는 빙상 구조법을 익히고, 개인 보호 장비 보관함에 차가운 물에 입수할 때 사용할 건조한 옷을 넣어야 한다(그림 12-14). 착용하지 않을 개인 부표 도구는 무용지물에 불과하다는 점을 기억한다. 그렇기 때문에 모든 응급의료 인력은 연안가에서 구조 작업을 하더라도 개인 부표 도구

를 착용해야 한다.

수상 구조는 접근–부표 던지기–드로우백–입수의 절차를 따른다. 모든 응급구조사는 이 절차에 익숙해져야 한다. 환자가 스스로 위기에서 벗어나지 못하는 경우, 막대기나 기다란 구조 장비를 통해 환자에게 접근한다. 아무런 효과가 없거나 환자가 너무 멀리 떨어진 경우, 부표 도구를 환자에게 던진다. 모든 응급구조사는 연안가에서의 구조 작업을 위한 드로우백을 사용하는 방법을 숙지해야 한다. 수상 보트를 통한 구조에는 특수 구조 훈련이 필요하다. 입수는 최후의 수단이고 특수 수상 구조사가 가장 효과적으로 수행할 수 있는 조치이다.

## 급류에서의 수상 구조

급류에서 수행하는 구조가 가장 위험한 수상 구조 작업 유형이다. 급류의 강도와 역학을 다루는 데에는 고도의 훈련과 경험이 필요하다. 급류의 힘은 겉보기와는 매우 다를 수 있다. 급류의 역학은 수심, 유속, 장애물, 변경되는 물상 등의 다양한 요소에 따라 변화할 수 있다. 오직 특수 훈련을 받은 전문 구조 인력만이 이러한 요소를 신속히 파악할 수 있다.

급류에 진입하는 훈련을 받기 위해 구조 인력은 다양한 특수 기술을 익혀야 한다. 로프 기술을 통한 구조 작업을 위해 구조 인력은 교차해서 흐르는 수역에서의 구조법, 방어적 수영법, 드로우 백과 부기 보드의 사용, 연안가 수영법, 수상 보트 수조법, 수상 사고 관리, 수상 사고 환자의 결착법 등의 구조 기술에 숙련되어야 한다. 네 가지의 급류 수상 구조 시나리오(회전 급류, 장애물 급류, 족부/사지의 끼임 사고, 댐/수력 발전소 유입구)는 구조 인력이 겪게 될 특수한 문제와 위험을 설명한다.

### 회전 급류

회전 급류는 대형 암석이나 보와 같은 대형 장해물로 인해 역회전하는 급물살이다. 이로 인해 회전 급류는 '익사 제조기'라는 악명을 얻게 되었다(그림 12–15).

회전 급류는 겉으로 보기에는 크게 위험하게 느껴지지 않는다. 예를 들어, 보에 있는 회전 급류 쪽에 찌를 던져놓고 낚시를 하는 사람들이 많다. 이는 (댐의 하부에는 물고기가 자주 보이기 때문에) 물고기를 많이 잡기에 좋은 방법일 수 있다. 하지만 다시 생각해보면 수영을 자유롭게 할 수 있는 물고기도 갇혀서 빠져 나오지 못하는 곳이 회전 급류 지역이라면 (낚시꾼을 포함한) 수역 근처에 있는 사람에게도 같은 일

**그림 12–15** 급물살이 대형 장해물 위로 흐를 경우 흐름의 방향에 역행하는 회전 급류가 발생한다. 덫이나 구멍과 같은 회전 급류에는 사람이 갇힐 수 있다.

이 발생할 수 있다. 한번 회전 급류에 빠지면 스스로 탈출하기가 힘들다. 심지어 특수 훈련을 받은 구조 인력도 구출 작업에 어려움을 느낀다.

### 장애물 급류

급물살이 수중에 가라앉은 나무, 창살, 철망과 같은 수중 장애물을 통과하는 경우, 장애물 양쪽에 급류가 형성된다(그림 12-16). 장애물 급류는 환자를 수중 장애물로 끌어당기기 때문에 구조 작업이 힘들다. 경우에 따라, 수역 바닥에 레바 창살로 덮인 배수관으로 물이 흐를 수 있다. 배수관으로 빨려 들어가는 힘으로 인해 창살에 끼이는 환자가 발생할 수 있다.

장애물 급류는 구조 작업을 대단히 위험하게 만든다. 하류에서 수중 장애물에 걸려 물에 떠있고 장애물 급류에 빨려 들어갈 위험이 있는 경우, 장애물 위로 헤엄쳐 넘어가야 한다. 강바닥에 발을 딛는 것만큼은 피해야 한다. 그렇지 않을 경우, 발이 끼이거나 발이 걸려 장애물에 부딪힐 수도 있다.

### 족부/사지의 끼임 사고

안전을 위해 다음 사항에 유의해야 한다. 무릎 높이 이상의 급류에서 걷는 것은 족부나 사지가 끼일 수도 있기 때문에 대단히 위험하다. 족부나 사지가 끼는 경우, 흐르는 물의 속도와 세기로 인해 바닥으로 곤두박질 칠 수도 있다. 끼인 족부나 사지를 빼내려면 끼게 된 경로대로 꺼내야 하지만 유속의 세기로 인해 쉽지 않다. 끼임 사고의 경우, 급물살이 흐르는 바닥에서 작업을 해야 하기 때문에 구조 작업이 매우 힘들다.

### 댐/수력 발전소 유입구

또 다른 위험 장소는 (강변에서 발견할 수 있는) 댐이나 수력 발전소의 유입구이다. 댐의 높이가 위험의 정도를 말해주지 않는다. 앞서 소개된 예시처럼, 보는 익사 제조기로 불리는 강력한 회전 급류를 발생시킨다. 하지만 수력 발전소의 유입구에는 갖가지 위험요소가 도사리는 장애물 급류가 형성된다.

그림 12-16 수중 장애물의 경우, 물살은 통과하지만 물체나 사람이 걸리게 한다.

### 자기 구조법

개인 부표 도구나 열손실 최소화 자세와 같은 수중 사고에 대한 생존법은 앞서 설명이 되었다. 하지만 급류에 (혹은 정수 속에) 갑자기 빠지는 경우, 다음과 같은 사항에 유의한다.

- 입수 시 입과 코를 막는다.
- 머리를 보호하고 가능한 경우 얼굴을 물 밖으로 유지한다.
- 급류 속에서 서있으려 하지 않는다.
- 발을 하류로 향하게 한 채 등으로 물 위에 떠 있는다.
- 발로 방향을 조정하고 머리는 연안가 방향으로 45도 각도를 유지하거나, 연안가로 수영하기에 충분히 유속이 느린 구역이 나타날 때까지 하류 방향으로 물 위에 떠있는 자세를 유지한다.
- 물살의 방향이 틀어지는 경우, 회전하는 물살의 안쪽보다 가장자리가 더욱 유속이 빠르다.
- 물의 흐름을 막을 수 있고 회전 급류나 장애물 급류를 발생시킬 수 있는 회전 암석과 같이 큰 물체를 확인한다.
- 특히 커다란 물체 주변을 돌며 일시적으로 장애물 아래 분분에서 상류 방향으로 흐르는 회오리 급류에 유의한다. 회오리 급류는 속도가 잦아들면서 오히려 사람을 연안가로 안전하게 밀어낼 수도 있다.
- 애초에 물에 빠지지 않도록 예방을 해야 한다. 항상 접근-부표 던지기-드로우백-입수를 기억한다. 단, 입수는 최후의 수단으로 남겨둔다.

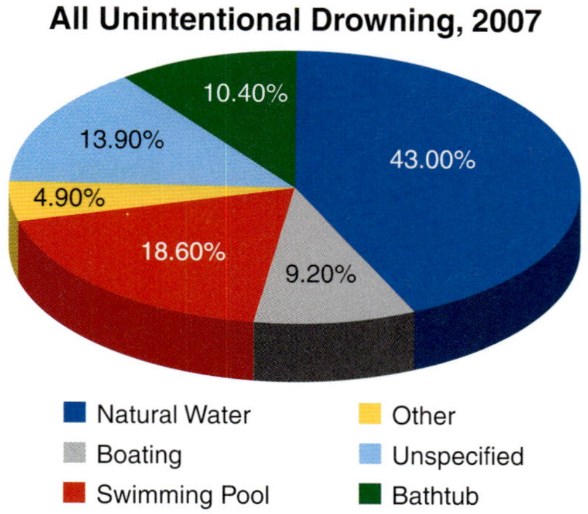


그림 12-17 비고의성 익사. 자연 수역에서의 익사 위험, 질병 통제 예방 센터. http://www.cdc.gov/Features/dsDrowningRisks/.

## 표층수(Surface water)

표층수의 가장 큰 문제는 잔잔해 보인다는 점이다. 하지만 대부분의 익사/익수 사고는 표층수가 느리게 흐르는 수역에서 발생한다(그림 12-17). 이 중 일부 사망 사고는 앞서 설명되어 있다.

알콜은 사고 발생 원인의 상당 부분을 차지한다. 예를 들어, 보트 관련 사망률 중 50% 정도는 알코올 중독 및 장애로 인해 발생한다. 이로 인해 많은 주에서 (판단력과 수상 사고에 대한 생존력을 감퇴시키는) 음주 후 보트를 타는 것을 금지하는 엄격한 법률을 실행하고 있다.

### 생존에 영향을 미치는 요소

환자의 생존을 실패하게 하는 데에는 많은 요인이 작용한다. 한 사람의 생존력은 나이, 자세, 폐활량, 수온 등에 의해 결정된다. 이 중 유독 중요한 두 요인은 개인 부표 도구와 추위에 대한 보호적 반사 반응이다.

### 개인 부표 도구

수상 레저를 즐기는 많은 사람들은 수영을 못하는 경우나 급류에 대비하여 보호장구를 사용한다. 하지만 개인 부표 도구는 모든 수상 활동에서 기본적으로 사용되어야 한다. 예를 들어, 보트 관련 사망 사건 중 89% 정도는 개인 부표 도구의 부족으로 발생한다. 이는 수상 활동에 있어 개인 부표 도구의 중요성을 잘 보여 준다.

모든 구급 체계는 응급구조 인력의 개인 부표 도구 사용에 대한 엄격한 표준 운영 절차를 규정해야 한다. 건조 지역에 위치한 응급 기관조차도 (수영장 사고나 래프팅 사고 등) 수상 구조 활동에 참여할 수 있다. 특히 남서부와 같은 일부 지역에서는 협곡의 돌발 홍수로 인해 등산객이나 협곡 탐험가가 갇히거나 사망하는 사고에 대응하게 될 수 있다. 돌발 홍수는 배수 체계를 마비시켜 시민과 구조 인력을 위험한 환경에 노출시킨다.

### 추위에 대한 보호적 반사 반응

일반적으로 산소가 부족한 뇌세포는 4~8분 만에 괴사되기 시작한다. 열손실 최소화 자세나 자기 구조법과 같이 머리를 물 밖으로 들고 있는 것은 호흡과 뇌로의 산소 공급을 유지할 수 있게 한다. 또한 차가운 물은 저체온증으로 인한 사망을 초래할 수 있지만, 포유류 잠수 반사로 알려진 보호적 반사 반응을 촉발시키는 순기능도 있다. 인간을 비롯한 포유류의 얼굴이 68°F(20°C) 이하의 차가운 물에 들어갈 경우 부교감 신경계가 자극되면서, 심박수는 서맥 상태로 감퇴되고 혈압이 떨어지고 전신에 걸친 혈관 수축이 발생한다. 혈액이 비교적 중요도가 떨어지는 장기에서 심장과 뇌로 향하면서 일시적으로 생명을 유지하는 산소가 공급된다. 일반적으로 수온이 낮아질수록, 더 많은 산소가 생명 유지를 위해 전환 공급된다.

차가운 물속에서 사망을 상당히 지연시킬 수 있는 두 가지 요인은 수면 위로 고개를 유지하는 시간과 안면이 물속으로 들어간 뒤 시작된 포유류 잠수 반사 반응이다. 일부 환자의 경우, 잠수 상태에서 45분이 지난 뒤에 소생된다. 1989년 6월 10일 유타주 솔트 레이크에서 구조된 환자는 66분 뒤에 소생된 기록을 남겼다. 일반적으로 잠수 반사 반응은 성인보다 소아의 경우 더욱 두드러진다.

### 익수 환자에 대한 수색

수온이 낮은 경우에는 포유류 잠수 반사작용이 작용하기 때문에, 구조 인력은 물에 빠진 환자를 찾는데 최선의 노력을 다해야 한다. 예를 들어, 모든 목격자에게 수역 건너편에서 물건을 놓게 하고 선을 긋는다. 모든 목격자가 이 작업을 반복하면, 수렴되는 지점이 생기면서 물에 빠진 환자를 마지막으로 본 장소를 최대한 정확하게 파악할 수 있다. 해당 지점에서 수색 작업을 시작한 뒤 수색 범위를 원형으로 넓힌다.

### 구조 작업과 시신 회수

구조 작업이 시신 회수 작업으로 바뀌게 되는 데에는 많은 요인이 작용한다. 일부 요인에는 환자가 물에 잠수된 시간, 확인된/의심되는 외상, 나이, 건강 상태, 수온, 환경적 조건, 구조 및 구출 예상 시간 등이 있다.

환자를 찾았다면, 낮은 수온으로 인해 발생한 무맥박, 무호흡 상태를 상쇄시키기 위하여 소생술을 실시해야 한다. (일부 전문가는 수온에 상관없이 심지어 상당 시간 동안 물속에 빠져있는 환자에게도 소생술을 제공할 것을 권장하고 있다.) 환자는 정확한 평가를 받기 전에 재가열 조치를 받아야 한다. 수상 구조 환자는 재가열 조치에도 불구하고 사망한 상태임이 확인될 때까지는 사망하지 않은 것으로 간주한다. (익사 및 익수 사고에 대한 더 자세한 설명은 "환경손상"을 참고한다.)

### 수중 환자 고정술

안전하게 서있는 것이 가능한 정수에서는 수중 환자 고정술을 실시하는 방법을 아는 것이 중요하다(그림 12-18). 목 손상은 단순 잠수가 아닌 (다이빙과 같은) 외상과 관련이 있다. 일반적으로 수중 환자 고

그림 12-18 척추 손상이 의심되는 수상 구조

정술은 다음과 같은 수정사항과 함께 대형 척추 고정판의 일반적 사용 절차를 반영한다.

● *1단계: 수중 척추 고정*

1. 머리 고정술을 적용한다. (이외에도 여러 다른 방법이 있지만, 구조 인력이 사용하는 개인 부표 도구로 인해 이 방법이 가장 효과적이다.)

2. 측면에서 환자에게 접근한다.
3. 환자의 팔을 머리 위로 움직인다.
4. 환자의 팔을 부목으로 사용하여 환자의 머리를 고정한다.
5. 환자가 얼굴을 바닥으로 향하고 있는 경우, 1~4번까지의 절차를 수행하고 환자의 고개를 위로 돌린 채 구조 인력을 향하게 한다.
6. 기도 개방 상태를 유지한다.
7. 목 보호대를 착용하기 전까지는 6번 조치를 유지한다.

●*2단계: 목 보호대의 사용 절차*

1. 보조하는 구조 인력은 목 보호대의 적정 크기를 측정한다.
2. 환자의 목 아래에 개방된 목 보호대를 놓는다.
3. 담당 구조 인력은 고정과 기도 개방 상태를 유지한다.
4. 보조 인력은 목 보호대를 환자의 목 뒷부분까지 붙이고, 담당 구조 인력은 기도를 유지하면서 보조 인력이 목 보호대로 환자의 목을 감싸게 한다.
5. 담당 인력이 기도를 유지하고 있는 동안, 보조 인력은 목 보호대를 조인다.
6. 보조 인력은 환자의 손을 환자의 허리에 둔다.

●*3단계: 척추 고정판 조치 및 수역에서 구출*

1. 수역에는 두 명의 구조 인력과 연안가에 추가 인력 등 필요한 인력과 정확한 장비를 확보한다. 수상 구조에 참여하는 경우, 부표형 척추 고정판을 반드시 사용해야 한다.
2. 환자의 허리 밑에 척추 고정판을 둔다.
3. 환자를 절대로 고정판에 들어 올리지 않는다. 대신에 부표형 고정판이 물 위로 떠오르면서 자연스럽게 환자가 들릴 수 있게 한다. (척추 고정판이 물 위로 떠오르지 않는 경우, 환자를 살짝 들어 올려야 한다.)
4. 스트랩, 크라바트, 기타 장비로 환자를 고정한다.
5. 환자를 연안가나 보트 주변의 구출 지점으로 이송한다.
6. 체중에 눌려서 척추 손상을 입지 않도록 환자의 머리 부분부터 구출한다.
7. 가능한 경우, 서핑보드를 통한 환자의 구출은 지양한다. 서핑보드는 뒤집어지기 쉬워서 환자를 다시 물속에 빠뜨리게 될 수도 있기 때문이다. 이러한 사고를 방지하기 위해 주변 일반인 중 수영을 할 수 있는 사람이 수영을 하면서 환자를 호송하게 하는 것도 고려할 필요가 있다.
8. 환자 구출시 기도를 유지한다.

## 위험한 환경에 대한 구조 작업

협소한 공간에서의 구조 작업은 생명에 치명적인 위험이 많은데, 그 중에서도 가장 위험한 것 중 하나는 산소가 결핍된 환경이다. 협소한 공간은 비교적 안전해 보이기 때문에 구조 작업이 수월하고 안전한 편이며 작업 시간을 단축시킬 수 있을 것이라는 착각에 빠질 수 있다. 미 국립 산업안전보건국에 따르면, 협소한 공간에서 발생하는 사망 사고 중 60% 가량은 환자의 구조를 시도하던 인력이다.

협소한 공간은 여러 가지 의미로 해석될 수 있지만, 미 국립 산업안전보건국 규제 CFR 1910.146은 이를 출입로가 제한되어 인간의 거주 및 사용에 맞게 설계되지 않은 공간으로 정의되고 있다. 즉, 협소한

그림 12-19a 위험할 수 있는 환경이나 협소한 장소에서 경고판과 같은 위험 징후를 찾는다.

그림 12-19b 협소한 공간으로 위험할 수 있는 암거

그림 12-19c 맨홀은 가스, 전기, 수도관 등 공공 이용 시설 저장고로 연결되는 접근로를 제공한다. 이는 협소하고 위험한 공간으로 사람이 갇힐 수 있다.

그림 12-19d 구조자는 이런 환경에서 훈련, 장비, 경험이 없다면, 저장탑과 같은 제한된 공간으로 들어가는 것을 절대 허용해서는 안 된다.(ⓒ *Michal Heron*)

공간은 장기간 동안 머물러 있기에 안전한 곳이 아니다. 이에 대한 예로 운송 탱크, 저장 탱크, 곡물 저장통/저장소, 우물, 물탱크, 맨홀, 펌프장, 배수 암거, 채취장, 호퍼, 지하 저장고, 탄광이나 동굴의 수직 통로 등이 있다(그림 12-19a~12-19d).

## 협소한 공간의 위험

협소한 공간에는 여러 가지 위험요소가 있다. 최초반응자인 응급구조사는 현장 안전 확보와 필요하게 될 추가 자원의 요청을 위해 이러한 위험을 확인할 책임이 있다. 협소한 공간의 주요 위험요소는 다음과 같다.

- *산소가 부족한 환경* 훈련이 부족한 구조 인력은 산소 부족에 대한 대비가 미진할 수 있다. 산소 부족 문제는 육안으로 쉽게 구별할 수 있는 문제가 아니다. 이 분야의 전문가인 특수 진입팀은 협소한 공간에 진입하기 전에 환경 평가를 통해 산소 밀도, 황화수소 수치, 폭발 한계, 불이 타는지의 여부, 독성 물질의 유무 등을 살펴본다. 또한 거센 돌풍과 같은 요소로 인해 산소 수치가 일시적으로 높아 보이는 현상도 염두 해야 한다. 협소한 공간은 위험하다는 점을 항상 기억한다.
- *유독성/폭발성 화학 물질* 협소한 공간에서 발견되는 많은 화할 물질은 특히 흡인했을 경우 유해할 수 있다(그림 12-20). 일부 독성 연기는 적혈구의 산소를 대체하는 특성을 지닌 가스로 구성된다. 여타 화학 물질은 대단히 폭발성이 높은 경우도 있다. 협소한 공간에서 주로 발견되는 위험한 화학 가스

는 황화수소($H_2S$), 이산화탄소($CO_2$), 일산화탄소(CO), 지나치게 낮거나 높은 산소 밀도, 염소($Cl_2$), 암모니아($NH_3$), 이산화질소($NO_2$) 등이 있다.

- *함몰* 일부 공간은 (한번 빠지게 될 경우 환자나 구조 인력이 묻히게 될 수 있는) 곡물, 석탄, 모래와 같은 물질을 담고 있다. 이러한 물질은 먼지가 많기 때문에 대단히 폭발성이 높은 환경이 조성된다.
- *기계 장비와 함께 갇히는 사고* 협소한 장소에는 사람이 갇힐 수 있는 기계 장비가 있을 수 있다.
- *전기* 협소한 공간에 전동기나 전기로 구동되는 관리 장비가 있는 경우가 많다. 이러한 기계는 쇼크나 감전의 위험이 있을 뿐만 아니라 축적된 에너지가 저장되어 있을 수도 있다. 안전한 진입을 하기 위해 구조 인력은 몇 가지 조치를 적용해야 한다. 첫째, 사고 현장의 전원을 모두 차단한다. 두 번째, 모든 기기의 전원은 끄고 축적된 에너지는 모두 없애고 잠금장치/표지부착을 한다. (기계 전원을 해제한 다음에는 잠금장치를 설치하고 실수로 전원이 켜지지 않도록 전원 해제 사유가 적힌 표지를 부착한다.) 세 번째로 협소한 장소는 산소를 공급하고 폭발성 높은 먼지를 제거하기 위해 환기를 할 필요가 있다. 이러한 환경에서는 단순한 불씨 하나만으로도 폭발 사고가 발생할 수도 있다.

그림 12-20 독성 및 유해 물질에 노출된 구조 인력은 소독 조치를 받아야 한다.

- *구조적 고려 사항* 기둥 구조나 구조물 형태는 협소한 공간의 구조 작업을 더욱 복잡하게 만든다. I빔이 사용된 공간의 경우 조명 상태와 높이가 제한적이기 때문에 손상이 발생하기 쉽다. 원통형이 아닌 협소한 공간은 환자를 구출하기가 쉽지 않다. 협소한 공간은 L자형, T자형, X자형 혹은 복합적인 형태일 수 있다. 이러한 공간은 접근이 제한적이기 때문에 자급식 공기 호흡기를 사용하는 것이 힘들거나 불가능할 수도 있다. 산소관을 통한 외부 공기 공급식 호흡기를 사용해야 할 수도 있다. 또한 구출 작업을 수월하게 하기 위해 전신 벨트를 착용하고 협소한 공간 깊숙이 내려가야 하는 경우도 있다.

## 산업 현장의 협소한 공간에 대한 안전 대책

다행히도 연방법과 주법은 대부분의 산업에서 협소한 공간을 위한 구조 프로그램의 개발을 의무화하고 있다. 이로 인해 고용주는 협소한 공간에서 근무하는 모든 피고용자에게 훈련 프로그램을 제공해야 한다. 피고용자가 현장 구조 작업을 실행해보는 훈련은 응급 대응에 중요한 부분을 차지한다.

산업안전보건국은 도랑과 같은 협소한 공간에 근로자가 진입할 때는 진입 허가를 받도록 규정하고 있다. 또한 대부분의 산업은 환경 상태의 점검, 경고 부착물, 유해물 관리에 대한 상세한 정보가 적힌 작업장 허가서 등 엄격한 수준의 안전 수칙을 수행해야 한다. 작업장은 안전하게 관리되어야 하고 근로자는 개인 보호 장비를 착용해야 한다. 근로자가 진입하는 작업장에는 구출 장비가 항상 구비되어야 한다. 진입 허가가 승인되지 않은 작업장에서는 불충분한 환경 상태 점검으로 인해 발생한 산소 부족 문제로 응급 사고가 자주 발생한다.

산업 현장의 협소한 장소에서 자주 발생하는 응급 사고는 낙상, 의료적 응급 상황, 산소 부족, 질식, 폭발, 갇히는 사고 등이 있다. 응급구조사는 문제의 환경과 관련한 훈련, 장비, 경험을 갖추지 않는 한 섣불리 현장에 진입하지 않고 외부 특수 구조 기관의 지원을 요청한다.

그림 12-21 산업안전보건국 규정에 적합하지 않은 도랑은 함몰 사고가 발생할 가능성이 크다.(© *Michal Heron*)

## 함몰 사고 및 구조물 붕괴

캘리포니아 지진 사태에서 보았듯이 함몰 사고나 구조물 붕괴 사고가 발생하는 경우 대단히 적극적인 구조 작업이 필요하다. 하지만 이는 지진에만 한정되는 이야기가 아니다. 함몰 사고나 구조물 붕괴는 거의 모든 지역에서 발생한다. 사실 대부분의 함몰 사고는 (산업안전보건국의 규정에 적합하지 않은) 12피트×6피트 정도의 도랑에서 발생한다(그림 12-21).

도랑의 함몰 사고가 의료적으로 어떠한 의미를 지니는지 다음의 사실을 통해 확인해본다. 흙의 1입방척은 주로 100파운드(45kg)가 나간다. 그렇기 때문에 표면적이 4~5평방피트(0.37~0.46m$^2$) 정도 되는 근로자의 흉부나 배부에 흙이 2피트 정도 쌓이면 800~1,000파운드(362~453kg)의 하중이 실린다. 이 경우, 생매장을 당하는 것이나 다름없다. 흙은 신속히 제거하지 않을 경우 질식사를 하게 된다.

## 함몰 및 붕괴 사고의 원인

함몰 및 붕괴 사고에는 여러 가지 원인이 작용한다. 가장 일반적인 이유는 다음과 같다.

- 부주의 혹은 비용 절감을 위해 안전 규제를 무시하는 경우 (연방법은 깊이가 5피트(1.5M) 이상인 쇼어링이나 도랑을 파놓을 것을 의무화하고 있다. 5피트(1.5M) 보다 깊이가 낮을수록 사고의 위험이 커진다.)
- 도랑 한쪽 혹은 양쪽 가장자리가 함몰되는 경우
- 담벽이 완전히 부서지는 경우
- 구멍에서 제거된 흙이 도랑의 가장자리에 너무 가까이 쌓여 있는 경우
- 침층수, 지반 진동, 교차되는 도랑, 변형토로 인해 발생하는 구조적 취약성

### 함몰 사고/붕괴 사고시의 구조 작업

붕괴 사고 장소에서는 2차 붕괴가 언제라도 발생할 수 있기 때문에, 항상 안전에 유의해야 한다. 현장 안전의 확보, 사고 지휘 체계의 실행, 접근 제한 구역의 설정, 도랑에서의 구조 작업을 위한 특수 구조팀에 대한 즉각적인 지원 요청을 실시한다. 특수 구조팀이 도착할 때까지는 사고 현장에 진입하지 않는다. 견실한 쇼어링이 있는 경우에만 안전한 진입로가 확보된다.

# 고속도로에서의 차량 구조 작업

응급구조 인력이 겪는 구조 상황의 대부분은 차량 충돌 사고와 관련되어 있다. 차량 충돌 사고에 대한

구조 작업은 앞서 설명한 단계별로 진행된다. 하지만 교통 통제와 차량에 갇인 환자를 구출하는데 예상할 수 있는 특수 위험요소가 고려되어야 한다.

## 고속도로의 작업상 위험요소

고속도로에서의 구조 작업을 위해, 응급구조사는 여느 사고에서처럼 현장 평가, 위험요소의 확인, 현장 안전 확보를 해야 한다. 고속도로 사고 현장에서는 도로의 차량에 의한 위험를 감소시키고 사고 차량과 관련된 위험을 파악해야 한다.

### 교통상 위험요소

고속도로에서 구조 작업을 할 때는 교통의 흐름이 가장 중요한 위험요소이다. 응급구조사가 출동한 고속도로는 접근이 제한적이거나 무제한적일 수 있다. 어떠한 상황이든 응급구조사는 경찰 인력과의 긴밀한 협력을 통해 불필요한 교통 혼잡을 피하고 손상을 방지해야 한다. 고속도로에서는 추가 자원을 요청할 경우 사고 현장에 대한 출입이 더욱 혼잡해진다.

더욱 심각한 문제는 응급의료 기구나 인력에 대한 차량 충돌 사고이다. 연구에 따르면 피로하거나 음주 혹은 마약 복용 상태의 운전자는 응급 차량의 불빛에 이끌려 돌진하게 된다고 한다. 사고 현장을 구경하거나 도움을 주려고 차량 밖으로 나온 주변 사람들도 사고의 위험을 더욱 키운다. 응급구조사는 교통상의 위험요소를 감소시키는 방법을 알아야 한다. 다음과 같이 몇 가지 검증된 방법을 소개한다.

- *작업 대기* 다발성 사고 현장에서 항상 핵심적인 역할을 하는 작업 대기는 접근이 제한적인 도로나 고속도로에서 더욱 그 빛을 발한다. 사고 현장에서 먼 곳에 작업 대기 구역을 설치하는 것을 고려한다. 공간이 확보되거나 인력이 필요한 경우에만 구조 차량을 사고 현장으로 보낸다. 작업 대기 구역은 사고 현장으로부터 1~2분 거리에 설치하고, 혼잡하지 않은 장소나 주차장을 대기 구역으로 사용하는 것이 이상적이다. 일부의 경우, 사고에 대해 한 번에 모든 대응을 하기가 힘들 수 있다.
- *구조 장비의 배치* 사고 현장에 구조 장비가 도착하는 경우, 교통의 흐름을 혼잡하지 않게 한다. 구조 장비는 사고 현장을 보호하도록 배치한다. 구급차에 환자를 싣는 장소는 다른 차량에 직접적으로 노출되지 않는 곳에 위치시킨다. 구급차 경광등의 경고 기능을 맹신해서는 안 된다. 환자를 싣기 위해 구급차의 문을 여는 경우 경광등이 가려질 수 있다.
- *경고등* 경고등의 사용은 차량에 대한 경고와 구급 차량의 크기를 짐작하게 하는 목적으로 한정한다. 경고등이 너무 많은 경우, 운전자들을 혼란스럽게 하고 시야를 흐리게 해서 추가적인 차량 충돌 사고가 발생할 수 있다. 전문가는 사고 현장에 도착한 구급차의 헤드라이트를 끄고 황색 현장 경고등만을 사용할 것을 권장한다.
- *교통정리* 사고 발생 초기에 콘과 섬광등을 설치한다. 경찰이 현장에 없는 경우, 응급구조사가 콘과 섬광등 설치 작업을 해야 한다. 최초반응자인 응급구조사는 교통정리를 통해 다가오는 차량이 사고 장소와 구조 인력을 피해 지나갈 수 있도록 해야 한다. 즉, 응급구조사는 안전 구역을 설정해야 한다. 폭발 사고나 화재를 방지하기 위해 섬광등을 연료와 같은 물질 주변에 너무 가깝게 두지 않는다. 섬광등은 한번 태우면 소진될 때까지 기다려야 한다. 불을 의도적으로 끄려고 하다가는 심각한 열화상을 입을 수 있다.
- *높은 가시성* 모든 구조 인력은 쉽게 눈에 띄는 의상을 착용해야 한다. 많은 경우, 응급 구조 인력, 경찰, 소방 기관 인력은 어두운 색상의 작업복을 입기 때문에, 밝은 색상의 방열복이나 형광등 조끼를 착용해야 한다. 사고 현장에 형광 테이프를 사용할 수도 있다.

## 기타 위험요소

교통 상황 외에도 여러 위험요소가 존재한다. 일부 지역에서는 응급구조사가 이러한 위험에 대비하도록 훈련 받는다. 위험 인지력을 강화하고 특수 구조 인력의 지원을 요청하는 훈련을 제공하는 지역도 있다. 응급구조사는 소속 기관의 규정과 상관없이 모든 비교통 위험요소를 인지할 수 있어야 한다(그림 12-22).

위험에 대한 대비가 없는 경우, 응급구조사 자신, 동료, 환자, 지나가는 차량을 손상 위험에 노출시키게 된다. 이러한 비교통 위험요소는 다음과 같다.

- *화재와 연료* 사고 현장에 유출된 연료는 화재의 위험을 높인다. 연료 냄새가 나거나 다량의 연료가 바닥에 고여있는지 면밀히 살펴야 한다. 사고 현장에서 담배를 피는 사람은 (담배 불이 붙은 잿가루가 유출된 연료에 날아갈 수 있기 때문에) 차량 사고 자체보다 더 위험할 수 있다. 바닥에 유출된 연료 위를 구급차로 지나가거나 정차시키지 않아야 한다. 1970년대 이후 제작된 모든 차량은 촉매 변환기가 설치되어 있다. 촉매 변환기는 (연료가 충분히 폭발하고도 남을) 1,200°F의 온도에서 작동된다. 도로를 이탈하여 마른 풀밭이나 덤불에 있는 차량은 주의를 기울여야 한다. 먼지나 잔해가 매우 뜨거운 상태인 촉매 변환기에 접촉할 경우 유출된 연료 못지않게 위험할 수 있다.
- *대체 연료 체계* 대체 연료로 구동되는 차량도 위험요소가 될 수 있다. 고압 탱크는 (특히 천연 가스가 가득 주입된 경우) 대단히 위험할 수 있다. 심지어 전기를 연료로 사용하는 차량도 위험할 수 있다. 충전지는 불꽃이나 폭발을 일으킬 에너지를 보유하고 있다.
- *하이브리드 차량* 하이브리드 차량은 구조 인력에 큰 위험으로 작용할 수 있다. 하이브리드 차량에 탑재된 고압 체계를 잘 알지 못하는 구조 인력은 큰 손상을 입을 수도 있다.
- *날카로운 물체* 차량 충돌 사고 현장에서는 유리, 금속, 플라스틱과 같은 날카로운 파편이 많이 흩어져 있다. 두꺼운 가죽 장갑이나 보호경과 같은 보호 장비를 착용한다.
- *전력* 방치된 전선이나 지하의 전원 공급 장치는 매우 위험할 수 있다. 전선과 차량이 접촉될 경우, 감전의 위험이 있으니 즉시 전력 회사에 연락을 취한다. 신개발 지역의 경우, 대부분 전선이 지하에 설치된다. 하지만 변압기나 전원 공급 장치는 여전히 차량이 충돌할 위험이 있다. 그렇기 때문에 응급구조사는 현장 평가 시 차량 주변을 샅샅이 살펴야 한다. 모든 전기적 위험요소가 배제되기 전까지는 차량을 만지지 않는다.
- *충격 흡수용 범퍼* 범퍼는 저속 충돌을 흡수하기 위해 피스톤과 함께 설계된다. 범퍼는 전후방 충돌로 인한 손상을 제한한다. 하지만 때에 따라 범퍼는 구부러진 상태로 다시 펴지지 않는 경우도 있다. 불에 노출되거나 구조 인력이 살짝 두드릴 경우, 피스톤의 힘에 의해 범퍼가 갑자기 펴질 수 있다. 차량에서 백 피트까지 날아가는 범퍼도 있다. 그렇기 때문에 응급구조사는 범퍼를 다룰 때 주의를 기울여야 한

**지면에 있는 전기선(Downed lines)**
지면에 있는 전기선과 훼손된 전신주가 있는 사고에서, 훼손되지 않은 전신주 위로 충분하게 절단된 전기선이 닿을 만큼 양쪽의 거리를 충분히 두어 위험 지역을 정한다. 전기 회사에서 전선을 끊거나 훈련된 구조요원이 전선을 이동시켜 고정할 때까지 위험 지역으로부터 빠져 나온다.

**그림 12-22** 전기적 위험 요소가 있는 차량 충돌 사고 현장에는 위험 구역을 설치한다.

다. 범퍼가 구부러진 경우 전문 훈련을 받지 않았다면 안전거리를 두고 떨어져 있어야 한다.

- *보조 구속 체계/에어백* 에어백은 축적된 에너지가 급방출될 위험이 있다. 충돌 사고 당시 작동하지 않은 에어백은 환자를 구출하는 도중에 갑자기 펴질 수도 있다. 그렇기 때문에 에어백은 구출 작업을 시작하기 전에 해제시켜야 한다. 차량 제조업체는 특정 에어백 브랜드의 전원 해제 방식을 설명할 수 있다. 또한 신차량 모델 중 상당수는 측면 충돌용 에어백이 탑재되어 있다는 점을 기억한다.
- *위험물질 화물칸* 현재 놀라울 정도로 많은 양의 유해 물질이 북미 고속도로를 통해 이송되고 있다. 5장에서 유해 물질이 관여된 고속도로 차량 충돌 사고에서 응급구조사가 수행하는 역할을 숙지해야 한다. 응급구조사의 안전을 위해 차량 충돌 사고 현장에서는 항상 유해 물질에 대한 의심의 눈을 가져야 한다.
- *이동하는 차량* 차량 충돌 사고 현장에 도착한 응급구조사는 차량의 자세를 평가해야 한다. 차량 충돌 시 발생할 수 있는 여러 가지 상황을 간과해서는 안 된다. 사고 현장의 차량이 네 바퀴 위에 있는 것을 보고 상태가 안정적이라고 착각할 수 있다. 이에 동료 구조사가 차량 뒷좌석으로 뛰어들어가 환자의 목을 손으로 고정시키려고 하지만, 갑자기 차량이 도로변으로 굴러갈 수도 있다. 이는 황당하기만 한 것이 아니라 위험한 상황이다. 그렇기 때문에 항상 차량 기어가 주차 모드인 P에 고정되어 있는지를 확인한다. 정지 브레이크가 걸려 있고 시동이 해제되었으며 시동키가 제거되었는지를 확인한다.
- *불안정한 차량* 차량은 여러 가지 불안정한 자세로 착지할 수 있다. 굴러가던 차량이 측면이나 지붕으로 멈추는 경우가 있다. 차량은 비탈지거나 불안정한 지반에 설 수도 있고, 절벽이나 강에서 멈춰서는 경우도 있다. 또한 빙판이나 액체가 흘려진 미끄러운 지반에 서있을 수도 있다. 이 경우, 응급구조사는 차량을 안전하게 고정시킬 인력과 장비를 요청해야 한다. 또한 로프, 쐐기, 호이스트 장비를 사용하여 차량을 일시적으로 안정화시키는 기술을 알고 있어야 한다. 어떠한 상황이라도 차량이 안정되기 전까지는 환자에게 접근을 허용하지 않는다.

## 차량 구조

차량 충돌 사고의 경우, 응급의료 인력이 가장 흔하게 접하는 접근 및 구출상의 문제가 발생한다. 그렇기 때문에 응급구조사는 차량 구조에 대한 기본적인 지식을 갖춰야 한다. 차량은 제조기법이나 설계에 따라 달라질 수 있다. 하지만 최신 차량은 차량 내부로 쉽게 접근할 수 있는 공통의 기술이 적용되었다.

### 기본 구조

차량은 일체형이거나 프레임 구조로 설계된다. 대부분의 차량은 일체형이지만 구형 모델이나 경량차는 프레임 구조로 제조된다. 일체형 차량이 견실한 구조를 갖추기 위해서는 루프 포스트, 플로어, 방화벽, 차체 서포트, 앞 유리창이 있어야 한다.

일체형 구조와 프레임 구조는 모두 루프와 루프 서포트를 가지고 있다. 서포트 포스트는 앞에서 뒤로 가는 순으로 철자가 적혀있다. 앞 유리창에서 루프를 지지하는 첫 번째 포스트는 A 포스트라 한다. 그 다음 포스트는 B 포스트이다. 세단이나 스테이션 왜건에서 사용되는 세 번째 포스트는 C 포스트이다. 스테이션 왜건에는 후방 포스트가 추가로 있는데 이를 D 포스트라 한다.

포스트의 플라스틱 몰딩을 벗기면 쇠톱으로 쉽게 절단되는 스틸 구조물을 발견할 수 있다. 파워 스티어링 오일을 사용하면 쇠톱으로 포스트를 절단할 때 발생하는 열을 감소시킬 수 있다. 일체형 구조의 경우, 포스트를 자를 시 전체 차량 구조가 영향 받을 수 있다는 점을 기억한다.

### 방화벽과 엔진부

방화벽은 엔진부와 탑승 공간을 구분한다. 고속 전방 차량 출동 시 방화벽이 함몰되면서 탑승자의 다리가 깔리는 사고가 자주 발생한다. 환자의 족부가 방화벽 내부로 들어가는 경우도 있다. 로커 패널이나 루프 서포트 포스트와 같은 차량 구조가 움직이면서 탑승자의 족부에 하중이 가해지는 경우도 발생한다. 일반적으로 엔진부에는 배터리가 있기 때문에 화재의 원인으로 작용할 수 있다. 그렇기 때문에 구조팀은 배터리 선을 절단하여 폭발 위험을 차단해야 한다. 전원을 해제시키기 전에 전기 구동 좌석을 뒤로하고 자동 창문을 내려놓는 것이 좋다. 그렇지 않을 경우 구조 작업이 더욱 복잡해질 수 있다.

### 유리

차량 유리는 크게 안전유리와 강화유리로 구분된다. 안전유리는 유리-플라스틱 합판-유리의 3중 구조로 제조된다. 차량 앞 유리창에서 사용되는 안전유리는 충격에도 원형을 유지하도록 설계된다. 하지만 안전유리가 파괴될 경우 유리 가루나 파편이 날리게 된다. 유리 가루나 파편은 눈, 코, 입에 쉽게 들어가고 자상을 유발하기 쉽다. 그렇기 때문에 안전유리를 제거할 때는 환자를 안전하게 가린 채 작업을 수행해야 한다. 강화유리는 인장 강도가 높지만, 충격이 가해질 경우 원형이 유지되지 않는다. 강화유리가 파손될 경우, 작은 유리 파편이 되어 탑승자는 손상이나 자상을 입을 수 있다.

### 차량 문

신형 차량의 문은 강화 바가 들어있기 때문에 측면 충돌에 대한 보호 기능이 강화되었다. 또한 표면 강화 스틸 재질의 네이더 핀도 포함이 되어있다. 소비자 권익 보호자인 랄프 네이더의 이름을 딴 네이더 핀은 충돌 발생 시 문이 갑자기 열려 환자가 차량 밖으로 튕겨나가는 사출 사고를 방지하는 기능을 한다. 네이더 핀이 작동하지 않은 경우, 차량 문을 열기가 힘들다. 응급구조사는 우선 문의 걸쇠를 해제하거나 유압 장비를 사용해야 한다.

문을 통해 환자를 구출하기 전에 구출법에 대한 적정 수준의 훈련을 해야 한다. 일반적으로 다음과 같은 구출 절차를 따른다.

- 차량의 모든 문을 연다. 문이 가장 편리한 접근 경로이다.
- 문이 열리지 않는 경우, 환자로부터 가장 먼 창문을 통해 진입한다.
- 간단한 도구를 통해 문의 외측 프레임을 벗겨내서 잠금장치를 해제하고 네이더 핀 주변의 캡을 꺼낸다. 문을 연다.

이 절차는 환자를 즉각적으로 차량에서 구출해야 하거나 차량 구조팀의 도착이 지연되는 경우 유용하게 사용된다. 환자를 구출하기 전에, 전방/측면 에어백의 해제 조치를 잊지 않는다.

## 하이브리드 차량

하이브리드 차량은 점점 인기를 얻어가고 있다. 하이브리드 차량은 전기 모터와 내연 기관이 동시에 탑재되어 있다(그림 12-23). 다수의 배터리로 전기 모터가 구동되고, 내연 기관은 휘발유나 디젤을 사용한다. 전기 모터와 내연 기관의 혼용은 연비 효율을 높이고 오염 방출을 감소하는 효과가 있다.

하이브리드 차량의 전기 구동 체계는 고압 12볼트 배터리를 사용한다. 고압 부품은 구조 인력에게 상당한 위험으로 작용한다. 고압 부품의 작동을 해제하는 가장 간편한 방법은 차량의 시동을 끄고 시동키를 뽑는 것이다. 시동키를 해제하면 전류가 모터에서 케이블로 흐르는 것을 방지하고, 에어백과 좌석 벨트 프리텐서너의 전원을 차단시킬 수 있다. 구조 인력의 안전을 보장하기 위해 12볼트 배터리의 연결을

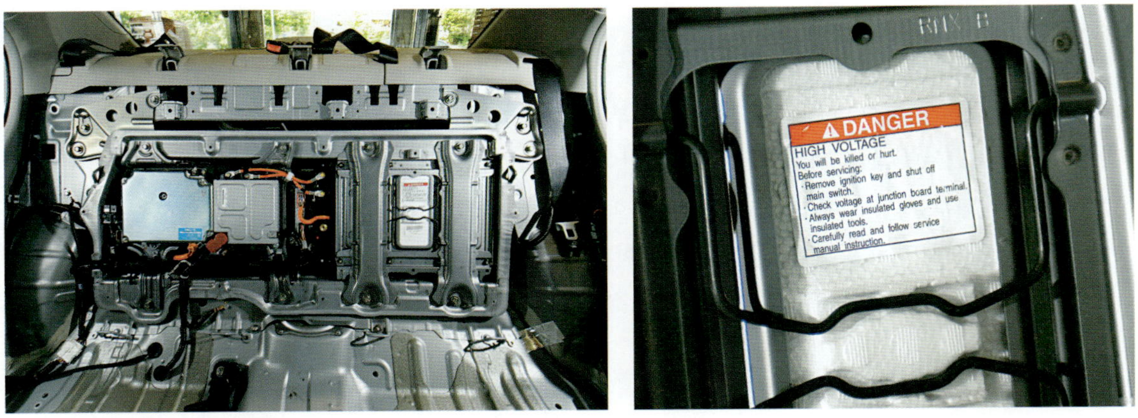


그림 12-23 최신 하이브리드 차량은 구조 인력에게 큰 위험으로 작용할 수 있는 고압 전력 시스템을 사용한다.

해제시켜서 전기 시스템을 분리시킨다. 배터리의 위치는 차량 유형에 따라 달라질 수 있기 때문에, 구조 인력은 시중에서 유행하고 있는 하이브리드 차량에 익숙해져야 한다.

## 구출 전략

고속도로 구조 작업이나 차량 구조 작업 시 응급구조사는 다음과 같은 일반 구출 전략을 사용해야 한다.

- *초기 현장 평가* 사고 지휘 체계를 실행하고, 필요한 지원을 요청하고, 환자의 발견 및 분류를 한다. 위험요소가 통제될 때까지는 환자 분류가 지연될 수 있다.
- *위험요소의 통제* 이미 앞서 다룬 주제이지만 교통 상황이 차량 충돌 사고 현장에서의 최대 위험요소라는 점을 다시 한번 상기시킨다.
- *환자가 갇혀있는 정도를 평가하고 가장 신속한 구출 방법을 파악한다.* 모든 차량 문을 열어본다. 문이 열리지 않을 경우, 유리창을 부수는 것이 필요한지를 결정한다. 응급구조사는 구출 장비를 사용할 수 있는 훈련을 받지 않았거나 본연의 임무가 아닐지라도, 구출 장비를 사용할 때 필요한 기술이 무엇인지는 알고 있어야 한다(그림 12-24). 차량 문 제거, 루프 제거, 대시 보드나 방화벽 해제, 새로운 문의 구축과 관련한 고려 사항과 기술을 알고 있어야 한다.
- *구조 작업 반경을 설정한다.* 사고 발생 초기에 2개의 작업 반경을 설정한다. 내부 작업 반경은 실제 구조 작업이 수행되는 구역이다. 내부 반경의 작업 인력은 구조 장비를 사용하거나 실제 환자 처치 임무를 수행하는 구조팀 인력으로 한정한다. (가령, 소방 구조팀과 응급의료팀과 같이) 내부 반경에서 두 개의 구조팀이 함께 작업해야 하는 경우, 과도한 구조 작업을 피하기 위해 응급구조사가 조율 작업을 해야 한다. 외부 작업 반경은 작업 대기 공간이다. 임무가 배정되기 전 상태인 추가 장비 및 인력을 대기 구역에 위치시킨다.

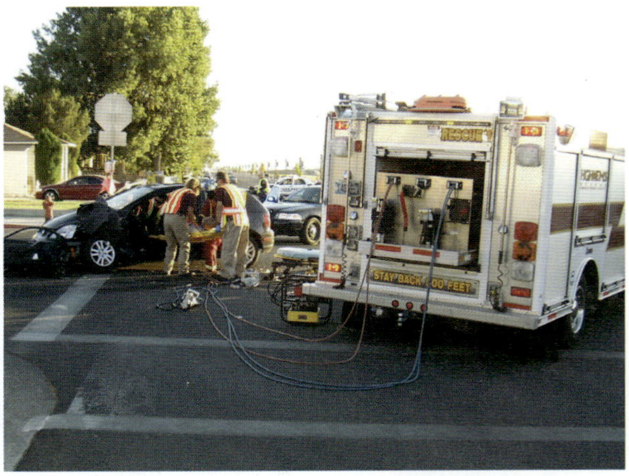


그림 12-24 현대 구출 장비는 신속하고 효율적인 구조 작업을 위해 필수적이다. 구출 장비를 사용하는 응급구조사의 기술은 현행 의료 지침과 구조팀의 위치에 따라 결정된다(© *Pat Songer*).

- *환자 처치, 로프 고정, 구출* 일반적으로 차량 안정화 및 구출 작업에서 응급의료 인력의 역할은 환자 처치이다. 특수 구조 인력이 차량이 안정되고 현장이 진입해도 좋을 만큼 안전하다고 알려줄 경우, 응급구조사는 환자 접근 후 평가 및 처치를 제공해야 한다. 처치 조치는 항상 환자의 차량 구출보다 앞서 실시되어야 한다. 환자와 현장 구조 인력의 위험을 최소화할 수 있도록 구조 인력과 협력한다. 응급구조사는 차량 문을 통한 신속한 구출이나 루프를 제거한 뒤 수직 구출을 할 수 있도록 대형 척추 고정판 사용법을 숙지해야 한다.

그림 12-25 구출 작업 시 차량 안정화 장비는 구조 인력의 보호를 위해 사용되어야 한다.(ⓒ *Pat Songer*)

## 구조 기술의 훈련

현행 지침에 따라 응급구조사는 초기 차량 안정화에 필요한 구조 기술 및 장비의 사용을 수행 혹은 관찰해야 한다(그림 12-25). 차량 안정화에 사용되는 일반적인 도구 중 일부는 표 12-1에 정리되어 있다.

응급구조사는 차량 구조 작업에 주로 사용되는 다양한 장애물 제거 및 구출 기술을 연습하고 관찰해야 한다. 수동식 도구를 사용하여 변형된/변형되지 않은 문, 안전/강화유리, 트렁크, 플로어를 통한 접근로를 확보하는 방법을 숙지한다. 현지 특수 구조팀이 사용하는 중장비 유압 장비를 파악하고 기관 대 기관 협력을 강화하기 위해 구조 훈련에 동참한다. 자주 실행되는 구조 작업에 대해 항상 사전에 대비한다.

**표 12-1 | 차량 안정화 장비**

| Type | Description and Use |
|---|---|
| 에어백 | 다양한 크기와 형태로 제작되는 합성수지 재질 백으로 팽창되었을 경우 강력한 리프팅 기능을 보인다. |
| 호이스트 장비 | 직선으로 끌어당기는데 사용되는 라쳇 케이블 장비 |
| 크리빙 | 약 18인치 길이의 섹션으로 절단된 4인치×4인치 혹은 2인치×4인치 하드우드 블록 |
| 유압식 커터 | 유압식 금속 절단기 |
| 유압식 램 | 직선으로 밀거나 끌어당기는 유압식 도구 |
| 유압식 스프래더 | 유압을 사용하여 차량 문과 같은 물건은 열고, 펼치고, 분리시키는 스프래더 |
| 잭 | 램과 용도가 동일한 수동식 도구 |
| 스텝 쵸크 | 다양한 길이로 절단된 2인치×6인치 하드우드 블록 세트 |
| 웨지 | 4인치×4인치 크리빙 조각으로 한 쪽이 가늘어진 도구 |
| 윈치 | 전력이나 수압에 의해 구동되고 끌어당기는 작업을 위해 트럭에 설치되는 케이블릴 |

# 위험 지형에서의 구조 작업

최근 들어 등반, 암벽 타기, 빙벽 등반, 산악자전거, 크로스컨트리 스키, 스노우 보드, 등산과 같은 야외 활동이 각광을 받으면서 더욱 많은 인구가 지형이 험한 지역으로 몰리고 있다. 이러한 추세 속에서 오지 산간 지역에서 발생하는 사고의 수가 늘어나고 있다. 위험 지형 구조 작업에 참여하기 위해서 야생 지역에서 살 필요는 없다. 예를 들어, 산악자전거를 타던 사람이 전선이 많이 깔려있는 산책로에서 손상을 입거나, 암벽 등반가가 인구가 적지 않은 지역에서 손상을 입을 수도 있다. 심지어 건물의 측면을 등반하는 사람도 있다. 응급구조사는 위험 지형의 구조 작업에 참여하는 방법을 알고 있어야 한다. 최소한 추가적인 손상을 유발하지 않으면서 들것으로 환자를 이송할 수 있어야 한다. 이보다 더욱 중요한 것은 구조 상황에 대한 인지력을 강화하여 특수 구조팀이 필요한 시점과 현장에 도착한 특수 구조팀과 협력하는 방법을 알아야 한다.

## 위험 지형의 유형

일반적으로 위험 지형은 저각 지형, 고각 지형, 장애물이 있는 평지로 크게 3가지로 분류된다. 보통 저각 지형은 걷거나 (손, 발을 사용하여 바위나 암석을 넘는) 스크램블링을 통해 접근할 수 있다. 저각 지형은 걷기가 불편하고 여러 인력이 동원된다 하여도 들것을 통한 환자 이송이 위험할 수 있다. 그렇기 때문에 저각 구조팀은 중력을 상쇄하기 위해 로프를 사용하고 잡고 가기 편하도록 로프를 고정하기도 한다. 하나의 실수가 낙상과 사고를 유발할 수 있다. 바위, 덤불, 쓰러진 나무 등의 물체에 따라 심각한 손상이 발생할 수 있다. 일반적으로 고각 지형에는 절벽, 협곡, 건물 측면, 비탈이 너무 심해서 오르기 위해 두 손을 써야 하는 지형 등이 있다. 구조 인력은 로프나 고가 소방 장비를 통해 사고 장소에 접근하고 들것을 이송한다. 예기치 않은 실수가 치명적인 손상을 유발할 수 있다. 낙상은 치명적인 경우가 많다. 장애물이 많은 평지에는 산책로, 오솔길, 하구 바닥 등이 있다. 장애물은 쓰러진 나무, 바위, 미끄러운 낙엽, 솔잎, (자갈이나 암석 잔해가 깔려있는 비탈이나 산기슭인) 자갈 비탈길과 같은 다양한 형태를 띤다. 장애물이 많은 평지는 위험 지형 중 가장 안전한 편이지만, 환자를 이송하다가 미끄러짐 사고로 인해 추가적인 손상을 유발할 수 있다.

## 위험 지형에서의 환자 접근

고각 구조나 저각 구조 훈련을 받은 경우가 아니라면, 환자 접근 및 구출은 특수 구조팀에게 전담해야 한다. 구조 기술이 있다고 해도 응급구조사는 환자 보조를 위해 필요한 기술과 의료를 균형 있게 제공하기 위해 추가 자원을 요청해야 한다.

### 고각 구조 작업

고각 구조 인력 혹은 수직 구조 인력은 지속적으로 중력의 영향을 효과적으로 다뤄야 한다. 수직 구조 작업을 담당하는 기관은 광범위한 초기 훈련, 추가적인 전문 훈련, 관리 감독하에 주기적으로 시행되는 훈련, 최신 장비를 갖춰야 한다(그림 12-26a). 고각 구조팀의 각 인력은 매듭 묶기, 비탈진 측면을 오르내리기 위한 사다리 및 로프의 활용, 홀링 시스템의 사용, 들것과 로프를 통한 구출을 위한 환자 로프 고정에 대한 숙련된 기술을 갖춰야 한다. 고각 구조 인력이 사용하는 전문 용어 중 일부는 다음과 같다.

**내용 요약**

- 위험 지형의 유형
  - 비탈/저각 지형
  - 수직/고각 지형
  - 장애물이 있는 평지

- *보조* "보조 상승"과 같이 수부, 족부, 여타 신체 부위 외의 다른 수단을 통해 수직 표면을 오르는 것
- *앵커* 구조 인력을 수직 표면에 고정시키는 기술. 앵커는 로프가 될 수도 있고 로프와 여타 특수 장비가 함께 사용될 수도 있다.
- *빌레이* 앵커에 고정된 로프를 조절하며 등반가의 움직임을 보호하는 절차 (로프를 조절하는 사람은 빌레이라고 불리기도 한다.)
- *레펠* 앵커, 안전대, 장비를 사용하면서 고정된 두 개의 로프를 내려오는 것

그림 12-26a 고각 구조는 위험하고 고난이도의 작업이기 때문에 전문 훈련을 받고 충분한 경험이 있는 고각 구조 인력이 담당해야 한다.

### 저각 구조 작업

많은 응급의료기관은 응급구조사에게 저각 구조 기술 혹은 오프로드 지역의 구조 기술에 대한 훈련을 제공하고 있다. 고각 구조와 마찬가지로 구조 인력은 로프, 안전대, 장비, 안전 체계를 필요로 한다(도표12-26b). (지표면이 지나치게 부드럽지 않는 한) 비탈진 경사가 최대 40도까지는 저각 구조로 간주된다. 고각 구조팀은 접근 및 구출 작업에 있어서 더 기술적인 역량을 보유하고 있다.

저각 구조팀의 모든 인력은 2인치 튜블러 웨빙에 안전대를 조립하고 (혹은 산악용 안전대를 착용하고), 로프를 사용하여 레펠을 타고 위로 올라가서, 환자를 들것에 로프 고정하고, 하울링 체계를 통해 들것을 제방 위에 올리는 방법을 알아야 한다. 또한 저각 구조팀은 급속 로프 슬라이드를 통해 거친 지형에서의 균형과 풋팅을 보조하는 방법을 숙지해야 한다. 저각 구조대원은 고각 구조대원보다 전문 기술 역량은 미진하지만, 여전히 지속적인 훈련을 받고 적절한 장비를 갖춰야 한다.

그림 12-26b 저각 구조 상황은 고각 구조 상황과는 차이가 있다. 그렇기 때문에 많은 응급의료기관 응급구조사에게 저각 구조 기술을 훈련시키고 있다.

## 거친 지형에서의 환자 로프 고정법

환자 로프 고정은 위험 지형 구조에서 핵심적인 작업이다. 스토크 바스켓 들것은 거친 지형의 구조 작업에서 사용되는 표준 들것이다(그림 12-27a와 12-27b). 스토크 바스켓 들것은 적정 수의 인력을 가지고 환자를 쉽게 이송할 수 있게 하고, 견고한 프레임 구조 덕분에 환자 보호 기능이 강화되었다. 스토크 바스켓 들것에서는 KED, 하프백 척추 고정판(구출/구조 조끼), SKED와 같은 대안이 되는 척추 고정 기구가 함께 사용될 수 있다. 최후 수단으로 스토크 바스켓 들것 그 자체가 척추 고정 기구로 사용될 수도 있다.

스토크 바스켓 들것은 와이어, 튜블러, 플라스틱형으로 제조된다. 군사용으로 사용되었던 구형 철망 스토크 바스켓 들것의 경우, 척추 고정판을 함께 사용할 수가 없다. 하지만 신형 모델의 경우 기존과는 차별화되는 다음과 같은 장점이 있다.

- 내구성 강화
- 비용 절감
- 바스켓 내부의 통기성/배수성 개선
- 수상 구조를 위한 부표성 강화

일반적으로 플라스틱 바스켓 들것은 철망형 제품보다 내구성이 취약한 편이다. 플라스틱형 제품은 무게가 300~600 파운드 밖에 나가지 않지만, 환자 보호 기능이 더욱 강화되었다. 스틸 프레임에 플라스틱 바닥으로 제작된 스토크 바스켓 들것이 가장 성능이 우수하다. 바스켓 들것은 눈이 내린 곳에서는 끌어서 이동할 수도 있다.

대부분의 스토크 바스켓 들것은 유형에 상관없이 적절한 구속 장치가 구비되지 않기 때문에, 위험 지형 구출 작업시 추가적인 스트랩과 끈을 활용해야 한다. 들것용 쉴드를 사용하여 먼지를 막고 환자의 얼굴을 떨어지는 물체로부터 보호할 수 있다. 평지에서 이동할 때는 끈으로 환자를 묶어서 움직임을 제한한다. 고각 혹은 저각 구조 작업을 위해 스토크 바스켓 들것을 사용할 때는 다음과 같은 추가적인 절차를 준수한다.

- 환자에게 안전대를 착용시킨다.
- 환자에게 족부 스터럽을 착용시킨다.
- 움직임을 제한하기 위해 환자를 들것에 고정시킨다.
- 들것의 후미를 환자의 안전대에 묶는다.
- 환자 보호를 위해 헬멧이나 들것 쉴드를 사용한다.
- 정맥주사나 경구를 통해 수액을 투여한다.
- 혈압 측정, 흡인 조치, 원위부 관류 평가에 대한 접근성을 허용한다.
- 대단히 중요한 고려 사항인 적절한 패딩 조치를 취한다.
- (특히 구조 작업이 장기화되는 경우) 환자를 위한 냉/난방 체계의 사용을 고려한다.
- (가능하다면) 중력선을 통한 기도 개방 체계를 공급한다.

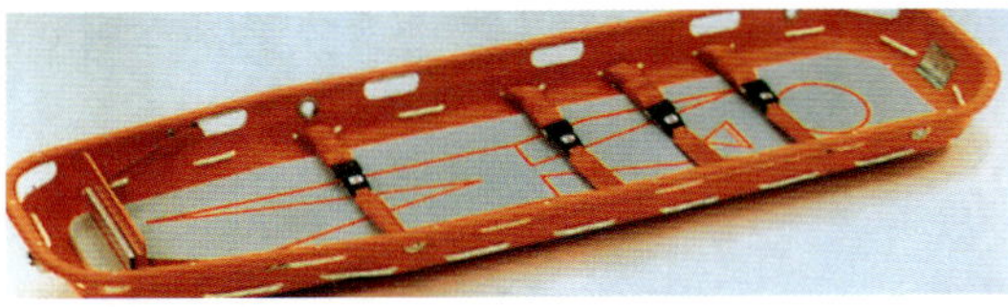

그림 12-27a 바스켓 들것

그림 12-27b 바스켓 들것은 거친 지형에서 환자를 옮기는데 자주 사용된다.

## 위험 지형에서의 환자 구출법

일반적으로 환자를 위험 지형 밖으로 옮길 때는 구조 기술이나 로프를 사용하지 않는 것이 작업을 더 순조롭게 진행하게 한다. 가능하다면 환자와 함께 위험 지역을 걸어 나간다. 심지어 이상적인 환경이라도 들것에 옮긴 환자를 평지에서 이송하는 작업은 신체적으로 부담이 크다. 지형이 험할수록 들것을 통한 이송은 더욱 힘들어진다.

### 지형이 험한 평지

지형이 험한 평지에서 들것을 통해 환자를 옮길 때는 충분한 예비 인력을 길잡이로 두면서 낭비되는 시간을 줄이고 필요시 교대 인력으로 활용한다. 들것으로 환자를 이송할 적정 인원수는 각각 6명으로 구성된 2개의 (가능한 경우 3개의) 팀이다. 양쪽에서 나란히 들것을 옮기는 인력은 신장이 비슷해야 한다.

들것을 통한 환자 이송을 수월하게 하는 몇 가지 도구가 있다. 예를 들어, 구조 인력은 들것의 손잡이에 웨빙 스트랩을 묶어 어깨 위로 넘긴 뒤 반대편에 남아 있는 손으로 잡게 할 수 있다. 이는 환자의 하중을 구조 인력의 배부까지 분산시키게 한다. 또 다른 유용한 도구는 바퀴이다. 스토크 바스켓 들것의 프레임에 바퀴를 부착할 경우, 환자를 더욱 수월하게 이송할 수 있다. 구조 인력은 들것의 균형을 유지한 채 움직임을 조절해야 한다. 바퀴는 평지에서 가장 효과적이다.

### 저각/고각 구조 작업

저각/고각 구조 작업은 전문 지식과 기술을 필요로 한다. 구출 작업에 앞서 구조 인력은 모든 앵커가 확실히 고정되어있는지를 확인한다. 또한 개인 안전 장비를 점검하고 환자 로프 고정 상태를 또 한 번 살핀다. 안전 상태에 대한 점검을 마친 구조 인력은 환자를 끌어올리고 내리는 체계를 확보해야 한다.

안전상의 위험이 의심되는 경우 로프와 같은 물건은 사용하지 않는다. 닳아 해진 로프나 손상된 장비를 발견한 경우, 이를 지체 없이 구조인력에서 알린다. 또한 환자를 끌어 올리는 작업은 보조하는 사람이 필요하기 때문에 응급구조사도 도움을 요청받게 될 수 있다. 이때 구조 인력의 지시에 경청한다. 구출은 팀워크가 중요한 작업이기 때문이다.

소방 구조대와 같은 일부 고각 구조팀은 소방 사다리나 버켓 트럭과 같은 고가 소방 기구를 통해 스토크 바스켓 들것에 실은 환자의 구출을 보조한다. 이러한 구조팀은 구조적인 환경에 주로 사용되지만, 트럭이 진입할 공간이 있는 경우 위험 지형에서도 임무를 수행할 수 있다. 고가 소방 기구를 사용할 경우, 들것을 이동할 때 빌레이를 사용할 필요가 있다. 들것은 바스켓에 단단히 부착되어야 한다. 고가 사다리는 칸 사이가 좁아 들것을 끼우기가 힘들기 때문에 사용하기가 불편하다. 사다리를 통해 들것을 내릴 때는 항상 빌레이를 사용해야 한다. 사다리나 여타 고가 소방 기구는 들것을 움직이는 크레인처럼 사용되지 않아야 한다. 고가 사다리에 지나친 하중이 실릴 경우 환자의 사망을 초래하는 사고가 발생할 수 있다.

### 헬리콥터의 사용

헬리콥터는 (특히 병원이 원거리에 떨어져있는 경우) 위험 지역에서 유용하게 사용될 수 있다(2장 참고). 응급구조사는 지역 의료 헬리콥터 체계의 역량을 이해하고 헬리콥터 구조 작업을 제공하는 인력을 알고 있어야 한다. (환자 처치를 제공하는) 의료 헬리콥터팀과 구조 헬리콥터팀의 임무, 구조 훈련, 헬리콥터 역량 상의 차이를 알아야 한다. 현장에서 의료 헬리콥터를 요청할 때는 다음과 같은 절차 및 기술에 대한 장단점과 현지 제약 사항을 잘 알고 있어야 한다.

- 헬리콥터 탑승과 내리기 연습
- 비구조 인력의 탑승 제한
- 구조 작업을 위한 케이블 윈치의 사용

- 중량 제한
- 정지 비행 구조 작업의 제한 사항
- 더욱 위험한 레펠 구조와 대조되는 장비나 인력의 단거리 이송이나 슬링 로드

그림 12-28 험한 지형에서 환자를 구출하는 것은 적절한 계획과 인력이 필요하다.

### 환자 로프 고정/구조 연습

현행 지침에 따라 해당 지역의 응급구조사가 기대하는 환자 로프 고정 및 구출 기술을 수행해야 한다(그림 12-28). 응급구조사는 가용할 수 있는 바스켓이나 들것의 유형과 특정 유형에 맞는 환자 로프 고정법, 고정술, 구속 조치를 숙지해야 한다. 또한 응급구조사는 (SKED 들것이나 반척추 고정 기구와 같은) 험한 지형의 구조 작업에 사용되는 다른 장비를 가지고도 실습을 할 필요가 있다.

저각 구조와 고각 구조 작업에 필요한 기술을 연습 및 관찰한다. 가능하다면 저각/고각 구조를 위해 요청하게 될 구조팀과 합동 훈련을 한다. 현지 구조팀의 역량을 이해하게 되면 불필요한 관할권 싸움을 피할 수 있다. 또한 여러 관할 기관이 동원되는 사고 상황에서 모든 기관의 협력을 도모하는 방법을 알아야 한다.

## 장기적 처치 평가 및 환경 문제

"환경 외상"에서 확인했듯이 환경 사고는 특수한 문제를 수반한다. 구조 인력은 극심한 환경 속에서 처치가 지연되면서 손상이 악화되는 환자를 관리하는 방법을 정식으로 훈련받아야 한다. 관련 표준 운영 절차가 수립되지 않은 경우, 야생 지역 의료 연구에 의해 채택된 절차가 유용할 수 있다. 야생 의료 협회나 전미 수색 구조 협회의 성명서는 지침서로 활용될 수 있다. (출처가 무엇이든) 응급구조사는 장기적 처치에 대한 표준 응급의료 절차와 다른 지침서가 많다는 것을 알게 될 것이다. 소속 응급 기관이 4장에 설명된 구조 상황에 동원되는 경우, 최소한 다음 분야를 포괄하는 지침서를 고려해야 한다.

- 장기적인 수분 관리
- 탈골 부위 재위치
- 손상 부위의 세척 및 처치
- 피부에 박힌 물체의 제거
- 비약학적 통증 관리: 부목의 사용, 질문이나 대화를 통한 환자의 주의 유도, 고통스러운 의료 절차가 진행 중일 때 피부를 긁어주거나 자극을 주는 조치
- 약학적 통증 관리: 단독성 외상(사지 절단이나 골절) 혹은 다발성 외상(하나 이상의 사지의 압궤 혹은 끼임 손상)에 대한 약제의 사용
- 머리 및 척추 손상의 평가 및 처치
- 저체온증이나 고열의 관리
- 심폐소생술의 중단
- 압좌 손상 및 구획증후군의 처치 ("전문외상응급처치학"에서 세부 설명 참고)

여러 가지 환경학적 문제는 구조 상황에서의 판단에 영향을 미칠 수 있다(그림 12-29). 이중 가장 중

요한 문제는 다음과 같다.

**그림 12-29** 구조 작업은 환경 위험, 도로상 위험 요소, 갇히는 사고 등 여러 가지의 위험을 수반한다.(ⓒ *Pat Songer*)

- *기상/온도 급변* 극심한 기상이나 기온은 저체온증 혹은 고열의 위험을 증대시킨다. 이러한 환경 속에서는 완전한 환자 평가와 처치를 제공하기 힘들거나 불가능할 수 있다. 그렇기 때문에 신체 검사 단계를 건너뛰는 경우가 발생할 수 있다. 방수포, 담요, 비닐의 사용이 도움이 될 수 있고, 환자 평가는 제한되는 것이 보통이다.
- *제한된 환자 접근* 협소한 공간에서 잔해에 깔리거나 끼인 경우, 환자의 신체 부위 중 일부는 접근이 불가능할 수 있다. 비좁거나 어두운 환경에서도 환자의 평가가 제한된다. 그렇기 때문에 휴대용 배터리 팩과 함께 헤드 램프를 소지하는 것이 중요하다.
- *휴대용 장비 이송의 어려움* 위험 지형에서는 환자에게 많은 장비를 들고 가는 것이 어렵다. 협소한 공간이나 산간벽지의 경우, 태클 박스나 중장비를 들고 가거나 성급히 레펠 하강을 하는 것은 적절하지 않다. 그렇기 때문에 장비는 소형화되어야 한다. 응급구조사는 손을 자유롭게 쓸 수 있도록 배낭을 매는 경우가 많다. 초기 환자 처치 및 관리에 핵심적인 장비는 다음과 같다.
  - 기도: 입인두기도기, 코인두기도기, 수동식 흡인기, 삽관 도구
  - 호흡: 흉부 감압 장비, 소형 산소 탱크/조절기, 마스크/카눌라, 포켓 마스크/BVM
  - 순환: 밴드/붕대, 삼각 밴드, 밀폐 붕대, 정맥 투여 장비, 혈압 측정띠, 청진기
  - 장애: 구조용 목 보호대
  - 절개: 가위
  - 기타: 헤드라이트/손전등, 비상 담요, 패드형 알루미늄 부목, 개인 보호 장비(가죽 장갑, 라텍스 장갑, 마스크, 보호안경)
- *불편한 개인 보호 장비* 필요하지만 사용 용이성이 떨어지는 개인 보호 장비는 움직임을 제한한다. 환자 처치 과정 중에서 개인 보호 장비를 해제해야 하는 경우도 있다. 예를 들어, 정맥 수액 투여 시에는 극심한 추위 속에서 착용하는 겉장갑을 반드시 벗어야 한다. 하지만 의료 조치가 끝나는 대로 개인 보호 장비를 재착용 해야 한다.
- *환자의 위험 노출* 열손실을 막기 위해 환자의 신체를 덮어야 한다. 구조 작업 시 척추 고정판과 같은 견고한 보호 장비를 준비한 다음, 날카로운 물체나 잔해로부터 환자를 보호하는 조치를 취한다. 예를 들어, 알류미늄화 담요는 유리 파편으로부터 환자를 보호한다.
- *전문 소생술의 사용* 위험 지형에서 기본 소생술은 필수지만 전문 소생술은 실제 필요한 경우로만 사용을 제한한다. 와이어나 튜빙은 대부분 구출 과정을 더욱 복잡하게 한다. 지속적인 산소화와 결정적인 기도 관리는 필수이다. 하지만 험한 산지는 다량의 산소 탱크를 들고 하기가 힘들 수 있다. 그렇기 때문에 산소 탱크를 오래 사용할 수 있도록 투여량을 줄인다.
- *환자 감시* 위험 지형에서는 보통과 다른 모니터링 장비를 사용하게 된다. 예를 들어, 주변 소음이 심한 장소에서 응급구조사는 촉진으로 혈압을 재고 소형 산소포화도 측정기를 사용할 수도 있다. 심전도 모니터는 구조 중에 번거로울 수 있으며 일반적인 상황보다 사용이 어려울 수 있다.

- *임시방편* 구조 상황에서 임시방편의 활용은 자주 있는 일이다. 위험 지형까지 장비를 이송하는 작업을 최소화하기 위해 응급구조사는 상지 골절 부위를 상체에 묶거나 하지 골절 부위를 온전한 다른 쪽 다리에 묶는 등 임시적인 기술의 사용을 고려할 수도 있다. 가벼운 알루미늄 부목은 산간벽지에서 대단히 유용하고 반드시 소형 의료 기구의 일부로 활용되어야 한다. 어떠한 조치를 취하든지 응급구조사는 지속적으로 환자에게 말을 걸고 일어나는 일들을 정확하게 설명할 의무가 있다. (특히나 임시방편으로 의료 및 구조 조치를 하는 경우) 환자의 질문에 친절하게 답변한다. 환자는 이미 갇혀있다는 사실 자체로 인해 불안해하고 있다. 환자를 더욱 불안하게 만드는 일을 자초해서는 안 된다.

## 요약

모든 구조 작업은 7가지 기능 단계인 도착 및 현장 평가, 위험 통제, 환자 접근, 처치, 장애물 제거, 환자 로프 고정, 구출 및 이송으로 진행된다. 구조 작업을 하는 인력은 반드시 보호 장비를 착용해야 한다. 또한 배정받은 임무에 맞는 훈련을 수행해야 한다. 모든 구조 상황에서 응급구조사는 환자 처치 및 관리를 시작할 수 있도록 사고 현장에 최대한 신속히 접근해야 한다.

구조 인력과 환자의 상황상 위험 요소는 조건이 허용하는 한 조기에 발견하고 해결되어야 한다. 환자는 구조 작업이 진행되는 동안 지속적으로 재평가되어야 하고, 구출 과정 동안 로프 고정 상태가 다시 한번 점검되어야 한다.

구조 작전 단계에서 응급구조사는 직접적인 환자 처치를 제공하고 최적의 환자 관리를 위해 전문 구조 기술팀과 협력을 도모해야 한다. 구조 임무를 부여받은 응급구조사는 장기적 관리가 필요한 환자의 처치에 대한 훈련을 받아야 한다. 이러한 훈련이 필요한 이유는 환자를 발견, 접근, 구출 및 이송까지의 소요 시간이 길기 때문이다.

응급구조사나 동료 인력은 이송 단계까지 환자의 곁에서 보조 하면서 환자 상태 변화를 탐지하기 위해 지속적인 의료적 모니터링을 수행하고 환자를 적정 의료시설로 신속히 이송해야 한다. 특수 구조팀의 숙련된 응급구조사는 이러한 목표를 달성할 수 있다.

## 현장 출동 후 결과 분석

응급구조사와 동료는 현지의 북부 지역을 담당하는 앰뷸런스 642 소속이다. 응급구조사는 주간 고속도로 I-94에서 발생한 차량 충돌 사고에 출동한다. 현장에 도착한 응급구조사는 차량 출동 사고가 보통 수준 이상의 복잡성을 내포한다고 신속히 판단한다. 도로를 빗겨나간 차량은 제방 밑으로 굴러 떨어졌다. 교통은 1km 정도 정체되어 있다. 몇몇 운전자는 차량 밖으로 나와 있다.

제방 너머로 지켜보던 응급구조사는 두 명의 사람이 언덕을 내려와 전복된 차량 주변에 서있는 것을 발견한다. 이들은 "차안에 남자 한 명이 있어요. 호흡을 하는 것을 보니 아직 살아있나 봅니다. 그런데 별다른 반응을 하지 않아요. 우리가 무엇을 해야 합니까?"라고 물어본다. 응급구조사가 사고 차량 주변에 있는 사람들을 뒤로 물러서게 하는 동안, 정체되어 있는 고속도로에서 사고 현장을 보며 운전하는 차량들에 의해 저속 충돌사고가 발생하였다.

1. 현장 평가 시 응급구조사가 가장 시급하게 고려해야 하는 사항은?
2. 현재 상황은 왜 구조 작업을 고려해야 하는가?
3. 현 상황에서 지원 요청이 필요한 자원은 무엇인가?

*이 책 뒷부분에 제시된 해설을 참고한다.*

## 복습 문제

1. 가장 안전한 헬멧은 _____ 서스펜션 시스템을 갖춘다.
   a. 두 개의 지점으로 고정된 탄성
   b. 두 개의 지점으로 고정된 비탄성
   c. 네 개의 지점으로 고정된 탄성
   d. 네 개의 지점으로 고정된 비탄성

2. 구조 작업의 특수 절차는 지역마다 구조 인력에 따라 달라질 수 있지만, 대부분 _____단계를 거쳐 진행된다.
   a. 4 b. 5
   c. 7 d. 10

3. 구조 작업의 기술적인 부분이 시작되는 단계는?
   a. 환자 접근 단계 b. 도착 단계
   c. 현장 평가 단계 d. 위험 통제 단계

4. 구조 작업 중에 가장 많은 시간이 소요되고 기술적으로 어려운 단계는?
   a. 위험 통제 단계 b. 환자 접근 단계
   c. 장애물 제거 단계 d. 환자 로프 고정 단계

5. 환자 이송은 _____와의 상의를 통해 결정되어야 한다.
   a. 안전 담당관 b. 의료 감독자
   c. 연락 사무관 d. 통신 담당관

6. 다음 보기 중 협소한 장소의 예가 아닌 것은 무엇인가?
   a. 정수(open water) b. 배수 암거
   c. 우물과 물탱크 d. 곡물 저장통과 저장고

7. 산업 현장의 협소한 장소에서 가장 일반적으로 발생하는 응급 사고는 _____이다.
   a. 낙상 b. 폭발
   c. 무언가에 갇히는 사고 d. 위의 모두

8. 차량에 접근하는 가장 쉬운 경로는?
   a. 문 b. 창문
   c. 트렁크 d. 앞유리창

9. 일반적으로 차량 안정화와 환자 구출에 있어서 응급의료 인력의 주요 역할은 _____이다.
   a. 구출 b. 현장 통제
   c. 환자 처치 d. 통신 담당관

10. 수직 표면에 구조 인력을 고정시키는 기술은 _____이라고 한다.
    a. 보조 b. 빌레이
    c. 앵커 d. 레펠

*이 책 뒷부분에 제시된 해답을 참고한다.*

## 참고문헌


1. Ducharme, M. S. and D. S. Lounsbury. "Self-Rescue Swimming in Cold Water: The Latest Advice." Appl Physiol Butr Metab 32 (2007): 799–807.
2. Giesbrecht, G. G. "Prehospital Treatment of Hypothermia." Wilderness Environ Med 12 (2001): 24–31.
3. Driscoll, T. R., J. A. Harrison, and M. Steenkamp. "Review of the Role of Alcohol in Drowning Associated with Recreational Aquatic Activity." Inj Prev 10 (2004): 107–113.
4. Watson, R. S., P. Cummings, L. Quan, S. Bratton, and N. S. Weiss. "Cervical Spine Injuries among Submersion Victims." J Trauma 51 (2001): 658–662.


## 추가문헌


Auerbach, P. S. Wilderness Medicine. 5th ed. St. Louis, MO: Mosby-Year Book, 2012.

Martinette, Jr., C. V. Trench Rescue. 2nd ed. Sudbury, MA: Jones and Bartlett Publishers, 2007.

Tilton, B. and F. Hubbell. Medicine for the Backcountry. 3rd ed. Guilford, CT: Globe Pequot, 2000.

Vines, T. High-Angle Rescue Techniques. 3rd ed. St. Louis: Mosby, 2004.

Wilkerson, J. A. Medicine for Mountaineering & Other Wilderness Activities. 5th ed. Seattle: The Mountaineers, 2002.

Chapter 13

# 유해 물질

Hazardous Materials

Bryan Bledsoe, DO, FACEP, FAAEM, EMT-P

## 단원 표준

응급의료체계 운영(유해 물질)

## 학습 역량

환자, 시민, 의료 인력의 안전 보장을 위한 응급의료체계 운영의 역할과 책임에 대한 지식을 적용한다.

## 학습 목표

**최종 목표**

13장을 학습 후 유해 물질 사고 발생 시 응급의료 인력의 역할을 효과적으로 수행할 수 있다.

**수행 목표**

최종 목표를 달성하기 위해 다음 사항은 필수적이다.

1. 이 장에서 제시된 핵심 키워드를 숙지한다.
2. 독성학적 응급 상황, 다발성 사상 사고, 테러 행위에 대한 대응 훈련을 유해 물질 사고에 응용할 수 있다.
3. 유해 물질과 관련된 규칙과 기준을 제공하는 연방기관을 설명하고, 유해 물질 대응 훈련의 단계를 설명할 수 있다.
4. 초기 유해 물질 사고 평가에서 응급의료제공자의 역할을 설명할 수 있다.
5. 유해 물질 유출과 관련된 다양한 상황에서, 유해물질에 대한 대응조치를 확인하는데 도움이 되는 가용 자원들을 설명할 수 있다.
6. 유해 물질 사고 현장에 설치되는 다양한 통제 구역을 설명할 수 있다.
7. 유해 물질 사고 현장에서 응급구조사 자신과 다른 구조 인력이 문제 물질에 노출되지 않도록 오염원의 형태, 폭로 경로 및 이에 대한 보호조치를 설명할 수 있다.
8. 위험물질의 위험정도에 따라 사용 가능한 유해 물질 보호 장비를 설명할 수 있고, 다양한 유해 물질에 노출된 환자의 오염원 제거(제염) 방법을 설명할 수 있다.
9. 다양한 유해 물질 사고 상황에서, 안전하고 효과적인 환자 처치를 설명할 수 있다.
10. 유해 물질 사고에 대응하는 인력에 대한 모니터링과 재활 조치에 있어서 응급의료 요원의 역할을 설명할 수 있다.

## 핵심 키워드

아세틸콜린에스테라제(AChE), acetylcholinesterase(AChE)
급성 효과, acute effects
공기 정화 호흡용 보호구(APR), air-purifying respirator(APR)
생체 전환, biotransformation
데이터 기반 응급사고 관리 체계 CAMEO®
화학물질 응급상담센터 CHEMTEL
긴급화학물질 이송대응센터, CHEMTREC

안전 구역, cold zone
시토크롬산화효소, cytochrome oxidase
지연 효과, delayed effects
유해 물질, hazardous materials(hazmat)
오염 구역, hot zone
국소적 효과, local effects
안전보건자료, Safe data sheet(SDS)
1차 오염, primary contamination
2차 오염, secondary contamination
반제염 환자, semi-decontaminated patient
선적 서류, shipping papers
상승 작용, synergism
전신 작용, systemic effects
UN 번호, UN number
통제 구역, warm zone
위험 경고판, warning placard
대량 살상 무기(WMD), weapons of mass destruction(WMD)

## 사례 연구

응급구조사가 속한 구조팀은 응급상황관리자로부터 화학물 폭발 사고가 발생한 닭 가공 공장으로 출동 지시를 받는다. 구급차에 탑승한 응급구조사는 응급상황관리자로부터 전달받은 주소로 급히 이동한다. 현장에 도착한 응급구조사는 주차장에 50명 정도의 직원이 있는 것을 목격한다. 보안 요원은 구급차에 다가와 하역장을 가리키면서 "호스가 터지면서 근처의 직원들에게 냉매제가 분사되었고 화상을 입은 사람도 일부 있다."라고 말한다.

하역장으로 간 응급구조사는 여섯 명의 환자를 발견한다. 환자는 모두 호흡곤란을 겪고 있다. 화상을 입은 사람들도 있었고 그중 한 명은 심각한 안면손상을 겪고 있다. 주변 사람들은 안면손상 환자의 눈을 물로 세척하고 있었다. 공장 관리자는 문제의 냉매제가 무수 암모니아라고 말한다. 응급구조사는 초기 현장 평가를 응급의료 신고 접수처로 전달한 뒤, 추가 구급차, 감독자, 소방 인력, 유해 물질 제거반을 요청한다.

초기 현장 대응팀으로서 응급구조사는 사고 관리 체계를 실행한다. 동료 구조사가 외상 환자 분류를 담당하는 동안, 응급구조사는 사고 현장 관리자의 역할을 맡는다. 동료 구조사는 세 명의 환자에게는 빨간색, 다른 세 명의 환자에게는 노란색으로 빠르게 표시한다. 응급구조사는 한 환자가 약간의 안면 화상을 입었고, 안구 손상이 의심된다고 보고한다. 다른 두 명의 환자는 복부와 사지에 화학적 화상을 입었고, 호흡곤란 증세를 겪고 있다. 나머지 세 명의 환자는 화상을 입지 않았지만 가쁘게 호흡하고 있다.

응급구조사는 오염된 모든 옷을 즉시 벗으라고 지시한다. 때마침 추가 지원 요청된 구조 인력이 현장에 도착하기 시작한다. 소방 대장은 긴급 상황 보고를 요청하고 다량의 물을 동원하여 총괄적인 오염 제거 조치를 실시한다. 응급구조사는 희석되어 흐르는 액체에 대한 접촉을 방지하기 위해 모든 직원을 다른 곳으로 대피시킨다.

응급구조사는 안면 화상과 안구 손상을 입은 한 환자를 전문 구조 구급차의 구급팀에게 맡긴다. 구급팀은 오염원 제거를 마무리하고 처치를 시작한다. 다른 구급팀은 외상 환자 분류의 순서에 따라 남은 환자를 오염원 제거 및 처치한다. 모든 환자는 산소 공급을 받는다. 응급구조사는 정맥로를 확보하고 쌕쌕거리며 호흡하는 환자에게 저용량 분무기를 통해 알부테롤을 투여한다. 구급팀은 화상환자에게 화상부위를 붕대로 감는다.

때마침 감독자가 현장에 도착하고 응급구조사는 직접 대면하면서 통제권을 넘긴다. 감독자는 유해 물질 제거 작업을 지휘하고 곧 이송될 환자를 의료시설에 미리 알린다. 유해 물질 제거반은 필요한 장비를 갖추고 환자에게 종이 보호복을 제공한다. 오염원 제거 작업은 심각하게 어려운 편이 아니기 때문에 신속히 환자 이송을 시작한다. 구급차는 유해 물질 제거반을 후방 지원하기 위해 현장에 남아있다.

응급구조사는 유해 물질 제거 대원 두 명이 공장 내부로 진입하기 전에 신체 평가를 한다. 그 손상 정도를 분석할 때, 유해 물질 제거반은 컨트렉터의 무수 암모니아가 완전히 제거되었는지를 확인한다. 그러나, 아무도 건물에 진입하지 않는다면 무수 암모니아는 직원, 시민, 환경에 직접적인 위험으로 작용하지 않는다. 응급구조사는 공장에 진입 후의 유해 물질 제거반에 대한 신체 평가를 한다. 제거팀은 건물 진입 시 심각한 열 스트레스를 겪지 않은 것으로 확인된다. 현장 감독자는 사고 대응 작업을 종료하고 컨트렉터의 세척 작업이 끝날 때까지 공장 폐쇄 명령을 내린다.

## 개요

유해 물질은 우리의 주변에 늘 도사리고 있다. 미국의 기업은 연간 500억 t(톤) 이상의 유해 물질을 생산한다. 유해 물질 중 약 40억만 t(톤)은 트럭, 선로, 탱커를 통해 미국 전역에 걸쳐 운송된다(그림 13-1). 유해 물질은 고체, 기체, 액체 등 다양한 상태로 존재한다. 유해 물질은 피부 자극, 화상, 중독, 부식, 질식을 유발할 수 있다.

"독성학 및 약물 남용", "다발성 사상 사고와 사고관리", "구조 인지와 운영"의 각 장에서 독성물질에 대해 학습하였고, 이번 장에서는 "교외 EMS"와 "테러활동 반응"에 대한 대응에 대해 학습할 것이다. 이 장은 사고, 장비 오작동, 인적 오류 또는 제조/사용/폐기 관련 법규 및 규제에 대한 의도적 위반으로 인해 유발되는 유해 물질 및 침출을 다룬다.

학습목표에 따라 유해 물질의 정의는 미 교통부(DOT)의 자료를 참고한다. 유해 물질은 "처리, 저장, 제조, 가공, 포장, 사용, 처분, 운송 과정 동안 적절하게 통제되지 않을 경우, 작업 대원, 응급 구조대원, 시민, 환경의 건강 및 안전에 불합리한 위험을 야기할 수 있는 물질"로 정의될 수 있다.

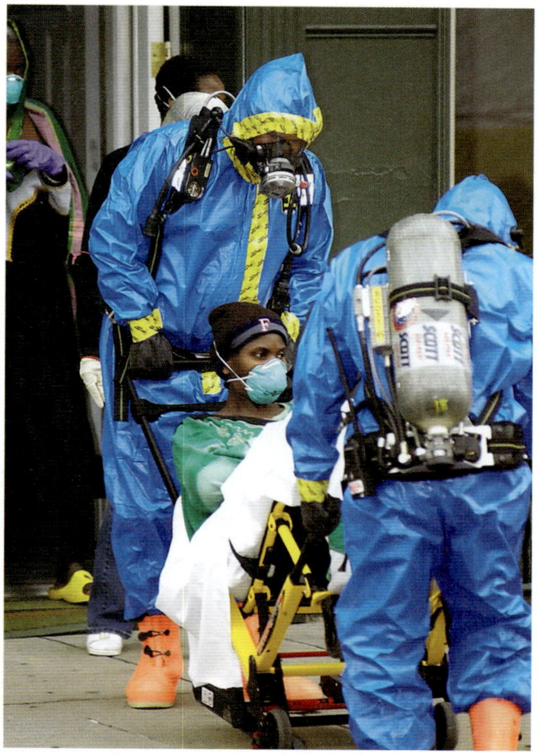

그림 13-1 유해 물질에 의한 응급사고는 수많은 물질이 관련된 다양한 상황에서 발생할 수 있다. 트럭에 부착된 위험 경고판은 유해 물질 제거반의 필요 가능성을 즉각적으로 알릴 수 있어야 한다(© *AP Images/Herald-Mail, Erick Gibson*).

### 간단히 알아보는 병태생리학

**유해 물질과 테러 행위**

유해 물질의 위험은 잘 문서화되어 있다. 하지만 전 세계적으로 테러 행위가 빠르게 증가하면서 유해 물질 사고에 대응해야 할 일이 더욱 늘어나고, 위험의 정도도 더욱 커지고 있다. (탄저병과 같이) 드물게 발생하거나 (천연두와 같이) 퇴치되었다고 생각했던 위험이 다시금 실질적인 위험으로 작용하고 있다. 소련 붕괴 이후 암시장에서 대량 살상 무기를 둘러싼 부당 이득이 늘어나면서, 우리의 삶을 해하려는 세력의 손아귀에 고위험 물질이 흘러 들어갈 가능성이 커지고 있다. 이러한 이유와 다른 여러 요소로 인해, 모든 응급의료 인력은 (16장에 소개된) 생화학 및 방사능 물질을 사용한 다양한 대량 살상 무기에 대해 숙지하는 것이 중요해졌다. 또한 모든 응급의료 인력은 위험물질 사고/사건에 대응할 때 수행해야 하는 역할을 잘 이해하고, 유해 물질 사고/사건에 대비해 적절한 보호 장비와 해독제를 구비해야 한다.

## 응급구조사의 역할

유해 물질 사고는 응급구조사로서 처할 수 있는 가장 힘든 상황 중 하나이다. 앞서 설명한대로 유해 물질 사고는 부식성 화학물, 폐 자극제, 살충제, 화학성 질식제, 탄화수소 용매, 방사능 폐기물 등 다양한 물질이 관여될 수 있다. 유해 물질에 대한 노출은 몇 명의 희생자에 그칠 수도 있지만, 대량 살상의 참극을 빚게 될 수도 있다. 하지만 5장의 사례 연구에서 보았듯이 소규모의 유해 물질 사고라도 항상 여러 관할 기관이 관여된다. 그렇기 때문에 응급의료 기관은 유해 물질 사고 대처 방법과 현장 출동이 필요할 수

> **내용 요약**
> ➤ 응급의료체계에서 유해 물질 최초반응자의 역할
> • 현장 평가
> • 독성학적 위험요소의 평가
> • 사고 관리 체계의 활성화
> • 지휘 체계 수립

있는 기관과 연락을 취하는 방법에 대해 모든 응급의료요원을 훈련시켜야 한다. 지금까지 응급구조사는 유해 물질 사고에 대한 대응을 할 때 차단과 같은 방어적 기능이나 진압과 같은 공격적인 기능을 하지 않았다. 하지만 응급구조사는 여전히 유해 물질 사고 대응 체계의 중요한 일부이다. "유해 물질"을 통해 알 수 있듯이, 응급의료 인력은 유해 물질 사고 발생 시 다양한 임무를 수행한다. 최초반응자로서 응급의료 인력은 현장 평가, 독성학적 위험요소 평가, 사후 대응에 필수적인 사고 관리 체계(IMS) 활성화를 할 수 있다. 응급구조사는 소독 방법의 평가, 유해 물질 오염 환자의 처치 및 이송, 사고 현장에 진입한 유해 물질 제거반에 대한 의료적 모니터링을 위해 출동 요청을 받을 수 있다.

### 자격요건과 기준

연방 기관인 산업안전보건국(OSHA)과 환경보호청(EPA)은 유해 물질 응급 상황의 대응에 대한 다수의 규정과 기준을 마련했다. 이 중에서 가장 중요한 유해 폐기물 처리 및 긴급 상황 대응 기준(2004, OSHA CFR 1910.120)은 사고 관리 체계 이용법, 개인 보호구 이용법, 안전 관리관 이용법 및 특수 훈련 요건을 포함한 구체적인 대응 절차를 제공한다. 환경보호청은 산업안전보건국의 관할권 밖에 있는 기관에 적용되는 규제책인 40 CFR 311을 공표했다.

또한 미국 화재예방협회가 발표한 응급의료 요원의 유해 물질 사고 대응력 표준(NFPA 473)은 (협회의 다른 2개의 기준과 함께) 유해 물질에 대한 응급의료 대응 요원에 대한 훈련 기준을 다룬다.

### 훈련의 단계

앞서 언급된 기준은 유해 물질 사고에서 적절한 응급의료 대응에 3가지 단계별 훈련을 제시한다. 훈련은 인지 단계, 응급의료 1단계, 응급의료 2단계로 구분된다. 인지 단계(Awareness Level)는 도착한 사고 현장에서 유해 물질을 발견한 최초반응자에게 적용된다. 이때 훈련의 주안점은 유해 물질 사고의 발견, 유해 물질 기본 탐지법, 유해 물질 사고로부터 개인 보호에 있다. 모든 응급의료 인력과 경찰대원 및 소방대원은 인지 훈련을 받아야 한다.

응급의료 1단계 훈련인 "운영 단계"는 별다른 2차 오염을 겪지 않고 안전 구역(cold zone)에 있는 환자를 처치하는 의료 인력에게 필수이다. 1단계 훈련은 위해 평가, 환자 평가, 기존 오염원이 제거된 환자 처치를 중점으로 한다.

응급의료 2단계 훈련인 "전 전문가 단계"는 여전히 상당한 2차 오염 위험을 보이는 환자를 처치하는 의료 인력에게 필수적인 교육 과정이다. 2단계 훈련은 개인 보호, 오염원 제거 절차, 오염원에 노출/노출 시작된 환자의 처치를 중점적으로 다룬다. 훈련의 단계는 유해 물질 사고 대응 체계 속에서 수행해야 하는 역할에 따라 결정된다.

모든 유해 물질 대응 시스템에서 응급의료 1단계와 2단계 표준 훈련이 기본이다. 오염원을 제거하는 동안 환자 처치를 시작하고, 오염원을 완전히 제거한 후 환자 처치를 지속한다.

## 현장 평가

유해 물질 사고에 대한 현장 평가는 쉽지 않은 작업이다. 응급구조사는 부정확하거나 부족한 정보를 전달받게 되는 경우가 많다. 또한 사고는 매우 빠르게 진행되는 경우가 경향이 있다. 앞서 설명하였듯이 다양한 응급 사고 대응 기관에 지원을 요청할 수도 있다. 따라서, 응급구조사는 "다발성 사상 사고 및 사고 관리"에서 설명된 사고 관리 체계 (ICS)를 효과적으로 사용하고 유해 물질 사고에 대응하는 기관들과 주기적으로 연습 훈련을 해야 한다.

**내용 요약**

➤ 유해 물질 관련 규제 및 표준
- OSHA CFR 1910.120
- EPA 규제 40 CFR 311
- NFPA 표준 473

## 사고 관리 체계(ICS)와 유해 물질 응급 상황

유해 물질 사고에서 우선 순위는 다른 유형의 주요 사고와 마찬가지로 생명 안전, 사고의 안정화 및 재산 보존이다. 하지만 응급구조사는 유해 물질 사고와 관련된 특수 상황에 대비해야 한다. 예를 들어, 사고에 따라 환자를 오염 구역으로부터 즉시 구출해야 하는 경우도 있다. 혹은 현장에 도착한 응급구조사는 의료 요원을 찾아 배회하는 오염원에 노출된 환자를 발견하는 경우도 있다. 유해 물질 사고에 대한 조기 중재 조치를 하는 응급구조사는 자신이 유해 물질에 오염되지 않게 유의해야 한다. 따라서 유해 물질 제거 작업 초반부에는 현장 안전에 대해 장담해서는 안 된다. 그렇지 않을 경우, 응급구조사 자신이 오염원에 노출된 환자가 될 수도 있다("자력으로 구조된" 환자에 대한 주제는 후반부에서 학습한다).

작업의 우선순위를 정해야 하는 응급구조사는 유해 물질 응급 상황이 개방성 사고인지 폐쇄형 사고인지를 신속하게 파악해야 한다. "유해 물질 사고가 더욱 많은 환자를 발생시킬 것인가?" "다발성 사상 사고 및 사고 관리"에서 설명되듯이, 이 질문에 대한 대답에 따라 추가 지원 요청할 자원, 요청된 자원의 활용, 인력 배치 방법이 결정된다. 이러한 판단을 할 때 일부 화학물은 효과가 지연된다는 점을 염두해야 한다. 환자의 증상은 급속하게 변할 수 있기 때문에 외상 환자 분류는 실시간으로 진행한다.

마지막으로, 유해 물질 사고에 따른 사고 관리 체계를 사용할 때 응급구조사는 특수 조건을 고려하면서 현장을 관리해야 한다. 자원 배치에 있어 가장 선호되는 지리적 환경은 역풍의 오르막길이다. 이러한 지리적 조건은 지상에서 흘러나온 액체, 증기 밀도가 높은 가스, 유출 액체, 증기 구름에 의한 오염을 예방한다.

기본 사고 관리 체계에는 지휘 통제소, 작업 준비실, 오염원 제거 통로가 필요하다. 사고의 정도에 따라 현장 감독자는 처치 구역, 의료 인력 대기 구역과 같은 곳을 별도로 관리하여 불필요한 오염을 방지해야 한다. 오염 물질 제거 작업을 위한 구역 설정 계획은 사고 발생 초기에 정립이 되어야 한다. 예를 들어, 풍향이 갑자기 바뀌면서 염소가스가 응급구조사가 대기하고 있는 구역으로 불어올 경우 어떻게 해야 하는가?

## 사고 인지

유해 물질 사고 대응에 있어서 가장 중요한 부분 중 하나는 위험물질의 존재를 알아차리는 것이다. (주거지, 비즈니스 지역, 고속도로 등) 거의 모든 응급 상황 현장에는 위험물질이 있을 위험이 있다. 예를 들어, 대부분 가정의 주방이나 세탁실에는 암모니아와 액상 표백제가 비치되어 있다. 이 둘이 합성될 경우 독성 가스가 발생할 수 있다.

**그림 13–2** 위험요소를 간과하지 않는다. 잠재적 위험이 있는 상황일 경우, 안전거리를 확보하고 먼 거리에서 쌍안경을 통해 의심스러운 저장 탱크와 같은 위험 장소를 살핀다.

일반 가정집의 케로신 히터나 막힌 굴뚝 연통에는 일산화탄소로 가득 차 있을 수 있다. 이러한 위험요소를 무시해서는 안 된다. 현장에 접근할 때는 언제나 위험물질에 대한 가능성을 열어둔다. 위해 물질이 의심될 경우, 먼 거리에서 쌍안경을 통해 현장을 살핀다(그림 13-2).

### 교통사고

자동차, 트럭, 열차 등의 교통사고 현장에서는 위험물질 존재 가능성을 의심해야 한다(그림 13-3). 일반 차량, 살충제 운송 차량, 탱크 트럭, 트랙터-트레일러, 대체 연료로 구동되는 차량이 관여된 충돌 현장에 출동할 때는 항상 위험물질에 대한 경계를 높여야 한다. 유해 물질 경고판을 보지 못했다고 위험물질이 없다고 단정지어서는 안 된다. 예를 들어, 병원과 연구실의 경우, 위해 물질 표시가 따로 없는 차량을 통해 합법적으로 방사성 동위원소를 자주 운송된다. 응급구조사는 사고 차량의 뒷좌석을 살펴보면서 방사능 물질을 가리키는 라벨이 붙은 용기를 발견할 수도 있다.

열차 사고는 두 가지 이유에서 특별한 주의를 요한다. 우선 열차는 다량의 유해 물질을 운송할 수 있다. 예를 들어, 가장 규모가 큰 탱크 트럭은 약 14,000갤런의 용량을 운반할 수 있는데 반해 열차 탱크 차량은 최대 34,000갤런을 운송할 수 있다. 두 번째로 여러 개의 탱크 차량이 화물열차에 묶여서 운송되는 경우도 있다. 이러한 탱크가 사고로 인해 폭발할 경우 사고의 정도가 더욱 심각해질 가능성이 높아진다. 다행히도 열차는 고정된 선로를 따라 이동하기 때문에 응급구조사의 관할 지역에서 열차 사고가 발생할 경우 대응 방안을 미리 수립하기가 비교적 수월하다.

### 고정 시설

유해 물질 사고는 위험물질이 생산되거나 저장되는 고정 시설에서 발생할 수 있다. 화학품 공장과 모든 제조 공정에서는 제품 혹은 폐기물 운송을 위해 탱크, 저장소, 파이프 라인을 사용한다. 유해 물질의 위험이 잠재된 추가 고정 시설은 창고, 철물점, 농업용품 판매점, 폐수 처리장, 하역장 등을 포함한다. 교외 지역에서 근무를 하는 응급구조사는 (저장고, 곳간, 비닐하우스 등) 농장이나 목장에서 위험물질을 발견할 수 있는 장소를 염두해야 한다.

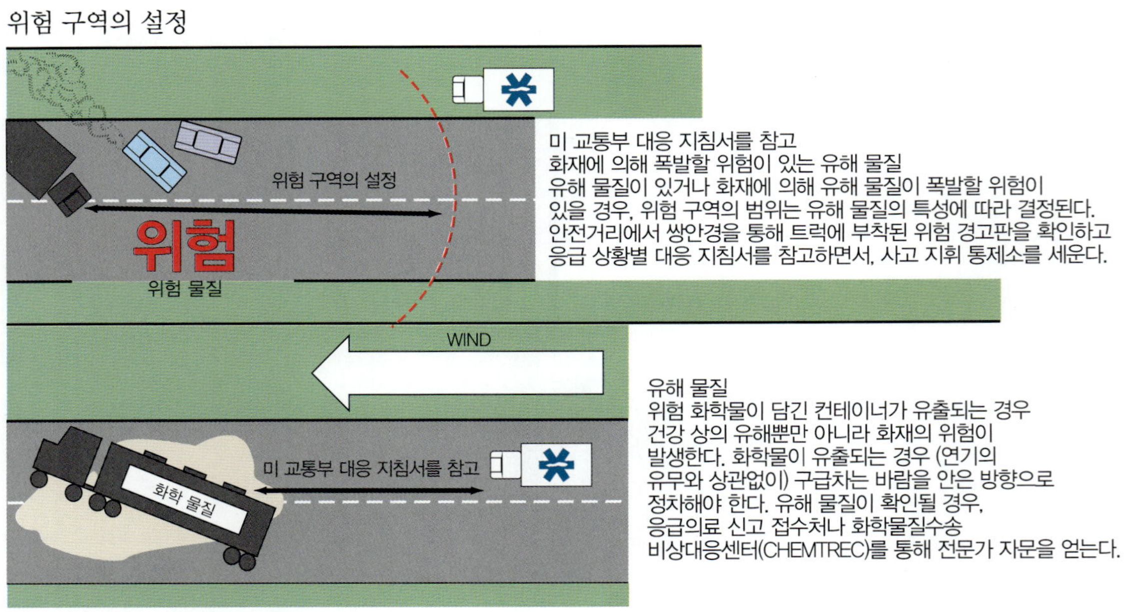


그림 13-3 유해 물질이 연관된 교통사고

(교외 지역의 유해 물질 사고에 대한 추가 정보를 위해서는 15장을 참고한다.) (특히 도시 지역의 경우) 많은 지역에는 고정된 파이프 라인이 있다는 점을 기억한다. 이러한 파이프 라인은 지진과 같은 자연재해, 공사, (지상에 노출된 경우) 차량 사고에 의해 파괴될 수도 있다. 송유관이나 가스관의 파열 혹은 누출은 화재 폭발과 연계될 경우 큰 재난으로 번질 수 있다.

### 테러 행위

불행히도 유해 물질 사고의 새로운 유형으로 테러 행위가 급부상하고 있다. 테러리스트는 정부 관련 표적물 혹은 주요 핵심 시설에 대한 공격을 위해 생화학 무기나 핵무기 등 다양한 무기를 사용한다. 이러한 대량 살상 무기는 오클라호마 시티 알프레드 P. 뮤러 연방정부청사 폭발 사건에서 보았듯이 (16장 참고) 대부분 농장에서 흔하게 발견할 수 있는 단순한 물질로도 만들 수 있다. 테러를 일으키는 범인은 미국의 국내와 해외 모두에서 나타날 수 있다.

테러 행위의 가장 무서운 점은 언제 어디서 사고가 터질지 모른다는 것이다. 하지만 테러리스트는 보통 정부나 산업 활동이나 현장의 사람 수에 따라 표적물을 설정한다. 테러의 표적이 될 수 있는 대상은 공공건물, 다국적 본부, 쇼핑몰, 사업장, (경기장, 교통 중심지, 종교 행사장과 같은) 집회장 등을 포함한다. 이러한 장소는 모두 현지의 대량 사상자 혹은 재난 대비책에 고려되어야 한다.

테러 행위가 의심될 때는 실마리가 되는 단서를 샅샅이 살펴본다. 지하철이나 사무실과 같은 폐쇄된 환경에 갇힌 환자는 만약 대량 살상용 생화학 무기에 노출이 된 경우 유사한 증상을 보일 것이다. 폭발 사고가 있는 경우, 2차 폭발이 있을 수도 있다는 점을 기억한다. 응급구조사 자신이 테러 공격의 희생이 되지 않도록 최대한 예방 조치를 취한다. 테러가 의심되는 현장에 효과적으로 대응할 수 있도록 사고 관리 체계와 모든 특수 기관과 협응력을 최대한 높인다. 테러 행위에 대한 대응에 대한 더 자세한 정보를 위해서 "테러에 대한 대응"을 참고한다.

## 유해 물질의 인지

유해 물질의 시각적 인지를 돕기 위한 두 가지 간단한 체계가 개발되었다. 미 교통부는 운송 중인 위해 물질을 확인하기 위해 경고판 사용을 실시했고, 미국 화재예방협회(NFPA)는 고정 시설에 대한 체계를 개발했다.

### 유해 물질 경고판 분류

유해 물질 경고판의 부착은 많은 차량에 법적으로 강요되지만(그림 13–4), 경고판이 없다고 해서 유해 물질의 위험이 없는 것이 아니다. 관련 규제는 유해 물질의 유형과 운송중인 유해 물질의 양에 의해 결정된다.

유해 물질 경고판은 다이아몬드 형이기 때문에 쉽게 식별이 가능하다(그림 13–5). 각 경고판은 색상 코드와 위험 등급 번호를 통해 유해 물질을 분류한다. 일부 경고판은

그림 13–4 유해 물질을 운송하는 차량은 운송품의 특성을 나타내는 경고판을 반드시 부착해야 한다. 응급 구조 활동을 해오면서 이러한 경고판에 이미 익숙하다고 하더라도, 주기적으로 경고판 기호, 색상 코드, 유해 등급 번호를 숙지하여 유해 물질을 효과적으로 파악할 수 있도록 한다.

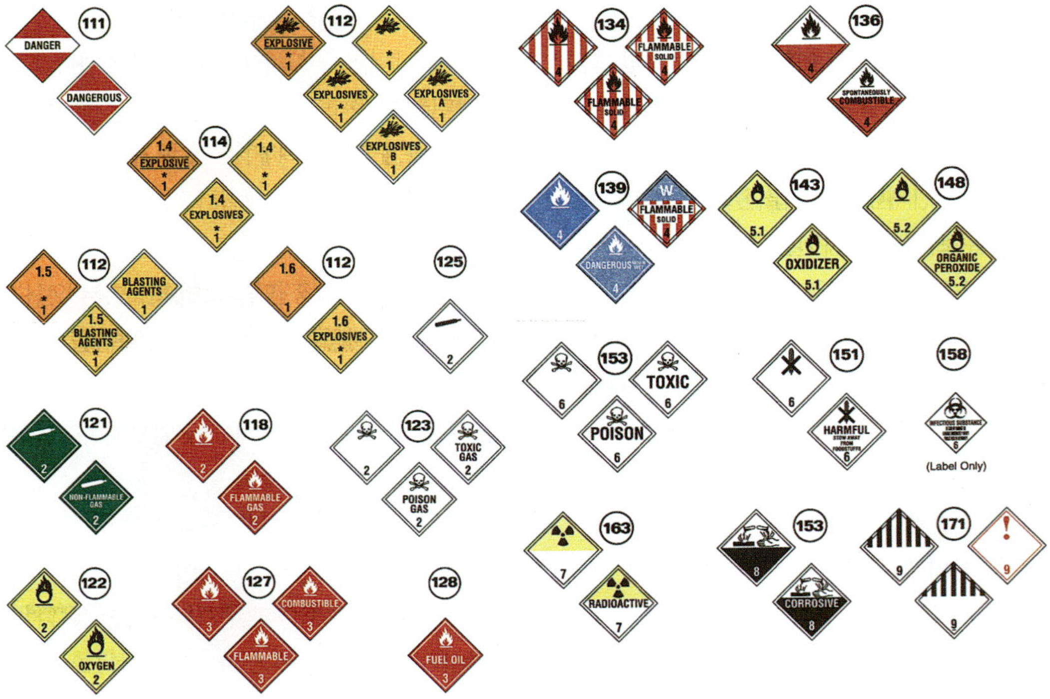


**그림 13-5** 유해 물질을 포함하는 모든 포장물, 저장 컨테이너 및 운반 차량에 대한 미 교통부(DOT)에 의해 지정된 라벨과 경고판 샘플(*U.S. Department of Transportation*)

(실제 화학물에 지정된 4자리 숫자인) UN 번호로 적혀있다. UN 번호에 따른 유해 물질 분류는 표 13-1을 참고한다. 경고판은 번호나 색상뿐만 아니라 여러 가지 기호를 통해 유해 물질의 유형을 분류한다. 예를 들어, 불꽃 모양은 가연성, 화염구 모양은 산화제, 프로펠러 모양은 방사능 물질, 해골과 사선으로 엇갈린 뼈 모양은 독극물을 의미한다. 모양은 번호와 색상과 함께 사용되어 유해 물질의 특수한 특성을 파악하기 쉽게 한다. 예를 들어, 빨간색 바탕에 숫자 2와 불꽃 모양이 있는 경고판은 해당 차량이 염화성 가스를 운송중임을 의미한다.

경험이 늘어날수록 응급구조사는 경고판 기호에 익숙해진다. 예를 들어, 영문자 "W"에 선이 그어진 기호는 "물에 반응"한다는 의미이다. 하지만 경고판의 한계점도 염두해야 한다. 일부 물질은 운송량에 상관없이 경고판 표시를 해야 하지만, 다른 유형의 유해 물질은 다량으로 운송할 경우에만 경고판을 부착해야 한다. 그렇기 때문에 트럭이 실제로는 유해 물질을 운송 중이지만 운송량이 경고판 표시를 할 수준에 이르지 못하지 때문에 경고판 부착을 하지 않는 경우도 있다. "위험" 경고판은 총 1,000~5,000lb(파운드)(453.59kg~2,267.96kg)에 달하는 두 개 이상의 위험물질이 운송 중이라는 것을 의미한다. 하지만 일반 경고판은 유해 물질의 위험성에 대해 아무런 정보를 제공하지 않는다. 또한 운전자가 경고판 부착을 깜빡하거나 잘못 붙이는 오류도 배제할 수 없다. 이

**표 13-1 | 유해 물질 등급과 경고판 색상**

| 유해 물질 | 등급 유해 물질 | 유형 색상 코드 |
|---|---|---|
| 1 | 폭발성 | 오렌지 |
| 2 | 가스 | 적색 혹은 녹색 |
| 3 | 액체 | 적색 |
| 4 | 고체 | 적색과 백색 |
| 5 | 산화제와 유기과산화물 | 황색 |
| 6 | 독성/병인성 인자 | 백색 |
| 7 | 방사능 물질 | 황색과 백색 |
| 8 | 부식성 | 흑색과 백색 |
| 9 | 기타 | 흑색과 백색 |

경우, 위험한 유해 물질 사고에 대한 즉각적인 경고를 찾아볼 수 없다.

### NFPA 704 체계

NFPA 704 체계는 고정 시설에서 사용되는 유해 물질을 구분한다. 미 교통부 지정 경고판과 마찬가지로 NFPA 704 체계는 탱크나 저장소에 부착되는 다이아몬드 문양을 사용한다. 이 문양은 네 가지 구획과 색상 코드로 구분된다(그림 13-6a와 그림 13-6b). 상측 구획은 적색으로 물질의 가연성을, 좌측 구획은 청색으로 건강 위해를, 우측 구획은 황색으로 제품의 불안정성을, 하측 구획은 백색으로 특수 정보를 나타낸다. 구획별로 정리된 유해 정보는 물에 대한 반응성, 산화성, 혹은 질식제를 포함한다. 건강 위해, 화염성 위해 및 반응성 정도는 0-4까지로 나타낸다. 0은 위해가 없고, 4는 위해가 아주 높다는 것을 의미한다. 위험정도는 그림에서 정리하였고, NFPA 704 기준은 각 물질의 위해등급을 정하기 위한 명확한 기준으로 사용되어져야 한다.

그림 13-6a NFPA 704 위해 물질 분류
(응급 대응 시 위해 물질의 확인을 위한 체계, NFPA 704-2012 복사 허용, 저작권 2011 미국 화재예방협회, 본 복사물은 해당 주제에 대한 미국 화재예방협회의 완전하고 공식적인 입장을 대변하지 않는다. 미국 화재예방협회의 입장은 전체 기준을 통해서만 대변된다. 이 체계를 통한 물질의 분류에 대한 책임은 미국 화재예방협회가 아닌 사용자에게 있다. 이 체계를 사용하다가 분류된 특정 물질의 가치가 훼손되는 부분에 대해 미국 화재예방협회는 아무런 책임을 지지 않는다.)

## 유해 물질의 확인

응급구조사가 발생한 사고에 위해 물질이 관여했다는 판단을 했다면, 해당 물질이 무엇인지를 확인해야 한다. 이는 위해 물질 사고 대응에 있어서 가장 어렵고도 중요한 작업이다. 현장에서 얻은 수 있는 정보는 불충하거나 새로운 정보가 기존의 정보와 상충되는 경우가 많다. 그렇기 때문에 응급구조사는 위해 물질의 확인에 도움이 될 수 있는 자원을 잘 알고 효과적으로 사용할 수 있어야 한다. 섣부른 판단을 피하기 위해 두 개 이상의 참고 자료를 활용한다. 해당 위해 물질에 대한 자료를 찾지 않고 섣부른 조치를 취할 경우 실수를 하고 부적절한 환자 처치를 제공하게 될 수 있다.

그림 13-6b 탱크에 부착된 NFPA 704 라벨

### 응급 대응 지침

실제 화학물질에 지정된 네 자리 번호인 UN 번호를 본 적이 있을 것이다. 일부 경고판은 UN 번호 뿐만 아니라 위해 분류 정보도 포함한다. 예를 들어, 응급구조사는 적색 경고판 가운데 1203이 적혀있는 탱커 트럭을 볼 수도 있다. 기존 지식에 따르면, 응급구조사는 사고에 염화성 액체가 관여되었다고 판단할 수 있다. 특정 염화성 액체를 확인하기 위해 응급

**내용 요약**

➤ 위해 물질 지침서
- 응급상황 대응 가이드북(ERG)
- 선적 서류
- 물질 안전 보건 자료
- 모니터링 및 화학 테스트
- 데이터 베이스(CAMEO)
- 위해 물질 전화 비상라인 (CHEMTREC;CHEMTEL)
- 독극물 통제 센터
- 독성학자
- 참고서

구조사는 응급상황 대응 가이드북(ERG)을 볼 필요가 있다(그림 13-7).

미 교통부, 캐나타 교통청, 멕시코 교통청이 발표한 응급상황 대응 가이드북은 모든 응급 차량에 비치되어야 한다. 응급 대응 지침은 경고판, UN 번호, 화학물 이름과 함께 천 개의 유해 물질이 정리되어 있다. 응급 대응 지침은 화학물에 연관된 특정 응급 상황 대응 절차에 각각 확인 번호를 상호 참조한다. 응급상황 대응 가이드북은 예를 들어 대부분의 위해 물질에 대한 평가 안전거리를 포함한다. 지침서는 자주 수정이 되고 응급의료 인력은 누구나 지침서의 최신판을 쉽게 구할 수 있다. 지침서의 최신 수정사항은 미 교통부 관련 웹페이지에서 확인할 수 있다.

응급 대응 지침을 사용할 때는 두 가지 제한점을 주의한다. 우선, 지침서는 실제 처치를 위한 기본적인 정보만을 제공한다. 예를 들어, 지침서는 응급의료 인력에 대한 지원 요청을 권고할 수도 있지만, 해당 권고 사항은 응급의료 인력에게는 큰 도움이 되지 않는 정보이다. 두번째로 동일한 UN 번호를 지닌 화학물이 하나 이상인 경우가 많다. 예를 들어, UN 1203은 디젤 연료일 뿐만 아니라 가소홀, 자동차 연료, 휘발유일 수도 있다. 예를 들어, 가솔린 유출과 디젤 연료 유출은 서로 너무 다른 문제이기 때문에 구분을 위해 다른 방법을 사용해야 한다.

## 선적 서류

운송되는 물질에 대한 가장 정확한 정보는 선적 서류 혹은 선적 목록에서 확인할 수 있다. 트럭, 선박, 항공기, 열차는 정기적으로 선적 서류를 보유한다. 이상적으로는 운반되는 물질의 이름과 운송량까지 기록되어 있어야 한다. 하지만 운전수, 조종사, 엔지니어는 차량, 선박, 항공기, 혹은 열차에서 밖으로 나갈 때 선적 목록을 챙기지 않을 수도 있고 선적 목록을 챙기기에는 현장이 너무 위험할 수도 있다. 일부의 경우 선적 목록이 불충분하거나 부적절하게 작성되어서 위해 물질의 확인을 위한 추가적인 정보가 필요하게 될 수도 있다.

## 안전 보건 자료

고정 시설의 경우, 고용주는 법에 의해 물질 안전 보건 자료(MSDS)를 공시할 것을 의무로 한다. 안전 자료 시트는 현장에서 발견될 수 있는 모든 잠재 위험물질에 대한 상세한 정보를 담고 있다. 보건 안전 자료에는 주로 위해 물질의 명칭과 특성이 나열되어 있다. 즉 물질이 나타내는 건강, 화재 및 반응성 위험에 대한 유형; 위해 물질의 안전한 취급에 필요한 특정 장비 및 기술, 구급 처치에 대한 권고 사항 등이 포함되어 있다. 창문 세척제와 같은 간단한 화학물이라 할지라도 물질 안전 보건 자료에 기록하여 쉽게 찾을 수 있는 곳에 공지해 두어야 한다. 그림 13-8은 상당히 익숙한 화학물인 염소계 표백제에 대해 공지된 안전 보건 자료

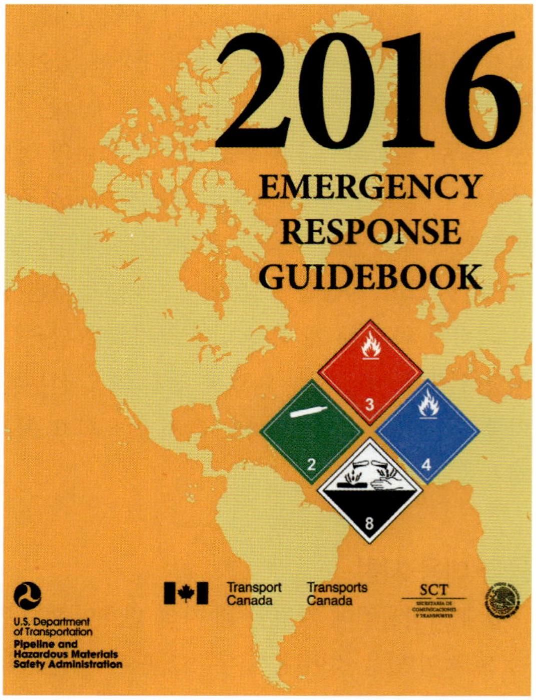


그림 13-7 응급구조사는 구급 차량에 항상 응급상황 대응 가이드북의 사본을 항상 비치한다.

를 보여준다. 안전 보건 자료는 무엇보다도 유해 물질의 사고성 유출, 노출 등으로 인한 악영향을 설명한다. 표백제와 섞일 경우 유독 가스를 방출하는 물질을 기억해 둘 필요가 있다.

**THE Clorox Company**
7200 Johnson Drive
Pleasanton, California 94566
Tel. (415) 847-6100

**Safety Data Sheets**

| Health | 2+ |
|---|---|
| Flammability | 0 |
| Reactivity | 1 |
| Personal Protection | B |

**I – CHEMICAL IDENTIFICATION**

| | | | |
|---|---|---|---|
| Name | regular Clorox Bleach | CAS No. | N/A |
| Description | clear, light yellow liquid with chlorine odor | RTECs No. | N/A |

| Other Designations | Manufacturer | Emergency Procedure |
|---|---|---|
| EPA Reg. No. 5813-1<br>Sodium hypochlorite solution<br>Liquid chlorine bleach<br>Clorox Liquid Bleach | The Clorox Company<br>1221 Broadway<br>Oakland, CA 94612 | • Notify your supervisor<br>• Call your local poison control center OR<br>• Rocky Mountain Poison Center (303)573-1014 |

**II – HEALTH HAZARD DATA**

• Causes severe but temporary eye injury. May irritate skin. May cause nausea and vomiting if ingested. Exposure to vapor or mist may irritate nose, throat and lungs. The following medical conditions may be aggravated by exposure to high concentrations of vapor or mist: heart conditions or chronic respiratory problems such as asthma, chronic bronchitis or obstructive lung disease. Under normal consumer use conditions the likelihood of any adverse health effects are low. FIRST AID: EYE CONTACT: Immediately flush eyes with plenty of water. If irritation persists, see a doctor. SKIN CONTACT: Remove contaminated clothing. Wash area with water. INGESTION: Drink a glassful of water and call a physician. INHALATION: If breathing problems develop remove to fresh air.

**III – HAZARDOUS INGREDIENTS**

| Ingredients | Concentration | Worker Exposure Limit |
|---|---|---|
| Sodium hypochlorite CAS# 7681-52-9 | 5.25% | not established |

None of the ingredients in this product are on the IARC, NTP or OSHA carcinogen list. Occasional clinical reports suggest a low potential for sensitization upon exaggerated exposure to sodium hypochlorite if skin damage (e.g., irritation) occurs during exposure. Routine clinical tests conducted on intact skin with Clorox Liquid Bleach found no sensitization in the test subjects.

**IV – SPECIAL PROTECTION INFORMATION**

Hygienic Practices: Wear safety glasses. With repeated or prolonged use, wear gloves.

Engineering Controls: Use general ventilation to minimize exposure to vapor or mist.

Work Practices: Avoid eye and skin contact and inhalation of vapor or mist.

**V – SPECIAL PRECAUTIONS**

Keep out of reach of children. Do not get in eyes or on skin. Wash thoroughly with soap and water after handling. Do not mix with other household chemicals such as toilet bowl cleaners, rust removers, vinegar, acid or ammonia containing products. Store in a cool, dry place. Do not reuse empty container; rinse container and put in trash container.

**VI – SPILL OR LEAK PROCEDURES**

Small quantities of less than 5 gallons may be flushed down drain. For larger quantities wipe up with an absorbent material or mop and dispose of in accordance with local, state and federal regulations. Dilute with water to minimize oxidizing effect on spilled surface.

**VII – REACTIVITY DATA**

Stable under normal use and storage conditions. Strong oxidizing agent. Reacts with other household chemicals such as toilet bowl cleaners, rust removers, vinegar, acids or ammonia containing products to produce hazardous gases, such as chlorine and other chlorinated species. Prolonged contact with metal may cause pitting or discoloration.

**VIII – FIRE AND EXPLOSION DATA**

Not flammable or explosive. In a fire, cool containers to prevent rupture and release of sodium chlorate.

**IX – PHYSICAL DATA**

Boiling point.................................. 212°F/100°C (decomposes)
Specific Gravity ($H_2O$ = 1)............ 1.085
Solubility in Water......................... complete
pH................................................ 11.4

그림 13-8 안전 보건 자료의 예시(SDS)

### 감시 및 검사

기존의 자원을 가지고 위해 물질에 대한 확인할 수 없다면, 감시나 다른 검사를 해야 할 수도 있다. 감시를 위한 훈련을 받지 못했거나 장비가 없을 경우, 검사를 위해 물질 제거반에게 넘긴다. 감시 장비나 감시기는 주로 다음과 같다.

- *공기/기체 감시기* 공기 속의 산소 비율을 측정하고 폭발성 가스, 일산화탄소, (황화수소와 같은) 독성 가스의 존재 여부를 알 수 있게 함.
- *리트머스 감시기* 액체의 산성도를 측정하여 산성인지 알칼리성인지 여부를 판단하게 함.
- *비색관* 공기를 흡입해내고 특정 화학물을 찾게 함.

### 다른 정보 출처

유해 물질을 발견하고 나면 응급구조사는 해당 물질의 화학적 혹은 물리적 특성을 확인할 필요가 있다. 응급구조사는 교재, 핸드북, 기술 전문가와 상의를 할 수 있다. 응급구조사는 CAMEO®(데이터 기반 비상 운영 관리 체계)와 같은 전산화 데이터베이스를 사용할 수도 있다. 환경보호청(EPA)과 미국 해양대기관리처(NOAA)에 의해 개발된 CAMEO는 기술적인 문제에 대한 질의 응답, 기술 훈련의 기회, 소프트웨어의 복사본, 네트워킹을 위한 링크 등을 제공한다. 이 외에도 현지 혹은 지역의 독극물 통제 센터도 추가적인 정보 출처가 된다. (독극물 통제 센터의 사용에 대한 추가적인 정보를 위해서 "독성학과 약물남용"을 참고한다.

뿐만 아니라 CHEMTREC(화학물질 운송 비상대응센터)와 CHEMTEL(화학물질 비상 상담센터)도 훌륭한 정보 출처이다. (제조 화학물 협회가 전신인) 미국 화학협회에 의해 설립된 CHEMTREC은 상시간 무료 핫라인 전화 연결 서비스를 제공하고 있다. CHEMTREC은 특정 물질의 화학적 특성에 대한 정보를 제공하고 해당 물질을 어떻게 취급해야 하는지를 설명한다. 필요한 경우 CHEMTREC은 해상 운송업체와 제조자에 대한 연락을 통해 유해 물질 사고에 대한 더욱 상세한 정보를 찾아내고 현장 보조를 제공한다. 미국과 캐나다에서 CHEMTREC은 800-424-9300으로 무료 전화 연결이 가능하다. 수신자 부담 통화와 타 지역에서의 통화를 원할 경우, 703-527-3887로 연락한다. CHEMTREC은 또한 방사능 물질과 연관된 응급 상황을 담당하는 관할 기관에 전화를 연결해준다.

CHEMTEL, Inc.은 미국과 캐나다에서 24시간 무료 전화 상담 센터를 운영하고 있다. CHEMTEL은 화학물 응급 사고에 대한 지원뿐만 아니라 방사능 사고를 다루는 주/연반 기관의 명칭을 제공한다. 무료 전화 연결은 800-255-3924이고, 수신자 부담 전화와 타 지역에서의 통화는 813-248-0585를 사용한다.

본 책에서 제시된 전화번호는 응급상황 대응 가이드북 뒷장에 적혀있다.

## 유해 물질 구역

앞서 설명한대로 유해 물질 사고 시 응급구조사의 주요 우선순위는 안전이다. 우선 응급구조사는 자신과 동료의 안전을 지켜야 한다. 이후에 응급구조사는 환자와 시민의 안전을 보호해야 한다. 전문가의 도움이 현장에 반드시 이르게 하기 위해서는 (사고 관리 체계에서 응급구조사가 그렇게 하듯이) 즉각적으로 지원 요청을 해야 한다. 현장의 지휘 체계를 확립하고 책임 있는 지휘관이 도착하기 전까지는 지휘 체계를 유지한다.

추가 요청된 지원을 기다리는 동안, 사람들을 사고 현장에서 대피시켜 상황이 악화되지 않도록 한다. 영웅 의식에 사로 잡혀 무리하게 구출을 하다가 누군가의 안전을 위협해서는 안된다. 이 경우 유해 물질에 노출된 환자의 수만 늘어나게 된다. 그림 13-9에 설명된 통제 구역을 설치하여 추가 자원의 도착에 대비한다.

- *핫 존(적색 구역)* 배타적 구역이라고도 알려진 핫 존은 오염 구역이다. 상급 개인 보호구를 착용하지 않는 한 아무도 핫 존에 진입해서는 안 된다. 핫 존을 빠져나오는 환자는 오염원 제거 및 처치 조치를 시킨다.
- *웜 존(황색 구역)* 오염 감소 구역이라고도 불리는 웜 존은 핫 존의 바로 부근에 위치한다. 웜 존은 핫 존을 떠나는 환자와 응급의료 인력을 위한 오염원 제거 통로가 설치된 "완충 지대"를 형성한다. 소독 통로의 양 끝단에는 "핫" 지점과 "콜드" 지점이 있다.
- *콜드 존(그린 존)* 안전 구역이라 콜드 존은 사고 처리 작업이 진행되는 구역이다. 콜드 존은 현장 지휘 통제소, 의료 모니터링, 재활소, 처치소, 기구 준비소 등을 포함한다. 콜드 존은 오염이 전혀 없어야 한다. 핫 존 밖으로 벗어난 사람이나 장비는 오염원 제거가 되지 않고서는 콜드 존을 들여서는 안 된다. 응급구조사와 동료는 다른 구역에 진입하기 위해 필요한 훈련, 장비, 지원을 갖추지 않는 한 콜드 존에 머문다.

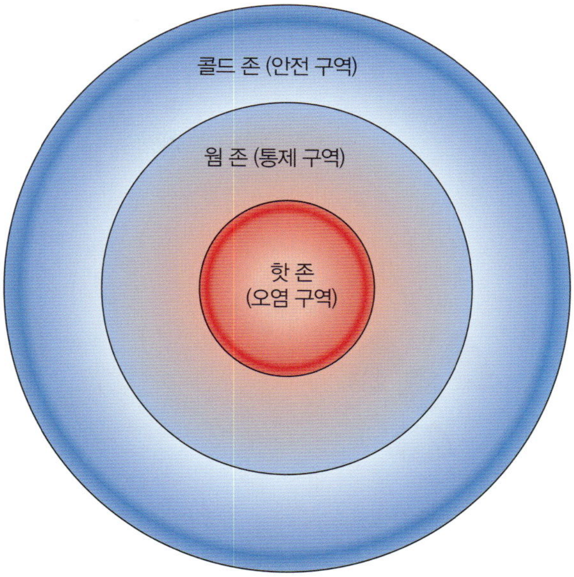


**핫 존 (오염 구역)**
- 오염이 실제로 존재함
- 구조 인력은 적절한 보호구를 반드시 착용한다.
- 반드시 필요한 경우에만 구조 인력을 투입한다.
- 주변 행인은 절대 진입하지 못하게 한다.

**웜 존 (통제 구역)**
- 오염 구역의 인근 구역
- 감염의 확산을 방지하는데 필수적인 구역
- 구조 인력은 적절한 보호구를 반드시 착용한다.
- 구명 치료를 실시한다.

**콜드 존 (안전 구역)**
- 일반적인 외상 환자 분류, 안정화 조치, 치료를 실시한다.
- 구조 인력은 콜드 존을 진입하기 전에 오염된 보호구나 장비를 제거한다.

그림 13-9 유해 물질 사고 현장에 주로 형성되는 세 가지 구역

# 특수 용어

유해 물질 사고를 다루는 인력 및 부서간의 혼란과 충돌을 방지하기 위해, 모두가 사용하는 용어가 통일되어야 한다. 용어의 통일은 운영과 처치에 있어서 위험한 오해를 막을 수 있게 한다.

## 유해 물질 관련 의료 작업과 관련된 용어

다음은 응급구조사가 유해 물질 관련 의료 작업 시 자주 활용하게 될 일반적인 용어이다. 해당 용어는 모두 화학물과 방사능 물질이 연관된 상황에 적용된다.

- *끓는점* 액체가 기체로 되기 시작하는 온도
- *가연/폭발 한계점* 점화로 인해 연소가 시작되는 공기 상 증기 밀도의 범위. 폭발 하한계(LEL)는 공기 중 연소가 시작하는 가장 낮은 화학물 밀도이다. 폭발 하한계 아래에는 연소를 도울 만큼 충분한 화학물이 존재하지 않는다. 폭발 상한계(UEL)는 공기 중 연소가 시작하는 가장 높은 화학물 밀도이다. 폭발 상한계 위에서는 연소를 도울 화학물이 너무 많고 산소가 불충분하다.

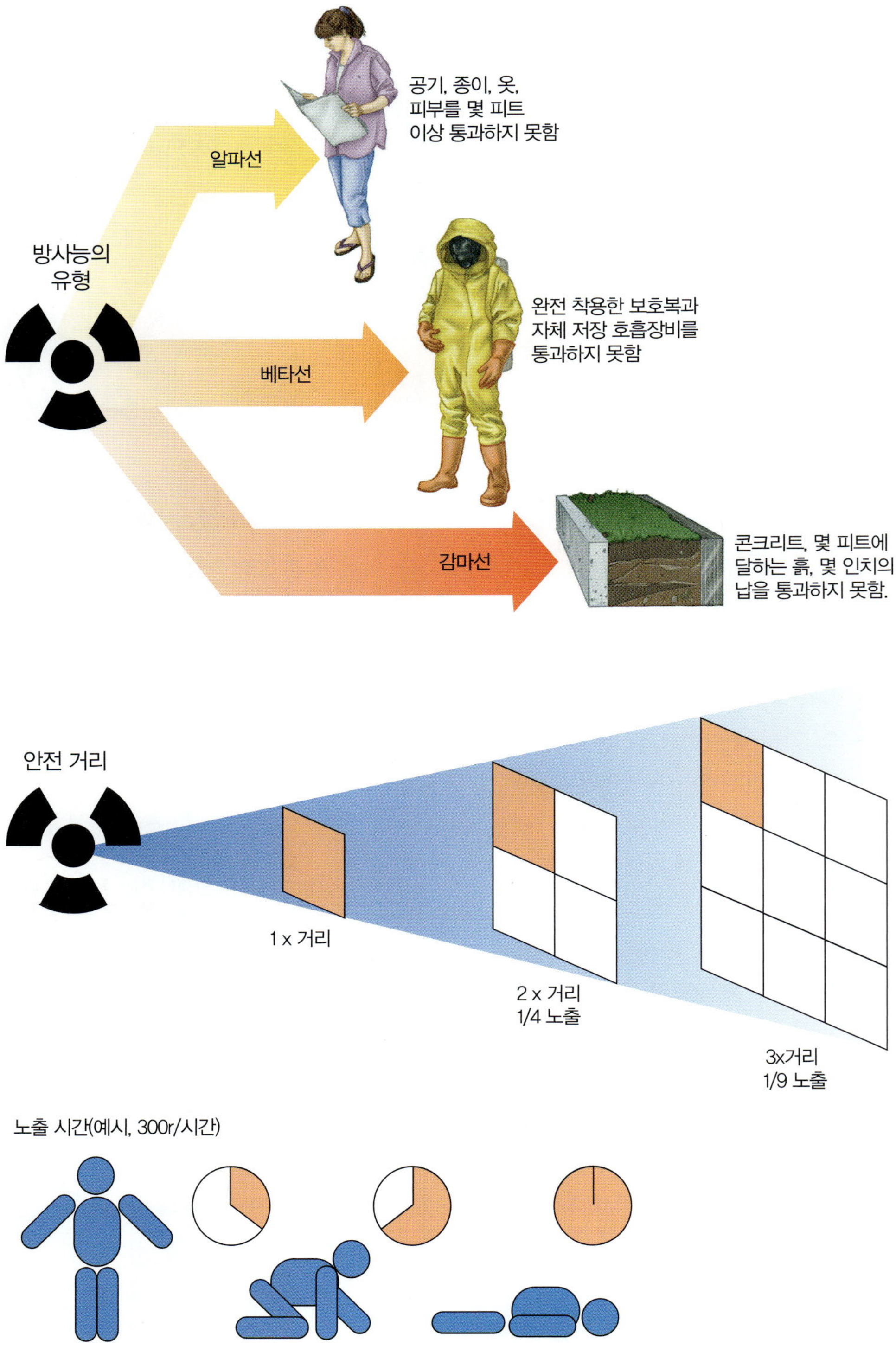


**그림 13-10** 알파선, 베타선, 감마선은 각각 물체 통과율이 다르다.

- *인화점* 기체가 증발하면서 점화되기 충분한 증기를 내뿜기 시작하는 온도
- *점화 온도* 기체가 증발하면서 연소되기 충분한 증기를 내뿜기 시작하는 온도. 인화점보다 조금 더 높다.
- *비중* 물과 똑같은 부피에 대한 액체의 질량. 비중이 1보다 높은 화학물은 물에 가라앉지만 1보다 낮으면 물 위에 뜬다.
- *증기 밀도* 공기와 똑같은 부피에 대한 증기나 가스의 질량. 증기 밀도가 1이 넘는 화학물은 최저점으

로 떨어지는 반면 증기 밀도가 1보다 낮은 화학물은 높아진다.

- *증기압* 일정한 부피 내부의 증기압. 온도가 상승할수록 증기압도 상승한다.
- *수용성* 화학물이 물에 녹는 성질
- *알파 방사선* 방사능 물질의 핵에 의해 방출된 중성자와 양성자(그림 13-10). 알파선은 매우 약한 분자로 공기 상에서 몇 인치 밖에 이동하지 못한다. 알파선은 종이, 옷, 살갗을 통과하지 못한다. 알파선은 흡입하거나 소화했을 때 위험하다.
- *베타 방사선* 방사능 물질의 강력한 에너지로 방출된 중성자. 베타선은 알파선보다 더욱 많은 에너지를 보유하고 있기 때문에 공기 상에서 6~10피트를 이동한다. 베타선은 피부 안으로 몇 밀리미터 정도 관통한다.
- *감마 방사선* 엑스레이와 같은 고에너지 중성자. 감마선은 대부분의 물질을 통과하고 신체 내부의 모든 세포를 파괴시킬 수 있다. 감마선을 차단하기 위해서는 두껍고 밀도 높은 방어막이 필요하다. 감마선은 (분자 구조가 아니라) 전자파이기 때문에 소독이 필요 없다(방사선의 위험과 보호법에 대한 더 자세한 설명은 "독성학과 약물 남용"과 "환경 손상"을 참고한다).

## 독성학 용어

유해 물질의 독성 효과와 관련된 용어를 익혀둘 필요가 있다. 다음은 실제 현장에서 사용되는 가장 중요한 용어이다.

- *허용 농도/시간가중평균농도(TLA/TWA)* 하루 8시간, 주당 40시간 동안 건강 위해를 겪지 않고 노출될 수 있는 유해 물질의 최대 농도. TLA와 TWA가 낮아질수록 물질의 유독성이 높아진다. 노출 허용 한계도 이와 비슷한 측정 단위이다.
- *허용 농도/단시간 노출 농도(TLV/STEL)* 15분간 노출될 수 있는 물질의 최대 농도(시간 가중). 하루 4회 이상 반복 노출돼서는 안 된다(각 노출 사이에 60분간 휴식기가 있어야 함).
- *허용 농도/최고 허용 농도(TLV/CL)* 잠시라도 초과되지 않아야 하는 물질의 최대 농도
- *치사 농도/치사량(LCt/LD)* 피실험자 중 50%를 사망에 이르게 하는 공기 상 물질 농도이나 (복용, 주입, 흡수를 통한) 투여량. LCt50이나 LD50를 참고.
- *백만분율/십억분율(PPM/PPB)* 공기나 용액 상에 있는 백만 개 혹은 십억 개의 입자 중 존재하는 물질의 농도
- *생명에 즉시 위험한 농도(IDHL)* 생명에 즉각적인 위험을 초래하는 물질의 농도. IDHL은 지연 효과/비가역적 효과를 유발하거나 환자가 오염 구역에서 스스로 벗어날 수 있는 능력을 감퇴시킬 수도 있다.

# 오염과 독성학의 복습

오염과 독성학의 일부는 이미 4권의 8장에서 다루어보았을 것이다. "독성학과 약물 남용"에서는 복습 차원에서 유해 물질 사고와 관련이 있는 부분을 중점적으로 다루어 본다. 유해 물질이 의심되는 상황에는 5장에서 학습한 내용을 반드시 기억한다.

내용 요약

➤ 유해 물질 노출의 일반적 경로
- 흡인
- 국소성 흡수
- 비경구 투여
- 위장으로의 섭취

## 오염의 유형

사람이나 보호장비가 유해 물질로 의심되는 것에 접촉했을 때는 오염되었다고 간주한다. 오염은 크게 1차 오염과 2차 오염으로 나뉜다.

1차 오염은 사람이나 물체가 유해 물질에 직접 노출되었을 때 발생한다. 이 경우, 오염은 접촉된 대상에 한정되고 타인에게 확산되지 않았다.

2차 오염은 오염된 사람이나 물체가 또 다른 사람이나 물체에 접촉하여 오염이 확산되는 단계이다. 예를 들어, 응급구조사가 오염된 환자와 접촉한 경우 본인도 오염자가 된다. 가스 오염은 2차 오염으로 확대되는 경우가 드물지만, 액체나 분자성 물질은 확산이 쉽게 된다.

1차 오염과 2차 오염의 차이점을 더욱 쉽게 이해하기 위해서는 다음의 예시가 효과적이다. 화학물 수송용 파이프 라인이 파열되어 주변에 있던 사람에게 화학물이 분사되었다. 이는 1차 오염이다. 환자 중 한 명은 오염 구역을 벗어나 구급차를 요청한다. 이 환자는 현장에 도착한 구급차의 뒤 칸에 탑승하면서 응급구조사와 구급차를 오염원에 노출시킨다. 이는 2차 오염에 해당한다. 응급 구조팀의 일원으로서 응급구조사는 2차 오염의 대상이 되지 않도록 주의를 기울여야 한다.

## 오염 경로

인체는 주로 네 가지 경로를 통해 유해 물질에 노출된다. 가장 흔한 경로는 흡입이다. 가스, 액체, 분자성 고체는 비강이나 구강을 통해 흡입될 수 있다. 유해 물질이 기관지에 들어가면 (특히 산소가 부족한 환경일 경우) 급속하게 흡수된다. 흡수된 물질은 주요 순환계로 향해 전신으로 분포된다. 그 결과, 흡입된 물질은 특정 증상을 유발하게 된다.

독성 물질은 국소성 흡수나 비경구 투여를 통해 피부를 통해 체내로 유입될 수 있다. 표면적으로 피부를 통해 국소적으로 흡수되어 체내 순환계로 유입된 독성 물질은 (의료적으로 볼 때) 신체에 대한 위험요소로 간주된다. 독성 물질은 (투여되는 경우) 열상, 화상, 자상 부위를 통해 직접적으로 유입된다.

유해 물질 사고의 경우, 가장 드물게 작용하는 오염 경로는 위장으로의 섭취이다. 하지만 위장으로의 섭취가 발생하는 경우는 분명히 있다. 유해 물질이 관여되는 직군에 종사하는 사람은 그리 멀지 않은 거리에서 음식이나 음료수를 먹고 마시거나 담배를 피면서 유해 물질에 노출이 된다. 이 경우, 음식에 화학물이 노출되어 섭취되는 경우가 많다. 혹은 손을 깨끗이 씻는 것을 깜빡하고 음식을 섭취하다가 유해 물질이 체내로 유입될 수도 있다.

## 독성 물질의 오염 주기와 작용

(특정 물질이 체내로 유입되어 혈류로 이동하는 속도인) 흡수 속도는 독성 물질의 유형과 양에 따라 달라진다. 일반적으로 투여량이 많아질수록, 유해 물질이 신체에 미치는 영향이 커진다. 독성 물질은 매우 다양하기 때문에, 응급구조사는 앞서 언급된 유해 물질 관련 참고 정보를 통해 해당 물질의 영향, (체내에 축적되는 지점과 같은) 표적장기에 분포 등을 확인해야 한다.

독성 물질의 영향은 주로 급성 효과와 지연 효과로 나뉜다. 급성 효과는 유해 물질에 노출된 이후 곧바로 나타나는 증상 징후를 의미한다. 지연 효과는 몇 시간, 며칠, 수 주, 수 개월, 심지어 수 년에 걸쳐 분명히 나타나지 않을 수 있다. 가령 염소가스에 노출될 경우, 급성 효과로 즉각적으로 숨이 가빠질 수도 있다. 반면 발암 물질에 노출이 되는 경우, 악성 증상이 발생하기까지 수년이 걸릴 수도 있다. 이를 지연 효과로 볼 수 있다. (전쟁 환경에서 사용되는 수포작용제인) 겨자 가스와 같은 일부 물질은 즉각적인 손상을 입히지만, 피해자는 수 시간에 걸쳐 증상을 보이지 않는다.

체내에 외부 물질이 한번 유입되면 표적 장기로 확산이 된다. 화학물로 야기되는 효과는 국소적 혹은 전신에 걸쳐 나타날 수 있다. 국소성 효과는 직접적인 노출 부위에서 발생하고, (5권의 5장에서 설명된) 9의 법칙과 같은 표준을 통해 평가되어야 한다. 응급구조사는 보통 (국소적인) 피부 자극이나 (호흡기의) 급성 기관지 경련을 의심해볼 수 있다. 예를 들어, 피부에 퍼진 염산은 접촉 지점에 즉각적인 피부 손상을 유발한다.

**내용 요약**

➤ 유해 화학물 분류
- 부식물: 산성/알칼리성
- 폐자극제: 염소/암모니아 연기
- 살충제: 카르바민산염/유기태 인산염
- 탄화수소 용매: 자일렌/메틸렌 클로라이드

전신 작용은 신체 전반적으로 발생한다. 전신 효과는 심혈관, 신경학, 간, 콩팥 체계에 영향을 줄 수 있다. 예를 들어, 불산은 접촉 지점인 피부에 국소적인 화상을 유발할 수 있고, 저칼슘혈증과 부정맥 또한 초래할 수도 있다. 그 결과, 불산에 대한 접촉은 치명적일 수 있게 된다.

독성 물질에 가장 자주 영향을 받는 장기는 간과 콩팥이다. 간은 생체 전환이라는 과정을 통해 대부분의 물질을 화학적으로 변환시키면서 대사 처리를 한다. 일반적으로 콩팥은 소변을 통해 유해 물질을 배출한다. 하지만 간과 콩팥은 다른 장기 체계와 마찬가지로 화학물에 의해 악영향을 받을 수 있다. 이 경우, 신체가 독성 물질을 해독시키지 못하여 치명적인 상황을 초래할 수도 있다.

독성 물질에 오염된 환자를 처치할 때는 개별적으로는 아무런 영향이 없지만 두 개의 물질이나 약제가 함께 화학 작용을 하면서 발생하는 효과도 있다는 점을 고려한다. 상승 작용이라고 불리는 이 효과는 의학에 대한 표준적인 약학적 접근의 일부이다. 약제를 투여하기 전에는 예상치 못한 상승 작용이나 몰랐던 처치법을 확인하기 위해 항상 의료 감독자나 독성 물질 통제 센터와 상의를 한다.

## 일반적인 유해 물질 폭로에 대한 처치

환자가 노출될 수 있는 화학물의 수는 놀라울 정도로 많다. 이에 대한 처치책은 보조 처치에서 특정 해독제까지 다양하다. 응급구조사는 자신의 안전을 확보한 다음 모든 환자가 기도 보조 및 흡입 조치, 호흡 보조, 보조 산소 투여, 순환 보조, 정맥로 확보 및 삽입과 같이 필요한 보조 처치를 받고 있는지를 확인한다. 특정 약학적 처치를 시작하기 전에는 처치의 효용을 뒷받침하는 최소 두 개 이상의 근거를 찾아야 한다. 또한 응급구조사는 의료 감독자와 협의를 해야만 한다.

다음 단락은 환자가 겪는 가장 일반적 화학물 노출에 대한 설명이다. 이를 통해 각 상황에 맞는 화학물 노출의 영향과 처치법을 개괄한다. 하지만 이는 일반적인 개괄이 불과하고 앞서 설명한 더욱 상세한 정보 출처를 대체하지 못한다.

### 부식성 물질

산성이나 알칼리성과 같은 부식성 물질은 일상 속 많은 물질에서 확인될 수 있다. 예를 들어, 대부분의 배수관 청소기는 알칼리성 수산화나트륨을 포함하고 있다. 알칼리성 수산화나트륨은 물질 농도에 따라 피부와 기타 신체 조직에 손상을 입힐 수 있다. 부식성 물질은 흡인, 흡입, 흡수 혹은 투여될 수 있다. 부식성 물질의 주요 영향은 피부 화상, 호흡기 화상, 부종을 포함한다. 일부 부식성 물질은 전신성 효과를 유발할 수도 있다.

고형의 부식성 물질에 오염된 환자의 오염원을 제거할 때는 건조한 입자는 솔로 털어내야 한다. 기체 형태의 부식성 물질에 오염된 경우, 오염 부위를 다량의 물로 세척해야 한다. 녹색 비누의 팅크는 오염원 제거 효과가 있다. 안구 손상 부위에는 (테트라카인과 같은 안구용 국부 마취제를 사용하면서) 안구를 물로 세척하여 눈을 편안하게 만든다. 폐부종 환자의 경우, (라식스와 같은) 푸로세마이드나 알부테롤의 투여를 고려한다. 환자가 부식물을 삼켰을 때는 절대로 구토를 유발시키지 않는다. 환자가 삼킬 수 있고 침

**내용 요약**

- 시안 해독제 키트 사용법
  - 아질산아밀 앰플병을 매 15초 투여한다.
  - 아질산나트륨의 흡인이 될 때까지 1분 간격으로 위 조치를 반복한다.
  - 아질산아밀을 매 5분마다 정맥주사를 통해 300mg을 투여한다.
  - 티오황산나트륨을 매 5분마다 정맥주사를 통해 12.5g을 투여한다.
  - 필요한 경우, 투여량을 절반으로 줄이고 해독제 투여를 반복한다.

을 흘리지 않는다면, 응급구조사는 환자가 5mL/kg짜리 물을 200mL까지 마시게 할 수 있다. 다른 유형의 손상과 마찬가지로 기도, 호흡, 순환(ABC)을 유지 및 보조한다.

### 폐 자극제

많은 물질 속에는 (염소나 암모니아로부터 나오는 연기와 같은) 폐 자극제가 포함되어 있다. 염소는 흡인되었을 때 폐 분비물과 혼합되어 염산을 생성한다. 암모니아는 폐분비물과 혼합되어 알칼리인 수산화암모늄을 생성한다. 이러한 화학물은 조직 손상뿐만 아니라 폐부종을 유발한다. 이뿐만 아니라 염소나 암모니아는 피부에 닿으면 심각한 손상을 유발할 수 있다. 예를 들어, 액체형 암모니아는 냉동 화상을 야기한다.

일반적으로 유해 물질의 호흡기를 통한 노출 시에는 오염원을 제거할 수 없다. 하지만 응급구조사는 환자의 옷을 제거해서 신체를 덮은 옷 안에 유독 가스가 갇히지 않도록 한다. 응급구조사는 또한 오염된 피부를 다량의 물로 세척해야 한다. (테트라카인과 같은 안구용 국소 마취제를 사용하면서) 물로 안구를 세척하여 눈을 편안하게 만든다. 필요하다면, 폐부종은 푸로세마이드로 처치한다. 물론 기도, 호흡, 순환(ABC)의 유지 및 보조는 필수이다.

### 살충제

독성 살충제는 주로 카르바민산염과 유기인산염이 있다. 환자는 흡인, 흡수, 흡입, 투여의 네 가지 오염 경로를 통해 화학물에 접촉될 수 있다. 유해 물질은 신경 전달 물질인 아세틸콜린의 작용을 멈추게 하는 아세틸콜린에스테라아제(AChE)를 차단할 수 있다. 그 결과, 무스카린 수용체에 대한 과도한 자극과 유연증(Salication), 최루증(Lacrimation), 배뇨증(Urination), 설사(Diarrhea), 소화 불량(Gastroin-testinal distress), 구토(Emesis)의 약자를 딴 슬러지(SLUDGE) 증상이 나타날 수 있다. 니코틴 수용체의 자극은 근육과 동공의 불수의적 수축을 유발할 수 있다.

이러한 화학물은 피부에 남아있는 한 지속적으로 체내로 흡수된다. 따라서, 다량의 물과 녹색 비누의 팅크를 통한 오염원 제거가 필수적이다. 모든 옷과 장신구 아래에 남아있는 화학물질이 흡수되지 않도록 처리한다. 기도, 호흡, 순환(ABC)의 유지 및 보조한다. 기도의 분비물은 흡인기로 제거해야 할 수도 있다.

살충제에 오염되었을 때는 주로 아트로핀을 투여한다. 아트로핀의 투여량은 슬러지 증상이 완화되기 시작할 때까지 늘린다. 카르바민산염의 경우, 프랄리독심의 사용은 권장되지 않는다. 성인 환자가 발작 증세를 보일 경우, 5~10mg의 디아제팜을 투여한다. 환자가 화학물을 삼켰을 때는 구토를 유발시켜서는 안 된다.

### 질식제

가장 흔하게 접할 수 있는 질식제는 일산화탄소와 (쓴 아몬드 오일, 시안화수소산, 시안칼륨, 자연산 체리 시럽, 시안, 니트로프루시드와 같은) 시안화물을 포함한다. 일산화탄소와 시안화물은 연소의 부산물이기 때문에 환자가 연기 흡입 증상을 보이는 경우 이러한 물질에 노출되었는지를 반드시 확인해야한다. 대부분의 환자는 흡입을 통해 일산화탄소와 시안화물에 노출된다. 하지만 시안화물은 흡입, 흡수, 투여를 통해 체내에 유입될 수 있다는 점을 기억한다.

일산화탄소와 시안화물에 중독될 경우 체내에서 서로 다른 작용을 한다. 일산화탄소는 헤모글로빈과 속성이 대단히 비슷하다. (심지어 산소보다 헤모글로빈과의 유사성이 200배나 더 높다.) 그렇기 때문에 일산화탄소가 적혈구 내의 산소를 대체한다. 하지만 시안화물은 사이토크롬 산화 효소의 작용을 억제한다. 세포 내 미토콘트리아에서 발견되는 사이토크롬 산화 효소는 산소가 (모든 근육 에너지를 위한 필수 성분인) 아데노신 3인산을 생성하게 한다. 일산화탄소 노출로 인한 주요 영향은 정신적 상태의 변화와 흉부 통증, 의식 상실, 발작과 같은 저산소증의 여타 징후를 포함한다. 시안화물의 주요 영향에는 무의식 상태, 발작, 심폐정지 등의 급격한 증상이 있다.

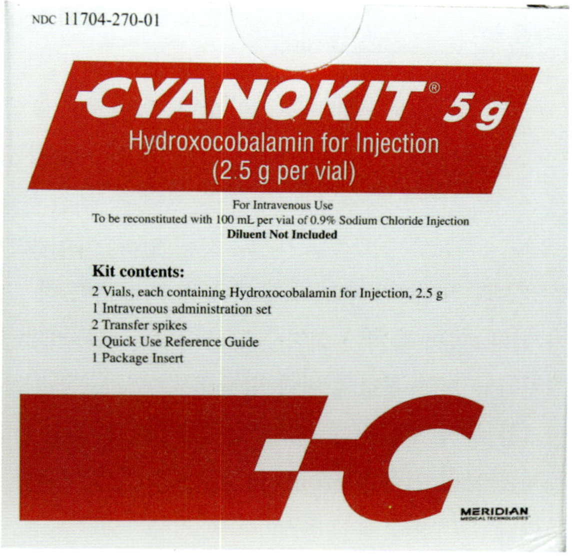


**그림 13-11** 시아노키트(© *Dr. Bryan E. Bledsoe*)

일산화탄소와 시안화물 질식제에 노출된 환자에 대한 오염원 제거 조치는 보통 불필요하다. 하지만 이러한 환자는 (응급 구조 인력을 청산가리 흡인 위험에 노출시키지 않게 하면서) 위험한 환경으로부터 구출해야 한다. 유독 가스가 옷 아래에 남지 않도록 환자의 옷을 벗기고 환자의 기도, 호흡, 순환을 보조 및 유지한다. 일산화탄소 중독에 대한 결정적 처치법은 산소화이다. 일부의 경우, (산소 주입을 통해 헤모글로빈 분자 속의 일산화탄소를 산소로 대체하는) 고압산소요법을 통해 산소화가 제공될 수 있다.

시안화물 오염에 대한 결정적 처치를 하는 데에는 두 개의 해독제가 있다. 첫째로는 (페서디나, 릴리, 테일러 키트라고도 불리는) 시안화물 해독제 키트는 세 가지 약제(아질산아밀, 아질산나트륨, 티오황산나트륨)를 포함한다. 해독제 키트를 사용할 때는 우선 아질산아밀을 투여한다. 단기적으로 작용하는 혈관 확장제인 아질산아밀은 헤모글로빈을 (시안화 이온과 함께 무독성 복합제를 형성하는) 메트헤모글로빈으로 전환시키는 효능이 있다. 앰플병을 거즈나 천으로 감싸서 손가락 사이에 끼우고, 매 15초마다 자발적으로 호흡을 하는 환자 앞에 둔다. 아질산나트륨의 흡인이 될 때까지 1분 간격으로 이 조치를 반복한다. 아질산아밀은 산소나 공기와 혼합되었을때 매우 변동성과 인화성이 높아진다. 이후에는 아질산나트륨은 5분에 걸쳐 정맥주사를 통해 300mg를 투여한다. (아질산나트륨은 메트헤모글로빈을 생성할 수 있다.)

아질산나트륨과 함께 티오황산나트륨을 5분에 걸쳐 정맥주사를 통해 12.5g을 신속하게 투여한다. 티오황산나트륨은 시안화물/메트헤모글로빈 복합제를 (콩팥에 의해 분비되는) 티오시안산염으로 변환시킨다. 문제의 증상이나 징후가 재발할 경우, 투여량을 절반으로 줄이고 해독 조치를 반복한다.

최근에는 더욱 안전성이 높고 유독성이 낮은 해독제를 사용할 수 있게 되었다(그림 13-11). 히드록소코발라민으로 불리는 이 해독제는 시아노키트(Cyano-KitTM)라는 상표로 시중에 판매되고 있다. 히드록소코발라민은 시아노코발라민(비타민 $B_{12}$)의 전구체이다. 히드록소코발라민이 투여될 경우, 시안화물과 사이토크롬 산화효소가 혼합되어 시아노코발라민이 생성된다. 생성된 과량의 시아노코발라민이 콩팥을 통해 체외로 배출된다.

내용 요약

➤ 소독법
- 희석
- 흡수
- 중화
- 격리 및 폐기

### 탄화수소 용매

자일렌과 메틸렌 클로라이드과 같은 용매로 작용할 수 있는 화학물은 많다. 일반적으로 액체의 형태인 자일렌과 메틸렌 클로라이드는 쉽게 흡인될 수 있는 증기를 내뿜는다. 이로 인한 주요 증상으로는 부정맥, 폐부종, 호흡기 부전 등이 있다. 지연 효과로는 주요 신경계와 콩팥계통의 손상이 있다. 자일렌과 메틸렌 클로라이드로의 노출은 고의적인 경우도 있다. 약물 중독자가 이러한 물질을 태운 연기를 마시면서 주요 신경계에 자극을 주어 쾌락을 느끼는 경우가 있다. 만약 환자가 화학물을 삼키고 구토를 하는 경우, 흡인은 폐부종으로 이어질 수 있다.

처치는 오염 경로에 따라 달라질 수 있다. 국소적 오염의 경우, 오염 부위를 다량의 물과 녹색 비누의 팅크를 통해 오염원을 제거한다. 환자가 용매를 삼킨 경우, 구토를 유발하지 않는다. 성인 환자가 발작 증세를 보일 경우 5~10mg의 디아제팜을 투여한다. 흡인의 경우 환자의 기도, 호흡, 순환을 유지 및 보조한다.

## 오염원 제거에 대한 접근법

앞서 설명했듯이 오염원 제거는 사람이나 장비에 대해 건강 위해를 방지하기 위해서 유해 물질을 감소 혹은 제거시키는 작업이다. 오염원 제거는 물리적 혹은 화학적 방법으로 가능하다. 물리적인 오염원 제거는 사람이나 장비로부터 화학물을 제거하는 것인 반면, 화학적 오염원 제거는 유해 물질의 유독성을 감소시키는 작업이다.

오염원 제거 절차에는 몇 가지 달성 목표가 있다. 우선 오염원 제거는 오염된 환자에게 노출된 유해 물질의 양을 줄인다. 두 번째로 오염원 제거는 구급 인력, 현장의 인력, 주변 행인, 병원 인력, 구조 인력의 가족, 일반 시민의 2차 오염의 위험을 줄인다.

### 오염원 제거 방법

오염원 제거의 주요 네 가지 방법은 희석, 흡수, 중화, 격리 및 폐기이다. 오염원 제거는 유해 물질의 유형과 오염 경로에 의해 달라진다. 많은 경우 구급 인력은 오염원 제거 작업을 위해 두 가지 이상의 방법을 사용한다.

#### 희석

희석은 오염된 사람이나 물체를 다량의 물로 세척하는 작업이다. 물은 (특히 국소적 흡수를 감소시키기 위해) 보편적인 오염원 제거제로 간주된다. 세척 작업은 팅크가 들어있는 녹색 비누와 같은 비누를 사용하면 더욱 효과적이다. 유해 물질을 물로 세척하면 물질의 농도를 크게 줄여서 더 이상 위험하지 않은 수준까지 희석시킬 수도 있다. 소량의 화학물을 물과 섞여서는 안 된다는 점을 반드시 기억한다.

#### 흡수

흡수 작업을 위해 패드나 수건을 통해 유해 물질을 닦아내야 한다. 흡수 작업은 (환자를 건조시키는 차원에서) 보통 물 세척이 끝나고 적용된다. 흡수 조치는 오염의 정도를 더욱 낮출 수 있지만 일반적으로 주요 오염원 제거법으로 고려되지 않는다. 흡수는 사고 환경 정리 및 청소 작업으로 위해 더욱 자주 사용된다.

### 중화

중화는 (산성을 알칼리성에 추가하는 것과 같이) 한 물질을 통해 다른 물질의 독성을 줄이거나 없애는 것이다. 중화는 세 번째로 활용되는 오염원 제거법이지만 응급의료 요원 사이에서는 거의 사용되지 않는다. 현장에서는 유해 물질과 적절한 중화제를 파악하는 것이 어렵다. 게다가 중화는 발열 반응을 일으키거나 다량의 열을 방출시키는 경우가 많다. 이때 발생하는 열은 화학물 만큼 혹은 그보다 더 위험할 수 있다. 세척 작업은 보통 화학물을 더욱 빠르게 희석 및 제거시키고 현장에서 가용할 수 있는 장비를 고려할 때 더욱 실용적인 방식이다.

**내용 요약**

➤ 가장 일반적인 소독 용매제
- 물
- 녹색 비누의 팅크
- 이소프로필 알콜
- 식물성 기름

### 격리 및 폐기

격리 및 폐기는 환자나 장비를 유해 물질로부터 떨어뜨리는데 그 목적이 있다. 격리는 추가적인 오염과 폭로를 방지하기 위해 사고 현장에 별도의 구역을 설치하면서 시작된다. 이후 유해 물질 제거팀은 환자를 핫 존에서 웜 존으로 이동시킨다. 마지막으로 (환자의 옷이나 장신구와 같이) 유해 물질을 포함하거나 묻어있을 수 있는 물건들을 제거해야 한다. 오염된 물체는 모두 적절하게 폐기되거나 별도로 보관되어야 한다.

## 오염원 제거에 대한 결정

오염원 제거 작업을 하기 위해서는 "생명 안전, 사고 안정화, 재산 보존"이라는 사고 관리의 우선순위를 항상 기억해야 한다. 이러한 우선순위는 사고 현장에서 결정을 내릴 때 항상 고려되어야 한다. 예를 들어, 응급구조사가 오염원 제거에 사용된 물이 환경 파괴의 원인이 되지 않도록 유의해야 한다. 하지만 환경적인 고려는 생명에 대한 위험요소가 없을 때에만 우선순위를 갖는다. 즉, 오염원이 제거된 환자가 안정적인 상태이고 더욱 상태가 악화되지 않을 것을 보일 경우에만 환경에 대한 고려를 중점적으로 한다. 생명에 대한 위험이 존재하는 경우, 환자가 우선이고 환경은 나중에 생각한다.

### 응급의료 운영의 방식

일반적으로 응급의료 요원은 환자를 발생시키는 유해 물질 사고 현장에서 두 가지 유형의 작업을 한다. 이는 단기적인 결정과 장기적인 결정이 있다. 단기적 결정은 구조 인력의 오염을 방지하거나 생명에 대한 분명한 위험요소를 다루기 위해 즉각적인 조치가 필요할 때 내린다. 장기적 결정은 유해 물질 제거반이 환자를 구출하고, 유해 물질을 확인하고 오염원 제거 및 처치법을 결정하는 상황에 내린다.

**단기적 결정** 환자의 의식이 남아있는 유해 물질 사고 현장에서 오염된 환자는 스스로 현장을 탈출하는 경우가 많다. 이러한 환자는 주요 사고 구역을 벗어나 응급 구급팀이 있는 곳으로 이동한다. 이러한 경우, 응급구조사는 구조대원의 오염을 방지하기 위해 단기적인 결정을 내려야 한다. 유해 물질 제거반이 도착하고 작업을 시작하는 데까지는 시간이 소요된다는 점을 기억한다. 그렇게 시간이 소요되는 동안, 오염된 환자는 현장을 완전히 벗어나려고 할 수도 있다. 그렇기 때문에 모든 응급의료 요원은 전체적인 오염에 대비가 되어있어야 한다. 기본적인 개인 보호구는 항상 제 위치에 비치되어야 하고, 모든 의료 인력은 4장에서 설명된 2단계 오염원 제거 절차를 숙지해야 한다.

중환자가 발생하거나 알 수 없는 혹은 생명에 치명적인 물질이 있는 모든 사고 현장에서는 단기적(짧은 시간 내에) 결정을 내릴 수 있어야 한다. 화재 진압 인력은 현장에 매우 신속한 편이고 세척 및 오염원 제거에 필요한 물을 대량 운반한다. 환자의 옷을 제거하고, 생명에 치명적인 문제를 처치하고, 물로 세척을 한다. 저체온증 방지를 위해 온수의 사용이 권장되지만, 온수가 항상 현장에서 가용할 수 있는 것은 아니다. "응급구조사 자신이 환자가 되지 않는다."라는 응급의료체계의 제1원칙을 반드시 기억한다. 응급구조사나 동료 대원은 심지어 중환자를 구출하지 못하더라도 오염원에 노출되지 않아야 한다. 대신 추가 요청된 지원이 오기 전까지는 환자를 격리시킨다.

유해 물질에 오염된 중환자를 처치할 때는 빠른 위험 대 장점 평가를 하는 것이 중요하다. 응급구조사는 다음과 같은 문제를 자문해 보아야 한다. 오염원 제거 조치 시 삽관 조치를 실시할 경우 얼마나 많은 위험을 감수해야 하는가? 환자는 지금 정맥주사가 정말 필요한가? 서둘러서 실시하는 전문 소생 조치가 효과를 보이기는 만무하지만, 하나의 실수가 구조 인력을 환자로 전락하게 만들 수 있다. 섣불리 행동을 하기 전에 잠시 심사숙고를 한다. 환자의 상태가 치명적이지 않은 사고 현장의 경우, (특히 유해 물질을 발견할 수 있는 경우) 구조 요원은 더욱 신중한 접근법을 취한다. 앞서 설명한 일반적인 절차를 마치고 난 다음 오염원 제거 및 처치 조치를 동시에 진행한다. 하지만 유해 물질이 확인되었는지의 여부에 따라 응급구조사는 유출량과 같은 다른 문제에 관심을 가질 수 있어야 한다. 응급구조사는 걸어다닐 수 있는 정도의 환자의 오염원을 제거함으로써 통제된 환경에서 환자의 사생활을 더욱 보호할 수 있다. 응급구조사는 환자에 대한 모니터링, 환자의 의복 재착용, 환자의 격리 등과 같은 작업에 더욱 시간을 할애할 수 있다.

**장기적 결정** 시간적 여유가 있는 상황인 경우, 응급구조사는 장기적 결정을 생각하게 된다. 이러한 결정은 주로 환자가 핫 존에 있고 자구책으로 탈출하려 하지 않는 상황에 내린다. 지금까지 응급의료 요원은 핫 존에 진입하여 환자를 구출할 훈련을 받거나 장비를 갖추지 못했다. 대신 유해 물질 제거반이 즉각적으로 지원 요청되고 응급의료 요원은 제거반이 도착할 때까지 기다리는 것이 보통이다. 제거반은 응급구조사나 동료 대원이 의료적 모니터링을 실시하고 오염원 제거 통로를 설치할 때까지 현장에 도착하지 않는다. 제거반이 현장에 도착하는 데까지는 60분 이상이 소요된다.

장기적 결정은 오염원 제거의 적절한 시기, 개인 보호구 확보, 2차 오염의 감소, 환경에 대한 고려, 유해 물질에 대한 연구 등에 있어서 상당히 많은 장점이 있다. 장기적 결정은 오류의 가능성을 줄이고 단기적 결정보다 더 선호된다. 하지만 스스로 위험 구역을 탈출하려는 환자로 인해 현장에 막 도착한 응급구조사는 결정을 서두르게 된다. 유해 물질 사고의 경우, 항상 단기적 결정에 대한 대비를 해두어야 한다.

## 현장 오염원 제거

앞서 설명하였듯이 오염원 제거법과 개인 보호구 유형은 문제의 물질에 따라 달라진다. 조금이라도 확신을 할 수 없다면 최악의 상황을 염두하고 대비를 한다. 모르는 유해 물질을 취급한 경우, 섣불리 중화시키려 하지 않는다. 알지 못하는 화학 반응을 유발하지 않기 위해 물 세척을 하기 전에 건조한 화학물 입자를 털어낸다. 이후 가능하다면 녹색 비누와 함께 다량의 물로 세척을 한다. 이소프로필 알콜은 이소시아네이트에 효과적인 물질이고, 식물성 기름은 물에 반응하는 물질의 오염원 제거에 사용된다.

### 2단계 오염원 제거 절차

(보통 단기적 결정이 필요한) 전체적인 오염원 제거 절차를 위한 시간적 여유가 없는 환자에게는 포괄적인 오염원 제거를 위한 2단계 소독 절차를 사용한다.

- *1단계* 구조대원은 신발, 양말, 장신구를 포함한 환자의 옷을 모두 제거한다. (유해 물질 사고가 일어나기 전에 개인적 영향을 설명할 수 있는 방법을 마련해야 한다.)

- *2단계* 구조대원은 환자를 비누와 물로 세척하고, 세척된 물에 자신이 접촉하지 않도록 유의한다. 세척을 반복하면서 세척된 물이 매번 안전하게 배출되도록 한다. 두피, 모발, 귀, 비강, 겨드랑이, 손톱, 배꼽, 생식기, 사타구니, 둔부, 무릎 뒤편, 발가락 사이, 발톱 등 오염원 제거가 힘든 부위에 특별한 주의를 기울이는 것이 중요하다.

**내용 요약**

➤ 2단계 오염원 제거 절차
- 옷과 개인 장비 제거
- 포괄적인 오염원 제거(2회)

## 8단계 오염원 제거 절차

8단계 절차는 오염원 제거 통로에서 실시되고 2단계 절차보다 더욱 상세하다. 핫 존을 벗어나기 위해 유해 물질 제거는 다음과 같은 절차를 따른다.

- *1단계* 구조대원은 오염원 제거 통로의 핫 존을 통해 오염원 제거 구역으로 진입하고 환자로부터 오염물을 기계적으로 제거한다.
- *2단계* 구조대원은 오염된 장비를 장비 회수 구역에 두고 장갑을 벗는다.
- *3단계* 의료 인력을 소독 및 샤워를 시키고, 모든 환자와 구조대원을 스크럽으로 문지르면서 전체적인 오염원 제거를 한다. 피부 표면의 오염원 제거가 끝나면, 오염 부위에 희석 조치를 한다. 환자는 6~7단계로 넘어갈 수도 있다.
- *4단계* 구조대원은 독립적 호흡장치(SCBA)를 제거하고 격리시켜야 한다. 오염 구역에 재진입해야 할 경우, 구조팀은 비오염 구역에서 가져온 새로운 독립적 호흡장치를 착용한다.
- *5단계* 구조대원은 모든 보호복을 제거한다. 오염된 물품은 따로 처리를 위한 라벨을 붙여 오염된 공간에 보관한다.
- *6단계* 구조대원은 모든 개인 의복을 제거한다. 오염된 옷을 제거하지 않은 환자는 옷을 벗는다. 제거된 물품은 모두 비닐봉투에 담아 폐기 처분이나 보관을 위한 라벨을 붙인다.
- *7단계* 구조대원과 환자는 부드러운 스크럽 솔이나 스펀지, 물, 성분이 약한 비누나 세제를 통해 전신을 세척 받는다. 세척 도구는 추후 폐기 처분될 수 있게 비닐봉투에 따로 보관한다.
- *8단계* 환자는 병원으로 이송되어 추가 처치를 받기 전에 급속 평가와 안정화 조치를 받는다. 응급의료 요원은 구조대원을 의료적으로 모니터링하고, 위험물에 노출 기록을 작성하고, 필요한 경우 구조대원을 병원으로 이송한다.

8개의 단계는 고정된 절차가 아니다. 현지 체계에 따라 작은 수정사항은 있을 수 있다. 응급구조사는 현지의 오염원 제거 절차를 숙지해야 한다.

## 환자 이송 시 고려사항

현장에서 오염원 제거를 받은 환자는 완전히 오염원이 제거된 것이 아니다. 현장에서 오염원 제거를 한 환자는 반제염 환자라고도 불리고, 의료 시설에서 더욱 침습적인 오염원 제거 절차를 받을 필요가 여전히 있을 수도 있다. 유해 물질 폭로의 유형에 따라 손상 부위는 죽은 조직 제거술을 필요로 할 수 있고, 모발이나 손톱은 다듬어지거나 제거될 필요가 생길 수 있다. 완벽히 오염원이 제거된 사망환자 보다 전체적으로 오염원을 제거한 살아있는 환자를 병원에 이송하는 것이 좋다. 현장에서 오염원이 제거된 환자는 더욱 세부적인 오염원 제거 처치가 가능한 의료 시설로 이송해야 한다.

현장에서 오염원이 제거된 환자를 이송할 때는 항상 환자의 신체에 독성 물질이 남아있을 수 있다는 점을 기억한다. 예를 들어, 화학물을 삼킨 경우 환자가 기침이나 구토를 하면서 독성 화학물이 밖으로 배출될 수도 있다. 그렇기 때문에 유독 물질 처리 장비를 최대한 자주 활용한다. 공기를 통해 확산되는 유해 물질은 구급차 뒤편에 있는 구조대원뿐만 아니라 운전자 또한 오염시킬 수 있다는 점을 기억한다. 구급차 내부를 플라스틱 재질로 구분하는 것은 실용적이지 않지만, 들것으로 오염원 제거 관리를 하여 환자를 격리시킬 수 있다. 이 방법은 환자의 잠재적인 오염 체액으로부터 예방할 수 있고, 플라스틱은 추가적인 보호막 기능을 할 수 있다.

## 유해 물질 보호 장비

유해 물질 사고 현장에서 사용되는 개인 보호 장비는 구조대원의 손상을 제한 및 방지하기 위해 제작된

그림 13-12a 에어 탱크를 붙잡아 준다.

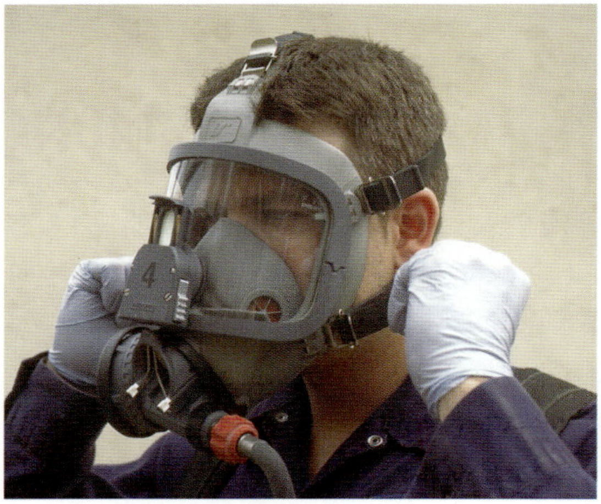

그림 13-12b 마스트를 착용시킨다.

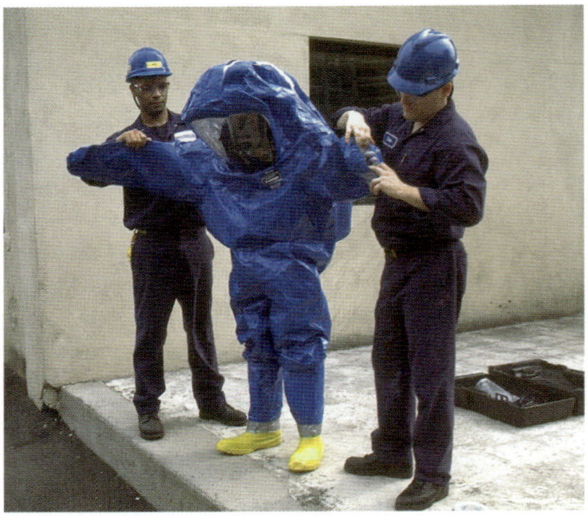

그림 13-12c 후드를 잡아 준다.

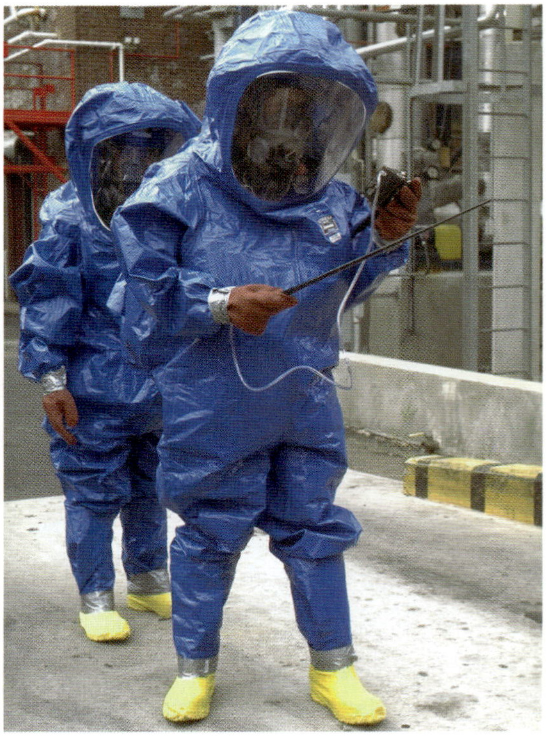

그림 13-12d 유해 물질 보호복 완전 착용

다(그림 13-12a~13-12d). 예를 들어, 안전모는 구조대원을 머리에 떨어지는 물건으로부터 보호한다. 기본적으로 유해 물질 보호 장비에는 레벨 A(최대 단계)부터 레벨 D(최소 단계)까지 총 4단계가 있다.

**내용 요약**

➤ 현장 진입 전/후 기록 작업
- 혈압
- 맥박
- 호흡수
- 체온
- 체중
- 심전도 결과
- 정신적/신경적 상태

- *레벨 A* 최상급의 호흡기 보호구와 스플래시 보호구를 제공한다. 이러한 유해 물질 보호구는 (심지어 독립적 호흡장치까지 보호하는) 구조대원을 화학물로부터 완전히 보호하는 기능을 한다. 알 수 없는 물질이 있고 호흡기 및 피부에 대한 위험이 있는 핫 존에 진입하는 유해 물질 제거반 대원은 완전히 밀폐된 비침투성 수트를 주로 착용한다.
- *레벨 B* 피부에 대한 위험이 비교적 낮으며, 호흡기에 대한 완전한 보호 기능을 제공한다. 레벨 B 수트는 전신을 완전히 덮지는 않지만 화학적 저항력이 높은 편이다. 지퍼, 장갑, 부츠, 마스크의 접점을 위한 솔기는 강력 접착테이프로 밀폐시킨다. 독립적 호흡장치는 수트 밖에 착용되어 기동성을 높이고 독립적 호흡장치의 교체를 더욱 용이하게 만든다. 일반적으로 소독 처리반은 레벨 B 보호 장비를 착용한다.
- *레벨 C* 비침투성 수트, 부츠, 안구 및 수부 보호 장비를 포함한다. 레벨 C 보호 장비는 독립적 호흡장치(SCBA) 대신 공기정화 호흡용 보호구(APR)를 사용한다. 공기정화 호흡용 보호구는 필터기를 통해 일반 환경에서 알려진 오염원을 걸러낸다. 이때 정화통은 특별히 선별되어야 하고, 유해 물질 사고 대응시 자주 사용되지는 않는다. 레벨 C 보호복은 2차 오염의 위험이 있는 환자를 이송할 때 사용된다.
- *레벨 D* 방화복과 같은 방화용 장비로 구성된다. 일반적으로 레벨 D 장비는 유해 물질 사고에 적합하지 않다.

착용해야 하는 유해 물질 보호 장비는 현장에서 발견되는 화학물에 의해 결정된다. 이상적인 경우, 사고 현장의 화학물을 신속히 확인하여 투과성 차트를 통해 투과 시간을 파악해야 한다. 모든 유해 물질 사고에 효과적인 단 하나의 재질은 존재하지 않는다. 재질은 특정 화학물에 저항력이 있지만, 다른 화학물에는 취약한 경우가 많다.

응급의료 요원은 적절한 개인 보호구 없이 유해 물질 사고 현장에 진입하지 않아야 한다. 모든 구급차에는 완전한 수준은 아니더라도 어느 정도의 개인 보호구가 비치되어야 한다. 상황이 급박하고 문제의 화학물이 확인되지 않는 경우, 방어막을 최대한 활용한다. 방화복이나 타이벡 보호복이라고 특별히 더 효과적이지는 않다. 헤파 필터 마스크와 이중/삼중 장갑은 일부 유해 물질에 대한 좋은 보호 기능을 한다. 라텍스 장갑은 화학적 저항력이 없다는 점을 기억한다. 대신 대부분의 화학물에 대한 저항력이 있는 나이트릴 장갑을 사용한다.

또한 가죽 부츠는 화학물을 영구적으로 흡수하기 때문에, 반드시 고무 부츠를 착용해야 한다.

## 의료적 모니터링과 재활

앞서 설명한 것처럼 유해 물질 사고에서 응급의료 인력이 수행하는 주요 역할 중 하나는 현장에 진입하는 구조대원에 대한 의료적 모니터링이다. 모든 유해 물질 제거 대원은 매년 신체 검진을 받고 기본 활력 징후가 파일에 기록된다.

## 현장 진입 준비

현장에 진입하기 전에 응급구조사와 여타 동료는 구조대원을 평가하고 "혈압, 맥박, 호흡수, 체온, 체중, 심전도, 정신적/신경적 상태"와 같은 정보를 사고 기록표에 기록한다. 비정상적인 징후가 발견되는 경우, 구조대원이 구조 작업을 하지 않도록 한다. 유해 물질 제거 인력은 2인 단위로 핫 존에 진입하고 핫 존의 바깥 부근에서 개인 보호구를 착용한 2명 이상의 인력을 대기시킨다. 유해 물질 사고 현장에서 사용되는 개인 보호구는 상당한 스트레스와 탈수 증세를 유발할 수 있다. 그렇기 때문에 현장 진입팀의 인력은 8~16온스의 물이나 스포츠 음료수를 마셔서 미리 수화 조치를 취한다. 스포츠 음료수는 물과 함께 섭취할 경우 더욱 효과적이기 때문에, 50% 정도 물로 희석시키는 것이 좋다.

그림 13-13 오염원 제거 절차에 따른 구조대원

## 현장 대피 이후의 재활

유해 물질 사고 현장 진입팀이 핫 존을 벗어나 오염원 제거 조치를 마치고 나면, 대피 후 의료 모니터링을 위해 응급의료 요원에게 보고를 해야 한다(그림 13-13). 작업 공정도 상의 동일 변수에 대한 측정 및 기록을 한다. 유해 물질 제거반에게 더욱 많은 물이나 물로 희석한 스포츠 음료수를 제공하여 재수화 조치를 한다.

의료 감독자와의 상의나 현행 의료 지침의 확인을 통해 경구/정맥 투여를 통해 수액 보충 방식을 결정한다. 유해 물질 제거반은 의식이 명료하고, 빈맥이 없고, 정상 혈압이고, 정상 체중인 경우가 아닌 이상 핫 존에 재진입해서는 안 된다.

## 열 스트레스 요인

열 스트레스를 평가할 때 응급구조사는 많은 요인을 고려해야 한다. 주요 고려 사항에는 온도와 습도가 있다. 사전 수화 조치, 활동의 기간 및 정도, 구조대원의 전반적인 체력 및 체질은 응급구조사의 평가 대상에 속한다. 레벨 A 수트는 구조대원을 보호하지만 열손실까지 방지한다. 구조대원은 출구가 없는 후덥지근한 사우나 속에서 작업을 하는 것과 다름없다. 수트는 유해 물질을 차단하는 동시에 증발, 전도, 대류, 복사 작용을 통해 열손실을 방지한다. 그렇기 때문에 현장 진입 이후의 의료적 모니터링에서 열 스트레스는 우선순위 목록의 상위에 위치해야 한다.

# 훈련의 중요성

응급구조사는 유해 물질 사고 현장에서 중요한 역할을 수행한다. 응급구조사는 사고 지휘 통제소를 확립하고, 최초 결정을 내리고, 현장에서 유해 물질 제거반을 포함한 모든 응급의료 및 구조 인력을 보호한다. 그렇기 때문에 응급구조사는 대부분의 응급의료체계에서 사용되는 전문 기술을 충분히 실습해야 한다.

다음은 응급구조사가 주기적으로 해야 하는 임무이다. 레벨 B 유해 물질 보호 장비를 입고, 벗는다. 현지 유해 물질 제거반과 함께 신속한 2단계/8단계 소독 절차를 확립한다. 응급의료팀 동료와 함께 화학물의 종류 확인, 적절한 개인 보호구, 효과적인 오염원 제거 방법을 시뮬레이션하는 훈련을 해야 한다. 현장 진입 전/후의 의료적 모니터링과 문서 기록을 훈련한다. 환자 이송 훈련을 주기적으로 한다. 이러한 기술은 가장 분주한 응급의료체계 외에는 자주 사용되지 않기 때문에 현지 유해 물질 제거반과 함께 주기적인 실습 훈련을 해야 한다.

## 요약

응급의료팀의 모든 요원은 유해 물질 사고에 대비하고 있어야 한다. 항상 유해 물질 사고에 (특히 초기 단계에) 투입될 수 있다는 마음가짐으로 임무를 수행해야 한다. 다른 응급의료 작업처럼 주요 고려사항은 응급구조사 자신의 안전이다. 환자의 생명이 응급구조사의 생명보다 앞서지 않는다. 이는 급박한 상황일수록 더욱 중요하다. 섣불리 구조 작업을 하려다가 걸어다닐 수 있을 정도의 오염원에 폭로된 환자에 의해 2차 오염자가 되지 않아야 한다. 2차 오염자가 된 응급구조사는 유해 물질 사고 처리에 전혀 도움이 되지 않는다.

## 현장 출동 후 결과 분석

응급구조사는 고속도로에 발생한 차량 충돌 사고 현장에 출동 요청을 받는다. 현장에 도착한 응급구조사는 한 차량이 트랙터-트레일러에 후방 충돌한 것을 확인한다. 트럭에서 두 사람이 빠져나와 구급차를 향해 걸어온다. 두 사람 모두 호흡기 질환을 보인다. 응급구조사는 자동차의 운전자가 의식을 잃은 체 운전대에 누워있는 것을 발견한다. 신속히 현장 평가를 한 응급구조사는 트럭의 뒤편에 흑백의 경고판이 부착된 것을 확인한다. 경고판에는 해골과 사선으로 놓인 뼈 문양과 함께 6과 2783이라는 숫자가 적혀있다. 응급구조사는 트럭의 뒷문에서 후방 충돌한 차량의 후드로 어떤 액체가 뚝뚝 떨어지는 것을 발견한다. 트럭 탑승자는 구급차의 측면으로 걸어온다. 응급구조사는 이들이 지나치게 많은 침, 눈물, 땀을 흘리고 있는 것을 본다. 이 중 한 명은 창문을 두드리며 "도와주세요. 숨을 못 쉬겠어요."라고 말한다.

1. 급속 현장 평가를 기준으로 볼 때, 사고 현장에서 무슨 일이 일어난다고 볼 수 있는가?

2. 응급구조사의 초기 우선순위는 무엇인가?

3. 사고에 관여된 문제의 물질을 어떻게 확인할 것인가?

4. 어떠한 추가 자원을 요청할 것인가?

5. 발생한 사고는 단기적 사고인지 장기적 사고인지를 설명하시오.

6. 응급구조사는 어떠한 초기 조치를 취해야 하는가?

*이 책 뒷부분에 제시된 해설을 참고한다.*

## 복습 문제

1. 유해 물질 사고 대응에 대한 화재예방협회(NFPA) 다른 기준과 마찬가지로 유해 물질 사고에 대응하는 응급의료 요원에 대한 훈련의 표준이 되는 것은?
   a. CRF 1910.120 b. NFPA 473
   c. 40 CFR 311 d. ASTM 1147

2. 다음 보기 중 유해 물질 사고에 대한 응급의료 대응을 위한 세 가지 단계의 훈련에 속하지 않는 것은?
   a. 인지 단계 b. 응급구조사 레벨 4
   c. 응급의료 1단계 d. 응급의료 2단계

3. 유해 물질 사고 현장에서 기본 사고 관리 체계(ICS)가 필요로 하는 것은?
   a. 지휘 통제소　　b. 작업 준비실
   c. 소독 통로　　d. 위의 모두

4. 운송 중인 유해 물질 확인을 위해 경고판 사용을 실시하는 기관은?
   a. UN
   b. 미국 화재예방협회(NFPA)
   c. 미 교통부(DOT)
   d. 미국 국립산업안전보건연구원(NIOSH)

5. 24시간 상시 무료 전화 상담 연결 서비스를 제공하고, 특정 물질의 화학적 속성에 대한 정보를 제공하고, 해당 물질의 처리 방법까지 알려주는 기관은 무엇인가?
   a. 환경보호청(EPA)　　b. 미국 국립해양대기청(NOAA)
   c. CHEMTREC　　d. CAMEO

6. 지휘 통제소, 의료적 모니터링 및 재활 조치, 처치 구역, 장비 대기 구역을 포함한 사고 대응 작업이 진행되는 통제 구역은?
   a. 핫 존　　b. 웜 존
   c. 배타적 구역　　d. 콜드 존

7. 인체가 유해 물질에 노출되는 가장 흔한 경로는?
   a. 호흡기 흡인　　b. 국소성 흡수
   c. 비경구 투여　　d. 위장으로의 섭취

8. 특히 국소성 흡수를 감소시키기 위해 가장 범용적으로 사용되는 오염원 제거 용액은?
   a. 물　　b. 산소
   c. 아트로핀　　d. 아질산나트륨

9. 여러분은 "단기적 결정"을 사용할 필요가 있을 수 있다. 어떤 유형의 위험 환자를 처치할 때인가?
   a. 부서진 차의 가솔린을 몸에 뒤집어 쓴 소아 환자
   b. 사고 현장에서 걸어오는 환자로 오염된 모습이고 다치지 않은 환자
   c. 오염된 사망자로 이동시키려고 할 때 다른 사람들을 오염시킬 수 있는 환자
   d. 유해 물질이 흘러나오는 현장에 반응 없이 발견된 환자

10. 시간과 장비가 허용되면, 물에 반응하는 물질에 노출된 환자의 오염원 제거를 도와줄 때 무엇을 사용해야 하나?
   a. 이소프로필 알코올　　b. 물
   c. 식물성 기름　　d. 수소를 제거한 물 (dehydrogenated water)

*이 책 뒷부분에 제시된 해답을 참고한다.*

## 참고문헌


1. United States Department of Transportation, Pipeline and Hazardous Materials Safety Administration. [Available at http://www.phmsa.dot.gov/public/definitions]
2. Keim, M. M. "The Public Health Impact of Industrial Disasters." Am J Disaster Med 6 (2011): 265–272.
3. Decker, R. J. "Acceptance and Utilization of the Incident Command System in the First Response and Allied Disciplines: An Ohio Study." J Bus Contin Emer Plan 5 (2011): 224–230.
4. Oberg, M., N. Palmen, and G. Johanson. "Discrepancy among Acute Guidelines for Emergency Response." J Hazard Mater 184 (2010): 439–447.
5. Scanlon, J. "Chemically Contaminated Casualties: Different Problems and Possible Solutions." Am J Disaster Med 5 (2010): 95–105.
6. Hall, A. H, J. Saiers, and F. Baud. "Which Cyanide Antidote?" Crit Rev Toxicol39 (2009): 514–552.


## 추가문헌


De Lorenzo, R. A., and R. S. Porter. Weapons of Mass Destruction: Emergency Care. Upper Saddle River, NJ: Pearson/Prentice Hall, 2000.

Emergency Response Guidebook: A Guidebook for First Responders During the Initial Phase of a Dangerous Goods/Hazardous Materials Transportation. Washington, DC: U.S. Department of Transportation, 2008.

Leonard, J. E., and G. D. Robinson. Managing Hazardous Materials. Rockville, MD: Institute of Hazardous Materials Management, 2002.

Meyer, E. Chemistry of Hazardous Materials. 4th ed. Upper Saddle River, NJ: Pearson/Prentice Hall, 2005.

NFPA 473. Standard Competencies for EMS Personnel Responding to Hazardous Materials Incidents. 2008 ed. Quincy, MA: National Fire Protection Agency.

NFPA 704. Standard for Identification of the Fire Hazards of Materials. 2012 ed. Quincy, MA: National Fire Protection Agency.

Noll, G. G., M. S. Hildebrand, and J. G. Yvorra. Hazardous Materials: Managing the Incident. 3rd ed. Chester, MD: Red Hat Publishing, 2005.

Chapter 14

# 범죄 현장 인지

Crime Scene Awareness

Bryan Bledsoe, DO, FACEP, FAAEM, EMT-P
Dale Carrison, DO, FACEP, FACOEP
Daniel Limmer, AS, EMT-P

## 단원 표준

평가(현장 평가)

## 학습 역량

현장/환자 평가 결과와 역학 및 병태 생리학 지식을 종합하여 현장 초기 평가를 작성한다. 이는 평가 내용의 수정과 처치 계획의 수립을 위해 임상적인 분석을 통해 차등적 진단 목록을 개발하는 것을 포함한다.

## 학습 목표

### 최종 목표

14장을 읽은 학습자는 범죄 현장과 증대되는 폭력 위험에 대응할 때의 특수상황을 현장 관리 및 환자 처치에 대한 전반적인 접근법에 통합시킬 수 있다.

### 수행 목표

최종 목표를 달성하기 위해 다음 사항은 필수적이다.

1. 이 장에서 제시된 핵심 키워드를 숙지한다.
2. 미국에서 폭력과 관련된 역학과 인구 통계를 설명할 수 있다.
3. 현장에 도착하기 전에 위험요소에 대해 경고를 받은 경우 혹은 신고 전화가 들어왔을 때 위험이 발생한 경우, 현장에 도착했을 때 해당 위험을 발견하고 응급구조사 자신을 보호하기 위해 취해야 하는 조치를 설명할 수 있다.
4. 길가나 고속도로에서 호출을 받거나 폭력사건이 있는 거리로 갈 때, 응급구조사가 겪을 수 있는 위험을 피하는 단계들을 설명할 수 있다.
5. 필요에 따른 퇴각, 은폐, 엄폐, 교란, 회피, 접촉 및 엄호, 경고 신호, 통신 등의 작전을 실시할 수 있다.
6. 방호복 사용의 이점과 한계점을 설명할 수 있다.
7. 전략적 응급의료체계의 역할을 설명할 수 있다.
8. 범죄 현장 인지와 증거물에 대한 고려를 유지하면서 법 집행기관과 긴밀한 협력을 통해 환자 처치를 제공하는 응급의료체계의 역할을 설명할 수 있다.

## 핵심 키워드

혈흔 증거, blood spatter evidence
방호복, body armor
은폐, concealment
CONTOMS, CONTOMS
엄폐, cover
기동 응급구조사(EMT-Ts), EMT-Tacticals (EMT-Ts)
증오 범죄, hate crimes
미세 증거물, particulate evidence
특수 기동대(SWAT), special weapons and tactics (SWAT) team
전략적 응급의료서비스(TEMS), tactical emergency medical service(TEMS)

## 사례 연구

밤 10시 30분, 응급구조사의 구조팀은 확인되지 않는 사고로 인해 청주 대형마트 대로에서 출동 요청을 받는다. 사고 지점은 도시 내에서 치안이 좋은 편이다. 현장에 도착한 응급구조사는 구급차의 경광등을 끈다. 응급구조사는 현장에 도착하기 전에 통합상황관리센터에 추가적인 정보를 요청한다. 응급상황관리자는 중년의 남성이 "아픈 사람이 있습니다. 도와주세요. 지금이요!"라고 하면서 구급차를 요청했다고 한다. 신고자는 추가적인 정보도 없이 전화를 끊었기 때문에, 응급구조사는 의심스러운 마음이 든다. 컴퓨터 신고 기록 시스템에 따르면, 해당 지역에서는 기존의 신고 내역이 없고 폭력 사건이 발생한 적도 없다.

동료 구조사는 사건 현장으로부터 두 채의 집이 떨어진 거리에 구급차를 세운다. 응급구조사와 동료는 사고가 일어난 조용한 가정집을 지켜본다. 응급구조사는 아무런 위험 징후를 발견할 수 없기 때문에, 동료 구조사는 제반 장비를 사고 현장으로 더욱 가까이 이동시키기 위해 구급차에서 나와 필요한 장비만 챙겨 문제의 현장으로 접근한다. 서로에 대한 시야를 확보한 채 분리해서 이동하고 주택으로 접근한다. 다가가 집안을 잘 볼 수 있는 장소를 확보했다.

동료 구조사는 주택의 앞 유리창을 보다가 한 중년 남성이 비슷한 나이대의 여성의 위에 서있는 것을 발견한다. 여성은 매우 위독해 보인다. 다툼이나 싸움, 중독 증세, 혹은 다른 비정상적 행동의 징후는 보이지 않는다.

응급구조사가 주택의 문으로 접근하는 것이 안전하다고 판단한 후 노크를 하자 남성은 "제 아내가 너무 아파합니다."라고 하면서 서둘러 들어오라고 한다. 그는 "무엇을 해야 할지 모르겠습니다. 이쪽으로 오세요."라고 말한다.

응급구조사가 자신을 소개했지만 남성이 잘 듣지 못한다는 점을 즉시 발견했다. 남성은 생각했던 것보다 더욱 나이가 있었고, 제정신이 아니었다. 상황을 보니 남성이 119에 더욱 자세한 정보를 제공하지 못했던 것이 이해가 되었다.

응급구조사는 환자가 흉부 통증을 겪고 있고 구토를 해온 점을 확인한다. 응급구조사는 전문 소생술 지침에 따라 환자를 처치하고 환자와 남편을 모두 병원으로 이송한다. 이번 사건에는 폭력에 의한 폭행은 없었다. 하지만 사고 신고에 대해 신중한 접근을 한 것은 출동한 대원 중 그 누구도 후회하지 않는다. 응급구조사는 조용한 신고가 요란스러운 신고만큼이나 우려스러울 수 있다는 점을 깨닫는다. 요란스러운 신고의 경우, 문제를 의심해 볼 여지라도 있다. 의심스러운 신고로 시작된 이번 사건은 결국 합리적인 이유가 밝혀졌지만, 응급구조사는 구급차에 오르기 전부터 혹시 있을지도 모르는 폭력사고에 대해 품었던 의심에 따라 자신의 안전이 좌우된다는 사실을 다시 한번 확인한다.

## 개요

폭력은 어디서든 발생할 수 있다. 도심, 근교, 교외 등 근무지의 위치에 상관없이 응급구조사는 폭력의 영향을 받게 될 수 있다. 폭력은 가정 폭력에서 거리에 있는 폭력 집단의 활동에 이르기까지 다양한 형태를 띤다. 폭력에는 주먹에서 총기 그리고 폭발물에 이르기까지 다양한 무기가 사용될 수도 있다.

폭력 행위를 저지르는 범법자는 연령과 배경이 다양하지만, 지난 20년간 청소년 사이의 폭력이 눈에 띄게 증가했다.

미국국립상해예방대책센터의 폭력 방지과에 따르면, 살인, 강간, 절도, 가중 폭행에 대한 범인 체포율은 특히 15~34세 사이에서 일관되게 높은 수치로 나타난다. 더욱 놀랍게도 미국에서는 10~24세 사이에서 매일 평균 16건의 청소년 살인 사건이 발생한다. 10~24세 사이에서는 살인 사건이 아프리카계 미국인의 최대 사망 원인이고 히스패닉계 미국인의 제 2 사망 원인이다.

폭력 범죄 피해자의 약 6명 중 한 명 꼴로 (주로 응급의료서비스에 의한) 의료적 주의 조치가 필요하다. 몇몇 연구에 따르면 피해자 중 상당수가 폭력 사실을 경찰에 보고하지 않는다고 한다. 그렇기 때문에 폭력 피해자가 접촉하는 (그리고 추가적인 피해를 방지할 수 있는) 유일한 전문 인력은 아마도 응급의료 인력일 것이다.

더욱 최근에 급부상하고 있는 폭력 유형은 학교 폭력이다. 학교 폭력은 청소년 사이에서 번지고 있는 폭력 유형으로 신체적 손상, 사회적/정서적 고통, 심지어 사망까지 초래하는 사회적 문제이다. 피해자 청소년은 우울증이나 불안 증세와 같은 정신 건강 문제나 두통이나 학교 부적응과 같은 심신증을 겪게 될 위험이 크다. 가해 청소년 또한 마약 복용, 학업 부진, 청년기/성인기의 폭력 성향 강화 등의 문제를 겪을 위험이 커진다.

사회 속에서 폭력이 늘어나고 있는 추세이지만, 응급의료 인력의 입장에서 보면 언제 어디서 폭력 사건이 발생할지 예상하는 것은 거의 불가능한 일이다. 응급구조사가 대응하는 신고 전화는 폭력의 위험 없이 처리되는 것이 대부분이다. 사실 응급구조사는 폭력 행위보다는 맞은편에서 돌진하는 차량에 의해 손상을 입을 위험이 더 크다. 하지만 범죄 현장 인지에 대한 주의를 늦출 수는 없다. 그렇지 않을 경우, 폭력 사건의 피해자 혹은 인질이 될 수도 있다.

6장에서 설명되듯이 안전을 위한 응급구조사의 가장 중요한 전략은 폭력적 상황을 최대한 빨리 발견하는 것이다. 폭력 사건을 몇 시간 전부터 예측하는 것은 불가능하지만, 응급구조사는 위험 징후에 대해 경계심을 유지할 수 있다. 응급구조사는 거리의 폭력 집단이나 마약 거래가 왕성한 구역과 같이 폭력 사태가 불거질 수 있는 지역 문제에 대해 잘 알고 있어야 한다.

응급구조사는 폭력적 상황과 추가 지원 요청할 수 있는 자원을 다루는 표준 운영 절차(SOP)을 숙지해야 한다. 예를 들어, 응급 구조팀은 (현장에서 법 집행 인력에 의료서비스를 제공하는) 기동 응급의료서비스(TEMS)에 대한 접근성을 확보하였는지를 확인한다. 기동 응급의료서비스에 접근이 가능하다면 언제 어떻게 연락을 취할지를 확인한다. 응급구조사는 신고 전화가 접수된 때부터 구급차를 타고 근무지 복귀할 때까지 위험 징후에 대한 경계를 항상 늦추지 않는다.

## 현장 접근

응급구조사의 안전 전략은 신고가 접수되어 응급상황관리자로부터 출동 요청을 받을 때부터 시작된다. 가장 기본적인 정보조차 전략에 중요한 단서가 될 수 있다. 응급상황관리자는 최대한 많은 정보를 얻기 위해 신고자가 전화를 끊지 않게 노력한다. 응급상황관리자는 싸우고 있거나 술이나 마약에 취한 사람과 같은 주변 소음에 주의를 기울여서 현장에 출동하는 응급 구조팀에게 위험을 미리 알린다. 현대의 컴퓨터 기반 응급 전화 신고 기록 시스템은 특정 지역의 기존 신고 전화에 대한 정보를 제공하고 폭력 사건의 기록이 있는 지역일 경우 상담원에게 "주의 알림"을 표시한다.

하지만 전산화가 기반이 된 체계 속에서도 최고의 정보는 응급구조사들의 경험에서 비롯된다. 과거 응급 신고에 대한 기억은 문제 자체에 대한 지표만큼이나 중요하다. 예를 들어, 싸움이 나기로 소문난 클럽이나 바에 출동한 경우, 응급구조사는 현장에 도착하기 전부터 이미 의심 지수를 높인다.

### 생각해 볼 수 있는 시나리오

응급의료 신고 대응 시 폭력 상황을 발견할 수 있는 시나리오는 세 가지를 떠올려 볼 수 있다. 응급상황관리자는 출동하고 있는 응급구조사에게 현장이 폭력적일 수 있다고 주지시킨다. 이에 응급구조사는 일찍부터 위험에 대해 주의를 하고 출동할 수 있다.

또한 응급구조사는 현장에 도착하기 전까지 위험요소를 알지 못한 채 현장 평가 및 접근을 시도하게 될 수도 있다. 세 번째 시나리오로 응급구조사는 환자 처치나 이송을 하지 전까지 위험에 직면하지 않을 수도 있다.

## 출동 중 위험에 대한 정보를 받은 경우

출동 중에 현장이 위험하다는 정보를 받은 경우, 경찰에 의해 안전이 확보될 때까지는 현장에 접근하지 않는다. 구급차의 경광등과 사이렌은 더 많은 행인을 끌어 모으고 범인의 주의를 끌 수가 있기 때문에 신중하게 사용하거나 아예 사용하지 않는 것을 권장한다.

그림 14-1 안전이 확보되지 않는 한 현장에 접근하지 않는다. 현장 안전이 확보되어도 폭력은 항상 발생할 수 있다.
(ⓒ *Craig Jackson/In the Dark Photography*)

경찰을 따라 현장에 진입하지 않는다. 그럴 경우, 폭력의 중심에 휘말릴 수도 있다. 응급구조사가 현장에 최초로 도착하는 경우, 행인이나 사건 관련인의 주의를 끌지 않도록 구급차를 시야에서 보이지 않게 정차한다. 경찰이 현장의 안전을 확보할 때까지 작업 준비 구역을 설치한다.

사고 관리는 기관 간의 협응력에 달려 있다. 경찰 인력과 원활한 통신을 한다. 통신 및 보고 상의 용어에 있어서의 차이를 이해해야 한다. 예를 들어, 경찰이 사용하는 코드 1 응급 상황은 응급의료체계에서는 코드 3 응급 상황에 해당한다. 현장 진입 시 경찰과 함께 항상 행동한다.

폭력은 경찰이 현장에 있음에도 불구하고 발생하거나 재발할 수 있다. 또한 유니폼 색깔이나 배지의 모양으로 인해 응급구조사는 경광등과 사이렌이 켜진 차에서 내릴 때 경찰 인력으로 오인받을 수도 있다. 사람들은 응급구조사가 폭력 상황을 중재하거나 공권력의 무능을 이유로 응급구조사에게 폭력을 행사할 수도 있다. 현장이 안전하지 않다면, 즉시 후퇴한다(그림 14-1).

## 현장 도착 시 위험요소 관찰

상황실에서 미리 위험에 대해 알려주지 않더라도, 현장에 도착한 응급구조사는 위험에 대한 가능성을 배제하지 않아야 한다. 현장 평가의 주 목적 중 하나는 최대한 위험요소를 찾아보는 것이다. 위험요소에는 방치된 전선, 난폭한 애완동물, 불안정한 차량, 유해 물질을 포함한다. 이러한 위험요소를 찾아보면서 거리에 몰려든 인파, 비정상적인 적막감, 어두워진 주택 등 이상 징후를 확인한다. 응급구조사는 "문제가 확인되지 않음. 신고자가 전화를 끊음"이라고만 말하는 것보다는 의료적 응급 상황에 대한 더 자세한 이해를 위해 여러 다른 차원의 접근법을 취한다. 즉각적인 위험요소가 모두 배제되지 않는 한 구급차를 벗어나지 않는다.

사건 신고에 대한 의심이 든다면, 구급차를 사고 현장에서 멀리 정차한다. 현장에서 보이는 위치에 구급차를 정차할 경우, 사고 현장 진입에 일반적이지 않은 접근법을 취한다(그림 14-2). 보통 사람들은 응급구조사가 인도를 사용할 것이라고 생각할 것이다. 그렇기 때문에, 주택의 측면이나 잔디밭으로 접근하거나 주택에 근접해서 이동한다. 주택과 빛을 비추는 구급차 사이에 위치하는 것을 지양한다. 역광을 등에 업고 이동해서는 안 된다. 또한 이동할 때 손전등을 몸 앞이 아니라 옆으로 든다(그림 14-3). 무장을 한 가해자는 빛을 향해서 발포하는 경향이 있다.

그림 14-2 일반적이지 않은 경로를 따라 일렬로 위험할 수도 있는 현장에 접근한다.

그림 14-3 몸의 앞이 아닌 측면에 손전등을 든다. 무장을 한 가해자는 불빛을 향해 발포를 하는 경향이 있다.

응급구조사는 자신의 존재를 알리기 전에 위험의 징후에 귀 기울이고 관찰해야 한다. 가능하다면 창문 안을 들여다보면서 싸움이나 다툼, 무기, 혹은 술이나 마약 사용의 흔적을 살핀다. 천천히 문의 손잡이 방향 혹은 문의 경첩 반대편으로 이동한다(그림 14-4). 소란스러운 소리, 물건이 부서지는 소리, 횡설수설하는 소리, 이상한 적막감과 같은 이상 징후를 찾는다.

사고 현장에 접근하는 도중 위험요소를 발견할 경우, 즉시 멈추고 상황을 재평가한다. 계속해서 진입하거나 경찰이 올 때까지 후퇴를 하는 것이 응급구조사의 안전을 위한 방법인지를 결정한다. 손상이나 사망의 위험을 감수하는 것보다는 안전을 택하는 것이 좋다.

그림 14-4 노크를 할 때는 문의 측면에 선다. 문이나 창문의 바로 앞에 서있지 않는다. 불필요한 공격을 받을 수도 있다.

## 환자 처치 및 이송 시 발생하는 위험

신고에 대응하기 위해 출동을 할 때는 (특히 폭력 사건 사례가 있는 지역의 경우) 경계를 늦추지 않는다. 현장에 도착한 응급구조사는 무기나 마약을 발견할 수도 있고 난폭한 사람이 현장에 남아있을 수 있으며, 환자나 주변 행인은 분노에 휩싸이거나 위협을 가할 수도 있다.

환자 처치가 시작되었다 해도 응급구조사는 자신의 안전을 최우선적으로 생각해야 한다. 응급구조사는 두 가지 전략적 선택권이 있다. 우선 환자를 기본적 안전조치 후 즉시 이송을 시작할 수 있으며, 혹은

**내용 요약**

➤ 잠재적으로 위험한 사고 현장
- 고속도로 사고 현장
- 거리의 폭력 사건
- 마약 범죄
- 무균 상태의 제약 실험실
- 가정 폭력

응급구조사에게 현장의 위험성이 매우 큰 경우 환자를 현장에 두고 대피한다.

응급구조사의 행동 결정은 현장의 위험 수준에 따라 달라진다. 환자를 방치하는 것은 항상 문제가 될 수 있다. 하지만 대부분의 경우 응급구조사는 잘 알려진 위험요소가 있는 경우 환자를 두고 대피할 수 있는 법적 권리가 있다. 폭력사고의 경우 항상 사건에 대한 정확한 기록을 하는 것이 중요하다. 어떠한 상황이든 해결할 수 있는 방법이 있다. 더 이상 상황을 해결할 방법을 모색하지 않는 태도는 또 다른 응급 상황으로 이어진다. 표준 운영 절차에는 반드시 비상 대피 계획이 포함되어야 한다. 비상시에는 또 다른 피해자가 되지 않기 위해 응급구조사는 적절히 대피 조치를 취해야 한다.

## 특정 위험 사고 현장

대부분의 병원전 응급의료서비스는 통제된 환경에서 응급환자를 충족시키기 위해 개발되었다. 하지만 최근 들어 이렇게 제한적인 역할을 위해 훈련된 응급의료 인력은 잠재적으로 위험한 상황에 더욱 투입이 되고 있다. 이로 인해 응급구조사로부터 (응급의료서비스 프로그램에서는 보통 교육되지 않는) 특수 자원 활용 능력과 전략적 판단 및 기술이 요구되고 있다. 거리의 폭력 사건으로부터 응급구조사가 생존하는 능력은 위험에 대한 인지와 구조대원 및 환자의 안전에 위해가 될 수 있는 요소에 대한 이해에 달려있다. 다음 사례들은 거리에서 마주칠 수 있는 위험요소 중 일부를 설명한다. (전략적 안전 전략은 후반부에서 다루기로 한다.)

### 고속도로 사고 현장

앞선 사례의 위험요소는 주로 주택에 집중되었다. 하지만 차량 충돌 차량, 차량 오작동, ("운전대에 남자가 쓰러져있어요"라는 식의) 차량 내부에서 질환에 시달리거나 무의식 상태에 빠진 환자 등과 같은 신고에 응급의료팀이 대응하는 경우도 많이 있다. 고속도로 상의 작업이 수반하는 위험과 응급구조사가 자신을 보호하기 위해 취해야 하는 조치는 이미 1장과 4장에서 설명되었다. 하지만 응급구조사가 고속도로 상의 작업을 하다 보면 술이나 마약에 취했거나, 경찰의 추격을 받거나, 무기를 소지한 사람이 차량에 탑승하고 있는 위험에 직면할 수 있다. 다음은 위험에 대한 경고가 되는 징후이다.

- 난폭한 행동
- 정신적 상태의 변화
- 차량 안에서 특정 물건을 꽉 쥐거나 감추는 행위
- 탑승자 간의 말다툼 혹은 싸움
- 어떤 종류의 활동이 예상되지만 아무런 활동이 없는 경우
- 알코올/마약 복용의 물리적 징후(예, 술병, 맥주 캔, 주사기 등)
- 문이 열린 트렁크(사람이나 무기의 은신처일 수 있음)
- 탑승자 간의 진술 불일치

도로변 응급 상황 시 차량에 안전하게 접근하기 위해서 다음과 같은 절차를 거쳐야 한다.

- 도로 상에서 안전한 지점에 구급차를 세운다. 주차한 후 상황, 위치 등을 상황실에 보고한다.
- 한 사람이 문제의 차량에 접근한다. 구급차는 높은 좌석으로 인해 시야가 더욱 잘 확보되기 때문에, 운

전자는 구급차에 남아 있는다.

- 운전자는 즉각적인 지원을 요청하는 무선 통신에 대비하고 동료 구조사가 돌아오면 현장을 신속하게 떠난다.
- 야간에는 구급차의 경광등을 켜서 차량에 빛을 비춘다. 하지만 구급차와 다른 차량 사이를 걷지 않는다. 역광이 되면 범인에게 손쉬운 표적이 되기 때문이다.
- 경찰은 운전자 측면에서 차량에 접근하기 때문에 응급구조사는 반대로 승객의 측면에서 접근한다.
- 차량의 문, 차체(기둥)을 엄폐물로 활용한다.
- 뒷 자석을 살핀다. 뒷좌석이나 발 밑 공간에 위험이 없다고 확신하지 않는 한 C 문 기둥 앞으로 섣불리 이동하지 않는다.
- 위험 징후가 발견되면 곧바로 구급차로 (혹은 다른 전략적 엄폐 장소로) 후퇴한다.
- 모든 후퇴 및 대피 장소는 반드시 구급차 운전자와 공유되어야 한다.

## 거리의 폭력 사건

응급구조사는 거리에서 임무를 수행하다가 여러 다른 유형의 폭력 사건을 목격할 수 있다. 멀리 갈 필요도 없이 요즘 뉴스에서 거리의 폭력 사건이 자주 다뤄지고 있다. 폭력 사건은 시민 개인에 대한 폭력에서 국내외 조직적 테러 행위에 이르기까지 다양하다. 다음 단락은 응급구조사가 거리에서 임무 수행 시 마주칠 수 있는 위험 상황을 소개한다.

### 살인, 폭행, 강도

최근에 범죄율은 전반적으로 감소했지만, 수백만 건의 폭력 사건이 여전히 발생하고 있다. 폭력 사건은 가정집, 학교, 상업 건물에 걸쳐 광범위하게 일어난다. 하지만 미 법무부에 따르면 폭력 사건은 대부분 거리에서 (종종 가해자 자택의 5마일 반경에서) 발생하고 있다. 폭력 범죄는 발생 빈도로 볼 때 단순 폭행, 가중 폭행, 강간, 성폭행, 강도, 살인 순으로 일어난다.

폭력 범죄 중 1/4은 가해자가 무기를 사용하거나 무기의 사용으로 위협을 했다. 살인은 권총을 통해 가장 자주 발생하지만, 흉기나 둔기 혹은 여타 유형의 총기나 무기 또한 사용되는 경우도 있다. 폭력 사건의 5건 중 1건으로 알코올 남용이 관여된다.

90년대 후반과 2000년대 초기에는 (발생 동기에 있어 차이는 있지만) 증오 범죄가 증가했다. 증오 범죄는 인종, 피부색, 국적, 성별, 장애, 성적 지향성 등을 근거로 개인에게 가해지는 범죄이다. 많은 주나 커뮤니티에서는 (현장에서 사용할 수 있는 절차를 포함하는) 증오 범죄의 관리에 대한 법령을 통과시켰다. 증오 범죄 관리에 대한 현지법이 있는지를 확인하고 응급구조사가 속한 기관이 준수해야 하는 지침 사항을 확립한다. 예를 들어, 증오 범죄에 대응할 때는 신중하게 구급팀원을 배정해야 한다. 응급구조사는 추후에 법정에서 쓰일 특정 정보에 대해 잘 숙지하고 있어야 한다.

폭력 범죄 현장에 대응할 때는 다음과 같은 사항을 유의한다.

- 폭력 범죄에 위험한 무기가 사용되었을 수도 있다.
- 범인은 현장에 남아있거나 돌아올 수도 있다.
- 환자는 (특히 형법 처벌로 인한 벌금이 우려될 경우) 응급의료 인력에게 폭력을 행사할 수도 있다.

### 위험한 군중과 주변인

앞서 설명한대로 응급구조사는 거리에서 발생한 사건에 대응할 때는 군중 심리를 잘 파악해야 한다.

특히 범죄 사건의 경우, 군중은 쉽게 격분하고 수가 늘어나는 속성이 있다. 군중이 난폭해지면 불특정 물체나 사람에게 폭력이 향할 수 있다. 난동을 부리며 격분하는 군중은 응급구조사라고 해서 예외를 두지 않는다. 군중이 있을 때는 다음과 같은 위험 징후에 유의한다.

- 점점 거세지는 목소리나 고성
- 서로 밀치는 행위
- 범인, 피해자, 경찰 등 현장에 있는 누군가에게 적대감을 표시하는 행위
- 빠르게 증가하는 군중의 수
- 경찰의 군중 통제력 상실

응급구조사는 자신을 보호하기 위해서 군중을 지속적으로 감시하고 필요한 경우 대피를 한다. 가능하다면 다시 현장에 돌아올 필요가 없도록 환자와 함께 현장을 빠져 나온다. 신속한 환자 이송을 하기 위해 현장에서는 제한적인 혹은 전략적인 평가를 하고 비교적 안전한 구급차 내부에서 더욱 심층적인 평가를 한다. 빠른 평가 및 환자 이송에 대한 이유를 반드시 기록한다.

### 거리의 폭력 집단

갱단은 친목, 자기 보호, 대리 가족의 형성, 범죄성 사업 등 여러 가지 목적을 중심으로 모인 집단을 포함한다. 갱단은 대도시, 근교 도시, (최근에는) 교외 지역에서도 발견되고 있다. 그 어떤 응급의료 구조팀은 갱단의 활동으로부터 자유롭지 못하다. 일부 갱단은 불법 사업에 대한 감시망을 피해 소도시로 영역을 넓히고 있다.

청소년 갱단은 미국의 청소년 폭행에 있어 지나치게 많은 비중을 차지하고 있다. 갱단 활동은 높은 수준의 비행, 마약 복용, 신체적 폭행, 무기 소지와 연관성이 있다. 인구학적 배경에 상관없이 미국의 청소년은 모두 갱단이나 갱단의 활동에 대해 어느 정도 알고 있다고 밝혔다.

미국에서 가장 규모가 크고 악명이 높은 갱단은 크립스, 블러드, 라틴 킹즈, 헬스 엔젤, 아웃로스, 페이건, 밴디토스 등이 있다. 이들 집단의 변형된 형태와 여타 갱단은 미국 전역에 걸쳐 발견된다. 일부 지역에서는 갱단이 화약 폭탄, 화염병, (제한적으로 수류탄과 같은) 군사용 폭발물을 위협이나 복수의 무기로 사용한다. 갱단과 마약 매매 간에는 강력한 연결 고리가 형성되어 마약은 갱단의 활동에 자금줄 역할을 하고 있다.

일반적으로 관찰된 갱단의 특징은 다음을 포함한다.

- *외양* 갱단의 일원은 집단의 특성에 맞는 독특한 의상을 자주 입는다. 의상은 주로 특정 색상이 정해진 경우가 많기 때문에 이는 갱단을 대표하는 색상을 의미하는 것으로 인식되는 경우가 많다. 특정 색상으로 입힌 반다나만 걸쳐도 갱단의 회원임을 보일 수 있다. 갱단 내부에서 일원들은 서로 다른 물건이나 복장을 착용하여 서로간의 계급을 나타낸다.
- *그래피티* 갱단은 배타적인 영역을 가지고 있다. 갱단의 멤버는 집단의 대표적 로고를 그래피티로 그려서 침입자에게 경고의 메시지를 보내고, 자신들의 범행을 떠들썩하게 자랑하고 상대편 갱단을 모욕하고, 경찰을 조롱한다.
- *타투* 많은 갱단 멤버는 타투나 신체의 표시를 통해 자신의 입회 사실을 알린다. 일부 갱단에서는 타투가 의무인 경우도 있다. 타투는 갱단의 대표 색상과 동일하고 집단의 상징적 모토나 로고로 새겨진다.
- *손짓/언어* 갱단은 자신만의 소통 수단을 갖는 것이 보통이다. 일상적인 용어에 갱단과 관련된 의미를 부여하거나 암호를 만들기도 한다. 손짓으로 하는 사인은 갱단의 일원임을 신속히 알리거나, 경찰의 등장을 경고하거나, 타 갱단에 대한 조롱 등의 의미를 담는다. 갱단 일원은 손짓 사인을 너무나 빨

리 하기 때문에 일원이 아닌 외부 사람이 알아차리지 못하는 경우가 많다.

갱단의 영역으로 진입하는 응급의료팀은 혹시 모를 폭력 상황에 대해 각별한 주의를 기울여야 한다. 응급구조사의 유니폼이 경찰의 유니폼과 유사할수록 위험은 더욱 커진다. 경찰에 체포된 적이 있는 갱단은 일원이 부상을 입어도 병원으로 이송하려는 혹은 갱단의 영역 밖으로 이송하려는 응급구조사를 끝까지 저지할 수도 있다. 응급구조사의 안전이 문제가 될 경우, 무리해서 환자를 구하려 하지 않는다.

## 마약 범죄

마약밀매와 폭력은 밀접한 관계가 있다(그림 14-5). 불발이 된 마약 거래로 인해 매년 수백 명의 사망자가 발생한다. 또한 마약 거래집단은 마약 보관소와 마약 주사 장소를 부비트랩, 무기, 난폭한 사냥견 등을 통해 철통같이 보호한다. 빠르게 흐르는 현금 거래, 중독, 자동 소총이 넘쳐나는 마약 매매 현장은 무심코 진입한 사람에게나 불법 마약 거래를 소탕하기 위해 잠복 근무를 하는 요원에게나 모두 위협적이다.

응급의료 전화 신고가 들어왔을 때 마약 범죄를 의심해볼 수 있는 단서를 확인한다.

- 신고 지역의 과거 마약 거래 기록
- 환자가 마약을 복용한 과거 이력
- 행인이 한 말 중 마약과 관련된 내용
- 현장에서 사용되는 마약 용품은 다음과 같다.
  - 지퍼 처리된 가방이나 유리병
  - 구석이 찢겨져 마약 포장지가 보이는 샌드위치 백이나 구석이 묶이지 않고 풀려 마약 사용 흔적이 보이는 샌드위치 백
  - 주사기나 바늘
  - 유리 튜브, 파이프, 직접 만든 흡인성 마약
  - 화학적 냄새나 잔여물

위와 같은 물건을 발견한 경우, 현장에서 마약이 존재하거나 사용되었음을 간주한다. 환자가 마약에 관여되지 않았을지라도 현장의 누군가는 다를 수도 있다. 모든 마약 복용자가 응급구조사에게 해가 되는 것은 아니다. 이들 중 일부는 진실로 도움을 요청할 수도 있다. 상황별로 신중한 평가가 필요하다. 무엇

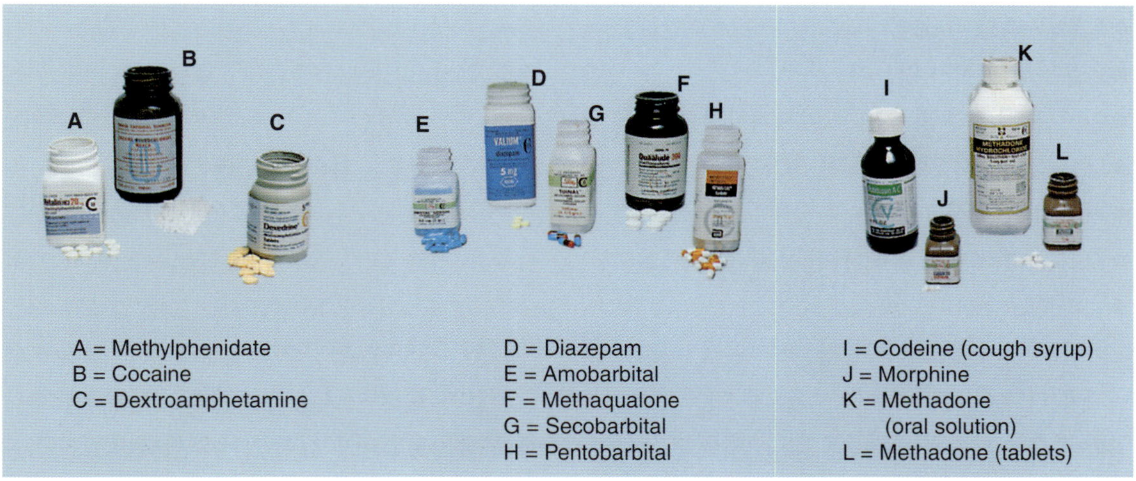


**그림 14-5** 복용이나 거래되는 마약은 다양한 형태를 갖춘다. 다음은 거리에서 가장 흔하게 판매되고 사용되는 마약 중 일부이다. 마약을 거래하거나 사용하는 사람은 폭력적인 행동을 보일 수 있다.

보다도 초기의 위험 징후가 의심될 때 후퇴를 하고 경찰의 지원을 기다려야 한다.

## 마약 제조실

마약 상인은 실험실 같은 공간을 설치하여 규제 약물을 제조하거나 규제 약물을 정제형 약과 같은 수익성과 사용성이 높은 제품을 형태로 변형시킨다. 마약 제조실에서 만들어지는 가장 일반적인 유형은 거리에서는 "크랭크", "스피드", "크리스탈"이라고도 불리는 메타암페타민이다. 다른 마약으로는 LSD와 크랙이 있다.

"클랜 랩"이라고도 불리는 마약 제조실은 세 가지 요건이 있다. 바로 기밀성과 사용성 그리고 (유리 제품, 화학물 용기, 가열 맨틀, 버너와 같은) 장비이다(그림 14-6). 대부분의 마약 제조실은 이상한 냄새, 수상한 물품의 배달, 의심스러운 활동 등에 의해 이웃이 신고를 한다.

그림 14-6 (a) 메타암페타민을 제조하는 클랜 랩은 구조대원에게 위험을 초래할 수 있다. 제조실에 있는 많은 용매와 시약은 매우 독성이 짙고 폭발성이 높다(ⓒ *AP Photo/The News-Item, Larry Deklinski*) (b) 분말형 메타암페타민(*Photo courtesy of US Drug Enforcement Administration*)

마약 제조실을 급습하는 것은 유해 물질 사고를 알고도 유발시키는 것과 다름없다. 마약 제조실에는 독성 연기와 격렬하게 반응할 위험이 있는 화학물로 가득하다. 현장에 있는 사람은 자신을 위험 구역에서 구출하러 오는 구조대원과 싸우거나 총으로 공격하면서 상황을 더욱 복잡하게 만든다. 마약 상인은 도망치면서 부비 트랩을 실수로 밟거나 경찰이나 응급의료 인력이 밟게 할 수도 있다. 마약 제조실에 진입할 때는 다음과 같은 조치를 취한다.

- 현장을 즉시 떠난다.
- 아무것도 만지지 않는다.
- 이미 진행 중인 화학 반응은 저지하지 않는다.
- 담배를 피우지 않고 불꽃을 일으킬만한 것은 아무것도 마약 제조실로 들이지 않는다.
- 경찰에 상황 신고를 한다.
- 사고 관리 체계와 유해 물질 통제 절차를 실시한다.
- 대피를 고려한다.

마약 상인의 제조실은 농장, 트레일러, 아파트 등 어디든 될 수 있다. 마약 제조실은 고정된 시설이 아니라 캠퍼나 트럭과 이동형 시설으로 이곳저곳 이동할 수도 있다. 뿐만 아니라 마약 제조실은 분해되어 다양한 장소에 보관되는 경우도 있다. 이러한 장소를 급습하는 것은 응급 구조팀이 아니라 특수 요원이다.

### 가정 폭력

가정 폭력은 친밀한 관계 속에서 함께 사는 사람이 관여된다. 가정 폭력은 신체적, 정서적, 성적, 언어적, 경제적인 폭행의 형태로 나타날 수 있다. 폭력은 배우자나 동거인에게 향하거나 함께 사는 자녀나 고령의 친척이 피해자가 될 수도 있다.

가정 폭력 현장에 도착할 때, 폭력 가해자는 응급구조사나 동료에게 달려들 수도 있다. 가정 폭력을 포함한 호출은 경찰관이나 응급구조사들의 부상이나 사망의 위험이 가장 높다.

현장은 안전하지 않으므로 항상 후퇴한다. 후퇴는 폭력 상황에서 겁내는 것이 아니라, 개인 안전의 문제이다. 부상당한 응급구조사는 아프거나 다친 환자를 처치할 수 없다는 것을 명심한다. 가정 폭력의 징후와 응급의료 인력의 적절한 대응은 "학대, 방임, 폭행"에서 확인한다.

## 작전상 고려 사항

폭력 상황에 대해 응급구조사가 취할 수 있는 최선의 전략적 대응은 관찰이다. 이상 징후를 미리 파악하여 위험에서 벗어나도록 해야 한다. 통합상황관리센터에서 응급구조사에게 위험을 알려주는 경우, 적절한 구조 기관에서 사건을 해결할 때까지 대기를 한다.

하지만 응급구조사는 의심스러운 응급 전화 신고를 받거나 환자 처치 도중에 갑작스럽게 폭력의 피해자가 되는 등 위험에 빠지는 경우가 없지 않다. 이 경우, 비상 대책을 미리 마련해야 한다. 이번 단원에서는 전략적 환자 처치를 제공하면서 응급구조사 자신을 보호하는 조치를 설명한다.

### 안전 전략

위험한 상황은 극심한 스트레스를 의미한다. 그렇기 때문에 위험에 대한 응급구조사의 대응은 전략적일 수록 더욱 효과적이다. 사고 현장으로 출동인 도중에도, 안전, 접촉 및 엄호, 대피 경로 등 실제 위험에 처할 때 더욱 효과적으로 대응할 수 있는 전략을 생각한다. 전문 스포츠계에서 자주 통용되는 말을 인용하자면 "연습한 만큼 실전에 임할 수 있다." 위험에 대한 연습과 대비를 충분히 한다면, 실제 상황 발생 시 더욱 성공적인 대응을 할 수 있다. 다음 단락은 위험 상황시 응급구조사가 적용할 수 있는 안전 전략이다.

#### 후퇴

도주를 하는 범인이나 정서적 불안을 겪고 있는 사람으로부터 폭력이나 물리적인 대치 상황의 징후가 발견될 경우 후퇴를 하는 것이 좋다(그림 14-7). 차분하되 확실한 방법으로 후퇴한다. 배후에 위험한 상황이 있기 때문에 엄폐를 하면서 후퇴를 한다.

응급구조사는 추가 지원을 요청하기 위해 구급차로 후퇴하는 것이 가장 이상적이다. 하지만 군중과 같은 장애물이 구급차로의 접근을 막는 경우, 직접 발로 뛰거나 가능한 방법을 최대한 활용하여 후퇴한다. 구급차가 목숨보다 소중한 것은 아니기 때문이다.

후퇴를 할 때 최우선 목표는 위험요소로부터 응급구조사를 보호하는 것이다. 위험 구역에서 즉시 벗어나고, 충격에 대한 엄폐물을 찾아야 한다. 마지막으로 응급구조사는 특정 사람이나 군중이 자신을 향해 움직인

**내용 요약**

➤ 안전 전략
- 후퇴
- 은폐 및 엄폐
- 교란 및 회피
- 접촉 및 엄폐
- 경고 신호 및 통신

다면 충분히 대응할 수 있는 거리를 유지해야 한다. 급변하는 상황에 대응할 시간과 공간적 여유가 필요하다.

가능한 빨리 다른 대응 기관에게 위험에 대해 알린다. 적절한 법력, 표준 운영 절차, 특히 경찰 부서와 같은 기관과의 협약을 실행한다. 위험과 이에 대한 대응에 대한 응급구조사의 관찰 내용을 반드시 기록한다. 기록에는 다음과 같은 정보를 담는다.

- 현장에서 시행한 조치
- 후퇴를 하는 이유
- 현장에 응급구조사가 도착한/돌아온 시간
- 연락을 취한 전문 인력이나 기관

그림 14-7 환자의 입장과 자세 또한 폭력을 암시할 수 있다. 폭행이 의심되는 경우, 응급구조사는 자신의 안전을 최우선 고려사항으로 해야 한다. 후퇴하여 경찰 지원을 요청한다.

후퇴가 응급 대응의 끝을 의미하는 것이 아니다. 앞서 설명한 것과 같이 응급구조사는 경찰이 안전을 확보할 때까지 안전한 곳에서 대기를 하고 있어야 한다. 여러 문서 기록과 함께 임무 투입 대기는 직무유기에 대한 혐의를 반증하는 중요한 근거이다.

## 은폐 및 엄폐

응급구조사가 위험에 처했을 때 즉각적으로 실행할 수 있는 두 가지 전략이 있다. 바로 은폐와 엄폐이다(그림 14-8a와 그림 14-8b). 은폐는 덤불, 담벼락, 차량 문 뒤에 웅크리는 등 신체를 가리는 방법이다. 하지만 대부분의 물체는 발포된 탄화에 의해 관통된다. 그렇기 때문에 총격전이 발생할 경우, 벽돌담, 암석, 두께가 큰 나무, 전신주, 자동차의 엔진부와 같이 견고하고 관통 불가한 엄폐물 뒤에 은신해야 한다. 효과적인 은폐 및 엄폐를 위해 적절한 전략의 활용이 필수적이다. 은폐 및 엄폐의 성공을 위해서는 다음과 같은 규칙을 준수해야 한다.

- 사고 현장에 접근할 때는 주변 환경에 익숙해져야 하고, 혹시 후퇴하게 되거나 포위를 당할 때 활용할 방어물을 알아둔다.
- 엄폐물을 신중하게 선택한다. 응급구조사는 방어물을 선택할 기회가 단 한번뿐일 수도 있다. 총격을 피해 엄폐물 뒤로 몸을 완전히 가린다.
- 엄폐물을 고르면 신체를 최대한 많이 가

그림 14-8a 은폐는 시야에서 자신을 완전히 가릴 수 있는 물체 뒤로 은신하는 것을 의미한다.

그림 14-8b 엄폐는 탄환과 같은 발사체로부터 자신을 방어할 수 있는 위치를 찾는 것이다.

린다. 착용한 물품이나 옷 중에서 빛을 반사할 만한 것이 있는지 확인한다. 무장한 범인은 (특히 야간에는) 반사되는 물체를 표적물로 활용할 수도 있다.

- 응급구조사의 안전과 위치 선정을 지속해서 개선한다.

### 교란 및 회피

교란과 회피는 후퇴 시 활용될 수 있다. 다음은 물리적 폭력을 피하는 일부 회피법이다.

- 가해자의 움직임을 저지, 둔화, 교란시키기 위해 장비를 던진다.
- 들것으로 통로를 막아 가해자를 저지시킨다.
- 후퇴 시 쉽게 예상하지 못하는 경로를 활용한다.
- 범인의 움직임을 예상하여 반격을 한다.
- 범인이 쫓아오는 길에 물건을 뒤집어 놓는다.
- 범인을 교란 혹은 추격을 저지시키기 위해 미리 계획된 전략을 활용한다.

성공적인 안전 전략의 핵심은 응급구조사의 건강이다. 주기적인 운동과 적절한 건강 관리는 응급구조사가 범인보다 더 빨리 도주할 수 있거나 필요한 경우 공격으로부터 자기 방어를 할 수 있게 한다. 일부 구급팀은 호신술을 기본적으로 훈련 받고 호신술 사용에 대한 현행 지침이 마련되어 있다. 응급구조사는 훈련 받은 호신술을 십분 활용하고 호신술 관련 현행 지침을 잘 숙지해야 한다.

## 상황적 인지(Situational Awareness)

특히 복합적 환자 처치에 집중하는 것은 응급구조사가 환자에 초점을 두는 것이다. 응급구조사가 주위 상황을 잊는다면, 좁은 범위의 초점인지 위험할 수 있다. 주위를 인지하는 것은 – 상황적 인지라고 알려진 – 응급구조사 안전에 중요한 요소이다. 응급구조사 자신, 동료, 환자를 위한 중요한 안전 도구가 될, 응급구조사가 배울 수 있는 기술이 상황적 인지이다.

첫째, 응급구조사는 환자 처치를 제공하면서 현장을 자세히 살펴보는 방법, 환경적 위험, 모르는 사람이 현장에 들어가는 것, 손상을 일으킨 사람이 되돌아오는 것, 비슷한 위험 상황들을 계속 평가하는 것을 알 필요가 있다. 주변 전체를 아는 응급구조사의 능력은 처치를 위해 환자를 다른 곳으로 이동할 때, 환자를 차에 옮겨서 갈 때, 어디에서 처치를 중단하고 회피해야 하는가를 아는 것이 핵심이 될 수 있다.

추가적으로, 다음에 나오는 접촉과 엄호에서, 응급구조사와 동료는 접촉과 엄호 기술, 상대를 읽고 의사소통하는 경고 신호를 배우고 훈련하여 안전을 향상시킬 수 있다.

### 접촉과 엄호

접촉 및 엄호의 개념은 용의자 심문을 하던 몇몇 경관들이 손상이나 사망을 당한 캘리포니아 주 샌디에이고에서 개발된 경찰의 임무 절차에서 비롯된다. 최근 사건 사고에 대한 분석에 따르면, 용의자 수사에만 집중하는 경관은 "큰 그림"을 보는 능력이 감퇴된다고 한다. 이로 인해 경찰 인력은 물리적 폭력의 위험이나 흉기 혹은 총기 공격에 쉽게 노출된다.

이러한 문제를 해결하기 위해 샌디에이고 경찰청은 다른 경관이 측면 90도 위치에 서있는 가운데 한 경관이 용의자와 접촉하는 심문 방식을 채택한다. 다른 방향으로 서있는 경관은 용의자를 심문하는 경관을 엄호할 수 있다.

응급의료서비스에 적용할 경우, 접촉 및 엄호 절차에서 배정되는 임무는 표 14-1에 정리되어 있다. 다른 분야에서 차용하는 전략이 모두 그렇듯이 접촉 및 엄호에는 반드시 장단점이 수반한다. 접촉과 엄호는 거리에서 취객이나 수상스러운 행동을 보이는 물체를 발견할 때 사용하는 것이 좋다. 하지만 두 명의 응급구조사가 심정지 처치를 시행하는 동안에는 엄호 임무를 맡을 인력이 없기 때문에 접촉과 엄호에도 한계점은 있다.

경찰의 임무 절차를 응급의료체계에 적용하는 최선의 방법은 관찰과 팀 협력에 초점을 맞추는 것이다. 협응력이 뛰어난 구급팀은 공식적이든 비공식적이든 효과적인 임무 분담을 통해 안전과 환자 처치를 보장한다. 간단하게 생각하면, 접촉 및 엄호는 현장에 출동한 응급구조사간 서로의 배후를 지키는 것이다.

**표 14-1 | 접촉 및 엄호**

| 접촉 임무 수행자 | 엄호 임무 수행자 |
|---|---|
| 직접적인 환자 처치를 실시 및 제공한다. | 접촉 임무 수행자가 환자를 처치하는 동안 현장의 위험요소를 살핀다. |
| 환자 평가를 수행한다. | 현장 관찰을 방해할 수도 있기 때문에 환자 처치에 가담하지 않는 것이 보통이다. |
| 사람간의 교류 작업을 대부분 수행한다. | 작은 규모의 구급팀일 경우, 장비의 사용 등 제한적인 기능을 수행한다. |

### 경고 신호 및 통신

어느 상황이든 항상 통신은 응급의료체계의 필수적 부분을 차지한다. 거리에서 생존하기 위해서는 통신이 대단히 중요한 수단이다. 모든 응급의료팀과 구조팀은 범인의 주의를 끌지 않으면서 서로간의 소통을 할 수 있는 통신법을 개발해야 한다.

상호 소통을 위해 통합상황관리센터를 반드시 활용한다. 범인에게는 별다른 위협이 되지 못하지만 여러 상황에서 사용할 수 있는 신호법을 개발한다. 비밀 통신법은 응급구조사와 동료 그리고 환자가 인질로 잡힌 상황에 생명을 구하는 중요한 수단이 될 수 있다. 일상적인 무선 통신 보고 방식은 비상시 사건의 속성을 상세히 설명하고 (인질극이나 경찰의 개입이 필요한 다른 상황에 특화된 훈련을 받고 장비를 갖춘) 특수 기동팀의 지원을 요청하는 중요한 소통법이 될 수 있다.

## 전략적 환자 처치

폭력 상황에 대한 응급구조사의 개입이 높아짐에 따라 응급의료계에서 전략적 훈련 및 안전 교육에 대한 논의가 더욱 활발해지고 있다. 기관 간의 임무 계획도 매우 중요하다. 특히 범죄, 폭동, 테러 대응에 있어서 응급의료 기관과 경찰의 역할과 의무에 명확한 선을 긋는 것이 필수적이다. 전략적 환자 처치에는 또한 방탄조끼의 사용과 전략적 응급의료 인력의 특수 훈련이 포함된다.

### 방탄조끼

몇 해 전만 해도 임무 수행 중에 방탄조끼의 착용을 고려하는 응급구조사는 거의 없었다. 하지만 최근 들어 응급구조사는 전략적 환자 처치를 더욱 진지하게 받아들이고 있다. 위험으로부터 응급의료 인력을 보호하기 위해서는 방탄조끼를 제공하거나 방탄조끼 구매에 대한 재정 지원을 하는 응급의료 기관의 수가 늘어나고 있다. 이러한 추세에 맞춰 방탄조끼 제조사는 전략적 응급의료 인력의 필요에 맞는 제품을 생산 및 판매하고 있다.

방탄조끼는 기존의 보호 장비와는 달리 부드러운 재질로 제작된다. 방탄조끼는 케블라와 같은 섬유를 서로 엮어서 제작된다. 케블라는 촘촘한 직물과 강도를 통해 권총 상당 수의 탄환, 대부분의 흉기, 둔기에 대한 방어 기능을 한다. 섬유의 층이 늘어날수록 방탄조끼의 등급 (혹은 저지력)이 높아진다. 대부분의 방탄조끼는 등급이 1에서 3까지 매겨진다. 철이나 기타 재질이 박혀 강화된 특수 조끼는 군 기관이나 특수 기동팀에 의해 사용된다.

일각에서는 방탄조끼 착용자가 안전 불감증에 빠지게 될 수 있다고 경고한다. 이렇게 회의적인 시각을 가진 사람들은 방탄복은 물에 젖을 경우 방어 기능이 떨어진다는 점을 지적한다. 또한 소총과 같은 고속탄 무기에 의해 발포된 탄환이나 양날이 있는 혹은 날이 가는 흉기에 대한 보호 기능이 거의 없다고 주장한다. 예를 들어, 얼음 파쇄용 송곳은 대부분의 방탄조끼의 섬유를 관통한다.

반면 방탄조끼는 다른 개인 보호 장비를 바라볼 때의 시선으로 동일하게 생각해야 한다는 입장도 있다. 이들은 불법 무장 단체, 국제 테러범, 마약 범죄, 확산되는 총기 소지 등 응급의료 인력이 마주하게 되는 새로운 유형의 위험을 지적한다.

방탄조끼를 구매하고 착용하는 일은 응급구조사 개인이 결정할 사항이다(그림 14-9). 하지만 방탄조끼를 더욱 효과적으로 활용하기 위해서는 몇 가지 준수해야 할 지침 사항이 있다.

그림 14-9 방탄조끼는 많은 생명을 구하면서 군대나 경찰 인력 사이에서 방어 기능을 인정받아 왔다. 그렇기 때문에 임무 수행 시 방탄조끼를 착용하는 응급구조사의 수가 늘어나고 있다.(ⓒ *Dr. Bryan E. Bledsoe*)

- 방탄조끼의 한계점을 인지한다. 방탄조끼를 입지 않았다면 하지 않았을 행동은 섣불리 하지 않는다.
- 방탄조끼는 전신을 방어해주지 못한다는 점을 기억한다. 방탄조끼 착용과 상관없이 여전히 중상을 입거나 사망할 수도 있다.
- 방탄조끼는 여러 유형의 관통상을 방지하지만, 착용자는 여전히 심각한 공동화 현상을 겪을 수 있다.
- 방탄조끼가 효과를 발휘하기 위해서는 반드시 착용이 되어야 한다. 날씨가 덥거나 여러 다른 이유로 방탄조끼를 벗는다면 아무리 보호 기능이 우수한 방탄조끼라도 무용지물에 불과하다.

## 전략적 응급의료서비스

앞서 설명한 것처럼 폭력 상황이 발생하는 구역이나 (저격수까지 동원하는 상황과 같이) 전략적으로 위험 수준이 높은 핫 존에서 수행하는 응급의료 활동은 일상적인 임무 수행보다 훨씬 많은 위험을 수반하는 경우가 많다. 고위험 구역으로 출동하는 응급의료 인력은 특수 훈련 및 인가를 필요로 한다. 유해물질 제거반처럼 응급의료 인력은 특수 장비를 착용하고, 소형 장비를 사용하며, 군/경찰 기관을 지원하는 의료 인력과 함께 협업을 해야 한다. 전략적 응급의료 인력이 제공하는 환자 처치는 일반적인 응급의료서비스와 몇 가지 측면에서 차이가 있다.

- 대부분의 임무는 핫 존에서 환자를 구출하는 작업이다.
- 환자 처치는 전략적 고려 사항에 맞게 진행될 수 있다.
- 일반 환자보다 외상 환자를 더욱 자주 다룬다.
- 환자의 처치 및 이송이 항상 사고 현장 지휘자와 조율되는 것은 아니다.
- 환자는 완전한 평가, 처치, 이송을 위해 전략적 콜드 존으로 반드시 구출되어야 한다.

- 금속 클립보드, 화학물, 기타 도구를 보호용 무기로 사용할 수 있다.

현행 의료 지침, 응급의료 표준 지침, 의료적 지시에 수반되는 문제점은 전략적 응급의료팀을 운용하기 전에 모두 해결이 되어야 한다. 전략적 응급의료팀은 응급의료 인력, 응급구조사(전략적 법 집행팀의 일부로 임무를 수행하는) 의사로 구성된다. 특수 기동팀 지원 의료 인력과 기동 응급구조사의 인증은 마약 퇴치 전술 프로그램(CONTOMS)이나 전미 전술 경관 협회(NTOA)와 같은 몇몇 기관에서 제공이 된다.

기동 응급구조사나 특수 기동팀 지원 의료 인력을 위한 특수 훈련은 다양한 상황 및 조건 속에서 신체적으로 버거운 미션을 수행하는 것으로 구성된다. 마약 퇴치 전술 프로그램에서 의료 인력은 다음과 같은 시나리오나 기술을 접하게 된다.

- 불법 마약 제조실에 대한 급습 작전
- 바리케이드가 설치된 환경에서의 응급 처치
- 무기와 부비 트랩이 손상에 미치는 영향
- 작전 수행에 필요한 특수 의료용 장비
- CS가스(2-클로로벤즈알말로노나이트릴($C_{10}H_5ClN_2$)), chloroacetophenone(Mace-상품명), 캡사이신(페퍼 스프레이), CR가스(dibenzoxazepine-DBO라고도 불린다), 기타 폭동 진압제 사용
- 공포 사격
- 헬리콥터 운용
- 신호탄(연기와 교란 장비)
- 극도로 열악한 환경, 어둠, 심리적인 스트레스 속에서 작전 수행
- 방화 및 유해 물질 대응 작업

기동 응급의료팀을 요청하고 협력을 하기 위해서는 모든 팀이 동일한 접근법과 절차를 준수해야 한다. 기동 응급의료팀과의 협업을 한 경험이 없다면, 현지 법 집행 팀이나 마약 퇴치 전술 프로그램 혹은 전미 전술 경관 협회가 후원하는 웹사이트에서 기동 응급의료팀이나 특수 기동팀 지원 의료 인력과 관련된 정보를 찾는다.

## 범죄 현장에서의 응급의료서비스

범죄 현장은 형사 범죄가 발생하고 범죄의 증거물이 발견될 수 있는 모든 장소를 의미한다. 범죄 현장에서 수행하는 응급의료서비스의 목표는 증거물을 보존하면서 양질의 환자 처치를 제공하는데 있다. 절대로 증거물 확보를 위해 환자 처치를 희생하지 않는다. 하지만 추후에 진행될 범죄 수사를 전혀 고려하지 않고 환자 처치를 강행해서도 안 된다.

### 응급의료-경찰 인력 운용

경찰 인력과 응급의료 인력이 협동으로 대응을 해야 하는 응급 상황이 발생하는 경우는 적지 않다. 경찰관과 응급의료 인력은 서로 다른 구체적인 목표를 가지고 있다. 응급의료팀은 환자를 처치하고 구명 활동을 하기 위해 현장에 투입된다. 경찰관은 시민을 보호하고 범죄를 해결해야 한다. 하지만 이렇게 다른 목적으로 인해 마찰이 빚어지는 경우가 있다. 예를 들어, 경찰과 응급구조사는 제한시간이라는 측면에서 입장의 차이가 있다. 응급구조사는 현장에서 허용되는 시간이 제한적인 반면 경찰 인력은 더 넓은

범죄 현장에서 더 많은 시간을 사용해야 한다. 대부분의 경우, 경찰은 수일 수주에 걸쳐 범죄 현장에 머물며 증거와 단서를 찾는다(그림 14-10).

그림 14-10 경찰관은 수일 동안 범죄 현장에 머물며 체계적으로 증거물을 찾는다. 응급의료 인력은 현장에서 사용할 수 있는 시간이 제한적이다. 응급구조사는 스스로를 보호하고 환자를 처치하고 가능하다면 증거물로 의심되는 물건을 보존해야 한다.

응급구조사-경찰관 협력의 핵심은 소통이다. 응급구조사는 범죄 현장에서 발견하는 물리적 증거물의 속성과 중요성을 잘 알고 있어야 하고 가능하다면 증거물을 최대한 원형 그대로 보존한다. 반면 경찰은 응급구조사의 제1목표는 환자의 생명을 살리는 것이라는 점을 인지해야 한다. 하지만 일반적으로 경찰과 응급구조사는 절충을 한다. 응급구조사는 증거물을 확보함으로써 범인이 추가적인 폭행, 가해, 살인을 저지르기 전에 경찰이 체포를 할 수 있도록 도울 수 있다. 응급구조사와 경찰관은 한 편이라는 점을 항상 기억한다. 서로 간의 소통이 필요하다.

## 증거물의 보존

추가적인 폭력사고를 방지하기 위해 환자가 소지한 그 어떤 물품이나 환자의 주변에는 범죄의 증거물이 있다는 점을 항상 기억한다. 무심코 지나친 물건이 사건 해결의 중대한 실마리가 될지는 아무도 모르는 일이다. 확신할 수 없다면 항상 현장의 물품을 증거물로 간주한다.

응급구조사가 범죄 현장에 최초로 도착한 경우, 만지거나 밟고 지나가거나 줍거나 자르거나 닦아내거나 움직인 모든 것이 범죄의 증거물이 될 수 있다는 점을 항상 기억한다.

증거물에 대한 인지력을 높이는 것은 환자 처치 방식에도 영향을 미친다. 이는 응급구조사가 환자를 더욱 신중하게 관찰하고 증거물을 최대한 훼손되지 않도록 노력하게 한다. 예를 들어, 환자의 옷을 잘라내야만 하는 경우, 총상이나 흉기 손상 부위를 실수로 절개하지 않도록 유의해야 한다. 최대한 손상 부위에서 먼 곳에서부터 절개를 해야 한다. 잘라낸 옷감은 일반 비닐봉투가 아니라, (짓눌리더라도 터지지 않아 체액 증거물이 손상되지 않는) 갈색 종이봉투에 넣어서 보관한다.

또한 환자를 검진할 때는 응급구조사도 위험할 수 있다는 점을 기억한다. 환자는 흉기나 총기를 숨기고 있을 수도 있다. 범인은 피해자를 확인 사살하기 위해 현장에 다시 나타날 수도 있다. 그렇기 때문에 응급구조사는 무엇보다도 자기 자신을 먼저 보호해야 한다. 환자나 현장의 안전에 의심의 여지가 있다면

**범죄 현장에서의 증거물 보존**

현대 과학의 진보로 인해 범죄 사건의 해결이 더욱 손쉬워지고 있다. 외부 감식 기법과 DNA 기술의 등장으로 범죄 수사 선상에서 용의자를 색출해내는 수사 당국의 역량이 현저하게 강화되고 있다.
응급의료 인력은 (때로는 경찰관보다도 더 일찍) 범죄 현장에 최초로 도착하는 경우가 많다. 응급구조사의 주요 임무는 현장 안전 확보와 환자 처치이지만, 범죄 현장의 증거물에 유의하고 증거물을 오염시키지 않도록 최선을 다해야 한다. 예를 들어, 총상이나 흉기 손상을 입은 환자의 옷을 잘라낼 때는 총상이나 흉기 손상의 사입구까지 절단하지 않도록 유의해야 한다. 이뿐만 아니라 현장에서 발견한 무기는 함부로 취급하지 않는다. 현장에 도착한 응급구조사가 사망한 피해자를 발견할 경우, 반드시 경찰 인력이 도착하여 대피를 시켜줄 때까지 현장과 증거물을 보존해야 한다.
응급구조사와 경찰 인력의 협력 관계는 대단히 중요하다. 각자의 임무는 다르지만, 정의에 대한 헌신이라는 가치에는 이견이 없고, 범죄 현장의 증거물 보존은 정의 실현을 달성하는 하나의 방법이 된다.

경찰이 현장에 도착하여 환자를 수색하고 안전을 확보할 때까지 대기한다.

## 증거물의 유형

증거물 수집은 대단히 많은 시간을 필요로 하고 특화된 작업이다. 응급의료 인력에게 구체적인 경찰 임무를 훈련시키는 것은 비현실적이지만, 범죄 현장에서 보통 발견할 수 있는 증거물의 일반적인 유형에 대해 숙지하는 것은 무리한 요구가 아니다. 일반적인 증거물에는 흔적, 혈액, 체액, 미세 증거물, 응급구조사의 현장 관찰 등이 있다.

**흔적** 흔적에는 지문, 발자국, 타이어 자국이 있다. 이 중에서 지문은 가장 가치 있는 정보가 될 수 있다. (피지나 습기로 인해 손가락 끝 표면에 형성되는 특이한 형태) 지문을 둘 이상 가지고 있는 사람은 없다. 지문은 기록 파일에 포함된 수백 개의 지문이나 용의자의 지문과 대조된다.

응급구조사는 지문에 있어서는 두 가지 우려 사항이 있다. 우선, 혹시 있을지 모르는 지문을 섣불리 훼손하지 않아야 한다. 두 번째, 범죄 현장에 자신의 지문을 남기지 않아야 한다. 지문을 보존하는 방법은 단순하다. 아무것도 만지지 않으면 된다. 물론 환자를 처치할 때는 예외로 한다. 하지만 응급구조사는 자신이 만지는 것을 최소화할 수 있고 그렇게 해야만 한다. 응급구조사가 물건을 만지거나 옮길 때는 경찰에게 반드시 미리 알려야 한다.

표준 주의 사항에 따라 응급구조사는 감염 통제를 위해 1회용 소독 장갑을 착용해야 한다. 소독 장갑은 지문을 남기는 문제를 방지하지만, 기존의 지문을 더럽히는 것은 막을 수 없다. 물건을 만지는 행위를 최소화해야 한다. 또한 사용이 필요한 장비만을 현장에 들인다. 가지고 오는 장비가 많을수록 지문을 포함한 증거물이 훼손될 확률이 높아진다.

범죄 현장으로 이어지는 길과 현장 전체를 살펴보면서 발자국이나 타이어 자국을 확인한다. 이러한 자국은 경찰로 하여금 (운동화인지 혹은 군화인지 등) 범인이 무슨 신발을 신었는지 혹은 범인이 탑승한 차량의 타이어 접지면을 유추할 수 있게 하는 가치 있는 증거물이다. 이러한 증거물은 범인이 사용한 것으로 의심되는 신발이나 차량과 대조된다.

**혈액과 체액** 혈액과 체액은 경찰에게 범죄에 대한 많은 정보를 제공한다. 예를 들어, 피해자가 범인을 할퀴었거나 손상을 입혔다면, 환자의 손톱 밑, 옷, 손, 혹은 기타 부위에서 범인의 혈흔을 발견할 수 있다. ABO 혈액형 분류를 통해, 용의자의 범위를 줄일 수 있다.

DNA 확인은 유전자 지문 감식으로도 불린다. 현장에서 발견된 혈액 표본이나 여타 체액을 용의자의 유전자와 대조하는 작업은 거의 100%에 가까운 정확성을 보인다. 본인의 유전자와 동일한 유전자가 타인으로부터 발견될 확률은 몇 백만 분의 1로 매우 희박하다. 유전자 지문 감식은 고비용이 들기 때문에 광범위하게 사용되지 않고 있다. 하지만 유전자 감식을 할 경우, 의료 전문가는 범인의 유전자 코드와 관련된 작은 표본만 확보하면 된다.

현장에서 혈액이 뿌려지거나 떨어진 방식은 경찰에게 또 다른 단서가 된다. 혈흔 증거물은 사용된 무기의 유형, 가해자와 피해자의 위치 및 자세, 가해자에 의해 가해진 힘과 방향 등을 암시한다.

혈흔 증거물은 다음과 같은 방식으로 보존될 수 있다.

- 혈액 표본을 절대 섞지 않는다. 혈액 간에 혼합이 될 경우, 해당 표본은 더 이상 증거물로서의 가치가 없다.

**내용 요약**

➤ 증거물의 유형
- 흔적–지문, 발자국, 타이어 자국
- 혈액/혈흔
- 체액
- 미세 증거물
- 응급의료 인력의 현장 관찰

- 응급구조사는 바닥의 혈액을 따라 이동하지 않는다. 이는 발자국을 남길 뿐만 아니라 다른 혈흔 증거물도 훼손할 수 있다.
- 피해자의 피범벅이 된 옷을 잘라내야 하는 경우, 절단한 천 조각을 각각 별도의 갈색 종이봉투에 보관한다. 천 조각이 축축할 경우, 종이봉투 안에서 조심스럽게 말아서 보관한다. 모든 증거물은 두 번째 종이봉투에 보관하고, 체액 보호를 위해 비닐봉투에 또 담는다.
- 피나 여타 체액이 묻어있는 옷은 한 곳에 몰아두거나 피 웅덩이 쪽으로 던지지 않는다.
- 현장에 남아있는 혈흔을 치우거나 훼손하지 않는다.
- 정맥천자로 인해 혈액을 현장에 남길 경우, 경찰 인력에게 미리 알린다.
- 혈액은 생물학적 위해가 될 수 있기 때문에, 증거물 수집을 위해 현장의 접근이 제한되는지를 경찰에게 문의한다.

**미세 증거물** 미세 증거물은 모발, 카펫 섬유, 옷 섬유와 같이 육안으로 쉽게 확인되지 않는 물건을 의미한다. 미세 증거물은 (가령 피해자의 신체가 옮겨지거나 신체에 범인의 유전자 지문이 남아있는 경우와 같은) 실제 범죄 현장을 파악하는데 도움이 된다. 응급의료 인력이 피해자의 옷을 만지는 일을 최소화할 경우, 증거물 보존 작업이 더욱 수월해진다.

**현장 관찰** 응급구조사가 보고 듣는 모든 것은 증거물에 해당한다. 응급구조사의 현장 관찰은 경찰 기록의 일부로, 결국에는 법정 기록의 일부로 쓰이게 된다. 다음과 같은 내용을 유의해서 현장 관찰을 한다.

- 현장의 조건(예, 밝음 혹은 어둠과 같은 불의 밝기, 문의 잠금 상태, 커튼의 개폐 상태)
- 가해자/피해자의 자세 및 위치
- 가해자/피해자가 입은 손상
- 현장에서 들은 사람들의 말
- 가해자/피해자가 한 말
- 사망 선고
- 현장에서 발견한 의심스러운 사람 혹은 현장을 도주하는 사람
- 무기의 존재 유무와 무기의 위치

현장에 도착할 때쯤 이미 피해자가 숨을 거둔 경우, 증거물 보존을 위해 즉시 필요한 인력을 제외한 모두를 현장 밖으로 내보낸다. 사망한 피해자 부근에서 혹은 피해자의 시신에서 총기가 발견되는 경우, 안전상의 목적이 아닌 이상 총기를 만지거나 옮기지 않는다. 총기를 집어야만 한다면, 측면 그립이나 손잡이를 잡는다. 총기의 손잡이 그립 부분은 표면이 거칠기 때문에 지문이 많이 남지 않는다. 총기를 집어 올릴 때 총열 내부에는 아무 것도 집어넣지 않아야 한다. 총열에는 (화약 흔적, 탄환 패턴, 심지어 피해자의 살가죽이나 혈액 등) 경찰에게 단서가 될 만한 대부분의 증거물이 있다.

## 증거물 기록

범죄 현장에서는 사실만을 정확하게 기록한다. 그렇지 않을 경우, 법원에서 증거물로 채택되지 않을 수도 있다. 현장의 주변 사람이나 환자의 말을 인용할 때는 인용구를 반드시 사용한다. 환자 처치와 관련이 없는 의견은 언급하지 않는다. 환자가 사망한 경우, 의료 감식관에 의해 추후 밝혀지는 내용과 상충될 만한 의견을 섣불리 제시하지 않는다. 예를 들어, 흉기 손상은 칼로 인해 열상이 발생했다는 사실이 입증되기 전까지는 흉기 손상이 아니다. 대신 환자의 신체에서 뚫리거나 잘린 부분의 해부학적 위치와 형태

를 설명한다.

아동 학대, 강간, 노인 학대, 가정 폭력과 같은 범죄를 보고할 때는 현행 의료 지침, 현행법, 윤리적 고려 사항을 염두에 둔다. (학대 및 폭행의 보고에 대한 더욱 자세한 정보는 "학대, 방임, 폭행"에서 확인한다.) 범죄 사건의 기밀 유지와 관련된 현행 정책 및 규제를 준수한다. 응급구조사가 즉흥적으로 내뱉은 말은 (현장에서 준비한 다른 기록물과 함께) 법정에서의 증언으로 사용될 수도 있다.

## 요약

범죄 현장에서 응급구조사의 최우선 고려 사항은 항상 자신의 안전이다. 자신과 타인의 생명을 보호하기 위해 응급구조사는 범죄 현장 인지력을 개발해야 한다. 응급 전화 신고로 인해 현장에 도착한 응급구조사는 주택이 의심스러울 정도로 어둡거나 활동이 뜸하다는 등 폭력 범죄의 징후에 주의를 기울여야 한다. 기동 응급구조사나 특수 기동 팀 의료 인력과 같은 전문 응급의료 인력이 대응해야 하는 위험에 자신을 섣불리 노출시키지 않는다. 응급구조사가 범죄 현장에서 환자를 처치할 때는 범인의 유죄를 입증할 수 있는 증거를 확보할 수 있도록 경찰과 응급의료 인력이 함께 협력해야 한다. 환자의 처치에 관련이 있는 물건을 제외하고는 손을 대지 않는다.

## 현장 출동 후 결과 분석

응급구조사의 구급팀은 가슴 통증을 앓는 66세 고령자 남성으로부터 구조 신고를 받는다. 현장에 도착한 응급구조사는 위험요소를 살핀다. 별다른 위험요소가 발견되지 않자 응급구조사는 환자의 집에 들어가 평가를 시작한다. 환자는 통증이 너무 심하다고 설명하고 가슴의 중앙 부위를 가리킨다. 응급구조사는 환자가 숨을 가쁘게 쉬는 것을 확인하고 처치를 시작한다. 응급구조사는 정맥로를 찾으면서 환자에게 산소를 주입한다. 처치가 진행 중일 때 환자의 아들이 문을 박차고 나온다. 술에 취해 있는 그는 구급차의 등장에 짜증이 난 기색이 역력했다. 환자는 "아들이 술에 취하면 제정신이 아닙니다. 조심하는 게 좋을 것입니다."라고 속삭인다.

환자의 아들에게 응급구조사가 자신을 소개하는 동안, 동료 구조사는 경찰에게 무선으로 신고한다. 통합상황관리센터에서는 경찰이 현장에 도착하기까지 몇 분 정도 소요된다고 전한다. 그동안 응급구조사는 환자에게 수액투여를 시작하는 것이 왜 중요한지를 그의 아들에게 설명한다. 그의 아들은 "당신은 의사도 아니잖아. 아버지로부터 물러나. 아버지는 병원을 가셔야지 여기 거실에 있을 시간이 없어. 쫓아내기 전에 알아서 꺼져."라고 소리친다.

1. 안전의 측면에서 볼 때 응급구조사의 상황에 대한 올바른 판단은?

2. 응급구조사는 어떠한 방법을 택할 수 있는가?

*이 책 뒷부분에 제시된 해설을 참고한다.*

## 복습 문제

**1.** 폭력 범죄가 가장 흔하게 발생하는 장소는 ____이다.
- a. 바
- b. 주택
- c. 거리
- d. 학교

**2.** 인종, 피부색, 국적, 성별, 장애, 성적 지향성을 근거로 특정 개인에게 가해지는 범죄는?
- a. 사회범죄
- b. 증오범죄
- c. 개인범죄
- d. 편견범죄

**3.** 다음 보기 중 군중의 위험 행동 징후는 무엇인가?
- a. 서로 밀치는 행위
- b. 갑자기 늘어나는 사람의 수
- c. 경찰관의 통제력 상실
- d. 위의 모두

**4.** 접촉 및 엄폐 전략은 어떤 경우 사용하는 것이 이상적인가?
a. 급박한 위험으로부터 대피하기
b. 거리에서 피해자와 면담을 하기
c. 현장에 접근하는 부서에게 잠재적 위험을 알리기
d. 후퇴하고 추후 현장에 돌아오기

**5.** 인질극이나 법 집행 인력 지원이 필요한 상황에 대한 대응훈련이 된 경찰팀은 어떤 이름으로 불리는가?
a. 전략적 응급 구조팀(TEMS)
b. 기동 응급구조사(EMT-T)
c. 특수 기동팀(SWAT)
d. 유해 물질 제거반(HAZMAT)

**6.** 범죄가 의심되는 현장의 어두운 주택에 접근할 때 손전등을 어떻게 들어야 하는가?
a. 등 뒤로 b. 머리 위로
c. 측면으로 d. 앞으로

**7.** 범죄 현장에서 응급구조사는 체액이 담긴 증거물을 어디에 담아 보관해야 하는가?
a. 살균 용기 b. 밀봉된 비닐봉투
c. 갈색 종이봉투 d. 기밀 용기

**8.** 현장 증거물 오염을 피하기 위해 응급구조사가 취할 수 있는 적절한 조치는?
a. 혈흔 분석기를 청소한다.
b. 현장에서 장갑을 착용한다.
c. 작은 의류 물품을 비닐봉투에 넣는다.
d. 혈흔이 묻은 옷을 접어서 일렬로 정렬시킨다.

*이 책 뒷부분에 제시된 해답을 참고한다.*

## 참고문헌


1. Centers for Disease Control and Prevention. Violence Prevention. [Available at http://www.cdc.gov/violenceprevention/]
2. Tang, N. and G. D. Kelen. "Role of Tactical EMS in Support of Public Safety and the Public Health Response to a Hostile Mass Casualty Event." Disaster Med Public Health Prep 1(1Suppl) (2007): S55–S56.
3. Rinnert, K. J. and W. L. Hall, 2nd. "Tactical Emergency Medical Support." Emerg Med Clin North Am 20 (2002): 929–952.


## 추가문헌


DeLorenzo, R. A. and R. S. Porter. Weapons of Mass Destruction: Emergency Care. Upper Saddle River, NJ: Pearson/Prentice Hall, 2000.

Eliopilos, L. N. Death Investigator's Handbook: A Field Guide to Crime Scene Processing, Forensic Evaluation, and Investigation Techniques. Expanded and updated edition. Boulder, CO: Paladin Press, 2003.

Schwartz, R. D., J. G. McManus, and R. E. Swienton. Tactical Emergency Medicine. Philadelphia: Lippincott Williams and Wilkins, 2007.

# Chapter 15
# 교외 지역의 응급의료서비스
## Rural EMS

Bryan Bledsoe, DO, FACEP, FAAEM, EMT-P
Deborah J. McCoy-Freeman, BS, RN, NREMT-P

### 단원 표준

평가(현장 평가); 응급의료 활동(항공의료)

### 학습 역량

역학 및 병태 · 생리학적 지식을 현장 평가 및 환자 평가에 적용하여 초기 현장 평가서를 작성할 수 있다. 이는 임상적 분석을 통하여 평가 내용을 교정하거나 처치 계획을 수립하기 위한 감별 진단 목록에 포함한다.

## 학습 목표

**최종 목표**

15장을 읽은 학습자는 교외 지역의 응급의료종사자로서 응급의료 서비스 업무를 효과적으로 수행할 수 있다. 환자, 시민, 의료 인력의 안전 보장을 위한 응급의료 업무의 역할과 책임에 대한 지식을 적용할 수 있다.

**수행 목표**

최종 목표를 달성하기 위해 다음의 활동이 필수적이다.

1. 이 장에서 제시된 핵심 키워드를 숙지한다.
2. 교외 지역의 인구 통계, 건강 상태, 의료 접근성 문제를 설명할 수 있다.
3. 교외 지역 응급의료체계의 특수한 문제를 나열하고 설명할 수 있다.
4. 교외 지역 응급의료체계의 특수한 문제에 대한 해결책을 설명할 수 있다.
5. 다양한 시나리오를 전제로 교외 지역 응급의료체계의 특수한 문제 및 고려 사항을 환자 처치 결정 과정에 통합할 수 있다.
6. 농촌 지역의 응급 상황에 연관된 특정 위험요소 및 고려사항을 확인할 수 있다.
7. 다양한 여가 활동과 연관된 손상을 예측하고, 교외 지역 환경에서 발생하는 손상들을 경감시키는데 도움 되는 전략들을 설명할 수 있다.

### 핵심 키워드

에어백, air bags
구획증후군, compartment syndrome
크리빙, cribbing
압궤점(으깸점), crush points
잠금 장치/표지 부착, lock-out/tag-out
물림점, pinch points
긴급 처치 시설, prompt care facilities
퇴보, rust out
전단점, shear points
저장고 가스, silo gas
회전말림점, wrap points

## 사례 연구

따뜻하고 화창한 한 오후, "농장 마당에 남성 한 명이 쓰러졌다는" 신고가 응급구조사가 있는 구급팀으로 들어온다. 상담원은 이미 기본소생 구급팀에게 출동 요청을 보냈지만 환자가 무의식 상태에 빠졌기 때문에, 상담원은 가장 가까이 있는 1급 응급구조사에게 지원 요청을 한다. 그 결과, 현장에서 50km 이상 떨어진 곳에 위치한 구급팀에서 출동 요청을 받는다.

처음 출동을 받은 기본소생 구급팀이 출동하여 사고 지점이 있는 농장으로 구급차를 출발시키는 데까지 5분의 시간이 소요된다. 두 번째 출동 지시 받은 구급팀(1급 응급구조사)은(는) 1분도 안 되는 시간에 출동을 한다. 양쪽 구급팀 모두 먼 거리에서 출동해야 하지만 촉각을 다투며 현장으로 안전하게 이동한다.

기본소생 구급팀과 두번째 1급 응급구조사팀은 불과 몇 분전에 농장에 도착한다. 구급 대원은 집 문 앞에 서있는 환자의 부인을 만난다. 그녀는 "서두르세요. 남편이 있는 곳을 알려드릴게요."라고 말한다. 구급팀장은 안전이 확보되는 대로 곧바로 현장에 진입하겠다고 그녀에게 설명한다. 하지만 이미 이성을 잃어가는 그녀는 "당장 남편을 구해줘요!"라고 말한다.

이때 현장에 도착한 두번째 1급 응급구조사팀은 차분하게 정보를 수집 중인 기본소생 구급팀의 팀장을 돕는다. 부인이 가리키는 저장고의 바닥에는 환자가 누워있었다. 환자로부터 한 발짝 떨어져있는 응급구조사는 사다리가 저장고 벽에 기대 있었고, 끈 하나가 사다리를 따라 저장고의 천장으로 이어져 있다.

기본소생 구급팀이 사고의 정황을 묻자, 환자의 아내는 "남편이 오늘 저장고를 청소하려 했어요. 별다른 일이 없다가 갑자기 비명을 지르는 겁니다. 창문을 내다보니 남편이 사다리를 쉽게 내려오지 못하더군요. 바닥에 내려오자 풀썩 주저앉더니 쓰러졌습니다."라고 한다.

기본소생 구급팀 팀장은 환자가 유해 물질을 사용 중이었는지 그리고 환자의 아내가 저장고에 들어와서 건강상 유해한 영향을 받지는 않았는지를 물었지만, 그녀는 아니라고 대답한다. 1급 응급구조사와 기본소생 구급대 팀장은 현장이 안전한 듯하여 아내에게 들은 정보를 상황실에 전달해 주기를 두 번째 구급팀에게 요청한다.

저장고의 바닥으로 접근한 1급 응급구조사는 환자로부터 별다른 외상 증상을 발견하지 못한다. 1급 응급구조사는 "남편 분이 쓰러진 지 얼마나 되었나요?"라고 물어보자, 환자의 아내는 말을 번복하면서 남편이 바닥으로 떨어진 것은 아니고 얼굴을 바닥으로 한 채 앞으로 쓰러졌다고 설명한다. 그녀의 말은 초기 현장 관찰 내용과 반대된다.

환자가 무의식 상태이기 때문에 응급구조사는 상황을 통제하며, 조심스럽게 환자를 옆으로 돌려서 기도를 평가한다. 환자는 호흡이 있지만 호흡량이 분당 8회 이하이다. 무의식 상태에 빠진 환자는 발한 증세를 겪고 있고 얼굴은 잿빛이며 맥박은 느리고 약한 상태이다.

환자가 쓰러진 후 40분 정도 경과된 듯 하여 환기 처치가 반드시 필요하기 때문에 동료 구조사는 백밸브 마스크를 통해 환자의 호흡을 보조한다. 그 동안 다른 응급구조사는 모니터를 연결한 뒤 서맥으로 화면에 나타나는 것을 확인한다. 정맥 주사로를 확보하고, 활력징후를 측정한 결과 혈압 60mmHg, 맥박은 분당 40회 이하이다.

호기말 이산화탄소 측정기로 환자를 관찰하며 14bpm의 속도로 산소 공급을 받고 있다. 응급구조사는 8mm ET 튜브를 통해 기도 확보를 시행한다. 유선 전화로 현재 상황을 의료 지도의사에게 보고한다. 의료 지도의사는 정맥주사를 통한 아트로핀 0.5mg의 일시 투여를 지시한다. 응급구조사는 교외 지역이라는 특성으로 인해 구급차의 통신 장애가 발생할 수도 있다는 점을 숙지하고 있어야 한다. 그렇기 때문에 병원으로 환자를 이송하는 중에 발생할 수 있는 문제를 미리 예측하고 대비해야 한다. 이 경우 아트로핀이 효과적이지 않을 때를 대비하여, 전문심장소생술 지침에 따라 심장박동조율과 아트로핀 투여량의 추가 지시를 요청한다.

의료 지도의사의 승인을 받은 응급구조사는 지시를 받은 만큼의 아트로핀을 투여하고 환자를 구급차로 옮긴다. 환자 이송 준비 전까지 처치 시간은 총 11분이 걸린다. 환자 이송 중 응급구조사는 경피적 심장박동조율을 적용하고 70bpm의 속도로 60mA에서 포획 박동이 보였다. 환자는 처치에 잘 반응하고 약 533km 떨어진 현지 병원으로 이송된다. 병원에서 환자는 경피 심장박동심박동 처치를 받는다. 이후 환자는 심박동기 삽입술을 위해 지역 심혈관센터로 이송된다. 기본소생 구급팀과 두 번째 1급 응급구조사 팀의 협력과 조율은 생사를 좌우하기에 잘 협력해야 한다.

## 개요

최근 인구 통계에 따르면 미국의 교외 지역 인구가 5,300만 명을 넘는다. 일부 주에서는 교외 지역 인구가 거의 절반이 넘는다. 서부의 경우 교외 지역 인구가 많은 주로는 알라스카, 몬타나, 노스다코타, 사우스다코타가 있다. 남부의 경우 아칸소, 켄터키, 미시시피, 노스캐롤라이나, 사우스캐롤라이나, 웨스트버지니아가 있다. 북동부의 경우 메인, 뉴햄프셔, 버몬트가 있다. 사람들이 교외 지역에서 사는 이유는 다양하다. 교외 지역에 오랫동안 온 가족이 살아왔고, 농업, 목축업, 광산업과 같은 산업에 종사하는 경우가 많다. 교외 지역 거주민은 한적하고 넓게 트인 공간을 좋아하고 교외 지역에서만 누릴 수 있는 여가 활동을 즐겨한다. 이유를 막론하고 대부분의 교외 지역 거주민은 동일한 문제를 겪고 있는데 도시나 근교 지역에 있는 의료시설로의 접근성이 부족하다는 것이다.

교외 지역에서는 필요한 모든 기능을 갖춘 병원, 소방서, 응급의료팀과 같은 기관이 넓은 범위에 산발적으로 위치해 있다. 특수 구조팀이 없는 경우도 있다. 교외 지역의 근무하는 응급구조사의 가장 큰 어려움 중 하나는 현지 주민들이 다른 지역과 동일한 수준의 응급의료서비스를 제공받도록 해야 한다는 점이다. 다음 내용은 교외 지역에서 종사하는 응급구조사의 임무 수행에 있어서의 장애 요소와 결정을 내리기가 쉽지 않은 사항을 설명한다.

## 교외 지역의 응급의료서비스

일반적으로 미국 정부는 교외 지역을 낮은 인구 밀도의 도시 혹은 마을 간의 거리를 기준으로 정의한다. 의료적 기준으로 볼 때 교외 지역은 65세 이상 고령 인구의 비중이 높고 환자 당 의사의 비율이 낮다. 미국 인구의 5명 중 한 명꼴로 교외 지역에서 거주하지만, 의사는 10명당 한 명 정도만 교외 지역에서 근무를 한다. 도시 지역 주민과 비교했을 때 교외 지역의 주민은 중증이나 만성 질환을 가지고 있는 확률이 훨씬 높다. 교외 지역에서는 의료 기관으로의 거리가 멀기 때문에, 일반 응급 상황 혹은 외상성 응급 상황으로 인한 사망률이 도시보다 더욱 높다. 때문에 응급의료팀은 결정적 처치를 해야 하는 경우도 있다. 교외 지역에서 응급의료서비스를 제공하는데 수반되는 어려움을 극복하기 위해, 응급구조사와 그 외 의료 인력은 교외 지역으로 인한 특수한 문제점이 무엇인지 알고 있어야 한다.

### 쉽게 알아보는 병태 . 생리학

**교외 지역 응급의료서비스의 품질에 대한 고려 사항**

병원에서 멀리 떨어진 지역일수록 병원전 처치는 더욱 고급화되어야 한다는 말이 있다. 물론 모든 것이 이상적인 상황에서만 가능한 일이다. 교외 지역의 많은 응급구조사에게는 한 시간이 넘는 거리의 응급환자를 이송하는 일이 일상적인 임무이다. 개척 지역과 같은 원거리 지역에서는 의료 헬리콥터조차 사용이 불가능하기 때문에 중증환자가 의료 기관으로 이송될 때까지 수 시간이 걸린다. 하지만 교외 지역의 병원전 처치의 수준은 높아야 하지만, 의료적 구조 요청의 수 자체가 적기 때문에 의료의 고급화가 실현되지 않는다. 또한 도시 지역과 비교했을 때 교외 지역에서는 필수 교육 과정을 이수하기가 더욱 힘들고, 시간이 지남에 따라 변화하는 의료적 지식 및 기술도 큰 이슈가 되고 있다. 하지만 교외 지역 역량 강화 프로그램이나 재교육 프로그램 통해 이러한 문제점을 해소할 수 있을 것으로 본다.

교외 지역의 응급구조사는 환자를 장시간에 걸쳐 처치할 수 있는 술기를 익혀야 한다. 이러한 술기에는 전문적 기도 관리, (헤모글로빈 기반으로 산소가 공급되는 수액을 통한) 수액 요법, 선택적 골절 및 탈구 정복 술기, 그 외 장기적인 환자 처치가 포함된다. 비위장관 튜브와 도뇨관 삽입은 장기적인 환자 처치에 도움이 되는 경우가 많다. 이와 마찬가지로 적절한 통증 처치를 제공하는 능력, 보급형 부정맥 처치제, 혈전 용해 처치가 생사를 좌우할 수도 있다. 교외 지역의 응급의료체계는 오랜 시간 동안 소외되어 왔다. 최근에는 몇몇 사례를 통해 교외 지역 응급의료서비스와 응급구조사, 의료 인력, 환자가 겪는 고충이 재조명되고 있다.

## 교외 지역의 특수한 문제점

앞서 설명한대로 21세기에는 의료비용과 건강관련 장비의 증가로 인해 응급의료 인력의 역할과 임무로 증가되고 있다. 비응급 환자의 이송에 대한 필요성은 특히 교외 지역에서 늘어나고 있다. 교외 지역에는 특수 전문의와 양질의 시설을 갖춘 병원이 부족하다는 사실은 더욱 큰 문제로 자리 잡았다. 앞으로 더욱 많은 환자가 교외 지역에서는 제공되지 않는 처치를 받기 위해 도시 지역으로 이송될 수도 있다.

토네이도, 홍수, 허리케인 등의 자연 재난의 경우 상황 자체가 굉장히 심각하다. 자연 재난 발생 시 교외 지역의 응급의료 인력은 주정부 혹은 연방 정부 기관이 도착하기 전까지 의료적 지원을 제공할 수 있는 유일한 자원일 수 있다.

응급 구조 신고의 세부적인 상황을 떠나서 교외 지역의 응급의료 인력은 도시 지역에서는 보기 힘든 장애 요소와 문제점을 마주하게 된다. 교외 지역의 응급의료팀에서 임무를 수행하는 구급 인력은 이러한 문제를 경험하고 있다. 응급구조사는 다른 응급의료 인력과 함께 다음과 같은 특수적 문제에 효과적으로 대응하고 극복할 수 있도록 더욱 확대된 리더십을 발휘해야 한다.

### 거리와 자원

교외 지역의 응급의료서비스는 자원 봉사자를 기반으로 하는 경우가 많다. 긴급 구조 요청에 대응할 때, 자원 봉사자는 우선 먼 거리를 이동하여 구급팀이 있는 건물로 와야 한다. 구급차에 탑승한 봉사자는 환자가 있는 현장까지 이동할 뿐만 아니라 환자를 싣고 병원까지 먼 거리를 이송해야 한다. 그렇기 때문에 교외 지역에서 응급구조사의 모든 결정에는 거리의 문제가 고려되어야 한다. (교외 지역 응급의료서비스의 가장 중요한 고려 사항 중 하나인 거리는 이 장에서 더욱 상세하게 설명된다.)

### 원활하지 않은 통신 문제

교외 지역에서는 낙후된 통신 장비로 인해 응급의료서비스에 대한 시민의 접근성이 상당히 떨어지고 있다. 예를 들어, 교외 지역에서는 모든 사람이 911 서비스를 적절하게 제공 받지 못한다(그림 15-1). 옛날 방식의 911 서비스로 인해 대응 시간이 지연되고, 전화 상담원(dispatcher)이 응급의료 신고 상담원이 될 수 있다.

교외 지역 응급의료팀은 부실한 통신으로 인해 임무 수행에 큰 지장을 받을 수 있다. 파이어 폰이나 크래쉬 바라고라고 불리는 구식 통신 장비는 접수된 구조 신고를 들을 수는 있지만, 구급차로 이동하는 중에 동료 대원과는 통신을 할 수가 없다는 단점이 있다. 응급의료 대원은 구급팀 건물에 도착하거나 구급차에 탑승하기 전까지 911 상황실로부터 충분한 정보를 전달받지 못할 수도 있다.

그림 15-1 911과 같은 누구나 연락하기 쉬운 번호는 응급의료체계에 대한 시민의 접근성을 향상시키는데 필수적이다. 하지만 교외 지역에는 옛날 방식의 911 서비스로 인해 통신이 불편하고 대응 시간도 지연된다.

교외 지역의 응급구조사는 구급차로 이동하는 도중에 통신 불능 지역을 벗어날 수도 있다(그림 15-2).

고속도로 사무소나 스쿨 버스에서 비롯되는 전파 장애와 주파수 과부하 또는 통신 방해가 발생할 수도 있다. 이는 응급구조사와 동료 대원 혹은 의료 지도의사와의 통신에 큰 지장을 줄 수 있다. 그렇기 때문에 교외 지역의 응급구조사는 통신 불능 지역인 데드 스팟을 지날 때 발생할 수 있는 환자 증상에 대한 의료적 지시를 미리 요청해야 한다.

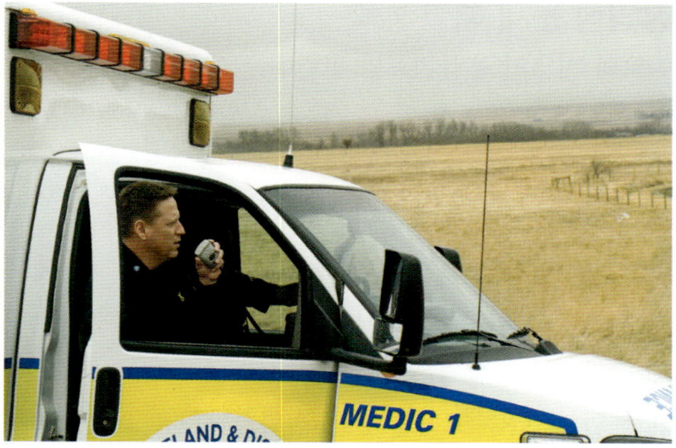

그림 15-2 교외 지역의 응급구조사는 통신 불능 지역인 데드 스팟을 고려해야 하고 환자 이송 도중에 발생할 수 있는 증상에 대한 의료적 지시를 요청해야 한다.

## 인력 부족

교외 지역의 응급구조사는 자원 봉사자로 활동하는 경우가 많기 때문에, 구급팀으로 등록된 응급구조사의 부족 현상을 겪을 수도 있다. 자원 봉사자는 응급구조 신고가 들어올 경우 직장이나 자택 등 현 위치에서 즉시 현장으로 출동을 해야 한다. 교외 지역의 응급 신고 중 상당수는 도시 지역에 비해 더욱 거리가 멀고 시간이 걸리기 때문에, 자원 봉사자가 직장이나 자택에서 출동하는데 상당한 시간이 소요될 수 있다. 이러한 상황 속에서 응급구조사의 경제적 활동과 자녀 양육이 영향을 받을 수 있다. 그렇기 때문에 단기 근무만 하거나 완전히 은퇴를 하는 경우가 많다.

## 실습 훈련과 연습

교외 지역에서는 훈련과 지속적 교육을 쉽게 제공 받을 수 없는 경우가 많다. 또한 응급구조사 자격증의 비용과 소요 시간이 증가하고 있다. 그렇기 때문에 자원 봉사자는 개인 지출 비용이 늘어나고 자택에서 멀리 떨어져있는 시간이 늘어난다. 결국 도시 지역의 유급 응급구조사에 비해 교외 지역의 응급구조사는 훈련 수준이 떨어질 수 있다.

더욱이 일부 교외 지역에서는 응급의료 관련 신고 건수가 작기 때문에 상황은 더욱 복잡해질 수 있다. 응급구조사는 출동할 일이 적기 때문에, 자신의 술기를 주기적으로 실습해보는 기회도 많지 않다. 연습할 기회가 적다면 술기 능력은 떨어지기 마련이다. 응급의료 인력은 새로운 술기나 표준지침에 대하여 잘 숙지하지 못한 채 뒤쳐질 수 있다. 교외 지역에서는 응급구조사 간의 충분한 교류의 기회나 신고 건수가 부족한 상황이다.

뿐만 아니라 교외 지역에서는 의료 지도의사를 확보하기도 힘들다. 현지 의사는 응급의료에 대한 전문지식이 부족할 수 있고, 응급의료 분야는 자신의 임무에 속하지 않는다고 느낄 수도 있다. 교외 지역의 응급의료 기관은 최신 장비와 구급차를 구매할 여력도 없는 경우도 많다. 또한 먼 거리, 헬기의 착륙 지점 부재, 비용 부족, 넓은 지역에 비해 적은 수의 헬리콥터 등 많은 이유로 인해 항공 환자 이송이 항상 제공되지는 않는다.

교외 지역의 병원과 응급의료 기관에서는 응급구조사가 준수해야 하는 의료 지침이나 표준이 항상 제공되는 것은 아니다. 이로 인해 역할과 임무가 불분명해지고 병원마다 다른 의료 지침을 사용하게 될 수 있다. 가령 두 개의 다른 병원 중 하나로 환자를 이송해야 하는 경우, 두 가지 다른 의료 지침을 고려해야 할 수도 있다. 그렇기 때문에 교외 지역 응급 구조 자원 봉사자는 의료시설의 지침을 스스로 파악해야 한다.

## 창의적 문제 해결 능력

교외 지역의 응급의료와 관련된 장애물을 극복하기 위해 관련 기관은 창의적으로 문제를 해결 하고자 한다. 다음은 교외 지역 응급구조사가 활용할 수 있는 몇 가지 문제 해결법을 설명한다.

### 통신 체계의 개선

최근에 일부 교외 지역은 정부 보조금 혜택 덕분에 통신 장비의 현대화와 보수 작업을 할 수 있었다. 다른 카운티에서는 911 시스템 운영 비용을 분담하는 경우도 있다. 911 시스템이 교외 지역까지 확대됨에 따라 전화상담원은 의료적 우선순위에 따른 신고 처리와 의료 보조 신고 처리에 대한 교육 기회를 얻게 되었다. 특수 교육을 받은 전화상담원은 교외 지역 응급의료 인력이 응급의료 사고 현장으로 출동하는 동안 환자의 생명을 살리는 의료 지시를 전달할 수 있다.

무선 통신이 불통이 되는 데드 스팟과 혼잡한 주파수는 주파수 증설 요청이나 무선 통신 장비 개선을 통해 해결할 수 있다. 또한 기지국과 전신주 주파수 강도를 더욱 증대시키는 것도 방법이다. 911 사용자 자문 위원회나 컨소시엄은 교외 지역의 문제와 다양한 부분의 문제를 논의하는 소통의 장을 제공한다. 교외 지역의 통신 체계를 개선시킬 기술은 다름 아닌 휴대폰이다. 휴대폰의 사용을 통해 교외 지역의 응급구조사는 응급실 의사나 의료 지도의사와 통신을 할 수 있다. 현재 고려되고 있는 또 다른 기술은 응급의료용 기지국을 설치하는 것이다.

### 채용 및 자격 인증

교외 지역 응급의료 센터의 개선을 위한 가장 중요한 방법 중 하나는 응급구조사의 전문 훈련을 더욱 확대시키는 것이다. 거리의 문제를 감안할 때, 응급구조사가 탑승한 구급팀은 환자에게 전문 소생술이 필요한 기본 소생 구급팀을 대체할 수 있다. 1급 응급구조사를 보유한 구급팀은 교외 지역에 최상의 응급의료서비스를 제공할 수 있다.

### 응급구조사의 채용 및 자격 인증

응급구조사의 채용 및 자격 인증은 지속적인 실습 훈련 과정과 교육을 통해 해결할 수 있다. 관련 기관은 인근 구급팀과 연계하여 응급의료 교육 서비스를 제공하고 있다.

응급의료 봉사에 대한 관심을 증대시키기 위해, 교외 지역 응급의료 기관은 체험 프로그램을 제공할 수 있다. 응급구조사는 최초반응자 교육을 교외 지역 주민에게 제공하는 지도자 역할을 할 수 있다(그림 15-3). 프로그램의 목적은 지역 주민이 구급팀이나 긴급 대응팀에 적극 참여할 수 있게 하는 것이다. 실습 훈련을 통해 응급의료체계의 일원이었던 자원 봉사자를 전문 응급구조사 수준으로 끌어올리는 노력도 필요하다.

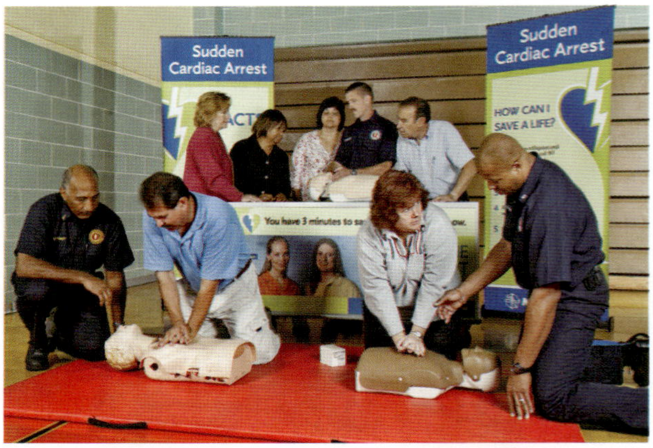


**그림 15-3** 공공 교육은 교외 지역의 응급구조사 부족 문제를 해결하는데 핵심적인 역할을 하고 있다. 응급구조사는 심폐소생술 교육을 최초반응자들에게 실습 훈련과 이론을 이수시켜야 한다.

교외지역의 교육 및 실습 훈련에 큰 영향이 되었던 부분으로는 컴퓨터와 인터넷의 사용을 대표적으로 들 수 있다. 인터넷으로 인해 양질의 정보에 대한 접근성이 확대되었다. 이로 인해 응급의료 인력은 원격 교육을 통해 최신 표준 및 정보에 대한 지식을 확대할 수 있다. 또한 인터넷은 교외 지역 구급팀이 타 기관과 상호 소통하는 효율성을 높인다. 인터넷 상의 교류는 창의적인 문제 해결을 돕고 새로운 아이디어를 공유할 수 있는 훌륭한 방법이다.

인터넷의 혜택 이외의 인터액티브 CD 프로그램이나 EMS 컴퓨터 시뮬레이션 프로그램을 활용할 수도 있다. 이러한 프로그램은 응급의료 인력의 전문 지식과 기술을 더 높은 차원으로 향상시킨다. 이를 통해 기본 응급구조사나 중급 응급구조사는 전문 응급구조사로 거듭날 수 있다(그림 15-4).

그림 15-4 교외 지역의 응급구조사는 교육에는 끝이 없다는 점을 반드시 기억한다. 응급구조사는 강의실 교육의 부족을 인터넷 혹은 컴퓨터 교육 프로그램과 시뮬레이션 프로그램을 통해 극복할 수 있다. 도시 지역의 응급구조사에 준하는 수준의 처치를 환자에게 제공할 의무가 있다.

## 의료 지원의 개선

전미응급의료의사협회는 응급의료의 감독 및 감시에 대한 교육에 관심이 있는 의사를 위한 다양한 교육 컨텐츠를 제공한다. 협회가 주최하는 컨퍼런스에서는 응급 지도의사 교육 과정이 제공된다. 전문의는 대부분 도시 지역의 근무를 희망하지만, 높은 수준의 전문성을 갖추었음에도 불구하고 교외 지역에서 활동하는 의사도 있다. 교외 지역의 응급구조사 혹은 상관은 현지의 전문의에게 찾아가 응급 지도의사의 직책에 대한 의향을 물어보게 된다. 현지 의사 중에서 의료 지도의사가 없는 경우, 가장 가까이 있는 도시 지역의 병원을 찾아봐야 한다.

근무지 위치와는 별개로 병원과의 관계는 응급구조사가 소통하기에 달려있다. 응급구조사는 근무지 부근의 병원과의 관계 형성을 위해 충분한 시간을 제공해야 하고 가능하다면 병원 직원을 위한 내부 연수 프로그램에 자주 참석해야 한다.

## 창의적 운영력 및 증대된 책무

교외 지역의 응급의료체계에는 창의적 운영 능력이 필요하다. 대부분의 교외 지역 응급의료 기관은 인력 확보 및 유지, 예산 보충, 장비 최신화, 양질의 프로그램 제공, 여타 의료 기관과의 네트워킹 등에 있어 어려움을 겪고 있다. 교외 지역에서 임무를 수행하는 응급구조사는 이러한 지역적 특성에 영향을 받게 된다.

도시와 농촌간의 의료 격차를 극복하기 위해 노력하는 지역이 늘어남에 따라, 교외 지역에 있는 응급구조사의 역할이 더욱 확대될 것으로 예상된다. 응급구조사는 긴급 처치 시설과 같은 병원의 확장 서비스나 제한적 처치와 비응급 처치를 제공하는 기관과 협력하게 될 수도 있다. 이 경우, 응급구조사는 의사 혹은 전문 간호사의 감독 아래 임무를 수행하거나 면역 주사의 투여, 손상 부위 처치, 응급 이송의 제공 등을 하게 될 수 있다.

일부 교외 지역의 지자체는 응급구조사가 긴급 신고에 대응하지 않을 때 공공 의료 시스템에서 임무 수행을 하게 하는 것을 고려하고 있다. 교외 지역 주민이 미국 전체 인구의 1/4에 달하는 시대에 응급구조사는 제공되어지는 병원전 의료 서비스의 품질을 높여야 하는 도전 과제를 안고 있다.

## 교외 지역 응급의료의 전형적인 상황과 결정 사항

교외 지역의 응급구조사는 긴 이동 거리로 손실된 대응 시간과 많은 지역에서 복잡하게 발생하는 물류 유통 측면의 문제에 보완하기 위해 더욱 고도의 훈련과 술기를 갖춰야 한다. 다음 내용은 교외 지역 응급구조사가 반드시 고려해야 하는 특수한 요인을 설명한다. 각 단락의 끝에 제시된 상황은 교외 지역에서 응급구조사가 직면하게 되는 복잡한 문제를 다룬다. 전체 내용을 대표하는 한 가지 핵심은 다음과 같다. 이동 거리와 대응 시간이 길어질수록 쇼크의 발생률이 높아진다.

### 거리 요소

교외 지역에서는 장거리에 걸쳐 이동해야 하는 경우가 많다. 응급구조사는 현장에서보다 구급차에서 환자와 시간을 더 보내게 된다. 그렇기 때문에 병원으로의 이송 도중 취한 조치는 환자 결과에 결정적인 영향을 미친다. 예를 들어, 이송 도중에 울혈성심부전 환자에게 질산염으로 안지오텐신 전환 효소 억제제를 투여한다고 가정할 때, 병원에 도착할 때쯤 환자는 이미 고비를 넘기고 안정이 될 수도 있다. 이러한 이유로 인해 응급구조사는 환자 이송시간이 길 경우 정확하고 완전한 기록을 해야 한다.

환자를 이송할 때 고려해야 하는 또 다른 요소는 현지 병원의 응급 인력 현황이다. 도시 지역에는 대부분 병원에서 야간 진료가 제공된다. 상시 운영되는 응급실은 하루 24시간 일주일 내내 복잡한 의료 절차를 수행하는 인력이 배치되어 있다. 하지만 교외 지역 병원의 응급실은 비정규적으로 운영되고 오직 한두 명의 전문의가 근무를 하고 있다. 이 경우, 환자의 자택에서 병원에 연락하여 환자를 이송할 때 필요한 인력을 대기시키도록 한다. 중환자를 전문 외상센터로 이송할 지 여부를 결정해야 할 수도 있다. 심장 질환의 경우 피브린용해성 처치나 경피관상동맥중재술의 가용 여부가 결정적인 요소가 된다.

교외 지역의 응급의료체계에서는 모든 결정이 상황에 따라 결정된다. 전문심장소생술과 전문외상소생술이 응급구조사에게는 있어서 가능한 부분이지만, 오히려 현지 병원에 전문 의료 장비가 없을 수 있는 경우가 있고 구급팀에서 보유하고 있는 장비를 사용해야 하는 경우가 있다. 예를 들어, 예산 부족으로 교외 지역 병원은 12유도 심전도 모니터나 유사 장비를 구매할 여력이 없는 경우가 있다. 이 경우, 응급구조사는 의료 지도의사의 승인을 받고 자신이 보유한 장비를 병원에서 사용하거나 결정적 처치를 위해 환자를 더욱 멀리 떨어져 있는 외상 센터로 이송할 수도 있다.

중환자를 처치할 때는 멀리 떨어진 의료시설에 도착하기 전에 일부 환자의 사망 모든 단계를 직면할 수 있다는 점을 기억한다. 예를 들어, 차량 충돌 사고로 인해 중증 머리 외상 환자가 발생한다면, 우선 환자는 의식이 명료하고 정상적인 지남력을 보이다가 불안 증세를 보이며 난폭하게 변할 수 있다. 환자는 점차 기억력이 감소하고 더욱 혼란 증세를 보이기 시작한다. 환자의 동공을 확대된다. 이송 시간이 길어진다면 환자는 제피질 자세를 취하다가 제뇌 자세로 변한다. 이와 같이 응급구조사는 불가피한 이송 시간으로 인해 환자 증상의 개선을 위해 아무런 조치도 취할 수 없는 상황에 처할 수 있다.

위와 같은 상황이 실제로 발생하는 경우, 교외 지역 응급구조사는 항공의료 서비스를 언제 어떻게 사용해야 할지를 알아야 한다. (항공의료 이송에 대한 자세한 설명은 "항공의료 운영"에서 확인한다.) 교외 지역 응급 상황의 대응책 결정에 거리가 미치는 영향을 평가하기 위해 교외 지역 시나리오 1과 관련 질문을 살펴본다.

## 농업 사고

농업이나 목축업과 관련된 응급 사고는 장비 관련 손상 사고, 농약 중독, 궂은 농사일로 인한 기존 증상 악화 등 여러 가지 형태로 나타난다. 농업 사고가 발생할 경우 다음 단락에 제시된 요소를 고려한다.

### 안전

어떠한 상황이라도 응급구조사는 자신과 동료의 안전을 최우선으로 생각해야 한다. 전화상담원이 설명한 상황과 맞물려서 발생할 수 있는 모든 시나리오를 함께 고려하면서 해석해야 한다. 농업 사고의 경우 손상 사고의 발생 가능성이 높다. 가축, 화학약품, 연료 탱크, 저장소 내부 연기, 중장비, 노후화된 농기구 등은 모두 위험요소가 될 수 있다.

그림 15-5a 건초 적재기(ⓒ *Mark Foster*)

**농기구** 농촌 지역에서 근무하는 응급구조사는 농장이나 목장에서 사용되는 장비 및 기구의 유형에 익숙해져야 한다(그림 15-5a~15-5c). 농기구는 열쇠만 뽑으면 작동이 멈추는 자동차와 같은 단순한 장비가 아니다.

그림 15-5b 건초 포장기(ⓒ *Mark Foster*)

현장에서 사고를 방지하기 위해 응급구조사는 농기구 작동 상태의 안정성과 잠금 상태를 확인해야 한다. 농기구는 대부분 연료관 차단 장치나 전원 해제 스위치가 있다. 그렇기 때문에 모든 농기구의 전원 및 잠금 상태를 관리할 수 있는 사람을 알고 있는 것이 중요하다.

“잠금 장치/표지 부착”이라는 기본 안전 수칙을 항상 준수한다. 장비의 전원을 해제한 뒤 응급구조사는 스위치를 잠그고 전원 해제의 이유가 적힌 표지를 부착한다. 이를 통해 실수로 스위치를 작동시키는 사고를 방지할 수 있다. 장비의 전원이 꺼진 다음에도 손상 사고 발생의 가능성이 여전히 남아있다는 것을 기억해야 한다. 휘발유, 디

그림 15-5c 많은 농장에 있는 구식 농기구인 트랙터와 집초기(ⓒ *Mark Foster*)

## 교외 지역 시나리오 1

응급구조사는 교외 지역에서 자원 봉사자로 활동하고 있으며, 안개가 짙은 밤 외딴 곳에 떨어진 긴급 대응팀에서 실습 훈련을 위해 이동 중이다. 무선 통신기에서 현재 위치에서 16km 정도 떨어진 장소에서 차량과 열차 충돌 사고가 발생했고 긴급 대응팀이 출동하라는 내용을 듣는다.

약 10분 뒤 응급구조사가 도착한 현장은 연기가 자욱하고 깜빡이는 불빛으로 가득하다. 응급구조사는 긴급 대응팀과 소방팀이 이미 현장에 도착되어 있는 것을 확인한다. 응급구조사는 철도 건널목 도랑에서 차량 한대를 발견한다. 최초 반응팀은 응급구조사를 알아보고 도움을 요청한다. 긴급 대응팀 인력은 차량 운전대와 의자 사이에 갇힌 35세 남성을 가리킨다. 빠른 환자 평가 결과 환자가 의식과 정상적인 지남력은 있지만 매우 심각한 불안 증세가 있는 상태이다. 외상환자 평가 결과 환자는 가슴 타박상을 입고, 왼쪽 호흡음이 감소하고, 경직된 복부에서는 통증이 있고, 머리와 팔 부위에는 열상과 찰과상이 있다. 활력 징후는 맥박 160회/분, 호흡 32회(얕은호흡)/분, 혈압 90/60mmHg이다.

소방대원은 환자를 구출하는데 약 20분이 소요될 것이라고 설명한다. 기본소생 자원 봉사자가 탑승한 구급차는 15분 뒤에 현장에 도착한다. 현장에서 가장 가까이 있는 병원은 20개의 침상이 있는 4등급 외상 처치 센터로 동쪽으로 43km 떨어진 곳에 위치해 있다. 전문 소생술 처치가 가능한 가장 가까운 2급 외상 센터는 남동쪽으로 121km 떨어져 있다.

1. 현장에 도착한 응급구조사는 긴급 대응팀과 초기 대응 인력이 목 보호 조치를 시도하지 않는 것을 발견한다. 이들은 권장되는 표준 주의 조치를 취하지 않고 있다. 응급구조사는 언제 어떻게 상황을 바로 잡을 것인가?
(응급구조사는 현장을 통제한 다음 곧바로 부적절한 조치를 바로잡아야 한다. 응급구조사는 최초 대응 인력이 손으로 머리와 목을 고정시키면서 필요한 보호대를 착용시키도록 유도한다.)
2. 두 개의 외상 처치 시설 중 어느 곳으로 환자를 이송할 것인가? 그 이유는?
(환자는 공기가슴증과 복강내출혈이 의심되는 비대상성 쇼크를 겪고 있기 때문에, 외과 수술이 즉시 필요하다. 그렇기 때문에 환자를 2급 외상 센터로 이송해야 한다.)
3. 환자에게 최상의 처치를 받게 하기 위해서는 어떠한 자원을 요청해야 하는가?
(손상 기전과 병원까지의 거리를 감안할 때, 응급구조사는 항공의료 서비스와 가장 가까이 위치한 전문소생술팀을 요청해야 한다. 이를 통해 응급구조사는 현장에서 적절한 장비를 지원받을 수 있다. 안개가 짙기 때문에, 의료 헬리콥터의 착륙이 불가능하여 구급차로 먼저 이송 중하여 안전한 착륙 지점에서 환자를 인계해야 할 수도 있는 상황을 미리 예측해야 한다.)
4. 응급구조사에게는 전문 소생 장비가 없는 상태이다. 응급구조사가 현장에서 혹은 환자 이송 시 취한 조치로 인한 잘못된 법적 책임 소지가 있는지 설명하시오.
(이 상황에서 응급구조사는 환자 처치 및 이송을 할 의무가 있다. 그렇기 때문에 응급구조사에게 적절한 장비가 없다는 이유만으로 잘못된 법적 책임 소지가 발생하지 않는다. 응급구조사는 자신의 지식이 장비 못지 않게 중요하다는 점을 항상 기억해야 한다. 하지만 응급의료적 지식만으로 처치를 할 때 환자에게 영향을 미치는 요소를 모두 차단할 수 없다. 환자를 처치한 응급구조사는 자신이 제공한 처치 및 조치를 모두 기록해야 한다)

젤, 프로판 가스에 의해 구동되는 엔진은 폭발의 위험이 있다. 장비에 대한 안전 조치나 체인으로 잠금 조치가 제대로 되지 않는 경우 다시 작동될 수 있다. 장비를 들 때는 무게 중심이 기울면서 환자가 눌리거나 구급대원이 손상을 입을 수도 있다.

**그림 15-6** 온실에는 농약, 살충제, 비료와 같은 위험물질이 잠재되어 있다. 농약은 아질산염을 포함하며 오클라호마 연방 청사 건물 폭발 사건에서처럼 농약과 디젤 연료가 혼합되면 매우 강력한 폭발물이 될 수 있다.(© *Mark Foster*)

**유해 물질** 유해 물질은 농장이나 목장의 많은 곳에서 발견될 수 있다(그림 15-6과 15-7). 유해 물질은 온실, 농약 저장통, 작물에 살충제를 뿌리는 장비, 대형 가축 시설의 분뇨 저장고 등에 위치해 있다. 이러한 이유로 인해 자급식 공기 호흡기가 모든 교외지역 응급의료팀이 사용하는 장비의 표준이 되어야 한다. 곡물 탱크와 저장고와 연관된 구조 작업은 각별한 주의를 기울여야 한다. 곡물과 사일리지(겨울철의 가축먹이)는 시간이 지남에 따라 발효가 되기 시작한다. 발효가 되는 동안 곡물은 다량의 이산화탄소, 질소 산화물과 곡물 저장고 가스, 메탄 가스가 방출된다. 곡물 저장소가 관여된 구조 작업의 경우 응급구조사는 높이가 높고 협소한 공간에서 임무를 수행해야 하고 곡물이나 사일리지에 깔려 압사할 위험도 있다. 이 경우, 다른 기관의 지원이 현장에 필요한지 판단해야 한다. 항상 거리의 문제를 염두 해야 한다. 현장에 도착하고 나서야 필요한 장비가 없거나 자원이 부족함을 깨달아서는 안 된다. (유해 물질 관리에 대한 더욱 자세한 내용은 "구조 인지와 운영"에서 확인한다.)

**그림 15-7** 사진 속 곡식 저장소는 언뜻 보기에는 위험해 보이지 않지만, 협소한 공간 속에 압사되거나 발효된 곡식의 가스에 노출될 위험이 도사리고 있다.(© *Mark Foster*)

## 외상 발생 가능성

농장이나 목장의 근로자는 일주일 내내 해가 뜨고 질 때까지 일을 한다. 농장과 목장 노동자는 극한의 더위와 추위 그리고 모든 유형의 기상 조건을 견뎌낸다. 이들은 하루 중 많은 시간을 (통신 수단이나 도움으로부터 멀리 떨어진) 원거리 지역에서 보낸다.

농업인에게 일상적으로 사용하는 장비나 기계에 의해 심각한 사고 및 손상의 위험은 더욱 커진다. 경제적 형편이 되지 않아 노후화된 장비를 바꾸지 않고 그대로 쓰는 농업인도 간혹 있다. 보호구를 거의 착용하지 않고 위험한 장비를 스스로 고치려는 경우도 많다. 이러한 상황은 모든 농장 근로자를 장비 관련 외상 사고에 노출시킬 수 있다. 농기계의 유형에 따라 손상 기전은 압좌, 뒤틀림, 찢김, 관통 혹은 복합적인 형태로 나타날 수 있다.

장비 관련 외상 사고는 농업의 특성으로 인해 더욱 복잡해진다. 첫째 손상 부위가 농약이나 분뇨로 인해 감염될 수 있다. 둘째, 환자는 중장비에 깔리거나 갇히기 쉽고, 구출 작업에 추가적인 시간과 노력이 든다. 자동차에 효과적으로 사용되는 표준 구출 장비는 농기구의 무게를 감당하지 못한다. 구출 장비가 없을 때는 다른 농기구를 적절히 활용해야 한다. 구출 작업에 시간이 오래 소요될수록 환자의 상태는 악화된다. 응급구조사는 (팽창 가능한 고압 베개로 팽창 시 최대 20t(톤)까지 수용할 수 있는)에어백이나 (장비의 밑을 받치는 목재 버팀대인)크리빙을 통해 장비의 하중을 완화시킬 수 있다. 하지만 구출 작업이 너무 길어질 경우, 환자는 구획증후군이나 유사 증상(횡문근융해증이나 신부전증 등)을 겪게 될 수 있다. 이러한 증상은 신체의 한 부분으로 향하는 순환이 중단되었을 때 발생한다. 상당 기간 동안(주로 수 시간 동안) 혈류에 독소가 쌓이고, 다시 순환이 돌아올 경우 환자는 쇼크를 겪는다. 이는 적절한 처치가 적시에 제공되지 않는 한 치명상으로 이어질 수 있는 심각한 증상이다. (쇼크 처치에 대한 자세한 설명은 "출혈과 쇼크" 및 "외상의 특수 고려사항"에서 확인한다. 구출 및 구조 작업은 "구조 상황 인지와 작전"에서 살펴본다.)

## 손상 기전

농기구가 관여된 사고의 경우 여러 다른 손상 기전을 의심한다. 예를 들어, 대부분의 농기구는 환풍기,

동력 인출축, 오거, 풀리, 바퀴와 같이 회전하기 쉬운 부품으로 구성되어 있다. 염좌, 좌상, 박리, 골절, 사지 절단 등의 손상을 유발할 수 있으며, 일반적인 손상 기전은 다음을 포함한다.

- *회전말림점* 신체의 사지가 휘말려 들어갈 수 있는 지점(그림 15-8). 앞서 설명한대로 환풍기, 동력 인출축, 오거, 풀리, 바퀴와 같이 회전하기 쉬운 부품에는 팔, 손, 다리, 발이 쉽게 말려 들어갈 수 있다.

그림 15-8 트랙터의 동력 인출축은 회전말림 손상의 대표적인 예이다.(ⓒ *Dr. Bryan E. Bledsoe*)

- *물림점* 두 개의 물체가 가까워지면서 환자의 신체 일부가 물리는 지점. 예를 들어, 발등으로 쟁기날이 떨어지거나 유압 도끼에 손이 들어가는 사고를 들 수 있다(절차 15-1).
- *끼임점* 물림점과 마찬가지로 끼임점은 두 개의 물체가 가까워질 때 발생한다. 하지만 끼임점의 경우, 물림점이 서로 만나거나 엇갈리면서 신체의 일부가 절단된다. 긴 낫 형태의 부품을 사용하는 잔디 깎기인 시클 바 모어는 끼임 손상을 유발하는 농기구이다.
- *으깸점(압궤점)* 두개 이상의 물체가 모여 신체 사지를 으깰 정도의 하중을 가하는 지점. 트랙터 전복 사고가 으깸 손상을 가장 흔하게 발생시킨다.

### 절차 15-1 끼임 손상 환자의 제거 조치

15-1a 유압 도끼-교외 지역에서 발생할 수 있는 전형적인 물림 손상. 사진 속 농부는 얇은 작업용 장갑을 제외하고는 아무런 보호구를 착용하지 않았다. (ⓒ *Mark Foster*)

15-1b 물림 손상으로 인해 다친 손. 구획증후군이 의심된다.(ⓒ *Mark Foster*)

## 절차 15-1 끼임 손상 환자의 제거 조치(계속)

15-1c 기계가 (이 경우, 트랙터와 같은) 다른 장비에 의해 구동되었는지를 살펴본다. 그러한 경우, 기계를 사용하여 환자를 구출한다. 기계사용 후 전원 해제를 하고 레버나 스위치에 표지를 부착한다.(ⓒ *Mark Foster*)

15-1d 환자 구출 시 골절 및 회전 손상 부위를 고정시킨다.(ⓒ *Mark Foster*)

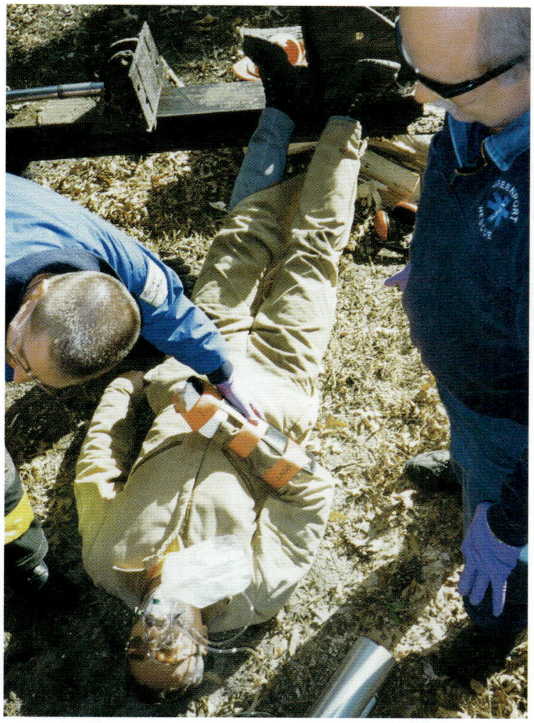

15-1e (특히 요청한 지원이 오랜 시간동안 늦어지는 경우) 급성 쇼크 처치를 제공한다.(ⓒ *Mark Foster*)

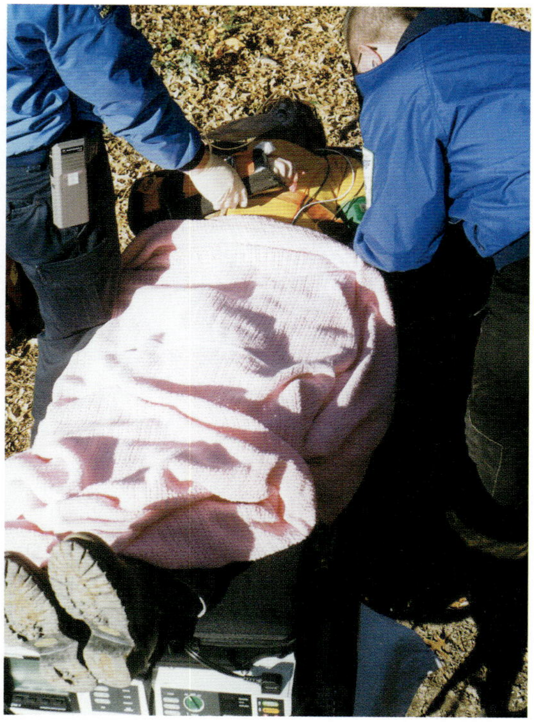

15-1f 환자 결착 후 가장 효과적인 교통수단을 통해 인근 응급의료시설로 이송한다.(ⓒ *Mark Foster*)

## 응급 처치

일반적으로 응급구조사는 다른 환자에 준하는 응급 처치를 농업 사고 환자에게 제공해야 한다. 하지만 시간과 거리가 쇼크에 미칠 수 있는 영향을 항상 염두에 둔다. 예를 들어, 경미한 사고를 당한 농부는 누군가에게 의해 발견되기 전까지는 간혹 악천후 기상 환경 속에서 여러 시간 동안 손상을 입은 채 누워있어야 한다. 대응 및 이송 시간이 길어지는 경우 출혈 손상이 효과적으로 처치되지 않을 경우 불충분한 조직

### 교외 지역 시나리오 2

5월의 화창한 날, 시간은 어느덧 늦은 오후로 접어든다. 응급구조사는 교외지역 구조팀의 일원으로 근무를 서고 있다. 구조팀은 상근직 응급구조사 한 명과 보조 역학을 하는 기본 소생 구급팀으로 구성된다. 갑자기 구조팀의 주차장에 차량 한 대가 들어오더니 매우 불안해 보이는 표정의 한 남성이 차에서 뛰어 나온다. 그는 응급구조사에게 달려가면서 "아버지가 트랙터에 깔렸습니다. 너무 심하게 다치셨어요. 어떻게 해야 할지 모르겠어요."라고 외친다.

4륜 긴급 대응 차량에 탑승한 응급구조사는 그에게 사고 현장으로 따라 가겠다고 말한다. 하지만 그는 농장에 대한 정확한 방향을 알려주지 않은 채 쏜살같이 차를 타고 가버린다. 현장으로 향하는 도중 응급구조사는 지역 응급의료 전화상담원에게 전화를 하여 기본 소생 구급팀과 현지 소방 구조대의 지원 요청을 한다. 응급구조사가 사고 현장 주소를 보고하지 못했지만, 상황실 상담원은 응급 인력을 소집하기 시작한다.

구조팀을 찾아왔던 남성의 차량을 따라 응급구조사는 들판으로 이동했고 포장이 되지 않은 비포장도로를 운전해야 했다. 트랙터가 전복된 지점에 도착한 응급구조사는 긴급 대응 차량에서 내리기 전에 전화상담원에게 연락을 하고 정확한 사고 현장의 위치를 보고한다. 응급구조사는 의료 헬리콥터의 지원 또한 요청한다. 현장에 접근하여 고령의 남성이 허리를 포함한 상체가 트랙터 아래에 깔려있는 것을 발견한다. 환자평가 중 환자의 아들에게 트랙터의 시동이 꺼졌는지 그리고 연료 차단 스위치가 해제 위치에 있는지를 물어본다. 연료 유출 여부를 확인해보았지만 아무런 흔적도 없다.

1차 환자평가 시 응급구조사는 환자가 머리와 가슴에 여러 개의 좌상을 그리고 오른쪽 위팔뼈 골절을 입은 것을 확인한다. 트랙터의 위치 때문에 환자의 다리 쪽에 접근할 수가 없다. 환자는 의식을 잃고 무반응 상태이고, 얼굴은 잿빛이고 발한 증세를 보인다. 활력 징후는 맥박 132회/분, 호흡 32회(얕은 호흡)/분, 혈압 103/88mmHg이다.

10분 뒤 소방대와 기본 소생 구급팀이 현장에 도착한다. 의료 헬리콥터는 여전히 30분이나 기다려야 한다.

1. 위 사고에 대해 효율적인 대응을 하기 위해서는 어떠한 조치를 취했어야 하는가?
   (응급구조사는 긴급 대응 차량에 환자의 아들과 함께 탑승했어야 한다. 후방에서 다른 차량을 따라 가는 것은 (특히 앞 차량이 어디로 가는지 전혀 알 길이 없는 상황일 경우) 좋은 생각이 아니다. 응급구조사는 환자 구출의 필요성을 더 자세히 설명해서 후속 지원하는 구조팀이 필요한 장비를 준비할 수 있는 시간을 확보해야 한다.)
2. 현장에 10분 동안 환자와 응급구조사 오직 두 사람만 있을 때 어떠한 처치 조치를 제공할 것인가?
   (응급구조사는 환자의 기도를 확보하고, 쇼크 처치를 위해 정맥주사나 모니터와 같은 적절한 전문소생술기를 모두 사용해야 한다. 응급구조사 혼자 있다고 해서 처치를 제공할 수 없는 것은 아니다.)
3. 현장 응급구조사는 기본 소생 구급팀과 소방대에게 어떠한 지침을 내려야 하는가?
   (지침: 쇼크 처치와 신속한 환자 구출)
4. 구획증후군을 완화시키기 위해 어떠한 조치를 취해야 하는가?
   (최선의 처치는 신속한 구출 작업이다. 구획증후군의 시작이 의심될 경우 패혈성 쇼크 처치에 대비한다.)
5. 위 사고에서 응급구조사가 교외 지역의 응급 상황에서 발견할 수 있는 공통점은 무엇인가?
   (공통점에는 자원 봉사 인력의 사용, 원거리 이동, 고립된 지역에 위치한 환자, 원활한 환자 처치를 위한 많은 기관 인력의 활용, 항공의료에 대한 요청의 고려 등이 있다.)

관류를 유발할 수 있다(그림 15-9). 또한 노동 환경의 비위생적으로 인해 패혈증과 중독 증세가 일어날 가능성이 대단히 높다. 농업 사고에 대한 의료적 결정을 평가하기 위해서는 교외 지역 시나리오 2를 참고한다.

그림 15-9 교외지역에서는 원거리라는 특성으로 인해 처치 및 이송이 지연되고 이로 인해 출혈 손상이 쇼크로 진행될 수 있다.

## 여가 손상

여가 활동은 많은 사람을 교외 지역으로 이동하게 한다. 계절이나 여가 활동의 유형에 따라 교외 지역의 인구는 휴가, 스포츠, 음악, 체험을 즐기는 인파로 인해 순식간에 급증할 수 있다. 예를 들어, 언덕이 있는 작은 마을에 스키 슬로프를 개장할 경우 인구가 2~3배로 증가한다. 이러한 계절 및 여가 활동 특수로 인해 응급구조사는 큰 어려움을 겪는다(그림 15-10).

### 교외 지역 시나리오 3

수상 스키를 탄 짐은 좌우로 무게 중심을 잡으면서 앞에 있는 보트의 항적을 따라 뉴욕의 허드슨 강을 가로지른다. 여자 친구인 르네와 함께 새로 산 보트를 조종하고 있고, 짐의 친구 두 명도 수상 스키를 타고 있다. 짐이 반대편 방향으로 방향을 돌리려고 하는 순간, 파도에 부딪히면서 물속으로 빠진다. 짐이 빠진 것을 본 르네는 그를 구하려 뒤로 돌아간다. 르네는 짐을 구하려고 애를 쓰지만 보트 조종이 서툴러서 쉽게 구하지 못한다. 보트가 짐을 향해 돌진하고 있다는 것을 르네가 깨닫는 순간 때는 이미 너무 늦었고, 그녀는 모터를 반대 방향으로 돌린다.

짐이 보트에 부딪히면서 짐의 다리는 프로펠러에 휘말려 들어간다. 양쪽 다리는 모터 프로펠러 축에 끼인다. 짐의 친구는 최악의 사태를 막기 위해 물에 뛰어들었고, 짐이 익사하지 않게 고개를 물 위로 들어올린다. 짐의 친구는 주변 보트에 소리를 치며 도움을 요청하고 한 보트 운전자가 휴대폰으로 911 신고를 한다.

911 전화 상담원은 신고를 받는다. 현장 도착 전 전화상담원을 통해 지시 상황을 듣고 사고 현장의 주변인에게 구급 처치를 지시하고 필요한 정보를 수집한다. 동시에 전화상담원의 동료는 현지 구조팀과 소방 구출팀에게 연락한다. 상황이 심각하기 때문에 전화상담원은 (응급구조사가 상근직으로 근무하고 있는) 가장 가까운 전문 소생 구급팀에게 지원을 요청한다. 응급구조사는 스캐너를 통해 상담원의 설명을 들으면서 현장으로 신속하게 출동한다.

현장에 도착한 응급구조사는 구급팀과 소방대 인력과 함께 사고 현장에서 친구를 구하기 위해 물로 입수하여 지쳐가는 환자의 친구를 도와준다. 환자는 무의식 무반응 상태에 빠졌다. 환자의 기도 상태는 양호하고 상체에는 별다른 외상의 흔적은 없다. 구출 후 환자평가 결과 활력 징후는 맥박 130회(빠르고 약함)/분, 호흡 24회(얕은 호흡)/분, 촉진 혈압 90mmHg이다. 신체 평가를 통해 응급구조사는 환자의 양쪽 다리에 다발성 골절이 발생한 것을 확인한다. 환자의 샅굴 부위에서 발목관절까지 깊은 열상이 발생했다. 열상 부위 중에는 동맥성 출혈도 있다.

1. 환자에게 적절한 기본/전문 소생 처치는 무엇인가?
   (기본 소생 처치에는 고압 산소의 제공, 젖은 옷의 제거, 저체온증을 교정을 위한 수동적 가온법, 출혈이 적은 부분에 대한 직접 압박이 포함된다. 전문 소생 처치에는 기도 관리, 동맥성 출혈에 대해 직접 압박, 정맥로를 통한 적절한 수액 투여, 의료적 모니터링, 외상 센터로의 신속한 환자 이송이 포함된다. 적정 혈압은 약 90mmHg(촉진 시)으로 유지되어야 한다.)
2. 위 상황에서 항쇼크바지가 필요한가?
   (항쇼크바지는 착용 시 동맥성 출혈에 대한 압박을 주지 못하고 손실된 다량의 혈액을 안쪽에서 가리기 때문에 사용을 권장하지 않는다.)
3. 위 사례의 경우, 교외 지역에서 환자에게 더욱 효과적인 장기적 관리를 제공하기 위해서 어떠한 조치를 취해야 하는가?
   (생리 식염수를 다량 투여하지 않는다. 더욱 효과적인 장기적 환자 관리에는 수액의 대량 투여가 아니다. 정적 수준의 혈압 유지만 가능하도록 한다. 또한 넓은 범위가 아닌 특정 동맥성 출혈에 대한 압박 조치는 팔과 다리 쪽으로 혈류를 증대시킨다. 이를 통해 팔과 다리의 증상을 더욱 쉽게 회복하게 만들 수 있다.)
4. 항공의료 이송이 불가능한 경우, 응급구조사의 환자 처치 방식에는 어떠한 변화가 있는가?
   (응급구조사는 안정 조치와 수혈을 위해 가장 가까운 현지 병원으로 환자를 이송할 수 있다. 이러한 조치는 현지 병원의 보유 장비와 제공 서비스에 달려 있다.)
5. 911 신고 전화에 대한 보편적인 접근성의 확보는 환자 결과에 어떠한 영향을 미치는가?
   (911 신고 전화를 통해 필요한 모든 장비 및 인력에 대한 긴급 지원을 요청할 수 있다. 숙련된 911 상황실 상담원의 감독 아래 사고 현장의 사람은 응급활동을 할 수도 있다.)

예를 들어, 스키 슬로프에는 자체적으로 응급 처치실과 스키 순찰대원이 있지만, 보통 스키 사고를 당한 환자를 위한 전문 처치나 병원 이송을 제공하지 않는다.

교외 지역의 응급구조사는 현지의 레저 산업과 야생지역의 여가 활동에 대해 잘 알고 있어야 한다. 강 부근에 사는 경우 현지의 인명 구조대가 기본 처치법과 심폐소생술을 실시할 수도 있지만 해변 근무지를 이탈하지 못한다. 환자 처치 및 이송의 책임은 현지 응급 구조팀에게 있다. 이 경우 응급구조사는 수상 사고에 대한 구조 절차와 술기를 완전히 숙지해야 한다.

야생지역이나 산악 지대에서 근무하는 응급구조사는 사냥꾼, 배낭 여행가, 산악인, 암벽 등반가, 산악자전거 운전자가 자주 당하는 사고에 대해 잘 알아야 한다. 응급구조사는 야생지역 구조 자격증 대비 교육 과정을 이수할 수도 있다. 응급구조사는 (기상 조건이 거칠고 불규칙하기 때문에 심지어 숙련된 산악인도 갇히거나 손상을 입을 수 있는 뉴햄프셔 주의 워싱턴 산과 같은) 극심한 환경에서 구조 실습을 해야 할 수도 있다. (환경 사고에 대한 처치법은 "환경응급"에서 확인한다.)

야생지역의 구조 작업의 경우, 거리와 구출 시간이 응급구조사의 결정에 큰 영향을 미친다. 예를 들어, 치악산에서 산악인 한 명이 손상을 입은 경우, 30분 거리 내에 병원이 다수 위치해 있다. 하지만 3피치의 암벽 등반 도중 2피치 지점에서 손상 사고가 발생한다면, (특히 5.10 혹은 5.11급 루트에서 사고가 발생하는 경우) 구출 작업이 지연될 것이다.

야생지역 구조 작업에는 당연히 의료 헬리콥터를 요청해야 한다고 생각하기 마련이다. 하지만 기상 조건, 사용 가능한 착륙지점, 헬리콥터 도착 예상 시간 등을 반드시 고려해야 한다. 경우에 따라 (바스켓형 들것을 통해 환자를 옮겨야 하더라도) 지상 이송이 더욱 효과적일 수도 있다. 어떠한 경우에는 의료용 헬리콥터가 현지 혹은 주정부 의료 지침에 따라 더욱 고차원의 처치 서비스를 제공할 수도 있다. 예를 들어, 암벽 등반가가 중증의 머리손상을 입고 구급차 이송의 의료 지침에는 기관삽관에 대한 의료 지침이 부실한 경우 의료용 헬리콥터로 환자를 이송하는 것이 더 효과적일 수 있다.

**그림 15-10** 휴가, 체험, 스포츠 등 여러 가지 이유로 많은 사람들이 교외 지역에서 할 수 있는 여가 활동은 응급구조사가 환경적 응급 상황에 출동해야 하는 확률이 높다. “버닝맨” 축제는 네바다 주 북서부 건조한 사막으로 5만 명이 넘는 사람이 참여한다.(© *Dr. Bryan E. Bledsoe*)

의료 헬리콥터가 만병 통치약은 아니다. 의료 헬리콥터는 사고 현장과의 거리와 처치의 수준에 따라 사용법이 따로 정해져 있다. 의료 헬리콥터를 무분별하게 사용할 경우, 환자 처치 과정에 오히려 해가 되거나 환자 상태를 더욱 악화시킬 위험이 있다. 예를 들어, 고산병은 무가압 비행으로 고도가 높아질수록 악화된다. 감압 증후군 환자의 경우 저고도 이송이 필수적이다. (차량 운전 관련 손상과 관련해서는 “구조 상황 인지와 작전”을 참고한다.)

다음 제시된 교외 지역 시나리오 3을 통해 여가 활동 관련 사고와 관련된 응급의료 조치 결정을 평가한다.

## 요약

교외 지역에서 임무를 수행하는 응급구조사와 의료 인력은 원거리 이동, 통신 장애, 응급구조사 및 의료 지도의사의 부족, 상시 운영되는 응급실의 부족, 응급의료 실습 기회의 부족 등 여러 문제가 따른다. 이러한 문제를 극복하기 위해 교외 지역의 응급의료 인력은 창의적 문제 해결력을 발휘해야 한다. 여러 지역은 911시스템 체계에 대한 접근성 확보를 위해 비용을 분담하고 있다. 구급팀은 컴퓨터 프로그램이나 웹상의 교류 활동을 통해 교육 및 훈련 시간을 탄력적으로 사용한다.

응급구조사는 교외 지역과 도시 지역 간의 의료 격차를 좁히는데 큰 역할을 하고 있다. 응급구조사는 교외 지역 주민에게 심폐소생술 교육 및 최초반응자 훈련을 제공하는데 선도적인 역할을 한다. 응급구조사는 장거리 이송을 하는 기본 소생 구급팀으로부터 환자를 인계 받고 결정적 처치를 제공한다. 응급구조사는 근무지의 지역이나 동네에서 특별히 자주 발생하는 농업 사고와 여가 활동 사고에 대한 대응 기술 및 훈련을 갖춰야 한다. 이송 거리가 멀수록 응급구조사와 환자가 접촉하는 시간이 길어지기 때문에 처치와 항공의료에 대한 결정은 생사를 가르는 중요한 문제이다.

## 현장 출동 후 결과 분석

어떤 지역에 몇 해 전 홍수로 인해 무너진 채석장이 그대로 방치되어 있다. 이후 채석장은 수원으로 사용되고는 있으나 놀이나 레저 활동이 금지되었다. 하지만 채석장의 깨끗한 물과 높은 절벽은 수영을 하고 싶은 10대 청소년 사이에서 매력적인 장소가 아닐 수 없었다. 응급구조사에게 채석장이란 청소년에게 위해가 되는 장소일 뿐이다. 채석장에는 낡고 녹슨 장비로 가득하다. 게다가 채석장 주변에는 포장된 도로가 없다.

어느 무더운 오후, 세 명의 청소년은 채석장의 외딴 곳으로 수영을 하러 간다. 채석장에서 영수는 15m에 달하는 절벽 위로 달려가 다이빙을 한다. 하지만 생각보다 수심이 낮기 때문에 영수는 물 아래의 바닥에 부딪힌다. 영수가 숨을 쉬기 위해 수면 위로 올라오지 않자 영희는 뭔가 잘못되었다는 것을 직감한다. 영희와 철수는 물에 들어가 영수를 해안가로 끌어낸다.

영희와 철수는 공황상태에 빠진다. 영수는 호흡은 있지만 무의식 상태에 빠졌다. 그의 다리에서는 상처 부위를 통해 혈액이 뿜어져 나오고 있었다. 영희는 직접 압박하면서 지혈을 시도하는 동안, 철수는 도움을 요청하러 뛰어간다. 전화기를 발견하기 까지는 거의 30분이 걸렸다. 통합 신고 번호가 없는 탓에 철수는 지역 소방서로 긴급 전화를 걸었지만, 소방서는 신고 전화를 응급구조사가 근무하는 전문 소생 구급팀으로 연결시킨다. 응급구조사가 구급차에 탑승할 때쯤 사고 발생 이후 45분이나 경과했다. 채석장까지 이동하는 데에는 약 10분 정도 소요되지 않았지만 채석장에서 멀리 위치한 환자를 찾아갈 일이 남아 있다.

1. 구조 작업을 위해 필요한 기구나 지원은 무엇인가?
2. 손상 기전을 미루어 볼 때, 어떠한 손상이 의심되는가?
3. 응급구조사는 환자에 대한 안전 조치를 위해 무엇을 해야 하는가?
4. 도시나 근교 지역과 비교했을 때, 교외 지역에서 대응, 처치, 이송 시간을 지연시키는 요인이 요인은?

*이 책 뒷부분에 제시된 해설을 참고한다.*

## 복습 문제

**1.** 교외 지역에서 응급구조사가 내리는 모든 결정에는 주로 ____이/가 고려되어야 한다.
a. 예산 b. 거리
c. 보험 d. 퇴보

**2.** ____은/는 교외 지역의 통신 개선을 보장하는 기술 혁신이다.
a. CAD b. 컴퓨터
c. 휴대폰 d. 기지국

**3.** 응급구조사의 거주지와 상관없이 병원과의 원만한 관계는 원활한 ____에 달려 있다.
a. 장비 b. 임금 지급 일정
c. 술기 개선 d. 소통

**4.** 교외 지역 응급구조사는 ____을/를 보충하기 위해 고도의 훈련을 받아야 한다.
a. 더 늘어난 이동 거리
b. 복잡한 물류 유통망
c. 부족한 자원 봉사자
d. 위의 모두

**5.** 농장과 목장에서는 많은 유해 물질이 발견될 수 있다. 그렇기 때문에 모든 교외 지역 응급의료팀이 사용해야 하는 표준 장비는?
a. CAD b. 자급식 공기 호흡기
c. 긴급 대응팀 d. 동력 인출축

**6.** 농기구와 관련된 일반적인 손상 기전은 ____을/를 포함한다.
a. 회전말림점 b. 물림점
c. 끼임점 d. 위의 모두

*이 책 뒷부분에 제시된 해답을 참고한다.*

## 참고문헌

1. Key, C. B. "Operational Issues in EMS." Emerg Med Clin North Am 20 (2002): 913-927.
2. Shah, M. N., T. V. Caprio, P. Swanson, et al. "A Novel Emergency Medical Services–Based Program to Identify and Assist Older Adults in a Rural Community." J Am Geriatr Soc 58 (2010): 2205-2211.
3. Whyte, B. S. and R. Ansley. "Pay for Performance Improves Rural EMS Quality: Investment in Prehospital Care." Prehosp Emerg Care 12 (2008): 495-497.
4. Studnel, J. R., A. R. Fernandez, and G. S. Margolis. "Assessing Continued Cognitive Competence among Rural Emergency Medical Technicians." Prehosp Emerg Care 13 (2000): 357-363.
5. Warren, L., R. Sapien, and L. Fullerton–Gleason. "Is On–Line Pediatric Continuing Education Effective in a Rural State?" Prehosp Emerg Care 12 (2008): 498-502.
6. Gilpen, J. L., Jr, H. Carabin, J. L. Regens, and R. W. Burden Jr. "Agriculture Emergencies: A Primer for First Responders." Bisecur Bioterror 7 (2008): 187-198.
7. Shepherd, L. G. "Confined–Space Accidents on the Farm: The Manure Pit and Silo." CJEM 1 (1999): 108-111.

## 추가문헌

Farabee, C. R., Jr. Death, Daring, and Disaster: Search and Rescue in the National Parks. Boulder, CO: Roberts, Rinehart Publishers, 1999.

Tilton, Buck, and Frank Hubbel, Medicine for the Backcountry. 3rd ed. Guilford, CT: Globe Pequot, 2000.

Wilkerson, James A. Medicine for Mountaineering & Other Wilderness Activities. 5th ed. Seattle, WA: The Mountaineers, 2002.

# Chapter 16
# 테러에 대한 대응
## Responding to Terrorist Acts

Bryan Bledsoe, DO, FACEP, FAAEM, EMT-P

### 단원 표준

EMS 운영(테러 및 재해)

### 학습 역량

환자, 시민, 의료 인력의 안전 확보를 위한 운영 역할과 책임에 대한 지식을 적용한다.

## 학습 목표

**최종 목표**

이 장을 학습한 후 테러 행위에 대응할 경우 EMS 인력으로부터 예상할 수 있는 일들을 시행할 수 있다.

**수행 목표**

최종 목표를 달성하기 위해 다음 사항은 필수적이다.

1. 이 장에서 제시된 핵심 키워드를 숙지한다.
2. 테러에서 사용되는 화학물질, 생물학적, 방사선, 폭발성(CBRNE) 무기의 특성과 각각의 기전과 일치하는 손상들을 설명할 수 있다.
3. 응급의료체계에 이미 알려졌거나 의심되는 테러리스트의 공격에 대응해야 하는 주의사항을 설명할 수 있다.
4. 다양한 시나리오에서 테러리스트의 공격에서 사용되는 다양한 기전에 의해 해를 입은 환자들을 위한 평가와 처치 지표들을 설명할 수 있다.

### 핵심 키워드

생물학적 물질, biological agents
생물 독소, biotoxins
화학물질, 생물학적, 방사선, 핵, 폭발물 chemical, biological, radiologic, nuclear, and explosive (CBRNE)
개조된 폭탄, dirty bomb
방사선 선량계, dosimeter
홍반, erythema
폭발물, explosives
낙진, fallout
근(육)섬유다발수축, fasciculations
가이거 계수기, Geiger counter
발화성 물질, incendiary agents
마크 1 키트, Mark I kit
동공수축, miosis
신경가스, nerve agents
핵폭발, nuclear detonation
폐 작용제, pulmonary agents
콧물, rhinorrhea
비중, specific gravity
테러 행위, terrorist act
수포작용제, vesicants
휘발성, volatility
대량살상무기, weapons of mass destruction(WMDs)

## 사례 연구

본격적으로 추위가 시작되는 겨울의 이른 월요일 아침, 당신과 동료는 55세 산부인과 전문의를 응급의료기관센터로 이송하기 위해 도움요청을 받고, 전문의가 근무하는 산부인과 의원으로 출동하였다. 환자는 "가슴이 뻐근하고 답답한" 징후를 호소하지만, 심전도 모니터 상으로는 비정상 소견은 없으며, 그 밖의 환자평가 결과에서도 특이사항은 없었다. 환자를 응급의료센터로 이송한 직후 당신은 조금 전에 환자를 이송했던 산부인과 의원에서 피로, 짧은 호흡, 두통을 호소하는 여러 명의 환자가 있다는 연락을 받고 다시 현장으로 출동하였다. 당신은 이 산부인과에서 낙태 반대를 하는 시위자들이 항의 도중 격렬해진 것을 보도한 지난 주 뉴스가 기억났다. 당신은 동료와 산부인과 의원으로 이동하던 중 당신은 위험한 상황에 대비해 구조대에 지원을 요청하였다. 당신은 상황실에 연락을 해서 산부인과 의원에 전화를 해서 직원들을 안전한 곳으로 대피를 지시할 것을 요청했다.

당신과 동료는 현장에 최초로 도착해서 현장지휘소를 설치하였다. 그들은 현장 평가를 하던 중 10명 이상의 사람들이 의원 주차장에 모여 있는 것을 발견하였다. 의원 건물에서 연기나 가스가 자욱한 어떤 위험한 징후는 전혀 나타나지 않았다. 당신은 병원에 설치된 깃발이 북서쪽으로 펄럭이는 것을 보고 바람이 부는 것을 확인했다. 당신 동료는 구급차를 건물의 북서쪽 지점으로 이동을 시키고 확성기를 이용해 산부인과 직원들과 입원 환자를 모두 구급차가 있는 장소로 이동하라고 하였다. 또한 당신은 상황실에 무선통신으로 구조대가 의원 건물의 북서쪽 방향에서 접근할 것을 요청했다. 당신과 동료는 HEPA 필터 마스크와 글러브를 착용하였다. 당신의 동료는 산부인과 의원 직원과의 대화를 통해 모든 사람이 건물 밖으로 대피했는지를 확인했다.

소방대원이 도착했을 때 소방대장이 당신의 동료로부터 현장의 추가정보를 보고받은 후 현장지휘를 담당한다. 소방대장은 자가호흡장치(SCBA)를 착용한 구조팀이 문제를 파악하기 위해 병원건물 안으로 들어가도록 지시를 하였다. 당신과 동료는 처치구역을 설정하고 환자평가를 시작하고 증상이 나타나는 환자에게 고농도의 산소를 투여하였다. 초기평가에서 대부분의 환자는 피로, 두통, 경미한 이명, 호흡곤란을 호소하였다. 당신의 동료가 요청한 구급차 2대가 추가로 도착하고, 나머지 환자들에게 산소를 공급하였다. 병원직원과 환자보호자를 일산화탄소 측정기를 이용해 검사한 결과 일산화탄소헤모글로빈 수치가 높게 측정되었다고, 현재 병원건물 내의 일산화탄소 수치가 매우 높다고 병원건물에 들어갔던 소방대원이 소방대장에게 보고를 하였다.

당신은 현장에 도착한 2대의 구급차를 이용해 환자를 병원으로 이송하라고 지시를 하였다. 당신은 의료지도의사와 연락을 통해 환자의 수, 증상 및 징후, 사고의 원인 등을 보고하였다. 당신과 동료가 마지막 환자를 이송 준비하는 동안, 소방대장은 난방기의 연통이 누군가에 의해 고의적으로 건물 안쪽으로 휘어놓은 것 같다는 보고를 받았다. 사고가 발생한 병원은 많은 사람들이 낙태 시술을 전문적으로 하는 의료시설이라고 생각하기 때문에, 이번 사고는 테러 행위로 추정되어 관할 경찰서에 신고하고 도움을 요청하였다.

## 개요

천안함 침몰 사건은 2010년 3월 26일에 백령도 근처 해상에서 대한민국 해군의 초계함인 PCC-772 천안함이 침몰한 사건이다. 대한민국 정부에서 발표한 이 사건의 공식 명칭은 천안함 피격 사건이다. 이 사건으로 대한민국 해군 장병 40명이 사망했으며 6명이 실종되었다. 대한민국 정부는 천안함의 침몰 원인을 규명할 민관군 · 군인 합동조사단을 구성하였고, 대한민국을 포함한 오스트레일리아, 미국, 스웨덴, 영국 등 5개국에서 전문가 24여 명으로 구성된 합동조사단은 2010년 5월 20일 천안함이 북한의 어뢰공격으로 침몰한 것이라고 발표하였다. 세월호 침몰 사고는 2014년 4월 16일 오전 8시 48분경 대한민국 전라남도 진도군 조도면 부근 해상에서 청해진해운 소속의 인천발 제주행 연안 여객선 세월호가 전복되어 침몰한 사고이다. 2014년 4월 18일에 세월호는 완전히 침몰하였다. 이 사고로 탑승 인원 476명 중 295명이 사망하고 9명이 실종되었다. 사고원인은 정확하게 밝혀지지 않았지만 테러, 사고, 잠수함 충돌 등 다양하다. 2001년 9월 11일에 발생한 911테러 사건은 테러의 위협에 대한 우리의 경각심을 일깨워 주었다. 세계무역센터를 붕괴시키고, 미국 국방부를 공격하고, 막대한 인명을 희생시키기 위해 치밀하게 계획된 사건이 있었다는 사실은 몇몇의 사람에 의해서 수많은 시민들에게 피해를 줄 수 있다는 것을 보여준 것이다. 이러한 인식을 계기로 응급의료종사자인 우리들 자신이 테러 행위에 대응할 수 있도록 준비를 하기 시작했다. 테러 행위는 다양한 형태로 발생할 수 있다. 전 세계적으로 테러단체에서 사용되는 무기는 재래식 폭발물이다. 재래식 폭발물은 중동과 영국에서 자주 사용되었고, 미국에서는 유나바머라는 테러리스트에 의해 사용된 적이 있다. 우리는 이미 1960년대 중반 위스콘신 대학교 물리학연구소 폭발사고, 1993년 세계무역센터에 대한 최초폭파 시도, 1995년 오클라호마시티 연방정부 청사 폭격사건과 같은 대형 폭발사건을 경험한 바가 있다. 언급된 폭발사고는 고농축 질소 농약과 디젤 연료가 혼합된 폭발물을 가득 실은 차량을 사용하였다.

그림 16-1 2001년 9월 11일 뉴욕 세계무역센터의 테러에 의해 발생한 환자를 처치하는 모습(© *Charles krupa/AP Images*)

21세기에는 일반항공기와 드론을 사용해서 시설물을 파괴하는 등 테러 위협이 증가할 것이다(그림 16-1). 그리고 화학적, 생물학적, 방사선, 핵 및 폭발성(CBRNE) 무기를 포함한 대량살상무기(WMD)가 사용될 것이다. 이러한 징후는 1996년 일본 도쿄 지하철 환기시설에 사린 가스 살포, 2001년 북미 지역에서 발생한 탄저균이 들어있는 우편물 배달 사건 등에서 확인할 수 있다. 두 사건 모두 대량살상무기를 통해 테러 공격을 시행하는 세력에 의해 광범위한 지역에서 수많은 사람들이 손상이 발생하고 사망할 수 있다는 것을 보여주었다. 테러의 위험이 증가하면서 EMS 담당자들은 이에 대한 의심 지수를 더욱 높게 유지하게 되었다. 응급구조사는 자신, 동료, 환자, 시민이 테러의 위험으로부터 보호받을 수 있도록 준비를 해야 한다. 테러리스트는 국내 또는 외국에 근거지를 둘 수 있다. 테러는 정부의 상징적인 건물(예: 미국 국방부, 연방정부건물)이나 국가를 대표하는 건물(대사관)등을 목표로 정할 가능성이 있다.

국내 테러리스트는 자신들의 주장을 위협하는 단체 또는 단체의 임원을 목표로 삼을 수 있다. 뿐만 아니라 이들은 자신의 고용업체를 공격하거나 오염된 식품 또는 의약품과 같이 고용업체가 생산하는 제품을 이용해 대중을 대상으로 테러를 저지를 수도 있다. 국내 및 국외 테러 행위의 목적은 일반 시민들에게 공포감을 심어주는 데 있다.

테러리스트가 대량살상 목적으로 사용하는 방법으로는 폭발 및 발화성 물질, 핵폭발, 방사선 오염, 생물학적 작용제 등을 유출할 수 있다.

## 폭발물

폭발물은 테러리스트들이 공격할 때 가능성이 가장 높은 사용 방법이다. 폭탄은 소량의 다이너마이트 몇 개를 몸에 지니고 있는 자살폭탄에

**내용 요약**

➤ 발화성 물질 예
- 네이팜
- 가솔린
- 백린탄
- 마그네슘

서 폭발성 물질을 가득 채운 대형 차량에 이르기까지 다양하다. 최근 들어 테러범은 일반 항공기에 폭발물 공격을 시도하고 있다(예를 들어 2001년 12월 22일 아메리칸 항공 63의 신발 폭탄 건과 2009년 12월 25일 노스웨스트 항공 253기의 속옷 폭탄사건). 순식간에 폭발물이 터지면서 여러 가지 손상기전을 통해 인체에 손상이 발생한다(그림 16-2). 폭발의 압력파동은 폐, 귀, 속이 빈 장기 등의 공기로 채워진 기관을 통과하면서 압박 손상과 감압 손상을 발생시킨다. 이러한 폭발은 건물이나 다른 구조물의 내부와 같은 밀폐된 공간에서 발생할 경우 손상이 더 커진다. 폭발에 의해 발생한 파편은 관통상이나 무딘 손상을 유발하고, 폭발풍에 의해 환자가 멀리 밀려나면서 추가적인 손상이 발생할 수 있다. 2차 폭발은 화상, 구조물 붕괴, 무딘 손상 및 으깸 손상이 발생한다. 1차 폭발 후 발생하는 위험요소에는 구조물 붕괴, 화재, 전기감전, 가연성 물질 또는 독성가스 등에 의한 위험이 포함된다. 응급대응팀을 손상시키기 위해 의도적으로 설치된 2차 폭발물에 유의해야 한다. 폭발 후, 응급 대응팀은 환자를 찾아 구출하고 환자에게 응급처치를 제공하기 위해 현장에 남아 있어야 한다.

그림 16-2 폭발은 막대한 양의 열에너지를 유출하면서 압력파, 폭발풍, 파편을 유출한다. (*Reproduced from Bombing: Injury Patterns and Care. Office of Public Health Preparedness and Response. www.CDC.gov*)

발화성 물질은 폭발력은 비교적 낮지만 훨씬 더 많은 열에너지를 유출하고 화상의 위험이 큰 폭발물의 유형이다. 월남전 당시 광범위하게 사용된 네이팜 탄은 군사작전에서 사용되는 발화성 물질인 반면, 화염병이나 가솔린 폭탄은 테러리스트가 자주 사용하는 발화성 물질이다. 일부 발화성 물질은 특히 주의를 기울여야 한다. 공기 중에 노출될 경우 스스로 폭발할 수 있는 백린탄은 군사용 무기이나 테러리스트들이 무기로 사용할 수 있다. 백린탄이 피부에 닿았을 때 불을 끄기가 매우 어렵다. 공기를 제거시키고 불을 끄기 위해서 내화성 기름을 사용하는 경우도 많다. 발화성 물질의 또 다른 예로 마그네슘이 있다. 마그네슘은 고온(3,000°C)에서 격렬하게 불타는 금속으로 진화하기가 어렵다. 발화성 물질은 광범위한 심한 화상을 유발하기도 한다.

테러리스트는 폭발물에 다른 물질을 첨가해서 폭발력을 강화시킨다. 어떤 경우에는 폭발물에 자동차 배터리를 부착시켜 폭발사고 현장을 납과 황산으로 오염시키기도 한다. 또는 폭발물에 금속, 나사, 못과 같은 조각을 추가시키기도 한다. 중동지역의 테러리스트는 파편에 살서제, 와파린의 유도체인 쿠마딘으로 파편물을 코팅해서 손상에 의해 발생한 상처에서 출혈을 증가시키기 위해 사용하기도 한다.

## 핵폭발

핵폭발은 핵분열이나 핵융합 시 발생되는 에너지를 유출한다. 핵폭발 시 광범위한 지역에 걸쳐 방대한 에너지가 유출된다. 재래식 폭발물과 관련된 극심한 손상 발생기전 중 복사열은 폭발 지점 근처에 있는 모든 것을 태우고 폭발 시작 지점에서 멀리 떨어진 곳에서도 심각한 화상이 발생할 수 있다. 화상은 가장 치명적이며 핵폭발과 관련된 손상을 악화시킬 수 있다.

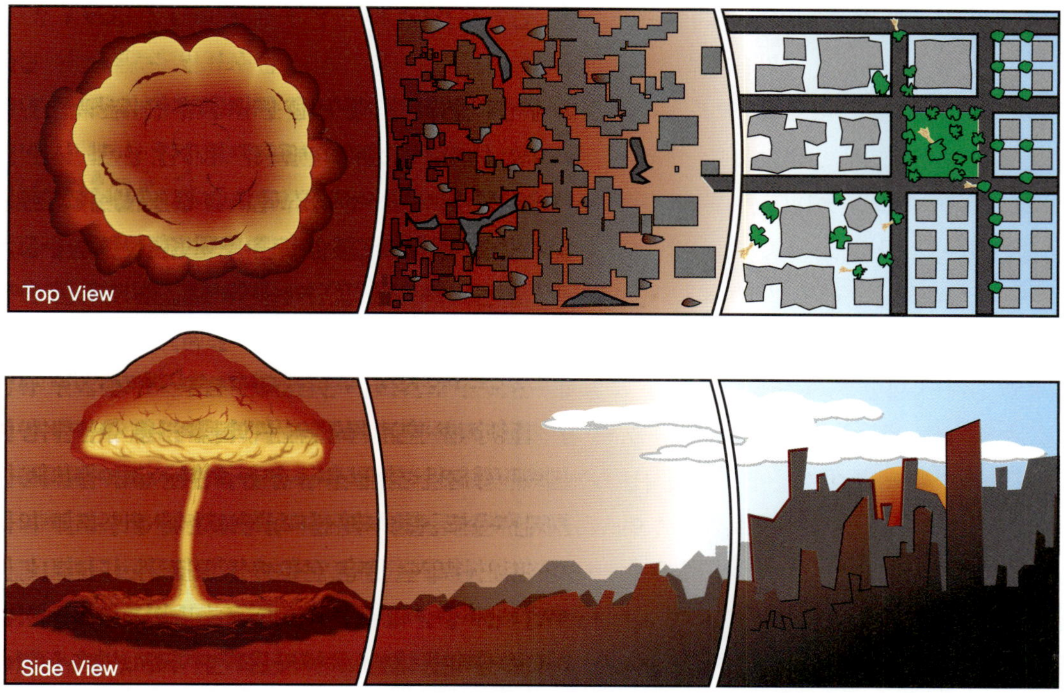

그림 16-3 핵폭발에 의해 형성되는 원형 구간

핵폭발과 관련된 손상은 심각하며, 완전한 파괴 및 사망률, 심각한 수준의 파괴 및 사망률, 상당한 수준의 파괴 및 사망률, 경미한 파괴 및 제한적 사망률을 보이는 여러 원형 구간에 따라 다르게 나타난다(그림 16-3). 폭발적인 에너지는 통신, 전력, 식수, 폐기물 시설, 여행 및 의료, 응급의료, 공공안전 사회기반 시설을 붕괴시킨다. 핵폭발은 사고 현장으로 접근하는 것을 어렵게 하고, 심각한 환자를 파악하고 처치하는 EMS체계의 능력을 제한한다. 이는 수많은 인명 피해를 초래하는 재해현장에서 응급의료 대응팀이 업무 수행하는 데 있어서 위기로 다가올 수 있다.

핵반응은 핵 방사선을 파편과 먼지의 입자를 생성한다. 폭발로 인해 가열된 가스는 분진 가루를 모아 높은 고도로 올라가고 기류를 타고 이동하다가 낙진의 형태로 지상에 떨어진다. 방사선에 오염된 분진은 거의 1시간 만에 방사선 피해가 전혀 없는 지점까지 도달한다. 그렇기 때문에 낙진은 핵폭발 사고 현장뿐만 아니라 바람이 부는 방향으로 수십 km 떨어진 곳까지 영향을 줄 수 있다.

핵 방사선은 무색, 무취이기 때문에 인간의 감각기관으로 알 수 없다. 그러나 방사선은 신체를 통과하면 세포를 손상시키는 데, 방사선은 분자구조와 세포의 필수원소를 변형시킨다. 손상된 세포는 스스로 회복하거나, 죽거나, 암과 같은 변형 세포로 변화된다. 노출된 강도 및 지속시간이 증가함에 따라서, 세포 손상과 생명을 위협하는 범위와 정도가 다르다. 사실 인체는 태양이나 자연 에 존재하는 방사선을 지속적으로 받고 있다. 이런 노출은 매우 제한적이며 손상의 정도가 경미하다. 그러나 핵폭발과 낙진에 생성된 초기 방사선에 노출되는 경우 심각한 손상이 발생하거나 사망할 수도 있다.

## 핵 물질 사고 대응

일반적으로 핵폭발 후 최초 1시간 동안은 환자를 낙진으로부터 보호할 수 있는 구조물로 이동시켜야 한다. 튼튼하게 지어진 건물의 중앙 부분이나 낙진을 피할 수 있는 장소로 환자를 이동시키는 것이 가장 바람직하다. 동시에 응급구조사는 낙진이 떨어지는 방향을 파악하고 폭발 지점의 외곽 지점에서 걸어 다니는 환자와 심각한 손상이 있는 환자를 구조한다. 또한 낙진이 떨어질 것으로 예상되는 지역에 있는 사람들도 이동시킨다(구조된 사람들은 최소 48시간 동안 낙진 지역을 벗어나 방사선을 측정하여 안전하다는 것이 확인될 때까지 사고 현장으로 들어가지 않는다). 사고 현장에 진입하는 구조대원은 낙진에 대한 노출을 최소화하기 위해 맞바람 또는 상승하는 기류의 측면 방향으로 이동해야 한다.

구조팀이 구성이 되면 대피로, 구출경로를 확보하고, 환자를 수색 및 구조하기 위해 폭발 시작 지점 가까이 접근한다. 일반적으로는 환자가 발견되는 사고 현장에서는 제한적인 처치가 제공되지만, 핵폭발 사고의 경우, 심각하게 붕괴된 지역이나 낙진이 예상되는 지역으로부터 멀리 떨어진 응급처치소에서 처치를 시행한다. 감염지역에서 구조된 환자는 제염을 실시한 후 처치를 시행한다.

핵폭발 환자에 대한 처치는 필요한 경우 오염제거 후 재래식 폭발 손상 환자와 동일한 압력손상, 감압손상, 무딘 손상, 관통상, 열화상 처치 등을 시행한다. 핵폭발로 인한 손상 중 화상이 가장 흔하고, 증상이 치명적인 경우가 많기 때문에 현장에서는 생명을 위협하는 손상부터 중점적으로 처치를 시행한다.

핵폭발 사고 피해자를 응급의료센터로 이송하기 전에 방사선 측정기를 이용해 오염 정도를 확인해야 한다. 방사선이 측정되는 경우, 환자의 옷을 제거하고 부드러운 솔로 문지르면서 비누와 물로 씻는다. 오염된 옷은 모두 별도의 폐기물 용기에 따로 보관하고 세척에 사용된 물은 폐기 처리될 수 있도록 따로 모아둔다. 오염이 제거된 환자는 더 이상 환자 자신이나 다른 사람들에게 방사선 관련 위험이 되지 않는다. 핵폭발 사고 의심 지역에 활동하는 응급구조사는 자신의 방사선 노출량을 기록하기 위해 선량계를 착용한다. 응급구조사는 선량계의 수치를 확인해 자신의 안전이 위협받을 정도로 노출된 경우 사고 현장에서 대피해야 한다. 특수 훈련을 받은 구조대원이나 또는 물리학자는 방사선 노출도를 감시하고 응급의료 인력이 사고 현장에서 안전하게 임무를 수행할 수 있는 시간을 결정해 주어야 한다.

만약 낙진과 지속적인 방사선 노출의 위험이 있다면, 응급구조사는 요드화칼륨(KI) 약물을 요청할 수 있다. 요드화칼륨은 약물은 갑상선에 흡수되는 방사성 요오드의 양을 감소시켜 갑상선 손상이나 암이 발생할 수 있는 위험요소를 감소시킬 수 있다. 응급구조사도 낙진이 예상되는 지역에서 시민을 대피시키는 업무에 참여할 수도 있다.

일반적으로 심하게 방사선에 노출된 환자는 구역질, 피로감, 권태감(아픈 느낌) 등을 호소한다. 이런 환자에 대한 처치는 체온유지, 수액요법과 같은 보조적인 처치로 제한된다. 핵폭발 이후 관련된 증상이 빨리 나타날수록 감염의 정도가 더욱 심각하다. 핵폭발 이후 관련 증상이 6시간 내에 나타나는 경우, 방사선 감염도가 매우 높다. 하지만 방사선 감염의 영향은 개인차가 있기 때문에 감염에 대한 초기진단은 신뢰할 수 없다. 핵폭발의 특징으로 인해, 재해현장에서 중증도 분류가 필요하고 환자의 수가 너무 많고, 의료체계에서 감당할 수 있는 환자의 수가 한정적이기 때문에 방사선 감염 환자 중 다수는 사망한다.

## 방사능 오염

방사능 오염은 재래식 폭발물을 사용하여 확산 될 수 있다. 재래식 폭발물은 핵폭발에 비해 비교적 약한 수준의 파괴력을 보이지만 방사능 물질을 넓은 지역에 걸쳐 주변 공기로 방사성 물질을 퍼트린다. 재래식 폭발물은 폭발 지점 근처를 방사선 물질로 오염시킨다. 이러한 테러 무기의 가장 큰 위험은 사건이 끝날 때까지 방사선 물질과 같은 공격을 알지 못할 수 있다는 것이다. 그렇기 때문에 수많은 시민과 구조대원이 노출되거나 오염될 수 있다. 방사능이 많이 포함된 폭탄의 폭발로 발생한 환자의 상처처치는 사고지역에서 멀리 떨어진 장소로 이동시키고, 재래식 폭발물 사고에서 발생하는 손상에 준하며 방사선 제염 및 처치를 시행한다.

## 화학물질

테러리스트가 사용하는 또 다른 유형의 대량살상무기는 화학물질의 유출이다. 화학무기는 염소가스와 같은 일상생활에서 일반적으로 볼 수 있는 단순한 유해 물질에서 신경가스와 같이 인체에 해를 가하기 위해 제조된 정교한 화학물질까지 형태가 다양하다. 화학무기는 개방되거나 바람이 부는 장소에서 쉽게 퍼지기 때문에, 일반적인 공격의 목표는 지하철이나 대형 건물, 중앙난방, 에어컨, 많은 사람이 모이는 경기장, 쇼핑몰, 컨벤션 센터 등의 장소이다.

화학무기가 공기 중에서 퍼지는 방식을 이해하기 위해서는 휘발성(증기압) 개념과 비중을 이해하는 것이 중요하다. 휘발성이란 액체가 기체로 화학적으로 변화하여 날아 흩어지는 속성이다. 대부분의 화학무기는 휘발성 액체이다. 화학무기는 폭발에 의해 퍼지거나 공기 중에 분무제로 분사되어 퍼진다. 액체상태의 화학물질은 쉽게 없어지지 않고 접촉 후 흡수될 위험이 있고, 증기, 가스, 에어로졸은 흡인의 위험이 있다. 지속적인 화학무기의 예는 겨자가스가 있으며, 휘발성이 강하고 흡인될 수 있는 화학무기의 예로는 루이사이트(미란성독가스)가 있다.

비중은 공기와 비교해서 증기 또는 가스의 밀도와 무게를 말한다. 공기보다 적은 비중의 증기와 가스는 공기 중에서 쉽게 퍼진다. 이것은 화학무기의 위력을 제한시킨다. 공기보다 비중이 큰 가스는 아래쪽으로 가라 앉아 지표 가까이 퍼지고 저지대에서 모이게 된다. 지하층과 같이 폐쇄된 공간, 강이나 계곡 등과 같은 저지대는 증기의 분산을 막아 위험이 지속된다. 비중이 큰 화학물질에는 염소와 포스겐이 있다.

화학무기는 환경적 조건이 확산에 영향을 미친다. 바람이 강하게 부는 경우, 가스와 증기는 많은 양의 공기와 섞이면서 매우 빠르게 흩어지면서 농도와 유효성이 약해진다. 바람이 약하게 부는 경우, 화학무기가 가스층이 되어 바람을 타고 이동하면서 독성이 더욱 강해지고 피해 지역도 넓어진다. 드물게 나타나지만 바람이 전혀 불지 않는 경우, 가스층이 움직이지 않기 때문에 피해 지역이 감소한다. 건물이나 나무는 가스가 퍼지는 것을 막는 반면, 개방된 공간은 가스가 더 잘 퍼진다. 특히 비는 염소와 같은 화학물질을 불활성화시키거나 흡수할 수 있다. 새벽이나 일몰 직전은 하루 중 풍속이 가장 약하기 때문에 화학가스를 뿌리기에 좋은 시간대이다. 통제된 환경은 창문이 거의 없는 건물에서 냉난방기를 작동하는 경우이다. 건물 내부에 갇힌 화학가스는 밀도가 높아 장기간 동안 치명적인 영향을 미칠 수 있다. 화학무기는 인체에 영향을 주는 방식에 따라 분류한다. 이러한 화학물질은 신경작용제, 수포작용제, 질식작용제, 생물 독소, 무능화 작용제, 기타 유해 화학물질로 분류할 수 있다.

### 신경작용제

신경작용제 및 일부 살충제는 신경자극전도에 치명적인 손상을 줄 수 있다. 일반적으로 신경작용제 신경전달물질(아세틸콜린)의 감소를 억제하고, 빠르게 신경계 과부하를 유발한다. 그 결과 근육의 뒤틀림, 경련, 발작, 무의식상태, 호흡기능상실 등이 나타난다. 신경작용제는 GB(사린), VX, GF, GD(소만), GA(타분) 등이 있다. 무기 제작용으로 사용되지는 않지만, 유기인산염(말라티온, 파라티온)과 카르바메이트(세빈) 살충제는 신경작용제와 유사한 작용을 한다. 이러한 살충제는 비교적 약하지만 독성이 강한 위험물질이다.

신경작용제는 기체나 액체의 상태로 존재하며, 피부를 통해 흡수되거나 호흡기계를 통해 흡입될 수가 있다. 신경작용제에 노출되는 경우 타액분비(salivation), 눈물흘림(lacrimation), 배뇨증(urination), 설사

**내용 요약**

➤ 화학 무기에 대한 분류
- 신경작용제
- 수포작용제
- 폐 작용제
- 생물 독소
- 무능화 작용제
- 기타 유해 화학물질

(diarrhea), 복통(gastrointestinal distress), 구토(emesis)의 증상과 징후가 빠르게 나타날 수 있다. 약자를 딴 슬러지(SLUDGE)로 기억을 한다. 이외에도 환자는 호흡곤란, 근섬유연축, 콧물, 흐릿한 시력, 동공수축, 욕지기, 땀 흘림 등을 호소할 수 있다. 환자는 결국 혼수상태에 빠지고 발작을 보이다가 호흡정지로 사망할 수 있다.

신경작용제는 노출 후 즉시 해독제를 투여하는 경우 막을 수 있다. 그러나 많은 신경작용제는 신경전달물질을 재흡수하고, 영구적으로 신경작용제와 결합하여 처치하기가 힘들어질 수도 있다. 신경작용제에 감염된 환자에 대한 예후는 적극적인 인공환기와 신속하게 해독제를 투여하는 경우 좋아진다.

신경작용제 감염에 대한 처치는 아트로핀과 염화프랄리독심의 투여가 있다. 군대에서는 해독제 자동주사기 세트인 신경해독제 키트(Mark I kit)를 사용해서 아트로핀과 염화프랄리독신을 투여한다. 민간인에 대한 신경작용제의 위협이 더욱 커지면서, 응급구조사는 Mark I kit를 더 자주 사용할 수 있다. 자가주사기(Mark I kit)는 군인에 대한 자가주사 또는 동료에게 투여하거나 구급대원에 의해 투여될 수 있다. Mark I kit는 신경작용제에 노출된 많은 환자를 접했을 때 신속하고 간편하게 사용할 수 있다. 해독제 투여 후 발작을 감소시키기 위해 디아제팜을 투여한다. 자가주사기는 간단하고 편리한 약물투여방법이지만 정맥주사가 가능하고 시간이 허락된 때는 더 신속하게 효과가 나타나는 정맥투여를 한다.

Mark I kit는 아트로핀 2mg과 염화프랄리독심 600mg이 들어 있다. 신경작용제에 노출된 후 흐릿한 시력, 경미한 호흡곤란, 콧물과 같이 경미한 증상이 나타나는 경우 투여하고, 증상이 호전되지 않는 경우 10분 이내 반복 투여한다. 심각한 증상과 징후가 나타나는 경우, 아트로핀과 염화프랄리독심을 3회 투여한다. 정맥투여인 경우 매 5분마다 아트로핀 2mg을 분비물이 건조해지거나 또는 20mg을 투여할 때까지, 매 1시간마다 염화프랄리독심 1g을 자발적 호흡이 돌아올 때까지 투여한다. 소아용 Mark I kit도 사용할 수 있다.

## 수포작용제(발포제)

수포작용제는 감염된 조직에 손상을 주어 수포(물집)을 형성하는 작용제이다. 수포작용제는 피부, 눈, 호흡기계, 폐 손상을 일으킬 수 있으며, 뿐만 아니라 일반적인 질환을 유발할 수 있다. 1차 세계대전에 사용된 겨자가스가 수포작용제의 한 예이다. 이 외에도 유황겨자(HD), 질소겨자(HN), 루이사이트(L), 포스겐 옥심(CX) 등이 있다. 포스겐 옥심을 제외하고, 수포작용제는 따뜻한 온도에서 독성증기를 내뿜는 점도 높은 액체이다. 그러나 액체형태의 수포작용제를 손으로 만질 경우 매우 강한 독성이 작용한다. 루이사이트와 포스겐 옥심은 접촉 또는 흡인 즉시 자극을 유발하는 반면, 겨자 계열 수포작용제는 시간이 지나면서 더 심해지는 불편감을 유발한다. 서서히 진행되는 증상과 징후로 접촉시간이 늘어날 수 있고, 노출의 심각성이 증가할 수 있다.

수포작용제에 감염된 환자는 피부, 점막, 폐 손상과 관련된 증상과 징후가 나타난다. 노출된 피부는 통증, 홍반, 수포를 포함한 화학적 화상의 징후를 나타낸다. 눈과 상부기도에서는 눈물 및 콧물과 함께 타는 듯하고 따끔거리는 느낌이 나타날 수 있다. 호흡기 노출은 호흡곤란, 기침, 천명음, 폐부종이 나타난다. 전신에 걸쳐 나타나는 증상과 징후는 구역질, 구토, 피로 등이 나타난다. 겨자가스의 경우, 증상과 징후가 천천히 나타나기 때문에 접촉시간이 길어질 수 있다.

수포작용제 감염된 환자에 대한 응급처치는 즉시 오염을 제거하는 것이다. 심지어 몇 분만 노출 되더라도 영구적인 손상이 발생할 수 있다. 노출된 부위는 가능하면 호스를 이용하여 제한적인 압력으로 세척한다. 또한 눈은 수돗물이나 생리식염수를 이용해서 세척한다. 수포가 발생한 경우, 화학화상 손상에 대한 처치와 동일하게 시행한다. 손상부위는 멸균드레싱을 적용하고, 손상된 눈에도 드레싱을 적용한 후 통증이 심한 경우 약물을 투여한다.

## 폐 작용제

폐 작용제는 주로 폐에 화학적 손상을 발생시키는 물질이다. 폐 작용제는 포스겐, 염소, 황화수소, 기타 유사한 물질 및 플라스틱과 같은 합성 물질이 연소할 때 발생하는 부산물 등이 포함된다. 폐 작용제는 입인두, 코인두, 세기관지, 폐포와 같은 호흡기 점막에 작용한다. 염증 및 폐부종을 일으켜 호흡곤란과 저산소증이 발생한다. 폐 작용제 감염 초기 증상과 징후는 상부기도의 자극과 관련이 있다. 이런 증상과 징후는 콧물, 입안, 코안, 목구멍 자극, 쌕쌕거림, 기침 등이 있다. 또한 환자는 눈물을 흘리며 안구 자극을 호소하며 감염에 대한 후기 증상으로 폐부종이 나타난다.

폐 작용제 감염된 환자에 대한 응급처치는 오염된 환경으로부터 환자를 이동시켜 신선한 공기를 마시게 하고 고농도의 산소를 공급하면서 휴식을 취하게 한다. 기관내삽관과 인공환기가 필요한 경우도 있다. 심한 호흡곤란이 나타나는 경우, 네블라이저를 이용해 알부테롤 0.5mL를 흡입시킨다.

## 생물 독소

생물 독소는 생물학적 작용제로 분류되지만 화학물질처럼 작용한다. 이런 생물 독소는 생물체에 의해 만들어지지만 그 자체는 살아있는 상태가 아니다. 생물 독소에는 리신, 포도상구균 창자독소B(SEB), 보톨리눔 독소 및 트리코테신 곰팡이 독소(T2) 등이 있다. 리신은 피마자 오일에서 만들어지며, 인체의 단백질 합성 능력을 억제한다. 리신은 에어로졸 형태로 흡입되거나 섭취의 경로를 통해 인체에 침입하는데 흡입 시 폐부종이 나타나고, 섭취 시 위장관 증상을 나타낸다. 흡입 및 섭취를 통해 리신에 중독될 경우, 쇼크나 여러 장기의 기능상실을 초래할 수 있다.

포도상구균 창자독소는 항색포도상균에 의해 생성되고, 일반적으로 식중독을 일으키는 가장 흔한균이다. 포도상구균 창자독소 감염은 구강 경로를 통해 일어나 구역질이나 구토가 나타나고, 흡인 경로를 통해 일어나 호흡곤란이나 발열이 나타난다. 소량의 독소로도 증상이 나타날 수 있으며, 감염된 환자 50%에서는 무능력하게 되고, 심한 경우는 치명적이다.

가장 독성이 강한 것으로 알려진 보톨리눔 독소는 부적절한 캔 통조림 기술로 인해 발생한다. 보톨리눔 독소는 가장 치명적인 신경작용제 VX보다 15,000배 더욱 강력하나 다행히도 보톨리눔 독소는 매우 불안정하여 대량살상무기로 사용하는 데 제한이 있다.

보톨리눔 독소는 신경작용제처럼 신경계를 공격하여 중추신경계의 자극전달과 차단을 방해한다. 그 결과 쇠약, 마비, 호흡기능상실로 인해 사망할 수 있다. 보툴리눔은 흡입 또는 섭취할 수 있다. 트리코테신 곰팡이 독소(Trichothecene mycotoxins; T2)는 곰팡이에 의해 생성된 생물 독소이다. 이들은 단백질 및 핵산의 형성을 억제하고, 빠르게 분열하는 체세포 분열에 영향을 미친다. T2독소는 빠르게 작용하면서 피부 자극을 하는 경우 통증, 화상, 홍반, 수포가 나타나고, 호흡기 자극을 하는 경우 코안 및 입안, 콧물, 코 출혈, 쌕쌕거림, 호흡곤란, 객혈이 나타나고, 안구를 자극하는 경우 통증, 홍반, 눈물, 흐릿한 시야가 나타나고, 위 장관을 자극하는 경우 구역질, 구토, 복부 경련, 혈액이 섞인 설사가 나타난다. T2 독소는 피부를 통해 흡수될 경우 가장 위력이 강하다. 일반적인 증상과 징후는 중추 신경계 증상, 저혈압, 사망 등이 있다.

생물 독소에 감염된 환자의 관리는 보조적 처치이다. 항독소를 일반적으로 사용할 수 없다. 생물 독소는 매우 적은 양이라도 구조대원이나 현장에 있는 사람들을 위험에 빠뜨릴 수 있으므로 제염을 시행하는 경우 각별한 주의를 기울여야 한다.

## 무능화 작용제

무능화 작용제는 경찰이 사용하는 시위 진압용 물질, 호신 용품, 군대에서 연구되고 있는 새로운 물질이 포함되어 있다. 이런 작용제는 목표가 되는 사람을 손상시키거나 해를 가하기 위해서 사용하는 것이 아니라 무능화시키기 위해 의도적으로 사용한다. 시위를 진압하기 위해 사용하는 CS, CN(최루탄), 캡사이신, CR 등이 있다. 이런 작용제를 접할 수 있는 경우는 경찰이 시위를 해산하거나 공격적이고 폭력적인 개인을 진압하기 위해 사용하는 경우이다. 감염된 환자는 눈 자극, 눈물, 콧물 등을 호소하는 경우가 많다. 무능화 작용제를 흡입한 경우, 기도자극과 호흡곤란 등의 증상이 동반된다. 무능화 작용제 감염을 처치하기 위해서 환자를 감염지역에서 대피시킨 후 신선한 공기를 마시게 하고 필요한 경우 산소를 투여해야 한다. 시간이 지남에 따라 감염 증상이 완화된다.

아트로핀과 같은 항콜린제(BZ과 QNB)는 군에서 사용하는 무능화 작용제이다. 항콜린제를 살포하는 일차적인 방법은 폭약과 혼합한 물질을 폭발시키는 것이다. 혼합물이 폭발할 경우 분부형태의 구름이 형성된다. BZ과 QNB에 감염되면, 점막건조, 동공확장, 불분명한 발음, 방향감각 상실, 흐릿한 시야, 발한 감소, 체온 상승, 안면 홍조 등의 증상이 나타난다. 이러한 증상은 흡인을 통해 감염된 후 약 30분 후에 나타나기 시작해서 최대 8시간 동안 지속된다. 감염의 가장 위험한 증상은 발한억제로 인한 부정맥과 고열이 나타난다. BZ과 QNB의 작용은 피조스티그민의 투여를 통해 반전될 수 있다.

## 기타 유해 화학물질

모든 독성 화학물질은 대량살상무기로 사용될 가능성이 있다. 산업은 수많은 유해 물질을 만들어내는데, 이런 물질들이 공기 또는 식수원에 누출되거나 연소되어 독성가스를 유출하는 경우 인체에 큰 해를 입힐 가능성이 있다. 사고성 누출과 테러 목적을 위한 누출의 차이는 테러의 경우 많은 사람들에게 손상이 발생할 수 있도록 의도된다는 점에 있다. 테러 공격의 경우, 위험물질을 담은 용기에는 내용물에 대한 별다른 설명이 없기 때문에, 문제의 물질을 사전에 발견하기가 더 어려울 수 있다. 모든 구급차와 소방차에 비치되어야 하는 미국 교통부의 비상대응지침서(Emergency Response Guidebook)는 무기로 사용될 수 있는 대부분의 유해 물질과 기타 대량살상 용무기에 대한 정보를 제공한다. 비상대응지침서는 교통차단과 이송거리, 특수처치 관리 단계를 제시해줄 수도 있다.

## 화학물질 유출의 인지

화학무기의 유출은 안개, 증기, 가루, 고인 액체의 형태로 나타나거나 무색, 무취로 전혀 발견되지 않을 수도 있다. 화학물질은 갓 베어낸 풀 냄새(포스겐), 섞은 계란 냄새(황화수소) 등의 다른 이상한 냄새가 날 수 있다. 화학물질을 사용하지 않는 장소, 사용이 예상되지 않는 장소에서 화학물질 냄새가 나는 경우 화학물질 유출을 의심한다. 그러나 이러한 냄새를 직접 맡거나 의심되는 액체 또는 물질을 직접 만지지 않는다. 화학물질 감염으로 인한 증상, 손상, 무능력 등을 나타내는 환자, 죽어있는 곤충, 새, 동물을 발견할 수 있다. 응급구조사는 잉꼬를 광산의 유독가스를 확인하기 위해 사용하였다. 테러리스트는 유독가스를 의도적으로 사용하려 한다는 점을 고려할 때, 대규모 군중이 모이는 행사, 공공건물 및 지하철역처럼 밀폐된 공간에 대한 경각심을 높여야 한다. 테러리스트는 화학적 또는 생화학적 작용제를 음식이나 식수원을 공격하는데 사용할 수 있으며, 이로 인해 광범위한 피해가 발생할 수 있다.

화학물질 유출의 기본적인 징후는 집단 내 개인 사이에서 유사한 증상과 징후를 보이는 것이다. 화학물질 유출의 일반적인 징후는 점막염증(눈, 코, 입안, 목구멍 자극), 감염된 피부의 자극, 가슴 답답함, 화상, 호흡곤란, 위창자 장애(구역질, 복통, 구토, 설사), 중추 신경계 장애(혼동, 졸음증, 구역질/구토,

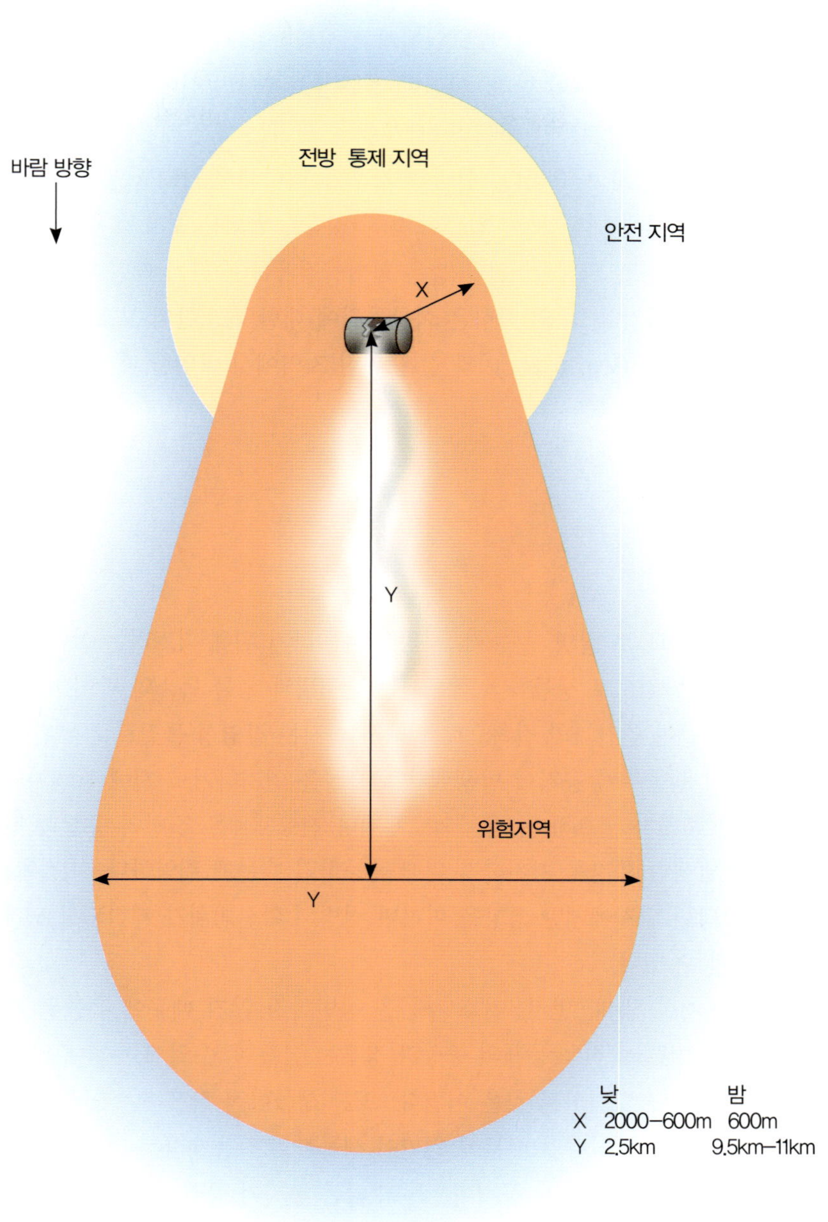


그림 16–4 유해 물질 유출과 관련된 오염지역(hot zone), 전방통제지역(warm zone), 안전지역(cold zone)

중독, 두통, 무의식 상태) 등이 있다.

## 화학물질 유출의 관리

화학물질이 유출된 지역에서 안전하게 멀리 떨어진 곳에 위치하며, 높은 곳에서 바람을 등지고 사고 현장에 접근한다. 일반적으로 유출된 위험물질의 양이 적고, 좁고 폐쇄된 지역인 경우 즉시 대피한다. 그러나 화물열차, 대형 저장탱크와 같이 많은 양의 화학물질이 유출되었다면, 낮에는 사고 발생 지점에서 반경 200~600m, 바람이 불어가는 방향으로 2.5km 내의 사람들을 대피시킨다. 만약 밤중에 사고가 발생한 경우 반경 600m, 바람이 불어가는 방향으로 9.5~11km 내에 있는 사람들을 모두 대피시킨다(그림 16–4).

현장 격리 조치를 통해 시민에 대한 위험이 감소되면, 응급구조사는 손상에 대한 처치를 시작하기 전에 적절하게 오염을 제거하였는지 확인해야 한다. 위험지역에서 나오는 구조대원들도 오염을 제거해야 한다. 유해 물질 사고 현장에서 유출 억제 및 오염제거를 시행하는 기관은 일반적으로 대량 살상용 핵무기와 화학무기에 대한 제염을 시행해야 한다. 이러한 업무는 보통 소방서에서 담당한다.

앞서 설명한 특정 응급처치 단계뿐만 아니라, 대부분의 환자는 오염제거를 시행한 후 신선한 공기, 산소투여, 호흡보조 등의 처치가 필요하다. 만약의 경우를 대비해서 HEPA 필터 마스크, 니트릴 글러브(라텍스 글러브는 화학물질에 대한 보호 기능이 높지 않음), 일회용 보호복 같은 개인보호장비(PPE)를 사용한다. 가죽 재질의 벨트, 시계줄, 신발 등은 화학물질을 흡수하기 때문에, 한번 오염이 되는 경우 지속적으로 위험에 노출시킨다. 주의 사항은 화학물질에 대한 최소한의 보호 기능을 제공하고, 위험지역(hot zone), 전방통제지역(warm zone)과 같은 위험 지역에서 작업할 때 필요한 개인 보호 장비에 해당하지도 않는다.

## 생물학적 작용제

생물학적 작용제는 의도적으로 질병, 무능력, 사망을 유발하기 위해 퍼트리는 살아있는 유기체에서 생산된 독소를 의미한다. 일반적으로 생물학적 작용제는 탄저병과 생물 독소와 같이 비접촉감염성 물질과 두창, 에볼라, 페스트와 같이 인간과의 접촉으로 인해서 퍼지는 감염성 물질로 분류된다. 감염성 생물학적 작용제는 의학계에서 생물무기 공격이 발생했다는 사실을 인지하기도 전에 감염자가 질병을 전파할 수 있기 때문에 각별한 주의가 필요하다. 응급의료체계나 진료체계는 질병의 증상과 징후를 알지 못한 상태에서 최초 질병이 발생한 환자를 처치하기 위해 출동하기 때문에 취약하다. 비접촉감염성 생물학적 작용제는 최초 공격을 당한 환자에게만 영향을 미치며 질병의 확산범위가 제한되고 언제 어디서 접촉이 일어났는지 쉽게 확인할 수 있다.

생물학적 작용제는 특이한 냄새, 먼지, 가스 구름을 동반하지 않기 때문에 유출된 경우 이를 감지하고 발견하는 것이 어렵다. 생물학적 작용제의 증상과 징후는 접촉 후 수일 또는 수주의 잠복기를 지나 질병이 나타나기 때문에 사전에 발견하는 것은 어렵다. 또한 생물학적 작용제는 인플루엔자 또는 기타 많은 질환의 일반적인 증상으로 나타나기 때문에 원인이 생물학적 작용제라는 것을 구별하기가 어렵다(표 16-1). 가장 일반적인 생물학적 작용제 공격여부는 수많은 환자가 응급실이나 진료소에 동일한 증상과 징후를 호소하는 경우, 또는 의료인이 환자가 집단적으로 발생한 지역을 인지할 때 가능하다. 의료진은 질병이 발생하는 계절이 아닌 경우, 일반적으로 질병이 발생하지 않는 지역(북반구에서 열대지방에서 발생하는 질병이 발생하는 등)에서 질병이 발생하는 경우 생물학적 작용제 공격을 의심할 수 있다. 이러한 단서가 발견될 경우에만, 보건 당국은 언제, 어디서, 유출이 되었는지 질병이 원인에 대한 확인 작업을 시작할 수 있다. 질병 발생이 생화학 테러로 인지될 때까지 감염성 작용제의 경우 이미 2차 감염자가 발생할 수 있다. 이러한 2차 감염의 원인은 가족, 친구, 직장동료, 의료 인력 등이 포함된다.

생화학 테러보다 더 두려운 대상은 아마 자연의 변화일 것이다. 더욱 다양하고 심각해지는 인플루엔자, 일반적인 질환의 돌연변이 균주, 복합약물 내성을 가진, 중증급성호흡기증후군(SARS) 등이 출현하고 있으며 갑자기 확산되어 수많은 환자가 발생할 수 있다. 자연적으로 발생하는 감염병은 생화학 테러보다 더 심각 할 수 있다. 이러한 자연적으로 발생하는 감염병의 근원을 찾고 대응을 하는 것은 생화학 테러 공격에 대한 대응 조치와 동일하다.

현재 잠재적인 대량살상무기(WMD)에 의해 발병할 수 있는 질병의 종류는 광범위하고 폐렴성 작용제,

표 16-1 | 접촉 및 엄호

| 질병 | 잠복기 | 사망률 | 증상과 징후 | | | | |
|---|---|---|---|---|---|---|---|
| | | | 발열 | 오한 | 기침 | 권태감 | 욕지기/구토 |
| 탄저병 | 1~6일 | 90% | √ | | √ | √ | |
| 폐렴흑사병 | 1~6일 | 57~100% | √ | √ | √ | √ | |
| 야생토끼병 | 3~5일 | 35% | √ | | √ | √ | |
| Q열 | 2~14일 | 1% | √ | | √ | √ | |
| 두창 | 12일 | 30% | √ | | | √ | √ |
| 베네수엘라 말뇌염 | 1~5일 | 1% | √ | √ | √ | √ | √ |
| 콜레라 | 1~3일 | 50% | | | | | √ |
| 바이러스 출혈열 | 3~7일 | 5~20% | √ | | | √ | |
| 에볼라 | 3~7일 | 80~90% | √ | | | √ | |

* 사람과 사람 간 감염되는 질환

뇌염성 작용제 등이 포함되어 있다.

## 폐렴성 작용제

폐렴성 작용제는 탄저병, 페스트, 야생토끼병, Q열 등이 테러 공격에 가장 자주 사용된다. 폐렴성 작용제는 일반적으로 기침, 호흡곤란, 발열, 권태감 등을 야기시킨다. 탄저병과 페스트는 사망률이 90~100%로 가장 치명적이다. 탄저병은 매우 치명적이지만 사람과의 접촉에 의해서 감염되지 않는 비감염성 작용제이다. 페스트는 생물 테러에 자주 사용되는 폐렴성 작용제이고, 사망률이 처치를 받지 못할 경우 100%, 처치를 받을 경우 57%로 높을 뿐만 아니라 증상과 징후가 나타나고 18시간 내에 처치를 받지 못할 경우 환자 생존율이 최소화될 수 있다. 폐렴성 페스트는 1~4일 간의 잠복기를 거쳐 작은 물방울과 흡인을 통해 확산된다. 토끼열 또는 사슴등애열이라고도 하는 야생토끼병은 고체 또는 액체의 초미세입자 형태로 공기 및 가스에 섞어 분산되어 2~10일 동안 증상과 징후가 나타난다. 야생토끼병 환자의 사망률은 최대 5%이다. Q열은 접촉 후 10~20일 내에 증상이 나타나기 시작하여 2일~2주 동안 증상이 지속되어 무능력화시키는 질병으로 사망률은 낮다.

## 뇌염성 작용제

두창과 베네수엘라 말뇌염(VEE)은 (아마도 중추 신경계를 공격하기 때문에) 두통, 발열, 권태감 등을 동반하는 독감 형태의 질병으로 중추신경계를 공격하기 때문에 사망률이 높다. 이 작용제는 초미세입자 형태로 적은 양으로도 질병을 일으킬 수 있기 때문에 생물학적 무기로 효과적이다. 두창은 호흡기 경로를 따라 공기로 이동되기 때문에 매우 감염력이 높다. 감염자 중 약 30%는 증상과 징후가 12일 정도 지속되고 이 중 1/3은 5~7일 이내에 사망한다. 두창은 자연적으로 발생하는 질환으로 이미 퇴치된 것으로 알려져 있지만, 일부 국가에서는 대량살상무기에 사용될 수 있다. 베네수엘라 말뇌염의 경우, 사람과의 접촉을 통해 감염은 일어나지 않으며 사망률은 20% 미만이다.

## 기타 작용제

콜레라는 개발도상국이나 위생상태가 불량한 국가에서 일반적으로 발생하는 질병이다. 이것은 일반적으로 분변이 입안 경로를 통해 감염되고, 심한 설사로 인해 탈수와 쇼크를 유발할 수 있다. 콜레라는 흡입 경로를 통해 감염되지 않으며, 오염된 음식이나 물로 감염되는 작용제 중 하나이다.

바이러스성 출혈열(VHF)은 치명적인 에볼라 바이러스와 같은 질병과 같은 유형으로 이름에서 짐작할 수 있듯이, 출혈열로 혈관이 손상되어 혈액이 혈관 밖으로 누출되면서 출혈이 쉽게 발생한다. 환자는 쉽게 멍이 들고 점상 출혈이 나타날 수 있다. 이런 형태의 대부분의 질병은 호흡기나 감염물질과 직접 접촉을 통해 전파 될 수 있다. 바이러스성 출혈열은 사망률이 90%이며 쉽게 고체 또는 액체의 초미세입자 형태로 공기 및 가스에 섞어 분산되고 세균을 배양하기는 어렵다.

## 생물학적 작용제 감염에 대한 보호

가장 일반적인 생물학적 무기에 대한 보호는 감염성 질병의 전파를 방지하기 위해서 신중한 의료단계가 사용된다. 대량살상무기의 유출이나 테러 공격에 대한 경계가 높은 상황인 경우, 표준 예방조치보다 적극적인 조치를 취해야 한다. 글러브는 체액을 통한 생물학적 작용제 감염에 대한 예방조치로 매우 효과적이고 손을 자주 철저히 씻어야 한다. 거의 모든 생물학적 작용제는 호흡기를 통해 전달되기 때문에 소량이라도 흡입되지 않도록 하여야 한다. 잘 맞는 HEPA 필터 마스크는 작용제의 흡입을 막는데 효과적이다(그림 16-5). 호흡기 질환의 어떤 증상이나 징후를 보이는 경우 환자에게 마스크를 적용하는 것이 좋다. 나트륨하이포아염산염 용액 0.5%나 다른 소독제는 생물학적 작용제를 죽이는 데 효과적이다. 사용한 구급차 내부, 모든 장비와 오염이 예상되는 장비 등을 용액으로 철저히 세척한다.

많은 생물학적 작용제에 대한 예방접종은 이용할 수 없으며, 이용 가능한 예방접종은 부작용의 위험이 다소 있다. 따라서, 의료종사자에게 시행하는 예방접종은 반드시 감염을 방지한다는 보장이 없다. 의료기관의 지도의사와 상담을 필요한 예방 접종을 확인한다.

생물학적 무기에 노출된 대부분의 환자에 대한 응급처치는 체온 유지, 산소 투여, 수분공급(필요한 경우 정맥주사)을 제공한다. 일부 생물학적 작용제는 호흡기 손상이 발생하기 때문에 프로토콜에는 알부테롤 또는 다른 분무기 처치가 필요하다. 가능한 경우, 분무기 처치보다는 계량형 흡입기를 사용하는 것을 고려한다. 왜냐하면 계량형 흡입기는 에어로졸 된 작은 물방울 형성과 흡입의 결과로 오는 위험을 제한할 수 있다. 병원전 처치 후 정확한 유기체가 격리되면, 항생제 처치법을 결정한다.

생물학적 공격이 의심되는 경우, 보건 당국은 신중하게 환자와 면담을 한다. 면담을 통해 환자가 처음 증상을 발견한 시점과 그 후 접촉한 사람이 있는지를 확인한다. 감염성이 있는 작용제인 경우 접촉한 사람들은 감염될 수 있다. 생물학적 테러에 대한 공공보건의 접근방식은 격리 및 검역소를 설치하는 것이다. 감염성이 높은 질병에 노출된 환자나 보호자는 자택이나 모텔과 같은 시설을 이용해 격리할 수 있다. 질병의 증상과 징후를 보이는 사람도 이와 비슷한 방식으로 격리시킨다. 감염된 환자는 다른 환자나 의료 인력에게 감염시킬 수 있기 때문에 의료시설이 아닌 다른 장소에 격리시킨다.

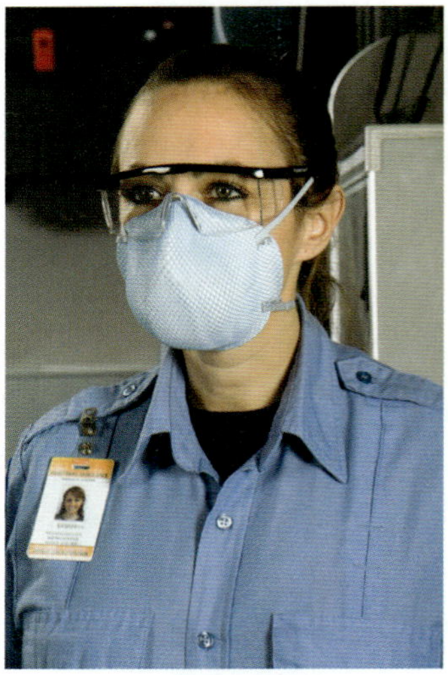

그림 16-5 HEPA 필터 마스크

## 총기난사(Mass Shootings)

총이 대량살상 무기가 아니라도 할지라도, 몇몇 테러리스트 공격은 총기난사일 수도 있다. 응급구조사의 대응은 총기난사처럼 될 수도 있다. "손상 기전", "다발성 사상자 사고 및 사고 관리", "범죄 현장 인지"에서 적절한 정보를 확인한다.

## 테러공격에 관한 일반적인 고려사항

### 현장 안전

2001년 9월 11일 세계무역센터 붕괴로 인한 피해자 5명 중 1명은 응급 대응 팀원이었다. 응급 구조인력의 수많은 사망은 응급의료체계 종사자에게 위험을 인식하는 것이 중요하다는 것을 일깨워주었고 테러의 잠재적인 위험에 대응하는 동안 적극적인 관심을 가져야 한다는 것을 확인시켜 주었다.

다른 국가의 테러리스트들은 구출시도를 방해하기 위한 목적으로 2차 폭발물을 설치하는 경우가 많다. 화학물질 및 방사능은 적절한 보호구 없이 환자를 구조하는 인력에게 큰 피해를 줄 수 있다. 생물학적 작용제는 EMS 제공자에게 영향을 미칠 가능성이 있다. 응급구조사는 주의 깊게 현장 평가를 통해 자신과 동료에게 위험요소가 있는지를 확인 한다. 위험하거나 치명적인 환경에 진입하기 위해서는 훈련을 받고 장비를 갖춘 인력만 현장으로 진입할 수 있다는 것을 명심한다.

### 테러 공격에 대한 인식

핵무기나 재래식 무기의 폭발을 감지하는 것은 비교적 쉽지만, 방사능 낙진의 경우 상승기류를 타고 이동하기 때문에 구름의 이동 경로를 확인해야 한다. 응급구조사는 항상 맞바람 방향에 위치해야 한다. 테러리스트는 방사성 물질이나 기타 다른 유해 물질을 확산시키기 위해 핵무기와 같은 재래식 폭발물을 사용할 수 있다. 구조대원을 목표로 시한폭탄이나 부비 트랩 등을 이용해 2차 폭발물을 설치했을 수도 있다는 것을 기억해야 한다. 폭발물은 건물의 구조를 약화시킬 수 있기 때문에 건물붕괴에 주의해야 한다. 모든 위험으로부터 현장이 안전하다고 판단될 때까지 사고 현장에 진입하지 않는다.

화학물질의 유출은 생각보다 명확하지 않을 수 있다. 가스층이나 증기 같은 물질이 있을 수도 있고 없을 수도 있다. 또한 이상한 냄새가 날 수도 있고 안 날 수도 있다. 그러나 증상이 나타나기 까지 시간이 좀 걸릴 수 있지만 피해자들은 비슷한 증상을 호소할 것이다. 무능화된 작은 동물, 새, 곤충들을 발견한 경우 화학물질에 의한 사고를 의심해야 한다. 일반적으로 화학물질을 사용하지 않는 지역에서 화학물질

#### 법적 고려사항

**대량살상무기 공격에서 비 전통적 역할에 대한 교육**

대량살상무기 공격에서 EMS 종사자의 역할은 주로 환자 처치이다. 그러나 이런 공격은 대응 기관의 자원으로는 쉽게 감당할 수 없을 정도로 크기 때문에, 현장의 인력들이 맞아야 하는 일반적이지 않은 역할까지 맡게 된다. 예를 들어 핵무기 공격으로 인한 방사능에 감염된 환자를 제염하는 훈련을 받지 않은 상황에서 제염을 시행하는 것은 응급구조사와 피해자 모두를 위험에 빠지게 할 수 있다. 그렇기 때문에 이러한 상황을 감안하여 지역응급의료체계는 대응계획을 수립해야 한다. 대량살상무기 공격으로 관할 지역 밖에서 역할을 담당하게 되는 인원은 필요한 교육을 받아야 한다. 대량살상무기 사고 대응시 필요하게 되는 여러 기관간의 합동훈련은 환자와 구조인력이 위험에 노출되는 부분을 감소시킬 수 있다.

감염 증상이 나타나는 경우 화학물질 사고의 가능성을 의심해야 한다. 사고 현장보다 높은 지역에서 맞바람 방향에 위치하고 피해자나 잠재적인 피해의 위험에 노출된 사람이 응급구조사가 위치한 장소로 대피하도록 요청한다. 유해 물질을 다루는 특수한 훈련을 받고 장비를 갖춘 인력만이 현장에 진입한다. 오염된 환자를 처치하기 전에 응급구조사는 스스로를 보호하기 위해 니트릴 글러브, HEPA 필터 마스크, 일회용 보호복을 착용해야 한다. 하지만 이러한 보호장비는 오염된 환자를 처치하는 데 제한된 보호기능을 제공한다. 위험지역(hot zone), 전방 통제 지역(warm zone)으로 진입하는 것은 고려해야 한다.

생물학적 작용제는 누출이 되는 시점을 인지할 수 있다는 것은 아마도 불가능하다. 구름층이나 증기형태로 나타날 수는 있지만 노출된 후 즉각적인 증상과 징후를 보이는 환자가 없다. 이러한 오염은 예를 들어 탄저균이 들어 있는 편지와 같은 우편물을 통해 확산될 수 있다. 생물학적 작용제의 누출 사고는 잠복기가 지난 후 환자들이 의료기관이나 응급실에서 진료 후 알 수 있다. 그런 다음 지역 보건 당국이 환자의 공통점과 생물학적 작용제의 유출 장소에 대한 조사를 시작할 수 있다. 많은 환자가 같은 시기에 유사한 질병의 증상과 징후를 나타낸다면 생물학적 공격의 가능성을 의심해봐야 한다. 잠재적인 질병과 마찬가지로 글러브, 잘 맞는 HEPA 필터 마스크를 착용한다. 응급구조사 자신도 감염성 물질에 감염되어 보균자가 될 수 있다는 점을 항상 기억한다. 만약 응급구조사가 노출되거나 감염병의 증상과 징후가 나타나는 경우 프로토콜 및 질병관리본부, 의료지도의사의 지시에 따라서 적절한 처치를 받음으로 2차 감염자가 발생하지 않도록 사전에 예방한다.

## 테러 공격에 대한 대응

테러 공격에 대응하는 역할은 자신의 안전 및 환자, 동료, 시민의 안전을 확보하는 것이다. 안전이 확보되면 모든 환자에게 필요하다면 제염을 시행한 후 적절한 응급처치를 시행한다.

테러 공격에 대한 응급구조사로서의 당신의 역할은 다른 응급상황과 배우 유사하다. 핵 물질 사고는 유해물질이 관여된 재래식 폭발 사고와 동일하게 대응한다. 화학물질의 유출은 유해 물질에 의한 사고이고, 생화학 무기는 감염병 사고와 동일하게 처리한다. 공격위치가 수많은 사람에게 영향을 줄 수 있지만 유해물질사고(화학물질 또는 방사능 물질), 감염성 질환 사고(생물학적 작용제), 재래식 폭발물 사고 또는 이러한 사고가 조합된 것으로 간주한다. 이러한 상황에 대해서 당신은 이미 교육을 받은 내용과 프로토콜 및 재난대응계획을 따르도록 한다.

대량살상무기 사고가 확인되면, 사고에 대한 준비를 시작한다. 이를 위해 사고지휘체계를 수립하고 구출, 오염제거, 환자분류, 처치 및 이송 등에 대한 각자의 업무를 구분한다. 손상의 특성, 환자 수, 손상의 심각성 등에 따라 사용 가능한 자원을 적절하게 배분한다.

## 요약

테러리스트에 의해 사용되는(독성가스, 방사능 오염, 생물학적 작용제) 많은 손상기전은 현장에 흔적이 거의 남지 않도록 손상을 일으킨다. 응급구조사의 임무는 화학적, 생물학적, 방사능, 핵, 폭발물의 누출에 대한 증상을 놓치지 않고 자기 자신, 환자, 일반 시민이 위험물질에 노출되는 것을 최소화하는 것이다. 일반적으로 화학, 생물학, 방사능, 핵, 폭발물에 대한 대응은 EMS의 역할은 아니다. 응급구조사인 당신은 오염제거 후 보조적 처치를 제공할 가능성이 크다.

## 현장 출동 후 결과 분석

당신은 환자가 발생했을 것이라 예상되는 폭발사고 현장에 출동을 하였다. 당신이 출동한 구급차가 사고 현장에 최초로 도착하였고, 사고 장소인 유대교의 예배당의 깨진 창문 사이로 연기가 새어 나오고 있으며, 손상을 입은 사람들이 잔디밭에 나와 있었다.

1. 당신은 이러한 현장에서 할 수 있는 특별한 안전고려사항은 무엇인가?
2. 손상기전에서 알 수 있는 발생 가능한 손상은 무엇인가?
3. 당신은 예배당 안으로 들어갈 것인가?

*이 책 뒷부분에 제시된 해설을 참고한다.*

## 복습 문제

**1.** 테러리스트들이 가장 일반적으로 공격하는 방법은?
a. 폭발물 b. 화학 무기
c. 탄저균 노출 d. 식수의 중독

**2.** 1차 폭발 후 관계되는 위험으로는 ____가 포함된다.
a. 화재 b. 전기로 인한 위험
c. 건물붕괴 d. 위의 모두

**3.** 핵폭발로 인해 발생하는 가장 치명적인 손상유형은?
a. 화상 b. 흡입손상
c. 외상성 무딘 손상 d. 외상성 관통상

**4.** 낙진이나 지속적인 방사능 오염의 심각한 위험이 있는 경우, 응급구조사는 ____ 배급을 요청할 수 있다.
a. 철 b. 마그네슘
c. 요드화칼륨 d. 염화나트륨

**5.** 다음 중 일반적인 신경작용제가 아닌 것은?
a. GB(사린) b. GD(소만)
c. GA(타분) d. 카바메이트(세빈)

**6.** 수포작용제에 노출된 환자에게 즉시 실시해야 하는 응급처치는?
a. 환자분류 b. 수액처치
c. 산소공급 d. 오염제거

**7.** 다음 작용제 중 감염성을 고려하지 않아도 되는 것은?
a. 에볼라 b. 탄저균
c. 페스트 d. 두창

**8.** 개발도상국에서 가장 흔하게 발생하는 질병으로 열악한 위생 상태로 인해 유발되는 것은?
a. 콜레라 b. 사스(SARS)
c. 야생토끼병 d. 베네수엘라 말뇌염

**9.** 테러리스트 공격과 신경작용제 사용 결과로, 군대에서 개발된 해독제 키트를 응급의료체계에서 사용하기 시작한 것은?
a. Mark I kit b. AT kit
c. Atro-Prad kit d. SNAP kit

**10.** 모든 생물학적 제제는 어떤 경로로 전파되는가?
a. 섭취 b. 흡수
c. 주사 d. 흡입

*이 책 뒷부분에 제시된 해답을 참고한다.*

## 참고문헌


1. Stevens, G., A. Jones, G. Smith, et al. "Determinants of Paramedic Response Readiness for CBRNE Threats." Biosecur Bioterror 8 (2010): 193–202.
2. Grace, M. B., K. D. Cliffer, B. R. Moyer, et al. "The U.S. Government's Medical Countermeasure Portfolio Management for Nuclear and Radiological Emergencies: Synergy from Interagency Cooperation." Health Phys 10 (2011): 238–247.
3. Sandilands, E. A., A. M. Good, and D. N. Batemen. "The Use of Atropine as a Nerve Agent Response with Specific Reference to Children: Are Current Guidelines Too Cautious?" Emerg Med J 26 (2009): 690–694.
4. Aas, P. "The Threat of Mid-Spectrum Chemical Warfare Agents." Prehosp Disaster Med 18 (2003): 306–312.
5. Daya, M. and Y. Nakamura. "Pulmonary Disease from Biological Agents: Anthrax, Plague, Q Fever, and Tularemia." Crit Care Clin 21 (2005): 747–763.

6. Castle, N., R. Owen, S. Clark, et al. "Comparison of Techniques for Securing the Endotracheal Tube while Wearing Chemical, Biological, Radiological, or Nuclear Protection: A Manikin Study." Prehosp Disaster Med 25 (2010): 589–594.

7. Castle, N., Y. Pillay, and N. Spencer. "Comparison of Six Different Intubation Aids for Use while Wearing CBRN-PPE: A Manikin Study." Resuscitation 82(12) (2011): 1548–1552.

## 추가문헌

Bevelacqua, A., and R. Stilp. Terrorism Handbook for Operational Responders. 3rd ed. Clifton Park, NY: Delmar Cengage Learning, 2009.

Buck, G. Preparing for Biological Terrorism: An Emergency Services Guide. Albany, NY: Delmar Publishing, 2002.

Byrnes, M. E., D. A. King, and P. M. Tierno. Nuclear, Chemical, and Biological Terrorism: Emergency Response and Public Protection. Chelsea, MI: Lewis Publishers, 2003.

De Lorenzo, Robert A., and Robert S. Porter. Tactical Emergency Care: Military and Operational Out-of-Hospital Medicine. Upper Saddle River, NJ: Pearson/Prentice Hall, 1999.

Emergency Response Guidebook (ERG2008). Washington, DC: U.S. Department of Transportation, 2008.

Marks, M. E. Emergency Responder's Guide to Terrorism. Chester, MD: Red Hat Publishers, 2003.

Sachs, G. Terrorism Emergency Response: A Workbook for Responders. Upper Saddle River, NJ: Pearson/Prentice Hall, 2003.

Sidell, F. R., W. C. Patrick III, and T. R. Dashiell. Jane's Chem-Bio Handbook. 2nd ed. Alexandria, VA: Jane's Information Group, 2003.

# 혈행성 병원체와 감염병에 대한 주의 사항

모든 의료 종사자와 마찬가지로 병원전 응급 의료 종사자는 혈액 감염성 병원체와 감염병에 대한 위험에 노출된다. 응급 상황에서는 적절한 감염 관리법을 취하는 것이 어려운 경우가 많다. 하지만 응급구조사는 자신이 높은 위험에 노출되어있다는 점을 반드시 기억하고, 감염 관리에 대한 다음의 정보를 숙지한다.

감염 관리는 응급의료종사자와 그들의 가족 및 환자를 감염병에 대한 불필요한 노출로부터 보호하는데 목적이 있다. 이에 대한 법, 규제, 표준 지침은 다음과 같다.

- *미국질병통제예방센터(CDC) 지침*: 미국질병통제예방센터는 감염 관리에 대한 폭넓은 내용의 가이드라인을 발표했다. 지침서는 감염에 대한 노출을 방지 혹은 최소화하기 위해 응급의료종사자가 사용 해야 하는 장비와 조치를 제시한다.
- *라이언 화이트 법*: 라이언 화이트 법(1990)은 환자 치료를 해야 하는 응급의료종사자 자신이 감염병에 노출되었는지를 확인할 권리를 부여하는 법이다. 고용주는 치료를 제공하는 병원과 연락을 조율하는 "지정 사무관"을 지정해야 한다.
- *미국 장애인 법*: 감염병 환자를 포함한 장애인에 대한 차별을 금지하는 법. 감염병 환자가 기본적인 직무 기능을 수행할 수 있고 환자와 동료의 건강 및 안전에 위험이 되지 않을 경우, 평등 고용과 고용 보호를 보장한다.
- *미국연방직업안전보건국*: 미국연방직업안전보건국이 실행하는 "혈행성 병원체에 대한 직무상 노출"이라는 규제는 응급의료종사자를 직무상 감염병 노출도가 가장 높은 직군으로 분류한다. 해당 규제는 고용주가 직원들에게 무료로 B형 간염 예방 접종을 제공하고, 감염 노출 통제 계획서를 서면으로 마련하고, 적절한 보호구를 비치할 것을 의무로 한다. 이러한 의무 조항은 주로 민영 부문 고용주에게 적용된다. 공무원에 대한 적용의 정도는 지역에 특성에 따라 다소 상이할 수 있다. 다수의 주는 미연방직업안전보건국의 규제를 현지 사정에 맞게 조절하여 적용하고 있다.
- *미국방화협회지침*: 미국방화협회는 (특히 소방서와 응급의료기관과 같은) 응급 대응 기관을 위해 감염 관리에 대한 구체적인 지침과 의무 조항을 제시한다.

## 표준 주의 사항 및 보호 장비

구조대원은 (모든 신체물질을 감염의 가능성이 있는 대상으로 간주하는) 표준 주의 사항을 실천해야 하는 의무가 있다. 이를 위해, 모든 구조대원은 개인 보호 장비를 사용해야 한다. 적절한 개인 보호 장비는 모든 구급차에 비치되어야 한다. 최소한으로 요구되는 개인 보호 장비는 다음과 같다.

- *장갑*: 1회용 장갑은 응급처치를 시작하기 전에 모든 구조대원은 1회용 장갑을 착용해야 한다. 발생

한 환자의 수가 한 명이 아닐 경우, 환자를 다룰 때마다 새로운 장갑으로 교체해야 한다. 장갑이 오염된 경우, 최대한 빨리 제거해야 한다. 오염된 장갑을 제거하기 위해서는 한쪽 장갑을 손목관절에서 약 1인치 거리에서 붙잡는다. 장갑 내측을 만지지 않으며, 장갑을 절반쯤 벗기고 멈춘다. 장갑이 반쯤 벗은 상태에서 반대편 장갑을 완전히 벗긴다. 벗겨진 장갑은 (안이 밖으로 뒤집어진 상태로) 나머지 장갑의 손바닥 부위에 올려둔다. 남아있는 장갑은 내측을 잡아서 벗는다. 장갑을 모두 제거하면 (장갑이 깨끗해 보여도) 항상 손을 깨끗이 세척한다.

- *마스크 및 보호경*: 보안경은 항상 구급차에 비치되어야 하고 감염에 대한 노출의 수준에 따라 사용이 결정되어야 한다. 마스크와 보안경은 (동맥 출혈, 출산, 기관내삽관, 침습적 시술, 구강 흡인, 심하게 긁거나 문지르면서 장비를 세척할 때) 혈액이 튈 것으로 예상될 때 사용된다. 공기 전파 질환 가능성이 있으므로 환자와 응급구조사는 보호 마스크를 착용해야 한다.
- *HEPA/N-95 호흡기*: 결핵의 재발에 대비하여 보건의료인은 (미국 연방 직업 안전 보건국에서 승인한) N-95나 HEPA 호흡기를 사용하면 통해 결핵 감염으로부터 스스로를 보호한다. 신체에 편안하게 착용된 호흡기는 결핵균을 여과해낼 수 있어야 한다. N-95나 HEPA 호흡기는 결핵 환자 또는 결핵 의심 환자를 치료할 때 착용되어야 한다. 분무 약물의 투여, 기관내삽관, 흡인과 같은 고위험 치료 조치의 경우, 호흡기의 착용이 더욱 중요하다.
- *가운*: 가운은 혈액이 옷에 튀는 것을 방지한다. 출산과 같이 다량의 혈액이 튀는 상황의 경우, 비침투성 가운을 착용한다.
- *소생 도구*: 응급처치시 인공 환기의 주요 수단인 1회용 소생 도구는 한번만 사용하고 폐기되어야 된다.

개인 보호 장비의 적절한 사용은 효과적인 감염 관리와 위험의 최소화를 돕는다. 보호 효과를 최대한 누릴 수 있도록 특정 상황에 사용이 권장된 모든 보호 장비를 반드시 착용한다. 모든 신체물질은 감염 위험이 있기 때문에, 항상 표준 주의 사항을 준수한다.

# 현장 출동 후 결과 분석에 대한 모범 답안

다음은 (6)권 특수 환자의 각 장에 제시된 "응급구조사의 판단"의 모범 정답이다. 상황에 맞는 적절한 답변을 제시하나, 이 답변이 유일하게 옳은 것은 아니다.

## 제1장-부인과 응급

1. **응급구조사가 우선적으로 해야 하는 것이 무엇인가?**
   최우선순위는 환자를 평가하고, 정맥로를 확보하고, 환자를 편안한 자세로 들것에 들어 지역 응급실로 이송할 준비를 하는 것이다.
2. **그 외에 어떤 것을 해야 하는가?**
   누가 낙태를 시술했는지에 대한 정보를 얻어 이송 시설에 정보를 전달해야 한다. 이송 시설에서는 낙태를 시술한 사람과 상담하거나 해당 인물에게 즉시 환자를 보이고 싶어 할 수 있다.
3. **환자 증상의 원인으로 무엇이 예상되는가?**
   열은 최근의 낙태로 인한 감염 질환으로 발생했을 가능성이 가장 크다. 악취성 분비물 역시 낙태 시 남은 괴사조직일 가능성이 크다.
   평가 시 환자의 "낙태"가 실제 시술이었는지, 혹은 "임신중절 약"을 복용한 후 발생한 일인지 판단한다. 임신중절 약을 복용했다면 환자는 어느 순간 피를 흘리며 임신의 결과물을 배출해 낼 것이다. 대부분 시술을 통한 낙태에서는 조직과 태아산물을 제거한다. 어떠한 경우에서는 처치 후 환자를 이송하는 것이 중요하다.
4. **환자가 미성년자이기 때문에 처치 전에 부모에게 알리거나 처치에 동의를 구하야 하는 법적 의무가 있는가?**
   아니다. 이 경우, 환자는 처치가 필요한 미성년자이다. 부모는 환자를 처치하고 이송해 달라는 동의(암시적 동의)를 한 것으로 한다.

## 제2장-산과 응급

1. **응급처치 최우선순위는 무엇인가?**
   최우선순위는 산소를 제공하고 환자 이송 준비를 한다. 필요한 경우 적극적 기도 조작 준비를 한다.
2. **환자의 증상과 징후의 원인으로 의심될 만한 것들은 무엇인가?**
   이 환자는 명백히 임신성고혈압증(임신중독증)이 있으며, 신속히 처치하지 않으면 자간 및 발작이 나타날 수 있다.
3. **환자의 남편은 부인과 아기의 건강에 대해 몹시 걱정하고 있다. 그에게 해줄 수 있는 말은 무엇인가?**
   사실을 말한다. 어떠한 증상을 발견했으며 증상이 매우 심각하지만, 적절히 처치하면 정상적인 분만이 가능한 흔한 상황임을 설명한다.
4. **환자를 병원으로 어떻게 이송해야 하는가?**
   환자의 복부 아래에 패드를 깔고 다리를 굽힌 측와위로 들것에 놓는다. 조명을 완전히 끌 수 없으면 최소로 낮춘다. 필요한 경우 황산마그네슘을 고려한다. 이송은 평범하게, 사이렌 등 환자를 더 악화시키거나 자극하지 않는다.

## 제3장-신생아 응급

1. **분만하자마자 호흡을 위해 이 신생아를 자극해야만 하는가? 그 이유는 무엇이고 하지 않아야 할 이유는 무엇인가?**

   아니다. 짙은 태변이 나타나고 아기가 활기차지 못하면, 자극하기 전에 삽관 및 흡입을 고려한다.

2. **이런 경우에 있어서 주요 위험 요인은 무엇인가?**

   태변은 기도 폐쇄를 일으킬 수 있다. 또한 신생아는 치명적일 수 있는 감염 질환을 앓을 수 있다.

3. **이 신생아를 안정시킨 즉시 어디로 이송해야만 하는가?**

   신생아는 신생아 집중치료 시설이 있는 병원으로 이송되어야 한다.

## 제4장-소아 응급

1. **이 환자 평가의 우선순위는 무엇인가?**

   일차 평가 우선순위는 환자의 의식 수준을 파악하고, 피가 나는 두피 상처에 압력을 가하고, 더 정밀한 검사를 실시하기 전 경추를 고정한다.

2. **현장과 병원으로 향하는 중 어떠한 의료중재를 실시할 것인가?**

   현장의 중재방법은 피나는 두피 상처 처치, 척추 보호 조치, 및 기타 중요한 증상에 대한 처치 등 최소로 실시한다. 대부분의 처치는 병원 이송 중에 실시한다.

3. **화가 나 있는 부모가 이송을 거절하는 것을 포함하여 이송상 고려사항에 대해 설명한다.**

   분명, 이 경우에서 환자는 후속 평가를 위해 병원으로 이송되어야 하며, 관련 기관에서 학대 가능성을 두고 집안 환경을 평가할 시간이 있어야 한다. 부모가 처치 및 이송을 거절할 가능성이 존재한다. 이 경우, 유일한 선택 사항은 적절한 기관에 연락해 발견한 사항에 대해 알리는 것이다. 객관적 발견 사항을 정확히 문서화한다.

4. **이 사건을 보고하고 기록할 때 중요한 요소는 무엇인가?**

   현장에서 부모를 비난하거나 부모와 대치하지 않는 것이 아주 중요하다. 주변 환경과 현장에 주의를 기울이도록 한다. 보고, 듣고, 만지고, 냄새를 맡은 것만 기록한다. 감정이나 추측 등은 기록하지 않는다.

## 제5장-노인 응급

1. **이 환자에게 전반적으로 의심되는 질병은 무엇인가?**

   처음 의심되는 것은 뇌졸중의 가능성이다. 가능하면 신중하게 증상이 언제 시작되었는지 파악하여 환자에게 중재치료가 가능한지 결정한다.

2. **이 환자에게 급성 또는 만성 질환이 있다고 보이는가? 그 이유는?**

   이는 아마 급성 질환일 것이다. 아내의 말에 따르면 환자는 보통 그녀를 돌봐준다고 하기 때문이다. 또한 집안은 먼지 한 톨 없이 깔끔하다. 만약 가사도우미가 있다고 해도, 아내의 관절염이 심하고 거의 돌아다니지 못하기 때문에, 환자가 항상 이 같은 상태라면 집안 일부는 어지럽혀져 있었을 것이다.

3. **환자 상태와 의료개입에 대한 반응 외에, 병원 보고서에 어떠한 정보가 포함되어야 하는가?**

   존스 씨가 똑바로 걸을 수 없다는 것, 환자의 위치, 가장 중요한 것은 환자가 "정상"이었다고 마지막으로 알려진 시간이다.

4. **존스 부인을 위해 어떠한 지원을 제공하는가?**
   존스 부인을 당장 돌보기 위해 집으로 와 줄 사람이 없다면, 병원에서 보조를 받을 수 있도록 함께 병원에 가도록 한다. 또한 지역 단체에 연락해 도움을 요청할 수 있는 노인 보조 프로그램이 있는지 확인한다. 존스 부인에게 가족이나 종교인 등 연락을 대신 할 사람이 있는지 묻는 것은 큰 실례가 아닐 것이다.

## 제6장-학대, 방임, 폭행

1. **어떤 일이 있다고 의심되는가?**
   아동학대의 가능성이 높다.
2. **의심을 뒷받침하는 신체적 증거가 있는가?**
   치유되고 있는 상처나 멍이 소아의 팔과 등에 여러 곳에 있다.
3. **의심을 뒷받침하는 정서적 증거가 있는가?**
   소아가 무감각하고 부모를 똑바로 쳐다보지 않는다.
4. **학대가 발생했다고 믿는 다른 이유는 무엇인가?**
   각각 학대를 나타내지는 않지만 증거를 뒷받침할 수 있는 다른 실마리로는 경찰관이 "가정 불화"로 현장에 나타났으며 소아가 겨울에 내복만 입고 있는 것이다.
5. **이 사건에 있어 우선순위는 무엇인가?**
   이 경우 우선순위는 소아의 건강 및 아동이 질병을 앓고 있지 않은지 확인하는 것이다. 신중하게 환자처치 보고서에 결과를 기록한다.

## 제7장-장애인 환자

1. **왜 의사는 환자에게 감염병 위험이 높다고 말했는가?**
   환자가 받고 있는 치료(예, 항암화학요법)로 인해-림프절 절제를 포함한 유방절제술 포함-감염 질환에 걸릴 위험이 크다.
2. **이 환자가 암에 걸렸음을 암시하는 징후는 무엇인가?**
   최근에 유방절제술을 받았고 머리에는 스카프를 두르고 있으며 침대 옆에는 가발이 놓여져 있는 것을 깨달았을 것이다. 이는 항암 치료로 인해 머리가 빠졌다는 사실을 암시한다.
3. **응급구조사와 환자 모두 마스크를 착용해야 하는가? 이유를 설명한다.**
   모두 마스크를 착용하면 환자에게 더욱 안전하다. 환자를 위해 보조적인 여과를 제공하고 감염 질환으로부터 보호해 준다.
4. **이 환자에게 정맥 투여를 실시해야 하는가? 이유를 설명한다.**
   아마 이 환자에게는 말초정맥 투여는 필요하지 않다. 만약 필요하다면, 유방절제술을 받은 옆구리 쪽은 조심해야 한다. 유방절제술은 림프절을 제거하기 때문에, 환자는 외상을 입거나 팔에 압박을 받으면 림프부종이 발생할 위험이 있다.
5. **환자 보고서에 어떤 정보를 포함하여 응급관련 부서가 이 환자에 대해 준비를 할 수 있도록 하겠는가?**
   자신이 따르고 있는 보조 호흡 사전지침에 대한 정보를 추가해야 한다.

## 제8장-만성질환 환자를 위한 응급중재

1. **아파트 상황에서 무엇을 알 수 있는가?**
   어지럽고 지저분한 아파트는 환자가 혼자 생활하며 가족이나 친구의 도움을 거의 받지 않는다는 사실을 의미한다. 또한 가정건강관리가 충분하지 않다는 사실을 나타내기도 한다. 이 같은 사회적 요인을 고려하여 환자의 마음을 이해하며 더욱 측은지심을 가지고 소통한다.

2. **가정건강관리제공자와 즉시 면담하는 것은 왜 중요한가?**
   가정건강관리사는 보통 환자를 잘 알고 있으며, 환자에게 달라진 점은 무엇인지 말해줄 수 있다. 환자의 기본적인 정신 상태와 장애를 알지 못한다면, 환자를 정확히 평가할 수 없으며 평가 결과를 비교할 수 없다.
3. **요실금의 원인은 무엇이 있는가?**
   요실금의 원인으로 발작, 척수외상, 복부 외상, 약물 남용 등이 있을 수 있다.
4. **어떻게 이 환자에게 척수외상을 제외할 수 있는가?**
   할 수 없다. 이미 신경 결손이 있는 환자의 경우 결손의 정확한 성향을 알지 못한 상태에서 척수외상의 가능성을 제외할 수 없다.
5. **환자가 테그레톨과 글루코파지를 복용함에도 당뇨와 발작이 없었다고 주장하는 이유는 무엇이라고 생각하는가?**
   자신이 18세부터 남은 생을 휠체어에 앉아 보내야 한다고 생각한다면 환자들은 행복하지 않고, 외로움, 원망, 억울함을 느낄 수 있다. 또한 장애의 일부 양상을 부인해서 스스로를 위안하거나 인정을 받고자 할 수 있다. 이 같은 경우, 환자에게 당뇨나 발작과 관련한 합병증이 나타나지 않기 때문에, 응급구조팀은 더 이상 아무 말 하지 않은 것이다. 하지만 응급구조팀에게는 처치 전원에 있어 모든 의약품과 의심되는 점을 보고할 의무가 있다.
6. **환자가 복용하는 의약품에서 혈당 문제가 발생할 수 있다는 것을 알 수 있음에도 혈당 검사를 보류하는 것이 가능한 이유는 무엇인가?**
   환자는 자신의 증상에 민감한 것처럼 보인다. 환자에게 저혈당증 징후는 보이지 않기 때문에 검사를 하자고 주장하는 것보다 환자를 안정시키는 것이 더 나을 수 있다. 이 조치에 대해 확신이 들지 않는다면 물론 의료 지도를 구해야 한다.
7. **정맥 투여가 필요한 경우가 있었는가?**
   없었다. 환자는 쇼크의 징후도 보이지 않았으며 투약도 필요하지 않았다.
8. **환자는 산소를 투여 받았어야 했는가?**
   산소 투여가 해가 되지는 않았겠지만, 그럴 필요도 없었다. 환자는 숨이 차지 않아 보였으며, 고통도 없었고, 피부색도 양호했다(실내 공기에 충분한 산소가 있다).

## 제9장-구급차 활동

1. **응급구조사는 사이렌을 켠 채로 오른쪽 빈 차선으로 주행해야 하는가?**
   아니다. 응급구조사는 다른 차량을 추월하는 경우 항상 왼쪽 차선을 이용해야 한다. 일반적으로 차량 운전자는 구급차의 경광등 불빛을 보면 오른쪽 차선으로 비켜주는 것으로 알고 있기 때문에, 오른쪽 차선을 사용하는 경우 오히려 차선을 비워주려는 차량에 의해 구급차의 진로가 방해 받을 수 있다.
2. **응급구조사는 왼쪽 방향 동쪽 차선에 정차된 차량의 왼쪽으로 돌아서 반대편 차선으로 진입해야 하는가?**
   그렇다. 왼쪽으로 이동하는 것이 가장 안전한 추월 방법이다. 조심스럽게 반대편 차량으로 진입할 경우, 왼쪽의 이동 차량으로부터 주의를 끌면서 오른쪽 차선의 차량을 안전하게 피해 돌아갈 수 있다. 단, 방해물이 있을시 급정거를 하고 피해갈 수 있도록 속도를 충분히 줄여서 이동해야 한다.

3. **이렇게 위험한 교차로 상황을 어떻게 해결하는 것이 최선인가?**
최선의 방법은 경광등, 사이렌, 경적과 같은 모든 경고용 장비를 활용하는 것이다. 응급구조사가 탑승한 구급차에 비상 경적이 있다면 이를 켠 채로 교차로에 접근한다. 사이렌의 소리는 단순한 소리에서 높고 낮게 반복하는 소리 혹은 페이져 모드로 전환하는 것도 다른 차량의 주의를 끄는데 효과적이다. 왼쪽 차선에 진입할 때는 속도를 천천히 유지하여 구급차가 진입할 거라는 신호를 모든 차량이 알게 한다. 교차로 진입 시 안전한 속도로 이동한다. 차선을 전방위적으로 살피고 언제든지 급정거 할 수 있게 대비한다. 교차로에 들어서면 우선 정지한 뒤 모든 차량이 멈춘 것을 확인하고 교차로를 통과해 나간다.

## 제10장–항공의료 운영

1. **환자의 상태가 의료 헬리콥터를 반드시 필요하지는 않은 상황인 경우, 헬리콥터 이송을 여전히 선택할 것인가?**
환자 평가 결과에 따르면 의료 헬리콥터를 요청할 필요가 없다. 만약 환자에게서 쇼크나 패혈증이 나타난다면 의료 헬리콥터가 필요할 수 있지만 환자에게서는 증상 징후가 보이지 않기 때문에 응급 의료 헬리콥터 이송은 필수 선택 사항이 아니다.
2. **응급구조사는 환자를 의료 헬리콥터 이송하지 않기로 한 결정을 환자의 남편이나 최초 반응자에게 어떻게 설명할 것인가?**
응급구조사는 구조팀과 소방대원 혹은 환자의 가족으로부터 화를 자극하지 않도록 최대한 유연하게 대처해야 한다. 환자의 가족과 구조 대원에게 의료 헬리콥터 이송 관련 지침 사항과 또 다른 응급 상황을 대비해 여분의 의료 헬리콥터를 유지하는 것의 중요성을 설명한다. 응급구조사는 이송을 하는 동안 환자를 최대한 관리할 수 있는 능력과 의지가 있음을 효과적으로 설명해야 한다.
3. **제시된 상황에 대처하기 위해 응급구조사가 고려할 수 있는 방법에는 무엇이 있는가?**
필요한 경우, 응급구조사는 지도의사와 상의를 할 수도 있다. 상황을 진정시킬 필요가 있다면 지도의사는 환자의 가족과 직접 통화를 할 수도 있다. 또한 응급구조사는 현행 의료 지침에 따라 이송 중 통증을 완화시켜줄 진통제를 투여할 수도 있다.

## 제11장–다발성 사상자 사고와 사고 관리

1. **현장에 최초로 도착한 응급구조사와 동료가 사고 관리 체계에서 수행할 수 있는 두 가지 역할은 무엇인가?**
둘 중 한 사람이 사고 지휘자의 역할을 맡는 도중, 다른 한 사람은 현장 평가와 필요한 경우 외상 환자 분류를 한다.
2. **현장 평가는 어떻게 해야 하는가?**
응급구조사는 응급 의료 인력이 대기할 수 있는 안전한 장소를 확보하고 확인된 환자와 환자로 의심되는 사람의 수를 확인한다. 현재 현장으로 이동 중인 자원의 수와 추가 요청한 자원에 대해 파악한다. 무선 호출기를 통해 현재까지 파악한 내용을 간단히 보고한다.
3. **응급구조사가 추가로 요청해야 할 자원과 지시사항은 무엇인가?**
응급구조사는 추가로 필요할 구급차, 최초 반응자, 소방 인력을 판단한다. 추가 지원되는 구급차와 최초 반응자에게 대기 구역의 위치와 현장 도착시 지시 사항을 전달받을 연락처를 알려준다.
4. **응급구조사는 사고에 대응하기 위한 사고관리팀을 어떻게 구성할 것인가?**
이 시점에서 응급구조사는 사고 현장 지휘, 의료 작업, 소방 작업을 위한 각각의 총괄 지휘자가 필요함을 인지한다. 의료 작업의 경우, 응급구조사는 환자 분류, 치료, 이송을 담당하는 팀이 필요하다. 가용할 수 있는 자원에 따라 응급구조사는 의료 작업 담당 부분을 각각의 대응 인력에게 부여하거나 한 명의 인력이 여러 부분을 담당하게 할 수 있다. 또한 현장 안전 담당 인력과 공보 담당관이 필요하게 될 것이다.

5. **이러한 사고가 발생하는 경우, 응급구조사는 무선 통신기를 통해 어떻게 초기 보고를 해야 하는가?**
   응급구조사(Medic One)는 현장에서 사고 지휘를 한다. 현재 다층 건물인 모텔의 뒤편에서 연기가 퍼져 있고, 20명이 넘는 환자가 발생했음을 보고 받았다. 응급구조사는 8개의 응급 이송팀에 대한 지원 요청을 하고, 모든 응급 의료 인력을 지정된 장소에 대기시킨다.

## 제12장–구조 인지 및 작업

1. **현장 평가 시 응급구조사가 가장 시급하게 고려해야 하는 사항은 무엇인가?**
   안전성, 위험 요소, 환자의 수, 교통 통제 상황, 주변 행인, 추가적인 필요 자원이 있다.
2. **현재 상황은 왜 구조 작업으로 고려해야 하는가?**
   환자가 무의식 상태이고 구조의 안전성이 의심되는 차량이나 환경에 갇혀있기 때문이다.
3. **현 상황에서 지원 요청이 필요한 자원은 무엇인가?**
   경찰, 소방서, 응급 의료팀, (환자를 경사 위로 들어올리는 작업을 담당할) 구조팀이 있다.

## 제13장–유해 물질

1. **신속한 현장 조사를 기준으로 볼 때, 사고 현장에서 무슨 일이 일어난다고 볼 수 있는가?**
   유해 물질 경고판이 부착된 트랙터–트레일러로 부터는 알 수 없는 액체가 새어나오며 트럭 탑승자는 침을 흘리고 눈물과 땀을 흘리고 호흡장애를 보여서 유해 물질 누출이 있음을 의심한다.
2. **응급구조사의 초기 우선 순위는 무엇인가?**
   생명 안전, 사고 현장의 안정화, 재산 보존이다.
3. **사고에 관여된 문제의 물질을 어떻게 확인할 것인가?**
   유해 물질의 확인은 특정 독성을 설명하는 차량 경고판의 해석을 통해 수행할 수 있다. 북미 응급대응 지침서(NAERG)은 특정 화학물에 대한 상세한 정보를 제공한다. 차량에 부착된 독성 물질 경고판과 탑승자가 보이는 슬러지(SLUDGE) 증상을 미루어 볼 때, 문제의 물질은 유기인산염 살충제임을 의심해볼 수 있다. 의심되는 물질에 대한 확증을 위해 트럭 운전수로부터 발견된 운송장을 사용해야 한다. 응급구조사는 5장에서 제시된 하나 이상의 전산 데이터 뱅크 혹은 전화 핫라인을 통해 더 자세한 정보를 확인해 볼 수 있다.
4. **추가 요청이 필요한 자원은 무엇인가?**
   응급구조사는 유해 물질 제거반과 특별 방화팀에게 요청해야 한다. 추가 지원되는 구조 인력은 현장진입, 차량에서의 환자구출, 유해 물질 통제, 제독 처리를 위한 자원이 필요하다. 응급구조사는 또한 세 대의 구급차를 추가 요청해야 한다. 응급구조사의 구급차를 포함한 모든 구급차는 환자를 한 명씩 이송하고 유해 물질 제거반을 위해 사용될 것이다.
5. **발생한 사고가 단기적 사고인지 장기적 사고인지를 설명한다.**
   이것은 단기적 사고이다. 치명적 증상을 보이는 두 명의 환자가 스스로 사고 현장을 대피하면서 구급차로 이동했기 때문이다.
6. **응급구조사가 취해야 하는 우선 조치는 무엇인가?**
   응급구조사는 우선현장 안전을 확보하고, 추가적인 감염을 방지하기 위해 통제선을 설정하고, 추가

지원을 요청해야 한다. 소방대가 도착하면 개인 보호 장비를 착용하고, 구급차 근처에 있는 트럭의 두 탑승자에 대한 2단계 제독 절차를 실시할 수 있다.

## 제14장–범죄 현장 인지

1. **안전성의 측면에서 볼 때, 응급구조사는 상황을 어떻게 판단해야 하는가?**
   현재는 상당히 위험한 상황이다. "아들이 술을 마시면 제정신이 아니다"는 환자의 경고가 있었고 실제 환자의 아들은 취해있는 상태이기 때문에, 응급구조사는 즉각적인 대응 조치를 취해야 한다.
2. **응급구조사는 어떠한 선택을 할 수 있는가?**
   두 가지 선택 모두 후퇴 조치가 필요하다. 단지 환자와 함께 혹은 환자를 내버려둔 체 후퇴를 하는지의 문제이다. 이 경우, 응급구조사와 환자의 아들이 원하는 점은 같다. 응급구조사가 현장을 떠나는 것이다. 하지만 환자의 아들이 진정되지 않는 한, 지금과 같은 상황에서 응급구조사는 환자를 현장에 두고 떠날 수도 있다. 이런 결정은 전략적으로 법적으로 하자가 없지만, 환자를 방치했다는 혐의로부터 자유롭지 못할 것이라는 걱정이 있을 수도 있다. 물론 경찰이 현장에 도착할 때까지 시간을 단축할 수 있겠지만, 가장 중요한 것은 응급구조사의 안전이다. 또한 응급구조사는 현장에서 환자의 아들과 실랑이를 벌이는 것이 환자의 상태에 나쁘다는 것을 잘 안다. 내키지 않더라도 응급구조사는 경찰 인력이 현장의 안전을 확보할 때까지는 후퇴해야 한다.

## 제15장–교외 지역의 응급의료서비스

1. **구조 작업을 위해 필요한 기구나 지원은 무엇인가?**
   손상 기전과 사고 현장의 환경이 파악되고 나면, 추가 지원 인력을 요청해야 한다. 수역이 높은 절벽에 의해 둘러싸여 있고 원거리에 위치해 있기 때문에, 응급구조사는 의료용 헬리콥터가 필요한지 구급차가 필요한지를 판단해야 한다. 외상 센터로의 이송 시간, 환자에 대한 접근의 어려움, 손상 발생 이후 소요된 시간 등 모든 요소가 고려되어야 한다. 뒤늦게 자원이 필요했음을 후회하는 것보다는 혹시 필요할 지 모를 자원까지 요청하는 편이 더 현명하다.
2. **손상 기전을 볼 때, 어떠한 손상이 의심되는가?**
   환자는 물의 깊이를 모른 체 50m 절벽에서 뛰어내렸지만, 실제 물의 깊이는 너무 얕았다. 다이빙이 아니라 뛰어내렸다는 점에서 환자는 두부 및 흉부 손상이 아니라 (발굽골 골절, 요추 골절, 경추 손상과 같은) 하지 손상을 입었을 것으로 보인다. 응급구조사는 항상 최악을 가정하고 최선을 희망해야 한다.
3. **응급구조사는 어떠한 고정 조치를 취해야 하는가?**
   환자 고정술은 주로 외과적 처치를 시작한다. 하지만 구조대원이 채석장으로부터 대피할 준비를 하는 동안, 응급구조사는 현장에서 고정 조치를 취할 수도 있다. 글라스고 혼수 사정 척도가 8이하인 경우, 기도가 유지되어야 한다. 완전한 척추 고정 조치가 반드시 필요하다. 직접적인 외상과 압력 손상의 위험이 있기 때문에, 환자의 흉부 상태에 유의해야 한다. 현장에서 소요되는 시간이 지연될 수도 있기 때문에, 현행 의료 지침에 따라 수액 치료를 시작하고 골절 부위는 부목 조치를 한다. 환자가 척수 손상을 의심하게 하는 신경 결핍 증상을 보일 경우, 메틸프레드니솔론의 다량 투여를 고려한다. 환자의 체온 유지에 주의한다.
4. **도시나 근교 지역과 비교했을 때, 교외 지역에서 대응, 치료, 이송 시간을 지연시키는 요인이 무엇인가?**
   사고 현장, 손상 기전, 필요한 구조 자원, 외상 센터로의 거리, 많은 요소를 미루어 볼 때, 한 시간

이내에 수술실로 환자를 이송하는 것은 말할 것도 없고 외상 센터로도 이송하지 못할 것이다. 응급구조사는 구출 작업이 진행되는 동안 추가 치료를 제공해야 한다. 응급구조사는 최대한 할 수 있는 모든 치료를 제공해야 한다. 환자는 병원으로의 이송이 상당히 지연될 것이라는 사실을 인지한 체 이미 많은 위험을 감수한 상태이다. 환자는 이러한 위험성을 받아들여야 한다.

## 제16장–테러에 대한 대응

1. **사고 현장에서 응급구조사가 확인해야 할 특수 안전 고려 사항을 무엇인가?**
   깨진 유리, 구조 파괴, 연기 흡인, 전기로 인한 위해, 화재 위험 뿐만 아니라, 구조대원을 해하기 위해 의도적으로 설치된 2차 폭발물과 폭발에 수반되는 화학물 및 방사능물질 감염의 위험에 대해 유의해야 한다.
2. **손상 기전으로부터 가장 예상하기 쉬운 손상은 무엇인가?**
   특히 폐 손상을 우려하면서 귀, 창자, 부비동, 폐와 같은 속빈장기의 압력 손상을 의심한다. 폭발 파편물에 의한 관통상이나 폭발 압력으로 밀려난 환자에게 발생한 2차 손상을 미리 예측한다. 환자는 연기 흡입으로 인해 사고에 대한 정서적 스트레스를 느낄 수 있다.
3. **사고 현장인 유대교 회당에 진입해야 하는가?**
   아니다, 사고 현장에서 연기가 나기 때문에 소방대원이 도착할 때까지 기다리고 혹시 있을지 모를 2차 폭발물에 대한 주의를 준다. 바람을 안은 방향에서 환자를 치료하고 사고 현장에서 안전거리를 유지한다.

# 복습 문제 답안

### 제1장 부인과 응급

1. b
2. c
3. c
4. b
5. c
6. c
7. c
8. d

### 제2장 산과 응급

1. b
2. d
3. b
4. c
5. d
6. c
7. a
8. a
9. b
10. b
11. d
12. c
13. d
14. a
15. a

### 제3장 신생아 응급

1. a
2. b
3. a
4. d
5. d
6. d
7. b
8. c
9. c
10. d
11. d
12. c

### 제4장 소아 응급

1. b
2. c
3. b
4. d
5. b
6. b
7. a
8. b
9. a
10. d
11. b
12. d
13. b
14. d
15. c
16. c
17. c
18. b
19. b
20. c
21. a
22. d

### 제5장 노인 응급

1. a
2. a
3. b
4. b
5. d
6. d
7. c
8. c
9. b
10. b

### 제6장 학대, 방임, 폭행

1. c
2. b
3. a
4. a
5. a
6. b
7. d
8. b
9. d
10. b

### 제7장 장애인 환자

1. c
2. b
3. d
4. b
5. d
6. a
7. d
8. d

### 제8장 만성질환 환자를 위한 응급 중재

1. b
2. c
3. b
4. d
5. b
6. c
7. a

8. b
9. b
10. a

### 제9장 구급차 활동

1. c
2. b
3. c
4. d
5. c
6. a
7. a
8. b
9. c

### 제10장 항공의료 운영

1. a
2. d
3. a
4. c
5. d
6. b
7. a
8. b
9. b
10. c
11. b
12. d
13. d
14. a
15. a

### 제11장 다발성 사상자 사고와 사고 관리

1. b
2. b
3. d
4. c
5. b
6. b
7. a
8. a
9. c
10. a

### 제12장 구조 인지 및 작업

1. d
2. c
3. a
4. c
5. b
6. a
7. d
8. a
9. c
10. c

### 제13장 유해 물질

1. c
2. b
3. d
4. b
5. c
6. d
7. a
8. a
9. b
10. c

### 제14장 범죄 현장 인지

1. c
2. b
3. d
4. b
5. c
6. c
7. c
8. b

### 제15장 교외 지역의 응급의료서비스

1. b
2. c
3. d
4. d
5. b
6. d

### 제16장 테러에 대한 대응

1. a
2. d
3. a
4. c
5. d
6. d
7. b
8. a
9. a
10. d

# 핵심용어

**abortion 낙태** 재태 기간 20주 이전의 임신 중절. 이 용어는 유산 및 인공유산 모두를 뜻한다. 일반적으로, 낙태는 선택적 임신 중절 및 자연적인 태아 사망으로 인한 유산을 말한다. 때때로 유산은 "자연유산"이라고 불린다.

**acetylcholinesterase(AChE) 아세틸콜린에스테라제** 신경 전달 물질인 아세틸콜린을 분해하여 아세틸콜린의 작용을 억제시키는 효소

**acrocyanosis 말단청색증** 사지의 청색증

**active rescue zone 능동적 구조 구역** 특수 구조팀이 임무를 수행하는 구역으로 핫 존(hot zone)이나 내부 구역이라고 한다.

**acute effects 급성 효과** 유해 물질에 감염될 경우 짧은 기간에 빠르게 나타나는 증상 및 징후

**acute respiratory distress syndrome(ARDS) 급성호흡곤란증후군(ARDS)** 진행성 저산소증으로 나타나는 호흡부전. 심각한 염증성 손상이 원인

**ADAMS 아담스, 항공 의료 서비스 지도 및 데이터 베이스** 교통손상 연구센터와 항공의료서비스

**advance directive 사전의향지침서** 살아있고, 능력이 있으며, 건강관리 정보에 기반한 결정을 내릴 수 있을 때 준비된 법적 문서. 사전 의료지시서는 해당 사람이 더 이상 결정을 내릴 수 없을 경우 치료에 대한 지침을 제공한다.

**afterbirth 후산** 출산 후 자궁으로부터 배출되는 태반과 태막

**ageism 노인차별** 노인에 대한 차별

**air bags 에어백** 팽창 시 최대 20톤까지 들어 올릴 수 있는 팽창성 고압력공기 베개

**air-purifying respirator(APR) 공기정화 호흡용 보호구** 일반적인 환경에서 여과 필터를 통해 일부 화학물질을 걸러내는 호흡용 보호장비

**Alzheimer's disease 알츠하이머병** 뇌손상을 받아 기억력, 사고, 행동이 감퇴되는 진행성, 퇴행성질환. 미국에 약 4백만 명의 환자가 있다.

**amniotic fluid 양수** 태아를 감싸며 보호하는 맑은 액체

**amniotic sac 양막낭** 태아가 자궁 내에서 발달하는 기간 중 태아를 감싸며 보호하는 막

**aneurysm 동맥류** 동맥벽의 선천적 결손 또는 약화로 인한 혈관(주로 동맥)의 비정상적 확장

**ankylosing spondylitis 강직척추염** 주로 척추에 영향을 미치는 염증성 관절염

**anorexia nervosa 신경성식욕부진** 과도한 단식으로 인한 섭식 장애

**anoxic hypoxemia 무산소성 저산소혈증** 폐의 산소화 기전 장애로 인한 산소 결핍

**antepartum 산전** 출산 시작 전

**aortic dissection 대동맥박리** 대동맥벽의 퇴행

**aortocaval compression 대동정맥압박** 바로 누운 임산부의 커진 자궁에 의해 대동맥과 대정맥이 압박받음.

**APGAR score 아프가 점수** 신생아의 상태를 평가하는 점수법. 신생아의 심박수, 호흡률, 근긴장도, 반응 민감성, 피부색을 평가한다.

**aphasia 실어증** 뇌 이상으로 인해 말, 글, 몸짓으로 의사소통하는 능력을 상실한 것. 뇌졸중이나 머리외상으로 인해 뇌손상을 입고 말하거나 읽을 수 없게 된다. 감각실어증의 경우, 환자는 말을 알아듣지 못한다. 운동실어증의 경우, 말을 알아들을 수는 있지만 말하지 못한다. 완전실어증의 경우, 감각실어증과 운동실어증 모두 가지고 있다.

**ARDS** 급성호흡곤란증후군

**assisted living 노인원호생활시설** 노인 및 장애 환자에게 양로, 가사, 식사를 제공하는 시설

**asthma 천식** 쌕쌕거림(천명)을 수반한 호흡장애가 계속해서 나타나는 증상. 알레르기 유발 물질이나 동맥벽에 쌓인 점액에 대한 반응으로 기관지가 경련성 수축을 하는 것이 원인이다.

**autonomic dysfunction 자율신경 실조증** 신경계의

불수의적인 이상

**bacterial tracheitis 세균성기관염** 성문하 영역의 기도에 발생하는 세균성 기관염; 아동의 경우 크룹이 여러 번 발생한 후에 나타난다.

**bend fractures 굴곡골절** 뼈가 분명히 부러지지 않고 축전위 및 기형이 나타나는 골절

**bias-motivated crime 편견으로 인한 범죄** 편견에 근거한 증오 범죄

**biological agents 생물학적 작용제** 질병이나 사망을 유발시키기 위해 의도적으로 퍼뜨려진 생물체 혹은 문제의 생물체에 의해 생성된 독성 물질

**biotoxins 생물 독소** 생물체에 의해 생성된 독성 물질이지만 자생 능력은 없다.

**biotransformation 생체 전환** 체내의 화학 물질이 대사되어 다른 물질로 바뀌는 현상. 유해 물질의 경우, 신체가 최대한 유해 물질을 적게 생성시키려 시도한다.

**BiPAP** 이중기도양압

**birth injury 분만손상** 신생아의 진통 및 분만 중 발생하는, 막을 수 있거나 불가피한 기계적인 무산소성 외상

**blood spatter evidence 혈흔 증거** 범죄 현장에 혈액이 떨어지거나 뿌려진 모습

**body armor 방탄 조끼** 강력한 섬유로 탄탄하게 구성된 조끼로 소총 탄환, 흉기, 둔기에 대해 뛰어난 보호 효과를 보인다.

**brain ischemia 뇌허혈** 산소 및 영양소의 불충분한 공급으로 발생하는 뇌조직 손상

**branches 분점** 기본적인 역할과 지리적 위치를 기반으로 한 사고 관리 체계 내부의 기능적 순위

**bronchiectasis 기관지확장증** 폐 하부의 이차 감염이 동반되는 기관지의 만성 확장

**bronchiolitis 모세기관지염** 생후 1년 동안 가장 흔히 나타나는 중간 크기 정도 기도의 바이러스성 감염.

**buckle fractures 융기골절** 골절부위가 상승 또는 팽륜이 나타나는 골절

**CAMEO®** 데이터 기반의 응급 사고 관리 체계의 약칭인 CAMEO®는 환경보호청과 미 국립해양대기청 의해 제작된 웹사이트로 유해 물질 관련 정보, 대응 기술, 관련 링크를 제공한다.

**cardiogenic shock 심장성 쇼크** 심장이 신체의 대사 요구량을 충족시키지 못하는 것으로, 불충분한 조직 관류로 이어진다.

**cataracts 백내장** 수정체가 혼탁해지는 질환

**CBRNE** 화학, 생물학, 방사능, 핵 및 폭발물의 약칭인 CBRNE는 테러 행위가 기승을 부리면서 만들어진 용어로 다섯 가지의 유해 물질 중 하나의 유형이라도 발생하는 상황을 의미한다.

**cellulitis 연조직염, 봉와직염** 세포 조직이나 결합 조직의 염증

**central IV line 중심정맥선인** 장기 수액 요법을 실시하기 위해 상대정맥에 삽입하는 정맥 라인

**C-FLOP** 재정 및 행정, 물류, 작업, 계획의 약칭으로 사고 관리 체계의 주요 분야를 쉽게 암기하게 해준다.

**chain of evidence 증거의 사슬** 법적으로 증거품을 수집하고, 증거 인멸이나 부당 변경을 방지하기 위해 항상 소재를 기록하는 것.

**CHEMTEL 화학물질 비상상담센터** 케미컬텔레콤 주식회사의 24시간 무료전화 연결서비스는 800-255-3024(수신자 부담)이고, 타 지역에서의 통화 연결서비스는 813-979-0626을 통해 제공된다.

**CHEMTREC 긴급화학물질 운송대응센터** 24시간 무료연결서비스, 800-424-9300, 수신자 부담 또는 타 지역 연결시 703-527-3887.

**child abuse 아동학대** 유아기에서 18세까지의 사람에 대한 신체적 또는 정신적 폭력 또는 방임

**choanal atresia 후비공폐쇄** 뼈 또는 막으로 코와 인두 사이의 공간이 선천적으로 폐쇄되어 있는 것

**cleft lip 입술갈림(증), 구순열** 선천적으로 윗입술이 수직으로 갈라져 있는 것.

**cleft palate 입천장갈림증, 구개열** 입천장의 선천적 갈라짐, 구강과 비강 사이에 통로를 만든다.

**closed incident 폐쇄형 사고** 사고 현장 외부에서 추가 환자가 발생할 가능성이 희박한 사고로 차단형 사고로도 불린다.

**cold zone 콜드 존** 유해 물질 사고 현장 중 웜 존의 외부에 위치한 구역으로 구조 및 구급 작업이 진행된다. 그린 존이나 안전 지대라고도 불린다.

**colostomy 잘록창자창냄술, 결장창냄술** 수술을 통해 피부의 구멍에 대장을 연결하고, 구멍에 부착된 주머니에 대변이 쌓이며 일시적이거나 영구적이다.

**command 지휘자** 최종 의사 결정을 내리는 총괄자 혹은 총괄팀으로 사고 현장의 모든 활동을 조율한다. 현장 지휘 담당관이라고 한다.

**command staff 지휘 인력** 사고 현장 지휘자에게 주기적인 진행 보고를 하는 인력으로 공보, 안전, 외부 연락을 담당한다. 현장 관리 인력으로도 불린다.

**comorbidity 동반질병, 동반이환** 동시에 하나 이상의 질병을 가지고 있는 것

**compartment syndrome 구획증후군** 신체의 순환이 차단될 때 발생하는 증상으로 혈액에 쌓이게 되는 독소가 순환 회복으로 인해 신체를 돌면서 쇼크를 유발할 수 있다.

**concealment 은폐** 자신의 신체를 상대방의 시야로부터 가려줄 물체 뒤에 숨는 조치. 하지만 탄환과 같은 발사체에 대해서는 거의 보호받지 못한다.

**conductive deafness 전도성 난청** 전도성 난청은 외이에서 중이 또는 내이로 음파가 전달되지 않는 증상

**congenital 선천성** 태어날 때부터 존재함

**congregate care 공동생활보호시설** 노인 환자가 거주하나 소유하고 있지 않은 개별 아파트 또는 방에서 개별 서비스를 받는 주거 환경

**consensus standards 합의 표준** 미국 방화 협회나 유관 기관에 의해 개발된 것과 같이 모두가 합의한 지침 사항

**CONTOMS** 전략적 마약 퇴치 작전 프로그램. 기동 응급구조사와 특수기동대 지원 의료인력에 대한 훈련과 인증을 다룬다.

**cor pulmonale 폐심장증** 폐고혈압에 이어서 나타나는 울혈성심부전

**cover 엄폐** 탄환이 관통하지 못하는 견고한 물체 뒤편에 몸을 숨기는 행위

**CPAP 지속적 기도양압**

**cribbing 크리블링** 무거운 장비를 받치기 위해 사용되는 나무 판.

**croup 크룹, 상기도막힘(증)** 후두기관 기관지염; 어린 아동에게 많이 발생하는 상기도 바이러스 감염 질환. 성문하 조직에 부종을 야기하며, 개 짖는 기침소리와 흡기성 천명이 있다.

**crowning 머리출현, 배림** 자궁 수축 시 밀려 나온 아두가 노출된 상태; 곧 출산한다는 징후이다.

**crush points 압궤점, 으깸점** 2개 이상의 물체가 서로 다가오면서 충격이 가해지면 부속기관이 압궤되는 손상 기전

**cystitis 방광염** 방광의 감염 질환

**cytochrome oxidase 시토크롬 산화 효소** 세포 내 미토콘드리아에서 발견되는 효소 복합물로 산소가 모든 근육 에너지에 필요한 아데노신 3인산을 생성하게 한다.

**deafness 난청** 들을 수 없게 되는 질환

**delayed effects 지연 효과** 유해 물질에 감염된 후 수 시간, 수 일, 수 주, 수 개월, 수 년이 지난 뒤 발생하는 증상 및 징후

**delayed cord clamping(DCC) 탯줄 결찰 지연** 심실내 출혈 가능성을 최소화하기 위해 즉각적인 소생술이 필요하지 않은 신생아에서 제대 결찰을 지연시킴.

**delirium 섬망** 갑작스럽게 나타나는 가역성 정신 상태 변화

**dementia 치매** 구조적 신경 질환과 관련된 정신 퇴행. 많은 경우 점진적이며 비가역적이다.

**demobilized 해산** 구조 인력, 장비, 차량이 더 이상 필요 없는 경우 사고현장 밖으로 나와 다른 응급신고에 대응할 수 있도록 하는 것

**demographic 인구 통계학적** 인구의 구성 및 변화와 관련

**demyelination 말이집탈락, 탈수초** 길랭-바레 증후군에서 나타나는 신경 조직 수초의 파괴나 탈락

**Department of Homeland Security(DHS) 미국국토안보부(DHS)** 미 정부의 내각 부처로 2001년 9/11 테러 이후 개설되었다. 국토안보부는 테러 공격으로부터 미국 본토를 보호하고, 대테러 작전, 인재 사고, 자연 재해에 대한 대응을 관리 감독한다.

**deployment 배치 작업** 사고 대응을 단축시키기 위해 응급의료기관이 구급차와 구급인력을 운용하는 전략

**diabetic ketoacidosis 당뇨병케톤산증** 인슐린 분비 또는 주입 감소로 인한 당뇨 합병증; 높은 혈당 수치, 대사성 산증이 나타나며, 진행이 되면 당뇨병성 혼수가 나타난다.

**diabetic retinopathy 당뇨병망막증** 당뇨로 인한 손상으로 서서히 시력이 감소됨

**diaphragmatic hernia 가로막탈장, 횡격막탈장** 가로막의 개구부를 통해 흉강 속으로 복부내장이 돌출

**dirty bomb 더티밤** 넓은 범위에 걸쳐 방사능 물질을 퍼트리는 재래식 폭발물

**disaster management 재난 관리** 막대한 환자가 발생하고 기간 시설의 일부가 파괴되는 반면 사고 대

응을 위한 자원이 턱없이 모자라는 재난 사고에 대한 관리

**disentanglement 장애물 제거** 갇혀 있던 환자를 밖으로 꺼내어 치료, 결착, 이송을 가능하게 하는 절차

**distributive shock 분포성 쇼크** 말초혈관저항 감소가 나타나며, 그 결과 저혈압이 발생한다. 패혈성 쇼크, 신경성 쇼크, 과민성 쇼크가 있다.

**domestic elder abuse 가정내 노인학대** 노인 환자가 가정환경에서 요양할 때 받는 신체적 또는 정신적 폭력 또는 방임

**domestic incidents 국내 사고** 국가 안에서 발생한 다발성 사고나 재난

**dosimeter 방사선량계** 노출된 방사능의 체내 축적량을 측정하는 도구

**DOT KKK 1822E 사양(specs)** 미 연방 조달청 산하 차량 공산품 센터에 의해 개발되는 제조 및 디자인 사양

**ductus arteriosus 동맥관** 태아의 폐동맥과 대동맥을 연결하는 통로

**due regard 주의 의무** 구급차 운전사에게 안전에 대한 엄격한 기준을 적용하는 의무사항으로 대부분의 주정부 차량법에서 사용되는 법률 용어

**dysmenorrhea 월경통** 월경 통증

**dyspareunia 성교통** 성교 중 통증

**dysphagia 삼킴곤란, 연하곤란** 삼키지 못하거나 삼키기가 어려운 상태

**dysphoria 불쾌감** 우울함이 과도해지거나 전반적인 불만, 불안, 불편함, 행복하지 않은 기분이 계속해서 나타나는 것.

**dysuria 배뇨통** 방광염을 동반한 배뇨 시 통증

**ectopic pregnancy 자궁 외 임신** 자궁 외, 주로 나팔관에 발달 중인 태아가 착상된 것

**eddies 회오리 물살** 특히 커다란 물체 주변을 돌며 일시적으로 장애물 아랫부분에서 상류 방향으로 휘몰아치는 급류

**effacement 자궁목소실** 진통 시 자궁경부가 얇아지고 짧아지는 것

**elderly 노인** 65세 이상의 사람

**Emergency Medical Services for Children(EMSC) 아동 응급의료서비스(EMSC)** 치명적 질병 및 부상을 겪고 있는 소아 환자의 건강을 보호하기 위해 주 단위에서 자금을 지원하는 프로그램

**emergency operations center(EOC) 응급 관리 센터(EOC)** 응급 사고나 재난 발생 시 관련 공무원이 사고 지휘 및 통제를 수행하는 장소

**emesis 구토** 구토물

**EMS communications officer 응급 의료 체계 통신 담당관** 다발성 사고 발생 시 환자의 이송 여부를 도착지인 병원에 미리 알리는 통신 담당관으로 교통 담당관에게 보고를 한다. EMS COM이나 MED COM으로 줄여 부른다.

**EMT-Tacticals(EMT-Ts) 특수기동응급구조사(EMT-Ts)** 기술적인 응급 의료 기관이나 법 집행 기관과 함께 임무를 수행하는 응급의료인력

**endometriosis 자궁내막증** 자궁 내막 조직이 자궁 외에서 자라는 증상

**endometritis 자궁내막염** 자궁내막의 감염

**endometrium 자궁내막** 수정란이 착상되는 자궁벽의 내막

**enucleation 안구적출(술)** 외상이나 질병 후 안구를 제거하는 수술

**epiglottitis 후두개염** 후두개의 세균성 질환으로, 보통 4세 이상 아동에게 많이 발생하는 심각한 응급질환

**epistaxis 코피** 비출혈

**erythema 홍반** 표면 모세 혈관의 확대로 인해 피부가 붉어지는 증상

**essential equipment 필수 장비** 모든 구급차에 비치되어야 하는 장비 또는 비품

**estimated date of confinement(EDC) 분만예정일(EDC)** 아기가 태어날 예상 일자. 보통 모체의 최종월경일(LMP)로부터 40주 후.

**exocrine 외분비** 외분비샘과 관련된 질환

**explosives 폭발물** 불이 붙을 경우 막대한 양의 열이 방출되면서 파괴적인 충격파와 폭발바람을 발생시키는 화학 물질

**extrauterine 자궁 외** 자궁 바깥

**extrication 구출** 갇혀 있던 환자를 밖으로 꺼내는 작업. 갇혀있는 환자를 구출하여 치료 구역으로 이송하는 구조팀의 역할을 의미하기도 한다.

**facilities unit 시설담당팀** 재활 조치와 지휘 통제를 위한 구역을 선정 및 유지하는 작업을 수행한다.

**fallout 낙진** 핵폭발 진앙지로부터 멀리 떨어진 사람에게까지 치명적일 수 있는 방사능 먼지나 입자

**fasciculations 섬유속연축** 근섬유의 비수의적 수축

이나 경련

**febrile seizures 열성발작** 갑작스러운 체온 상승으로 발생하는 경련. 생후 6개월에서 6살 사이의 아동에게 가장 흔히 발생한다.

**fibrosis 섬유증** 장기에 섬유 같은 결합 조직(반흔 조직이라고도 불린다)이 형성되는 것

**finance/administration section 재정 및 행정 분야** 인력, 시간, 자원 및 조달품의 비용에 대한 기록을 유지하는 부서로 사고 지휘자에게 직접 보고를 한다.

**fixed-wing aircraft 고정익 항공기** 고정된 날개를 통해 이륙하는 항공기

**foreign body airway obstruction(FBAO) 이물기도폐쇄(FBAO)** 호흡을 저하시키는 물질이 기도에 막히거나 폐쇄를 일으키는 것; 소아 환자의 경우, 혀, 과도한 분비물, 유치로 인해 폐쇄가 발생할 수 있다.

**functional impairment 기능 손상** 독립적인 기준으로 일일 요구량을 충족시키는 능력의 감소

**gangrene 괴저** 조직이나 뼈의 사멸; 주로 혈액 공급이 충분하지 않아 발생.

**Geiger counter 가이거 계수기** 특정 물체나 구역의 방사선을 탐지 및 측정하는 도구

**geriatric abuse 노인 학대** 노인이 신체적, 심리적으로 다른 사람에게 상해를 입는 증후군

**geriatrics 노인병학** 고령자의 질병과 치료 방법을 연구하는 학문

**gerontology 노년학** 노화의 영향 및 노인성 질환이 인간에게 미치는 영향을 연구하는 학문

**glaucoma 녹내장** 시신경에 대한 안압 증가로 인해 발생하는 안과 질환군; 치료하지 않으면 시력을 상실한다.

**glomerulonephritis 토리콩팥염, 사구체신염** 콩팥염의 일종, 또는 콩팥의 염증 질환; 네프론 신소체에서 나온 모세혈관망인 토리와 관련 있다.

**glottic function 성문 기능** 성문 공간을 열고 닫음

**gold standard 황금 표준** 최고의 근본적인 표준

**greenstick fractures 생나무골절, 약목골절** 뼈가 불완전하게 부러지는 골절

**growth plate 성장판** 장골의 골두 바로 아래 뼈 성장이 이루어지는 곳; 뼈끝판

**Guillain-Barré syndrome 길랑-바레 증후군** 자기항체 생성을 유발하는 급성 바이러스성 감염으로, 말초 신경을 감싸고 있는 수초에 손상이 일어난다. 근력 약화에서 전신 마비에 이르기까지 급격하고 점진적인 운동 기능 상실을 야기한다.

**gynecology 부인과** 여성, 주로 생식 기관의 건강 유지와 질병을 다루는 학문

**hate crimes 증오 범죄** 인종, 피부색, 국적, 장애, 성적 지향성에 대한 사실 혹은 추정만으로 한 개인에게 가해지는 범죄

**hazardous materials(hazmat) 위험 물질** 노출 시 건강상의 위해가 유발되는 물질

**heat escape lessening position(HELP) 열손실 완화 자세** 존 헤이워드 박사에 의해 개발된 열손실 완화 자세는 물에 잠겨 머리 부분만 나와 있는 트럭이나 태아와 유사한 자세로 열손실을 최대 60%까지 감소시킨다.

**heatstroke 열사병** 체온 조절 장애로 인한 치명적 증상; 노인 환자는 극심한 열과, 심한 경우 섬망 또는 혼수상태를 초래하기도 한다.

**hemoptysis 객혈** 구강, 후두, 기관, 기관지, 폐에서 피가 나오는 것; 갑작스러운 기침으로 거품이 있는 선홍색 피가 짭짤한 객담과 함께 나타난다.

**hepatomegaly 간비대** 간이 커지는 것

**herniation 탈출, 탈장** 보통 복강 안에 있던 장기가 복강 벽 밖으로 탈출하거나 돌출되는 것

**herpes zoster 대상포진** 뒤뿌리신경절(후근신경절)에 잠복해 있던 수두 바이러스가 재활성화되어 나타나는 급성 발진

**hiatal hernia 틈새탈장, 식도열공탈장** 가로막의 식도열공을 통해 세로칸 공간으로 위가 돌출하는 것

**hospice 호스피스** 불치병 환자와 그 가족의 신체적, 사회적, 경제적, 정신적 요구를 다루는 완화적 또는 안정적 치료 프로그램

**hot zone 핫 존** 실제 위험 물질이 존재하고, 위험물질 사고 현장에서 오염 수준이 가장 높은 구역으로 배타적 구역이나 레드 존(red zone)이라고도 불린다.

**human trafficking 인신매매** 사람을 사고 파는 행위; 강제노동 또는 성착취를 목적으로 하는 불법적 행동

**hyperbilirubinemia 고빌리루빈혈증** 혈액 내 과도한 빌리루빈(담즙을 구성하는 오렌지색 색소체) 수치. 신생아에게 이 증상은 황달로 나타난다. 원인은 모체의 Rh 또는 ABO 부적합증, 신생아 패혈증, 호

흡곤란, 저혈당, 선천적 간 또는 위장 결손이 있다.

**hyperglycemia 고혈당(증)** 혈액 내 당 수치가 비정상적으로 높은 상태.

**hypertrophy 비대** 장기의 크기 및 부피 상승; 종양보다는 성장으로 인해 나타남.

**hypochondriasis 건강염려증** 실제 건강 상태와는 달리, 일부 질환을 앓을 지도 모른다는 잘못된 믿음으로 건강에 대해 비정상적으로 걱정하는 것; hypochondria로 알려져 있다.

**hypoglycemia 저혈당(증)** 혈액 내 당 수치가 비정상적으로 낮은 상태.

**hypovolemic shock 저혈량쇼크** 체내 혈관 내액 감소; 체강으로 실혈을 야기하는 외상이나 외부 출혈에 의해 발생한다. 아동의 경우 구토나 설사로 나타날 수 있다.

**immune senescence 면역성 노화** 병원체에 의한 공격에 대해 면역 반응의 활력이 감소됨.

**incendiary agents 발화성 물질** 폭발물의 하위 유형으로 폭발력은 비교적 떨어지지만 열과 화상의 위험이 크다.

**incident command post(ICP) 사고 지휘 본부(ICP)** 다양한 기관에서 온 사고 지휘자가 집결하고 현장 관리 인력을 선정하는 장소

**Incident Command System(ICS) 사고 지휘 체계(ICS)** 응급 대응 자원의 통제, 지휘, 조율을 위한 사고 관리 프로그램으로 사고 관리 체계로도 불린다.

**incident commander(IC) 사고 지휘자(IC)** 다발성 손상이 발생한 사고 현장을 총괄 지휘하는 담당관.

**Incident Management System(IMS)** See Incident Command System 사고지휘체계 참조

**incontinence 실금** 괄약근 조절력 감소나 뇌병변, 척추병변으로 인해 소변이나 대변을 보유할 수 없는 증상

**information officer(IO) 정보 담당관(IO)** 사고 관련 데이터를 수집하고 언론에 배포하는 작업을 담당하는 인력

**institutional elder abuse 시설내 노인학대** 임금을 받고 노인을 돌보는 사람이 노인에게 행하는 신체적 또는 정서적 폭력 또는 방임

**instrument flight rules(IFR) 계기 비행 규칙(IFR)** 계기 비행 조건 속에서의 항공기 운행을 허용하는 규제.

**intermittent mandatory ventilation(IMV) 간헐필수환기(IMV)** 자발 호흡이 기계에 의한 호흡 보조로 이어지지 않는 호흡 환경

**intracerebral hemorrhage 뇌내 출혈** 뇌내의 직접적인 출혈

**intractable 난치** 치유, 경감, 조절이 되지 않음

**intrapartum 분만시** 출산 중

**isolette 미숙아보육기(아이솔렛) 또는 인큐베이터** 인큐베이터로도 알려져 있다; 투명한 플라스틱으로 둘러 쌓인 아기 침대로 미숙아를 따뜻하게 유지한다. 아이솔렛 온도는 실내 온도에 관계 없이 조정할 수 있다. 일부 아이솔렛은 습기 조절이 가능하다.

**kyphosis 척주뒤굽음, 척주후만** 척추의 후면 만곡이 과도하게 나타난 증상

**labor 분만, 출산** 출산 중에 나타나는 시간과 과정; 아기, 태반, 양막낭이 산도를 통해 배출되는 생리적 · 기계적 과정

**labyrinthitis 미로염, 내이염** 어지러움, 메스꺼움의 원인인 내이의 감염, 불안정한 걸음을 초래함.

**liaison officer(LO) 연락 담당관(LO)** 현장에서 외부 기관과 협업하는 사고 대응 작업을 조율하는 인력

**life-care community 의료서비스공동체** 간호 등 다양한 서비스와 자립적 생활이 가능한 아파트/가정을 제공하는 공동체. 보통 노인은 자택을 소유한다.

**local effects 국소적 영향** 사고 현장 주변 지역과 관련된 환경적 영향.

**lochia 산후질분비물** 분만 후 나타나는 질 분비물로, 혈액, 점액, 태반조직이 섞여 있다.

**lock-out/tag-out 락아웃(잠금)/표지 부착** 기계의 전원을 해제하고 전원 해제의 사유가 적힌 경고 표지를 부착함으로 기기의 전원이 다시 켜지는 사고를 미연에 방지하는 방법이다.

**logistics section 물류 부서** 모든 의료 자원의 조달 및 배급을 조율하는 사고 현장 관리 부서

**maceration 짓무름, 물렁화, 침연** 액체에 담가서 고체를 부드럽게 하는 과정

**manual lateral uterine displacement(LUD) 맨손가쪽 자궁전위** 자궁을 위로 올려 왼쪽으로 돌려서 산모의 혈관으로부터 혈액을 빼냄

**Marfan syndrome 마르판증후군** 결합 조직, 뼈, 근육, 인대, 골격 구조의 유전적 질환이며, 비정상적이고 불안정한 걸음, 긴 사지와 키가 크고 기울어진 체형, 평발, 구부정한 어깨가 특징이다. 대동맥은 보통

확장되어, 동맥류가 발생할 만큼 약화될 수 있다.

**Mark I kit 마크 I 키트** 신경독성가스 노출 시 군사 인력에 의해 사용되는 자동 해독제로 아트로핀과 염화프랄리독심이 투여된다.

**meconium 태변** 만숙아의 장에서 발견되는 어두운 녹색 물체. 태아가사로 인해 장에서 태변으로 배출될 수 있다.

**medical supply unit 의료공급팀** 다발성 사고 현장에서 의료 장비 및 비품의 조달 및 배급을 조율하는 팀

**melena 흑색변** 소화된 피가 섞여 나오는 어둡고 타르 같은 대변

**menarche 초경** 월경의 시작. 주로 10~14세 사이에 시작된다.

**Menière's disease 메니에르병, 알러지성미로수증** 어지러움, 신경성 난청, 귓속에 울리거나 윙윙거리는 소리가 나타나는 내이 질환

**meningomyelocele 수막척수탈출증, 수막척수류** 척주의 결손부를 통해 척수 및 수막이 밖으로 나오는 증상.

**menopause 폐경** 에스트로겐 분비 감소로 인한 월경 및 난소 기능의 종료

**menorrhagia 월경과다** 월경량이 과도함.

**menstruation 월경** 수정란이 착상되지 않아 자궁내막이 탈락하는 것. 주기적인 호르몬 분비로 조절된다. 생리라고도 부름.

**mesenteric ischemia or infarct 창자간막 허혈 또는 경색** 소장을 둘러싼 복막주름(창자간막)의 조직 괴사; 치명적인 질환이다.

**minimum standards 최소 기준** 허용되는 최소한의 기준

**miosis 축동** 동공의 비정상적인 수축

**miscarriage 유산** 재태 기간 20주 이내에 종결되는 임신. 자연유산이라고도 한다.

**mittelschmerz 배란통** 배란으로 인한 복부 통증

**morgue 시체 안치소** 사고 현장의 사망자 시신이 안치되는 장소

**morgue officer 시체 안치소 담당관** 시체 안치소를 감독하는 담당관으로 환자 분류 담당관이나 치료 담당관에게 보고를 할 수도 있다.

**mucoviscidosis 점액점착증** 낭포성 섬유증, 점액점착증이라고 불리는 이유는 이 증상과 동반하여 점액성 분비물이 비정상적으로 분비되기 때문이다.

**multiple-casualty incident(MCI) 다발성사상자 사고(MCI)** 다수의 환자가 발생하고 상황의 특수성으로 인해 응급 의료 대응이 지연되는 사고, 또한 많은 사상자가 발생한다고 알려져 있다.

**mutual aid agreements 상호협력 조약** 부서 간 자원 공유 협약이나 계획

**mutual aid coordination center(MACC) 상호협력 조율 센터(MACC)** 현지 공공 안전 당국의 외주 자원에 대한 활용 및 조정을 감독하는 국가 사고 관리 체계의 산하 기관

**myasthenia gravis 중증근무력증** 아세틸콜린 수용체의 자가면역반응에 의한 근육 약화가 나타나는 질환.

**myometrium 자궁근(육)층** 부드러운 근육 섬유로 이루어진 자궁벽의 두꺼운 중간 층

**nasogastric tube/orogastric tube 코위관/입위관** 코나 입에서 식도를 통해 위로 삽입하는 튜브. 유동 영양식이나 약물을 투입하거나 위에서 공기나 액체를 제거하기 위해 사용한다.

**National Incident Management System(NIMS) 국가 사고 관리 체계(NIMS)** 다발성 사고에 대한 국가적 관리 체계로 현장 지휘와 환자 분류, 치료, 이송, 인력 대기와 같은 임무의 지정 및 조율을 맡는다.

**neonatal abstinence syndrome(NAS) 태아금단증후군(NAS)** 중추신경계의 이상으로 과도한 흥분성, 위장기능 장애, 호흡곤란, 미약한 자율신경증상이 나타나는 전신 질환. 자궁 내에서 헤로인, 메타돈, 기타 아편류에 노출된 경우 나타난다. 비아편성 중추신경 억제제 역시 태아금단증후군을 야기할 수 있다.

**neonate 신생아** 생후 1달 이내의 영아

**nephrons 네프론** 신장의 기능 단위

**nerve agents 신경작용제** 신경 전달 물질 아세틸콜린의 감퇴를 억제하여 신경계의 과부하를 급속히 유발하는 화학 물질

**neutropenia 중성구감소(증)** 혈액 내 중성구수가 비정상으로 적을 때 나타나는 증상 (2,000mm$^3$ 이하)

**newborn 신생아, 갓난아기** 생후 몇 시간 이내의 영아

**night vision goggles(NVG) 야간 투시경(NVG)** 적외선 에너지를 탐지하여 어두운 환경 속의 물체를 볼 수 있게 하는 전기 광학 투시경

**nocturia 야간뇨, 야뇨증** 밤 중의 과도한 배뇨

**noncardiogenic shock 비심장성 쇼크** 불충분한 심

박출량 이외의 원인으로 발생하는 쇼크

**nuclear detonation 핵폭발** 핵분열이나 핵융합을 통해 새로운 원소가 생성되면서 방출되는 에너지. 방출되는 에너지는 막대한 크기의 폭발을 일으킨다.

**obstetrics 산과(학)** 임신 기간 동안 산모의 건강을 연구하는 학문

**old-old 노인후기** 80세 이상의 노인

**omphalocele 배꼽내장탈장, 선천복벽탈장** 배꼽의 선천적 탈장

**open incident 개방형 사고** 추가적인 환자가 발생할 수 있는 사고로 '차단되지 않은 사고'로도 불린다.

**operations section** 사고 시, 지휘자의 지시사항을 수행하고 현장 업무를 함.

**osteoarthritis 뼈(골)관절염** 퇴행성 관절 질환. 관절 연골 소실 및 뼈 비대가 나타난다.

**osteoporosis 뼈엉성증, 골다공증** 필수 미네랄, 주로 칼슘의 소실로 인한 뼈조직의 연화

**otitis media 중이염** 중이의 감염 질환

**ovulation 배란** 난소에서 난자를 배출하는 현상

**Parkinson's disease 파킨슨병** 만성 퇴행성 신경 질환. 수전증, 근력 약화 및 근성방어, 자세반사 소실이 특징이다.

**particulate evidence 미세 증거물** 모발이나 섬유와 같이 육안으로는 쉽게 구별되지 않는 증거물.

**partner abuse 배우자학대** 가정 내 배우자에 대한 남성 또는 여성의 신체적 또는 정서적 폭력

**peak load 피크부하** 신고가 가장 많은 시간대

**PEEP 호기말양압**

**pelvic inflammatory disease(PID) 골반염질환** 세균, 바이러스, 곰팡이에 의한 생식기관의 급성 감염 질환

**perimetrium 자궁바깥(외)막** 자궁벽의 가장 바깥층을 형성하는 장막과 복막

**persistent fetal circulation 지속태아순환** 혈액이 태아 호흡계를 계속 우회하여 지속적으로 저산소증을 야기하는 증상.

**personal-care home 개별요양시설** 식사, 방을 포함하여 관리감독이 있는 생활시설

**phototherapy 광선요법** 치료 목적으로 태양 또는 인공 광에 노출. 빛은 신생아의 고빌리루빈혈증 또는 황달 치료에 사용된다.

**Pierre Robin syndrome 피에르로빈증후군** 턱이 작고, 구개열이 있으며, 혀가 후하방으로 들어가며, 구역반사가 소실된다.

**pill-rolling motion 알약 돌리는 운동** 불수의 수전증, 주로 한 손에 나타나나 때로 두 손에 나타난다. 손가락이 앞뒤로 알약을 돌리는 것처럼 움직인다.

**pinch points 물림점** 두개의 물체가 가까워지면서 환자의 신체 일부가 물리는 손상 기전

**placenta 태반** 발달 중인 태아를 위한 생명줄로 기능하는 장기. 태반은 자궁벽에 부착되어 탯줄과 연결되어 있다.

**planning/intelligence section** 사고와 관련된 과거, 현재, 미래 정보를 제공한다.

**polycythemia 적혈구증가증** 적혈구의 과잉. 신생아에게 저혈량증이나 장기적으로 자궁내 저산소혈증을 초래한다.

**polypharmacy 다중약물요법** 동시에 다수의 의약품을 복용하는 약물 치료

**postpartum depression 분만후우울증, 산후우울증** 산후에 경험하는 "실망"스러운 기분. 산모 중 70–80%에서 발생.

**premenstrual dysphoric disorder(PMDD) 월경전불쾌장애(PMDD)** 월경 전에 심각한 우울증, 예민함, 긴장을 가지는 증상

**premenstrual syndrome(PMS) 월경전증후군(PMS)** 월경 전 호르몬 수치 변화에 따른 체중 증가, 예민함, 특정 음식에 대한 갈망 등의 다양한 징후와 증상

**presbycusis 노년난청** 노화로 발생하는 점진적 청각 손실

**pressure ulcer 압박궤양** 허혈성 손상 및 그에 따른 피부, 피하조직, 근육 괴사; 단기간의 강한 압력 또는 장기간의 약한 압력으로 발생한다; 욕창이라고도 한다.

**primary area of responsibility(PAR) 주요 책임 구역(PAR)** 신고 건수가 많기 때문에 구급차를 배치하는 특정 구역

**primary contamination 1차 오염** 위험 물질에 대한 직접적인 노출

**primary triage 1차 환자 분류** 사고 발생 초기에 보통 사고 현장에 최초로 도착했을 때 실시하는 환자 분류

**prompt care facilities 신속 치료 시설** 제한적인 치

료와 비응급환자의 치료를 제공하는 병원

**pruritus 가려움(증)** 간지러움; 전신 변화 또는 전신 질환의 증상으로 자주 나타난다.

**puerperium 산후기** 태아 출산 후의 기간

**pulmonary agents 폐작용제** 주로 폐 손상을 일으키는 화학물로 질식 작용제로도 알려져 있다.

**rape 강간** 피해자의 동이 없이 생식기나 항문에 성기가 삽입되는 행위

**rapid intervention team 급속 중재 치료팀** 구조 대원이 질환 증세를 보이거나 손상을 입은 경우 구출 및 치료를 위한 출동 대기를 하는 구조 인력

**recirculating currents 회전 급류** 대형 장애물 위로 물살이 이동하면서 발생하는 급류로 '익사 제조기'라는 악명을 얻음.

**reportable collisions 충돌사고 보고** 1,000달러 이상의 재산손실 및 인체 손상을 유발하는 충돌 사고

**reserve capacity 예비 인력 확보** 모든 응급의료인력이 현장에 출동된 상황에서 응급의료기관이 추가적인 신고에 대응할 인력을 확보하는 능력

**retinopathy 망막증** 망막 질환

**rhinorrhea 비루** 콧물

**rotor-wing aircraft 회전익 항공기** 회전날개에 의해 추진 및 이륙을 하는 항공기로 주로 헬리콥터를 의미한다.

**rust out 퇴보** 최신 표준과 기술에서 뒤쳐지는 것

**safe data sheet(SDS)** 시설에 있는 화학물질에 대한 자세한 정보를 쉽게 접근하는 자료; 전에 물질안전자료(MSDS)라고 함

**safety officer(SO) 안전 관리관(SO)** 현장 관리를 통해 위험한 상황을 사전에 방지하는 안전 담당 인력

**SALT** 대규모 환자 분류 체계의 약칭으로 "분류, 평가, 소생 조치, 치료 및 이송"을 의미한다.

**scene-authority law 현장 감독 권한법** 다발성 사고 현장에서 최종적인 감독 권한을 누구에게 부여하는지를 규정한 주 정부 혹은 지자체 법령

**scrambling 스크램블링** 로프의 보조 없이 손발을 하여 바위나 암석을 넘는 등산 방법으로 표면이 젖었거나 얼음으로 미끄러운 경우 위험할 수 있다.

**scree 자갈 비탈** 비탈이나 산기슭에 자갈이나 잔해로 형성, 비탈진 아랫 부분의 건조한 잔해

**secondary contamination 2차 오염** 오염된 물체나 환자와의 접촉을 통해 노출되지 않은 사람에게 유해 물질이 전파되는 것

**secondary triage 2차 환자 분류** 치료 구역으로 옮겨진 환자의 상태 변화를 확인하기 위한 환자 분류

**section chief 섹터 총괄자** 주요 기능 부서를 감독하는 부서 총괄자는 사고 지휘자에게 보고를 한다.

**sector 섹터** 부서, 집단, 분과와 동일한 개념이지만 기능적 구역 혹은 지리적 구역을 지정하지 않는다.

**semi-decontaminated patient 반제염 환자** 현장에서 소독된 환자

**senile dementia 노인치매** 노인층에 나타나는 정신 기능의 비정상적인 퇴행; "기질적 뇌증후군" 또는 "다발경색치매"라고도 불린다.

**sensorineural deafness 감각신경난청** 내이나 뇌 자체에 가해진 손상으로 인해 뇌의 청각 중추에 신경충격이 닿지 않아 발생하는 난청

**sensorium 감각신경중추** 신체 전체의 감각 기관; 감각의 중심으로 기능하는 뇌 영역을 말하기도 한다.

**sexual assault 성폭행** 입, 생식기, 항문, 손이 관련된 원치 않는 성적 접촉

**shear points 끼임점** 물림점이 서로 만나거나 엇갈리면서 신체의 일부가 절단되는 손상 기전.

**shipping papers 선적 서류** 위험 물질 이송 차량에 주로 보관되는 문서로 운송 중인 위험 물질에 대한 정보를 담는다. 운송 서류에는 특정 물질의 명칭과 이송되는 총량이 설명되는 것이 이상적이다. 선하증권이라고도 불린다.

**short haul 단거리 이송** 헬리콥터에 부착된 로프를 이용하여 환자를 이송하는 헬리콥터 구조법. 환자가 로프에 고정되면 헬리콥터는 이륙한다. 고도의 특수 기술이 필요한 환자 구출 방법이다.

**shunt 단락(션트)** 과도하게 생성되는 뇌척수액을 배출시키고, 두개내압 상승을 방지하기 위한 목적으로 수술을 통해 복부에서 두뇌로 연결하는 사잇길.

**Shy-Drager syndrome 샤이-드레거 증후군** 자율신경계 결손으로 인한 만성 기립성 저혈압

**sick sinus syndrome 동(굴)기능부전증후군** 심장의 동방결절 기능 이상으로 인한 질환군

**silent myocardial infarction 무증상심근경색증** 명백한 징후나 증상 없이 발생하는 심근경색

**silo gas 저장고 가스** 사일로 저장고의 곡식이 발효되면서 생성되는 유독 가스(질소 산화물)

**singular command 단독 지휘** 한 개인이 사고 현장

의 작업을 조율하는 과정으로 단독 관할 기관이 동원되는 사고에서 가장 효과적이다.

**situational awareness 상황인지력** 현장 평가를 통해 다발성 사고에서 발생하는 모든 상황을 파악하는 작업

**span of control 통제 범위** 한 개인이 감시할 수 있는 사람이나 작업의 수

**special weapons and tactics(SWAT) team 특수기동팀** 인질극이나 여타 법 집행 기관의 개입이 필요한 상황에 맞춰 특수 훈련을 받은 경찰팀

**specific gravity 비중** 공기와 비교한 증기 및 가스의 밀도나 중량

**spondylosis 척추증, 척추관절강직증** 추체의 퇴행

**spotter 관측자** 구급차의 뒤편에서 후진을 보조하는 인력

**staff functions 인력 기능** 사고 관리 체계에 대한 관리 감독 역할

**staging area 작업 대기 구역** 구급차, 구조 인력, 관련 장비가 구조 작업에 투입될 수 있도록 대기하는 장소.

**staging officer 작업 대기 구역 담당관** 작업 대기 구역을 감독하고 자원의 조기 소모와 보유 인력의 자체적인 활동을 방지하는 담당관으로 부서 총괄자에게 보고한다.

**START** 단순 환자 분류 및 빠른 이송의 약칭으로 가장 일반적으로 사용되는 재난 시 환자 분류 체계이다.

**status epilepticus 간질지속상태, 간질지속증** 의식이 회복되지 않고 계속되는 발작

**Stokes-Adams syndrome 스토크스-아담스 증후군** 심장차단으로 발생하는 일련의 증상. 가장 흔한 증상은 실신이다. 갑작스러운 심박출량 감소로 인해 뇌로 흘러 들어가는 혈액이 감소해서 나타난다.

**stoma 스토마** 환자의 호흡을 위해서 목에 영구적으로 만든 외과적 개구부.

**strainers 장애물 급류** 수중에 가라앉은 나무나 철망처럼 물을 통과하지만 물체나 사람이 걸리는 장애물로 인해 양쪽에 불균형한 힘

**stroke 뇌졸중** 뇌혈류 및 산소화의 중단으로 발생하는 뇌조직의 손상이나 괴사

**subarachnoid hemorrhage 거미막밑출혈** 거미막 및 경막 사이에 발생하는 출혈

**substance abuse 물질남용** 알코올, 항정신성 약물, 치료제 등 화학적 활성제의 오용; 임상적으로 심각한 손상이나 장애가 발생한다.

**sudden infant death syndrome(SIDS) 영아돌연사증후군(SIDS)** 병인을 알 수 없는 질환으로, 생후 1년 동안 발생하며, 생후 2-4개월에 가장 많이 발생한다.

**synergism 동반상승 효과** 두 가지 물질 혹은 약제가 혼합되어 개별적으로는 발생하지 않는 영향을 일으키는 약학적 표준 원칙

**system status management(SSM) 시스템 현황 관리(SSM)** 구급 인력 및 구급차 배치 전산화 시스템

**systemic effects 전신작용** 위험 물질에 대한 노출 이후 전신에 걸쳐 발생하는 증상

**tactical emergency medical service(TEMS) 전략적 응급 의료팀(TEMS)** 특수 훈련을 받고 법 집행 기관을 현장에서 보조하는 의료팀

**terrorist act 테러 행위** 정치적, 사회적, 종교적 혹은 인종적인 이유로 인해 공포심을 자극하고 행동에 영향을 미치기 위해 사용하는 폭력 행위

**thyrotoxicosis 갑상선 중독증** 갑상선 활동항진으로 인한 빈맥, 신경 증상, 빠른 대사작용이 나타나는 독성 증상

**tiered response system 단계적 대응 체계** 한 가지 신고에 대해 여러 구급 차량이 서로 다른 시간대에 출동하게 하여서 치료 및 이송 서비스를 다양한 차원에서 제공하게 하는 대응 체계

**tinnitus 귀울림, 이명** 귓속에 들리는 종소리 또는 따끔거림

**tocolysis 자궁수축억제** 진통을 멈추는 작용의 과정

**tracheostomy 기관절개(술)** 수술을 통해 목 앞부분에서 기관까지 만드는 작은 구멍이다. 금속 튜브나 플라스틱 튜브를 사용한다.

**transient ischemic attack(TIA) 일과성허혈발작(TIA)** 뇌로 가는 혈류가 가역적으로 중단되는 증상; 뇌졸중 전조 증상이다.

**transportation unit supervisor 환자 이송팀 감독자** 작업 대기 구역 담당관과 환자 이송 감독관과 함께 작전을 수행하고, 환자는 구급차에 싣고 병원으로 이송하는 인력

**treatment group supervisor 치료집단 관리자** 치료 대상 집단과 환자 치료 구역의 모든 행동을 통제하는 인력

**treatment unit leaders 환자 치료팀 총괄자** 여러

치료팀을 관리하고 치료 부서 감독자에게 보고하는 응급 의료 인력

**triage 환자 분류** 손상 중증도에 따른 환자의 분류

**triage group supervisor 환자 분류 부서 감독자** 다발성 사고 현장의 환자 분류 부서를 관리 감독하는 담당자

**triage officer 환자 분류 담당관** 손상의 중증도에 따라 환자를 분류하는 담당관

**turgor 피부긴장도** 눌린 후 원래 상태로 돌아가려는 피부의 능력

**two-pillow orthopnea 베개 두 개로 앉아 숨쉬기** 베개 여러 개 – 이 경우, 두개 – 를 사용하여 누워 있는 동안의 호흡 곤란을 해소; 호흡 곤란의 정도를 평가하는 데 중요한 요인으로 작용.

**umbilical cord 탯줄, 제대** 태반과 태아를 연결하는 두 개의 동맥과 한 개의 정맥

**UN number UN 번호** 화학물에 지정된 4자리 수의 인식 번호. 하나로 연관된 화학 물질의 집단에 지정되는 UN 번호도 있지만 개별 특성에는 차이가 있다. 예를 들어, 디젤 연료, 가소홀, 휘발유, 차량 연료, 페트롤은 모두 UN 1203이라는 번호가 지정되지만 개별 특성은 다르다. 여기서 UN은 세계 연합의 약칭이다. 가끔씩 북미를 뜻하는 UN이 함께 혹은 대신 쓰이는 경우도 있다.

**unified command 통합 지휘** 정부기관, 소방서, 응급의료기관 등의 다양한 관할 기관의 담당자가 서로의 활동을 조율하고 지휘의 책임을 공유하는 과정

**urosepsis 요로성패혈증** 요로에 생기는 패혈증

**urostomy 요로문합술** 요로에서 복벽의 스토마나 구멍까지 수술로 연결하는 것

**vagal stimulation 미주신경자극** 부교감 신경 반응을 야기하는 미주신경 자극

**Valsalva maneuver 발살바법(미주신경흥분수기)** 기침 등을 통해 닫힌 성문에 반대로 숨을 내뱉는 강제 호기. 이 방법은 미주신경을 통해 부교감신경계를 자극하며, 그 결과 심박수가 느려진다.

**varicosities 정맥류** 정맥의 비정상적인 팽창

**vertigo 현기증** 실신할 것 같은 또는 어지러운 느낌; 균형 상실을 초래할 수 있다.

**vesicants 수포작용제** 피부를 손상시키고 수포를 자주 일으키는 물질

**visual flight rules(VFR) 유시계 비행 규칙(VFR)** 시야가 트인 기상 환경에서 항공기를 조종해야 하는 규칙

**volatility 휘발성** 화학 물질이 액체에서 기체로 되는 정도. 화학 물질이 증발하는 경향성.

**warm zone 웜 존** 유해 물질 사고 현장에서 핫 존(hot zone)의 부근에 위치한 구역으로 소독 통로가 설치되어 있다. 옐로우 존(yellow zone)이나 감염 완화 구역으로도 불린다.

**warning placard 경고판** 차량에 부착되어 유해 물질 분류 정보를 제공하는 다이아몬드 형 경고판

**weapons of mass destruction(WMDs) 대량 살상 무기(WMDs)** 생물 무기, 화학 무기, 핵무기 등 정부 건물이나 주요 시설물을 파괴하고 대량 살상자를 양산하기 위해 테러리스트가 사용하는 다양한 무기

**windshield survey 윈드실드 조사(차창 밖 평가)** 현장에 도착한 사고 지휘자가 차창 밖을 통해 현장을 평가하는 방법

**wrap points 회전말림점** 신체의 부속기관이 말려 들어가서 뒤틀리는 손상 기전

# 찾아보기

ㄹ



ㅁ



ㅂ



ㅅ

## D



## E



## F



## G

## N



## O



## P

**W**

# 특수상황 전문응급처치학 6

PARAMEDIC CARE
Principles & Practice

2021년 3월 4일 초판 발행
2022년 7월 20일 초판 2쇄 발행
2023년 8월 10일 초판 3쇄 발행
2024년 8월 10일 초판 4쇄 발행
저 자 BLEDSOE · PORTER · CHERRY
역 자 전국응급구조과교수협의회
발행인 윤 진 영
발행처 도서출판 대학서림

(03076) 서울시 종로구 혜화로 2길 8
전 화_ 02) 763-1220, 744-2812
팩 스_ 02) 744-1210
등 록_ 1965. 1. 20
번 호_ 1-88



정 가 65,000원

ISBN 978-89-6940-248-6 93510
www.daihaks.com